# 投资集团有限公司

通过九年努力，迪庆投资集团已从成立时的一个控股公司、一个参股公司发展了近二十个全资、控股、参股公司的规模，有形资产和无形资产也从 2002 年的 2 亿多元增加到现今 20 多亿元。在发展壮大中，迪庆投资集团不忘积极探索与中国国电、中国华能集团、中国大唐集团、中国华泽集团、云南省投资控股集团、云南铜业集团等中央、省属国有大型企业合作，共同开发、提升迪庆州优势产业。下一步，迪庆投资集团将按照州委、州人民政府的安排部署与战略合作伙伴进一步就光伏发电、风力发电、油气输送管道及油气站点建设等项目进行研究和开发。

回顾走过的历程，集团公司在迪庆州委、州人民政府的坚强领导下，在全州各相关部门的大力支持和关心下，全体干部职工精诚团结，爱岗敬业，勇于拼搏，各尽所责，在全州社会经济发展的各个领域都取得了较好的成绩，为集团的发展与腾飞打下了坚实的基础。迪庆投资集团将风雨兼程为迪庆州社会的发展、经济的繁荣做出更大贡献。

拉嘎洛电站远景

藏族民居板岩项目样板房

生物产业园区

香格里拉城市集中供热项目坛城供热站

集团公司办公楼

# 迪庆年鉴

2011

迪庆州人民政府　主办

迪庆州志编纂委员会办公室　编
迪　庆　年　鉴　编　辑　部

云南民族出版社

图书在版编目（CIP）数据

迪庆年鉴. 2011/《迪庆年鉴》编辑部编. —昆明：云南民族出版社，2011. 12
ISBN 978-7-5367-5199-6

Ⅰ. ①迪… Ⅱ. ①迪… Ⅲ. ①迪庆藏族自治州—2011—年鉴 Ⅳ. ①Z527. 42

中国版本图书馆 CIP 数据核字（2011）第 261422 号

| | |
|---|---|
| 责任编辑 | 聂勒希顾 |
| 封面设计 | 益措拉姆 |
| 出版发行 | 云南民族出版社<br>（昆明市环城西路 170 号云南民族大厦　邮编：650032） |
| 邮　　箱 | ynbook@vip.163.com |
| 印　　制 | 云南民族印刷厂 |
| 开　　本 | 889 mm × 1194 mm　1/16 |
| 印　　张 | 36.75 |
| 字　　数 | 800 千 |
| 版　　次 | 2011 年 12 月第 1 版 |
| 印　　次 | 2011 年 12 月第 1 次 |
| 印　　数 | 1~1 000 册 |
| 定　　价 | 280. 00 元 |
| 书　　号 | ISBN 978-7-5367-5199-6/K·1378 |

# 《迪庆年鉴》（2011 年）
# 编撰委员会人员名单

顾　　问：张登亮　中共迪庆州委书记

　　　　　黄政红　中共迪庆州委副书记　州人民政府州长

编委主任：董继荣　州政府巡视员

副 主 任：吾金丁争　州政府秘书长

　　　　　彭玉光　州委副秘书长、州委办公室主任

　　　　　刘天祥　州政府副秘书长　州政府研究室主任

委　　员：周国星　李　涛　李燕兰　和丽忠

　　　　　蜂志明　衡　汝

总　　编：刘天祥

副 总 编：周国星　李　涛

# 《迪庆年鉴》编辑部人员名单

执行主编：李燕兰

编　　辑：杨伯聪　叶志新　张文华　李世忠　马　琳

编　　务：张继祖　巴三培初　扎史此里　杨晓薇

英文翻译：和春燕

藏文题字：李继先

版式设计：益措拉姆

图片提供：普自林　石显尧

# 《迪庆年鉴》分类撰稿人名单

（按交稿先后顺序排列）

| | | | | | |
|---|---|---|---|---|---|
| 李春华 | 拉茸卓玛 | 李燕兰 | 马　琳 | 丁正华 | 和卫明 |
| 郑永平 | 刘金燕 | 余　慧 | 余春妹 | 张耀明 | 毛雪艳 |
| 阿　新 | 罗晓璞 | 田丽生 | 杨玉军 | 胡玉龙 | 宝福浩 |
| 梁晓松 | 阿茸玛 | 李星显 | 王国慧 | 杨留阳 | 夏顺松 |
| 刘文品 | 刘玉蓉 | 朱红峰 | 张松群 | 俞云山 | 游文明 |
| 和树军 | 和　铨 | 杨继仙 | 石海鹂 | 黄向荣 | 陈永忠 |
| 钱　钧 | 李　斌 | 李　晶 | 姚润文 | 和志才 | 杨　弘 |
| 赵云川 | 向刘琴 | 向丽波 | 陈春兴 | 史晓晨 | 杨映松 |
| 包雪峰 | 肖丽艳 | 熊继松 | 和向才 | 王德康 | 杨跃生 |
| 和蔚林 | 吴利忠 | 李健涛 | 扎西尼玛 | 格茸品楚 | |
| 杨雪峰 | 衡　汝 | 余红英 | 潘雪瑛 | 张尼玛 | 杨雪丽 |
| 张跃华 | 格玉斌 | 李俊成 | 和增辉 | 崔东毅 | 杨中雄 |
| 和义龙 | 赵　龙 | 赵燕红 | 吴仕红 | 杜文荣 | 刘　锋 |
| 杨红军 | 杨勤政 | 罗福全 | 李万刚 | 李菊芳 | 方振宇 |
| 叶福龙 | 斯那品楚 | 龙耀耿 | 尹学珍 | 和瑞昌 | 张艳阳 |
| 龙立全 | 周　瑜 | 向正平 | 益西拉姆 | 陈　梅 | 和绍华 |
| 沈鹏飞 | 阿秀玲 | 杨　磊 | 易　彬 | 陆万松 | 江继武 |
| 毛　炜 | 董霞玲 | 马彦龙 | 杨　柳 | 罗海荣 | 和金兰 |

# 编 辑 说 明

一、《迪庆年鉴》（2011 年）是迪庆藏族自治州人民政府主管，迪庆州志编纂委员会办公室主办，迪庆年鉴编辑部负责编辑的一部反映 2010 年迪庆州政治、经济、社会、文化各方面发展情况的大型综合性年鉴。它内容广博，是迪庆州情的总汇，具有较强的资料性、信息性和权威性。

二、本年鉴采用以条目体为主的栏目编排形式，设特载、大事记、概况、政治、经济、文化、社会等部类，各类又由相应条目组成。

三、本年鉴创办于 1994 年，每年一卷。本年鉴始终本着坚持贯彻党的路线、方针、政策，维护社会主义法制，维护民族团结的宗旨进行选材、编撰，遵守保密原则，行文规范，文风朴实，层次清楚，条目简洁。

四、《迪庆年鉴》（2011 年）在编写过程中，得到了全州各县、各部门的大力支持，热情协助。各分类撰稿人及编辑部的同志付出了大量的辛勤劳动。在此，谨向他们表示真诚的谢意！由于我们水平有限，错漏在所难免，恳请广大读者给予批评指正。

《迪庆年鉴》编辑部

2011 年 9 月 27 日

2011年5月14日至19日，省委副书记李纪恒（右）到迪庆调研。图为在尼西乡汤堆村非物质文化遗产传承人孙诺七林家。（普自林摄）

2011年7月13日，副省长孔垂柱（左二）到迪庆就水利建设和农村产业结构调整进行调研。（普自林摄）

2011 年 8 月 15 日，中国共产党迪庆藏族自治州第七次代表大会在香格里拉召开。（石显尧摄）

大会会场一角。
（石显尧摄）

投下庄严的一票。
（石显尧摄）

2011 年 8 月 15 日，州第七次党代会胜利召开，图为张登亮同志代表六届州委向大会作工作报告。（石显尧摄）

2011 年 8 月 18 日，州第七次党代会圆满结束。图为在州委七届一次全会上选举出的州委常委班子合影。（石显尧摄）

2011年7月28日，州委书记张登亮、州长黄政红先后到香德二级公路检查施工进展情况。（普自林摄）

2011年7月30日，州委书记张登亮、州长黄政红到香格里拉酒业股份有限公司调研。（普自林摄）

2011年7月1日，州委书记张登亮到洛吉乡调研农村产业结构调整情况。（普自林摄）

2011 年 7 月 30 日，昆钢三期 10 万吨锰系铁合金厂在开发区老虎箐工业园区建成投产，州委书记张登亮、州长黄政红及昆钢集团董事长王长勇出席仪式。（普自林摄）

2011 年 9 月 10 日，州政府与云南电网签订合作协议，根据协议，云南电网公司将在“十二五”期间投资 38 亿元建设迪庆电网。（普自林摄）

2011 年 7 月 14 日，全省天然林保护及草场资源保护会议在迪庆召开。（普自林摄）

2011年7月1日，州委书记张登亮专程到洛吉乡九龙村基层党支部与党员共同过民主生活会，以此纪念中国共产党成立90周年。（普自林摄）

2011年6月11至16日，州委书记张登亮率党政考察团赴四川省甘孜州和凉山州进行考察。图为在甘孜州雅江县考察基层组织建设情况。（普自林摄）

2011年3月28日，由迪庆州与康巴卫视联合举办的藏历新年文艺晚会在成都举行。图为彩排结束后州委书记张登亮慰问演职人员。

（普自林摄）

2011年3月23日，州长黄政红与昆钢集团董事长王长勇一同到维西新兴工业园区查看昆钢50万吨还原铁项目进展情况。（普自林摄）

2011年1月29日，州长黄政红到金江镇调研种桑养蚕情况。（普自林摄）

2011年2月1日，州长黄政红在春节前到香格里拉县看望慰问困难群众。（普自林摄）

# 迪庆州

迪庆州林业局是州人民政府行使全州林业管理工作的行政主管部门，其主要职责是保护全州森林资源、促进林产业体系和森林生态体系的建设。近年来，迪庆州林业局领导班子在州委、州政府的正确领导下，坚持以邓小平理论和“三个代表”重要思想为指导，深入贯彻落实科学发展观，努力落实“生态立州、文化兴州、产业强州、和谐安州”的发展思路，按照创建全国藏区跨越发展和长治久安示范区及“四个走在前列”的目标要求，强化干部队伍建设，以各项林业重大工程的实施为抓手，促进林业“三大体系”建设，有效推进了林业事业发展：天然林保护工程实施后我州有效管护森林面积 2583 万亩，完成公益林建设任务 45.27 万亩，退耕还林工程实施10 年来，完成退耕还林任务 34.3 万亩，林产业取得长足发展，退耕农户户均从退耕还林补助中直接获得收入 6071.92 元，人均收入 1241.06 元；取得了良好的生态效益、经济效益和社会效益。农村能源工程的实施有效推动了我州社会主义

省林业厅领导前来迪庆检查指导工作

州林业局党组书记、局长吴正武在下乡调研

州林业局领导班子在安排部署工作

义务植树

野外作业

# 林业局

森林草甸

迹地更新

羊肚菌

新农村建设进程，以沼气为主的农村能源建设，对全州农业经济持续发展、农村产业结构调整、生活环境及生活质量的改善、农民收入的提高发挥了重要作用。各项林业重大工程的实施，有效促进了迪庆森林生态环境的建设和保护，全州林业用地面积发展到 188 万公顷，有林地面积为 148 万公顷，森林覆盖率达 73.9%，林木蓄积量达 2.41 亿立方米。森林覆盖率和林木蓄积量居全省第一位，人均林地面积占有量居全省第一位，是州内人均农田占有量的 23 倍。林地面积和林木蓄积量在全国十个藏族自治州中均居首位。迪庆林业事业的发展为金沙江、澜沧江两江流域生态环境的保护及建设提供了保障，也为构筑青藏高原东南缘国家重要生态安全屏障作出了突出的贡献。

# 迪庆州旅游发展集团

普达措国家森林公园

迪庆州旅游发展集团成立于2006年5月15日，注册资本金1亿元，资产总额达21.36亿元，在职员工711人，是由迪庆州人民政府的授权由迪庆州国有资产监督管理委员会履行出资人职责的国有独资公司，是迪庆州人民政府旅游资源开发、旅游基础设施和旅游精品工程建设的政策性投资主体。

普达措国家森林公园

普达措国家森林公园

集团严格按照州委、州政府的旅游发展战略规划，积极发挥政府主导下的投资机制和经营管理国有旅游资产的职能作用，已发展至拥有十三家下属企业的迪庆大型旅游支柱企业，分别为：两个分公司（普达措旅业分公司、旅游商品开发分公司）；六个全资子公司（普达措国际旅行社、迪庆旅游一卡通结算服务公司、迪庆州香格里拉虎跳峡旅游经营有限公司、德钦梅里雪山国家公园开发经营有限公司、维西滇金丝猴国家公园经营有限公司、

普达措国家森林公园

白水台

香格里拉之秋

滑雪场旅游经营公司）；四个控股公司（迪庆卡瓦格博国际旅行社经营管理有限责任公司、迪庆梦幻香格里拉旅游文化传播有限责任公司、德钦县卡瓦格博宾馆有限责任公司、香格里拉文化发展有限公司），一个由公司委托香格里拉公路管理总段管养的双桥收费站和香洗公路的全额资产管理单位。集团以打造精品景区、实现提质增效为目的，成功推出了中国大陆第一个国家公园—普达措国家公园，为云南省下一步开展系列国家公园起到了领头兵的作用，并得到了省政府的高度肯定。在下一步工作中，集团将紧紧围绕州政府提出的打造“一个集散中心、五大国家公园、一条精品环线”的发展目标，以建设旅游经济强州为己任，以大项目带动大发展，加快精品建设步伐，把迪庆香格里拉建设成为“生态最好、环境最优、和谐发展、世人向往”的东部藏区旅游集散中心、国际旅游胜地和旅游目的地！

梅里雪山

梅里雪山

虎跳峡


地　址：云南省迪庆藏族自治州
香格里拉县池慈卡街 31 号
网　址：http://www.meilixueshan.net
电　话：0887-8289116
传　真：0887-8229666

# 迪庆州住房和

党组书记、局长　杨正义

2010年是“十一五”的收关之年，也是谋划“十二五”的关键之年。全州住房和城乡建设系统认真执行国家宏观调控各项政策措施，按照州委、州政府的部署和要求，抓住机遇，突出重点，狠抓落实，各项工作取得了较好的成绩，为全州经济社会又好又快发展做出了积极贡献。城乡规划工作不断加强，指导调控作用明显提高；突出抓好保障性住房建设，加大廉租住房建设力度切实解决和改善民生。年内开工建设廉租住房60800平方米，1216套，概算投资7460万元。住建局下属住房公积金管理工作得到了州委、政府的高度重视，完成全州住房公积金管理机构的升格工作，截止2010年底，全州住房公积金累计归集总额达5.23亿元，归集余额达4.58亿元；住房公积金使用率达到74%。城市人均住房面积从2005年的25平方米提高到2010年的35平方米。农村民居地震安全工程及农村危房改造项目得到实施，自2007年实施农村民居地震安全工程以来，全州共实施农村民居地震安全工程13750户，农民群众最基本的居住安全问

团结务实的领导班子

廉租房

全体干部职工合影

三江并流国家重点风景名胜区迪庆管理中心

# 城乡建设局

文博中心

康珠大道

题得到逐步解决。建筑业管理方面，进一步加大整顿和规范建筑市场的工作力度，招标工程招标率达100%。房地产业持续健康发展，2010年，房屋施工面积26.5万平方米；商品房销售面积20万平方米；非住宅销售面积2.7万平方米。全年房地产开发投资完成5亿元，占全州城镇建设固定资产投资比重的22%。节能减排工作，着力实施“两污”设施建设，为改善“两江”上游生态环境，提高人民生活质量发挥了重要作用。加强风景名胜区规划和管理工作，完成了梅里雪山片区、红山片区、千湖山片区、哈巴雪山片区的总体规划；完成了三江并流国家级风景名胜区总体规划修编的基础资料收集、上报工作；完成了三江并流保护区世界自然遗产地（梅里雪山）保护性基础设施建设项目的立项报批工作，落实中央扶持资金1300万元。

2010年，迪庆州住建局以“创先争优”活动为契机，从严要求干部职工，进一步转变全局干部职工的工作作风，进一步增强了忧患意识、节俭意识，保持昂扬向上、锐意进取的精神状态，机关自身建设和作风建设取得了新的成效。

# 迪庆州住房公

主任　和建全

副主任　寸丽松

副主任　李树琴

住房公积金是单位及其在职职工缴存的长期住房储金，是住房分配货币化、社会化和法制化的主要形式。住房公积金制度是国家法律规定的重要的住房社会保障制度，具有强制性、互助性、保障性。单位和职工个人必须依法履行缴存住房公积金的义务。

迪庆州住房公积金管理中心是负责编制、执行我州住房公积金的归集、使用计划；负责记载职工住房公积金的缴存、提取、使用等，不以赢利为目的的事业单位。中心设办公室、会计和稽核科、归集科、信贷科 4 个内设科室，在三县分设三个住房公积金管理部，作为州中心的分支机构，负责辖区内住房公积金的管理工作。全州住房公积金实行“统一管委会决策”、“统一财务核算”、“统一规章制度”、“统一人事管理”的四项统一原则。截止 2010 年 12 月，迪庆州共有 24696 名职工建立了住房公积金制度，累计归集住房公积金 5.56 亿元，余额 4.88 亿元。累计办理公积金提取 4257 人次，计 0.68 亿元；累计向 6663 户职工发放住房贷款 5.88 亿元，资金运用率 70.51%，累计实现增值收益 1875.22 万元，划转城市廉租住房建设补充资金 823.85 万元，用于迪庆州廉租房建设解决迪庆州贫困职工住房问题，为支持地方经济建设及职工居住水平做出了积极贡献。自 2006 年以来连续四年荣获云南省优秀管理中心称号。

全体职工合影

# 积金管理中心

办公室电话：0887-8225422

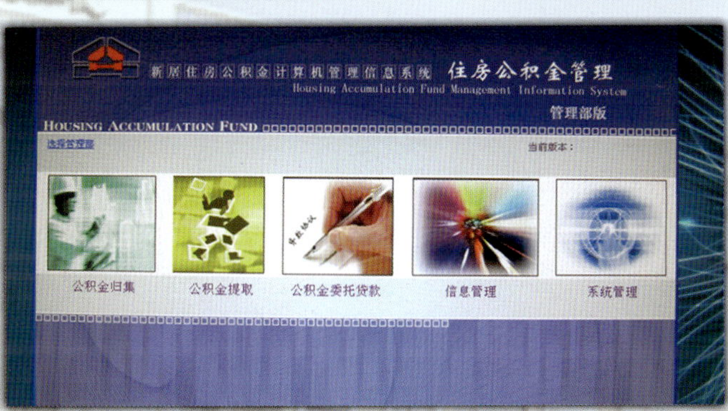

# 迪庆州移民局

省政府顾问、省移民工作领导小组副组长邹纲仁在省移民局原局长杨灿章的陪同下到澜沧江里底水电站淹没区调研

省发改委副主任、省政府滇中引水领导小组办公室主任董继理到奔子栏引水点实地踏勘

2010年，—迪庆州移民局以科学发展观为统领，认真贯彻落实十七届三中、四中全会精神，认真贯彻执行《大中型水利水电建设征地补偿和移民安置条例》（国务院令第471号）和省政府确定的移民工作“十大原则”。在州委、州政府的正确领导下，以服务我州大中型水利水电建设为着力点，以维护移民群众切身利益为出发点，以“16118”移民安置政策创新为动力，以健全完善移民安置和后期扶持体系为保障，认真解决好移民工作中存在的突出问题，较好地完成了年度全州移民工作目标和任务。

一、配合湖南设计院、昆明设计院、西北设计院、中南设计院、长江水利委员会等设计院做好各大中型水利水电项目预可研和可研阶段的移民安置设计、规划工作，继续抓好小中甸水利枢纽工程、梨园、阿海、里底、黄登、乌弄龙、丹达河电站等我州大中型水利水电建设项目移民安置工作，全年落实土地补偿安置补助费、农村居民迁建、移民个人财产补偿费和搬迁费、库底清理费等各类补偿资金3.05亿元，完成搬迁安置134户621人，生产安置1022人。

州委书记张登亮在澜沧江水电开发建设征地和移民安置区调研

州委副书记、州长黄政红在澜沧江水电开发建设征地和移民安置区调研

二、完成硕曲河、南极洛河、富川水电站等十二个装机在5万千瓦以下小型水电站的移民安置报告的审查或移民安置终验验收工作。

三、配合项目业主和设计院完成了澜沧江托巴水电站预可研阶段的工作，为省政府下达托巴电站“封库令”创造了条件。

四、注重可持续发展，完成已核准水电项目后期扶持人口的申报工作，全州实施后期扶持项目4项，落实资金90万元。

五、按照省能源局的要求，配合德钦县、维西县政府编制完成了《迪庆藏族自治州澜沧江上游水电开发移民脱贫致富与生态环境保护项目规划》，规划投资50亿元。

六、因地制宜，抓好库区移民科技培训，全年完成培训四期300余人次。

七、高度重视信访工作，努力促进库区社会稳定。建立健全群众诉求表达机制，认真研究解决移民的合理诉求和工作中存在的突出问题，努力做到情况清楚、解释耐心、方法多样、处理及时，切实维护移民群众利益。

州人民政府召开全州移民工作会议

州移民局在小中甸水利枢纽工程施工区和库区17个村民小组开展为期一周的移民科技培训和义诊健康咨询服务活动

州移民局领导在澜沧江乌弄龙水电站施工现场解决移民利益问题

州县移民干部和设计院在乌弄龙水电站淹没区开展实物指标调查

州移民局组织专题会议

州移民局组织专题会议

# 迪庆藏族自治

省国税局李鸿文局长到迪庆调研

省局于智广副局长到迪庆调研

省委常委、迪庆州委书记齐扎拉
与省国税局李鸿文局长亲切交谈

局长墨玉章

2010年，迪庆国税面对增值税转型改革、小规模纳税人征收率下调、企业所得税两法合并和降率、免征个人储蓄利息所得税，以及全州范围内道路交通改造和旱涝灾害频发等一系列减收因素所带来的严峻经济形势和税收环境影响，在省国税局和州委、州政府的正确领导下，坚持以科学发展观为统领，全面贯彻党的十七届四中、五中全会，中央经济工作会议，中央第五次西藏工作座谈会，全国、全省税务工作会议，省委八届八次、九次全会和州委六届八次、九次全会精神，围绕迪庆建设全国藏区跨越发展和长治久安示范区的总体要求，以人为本，突出“组织收入”一个重点，落实“和谐发展”、“提升素质”两项目标，构建“完善的税收征管、纳税服务、内控预防、国税文化”四个体系，充分发挥税收职能作用，深化税收调研，进一步巩固税收分析平台；优化纳税服务促和谐，征纳关系日趋融洽；强化税收征管，提高税源监控力度；坚持依法治税，全面落实各项税收政策；推进信息化建设，牢固信息管税基础。从保增长、保稳定、保民生的大局出发，坚定信心、齐心协力、努力工作，取得了组织收入和税源控管新突破。坚持把创先争优活动与税收中心工作相结合。通过创先争优活动全面落实“大力组织税收收入、充分发挥税收调控作用、坚持以信息管税提升服务质量和效率、不断推进干部队伍建设和党风廉政建设”等四个方面的重点工作，以创先争优活动扎实推进迪庆国税事业的和谐发展，并在国税工作

# 州国家税务局

的和谐发展中深化创先争优活动，实现了党建工作与国税中心工作的融合互动、同步推进。全面完成了迪庆国税“十一五”时期改革与发展规划的各项目标任务。2010 年组织收入突破 4 亿元大关，共完成 4.96 亿元，完成省局年计划的 141.4%，比上年同期增长 47.7%，增收 1.6 亿元。初步实现了迪庆国税“小而优、小而强、小而富、小而和、小而好”（即优在服务上、强在队伍上、富在精神上、和在基础上、好在形象上）的建设目标，进一步推进了地方经济和迪庆国税事业的和谐发展。

税收宣传进农户

开展全国第十五个税法宣传月活动

全州廉政文化演出二等奖《行走在五彩高原》

开展女工小组活动，充分发挥“半边天”作用

新一届领导班子

# 迪庆州工商业联合会

迪庆州工商业联合会（总商会）成立于1996年11月18日，是由迪庆州工商界组成的人民团体，是党和政府联系非公有制经济人士的桥梁和纽带，是政府管理非公有制经济的助手。现有香格里拉、德钦、维西、经济开发区三个县（区）级组织，2个异地商会、7个行业协会；全州工商联会员637个，其中企业会员174个，团体会员9个，个人会员454个。现第三届执行委员会主席为陈俊明，另有18名兼职副主席（会长）。

迪庆州工商联主席陈俊明

2010年12月底，全州私营企业938户，从业人员11307人，个体工商户12025户，从业人员38003人。2010年全州非公企业上缴税金达2.57亿元，占全州地方性财政一般预算收入的43.07%；非公经济创造的增加值达34.8亿元，占全州国内生产总值的45%；非公有制经济已成为我州国民经济的重要组成部分，已占据我州GDP及税收的半壁江山。

州工商联领导班子

迪庆州工商业联合会成立15年来，在中共迪庆州委、州政府的坚强领导和州委统战部的指导下，团结广大会员，高举中国特色社会主义、爱国主义旗帜，与党风雨同舟，亲密合作，紧紧围绕各个历史时期党和政府的中心任务开展工作，在沟通党和政府与工商界的联系、协调关系、推动民营经济发展等方面发挥了积极作用，为繁荣迪庆经济作了不懈的努力。

宏达酒店总经理陈光书向省工商联调研组介绍非公经济创先争优活动相关情况

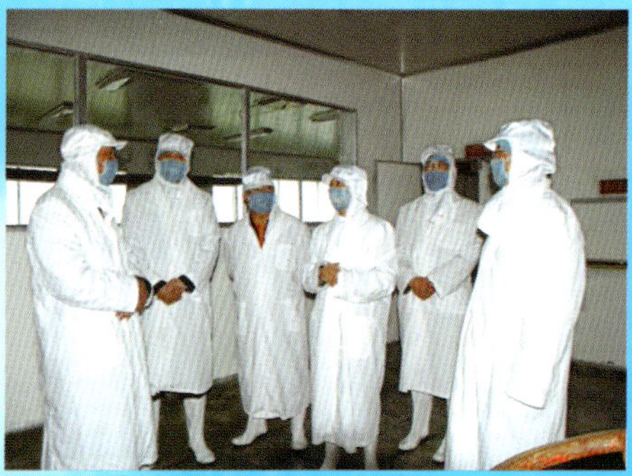

省联调研组视察松茸无菌加工车间

迪庆州工商联向上海市工商联回赠匾牌

全国政协常委、全国工商联副主席、上海市政协副主席、
上海市工商联主席王新奎（中）视察香格里拉第一中学

省工商联主席杨焱平和州工商联主席陈俊明交流工作

在新的历史时期，工商联充分发挥自身优势，积极参与政治协商、民主监督、参政议政；发挥政府助手和经济中介组织作用，坚持服务社会；为会员提供信息、商贸、科技、法律、对外联络、招商引资、工商培训等服务；组织会员开展对内对外经贸活动，开拓国际市场，加强同港澳台商会的联系，帮助会员把握商机，创造财富，促进了非公有制经济的健康发展和非公有制经济人士的健康成长。

在党的十七大精神的鼓舞下，迪庆州工商业联合会将进一步加强自身建设，健全工作机制，认真履行职能，团结和带领广大会员紧紧围绕经济建设这个中心，为把迪庆建设成为全国藏区跨越发展和长治久安示范区作出更大贡献！

上海市民营企业家代表团迪庆座谈会

省工商联调研组到德钦调研

# 迪庆州文化局

迪庆州文化局是全州文化新闻出版事业行政管理机构，是州人民政府的主要职能部门。2010年，全州文化和新闻出版工作立足新起点，抓住新机遇，取得新发展。文化体制改革平稳推进，完成州农村电影免费放映管理站职能划转、迪庆州文化市场综合执法支队挂牌工作。编制完成迪庆州文化事业发展“十二五”规划。鼓励艺术创作、加强文艺创新。圆满完成第六届康巴艺术节暨迪庆州民族团结节各项文艺活动，开展文化“三下乡”演出活动，丰富群众精神文化生活。

局长 浦江

省州领导观看康巴艺术节藏族乐器展览

加强公共文化设施建设，完善公共文化服务体系。年内完成8个乡镇综合文化站建设任务，实施迪庆州支中心文化信息资源共享工程建设项目，完成4个乡镇网点建设任务。州图书馆建设完成中文数据库6个，举办第二届“读书杯”中小学生作文竞赛活动，在公共图书馆评估定级中被评定为州市级“三级图书馆”，被州文明办表彰为“文明示范窗口单位”。完成全州158家农家书屋建设。组织实施

三江并流考古暨民族学术关系研讨会

州歌舞团下乡演出

州图书馆电子阅览室

国家非物质文化遗产保护项目迪庆锅庄

第三次全国文物普查工作

开展尼西乡、三坝乡两个示范村文化惠民活动。全面完成第三次全国文物普查工作，举办“三江并流地区考古暨民族关系学术研讨会”、“云南省文博馆（所）长首届联谊会”，编辑出版《云南文物》迪庆专号。国家级迪庆民族文化生态保护实验区于2010年11月15日被国家文化部正式批准设立。编辑出版《迪庆州非物质文化遗产资料汇编》、《迪庆州非物质文化遗产保护名录》、《迪庆锅庄》。召开云南藏区“扫黄打非”“梅里”工程首次联席会议，进一步规范行政执法行为，加大文化市场监管力度，严厉打击违法经营行为，推动全州文化事业繁荣与发展。

国家非物质文化遗产保护项目阿尺目刮

# 迪庆州科技局

“十一五”期间，迪庆州委、州政府高度重视科技工作，大力实施科教兴州和人才强州战略，积极推进科技进步与创新，科技在产业发展、改善民生、促进和谐等方面发挥了重要作用，对经济社会发展的支撑和引领作用进一步显现。

科技部领导在迪庆调研

迪庆州人民政府与云南省科技厅会商会

## 一、科技支撑作用进一步凸显

“十一五”期间，围绕产业发展重点，全州共安排科技发展计划项目164项，共投入项目资金4600.6万元，比“十五”期间增长近3倍。一批科技项目已成为我州经济发展的新亮点，产生了一定的经济、社会和生态效益。这些项目的实施，为我州产业发展提供了技术支撑。

## 二、科技创新能力进一步提升

“十一五”期间，迪庆科技工作紧紧围绕经济社会发展思路培植支柱产业、推进农业产业化、加快新型工业化进程、发展优势特色产业，把提高工业企业的科技创新能力建设作为工业换挡提速的重要抓手，筛选出一批技术含量高、市场前景好的科技项目，积极支持企业加大研发投入，提高研发能力，提高企业自主研发能力，加速了科技成果向现实生产力转化。“十一五”期间迪庆累计专利申请数达125件，授权92件，申请量和授权量是“十五”期间的两倍。

省科技厅龙江厅长在迪庆调研

开展对外合作

我州企业参加中国昆明大院名校
科技成果展示会

荣　誉

科技项目青稞干酒生产技术研究

## 三、科技惠民作用进一步显现

“十一五”期间，全州共开展各类科技培训773期，受训人数达11万人次，广大群众科技素质和接受、应用先进实用技术的能力与水平得到全面提高，生产生活条件得到明显改善，促进农民增收的产业得到有效培植，农村经济明显增长，农民经济收入逐年增长。

## 四、科技交流与合作进一步广泛

开展州院、州校科技合作，积极引导省内外高等院校和科研院所把优势科技资源投入到迪庆经济建设的主战场。积极引导和推动科技合作向技术经济合作方向发展。通过多种形式和多领域的合作与交流，我州以企业为主体、创新为载体和产学研为一体的创新体系逐步形成。

## 五、科技部门自身建设进一步加强

加快科技进步与创新，坚持以科学发展观统领科技工作，用改革创新的精神推进科技工作，用求真务实的作风加强科技工作，不断开创我州科技工作的新局面。

科技项目支持的优质葡萄基地

山区推广百合种植

“十一五”期间迪庆州科技信息服务平台得到升级

# 迪庆州农牧局

迪庆州农牧局是迪庆州人民政府综合管理全州种植业、畜牧业、农牧业科技教育、农业环境保护、农机管理、农产品质量安全监管及开展有关技术服务；贯彻执行国家制定的农业政策法律法规；研究制定全州农业产业化经营及农牧业科研中长期发展规划；参与组织农牧业科技推广工作；拟定农牧业技术标准并组织实施；负责组织实施动植物卫生监督、检疫工作；组织农牧业对外经济、技术交流与合作；指导水产事业的发展；负责全州农机技术推广管理工作；负责农业资源调查的监测和综合评价；负责农民负担的监测、管理及执法检查的职能机构。

2010年迪庆州农牧局在州委州政府的正确领导下，认真贯彻落实党的十七届四、五中全会、中央第五次西藏工作座谈会和省委八届八次全会、省委农村工作会议及州委六届八次、九次全会精神，以科学发展观为统领，紧紧围绕“农业增效、农民增收、农村经济发展”的目标，认真落实各项惠农政策，调整优化农业结构，积极推进农业产业化经营，狠抓抗旱春耕生产，强化科技措施推广，加强动物疫病防控，加大农村劳动力转移输出，全力抓好农牧业重大建设项目，全面完成州委州政府年初提出的农业农村经济目标任务，确保大旱之年粮食生产稳定发展和农民收入

省农业厅领导到迪庆视察迪庆青稞
生物多样性高产栽培样板田建设情况

省农业厅领导到迪庆视察
人工草场建设情况

副州长农布央宗检查食品安全

州农牧局领导深入基层检查指导工作

州农牧局领导深入基层检查指导工作

持续增长。全州农林牧渔业总产值达12.0358亿元（按现行价格计算）；农林牧渔业增加值7.2574亿元；农村经济总收入12.2亿元，农民人均纯收入达3347元。全州粮食作物播种面积70.25万亩，粮食作物总产14.67万吨。油料播种面积3.09万亩，总产4292.4吨。全州大小牲畜存栏102.18万头只；大小牲畜出栏38.49万头只；肉奶蛋总产量40080吨。全州水产品养殖面积为7313亩，水产品总产量2527吨。全州农机总动力33.15万千瓦特。全州完成农产品加工产值10.1亿元，乡镇企业增加值20.24亿元。全州农村劳务输出46030人，实现从业经济收入2.5亿元。以产业化经营为导向，培育农村特色产业，建设了优质青稞生产基地8万亩，油菜基地建设3.35万亩，中药材基地4.8万亩，葡萄基地1.15万亩，反季无公害蔬菜基地2.3万亩，优质马铃薯种薯基地6.2万亩，优质桑园基地建设1.6万亩。在畜牧产业上建设生猪标准化生产基地，肉牛牦牛养殖基地、尼西鸡养殖基地，提高出栏率和商品率，不断加快畜牧产业发展。全州农业农村经济实现又好又快发展，积极推动了迪庆经济社会跨越发展和长治久安示范区建设。

迪庆州青稞产业开发现场会

药材基地

正在建设的游牧民定居房

# 中国银行业监督管理

2010年，迪庆银监分局以邓小平理论和“三个代表”重要思想为指导，认真贯彻党的十七大、十七届三中、四中全会精神，深入落实科学发展观，按照中央经济工作会议和中国银监会、云南银监局工作会议部署，结合迪庆藏区实际，坚持改革创新，着力提升监管有效性和科学性，着力提升风险管控能力，着力强化有效监管和内部管理，引领全州银行业积极支持藏区发展，维护藏区稳定。截止2010年末，迪庆银监分局内设党委办公室、党委组织部、党委宣传部、办公室、监管一科、监管二科、统计信息科、人事教育科、财务会计科、监察科（纪委办）、工会办共11个职能部门，下辖德钦、维西2个办事处，共有职工141人，劳务派遣工7人。2010年末，辖内银行业金融机构共有营业网点67个，从业人员763人：资产总额为

张煦局长就银行业支持迪庆跨越式发展接受迪庆电视台专访

张煦局长为富滇银行香格里拉分行颁发金融许可证

张煦局长为中国银行迪庆分行颁发金融许可证

迪庆金融民兵应急大队成立暨开训动员大会

迪庆银监局获国家人力资源与社会保障部、银监会先进集体荣誉称号

中国银监会王兆星副主席、云南银监局林勇力局长到迪庆银监局视察工作

126.33亿元，比年初增加35.93亿元，同比增长39.74%；负债总额为123.23亿元，比年初增加34.03亿元，同比增长38.15%：本外币各项存款余额为120.03亿元，比年初增加33.67亿元，同比增长38.99%：各项贷款余额为87.36亿元，比年初增加17.08亿元，同比增长24.31%：不良贷款率为5.01%，比年初下降0.75个百分点；拨备覆盖率为72.58%，比年初下降0.21个百分点。全年金融运行平稳，全州银行业金融机构服务质量不断提升，服务方式不断创新，为迪庆藏区实现跨越式发展提供了强有力的金融支撑，为迪庆藏区统战维稳工作发挥了应有的作用。

举办“划清四个重大界限”专题讲座，提升金融系统领导干部政治意识、大局意识、责任意识

以金融稳定促藏区稳定，张煦局长与迪庆银行业金融机构负责人签订综治维稳工作责任状

# 迪庆州质

2010年，全州质监系统在省局、州委、州政府的正确领导下，求实创新，开拓进取，积极履行职责，提高了质监工作服务地方经济社会发展的有效性与贡献率，为促进全州经济跨越发展和社会长治久安做出新贡献。根据省质监局和州委、州政府的工作部署，我局坚持围绕中心、服务大局、促进发展的原则，大力推进实施以质取胜战略，全面加强“两大安全”监管，有效提升技术基础保障能力，进一步加强自身建设，大质量工作机制逐步形成,全州各项质监工作取得了显著的成效，开创了迪庆质监工作的新局面。

覃绍聪局长深入企业指导工作

签订安全协议

2010年全州《食品安全法》及《食品安全法实施条例》培训宣贯会

# 量技术监督局

特种设备安全检查

开展食品安全检查

按照国家质检总局提出的加快建立大质量工作机制的要求，加大向地方党委、人大、政府、政协等部门的工作汇报力度和频次，争取地方党委、政府的领导，争取人大、政协的监督支持。年内，州局主要领导向州长、副州长专题汇报工作累计达10余次。加强与工商、卫生、安监、食药监管、经贸、旅游等职能部门的沟通、协调，多次召开工作座谈会，做到情况互通，优势互补，资源共享，形成工作合力。多次召开企业座谈会，加强宣传国家质量法律、法规，增强社会各界对质量工作，对产品质量安全性的认知度和理解度，逐步营造“重视质量工作，关注质量安全”的良好氛围，有效维护产品质量安全。扎实开展质量提升活动,按照抓名牌带动不懈怠、抓技术标准不放松、抓质量管理不动摇，努力建设大质量工作机制的要求，通过实施质量兴州战略，全面推进标准化发展战略，深入推进名牌战略，全面开展“质量提升”活动，“依靠地方、联合部门、抓住企业、监管产品、社会支持”的大质量工作机制正逐步形成。这些工作得到了州委、州政府的肯定，质监部门的社会地位和影响得到进一步提升。

产品安全检测

2010年迪庆州服务标准化培训

举办特种设备安全操作人员培训

# 迪庆州民族中

迪庆州民族中等专业学校书记、校长赵贵华

学校主楼

迪庆州民族中等专业学校于 2011 年 7 月搬至新校区。新校区位于建塘镇查拉社，距县城 5 公里，总占地面积 450 亩。新区建设包括中专部和大专部教学楼、学生宿舍、教职工廉租房、学生食堂、体育场馆，共计建筑面积 6.9 万平方米。与现有的教学资源相比，新校区的建成不仅全面的改善和提高了教学硬件设施，也极大地适应了国家大兴职业教育的政策方针，同时也为迪庆州职业教育的全面提升奠定了坚实的基础。

作为迪庆州唯一一所中等专业学校的迪庆州民族中等专业学校，承担着迪庆州职业教育、成人教育、职业培训、考试考点等多重任务。2010 年新招收 16 个班，714 人，其中大专 211 人，中专 503 人。新校区建成后，招生规模将在 2010 年的基础上扩大至 1800 人，招收专业涵盖音乐教育、舞蹈教育、初等教育、学前教育、临床医学等五年制大专以及体育教育、藏语文教育、护理、中餐烹饪、酒店

云南民族大学香格里拉职业技术学院挂牌仪式

# 等专业学校

服务管理、汽修、导游服务、旅游外语、计算机应用、水利水电等专业。将为迪庆州的建设和发展提供更多实用型人才。

在成人教育方面，2010 年成人教育 9 个班，总计 447 人（其中专科 317 人，本科 130 人），组织全州十九个乡镇 37 名小学藏语文教师进行藏语文课程培训,同时组织全州 1338 名小学教师进行晋级履职培训。先后在多个乡镇开办教学点，共培训 872 人。完成了 9 期 704 人次的农村剩余劳动力转移培训。完成州民政局 43 人次的退伍军人劳动力转移培训。

2009 年学校被省政府认定为省（部）级重点中专，2010 年 9 月 14 日，云南民族大学香格里拉职业技术学院挂牌仪式在迪庆民专举行。同时，学校正在积极申报国家级重点中专学校，相信在州委、州政府的高度重视下，通过全校师生的共同努力，迪庆州民族中等专业学校的明天会更美好、更辉煌。

中国文联副主席丹增同志在云南省委常委、州委书记齐扎拉及州长黄政红的陪同下视察我校

实验楼

学校医学类学生庆祝国际护士节文艺晚会

学生在外参加志愿者活动

学校组织纪念五四运动文艺晚会

# 前进中的香格里拉县红旗小学

党委书记、校长 华君

## 学校简介

红旗小学是一所省一级示范小学，也是香格里拉县教育局直属小学，学校占地面积 14800 平方米。学校不但有一个年富力强、团结务实、清正廉洁、开拓创新的领导班子，而且还有一支业务精良、乐于奉献、爱生如子的教师队伍。在职教职工中，小学高级教师 61 人，具有大专以上学历占 73%，全校教师为培养农牧民子女、农民工子女及义务教育作出应有的贡献。

全校教职工在校长的带领下，发扬“大胆创新、锐意进取”的精神，确立了本校的培养目标和办学特色，“厚德、博学、笃行、创新”的校训，倡导“文化教育为主，特长培养为辅，重视品格养成，创建学习型学校，诵读国学经典”为办学特色，确立了质量是学校的生命线，特色是学校的立足之本的发展思路。

在上级各部门的正确领导下，通过全体师生多年的辛勤耕耘，学校先后荣获国际级“中美合作公民教育项目实验学校”；国家级“重点课题实验学校”、“示范家长学校”；省级“文明学校”、“一级示范学校”、“现代教育技术实验学校”；州级“优秀学校”、“先进单位”、“文明单位”等光荣称号。少先队被评为“全国红旗大队”和“云南省雏鹰大队”，涌现出一批国家级、省级、州级、县级骨干教师和学科带头人。

有着 30 多年办学历史的香格里拉县红旗小学，创造了许多迪庆州小学教育的骄人纪录。优质的教育教学氛围，强大的师资力量，加上德、智、体、美、劳全面发展的培养方针，学校正为培养学生良好品质迈步前进，使香格里拉县红旗小学成为全州小学教育中的“排头兵”。

# 创建特色学校

省教育厅罗厅长到学校指导工作并为学校提词

国家两基督导评估团到学校检查指导工作

## 办学宗旨

红旗小学建校于1977年,与中国改革发展紧密相联系。改革开放以来始终以党的教育方针为指南，在上级党委和政府的关心支持下进行了一系列的教育改革，在各方面都取得了可喜的成绩。特别是进入新世纪以来，全面贯彻科学发展观，倡导“文化教育为主，特长培养为辅，重视品格养成，打造品学兼优的全面素质教育，以创建学习型学校”为目标。抓好“教育第一、教学第一、学校第一、学生第一”的基础上进行弘扬国学，通过诵读经典使学生明白“读书、明志、立品、做人”的人生观，构建社会道德价值体系，为学生的全面发展奠基，培养学生“知之者不如好之者，好之者不如乐之者”的良好学习习惯，促使每个学生能张扬个性、发展特长，成为创造性人才。

逸夫楼

白玉兰楼

电脑教学

# 云南广电网络集团有限公司

总经理　松金生

云南广电网络集团有限公司迪庆分公司是在文化体制改革中，根据云南省和迪庆州人民政府相关文件精神，由原迪庆州广播电视网络中心改制后，于 2005 年 12 月成立，是迪庆州文化产业的重要组成部分和有线电视的经营主体，也是党和政府的重要舆论宣传阵地。公司属国有股份制文化企业，在集团公司一级法人治理结构下运行，主要承担全州有线广播电视网络的建设和有线电视业务的经营。近年来，在经营班子的带领下，公司在经营管理、工程建设、广播电视安全播出等各方面都取得长足进步。

艰苦创业初见成效。2005 年 12 月改制成立时的公司各方面实力都非常弱小，整体运行较为艰难。一是人力资源严重不足，州广播电视网络中心事改企时在州人民政府的关心帮助下所有网络中心在编人员成建制转入州电视台，到公司工作的员工只有一人，为维持公司运转在州广电局的帮助下从州电视台借用工作能力强、业务精的 5 名员工到公司工作，帮带公司招收员工一年后回原单位，目前公司已招收 14 名员工；二是网络维护和发展资金不足，由于网络规模小、用户少、收入低、底子薄，公司只能靠一点微薄的用户入网安装和收视维护费来保障日常网络维护与建设。几年来，经过全体员工艰苦不懈的努力公司整体情况得到较大的改变，艰苦创业初见成效。

用户收入实现翻番。有线模拟电视、数字电视、付费节目订购用户和数据业务得到长足发展。2005 年 12 月公司组建成立时，只经营单一的 7000 户有线模拟电视用户。目前，公司经营 5027 户模拟电视用户；8100 户数字电视用户

卫星接收天线场地

# 迪庆分公司

和部分数据业务集团用户；业务收入实现了翻番。业务正在从单一的模拟电视经营方式，向综合业务平稳转型。

基础网络长足发展。干线传输网已完全实现光缆传输，用户网已达到光节点直接带用户的目标。2005年~2008年全州光缆干线网络和城区有线电视网络只能传输模拟电视信号，业务单一，中甸城区光节点只有68个（带宽550MHZ），每个光节点平均带200个用户。2009年经过IP骨干的开通、州到各县数字电视长距离中继站的建设，实现了数字电视信号传输到各县机房，为各县开展数字电视的转换工作奠定基础。同时，香县城区光缆宽带综合信息网络改造工程也正在实施，光节点从原有68个的基础上又增加442个，共510个（带宽860MHZ），每个光节点平均带28个用户，基本根除电缆放大器带用户影响信号传输质量问题，为业务转型打下良好基础。目前，通过网络改造已转换8100户数字电视用户，年底努力达到15000目标。

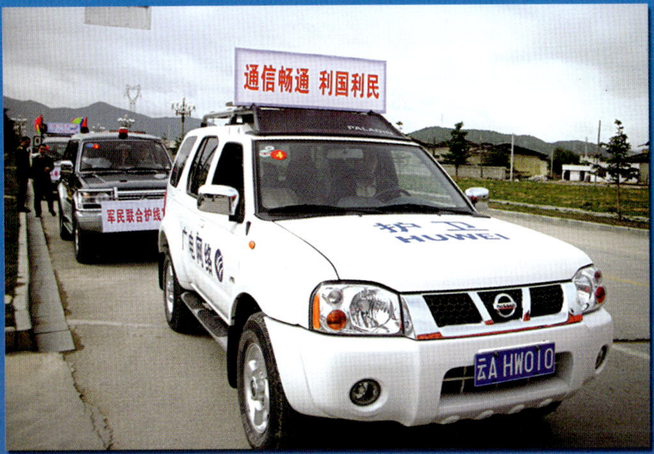


军民网络巡线宣传

线路抢修

室外设备运行指标检测

# 迪庆州体育局

2010年，是迪庆体育“十一五”规划的收关之年，在州委、州政府的正确领导下，坚持科学发展，围绕“发挥体育多元功能”的规划新要求，提出“群众体育有看点，竞技体育有亮点，民族体育有特点，场地建设有地点，体育产业有卖点”的工作思路，以参加第十三届省运会和第九届省民运会为重点，分获7.5枚、4.5枚金牌，以双双超过上届的优异成绩，特别是男篮获得省运会亚军，为“十一五”划上了欣慰的句号。

云南第九届少数民族运动会完美闭幕
各方朋友难说再见

迪庆体育这五年，围绕民生，服务大局，发展事业。班子不负众望，团队不辱使命，以强烈的事业心和责任感，求实、创新、奉献、拼搏，体育事业迈入新的发展时期：体校结合之路越走越宽，体育人才培养、输送的渠道越来越多；事业管理和廉政建设的举措越来越实；体育交流、合作的范围越来越大；体育彩票为基层体育设施的改善作出突出的贡献；体育事业发展的天地越来越宽；团队的凝聚力、战斗力越来越强。民族体育形成以赛马、射箭、射弩为代表的系列传统项目；群众体育的形式和范围不断拓展；竞技体育成绩

输送到国家网协举办的山花班的我州少年女运动员在英国训练

# 迪庆体育 承前启后 科学发展

鼓舞人心；场馆建设以迪庆香格里拉民族体育中心综合体育场为代表，成为迪庆又一地标性建筑；体育交流以国际雪联越野滑雪积分赛暨香格里拉滑雪节最为瞩目，2008 北京奥运火炬传递活动的争取和组织，更为体育对迪庆政治、经济、社会发展的多元化功能和作用，作了生动而现实的诠释。

迪庆体育这五年，是承前启后的五年：过去的创业和探索，为今天的发展奠定了基础；今天的成就，又为今后的发展提供了全新的平台。

2014 年云南省第 10 届少数民族传统体育运动会将在迪庆举办。迪庆体育事业又将赢来新的发展机遇。

# 中甸野生食品

经理汪建忠

中甸野生食品进出口有限责任公司，位于香格里拉县城环东路松茸园区内，是以加工生产云南特有的野生食用菌——松茸为主的野生食品加工企业。公司创建于1995年，原名中甸野生食品加工厂，1996年更名中甸野生食品进出口有限责任公司，1995年，工厂年销售额仅为103万元，1998年，公司在总经理的带领下，抓住国家发展西部的有利时机，四处集资，扩大生产，当年公司销售额就达480万元。2001年，公司取得出口经营权，扩大了经营范围，从单一的卖原料到开始进行精加工，品种逐渐增多，产品质量逐年提高。销售额稳步增长，2005年就实现了年销售800万元。同年12月获得了云南省第二批省级重点龙头企业称号，为公司今后的发展打下了良好的基础，目前，公司 加工生产的清水松

证书

中甸野生食品进出口有限责任公司：

根据《云南名牌产品管理办法》的规定，经云南省名牌战略推进委员会评价确认，特授予你单位生产的 雅波 牌 松茸罐头系列产品（清水松茸、调味松茸）为 云南名牌 产品。

有效期：二〇〇八年九月至二〇一一年九月

证书编号：08-051

云南省名牌战略推进委员会

二〇〇八年九月

名牌产品证书

**核准** 中甸野生食品进出口有限责任公司

使用国家地理标志保护产品专用标志



公　告　号：2003年5号

注册证书号：0000107

国家质量监督检验检疫总局

二〇〇三年二月九日

国家地理标志

油松茸产品

生产场景

# 进出口有限责任公司

茸罐头，冷冻松茸及野生菌类系列食品，除主要出口日本，韩国外，同时生产调味松茸、油松茸等系列产品供应国内市场。

中央领导和州委书记视察公司

公司在上级各有关部门的大力支持下，从小到大，逐步发展起来。近5年来，公司平均年出口各种松茸加工制品125吨，创汇280多万美元，年平均上缴税金110万元，松茸制品出口量居全省第一。公司与农户的利益连接方式为合同制带动方式，每年与松茸产区的大户签定合同，以保证农户的基本利益，据有关管理单位统计，每年带动农户为3600户，平均户增2500元（见香格里拉县农牧局证明）。受到了各级有关部门的表彰，先后被评为县级“纳税大户”，迪庆州先进企业“一等奖”，云南省省级“先进私营企业”，“县重合同，守信用”先进单位等光荣称号。

礼品调味松茸

如今，公司各项加工设施齐全，技术力量雄厚，企业管理制度完善，已获得GMP认证、ISO9001-2000认证、HACCP认证，及全国工业生产许可证，产品质量达到国内先进水平，2008年“雅波”牌松茸系列产品获《云南省名牌产品》称号，10年“雅波”牌松茸系列产品获《云南省著名商标》称号。在国内外市场赢得了良好的信誉。

公司主要产品

公司全貌

# 迪庆藏族自治州
# 人口和计划生育委员会

州人口计生委主任和桂琼

2010年是实施“十一五”规划的最后一年，迪庆州人口计生委一如既往地坚持“和谐计生、惠民计生”理念，致力于统筹解决全州人口问题、致力于健全和巩固全州人口计生管理服务网络，通过不懈努力圆满完成“十一五”规划既定任务，促进了全州总体人口形势良性发展。

“十一五”期间，人口出生率和自然增长率已从2005的14.02‰、7.15‰下降到2010年的10.12‰、 4.27‰，人口再生产类型实现了由“高出生、高死 亡、高增长”向“低出生、低死亡、低增长”的转变，出生率、自然增长率、死亡率明显下降，总体人口素质不断提高，成功控制了人口过快增长的速度，缓解了人口对资源、环境的压力，人口计生工作总体上进入了稳定低生育水平、统筹解决人口问题的新阶段。

“十一五”期间，迪庆州人口计生系统干部职工教育取得历史性突破。先后邀请国家人口计生委优质服务项目专家岳国斌教授、省生殖健康学会张开宁教授等十余位国内外知名专家前来我州为基层干部传授先进的现代诊疗技术，指导基层计划生育服务站所规范化建设；先后安排乡镇基层工作人员等共计48人次前往楚雄、玉溪等省内先进地区专项考察学习。经过多年努力，全州人口计生系统管理服务人员已由过去的几十人增加到现在的200余人，其中，大专以上文化程度的有141人，全州188个建制村均配备有计划生育宣传服务员。人口计生系统干部职工的业务素养、服务能力、服务意识得到了显著提升。

“十一五”期间，迪庆州基层计划生育服务体系建设取得了历史性突破：已建成州级药具管理服务中心1个，县级计生服务站3个，乡（镇）级服务站23个，村级计划生育宣传服务室188个，初步形成了覆盖州、县、乡、村的服务网络，人口计生服务网络实现了全覆盖、标识化、规范化，为育龄群众营造了温馨、舒适、科学、安全的服务环境。

2010年工作会议

计生委主任和桂琼给育龄妇女发放宣传品

计生委领导看望留守儿童

“十一五”期间，迪庆州计划生育惠民政策争取、落实力度创历史新高。至2010年，全州已累计兑现一次性奖励、教育奖学金、养老生活补助、新农合个人参合费等计划生育奖扶资金1765.7万元，受益人数达36499人/次及8324户/次。2010年，经多年争取，西部地区“少生快富”工程在我州得以实施，按照国家逐县推进的要求，德钦县已率先向6481户符合条件的农户发放了总计1944.3万元的补助金，香格里拉、维西两县也有望在2011、2012两年得以实施，将为我州农村计划生育家庭带来总额超过1.21亿元的实惠。

大香项目启动会

计生委领导下乡调研

“十一五”期间，迪庆州人口计生系统优质服务创建活动取得了历史性突破。全州设立避孕药具免费发放点168个，启动实施了出生缺陷一级干预工程，展了针对农村户籍、城镇无业居民、流动人口的各类免费诊疗服务50余起，极大地拓宽了人口计生系统服务领域，提高了服务能力，密切了党群、干群关系，推动了人口和计划生育事业的发展，开创了“政府得民心、群众得实惠、事业得发展”的多赢工作局面，受到了各族群众的普遍欢迎和社会各界的广泛好评。至2010年，维西县已获评国家级计划生育优质服务先进县，香格里拉县、德钦县获得省级计划生育优质服务先进县称号，在全省率先实现了计划生育优质服务省级以上先进县的全覆盖。

“十一五”期间，我州人口和计划生育工作虽然取得了显著成绩，完成了人口控制预期目标，出现了低生育水平的可喜局面。但是，群众生育意愿与现行生育政策之间的矛盾依然存在，总体人口健康水平偏低、出生人口整体素质偏低，城乡人口分布不合理等问题仍然严峻，老龄化加深、出生性别比偏高等人口结构性失衡趋势增强，人口计生工作面临拓展职能、拓宽服务面的新任务，人口计生工作依然任重道远。

宣传活动

基层调查

技术服务下乡惠民

# 迪庆

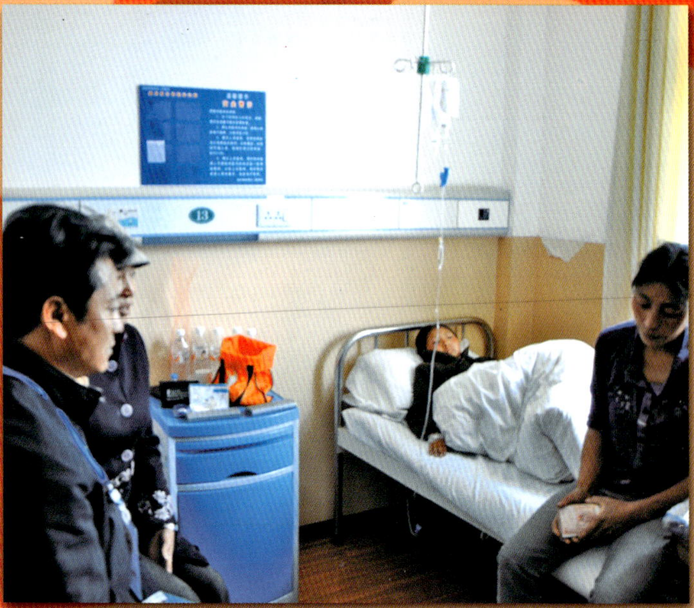

迪庆州红十字会于1998年成立，2008年8月正式实现组织机构的独立设置，独立开展工作。迪庆州红十字会备灾救灾中心作为我州红十字会的一个下属机构，于2000年4月5日经迪庆州机构编制委员会办公室（迪机编办【2000】2号）批准设立，并确定为正科级事业机构。新中国成立以来，特别是改革开放以来，迪庆红十字会依法独立自主地开展工作，在备灾救灾，普及卫生救护和防病知识，推动无偿献血，建设造血干细胞捐献者资料库，开展红十字青少年活动，红十字社区服务，传播国际人道法和红十字运动知识，抗震救灾，灾后重建等方面做了大量工作。

# 州红十字会

2010年，迪庆州红十字会开展以博爱帮困、博爱助学、博爱助残、博爱助老为内容的系列救助活动，为弱势群体雪中送炭，真正发挥红十字会社会保障机制的补充作用。2010年全州不同区域、不同程度的遭受到了风灾、旱灾、冰灾、雪灾、火灾、泥石流等自然灾害，受灾人员多达268814人，农田受灾面积达3.4万公顷。州红十字会严格按照《中国红十字会自然灾害和突发事件救助规则》，做到凡有灾情和突发事件，力争第一时间到达救灾现场，实施及时有效的救助，并及时上报争取救援帮扶。此外，还启动了南普陀寺慈善会援助香格里拉县东旺乡博爱小学贫困学生助学，“小天使基金”，天使阳光基金”，援建虎跳峡中心完小项目等项目。截止2010年底，我州援建项目已实现峻工并投入使用的共18个，在建项目2个，

迪庆州红十字会现在还处于初级发展阶段，人员、资金都十分有限，希望能通过做更多的善事让越来越多的人了解到红十字会，从而在迪庆更好地宣扬红十字会的精神，壮大红十字会志愿者队伍。

发放救灾物资

博爱送万家

# 香格里拉县

# 尼西乡政府

尼西，藏语意为“太阳一升起就能够照到的地方”。尼西乡位于香格里拉县西北部，东邻建塘镇，西以金沙江与德钦奔子栏乡分界，西南接五境乡，北与格咱乡、东旺两乡接壤，西北与四川省得荣县毗邻，介于北纬 27° 57′ -28° 25′ ，东经 99° 20′ -99° 37′ 之间。乡政府驻地崩书塘，平均海拔 3160m，距县城 37km。东北群山横列，西部金沙江环绕，是藏族为主，区位优势独特，历史文化悠久，立体气候明显，地域辽阔，资源比较丰富的山区贫困乡。全乡最高点巴拉格宗雪山海拔 5545 米，为我县第一高峰，最低点金沙江

书记 松永丽

乡长 旦从文

边江东村美丁海拔 2100 米，海拔高差 3345 米，平均海拔 3100 米，受金沙江暖流气候的影响，形成“一山分四季，隔里不同天”独特气候。尼西乡独特的自然环境形成了丰富的生物种群，植被类型多，境内有汤满河、岗曲河 2 条金沙江支流。年均降水量 520 毫升；年平均气温 25 摄氏度；无霜期 124 天，全乡农作物播种面积 15780 亩，林地面积 56615 公顷，可利用荒山 27215 公顷，森林覆盖率达 67%。

全乡总面积为 845 平方公里，辖新阳、幸福、汤满、江东四个村委会，47 个村民小组。2010 年全乡共 1285 户，总人口为 6742 人。其中，藏族人口占总人口的 98.8%。全乡共有 1 个党委、4 个党总支、23 个党支部，党员 443 人（农村党员 370 人）。尼西乡属山区地貌，境内山高水深，干旱缺水。这里有著名的“尼西石棺墓”，有很高盛誉的“尼西土陶”，有营养丰富的“尼西土鸡”，还有又香又辣的“尼西小米辣”，有久跳不衰的“尼西情舞”，有著名的旅游景点巴拉格宗大峡谷，还有滇藏公路上一道亮丽的风景线，红军长征“活”的见证—伏龙桥。尼西乡是一个藏族聚居的地方，也是一个全民信教的地区，群众的生活习俗和文化方式受博大精深的藏文化的影响，它的文化内涵实质上是与藏区的民族传统文化源于一脉，但由于受尼西自然条件的影响，为适应生产、生活的需要，尼西乡在历史发展过程中形成了多姿多彩的民风民俗，并与得天独厚的自然景观巧妙地融为一体，构成了丰厚的人文景观和神奇的自然景观交相辉映的美丽画卷。以藏传佛教为主的宗教文化、尼西情舞为主的藏族传统文化、汤堆黑陶和上桥头木制工艺品为主的藏族工艺品文化，是我州文化的瑰宝。

# 香格里拉县

# 尼西乡政府

尼西乡是一个以农牧业为主，运输业占重要地位且农林牧综合发展的山区贫困乡，村民多数都居住在自然条件差的贫困地区，由于受特殊地理环境条件的限制，乡境内主产小麦、玉米、马铃薯、青稞等，农作物在高寒山区一带为一年一熟，半山区和河谷地区为一年两熟，群众大多数都过着自给自足的生活。由于受海拔、气候及特殊地理环境的影响，经济发展缓慢，交通运输业及采集野生菌类成为农民经济收入的主要来源。一直以来，尼西的发展和建设倍受上级和社会各界的关爱、支持。在机遇、挑战和压力面前，乡党委、政府始终坚持科学的发展观，紧紧抓住经济建设这个中心，根据全乡贫困面广、群众致富不强的状况，围绕农民增收、农业增效、农村稳定和经济发展的要求，依托香格里拉县城这个大市场，大胆提出了发展地方特色产业、打造尼西品牌的发展思

路，以名特优农产品（尼西鸡、反季蔬菜）业、文化生态旅游（巴拉更宗景区、尼西手工木制品、手工土陶制品和尼西情舞）业、水电产业、个体民营产业（私车管理协会运输业、民营经济）等四项重点产业建设，成为农民增收、农业增效、富民强乡的一大亮点。全乡呈现出经济较快发展，固定资产投资快速增产，社会全面进步，民族团结和睦的良好局面。2010 年我乡完成固定资产 2633.11 万元，年底本级财政收入为 380 万元，年均增长 48%；财政支出为 684.56 万元，全年共补偿合作医疗金额 58.6133 万元，发放各项民政救灾资金 247.78 万元，农民人均收入达到 2858 元。尼西鸡养殖、反季节蔬菜、藏族手工艺品、个体经济等收入在农民收入所占比例大幅度增加。农村基础设施建设步伐加快，民生工程建设成效显著，对外形象和投资环境继续改善，全乡各项社会事业整体推进。

# 德钦县

奔子栏镇党委书记龙卫泽

奔子栏镇人民政府镇长培布

“奔子栏”藏语意为“公主起舞的乐园”或“美丽的沙坝”，位于云南省迪庆州德钦县东南部，是钦县南大门，国道214线穿境而过，距离德钦县升平镇102公里。东与四川省得荣县隔金沙江相望，南靠拖顶乡，西邻霞若乡、燕门乡、云岭乡和升平镇、北接羊拉乡。地势西高东低，呈“一”字形南北走向，既有山地河谷，又有高寒山地，镇政府地处金沙江西岸习木贡，海拔2025米，海拔在2000米以下的河谷属北亚热带干旱粮作区，年平均气温在14℃—16℃；最高气温36℃，最低气温零下7.4℃，年降水量373.9毫米，海拔2000—3000米地区则地貌复杂，既有小块台地、坡地，也有成片原始森林，平均气温在8℃—13℃，年降水量在423毫米。奔子栏镇下辖奔子栏、达日、叶日、书松、夺通5各村民委员会，71各村民小组，总面积1245平方公里，2010年全镇农业人口8426人，1488

# 奔子栏镇政府

2009年3月8日，省委书记白恩培到奔子栏调研农业产业结构

户，总耕地面积6306亩，人均收入3744元。

奔子栏一年四季气候和煦，自然资源富集，民族文化多彩，使奔子栏成为了镶嵌在金沙江畔的一颗五彩宝石，吸引着中外游客。远自吐蕃时期，奔子栏就成为西南入蕃古道，由滇入藏的茶马古道要冲。1935年红军长征时贺龙率红二军团第四方面军曾途径奔子栏边境。

早在1300年前藏民族就在这块土地繁衍生息，奔子栏镇历史上属于石义村王氏土司辖地。1957年经云南省批准，原维西县第六区建置为县一级工作委员会机构，称为丽江地委奔子栏办事处工作委员会，1959年9月23日，省委调整县（市）、区划的时候，德钦县和奔子栏办事处合并为一个县，该办事处建立区级机构划归德钦县下辖，并作为区级行政单位建置，建立区人民政府辖奔子栏、叶日、书松、夺通、洛玉5个乡。1983年划奔子栏江东村入置原中甸县，1984年划洛玉乡入置拖顶乡。

省委副书记李纪恒到奔子栏视察

2009年，副省长孔垂柱到奔子栏镇调研葡萄产业。

# 德钦县

1987 年撤区建立乡人民政府辖奔子栏、叶日、达日、书松、夺通 5 个村公所。2003 年 1 月 11 日撤乡建立镇人民政府，辖区不变。

2010 年，在县委、县政府的正确领导下，奔子栏镇认真贯彻落实十七大和十七届四中全会及中央第五次西藏工作座谈会精神，全面践行科学发展观，坚持“1235”发展战略，即围绕建设藏东旅游文化示范镇一个目标，突出农民增收和社会稳定两个重点，培育旅游文化、生态农业、特色养殖三个产业，打牢教育、生态、交通、市政、党建五个基础，努力克服工作中遇到的各种困难和压力，通过同全镇人民坚持不懈的努力，使全镇继续保持了经济发展、社会进步、民族团结、宗教有序的良好局面。

经济社会发展目标完成情况：全镇辖 5 个村委会，71 个村民小组，1488 户，农业人口

# 奔子栏镇政府

8426 人。现有耕地面积 6001亩，同比减少 2.1%；全镇粮食总产量达 414.6 万公斤，同比减少 0.24%；

工作开展情况：坚持加大投入，农村生产生活条件明显改善；坚持扶贫攻坚，重点项目建设进展顺利；坚持结构调整，产业培育走出新路子；坚持以人为本，社会事业取得新进展；全力以赴，做好村级换届工作，维护一方稳定工作有了新成效。坚持依法行政，政府自身建设得到加强。

德钦县推广种植的优质酿酒葡萄基地

# 迪庆州德钦县

奔子栏中学（德钦四中）位于奔子栏镇政府所在地，是德钦县实施普及九年义务教育工作中有着举足轻重地位的一所农村初级中学，学校创建于 1969 年 8 月。经过四十年的建设发展，目前学校占地面积 6000 平方米，校舍建筑面积 4178 平方米，其中教室 896 平方米，学生宿舍 1064 平方米，教工宿舍 659 平方米。学校已配备Ⅱ类理化生实验仪器、计算机和远程教育设施，拥有图书 8000 册。

自 2006 年实施规模办学以来，寄宿就读学生从原来 100 人左右，增加到 390 人，教学班从原来的 3 个班，增加到 11 个教学班。学校现有教职工 37 人，其中教师 34 人，中学高级教师 2 人，中学一级 12 人，具有本科学历的 10 人，专科学历教师 22 人。

奔子栏中学四十年的发展，倾注了几代教师的心血，经过四十年的奋斗，学校在抓住机遇、深化教育改革、转变教育观念、加强制度管理、提高教学质量、落实素质教育等方面取得了一定的成绩，先后为社会输送了 2 个高中班，6 个“3+1”职业班，60 个初中班近二千多学子，他们在全省的各行各业为社会发展作着积极的贡献。回顾四十年的历史，有过 7 连冠的辉煌。四中成为莘莘学子成长成才的摇篮。上级党委、政府给予了高度评价，先后受到县级以上集体表彰 40 余次。

省政府督导组到校视察

四十年来，县委、县人民政府十分重视教育，加大了对我校基础设施的投入力度，优先改善办学条件、优化教育设备。在办学特色方面，学校把民间文化艺术传承教育作为第一期校本课程开发项目，把民间文化艺术传承教育作为创特色的着眼点，并于 2003 年与镇文化站联合创造了第一套民族歌舞校园操，民族民间文化传承教育与义务教育相互渗透的

# 奔子栏中学

全体教职工合影

方式，成为弥补普通中学教育资源不足的一种尝试，受到社会各界的好评。

四十年来，学校全面贯彻党的教育方针，全面推进素质教育，各项工作不断提高，教育教学水平也取得了稳步提升，为德钦县普及九年义务教育做了基础性的工作。四十年的花落花开，学校每一次的变化都充满历代师生的辛酸和辉煌，学校每一步的发展都倾注着历代师生员工们的热血和汗水。花开花落、春秋代序，历史永远不会忘记为德钦四中的创业、发展、壮大做出贡献的领导、前辈、广大教职员工和校友们。未来工作中，我们相信在上级党委政府和教育行政部门的正确领导下，在社会各界对教育的热情支持下，通过在职广大教职员工的不懈努力，通过奔子栏中学 40 年的创业历程中成功经验的发扬、失败教训的引以为戒，让我们认识过去、服务现在、开创未来、不断努力、不断完善，把四中建设成培养本地区人才的摇篮，再创历史新篇章！

发放奖学金

贫困生家访

斗牛节开幕式演出

爱心接力

# 奔子栏镇中心卫生院

院长　陆金卓玛

奔子栏镇中心卫生院是一所政府创办的医疗机构，始建于1956年，全院建筑总面积为2693.98平方米，其中业务用房总面积为1450.47平方米。院下设立了门诊部和住院部；分设了内科、外科、妇产科、中医科、藏医科、口腔科、防保科、妇保科、手术室、化验室、放射室、心电图室、B超室等科室。现有主要设备：X线光机、半自动生化仪、血球计数仪、B型超声诊断仪、心电图机、心电监护仪。

国家卫生部副部长陈啸宏亲临我院指导工作

省卫生厅厅长陈觉明到我院视察工作

奔子栏中心卫生院服务于全镇人民的医疗、预防、保健、计划生育技术服务、公共卫生、健康教育、新型农村合作医疗以及承担着村医及农家卫生员理论知识培训和实践操作

州、县领导到我院调研

村医、农家卫生员培训

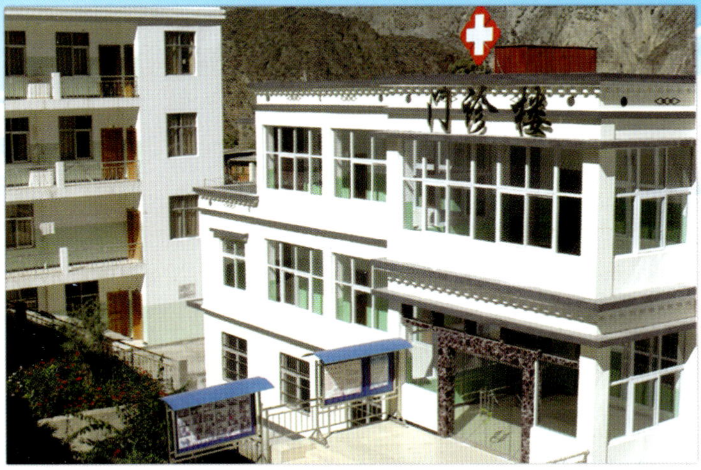


新建门诊楼

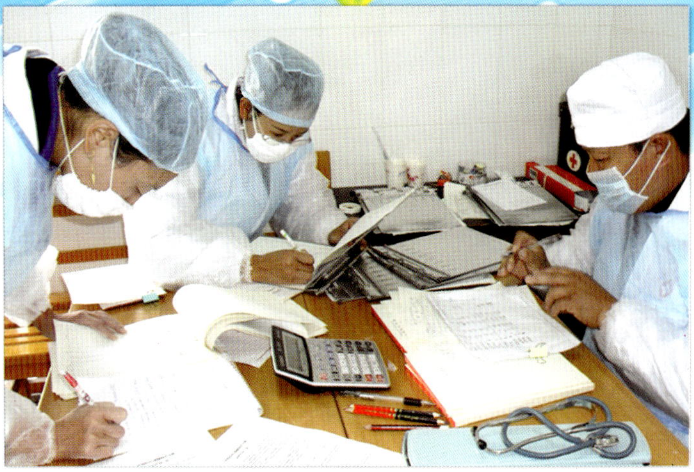

病案分析

能力指导等工作，是国道 214 线上的重要急救、诊疗阵地，担负着近万名人民群众的健康和周边群众以及流动人口的就医诊疗工作。

2010 年，在奔子栏镇党委、政府的正确领导下，卫生院坚持“三个代表”的重要思想，深入贯彻落实州、县卫生工作会议精神，实行“以人为本，患者至上”的医疗卫生服务理念，不断改善医院的就医环境和医疗设备，提高诊疗技术水平和服务质量，全院职工共同努力，团结协作，开拓进取，积极完成上级交给的各项医疗工作任务。

一是努力提高医德医风及职业道德教育。加强医院管理，完善服务水平，改善医患关系；二是积极开展医疗业务。2010 年门诊看病人次 12168 人，收住院 238 人，治愈率达 96%；三是积极开展新型农村合作医疗工作。2010 年新型农村合作医疗参户 1492 户，参合 8404 人,参合率 97.8%；四是积极实施计划免疫工作。“七苗”接种人数 1969 人，接种率 95%；五是积极开展妇幼保健工作。孕产妇保健 78 人，保健覆盖率达 75%，孕产妇系统管理 57 人，系统管理率达 73%；六是积极开展健康教育工作。采取挂布条，黑板报，发放宣传单，口头宣传等，多种形式对广大群众进行健康教育；七是积极开展建立居民健康档案工作，建档 3500 份；八是积极开展安全生产工作和村卫生室工作。

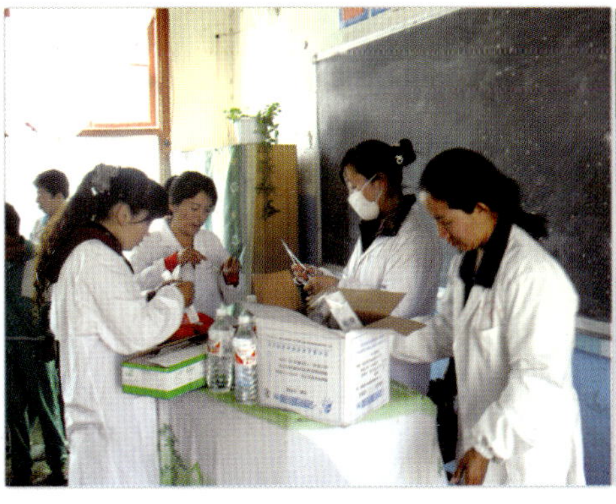

技术交流传经论典

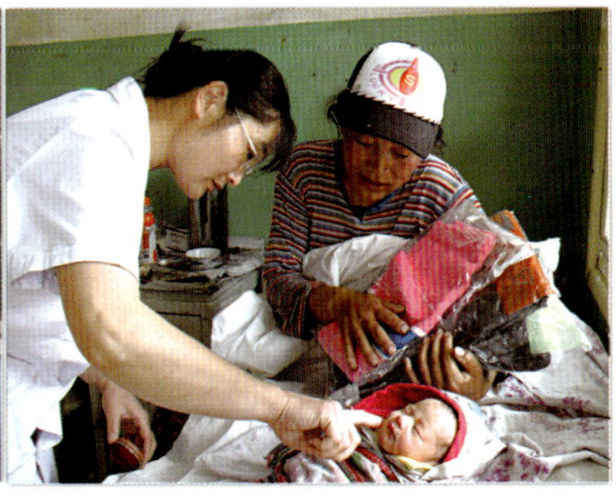

手足口病检查

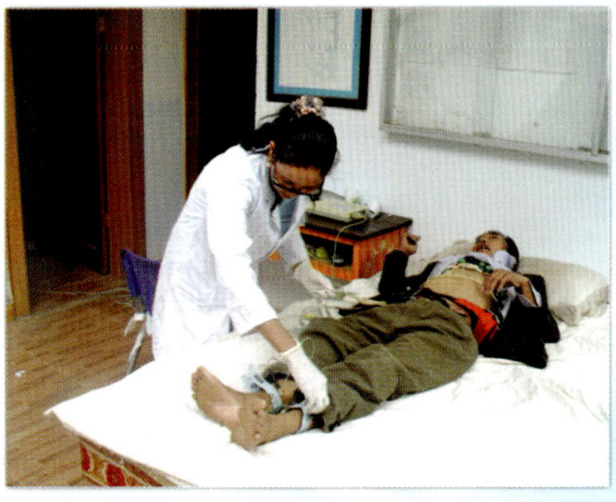

心电图检查

# 中国大地财产保险股份有限公司
## 迪庆支公司

迪庆支公司总经理林钦

中国大地财产保险股份有限公司是经国务院同意、中国保监会批准成立的全国性财产保险公司。公司成立于 2003 年 10 月 20 日，总部设在上海，是中再集团公司旗下唯一的直保财险的国有保险公司。

中国大地财产保险股份有限公司迪庆支公司于 2007 年 3 月 6 日经云南省保险监督管理局批准后开始筹建，2007 年 6 月 8 日正式挂牌营业。公司设有总经理室、综合管理部、计划财务部、业务管理部、客户服务部、营业部，其中销售序列 3 人，非销售序列 10 人。

公司始终坚持“诚信为先、稳健经营、价值为上、服务社会”的经营理念和“立足大地、携手创业、共享未来”的企业精神，遵循“技术领先、低成本扩张、总成本领先”的经营策略和“专业化定位、综合化管理、扁平化服务、差异化发展”的经营指导思想，努力把公司建成国内一流的财产保险公司，建成保险业的百年老店。

迪庆支公司根据保监局批复，公司经营的保险业务有：企业财产损失保险、家庭财产损失保险、建筑工程保险、安装工程保险、货物运输保险、机动车辆保险、短期健康保险、意外伤害保险、责任保险、保证保险、信用保险、种植保险、养殖保险以及中国保监会批准的其他保险业务。

中国大地财产保险股份有限公司迪庆支公司紧密依靠集团的全球保险网络，将坚持“诚信为先，稳健经营，价值为上，服务社会”的经营理念，建设有自身特色的企业文化公司。公司实现了车险全国通赔，客户在公司任何指定营业网点都能接受查勘定损、递交单

重点地区银保合作座谈会

理　赔

迪庆支公司

公司员工活动

查勘路途

证、领取赔款、垫付抢救费用的服务。

与中国工商银行、中国建设银行、中国农业银行、中国农业发展银行和中国邮政储蓄银行等多家银行建立了战略合作关系，多渠道为客户提供快捷服务。

中国大地财产保险股份有限公司提供业界最早“赔案在线查询”特色服务，客户只要登陆 **WWW.95590.CN** 网站,可查询赔案即时情况。拨打中国大地电销专线 **95590** 即刻为客户提供快捷、方便的保险投保。

**全国统一客户服务专线95590为客户快捷服务。**

公司集体照

公司荣誉

PICC 中国人保

# 中国人民财产保险股份有限公司
# PICC Property and Casualty Company Limited
# 迪庆州分公司

中国人民财产保险股份有限公司（PICC P&C，简称“中国人保财险”，下同）是经国务院同意、中国保监会批准，于2003年7月由中国人民保险集团公司发起设立的、目前中国内地最大的非寿险公司，注册资本111.418亿元。其前身是1949年10月20日经中国人民银行报政务院财经委员会批准成立的中国人民保险公司。

人保财险总公司刘政焕副总裁
莅临迪庆分公司检查工作

中国保监会吴定富主席在迪庆调研

云南保监局华日新局长在迪庆调研

在六十多年的卓越历程里，中国人保财险以“人民保险、服务人民”为使命，秉承“以人为本、诚信服务、价值至上、永续经营”的经营理念，弘扬“求实、诚信、拼搏、创新”的企业精神，坚持以市场为导向、以客户为中心，积极履行优秀企业公民责任，为促进改革、保障经济、稳定社会、造福人民提供了强大的保险保障。同时，在服务经济社会发展全局和广大客户的实践中，创造和积累了市场领先的企业核心竞争优势。拥有强大的品牌优势、人才优势、产品优势、技术优势、服务优势。

中国人民财产保险股份有限公司迪庆州分公司是中国人保财险公司下设的地市级分公司，位于迪庆藏族自治州香格里拉县康定路1号。公司按业务管理流程和客户服务的需要分别设有综合管理部（含办公室/人力资源/纪检监察等职能）、理赔/客户服务中心、财务中心、车险部/电销部、非车险部/农业部，州分公司下辖香格里拉、德钦、维西三个县支公司，有迪庆香格里拉经济开发区营销服务部等8个营销服务部，还有18家保险兼业代理机构，向社会和公众提供保险保障和服务。

2010年9月迪庆分公司保险理赔员
深入受灾现场进行查勘

省公司陈源副总在迪庆调研

《醉酒驾车入刑》座谈会

民主生活会

晨会建设

查勘路途

理赔队伍

公司现有管理人员及销售人员75名，具有5年以上保险工作经验人数占90%。公司经营范围包括：人身意外伤害保险、短期健康保险、机动车辆保险、企事业单位财产保险、家庭财产保险、建筑和安装工程保险、货物运输保险、责任保险、信用保证保险、农业保险等多个险种。

站在新的历史起点，中国人保财险将以科学发展观为指引，以锐意进取的改革精神和求真务实的科学态度，与时俱进，整合创新，实现公司新的创业和跨越式发展，为全面建设小康社会和构建社会主义和谐社会提供更加优质的保险保障服务。

公司大楼

# 深化改革谋发展

## ——香格里拉县供排水

董事长兼总经理　农布

香格里拉县供排水有限责任公司在县委，县政府及建设主管部门的正确领导下，深入贯彻落实科学发展观，以人为本，开拓创新，全面推进企业体制改革，推进水资源的可持续利用，促进社会经济的可持续发展，为建设小康社会提供了有力的支撑和保障。

公司现有职工 59 人，固定资产原值 1 亿元，拥有日供水能力 10000 立方米水厂两座，供水管网长度 99 千米；日处理污水能力 1 万立方米污水处理厂一座，截污干管和雨污管 68 千米，拥有用水户 6320 户。

随着国家推进西部大开发，建设资源节约型，环境友好型社会的不断深入，公司积极响应建设香格里拉生态旅游城市的发展规划，加快体制改革的步伐，深化企业内部管理，严格执行公司规章制度，以人为本，抓好安全文明生产、创优质服务，树企业形象。在做好日常生产经营的同时，采用多元化投资渠道，引进外资和中央预算内资金，先后对供水生产工艺进行了技改，自动化水平已达到先进水平。在污水处理基础设施建设方面，在当地政府和社会各界的广泛关注下，城市排水功能逐步完善，按“先网后厂”的原则同步建设了较为完善的污水收集配套管网,利用荷兰援助资金建成了二期污水处理示范项目，成为了西南地区污水处理经济适用技术项目的典范，攻克了高原地区低温、高海拔现状下污水处理技术上的障碍,污水厂发挥了应有的环境效益，出水指标达到了国家排放标准。

按照县委、县政府“城乡一体化”的发展战略，组织人力、物力，把供水管网不断向农村延伸，扩大供水面积，让城乡居民用上干净、卫生的城市自来水。目前，独克宗古城，尼旺宗古城以及城

州政府副秘书长阿西主陪同省建设厅
康向萍副厅长视察污水项目

中荷政府国际双边项目香格里拉污水处理项目竣工仪式

# 以人为本增效益

## 有限责任公司在发展中不断状大

实地查看三水厂新址

荷兰赠款示范项目技术指标验收会

水质分析

市边缘几个村委会农民都用上了安全卫生的自来水，自来水管网覆盖面达到建成区的98%。公司一直以来把“以优秀的服务进市场，向优质的服务要效益”作为经营服务理念，百姓吃水无小事，保证水质,是香格里拉水务人最重要的经营理念，今年公司在加强水质检验员培训的同时,加大化验项目的投入，进一步确保了水厂供水质量。不仅如此，香格里拉县供排水公司合理调度,及时通知和安排抢修爆漏点,确保了管网及时维修。

香格里拉县供排水有限责任公司在奋进中发展,在发展中壮大,如今正以崭新的企业风貌、优质的服务理念满足用户需要,以优质、高效、安全、连续供好水而深受用户青睐，为社会经济的可持续发展提供了可靠的物质保障，注入了新的活力。

香格里拉城市排水供水价格调整听证会

抢修排水道

香格里拉污水处理厂全貌

# 云南香格里拉
# 藏龙生物资源开发有限公司

公司总经理　陈树合

公司副总经理　杨尚志

云南香格里拉藏龙生物资源开发有限公司成立于2001年，企业资产总额7800万元，现有职工268人。公司以“做强基地、做精产品、做大市场”的发展理念，以雪域高原香格里拉为依托，充分利用现代高新技术与现代经营理念，实现藏区优势再生特色资源的产业化开发与规模化生产。

公司拥有工艺先进的牦牛肉加工、藏香猪肉加工、藏鸡肉加工、牦牛乳制品加工、野生食用菌加工、森林蔬菜加工、特色农产品加工等四条流水生产线，并采用餐饮连锁店、产品专卖连锁店与现代物流系统、冷链物流配送系统为纽带，充分拓展国内外销售市场，努力打造香格里拉民族品牌。

经过不断提升生产经营模式，公司生产产品具有牦牛肉系列、藏香猪肉系列、藏乡珍珠鸡肉系列、野生食用菌系列、森林蔬菜系列、青稞系列等产品达78种132个单品，年产值达5800多万元，实现了藏区再生资源优势向经济优势的转变。

通过提高产品质量与技术改造，2004 年至 2010 年，公司有七个系列产品已通过国家有机食品认证、AA 级绿色食品认证。产品荣获“云南省名牌农产品”、“云南省著名商标”、“消费者喜爱的云南食品”、“科技产品二等奖”等荣誉称号。同时企业通过了全国工业企业食品安全生产许可认证（QS 认证）、ISO9001:2000 国际食品质量管理体系认证、ISO22000（HACCP）食品安全管理体系认证。

公司自成立以来，得到了各级党委政府的大力支持，企业先后荣获“国家级扶贫龙头企业”、“全国食品质量安全示范单位”、“云南省林业产业化重点龙头企业”、“云南省农业产业化重点龙头企业”、“云南省双爱双评先进企业”、“云南省创新型非公有制企业”、“云南省成长型中小企业”、“云南省餐饮名牌企业”、“云南省首届农村创业之星”、“云南省文明单位”、等；同时，迪庆州委州人民政府授予企业“招商引资先进企业”、“迪庆州农业产业化重点龙头企业”、“‘十一五’期间优强企业”、“科技创新企业”、“食品安全示范单位”等荣誉称号。

牦牛大餐

接待国外来宾

公司销售部总结大会

公司销售团队

# 迪庆州

迪庆州幼儿园园长、党支部书记赵素梅

迪庆州幼儿园是迪庆州唯一的州属公办全日制幼儿园，位于香格里拉县城西南侧绒巴路 7 号。办园规模为 15 个班，在园幼儿共 646 人，是云南省一级一等示范幼儿园。在州委州政府及相关上级部门的关心帮助下，2010 年，州幼儿园又启动了改扩建项目。该项目建设完成后，将使幼儿园的规模、社会影响力和辐射力进一步扩大，能极大地发挥优质幼儿园的示范与辐射作用，为推动迪庆州教育综合改革和学前教育发展起到基础性作用。

州幼儿园现有教职工 74 人，有一支恪守职业道德、团结进取、开拓创新、业务精良和有幼教信仰的教职工队伍。建园 22 年来，在园务管理、办园条件、教育科研、队伍建设、教育教学和保教质量等方面都实现了跨越式大发展。确立了明确的办园方向、先进的办园理念、科学的管理思想，并以其独特的个性品位与文化内涵，形成了鲜明的办园特色和良好的社会影响力。州幼儿园先后获得全国、省、州各级各类荣誉称号，教师个人撰写的教科研论文近百余篇分别获得国家、省、州级各种奖项，并有部分发表在各级各类刊物上。2011 年下半年起，州幼儿园在课程改革中，将实施国学经典教育纳入园本课程体系，使广大师生树立正确的伦理道德观念和人生价值观念，提升德行修养，塑造健全人格，促进幼儿身心健康和谐发展。为实现我园提出的“创办富有中国特色、迪庆特点的国内有影响的幼儿园”的办园目标奠定了坚实的软硬件基础，争取为幼教事业的发展做出新的更大的贡献。

省教育厅厅长罗崇敏一行在州长陈建国等相关领导陪同下到州幼儿园视察

值得信赖的专业团队

# 幼儿园

丰富的园外教学活动

欢庆“六一”

学经典 行经典

2008年通过云南省一级一等示范幼儿园评估

改扩建后的迪庆州幼儿园全貌

（李东红摄）

# 目　　录

## 特　载



## 大事记



## 概　况

## 群众团体

## 政　法

## 审计·统计



## 工　商



## 监督·管理

## 农业·牧业·林业



## 旅　游

## 城建・土地・环保



## 财政・税务

## 文　化

## 科学技术

## 教育·体育·卫生

## 社 会

# CONTENTS

## Feature Articles



## Major Events



## General Survey



## Politics

## Social Organization



## Politics and Law



## Military



## Economics



## Audit · Statistics



## Business



## Supervision · Management



## Agriculture · Livestock · Forestry



## Tourism



## Meteorology

## Water Conservancy and Electricity



## Communication · Post · Telecommunication



## Urban · Land · Environmental



## Finance Taxation



## Finance · Insurance



## Cultural



## Science and Technology



## Education · Physical · Health



## Social

# 特　载

## 深入实施“四州战略”
## 为全州各族人民更加幸福美好的明天而努力奋斗

### ——在中国共产党迪庆藏族自治州第七次代表大会上的报告

张登亮

（2011年8月15日）

各位代表，同志们：

现在，我代表中国共产党迪庆藏族自治州第六届委员会向大会作报告。

中国共产党迪庆藏族自治州第七次代表大会是在我州加快推进全国藏区跨越发展和长治久安示范区建设、实施“十二五”规划关键时期召开的一次十分重要的会议。大会的主题是：高举中国特色社会主义伟大旗帜，以邓小平理论和“三个代表”重要思想为指导，深入贯彻落实科学发展观和胡锦涛总书记在纪念中国共产党成立90周年大会上的重要讲话精神，全面贯彻党的十七大、十七届三中、四中、五中全会、中央第五次西藏工作座谈会和省委八届九次、十次、十一次全会及省委藏区工作会议精神，总结州第六次党代会以来的工作，确定今后5年乃至更长一段时期的奋斗目标和主要任务，选举新一届州委和州纪委，动员全州广大党员和各族群众，进一步解放思想、开拓创新，挖掘潜能、凝聚力量，抢抓机遇、趁势而上，谱写迪庆跨越发展和长治久安新篇章。

### 一、抢抓机遇、奋起直追，州第六次党代会以来确定的主要任务全面完成

州第六次党代会以来的5年是极不平凡的5年。面对复杂的国际国内环境和艰巨的改革发展稳定任务，州委团结带领全州各族人民，认真贯彻落实党的路线方针政策，紧紧抓住前所未有的机遇，以事在人为的坚定信念、开拓进取的拼搏精神，胜利完成了州第六次党代会确定的各项目标任务，迈出了推进跨越发展和长治久安的坚实步伐。

5年来，全州综合实力大幅提升。州委立足于欠发达的州情，始终把发展作为解决迪庆一切问题的关键，坚定不移走中国特色、迪庆特点的发展道路，筑牢全州各族人民幸福安康的强大物质基础。与2005年相比，全州生产总值从28.02亿元增加到2010年的77.1亿元，年均增长19.91%；固定资产投资从31.62亿元增加到134亿元，年均增长33.48%；地方财政一般预算收入从1.39亿元增加到5.97亿元，5年翻了两番多。三次产业比重由2005年的19.07：35.68：45.25调整为2010年的9.51：38.28：52.21，产业结构趋于合理。集中力量突破交通瓶颈制约，完成香格里拉机场三期扩建，香德、德维（塔）二级公路改造全面推进，公路通车总里程达5 372公里，交通条件显著改善。能源建设步伐加快，电力装机容量达85.6万千瓦，主干电网覆盖全州。城乡建设日新月异，城镇功能日趋完善，城镇化率达24.89%。

扎实推进新农村建设，农业农村生产生活条件进一步改善。加快发展现代农业，粮食产量达 14.67 万吨，实施了 117 个村“整村推进”，年均减少贫困人口 1.2 万人。旅游、生物、水电、矿产四大支柱产业快速发展，产业优势日益显现。财税、金融、投资、科技、教育、文化、卫生等一批关键领域改革取得重大突破，滇沪、迪昆合作领域不断拓宽，区域合作继续深化。现代服务业快速发展，中国银行、富滇银行先后在迪庆设立分支机构。

5 年来，全州社会始终保持和谐稳定。州委积极顺应各族干部群众对和谐社会的热切期盼，调动一切积极因素，聚精会神搞建设、一心一意谋发展的强大合力和良好氛围逐步形成。坚持和完善人民代表大会制度、中国共产党领导的多党合作和政治协商制度。巩固和壮大新时期爱国统一战线，工会、共青团、妇联等人民团体的职能作用得到充分发挥。修订了《迪庆藏族自治州自治条例》，颁布了《云南省迪庆藏族自治州藏传佛教寺院管理条例》和《云南省迪庆藏族自治州民族团结进步条例》等一批单行条例，“五五”普法和“三五”依法治州规划全面完成。推进政务、厂务、党务公开，科学民主决策进一步提高。健全基层民主自治制度，各族群众参与民主政治的积极性空前高涨。高度重视做好新形势下的民族宗教工作，始终保持了民族团结、宗教有序的良好局面。创新维稳工作举措，连续 4 年开展了不同主题的“千名干部进村入户（寺）”活动。严厉打击各类刑事犯罪活动，进一步规范境外媒体和境外非政府组织管理，涉藏外事工作得到加强，严密防范和严厉打击达赖集团、敌对势力的渗透破坏活动，经受住了“3·14”事件和藏区维稳敏感时段的严峻考验，成功完成了奥运会火炬香格里拉传递任务，成为全国最稳定的藏区。畅通信访渠道，建立健全矛盾纠纷排查调处机制，加强基层人民调解、法律援助和法律服务等工作，切实维护群众合法权益。双拥工作成效显著，国防和后备力量建设有了新的加强。高度重视安全生产，组织开展禁毒和防艾人民战争，强化食品、药品监管，切实维护各族群众生命财产安全。

5 年来，全州人民生活水平明显提高。州委集中有限的财力，全力以赴推动社会保障和改善民生工作，让各族群众共享改革发展成果。千方百计增加各族群众收入，从 2005 年到 2010 年，农民人均纯收入由 1 425 元增加到 3 347 元，年均增长 18.62%；城镇居民人均可支配收入由 9 796 元增加到 15 996 元，年均增长 10.3%。优先发展教育，实施“高原农牧民子女救助工程”，探索了“州办高中、县办初中、乡（镇）办小学、村办学前班”的集中办学路子，推进各级各类教育协调发展，“普九”目标如期实现，师资队伍素质和教学质量显著提高。深入实施“创新型云南行动计划”，科技进步对经济社会发展的支撑作用进一步增强。社会保障面不断扩大、服务水平不断提高，启动新型农村社会养老保险试点，农村低保实现对贫困人口全覆盖，累计发放低保金 1.7 亿元。实施“农民健康工程”，医疗卫生基础设施持续完善，初步建立起突发性公共卫生应急机制。稳定并完善现行人口和计划生育政策，推动人口长期均衡协调发展。实施积极的就业政策，5 年新增城镇就业和累计转移农村劳动力分别达 2.8 万人和 8.6 万人，城镇登记失业率控制在 3.9% 以内。加快实施保障性安居、游牧民定居工程、农村民居地震安全、农村危旧房改造工程，一批困难群众喜迁新居。完善体育基础设施，深入开展全民健身运动，竞技体育取得了显著成绩，实现了残奥会金牌零的突破。

5 年来，全州民族文化事业繁荣发展。州委认真实施“文化兴州”战略，加快构建覆盖城乡的文化传播体系，现代文化发展的活力不断增强。深入开展社会主义核心价值体系建设，坚持用马克思主义中国化最新成果武装党员干部、教育各族群众，坚定理想信念。连续 4 年开展了“同一主题，不同形式、不同要求”的教育活动，高水准地举办了建州 50 周年庆典、第六届康巴艺术节暨迪庆州民族团结节。坚持用社会主义荣辱观引领社会风尚，深入开展社会公德、职业道德、家庭美德、个人品德教育，群众性精神文明创建活动扎实推进。牢牢把握正确舆论导向，舆论引导和对外传播能力逐步提高。精心组织实施了一批文化惠民工程，文化服务网络日益健全。推进文化体制改革和文化产业发展，成功推出了《香巴拉印象》等优秀剧目和电视剧《香格里拉》等影视作品，发行了香格里拉邮票。重视文化产业人才培养，培育出一批骨干文化企业。加强藏语节目和藏文出版物生产能力建设，建设了滇西北党报彩印中心，实施了《迪庆日报》免费进村寺工程。繁荣发展哲学社会科学，积极开展藏学研究。抢救和保护非物质文化遗产，“迪庆民族文化保护试验区”获得国家批准，“迪庆锅庄舞”等5项列入国家非物质文化遗产保护名录。深入开展“扫黄打非·梅里”工程，有效净化市场秩序。加强文化的交流与合作，香格里拉文化品牌得到进一步提升。

5年来，全州生态文明建设不断加强。州委坚持在发展中落实保护、在保护中促进发展，积极推进生态建设产业化、产业发展生态化。全面实施“七彩云南香格里拉保护行动”，稳妥实施集体林权制度改革，天然林保护、退耕还林还草、防护林建设等重点生态工程建设力度不断加大，累计完成公益林建设43.58万亩，实施人工造林58万亩，封山育林38万亩，森林覆盖率达73.9%。加强自然保护区管理工作，推进生物多样性保护，开展主要湖泊、河流水土流失治理。坚持保护生态环境与发展旅游产业、群众脱贫致富相结合，扎实推进香格里拉普达措、梅里雪山、虎跳峡、巴拉格宗、滇金丝猴五大国家公园建设。开展以生态移民为重点的“人下山、树上山”试点工作。深入开展农村环保小康建设，强化饮用水源地保护，调整农村能源消耗结构，城乡人居环境显著改善。认真落实节能减排工作责任制，主要污染物总量控制在计划指标范围内。加强草原、森林和水土流失等生态环境监测能力建设，有效防止重大地质灾害的发生。启动实施了生态畜牧业试点工作。深入开展生态文明创建活动，群众环境意识、绿色消费意识和生态保护意识明显提高，良好的生态支撑作用不断凸显。

5年来，全州党的执政基础更加牢固。州委始终把党的建设摆在突出位置，不断提高党的执政能力，保持和发展党的先进性，为全州改革发展提供坚强保障。把思想建设放在首位，认真学习宣传中央、省委的一系列重大战略部署，深入开展学习实践科学发展观、解放思想大讨论活动，扎实推进学习型党组织建设和“创先争优”活动。全面开展“三个一”主题实践活动，“云岭先锋”工程、“边疆党建长廊”建设扎实推进。实施“三建三带三创”等藏区党建工程，党的农村基层组织的战斗堡垒作用更加突出。认真做好党员发展工作，全部消除党员空白村，选好配强基层党组织书记。严格按照德才兼备、以德为先的标准选拔任用干部，重视培养选拔少数民族干部、党外干部、女干部和年轻干部，在风清气正中圆满完成了县、乡党委班子和村两委班子换届选举工作。开展多渠道、多层次、多形式的干部培训，人才队伍总量不断增加，整体素质有了新的提高。认真落实党风廉政建设责任制，加强反腐倡廉制度建设，惩治和预防腐败体系更加完善。全面落实行政问责等四项制度，严厉问责不作为、乱作为等行为，党风、政风进一步好转，连续4年被评为全省党风廉政建设先进单位。充分发挥总揽全局、协调各方作用，改革完善党委领导方式和执政方式，认真贯彻执行民主集中制，不断加强自身建设，建立健全议事决策机制，州委领导科学发展的能力不断增强。

各位代表！过去的5年，是迪庆经济增长速度快、发展质量好、城乡面貌变化大、人民群众得实惠多，生态更加完好、社会更加稳定、民族更加团结、党在藏区的执政地位更加巩固的5年。经过全州各族群众的艰苦奋斗，一个具有美好发展前景和充满生机与活力的迪庆正以全新的面貌展现在世人面前。

回顾5年来的实践，我们深刻体会到，做好迪庆工作：一是必须高举中国特色社会主义伟大旗帜不动摇，坚定不移地坚持党的领导、坚持中国特色社会主义道路、坚持民族区域自治制度，走有中国特色、迪庆特点的发展路子。二是必须坚定不移地把党的理论路线方针政策同迪庆具体实际紧密结合起来，解放思想、实事求是、与时俱进，切实发挥比较优势，创造性地开展工作。三是必须坚定不移地贯彻落实科学发展观，始终坚持发展是第一要务，稳定是第一责任，正确处理好发展与稳定的关系，坚持以发展促稳定，以稳定保发展；正确处理好保护与发展的关系，坚持走可持续发展之路，千方百计推进经济社会又好又快发展。四是必须坚定不移地维护民族团结和社会和谐，凝聚人心、汇集力量，打牢各民族共同团结奋斗、共同繁荣发展的思想基础。五是必须坚定不移地把保障和改善民生作为一切工作的出发点和落脚点，大力改善群众生产生活条件，提高公共服务水平，让各族人民共享改革发展成果，充分激发各族干部群众的积极性和创造性。六是必须坚定不移地加强各级领导班子和干部队伍、基层组织、党员队伍建设，不断提高党组织的创造力、凝聚力、战斗力和党员干部领导科学发展的能力，巩固党在藏区的执政基础。这些经验弥足珍贵，必须倍加珍惜。

在充分肯定成绩的同时，还必须清醒地看到存在的困难和问题。突出表现在：经济快速增长，但起步晚、总量小、底子薄、积累少、实力弱的状况依然没有根本改变；人民生活明显改善，但贫困人口依然较多；社会事业全面进步，但总体水平相对滞后，公共服务基础差、社会保障能力低等问题比较突出，经济社会发展不协调、城乡发展不平衡状况依然存在；环境保护和生态建设成效显著，但保护和发展的矛盾日益显现，生态安全形势依然严峻；社会大局保持稳定，但反分裂斗争依然尖锐复杂；党的建设得到不断加强，但在世情、国情、党情发生深刻变化的新形势下，各级党组织和广大党员干部面对的考验将是长期、复杂、严峻的，精神懈怠的危险、能力不足的危险、脱离群众的危险、消极腐败的危险依然存在，落实党要管党、从严治党的任务比以往任何时候都更为繁重、更为紧迫。对于这些问题，我们必须高度重视，在今后工作中认真加以解决。

过去5年的成绩来之不易。这是以胡锦涛同志为总书记的党中央亲切关怀和省委坚强领导的结果，是全州各级党组织、广大党员和各族各界人士团结奋斗的结果。在这里，我代表中共迪庆州委，向所有为迪庆改革发展稳定作出贡献的同志们，向所有关心支持迪庆的朋友们，表示衷心的感谢并致以崇高的敬意！

## 二、统一思想、明确任务，沿着中国特色、迪庆特点的发展道路奋勇前进

今后5年，仍然是机遇与挑战并存、机遇大于挑战的时期。我国经济的持续发展，为我州科学发展、跨越发展提供了更加广阔的发展空间；中央、省委一系列惠及藏区各项方针政策的出台和我省实施“桥头堡”建设，为我州加快发展带来了历史性机遇，提供了强劲动力；通过改革开放以来特别是“十一五”以来的发展积累，我州发展的潜力不断显现，自我发展的能力不断增强，为我州加快发展打下了坚实的基础。特别是当前全州各族干部群众对实现全面建设小康社会的宏伟目标充满期盼、充满信心，形成了团结奋进的浓厚氛围，为加快发展奠定了干部基础和思想基础。我们要认清形势，增强机遇意识、创新意识、实干意识，紧紧依靠全州广大党员和干部群众，明确全州工作的总体要求、工作思路和奋斗目标，始终保持谦虚谨慎、不骄不躁和艰苦奋斗的作风，沿着既定的目标不动摇、不懈怠、不折腾，在历届州委班子打下的良好基础上，努力开创各项工作的新局面。

今后5年，我州经济社会发展的指导思想是：高举中国特色社会主义伟大旗帜，以邓小平理论和“三个代表”重要思想为指导，深入贯彻落实科学发展观和胡锦涛总书记在纪念中国共产党成立90周年大会上的重要讲话精神，走中国特色、迪庆特点的发展路子，按照“四个走在前列”总任务，紧紧抓住发展、稳定、民生三件大事，坚持“生态立州、文化兴州、产业强州、和谐安州”发展思路，农业产业化、新型工业化、城镇化、教育现代化四轮驱动，绿色经济、人才优先、投资拉动、品牌支撑四措并举，解放思想、开拓创新、真抓实干，建设富裕民主文明开放生态和谐迪庆，努力把迪庆建设成为全国藏区跨越发展和长治久安示范区，为到2020年同全国、全省同步实现全面建设小康社会的宏伟目标打下坚实的基础。

今后5年的主要奋斗目标是：国内生产总值年均增长18%以上，固定资产投资年均增长25%以上，地方财政一般预算收入年均增长25%以上，三次产业比重调整为6：51：43，城镇居民人均可支配收入年均增长10%以上，农民人均纯收入年均增长12%以上，社会消费品零售总额年均增长20%以上，人口自然增长率控制在5.8‰以内，单位生产总值能耗继续下降8%。综合经济实力显著增强，重点产业和特色经济初具规模；基础设施更加完善，载体功能不断增强；生态文明建设成效明显，人居环境明显改善；各族群众思想道德素质、科学文化素质和生活质量明显提高，整体发展水平处在全国藏区前列。

根据这一指导思想和主要目标，今后5年工作要把握全局，紧紧围绕“生态立州、文化兴州、产业强州、和谐安州”发展思路，继续深化改革、扩大开放，以更加有力的举措，推动迪庆经济社会发展在

新的历史起点上实现新的历史性跨越。

（一）深入实施生态立州战略，建设全州各族人民共有的绿色家园。以改善环境质量为出发点，以发展生态经济为核心，以建设生态文化为灵魂，以体制创新和法治建设为保障，实现迪庆经济社会全面协调可持续发展。

以严格的措施保护生态环境。深入实施“七彩云南”香格里拉保护行动，建设“森林迪庆”。科学合理界定各类保护区的范围，保护好“三江并流”世界自然遗产。大力实施滇西北生物多样性保护工程，构建生物多样性保护体系。推进“两江”流域生态安全屏障保护与建设，实施好江河沿岸防护林建设、干热河谷及石漠化治理等生态建设工程和天保工程、退耕还林、退牧还草等后续工程，加强生态公益林管理和建设，加快自然保护区和国际湿地公园建设。开展大江大河沿岸、湖库周围、城镇面山、交通沿线及生态脆弱地区的森林生态建设，加强水污染综合防治。加大城乡污染治理力度，清理整顿违法排污企业，防止工业污染向农村转移、城镇污染向郊区转移。开展地质灾害防治工作，加强森林、草原、水土流失及水质、空气等生态环境监测，提高生态环境和自然灾害监测能力。强化节能减排，全面推行清洁生产，广泛实施环境管理体系标准认证，积极开展生态创建工作和绿色创建活动。推进农村清洁能源建设工程和生态移民工程，推广新型建材替代项目，逐步实现最有效的生态保护。

以有力的举措发展生态经济。采取财政、税收、土地、金融等多种措施，鼓励利用先进适用技术和节能环保技术，加快传统产业的改造和升级，积极发展生态农业、生态林业、生态旅游、清洁能源、绿色矿产等环境友好型后续产业和替代产业。加快特色经济林、珍贵用材林等产业基地建设。推动支柱产业向生态化发展，旅游产业发展要始终注重自然环境保护，有序发展生态旅游；水电产业发展要把生态环境保护和移民安置放在重要位置，做好水电流域开发规划环评和项目环评，做好水生生物多样性保护和库区生物多样性保护，把水电产业建成名符其实的清洁能源产业；矿产业开发要根据矿产资源的分布情况和生态环境保护总体规划，编制矿产资源开发专项规划，严格限制探矿权和采矿权，推进矿产资源向优势企业集中，建设绿色矿山，确保资源高效利用。大力发展循环经济，以工业园区为载体，引导企业间的生产联接，促进企业内部、企业与企业之间循环生产，建设一批循环经济型企业和生态产业园。

以多样的形式加强生态教育。深入开展保护生态、爱护环境、节约资源的宣传教育活动，使生态保护成为每一个人、每一个企业和单位的自觉行动，在全社会牢固树立“善待生命、尊重自然的伦理观，环境是资源、环境是资本的价值观，破坏环境就是破坏生产力的发展观”。倡导崇尚亲近自然的生活理念，推进生态道德建设，提高各族群众的生态文明素养。继承和弘扬各民族爱护自然、保护环境的优良传统文化和习俗，探索完善社区共管机制，让各族群众在保护生态中得到实惠。充分发挥民间环保组织的优势，鼓励其依法开展各种生态保护活动。扩大环境信息公开范围，健全社会监督机制，努力营造有利于保护环境的舆论氛围。

以有效的手段建立长效机制。建立稳定的财政投入机制，积极引导和筹集社会各方投入，建立能够反映资源代价和污染治理成本的排污价格收费机制。贯彻落实国家和省生态保护的法律法规，出台生态保护的地方性条例，制定配套实施细则和政策措施，形成较为完善的政策法规保障体系。全面推行规划环评制度，严格项目环评，从源头上保护生态环境。积极研究主体功能区规划内限制和禁止开发区域的财政转移支付政策、投资政策、产业政策、生态环保政策、移民开发政策，研究出台科学的发展评价、政绩考核办法。争取国家加大对迪庆“两江”上游生态功能区转移支付力度，建立自然保护区、生态功能区、高原生态效益补偿基金和补偿机制。着力转变草原畜牧业发展方式，全面实施草原生态保护补助奖励机制。按照“谁受益谁补偿”的原则，探索建立区域内资源开发生态环境综合治理补偿制度，确保资源的可持续利用。

（二）深入实施文化兴州战略，建设全州各族人民共有的精神家园。坚持以人为本，以文化引领跨越发展、以文化凝聚人心，按照《文化兴州行动纲要》的要求，一手抓公益性文化事业，一手抓经营性文化产业，始终把社会效益放在第一位，不断满足人民群众日益增长的文化需求。

以社会主义核心价值体系为引领，提升香格里拉文化软实力。坚持用马克思主义中国化的最新理论成果武装党员干部，用中国特色社会主义共同理想统一思想、凝聚力量。大力弘扬以爱国主义为核心的民族精神和以改革创新为核心的时代精神，切实增强各族群众对伟大祖国的自豪感、对中华民族的归属感、对中华文化的认同感。用社会主义荣辱观引领风尚，广泛开展群众性精神文明创建活动，深入推进社会公德、职业道德、家庭美德、个人品德建设，在全社会形成积极向上的精神追求和健康文明的生活方式。弘扬以藏族为主的多民族之间共生共融的香格里拉多元特色文化，不断丰富香格里拉文化品牌内涵，积极发展具有时代气息、特色鲜明的香格里拉和谐文化，以文化的力量充分调动和激发全州各族人民建设“示范区”的积极性、主动性和创造性。

加强文化基础设施建设，加快建立覆盖城乡的公共文化服务体系。以政府为主导，以公共财政为支撑，以城乡基层为重点，加强公共文化基础设施建设，努力形成比较完备的覆盖城乡的公共文化设施网络。深入实施重大文化惠民工程，优先安排涉及群众切身利益的文化建设项目。加快推进广播影视数字化建设，推进综合信息网络建设。大力支持“三馆一团一站一室”建设，力争达到国家规范化标准。完善群众体育设施，推进农牧民体育健身工程，加强传统体育项目保护和推广，大力发展高原特色体育事业。加强藏文党报党刊基础设施和基层网络建设，扩大藏语广播电视节目的接受面，实行藏文出版物免费赠阅。扩大公共文化产品和服务的有效供给，完善公共文化产品创作和生产机制，引导和鼓励各级文化单位和文化企业创作生产出更多优秀文化公共产品，不断满足人民群众日益增长的文化需要。

繁荣发展文艺创作，丰富各族群众的文化生活。坚持出精品、出人才、出效益，大力实施文化艺术精品工程，推进文艺精品创作生产市场化，实现经济效益和社会效益相统一。重点推出一批具有代表性的文学艺术精品和文化品牌，突出打造香格里拉、茶马古道等文化品牌，扶持一批立得住、留得下、传得开的优秀文艺作品。实施文化艺术名家工程和少数民族艺术人才扶持计划，造就一支数量充足、素质较高的文艺工作者队伍。加强文化遗产的保护和管理，认真做好非物质文化保护和传承工作。科学规划迪庆民族文化生态保护试验区，全面实施迪庆民族文化保护工程。合理利用文化遗产，探索文化遗产与文化旅游、文化产业、文化贸易有机结合的有效途径和方式方法。深入实施文化先进县、乡（镇）和“文化惠民示范村”创建活动，大力开展群众性文化活动，鼓励和支持举办具有藏区特色的文化展演和体育活动，开展丰富多彩的民族传统节庆、文化活动。鼓励农民和进城务工人员自办文化活动，营造文艺创作百花齐放、人人共赏的良好氛围。

推动文化产业振兴发展，着力打造新的经济增长点。充分发挥迪庆文化资源的独特优势，大力发展新闻出版、广播影视服务、文化会展、演艺、民族民间工艺品、文化创意等文化主导产业，增强文化创新和传播能力，形成有竞争力的文化品牌。用现代科技创新传统文化行业，培育新兴文化业态。鼓励非公有资本进入文化产业，重点培育一批有实力、有竞争力的骨干文化企业。推进城镇文化产业，发展乡村文化产业，不断壮大文化产业发展规模，努力把文化产业打造为“文化兴州”战略的重要引擎。开拓文化产品市场，大力发展文化贸易，鼓励和引导文化消费。整合文化资源，完善文化市场体系。提高对外文化交流的水平和质量，把迪庆建设成为云南面向东部藏区文化交流的重要枢纽、文化贸易的重要通道、文化合作的重要平台。

（三）深入实施产业强州战略，建设全州各族人民共有的小康家园。按照构建现代产业体系的要求，紧紧依靠科技进步和创新，提升优势产业核心竞争力，促进一、二、三产业协调发展，构建以现代农业为基础，特色支柱产业为支撑，新型服务业为重点的产业发展新格局，为增进群众福祉创造更多的社会财富。

加强基础设施建设，着力增强发展后劲。充分发挥政府投资对民间投资的引导和带动作用，优化投资结构，改善投资环境。加快推进重大项目建设，加强对项目建设和营运的科学管理，确保项目的经济效益和社会效益实现最大化。突出区位特点，积极融入全省“桥头堡”出境通道建设，加强进藏入川通道建设，加快推进口岸机场、德钦小型机场、丽香铁路、丽香高速公路、香泸（泸沽湖）高等级公路建设，尽快形成连接东部藏区和成渝经济圈的现代立体交通枢纽。大力抓好水利设施建设，切实增强农业抵御自然灾害的能力。完善综合能源体系，大力开发可再生能源，形成多能互补、稳定、安全、清洁的能源供应体系。加强通信、广播电视网络建设，健全信息网络体系，建设覆盖全州的高速宽带基础传输网，加快政府、企业上网工程和用户接入网建设。进一步完善城乡规划，加快推进城镇道路、供排水、供热、供气、管网、电网入地等基础设施建设，大力发展特色小镇，推进户籍制度和土地流转制度改革，结合我州大中型水利水电开发，吸引农牧民进入城镇发展，加快城镇化进程。

坚持一产抓特色，着力发展现代农业。坚持以现代发展理念引领农牧业，发挥区域比较优势，创新农业产业发展模式，促进农业增效、农民增收。加强农业基础设施建设，实施中低产田及中低产林改造项目，改善农业生产条件，挖掘林地生产潜力。在巩固传统产业的基础上，加快推进特色农产品基地建设，大力发展特色产业，实现区域化布局、规模化生产、产业化经营，提高农业农村经济的综合效益和竞争力。利用现代流通手段，培育多元化、多层次市场流通体系，加强农产品质量安全监管和市场服务，搞活农产品的流通和集散，以现代市场体系保障农业发展。按照“扶优、扶强、扶大”的原则，加大财政对农业产业化的扶持，着力培育壮大一批起点高、规模大、带动力强的重点龙头企业，加快推进农业产业化发展。深入开展农村综合改革，建立和完善规范高效的支农资金管理体制和运行机制。加快农业科技推广体系建设，不断提高农业的综合效益。大力实施扶贫开发和社会主义新农村建设，加快农村社会事业发展，加强对农民的科技培训，提高农民的综合素质和转岗就业能力，培养适应社会主义新农村建设的新型农民。

促进二产上水平，加快推进新型工业化。坚持走迪庆特色的新型工业化道路，逐步实现经济发展由“要素驱动”向“创新驱动”转变、“资源依赖”向“科技依托”转变、“粗放增长”向“集约增长”转变，切实提升工业对经济增长的贡献率。按照“一屏、一区、一廊、一地、一链、一带、一园”的经济发展战略布局，以新型工业化理念培育壮大支柱产业。生物产业要统筹规划原料和加工基地，稳步推进葡萄、优质核桃、青稞、中药材、马铃薯、花卉、高原油菜、蚕桑、特色畜禽等九大专业化生物产业基地建设，着力打造生物农业、生态畜牧业、生物林业、花卉园艺、生物医药和生物化工六大产业。水电产业要推进境内“两江”及支流开发和城乡电网建设，提升水电产业规模和效益。矿产业要着力培养和引进大集团大企业，依靠高科技延长产业链，大力发展精深加工，提高产品附加值，努力做到原矿不出州。坚持矿电结合，调整优化产品结构，探索水电直供机制，推进迪庆香格里拉工业园区经济开发区载能工业基地、格咱有色金属工业基地、维西铁冶工业基地三大工业基地建设。进一步抓好工业园区的发展和优化，提高工业园区的竞争力，发挥对周边藏区的辐射作用。

推动三产大发展，全面提升服务业发展水平。以我省实施“桥头堡”建设为契机，全方位拓展与州外多层次、多形式、多领域的交流与合作，不断优化第三产业发展环境。充分发挥旅游业在促进第三产业大发展中的重要作用，不断做强做大旅游产业。坚持政府主导，搭建行业监管体系，规范旅游市场，创新体制机制，拓展区域合作，开发旅游精品，加大旅游促销，推动旅游业提质增效和转型升级，将迪庆建设成为“生态最好、环境最优、和谐发展、永久品牌”的世界级精品生态旅游区和中国藏区最具特色的国际旅游胜地。着力发展餐饮、住宿、娱乐、购物等商贸流通业，加强物流基础设施和信息化建设，把香格里拉打造成为连接东南亚和藏区的现代商贸物流中心和重要物资集散地。加快发展金融服务业，推动金融创新，完善金融产品市场，积极发展信息和咨询服务业，大力推进“数字迪庆”建设，把迪庆建设成为面向东部藏区的金融服务中心和信息文化交流中心。

（四）深入实施和谐安州战略，建设全州各族人民共有的幸福家园。统筹经济社会协调发展，加强社会主义民主法制建设，加快推进依法治州进程，提升维护稳定的能力和水平，建立促进和谐的长效机制，不断提高社会管理科学化水平，确保人民群众安居乐业，确保藏区长治久安。

加强民主法治建设，促进社会和谐。支持人大、政协依法履行职能，巩固和发展新时期的爱国统一战线，发挥党外人士的作用。进一步发展基层民主，健全基层党组织领导的基层群众自治机制，完善民主管理制度。支持工会、共青团、妇联等人民团体依照法律和各自章程开展工作。全面推进“六五”普法和“四五”依法治州工作，努力构建文明法治环境。加快地方立法步伐，不断提高立法质量和水平。提高执法队伍素质和执法水平，加强执法监督，认真贯彻落实宽严相济的刑事司法政策，文明执法、公正司法。不断深化行政管理体制改革，推进依法行政。进一步转变政府职能，改进管理方式，推进政务公开，形成权责一致、分工合理、决策科学、执行顺畅、监督有力的行政管理体制。大力支持国防后备力量建设，深入开展双拥共建活动，不断巩固和发展军政军民团结。

加强改善民生力度，促进社会和谐。优先发展教育事业，以集中办学为突破口，加快中小学区域布局调整步伐，合理配置教育资源，进一步巩固义务教育，大力发展职业教育，积极发展高等教育、特殊教育、学前教育和“双语”教育，切实提高教育现代化水平。深化医药卫生体制改革，加强滇沪、迪昆卫生对口帮扶工作，建立覆盖城乡居民的公共卫生服务体系、医疗服务体系和医疗保障体系，大力发展民族医药事业，重视人才队伍建设，完善重大疾病防控体系，为群众提供安全、有效、方便、价廉的医疗卫生服务。加强妇幼保健和优生优育工作，提高人口素质，促进人口长期均衡协调发展。实施好以基本医疗保险、失业保险、工伤保险、生育保险等为重点的社会保障制度，巩固扩大以农村养老保险和合作医疗为重点的社会保障覆盖面，启动实施城镇居民养老保险试点工作。实施更加积极的就业政策，大力开发公益性岗位，鼓励自主创业，实现充分就业。加大安居保障性住房建设力度，形成符合州情的保障性住房体系。

加强民族宗教工作，促进社会和谐。牢牢把握各民族共同团结奋斗、共同繁荣发展的民族工作主题，全面贯彻执行党和国家的民族政策，坚持民族区域自治制度，认真实施《云南省迪庆藏族自治州民族团结进步条例》。深入持久开展民族团结宣传教育和创建活动，大力宣传民族团结先进典型，引导各族干部群众牢固树立“三个离不开”思想和“团结稳定是福、分裂动乱是祸”的观念。及时解决影响民族团结的隐患和问题，促进各民族的交往、交流、交融，推动各民族和睦相处、和衷共济、和谐发展。全面贯彻落实党的宗教工作基本方针和国家管理宗教事务的法律法规，认真实施《云南省迪庆藏族自治州藏传佛教寺院管理条例》，巩固和完善寺院管理长效机制，创新管理模式，提高管理水平。继续深入开展寺庙爱国主义教育和法制宣传教育，积极开展平安和谐寺院创建活动。依法保护正常宗教活动，保障寺院僧尼享有社会基本公共服务。继续加大宗教界人士教育培训力度，鼓励和支持宗教界对教规教义作出符合时代进步要求的阐释，引导宗教与社会主义社会相适应。

加强社会管理，促进社会和谐。健全党委领导、政府负责、社会协同、公众参与的社会管理格局，推进社会管理创新，完善社会管理机制。针对不同社会层次，深入开展以感恩、忠诚、法制、传统为主题的思想教育活动，增强社会诚信。加强和完善党和政府主导的维护群众权益机制，形成科学有效的利益协调机制、诉求表达机制、矛盾调处机制、权益保障机制。加强社会矛盾源头治理，妥善处理人民内部矛盾。健全安全生产监管体制，完善食品药品安全监管机制，加大执法力度，坚决把关系人民群众身体健康、生命安全和正常生活的食品安全工作抓实抓好。完善社会治安防控体系，依法严厉打击各种刑事犯罪活动，推进农村和社区警务建设，实行群防群治，强化社会治安综合治理，巩固和提升平安和谐迪庆建设成果。加强对非政府组织的管理。坚决抵制法轮功等邪教组织的渗透破坏。始终旗帜鲜明地同达赖集团作斗争，把反分裂、反渗透斗争引向深入，坚决维护民族团结和祖国统一。

## 三、扎实推进党的建设新的伟大工程，努力把各级党组织建设成为推动跨越发展和确保长治久安的坚强领导核心

实现迪庆发展的宏伟目标，关键在党。坚持党要管党、从严治党的方针，以改革创新精神全面加强党的思想、组织、作风、制度和反腐倡廉建设，扎实推进党的建设新的伟大工程，不断提高党的建设科

学化水平。

（一）坚定不移地加强思想建设，坚持用中国特色社会主义理论体系武装头脑、指导实践。重视从思想上建党，保持正确的政治方向，培养战略思维和世界眼光。健全和完善各级党委理论学习中心组学习制度，改进学习方法，坚持在职自学、专题讲座、挂职培训、领导干部在线学习等学习形式，增强学习效果。依托各级党校和各种培训基地，加大对各级干部政治理论、政策法规、业务知识、文化素养和工作技能的培训力度，争取5年时间对全州干部轮训一次。加强党的理论研究，解决推进经济跨越发展和社会长治久安中的重大理论和现实问题。把理论学习和改造主观世界有机结合起来，牢固树立正确的世界观和方法论，坚决抵制腐朽没落思想观念和生活方式的侵蚀。注重把理论学习与改造客观世界结合起来，引导广大党员干部结合迪庆实际创造性地贯彻落实中央、省委的决策部署，提高运用马克思主义立场、观点和方法解决现实问题的能力。

（二）坚定不移地加强领导班子建设，努力造就一支奋发有为、干事创业的干部队伍。坚持德才兼备、以德为先的选人用人标准，以群众公认选干部，凭良好政绩用干部，真正把政治坚定、有真才实学、实绩突出、群众公认的优秀干部选拔上来，努力把各级领导班子建设成为善于创新、朝气蓬勃、奋发有为、团结和谐的坚强领导集体。深化干部人事制度改革，推进干部工作的科学化、民主化和制度化，提高选人用人的公信度。注重对女干部、少数民族干部、党外干部、年轻干部的培养选拔和使用，坚持从基层一线选拔干部，注重从实践中发现和培养优秀人才，着力培养造就一大批能担重任的高素质干部队伍。加大干部交流力度，使干部在多岗位、多方面锻炼提高。关心照顾老干部，认真做好离退休干部工作。实施人才兴州战略，创新人力资源开发的体制机制，加快培养高层次人才、科技人才、党政人才、专业技术人才、企业管理人才和农村实用人才。健全完善体现科学发展观和正确政绩观要求的干部考核评价机制，强化考核结果运用。严格执行干部选拔任用工作责任制和责任追究制，坚决查处违规违纪行为，匡正用人风气。

（三）坚定不移地加强基层组织建设，大力提升基层党组织的凝聚力、战斗力。认真贯彻落实党委抓基层党组织建设的责任制，按照“五好五带头”的总目标，以更高的标准和要求，探索新途径、新方法，不断提高基层党组织的凝聚力和战斗力。深入落实农村和机关党建工作责任制，深化拓展“云岭先锋”和“边疆党建长廊”工程，深入开展“三个一”主题实践、“创先争优”和学习型党组织建设活动，全面推进以“三建三带三创”和“四想四比四争当”为主的藏区党建工程，切实提高基层党组织推动发展、服务群众、凝聚人心、促进和谐的能力。选好配强基层党组织领导班子，提高基层党组织带头人素质。加快在“两新”组织中组建党组织，加强党建带群建工作，不断扩大党的工作和党群组织的覆盖面。完善城乡基层党建统筹机制、党内互帮互助机制、绩效考核评价机制、激励约束机制，增强基层党组织的活力。加强阵地建设，改善基层党组织工作条件。加强基层政权建设，真正重视、真情关怀、真心爱护基层干部，帮助解决实际困难，努力为他们创造良好的工作和生活环境。

（四）坚定不移地加强作风建设，进一步密切党同人民群众的血肉联系。广大党员干部要牢固树立群众观点，自觉贯彻党的群众路线，牢记“两个务必”，大力倡导八个方面的良好风气，全面加强思想作风、学风、工作作风、领导作风、干部生活作风建设，弘扬新风正气，抵制歪风邪气，反对弄虚作假，真正做到为民、务实、清廉。坚持工作重心下移，经常深入实际、深入基层、深入群众，开展调查研究，做到知民情、解民忧、暖民心。大力发扬求真务实、真抓实干的作风，不务虚名，不搞花架子，防止和克服形式主义、官僚主义，坚决纠正损害群众利益的不正之风。始终保持艰苦奋斗、勤俭节约的优良传统，坚决反对铺张浪费和大手大脚，自觉抵制拜金主义、享乐主义和奢靡之风。树立顾全大局、团结共事的领导作风，自觉维护中央、省委大政方针的权威性、统一性和严肃性，加强团结，合作共事，确保党和国家工作部署的贯彻落实。强化责任意识，坚决摒弃虚、懒、软、散等不良作风，始终保持锐意进取、艰苦奋斗、昂扬向上的精神风貌。建立健全抓落实的工作机制，加强和改进督查工作，严格实行问责制度，确保一抓到底，抓出成效。

（五）坚定不移地加强反腐倡廉建设，永葆共产党人的政治本色。把反腐倡廉建设摆在更加突出的位置，以更加坚定的信心、更加坚决的态度，坚定不移地把反腐败斗争进行到底。坚持标本兼治、综合治理、惩防并举、注重预防的方针，全面落实《廉政准则》，拓展从源头上防治腐败工作领域。深入开展党员干部反腐倡廉教育，坚持从基本觉悟抓起，在治本上下功夫。领导干部要带头廉洁自律，正确行使手中权力，自觉接受党内监督、群众监督、审计监督和舆论监督，筑牢拒腐防变的思想道德防线。大力加强党风政风建设，加强对党政主要领导干部经济责任审计工作的领导，建立重大工程项目建设和重大政策制定的评估机制，健全决策失误纠错机制和责任追究制度。创新反腐倡廉工作体制机制，形成用制度管权、按制度办事、靠制度管人的有效机制，确保权力正确行使和干净运行。严肃查处违纪违法案件，提高办案质量和水平，坚决惩处腐败分子。各级党员干部要带头做到自重、自省、自警、自励，讲党性、重品行、作表率，自觉规范从政为官、做人处事行为，营造互相尊重、互相信任、互相支持的干事创业环境，不断巩固团结干事的良好局面。

（六）坚定不移地加强党的制度建设，不断推进党的建设制度化、规范化、程序化。各级党委要认真总结党在藏区的执政规律、执政经验，把握规律性、富于创造性，切实提高领导科学发展的能力。坚持和完善党的领导制度，改革完善党委领导方式和执政方式，按照党委总揽全局、协调各方的原则开展工作，坚决做到“四个服从”，提升党委整体执政能力。严明党的政治纪律，认真贯彻落实党的各项决策部署，在重大政治原则上始终与党中央、省委保持高度一致。严格贯彻执行民主集中制，积极发展党内民主，重要事项坚持集体研究、集体决定，坚决克服违反民主集中制原则的个人独断专行和软弱涣散现象。健全常委会集体领导与个人分工相结合的制度，完善常委会工作和议事规则。健全常委会向全委会负责、报告工作和接受监督的制度，更好地发挥全委会的作用。推行党务公开，建立党委新闻发言人制度，完善党内情况通报制度、情况反映制度和重大决策征求意见制度。拓宽和畅通党员参与党内事务的渠道，保障党员主体地位和民主权利。探索党的代表大会闭会期间发挥代表作用的途径，建立代表提案制度。坚持制度面前所有党员一律平等，形成党内人人遵守制度、执行制度和维护制度的政治习惯。

同志们，面对光荣而又艰巨的任务，让我们更加紧密地团结在以胡锦涛同志为总书记的党中央周围，高举中国特色社会主义伟大旗帜，在省委的坚强领导下，深入贯彻落实科学发展观，紧紧依靠人民，以必胜的信心、顽强的毅力、创新的精神，团结拼搏，开拓奋进，为实现“十二五”发展和全面建设小康社会的宏伟目标而不懈奋斗，创造更加美好的幸福生活！

# 政府工作报告

## ——2011年2月22日在迪庆藏族自治州第十一届人民代表大会第七次会议上

迪庆藏族自治州人民政府州长　黄政红

各位代表：

现在，我代表州人民政府，向大会报告政府工作，并向大会提交《迪庆藏族自治州国民经济和社会发展第十二个五年规划纲要（草案）》，请各位代表一并审议，请州政协委员提出意见。

### 一、科学研判，沉着应对，“十一五”经济社会发展实现新跨越

过去的五年，是我州经济社会发展进程中挑战最多的五年，也是最有成效的五年。面对不断变化的新形势，在省委、省政府和州委的正确领导下，州人民政府以邓小平理论和“三个代表”重要思想为指导，坚持以科学发展观为统领，团结带领全州各族人民，齐心协力，积极应对各种挑战；解放思想，全力抢抓发展机遇；攻坚克难，狠抓各项工作落实。克服了拉萨“3·14”事件、国际金融危机和百年不遇的特大干旱等严峻困难，成功举办了奥运火炬传递、建州50周年和第六届康巴艺术节等重大节庆活动，顺利完成了“十一五”规划的主要目标和任务，为“十二五”经济社会跨越发展和长治久安打下了坚实的基础。

五年来，结合迪庆实际，我们主要抓了以下工作：

（一）针对我州基础设施滞后的瓶颈制约，我们始终坚持投资促进战略，大力加强基础设施建设。

交通建设成效显著。累计投入交通建设资金82亿元，全州通车里程达到5 372公里，新增公路里程1 370公里。香格里拉机场二、三期改扩建工程已全面完成。经过努力争取和协调，丽香铁路前期工作已基本完成。启动了丽香高速公路前期工作，香德、德维（塔）二级公路改造进展顺利，高等级公路建设取得重大突破。德贡、香宁等对外通道建设全面铺开，连接滇中，辐射东部藏区的现代立体交通网络初步形成。

水电建设步伐加快。认真开展了“两江”支流电站建设，启动了“两江”水电开发，里底、梨园等电站建设步伐加快，吉沙、麦地河等26座中小电站相继建成投产，水电累计投资91亿元，水电总装机容量由2005年的22.43万千瓦增加到2010年的85.6万千瓦。改善和优化电网结构，建成了220千伏变电站3座，输电线路576公里；新建了110千伏变电站6座，输电线路1 009公里；完成35千伏以下输电线路4 203公里。解决无电人口9 058户，通电率达97.8%。

城市建设有序推进。以城市基础设施建设、完善城市功能、改善生态人居环境为重点的城镇化建设步伐不断加快，全州城市基础设施建设累计完成投资46亿元。新增城市道路13公里，香格里拉县城香巴拉、康珠大道等项目相继完工投入使用。香格里拉县城污水处理厂二期、德钦和维西县城生活垃圾处理场工程已投入运营。香格里拉县城集中供热、德钦县城整治拓展和维西县城市政综合基础设施工程顺利推进。全州城镇面积达16.86平方公里，城镇化率22.4%。

农业基础设施不断改善。农田建设进一步加强，完成了退耕还林基本口粮田建设2.1万亩，改造中低

产田10万亩。骨干水利建设顺利推进，完成了犁地坪水库工程建设，小中甸水利枢纽工程完成投资3.1亿元，康斯水库完成前期工作，共建成各类水利工程2 760件，水库总容量达2 236万立方米，新增有效灌溉面积5.2万亩，解决了8.2万人饮水困难的问题。认真实施农村节能和新能源建设，累计完成沼气池和节能灶改造18 156口，购置安装太阳能热水器13 086套。以新农村建设为重点，共投入扶贫开发资金4.36亿元，完成农村民居地震安全、游牧民定居工程建设11 550户，易地搬迁6 900人，贫困人口年均减少1.2万人。财政用于农林水的支出五年累计达14.86亿元。

（二）针对产业发展水平不高、竞争力不强的问题，我们始终坚持调整结构和转变经济发展方式，着力做强优势特色产业。

农村经济稳步发展。把促进粮食增产和农民增收作为首要任务，不断调整种养结构和粮经结构，加大种植基地建设，加快推进生态养殖，累计完成了80万亩的以核桃、葡萄等为主的种植基地建设，生猪、牦牛良种繁育等生态养殖基地建设顺利推进。开展了“万村千乡”市场工程等建设，农业和农村经济继续保持稳步发展的良好态势，农业总产值由2005年的7.5亿元增加到2010年的12.04亿元，年均增长9.94%。粮食总产量由2005年的12.49万吨增加到2010年的14.67万吨，年均增长3.26%。

工业经济结构不断优化。实施产业强州战略，走新型工业化道路，工业累计完成投资52亿元，年均增长12%。工业总产值由2005年的10.81亿元增加到2010年的34.32亿元，年均增长25.99%。积极培育和扶持生物龙头企业，香格里拉“藏秘”酒业、舒达有机食品开发等一批生物加工企业不断发展壮大，生物产业实现产值22.39亿元。围绕园区建设和重点产业，推进工业向规模化、集约化发展，昆钢30万吨铁合金和华新水泥等重点工业项目顺利竣工，维西工业园区还原铁、羊拉、普朗等矿业基地基本形成。工业综合经济效益指数由“十五”末的51%提高到2010年的68%，节能减排指标累计下降10%。

以旅游为主的第三产业发展迅速。把旅游业作为战略性先导产业重点培育，加快推进香格里拉普达措等五大国家公园的基础设施建设，成功引进香格里拉、喜来登等国际知名酒店入驻迪庆，旅游总收入由2005年的20.08亿元增加到2010年的61.57亿元，年均增长25.12%。现代服务业快速发展，中国银行、富滇银行先后在迪庆设立分支机构，金融、保险、信息、邮政、通讯、交通运输服务质量不断提升，初步形成了特色鲜明、优势互补的服务业发展格局。第三产业实现增加值40.25亿元、年均增长22.64%。全州金融机构各项存、贷款余额分别达到120.03亿元、87.36亿元，是2005年的3.8倍和3.04倍。

（三）针对日益凸显的资源环境压力，我们始终坚持生态立州、环境优先，坚定不移地走可持续发展道路。

建立环境保护一岗双责制度，制定并全面实施了“七彩云南香格里拉保护行动”。不断加大天然林保护、退耕还林、生物多样性保护、环境综合治理等重点生态工程建设力度，生态质量逐年提高。累计完成公益林建设43.58万亩，实施人工造林58万亩，封山育林38万亩。完成了天然林管护2 583万亩，实施天然草原退牧还草225万亩，自然保护区面积达34万公顷。森林覆盖率从2005年的66.8%上升到2010年的73.9%。以龙潭湖等主要城区河道和两江流域水污染综合防治为重点，强化饮用水源地保护、水资源开发利用管理和水土流失整治工作，生态文明建设初显成效。加大矿产资源开发整合和保护力度，规范勘查开发行为。组建了土地收储机构，运用土地价格调节机制，引导节约集约用地。

（四）针对阻碍和制约发展的主要症结，我们始终坚持解放思想、改革创新和扩大开放，不断拓展发展空间。

积极开展重要领域和关键环节的改革，加大旅游资源整合力度，在中国大陆建成了首个国家公园。全力推进教育综合改革，教育均衡发展取得实效，“两基”顺利通过国家验收。全面开展新型农村合作医疗和农村养老保险工作，实现了城乡医疗保障和养老保险全覆盖。不断深化农村综合改革，稳步推进集体林权制度等各项改革，国企改革的总体目标基本实现。政府机构改革和行政审批制度改革力度不断加大，顺利完成了新一轮政府机构改革，共计削减、调整州级行政审批事项59项，减幅达16.2%。加快投融资体制改革，先后成立了旅游等投资公司，建立了中小企业融资担保和农村信用体系，融资渠道进一步拓宽。对外开放和经济协作的能力和水平不断提升，迪昆合作和沪滇帮扶的领域进一步拓展，与6家省属重点骨干企业签署了战略合作协议。

（五）针对社会发展和民生领域的突出问题，我们始终坚持把人民福祉放在首位，着力推进以民生为重点的社会事业建设。

“十一五”期间，全州共投入教育基础设施建设资金6.9亿元，先后完成了州民专、民中综合教学楼等项目建设，全面推进以州直学校新区建设为重点的集中办学工程，共撤并中小学612所，缩减率达65%。不断推进高校、中等职业与普通高中教育的协调发展，从2010年起，云南民族大学香格里拉职业技术学院开始招生，三县高中新生全部集中到州直优质高中就读。累计投入2.59亿元，兑现了全州农村中小学在校学生的学费、教科书费和生活补贴；投入371.8万元，为19.57万人次学生办理了保险。积极推进科技创新，五年来，实施各类科技项目132项，科技项目投入累计达3 845万元。加强公共卫生、医疗服务和医疗保障体系建设，累计投资1.11亿元，完成了香格里拉医院医技楼，德钦、维西县人民医院改建项目，改造完成了15个乡镇卫生院、34个村卫生室和社区医疗点建设，为25个乡镇卫生院配备了必需的医疗设备，新建了495个农家卫生室并配备农家卫生员。

加快公益性文化事业发展，大力培育和发展文化产业。完成了红军长征博物馆、州文博中心等5个重点文化设施和三县图书馆建设，新建成了23个乡镇综合文化站。成功推出了《香格里拉》、《香巴拉印象》等优秀文化产业项目，精心组织并成功举办了建州50周年大庆等重大节庆的文化活动。实施了208座新通电行政村和50户以上通电自然村广播电视“村村通”工程，完成了2 430个村民小组20户以上通电自然村直播卫星广播电视覆盖，广播电视覆盖率达到96%。五年间，投资2.35亿元，实施并完成了滑雪场、民族体育中心等4个体育重点项目，民族体育、竞技体育健康发展，在全省十三届运动会上我州运动员取得优异成绩。认真落实计划生育基本国策，精心组织第六次全国人口普查。统计调查、气象、地方志、档案、藏文编译等工作不断加强，新闻出版、文学艺术、社会科学、民族文学更加繁荣，工会、妇女、儿童、青少年、老龄、红十字会、慈善、残疾人等事业健康发展。

人民生活持续改善。不断完善就业援助制度，就业岗位逐年增加，就业渠道不断拓宽，累计新增城镇就业2.79万人，城镇登记失业率控制在3.9%。社会保障覆盖范围稳步扩大，全州有6 705户1.2万城镇居民享受到了每月244元的低保补助，累计发放保障金8 893万元。10.39万人次农村人口享受到每月60元的低保补助，累计发放低保金3.02亿元。新型农村合作医疗筹资标准从100元提高到140元，共发放医疗救助资金1.09亿元。启动实施了新型农村养老保险试点工作，参保率达到91.4%，33 164名60岁以上农村老人享受到了基本养老保险，累计发放基本养老金1 586.8万元。全州城镇居民人均可支配收入达到15 996元，年均增长10.3%。农民人均纯收入提高到3 347元，年均增长18.62%。

（六）针对社会管理出现的新情况和政府工作面临的新形势，我们始终坚持从实际出发，全面加强社会管理，不断提升政府执行力。

全面落实党的民族宗教政策，认真宣传、贯彻和落实《云南省迪庆藏族自治州藏传佛教寺院管理条例》和《云南省迪庆藏族自治州民族团结进步条例》，深入开展“千名干部进村入户”系列活动。社会治安综合治理工作进一步加强，社会治安防控体系更加健全，依法打击各类犯罪活动，全力做好“3·10”、“3·14”、“3·28”等敏感节点和重大节庆安保工作，“平安迪庆”建设取得显著成就，成为全国藏区发展稳定的一面旗帜。着力维护人民群众合法权益，积极化解社会矛盾，认真落实保障农民工合法权益的政策。加强信访工作，积极开展征地拆迁、库区移民、企业改制、环境保护等方面的利益纠纷调处。顺利完成“五五”普法教育，行政复议、人民调解、法律援助工作得到了加强。高度重视安全生产工作，健全安全监管体制，落实安全生产责任制。国防建设不断加强，军政、军民团结的良好局面进一步巩固和发展。

努力转变政府职能，先后实施了法治政府、责任政府、阳光政府、效能政府等16项制度建设，政府行政行为进一步规范。坚持依法行政，积极支持人大依法行使职权，自觉接受州人大及其常委会的法律监督、工作监督和州政协的民主监督，认真办理州人大代表议案1件、建议185件，州政协委员提案326件。加强执法监督，审计、监察、工商、质监、药监等部门的监督职能进一步发挥。坚持科学民主决策，政府决策机制不断完善，对重大事项、重大决策全面执行听证制度，听取各方意见的渠道不断拓宽。深入开展勤政廉政和反腐败工作，各项廉政措施得到进一步落实。建立健全各项规章制度，五年共起草和提请审议地方性法规20件，发布政府规范性文件24件，废止政府规范性文件29件。努力转变工作作风，狠抓工作落实，办事效率和服务意识有了新的提高。

刚刚过去的2010年，是“十一五”收官之年。面对历史上罕见的特大干旱，我们及时采取多种措施，积极推进农业产业化，大力发展农村特色经济，保持了大灾之年农业发展、农民增收、农村稳定的良好局面，农业总产值比2009年增长9.63%。认真贯彻落实中央第五次西藏工作座谈会、省委藏区工作会议精神，紧紧抓住中央继续扩大内需和西部大开发等重大机遇，积极做好项目对接落实，全面加强项目管理，全力推进年初确定的重大项目、重点项目和“两节”献礼项目建设，保持了投资的高速增长，投资总量比2009年净增40亿元。着力发展壮大旅游、生物、水电和矿产四大支柱产业，支柱产业发展势头良好，四大支柱产业对GDP的贡献率达到76%，比2009年提高5个百分点。高度重视生态文明建设，实施两江屏障和生物多样性保护，正确处理生态环境建设与经济发展的关系，顺利完成了节能减排目标任务。坚持以人为本的执政理念，社会事业建设取得新成效。周密部署“十二五”规划编制等战略性任务，各项工作有序开展。为有效克服拉萨3·14事件给藏区发展带来的负面影响，率先在全国藏区成功举办了第六届康巴艺术节和迪庆藏族自治州首届民族团结节等大型活动，向全国和世界展现了迪庆藏区和谐稳定、长治久安的良好形象。通过全州上下的共同努力，州十一届人大六次会议确定的目标全面完成，为“十一五”画上了圆满的句号。全州地区生产总值增长19.5%，固定资产投资增长43.2%，地方财政一般预算收入增长36.91%，全社会消费品零售总额增长23.8%，城镇居民人均可支配收入增长9.57%，农民人均纯收入增长14%，城镇登记失业率为3.7%，人口自然增长率为4.27‰，单位生产总值能耗降低2%。

五年的奋斗历程，全州各族人民集中智慧和力量，抢抓一切发展机遇，谱写了藏区发展、和谐、稳定的壮丽史诗，唱响了科学发展、和谐发展、跨越发展的时代赞歌。全州生产总值由2005年的28.02亿元增加到2010年的77.1亿元，年均增长19.91%。人均生产总值比2005年增长1.42倍，达到20 051元。三次产业比重由2005年的19.07∶35.68∶45.25调整到2010年的9.51∶38.28∶52.21。累计完成全社会固定资产投资395亿元，是“十五”的4.70倍，年均增长达到33.48%。地方财政一般预算收入五年翻两番，达到5.97亿元。

纵观“十一五”发展，我们可以自豪地说，“十一五”是我州国民经济快速增长，综合实力明显增强的五年；是基础设施建设成效显著，发展条件明显改善的五年；是生态文明建设成效卓著，可持续发展能力明显提高的五年；是改革力度不断加大，对外开放步伐明显加快的五年；是各族群众得到实惠最多，人民生活水平明显改善的五年；是和谐社会建设扎实推进，维护社会稳定成效明显的五年。

各位代表，“十一五”所取得的成就，是省委、省政府和州委正确领导的结果，是全州各族人民奋力拼搏的结果，是州人大、州政协和社会各界支持、帮助、监督的结果。我代表州人民政府，向奋战在各条战线上的劳动者，向驻迪人民解放军、武警官兵和公安干警，向省属驻迪单位、离退休老同志，向所有关心支持迪庆建设的上级部门、社会各界人士表示崇高的敬意和衷心的感谢！

“十一五”的成就将载入史册。在肯定成绩的同时，我们更加清醒地看到，全州经济和社会发展中仍然存在着不少突出的矛盾和问题。经济总量快速增长，但起步晚、底子薄、积累少、实力弱的状况依然没有根本改变；人民生活明显改善，但贫困人口依然较多；社会事业总体水平相对滞后，经济社会发展不协调、城乡发展不平衡状况依然存在；环境保护和生态建设成效显著，但保护和发展的矛盾日益显现，生态安全形势依然严峻；社会大局保持稳定，但反分裂斗争依然尖锐复杂。对于这些问题，我们将继续采取有力措施，认真加以解决。

## 二、把握机遇，攻坚克难，再续“十二五”发展稳定新成就

“十二五”时期，是我州承上启下，全面建设小康社会的关键时期，是加快建设“示范区”、促进经济社会跨越发展的战略机遇期，也是转方式调结构、深化重要领域和关键环节改革的攻坚期，机遇和挑战并存、机遇大于挑战。未来五年，经济全球性结构调整趋势将更加明显，产业转移和资本流动加快，为我州利用两个市场、两种资源提供了更大的空间。国家将继续支持藏区发展和实施西部大开发战略，在经济政策、资金投入和产业发展等方面，对藏区的支持力度将不断加大，有利于我们继续推进基础设施建设和生态环境保护，加快特色优势产业和社会事业发展。云南省优化经济结构，促进产业升级和桥头堡建设步伐将进一步加快，有利于我们大力推进技术创新，形成新的产业集群，加速推进新型工业化进程。经过“十一五”的发展，我们已经积累了加快发展、跨越发展的宝贵经验，只要我们准确把握未来五年发展新的阶段性特征，切实增强前瞻性、科学性和创造性，就能推进迪庆改革开放和现代化建设事业实现新跨越。

党的十七届五中全会、省委八届十次全会和州委六届十次全会后，根据州委关于“十二五”规划的建议，州政府对“十二五”时期经济社会发展主要指标、生产力布局等重要内容，组织多次咨询论证，开展形式多样的建言献策活动，在集中各方智慧的基础上，形成了《迪庆藏族自治州国民经济和社会发展第十二个五年规划纲要（草案）》。《纲要（草案）》明确了政府的工作重点和责任，各项部署体现了战略性、指导性、操作性的要求。

《纲要（草案）》提出了“十二五”全州经济社会发展的指导思想，即：必须高举中国特色社会主义伟大旗帜，以邓小平理论和“三个代表”重要思想为指导，深入贯彻落实科学发展观，坚持走中国特色、迪庆特点的发展路子，按照“四个走在前列”总任务，紧紧抓住发展、稳定、民生三件大事，坚持“生态立州、文化兴州、产业强州、和谐安州”发展思路，依托农业产业化、新型工业化、城镇化和教育现代化四轮驱动，实施“绿色经济、人才优先、投资拉动、品牌支撑”发展战略，解放思想、开拓创新、真抓实干，建设富裕、民主、文明、开放、生态、和谐迪庆，努力把迪庆建设成为全国藏区跨越发展和长治久安示范区以及大香格里拉区域经济社会发展的轴心区，为到2020年与全国、全省同步实现全面建设小康社会的宏伟目标打下具有决定性意义的基础。

《纲要（草案）》提出了“十二五”时期全州经济社会发展的总体目标是：生产总值年均增长18%以上，固定资产投资和地方财政一般预算收入年均增长25%以上，三次产业的比重调整为6：51：43，城镇居民可支配收入年均增长10%以上，农民人均纯收入年均增长12%以上，社会消费品零售总额年均增长20%，人口自然增长率控制在5.8‰以内，单位生产总值能耗继续下降。

按照科学发展观和全面建设小康社会的要求，《纲要（草案）》在指标选择上力求体现“五个强化”：强化结构优化和投入效益，强化城乡和区域协调发展，强化保护资源和生态环境，强化人文和社会发展，强化公共事业和公共服务。

《纲要（草案）》提出了今后五年的主要任务：

一是切实转变经济发展方式，努力提高经济发展的质量和效益。以调整经济结构作为转变经济发展方式的重点，调优一产、调强二产、调快三产，着重培育具有地方特色和比较优势的战略支撑产业，促进三次产业在更高水平上协同发展。做优做强旅游产业，到“十二五”末，实现接待海内外游客1 000万人次，旅游收入117亿元。高品质打造生物产业链，到2015年，全州生物产业总产值达到42亿元。发展壮大水电产业，到2015年，逐步构建以“两江”干流电站为骨干、中小水电作补充、电网结构完善的电力产业发展格局。深层次开发矿业，“十二五”末，基本形成年产铜精矿10万吨，还原铁50万吨，铁合

金50万吨的生产规模，矿业总产值达120亿元。以交通干线和中心城市、重点旅游集镇为依托，以特色产业为核心，优化生产力布局，增强区域发展协调性，着力构建“一屏、一区、一廊、一地、一链、一带、一园”的经济发展战略布局。

二是着力扩大内需，促进经济增长向投资、消费、出口协调拉动转变。继续扩大投资规模，以交通建设作为投资的重点，实施“1、2、1、3、13”及“乡村组路路通”的综合交通发展战略，把迪庆建成大香格里拉区域人流、物流集散中心和建设昆明经迪庆到拉萨的经济生态文化走廊。切实加强水利工程建设投资，推进澜沧江、金沙江沿岸水资源开发利用，抓好“两江”流域和重要河流河段防洪和洪涝灾害治理，加快小中甸、康斯等水库建设。实施以饮水安全和“五小水利”为主要内容的水利建设。优化投资结构，投资重点向优化产业结构和社会事业基础设施建设方面倾斜，争取到“十二五”末产业投资和其他领域的投资占全部投资的比重超过50%。认真落实国家增加群众收入、扩大消费需求的措施，加快建立职工工资正常增长和支付保障机制，继续增加城市和农村低保，提高城乡居民收入，增强消费能力。认真做好以松茸出口为主的对外贸易工作，不断提高出口在经济增长中的份额。

三是提高农业产业化水平，加快新农村建设。加强农村基础设施建设，大力发展特色现代农业，提高农业综合生产能力、抗风险能力、市场竞争能力。完善农村发展的体制机制，加快健全农牧业社会化服务体系，提高农牧业经营组织化程度。着力实施好产业扶贫、素质扶贫工程，稳步提高农牧民家庭经营性收入、工资性收入和财产性收入。推进青稞、高原油菜、药材、花卉、果蔬等优质农产品生产基地建设，完善100万亩核桃、水果基地及配套设施。改良天然草场150万亩、建设饲料基地15万亩，大小牲畜年出栏稳定在80万头。

四是促进区域协调发展，大力推进城镇化进程。引导经济资源和生产力要素主要向重点开发区聚集，通过非均衡布局推动经济跨越发展。完善城镇化布局和形态，建立具有迪庆特点的城镇体系。要帮助有条件的农民进入城镇，促进人口和生产要素流动，加快中心城市、重点乡镇基础设施和公共服务能力建设，切实增强中心城市、重点乡镇对经济社会发展的辐射带动能力。努力把香格里拉县城建设成国际旅游城市和人居环境优美的生态城市，把维西县城建成独具傈僳文化特色的民族生态文化城市，把德钦县城建成独具藏区特色的藏民族宗教文化旅游城市。

五是深化改革，扩大开放，努力激活跨越发展的创新力。进一步明确改革的优先顺序和重点任务，统筹推进各方面改革，争取在重点领域和关键环节的改革取得实质性突破，不断完善社会主义市场经济体制。认真开展对外贸易、利用外资、对外经济合作工作，努力提升对外开放的水平。

六是加快建设资源节约型、环境友好型社会，提高生态文明水平。加大生态建设、环境保护和污染治理力度，探索建立生态补偿机制，加快生态畜牧业发展，推进生态文明建设，确保生态环境质量继续保持全国领先水平。落实节约优先战略，建立促进资源节约的政策法规体系。实施新一轮节能减排约束性指标，大力发展循环经济、低碳经济，加快构建绿色产业体系。

七是深入实施科教兴州战略和人才强州战略，加快建设创新型迪庆。优先发展教育，合理配置教育资源，普及双语教育，切实加快教育现代化建设。提高实用技术推广应用和自主创新能力，构建发展的人力资源保障，实现人力资源市场化、社会化，逐步建立吸引人才、培养人才和留住人才的有效机制。

八是加快发展社会事业，切实保障和改善民生。加强公共卫生体系建设，完善城乡各类社会保障制度，健全住房保障体系。积极促进就业，努力构建和谐劳动关系。加大扶贫开发力度，使发展成果更多的惠及民生。巩固和发展民族团结进步事业，依法管理宗教事务。坚持和完善反对分裂、维护和谐稳定工作机制，加强社会治安综合治理。

九是推动文化大发展大繁荣，提高各族人民思想道德素质。建设社会主义核心价值体系，加快构建覆盖全社会的公共文化服务网络，保护民族优秀文化资源，深化文化体制改革，增强文化发展活力，着力培育文化产业，推动文化资源大州向文化强州的战略转型，促进民族文化资源优势向发展优势转变。

## 三、锐意进取、真抓实干，努力创造2011年工作新成绩

今年是实施“十二五”规划的起步之年。做好今年的各项工作，对保持全州经济社会又好又快发展，实现“十二五”良好开局具有十分重要的意义。我们一定要充分利用一切有利条件，克服不利因素，抢抓机遇，善抓机遇，切实加快发展步伐。

今年宏观调控的主要预期目标建议为：地区生产总值增长18%以上，地方财政一般预算收入增长25%以上，全社会固定资产投资增长25%以上，社会消费品零售总额增长20%以上，城镇居民人均可支配收入增长10%以上，农民人均纯收入增长12%以上，城镇登记失业率控制在4.5%以内，人口自然增长率控制在5.8‰，单位生产总值能耗按省政府下达的指标执行。

实现上述目标，要重点抓好以下九个方面的工作：

（一）*抢抓机遇，打牢基础，进一步保持投资快速增长。*投资是现阶段我州经济社会发展最主要的拉动力量，不能有一丝一毫的放松。要紧紧抓住中央、省支持藏区发展和西部大开发、云南桥头堡建设等重大机遇，优化和拓展投融资渠道，加强督促协调，着力推进项目建设。今年争取全社会固定资产投资比去年增加30亿元以上，投资总量突破167亿元。一要认真做好项目前期工作。围绕中央、省提出的扩大内需投资重点和“四个优先”的原则，切实加大项目前期工作经费投入，全力做好东部藏区大通道建设、优势产业发展、社会事业、新农村建设、生态环境等方面的项目储备。二要抓好项目建设资金保障。用足用活中央和省支持藏区发展的政策、措施，主动加强与国家部委和省级有关部门的沟通和衔接，争取国家和省对我州的更大支持。努力拓宽金融业对地方经济发展的服务领域，不断创新融资渠道和方式，争取更多信贷资金进入投资领域。三要积极推动项目落实。工业投资围绕工业基础设施建设、技术改造等方面，建立多元投资体系、完善投入机制，确保今年全部工业领域投资达到50亿元左右。交通建设投资是实施投资拉动战略的重点，交通基础是事关未来发展的关键基础，要集中人力、物力、财力和精力，继续全力推进德钦机场，丽香高速公路等重大工程前期工作；采取积极措施建设丽香铁路，加快香德、德维（塔）二级公路建设步伐，争取尽早建成通车；抓好滇川通道（香格里拉很永至四川得荣毛屋）、德贡公路、维福公路等重点项目建设；改造500公里通村公路。交通建设力争完成投资50亿元以上。水利水电建设要以“两江”和中小河流开发以及城乡电网建设等重大基础设施项目的投资为重点，提升产业规模和效益。积极推进梨园、里底、乌弄龙和古水等电站建设，认真做好、做实库区移民等工作；合理、适度推进两江支流开发，争取倮马等两江支流在建电站投产运行，新增装机21.2万千瓦；不断改善、优化电网结构，同步推进外网、城网、农网三网建设；认真贯彻落实2011年中央1号文件精神，进一步强化水利基础，重点抓好农田水利建设，加大小中甸水利枢纽工程建设力度，开工建设康斯水库工程，抓实骨干沟渠建设。力争完成水利水电投资35亿元。继续抓好城建、旅游、教育、卫生、文化、生态等领域的项目建设，力争投资达到32亿元。四要明确责任保项目建设。抓投资上项目的任务要州县（区）同步发力，三县一区固定资产投资都要按增长30%的规模安排。要积极组织好重大基础设施项目、重大优势产业项目、重大生态建设项目、重大民生工程项目的建设，再掀项目建设新高潮。今年要重点抓好香德、德维（塔）二级公路、集中办学工程和康斯水库等40个重大项目建设。

（二）*大力发展四大支柱产业，进一步加快转变经济发展方式。*把经济结构战略性调整作为加快转变经济发展方式的主攻方向，充分发挥政府引导和市场推动的作用，力求在调整经济结构、转变经济发展方式上迈出坚实步伐。一是提升旅游产业国际化水平。要进一步推进文化与旅游业相融合，积极完善重要景点景区的旅游配套设施，强化旅游市场的整治和监管，着力打造旅游精品，力争全年接待海内外游客突破650万人次，实现旅游业总收入67亿元，旅游门票收入3亿元。二是提升生物产业工业化水平。依托迪庆特色资源，加大特色产业基地建设和特色农产品开发力度，加快传统工艺流程改造和产品升级，

推动传统产业向精深加工、延伸产业链方向发展；着力培育壮大龙头企业，鼓励和引导龙头企业争创著名商标和驰名商标，形成产业竞争优势，生物产业总产值力争达26亿元。三是提升以水电为主的能源产业规模化水平。按照水电开发以“两江为重点，中小河流为补充，电矿相结合”的发展思路，坚定不移实施大企业大集团战略，推动我州优势资源与省内外技术、资本、市场的结合；积极拓展能源开发的领域和空间，鼓励发展太阳能和风能发电项目，不断提升清洁能源开发的水平和规模；认真研究电力企业与其他工业互动发展的机制和措施，努力打造电力企业与整体工业互利发展的电价机制和电力市场体系，以水电为主的能源产业增加值力争达到10亿元。四是提升矿产业集群化水平。积极推进矿电结合和精深加工，大力整合矿产资源，促进重点矿业企业集群化水平。抓好普朗、羊拉、庆福等矿区建设，进一步完善工业发展“一园六片区”的基础配套和体系服务，不断增强园区的集聚能力，切实加快铜冶、铁冶和铁合金“三大基地”建设，努力提高资源和加工能力集中度，尽快形成规模生产，提升矿产业效益，矿产业增加值达到13亿元。

全面推进服务业发展。继续采取积极措施开拓航空市场，大力发展物流等生产性服务业，鼓励发展会计、法律等中介服务业，加快发展信息、邮政通信、保险和会展等现代服务业，支持农村消费市场培育，努力提升第三产业发展水平。

（三）继续抓好“三农”工作，进一步加强农业产业化建设。坚持稳定农村基本政策不动摇、稳定基本农田面积不减少、稳定粮食总产不降低的原则，大力发展特色现代农业。一是改善农业农村发展条件。以现代农业为产业支撑，整体推进基础设施、公共服务、村落村庄和人居环境建设，全面落实中低产田地改造计划和农田整治重大工程建设。继续抓好农田水利、中小河流治理、小型水库和渠道除险加固、水毁修复、综合治理等工程及五小水利工程建设。改造中低产田3万亩，再实施30个自然村村容村貌整治工作。二是加快农业产业化步伐。要积极发展特色效益农业，打造特色农产品品牌，提升农业综合效益，提高农业和农村经济的组织化、产业化水平。重视农产品商标和地理标志注册保护工作，加快建设特色农牧产品生产基地，重点抓好核桃、葡萄、中药材、蚕桑等农民增收产业，建设特色产业原料基地15万亩。全面开展生态畜牧业建设，积极推进科学养畜，加大人工草场建设，大力推广设施养畜，努力提高畜牧业规模化养殖水平，生猪、牦牛等主要牲畜出栏率提高10%。三是切实加强扶贫开发工作。认真实施扶贫整乡（村）推进和异地开发扶贫等项目，切实抓好游牧民定居、农村民居地震安全工程等农村安居房建设，把改善基础设施扶贫与产业扶贫结合起来，不断增强贫困人口的造血功能。再实施3个扶贫整乡推进和30个建制村整村推进工作。四是多渠道增加农民收入。强化农民持续增收保障，大力发展劳务经济和农村二、三产业，帮助农民转移就业和自主创业，多渠道增加农民收入。全面落实好粮食直补、农资综合补贴和草原生态补助奖励等政策，力争农民人均纯收入达到3 700元以上。

（四）加强城市规划、建设和管理，进一步提高城镇化水平。城镇化是经济社会发展水平的重要标志，是从根本上改善环境面貌、提升群众生活质量的必然要求。必须坚持高起点规划、高水平建设、高效能管理，又好又快推进城镇化进程。一是高起点规划城镇建设。树立以规划经营城市的理念，坚持“先规划后建设、无规划不建设”原则，形成覆盖全州的具有前瞻性、科学性、可操作性的规划体系。二是着力推进城镇化建设步伐。继续实施香格里拉生态旅游城工程、加快推进香格里拉县城集中供热、德钦和维西县城拓展工程等建设；正确引导和鼓励房地产开发，启动城镇公租房建设工程；新建香格里拉县、维西县第三自来水厂、德钦饮水及供水工程三个项目；加快推进旅游小镇开发，争取今年再建成3至4个旅游小镇。三是高效能管理提升城市形象。强化城市管理，落实属地管理责任，加强“绿化、亮华、净化、硬化”工程建设，加大市容环境“脏、乱、差”整治力度，抓好执法队伍建设，不断提高综合执法水平。

（五）以改善民生为重点，进一步促进社会事业全面进步。坚持以人为本，把发展经济与改善民生紧密结合，大力推进以改善民生为重点的各项社会事业发展，使广大群众共享改革发展成果。一是提升教育发展水平。牢牢把握教育优先发展根本大计，推进教育综合改革，不断提高教育教学质量，促进义务教育均衡发展。加快普及双语教育，巩固“两基”成果，统筹高等教育、高中教育、职业教育全面协调发展。二是继续实施“创新型迪庆行动计划”，积极创新科技应用、普及机制，组织实施一批重大科技试验、示范、推广项目，支持农业科技推广和企业技术创新，推动科技进步。三是建立和完善医疗卫生体系。积极推进医药卫生体制改革，完善医疗卫生服务和公共卫生服务体系建设，加大卫生技术人才引进培养力度，提高医疗服务能力。巩固提升新型农村合作医疗水平，强化农村、城市社区卫生服务体系建设，不断完善覆盖城乡居民的基本医疗卫生制度。大力发展中医和民族医药事业，把迪庆州藏医院建设成为东部藏区最好的民族医院。强化重大疾病防控和突发公共卫生事件应急处置。加强食品、药品安全监督管理。四是完善社会保障体系。把促进就业放在经济社会发展优先位置，加强职业技能培训，加大转移就业培训力度。落实城乡居民养老保险等扶持政策，扩大养老、医疗等保险参保率。完善养老补贴、低保、五保和临时困难救助制度，不断扩大社会保障覆盖面。在及时兑现退休干部住房补贴的基础上，将住房公积金比例从7%提高到10%。积极发展慈善、老龄和残疾人等事业。五是推进和谐文化建设。深入开展精神文明创建活动，加强社会主义核心价值体系教育和公民思想道德建设。繁荣发展文化事业和文化产业。健全公共文化服务体系，实施文化惠民工程，加快三县文化馆建设。继续实施20户以下通电自然村广播电视“村村通”工程。广泛开展群众体育健身活动，尽快启动承办全省民运会的体育场馆建设。六是加强计划生育工作，进一步稳定合理的生育水平。继续抓好统计、档案、人防、外事、史志和新闻出版等工作，促进各项社会事业全面发展。

（六）推进改革开放，进一步营造良好发展环境。要积极探索户籍制度改革，为农村户籍转城镇户籍创造有利条件，引导农村人口向城镇集聚。进一步深化公共财政体制改革，加强税收征管，强化财政预算管理，优化支出结构，提高集中财力办大事的能力。不断加强金融领域的改革，推进金融产品和服务方式创新，增强金融业服务地方经济发展的能力。认真研究有利于推动旅游发展的政策，不断改革、理顺和规范旅游管理体制，完善国家公园运行机制。切实做好行政审批制度、医药卫生体制和社会保障体制等改革。要进一步深化所有制改革，大力发展非公有制经济。充分利用云南建设桥头堡的机遇，结合我州的区位优势，全方位拓展与州外多层次、多形式、宽领域的合作，进一步提高我州对外开放的整体水平，更加有效地开展招商引资和投资促进活动。

（七）加强生态文明建设，进一步增强可持续发展能力。良好的生态环境是迪庆最大的优势、最大的财富、最大的品牌，我们必须把生态建设和环境保护摆在更加突出的位置。一是加大生态建设力度，巩固发展生态优势。继续深入实施“七彩云南香格里拉保护行动”，认真落实天然林保护、草原生态保护、退耕还林和自然保护区相关政策，积极探索和建立生态补偿机制，认真开展草场承包到户改革工作。推进生物多样性保护，进一步加快建设设施养畜、退牧还草和生态移民等工程建设，实施生态移民200户。二是切实做好节能减排和环境保护工作。强化节能减排督促监管，实施好州医疗废物集中处置项目，严格执行建设项目环境影响评价“三同时”制度，加强地质灾害防治工作。三是加快发展以低碳经济为主导的生态产业。积极推行清洁生产，大力发展循环经济，倡导生态环保的生活和消费方式，打造绿色家园，使生态优势真正变成不可多得、不可替代的发展生态经济和生态文明的后发优势。

（八）强化社会管理创新，进一步加强和谐社会建设。充分认识新形势下维稳工作的艰巨性和紧迫性，全面贯彻党的民族宗教政策，巩固和发展和谐的民族、宗教关系，维护祖国统一。扎实推进以《云南省迪庆藏族自治州民族团结进步条例》、《云南省迪庆藏族自治州藏传佛教寺院管理条例》为主的法制宣传教育和依法治州进程，不断提高全民法律意识。坚持维稳工作领导责任制和责任追究制，严格落实属地责任，扎实推进社会矛盾化解、社会管理创新和公正廉洁执法。健全社会稳定风险评估机制，把各种不稳定因素化解在基层和萌芽状态。强化社会治安综合治理，健全综治考评体系，夯实综治基层基础工作，抓好重点区域治安专项整治，严厉打击各种违法犯罪活动。加强对进入我州的境外非政府组织和媒体的管理，依法严厉打击和严密防范各种敌对势力、敌对组织的渗透、破坏活动。健全自然灾害、安全生产和公共安全突发事件监测预警体系及信息报告、应急救援、社会动员机制，提高处置突发事件能力。加强和改进信访工作。积极支持驻迪部队建设，抓好国防动员和民兵预备役工作。充分发挥工会、共青团、妇联等群团组织在和谐社会建设中的作用。

（九）提高素质，强化服务，进一步加强政府自身建设。站在新的起点，面对新的形势和任务，我们将进一步加强政府自身改革和建设，不断提高行政效能和服务水平，切实做到为民、务实、清廉。一是不断提高科学发展能力。深刻领会、准确把握科学发展观的精神实质，增强贯彻落实科学发展观的自觉性和坚定性，努力成为推进科学发展的行家里手。要善于把中央政策与迪庆实际紧密结合起来，勇于冲破各种思想禁锢，开拓创新。二是切实转变政府职能。大力推进体制创新、机制创新、制度创新和管理创新，提高政府效能，增强政府执行力和公信力。坚持科学行政，健全科学民主决策机制，更加注重发挥专家咨询、社会听证等的作用。坚持民主行政，实行重大问题集体决策，推进政务公开，加强行政监督和社会舆论监督，确保权力运行公开透明。三是加大反腐倡廉力度。健全廉洁自律机制，认真落实党风廉政建设责任制。强化专门监督，规范对重点领域、部门、项目、资金的执法监察和审计监督，进一步开展好行政效能监察工作。四是发扬求真务实作风。在务求实效上狠下功夫，集中时间和精力，多解决一些影响改革、发展、稳定的突出问题，多办一些为广大人民群众排忧解难的好事实事。大兴调查研究之风，深入基层，深入群众，真正做到弄清群众所想，服务群众所需，干好群众所盼，解决群众所忧。切实改进会风、文风，纠正讲形式、走过场、拖拉推诿和弄虚作假等不良风气，进一步提高工作质量和效率。

各位代表，未来五年是我州历史上重要的发展时期，实现新跨越，是时代赋予我们的光荣使命和神圣职责。2011 年又是承上启下、开好头、起好步的关键之年。我们要高举邓小平理论和“三个代表”重要思想伟大旗帜，认真贯彻落实科学发展观，紧密团结在以胡锦涛同志为总书记的党中央周围，在州委的坚强领导下，团结带领全州各族人民，振奋精神，开拓创新，扎实工作，以优异的成绩迎接建党 90 周年，为实现“十二五”宏伟蓝图和把迪庆建设成全国藏区跨越发展、长治久安示范区而努力奋斗！

# 大 事 记

## 迪庆州委工作大事记

1月4日，省委常委、省委政法委书记、省集中检查考核第四组组长孟苏铁率检查组到迪庆州开展2009年集中检查考核工作并作动员讲话，齐扎拉作综合汇报。在迪庆期间，孟苏铁还看望慰问了迪庆州政法干警和武警官兵，齐扎拉、李灿光、马文龙等陪同。

1月5日，齐扎拉主持召开六届州委第71次常委会，讨论研究州委六届八次全委会及州委理论学习中心组集中学习活动等事宜。

1月6日，齐扎拉出席州佛教协会五届三次理事会并讲话，杜永春主持，马文龙等出席。

1月6~7日，州委理论学习中心组举行集中学习活动，传达学习省委八届八次全委会精神，分析总结迪庆州2009年工作，讨论研究2010年工作。

1月7日，杜永春出席州佛教协会五届三次理事会闭幕仪式并讲话。

1月8~9日，中共迪庆州委六届八次全体会议在香格里拉召开，齐扎拉代表州委常委会向全会作工作报告。

1月9日，省集中检查考核组向迪庆州反馈集中检查考核情况，齐扎拉、黄政红、杨铭书、郑艺等出席。

1月10日，齐扎拉出席全州教育综合改革领导小组第二次会议并讲话，黄政红、杨铭书、彭耀文、马文龙等出席。

1月11日，齐扎拉主持召开迪庆州干部大会，省委组织部刘蔚萍副部长宣读省委有关迪庆州干部任免职的决定。

1月13日，《迪庆日报》全文刊发《中共迪庆州委六届八次全委会工作报告》。

1月13~14日，齐扎拉在杜永春、彭耀文、马文龙等陪同下视察松赞林寺扎仓大殿保护性重建工程建设进展。

1月14日，黄政红听取全州重点项目建设情况汇报并讲话。同日，彭耀文在中共香格里拉县委十届八次全会上作县委常委会工作报告。

1月15日，齐扎拉出席《香格里拉论坛》创刊发行仪式暨迪庆州社会科学界专家学者座谈会并讲话，鲁永明等出席。

1月16~19日，鲁永明陪同省林业厅王德祥副厅长率省林业综合调研组在迪庆州调研。

1月18日，彭耀文出席香格里拉县举行的2010年迎春茶话会并讲话。同日，鲁永明、姚世忠等出席在迪庆军分区礼堂举行的2010年迎春军民联欢晚会。

1月19日，杨铭书出席州旅游投资开发公司一届三次董事会并讲话。

1月20日，彭耀文看望慰问驻香格里拉部队官兵。同日，鲁永明到州级新闻媒体单位调研。

1月21日，齐扎拉在昆主持召开州委常委（扩大）会议，传达学习中共中央、国务院第五次西藏工作座谈会精神。同日，州委、州政府下发《关于进一步调整全州中小学区域布局推进城乡基础教育均衡发展的方案》。同日，州委办公室就州管干部2009年度考核工作作出安排。

1月22日，省委常委、省委统战部部长黄毅参加省第十一届人大三次会议迪庆代表团讨论会并讲话。同日，杨铭书、郑艺出席全州组织工作暨第三批学习实践科学发展观活动汇报会并讲话。同日，彭耀文率香格里拉县人大、政府、政协有关领导看望慰问劳模、特困职工、城市绿化和环卫工人及农民工。

1月25日，鲁永明出席在迪庆州举行的省优秀妇女创业先进典型巡回演讲活动并讲话。同日，州委办公室转发《关于进一步加强党建带团建工作的意见》。

1月26日，黄政红、国家开发银行云南省分行行长邓延铎在昆出席国家开发银行与迪庆州开发投资集团有限公司贷款签字仪式。

1月27日，郑艺出席迪庆州选派到企业挂职干部工作总结座谈会并讲话。

1月28日，《迪庆日报》刊登州委书记齐扎拉缅怀龚曲此里同志的文章。同日，州委办公室下发文件，对贯彻落实州委六届八次全会精神情况进行立项督查。

1月31日，齐扎拉、黄政红在州、县相关部门主要负责人陪同下到香德二级公路建设工地调研。同日，鲁永明出席第六批上海赴迪青年志愿者欢送会并讲话。

2月1～2日，省委常委、省委统战部部长黄毅率省级相关部门到迪庆州检查指导藏区维稳工作，齐扎拉、黄政红、杨铭书、杜永春、彭耀文、马文龙等陪同；2月1日，齐扎拉向检查组汇报迪庆州工作，黄政红主持汇报会。同日，州委、州政府成立迪庆州经济社会发展“十二五”规划编制领导小组。

2月2日，齐扎拉出席2010年香格里拉城区离退休干部新春团拜会并致辞，黄政红、杨铭书、马文龙、郑艺等出席。同日，齐扎拉、黄政红对全州安全生产工作作出重要批示。同日，州委、州政府成立迪庆州第四届村级换届选举工作领导小组及巡视组。

2月3日，齐扎拉、黄政红、杨铭书、李灿光、杜永春、彭耀文、马文龙、郑艺等出席2010年新春茶话会，黄政红致辞。

2月4日，李灿光等在迪庆分会场参加了云南省领导干部时代前沿知识讲座 。同日，杨铭书、郑艺出席全州村“两委”换届选举工作部署会并讲话。

2月5日，齐扎拉主持召开六届州委第76次常委会议，研究部署全州农业农村工作、民族团结宣传教育和民族团结进步创建活动等。同日，齐扎拉出席州纪委六届五次全会并讲话。同日，齐扎拉出席纪念龚曲此里同志逝世1周年活动并讲话，黄政红、杨铭书、杜永春、彭耀文、鲁永明、马文龙、姚世忠等出席。同日，州委、州政府通报表彰2009年度全州党风廉政建设先进单位。

2月7日，李灿光陪同武警部队政治部副主任贾方亮检查指导迪庆州武警工作。

2月9日，由李灿光等州委、州人大常委会、州政府、州政协班子成员组成的党政春节慰问组看望慰问香格里拉城区春节值班工作人员及困难老党员、孤寡老人和孤儿。同日，州委成立迪庆州“千名干部进村入户促民族团结进步”活动领导小组，制定出台《关于深入开展民族团结进步宣传教育和创建活动的意见》。同日，州委办公室下发《迪庆州千名干部进村入户促民族团结进步活动实施方案》、《全州村党总支和第四届村民委员会换届选举工作实施方案》，并要求州级各单位上报参加“千名干部进村入户促民族团结进步”活动抽调人员名单。

2月11日，齐扎拉在有关部门负责人陪同下到香格里拉县虎跳峡镇看望慰问困难群众。同日，黄政红前往香德、德维二级公路指挥部和香格里拉县建塘镇敬老院等处看望慰问春节坚守岗位人员及困难群众。

2月15～16日，中共中央政治局委员、中央书记处书记、中央组织部部长李源潮到迪庆州视察，省委书记白恩培、省委秘书长杨应楠、省委政法委书记孟苏铁、省委组织部部长辛桂梓等陪同，齐扎拉汇报迪庆州工作情况。

2月15日，黄政红、杜永春等出席香格里拉城区2010年藏历铁虎新年暨“欢乐香巴拉”迎春活动开幕仪式。同日，黄政红出席迪庆州藏历铁虎新年迎春茶话会并致辞，杜永春等出席。

2月23日，黄政红出席全省抗旱救灾动员会迪庆分会场会议并讲话，鲁永明等出席。

2月24日，齐扎拉主持召开州委专题会议听取并研究全州抗旱救灾工作，杨铭书等出席。

2月24～26日，受州委书记齐扎拉委托，黄政红在彭耀文等陪同下到香德公路建设工地调研。

2月24～26日，黄政红在有关部门负责人陪同下到维西县、德钦县调研。

2月25日，杨铭书向省委、省政府督查组汇报迪庆州抗旱救灾工作。

2月26日，杨铭书出席全州“千名干部进村入户促民族团结进步”活动培训会议并讲话。

2月27日，齐扎拉出席全州干部大会暨“千名干部进村入户促民族团结进步”活动动员大会并讲话，黄政红、杨铭书、李灿光、彭耀文、鲁永明、郑艺等出席。

同日，齐扎拉主持州委理论学习中心组集体学习活动。同日，郑艺出席全省新农村建设指导员视频会议迪庆分会场会议并讲话。同日，州委办公室、州人民政府办公室印发《迪庆藏族自治州民族团结进步试行办法》。

3月1日，齐扎拉出席全州“千名干部进村入户促民族团结进步”活动工作队启程仪式并为工作队授旗，杨铭书主持。同日，齐扎拉召集州级有关部门负责人研究部署迪庆州民族团进步立法工作。同日，鲁永明出席全州新闻宣传工作会议并讲话。

3月2日，州委下发文件，要求学习宣传贯彻好胡锦涛总书记在中央第五次西藏工作座谈会期间对迪庆工作的指示精神和李源潮同志到迪庆指导工作时的重要讲话精神。同日，中央新闻采访团到迪庆州采访原迪庆军分区副司令员龚曲此里同志先进事迹，省委常委、省军区政委郎友良，总政宣传部宣传局局长杨定宇，齐扎拉、鲁永明、姚世忠等出席汇报会。同日，州委办公室印发《迪庆州密码电报使用和管理规定》。

3月5日，齐扎拉出席《迪庆日报》（藏文版）正式刊号启用仪式并讲话。

3月8日，根据省委组织部要求州委召开全委扩大会议，专题研究干部问题。

同日，齐扎拉主持召开州委常委会议专题研究审定《云南省迪庆藏族自治州民族团结进步条例（草案）》（党内送审稿）。

3月9日，州委下发《州委常委会2010年工作要点》。同日，齐扎拉到香格里拉县调研抗旱救灾工作。同日，李灿光到维西县永春乡检查指导“千名干部进村入户促民族团结进步”活动开展情况。

3月10日，齐扎拉出席香格里拉城市供暖项目一期工程点火仪式并致辞，鲁永明、姚世忠等出席。同日，彭耀文出席政协香格里拉县十三届三次会议开幕式。

3月12日，齐扎拉主持召开全州教改工作领导小组第三次会议，杨铭书、彭耀文、鲁永明等出席。同日，州委办公室、州人民政府办公室印发《关于加强和规范州外新闻媒体管理服务的若干规定》，并通报兑现2009年度社会治安综合治理维护社会稳定创建“平安县（区）平安单位”目标责任奖。

3月13日，彭耀文出席香格里拉县十三届人大三次会议。

3月13～15日，省委常委、省委统战部部长黄毅到迪庆州调研，齐扎拉、黄政红等陪同，14日召开迪庆州工作汇报会，齐扎拉主持汇报，黄政红、杨铭书、杜永春、彭耀文、鲁永明等出席。

3月16～21日，杨铭书率迪庆州相关部门负责人到青海、内蒙古等地学习考察畜牧业发展情况。

3月17日，齐扎拉出席迪庆州公安消防支队荣誉称号命名大会并讲话，黄政红主持，李灿光及省公安厅副厅长严尚智、省公安消防总队政委邹志强等出席。同日，齐扎拉、黄政红、省公安厅副厅长严尚智等出席迪庆州公安消防支队特勤中队营房开工仪式。同日，黄政红主持召开州政府常务会议讨论审定《政府工作报告》、《计划报告》、《财政报告》等。

3月18日，齐扎拉主持召开六届州委第77次常委会，讨论研究《云南省迪庆藏族自治州民族团结进步条例（草案）》（党内送审稿）等14项议题。

3月21日，黄政红出席全州政法工作会议并讲话，李灿光代表州委、州政府与三县、开发区和综治维稳单位负责人签订2010年度综治平安创建目标管理责任书。

3月21～22日，由全国人大常委会委员、全国人大环资委主任汪光焘带队的全国人大调研组到迪庆州调研自然遗产保护法立法工作；21日，黄政红向调研组汇报迪庆州相关工作。3月22日，李灿光出席全州司法行政工作会议并讲话。

同日，州委办公室印发《迪庆州州属企业领导班子和领导人员年度考核实施办法》。

3月23日，齐扎拉出席全州《林权证》首发仪式并讲话，杨铭书主持，省林业厅副厅长王德祥等出席。

3月24日，齐扎拉主持召开州委2010年度议军会议。同日，政协迪庆州十届五次会议开幕，齐扎拉、黄政红、杨铭书、李灿光、杜永春、彭耀文、鲁永明、姚世忠、郑艺等出席。同日，省委第四巡视组召开与迪庆州领导见面会。

3月25日，州人大十一届六次会议开幕，齐扎拉、黄政红、杨铭书、李灿光、杜永春、彭耀文、鲁永明、姚世忠、郑艺等出席。同日，齐扎拉主持召开出席迪庆州“两会”党员代表、委员会议并讲话。

同日，齐扎拉主持迪庆州巡视工作动员大会，省委第四巡视组组长费建平（正厅级巡视员）作动员讲话。同日，州委办公室下发文件，成立以州委主要领导为组长的州委巡视工作协调领导小组，并就配合做好省委第四巡视组在迪庆州开展巡视有关工作作出相关要求。

3月26日，黄政红出席州政协十届五次会议《州人民政府工作报告》协商会并讲话。

3月27日，齐扎拉、黄政红、杨铭书等出席州十一届人大六次会议第二次全体会议。

3月28日，齐扎拉、黄政红、杨铭书等出席州政协十届五次会议闭幕式。同日，齐扎拉、黄政红、杨铭书、彭耀文、鲁永明、姚世忠等出席州直学校新校区建设项目开工仪式，黄政红致辞。同日，齐扎拉、黄政红、杨铭书等出席州十一届人大六次会议主席团第三、四次会议。

3月29日，州十一届人大六次会议闭幕，齐扎拉、杨铭书等出席，依法补选黄政红为州长。

3月30日，齐扎拉主持会议向省委巡视组汇报迪庆州工作，省委第四巡视组组长费建平出席并讲话，省委第四巡视组副组长李作奎、黄政红、杨铭书等出席。

同日，黄政红主持召开州十一届人民政府第六次全会。同日，黄政红出席州人民政府廉政工作会议并讲话。

3月31日至4月1日，省委常委、省委组织部辛桂梓部长到迪庆州调研，省委组织部常务副部长张百如及齐扎拉、杨铭书、彭耀文、郑艺等陪同调研。

4月5~6日，齐扎拉、黄政红等陪同泰王国公主诗琳通在迪庆州考察。

4月6日，州委办公室、州人民政府办公室印发《关于进一步深化文化体制改革的实施意见》。

4月7日，州委、州人民政府下发《关于贯彻落实〈中共云南省委云南省人民政府关于进一步加强人口与计划生育工作统筹解决人口问题的决定〉的实施意见》。

4月8日，省委第四巡视组召开座谈会听取州级各部门汇报，杨铭书、杜永春等出席并讲话。

4月9日，省委第四巡视组与迪庆州离退休老干部代表座谈，听取各方面情况。

4月10日，鲁永明出席新知图书香格里拉书城搬迁开业典礼。

4月11日，省委第四巡视组在维西县召开巡视工作动员大会。

4月12~13日，中共中央委员、中央军委委员、国务委员、国防部长梁光烈一行在成都军区和云南省有关领导陪同下到迪庆州视察；12日，齐扎拉向视察组汇报迪庆州相关工作，黄政红、杨铭书、彭耀文、姚世忠等出席并陪同。

4月12日，郑艺出席全州老干部工作会议并讲话。

4月13日，齐扎拉出席迪庆州深入学习实践科学发展观活动总结大会并讲话，黄政红主持，杨铭书、李灿光、杜永春、彭耀文、郑艺等出席。

同日，杨铭书出席州委农村工作会议并讲话。

4月13~19日，省交通厅副厅长康仲明率省交通厅检查组到迪庆州检查指导二级公路建设；19日，检查组听取迪庆州交通工作暨香德、德维二级公路建设情况汇报，黄政红出席并汇报。

4月14日，青海省玉树藏族自治州玉树县发生里氏7.1级地震，中共迪庆州委、州人民政府致电慰问玉树州委、州人民政府，并向玉树地震灾区捐赠人民币50万元。

4月14日，杨铭书出席全州新农村建设工作队及指导员工作会议并讲话。

同日，州委办公室、州政府办公室转发《州社会治安综合治理委员会关于进一步加强全州刑满释放解除劳教人员安置帮教工作的实施意见》、《州委政法委州综治维稳委关于深入推进社会矛盾化解社会管理创新公正廉洁执法等三项工作任务的分解》。

4月16日，齐扎拉在杜永春、彭耀文等陪同下到松赞林寺视察扎仓大殿保护性重建工程进展情况。

同日，黄政红出席澜沧江水电开发座谈会并讲话。

4月16~17日，齐扎拉接受到迪庆州进行专题采访调研的云南日报报业集团党委书记、社长罗杰一行的专访。

4月19～20日，由辽宁省委原副书记、省纪委书记王唯众为组长的中央扩大内需促增长政策落实第十七组检查组到迪庆州开展检查工作，20日向迪庆州反馈检查情况。

4月20～21日，以西藏自治区党委常委、自治区常务副主席吴英杰为团长的西藏自治区政府旅游考察团到迪庆州考察；21日，黄政红出席与西藏自治区考察团的座谈会并讲话。

4月20日，以州委常委、副州长赵志勇为团长的怒江州党政考察团到迪庆州考察公路及城市建设工作。

同日，彭耀文分别出席香格里拉县深入学习实践科学发展观活动总结大会和“千足”活动暨第三批新农村建设指导员工作总结表彰大会并讲话。

4月21日，杨铭书出席全州统战宗教工作会议并讲话，杜永春主持。

同日，杨铭书出席《香格里拉》邮票发行选题研讨会并讲话。

4月22日，黄政红上线迪庆政风行风热线节目开通3周年仪式并讲话。

4月24～27日，黄政红率迪庆州代表团赴上海参观世博园。

4月25～27日，齐扎拉在有关部门负责人陪同下到香格里拉县东旺乡、格咱乡调研。

4月26日，杨铭书、鲁永明出席全州宣传思想文化工作会议并分别讲话。同日，杨铭书出席昆明市向迪庆州捐赠抗旱救灾资金捐赠仪式并致辞，郑艺主持。同日，杨铭书出席全省“抗大旱保民生抓春耕促发展”电视电话会议迪庆分会场会议。

同日，李灿光出席迪庆州“雪域消防志愿者”服务总队成立仪式并讲话。

4月30日，齐扎拉接受人民网记者专访。同日，齐扎拉到香格里拉县视察了解藏文基础班开学情况。

5月3～6日，黄政红到香德、德维二级公路建设工地调研。

5月4日，州委、州政府成立云南省第十届少数民族传统体育运动会迪庆州申办委员会，并着手申办第十届省民运会。同日，州委、州政府调整全州加强非政府组织协调管理领导小组。

5月6日，齐扎拉、黄政红等出席与东航云南分公司航空市场开拓深层战略合作座谈会并讲话。

5月9日，齐扎拉、黄政红在有关部门负责人陪同下到州直学校新校区建设工地视察。同日，黄政红出席与重庆航空有限公司有关航线开通工作座谈会并讲话。

5月10～11日，省委书记、省人大常委会主任白恩培在省委常委、省委秘书长杨应楠和省级有关部门负责人及齐扎拉陪同下到维西县调研。

5月11日，国土资源部部长徐绍史在省委常委、省纪委书记李汉柏和副省长刘平等陪同下到迪庆州调研，迪庆州领导黄政红、杨铭书等陪同调研。同日，齐扎拉在有关部门负责人陪同下到香格里拉经济开发区调研。

5月12日，州委办公室对2009年度全州党委系统信息工作先进单位和个人进行表彰。

5月13日，齐扎拉主持召开州委常委（扩大）会议并讲话。

5月13～14日，齐扎拉、黄政红、杨铭书、杜永春等陪同出席第五届华侨华人社团联谊大会的华人华侨社团负责人在迪庆州考察。

5月14日，李灿光出席在迪庆州举行的省检察英模事迹巡回报告会并讲话。

5月17日，黄政红出席由州政府召开的人大代表议案、政协委员提案交办会并讲话。同日，州委成立深入开展创先争优活动领导小组。

5月18日，州委、州政府成立迪庆州推进生态畜牧业发展工作领导小组。同日，州委办公室下发《关于在全州基层党组织和党员干部中深入开展创先争优活动的实施意见》。

5月20～22日，国务院扶贫开发领导小组副组长、国务院扶贫办党组书记、主任范小建在国务院扶贫办计财司司长徐晖、省政府副秘书长李琳波等陪同下到迪庆州考察调研；22日，考察团与迪庆州举行工作座谈会，黄政红汇报迪庆州工作，杨铭书主持座谈会，彭耀文等出席。

5月20日，杨铭书、李灿光、彭耀文、郑艺等出席全州深入开展创先争优活动动员部署暨“千名干部进村入户促民族团结进步”活动总结表彰会议，李灿光主持、杨铭书讲话，会议还表彰了“千促”活动先进集体和个人。同日，杨铭书、郑艺出席全州创先争优活动领导小组第一次会议并分别作讲话。

5月21日，龚曲此里同志先进事迹报告会在北京人民大会堂举行，齐扎拉等在报告会上作报告；中央政治局常委李长春受胡锦涛总书记委托，看望了龚曲此里同志的亲属和报告团成员。同日，李灿光出席州森林公安局举行的执法工作座谈会。

5月22日，李灿光主持会议向省委综治检查督导组汇报迪庆州综治维稳工作开展情况。

5月24日，齐扎拉会见越南老街市委书记高德海，杨铭书等参加。

5月25日，黄政红听取州质监局工作汇报。

5月26～27日，驻闽全国政协委员考察团在省政协党组书记、主席王学仁等陪同下到迪庆州考察，齐扎拉、彭耀文等陪同。

5月26日，黄政红出席州政府与富滇银行举行的工作座谈会并讲话。

5月28日，经中央批准，齐扎拉同志任中共云南省委常委。

5月28～29日，齐扎拉到德钦县调研。

5月31日，李灿光出席维西县“五五”普法依法治理检查验收会并讲话。

6月2日，州委办公室下发《关于推进学习型党组织建设的实施意见》和《中共迪庆州委党史研究室关于开展全州革命遗址普查工作的实施意见》。

6月2～3日，杨铭书陪同湖北省委常委、宣传部部长李春明一行在迪庆州考察。

6月3日，彭耀文在香格里拉县会见瑞士阿罗萨市考察团。同日，郑艺到州级教育系统调研创先争优活动开展情况。

6月7～9日，杨铭书陪同原中央政治局常委黄菊同志夫人余慧文一行在香格里拉县考察。

6月8日，黄政红在彭耀文等陪同下到香格里拉县视察城市建设。同日，黄政红出席州直学校新校区建设信贷项目签字仪式。同日，州委、州政府成立迪庆州土地收购储备委员会。

6月10日，黄政红、杨铭书等陪同中华供销总社副社长赵显人一行在迪庆州调研。

6月10～11日，黄政红、杨铭书、李灿光等陪同省检察院检察长王田海一行在迪庆州调研。

6月11日，李灿光出席云南省第二届“百姓最喜爱的十大人民警察”迪庆分会场评选活动启动仪式并讲话。

6月16日，黄政红、李灿光、彭耀文等出席香格里拉端阳赛马节暨云南省第六次全国人口普查宣传活动开幕仪式。

6月17日，齐扎拉出席云南省案件通报电视电话会议迪庆分会场会议并讲话。同日，黄政红做客省电台“金色热线”直播节目。

6月18日，齐扎拉主持召开州委专题会议研究《云南省迪庆藏族自治州民族团结进步条例》颁布实施相关事宜。同日，杜永春出席迪庆州参加全省首届宗教界运动会的代表团欢送仪式并讲话。

6月19日，齐扎拉到香格里拉县建塘镇调研畜牧业发展情况。

6月21日，齐扎拉就如何深入推进创先争优活动接受州级新闻媒体采访。

6月23日，齐扎拉、黄政红、杨铭书、李灿光、杜永春、郑艺等在昆出席中共云南省委藏区工作会议。同日，州委下发通知，要求认真贯彻实施《云南省迪庆藏族自治州民族团结进步条例》。

6月24日，齐扎拉出席省委藏区工作会议闭幕式。

6月26日，齐扎拉出席30集电视连续剧《香格里拉》开机揭彩仪式并致辞，黄政红主持。同日，齐扎拉出席北京—重庆—香格里拉航线首航开通仪式，黄政红及重庆航空公司党委书记刘青等讲话。

7月5日，齐扎拉出席中国藏语系高级佛学院云南中级学衔班暨云南佛学院迪庆藏传佛教分院佛学中专班毕业典礼并讲话，中国藏语系高级佛学院常务副院长杨坚赞、省委统战部副部长杨光海、杜永春等出席。同日，杨铭书到州委党校检查指导创先争优活动。同日，杨铭书在彭耀文等陪同下到香格里拉县格咱乡调研。

同日，州委办公室、州人民政府办公室成立迪庆州维护社会稳定综合情报信息研判工作组。

7月6日，齐扎拉出席全州教育综合改革领导小组会议并讲话，黄政红、杨铭书、彭耀文、鲁永明等出席。同日，齐扎拉在彭耀文等陪同下到香格里拉县调研城镇化建设工作。同日，黄政红主持召开州政府第38次常务会议。

7月7日，齐扎拉主持召开州委第79次常委会，讨论研究第六届康巴艺术节等事宜。同日，州委、州政府成立影视剧《香格里拉》拍摄工作协调领导小组。

7月8日，杨铭书、鲁永明等出席迪庆州开展民族团结进步专题报告会。

7月9日，杨铭书出席《云南省迪庆藏族自治州民族团结进步条例》颁布实施座谈会并讲话，杜永春、鲁永明等出席。

7月11～14日，国家文化部文化生态保护区专家组到迪庆州考察，鲁永明出席14日举行的迪庆州工作汇报会并讲话。

7月12～14日，省委常委、省委统战部部长黄毅到香格里拉县调研，杨铭书、杜永春等陪同。

7月12日，郑艺出席全州村“两委”负责人培训班开班仪式并讲话。

7月13日，郑艺等出席全国教育工作会议迪庆分会场会议。

7月14～16日，国家“桥头堡”建设生态环保组到迪庆州调研。

7月14日，州委追授原州林业局防火办公室主任苏贵平同志为优秀共产党员。同日，省委“五五”普法考核组到迪庆州检查验收“五五”普法工作，李灿光等出席汇报会。

7月15日，齐扎拉出席全州创先争优活动领导小组第二次会议并讲话，杨铭书主持，鲁永明等出席。同日，州委、州政府成立第六届康巴艺术节暨迪庆州民族团结节筹备工作领导小组。

7月16日，州委办公室下发《关于进一步加强干部交流工作的意见》。

7月18日，齐扎拉出席向国家“桥头堡”建设综合调研组汇报迪庆州工作汇报会并讲话。

7月19日，州委办公室、州人民政府办公室印发《第六届康巴艺术节暨迪庆州民族团结节总体方案》，要求各级各部门认真抓好落实。

7月20日，杨铭书出席在香格里拉召开的全国新农村新家庭计划项目工作会议并致辞，国家计生委副主任崔丽出席并讲话。同日，杨铭书、李灿光等出席第六届康巴艺术节暨迪庆州民族团结节组委会第一次会议，杨铭书讲话。同日，州委、州政府成立迪庆州公开选拔领导干部工作领导小组。

7月26日，杨铭书、李灿光、彭耀文、鲁永明、姚世忠、郑艺等参加庆“八一”联欢活动。同日，李灿光带领维西县永春乡村干部到香格里拉县虎跳峡镇金星村考察。同日，鲁永明出席迪庆州与云南民族大学联合办学协议签订仪式并讲话。

7月27日，郑艺出席迪庆州赴上海、昆明挂职干部座谈会并讲话。

7月28～29日，姚世忠出席迪庆军分区第七次党代会并讲话。

7月28日，州委办公室、州政府办公室印发《关于大力发展职业教育的意见》。

7月29日，杨铭书出席迪庆州生猪圈养试点工作领导小组会议并讲话。同日，州委办公室、州政府办公室印发《关于进一步深化学校人事制度改革加强教师队伍建设的意见》、《关于巩固“两基”成果提高“两基”水平的意见》、《关于加强和改进“双语”教学工作的意见》和《关于加快学前教育发展的意见》。

7月30日，齐扎拉主持召开六届州委第80次常委会传达学习省委八届九次全会精神，研究州委六届九次全会方案等事宜。同日，齐扎拉主持召开干部大会传达省委八届九次全会精神。同日，齐扎拉出席迪庆州“八一”军事日主题活动并讲话，杨铭书、李灿光、杜永春、鲁永明等参加。同日，州委调整充实防范和处理邪教问题工作领导小组。

8月1日，齐扎拉出席并宣布第二届大理国际影会暨洱海开海节开幕。

8月2～4日，省委常委、省委宣传部部长张田欣一行到迪庆州调研，齐扎拉、彭耀文、鲁永明等陪同调研；8月3日，召开迪庆州工作汇报会，齐扎拉主持，鲁永明汇报。

8月2日3日，国家交战办主任、总后军交部部长赵占平一行到迪庆州调研，姚世忠等陪同。

8月4～6日，州委中心组举行集中学习活动；8月5日，在香格里拉县和经济开发区等地集体调研；8月6日，举行集中学习交流发言。

8月4日，郑艺出席全州创先争优活动现场推进会并讲话。

8月6日，齐扎拉主持召开六届州委第81次常委会讨论审定《中共迪庆州委六届九次全会工作报告（讨论稿）》。同日，杨铭书、鲁永明等出席全省推进学习型党组织建设电视电话会议迪庆州分会场会议，杨铭书讲话。

8月7日，齐扎拉会见中国保险监督管理委员会主席吴定富并与调研组一行座谈。

同日，召开省委巡视工作意见反馈会，齐扎拉、费建平讲话，杨铭书主持。同日，齐扎拉出席第六届康巴艺术节暨迪庆州民族团结进步节动员部署大会并讲话。同日，齐扎拉在唐世华、彭耀文等陪同下到香格里拉县调研城市面山挖沙采石治理情况。

8月7~9日，州委六届九次全会在香格里拉县城召开；8日上午全会开幕，齐扎拉代表州委常委会作工作报告；9日上午，全会闭幕，齐扎拉、黄政红分别作讲话。

8月8~10日，中国计划生育协会常务副会长潘贵玉一行到迪庆州调研人口与计划生育工作，鲁永明出席于10日召开的工作座谈会。

8月9~11日，全国政协副主席黄孟复到迪庆州视察，齐扎拉陪同视察。

8月10日，省政府授予香格里拉县公安局尼旺宗派出所“香格里拉和谐卫士”荣誉称号命名大会在州委报告厅举行，省委“610”主任先燕明、省人力资源和社会保障厅副厅长王建明等出席，黄政红讲话，李灿光主持。

同日，彭耀文主持召开香格里拉县2010年议军会议，出席香格里拉双拥工作表彰暨创建全国双拥模范县启动大会并讲话。

8月11日，齐扎拉在有关部门负责人陪同下到香格里拉经济开发区调研新型工业化开展情况。

8月11~12日，省国税系统“十二五”税收发展座谈会在迪庆州召开及齐扎拉、黄政红、省国税局局长李鸿文等出席。

8月12日，为加强对全州城乡规划管理工作的领导，进一步规范城乡规划管理工作，州委决定成立迪庆州城乡规划管理委员会。

同日，经州委、州政府同意，调整充实州委农村工作领导小组和州新农村建设工作队工作领导小组。

8月13日，齐扎拉主持召开州城乡规划管理委员会第一次会议并讲话。同日，州委办公室、州政府办公室发出通知，要求认真做好迪庆州民族团结节模范村、单位、农户和个人评选工作。

8月15日，齐扎拉在黄政红、杨铭书及相关部门负责人等陪同下调研第六届康巴艺术节暨迪庆州民族团结节筹备工作情况。

8月16日，杨铭书出席全州新农村建设及第四批指导员工作会议并讲话。同日，彭耀文出席香格里拉县城乡规划管理委员会第一次会议并讲话。

8月17日，黄政红致电祝贺德钦县梅里花苑住宅项目开工。

8月18日，齐扎拉出席迪庆州在北京举行的第六节康巴艺术节暨迪庆州民族团结进步节新闻发布会并答记者问，省政府新闻办公室副主任段汇成主持，鲁永明发布。同日，齐扎拉出席在北京举行的迪庆州与中国邮政集团座谈会暨《香格里拉》特种邮票印刷开机仪式并讲话。同日，黄政红出席与省投资控股集团有限公司座谈会并讲话，省投资控股集团有限公司董事长、党委书记保明虎出席并讲话。

同日，杨铭书陪同省广播电视局张德文局长一行在迪庆州调研广播影视业发展情况。同日，州委调整充实干部教育委员会组成人员。

8月19日，黄政红到州公安消防支队调研公安消防工作。同日，最高人民检察院党组成员、中央派驻最高人民检察院纪检组长莫文秀到迪庆州视察指导工作并听取迪庆州检察工作汇报，李灿光出席汇报会。同日，州委办公室、州政府办公室下发《迪庆藏族自治州人民政府机构改革实施意见》。同日，州委办公室下发通知，对贯彻落实州委六届九次全会精神进行立项督查。同日，彭耀文出席第六届康巴艺术节暨迪庆州民族团结节香格里拉县工作动员大会并讲话。

8月20日，李灿光出席第六届康巴艺术节暨迪庆州民族团结节矛盾纠纷排查化解和安全保卫工作视频会议并讲话。

8月20~22日，黄政红在相关部门负责人陪同下到香德二级公路施工现场调研。

8月21日，齐扎拉出席生态文明建设研讨会暨云南省科学社会主义学会2010年年会并讲话。

8月23~25日，全国少数民族自治州财政学会联合会第19届理事代表大会暨第23次财政理论研讨会在迪庆州召开，杨铭书出席大会开幕式并宣布开幕。

8月24日，杨铭书、李灿光出席全省社会治安综合治理工作电视电话会迪庆州分会场会议并讲话。同日，省委宣传部副部长伍皓听取第六届康巴艺术节暨迪庆州民族团结节新闻宣传报道专题汇报，鲁永明出席汇报会并讲话。

8月25日，彭耀文出席迪庆供电局成立5周年暨新办公楼落成庆典并为新大楼揭牌。

8月26日，李灿光出席全州政法队伍建设座谈会并讲话。同日，彭耀文出席香格里拉县委十届九次全会并作报告。

8月27日，齐扎拉出席中国上海世博会云南活动周开幕式。同日，杨铭书主持召开第六届康巴艺术节暨迪庆州民族团结节筹备工作领导小组第二次会议并讲话，李灿光、杜永春、彭耀文等出席。

8月28日，齐扎拉出席在上海市举行的上海—云南对口帮扶合作第12次联席会。同日，齐扎拉等在上海国际展览中心参观《神系云南》巨屏书画展，并对上海现代物流产业发展进行实地考察。

8月29日，杨铭书等到全州公开选拔领导干部笔试考场巡视。

8月30日，中央军委授予龚曲此里同志“促进民族团结进步的优秀干部”荣誉称号命名大会在昆明举行，总政治部副主任贾延安在会上宣读中央军委命令，并向龚曲此里同志亲属颁发奖章和证书，成都军区政委田修思，省委书记、省人大常委会主任白恩培，总政组织部副部长陆晓，成都军区政治部副主任张建华，省委常委、省委秘书长杨应楠，齐扎拉等出席。同日，齐扎拉、省政府副省长曹建方出席省委、省政府在昆明召开的金融支持服务云南藏区发展座谈会并讲话。

8月31日，李灿光率第六节康巴艺术节暨迪庆州民族团结节安保组全体人员实地检查有关安保工作落实情况。

9月1日，迪庆州首届民族团结进步月活动启动仪式在香格里拉举行，黄政红宣布活动启动，杨铭书讲话，杜永春主持，省民委副主任曹孟良及李灿光、彭耀文、郑艺等出席。

9月2日，杨铭书、鲁永明等在迪庆分会场参加云南省领导干部时代前沿知识讲座。

9月3日，齐扎拉在州政府有关领导及香格里拉县、州级相关部门负责人陪同下到香格里拉县小中甸镇调研小中甸水库建设及集中办学等情况。同日，黄政红出席州十一届人大常委会第35次会议并讲话。同日，鲁永明出席迪庆州纪念中国人民抗日战争胜利65周年座谈会并讲话。

9月4日，黄政红在州政府分管领导及州级相关部门负责人陪同下到维德二级公路建设工地调研。

9月4～5日，郑艺到维西县检查指导创先争优活动开展情况。

9月5日，齐扎拉视察第六届康巴艺术节暨迪庆州民族团结节筹备情况，杨铭书、彭耀文、马文龙等陪同。同日，齐扎拉主持召开六届州委第82次常委会，听取第六届康巴艺术节暨迪庆州民族团结节筹备情况，研究部署相关工作。

9月6日，杨铭书陪同国家卫生部副部长陈啸宏一行在迪庆州调研，并主持迪庆州工作汇报会。

9月7日，齐扎拉在州教育综合改革领导小组成员陪同下到香格里拉城区部分学校调研，并慰问部分优秀教师和先进教育工作者。同日，齐扎拉出席2010年教师节座谈会并讲话，黄政红、杨铭书、鲁永明、马文龙等出席。

9月8日，齐扎拉接见以省委组织部副部长、省委创先争优活动领导小组副组长崔茂虎为团长的云岭先锋创先争优—优秀共产党员事迹报告团成员，黄政红、杨铭书、鲁永明、马文龙、姚世忠、郑艺参加接见。同日，齐扎拉出席云岭先锋创先争优—优秀共产党员事迹迪庆报告会并讲话。同日，鲁永明出席《香格里拉文学系列丛书》首发仪式并讲话。

9月9日，齐扎拉、黄政红等领导出席迪庆香格里拉大酒店、迪庆喜来登酒店奠基仪式。同日，州委同意成立迪庆州推进城镇化建设调研促进工作领导小组。

9月10日，齐扎拉出席第六届康巴艺术节暨迪庆州民族团结节第二次动员部署大会并讲话，杨铭书主持，彭耀文、马文龙、郑艺等出席。同日，齐扎拉在有关部门负责人陪同下到香格里拉县建塘镇解放村纳帕村民小组看望慰问受灾群众。

同日，彭耀文出席香格里拉县与美国卡拉巴萨斯市缔结友好城市签字仪式。

9月11日，齐扎拉出席第六届康巴艺术节暨迪庆州民族团结节安保工作誓师大会并讲话，李灿光主持，马文龙等出席。9月12日，齐扎拉出席迪庆州民族团结节表彰大会并讲话，黄政红主持，在家副厅以上领导出席会议并在主席台就坐。同日，中央统战部副部长斯塔、齐扎拉、省军区原副司令和志光、省人民政府副秘书长白庚胜、中央统战部巡视员旺堆等出席迪庆州民族团结节庆祝晚宴，黄政红致辞。同日，齐扎拉出席在迪庆州举行的云南省报刊副刊研究会2010年年会并讲话，鲁永明出席并介绍迪庆州州情。同日，黄政红主持召开迪庆州与西藏昌都地区、四川甘孜州、青海玉树州康巴艺术节代表团联席会议，通报第六届康巴艺术节筹备情况，并审议通过艺术节日程等相关事宜。同日，黄政红出席亚洲旅游论坛座谈会并讲话。同日，鲁永明出席康巴藏语卫视频道迪庆记者站成立仪式并讲话。同日晚，黄政红、杨铭书等出席第六届康巴艺术节暨迪庆州民族团结节迎宾晚会。

9月13日，省委常委、省委宣传部部长张田欣，齐扎拉、中国邮政集团副总经理冯新生、黄政红、省邮政公司总经理李永康及杨铭书、鲁永明、马文龙等出席由省政府、中国邮政集团公司主办的《香格里拉》特种邮票首发仪式，齐扎拉、冯新生致辞，黄政红主持。同日，李灿光受齐扎拉委托出席在迪庆州召开的云南省检察机关援藏工作座谈会并讲话。同日晚，第六届康巴艺术节暨迪庆州民族团结节在香格里拉开幕，中央统战部副部长斯塔，中国文联副主席、中国作家协会副主席丹增，云南省委常委、省委宣传部部长张田欣，齐扎拉，云南省人大常委会副主任江巴吉才，云南省军区副司令崔毅，中国邮政集团副总经理冯新生，云南省军区原副司令和志光，云南省人民政府副秘书长白庚胜等出席开幕式。黄政红主持，齐扎拉致辞，张田欣讲话，斯塔宣布开幕。同日，由第六届康巴艺术节暨迪庆州民族团结节筹备领导小组主办的“康巴文化长廊—吉祥康巴·走进香格里拉”文化艺术汇展在香格里拉县城开展，斯塔、张田欣等出席开展仪式并剪裁，齐扎拉致辞，黄政红主持。

9月14日，云南民族大学香格里拉职业技术学院挂牌成立，中国文联副主席、中国作家协会副主席丹增及齐扎拉为学院揭牌，黄政红、省教育厅副厅长邹平、云南民大党委书记甄朝党分别致辞，杨铭书、彭耀文、鲁永明、马文龙、姚世忠等出席挂牌仪式。同日，齐扎拉、省民委巡视员马泽出席迪庆州民族团结林纪念碑揭碑仪式并共同揭碑，黄政红、杨铭书、马文龙等出席，杨铭书致辞。同日，黄政红、省旅游局局长喻顶成出席由云南省迪庆州、四川省甘孜州、西藏自治区昌都地区、青海省玉树州共同主办的大香格里拉旅游论坛并分别讲话。同日，黄政红看望出席在迪庆州举行的全国10个藏族自治州和西藏昌都地区统计调查联席会议代表。同日，黄政红出席第六届康巴艺术节暨迪庆州民族团结节记者招待会并回答记者提问，鲁永明主持。

9月15日，中国文联副主席、中国作家协会副主席丹增在黄政红、马文龙等陪同下到迪庆州州直学校新校区调研。同日，黄政红出席第六届康巴艺术节暨迪庆州民族团结节招商引资推介会并宣布活动开幕，杨铭书致辞。

9月16日，第六届康巴艺术节暨迪庆州民族团结节在香格里拉闭幕，齐扎拉、和志光等出席闭幕式演唱会《香格里拉之夜》，黄政红、西藏自治区昌都地区行署副专员、代表团团长杨树海分别致辞，杨铭书主持，迪庆州党政军领导及昌都地区、玉树州、甘孜州代表团领导等出席。

9月17日，郑艺出席在迪庆州挂职干部座谈会并讲话。

9月18日，黄政红主持召开州政府第39次常务会议。

9月20日，齐扎拉出席第六届康巴艺术节暨迪庆州民族团结节总结表彰大会并讲话，黄政红主持，鲁永明宣读表彰决定，

共表彰在本次节庆活动中涌现出的先进集体28个、先进个人210名。

9月26日，郑艺率相关部门负责人到维西县调研创先争优活动开展情况。

9月27日，郑艺陪同省村级组织活动场所建设检查验收组在迪庆州检查。同日，州委办公室分别下文，成立中共迪庆州委学习型党组织建设领导小组，调整充实全州党员干部现代远程教育

工作协调领导小组。

9月29日，省政府金融办主任刘建华及杨铭书等出席富滇银行香格里拉分行开业庆典并分别致辞。同日，杨铭书出席全州推进学习型党组织建设电视电话会议并讲话。

9月30日，全州2011年度党报党刊征订发行会议在香格里拉县城召开。

10月9日，杨铭书出席省委党校迪庆在职研究生班开学典礼并讲话。

10月11日，州委办公室印发《中共迪庆州委办公室紧急信息报送工作办法》。

10月12日，李灿光出席迪庆州警察协会成立大会并讲话。

10月14日，黄政红、鲁永明等出席全州深化医药卫生体制改革工作会议，黄政红和省发改委巡视员、省医改办主任贺金喜分别讲话。

10月15日，州委办公室下文，调整充实州委机构编制委员会成员。

10月16日，黄政红、杜永春等出席在迪庆州举行的上海市宝山区对口支援迪庆工作座谈会并分别讲话。同日，黄政红主持召开州人民政府经济工作分析会议。

10月17日，杜永春出席迪庆州2010年赴昆参加云南省藏传佛教界代表人士培训班学员欢送座谈会并讲话。

10月18~20日，黄政红在相关部门负责人陪同下到德钦县调研经济社会发展情况。

10月18日，州委办公室、州政府办公室印发《香格里拉县人民政府机构改革方案》、《德钦县人民政府机构改革方案》和《维西县人民政府机构改革方案》。

10月19日，李灿光到香格里拉县检查指导社会治安综合治理和争创平安先进县工作。

10月20~21日，由省招生考试院书记杨嘉华为组长的省“两基”迎国检预检组到迪庆州检查指导工作；21日，黄政红、彭耀文等出席迪庆州“两基”工作汇报会。

10月20~22日，鲁永明等陪同全国人大常委会非物质文化遗产立法组在迪庆州调研非物质文化遗产保护情况。

10月22日，省政府驻深圳办事处、腾讯公益慈善基金会在香格里拉县城与迪庆州举行座谈会，黄政红、彭耀文分别出席在州、县召开的座谈会并讲话。

10月22~25日，由中纪委五室副主任明玉清率领的调研组在省纪委副书记、省监察厅厅长郭永东等陪同下，到迪庆州调研贯彻落实中央第五次四藏工作座谈会精神情况，黄政红、李灿光等陪同；23日，黄政红、李灿光、彭耀文、鲁永明等出席迪庆州工作汇报会，李灿光主持，黄政红汇报。

10月25日，鲁永明出席全州宣传部长座谈会并讲话。

10月26日，州委办公室转发《中共云南省委办公厅印发〈关于进一步从严管理干部的实施意见〉的通知》。同日，州委办公室、州政府办公室印发《迪庆州重大事项社会稳定风险评估工作实施细则》。

10月27日，杨铭书主持召开传达学习中央十七届五中全会精神会议，鲁永明宣读十七届五中全会公报，姚世忠等出席。同日，彭耀文陪同武警部队后勤部副政委傅永照一行在迪庆州视察。

11月1日，黄政红出席全州教育工作会议暨集中办学现场会议并讲话，彭耀文、鲁永明等出席，鲁永明主持会议。

11月2日，州委办公室下发文件，要求全州各级各部门认真学习贯彻党的十七届五中全会精神。同日，州委办公室印发《中共迪庆州委机构编制办公室主要职责内设机构和人员编制规定》。

11月3日，州委办公室、州政府办公室成立2010年度全州检查考评工作领导小组，并下发《关于开展2010年度全州检查考评工作的通知》。

11月3~4日，黄政红在州县相关部门负责人陪同下到香格里拉县东旺乡调研农村经济社会发展情况。

11月4日，黄政红出席州政府与华能澜沧江水电有限公司水电开发工作座谈会并讲话。

11月5日，杜永春出席州直统战系统传达学习中央十七届五中全会精神会议并讲话。

11月5日，彭耀文出席香格里拉县综治维稳工作会议并讲话。

11月8~11日，郑艺陪同省委检查组到迪庆州检查指导创先争优活动，并向检查组汇报迪庆州有关工作。

11月9日，州委办公室下发通知，成立云南藏区“扫黄打非”梅里工程领导小组。

11月10～12日，李灿光陪同由中央政法委副秘书长鲍绍坤率队的中央督查组在迪庆州督促检查贯彻落实民族团结和社会稳定情况，省委政法委副书记齐海田陪同。

11月14～17日，黄政红、杨铭书、郑艺等率迪庆州党政代表团回访上海市。

11月16日，李灿光出席在香格里拉县城召开的全省法院援藏工作座谈会并致欢迎辞，省高院院长徐前飞出席会议并讲话，省高院常务副院长郑蜀饶主持。

同日，鲁永明出席在香格里拉县城召开的我省藏区“扫黄打非”工作联系会议并讲话。

11月16～18日，国家监察部副部级监察专员戴剑明一行在迪庆州考察。

11月18日，省人大常委会副主任、省总工会主席江巴吉才到迪庆州调研人大和工会工作。同日，鲁永明出席中国银行迪庆分行开业庆典仪式。

11月22日，州委办公室下发文件，成立州级党群系统工作目标考核领导小组，印发《迪庆州州级党群系统2010年度工作目标考核办法（试行)》。

11月23日，鲁永明出席州妇联七届二次执委会并讲话。

11月24日，杨铭书出席武警支队和消防支队退伍老兵欢送仪式。

11月25日，黄政红出席州人民与云南电网公司工作座谈会并讲话。

11月26日，李灿光、彭耀文、姚世忠等出席在香格里拉县城举行的中印文化交流文艺晚会，彭耀文致辞。

11月27日，黄政红主持召开州委专题会议，研究全州集体林全制度主体改革工作，杨铭书等出席。

11月28日，鲁永明出席2010年迪庆银行业公众教育服务日活动启动仪式并宣布活动启动。

11月29日，杨铭书出席迪庆军分区退伍老兵欢送仪式。

同日，州委办公室下发通知，成立迪庆州2010年度推进惩治和预防腐败体系建设暨党风廉政建设责任制检查考核工作领导小组，并明确检查考核分工。

11月29～12月4日，迪庆州共三期举办学习贯彻十七届五中全会精神培训班，杨铭书出席开班仪式并讲话，鲁永明作总结讲话。

11月30～12月2日，国家教育督导组滇西北组在国家督学车芳仁组长率领下到迪庆州检查指导“两基”工作，黄政红、杨铭书、彭耀文等陪同，并出席于12月1日召开的迪庆州、香格里拉县工作汇报会，汇报会上黄政红代表州委、州政府致欢迎辞，杨铭书主持汇报会。

12月2日，州委办公室下发文件，要求认真学习宣传和贯彻落实中央两项法规制度。

12月3日，鲁永明出席迪庆州老科协工作者协会成立大会并讲话。

12月3～4日，李灿光陪同由省委政法委维稳办专职副主任赖玉华率队的省委综治维稳及创建平安县工作考评组在迪庆州检查考评；4日，召开迪庆州工作汇报会，李灿光汇报。

12月6日，州委办公室、州人民政府办公室下发通知，要求认真做好2010年度全州检查考核工作。

12月7日，郑艺等出席全省严明换届工作纪律视频会迪庆分会场会议。

12月13日，省科技厅迪庆科技工作会商会议在昆召开，省科技厅厅长龙江及黄政红出席会议并分别讲话。同日，杜永春出席“身边的榜样—树立和践行社会主义核心价值体系先进人物事迹报告会”电视电话会迪庆分会场会议。

12月14日，黄政红出席州政府推进藏区项目工作会议并讲话。同日，黄政红、郑艺等出席全国基层党务公开工作电视电话会迪庆分会场会议。

12月16日，省委决定：免去齐扎拉同志其中共迪庆州委书记、常委、委员职务，任命张登亮同志中共迪庆州委委员、常委、书记。同日，省委宣讲团到迪庆州举办党的十七届五中全会精神专题报告会，杨铭书主持。同日，杜永春主持召开会议向省宗教局检查组汇报迪庆州宗教工作。

12月16～17日，邓良才陪同由全国人大常委会农委委员苟天林、梁衡等率队的全国人大调研组在迪庆州调研集体林权制度主体改革工作。

12月17日，召开迪庆州干部大会，省委组织部常委副部长张百如到会宣读省委关于中共迪庆州委主要领导任免职务的决定，张登亮讲话，黄政红主持。同日，杜永春出席州佛教协会五届四次理事会并讲话。

12月17～18日，张登亮、黄政红、杨铭书、杜永春、彭耀文等在昆出席省委藏区工作领导小组第十次全体会议。

12月19日，黄政红在省委1号楼参加全国政法工作电视电话会议。

12月19日至20日，黄政红、鲁永明等在昆出席全省文化建设工作会议，邓良才等在迪庆出席分会场会议。

12月20日，黄政红、省质监局巡视员崔守昌出席全州质量兴州暨名牌战略工作会议并分别讲话。同日，黄政红出席全州城市建设规划会议并讲话。

12月21～23日，张登亮、黄政红在昆出席省委中心组集体学习活动并作发言。

12月24～25日，张登亮、黄政红在昆出席省委八届十次全会、省委省政府领导班子和领导干部年度考核测评及省委干部选拔任用工作评议会议。

12月27日，州委举行理论学习中心组集体学习日活动，传达学习省委八届十次全会、省委藏区工作领导小组第十次会议精神，通报全州2010年经济社会发展情况，对2011年工作提出意见建议，张登亮讲话，黄政红、杨铭书等发言。

12月28日，张登亮主持召开州委常委班子2010年度民主生活会，省纪委纪检五室主任邵莉萍到会指导。

12月29日，张登亮主持召开州委常委会，听取省委人大工作、省委政协工作会议和全省文化建设工作、全省党史工作会议精神，研究州委六届十次全会方案等事宜。

12月30日，张登亮主持召开州委干部大会，举行新老书记工作交接仪式，西藏自治区党委常委、统战部长、原迪庆州委书记齐扎拉讲话。

（杨雪峰）

## 迪庆州政府工作大事记

1月8～9日，中共迪庆州委六届八次全体会议在香格里拉召开。全委会强调，做好今年工作，必须全面贯彻党的十七大，十七届三中、四中全会，中央经济工作会议和省委八届八次全会精神，以邓小平理论和“三个代表”重要思想为指导，深入贯彻落实科学发展观，认真贯彻落实白恩培书记对迪庆工作提出的“四个走在前列”的要求，紧紧围绕“示范区”建设，走“生态立州、文化兴州、产业强州、和谐安州”之路，增投资、扩消费，转方式、调结构，重民生、建和谐，快发展、上水平，进一步坚定信心、振奋精神，进一步解放思想、开拓创新，进一步求真务实、真抓实干，全面完成“十一五”规划的各项目标任务，努力推动全州经济平稳较快发展和促进社会和谐稳定，努力把迪庆建设成为大香格里拉的轴心区。

1月14日，州政府召开重点项目建设汇报会。州委副书记、代理州长黄政红主持会议并强调，全州各级各部门要坚定信心，全力以赴，切实加快推进重大项目建设，促进经济社会又好又快发展。州政府副州长张志军、余胜祥、农布央宗、王天喜，州政府巡视员余文元，州政府秘书长吾金丁争出席会议。州级相关部门负责人参加了会议。

1月22日下午，省委常委、省委统战部部长黄毅参加省第十一届人大三次会议迪庆代表团的审议。他强调，迪庆州各级各部门要结合实际，迅速掀起学习中共中央、国务院召开的第五次西藏工作座谈会精神热潮，加快推进云南藏区跨越发展和长治久安示范区建设步伐。

1月24日，国道214线香德二级公路31家施工监理单位进驻工地，正式开工。香格里拉至德钦二级公路改建是全省52条二级公路中海拔最高、施工难度最大的一项工程。该项目概算总投资37.5亿元，建设里程为155.04千米，跨香格里拉、德钦两县。

1月26日，国家开发银行云南省分行与迪庆州开发投资集团有限公司在昆明举行香格里拉城市集中供热一期工程建设项目贷款签字仪式，国家开发银行云南省分行向香格里拉城市集中供热一期工程建设项目发放中长期贷款1.5亿元人民币。国家开发银行云南省分行行长邓廷铎，州委副书记、代理州长黄政红出席签字仪式并讲话。

1月27日，省运管局春运交通安全检查小组到迪庆州就春运期间各项道路运输安全工作部署情况进行检查。

2月2日，全州安全生产工作会议在香格里拉县城召开。会议宣读了州委书记齐扎拉，州委副书记、代理州长黄政红对全州安全生产工作作出的重要批示。

2月1～2日，省委常委、省委统战部部长黄毅在省委统战部副部长杨光海、省宗教局副局长杜吉、省民委巡视员马泽陪同下到迪庆州调研。他强调，要深入贯彻落实中央第五次西藏工作座谈会精神，群策群力，推动藏区实现跨越发展和长治久安。

2月3日下午，州政协、州委统战部举办的2010年迎春茶话会在香格里拉县环太酒店隆重举行，州委副书记、州人民政府代理州长黄政红出席并作了讲话。

2月5日，全省住房和城乡建设工作会议暨城乡建设系统党风廉政建设精神文明建设工作会议在昆明召开，云南省副省长刘平出席会议并作重要讲话，会上省政府与各州市人民政府签订了城镇廉租房建设目标责任书。迪庆州人民政府副州长刘家训参加会议。

2月7日上午，武警部队政治部副主任贾方亮在州委常委、州委政法委书记李灿光，副州长、州公安局局长曾永忠的陪同下，深入驻迪武警部队检查指导工作并看望慰问官兵。他强调，驻迪武警部队要再接再厉，为确保迪庆经济发展和社会稳定作出更大的贡献。

2月8日，蹒云南省委高校工委书记、省教育厅厅长罗崇敏在省教育厅副厅长王建颖的陪同下到迪庆调研。

2月17日，迪庆州气象部门共发射172枚降雨弹实施人工降雪，全州出现有效降水，极大地缓解了农业旱情及森林火险等级。

2月15日，2010年藏历铁虎新年暨“欢乐香巴拉”迎春民俗文化活动拉开了序幕。州委副书记、代理州长黄政红宣布2010年藏历铁虎新年暨“欢乐香巴拉”迎春活动开幕。

2月24～26日，州委副书记、代理州长黄政红在州人民政府副州长张志军、余胜祥、曾永忠以及州县相关部门负责人的陪同下，先后到维西县和德钦县实地调研，听取了两县经济社会发展的情况汇报，重点检查指导抗旱救灾工作开展情况，并对两县经济社会发展提出具体要求。

2月25日，以省卫生厅副厅长段鸿为组长的省委、省政府督查组对迪庆州抗旱救灾工作进行实地检查指导，并听取了迪庆州关于开展抗旱救灾工作的汇报。州委副书记杨铭书主持汇报会，州政府副州长农布央宗作工作汇报。

3月1日，迪庆香格里拉人民医院司法鉴定所成立，填补了迪庆州临床司法鉴定的空白。

3月2日上午，中央电视台、人民日报、新华社、中央人民广播电台、解放军报、半月谈等24家全国主要新闻媒体的60多名记者赴迪庆州集中采访促进民族团结进步的优秀藏族干部龚曲此里先进事迹。

3月10日上午，香格里拉城市集中供热项目一期工程正式点火运行并投入使用。

3月13～15日，省委常委、省委统战部部长黄毅到迪庆调研。

3月16日，受州委副书记、代理州长黄政红的委托，州政府巡视员董继荣、州政府秘书长吾金丁争及《政府工作报告》起草小组有关人员到州人大常委会就《政府工作报告》（征求意见稿）向州人大常委会领导和代表征求意见建议。会议由州人大常委会副主任和阿寿主持。州人大常委会副主任和仕聪、杨学良、杨凤喜，州人大常委会巡视员刘群及各委室负责人出席会议。吾金丁争介绍了《政府工作报告》（征求意见稿）的起草过程、框架结构和主要内容。

3月17日，省政府、省委办公厅授予迪庆州公安消防支队及支队政委阮得乔“雪域高原消防卫士”荣誉称号命名大会在州委报告厅隆重举行。同日，代理州长黄政红主持召开州政府第36次常务会议。副州长张志军、余胜祥、李学林、刘家训，州政府巡视员董继荣、余文元，副巡视员肖建明，秘书长吾金丁争出席。州政府副秘书长及相关职能部门负责人列席了会议。

3月19日，代理州长黄政红主持召开州十一届人民政府第19次州长办公会议。黄政红、张志军、余胜祥、刘家训、董继荣、余文元、肖建明、吾金丁争出席了会议。

3月21～22日，全国人大环资委到迪庆州开展为期2天的自然遗产保护法立法调研。调研组由全国人大常委会委员、全国人大环资委主任委员汪光焘带队。省人大常委会副主任李春林、省人大环资委负责人等陪同调研。州委副书记、代理州长黄政红，州人大常委会主任唐世华、州人大常委会副主任杨凤喜、州人民政府副州长余胜祥、州人大常委会秘书长竹玛此里出席座谈会。

3月21日，召开的全州政法工作会议提出，坚持以科学发展观统领政法工作，抓住影响社会和谐稳定的源头性、根本性、基础性问题，深入推进社会矛盾化解、社会管理创新、公正廉洁执法三项重点工作，加大不稳定因素的源头防范力度，全面提升公正廉洁执法水平，积极预防和妥善处置群体性事件，推动政法工作全面发展，为迪庆跨越发展和长治久安示范区建设提供更加有力的法制保障。州委副书记、代理州长黄政红出席会议并讲话。

3月28日上午，州直学校新校区建设项目举行开工典礼暨奠基仪式。齐扎拉宣布项目正式开工，黄政红致辞，杨铭书主持，唐世华、彭耀文、鲁永明、姚世忠、杨学良、张志军、和根合、董继荣等出席。

3月29日，在迪庆藏族自治州第十一届人民代表大会第六次会议上黄政红当选为迪庆藏族自治州人民政府州长。

3月30日，州十一届人民政府第六次全体召开，会议提出，认真落实“两会”精神，抢抓中央第五次西藏工作座谈会给迪庆发展和稳定带来的重大机遇，围绕州十一届人大六次会议审议批准的《政府工作报告》的工作任务和目标，进一步统一思想、细化任务、强化责任，狠抓落实，以饱满的工作热情和强烈的责任感，迅速推进各项工作，确保年内政府工作各项目标任务全面完成。州长黄政红出席会议并讲话。

3月，迪庆州被省委、省政府授予“2009年度社会治安综合治理维护稳定先进州”称号，维西县被授予“2009年度先进平安县”称号。

3月31日至4月1日，省委常委、省委组织部部长辛桂梓深入香格里拉县诺西村、联合村调研农村基层组织建设和村“两委”换届情况，看望大学生“村官”；考察了香格里拉县建塘镇金龙社区党建工作。省委组织部常务副部长张百如，州委书记齐扎拉，州委副书记杨铭书，州委常委、香格里拉县委书记彭耀文，州委常委、州委组织部部长郑艺陪同调研。

4月5~6日，泰国公主诗琳通一行在外交部亚洲司参赞吴俊、泰国驻华大使马纳塔、省外事办主任周红及泰国驻昆明总领事苏拉潘·布亚玛诺等人陪同下到迪庆州访问。

4月12号，国家林业局保护司司长张希武一行在省林业厅副厅长郭辉军的陪同下，就迪庆州旱灾对野生动植物和自然保护工作的影响情况进行实地调研。州人民政府副州长余胜祥陪同调研。

4月16~17日，云南日报报业集团党委书记、社长罗杰一行到迪庆州专题采访并对教育改革和党报办报发行工作作了深入调研。

4月13~19日，省交通运输厅副厅长康仲明深入迪庆指导交通和抗旱救灾工作。

4月20~21日，以西藏自治区党委常委、自治区政府常务副主席吴英杰为团长的西藏自治区政府旅游考察团到迪庆州考察。

4月16~17日，云南日报报业集团党委书记、社长罗杰一行到迪庆州专题采访并对教育改革和党报办报发行工作作了深入调研。

4月23日，州政府出台的人大代表建议和政协委员提案工作暂行办法明确提出，承办单位在接到代表建议和政协委员提案后，3个月内办复，确保件件有答复。同日，全省“十二五”财政体制调研组一行到迪庆州调研，并召开座谈会。州政府副州长张志军出席座谈会并讲话。迪庆州财政、地税、国土、农牧、教育、卫生等部门负责人参加了座谈会。

4月30日，州长黄政红主持召开了州十一届人民政府第37次常务会议。副州长阿堆、张志军、余胜祥、农布央宗、刘家训、曾永忠、王天喜，州人民政府巡视员董继荣、余文元，副巡视员彭真祥、曹汝忠，秘书长吾金丁争出席会议，州、县相关部门负责人列席会议。同日，迪庆州赴北京、昆明接受表彰的阿吉、李魁两位全国劳模及省“五一劳动奖章”获得者陈福生载誉归来。

5月6日，东航云南分公司与迪庆州在香格里拉县城召开座谈会，达成了航空市场开拓深层次战略合作协议。州委书记齐扎拉，东航云南分公司总经理石富康，州委副书记、州长黄政红等领导出席座谈会。

5月9日，在天界神川酒店召开北京—重庆—香格里拉新开航线筹备座谈会。双方航线筹备座谈会。重庆航空有限责任公司副总裁何军，州委副书记、州人民政府州长黄政红，州人大常委会副主任和仕聪，州人民政府副州长张志军出席会议。

5月10～11日，中共云南省委书记、省人大常委会主任白恩培到迪庆藏族自治州维西傈僳族自治县调研。省委常委、省委秘书长杨应楠，省财政厅厅长陈秋生，州委书记齐扎拉，副州长、州公安局局长曾永忠等领导陪同调研。

5月11日，国土资源部部长徐绍史在省委常委、省纪委书记李汉柏，副省长刘平等陪同下到迪庆州调研。他强调，要坚持依靠科技进步，提高资源开发利用水平，在保护好生态的前提下，走绿色资源开发之路，实现资源可持续开发利用。

5月20～21日，省高校工委委员、省教育厅招生考试院党委书记杨嘉华一行到迪庆州挂钩联系点开展专题调研、指导和督查。

5月26日，州政府与富滇银行举行银政座谈会，云南省金融办主任刘建华，州委副书记、州人民政府州长黄政红出席，州人民政府副州长张志军主持会议。

5月26～27日，以全国政协委员、福建省政协主席、驻闽全国政协委员活动召集人梁绮萍为团长，全国政协常委、福建省政协副主席、民盟中央副主席、民盟福建省主委郑兰荪，全国政协委员、福建省政协副主席、民建中央常委、民建福建省委主委、福建省新闻出版局局长郭振家，全国政协委员、厦门市政协主席陈修茂为副团长的驻闽全国政协委员考察团，在全国政协委员、云南省政协党组书记、省政协主席王学仁，全国政协常委、云南省政协党组副书记、常务副主席管国忠，云南省政协党组成员、秘书长车志敏的陪同下来到迪庆考察。

5月28日，省十一届人大常委会第十七次会议表决通过了关于《云南省迪庆藏族自治州民族团结进步条例》的决议。通过制定民族自治地方单行条例，保障和引导地方民族团结进步事业健康发展，属国内首例。

6月3日，国家开发银行党建巡视组到迪庆调研。

6月4日，州长黄政红主持召开州十一届人民政府第20次州长办公会议。副州长阿堆、张志军、余胜祥、农布央宗、李学林、刘家训，巡视员董继荣，彭真祥（享受副巡视员待遇），秘书长吾金丁争出席会议，州人大常委会副主任和仕聪，州政府副秘书长以及州级相关单位负责人列席会议。

6月8日，州长黄政红主持召开了州十一届人民政府第21次州长办公会议，副州长阿堆、张志军、余胜祥、农布央宗、曾永忠、刘家训、王天喜，巡视员董继荣、余文元，彭真祥同志（享受副巡视员待遇），秘书长吾金丁争出席会议，州政府副秘书长及州直相关部门主要领导列席会议。同日，州人民政府州长黄政红在调研香格里拉县城市建设时强调，要科学规划，加强管理，全面提升城市新形象。同日，迪庆州政府与农发行迪庆分行签订迪庆州直学校新校区建设贷款协议书，州委副书记、州长黄政红、州人大副主任杨凤喜、州政府副州长张志军、巡视员董继荣、州政协副主席肖拖丁出席签字仪式。

6月10日下午，为期5天的第18届中国昆明进出口商品交易会暨第三届南亚商品展览会闭幕。在昆交会期间，迪庆州与北京、上海、广州等地企业达成合作意向35项，签订4个招商引资项目，协议引进资金近15亿元。12家参展企业商品销售额达13万元，签订商品销售协议4个，协议销售金额达1200万元。

6月10～11日，中华全国供销合作总社党组成员、副主任赵显人率调研组到迪庆州调研，并实地考察了香格里拉县建塘镇供销社集贸市场、综合服务社、万德福超市等迪庆州供销市场。

6月17日，州委副书记、州长黄政红做客省人民广播电台“金色热线”直播节目，与来自全省各地的听众进行互动交流，听取他们对迪庆州政府工作的意见建议，并对部分听众提出的问题作出了限期解决承诺。

6月21日，全省保障性住房安居工作会议在临沧市召开，云南省省长秦光荣出席会议并作重要讲话。迪庆州人民政府副州长阿堆参加会议。

6月23日，中共云南省委藏区工作会议在昆明开幕。

6月26日，由中共云南省委宣传部、北京阳光盛通文化艺术公司、云南铭鼎影视文化传播公司、北京益晶辰文化发展公司联合出品的30集大型电视连续剧《香格里拉》在香格里拉独克宗古城月光广场开机。

6月26日下午15时30分，北京—重庆—香格里拉航线开通。

7月6日下午，州长黄政红主持召开州政府第38次常务会议。会议讨论了康巴艺术节暨州庆献礼工程任务分解方案，并提出具体要求以确保在康巴艺术节举办前按时完成献礼工程各项建设任务。

7月12～14日，省委常委、省委统战部部长黄毅再次来到迪庆，到最边远的东旺乡和格咱乡，与省委常委、州委书记齐扎拉一道进寺院，与广大僧侣共话和谐；进村寨，访贫问苦，把党和政府的关怀和温暖送进农牧民的心坎上，与各级干部及农牧民商讨发展大计。

7月14～16日，由环境保护部规划财务司副司长尤艳馨，环境保护部环境规划院副院长吴舜泽，省环境保护厅副厅长任志忠以及国家发改委、水利部、国土资源部、环境保护部、省环保厅、省发改委、省国土资源厅、省水利厅等部门相关负责人组成的国家“桥头堡”建设生态环保调研组到迪庆州调研。

7月15日，召开迪庆州政府与中国银行银政合作座谈会，中国银行总行毛致军经理，省分行张敏副行长出席会议。

7月17～18日，以国家发改委地区司司长范恒山为组长的国家“桥头堡”建设综合调研组到迪庆州调研。并要求，抢抓“桥头堡”建设重大机遇，全力推进迪庆建设全国藏区跨越发展和长治久安示范区进程。7月18日上午，迪庆州举行情况汇报会。省委常委、州委书记齐扎拉出席汇报会并讲话。副省长高峰陪同调研并主持汇报会。

7月20日，由国家人口与计划生育委员会主办、清华大学协办的全国新农村新家庭计划项目工作会议在香格里拉县城召开。会议总结了“新农村新家庭计划－－川滇藏地区人口健康促进项目”的进展成效，部署了全面深入实施新农村新家庭计划的工作任务。

7月20～21日，省委宣传部常务副部长、省文化产业办主任尹欣率省文化产业体制改革督察组到迪庆州督察文化体制改革工作。

7月28日，省统计局副局长杨谊群在州政府副州长刘家训的陪同下，到州统计局就迪庆州统计工作及全州经济发展情况进行座谈调研。

8月2日下午，武警部队副司令员薛国强率总部工作组，深入迪庆检查调研。在迪庆期间，薛国强一行看望了总队前指和迪庆支队机关干部，认真听取了总队前指、迪庆州委州人民政府和迪庆支队的工作汇报。薛国强充分肯定了总队在担负藏区维稳任务中作出的贡献，对迪庆州委、州人民政府给予部队建设的关心表示衷心感谢，对迪庆支队官兵扎根高原、建功高原、献身高原给予了高度评价。

8月2～3日，国家交战办主任、总后军交部部长赵占平，国家交战办副主任、总后军交部交通战备局局长黄伟业等一行对迪庆州交通战备工作进行了调研。

8月4日，省委常委、省委宣传部部长、省委创先争优活动领导小组副组长张田欣到香格里拉县地税局调研创先争优活动时强调，要紧密结合实际，按照中央、省委要求和州委部署，切实在依法治税、依法纳税、开辟税源等工作上下功夫，切实使创先争优活动抓出实效。省委常委、州委书记齐扎拉一同调研并讲话。

8月8～10日，中国计划生育协会常务副会长潘贵玉一行到迪庆州调研人口计生及计划生育协会工作。

8月9～11日，全国政协副主席、全国工商联主席黄孟复到迪庆州调研。省委常委、州委书记齐扎拉，省政协副主席顾伯平陪同调研。

8月12日，州长黄政红主持召开了州十一届人民政府第22次州长办公会议，副州长张志军、余胜祥、农布央宗、李学林、曾永忠、刘家训、王天喜，巡视员董继荣，彭真祥（享受副巡视员待遇），秘书长吾金丁争出席会议，州政府副秘书长及州直相关部门主要领导列席会议。

8月13日，州城乡规划委员会第一次工作会议在香格里拉县城召开。省委常委、州委书记齐扎拉主持会议并讲话。州委副书记、州长黄政红，州人大常委会主任唐世华，州委常委、香格里拉县委书记彭耀文，副州长阿堆，州政府秘书长吾金丁争出席会议。

8月18日，省投资控股集团有限公司与州政府在香格里拉县城举行座谈会，就双方拓宽合作领域等事宜进行会谈。州长黄政红，省投资控股集团有限公司董事长、党委书记保明虎出席会议并讲话。会上，黄政红代表迪庆州对省投资公司一直以来给予迪庆州各项事业发展的关心和支持表示感谢，并介绍了州情及迪庆州与省投资公司双方友好合作项目和相关工作开展情况。同日，省广播电视局局长张德文率调研组到迪庆州调研广播影视业发展情况。调研组一行在州委副书记杨铭书、州人民政府副州长李学林陪同下，先后到迪庆电视台、迪庆人民广播电台、香格里拉县广播电视局、迪庆中波台和091台调研。详细询问了091台工程建设进度和工程施工情况，查看了工程设计图，详细了解迪庆州电视、广播节目制作，藏语节目译制，新闻编辑制作等相关情况，并观看了近期的藏语译制节目，查看了中波发射系统及相关规章制度。当天，调研组一行与迪庆州进行座谈。张德文、杨铭书、和阿寿、李学林、和根合出席座谈会。

8月19日，州委副书记、州人民政府州长黄政红在州公安消防支队调研时强调，要抓好消防基础建设，不断提升消防装备水平，为经济社会发展创造良好的消防安全环境。黄政红考察了消防官兵训练和消防装备设施等基本情况后，听取了消防支队主要负责同志的工作汇报。

8月20日，州政府机构改革工作会议召开，标志着全州政府机构改革工作正式启动。州人大常委会副主任杨学良、州人民政府副州长阿堆、州政协副主席阿青出席会议。相关部门负责人参加会议。

8月24～25日，由省政协常委、州政协党组书记、主席马向东任组长的省、州两级政协委员视察组对开发区工业经济发展情况进行了为期两天的视察。

8月23～25日，全国少数民族自治州财政学会联合会第十九届理事代表大会暨第二十三次财政理论研讨会在迪庆州召开。

8月30日，省委、省政府在昆明召开金融支持服务云南藏区发展座谈会，深入贯彻中央藏区工作会议及省委、省政府有关藏区工作会议精神，专题研究《关于金融支持服务云南藏区发展的实施意见（讨论稿）》，发挥金融在藏区建设中的支撑保障作用，促进云南藏区跨越式发展和长治久安。省委常委、迪庆藏族自治州州委书记齐扎拉，副省长曹建方出席会议并讲话。

9月1日下午14时30分，迪庆州首届民族团结进步月活动启动仪式在独克宗古城月光广场举行。

9月4日，州委副书记、州长黄政红在维德二级公路建设工地调研时强调，各级各部门和各参建单位要鼓足十劲、树立信心、攻坚克难，切实加快工程建设进度，确保两条二级公路按时、按质、按量，优质高效地完成各项建设任务。

9月6～8日，卫生部副部长陈啸宏、卫生部食品安全综合协调与卫生监督局局长苏志、卫生部规划财务司副司长刘殿奎等一行5人在省卫生厅副厅长付新安的陪同下到迪庆州视察工作。

9月9日，又一国际品牌酒店喜来登度假酒店落户香格里拉，省委常委、州委书记齐扎拉，国务院参事室特邀研究员、全国工商联原副主席、中国民（私）营经济研究会会长保育钧，北京卫戍区原副司令员黄伯诚及美国代表团嘉宾出席奠基典礼。州委副书记、州长黄政红及投资方代表丽江金林置业董事长罗琳女士致辞。

9月10日，省委藏区文化事业建设专题调研组到迪庆州实地调研文化事业建设情况。

9月12日上午，亚洲旅游论坛座谈会在州政府常务会议室召开。州委副书记、州人民政府州长黄政红出席并讲话。亚洲旅游论坛代表、国际旅游学会执行主席、美国普渡大学教授摩林森，国际旅游学会秘书长、北京大学教授、博士、北京大学旅游研究与规划中心主任吴必虎等专家学者参加座谈会。座谈会由州人民政府副州长张志军主持。

9月12日，迪庆州召开民族团结节表彰大会，隆重表彰近年迪庆州涌现出来的500个民族团结进步先进集体和个人。

9月12日晚，迪庆州民族团结节庆祝晚宴在扎西德勒酒店隆重举行。中央统战部副部长斯塔，省委常委、州委书记齐扎拉，省军区原副司令员和志光，中央统战部巡视员旺堆，省人大民宗委主任格桑顿珠，省民委巡视员马泽，省委藏区工作领导小组办公室主任、省委统战部副部长杨光海，省人民政府副秘书长白庚胜，玉树州代表团团长、玉树州委副书记东坝阿宝，甘孜代表团团长、甘孜州人大常委会主任足麦，昌都代表团团长、昌都地区行署副专员杨树海以及迪庆州委副书记杨铭书，迪庆州人大常委会主任唐世华等迪庆州领导出席晚宴。州委副书记、州长黄政红致辞，州委常委、州委统战部部长杜永春主持。

9月13日上午，由省政府、中国邮政集团公司主办，州政府和省邮政公司协办，以展现迪庆州秀美风光为题材的《香格里拉》特种邮票首发式在独克宗古城月光广场举行。省委常委、省委宣传部部长张田欣等出席，省委常委、州委书记齐扎拉，中国邮政集团公司副总经理冯新生致辞，州委副书记、州长黄政红主持。

9月13日下午，由第六届康巴艺术节暨迪庆州民族团结节筹备领导小组主办的“康巴文化长廊——吉祥康巴·走进香格里拉”大型文化艺术汇展在香格里拉县坛城文博中心隆重开展。

9月13日晚，来自四川省甘孜藏族自治州、青海省玉树藏族自治州和西藏昌都地区各族代表再度聚首香格里拉，与56个民族友好使者及迪庆各族群众一起共同庆祝第六届康巴艺术节暨迪庆州民族团结节开幕。

9月14日上午，56个民族团结林纪念碑揭碑仪式在独克宗古城龟山公园举行。省委常委、州委书记齐扎拉与省民族事务委员会巡视员马泽共同为民族团结林纪念碑揭碑。州委副书记、州长黄政红，州委常委、州委秘书长马文龙，州政府副州长刘家训，州政协副主席阿青等出席仪式，州委副书记杨铭书主持仪式并致辞。同日，全国10个藏族自治州和西藏昌都地区统计调查联系会议在香格里拉县城召开。州委副书记、州长黄政红看望与会代表。副州长刘家训、省统计局副巡视员张建华、国家统计局云南调查总队队长助理肖隆跃出席会议并讲话。州政协副主席阿青出席会议。

9月14日，由迪庆州委、州人民政府，甘孜州委、州人民政府，昌都地委、地区行政公署，玉树州委、州人民政府等主办，迪庆州委、州人民政府承办，全国工商联旅游业商会，丽江玉龙雪山省级旅游开发区管理委员会协办的大香格里拉旅游论坛正式举行。参加论坛的全国工商联旅游业商会、云南省旅游局领导、专家学者等就大香格里拉旅游的现状及发展趋势等主题进行了演讲交流。州委副书记、州长黄政红，省旅游局局长喻顶成出席论坛并讲话。同日，云南民族大学香格里拉职业技术学院在州民专挂牌成立，填补了迪庆州高等教育的空白。中国文联副主席、中国作家协会副主席丹增，省委常委、州委书记齐扎拉为学院揭牌。同日，迪庆州香格里拉中学举行挂牌仪式，中国文联副主席、中国作家协会副主席丹增，省委常委、州委书记齐扎拉揭牌。

9月18日，州人民政府州长黄政红主持召开州政府第39次常务会议，讨论研究了维德二级公路与华能澜沧江公司水电开发项目补偿、文博中心大楼产权等相关问题，研究了“两基”迎国检、小中甸水利枢纽工程以及康思水库前期工作情况。

9月20日下午，迪庆州召开第六届康巴艺术节暨迪庆州民族团结节总结表彰大会，对“两节”工作进行总结，对在“两节”筹备、筹办工作中作出突出贡献的先进集体和先进个人进行表彰。

9月25日下午，2010年度全国高速铁路特殊结构桥梁设计技术研讨会在天界神川大酒店召开。会议围绕加快推进丽香铁路项目建设相关事宜进行了讨论。州委副书记、州长黄政红出席会议并讲话。

9月26～27日，由国务院扶贫办党组成员、国际合作司司长张磊，国务院扶贫办规划财务司副司长张广平等6人组成的强农惠农资金专项清查督查组一行对迪庆州强农惠农资金专项清理工作进行检查，并于27日召开情况汇报会。州人民政府副州长王天喜出席汇报会。

9月28日上午，根据中央安排，省委常委、迪庆州委书记齐扎拉到西藏担任新的领导职务。从昆明至拉萨的航班在迪庆香格里拉机场过站停留时，即将赴任的他与前来送别的干部群众代表依依话别。黄政红、杨铭书、李灿光、彭耀文、鲁永明、马文龙、姚世忠、郑艺，州人大常委会、州政府、州政协领导以及州级单位和省属驻州单位干部群众代表到机场送别。

9月29日，经中国银行业监督管理委员会迪庆监管分局批准，富滇银行股份有限公司香格里拉分行正式开业。副省长曹建方发来贺信。

10月9日，香格里拉历史文化名城保护规划通过省级评审。

10月20～22日，全国人大常委会委员、全国人大常委会法律委员会副主任委员李重庵，全国人大常委会委员、全国人大常委会法工委副主任信春鹰率调研组对迪庆州非物质文化遗产保护情况进行实地调研。州人大常委会主任唐世华等迪庆州领导陪同调研。

10月19～21日，国家“限塑”专项检查组和省“禁塑”立法省内调研组到迪庆州检查和调研，并于21日召开座谈会。

10月23～24日，中纪委五室副主任明玉清一行在省纪委副书记、省监察厅厅长郭永东等领导的陪同下到迪庆州调研，并于23日在天界神川召开汇报会听取迪庆州工作汇报。州委副书记、州人民政府州长黄政红陪同调研并在汇报会上作工作汇报。

10月26日，省保障性住房第五督察组到迪庆州检查保障性住房建设工作，并召开了汇报会。省保障性住房建设工作第五督察组组长、省国土资源厅原副巡视员吴国润出席汇报会。副州长王天喜汇报了迪庆州保障性住房建设工作情况，并就在开展保障性住房建设工作中存在的困难和问题作了反映。

11月1日，以北京林业大学经济管理学院副院长温亚利教授为组长的专家组到迪庆州对白马雪山国家级自然保护区建设全国示范自然保护区实施方案进行审查和评估。同日，州政府副州长阿堆在德钦县检查指导城镇化建设工作时强调，全县各部门要统一思想、提高认识，全力以赴、真抓实干，努力建设各具特色、规模适宜、功能完善的城镇体系。同日，由省监察厅、省工信委、省环保厅和昆明市统计局相关人员组成的省政府督查组一行到迪庆州开展节能减排目标完成情况评价考核工作。同日，召开全州教育工作会议暨集中办学现场会，州委副书记、州长黄政红，州委常委香格里拉县委书记彭耀文，州人大副主任杨学良、州政府副州长张志军、巡视员董继荣、州政协副主席杨文祥出席会议，州委常委、州委宣传部部长鲁永明主持会议。

11月2日，《昆明市知识产权局、迪庆州知识产权局迪昆知识产权工作对口帮扶合作协议》签字仪式在香格里拉县城举行。云南省知识产权局党组书记方涛和迪庆州人大常委会副主任杨学良出席仪式并讲话。昆明市知识产权局和迪庆州知识产权局负责人分别代表双方签署合作协议。

11月4日下午，州人民政府与华能澜沧江水电有限公司就该公司在迪庆州澜沧江流域开发水电工作推进情况进行座谈。州委副书记、州长黄政红出席座谈会并讲话。

11月5日，州长黄政红主持召开了州十一届人民政府第23次州长办公会议，副州长张志军、农布央宗、曾永忠、刘家训，彭真祥、曹如忠（享受副巡视员待遇），秘书长吾金丁争出席会议，州政府副秘书长及州直相关部门主要领导列席会议。

11月21日，以省住房和城乡建设厅副厅长郭五代为组长的省政府“打非”专项行动第四督查组到迪庆州督查打击非法违法生产经营建设行为专项行动工作情况。州人民政府副州长王天喜陪同督查。

11月24日，州人民政府与中国大唐香格里拉公司（云南滇能迪庆香格里拉水电开发有限公司）关于电力新能源（太阳能）项目规划和开发的框架协议签字仪式在香格里拉天界神川酒店举行。州人民政府副州长农布央宗出席签字仪式。

11月29日～12月1日，国家“两基”督导检查组到迪庆州检查，迪庆州顺利通过国家验收。

11月，国道214线德盐段公路顺利交工验收。该公路批准建设里程全长115.707公里（含德钦县城复线长4.927公里），完善设计后工程投资3.4亿元。

11月，在“七彩云南杯”导游大赛暨全国导游大赛云南选拔赛上，迪庆州选手卡瓦格博国际旅行社的黄绍军获金牌，普达措国家公园的李刚、余丽香获银牌，其余4名参赛选手获得优秀导游奖。

12月4日下午，迪庆州召开专题会议，向省委政法委维稳办专职副主任赖玉华带队的省综治维稳专项督查和创建先进平安县考评组汇报工作。州委常委、州委政法委书记李灿光作汇报，州人大常委会副主任和阿寿出席会议，州政府副州长、州公安局局长曾永忠主持会议。

12月16日上午，省委宣讲团在州委报告厅隆重举行党的十七届五中全会精神报告会。省委宣讲团成员、省委社会科学院马列主义研究所所长、研究员黄小军就深入学习贯彻党的十七届五中全会精神作了专题报告。州委常委、州委组织部部长郑艺主持报告会。州政府副州长农布央宗、州委副巡视员邓良才、州检察院检察长王江华出席报告会。州级在家领导干部，州委各部委，州级国家机关各委办局、各人民团体、企事业单位，省属驻州各单位处级以上领导干部，州级机关各总支负责人参加报告会。

12 月 20 日，全州城乡建设规划工作会议在香格里拉县城召开，州长黄政红，副州长阿堆，州人大副主任杨五桑，州政协副主席杨文祥，州政府秘书长吾金丁争，州委副秘书长办公室主任彭玉光出席会议。

（李　莉）

# 概 况

## 迪庆藏族自治州

【建置沿革】 1958年，在今维西县塔城乡戈登村发现的戈登文化遗址，经考古认定为距今约七八千年的新石器文化遗址。唐武德四年（621年）设神州，今维西、中甸的部分地区为唐剑南道姚州都督府十三羁縻州之一。五代后晋天福二年（937年）段思平灭扬干贞，建立地方政权，号“大理国”，取代南诏，维西改治属大理国。宋代（960～1254年），大理国废节度，设四镇八府，维西县境归么些大酋统辖，属四镇之一的成纪镇，名罗间，为大理国极边险僻之地。境内藏区在宋代成为藏传佛教兴盛的地方，而沿金沙江一线则为么些大酋所据，号花马国。南宋宝佑元年（元宪宗三年，1253年），忽必烈率大军征大理国，至元八年（1271年），元忽必烈派兀都蛮率蒙古军镇守旦当（今中甸一带），同年置茶罕章宣慰司。至元三十年（1293年9月），云南旦当（中甸藏区）划属宣政院管辖地。

明洪武九年（1372年），德钦归吐蕃等路宣慰使司都元帅府奔不儿亦思刚招讨司磨儿勘（芒康）与万户府剌宗（巴塘）的管辖。清康熙六年八月（1667年），青海蒙古和硕特部受格鲁派之约请，挥兵占领中甸，在中甸设置朵克宗（今中心镇），五世达赖喇嘛派宗官管理中甸地方，征收赋税。康熙五十一年（1712年），中甸建立了地方最高权利机构，即官（土司）、民（老民）、神（寺院）三方组成的联席会议（吹云会议），商定政治、宗教经济等各方面大事要事。清康熙五十八年（1719年），清朝收复巴塘，巴塘设正、副土司，德钦复归巴塘管辖。清雍正元年（1723年），中甸划归云南省。

清乾隆二十一年（1756年），云贵总督爱必达奏准，将维西、中甸改隶丽江府，中甸升格为厅，将州判裁撤，改楚雄同知为中甸同知。乾隆二十二年（1757年），清廷准将维西通判改为维西抚夷通判。清光绪三十二年（1906年），清廷设阿墩子弹压委员（夏瑚），归维西通判节制，后试设县未果。

中华民国建立之初，中甸、维西、德钦地方政权仍沿用旧制。民国三十六年（1947年），全省区域变更，行政督察区由7个改为13个，维西属第十三行政督察专员公署。民国三十七年（1948年），第十三行政督察专员公署设置于维西县，管辖维西、丽江、中甸、兰坪4县和德钦、贡山、福贡、碧江4个设治局。

1949年5月12日，中共维西党组织率领民众自卫队发动暴动，推翻了国民党领导的维西县政府，建立了临时人民政权，取名为维西县临时参议会。10月1日，中华人民共和国成立，维西县人民政府也于当日宣告成立，隶属滇西北人民专员公署。1950年5月10日，中甸县人民政府成立，属丽江地区专员公署。同年中共丽江地委派出的随军代表接管德钦县参议会和设治局，建立县级人民政权机构（德钦县设治局），隶属丽江专区；维西也归属丽江专区。1952年5月，成立德钦藏族自治区及自治区人民政府。1955年12月，在德钦县首届各族各界人民代表大会第六次会议上，决定将德钦藏族自治区改为德钦县，自治区人民政府改称为县人民委员会。1957年9月13日，经中华人民共和国国务院批准，迪庆藏族自治州人民政府成立，辖中甸、维西、德钦三县，由丽江专区代管。1973年始，迪庆藏族自治州恢复，不再由丽江地区代管。

【自然环境】 地理位置 迪庆藏族自治州位于滇、川、藏三省区交界的横断山脉三江并流自然奇观标志性腹心地带。地处青藏高原南延部份，是云南省海拔最高的地方。在东经98°20′～100°

19′，北纬26°52′~29°16′之间。东与四川木里藏族自治县、丽江地区宁蒗彝族自治县接壤。南界丽江纳西族自治县及怒江傈僳族自治州的兰坪、福贡县，西与西藏自治区的左贡、察隅县及怒江州的贡山独龙族自治县毗邻，北与西藏自治区的芒康县及四川省甘孜藏族自治州的巴塘、德荣、乡城县交错接壤。

气候水文　迪庆属温带和寒温带季风气候（河谷地区属北亚热带季风气候），年平均气温4.7~16.5℃，最热月平均气温11.7~24.1℃，最冷月平均气温-3.3~7.7℃，绝对最低温度-27℃，年日照时数为1742.9~2186.6小时，太阳辐射118.3~133.7千卡/cm²，降水量268~945毫米。雨季（5~10月）降水量占全年的62.3~94.4%，无霜期为129~197天。迪庆州境内有澜沧江、金沙江自北而南贯穿全境，金沙江流经迪庆境内430公里，流域面积16 810.8平方公里，澜沧江在州境内流程320公里，流域面积7 059.2平方公里，全州共有大小支流221条，沿两江干流四射分布，形成典型的羽状水系。全州水资源总量为119.73亿M³，可利用量95.7亿M³，境内两江一级河流硕多岗河、吉仁河、阿东全州水资源总量为119.73亿M³，可利用量95.7亿M³，境内两江一级河流硕多岗河、吉仁河、阿东河等可开发利用率较高，全州可开发利用水能资源在1 370万千瓦以上。迪庆境内光能、热量资源十分丰富，降雨充足，具有宜农、宜牧、宜投资开发的良好气候环境。

地形地貌　迪庆地形近似肺状，地质构造复杂，地势北高南低，地貌形态以山地、古高原面和岭峰为主，境内地理为“三山挟两江”。三山为梅里雪山、云岭雪山山脉、中甸雪山山脉，自西向东依次排列。迪庆矿产资源丰富，东南亚锡矿带和玉树——义敦的铜、铅、锌、银、金、汞矿带横贯全境，是有色金属和稀有金属、非金属矿的富集区之一。现已探明有铜、铁、钨、铅、金等矿，全州范围内有24个矿种323个矿点。州内最高海拔为梅里雪山卡瓦格博峰6 740米，最低海拔为维西县碧玉河入澜沧江口处1 486米。州府设在香格里拉县建塘镇，距省城昆明655公里。迪庆全境由于受地势、地貌及气候因素的影响，形成了垂直分布的三种生态环境，即：高寒地区，海拔在2 800~6 740米；山区，海拔在2 200~2 800米；河谷地区，海拔在1 486~2 200米

土地土壤　全州总面积23 870平方公里。东西最大宽度165公里，南北最大长度225公里。全州有耕地面积594 730亩，草场总面积913.8万亩，有林地1 251.61万亩。

**【行政区划】**　1950年，迪庆全境和平解放。1957年9月，成立迪庆藏族自治州，辖中甸、维西、德钦三县。1985年6月，经国务院批准，设立维西傈僳族自治县。2001年12月17日经国家民政部批准中甸县更名为香格里拉县。2010年，全州辖三县，20个乡9个镇，188个村民委员会（办事处）。辖区总面积23 870平方公里。

**【人口民族】**　2010年，全州境内共有26种民族，其中千人以上的民族有藏、傈僳、汉、纳西、白、彝、回、普米、苗9个。全州总人口为39万人，其中户籍管理人口357 528人。全年出生人口3 717人，人口出生率10.12‰，死亡人口2 150人，人口死亡率5.85‰，人口自然增长率4.27‰。其中少数民族人口315 147人，占户籍人口的88.15%，其中藏族人口127 233人，占户籍人口的35.59%；傈僳族人口107 461人，占户籍人口的30.06%。

**【语言宗教】**　迪庆州境内有25种少数民族，都有各自的民族语言，其中有自己的民族文字的有四种，即藏族的拼音文字、纳西族的象形文字、傈僳族的音节文字、彝族文字。迪庆藏语属藏语系藏缅语族藏语支康方言南路土语。藏语为迪庆藏族日常生活中的主要交际工具，语言优美，敬语词多，词汇丰富，通用藏文。迪庆傈僳语言方言属汉藏语系藏缅语族彝语支。与纳西、彝语相近。在语音上有地方音之差别，借用汉语词汇较多。很多傈僳族兼通汉语。在文字上通用老傈僳文及新傈僳文，但普及面不广。迪庆纳西族方言属汉藏语系藏缅语族彝语支纳西语西部方言，三坝与其它地方的纳西语方言有很大的差异，具有古老的语言特色。金江、上江、虎跳峡镇的纳西语方言则基本与丽江相同。有古老的纳西族东巴象形文，主要流传于三坝纳西族文化发祥地，为纳西族象形文字的代表。迪庆彝语方言属汉藏语第藏缅语族彝语支北部方言。有阿女阿鲁土语和果吉傈伍土语之分，阿女阿鲁土语是双唇清音，

果吉傈伍则是唇齿浊音。彝文字数较少，同音假借居多。彝文属纯表音节文字。

迪庆藏族信仰藏传佛教，少数信仰天主教；傈僳族信奉以自然崇拜、图腾崇拜为主要内容的原始宗教，以患病遭灾时杀牲畜祭神驱鬼活动为主要形式，主要宗教活动由巫师施行，傈僳族称巫师为“尼扒”，称经师“尼古扒”（亦称“必扒”），有的称“东巴”。每年农历十一月祭天神，每年农历正月或三月、七月或八月祭山神，每年全村在取水处合祭一次龙神，每天吃饭时祭火神和家神。纳西族普遍信仰东巴教，崇敬东巴祖师丁巴什罗。东巴教以祭天、送魂、驱鬼、禳灾卜卦等活动为主要表现形式，以图腾崇拜为宗教特征。有祭天、祭风、祭龙、祭鬼等道场及完整的经卷、法器及法饰。三坝白地有东巴圣迹阿明灵洞及白水台等。自古到今流传着一句名言“没到过白地，不算真东巴”。彝族无全民共同的偶像崇拜物，主要信奉原始宗教祖宗崇拜，宗教职业者有“毕摩”、“苏尼”。“毕摩”继承传授彝文宗教经典，诵经祈祷进行宗教活动。“苏尼”以打鼓跳神、念咒驱鬼进行宗教活动。

**【资源物产】** 矿产资源　迪庆矿产资源十分丰富，东南亚锡矿带和玉树——义敦的铜、铅、锌、银、金、汞矿带横贯全境，是有色金属和稀有金属、非金属矿的富集区之一。现已探明有铜、铁、钨、铅、金等矿，全州范围内有24个矿种323个矿点。

生物资源　迪庆是地球上生物资源多样性最具代表性的地区之一，被称为滇西北物种基因库，全州森林覆盖率65%，是世界著名花卉杜鹃、报春、龙胆、绿绒蒿等植物的分布中心，是细叶莲瓣的分布中心，有世界著名的园林园艺植物珙桐、秃杉等，有松茸、羊肚菌等大宗出口土特产品，野生药用植物有虫草、天麻、贝母、杜仲、当归等867种，境内有野生动物共1 400余种，有国家一类保护动物滇金丝猴、野驴、黑颈鹤。二类保护动物有雪豹、林麝、淙熊等十多种。三类保护动物有岩羊、血雉等近十种。动物资源中的鹿茸、熊胆、麝香、豹骨等是十分珍稀名贵的药物。境内有白茫雪山国家级自然保护区，哈巴雪山、碧塔海、纳帕海三个省级自然保护区，保护区总面积达32.0129万公顷。

水能资源　全州水资源总量为119.73亿$M^3$，可利用量95.7亿$M^3$，境内两江一级河流硕多岗河、吉仁河、阿东河等可开发利用率较高，全州可开发利用水能资源在1 370万千瓦以上。迪庆境内光能、热量资源十分丰富，降雨充足，具有宜农、宜牧、宜投资开发的良好气候环境。

旅游胜地　迪庆——被称为人间仙境香格里拉，境内有气势磅礴的雪山冰川，蔚为奇观的世界地球奇观“三江并流”，风采迷人的湖泊草甸，丰富多样的珍稀动植物，神秘深邃的民族宗教文化、美不胜收的歌舞节庆、风格迥异的民族风俗，叹为观止的民族工艺等等，总而言之，迪庆香格里拉融自然与人文、宁静与深邃、优雅与壮阔、古朴与现代等和谐统一、风韵天成，尤其是她那历经自然和历史的沧桑熔铸而成的以藏文化为主体的多元文化沉淀，蕴藏着十分丰富的内涵，对国内外不同层次的旅游者都具有经久不衰的吸引力。主要景区景点有：云南第一高峰梅里雪山卡格博峰、虎跳峡、白水台、普达措国家公园、噶丹·松赞林、茨中天主教堂、达摩祖师洞，此外还有碧壤峡谷、哈巴雪山、萨马贡、千湖山、尼汝林区、长江第一湾等一大批已开发和待开发的旅游景区景点。迪庆香格里拉是集游览观光、休闲娱乐、疗养度假、探险寻幽、科学研究、文化考古为一体的综合旅游区。

物产特产　银制品：银制八宝图、银护身佛盒、耳环、手镯、银包木碗、银刀、银铃针线筒、银器玉石碗座等；木制品：木碗、木盒、茶桶藏式餐桌等；野生药材：冬虫夏草、白雪茶、红雪茶、贝母、天麻、当归、雪莲花、藏红花、经景天；迪庆藏药：七十味珍珠丸、二十五味珍珠丸、常觉。

**【经济综述】** 2010年全州生产总值77.1亿元，按可比价计算，比上年增长19.5%，增速比上年加快1.2个百分点。分季度看，一季度增长19.5%，二季度增长17.9%，三季度增长12.7%，四季度增长23.9%。分产业看，第一产业增加值7.34亿元，增长6.7%，对GDP增量的贡献率为3.8%，对经济增长的拉动力为0.7个百分点。第二产业增加值29.51亿元，增长24.5%，对GDP增量的贡献率为47.7%，对经济增长的拉动力为9.3个百分点，其中：工业增加值15.76亿元，增长20.0%，对GDP增量的贡献率为23.2%，对经济增长的拉动力为4.5个百分点；建筑业增加值13.75亿元，增长31.1%，对GDP增量的贡献率为24.5%，对经济增长的拉动力为4.8个百分点。第三产业增加值40.25亿元，增长18.5%，对GDP增量的贡献率为48.5%，对经济增长的拉动力为9.5个百分点。按总人口计算的人均生产总值达20 051元（总人口为年平均人口），比上年增加3 211元，按可比价计算，增长17.43%。一、二、三产业占GDP的比重由上年的10.9：37.6：51.5调整为9.5：38.3：52.2，第三产业比重比上年提高0.7个百分点，三二一结构得到进一步稳固。

**【农　业】**　全州实现农林牧渔业总产值117 187万元，按现价计算，比去年增长6.75%；其中，农业产值为53 310万元，增长6.37%，林业产值15 416万元，增长5.22%，牧业产值35 950万元，增长8.0%，渔业产值2 197万元，增长9.80%，农林牧渔服务业产值10 314万元，增长6.05%。

全年粮食播种面积46 830公顷，比上年增加247公顷，油料种植面积2 062公顷，增加8公顷，粮食生产实现连续五年增产，成为历史最高年。药材、核桃、花椒等农产品产量增长，主要畜产品及牲畜存出栏数较上年增长。

**【工业】**　全州实现工业总产值343 197万元，比上年增长32.9%。其中年产品销售收入500万元以上工业企业（以下简称规模以上工业）产值274 966万元，增长30.6%；年产品销售收入500万元以下工业企业（以下简称规模以下工业）产值68 231万元，增长43.2%。

在规模以上工业总产值中，轻工业产值72 443万元，增长21.4%；重工业产值202 523万元，增长34.2%。按经济类型分，国有经济工业产值70 031万元，增长14.7%；集体经济工业产值17 656万元，增长2.38倍；股份合作企业产值16 661万元，增长24.9%；股份制企业产值114 284万元，增长29.6%；外商及港澳台商投资企业产值56 334万元，增长31.8%。

全州规模以上工业企业22户，实现产品销售产值237 393万元，比上年增长27.8%，其中亏损企业4户，亏损总额5 628万元，比上年下降42.99%，企业盈亏相抵后实现利润总额8 491万元，比上年增长1.87倍。

**【固定资产投资】**　2010年完成全社会固定资产投资133.96亿元，比上年增长43.2%。其中，城镇投资123.1亿元，增长47.2%，农村投资0.87亿元，增长22.1%，农村私人投资6.4亿元，增长14.4%，房地产投资3.58亿元，下降1%。

**【交通、运输和邮电业】**　2010年，全州年末公路通车里程4 815公里，其中等级公路3 813公里，占公路里程的79.19%。全州旅客运输量为459万人，比上年下降4.93%；旅客周转量76 195万人公里，下降2.99%；其中，民航旅客运输量26.33万人，增长18.98%，民航旅客周转量12 638万人公里，增长18.97%。全州货物运输量439万吨，增长12.6%；货物周转量304 293万吨公里，增长32.74%。

2010年，全州完成邮电业务总量23 361万元，比上年增长15.33%。其中，电信业务总量22 014万元，增长5.74%；邮政业务总量1 347万元，增长10.36%；固定电话用户为37 469户，比上年末下降6.01%，移动电话用户总数达276 647户，比上年末增长31.49%，电话普及率达到每百人81.69部，比上年末增加15.69部。

**【国内贸易和市场物价】**　2010年，全州社会消费品零售总额20.99亿元，比上年增长23.8%。按隶属关系划分，县以下消费品零售额8.32亿元，增长21.9%；县消费品零售额12.67亿元，增长25%。分行业看，住宿业零售额0.63亿元，增长44.2%，餐饮业零售额1.49亿元，增长22.2%，批发业零售额6.11亿元，增长40.5%，零售业零售额12.76亿元，增长16.6%。分经济类型看，非公经济零售额13.16亿元，增长15.5%；公有经济零售额7.83亿元，增长40.7%。

全年香格里拉县城居民消费价格比上年上涨4.4%，其中，食品上涨8.7%。商品零售价格比上年上涨4.1%，农业生产资料价格上涨3.5%。

**【财政、金融、保险】**　2010年，全州地方财政一般预算收入59 667万元，比上年增长36.9%；地方财政一般预算支出431 485万元，增长43.4%。

年末金融机构本外币各项存款余额1 200 334万元，比年初增长38.99%。其中，城乡居民储蓄存款360 960万元，增长25.2%。年末金融机构本外币各项贷款余额873 596万元，增长24.31%。

其中，短期贷款余额142 095万元，增长17.77%；中长期贷款余额731 237万元，增长25.62%。全年金融机构现金收入1 521 550万元，现金支出1 701 760万元，收支相抵，累计净投放现金180 210万元，比上年增加投放85 974万元，增长91.23%。

全年各种保险保费总收入13 126万元，比上年增长62.93%。

**【科技、教育、文化、卫生和体育】** 2010年，争取省级科技计划项目、迪沪对口帮扶项目和迪昆科技合作项目3项，项目资金投入130万元。安排州级科技发展计划项目25项，项目资金投入200万元。

全州拥有幼儿园8所，在园幼儿3 012人；小学159所，其中一点一教师51个，小学在校学生30 968人，小学适龄儿童入学率99.21%，小学辍学率0.16%。中学22所，其中完全中学7所，初高中在校学生22 382人，其中高中在校生5 306人，初中在校生17 076人，初中辍学率1.76%。职业中学2所，在校学生306人。中等专业学校1所，在校学生2 549人。教师进修学校3所。

年末全州拥有卫生机构98个，卫生机构床位数788张，专业卫生技术人员1 444人，其中执业（助理）医师719人。全州有293 087人参加了新型农村合作医疗，参合率达95.7%。

年末全州共有文化、文物事业机构共51个，其中艺术表演团体3个，艺术表演场馆2个，文化馆4个，公共图书馆3个，乡镇文化站29个，文化文物行政主管部门4个，文物保护管理机构4个，博物馆2个。全州广播人口覆盖率96.11%，电视人口覆盖率96.11%。《迪庆报》出版发行346期493.6万份。

全民健身、群众体育活动不断深入，竞技体育水平得到明显提高。年内参加省及省以上运动会运动员107人，获得省及省以上运动会奖牌28.5枚，其中金牌11.5枚，银牌9枚。

**【旅游业】** 全年共接待国内外游客602.99万人次，同比增长14.6%，其中，海外游客72.9万人次，增长11%；国内旅游者530.09万人次，增长15.1%。旅游业总收入61.57亿元，增长13%。

**【人民生活和社会保障】** 2010年全州单位从业人员32 164人，增长9.53%，其中在岗职工28 479人，增长9.09%。单位从业人员劳动报酬112 791万元，增长21.8%，其中在岗职工工资108 360万元，增长21.41%；在岗职工年平均工资39 633元，增长12.27%。农民人均纯收入3 347元，增长14%。城镇居民人均可支配收入15 996元，增长9.57%，城乡居民人均储蓄存款9 388元，增长23.09%。

年末全州参加基本养老保险职工人数15 421人，比上年增长7.54%；参加失业保险人数15 965人，下降1.66%；参加城镇职工基本医疗保险人数34 562人，增长7.39%；参加城镇居民基本医疗保险人数26 024人，增长16.91%。年末全州城镇最低生活保障对象11 944人，比上年末增加1 050人，共发放保障资金2 523万元，增长29.05%，年末全州农村低保人数达103 900人，增加2 400人，共发放保障金7 532万元，增长10.18%。

（李燕兰）

**【迪庆州领导干部名录】**

州委领导

张登亮（州委书记，2010.12，汉族）

黄政红（州委副书记、州长，2010.03，藏族）

杨铭书（州委副书记，2009.12，汉族）

李灿光（州委常委、政法委书记，2006.05，傈僳族）

杜永春（州委常委、统战部长，2006.09，藏族）

彭耀文（州委常委、香格里拉县委书记，2006.04，汉族）

鲁永明（州委常委、宣传部长，2009.11，藏族）

马文龙（州委常委、秘书长，2008.07，藏族）

姚世忠（州委常委、军分区政委，2009.05，汉族）

郑　艺（州委常委、组织部长，2009.12，汉族）

张晋昆（州委常委、州纪委书记，2010.12，汉族）

邓良才（享受州委副巡视员待遇、州总工会主席，2010.11，藏族）

州人大领导

唐世华（州人大常委会主任，2001.07，傈僳族）

和阿寿（州人大常委会副主任，2006.08，白族）

杨五桑（州人大常委会副主任，2001.07，回族）

和仕聪（州人大常委会副主任，2006.08，傈僳族）

杨学良（州人大常委会副主任，2006.08，白族）

白 嘎（州人大常委会副主任，2006.08，藏族）

杨凤喜（州人大常委会副主任，2006.08，藏族）

州政府领导

黄政红（州委副书记、州长，2010.03，藏族）

阿 堆（州人民政府副州长，2001.07，藏族）

张志军（州人民政府副州长，2006.08，藏族）

余胜祥（州人民政府副州长，2006.08，傈僳族）

农布央宗（州人民政府副州长，2006.08，藏族）

李学林（州人民政府副州长，2008.07，汉族）

刘家训（州人民政府副州长，2009.05，汉族）

曾永忠（州人民政府副州长、州委政法委副书记、州公安局局长，2009.09，汉族）

王天喜（州人民政府副州长，2010.01，汉族）

董继荣（州人民政府巡视员，2006.07，藏族）

余文元（州人民政府巡视员，2006.07，傈僳族）

彭真祥（州政府享受副巡视员待遇，2009.10，藏族）

曹汝忠（州政府享受副巡视员待遇，2009.10，藏族）

肖建明（州政府享受副巡视员待遇，2009.10，藏族）

州政协领导

马向东（州政协主席，2006.08，藏族）

阿 青（州政协副主席，2001.07，藏族）

和根合（州政协副主席，2006.08，傈僳族）

王永成（州政协副主席、佛教协会会长，2001.07，藏族）

杨文祥（州政协副主席，2006.08，纳西族）

肖托丁（州政协副主席，2006.08，藏族）

布 主（州政协副主席，2006.08，藏族）

州法检领导

鲍顺明（州中级人民法院院长，2006.08，纳西族）

王江华（州人民检察院检察长，2009.04，汉族）

州委及其州委办公室

彭玉光（副秘书长、办公室主任，2007.10）

和雪涛（副秘书长，2008.07）

侯吉林（副秘书长，2010.04）

张占彪（州委办公室副主任，2008.10）

和平志（州委办公室副主任，2010.04）

刘文清（州委保密委办公室主任、州国家保密局局长（正处），2008.10）

蜂志诚（州关工委秘书长，2008.07）

吴位元（州委机要局局长，2008.10）

郑军伟（州委督查室副主任，2010.04）

汪秀珍（副调研员，2008.07）

吕旺开（副调研员，2008.11）

州纪委监察局

王亚红（副书记、局长，2007.01）

张铜元（副书记，2008.06）

程志新（常委、办公室主任，2006.07）

和仕英（常委、案件审理室主任，2006.07）

和卫明（常委、监察局副局长，2009.09）

尹钟祥（监察局副局长，2008.04）

姚润文（调研室主任，2008.08）

李永光（监察局纠风办主任，2008.02）

曾志华（党风室主任，2008.10）

杨学光（宣教室主任，2009.09）

张聪林（综合室主任，2010.02）

祝克英（干部室主任，2010.02）

何德映（正处级纪检员，2008.10）

州纪委监察局派出第一纪工委监察分局

张巨能（书记，2008.08）

张耀林（副书记、分局局长，2008.08）

王学元（副书记，2008.08）

州纪委监察局派出第二纪工委监察分局

杜　光（书记，2008.08）

杨国宝（副书记、分局局长，2008.08）

崔文胜（副书记，2008.08）

州纪委监察局派出第三纪工委监察分局

李二龙（书记，2008.08）

陈仲德（副书记、分局局长，2008.08）

唐寿昌（副书记，2008.08）

州纪委监察局派出第四纪工委监察分局

金　安（书记，2008.08）

陈文光（副书记，2008.08）

州纪委监察局派出第五纪工委监察分局

李仕光（书记，2008.08）

和润良（副书记、分局局长，2008.08）

李映春（副书记，2008.08）

州纪委监察局派出第六纪工委监察分局

郭劲光（书记，2008.08）

和兰英（副书记、分局局长，2008.08）

杨红春（副书记，2008.08）

州委组织部

施春明（常务副部长、州企业工委书记（兼），2006.11）

冯玉祥（副部长、州委编制委员会主任、州编办主任，2010.08）

和建国（副部长，2010.04）

李继新（副调研员，2010.02）

蔡云涛（副处级组织员，2010.08）

州委宣传部

王崇民（常务副部长，2010.08）

毛建忠（副部长、州委文明办主任（正处），2008.07）

白玉新（副部长，2007.01）

李映怀（州委外宣办、州政府新闻办专职副主任（副处），2008.02）

州委统战部

兰文志（常务副部长，2006.10）

州委政策研究室

张正勇（主任、州委副秘书长（兼），2008.02）

马玉川（副主任，2007.10）

和重寿（副主任，2008.03）

和阿伍（州委农办专职副主任，2008.07）

州委政法委

杨双辉（专职副书记，2006.06）

方小明（政治部主任（正处），2008.02）

尼玛甲称（综治办主任（正处），2008.08）

张耀明（稳定办主任（正处），2009.11）

州委直属机关工委

郭文清（书记，2007.10）

吴义三（副书记（正处），2009.04）

谢建民（副书记，2006.05）

州委老干部局

和丽萍（局长、州委组织部副部长（兼），2008.07）

阿鲁玛（副局长，2004.08）

杨宝生（副局长，2009.04）

州文产办

杨建水（主任、州委宣传部副部长（兼），2006.05）

赵燕红（副主任，2004.04）

州委党史研究室

孙彬涛（主任，2004.04）

州委编制委员会办公室

赵正彬（副主任，2010.08）

州委党校

史　义（党委书记、常务副校长，2007.01）

赵秋菊（副校长，2003.08）

和加强（副校长，2007.09）

迪庆日报社

钱　兴（总编、州委宣传部副部长（兼），2003.10）

余富全（副总编，2007.01）

张国华（副总编，2008.10）

张莹焱（副总编，2009.09）

俞德贵（调研员，2008.10）

州总工会

邓良才（州委副巡视员、州总工会主席，2003.09）

薛阳和（党组书记、常务副主席，2006.05）

杨秀珍（副主席（正处），2009.09）
金雪松（副主席，2008.11）
李时萱（副调研员，2008.07）
州妇联
李秀珍（主席，2006.10）
徐樱桃（副主席，2007.10）
余桂芬（副主席，2009.09）
团州委
廖文才（书记，2007.10）
宋青云（副书记，2008.03）
浩春丽（副书记，2009.04）
州残联
阿　睦（理事长，2006.05）
谷　涛（副理事长，2007.12）
和正春（副理事长，2007.12）
州工商业联合会
陈俊明（会长，2002.11）
张　明（副会长兼秘书长（正处），2009.04）
马跃忠（副会长（正处），2009.09）
孙　勇（副会长，2010.02）
州文联
李志宏（主席，2006.11）
张德华（副主席，2008.10）
和蔚林（副调研员，2008.10）
州社会科学界联合会
珠玛英追（主席，2009.04）
州科学技术协会
赵红春（主席，2010.07）
州佛教协会
王永成（州政协副主席、会长，2001.07）
和　志（副会长（兼秘书长），2006.10）
州红十字会
李　涛（专职副会长，2010.02）
州人大各委室
竹玛此里（秘书长，2006.08）
和义鹏（财经委主任，2003.02）
和　荣（教科文卫委主任，2007.09）
马仲勋（民工委主任，2007.09）
马跃华（法工委主任，2008.01）
和献洲（农环资委主任，2008.03）
杨建华（办公室主任，2008.07）
品初拉姆（选联委主任，2010.02）
汉　刚（教科文卫委副主任，2008.03）
和金红（办公室副主任，2008.01）
董维清（财经委副主任，2003.08）
马玉秀（法工委副主任，2010.08）
张文清（副秘书长，2010.04）
徐友忠（选联工委副主任，2010.08）
肖丽琼（办公室副主任，2010.08）
杨成栋（调研员，2010.01）
马秀英（调研员，2010.01）
州政府及其办公室
吾金丁争（秘书长，2007.07）
朱永其（州长助理（挂职），2009.07）
杨梓江（副秘书长、办公室主任，2007.01）
阿西主（副秘书长（正处），2005.06）
和永祥（副秘书长，2007.10）
王廷集（副秘书长，2009.05）
李　康（副主任，2010.03）
张国才（副调研员，2008.08）
陈玉文（副调研员，2008.08）
方志雄（副调研员，2009.09）
州发展与改革委员会
徐绍文（党组书记、主任，2010.08）
和玉奇（副主任（正处），2008.09）
唐华林（副主任（正处），2009.05）
刘顺昌（副主任，2010.04）
杨建政（副调研员，2009.09）
州工业和信息化局
赵永明（局长、州企业工委副书记（兼），2010.08）
陈玉光（党组副书记、副局长（正处），2010.08）
陈　东（副局长（正处），2010.08）
郜春元（副局长，2010.08）
余丽南（副局长，2010.08）
马玉华（副局长，2010.08）
阳书文（副主任（挂职），2010.08）
和卫东（调研员，2010.08）
州教育局
杨红兵（局长，2008.01）
和彦华（副局长（正处），2003.08）
和云西（副局长（正处），2008.10）
李海翔（副局长（挂职），2009.09）

阿茸宝（督导员，2003.07）
陈永宏（副调研员，2009.09）
州科学技术局
李毅龙（局长，2006.10）
和卫泽（副局长，2004.07）
张丽萍（副局长，2004.09）
州民族事务委员会
阿　哇（主任、州委统战部副部长（兼），2010.01）
七　林（副主任，2008.03）
陈文光（副主任，2007.07）
董　燕（副调研员，2008.08）
州公安局
齐晓东（副局长，2007.01）
七卫东（副局长，2007.01）
武　金（副局长，2009.09）
李继华（副局长（副处），香县副县长、公安局长，2009.12）
和彦林（纪委书记（正处），2008.07）
丁益民（副局长（挂职），2010.01）
和嘉云（政治部主任（正处），2007.01）
和耀文（禁毒支队支队长，2005.05）
杜　杰（经侦支队支队长，2003.03）
魏红星（警卫处处长，2003.01）
杨文学（国保支队支队长，2007.01）
李　俊（行动技术侦查暨科技管理支队长，2008.07）
闵立新（国保支队政委，2008.10）
袁兴平（党委委员、警令部主任，2009.09）
王耀宏（刑侦支队政委，2009.09）
何崇孝（行动技术侦查暨科技管理支队政委，2009.09）
余耀远（治安支队政委，2009.09）
杨雪峰（经侦支队政委，2009.09）
马福云（调研员，2008.07）
和亮川（调研员，2009.09）
徐正松（副调研员，2003.07）
崔永华（副调研员，2009.09）
和向荣（副调研员，2010.08）
州交警支队
李万红（政委，2007.09）
高玉林（交警支队支队长，2007.09）
杨四全（交警支队副支队长，2007.11）
罗自辉（交警支队副支队长，2007.11）
白永宏（交警支队副政委，2007.11）
格　茸（副调研员，2008.08）
州民政局
张崇岗（局长，2007.06）
王　强（副局长，2008.10）
和俊昌（副局长，2009.09）
丁占元（州老龄委专职副主任，2008.07）
杨世荣（副调研员，2009.09）
州司法局
鲁　茸（局长，2010.01）
董志君（副局长，2008.07）
阿　咩（纪委书记，2010.01）
和顺文（（保留公职和职级，停薪三年），2008.10）
杨文彦（政治处主任，2008.07）
州财政局
普鲁华（局长、州企业工委副书记（兼）、州国资委主任（兼），2006.10）
李向阳（副局长，2003.04）
周文孝（副局长，2008.08）
詹志平（副局长、州非税局局长（副处），2007.09）
达　瓦（州人民政府国有资产监督管理委员会专职副主任（副处），2009.05）
江　楚（州人民政府金融办公室副主任（主持工作），2010.08）
浦永昭（调研员，2008.08）
何秀兰（副调研员，2007.09）
和桂仙（副调研员，2008.08）
州人力资源和社会保障局
郭崇先（局长、州委组织部副部长（兼），2010.08）
彭文华（副局长，2010.08）
和建聪（副局长，2010.08）
张建文（副局长，2010.08）
夏云丽（调研员，2010.08）
芝　玛（副调研员，2010.08）
拉卫芳（副调研员，2010.08）
郭永昌（副调研员，2010.08）
州住房和城乡建设局

杨正义（局长，2010.08）
彭杏天（副局长，2010.08）
木鸿斌（副局长，2010.08）
和建全（州住房公积金管理中心主任（副处），2010.04）
杨七保（调研员，2010.08）
都之此里（副调研员，2010.08）

州交通运输局

此　登（局长，2010.08）
孙　伟（副局长，2010.08）
和跃林（副局长，2010.08）
和永清（总工程师（副处），2010.08）
吴伟宁（副局长（挂职），2010.08）
熊晓陆（副调研员，2010.08）

州水务局

任跃华（局长，2010.08）
张红华（副局长（正处），2010.08）
阿　主（副局长（小中甸水库建设指挥部专职副指挥长），2010.08）
李　丛（副局长，2010.08）
闵　泽（副调研员，2010.08）
扎　史（副调研员，2010.08）

州农牧局

泽仁农布（局长，2007.07）
李新华（副局长，2002.03）
松耀武（副局长，2006.03）
和文铎（副调研员，2009.09）

州林业局

吴正武（局长，2007.01）
张国祥（副局长，2005.08）
和小雷（副局长，2006.02）
张德华（护林防火专职副指挥长，2006.03）

州文化局

浦　江（局长，2006.10）
蒲向红（副局长，2008.10）
杨金华（副局长，2009.05）
王家寿（副调研员，2008.07）
扎西顿珠（副调研员，2008.11）

州卫生局

阿　追（局长，2007.10）
和美莲（副局长，2002.12）
彭松平（副局长，2008.08）
和友善（副调研员，2009.09）

州人口和计划生育委员会

和桂琼（主任，2005.05）
史定东（副主任，2007.10）
木丽琼（州计生协会专职副会长，2008.03）
和志典（调研员，2007.04）

州审计局

浦永兴（局长，2006.11）
赵凤英（副局长，2006.03）
张柱能（副局长，2009.09）
和惠芳（副调研员，2008.08）
吴永三（副调研员，2009.09）

州环境保护局

赵志刚（局长，2002.05）
汪　堆（副局长，2008.03）
松建生（副局长，2006.09）

州体育局

李爱明（党组书记，2006.11）
松　涛（局长，2005.04）
李光灿（副局长，2006.05）
阿　布（副局长，2008.03）
周建新（调研员，2004.05）

州统计局

李清培（局长，2009.05）
杨卫宏（副局长，2004.07）
王惠琼（副调研员，2008.08）
和春江（副调研员，2008.08）

州旅游局

孙红军（局长，2010.01）
党志坚（副局长，2008.10）
廖春雷（副局长，2009.09）
祝　捷（副局长（挂职），2009.07）

州广播电视局

李忠义（局长、州委宣传部副部长（兼），2010.08）
潘　英（副局长，2010.08）
罗天诚（副局长（兼）、电视台台长，2010.08）
李和林（州电台台长（副处），2010.08）
何　佩（副调研员，2010.08）

州安全生产监督管理局

余献忠（党组书记，2007.10）

松银秀（局长，2007.07）
马清华（副局长（正处），2010.03）
李寿生（副局长，2006.06）
州外事和商务局
杨树奇（党组书记，2010.08）
寸继先（局长，2010.08）
郭士林（副局长，2010.08）
和金铧（副局长，2010.08）
史定雄（副主任，2010.08）
王莉萍（副局长（挂职），2010.08）
州宗教事务局
肖　武（局长、州委统战部副部长（兼），2010.08）
斯那品楚（副局长，2010.08）
州人民政府扶贫开发办公室
和永忠（主任，2010.08）
肖都吉（副主任，2010.08）
熊元锋（副主任，2010.08）
赵　刚（副主任（挂职），2010.08）
张燕平（调研员，2010.08）
曹正邦（调研员，2010.08）
州粮食局
彭真华（局长，2002.11）
和文志（副局长，2007.10）
浩吉英（副局长，2008.10）
和金贵（调研员，2008.08）
州森林公安局局
松银生（局长，2007.01）
和志华（副局长，2004.04）
松永华（副局长，2008.10）
和新民（副调研员，2001.11）
州白马雪山国家级自然保护区管理局
谢红芳（局长，2005.05）
李汝春（副局长，2004.07）
贾　都（副局长，2006.03）
江村西罗（副调研员，2008.08）
州政府研究室
刘天祥（主任、州政府副秘书长（兼），2008.08）
周国星（副主任，2008.08）
李　涛（副主任，2009.09）
州信访局
冯金祥（局长（正处）、州政府副秘书长（兼），2009.05）
州法制办
李群尧（主任，2004.08）
俞雪浪（副主任，2008.10）
州610办
杨红英（副主任，2004.07）
州佛学院
李继先（院长，2010.07）
扎　史（副院长，2010.03）
阿　巴（副院长，2010.07）
州藏学院
仲巴活佛（常务副院长（正处），2007.04）
州梅里雪山景区管理局
白玛康主（局长，2008.03）
周开郧（副局长，2008.03）
李晓琪（副局长，2009.09）
州普达措景区管理局
杨润明（党组书记，2007.04）
杨丽华（局长，2008.01）
唐　华（副局长，2008.03）
陈芳芬（副局长，2009.09）
开发区
和发宏（管委会主任、党委书记，2006.10）
唐　群（党委副书记、副主任，2006.05）
苗友常（纪委书记，2008.07）
和寿芝（管委会副主任，2010.04）
州生物创新办
和克明（主任（正处）、农牧局副局长（兼），2008.01）
州人民防空办公室
李云杰（主任（副处），2010.08）
州档案局

州接待处
徐光德（处长、州政府副秘书长（兼，正处），2010.03）
州驻昆办
周建华（主任、州政府副秘书长（兼），2008.02）
陈平（副主任，2009.05）
徐建华（调研员，2010.04）

州政府驻京联络处

白永明（主任（正处），2008.10）

州地震局

唐国元（局长，2003.10）

州移民局

马士铭（局长，2010.01）

李　力（副局长，2005.05）

州铁路建设办公室

春　扎（主任（正处）、州发展和改革委员会副主任（兼），2010.08）

州规划局

和万先（局长、州住房和城乡建设局副局长（兼），2010.08）

杨培源（副局长，2010.04）

州食品药品监督管理局

阿　布（局长、州卫生局副局长（兼），2010.08）

林争都吉（副局长，2010.08）

齐永红（副局长，2010.08）

此里尼玛（纪检组长，2010.08）

单　臻（调研员，2010.08）

和政方（副调研员，2010.08）

州民专

赵贵华（党委书记、校长，2006.10）

杨东升（副校长，2001.09）

格茸拉姆（副校长，2007.10）

李学东（调研员，2007.09）

州民中

和继福（副校长（主持工作），2008.08）

段汉明（副校长，2004.04）

赵红振（副校长，2007.04）

州藏中

陶建生（校长（副处），2009.09）

顿　主（副校长（1996.07）

迪庆上海高级中学

赵建华（副校长（主持工作），2007.09）

赵义芳（副校长，2009.09）

香格里拉人民医院

李应坤（院长（副处），2010.03）

州投资公司

习志高（董事长、总经理，2002.11）

杨琼雄（党委副书记，2008.07）

周建文（副总经理，2008.07）

肖国华（纪委书记，2008.08）

州旅游开发投资公司

解怡诚（总经理，2007.09）

唐孝红（副总经理，2009.09）

杨云峰（纪委书记，2010.02）

唐立洲（副总经理，2010.04）

州交通运输集团公司

查洪华（党委书记，2002.05）

张　军（董事长，2004.06）

格玛定主（工会主席，2002.09）

州电网供电有限责任公司

马文武（副总经理（正处，主持工作），2010.01）

松陆叁（副总经理，2006.06）

徐启明（副总经理，2006.06）

李存峰（副总经理，2006.06）

杨作仁（工会主席，2004.06）

州土地储备有限公司

和丽松（副总经理，2010.08）

州政协各委室

李力能（秘书长，2006.08）

彭跃辉（副秘书长、办公室主任，2008.07）

鲁茸尼玛（副秘书长，2008.07）

和贵宾（副秘书长、办公室副主任，2008.07）

李和森（经济委主任，2007.08）

和雪峰（民宗委主任，2008.07）

孙志泽（教科文卫与人口资源委主任，2007.08）

和永智（提案委主任，2008.07）

王德康（文史委副主任，2003.07）

余荣杰（提案委副主任，2008.07）

闵学明（经济委副主任，2008.07）

李太春（教科文卫与人口资源委副主任，2008.07）

李志荣（办公室副主任，2010.08）

鲁华君（民宗委副主任，2010.08）

州法院

彭耀群（副院长，2000.06）

陈学斌（副院长，2008.01）

和建堂（副院长，2007.09）

张家正（纪检组长（正处），2008.02）
和海舰（政治部主任（正处），2009.09）
毛振禹（审判委员会专职委员（正处），2010.04）
胡士光（执行局局长，2010.04）
魏立新（办公室主任，2008.08）
和继红（刑一庭庭长，2008.02）
潘敏声（行政审判庭庭长，2008.02）
文思敏（法警支队支队长，2008.02）
和贵君（审判监督庭庭长，2010.04）
李万新（调研员，2010.04）
马志军（副处级审判员，2008.08）
州检察院
苗有发（副检察长（正处），2010.01）
鲁　茸（副检察长（正处），2000.12）
张泽锋（副检察长（正处），2008.02）
李玉莲（副检察长（副处），2009.12）
登　巴（纪检组长（正处），2008.08）
和　卫（反贪局局长（正处），2008.10）
和劲松（检委会专职委员（正处），2008.10）
海中英（公诉处处长，2008.02）
温继华（人民监督员办公室主任，2008.02）
贾雪梅（监察处处长，2008.08）
和寿忠（监所处处长，2008.10）
和万仙（民事行政检察处处长，2008.10）
江书云（职务犯罪预防处处长，2008.10）
和志友（政治部副主任，2010.03）
饶　兴（办公室主任，2010.03）
李兆和（侦察监督处处长，2010.03）
和士伟（副调研员，2008.08）
香格里拉县委
彭耀文（州委常委、香格里拉县委书记，2006.07）
肖　徐（副书记、县长，2008.03）
格桑纳杰（副书记（正处），2010.07）
李忠莲（副书记，2010.02）
杨　敏（香格里拉县委副书记（副厅，挂职），2010.03）
张玉清（常委、纪委书记，2006.05）
张宏耀（常委、常务副县长、政法委书记，2010.03）
杨继文（常委、副县长，2008.03）
胡志祥（常委、组织部长，2008.03）
杨美琼（常委、宣传部长，2008.03）
康建华（常委、建塘镇党委书记，2008.03）
王成东（常委、武装部长，2009.09）
香格里拉县人大常委会
杨学明（主任，2003.03）
和　泉（副主任，2003.03）
尼玛顿珠（副主任，2003.03）
拉茸卓玛（副主任，2008.03）
宋明飞（副主任，2008.03）
香格里拉县政府
肖　徐（副书记、县长，2008.03）
张宏耀（常委、常务副县长，2010.03）
杨继文（常委、副县长，2008.03）
李树龙（副县长，2006.05）
李继华（副县长、公安局局长、州公安局副局长（副处），2009.12）
傅　冰（副县长，2010.04）
王国华（副县长，2010.04）
马　东（副县长（挂职），2010.08）
香格里拉县政协
汪国忠（主席，2008.03）
李贵阳（副主席，2008.03）
李跃芳（副主席，2008.03）
陈有礼（副主席，2008.03）
克斯活佛（副主席，2008.03）
马建国（正处实职待遇，2008.03）
赵　宏（副处实职待遇，2008.03）
屈天绪（调研员，2003.02）
香格里拉县法院、检察院、公安、松赞林寺管理局
余德春（法院院长，2008.03）
和润天（检察院检察长，2010.03）
李继华（公安局长、副县长、州公安局副局长（副处），2009.12）
杨　勇（公安局政委，2008.03）
李向勇（松赞林寺管理局常务副局长，2009.09）
香县一中、五中
吴　林（香县一中党总支书记（副处），2009.09）
戴建文（香县一中校长（副处），2009.09）

肖　东（香县五中校长（副处），2009.09）

符合23号文件干部

徐国龙（州林业局调研员，2008.03）

邓世权（州残联副调研员，2008.03）

和佳庚（州政协副调研员，2008.03）

潘舜生（州人大副调研员，2008.03）

杨玉诚（州政协副调研员，2008.03）

张正明（州政法委副调研员，2008.03）

鲍学文（州纪委副调研员，2008.03）

和向东（州移民局副调研员，2008.11）

和贵兴（州人大副调研员，2008.11）

杨永昌（州人大副调研员，2008.11）

松建中（州检察院副调研员，2008.11）

松友林（州民政局副调研员，2008.11）

李东阳（州法院副调研员，2009.11）

齐　锋（州残联副调研员，2009.11）

张红军（州劳动和社会保障局副调研员，2009.12）

唐德祥（州人大副调研员，2010.04）

刘洪清（州粮食局副调研员，2010.04）

谢玉华（州法制办副调研员，2010.04）

齐　林（州人大副调研员，2010.04）

德钦县委

和忠华（书记，2009.12）

扎西顿珠（副书记、县人民政府县长，2006.03）

格桑郎杰（副书记（正处），2010.07）

陈　群（副书记，2010.01）

李志武（德钦县委副书记（正处，挂职），2010.03）

熊文权（常委、纪委书记，2006.05）

张伟强（常委、组织部长，2007.07）

余荣华（常委、副县长，2008.03）

和寿华（常委、统战部长，2006.09）

张陆金（常委、政法委书记，2008.03）

陈达刚（常委、武装部政委，2008.03）

胡春兰（常委、宣传部长，2009.11）

张永明（常委、常务副县长，2010.03）

德钦县人大常委会

江　初（主任，2008.03）

鲁茸定主（副主任，2003.03）

刘成粱（副主任，2008.03）

农　布（副主任，2008.03）

李桂兰（副主任，2008.03）

德钦县政府

扎西顿珠（副书记、县人民政府县长，2006.03）

张永明（常委、常务副县长，2010.03）

余荣华（常委、副县长，2008.03）

王秀珍（副县长，2008.03）

张学东（公安局局长（副县长），2008.10）

刘秋生（副县长，2010.04）

唐玉春（调研员，2003.03）

德钦县政协

培　初（主席，2003.03）

旺　东（副主席，2003.03）

扎　巴（副主席，2003.03）

白玛初晓（副主席，2008.03）

彭跃红（副主席，2008.03）

此里尼玛（州政协副调研员（人事关系在德钦县政协），2009.09）

德钦县法院、检察院、公安）

毛振斌（法院院长，2008.03）

彭利红（检察院检察长，2006.03）

张学东（公安局局长（副县长），2008.10）

和德康（公安局政委，2009.11）

德钦县一中

杨卫东（党总支书记（副处），2009.09）

和光华（校长（副处），2009.09）

符合23号文件干部

巨　米（州工商联副调研员，2008.03）

龙　跃（州经济委副调研员，2008.03）

培　布（州人大副调研员，2008.03）

小拖顶（州残联副调研员，2008.03）

此　松（州总工会副调研员，2008.03）

李秋荣（州委老干局副调研员，2009.11）

孙德美（州驻昆办副调研员，2009.12）

龙光明（州人大副调研员，2010.04）

维西县委

农布七林（书记，2007.07）

蔡武成（副书记、县长，2007.03）

张志宏（副书记（正处），2010.07）

余春桥（副书记，2010.01）

葛　伟（维西县委副书记（正处，挂职），

2010.03）
刘秀萍（常委、宣传部长，2003.03）
董品汉（常委、常务副县长，2010.03）
李　良（县委常委、统战部长，2008.03）
和春林（常委、纪委书记，2008.10）
马盛春（常委、组织部长，2010.04）
张中华（常委、武装部政委，2010.07）
维西县人大常委会
彭明华（主任，2008.03）
熊万明（副主任，2000.07）
李秋梅（副主任，2008.03）
赵　瑾（副主任，2003.03）
李嘉祥（副主任，2008.03）
李志远（副处实职待遇，2008.03）
杨正伟（调研员，2003.03）
维西县政府
蔡武成（副书记、县长，2007.03）
董品汉（常委、常务副县长，2010.03）
张耀光（副县长，2008.03）
张丽军（副县长，2008.03）
李顺平（副县长，2008.03）
赵永权（副县长（公安局局长），2007.04）
余金全（副县长，2010.04）
维西县政协
朱孟光（主席，2008.03）
陶友唐（副主席，2003.03）
赵建泽（副主席，2003.03）
余跃海（副主席，2003.03）
古建珍（副主席，2008.03）
维西县法院、检察院、公安
余中生（法院院长，2006.03）
和庆华（检察院检察长，2010.03）
赵永权（公安局局长（副县长），2007.04）
李贵军（政委，2003.11）
维西一中
木云红（校长（副处），2009.09）
符合23号文件干部
李如明（州人大调研员，2009.09）
张周德（州人大副调研员，2008.03）
方仁礼（州人大副调研员，2008.03）
和树增（州残联副调研员，2008.03）
和玉明（州政协副调研员，2008.03）
杨学才（州政协副调研员，2008.03）
余国良（州政协副调研员，2008.03）
陶卫东（州政法委副调研员，2008.07）
康光宇（州人大副调研员，2008.07）
陈　进（州公安局副调研员，2008.07）
彭利民（州科协副调研员，2008.07）
王耀书（州人大副调研员，2008.07）
蜂德新（州水电局副调研员，2008.11）
朱陶清（州卫生局副调研员，2008.11）
张绍义（州检察院副调研员，2008.11）
和正明（州人大副调研员，2008.11）
和玉福（州委政法委副调研员，2009.11）
谢朝育（州检察院副调研员，2009.11）
杨金泉（州政协副调研员，2010.04）

## 香格里拉县

**【历史沿革】**　香格里拉，原名中甸，藏名“结塘”，即唐代樊绰《云南志·名类》所载之“剑赕”。明代，以纳西语称其地为“主地”，意为酋长之地，汉译名为“中甸”；后历代沿用。1950年5月10日，中甸和平解放，归属丽江地区行署；1957年9月，迪庆藏族自治州成立，设州府于中甸县城；至2001年12月17日，经中华人民共和国国务院批准，更名为“香格里拉县”。

**【自然概貌】**　香格里拉县位于云南省西北部、青藏高原东南缘横断山脉腹地，迪庆藏族自治州东部。东与四川省稻城县相连，东南与云南省丽江市玉龙县、迪庆州维西县、德钦县隔金沙江相望，西北与四川省德荣县、乡城县为邻。位于东经99°22′～100°19′，北纬26°52′～28°52′之间。县境两头窄，中间宽，东西最宽距离88千米，南北最长距离218千米。鸟瞰全貌，宛然一襁褓中的婴儿，静卧在万里长江第一湾怀抱之中。全县国土总面积11 613平方千米，其中山地占全境面积的93.5%，是云南省129个县、市、区国土面积最大和山地面积最大的县。

香格里拉境内，雪山耸立，河谷深邃。沙鲁里山脉从四川甘孜州延入县境北端，分东西两支沿县境东西两侧逶迤连绵，汇合于县境两端，有海拔3 000米以上雪山507座纵列其间；金沙江从西部尼西乡幸福村土照壁入境，南流至金江镇兴文村撒苏碧与玉龙县石鼓镇之间，突然以125°大拐弯，掉头东向，至洛吉乡洛吉村吉函再转向东南出境，绕境流程375千米，形成“雪山为城、江河为池”的雄伟气势。

地势西北高，东南低。最高点位于尼西乡境内的巴拉更宗雪山，海拔5 545米；最低点位于洛吉乡境内的吉函金沙江边，海拔1 503米；海拔高差4 042米，平均海拔3 459米。

地处高海拔、低纬度地带，气候随海拔升高而变化。依次有河谷北亚热带、山地暖温带、山地温带、山地寒温带、高山亚寒带、高山寒带等6个气候带。气候幅宽，气候带窄，垂直立体气候特征明显。2010年平均气温7.3℃、年最高气温24.5℃（出现日期为2010年7月31日）、年最低气温－15.2℃（出现日期为2010年1月3日）；年日照时数1 893.6小时，年降水量705.5毫米，日最大降水量42.8毫米；全年无霜期199天、初霜日2009年度10月13日、终霜日本年度4月29日；年汛期2010年5月25日开始至9月25日结束。主要气象灾害：冬春持续干旱，旱灾达到百年一遇，夏季降水偏多，气温偏高，秋季连阴雨天气，2010年属于特殊气候。由于受气候和地形影响，香格里拉境内植被、土壤、植物、农作物、畜禽品种乃至世居民族均呈垂直立体分布。

**【资源优势】**　香格里拉县境内有大小河流244条，主要一级支流13条，总长545千米，多年平均产水量48.69亿立方米，水能资源理论蕴藏量达209.84万千瓦（不含金沙江）。香格里拉县林业用地面积达950 911.7公顷，占全县国土总面积的83.3%，其中有林地面积757 105.2公顷，占林业用地面积的79.61%，林木蓄积量达12 522.104万立方米。香格里拉县森林覆盖率达74.99%。香格里拉为云南亚热带常绿阔叶林植被区向青藏高原高寒植被区过渡地带，南北走向的横断山脉和金沙江河谷，为北温带生物区系成分与东南亚热带生物区系成分的交流汇聚创造了独有的条件，让南北相距仅2个纬度的香格里拉高原几乎包罗了从中国南部亚热带地区到北半球极地约70个纬度水平带的植被类型，生物资源极为丰富，使这里成为“动植物王国”和“天然高山生物园”。这里有菌类、藻类、苔藓类、蕨类、种子植物类植物289科3 870种；有哺乳类动物26科97种、两栖类5种，爬行类18种；有鸟类40科170种；有鱼类75种。这里有以云、冷杉为主的225种乔木；有以冬虫夏草、贝母、熊胆、麝香为首的830种药材；有以杜鹃花为冠的1 241种观赏植物可供开发利用；以栎松茸、羊肚菌为首的菌类享誉日本及海内外。云南八大名花山茶、杜鹃、龙胆、报春、玉兰、百合、兰花、绿绒蒿，香格里拉不仅样样有，而且是除玉兰、山茶外的六大高山花卉分布中心和分化中心，素以“世界花园之母”而驰名中外。同时，香格里拉还有“天然动物园”之誉，动物以雪豹、小熊猫、黑颈鹤、白鹇、锦鸡最为驰名。

香格里拉地质构造复杂，地处三江褶皱系与扬子准地台交接地带，居于“三江并流”有色金属成矿带腹心区，岩石破碎，岩浆及热液活动频繁，成矿条件良好，已知有金、银、铁、钨、铍、钼、锌、锰、滑石、石棉、水晶、白云石、大理石、褐煤、泥炭等金属、非金属矿种25个，120个矿床、矿点。已探明大型矿床1个，中型矿床5个，小型矿床15个。

香格里拉地处举世闻名的“三江并流”风景区腹地，雪山雄奇，草原广袤，河谷深邃。这里有地质史上最奇特的长江第一湾，江上普陀鸡公石；“一线中分天作堑，两山夹斗石为门”的世界著名峡谷虎跳峡与西北部翁水河流域的香格里拉峡谷群是境内“V”型谷的典型代表；在雪山深处，草原腹地及茫茫林海之中，有高原明珠碧塔海、属都湖、黑颈鹤的乐园纳帕海，神女千湖三碧海等近300个清幽、宁静、神秘的高山湖泊点缀其间；中国最大的冷泉华奇观白水台以及夏给温泉、天生桥彩泉构成一幅幅名泉流溪图；5～9月，雪山草原，莽莽林海，200多种山花竞相开放，到处都是花的海洋，绿的世界，山美水美，胜景叠出。

香格里拉境内从旧石器时代以来就有人类活动，新石器时期即有人类定居；由于它地处甘、青、川、藏、滇民族走廊的交汇部，各种民族在这里南来北往，东进西出，使这里的民族结构十分复杂；25个民族中，至今已在这里居住了百年以上，千人以上的世居民族有藏族、纳西族、彝族、傈僳族、白族、回族、苗族、普米族。在这里世居的九种民族，能操七种语言、会写五种文字；各民族都保持了既相对独立又和谐发展的传统习俗。有琳琅满目的民族服饰、民族歌舞、各具特色的民居；有多种民族特色饮食、民俗风情、婚俗礼仪、传统节日。

**【行政区划】** 香格里拉县隶云南省迪庆藏族自治州，辖4镇7乡（建塘镇、小中甸镇、东旺乡、格咱乡、尼西乡、五境乡、上江乡、金江镇、虎跳峡镇、三坝乡、洛吉乡），63个村民（社区）委员会，688个村民小组，818个自然村。县城驻地——建塘镇，海拔3 300米，为迪庆州府和香格里拉县政府所在地，距省会昆明706千米。

**【人口民族】** 2010年末户籍人口143 668人，乡村人口117 262人。人口死亡率4.88‰，人口出生率10.57‰，人口自然增长率5.69‰。全县居住有藏族、汉族、纳西族、傈僳族、彝族、白族、回族、苗族、普米族等9个世居民族，共有25种民族，有7种语言、5种文字。

**【综合经济】** 2010年，国民经济持续快速发展，综合经济实力明显增强。据核算，香格里拉县实现县域生产总值489 337万元，按可比价计算，比2009年增长18.5%。其中：第一产业实现增加值30 955万元，增长2.5%，对GDP增量的贡献率为1.0%，对县域经济增长的拉动力为0.2个百分点；第二产业实现增加值194 128万元，增长17.6%，对GDP增量的贡献率为38.5%，对县域经济增长的拉动力为7.4个百分点，其中：工业实现增加值108 279万元，增长16.1%，对GDP增量的贡献率为20.2%，对县域经济增长的拉动力为3.9个百分点；建筑业实现增加值85 849万元，增长19.7%，对GDP增量的贡献率为18.3%，对县域经济增长的拉动力为3.5个百分点；第三产业实现增加值264 254万元，增长21.5%，对GDP增量的贡献率为60.5%，对县域经济增长的拉动力为10.9个百分点，第三产业对全县经济的快速增长起着支撑作用。

香格里拉县实现县级生产总值288 847万元，按可比价计算，比2009年增长18.6%。其中：第一产业实现增加值30 955万元，增长2.5%，对GDP增量的贡献率为1.7%，对全县经济增长的拉动力为0.3个百分点；第二产业实现增加值106 087万元，增长20.9%，对GDP增量的贡献率为40.6%，对全县经济增长的拉动力为7.6个百分点，其中：工业实现增加值36 605万元，增长9.7%，对GDP增量的贡献率为7.4%，对全县经济增长的拉动力为1.4个百分点；建筑业实现增加值69 482万元，增长28.3%，对GDP增量的贡献率为33.2%，对全县经济增长的拉动力为6.2个百分点；第三产业实现增加值151 805万元，增长20.9%，对GDP增量的贡献率为57.7%，对全县经济增长的拉动力为10.7个百分点，同样，第三产业对全县经济的快速增长起着支撑作用。

产业结构调整取得新进展，布局更趋合理，县域的一、二、三产业增加值占全县生产总值的比重由2009年的7.1：41.5：51.4调整为6.3：39.7：54.0；县级一、二、三产业增加值占全县生总产值的比重由2009年的12.7：35.9：51.4调整为10.7：36.7：52.6。

乡镇企业逐步回升，全年乡镇企业总收入88 892万元，比2009年增长44.4%；乡镇企业总产值101 339万元，比2009年增长50.5%。

**【农林牧业】** 2010年县委、县政府切实加强农业和农村工作的领导，深化农村改革，落实党在农村的各项政策措施，加强农业和农村经济发展，一年来，农、林、牧、渔业全面平稳发展。现价农林牧渔业总产值46 088万元，比2009年增长4.0%。其中：农业总产值19 683万元，增长3.9%；林业产值4 119万元，增长2.7%；牧业产值14 846万元，增长5.6%；渔业产值71万元，增长4.4%；农林牧渔服务业产值7 369万元，增长2.0%。

全年农作物总播种面积19 876公顷，比2009年增长2.2%。其中：粮食作物播种面积17 355公顷，增长2.3%，油料播种面积1 363公顷，增长10.8%，主要农产品获得丰收。主要农产品产量为：粮食总产量64 233吨，增长1.5%。其中：稻谷6 566吨，增长7.7%；小麦13 751吨，下降1.3%；玉米25 520吨，下降1.5%；青稞6 293吨，下降2.4%；豆类3 292吨，增长8.4%；薯类6 544吨，增长19.8%。油料2 881吨，增长1.1%；烟叶320百公斤，下降11.1%；药材9 690百公斤，增长3.4%；蔬菜类88 411百公斤，下降16.9%蚕茧137吨，增长18.1%。

2010年，进一步加强天然林资源保护工程建设和退耕还林工程建设，加强城市绿化建设，林业生产取得好成绩。全年荒山荒（沙）地造林面积9 000公顷；零星植树34.6万株；苗木产量367.7万株；年末实有封山育林面积55 207公顷。主要林产品产量为：水果29 354百公斤，增长0.9%；核桃20 425百公斤，增长3.3%；板栗659百公斤，增长14.6%；花椒2 192百公斤，增长14.2%；棕片840百公斤；木材21 028立方米，其中：原木21 028立方米；竹材657万根。

畜牧业生产稳定发展，主要畜产品产量及牲畜存栏数为：肉类总产量12 816吨，增长5.7%。其中：大牲畜603吨；牛肉2 407吨；猪肉8 874吨，增长7.7%；羊肉440吨，增长2.6%；禽肉479吨。禽蛋428吨；奶类7 989吨，增长1.2%。大牲畜存栏18 266头，下降0.4%；牛存栏120 161头，下降0.1%。大牲畜出栏4 002头，下降5.2%；牛出栏16 040头，增长0.7%；猪年末存栏239 677头增长6.3%，猪年内出栏130 512头，增长1.6%；羊年末存栏74 563只，增长4.8%，羊年内出栏21 958只，增长3.2%。

**【工业】** 2010年，县域工业总产值（现价）完成233 544万元，比2009年增长33.4%，其中：规模以上工业总产值完成188 651万元，增长31.8%；在县域工业总产值中，轻工业产值完成85 535万元，增长19.6%；重工业产值完成148 009万元，增长42.9%。

全年县级工业总产值（现价）完成81 344万元，增长13.6%，其中：规模以上工业总产值完成44 996万元，增长54.6%。县级轻工业产值完成30 878万元，下降19.0%；重工业产值完成50 466万元，增长50.8%。

工业主要产品产量：白酒（县域）16 612千升，增长53.3%，其中：县级3 007千升，增长198.3%；水泥（县级）127 700吨，增长67.8%；发电量153 426万度，增长28.1%，其中：县级54 074万度，增长159.1%；自来水（县域）455万吨，增长1.1%，其中：县级455万吨，增长36.2%；铁合金（县域）48 614吨；铜精矿含铜量（县级）9 664吨，增长55.6%；铅精矿含铅量（县级）804吨，增长237.8%；锌精矿含锌量（县级）4 037吨，增长858.9%；钨精矿（县级）707吨，增长75.9%。

**【固定资产投资】** 2010年，香格里拉县域固定资产投资总额完成790 595万元，比2009年增加195 947万元，增长33.0%，其中：城镇固定资产投资完成730 230万元，比2009年增加189 091万元，增长34.9%；房地产投资完成26 044万元，比2009年增加4 844万元，增长22.8%；农村私人投资完成34 321万元，比2009年增加5 303万元，增长18.3%。

全年县级固定资产投资完成534 477万元，比2009年增加129 877万元，增长32.1%。

**【交通】** 2010年，全县上统计里程的公路有2 476.366千米。全县公路按行政等级分：国道1条，191千米；省道1条，77.287千米；县道13条，653.816千米；乡道121条，859.041千米；村道172条，672.896千米；专用公路3条；人马驿道1 171.644千米。按技术等级分，二级公路167.408千米；四级公路1 820.047千米；等外公路1 679.526千米。按路面类型分，高级路面821.529千米；低级路面2 846.252千米。全县11个乡镇，64个行政村都已经通了公路，已有10个乡镇，27个村委会的路面得到硬化。全县拥有通村民小组公路672.896千米，其中有490个村民小组通了公路，通路率达70%。拥有大中小桥104座。全县拥有营运车辆6 139辆，其中货运车辆4 780辆；班线客车28辆、短途客车微型车294辆；旅游车725辆；出租车260辆；公共车52辆。全年公路运输客运量482 853人次，旅客周转量10 622 660人千米。

**【邮电】** 年底固定电话用户35 748万户（包括固定移动电话1 246户和小灵通1 409户）；互联网宽带接入用户14 075户，增长7 447户，增长112.35%。全年邮政业务总量1094.48万元，增长24.37%。其中，函件业务量155.93万元，包裹业务量52.99万元。邮政储蓄期末余额19 446.7万元，增长23.76%。

**【国内贸易】** 全年县域社会消费品零售总额完成151 269万元，比2009年增长25.0%，按经济成份分，公有经济实现53 971万元，增长30.3%；非公有经济实现97 298万元，增长22.2%。按行业分，住宿业零售总额完成4 518万元，增长45.0%；餐饮业零售总额10 387万元，增长21.5%；批发业零售总额50 944万元，增长37.8%；零售业零售总额85 420万元，增长 18.0%。

全年县级社会消费品零售总额完成 89 634 万元，比 2009 年增加 21 426 万元，增长 31.4%，按经济成份分，公有经济实现 23 600 万元，增长 13.9%；非公有经济实现 66 034 万元，增长 39.1%。住宿餐饮业收入为 13 529 万元，比 2009 年增加 3 209 万元。增长 31.1%。

**【科技、教育、文化】** 2010 年，科技事业进一步发展。全县共有农技协会 34 个，有会员 10 190 人，比 2009 年增加 3 个协会，会员增加 160 人。全县共举办培训 93 期，参训人员达 7 633 人，发放使用教材、科技书籍 1 700 份，赠送农村实用技术光盘 300 张，播放实用技术录像 265 场次，观看人数达 7 950 人次。着力抓好农函大培训工作，多渠道、多形式的开展科技培训，2010 年，香格里拉县科协农函大在 3 个乡镇招收了虎跳峡“科学养鸡”100 人、“科学养猪”80 人、“核桃的栽培技术”30 人、五境“中草药”“仿生羊肚菌栽培技术”120 人、金江镇“葡萄栽培”70 人、上江“中草药”“仿生羊肚菌栽培技术”100 人，6 个专业，7 个教学班，学员 500 人。

教育事业坚持实施“科教兴香”的发展战略，加强成人教育，提高教育质量，教育事业有了新的进展。全县拥有幼儿园 5 所，班级个数为 34 个，其中：学前班 7 个，在园幼儿数 1271 人，教职工数 97 人，其中：专任教师 63 人。小学 60 所，其中：完小 42 所。教学点数 33 个，班级数为 459 个，在校学生数 12 664 人，教职工数 1 120 人，其中专任教师 1 036 人。普通中学校数 7 所，初高中在校学生数 6 730 人，其中初中在校生 5 975 人，高中在校生 755 人；中学教职工 599 人，其中专任教师 421 人。小学学龄儿童入学率 99.2%，比 2009 年上升 0.1 个百分点；小学辍学率 0.41%，下降 0.29 个百分点；小学毛入学率 108.85%；小学巩固率 99.71%，上升 0.21 个百分点；小学升学率 84.46%。初中毛入学率 102.10%，上升 1.01 个百分点；初中入学率 78.64%；初中升学率 47.69%；普通初中巩固率 97.97%，普通初中辍学率 2.30%，普通高中辍学率 2.01%。

加强文化行业管理，积极开展群众文化活动，文化事业有了新的进展。群众艺术馆、文化馆从业人员 8 人，组织文艺活动 3 次，文化站从业人员 12 人，举办展览 7 个，组织文艺活动次数 59 次，举办训练班班次 6 次，培训人次 182 人次，藏书 58 771 册。

**【卫生、体育】** 卫生事业进一步发展。2010 年末，全县拥有 14 个卫生机构数，从业人员有 353 人，其中卫生技术人员数 286 人，执业医师 104 人，执业助师 36 人，检验师 6 人，药师 6 人，注册护士 46 人；门诊总诊疗 316 847 人次；病床使用率为 65.37%，住院人数 4 130 人次，实有床位 139 张；村卫生室个数 51 个，人员 62 人。

体育事业取得新的业绩，学校体育、竞技体育、群众健身活动继续发展。体育系统从业人员有 3 人，亚洲比赛中，获得金牌 1 枚，铜牌 1 枚；全国比赛中，获得银牌 2 枚，省级运动比赛中，获得，金牌 3 枚、银牌 4 枚，铜牌 3 枚。

**【财政、金融】** 2010 年，财政收入平稳增长。县域财政总收入 72 969 万元，比 2009 年增加 19 723 万元，增长 37.0%；地方财政收入完成 42 442 万元，比 2009 年增加 9 154 万元，增长 27.5%；地方财政支出完成 248 567 万元，比 2009 年增加 74 974 万元，增长 43.2%。

县级财政总收入 35 867 万元，比 2009 年增加 7 366 万元，增长 25.8%；地方财政收入完成 20 988 万元，增长 26.4%；地方财政支出完成 112 471 万元，比 2009 年增长 47.9%。

2010 年，金融业存贷款业务实现平稳较快发展，进一步加大了对经济的支持力度。年末，金融机构各项存款余额 439 998 万元，比 2009 年增长 45.6%，其中：储蓄存款余额 156 815 万元，增长 24.8%；金融机构贷款余额 455 160 万元，增长 16.6%。全年现金投放稳步增加，累计现金收入 619 085 万元，比 2009 年增长 37.8%，累计现金支出 648 242 万元，比 2009 年增长 26.4%，收支相抵后，累计投放现金 29 157 万元。

**【旅游、招商引资】** 2010 年，全县旅游业实现了稳中有升的良好局面。来香格里拉旅游总人数达 452.25 万人次，比 2009 年增长 14.6%，其中：国内旅游总人数 397.57 万人次，增长 15.1%。全年旅游总收入达 461 802 万元，增长 12.7%，其中：国内旅游总收入 255 933 万元，增长 8.8%。旅游门票收入 18 676 万元。

2010 年，招商引资工作进展顺利，全年招商引资实际到位资金 31.1 亿元，比 2009 年增长 14.2%。其中：引进州外资金 30.39 亿元，增长 11.8%。

**【人口与人民生活】** 2010 年末户籍人口 143 668 人，乡村人口 117 262 人。人口死亡率 4.88‰，人口出生率 10.57‰，人口自然增长率 5.69‰。

2010 年，在岗职工有 19 037 人，比 2009 年增加 10.2%，其中县级全部单位在岗职工 9 755 人，增长 3.0%。工资总额 71 175 万元，比 2009 年增长 24.1%，县级全部单位在岗职工工资总额：37 437 万元，增长 19.7%。县域全部单位在岗职工年平均工资 39 443 元，增长 13.8%，其中县级全部单位在岗职工年平均工资 40 577 元，增长 16.6%。城镇居民人均可支配收入 17 393 元，增长 8.4%。农民人均纯收入 3 398 元，增长 12.3%。

2010 年，解决温饱人口 0.366 万人，项目扶持人口 3.54 万人，解决饮水困难人数 0.376 万人。

**【香格里拉县领导名录】** （2010 年 12 月 31 日止）

县　委

彭耀文　州委常委、县委书记
肖　徐　县委副书记、县长
格桑纳杰　县委副书记、统战部长
李忠莲　县委副书记、政法委书记
杨　敏　县委副书记（挂职）
张玉清　县委常委、纪委书记
张宏耀　县委常委、常务副县长、
杨继文　县委常委、副县长
胡志祥　县委常委、组织部长
杨美琼　县委常委、宣传部长
康建华　县委常委、建塘镇党委书记
王成东　县委常委、人武部政委

人　大

杨学明　主任
和　泉　副主任
尼玛顿珠　副主任
拉茸卓玛　副主任
宋明飞　副主任

政　府

肖　徐　县长
张宏耀　常务副县长
杨继文　副县长
李树龙　副县长
李继华　副县长、县公安局长
傅　冰　副县长
王国华　副县长
马　东　副县长（挂职）

政　协

汪国忠　主席
李贵阳　副主席
李跃芳　副主席
陈有礼　副主席
克斯·洛桑确吉江参　副主席

县委办

李庆高　主任
阿卫兵　副主任
王利华　县委机要局局长（正科）
高志华　副主任
和绍琼　县委保密局局长
李云凤　县关工委专职副主任
李玉莲　县委督查室专职副主任

纪　委

张玉清　纪委书记
赵艳芝　副书记
和雪艳　副书记
海丽红　监察局副局长
和馥庆　监察局副局长
孙甸鸣　办公室主任
唐茂勤　综合室主任
齐中生　宣教室主任
李云凯　案审室主任
李金华　案检室主任
张德红　干部室主任
知　诗　信访室主任
杨鸿仙　第一纪工委书记
扎史培楚　第二纪工委书记
李秀东　第三纪工委书记
丁文武　第四纪工委书记
任健华　第五纪工委书记
赵雪峰　第六纪工委书记
和海妹　第一纪工委副书记兼第一监察分局局长
李云腾　第二纪工委副书记兼第二监察分

局局长
和　东　第三纪工委副书记兼第三监察分局局长
彭松海　第四纪工委副书记兼第四监察分局局长
蔡秀英　第五纪工委副书记兼第五监察分局局长
赵　春　第六纪工委副书记兼第六监察分局局长
松菊花　第一纪工委委员
和建红　第一纪工委委员
丁文春　第二纪工委委员
枣　勇　第二纪工委委员
鲁永康　第三纪工委委员
夏志强　第三纪工委委员
寸丽先　第四纪工委委员
和润菊　第四纪工委委员
杨学慧　第五纪工委委员
王海清　第五纪工委委员
王建新　第六纪工委委员
和国芳　第六纪工委委员

党　校
杨永明　常务副校长
阿玉华　副校长
松永珍　副校长

组织部
胡志祥　部长
李继荣　常务副部长
陈建明　副部长
和云龙　直属机关工委副书记

老干局
和建华　局长
冯七生　副局长

统战部
格桑纳杰　部长
松小明　常务副部长
李汝芳　副部长、工商联党组书记
孙庆林　副部长、宗教局长

宣传部
杨美琼　部长
和国宏　常务副部长
潘玉凤　副部长（正科）
张宏灿　副部长（广电局局长）
田月仙　县文明办专职副主任
黄向荣　外宣室主任

政法委
李忠莲　书记
张惠英　副书记、610办主任
赵国军　综治办主任

史志办
和丽忠　主任
李俊成　副主任

政研室
和崇森　主任
李　军　副主任（正科）
寸绍伟　副主任
张慧云　副主任

总工会
尼玛顿珠　主席
宋红梅　常务副主席

团　委
格桑扎西　书记
高盼星　副书记

妇　联
张秀新　主席
夏志云　副主席
杨晓玉　副主席

工商联
李汝芳　党组书记
陈有礼　会长
李永康　常务副会长
牛钰霖　秘书长兼民间商会秘书长

残　联
吕晓泉　副理事长

县人大各委室
冯　毅　办公室主任
和　铭　选联委主任
杨　坚　民工委主任
木崇伟　财经委主任
梁　洁　法工委主任
杨国柱　教科文卫委主任
杨绍清　人大工会主席
胡建全　办公室副主任

县政协各委室

朱晓军　办公室主任
齐向东　教科文卫委主任
周　合　经济提案委主任
王立学　民宗委主任
王成礼　文史委主任
王贵仙　办公室副主任

政府办
叶永生　主任
孙建国　副主任、信访局局长
刘东洋　副主任
赵丛仙　县人防办专职副主任
齐春涛　接待办主任
和建英　接待办副主任
杨成英　法制办主任
王琼仙　法制办副主任
廖春花　县政务服务中心主任
张权能　县政务服务中心副主任
朱文华　县政务服务中心副主任
王　政　信息中心主任

人事局
屈天荣　局长
朱晓艳　副局长
杨　涛　副局长
杨尚英　编委办专职副主任

劳动和社会保障局
周世全　局长
李永珍　副局长
康仲生　副局长

发改委
郭冬生　主任
包成全　副主任、项目办主任
唐仕鹏　副主任

财政局
杨晓红　局长
周达松　副局长兼非税局局长
丁国兵　农开办专职副主任

国家税务局
王文军　局长
何晓生　副局长
李永红　副局长
肖　芬　副局长
邓新华　纪检组长

地方税务局
彭跃星　局长
肖富强　副局长
赵文辉　副局长

审计局
王志诚　局长
和翠芬　副局长
杨仕洪　副局长

驻昆办
黄建生　主任

统计局
阿　旺　局长
钱继红　副局长（正科）

经济委
和耀忠　主任
和建升　副主任

安全监督管理局
和　平　局长
敖绍新　副局长
李应清　副局长

佛　协
昂翁克珠　常务副会长
杜云彩　秘书长（副科）

民宗委
江震宇　主任
闵　丽　副主任

宗教局
孙庆林　局长
齐春勇　副局长
张　立　云登寺管理科科长(副科)
马正红　归斯寺管理科科长(副科)

民政局
倪晓东　局长
培　布　副局长（正科）
丁正宏　副局长

农牧局
杨立中　局长
陈永生　副局长

生物创新办
和玉国　主任

畜牧兽医局
杨玉春　局长

刘学琴　　副局长
和再昌　　副局长
水电局
楚玉龙　　局长
韦　健　　副局长
培　楚　　副局长
和义昌　　副局长
粮食局
王建忠　　局长
和顺莲　　副局长
移民局
和绍东　　局长
王太祥　　副局长
陈贵生　　副局长
计生委
和红美　　主任
陈志伟　　副主任
李宗琴　　副主任
王朝新　　计生协会专职副会长
质量技术监督局
和世明　　局长
杨迎华　　副局长
刘　琼　　纪检组长
文体局
杨丽山　　局长
牛盈春　　副局长
教育局
姚立新　　书记
达尔文　　局长
殷学典　　政府教育督导员
周庆芳　　副局长
和群星　　副局长
赵红坤　　副局长
卫生局
康文胜　　书记
余文中　　局长
丁文艳　　副局长
药监局
玉　宝　　局长
李庆明　　副局长
杨秀梅　　纪检组长
建设局
李智中　　书记
赵春华　　局长
杨宏生　　副局长
张长泰　　副局长
李秋云　　副局长
规划局
杨宏生　　局长
李志尧　　副局长（兼三江办主任）
李正山　　副局长
曾好阳　　局长助理（挂职）
林业局
孙永华　　书记兼森林公安局第一政委
松建华　　局长
伍文忠　　副局长
和玉龙　　副局长
李靖琼　　副局长
森林公安局
翁积松　　政委
孙永红　　局长
江振华　　副局长
殷绍生　　副局长
赵文聪　　副局长
国土资源局
杨黎光　　党组书记
马卫东　　局长
李正海　　副局长（正科）
孙习武　　副局长
杨世聪　　副局长
科技局
郜益飞　　局长
赵迪生　　科协主席
扶贫办
吴学光　　主任
和增源　　副主任
张春山　　副主任
林建国　　副主任（挂职）
松赞林寺管理局
李向勇　　管理局常务副局长(副处)
杨建军　　副局长（正科）
达　娃　　副局长
马　涛　　办公室主任
工商局

和卫平　　局长
姚江涛　　副局长
李惠永　　副局长
屈天凤　　纪检组长
档案局
马迎春　　局长
广电局
张宏灿　　局长
朱耀武　　副局长
外事招商局
和志坚　　局长
松　萍　　副局长
旅游局
刘志光　　局长
农布旺堆　副局长（正科）
王江琼　　副局长
和耀平　　副局长
环保局
王建荣　　局长
江永林　　副局长
杨卫军　　副局长
交通局
金永祥　　局长
鲁建文　　副局长（正科）
木春林　　副局长
国投公司
杨玉林　　总经理、财政局副局长
杨　晓　　副总经理
供销社
郑曙光　　主任
唐建忠　　副主任
孙红升　　副主任
司法局
李文武　　局长
龙新明　　副局长
李云周　　政工科长
法　院
余德春　　院长
和志诚　　副院长
树润坤　　副院长
庄小平　　副院长
张红才　　执行局副局长
检察院
和润天　　党组书记检察长
吾金泽仁　副检察长
李翠芳　　副检察长
张国华　　副检察长
罗永生　　纪检组长
周　荣　　反贪局局长
公安局
李继华　　党委书记、局长
杨　勇　　政委
易新荣　　纪委书记
余高原　　副政委
张国忠　　副局长
王陆文　　副局长
翰建新　　副局长
郜仲民　　副局长（挂职）
独克宗管委会
张卫华　　副主任（主持工作）
潘金生　　副主任（正科）
松建华　　副主任
杨迎秋　　办公室主任
余建军　　综合管理科科长（副科）
田石仙　　社会事业科科长（副科）

**【乡镇简介】**　建塘镇　建塘镇地处州、县政府所在地，是全县乃至全州政治、经济、社会、文化交流和信息的中心；地形为高山盆地，四周群山环绕，中间地势平坦，总面积为 1 614.6 平方千米，海拔 3 300 米。全镇辖尼史、诺西、红坡、解放、吉迪五个村民委员会和建塘、北郊、金龙、仓房、北门五个社区居委会，有 86 个村民小组和 26 个居民小组。全镇共有 18 375 户，70 588 人，其中农业户数 3 644 户，农业人口 17 616 人。

2010 年，全镇实现生产总值 8.69 亿元，农村经济总收入达到 7 924.27 万元，乡镇企业总产值 8.1 亿元，完成固定资产投资 65 756 万元，实现财政收入 2 060 万元，比 2009 年增加 476.31 万元；农民人均纯收入达 3846.1 元，比 2009 年增长 14%。全镇小学入学率达 99.8%；初中毛入学率达 101.3%。全镇新生儿出生 259 人，住院分娩率达 93%，计划生育率达 90.73%；完成农村剩余劳动力转移 650 人，劳务输出 3074 人，实现收入 553.32 万元；全镇参加合作医疗人数达 17 397 人，占常住农业人口的98.8%以上。共调处各类矛盾纠纷215起，调处率100%，调处成功率达99%以上。全镇基础设施建设投入资金5 584.06万元，招商引资8 400万元，全镇粮食总产量328.44万千克，牛存栏28750头，生猪存栏17 850头，羊存栏5 600头，鸡存栏11 000只。全镇86个村民小组完成了82个村民小组的林改工作，占组级确权率的95.1%；应确权的集体林地面积为1 232 314.2亩，已确权1 189 206.5亩，未确权面积43 107.7亩，面积确权率为96.5%；应确权宗地数为628宗，已确权597宗，宗地确权率为95.1%；签订公益林管护责任合同3 626份；集体林均山到户率为100%；涉及林权纠纷41起，行政调处1起，协议调处38起，纠纷调处率为95.12%；群众满意率为95%；按照每6宗地发放一本林权证计算，全镇共计需发放林权证104本左右，已完成100本，占总发证率的96.2%。

领导干部名录

党委书记：康建华

人大主席：史光明

镇　长：松云龙

副书记：孙　诺（正科）、刘志兴

纪委书记：杨杰

副镇长：梁元秀、杨继祖、徐波（挂职）

武装部部长：和堂

**小中甸镇**　小中甸镇位于香格里拉县南部，处于东经99°36′~99°58′，北纬27°20′—27°43″之间，北与建塘镇毗邻、南连金江镇、东与三坝乡、虎跳峡镇接壤、西界上江乡、五境乡，面积1 054平方千米。地处高寒坝区，地形北稍高南稍低，周围群山环列，硕多岗河从北向南流经全境，国道214线贯穿全境，驻地海拔3 207米，最高海拔4 985米，平均海拔2 830米。小中甸镇辖联合、和平、团结3个村民委员会，共50个村民小组，83个自然村。总人口10 250人，农户1 948户，有农业人口9 698人。民族有藏、纳、白、回、彝、傈僳等8个民族，藏族占总人口的96.3%。

2010年，全镇经济总收入达到4 099.04万元，其中农业收入579.25万元、畜牧业收入1 627.46万元、林业收入288.06万元、交通运输业收入1 537.28万元、商饮业收入14.70万元、服务业收入6.14万元、其它收入45.97万元，人均纯收入3 920元，比2009年增长420元。完成财政收入326万元，完成总投资15 126.69万元，其中：国家、省级资金14 236.8万元，州、县资金393.5万元，群众自筹295.09万元。全镇粮食总产3 621吨。全镇林业用地面积68 250公顷，其中国有林面积33 555公顷，集体林面积34 635公顷。全镇共解决240贫困人口的温饱问题，其中解决绝对贫困人口100人，低收入人口140人。2010年全镇农村低保人员2 276人，每人每年补助720元，共计1 865 680元；城镇低保人员补助2 178 704元；发放现役军人优待金共计24 240元。2010年劳务输出1 300人，劳务输出收入达到265万元。

2010年9月，全镇实现了“一镇一校”的集中办学目标，小学入学率达到99.9%。初中入学率达到99.3%。镇卫生院共设有4个医疗点；全镇农村合作医疗参合人共9 386人，民政代缴2170人，参合率99.14%；

领导干部名录

党委书记：孙红梅

人大主席：林朝红

镇长：尹志高

副书记：汪扎、史小松

副镇长：汪国强、农振华

镇武装部长：马鑫

**东旺乡**　东旺乡地处香格里拉县北部，介于东经99°23′~99°53′，北纬28°22′~28°52′之间，是滇川交界的雪山峡谷之中，其北部与四川省乡城县洞松乡、白依乡接壤，西部与四川省得荣县八日乡、奔都乡、古学乡、子庚乡相邻，东面和南部与香格里拉县格咱乡、尼西乡毗邻。乡驻地中心村白土，海拔2 540米，距县城有185千米。年最高温度29.9℃，最低温度-11℃，年平均气温10.4℃，年降雨量400毫米，无霜期194天，降雨多集中在6、7、8三个月。全乡辖上游、跃进、中心、胜利、新联5个村民委员会，54个村民小组，58个自然村。总人口6 419人，农村户数有1031户，农业人口有6 288人，非农人口131人，全乡国土面积为1 338平方千米，耕地面积为9 089亩。

2010年，全乡国民生产总值达2 422万元，其中农业产值740万元，牧业收入达1 442.71万元，其他副业产值68.79万元；财政收入为1093万元，税收收入为119万元；粮食总产量为231.389万千克，人均有粮364千克；主要大小牲畜年末存栏25 579头，当年出栏5 970头，畜牧业主要饲养牦牛、犏牛、黄牛、马、骡、驴、山羊、藏猪等。推广杂交玉米4 920亩，马铃薯良种870亩，小麦良种2 505亩，玉米地膜覆盖栽培技术2 805亩，播前种子处理面积达86%以上。地膜8吨，农药1吨。实现村村通公路，公路通车里程达到143千米，直接通公路的村民小组已达52个，占总数的96.3%，公路网已初具规模。程控电话通到乡政府所在地，移动通信建有3个基站，覆盖率达90%以上。全乡共有30所小学，普级九年义务教育率达98.8%；全乡有卫生院1所，村卫生室5所，医务人员18人，其中卫生技术人员12人，护士5人，设有病床12张。合作医疗参保人员为5 985人，参合率为95.4%，孕产妇住院分娩42人，亨受中央财政项日补助金42人，金额为16 800元。全乡建有35KV输变电工程，境内农网改造已成规模，已有52个村民小组通电，通电率达96.3%。

领导干部名录

党委书记：肖江楚

人大主席：苏志新

乡长：康向东

副书记：江小军、小达瓦

纪委书记：孙建军

副乡长：鲁茸达瓦、张玉龙

武装部长：鲁雪东、

格咱乡　格咱乡地处香格里拉县北部，国土面积2 868平方千米，是全省国土面积最大的乡，全乡资源丰富，有矿产、畜牧、水电、旅游、森林、生物等六大优势资源，生态植被完好，森林覆盖率为97.6%，民族文化厚重，被喻为“群山藏宝、众水流金、特色浓郁”之如意宝地。全乡地势北高南低，峰峦连绵，峡谷纵横，最高海拔5 090米，最低海拔2 400米，农田村舍多分布于峡谷两岸之冲积台地，年平均气温6.6度，年降水量600毫米，日照数2 203个小时，无霜期142天。全乡境内大小企业共有30多年家。全乡辖格咱、翁上、翁水、纳格拉、浪都、木鲁6个村委会，34个村民小组。总人口1 197户，6 311人，藏族人口占总人口数的97%。全乡共有6个党总支部，23个支部。

2010年，全乡地方财政收入达到2 230.87万元，全乡农民人均纯收入达4 266元，比2009年增长12.2%；完成固定资产投资28 284.52万元；实现招商引资28 105.52万元；完成工业总产值27 589万元；完成工业增加值15 032万元；完成850人的农村劳务输出，创收超过25.5万元；年内解决了246人的温饱问题。年内，全乡存栏猪7 682头，比2009年同期增长436头，能繁母猪1 590头，比2009年同期增长90头；绵羊849只，比2009年同期增长176只，山羊451只，比2009年同期增长62头；牦牛存栏9 385头，比2009年同期增长1 511头，犏牛存栏3 252头，比2009年同期减少1 120头，黄牛存栏4 169头，比2009年增长781头；马存栏1 023匹，骡存栏201匹，鸡存栏7 367羽，比2009年增长46羽，全乡大牲畜出栏1213头，猪出栏3 407头，牦牛、犏牛养殖户有498户，其中规模在20头以上的有247户，30头以上的181户，50头以上的62户，100头以上的8户，山羊养殖重点户3户，绵羊养殖户15户，养鸡专业户200羽以上的14户，1 000羽以上的1户，养猪重点户50头以上的2户，畜产品奶酪加工厂一户，全年共产酥油145.8吨，奶渣543.8吨。全年，完成了大牲畜的防疫任务，防疫数达19 406头/次。

2010年，全乡为16 604人次办理型农村合作医疗补偿手续，补偿金额达773 648.9元。发放498名学生2010～2011年度春季高原农牧民子女生活补助金共计39.84万元，小学年度巩固率一直保持在100%，入学率保持在99.86%。完成乡文化站附属工程建设、农村书屋规范及500套“村村通”工程卫星天锅发放。全乡全面完成6个村，34个村民小组的集体林权主体改革工作。

领导干部名录

党委书记：龙甲

人大主席：孙世光

乡　长：杨林

副书记：郭丰尚、张志强

纪委书记：杨勇崎

副乡长：郭建华、刘春梅

武装部长：八斤

尼西乡　尼西乡位于香格里拉县西北部，介于北纬27°57′～28°25′，东经99°20′～99°37′之间，国道214线和香维公路通过乡境内，乡驻地崩书塘，海拔3 160米，距县城37公里，尼西乡地处二半山区和干热河谷地带，1月平均气温 -2.9℃，7月平均气温13℃，年降水量503毫米，无霜期124天，形成较为明显的立体气候。据土地详查，全乡土地面积845平方千米，其中耕地面积15781亩，林地面积984 582亩，牧草地面积35 169亩；尼西东北群山横列，西部金沙江环绕，水低田高，较为干旱，修建有向阳、红旗、跃进、革命等七条大沟，全长93公里，可灌溉土地面积达1 350亩。随着香格里拉旅游品牌的培育、树立和民族文化的开发，尼西鸡、尼西情舞、民间木制品和黑陶成为尼西乡具有优势的地方土特产业和民族文化特产。尼西乡辖江东、汤满、新阳、幸福四个村委会，47个村民小组。共有1 285户6 742人，劳动力3 192人。人口自然增长率为3.9‰，人口密度每平方公里7人。境内居民以藏族为主，其它居民有汉族、纳西族、傈僳族等民族，藏族占总人口的98.8%。

2010年，全乡财政收入达380万元，超收39.1万元；信用社各项存款余额达2 700万元，比2009年同期增长1 200万元，其中集体存款达550.4万元，占总存款的45%。各项贷款余额达1 400万元，其中农户贷款共发放1 400万元。全乡农村经济总收入2 592.87万元，比2009年增589.08万元，增长率为29.4%。其中农业经济收入为850.29万元，牧业收入为434.5万元，林业收入为430.33万元，交通业收入为77.03万元。农民人均收入比2009年增长12%，达到2 858元。完成固定资产投资5 178.11万元。尼西乡任务投资数为3 400万元，超额完成1 787.11万元。全乡农作物耕地面积7 536亩，全年粮食总产量为2 903吨。输出劳动力770人，创收152.58万元，完成了下达任务数，年内解决了410人贫困人口温饱问题。全乡实行集中办学活动，有1所小学，小学入学率100%，初中入学率98%；全乡文化站1个，全乡广播电视收视率达到100%；全乡卫生院1所，有4个村卫生室，医务人员12人；全乡参合人数达6 519人，参合资金共17.54万元（其中农民自筹10.1万元，民政代交6.1万元，计生代交1.3万元），参合率达99%。全年补偿金额58.61万元，（其中，门诊补偿23.9万元，住院补偿34.71万元）。

*领导干部名录*

党委书记：松永丽

人大主席：孙诺七林

乡　长：旦从文

副书记：陆少华、汪新

纪委书记：胡正东

副乡长：汪冬梅

武装部长：李宇华

*五境乡*　五境乡介于北纬27°34′~27°52′，东经99°26′~99°36′之间，整个地形总体趋势为东北高、东南低，呈南北宽、东宽西窄。全乡总面积334平方公里，乡政府驻地霞珠村农温塘，海拔19 556米，距县城90公里，年平均气温12.3℃，极端最高气温31.5℃，最低气温 -8.1℃。年降水量630毫米，无霜期221天。平均海拔2 300米，气候温和，主要河流有吉仁河、麦地河，水能理论储藏量89 219千瓦。较大的饮水渠有吉仁大沟、申听兰大沟、仓觉大沟，总长50公里，可灌溉2 500亩耕地。乡政府所在地农温塘，海拔1 960米，是全乡政治、经济、文化中心。五境乡辖仓觉、霞珠、泽通3个行政村，29个村民小组。全乡总户数923户，总人口4 091人，其中农业户793户，农业人口3 861人，占总人口的94%，人口密度为每平方千米12人。境内世居民族为藏族和傈僳族，纳西族、汉族等民族共同杂居。其中傈僳族主要聚居在仓觉村子母雄村民小组，纯属傈僳族村寨；境内其他村组均为藏族聚居村。

2010年，全乡国民生产总值为1387.98万元，农民人均纯收入达2 330.9元，全年固定资产投资额为1 274.3万元；五境乡财政总收入达495.6万元，其中一般预算收入433.6万元，本级收入62万元。财政一般性支出433.6元，其中基本支出236.6万元，项目支出197万元。乡信用社年内各项存款余额1 854万元，净增771万元，各项贷款累放205万元，累收208万元，年末余额554万元，存货比例30%，比2009年年初减少2万元，各项业务收入51万元，各项业务支出及费用12万元，收支扎差后实现利润39万元，吸收股本金3万元，股本金余额为18万元。全乡耕地总资源6 906.84亩，常用耕地面积为5 941.41亩。农作物播种面积为13 450亩，全年粮食总产量为0.3

万吨；猪存栏7 995头，牛存栏4 832头，马存栏290匹，羊存栏1 085只，家禽存栏25 760只。有教职工37人，教师学历合格率为100%。在校学生有426人，适龄儿童入学率及在校学生的巩固率均达到100%。全乡有文化站1个，3个农家书屋已全部投入使用，配送图书达6 000多册，各类报刊、音像制品碟50余种。全乡已实现广播电视“村村通”全面覆盖。有卫生院1所，村级卫生室2所，农家卫生室12个。全乡新型农村合作医疗门诊补偿17 872人次，补偿777 561.72元，住院补偿178人次，共补偿299 094.10元。完成2011年全乡农民筹资工作，全乡共参合3 784人，参合集资93 700元，参合率为100%。

2010年，全乡劳务输出560人，外出打工实现经济收入达112万元。新型农村养老保险试点工作有序开展，全乡参保人数达2066人，参保率99.6%。60周岁以上符合享受养老金人员已全部享受。

2010年5月，林权证发放完毕，五境乡集体林权制度改革各项工作已基本完成，实现了“山有其主，主有其权，权有其责，责有其利”的目的，林农的根本利益得到了保障，群众爱林护林造林的积极性得到提升。

领导干部名录

党委书记：张正光

人大主席：培楚

乡长：和正先

副书记：楚玉华、张德华

副乡长：扎史

武装部长：肖巴

**上江乡**　上江乡位于香格里拉县西南部，介于北纬27°19′～27°36′，东经99°33′～99°46′之间，地处横断山脉余脉地段，山脉河流均为北南走向，北高南低，金沙江由北向南流经全境，沿岸地势多为平坦，人口密集，农业较发达，东与小中甸镇相连，南与金江镇接壤，西南隔金沙江与玉龙县巨甸镇相望，北邻五境乡。因所辖区域在金沙江上游，故取名上江乡，乡政府所在地格鲁湾，海拔高1 920米，距县城150千米，全乡国土面积372平方千米。年平均气温13.3℃，极端最高气温32.4℃，最低气温－5.8℃，无霜期240天，年降雨量650㎜。正常年雨季一般从5月下旬开始，10月中旬结束，其余时间为干季，6月至10月降雨量占全年的88%以上，干季日照充足，盛行北风，雨季多为东南风，年平均风速3.7米/秒。上江乡辖木高、良美、福库、格兰、士旺五个五个村民委员会，58个村民小组，农业人口11 102人。居住有汉、纳西、傈僳、白、藏、苗、彝、回、普米族9种民族。是一个集山区、半山区、河谷坝区为一体的多民族聚居的农业贫困乡。

2010年，全乡农村经济总收入为6182万元，比2009年增14.2%，牧业收入达1 713万元，比2009年增长14.2%；农民人均纯收入达3 437元，比2009年增369元，增长12%；人均有粮800千克；全年完成剩余劳动力输出2 763人，劳务输出收入达828.9万元；全年共完成固定资产投资11 158万元，完成全年目标任务的113.4%（其中招商引资固定资产投资10 500万元，完成全年目标任务的107.1%）。全乡农民人均纯收入3 437元，农业人口人均有粮800千克。全年农作物播种面积达1877.3公顷，产量达9 773.33吨；全乡有养猪重点户13户，养牛重点户20户，养鸡重点户2户，生猪存栏47 837头（能繁殖母畜6 472头），全年出栏26 940头，产量达862吨；大牲畜存栏7 069头，其中牛存栏3 202头，出栏1140头，产量171吨；羊存栏5 879只（山羊存栏3 567只），出栏2 251只，产量33吨；家禽存栏54 574只，出栏31 500只，产量47吨。

上江境内设有初级寄宿制中学一所（香格里拉第六中学），设12个教学班。有1个文化站，建有农家书屋5个。全乡共有电视户2 588户，广播电视覆盖率达100%。上江卫生院有职工32人，开设科室有13个。设有卫生室4个，村医2名，农家卫生室12个，农家卫生员15名。

2010年，全乡有3 628人纳入农村最低生活保障，占全乡农业总人口的31%；全年发放农村低保金达258.3万元。全乡16～59周岁应参保新型农村社会养老保险人数6 505人、参保人数6 360人，全乡参保率达到98%。上交保险金额90.2万元。全乡农村新型合作医疗参合率达99.7%。

领导干部名录

党委书记：董　铭

人大主席：浦　涛

代理乡长：梁银辉

副书记：杨新华、田茂林

纪委书记：杨万辉

副乡长：杨锡红、屈紫何

金江镇　位于香格里拉县南部，镇政府驻地吾竹距县城香格里拉188千米，介于北伟26°52′~27°21′，东经99°39′~100°01′之间。地处西藏高原东南缘，滇西北横断山脉腹地纵谷地带沙鲁里山脉南部，地势北高南低，地形属低热河谷或低热坝区。最高海拔2 700米，最低海拔1 820米，相对高差820米。东南与虎跳峡镇及迪庆州经济开发区接壤，北连上江乡，西与丽江市玉龙县的巨甸、金庄、黎明、石鼓等乡镇隔江相望。人口沿金沙江畔（东面）分布而居。金江镇由北至南由新建村、兴隆村、安乐村、吾竹村、车轴村、仕达村、兴文村等7个村民委员会和89个村民小组构成。2010年末全镇人口总数17 069人。其中农业人口16 339人，非农业人口730人，人口自然增长率3.11‰。境内主要居住纳西、汉、白、苗、傈僳、藏、彝、回、普米、黎族等十种民族。

金江镇土地总面积627平方千米，2010年年末耕地面积34 055亩，水田21 856亩，旱地12 199亩，农民人均占有耕地2.1亩。

2010年，全镇工农业总产值达14 655.84万元（现价）（其中农业总产值3 368.84万元，工业总产值10 987万元）；人均纯收入达3 716元，全镇财政一般预算收入达到335万元，完成计划的149%；固定资产投资5 978.14万元，完成计划的193%。全镇农作物播种面积55 988亩，粮食总产量1 835.59万千克，人均有粮1 123千克，人均纯收入达3 716元。全镇财政总收入完成578.68万元；县农村信用合作联社各项存款达7 158万元，比09年增长829万元，增长14%，各项贷款余额为3 606万元，比年初净增1 215万元。

2010年，全镇发放五保、城镇、农村低保资金574.34万元（其中五保、城镇低保83.42万元，农村低保490.93万元；发放“优抚对象”定补款39.22万元，退伍军人建房款37.2万元；发放军属优待金及退伍军人座谈会费7.49万元），累计发放救灾救济资金66万元，粮食70吨，涉及贫困和受灾群众等446人。全年共解决390人的贫困人口温饱，超额完成40人的任务。

2010年，全镇有9所完全小学，教学点17个，一师一校2个，在校学生1 036人，教职工128人；县级中学1所，在校学生687人，教职工72人。全面落实“高原农牧民子女学生生活补助”政策，共发放藏区农牧民学生生活补助资金278万元，2010年全镇完成“普九”工作的复查自评、教育督导评估工作和“两基”国检工作。全年小学入学率达99.81%，初中毛入学率达111.6%，辍学率均为零。实施广播电视“村村通”工程，安装4 000余户地面卫星接收机，电视覆盖率达99.7%以上，在县广电部门的支持下投资52万元，对吾竹村886户居民实施有线电视网络改造。完成职业培训600人次，完成对外输出劳动力2 875人，创收575万元；养老保险参保人数达7 659人，参保资金115.46万元，参保率达93%。全镇农村新型合作医疗参合率达99%，

领导干部名录

书　记：鲁志军

人大主席：和凤春

镇　长：和雨

副书记：蔡永鑫、王绍强

纪委书记：和学勇

副镇长：史利平、唐贵勋

武装部长：黄正昌

虎跳峡镇　虎跳峡镇位于香格里拉县境东南部，介于北纬26°54′~27°30′，东经99°39′~100°01′之间，东面隔金沙江与丽江市玉龙县龙蟠乡相望，南连迪庆经济开发区，东、北两面分别与三坝乡、小中甸镇接壤，西面与金江镇山脉相连，镇政府驻地下桥头，海拔1 853米，距县城97千米，国道214线、硕多岗河从北向南穿境而过，是香格里拉县通往内地的门户，素有迪庆州南大门之称。虎跳峡镇地势西北高东南低，村庄坐落在金沙两岸和硕多岗河两岸，全境四分之一地区处于金沙江西畔为河谷地区，背山面水，农田村舍分布在狭长的偏坡上，其余四分之三地区为半山区和高寒山区，村庄座落在硕多岗河两岸，镇内有雄伟的山峰，也有较平缓的斜坡和深邃的峡谷。特殊的地理环境蕴藏着丰富的水利资源和矿产资源，但陡峭的山地易被冲刷，雨水季节常发生泥石流。镇内气候主要受西南季风和南支西风急流的交替控制，形成亚热带气候，全年干湿季分明。年最高温度32.3℃，年最低温度－6℃，年平均温

度13.2℃，年降雨量738.1毫米，无霜期238天。全镇总面积831平方千米，总耕地面积3.44万亩。虎跳峡镇下辖街道居委会和桥头、长胜、永胜、东坡、松鹤、金星、宝山、红旗8个村民委员会，107个村民小组。人口16 822人，其中农业人口3 847户，15 222人，占全镇总人口的94.9%。有汉、彝、傈僳、纳西、藏、白、普米、苗、回等九种民族，是典型的多民族杂居区，少数民族占全镇总人口的90%。

2010年，全镇工农业总产值达到12 112万元，比2009年的11 275万元增加837万元，增长7.4%，其中农业总产值达到5 934万元，比2009年的5 709万元增加了424万元，增长3.9%；农民人均纯收入达3 670元，比去年的3 200元增加470元，增长14.7%；完成乡镇企业总产值12 465万元，比2009年11 262万元，增加了1 203万元，增长10.7%；完成本级财政包干收入833万元，完成固定资产投资5 848万元。实现粮食总产量5 798吨，比去年减少656吨，人均有粮322千克。全镇农民人均纯收入达3 670元，比去年的3 200元增加470元，增长14.7%。全镇实现工业总产值6 178万元，比2009年的5 566万元，增加了612万元，增长11%。全镇完成对农投资项目资金及社会事业资金达8 663万元。全镇个体工商户底达到620余户，个体私营人员达1 600余人，非公经济总收入突破4 800万元，上交国家税金120余万元，解决和吸纳劳动力就业1 600人。完成本级财政包干收入833万元，国地税收入完成2 500余万元，比2009年增长5%。信用社存款余额达5143万元，比2009年的3 960万元增加29.8%，贷款额完成3 384万元，比2009年的2 800万元增长20.8%。营业所存款余额达万6 294元，比2009年的6 745万元减少451万元，贷款额完成1 181万元。

镇内有邮政支局1个，电信支局1个，移动营业厅2个，联通营业厅1个，电话用户6 000余户（含移动用户）。网络宽带用户260余户，移动网络覆盖全镇，电话普及率100%。

全镇共有完全小学8所，小学在校生人数1 504人，专任教师123人，适龄儿童入学率100%；县属中学一所，2010年在校生813人，专任教师43人，初中毛入学率113.07%。有私办幼儿园1个，农业职业技术学校1个、农业科学技术推广站1个，专业农技人员6人。文化宣传活动中心1个，省网电视用户达700户。有一级甲等中心卫生院一个，各科室配备齐全，专业医务人员46人，后勤人员6人，病床60张，全院固定资产逐年增加。继续深化医疗体制改革，全镇农村卫生工作全面提高，防疫保健工作有序开展，药品采购管理工作得到进一步加强，艾滋病防治工作责任落到实处，妇幼工作得到进一步加强，农村合作医疗报销医疗资金兑现及时，全年全镇共计报销合作医疗资金187.04万元。农民患者因病致贫、因病返贫现象初步得到遏制。去年全镇3 849户15 138人的合作医疗筹集款由镇人民政府代缴，合作医疗参合率达到100%。

2010年，多渠道，多途径实现就业再就业113人，全镇输出劳动力2 450人，实现劳务输出470余万元。

2010年，全镇共有350余人参加城镇居民基本医疗保险，参保率达到80%。新型农村养老保险参保工作，全镇应参保缴费7 720人，实际参保缴费7 245人，收取参保费94.72万元，参保率达93.84%；60周岁以上人员摸底应领取养老保险金1429人，实际领取1421人，占99%。

2010年，全镇共调解矛盾纠纷120起，调解成功120件，调解成功率达100%。认真开展矛盾纠纷大排查工作2次，全年无一例安全责任事故发生。

领导干部名录

党委书记：马国忠

人大主席：杨金兰

镇长：敖绍东

副书记：李贵生

副镇长：王　成、和赵元

三坝乡　三坝纳西族民族乡以东坝、白地、哈巴三块不平整的坝子而得名三坝，是全县唯一的以纳西族为主的民族乡，位于香格里拉县东南部。是典型的农业贫困大乡，这里有世界闻名的“仙人遗田”白水台泉华台观，有被誉为“世界花园之母”的天然动植物园哈巴雪山，还有古人遗迹渣日岩画，黑海、九子海等自然景观都有很大的开发潜力。全乡森林覆盖率为65%，现有天然草场40万亩，得天独厚的气候和地理区位，禀赋了三坝纳西族民族乡丰富的旅游、生物、矿产、水能、土地等资源，加之丰富多彩的民族文化，共同组成了独特的自然和人文环境。全乡辖东坝、安南、白地、瓦刷、哈巴、江边6个村委会，共75个村民小组。人口17 832人，4 352户，其中农业人口17 266人，乡境内居住着纳西族、汉族、回族、彝族、傈僳、藏族等六种世居民族和其它共11种民族。

2010年，农村经济总收入4 013万元，同比增长了11.78%（同比2009年，下同）；完成固定资产投资11 599万元，同比增长了6.3%；完成财政收入280万元，同比增长了11.5%；农民人均纯收入达2 653元，同比增长12.32%。全乡经济持续发展，综合实力不断增强。

2010年，深入开展“新农险”试点工作，把符合条件人1 948人的养老保险存折发放到其手中，累计发放农保金额321 420元。累计征收农保基金77.68万元，参保5 005人，参保率由第一次征收的53%增加为87%。

2010年，深入开展第二批“林改”工作，全乡国土面积977平方千米，林业用地面积114万亩，其中国有林地面积71万亩（重点公益林地面积68万亩，地方生态林面积为3万亩），集体林地面积43万亩。森林覆盖率70%（含灌木林），共涉及林改村民17 628人，4 310户。通过工作和努力，已确权宗地289块，面积41.9867万亩，其中均山到户的面积787.6亩（自留山面积），6个村委会、75个村民小组已基本完成外业工作，内业工作定能在年底全面完成。

2010年底，全乡共有中学1所，中心完小1所，村完小5所，一师一校14所，共有在校学生2 185人，其中，中学生835人，小学生1 350人，共有教师146人，其中：中学教师42人，小学教师104人。全乡适龄儿童1 570人，入学1 566人，入学率99.7%。

2010年，全乡青壮年总数为11 279人，青壮年人口中非文盲人数11 279人，非文盲率达100%。近三年脱盲人数为123人，脱盲人员巩固率达100%。2010年全乡15－24周岁人口总数为3 220人，非文盲人数3 220人，非文盲率达100%。

领导干部名录

党委书记：和义

人大主席：和红宝

乡　长：墨立新

副书记：和文强、李秋林

人大副主席：陆继祥

副乡长：杨军、和小龙

纪委书记：黄品华

武装部部长：和红光

洛吉乡　洛吉乡位于香格里拉县城东部，东靠四川省木里县俄雅乡，东南与丽江地区奉科乡隔江相望，西与建塘镇毗邻，北与甘孜州稻城县东尼乡和本县格咱乡相连。介于北纬27°38′～28°06′，东经99°55′～100°19′之间。全乡国土面积1 234平方千米，整个地势西高东低，南宽北窄，呈三山夹两沟状。乡政府驻地洛吉村中村距县城86公里，海拔2 130米。尼汝村的能那布山是全乡海拔最高点为4 495米，金沙江边吉函是海拔最低点为1 503米。气候随海拔高差变化而变化。河谷区平均气温13～15℃，最高气温31.4℃，最低气温－7.9℃，北部高寒山区年平均气温5.5℃，年平均降雨量为760毫米。洛吉乡辖洛吉、九龙、尼汝三个行政村，37个村民小组。总人口为4 469人，其中农业人口4 279人，占总人口数的95.7%，非农业人口190，占总人口数的4.2%，人口密度2.8人/平方千米。境内居住有汉、藏、纳西、傈僳、彝等五种世居民族。

2010年，全乡国民生产总值为1 453.68万元，比2009年增长8%。农民人均纯收入为2 910.88元，与2009年相比增加了311.88元。年末全乡农作物播种面积9 571.3公顷，粮食总产量为1 892.6吨，增长2.6%。完成财政收入205万元，同比增长6万元。全年农村信用社发放贷款500万元，收回贷款600万元，年末贷款余额1 400万元，其中农业贷款1 300万元，年末居民存款总计2 800万元。到2010年水电开发招商引资项目完成总投资2.2亿元，全乡有林地面积7.7万公顷，森林覆盖率70%。

2010年，全乡公路里程225.6千米，县乡公路86千米，其中已完成32千米油路建设，乡村公路139.6千米；共有汽车207辆、拖拉机137辆，全年货运量为32万吨。尼汝村不通电话。移动通信覆盖率九龙村100%、洛吉村80%，尼汝村80%。全乡共安装电话机196部。建有移动通讯机塔7座，联通通讯塔2座。

2010年，全乡现有完全小学3所，经集中办学后，已撤出全乡所有一师一校，有3个教学点，在校学生419人，有教学班31个，共有教职工岗位38个，实有36名教职工，其中合同制工人4人，开办有寄宿制食堂2个。7～12周岁适龄儿童入学率均达100%以上，13～15周岁适龄少年入学率均达95.6%以上，小学在校学生辍学率均控制在0%，初中在校学生辍学率均控制在4.4%以内，各项指标均符合国家和省定标准，继续落实了优师优教和“高原农牧民学生生活补助”、“两免一补”等政策。

2010年，县民政局安排的各项定补优待金6.403万元，民房恢复重建款19.6万元，民房保险损赔2.58万元，抗旱救灾专项救济款64万元，粮食84.4吨，全年贫困医疗救助12万元，全部按时足额发放到农户手中，对全乡1 594人农村低保对象，发放农村低保资金112.968万元；城镇低保73人，发放资金13.488万元。

领导名录

党委书记：赵军

人大主席：沈奇军

乡长：郭正武

副书记：徐建宏、张正会

纪委书记：王振兴

副乡长：向红松、曹华强

（李俊成）

## 维西傈僳族自治县

**【综述】**　维西傈僳族自治县位于云南省西北高原迪庆藏族自治州的西南部，地处世界自然遗产“三江并流”腹地，是世界顶极旅游品牌人间仙境、世外桃源“香格里拉”的重要组成部分。隶属于迪庆藏族自治州，是云南省最重要最敏感的藏区县份之一，东北邻香格里拉县，东南连丽江市的玉龙县，南接怒江州的兰坪县，西与怒江州的贡山县、福贡县接壤，西北与德钦县山水相连。被称为：“世界自然遗产中国‘三江并流’腹地、“中国西南地区连接西藏的茶马古道重镇”、“中国滇金丝猴的乐园”、“中国傈僳族文化发祥地”、“中国兰花之乡”。县城驻地保和镇，海拔2 320米。距省府昆明698千米，距州府驻地香格里拉219千米。2010年，平均气温12.2℃，年最高气温29.5℃（5月23日），平均气温比历史偏高0.7℃，年最低气温－4.3℃（1月2日和12月21日两天），平均日照时数1 661.6小时，与往年相比偏少，年降雨量1 266.9毫米，与往年相比偏多，无霜期222天。

全县下设七乡三镇（保和镇、永春乡、攀天阁乡、白济汛乡、康普乡、叶枝镇、巴迪乡、塔城镇、中路乡、维登乡），79个村民委员会，3个居民委员会，1 029个村民小组，42 146户。2010年末总人口为15.6万人，其中非农业人口1.29万人，占总人口的8.28%。在总人口中，少数民族人口占总人口86.33%，傈僳族人口占56.56%，在少数民族人口中，傈僳族人口占65.51%。境内有傈僳、汉、纳西、白、藏、彝、普米、独龙等世居民族，各民族之间民风、民俗相互交融，团结一致，和睦共处，藏传佛教、伊斯兰教、天主教等多种宗教文化并存，形成了和谐、团结、发展的新维西。

主要旅游景区：香格里拉滇金丝猴国家公园，位于云南省迪庆藏族自治州维西傈僳族自治县塔城镇。滇金丝猴国家公园集原始生态、新石器遗址、宗教朝拜圣地、滇金丝猴乐园、千年银杏树王、多民族风情为一体的国家公园。滇金丝猴是国家一级保护动物，它们对人类的警惕性很高，红唇，脸庞白里透红，是1999年昆明世博会的吉祥物，具有极高的科考、观光、保护、开发价值。全年接待国内外旅游人次达62.99万人，比2009年增长14.60%，旅游业总收入达61 574万元，比2009年增长13.00%。主要矿产资源：境内已知矿种有铁、铅锌矿、铜、汞等近20种，尤其是铁矿储藏量大，分布面广，品味高，矿床埋藏浅，易采易选，深受外商的青睐。主要生物资源：野生核桃、蜂蜜、当归、木香、秦艽等。

**【综合经济】**　2010年，全县生产总值实现182 709万元，比2009年增长20.20%。其中：第一产业增加值达到31 489万元，增长6.60%；第二产业增加值57 482万元，增长23.80%；第三产业增加值达到93 738万元，增长22.60%。产业结构调整取得新的进展。第二产业增速较快。一、

二、三产业增加值的比例由2009年的19.04：30.18：50.78调整为17.23：31.46：51.31，人均GDP由2009年的，10 501元，上升到今年的11 849元。地方财政一般预算收入实现超常规发展，首次突破亿元大关，达到10 47万元，比2009年增长66.99%；地方财政一般预算支出103 652万元，比2009年增长56.54%；农民劳务收入不断提升，农民人均纯收入达到3 269元，比2009年增长15.30%；居民收入连年提升，城镇居民人均可支配收入达到13 968元比2009年增长10.62%；城镇就业渠道不断拓展，城镇登记失业率控制在4%以内；人口素质不断提高，人口自然增长率为3.46‰；生态建设高位推进单位生产总值能耗下降4.11%以上；金融机构运行良好，为地方经济发展注入了活力，金融机构居民储蓄存款达80 640万元，贷款余额达65 362万元，投放现金47 804万元。

**【农业经济】** 2010年，全县农业总产值实现55 244万元，同比增长8.76%，其中：农业产值26 505万元，同比增长8.16%，林业产值8 387万元，同比增长7.90%，渔业产值2 126万元，同比增长9.98%，农林牧渔服务业产值1 780万元，同比增长27.32%，肉奶蛋总产量达10 419吨，同比增长11.02%，粮豆总产量达59 986吨，同比增长0.51%。

**【工业经济】** 全县工业总产值实现30 436万元，比2009年增长13.01%。全部工业增加值19 680万元，增长35.10%。商贸物流异常活跃，社会消费品零售总额达到32 382万元，比2009年增长24.27%。交通运输、仓储和邮政业完成增加值13 520万元，比2009年增长28.40%。宽带用户达到2 500户，移动电话用户77 990户，固定电话用户达到6 500户。

**【固定资产投资】** 全县全社会固定资产投资完成312 459万元，同比增长44.26%。利用云南公路升级改造，开工建设了维德二级油路，碧白三级油路改造工程，完成投资174 308万元；引进云南澜沧江水电开发，开工建设了里底、乌弄龙等水电站完成投资43 892万元；突出特色县城建设，开工建设了县城市政综合基础设施建设项目，完成投资14 321万元，城镇化率达到12.50%；采矿业投资完成额达26 589万元；改革开放出现崭新局面，招商引资成效明显，商引资实际到位资金174 415万元，比2009年增长60.73%。

**【交通、邮政、通信】** 2010年，交通运输、邮政和仓储完成增加值13 520万元，比2009年增长28.40%。邮政业务总量252万元。全县固定（包括小灵通）用户电话用户达6 500户，电信宽带用户2 500户，移动电话用户达到77 990户。

**【批发零售贸易、餐饮业】** 2010年，全县社会消费品零售总额达到32 382万元，增长24.27%。其中城镇社会消费品零售额21 264万元，增长27.11%；乡村消费品零售额11 118万元，增长19.19%。

**【旅游】** 2010年，国内旅游人次达62.99万人，比2009年增长14.60%，其中海外游客7.29万人次，比2009年增长11.00%，旅游业总收入达61 574万元，比2009年增长13.00%。

**【财政、金融】** 2010年，地方财政一般预算收入达到10 147万元，比2009年增长66.99%，增速连续五年高于GDP增速，地方财政一般预算支出为103 652万元，比2009年增长56.54%。金融运行良好，呈现存款、贷款、现金投放同比增加的态势。金融业完成增加值7 323万元，增长31.80%。年末金融机构各项存款余额211 088万元，比年初增加50 613万元，增长31.54%，金融机构储蓄存款余额为80 640万元，比年初增加21 509万元，增长36.37%。年末金融机构各项贷款余额65 362万元，比年初增加14 696万元，增长29.01%，累计投放现金47 804万元，比2009年多投放现金21 022万元，增长78.49%。

**【科技、教育、文化、卫生和体育】** 2010年，继续抓好大棚蔬菜种植、药材种植技术指导及种植示范，大力推广节能、节柴灶、采取多种形式，利用各种途径，开展以“药材种植”、“家畜养殖”、“大棚蔬菜种植”、“无公害蔬菜栽培”等为重点的农村实用技术培训51期，受训人数达8 049人次。各类专业技术人员达到2 256人。教育事业始终坚持“两基”“重中之重”的地位不动摇，全面推进普及九年义务教育，强化管理，深化改革，各类教育取得长足发展。2010年末共拥有各级各类学校132所，其中：完全中学1所，初级中学8所，小学65所，小学教学点55个，幼儿园1所，职业中学1所，教师进修学校1所。在校高中生

833 人，初中生 7 608 人，小学生 13 274 人，小学毛入学率达 111.31%。2010 年全县共有文化事业机构 15 个，其中：艺术表演团体 1 个，图书馆 1 个，文化馆 1 个，文化站 10 个，艺术表演场馆 1 个，文物管理所 1 个。广播转播站 53 座，电视收转站 1 座，有线网站 2 座，直播卫星村村通设备 45 283 套，全县广播人口覆盖率 95%，电视人口覆盖率 96%。全年组织各类体育运动会 40 次，参加运动员 1 600 人次。积极开展“文化下乡”、“科技下乡”活动，组织文艺演出 35 场，观众人数 5 万人次，放影电影 450 场，其中：放影科技电影 125 场，观众人数 4.5 万人次。卫生事业稳步发展，继续实施农家卫生院项目建设，医疗条件逐步改善。2010 年末，全县卫生机构 14 个，卫生机构实有床位数 199 张。专业卫生技术人员 365 人，村卫生室 70 个。

**【人民生活】**　2010 年，兑现各项支农惠农补贴资金 12 518.19 万元；全县城镇新增就业 1361 人，转移农村劳动力 15 300 人，务农收入快速增长，人民生活水平得到显著提高；职工工资水平不断提高，全县单位从业人员 6 237 人，比 2009 年增加 230 人，增长 3.83%，单位从业人员的劳动报酬 18 378 万元，增长 11.82%，单位从业人员年人均劳动报酬从 2009 年的 27 359 元，提高到 2010 年的 29 466 元，比 2009 年增长 7.70%，在岗职工工资总额 16 953 万元，比 2009 年增长 11.17%。完成扶贫项目资金总额 7490 万元，比 2009 年增长 102.27%，解决了 10 020 人的温饱。

**【省委常委、省委书记白恩培到维西县视察】**
2010 年 5 月 10 日至 13 日，省委常委、省委书记白恩培一行到维西调研。维西县经济社会发展在大旱之年焕发出的勃勃生机给白恩培一行留下了深刻印象。然而，白恩培却一再告诫各级干部：边疆、民族、山区、发展相对滞后仍然是维西的基本县情，发展不充分、发展不平衡的问题仍然突出，经济发展不断加快与区域协调发展任务繁重同时并存，科学技术广泛运用与局部地区生产方式落后同时并存，社会事业明显进步与局部地区发育滞后同时并存，生态环境总体良好与局部地区退耕还林任务艰巨同时并存，干部思想观念总体较为解放与部分同志观念保守落后同时并存。白恩培希望进一步解放思想、挖掘潜力，进一步突出重点、统筹协调，把维西建设成为生态良好、环境优美、民族团结进步、社会安定和谐、人民群众安居乐业的美好家园。白恩培强调，加快发展始终是我们工作的“重中之重”，要把老百姓的增收放在第一位，把中低产田地改造、中低产林改造和木本油料基地建设扎扎实实抓好。要围绕基础设施这个重点，扎实搞好乡村规划、城镇规划和基础设施规划。白恩培同时强调，生态文明建设是“十二五”发展的重要内容，经济社会协调发展是“十二五”发展的重要指导方针，深化改革扩大开放是“十二五”发展的强大动力，加强党的建设是“十二五”发展的有力保障。省委常委、省委秘书长杨应楠，省委政研室主任郑维川、省财政厅厅长陈秋生和迪庆州委书记齐扎拉等随同。

**【基础设施建设】**　2010 年末，全县通车里程 1 960 公里，新增里程 648 公里，实现了乡乡通油路、村村通公路的目标，有 650 个自然村通车，自然村通车率达 77%。市政基础设施建设成效明显，全面完成了县城市政一期及老城改造工程，实施了垃圾处理场、污水处理厂和第三自来水厂等一批市政综合基础设施建设项目，维西新城各项建设快速推进。实施了县城交通红绿灯和视频监控系统建设，加强了县城绿化、亮化建设，提升了县城品位，城镇整体功能日趋完善，市容市貌有了明显改观。完成了永春乡政府搬迁工程。农业基础设施建设不断改善，犁地坪水库、农村小型水利、农村安全饮水、中低产田地改造等一大批农业基础设施建设项目相继实施。邮政通信快速发展，通信条件明显改善，“十一五”末，宽带用户达到 2 500 户，移动电话用户达 77 990 户，固定电话用户达 6 500 户。

**【经济实力和质量大幅攀升】**　经过五年的不懈奋斗，维西县生产总值从 70 614 万元增加到 182 709 万元，年均增长 17.91%；人均生产总值从 5 157 元增加到 11 849 元，年均增长 18.10%；三次产业结构从 30.09∶24.24∶45.67 调整为 17.23∶31.46∶51.31；社会消费品零售总额从 13 264 万元增加到 32 382 万元，年均增长 19.54%；地方财政一般预算收入从 1440 万元增加到 10 147 万元，年均增长 47.78%；地方财政一般预算支出从 24 994 万元增加到 106 652 万元，年均增长 33.67%；农民人均纯收入从 1 285 元增加到 3 269 元，年均增长 20.53%；城镇居民人均可支配收入从 9 139 元增加到 13 968 元，年均增长 8.85%；人口自然增长率从 4.30‰下降到 3.46‰；城镇登记失业率从 4.5%下降到 4%；单位生产总值能耗逐年降低。经济结构进一步优化，综合实力进一步增强。

**【支柱产业】** 按照县委确定的“113”产业发展思路，积极培育生物、水电、矿产、旅游四大支柱产业，增强了县域经济发展的基础。一是生物产业发展成效显著。以中药材、兰花、核桃、冰葡萄、糯山药、畜牧业为代表的生物产业基地建设初具规模，综合贸易公司、康邦核桃油厂等生物加工龙头企业有了长足发展。二是水电产业发展势头强劲。2010 年末，全县水电装机容量达 19.81 万千瓦，新增 18.29 万千瓦，发电量达 35 153 万度，是“十五”末的 7 倍。新建 220 千伏输变电线路 73 公里、110 千伏输变电线路 1263 公里，建成了四通八达的输电网络，电网结构更加合理。澜沧江干流水电开发正式启动，里底电站、乌弄龙电站迅速推进，托巴电站筹建工作顺利开展，水电移民安置工作稳妥推进。三是矿产开发进一步规范。香格里拉工业园区维西新兴工业片区三通一平全面完成，引进了昆钢等大企业入驻工业园区，年产 50 万吨还原铁生产线和冰铜项目建设进展顺利。五年累计开采铁原矿 148 万吨。四是旅游业培育取得实质性进展。五年累计完成投资 6 400 万元，香格里拉滇金丝猴国家公园建成运营，实现门票收入零的突破。开展了旅游业发展规划编制工作，以塔城旅游景区、叶枝同乐傈僳族特色旅游村为代表的旅游业开发迈出了实质性步伐。五年累计接待国内外游客 224 万人次，旅游社会总收入 211 684 万元。

**【“千促”活动与“两委”换届工作】** 2010 年 3 月，按照县委统一部署，“千促”活动与村“两委”换届工作有机结合，齐头并进，取得了卓越成果。按照“千促”领导小组下设办公室，各乡镇党委确定信息员，即使传达民族团结进步活动及村“两委”换届工作动态，同时采取成立督察组，预防和控制违法违纪行为发生，加大宣传力度排查和调处矛盾纠纷，公开财务接受人民群众监督等方法，有效促进了社会和谐稳定。不仅全面顺利完成村“两委”换届工作，同时深入促进了民族团结进步。有力促进了“平安维西”创建工作，2010 年，维西县被省委、省政府评为“先进平安县”。

**【举办香格里拉第十届维西县兰花节】** 2010 年 3 月 10 日至 13 日，香格里拉第十届维西县兰花节成功举办。本届兰花节共展出兰花 298 盆。经评委认真评选，共评选出金奖 8 枚，银奖 10 枚，铜奖 15 枚，栽培奖 5 枚。此次兰展吸引了 5 000 多兰友前来观赏，也促进了交易市场的繁荣，兰花节期间交易额高达一百多万。维西兰花节的举办不仅为兰花爱好者提供交流平台，更进一步提升了维西兰花的知名度，促进维西兰花产业的发展。

**【教育综合改革】** 2010 年，按照“州办高中，县办初中，乡办小学，村办学前教育”的整体布局思路，我县拟定了《维西傈僳族自治县中小学布局调整及定点学校建设实施方案》，全县规划定点建设的中小学共需投入资金 42 909 万元，规划建筑面积 309 652 平方米。为加快集中规模办学步伐，在县级财政十分困难的情况下，县委、县人民政府调整部分项目资金，加大对教育的投入，预算安排前期规划、征地等经费 1 500 万元。为切实减轻学生负担，确保学生入学巩固工作，稳步推进全县以集中规模办学为主的教育综合改革，县人民政府从民政救助款中拨付 200.26 万元购置全县定点建设学校学生被褥。同时，根据州教改办的统一部署，我县各行政企事业单位以及广大干部群众积极响应县委、县人民政府的号召，积极开展捐资助学活动，全力支持全县教育综合改革工作，全县共捐资 700 多万元，我县以集中规模办学为主的教育综合改革工作实现自筹资金 2 000 多万元，教育综合改革捐资助学工作正在有序开展。

**【维西县政府门户网站】** 维西县第一个真正意义上的政府门户网站“中国·维西”——云南省维西傈僳族自治县人民政府公众信息网（http://www.weixi.gov.cn）筹建于 2009 年 10 月，5 月 1 日开通试运行。该网站在县委、县政府的统一领导下，以“为民服务”为宗旨，围绕进一步开发“对外宣传、政务公开、网上办事、政民互动”功能，结合我县电子政务规划，整合了我县信息公开、阳光政府等网上平台，充分拓展了各级政府在对外宣传和政务公开等方面的信息资源，努力把政府网站建设成展示维西形象的主要窗口。网站包含了维西在线（新闻频道）、走进维西、阳光政府（即信息公开等）、政务大厅、政民互动、魅力维西（旅游频道）、企业服务、投资维西及维西生活九大板块，下设243个子栏目。自2010年5月12日起独立访客达11 645人次，IP访问量达11 009次，页面浏览量（PV）达54 258次，平均每天达219次，并得到专业人士的好评，更为宣传、开展我县重点工作发挥了积极作用。

**【维德二级公路建设】**　维西（塔城）至德钦二级公路改建工程是云南省52条升级改造公路中里程最长、投资和施工难度最大的二级公路建设项目之一，也是我县解放以来交通建设史上投资规模最大的项目。开创我州公路历史上投资最大、等级最高、前期工作时间最短的历史，维西段分指挥部负责8个路基标段；沿江段分指挥部负责7个路基标，由华能澜沧江公司实施，该工程于2009年12月24日下达动工令，全部工程计划于2011年6月30日前竣工并交付使用。计划总投资336 769万元。至2010年11月底维西段累计完成投资156 277万元。

**【维西新城正式落成】**　9月9日，维西新城嘎萨街开街和维西大酒店奠基庆典活动在嘎萨街财富广场隆重举行，维西新城嘎萨街的正式开街，标志着维西城市化建设步入新的发展阶段。项目总投资3.3亿元，400多套商品房、270多间商铺已正式投入运营使用。嘎萨街、环城北路和滨河路三条大道的建成将改善城内交通环境三江广场和滨河休闲带将丰富和提高维西人民群众的生活质量提供休闲娱乐场地，财富广场购物中心楼和那那农副产品交易市场中心楼的建设，以及其他业态商业街的建设，将有力推动维西商贸经济的发展。

**【年产50万吨还原铁生产线建设项目正式启动】**　5月6日，维西县人民政府与昆钢铁合金股份有限公司签订了《维西县年产5吨还原铁生产县项目意向协议书》，根据协议，昆钢铁合金股份有限公司争取在两年半时间内投资10亿元在我县攀天阁吉期洛新兴工业园区建设一条年产50万吨还原铁生产线，此次签约，标志着维西扩大开放，拓宽招商领域，积极探索矿电结合的新型工业化路子取得了新突破。同时也将整合我县矿产资源，将资源优势转化为经济优势，促进我县经济社会协调发展。

**【县城污水处理厂投入试运行】**　9月3日，维西县举行了城污水处理厂厂址揭牌及开闸仪式，标志着县城污水处理进入了规范化管理。该项目得到了省住房建设厅、省发改委和省财政厅的重点支持，通过县委政府的精心筹建与建设部门的不懈努力，于2009年6月15日开工，被列为州级重点工程。该工程遵循精简、集中布置的原则，采用ICEAS处理工艺，新建雨污管网13.83千米，诶被了环境监测系统配套设施，完成了日处理污水0.8万吨投入4 279.8万元的处理厂一座。该厂的建成近期将使3.8万人城区人口受益，远期受益7.5万人，规划设计服务年限为20年。该厂如期投入试运行，是我县生态环境集中整治的延续和深化，它将结束城区污水直接排入永春河的历史，对进一步完善城市功能，提升城市品位，推进区域环境综合治理发挥着重大意义。

**【主要领导干部名录】**

一、中共维西县常委

农布七林　书记

蔡武成　县委副书记、县长

张志宏　县委副书记

余春桥　县委副书记兼保和镇党委书记

董品汉　常务副县长

刘秀萍　宣传部长

马盛春　组织部长

董品汉　政法委书记

张中华　武装部政委

刘顺昌　纪委书记（　—4月）

和春林　纪委书记（4月—）

李　良　统战部部长

二、县人大常委会

彭明华　主任

熊万明　副主任

李秋梅　副主任

李嘉祥　副主任

赵　瑾　副主任

三、县人民政府

蔡武成　县长

董品汉　副县长

赵永权　副县长

张耀光　副县长
张丽军　副县长
李顺平　副县长
四、县政协
朱孟光　主席
陶友唐　副主席
赵建泽　副主席
余耀海　副主席
古建珍　副主席
五、县直单位领导名册（排名不分先后）
人大办：
李玉昌　办公室主任
和　文　办公室副主任
政府办：
和向城　主任
李建新　副主任
李学明　副主任
陈继红　副主任
政协办：
黄　灿　副主任
纪　委：彭桂华　副书记
李　梅　副书记
法制办：
赵莲花　主任（副科）
接待办：
杨燕宏　主任
和丽春　副主任
信访局：
张翼翔　局长
朱琴波　副局长
发展研究中心：
蜂志明　主任
向丽波　副主任
发改局：
和向阳　党组书记
朱卫东　局长
王　永　副局长
杨承东　副局长
李　明　副局长
工业经贸和信息化局（12月—　）：
赵宗明　局长
张云程　副局长
和学礼　副局长
杨云坤　副局长
杨　钧　副局长
李世奇　副局长
教育局：
和从忠　党委书记、副局长
刘振雄　局长
赵仕华　副局长
李书铭　副局长
赵　伟　副局长
民族宗教事务局：
余建国　局长
李玉聪　副局长
何绍华　副局长
李迅珍　副局长
藏传佛教寺庙管理局：
和欣军　局长
周光跃　副局长
李玉龙　副局长
公安局：
李贵军　政委
杨承武　副政委
杨东升　纪委书记
杨文俊　副局长
叶庆梁　副局长
和宇平　副局长
曾学军　副局长
监察局：
浩学胜　局长
民政局：
王从武　局长
余月仙　副局长
李益川　副局长
司法局：
董世良　局长
杨德寿　副局长
谢建宏　副局长
财政局：
浦银忠　局长
张宗仁　副局长
赵利刚　副局长
黎友全　副局长（7月—　）

人力资源和社会保障局（12 月—）：
余小新　局长
罗向东　副局长
陈光宇　副局长
赵学兴　副局长
和承军　副局长
叶春彩　副局长
国土局：
和文宏　局长
李　普　副局长
和建梅　副局长
徐继光　副局长
住房和城乡规划建设局（12 月—）：
樊志新　局长
毛文良　副局长
何佳璧　副局长
何丽芳　副局长
交通运输局：
杨卫东　局长
和真光　副局长
张陈义　副局长
曹鉴群　副局长（7 月—　）
农牧和科技局：
胡勇仁　党委书记
和建斌　局长
傅春城　副局长
唐建荣　副局长
陶　兴　副局长
和万选　副局长
李树成　副局长
林业局：
吴健雄　党委书记
邱正忠　局长
马国杰　副局长
黄文君　副局长
水务局：
高　宇　局长（7 月—）
赵永坚　副局长
徐永平　副局长
审计局：陈丽云　局长
李　军　副局长（9 月—　）
和光辉　副局长（9 月—　）
文体广电旅游局（12 月—　）：
杨丽平　局长
吴丽萍　副局长
吉　祥　副局长
虎乐山　副局长
唐建梅　副局长
李文明　局长
卫生和人口计划生育局（12 月—）：
赵润忠　党委书记
熊建辉　局长
和群军　副局长
陈秀芳　副局长
李树平　副局长
和继雄　副局长
和吉方　副局长
食品药品监督管理局（12 月—）：
杨学明　局长
李玉龙　副局长
刘鹏飞　副局长
环保局：
杨学光　局长
和美光　副局长
张向东　副局长
统计局：
苟兆宇　局长
曹国晖　副局长
驻昆办：
杨文红　主任
蜂丽生　副主任
安监局：
李少东　局长
董建才　副局长
陶　勤　副局长
扶贫办：
余文礼　主　任
赵　伟　副主任
蜂志光　副主任
森林公安：
林维平　政委（　–10 月）
杨晓龙　局　长
和贵华　副局长
杨正祥　副局长

610办：
张永诚　主任
档案局：
张勤光　局长
供销社：
欧阳杰　主任
粮食局：
杨泽林　局长
和振琴　副局长（7月—　）
政务服务中心：
刘天仁　主任
黎有国　副主任
移民局：
杨金光　局长
赵永宏　副局长（9月—）
和自华　副局长（9月—）
招商局：
张云程　局长
杨云坤　副局长
执法局：
杨成武　局长
李献斌　副局长
和柯米　副局长
澜沧江里底电站工程协调指挥部：
张陈义　办公室主任
向湖平　办公室副主任
赵东征　交通协调组组长
杨继光　交通协调组副组长
曾学军　治安保卫组组长
杨金光　兼任移民安置组组长
赵永宏　兼任移民安置组副组长
寺庙管理局：
和欣军　局长（7月—　）
县委办：
余跃军　主任
张丽明　副主任
组织部：
杨义海　常务副部长
黄龙新　副部长
宣传部：
赵　毅　常务副部长
李世忠副部长
统战部：
余国庆　常务副部长
马俊阳　副部长
和成光　副部长（6月—）
政法委：
陶卫东　副书记
张永诚　副书记（6月～）
政研室：
张　宏　主任
段亚涛　副主任
施　杰　副主任
老干局：
杨俊华　党委书记
张天友　局长
机关工委：
李志高　书记
杨凤仙　副书记
党史办：
李定国　主任
周云芳　副主任
县纪委监察局第一纪工委：
蜂成忠　书记
罗群军　副书记
第二纪工委：
邹学先　书记
熊跃明　副书记
第三纪工委：
李朝振　书记
赵东征　副书记
第四纪工委：
和春荣　书记
县委党校：
白彦荣　常务副校长
工会：
黄文凤　常务副主席
团委：
于海燕　书记
陈宏（10月—　）　副书记
妇联：
李贞红　主席
李春梅　副主席
工商联：

和成光　党组书记
张素娇　会长
残联：
赵瑞清　理事长
刘丽英　副理事长
罗耀明　副理事长
法院：
余中生　院长
李学全　副院长
杨承军　副院长（12 月～　）
检察院：
和庆华　检察长
熊伟　副检察长
杨为平　副检察长
向继文　副检察长（11 月—　）
人武部：
和志钢　部长
保护局：
刘四康　局长
食药局：
赵永怀　局长
工商局：
陈文军　局长
李庆椿　副局长
李勇生　副局长
质监局：
吉亚新　局长
陈绍荣　副局长
国税局：
王立新　局长
地税局：
和　毅　局长
姜　云　副局长
人行：
和庆文　行长
农行：
张春华　行长
农发行：
王寅三　行长
信用社：
秦仪尧　理事长
财产险：
赵晓琴　经理
人寿险：
和青竹　经理
气象局：
赵向东　局长
路政大队：
余荣明　队长
公安交警队：
方又刚　大队长
赵　宁　副大队长（7 月—　）
曹瑞武　副大队长（7 月—　）
邮政局：
和丽芳　局长
赵　涛　副局长
电信公司：
徐继红　经理
联通公司：
尹成荣　经理
移动公司：
杨丽宏　总经理
运管所：
李永志　所长
电网公司：
木　俊　经理
客运公司：
罗　全　经理
投资公司：
陈仲灿　董事长兼总经理
赵晟辉　副总经理
杨树刚　副总经理（3 月～）
消防大队：
任　奕　队长
武警中队：
李增飞　队长
黄　林　指导员

**【乡镇简介】**

保和镇　保和镇地处永春河西岸，东、南、北三面与永春乡接壤，西与维登、中路连接，背靠雪龙山，面临永春河，面积 14 平方公里，县城十字街海拔 2 320 米，年平均气温 11℃，镇辖 3 个社区居民委员会、1 个村民委员会，13 个村（居）民小组。2010 年末，总人口 10 204 人，其中农业人口 2 355 人，非农业人口 7 810 人，傈僳族 1 433 人，占总人口的 14.04%，农民人均纯收入 5 559 元。2010 年新型农村合作医疗参合 2 058 人，参合率为 99%，城镇居民医疗保险参保 421 户，947 人。基本实现了村村通水、通电、通路、通讯的目标，并逐步向小康迈进。

保和镇是县人民政府驻地，是全县政治、经济、文化的中心。有史以来，历代统治者十分重视对保和镇的各项建设，市场持续繁荣发展。县委、县人民政府历来高度重视县城基础设施建设，先拓展瓦窑新村、南箭新村、气象新村、杆香新村、青龙新村，扩建东大街新城区，改造老城区综合市政工程，招商投建念萨商业街，引资修建嘎萨商住街。随着澜沧江电站的梯级开发，县城人流、物流剧增，县城城镇面积达到了 14 平方公里，使县城的人居环境得到了进一步的改善，辖区居民和农民生活普遍富裕，各民族安居乐业，和睦相处，和谐发展，呈现繁荣发展的态势。真正起到了县城的辐射带动作用。

领导名录

蒋志添　党委副书记

陈毅志　副书记

陈静龙　纪检书记

谢新良　人大主席

何树勋　镇长

胡志远　副镇长

董红梅　副镇长

和学武　副镇长、派出所长

秦礼生　武装部长

永春乡　永春乡位于县境最南端，东与丽江市的玉龙县鲁甸乡接壤，南与怒江州兰坪县的河西乡相连，西与维登中路两乡毗连，西北与攀天阁乡相连，县城保和镇在其辖区中心区域。国土面积 625 平方公里。东连栗地坪，西靠雪龙山，永春河自南往北纵贯全境，年平均气温 11.3℃，主要居住在永春河两岸，乡政府驻地本村海拔 2 180 米，乡政府驻地拖枝海拔约 2 200 米，距县城保和镇 14 公里，下辖 13 个村民委员会，202 个村民小组，2010 年末，人口 33 207 人，其中非农人口 1 074 人，傈僳族人口 16 710 人，占总人口的 50.32%。人口密度为 53 人/平方公里，是全州农业人口最多、人口密度最高的乡镇。到目前为止，还未通公路的村民小组有 86 个，未通电的村民小组有 17 个，未通自来水的村民小组有 53 个。辖区各民族安居乐业，和睦相处，和谐发展，呈现繁荣发展的态势。

领导名录

施春德　党委书记

梁　峰　纪委书记

木荣发　人大主席

杨正祥　乡　长

黎友全　副乡长

王燕竹　副乡长

李益田　副乡长、派出所长

吉卫东　武装部长

攀天阁乡　攀天阁乡位于县城以北，东、南与永春乡接壤，西及西北端与白济汛乡连结，东北与塔城乡为邻，总面积 282 平方公里，乡境由攀天阁高山区和永春河中下游河谷区两部分组成，攀天阁乡政府所在地皆菊海拔 2 540 米，是世界高海拔产稻区，距县城保和镇 31 公里，到 2010 年末，乡辖 8 个村民委员会，107 个村民小组，全乡人口 15 874 人，其中农业人口 15 298 人，占总人口的 96.37%，非农人口 576 人，占总人口的 3.73%，傈僳族人口 9 124 人，占总人口的 57.47%。到目前为止，还未通公路的村民小组有 8 个，未通电的村民小组有 7 个，未通自来水的村民小组有 29 个。境内投产运行小水电站 1 座，在境内吉期洛投资近 5 亿元建设香格里拉维西工业园区。

领导名录

刘文武　党委书记

熊贵光　副书记

熊永明　纪委书记

和学光　人大主席

董顺华　乡　长

曹国新　副乡长

李　辉　副乡长

尹国松　副乡长、派出所长

刘兴强　武装部长

白济汛乡　白济汛乡东与攀天阁乡接壤，北与康普乡连结，西沿碧落雪山与怒江州福贡为邻，总面积 593 平方公里，著名的国际河流澜沧江纵贯全境。境内有国内外知名的天主教圣地小维西天主教堂，乡政府驻地白济汛海拔1 730米，距县城保和镇35公里，乡辖11个村民委员会，166个村民小组，是第二大乡。2010年末，全乡人口24 675人，其中：非农人口657人，占总人口的2.66%，傈僳族人口17 789人，占总人口的72.09%，占全县傈僳族人口的11.63%，是全县傈僳族人口最多的乡镇。到目前为止，还未通公路的村民小组有32个，未通自来水的村组有46个，境内拥有澜沧江江桥7座，过江溜索2对。

领导名录

郭红英　党委书记

杨慧聪　副书记

余树强　纪检书记

赵建国　人大主席

赵中华　乡长

马荣刚　副乡长

庄永承　副乡长

木丽平　副乡长、派出所长

钱继云　武装部长

康普乡　康普乡东与塔城镇、德钦县为邻，北与叶枝镇连结，西沿碧落雪山与怒江州福贡为邻，总面积452平方公里，著名的国际河流澜沧江纵贯全境。境内有多种民族文化、多宗教派为一体的康普寿国寺。乡政府所在地康普海拔1 760米，距县城保和镇70公里，乡辖9个村民委员会，95个村民小组。2010年末，全乡人口11 075人，其中农业人口10 708人，占总人口的96.7%，非农人口367人，占总人口的3.3%。傈僳族人口8 743人，占总人口的78.9%。到年底，还未通公路的村民小组有24个，未通电的村民小组有5个，未通自来水的村民小组有56个，境内拥有澜沧江江桥2座，过江溜索1对。境内已投产运行小水电站1座、正在建小水电站2座。

领导名录

格桑顿珠　党委书记

李卫华　副书记

何振宇　纪检书记

方志武　人大主席

和　荣　乡长

李卫华　副乡长

朱建生　副乡长、派出所长

王绘臣　武装部长

叶枝镇子　叶枝镇东与德钦县连结，北与巴迪乡接壤，西沿碧落雪山与怒江州贡山县为邻，南与康普乡毗连，总面积476平方公里，著名的国际河流澜沧江纵贯全境。叶枝被誉为阿尺木刮歌舞之乡、叶枝镇同乐傈僳族传统文化保护区被列入第一批国家非物质文化遗产保护名录，有三江司令府叶枝土司衙署，有待开发的世界自然遗产“三江并流”核心点叶枝查布朵嘎。乡政府驻地海拔1 800米，距县城保和镇86公里，辖8个村民委员会，99个村民小组。2010年末，全乡人口11 058人，其中非农人口427人，傈僳族人口7 242人，占总人口的65.49%。到目前为止，还未通公路的村民小组有19个，未通电的村民小组有20个，未通自来水的村民小组有44个，境内拥有澜沧江江桥2座，过江溜索3对。

领导名录

和贵清　党委书记

杨丽仙　副书记

李志江　纪委书记

赵玉林　人大主席

和建忠　镇长

王林君　副镇长

和成银　副镇长

杨继武　副镇长、派出所长

和　铭　武装部长

巴迪乡　巴迪乡东、北与德钦县连结，南与叶枝镇接壤，西沿碧罗雪山与怒江州贡山县为邻，南与康普乡毗连，总面积601平方公里，著名的国际河流澜沧江从德钦进入乡境，纵贯全境。境内国家将在里底开发澜沧江大型梯级电站。乡政府驻地海拔1 860米，距县城保和镇112公里，辖6个村民委员会，61个村民小组。2010年末，全乡人口7 987人，其中农业人口7 744人，占总人口的97.02%，非农人口231人，占总人口的2.98%。傈僳族人口4 178人，占总人口的53.95%。到目前为止，还未通公路的村民小组有3个，全乡所有村民小组均通电，未通自来水的村民小组有12个，境内拥有澜沧江江桥4座，过江溜索2对。境内正在建小水电站3座。

领导名录

和凤军　党委书记

宋　斌　副书记

李俊清　纪检书记
杨段春　人大主席
和一忠　乡　长
李梅光　副乡长
高志雄　副乡长
苏新民　副乡长、派出所长
郭　军　武装部长

塔城镇　塔城镇东与香格里拉县五境乡连结，北与德钦县接壤，西及西南与康普、白济汛、攀天阁相连，南连永春乡，东南与丽江市玉龙县巨甸镇毗邻，总面积807平方公里。著名的金沙江从境内东北部经过。塔城是著名的藏族“热巴”之乡，境内有藏传佛教圣地达摩祖师洞，滇金丝猴国家公园正在建设中，镇政府驻地海拔2 100米，乡政府驻距县城保和镇86公里，辖7个村民委员会，120个村民小组。2010年末，全乡人口16 416人，其中非农人口854人，傈僳族人口4 207人，占总人口的25.62%。到目前为止，还未通路的村民小组有10个，未通自来水的村民小组有22个，境内拥有金沙江江桥1座，境内已投产运行小水电站4座。

领导名录
和先念　党委书记
和志华　副书记
马文新　纪检书记
杨玉玺　人大主席
和金光　镇　长
和志华　副镇长
和文军　副镇长
吴　召　副镇长、派出所长
和春林　武装部长

中路乡　中路乡东与永春乡连结，北与白济汛乡接壤，南与维登乡相连，东与怒江州福贡县毗邻，总面积318平方公里，乡政府驻地海拔1 650米，乡政府驻距县城保和镇60公里，著名的国际河流澜沧江纵贯全境。辖7个村民委员会，72个村民小组。2009年末，全乡人口10 483人，其中农业人口10 198人，占总人口的97.18%，非农人285人，占总人口的2.8%。傈僳族人口8 699人，占总人口的82.98%。到目前为止，还未通公路的村民小组有36个，全乡所有村民小组基本通电，未通自来水的村民小组有34个，境内拥有澜沧江江桥2座。境内已投产运行小水电站1座，境内正在建小水电站1座。

领导名录
余清华　党委书记
朱建荣　副书记
杨　冈　纪委书记
余绍华　人大主席
杨茂松　乡长
杨文武　副乡长
陈剑清　副乡长
李金辉　副乡长、派出所长
张学卿　武装部长

维登乡　维登乡东与保和镇、永春乡连结，北与中路乡接壤，南与怒江州兰坪县中排乡毗邻，西与怒江州福贡相连，总面积426平方公里，乡政府驻地海拔1 640米，乡政府驻距县城保和镇73公里，著名的国际河流澜沧江纵贯全境，从乡境碧玉河流向怒江州兰坪界。辖9个村民委员会，94个村民小组。2010年末，全乡人口13 639人，其中农业人口13 179人，占总人口的96.63%，非农人口459人，傈僳族人口9 195人，占总人口的67.41%。到目前为止，还未通公路的村民小组有32个，未通电的村民小组有2个，境内拥有澜沧江江桥3座。境内已投产运行小水电站2座。

领导名录
蜂云兴　党委书记
杨和聪　副书记
和绍华　纪委书记
和朝明　人大主席
赵学飞　乡长
李玉生　副乡长
蔡武义　副乡长
和劲辉　副乡长、派出所长
和　文　武装部长

（向丽波）

## 德钦县

**【综　述】**　德钦县地处东经98°35′6″—99°32′20″，北纬27°33′44″—29°15′2″之间，位于云南省迪庆州西北部横断山脉地段，青藏高原南缘滇、川、藏三省（区）结合部。东临四川巴塘县、得荣县，南接迪庆州维西县，西连西藏左贡县、察隅县及云南怒江州的贡山县，北靠西藏芒康县。全县总面积7 273平方千米，最高海拔为云南第一峰卡瓦格博峰6 740米，最低海拔为燕门乡洛咱河口澜沧江面1 840.5米，平均海拔为4 270.2米。县人民政府驻地升平镇，标准高程3.4千米，距省府昆明市889千米，距州府驻地香格里拉县182千米。县辖六乡二镇，即升平镇、奔子栏镇、羊拉乡、佛山乡、燕门乡、云岭乡、霞若傈僳族乡、拖顶傈僳族乡。共42个村（居）委会，466个村民小组。2010年，平均气温6.6℃，年最高气温24℃（8月16日），年最低气温－9.5℃（1月2日）。年总日照数1 727.1小时，年总降水量937.7毫米。平均无霜期180天。

2010年，年末总人口6.4万人，其中非农业人口11 650人，占总人口的18.2%；少数民族人口63 377人，占总人口的99%，少数民族中藏族人口52 672人，占总人口的82.3%，人口密度每平方千米8.7人，人口自然增长率1.52‰。少数民族有藏族、傈僳族、纳西族、白族、回族、彝族、壮族、苗族、哈尼族、怒族、傣族、普米族，共12种。

2010年，全县地区生产总值完成118 872万元，按可比价计算同比增长20.4%；其中第一产业完成10 130万元，同比增长5.9%；第二产业完成62 211万元，同比增长14.3%；第三产业完成46 531万元，同比增长33.9%。一、二、三产业比重由2009年的10.1：54.2：35.7调整为2010年的8.5：52.3：39.2。农业总产值15 266万元，比上年增长7.9%，其中粮食总产量2.2482万吨，增3%，葡萄种植面积达8 576亩，产量1 981吨，总产值达753万元。工业总产值完成79 217万元，增长86.4%，其中发电量11 947万度，比上年减31%，铜金属产量1.0565万吨，比上年增长14.5%。地方财政总收入完成14 762万元，同比增长45%；地方财政一般预算收入完成7 078万元，同比增长58%。全社会固定资产投资完成236 563万元，同比增长45%。接待国内外游客54.4万人次，同比下降8%；旅游社会总收入实现14 184万元，同比下降65.8%。农民人均纯收入达到3 372元，同比增长14.5%。在职职工年工资总额44 972万元，比上年增33%。社会消费品零售总额完成26 221万元，同比增长16.9%。城镇居民人均可支配收入达到16 992元，同比增长10.2%。年末金融机构各项存款余额达140 454万元，同比增长31.7%；各项贷款余额达48 131万元，同比增长57.96%。城镇登记失业率控制在3.04%以内。人口自然增长率控制在1.52‰。单位生产总值能耗降与上半年持平。

**【固定资产投资】**　2010年，全社会固定资产投资完成236 563万元，同比增加73 737万元，增长45%。分类投资完成情况为：交通184 724万元，占总投资的78.09%；市政建设6 531万元，占总投资的2.76%；基层政权建设4 699万元，占总投资的1.99%；农、林、水和生态环境保护与建设1 916万元，占总投资的0.8%；社会事业2 118万元，占总投资的0.9%；电站建设19 518万元，占总投资的8.25%；矿业4 157万元，占总投资的1.76%；城镇工矿区私人建房2 400万元，占总投资1.01%；农村私人建房8 500万元，占总投资的3.59%。购买生产性固定资产投资2 000万元，占总投资的0.85%。

**【农业产业结构调整】**　2010年，全县兑现良种补贴、综合直补、农机补贴、农村低保、高原农牧民子女补贴、退耕还林、退牧还草补助资金和游牧民定居、危房改造资金14 915万元，人均补助达到2 858.63元，农民生活条件不断改善，生活水平进一步提高。2010年农业总产值15 266万元，比上年增长7.9%，全县农作物播种面积10万亩，粮食总产量22 482吨，比上年增长3%。截止2010年底全县规范种植葡萄面积达到8 576亩，葡萄总产量达到1981吨，比上年增长1.1%，实现产值753万元。种植优质核桃1万亩，核桃总产量达到4 935吨，比上年增长7%。种植药材5 200亩、马铃薯22 566亩、无公害蔬菜2 484亩，完成中低产田地改造1 800亩。2010年全县肉类总产量为2 484吨，比上年增长0.6%。牛奶产量5 694吨，比上年增长0.6%。家禽肉产量293吨，比上年增34%。蛋产量为198吨，比上年增长33%，大小牲畜存栏为18.1万头（只），比上年增7.8%，大小牲畜出栏为3.62万头（只），比上年增长13%。畜牧业产值达4 357万元，比上年增长15%。推广蜜蜂养殖5 100箱，产蜂蜜8.7吨。

【农业基础设施建设】 2010年，全县稳步推进农田建设项目，投资904.4万元；以自然村为单位，加快推进特色养殖基地建设，投资215万元；加强农村基础建设，完成游牧民定居工程4 523户，投资13 527万元；启动了8个建制村、7个自然村整村推进项目，完成投资3000万元；完成226户1 577人的易地扶贫开发项目，投入资金789万元；完成县城、羊拉、萨龙、哑贡、纳古、奔子栏等地供水工程，投资2 681.8万元；启动政法机关、省属单位办公楼迁建等建设项目，完成投资4396万元。完成县城老城区改造规划、奔子栏集镇总规修编工作，启动4个乡镇城镇体系规划和7个行政村、46个自然村规划编制工作，完成投资210万元。

【电矿产业】 2010年，全县在建的丹达河、茂顶河一二级、三岔河一二级、施坝河一二级、相多河一二级、春多乐河、茨中河、禹功河电站建设项目进展顺利，珠巴洛河、叶通河水电资源开发前期工作有序推进。全年完成发电量1亿度，水电资源开发完成投资28 601万元。积极做好矿产资源勘探开发的协调服务工作，全年投入矿产资源开发资金11 855万元，完成1.1万吨铜金属、27万吨铁原矿生产任务；以电促矿、以矿带电、电矿结合的发展格局初步形成。

【旅游业】 2010年，全年接待海外游客27.44万人，比上年下降56%，实现旅游外汇收入1 645.69万元。年内接待国内游客达26.97万人次，实现国内旅游收入12 539万元；全县实现旅游业总收入14 184万元，比上年下降65.8%。

【乡镇企业和非公经济】 2010年，乡镇企业和非公经济实现增加值51 353万元，同比增长28.3%，乡镇企业总产值10 558万元，比上年减7.1%，利税完成1 800万元，增61%，从业人员达6 000人，比上年增694人。

【市政建设】 2010年，国道214线德盐段公路提质改造项目全面结束，完成投资6 800万元；香德、德维二级公路及澜沧江沿江公路建设工作进展顺利，完成投资175 321万元；新建农村通组公路300公里，完成投资2 500万元。县城整治建设拓展工程到位资金3.54亿元，完成投资3.36亿元；启动政法机关、省属单位办公楼迁建等建设项目，完成投资4 396万元。行政中心、群众文化活动中心、县城体育场项目竣工验收并交付使用，完成市政路网主干道卡瓦格博路和两条支干线建设，省属区和政法道路、县城供排水、县城引水工程进展顺利。完成香德路、德维路县城路段路灯新建、老城区路灯改造和县城副线风光互补路灯、佛山乡政府驻地市政路灯及奔子栏市政绿化建设项目，完成投资556.76万元。完成县城老城区改造规划、奔子栏集镇总规修编工作。

【交通运输】 2010年，全年交通运输增加值为8 103万元，比上年增长214.1%。货物运输总量49万吨，比上年增长172%，旅游运输完成3.26万人次，比上年下降50%，旅客运输周转量完成813.78万人公里，比上年下降50%。全县民用汽车保有量达到2 473辆，比上年增长19.87%，其中乘有私人汽车保有量171辆，比上年增长17%。全年农村公路总通车里程2 033.7公里。41个行政村实现了村村通公路。

【邮电通讯业】 2010年，全县邮政业务总量113万元，比上年增长1.13%；电信业务总量540万元比上年增长9.8%；移动电话业务收入2 666.5万元。移动电话用户50 320户，固定电话用户2 100户，两项合计52 470户。电话普及率达到82部/百人。

【生态建设】 2010年，继续实施好天然林保护、退耕还林后续巩固等重点生态建设工程。全县森林管护面积844万亩，完成荒山造林1万亩、人工造林2.45万亩、退耕还林面积累计达5.5万亩，完成义务植树22万株。争取到省级地方公益林和部分国家公益林生态效益补偿资金1 000多万元。安装太阳能热水器500套，实施沼气池1 867口，推广节柴灶712眼，实施藏区温暖工程一灶一炉300套，实施生态移民90人。

【教育事业】 2010年，教育事业健康发展。全县有完全中学1所，初级中学2所，职业学校1所，高中在校生430人，初中在校生2 406人，初中毛入学率102.6%，初中辍学率0%。幼儿园1所，在园幼儿人数272人。有33所小学，其中乡镇中心校7所，示范小学1所，民族小学1所，有教学点18个，小学在校学生4 715人，小学入学率99.24%，辍学率0.9%。高考上线率97.54%，高考升学率达81.15%。中考参加报名人数617名，比上年增78人。小学升初中参加考试人数915名，比上年增12人。全县共有教职工703人，其中专任教师678人，本科学历253人，专科学历347人，高中中专以下学历64人，小学专任教师学历达标率91.17%，初中教师学历达标率97.8%，高中教师学历达标率97.7%。全县中学图书藏书量44 989册，小学图书藏书量76 580册，幼儿园图书藏书量1 360册。全年投入教育基础设施建设资金3 604万元，新建校舍4.22万平方米。全面落实义务教育阶段学生“两免一补”政策，共有7 478名学生享受高原农牧民子女生活补助，发放补助资金1 155.49万元，及时兑现各类政策性工资补贴。发放农村义务教育阶段教师绩效工资292.67万元，其中上级补助292.67万元。

**【卫生、计生事业】**　2010年，卫生事业不断进步，县级综合医院1个、县疾控中心1个、县妇幼保健院1个、卫生监督所1个、新农办1个、乡（镇）卫生院7个、村卫生室41个、农家卫生室120个。全县医疗机构共设置病床185张，共有卫生人员202人，其中卫生技术人员182人。全年甲、乙类法定报告传染病发病率98例，报告死亡1人；报告传染病病发率152.83/10万，死亡率1.56/10万。婴儿死亡率23.77‰，孕产妇死亡率0，住院分娩率80.98%。

**【社会保障】**　2010年末，全县城镇基本养老保险参保人数达到1 678人，农村社会保险参保人数达42 291人，企事业单位失业保险参保人数达到1 512人，全县医疗保险参保人数达到9 546人，生育保险参保人数达到3 658人，工伤保险参保人数达到3 658人。城镇居民医疗保险参保人数4 405人。新型农村合作医疗参合人数50 793人，参合率达98.4%。年底享受农村低保人数达18 125人，新增500人，享受城镇低保人数达2 700人，全年累计发放低保金2 095.8万元。发放在职和离退休干部职工取暖补贴31.14万元。

**【文化体育和广电事业】**　2010年，全县共有各种艺术表演团体1个，文化馆2个，公共图书馆1个。乡镇文化站8个，新建农民体育健身工程8个。全县共有娱乐产所和文化经营单位68家。全县

**【就业再就业工作】**　2010年，全县招录公务员46人、事业单位工作人员45人，完成公务员实名制登记和事业单位法人登记工作，全年城镇新增就业953人，安置下岗失业人员再就业141人。投入培训资金125.6万元，组织开展农村实用技术培训3 887人次，输出农村剩余劳动力14 737人，其中就地转移6 973人次。认真做好青年创业贷免扶补工作，发放创业贷款630万元。

**【民政救灾救济工作】**　2010年，全年共投入抗旱救灾资金582万元，下发救灾粮216吨，投入抗旱人力4.2万人。较好地解决了受灾群众和弱势群体的生活保障问题。

**【公共基础设施建设】**　2010年实施安居工程100户、居民地震安居工程400户，危房改造1 330户、廉租住房建设1.6万平方米，完成投资2 830万元；发放住房租凭补助128.16万元。

**【国防队伍建设和双拥工作】**　2010年，国防队伍建设和双拥工作扎实推进。积极开展冬季征兵工作，完成征兵任务23名。加强民兵应急队伍建设，投入资金37万元。重视专业复员退伍军人安置和优抚工作，安置复退军人5名，发放优抚款243.2万元。认真做好复退军人、军烈属慰问工作，发放慰问金16.8万元。

**【维稳工作】**　2010年，依法治县稳步推进，“五五普法”顺利进行，“送法进村入户”、“送法进寺庙”活动有序开展，人民调解和法律援助工作进一步加强，成功调处矛盾纠纷105件。全面贯彻党的民族宗教政策，全年投入民族示范点建设资金170万元。切实加强和规范对宗教事务的管理，有效改善宗教活动场所基础设施条件，基础设施建设资金122万元，解决宗教教职人员困难补助3万元、60岁以上僧尼最低生活保障18.6万元、学经班学员生活补助14.1万元，投入各类援助资金60万元。进一步健全社会治安防控体系，严密防范和严厉打击各种违法犯罪活动，破获各类刑事案件33起，破案率达到83%，查处治安案件51起，查处率达到100%，有效维护了安定团结的社会秩序。认真做好社会稳定工作。投入维稳资金200万元。及时做好社会矛盾纠纷排查调处工作，积极开展书记、县长大接访和专项下访活动，切实为广大群众解决热点、难点问题。认真开展安全生产联合大检查和百日督查专项行动，加强对食品药品、道路交通、矿山、水电开发、建筑行业、消防、旅游景区等领域安全生产专项整治，消除安全隐患，遏制重特大安全事故

发生。

## 德钦县领导名录

（截止2010年12月31日）

### 中共德钦县委

县委常委

和忠华（县委书记）

扎西顿珠（县委副书记、县政府县长）

格桑朗杰（县委副书记）

陈　群（县委副书记）

熊文权（县委常委、县纪委书记）

张伟强（县委常委、组织部长）

和寿华（县委常委、统战部长）

张永明（县委常委、常务副县长）

余荣华（县委常委、县政府副县长）

张陆金（县委常委、政法委书记）

陈达刚（县委常委、武装部政委）

胡春兰（县委常委、宣传部部长）

县委办公室

格玛此里（县委办主任）

斯那品初（县委办副主任）

李正东（县委办副主任）

孟福友（督查室主任）

阿三妹（机要局局长）

县纪委、监察局

唐春雷（纪委副书记、监察局长）

杨沛英（纪委常委、监察局副局长）

登　巴（纪委常委、综合室主任）

鲁茸丁巴（纪委常委、干部室主任）

阿茸尼玛（纪委常委、办公室主任）

和雪峰（县纪委审案室主任）

和瑞金（纪委常委、信访室主任）

都吉卓玛（县纪委宣教室主任）

江　涛（县纪委案件检查室主任）

特　姆（第一纪工委书记）

李四先（第一纪工委副书记、监察分局局长）

喻红梅（第一纪工委专职委员）

扎　史（第二纪工委书记）

和　云（第二纪工委副书记、监察分局局长）

陈桂英（第二纪工委专职委员）

肖　吾（第三纪工委书记）

黄德文（第三纪工委专职委员）

张建红（第四纪工委书记）

此　玛（第四纪工委副书记、监察分局局长）

和明春（第四纪工委专职委员）

马学东（第五纪工委书记）

钟海洋（第五纪工委副书记、监察分局局长）

余向新（第五纪工委专职委员）

张智华（第六纪工委书记）

王　瑾（第六纪工委副书记、监察分局局长）

张小雷（第六纪工委委员）

人大常委会

江　初（县人大常委会党组书记、主任）

鲁茸定主（县人大常委会党组副书记、副主任）

刘成梁（县人大常委会副主任）

农　布（县人大常委会副主任）

李桂兰（县人大常委会副主任）

人大办公室

称　璞（县人大民宗委主任（副调研员））

阿主玛（教科文卫委主任）

余光华（人大办主任）

县人民政府

王秀珍（县政府副县长）

张学东（县政府副县长、公安局长）

刘秋生（县政府副县长）

政府办公室

李永辉（政府办主任）

杨宏斌（政府办副主任）

金鸿（政府办副主任）

政　协

培　初（县政协党组书记、主席）

白玛初晓（县政协党组副书记、副主席）

旺　东（县政协副主席）

扎　巴（县政协副主席）

彭跃红（县政协副主席）

政协办公室

余泽光（政协办主任）

阿　布（县政协民宗委主任）

邓　华（县政协经科文卫委主任）

李忠高（县政协文史资料委主任）

红　梅（县政协提案委主任）

县委组织部

瞿　斌（常务副部长）

县直属机关工委

余海灵（副书记）
县委老干部局
李秋荣（局长）
和儒鸿（副局长）
宣传部
胡春兰（县委常委、宣传部部长）
韦国栋（副部长）
统战部
都　吉（副部长、宗教局局长）
吉　增（宗教局副局长）
政法委
王跃新（专职副书记）
安　争（综治委主任）
余志刚（610 办公室主任）
政研室
赵德康（主任）
斯那扎史（副主任）
县委党校
格　登（常务副校长）
检察院
彭利红（检察长）
李永胜（副检察长）
阿　争（副检察长）
余志远（党组成员、纪检组长）
白玛吾堆（县反贪局局长）
孙文光（县反贪局副局长）
法　院
毛振斌（院长）
陆　金（副院长）
阿史木（副院长）
总工会
层　松（主席）
刘卫东（常务副主席）
郭金顺（副主席、女工主任）
团　委
余春泉（书记）
张庆华（团县委副书记）
取　初（团县委副书记）
妇　联
余秀兰（主席）
彭松美（副主席）
西劳卓玛（副主席）
工商联
张　华（县工商联会长）
和　梅（秘书长）
残　联
和永明（理事长）
科学技术协会
杨献忠（主席）
那生都吉（秘书长）
发改委
吾　堆（党组书记）
杨履钦（主任）
闵铸品（副主任）
格茸登巴（副主任）
经　委
立青多杰（党组书记）
江　初（主任）
郭玉华（副主任）
阿娃拉姆（副主任）
教育局
达瓦培布（党组书记）
和光华（局长）
曹品刚（副局长）
此　称（副局长）
科技局
不　布（局长）
民宗委
鲁茸益西（主任）
公安局
张玉红（副政委）
和德康（副局长）
吉　成（副局长）
和小华（副局长）
民政局
安　吾（局长）
陆　太（副局长）
龙正光（副局长）
司法局
柒　金（局长）
黄政才（副局长）
财政局
杨永鹤（局长）
此里品初（副局长）

李　奎（副局长）
人事局
和永坚（县委组织部副部长、人事局长）
立青定主（副局长）
劳动和社会保障局
余恒星（副局长）
建设局
罗志坚（局长）
喻　华（副局长）
格茸扎史（副局长）
环保局
徐丽钦（局长）
格　都（副局长）
交通局
鲁茸此里（党组书记）
江　初（局长）
阿　吉（副局长）
格玛桑主（副局长）
水电局
阿　主（局长）
吾　金（副局长）
南　佳（副局长）
农布定主（副局长）
农业局
张正军（局长）
培　布（副局长）
畜牧局
丁争取扎（局长）
西　劳（副局长）
林业局
杨寿康（党组书记）
宫　布（局长）
扎　西（副局长）
格茸此里（副局长）
提　布（森林防火指挥部专职副指挥长）
文体局
斯那吉称（副局长）
张雄光（副局长）
卫生局
龙永明（党组书记）
余新明（局长）
刘文云（副局长）
布此里（副局长）
计生委
扎史吾堆（主任）
李仕英（副主任）
审计局
和金龙（局长）
郑永平（副局长）
李　强（副局长）
统计局
张文志（局长）
江　初（副局长）
旅游局
阿　登（局长）
扎史吾堆（副局长）
王国兰（副局长）
此里江初（副局长）
安监局
巨米那加（局长）
永追木（副局长）
王永升（副局长）
国土资源局
格　嘎（副局长）
龚建华（副局长）
阿　妞（副局长）
森林公安局
此　布（局长）
周金堂（副局长）
扶贫办
尼玛定主（主任）
培　布（副主任）
刘玉峰（副局长）
广电局
龚曲此里（局长）
泽仁品楚（副局长）
李　源（副局长）
粮食局
鲁茸农布（局长）
张俊儒（副局长）
供销社
张俊杰（主任）
秋　生（副主任）
驻昆办

孙德美（主任）
王海洋（副主任）
肖 瑀（副主任）
接待办
雪 梅（主任）
生物创新办
立青格茸（副主任）
法制局
叶文彬（局长）
县投资开发公司
松 毅（经理）
立青农布（副经理）
县信访局
龙勇勤（局长）
宋寿康（副局长）
县东竹林寺管理局
吾 堆（局长）
鲁茸定主（副局长）
燕门寺院管理局
农布扎堆（局长）
羊拉寺院管理局
吉 称（局长）
红坡寺院管理局
丁志平（副局长（主持工作））
县史志办
衡 汝（主任）
刘 常（副主任）
县档案局
喻新华（局长）
尼 玛（副局长）
县城市规划管理局
阿 普（局长）
鲁进武（副局长）
县外事招商局
吾 佳（局长）
尼 玛（副局长）
兰志成（局长）
县移民开发局
李国仕（局长）
县机关事务管理局
达瓦此里（局长）
陈瑞源（副局长）
县防震减灾局
小江初（局长）
肖丽明（副局长）

**【乡镇简介】**

升平镇 位于县境中部高山区，东部连羊拉乡和奔子栏镇，西南部邻燕门乡和云岭乡，西北接佛山乡和西藏芒康县，是德钦县政治、经济、文化活动中心。镇辖阿墩子、墩和2个社区，阿东、巨水2个村委会，37个村民小组，67个自然村。全镇国土面积760平方千米。

2010年末全镇总人口8 705人。其中农业人口4 027人，占总人口的46.26%；藏族人口8 058人，占总人口的92.56%。乡村劳动力资源数为3 809人，乡村从业人员数为2 092人。2010年农作物总播种面积5 977亩，其中粮食作物播种面积5 769亩，粮食产量1 284.22吨。园林水果生产130.48吨，其中苹果26.04吨，梨19.53吨，葡萄84.91吨。核桃产量121.48吨。松茸产量70吨。蔬菜播种面积102亩，产量786.42吨。大牲畜存栏6 910头（只），大牲畜出栏379头（只）。牛奶产量604吨，禽蛋13吨，蜂蜜0.1吨。2010年末全镇财政总收入446万元，总支出446万元。农民人均纯收入3 876元。

镇内有2所中学，其中1所完全中学，教职工109人，其中专任教师98人。在校学生1 639人。1所职业中学，教职工9人，其中专任教师8人，在校学生110人。有示范小学1所，民族小学1所，寄宿制小学4所，教学点3个。教职工89人，其中专任教师86人。在校学生940人，入学率为99.75%。有1所教师进修学校，教师进修学校与职业中学是两块牌子一所学校。有1所幼儿园，教职工25人，其中专任教师19人。在园幼儿272人。有1个疾病预防控制中心，工作人员18名，其中卫生技术人员16名。1个卫生执法监督所，工作人员8人。1个妇幼保健院，工作人员共14人，其中卫生技术人员12人。1个县医院，工作人员共83人，其中卫生技术人员75人。有病床70床。1个计划生育服务站，工作人员共12人，卫生技术人员10人。有2所村卫生室，乡村医生4人。农家卫生室6所，农家卫生员6人。

领导名录：
立青尼玛（党委书记）

金　安（人大主席）
李欣梅（党委副书记、镇长）
马彩花（党委副书记）
鲁建华（纪委书记）
扎史七（副镇长）
小都吉（副镇长）
品　初（副镇长）
杨忠华（镇人武部长）

*奔子栏镇*　地处县境东南部，东隔金沙江与四川得荣县相望，南连霞若乡，西邻燕门乡、云岭乡、升平镇，北邻羊拉乡，距德钦县城有102公里。辖叶日、达日、书松、奔子栏、夺通5个村民委员会，71个村民小组，78个自然村。全镇国土面积1452平方千米。

2010年末全镇总人口9 335人。其中农业人口8 726人，占总人口的93.47%；藏族人口9 234人，占总人口的98.91%。乡村劳动力资源数为4 618人，乡村从业人员数为4 618人。2010年农作物总播种面积10 068亩，其中粮食作物总播种面积9 990亩，粮食产量达4 146.18吨。园林水果生产465.68吨，其中苹果98吨，梨100吨。核桃产量1 306吨。松茸产量83吨。蔬菜播种面积28亩，产量237吨。大牲畜存栏12 842头（只），大牲畜出栏200头（只）。牛奶产量1 120吨，禽蛋25吨，蜂蜜0.45吨。2010年末全镇财政总收入502万元，总支出502万元。农民人均纯收入3 744元。

镇内有1所中学，教职工34人，其中专任教师31人。在校学生443人。寄宿制小学5所，教学点10个，教职工75人，其中专任教师74人。在校学生707人，入学率为99.18%。有1所中心卫生院，共有工作人员23人，其中卫生技术人员21人。有病床20床。1个计划生育服务站，卫生技术人员2人。有村卫生室5所，乡村医生8人。农家卫生室20所，农家卫生员20人。

领导名录：
龙卫泽（党委书记）
阿初（人大主席）
品　初（党委副书记、镇长）
江　楚（党委副书记）
登　巴（纪委书记）
阿连主（副镇长）
安　吾（副镇长）
尼　玛（人武部长）

*燕门乡*　燕门乡位于县境南部，东邻霞若乡，南接维西县巴迪乡，西靠怒山山脉，北连云岭乡，距德钦县城75公里。乡辖拖拉、禹功、石底、春多乐、茨中、谷扎、巴东7个村民委员会，63个村民小组；50个自然村。全乡国土面积580平方千米。

2010年全乡总人口7 855人。其中农业人口7 477人，占总人口的95.18%；藏族人口7 462人，占总人口的97.28%。乡村劳动力资源数为5 663人，乡村从业人员数为4 495人。2010年农作物总播种面积20 474亩，其中粮食作物总播种面积18 548亩，粮食产量达3 190.36吨。园林水果生产572.52吨，其中苹果39.85吨，梨62.65吨，葡萄375吨。核桃产量840.3吨。松茸产量6.5吨。蔬菜播种面积78亩，产量462.12吨。大牲畜存栏8 653头（只），大牲畜出栏865头（只）。牛奶产量869吨，禽蛋35吨，蜂蜜0.2吨。2010年末全乡财政总收入555万元，总支出555万元。农民人均纯收入3 392元。

乡内有寄宿制小学2所，教学点7个，教职工54人，其中专任教师53人。在校学生488人，入学率为99.26%。有1所中心卫生院，共有工作人员14人，其中卫生技术人员14人。有病床20床。1个计划生育服务站，卫生技术人员1人。有7所村卫生室，乡村医生12人。农家卫生室13所，农家卫生员13人。

领导名录：
贵　生（乡党委书记）
喻志华（人大主席）
那　杰（乡党委副书记、乡长）
旺　扎（乡党委副书记）
泽仁达瓦（乡纪委书记）
斯那尼玛（副乡长）
和雪松（副乡长）
定主品楚（乡人武部长）

*云岭乡*　位于县境中南部，东靠白马雪山与奔子栏镇为邻，南连燕门乡，西靠梅里雪山，北接升平镇和佛山乡，距德钦县城42公里。辖果念、斯农、西当、红坡、查里桶5个村民委员会，39个村民小组，22个自然村。全乡国土面积942平

方千米。

2010年末全乡总人口5 750人。其中农业人口5 429人，占总人口的94.41%；藏族人口5 596人，占总人口的97.32%。乡村劳动力资源数为3 894人，乡村从业人员数为3 511人。2010年农作物总播种面积6 003亩，其中粮食作物总播种面积5 932亩，粮食产量达1 892.67吨。园林水果生产785.1吨，其中苹果20.2吨，梨15.64吨，葡萄725.27吨。核桃产量430吨。松茸产量12.57吨。蔬菜播种面积71亩，产量31.89吨。大牲畜存栏6 310头（只），大牲畜出栏44头（只）。牛奶产量567吨，禽蛋7吨，蜂蜜0.8吨。2010年末全乡财政总收入330万元，总支出330万元。农民人均纯收入4 829元。

乡内有寄宿制小学2所，教学点14个，教职工45人，其中专任教师45人，在校学生380人，入学率为98.3%。有1所中心卫生院，共有工作人员10人，其中卫生技术人员9人。有病床6床。1个计划生育服务站，卫生技术人员1人。有村卫生室5所，乡村医生9人。农家卫生室12所，农家卫生员12人。

领导名录：

仁青江初（乡党委书记）

丁　争（乡人大主席）

阿　布（乡党委副书记、乡长）

李建华（乡党委副书记）

格茸卓玛（乡纪委书记）

阿　金（副乡长）

杨永康（副乡长）

娘　白（人武部长）

**佛山乡**　位于县境西北部，东西接升平镇，南靠梅里雪山，西面和北面与西藏自治区芒康县相邻，距德钦县城65公里。辖纳古、巴美、鲁瓦、江坡、溜筒江5个村民委员会，37个村民小组，47个自然村，全乡国土面积808平方千米。

2010年末全乡总人口3 959人。其中农业人口3 792人，占总人口的95.78%；藏族人口3 283人，占总人口的82.93%。乡村劳动力资源数为3 283人，乡村从业人员数为2 238人。2010年农作物总播种面积4 102亩，其中粮食作物总播种面积3 803亩，粮食产量达1 167.2吨。园林水果生产616.52吨，其中苹果24.03吨，梨23.72吨，葡萄560吨。核桃产量561.2吨。松茸59.43吨。蔬菜播种面积92亩，产量30.18吨。大牲畜存栏6 134头（只），大牲畜出栏214头（只）。牛奶产量497吨，禽蛋30吨，蜂蜜0.4吨。2010年末全乡财政总收入496万元，总支出496万元。农民人均纯收入3 757元。

乡内有寄宿制小学1所，教职工29人，其中专任教师29人，在校学生212人，入学率为100%。有1所中心卫生院，工作人员共11人，其中卫生技术人员10人。有病床10床。1个计划生育服务站，卫生技术人员1人。有村卫生室5所，乡村医生5人。农家卫生室13所，农家卫生员13人。

领导名录：

和丽军（乡党委书记）

吾　席（乡人大主席）

穆红春（乡党委副书记、乡长）

中都吉（乡党委副书记）

娜卓玛（乡纪委书记）

此里尼玛（副乡长）

斯那劳顶（人武部长）

**霞若傈僳族乡**　位于县境东南部，东邻拖顶乡，西连燕门乡和维西县巴迪乡，南靠维西县塔城乡，北接奔子栏镇，距德钦县城256公里。辖粗卡桶、夺松、月仁、霞若、各么茸、石茸、施坝等7个村民委员会，91个村民小组，204个自然村。全乡国土面积1 589.11平方千米。

2010年末全乡总人口8 615人。其中农业人口8 074人，占总人口的93.72%；傈僳族人口4 432人，占总人口的51.44%；藏族人口4 167人，占总人口的47.57%。乡村劳动力资源数为4 987人，乡村从业人员数为4 987人。2010年农作物总播种面积20 357亩，其中粮食作物总播种面积18 579亩，粮食产量达3 414.78吨。园林水果生产195.87吨，其中苹果109.88吨，梨35.99吨。核桃产量736吨。松茸产量64.29吨。蔬菜播种面积15亩，产量166.03吨。大牲畜存栏9 650头（只），大牲畜出栏891头（只）。牛奶产量560吨，禽蛋49吨，蜂蜜2吨。2010年末全乡财政总收入485万元，总支出485万元。农民人均纯收入3 039元。

乡内有1所中学，教职工37人，其中专任教师34人，在校学生数658人。有寄宿制小学8所，教学点6个，教职工64人，其中专任教师64人，在校学生642人，入学率为99.29%。有1所中心卫生院，共有工作人员13人，其中卫生技术人员11人。有病床25床。1个计划生育服务站，卫生技术人员1人。有村卫生室7所，乡村医生13人。农家卫生室21所，农家卫生员21人。

领导名录：

阿　忠（县委常委、乡党委书记）

旺叁布（乡人大主席）

龙雄亮（乡党委副书记、乡长）

吴晨光（乡党委副书记）

周云生（乡纪委书记）

刘　练（副乡长）

次里品初（副乡长）

格茸汪丁（乡人武部长）

**拖顶傈僳族乡**　位于县境南部，东隔金沙江与香格里拉县五境乡相望，南邻维西县塔城乡，西接霞若乡，北连奔子栏镇，距德钦县城230公里。辖拖顶、洛玉、左力、洛沙、大村等5个村民委员会，78个村民小组，98个自然村。全乡国土面积375平方千米，森林面积17 586公顷。

2010年末全乡总人口9 616人。其中农业人口9 024人，占总人口的93.84%；傈僳族人口4 196人，占总人口的43.63%；藏族人口5 346人，占总人口的55.6%。乡村劳动力资源数为6 247人，乡村从业人员数为5 571人。2010年农作物总播种面积20 083亩。其中粮食作物总播种面积18 123亩，粮食产量达5 028.02吨。园林水果生产107.29吨，其中苹果38.85吨，梨22.8吨，核桃产量530.5吨。松茸产量20.61吨。蔬菜播种面积98亩，产量625.02吨。大牲畜存栏8 993头（只），大牲畜出栏408头（只）。牛奶产量592吨，禽蛋28吨，蜂蜜1吨。2010年末全乡财政总收入559万元，总支出559万元。农民人均纯收入3 421元。

乡内有寄宿制小学5所，教学点2个，教职工57人，其中专任教师56人，在校学生806人，入学率为99.3%。有1所中心卫生院，工作人员共14人，其中卫生技术人员12人，有病床20床。1个计划生育服务站，卫生技术人员2人。有村卫生室5所，乡村医生10人。农家卫生室12所，农家卫生员12人。

领导名录：

格玛江初（乡党委书记）

龙光明（乡人大主席）

龙贵生（乡党委副书记、乡长）

阿　主（乡党委副书记）

刘　生（乡纪委书记，2008年8月任）

龙云英（人大副主席）

农　布（副乡长）

余晓荣（副乡长）

龙　跃（乡人武部长）

**羊拉乡**　地处县境东北部，金沙江西岸的半山区，具有“鸡鸣三省”（云南、四川、西藏）的特殊地理位置，距德钦县城202公里。辖甲功、南埂、规吾、茂顶4个村民委员会，58个村民小组，56个自然村，全乡国土面积1 087平方千米。

2010年末全乡总人口6 246人。其中农业人口6 032人，占总人口的96.57%；藏族人口6 195人，占总人口的99.18%。乡村劳动力资源数为3 904人，乡村从业人员数为3 567人。2010年农作物总播种面积13 899亩，其中粮食作物总播种面积12 570亩，粮食产量达2 358.95吨。园林水果生产153.3吨，其中苹果117.14吨，梨36.19吨，核桃产量408.89吨。松茸产量37.08吨。蔬菜播种面积362亩，产量333.8吨。大牲畜存栏12 111头（只），大牲畜出栏1 245头（只）。牛奶产量890吨，禽蛋11吨，蜂蜜1吨。2010年末全乡财政总收入478万元，总支出478万元。农民人均纯收入3 138元。

乡内有寄宿制小学4所，教学点14个，教职工50人，其中专任教师48人，在校学生490人，入学率为98.57%。有1所中心卫生院，共有工作人员14人，其中卫生技术人员14人。有病床12床。1个计划生育服务站，卫生技术人员1人。有村卫生室5所，乡村医生6人。农家卫生室19所，农家卫生员19人。

领导名录：

阿　布（乡党委书记）

小尼玛（乡人大主席）

肖阿都（乡党委副书记、乡长）

阿　称（乡党委副书记）

此里品初（纪委书记）

扎西品初（副乡长）

王晓明（副乡长）

农　布（乡人武部长）

【大事记】

2010年5月15日，云南省委副书记李纪恒到德钦县羊拉乡视察。

2010年9月7日，国家卫生部副部长陈啸宏到德钦调研。

2010年10月25日，云南省政府副省长罗正富到德钦县奔子栏镇调研。

2010年度，组织开展抗旱救灾工作，投入抗旱资金582万元，下拨救灾粮食216吨，投入人力4.2万人次，解决抗旱浇灌面积5 560亩、临时饮水困难5 600人、大小牲畜1.36万头（只）。

2010年度，国道214线德盐路段公路提质改造项目全面结束，完成投资6 800万元；香德、德维二级公路及澜沧江沿江公路建设进展顺利，投资175 321万元。

2010年度，县城整治建设拓展工程初见成效，行政中心、群众文化活动中心、体育场建设完工交付使用，拓展建设投资达到3.36亿元，县级党政机关于2010年10月全面迁入行政中心办公。

2010年度，推进教育综合改革，德钦中心学生宿舍楼、食堂、教工廉租住房基本完工；奔养小学教学综合楼、学生宿舍楼主体封顶，累计投入6 183.2万元，建筑面积4万多平方米。

（衡汝、余红英）

## 迪庆香格里拉经济开发区

【概　述】　迪庆香格里拉经济开发区位于北纬27°0′，东经100°10′，地处虎跳峡和长江第一湾之间的金沙江西岸，距州府香格里拉县城110公里，距丽江市60公里，距省府昆明520公里，至香格里拉机场和丽江机场各约90分钟车程，国道214线贯穿境内，国土总面积15.87平方公里。海拔1 821米，年平均气温13.5℃，无霜期300天左右。

迪庆香格里拉经济开发区（原名迪庆扶贫民族经济开发区）是云南省人民政府为了“加快迪庆州改革开放步伐，改善投资环境，促进经济发展，使全州尽快摆脱贫困，走向富裕”，于1994年7月6日省人民政府云政复［1994］71号批准设立的省级经济开发区。开发区首期规划开发面积4.37平方公里，分为三个功能片区，即三家村片区、松园片区和木碧湾片区；规划建设二个园区一个中心片区，即云南迪庆香格里拉绿色产业园区、老虎箐工业园区和中心片区。开发区管委会是州委、州人民政府派出的正县级机构，经省人民政府授权开发区管委会在开发区范围内原则上行使地州一级的经济管理权限。管委会内设9个职能部门，下设区属事业单位4个，行政事业单位在职人员81人。开发区下辖一个居民委员会和两个村民委员会，25个村（居）民小组（新仁村11个、礼仁村10个、社区4个），居住着藏族、纳西族、傈僳族等7个少数民族，总人口4 180人。

“十一五”期间，面对国际金融危机、国内经济供需矛盾变化以及资源开发与环境保护之间矛盾突出的压力和挑战，开发区党委、管委会紧紧围绕州委、州政府确定的区域定位和发展思路，以一园三片区建设为中心，以招商引资和园区经济为主抓手，突出一个战略（工业强区），发挥两个优势（区位优势和发展环境），加快三化进程（新型工业化、农业产业化、城镇化），培育四大特色经济（资源型经济、生态型经济、开放型经济、服务型经济），推进五大建设（产业建设、设施建设、机制建设、环境建设、自身建设），各项事业建设取得了长足发展。

“十一五”期间，全区主要经济指标保持稳步快速增长的势头，经济综合实力不断增强。从经济总量看，2010年实现地区生产总值147 310万元，比2005年的48 547万元增加了3倍，年均增长24.9%；财政税收总收入从2005年的5 403万元，增加到2010年的21 306万元，年均增长31.5%；地方财政一般预算收入从2005年的2 041万元，增加到2010年的7 447万元，年均增长29.5%；全社会固定资产投资额从2005年的3 818万元，增加到2010年的37 054万元，年均增长57.5%。

按照“一园三片区”的规划，工业布局逐步趋于合理，工业园区的雏形基本形成。一是老虎箐工业园区以“调整、提升”为目标，完成了昆钢二期年产6万吨铁合金项目规划建设；启动了昆钢铁合金三期项目规划建设，项目完成后，将形成硅铁、铬铁等产品的生产能力10.85万吨。启动鑫源公司年产12万吨铬合金技改项目；完成了园区淘汰落后产能目标任务，“十一五”园区形成了年产10万吨铁合金生产能力，年产值达到了5个亿。二是绿色产业园区以“做强、做优”为目标，启动了“藏秘”酒业公司技改项目和葡萄酒窖项目，提高大藏秘和香格里拉葡萄酒的生产能力，实施品牌带动战略，产品竞争能力进一步增强，经济效益进一步提升。积极推进舒达有机食品有限公司GMP厂房建设和核桃产品的研发；无量藏泉、青稞资源开发及藏乡畜产品开发等一批特色项目建成并投产，进一步优化了园区的产业结构，增强了园区可持续发展能力。三是进一步解放思想、创新发展思路，启动实施了木碧湾综合工业区规划建设。把木碧湾片区规划建设列入2008年州政府确定的12项重大建设项目，完成片区产业发展规划，启动了片区控制性规划的修编，征收土地345.39亩，全面启动片区道路、给排水、供电等基础设施规划建设，基本具备了引企入园的条件。安格隆公司日处理1 000吨的综合选矿厂一期工程已完成并投入试生产。2010年，全区工业企业23户，完成工业增加值51 038万元，比2005年的31 515万元，增长61.9%。

“十一五”期间，以提升档次、完善功能、增强市场竞争力为目标，通过落实发展服务业的优惠政策，城乡服务业得到较快发展。特别是2008年世界金融危机以来，全区工业经济效益明显下滑，经济增长主要靠第三产业的拉动。到2010年，全区第三产业营业收入达到50亿元，增加值为95 544万元，占GDP的比重达64.9%。

“十一五”期间，全区实施“借船出海”、“筑巢引凤”战略，招商引资成效显著。率先在州内提出“全员招商”的思路，强化管委会全体干部职工的招商意识，创新招商方式；利用“昆交会”、“中博会”、“厦洽会”等节会，注重以商招商，招商工作实现了新突破。五年累计引进外商投资项目2个，到位资金192.45万美元；共引进内资项目55个，累计引进州外到位资金197 120万元。

改善投资环境，是“十一五”期间工作的重点。五年间，累计投入3亿多元，重点推进和完成了园区的配套设施建设、中心片区基础设施和服务平台建设等一批重点项目。园区配套设施进一步完善，中心片区服务功能进一步提升，投资环境进一步优化。

按照“二十字”方针，以率先实现小康为目标，结合开发区实际，进一步调整和优化农业产业结构，加快培育特色产业，发展农村集体经济组织，加大农业农村基础设施投入，扎实推进新农村建设，五年累计投入近2 000余万元，重点解决工业用水和农业用水的矛盾问题，新农村建设全面启动，30户以上的村组完成了村容村貌治理和农村电网改造等项目，改善了农村的生产生活条件。走“公司+基地+农户”的发展路子，积极培育青稞、玉米制种、生猪养殖、经济林基地建设等产业，推进农业增效、农民增收。农民人均纯收入从2005年的2 217元增加到2010年的4 211元，年均递增13.7%。

“十一五”期间，积极贯彻落实国家有关政策和规定，切实做好农保、城保和老龄工作，不断推进和完善社会保障体系建设。大力发展教育、卫生等社会事业。五年累计投入1 500余万元，率先完成了小学整合的任务，实现了集中办学，办学质量进一步提高。扎实推进中心医院、农村卫生室建设，医疗卫生服务设施进一步完善。农村合作医疗参保率和参保人数不断增长，“因病致贫、因病返贫”现象得到有效控制。广播电视条件进一步改善，实施了覆盖全区农户的广播电视直播卫星“村村通”工程，进一步改善了群众的物质文化生活条件。人口与计划生育工作成绩显著，全区人口自然增长有效控制在7‰内。依托发展工业和第三产业，鼓励城镇居民自主创业，全区就业率稳定提高，实现全区剩余劳动力的全部就业。全区非农业人口达到1 367人，城镇居民失业率控制在2.6%以内。

五年来，全区以建立资源节约和环境友好型社会为目标，努力促进人口、资源、环境与经济社会的协调发展。坚持退耕还林、荒山造林、天然林保护工程，抓好中心片区街道、社区、厂房、公共场所、江岸、交通沿线等的绿化和造林植柳工作；结合“七彩云南香格里拉保护行动”、“2007环保专项行动”等专题活动，严格工业项目环保准入标准，加强排污费征收管理，加大企业排污监管力度，坚决杜绝违法排污行为。到2010年，全区耕地保有面积稳定为2 655亩，水利化程度达到60%，工业废水排放达标率达到90%，工业固体废弃物综合利用率50%，空气质量指标保持优级标准，城市垃圾无害化处理和污水集中处理率分别达到50%和70%以上。国土资源管理进一步加强，土地开发利用进一步规范。

**【综合经济指标】** 2010年，全区实现地区生产总值147 310万元，同比增长23%；实现第一产业增加值487万元，同比增长12%；实现第二产业增加值51 279万元，同比增长12%；实现工业增加值51 038万元，同比增长13%；实现第三产业增加值95 544万元，同比增长31%；完成全社会固定资产投资37 054万元，同比增长44.5%；引进州外实际到位资金127 861万元，同比增长268%；农民人均纯收入4 211元，同比增长20%；粮食总产量2 030吨，同比增长1%。

**【财税】** 开发区财税工作积极应对金融危机影响，克服结构性减税政策的影响，始终突出"保增收、保工资、保运转、保民生、保重点"的"六保"方针，凝心聚力抓收入，全力以赴保增长，着力培植和壮大地方财源，优化支出结构，千方百计惠及民生，保重点、着力推进和谐开发区的构建，高度重视强管理，开拓创新谋改革，着力提升财政科学精细化管理水平。全区实现财税总收入21 306万元，同比增长8 398万元，同比增长65%；完成地方一般预算收入7 447万元，同比增收1 969万元，同比增长36%。

**【农业农村】** 2010年，开发区农业农村工作坚持以"农业增效，农民增收，农村稳定"为核心，以"促发展、保民生、保稳定"为主线，以"适应形势"为主题，以"求真务实"为要求，以"群众满意"为标准，全区农业实现总产值831万元，比2009增105万元，增长16.7%，其中种植业产值412万元，比2009增17%、畜牧业产值341万元，比2009增3.8%、林业、渔业产值48万元，比2009增1.4%；农村经济总收入843万元，比2009增97万元，增长11%；农民人均纯收入4 211元，比2009增702元，增长20%。全区粮食种植面积4 530亩，粮食总产2 030.5吨。全区大小牲畜存栏9 080头只，比2009增3.6%。全年完成农村劳务输出523人，比2009增11人，实现从业经济收入498.26万元，比2009增83.20万元，增长20%。

全年累计投入资金93.3万元，加强农业基础设施建设，改善农业农村生产生活条件。一是完成田间沟渠建设1570米，田间道路180米；二是完成核桃园、长春坝两个村民小组墙体刷白9 629.9平方米；三是实施了新仁大沟病险段修复90米；四是完成三家村、松园上组新家村建设项目收尾工作；五是切实解决山区农户人畜饮水困难问题，完善人畜饮水工程项目，实施102个爱心水窖建设，切实解决了山区农户人畜水饮水问题。

2010年，在农业生产方面一是及时安排、兑现各项支农资金，减轻农民生产负担，全年安排兑现种粮综合直补及良种补贴资金20.24万元；二是认真做好良种的引进和推广工作，及时满足广大农民群众生产需求，良种覆盖率达95%；三是大力推广科学种植技术，调整和优化农业产业结构，实现水稻、小麦、玉米三大农作物良种覆盖率达98%，科技覆盖率达90%；四是认真做好植保工作，为农业增产打下坚实基础，农作物病虫害预防和防治率达90%以上；五是不断更新和加强农业科技培训力度，让科学技术真正为农业生产服务。继续加强畜牧品种改良工作力度，加强动物疫病防治工作，全面加强动物检疫工作，积极配合上级相关部门开展长江禁渔宣传、整治活动，加强区内兽药市场检查、监管力度。

**【社会保障】** 开发区社会保障工作坚持以民为本，为民解困，认真落实社会保险、养老保障、农保、城保、就业再就业等一系列政策，积极做好农民健康工程及新农合、贫困医疗救助、救灾等工作，充分发挥民政工作职能。

救灾救济工作：一是认真开展民政救济工作，保障山区贫困群众和困难群体的基本生活，做好弱势、困难群体慰问走访及临时救济工作，及时解决他们在生产生活中面临的困难和问题；二是认真开展好民政救灾工作，及时安排发放各类救灾款物；三是认真开展城乡医疗救助工作。全年共计发放救灾救济款7.06万元。

城镇低保工作：2010年，全区非农业人口1 408人，共有302户低保户、735名低保对象，占总人口数的52%，比2009增18户31人。全年累计发放低保金107.87万元，月均发放86 400元，月人均补助125.3元。

农村低保工作：2010年，全区农业人口1 718人，共有448户672人纳入农村低保对象，占总人口数的39%，比2009增60人。月人均发放60元，全年累计发放农村低保金49.28万元（其中发放低保对象一次性慰问金3.06万元）。

优抚工作：一是认真贯彻落实国家优抚政策，做好在乡复员、退伍军人的核查登记工作；二是认真做好区内参战人员登记、申报工作；三是认真做好区内现役、复退军人的慰问走访工作；四是配合相关部门积极主动的做好过往部队和驻区部队的服务工作；五是大力支持部队建设，加大征兵人伍宣传工作力度。

残联工作：认真做好残疾人临时性生活救助，积极与上级部门衔接申请残疾人相关救助，切实解决残疾弱势群体的实际困难。全年共发放残疾人困难生活救助金6 000元，将80%残疾人纳入城镇、农村低保对象，使其基本生活得以充分保障。

就业再就业工作：根据国家、省州再就业优惠政策，积极落实各项再就业优惠政策，通过加强就业技能培训、职业介绍服务等途径，通过各种途径实现就业546人次，使城镇登记失业控制在1.6%。为扶持失业业人员再就业，为原国有企业失业的“4050”人员积极落实各项社会保险补贴政策。

社会保险工作：进一步扩大机关企业事业社会保险费、基本医疗保险费征缴范围，全年代缴机关事业单位社会保险费127万元，同时，积极推进新型农村社会养老保险试点工作，全区共有949人参加新型农村社会养老保险，缴费36.9万元，参保率达99.16%。

**【和谐稳定】** 开发区维稳工作坚持以科学发展观为统领，以维护社会稳定为首责，以平安创建为载体，以纪律作风教育整顿为动力，以三项重点工作和“三项建设”为重点，全力做好敏感节点和节假日期间的安保工作，深入进行矛盾纠纷排查化解工作，使群众法律意识明显提高。围绕创建“平安社区”和“无毒社区”，严厉打击各种刑事犯罪活动，认真解决来信来访问题，积极预防和妥善处置群体性事件，确保社会和谐稳定，为全区经济发展、社会稳定和人民安居乐业创造了一个安全稳定的社会环境。

**【教育文化】** 开发区教育工作在开发区党委、管委会的高度重视和各级各部门的关心支持下，通过全体教职员工的辛勤努力，开发区基础教育工作得以长足发展，办学条件得到进一步改善，办学效益得到进一步提高，“普九”成果得到巩固。2010年全区适龄儿童入学率达100%，毕业率达100%，初级教育普及率达100%，教育教学质量再上一个新台阶。加强教师队伍建设，教师素质不断提高，教育投入力度逐年加大，高原农牧民子女生活补助全面铺开，涉及补助对象342人，27.36万元。

**【医疗卫生】** 进一步加大医疗卫生投入力度，改善医疗综合条件。认真做好农业人口新型农村合作医疗的补偿相关工作，2010年全区参保人数达2 400人，参保率达100%，全年共兑现住院病人新农合补偿资金约16万元。认真开展计划免疫、学校卫生工作。配合上级部门积极开展区内学校及饮食服务行业健康体检工作。

**【招商引资】** 开发区招商引资工作坚持以招商保增长，按照“突出重点区域、突出重点产业、突出园区特色”的原则，将招商引资工作纳入部门绩效考核，进一步强化全员招商意识，把招商作为一种责任、一项任务，着力引进财税型好项目。2010年，开发区引进项目共12个，2009结转项目4个，全年共计引进州外实际到位资金127 861万元，同比增长268%。

**【区域合作】** 不断巩固并加强昆迪合作，实施了开发区卫生院收费系统建设、招商工作经费、中心完小阶梯教室设备采购和投资全民服务中心办公网络系统建设等项目，共计争取昆明经济技术开发区扶持资金45万元，积极加大对外交流合作，通过努力，得到腾讯集团公司“腾讯梦想空间”教室、电脑及图书等价值42万元的捐赠。

**【工业经济及园区建设】** 2010年实现工业产值106 508万元，同比增长31%，实现增加值51 038万元，同比增长13%；主要工业产品产量酒类21 268吨，同比增长28%，铁合金48 614吨，同比增长19%，机制纸4 400吨同比增长137%，植物油556吨，同比下降20%。

2010年共向上级部门申报新型工业化、技改、流动资金贴息、淘汰落后产能、非公等项目10个，共计申请各项扶持2 649万元。

按照政策要求积极推进开发区淘汰落后产能工作，全面完成淘汰落后产能任务，完成辖区各主要企业清洁生产审批和能源审计工作。

**【纪检监察】** 开发区纪检工作把反腐倡廉工作融入到全区经济社会建设之中，坚持标本兼治、综合治理、惩防并举、注重预防的方针，为开发区政治、经济、文化和社会各项建设提供了有力保障。一是以科学发展观为统领，强化教育和监督，认真贯彻落实省、州和开发区党风廉政建设和反腐败会议精神，加强作风转变和提高反腐倡廉的自觉性；二是加强党风廉政建设责任制落实，使反腐倡廉各项任务落到实处。为使工作落实到位，取得实效，区纪委从责任分解、责任考核、责任追究、抓好落实几外环节下功夫，务求取得成效；三是深入开展“创先争优”活动，不断加强基层党风廉政建设。创新活动载体，突出实践特色，着力加强农村基层党风廉政建设，从源头治理腐败；四是加强监督检查，确保中央、省委、州委和区党委重大决策部署的贯彻落实。抓好重点建设领域监督检查，确保工程质量和效益，加强强农惠农资金和专项资金监管力度，确保资金合理使用，项目顺利实施；五是加强行政监督，促进依法行政。规范重大工程招投标程序、匡正干部选拔任用行为；六是认真做好信访案件查处工作，维护社会稳定。认真落实“两会”、“两节”期间信访“零报告”制度，认真处理好群众来信来访，切实维护群众利益；七是狠抓机关作风建设，营造良好的投资服务环境。严肃工作纪律，完善相关制度，严格执行厉行节约，反对铺张浪费等规定。

**【大事记】**

3月，全面完成开发区参公管理人员登记工作。

同月，开发区“千促”活动全面启动。

4月，全面完成集体林权制度主体改革工作。

5月，启动开发区深入开展“创先争优”活动。

6月，开发区“五五”普法通过检查验收。

7月，全面完成开发区事业单位岗位设置管理工作。

8月，开发区顺利完成集中办学任务，撤并新仁完小至开发区中心完小。

同月，开发区中心完小学生参加腾讯公益慈善基金会组织的学生手工世制作大赛，作品《东巴灵鱼》获得全国第六名，获赠价值10万元“快乐运动场”一个。

同月，省委常委、州委书记齐扎拉视察开发区。

同月，省、州部分政协委员视察开发区。

同月，开发区举办第二个“全民健身日”活动。

10月，开发区人事劳动和社会保障局更名为开发区人力资源和社会保障局。

同月，开发区中心完小完成两基“迎国检”前期准备工作，并顺利通过国检验收。

同月，云南迪庆鑫源公司4×16500KVA铬系列铁合金矿热炉项目开工建设。

同月，云南迪庆泰安矿业有限公司1000吨/天综合选矿项目建设成投产。

11月，开发区参加新型农村社会养老保险人数到954人，参保率达99.5%。

同月，开发区医药卫生体制改革工作启动。

12月，开发区圆满完成第六次全国人口普查工作。

同月，开发区举办首届金鹰杯职工篮球运动会。

**【表彰】** 10月，迪庆经济开发区管委会被州人民政府授予“民族团结模范单位”称号。

同月，香格里拉县地税二分局被州人民政府授予“民族团结模范单位”称号。

同月，迪庆州民族中学开发区分校被州委、州人民政府授予“先进学校”称号。

**【机构名录】** 中共迪庆香格里拉经济开发区委员会

中共迪庆香格里拉经济开发区纪律检查委员会

迪庆香格里拉经济开发区管理委员会

迪庆香格里拉经济开发区党委、管委会、纪委办公室

迪庆香格里拉经济开发区经济贸易发展局

迪庆香格里拉经济开发区财政局

迪庆香格里拉经济开发区建设环保局

迪庆香格里拉经济开发区人力资源和社会保

障局

迪庆香格里拉经济开发区群众团体综合办公室

迪庆香格里拉经济开发区社会事业发展局

迪庆香格里拉绿色产业园区管理办公室

迪庆香格里拉经济开发区老虎箐工业园区管理办公室

区内事业单位：

迪庆香格里拉经济开发区会计核算中心

迪庆香格里拉经济开发区教育管理委员会

迪庆香格里拉经济开发区卫生院

迪庆香格里拉经济开发区农业科技服务中心

驻区单位：

迪庆香格里拉经济开发区国家税务局

香格里拉县地方税务局二分局

迪庆州公安局开发区直属分局

迪庆州国土资源局开发区分局

迪庆州质量技术监督局开发区分局

香格里拉县虎跳峡交警中队

迪庆州工商行政管理局经济开发区分局

中国农业银行迪庆州分行香格里拉经济开发区分理处

迪庆州民族中学开发区分校

迪庆州电力公司开发区分公司

迪庆州电信局开发区分局

迪庆州邮政局开发区支局

迪庆州移动公司开发区营业厅

迪庆州联通公司开发区营业厅

香格里拉县开发区林业检查站

迪庆经济开发区交通运政管理所

云南省公路局香格里拉超限运输检测站

**【干部名录】**

中共迪庆香格里拉经济开发区委员会书记、迪庆香格里拉经济开发区管理委员会主任：和发宏

中共迪庆香格里拉经济开发区委员会副书记、迪庆香格里拉经济开发区管理委员会副主任、迪庆香格里拉经济开发区总工会主席：唐群

中共迪庆香格里拉经济开发区委员会委员、纪委书纪：苗有常

中共迪庆香格里拉经济开发区委员会委员、管委会副主任（2010年5月起）：和寿芝

迪庆香格里拉经济开发区管委会副主任（至2010年5月）：李云杰

中共迪庆香格里拉经济开发区委员会委员，纪委副书记、开发区党委、管委会、纪委办公室主任：傅向东

迪庆香格里拉经济开发区党委、管委会、纪委办公室副主任（2009年8月起）：周万欣

迪庆香格里拉经济开发区党委、管委会、纪委办公室副主任（2009年8月起）：和瑞昌

迪庆香格里拉经济开发区经济贸易发展局局长：刘汝情

迪庆香格里拉经济开发区经济贸易发展局副局长（主任科员，2009年8月起）：和芝会

迪庆香格里拉经济开发区经济贸易发展局副局长（2009年8月起）：和树龙

迪庆香格里拉经济开发区社会事业发展局局长：和瑞云

迪庆香格里拉经济开发区社会事业发展局副局长（2010年8月起）：李学忠

迪庆香格里拉经济开发区财政局副局长（主任科员、2009年8月起）：晏春

迪庆香格里拉经济开发区财政局副局长（2009年8月起）：和文志

迪庆香格里拉经济开发区建设环保局局长：李继文

迪庆香格里拉经济开发区建设环保局副局长（主任科员）：和崇宪

迪庆香格里拉绿色产业园区管理办公室主任：杨瓒

迪庆香格里拉经济开发区安全生产监督管理局副局长（2010年8月起）：和建科

迪庆香格里拉经济开发区群众团体综合办公室主任：阿楚

迪庆香格里拉经济开发区人事劳动和社会保障局局长：杨德文

迪庆香格里拉经济开发区人事劳动和社会保障局副局长（2009年8月起）：杨立珍

迪庆香格里拉经济开发区总工会副主席（副主任科员，2009年8月起）：和泽娟

迪庆州公安局开发区直属分局局长：军红

开发区农业科技服务中心主任：黄立峰

迪庆香格里拉经济开发区卫生院院长：胡东华

迪庆香格里拉经济开发区国税局局长：和德文

香格里拉县地方税务局二分局局长：和玉华

迪庆州工商行政管理局经济开发区分局局长：和信

迪庆州质量技术监督局开发区分局局长：黄廷杰

农业银行迪庆州分行香格里拉经济开发区分理处主任：李继昌

迪庆州国土资源局开发区分局副局长：张志龙

迪庆州民族中学开发区分校、开发区中学校长：华武

香格里拉县虎跳峡交警中队队长：杨向龙

迪庆经济开发区交通运政管理所所长：和福海

云南省公路局香格里拉超限运输检测站站长：薛阳军

**【企业名录】** 云南香格里拉金六福酒业销售有限公司

法定代表人：谭志强

华致酒行连锁管理有限公司

法定代表人：吴向东

迪庆香格里拉经济开发区华泽管理有限公司

法定代表人：吴向东

云南金六福酒业有限公司

法定代表人：吴向东

云南香格里拉酒业股份有限公司

法定代表人：舒世平

迪庆香格里拉经济开发区天籁酒业有限公司

法定代表人：路 通

迪庆经济开发区昆钢铁合金有限公司

法定代表人：赵民生

迪庆光华冶金炉料有限责任公司

法定代表人：赖泳村

云南迪庆鑫源实业有限公司

法定代表人：刘 华

迪庆香格里拉经济开发区投资有限公司

法定代表人：和发宏

云南恒生矿业有限公司

法定代表人：吴向东

迪庆香格里拉舒达有机食品有限公司

法定代表人：和明生

迪庆开发区锌业有限责任公司

法定代表人：冯秀兰

迪庆州洁利纸业有限责任公司

法定代表人：和丽华

香格里拉兰苑

法定代表人：王培元

迪庆香格里拉疗养中心

法定代表人：陈福生

迪庆藏珍绿色食品开发公司

法定代表人：张云华

迪庆开发区源丰冶金有限公司

法定代表人：岳 光

华泽集团有限公司

法定代表人：颜 涛

迪庆香格里拉天界神川虎跳峡旅业发展有限公司

法定代表人：郑平阳

迪庆香格里拉天界神川旅游汽车运输有限公司

法定代表人：郑平阳

迪庆那卡房地产开发有限公司

法定代表人：郑平阳

云南彩天视线广告公司

法定代表人：罗 坚

迪庆经济开发区民生建筑建材有限责任公司

法定代表人：赵兰先

迪庆经济开发区新仁红砖厂

法定代表人：梁炳昆

迪庆香格里拉经济开发区江山经营部

法定代表人：江 健

迪庆香格里拉饮用水有限公司

法定代表人：李建春

云南华鹏投资有限公司

法定代表人：颜 涛

迪庆荣顺林产品开发有限责任公司

法定代表人：屈天文

香格里拉畜产品开发有限责任公司

法定代表人：斯那永宗

迪庆开发区汇鑫大酒店有限责任公司

法定代表人：李忠军

迪庆香格里拉经济开发区联众工贸有限公司

法定代表人：苟克松

迪庆格桑珠源铁合金厂

法定代表人：赖泳村

迪庆经济开发区古方酒业有限公司

法定代表人：严军姣

迪庆香格里拉国际文化传播有限公司

法定代表人：景　宜
云南迪庆香格里拉经济开发区自来水厂
法定代表人：晏　春
迪庆汉德生物技术有限公司
法定代表人：汪云龙
云南金六福投资有限公司
法定代表人：孙建新
云南九裕物流有限公司
法定代表人：欧阳建军
云南恒石矿业有限公司
法定代表人：唐　均
迪庆香格里拉经济开发区圣源旅游门户站有限公司
法定代表人：李卫强
迪庆州香格里拉经济开发区藏乡生物资源开发有限公司
法定代表人：李文学
迪庆藏族自治州电网供电有限责任公司开发区分公司
法定代表人：李存锋
云南香格里拉无量藏泉水有限责任公司
法定代表人：张江萍
云南迪庆泰安矿业有限公司
法定代表人：蔺安鸣
迪庆兴农绿色食品有限公司开发区分公司
法定代表人：杨　辉
云南迪庆泰安矿业有限公司开发区分公司
负责人：郑荣源
云南迪庆泰安矿业有限公司木碧湾工业区分公司
负责人：常克明
香格里拉县卡卓有限公司开发区经营部
负责人：郭祥丽
迪庆经济开发区沐和绿色能源开发有限公司
法定代表人：屈天文
迪庆开发区松园水泥制品有限责任公司
法定代表人：赵　勇
迪庆经济开发区松园下村农民专业合作社
法定代表人：和仕琪
迪庆经济开发区塘上农民专业合作社
法定代表人：李忠云
迪庆经济开发区新仁上村农民专业合作社
法定代表人：和瑞文
迪庆经济开发区杨家村新香农民专业合作社
法定代表人：徐铭泽
迪庆经济开发区迪古富民农民专业合作社
法定代表人：熊光勇
迪庆经济开发区三家村大华种养殖农业合作社
法定代表人：杨学周
武汉钢铁集团昆钢铁合金股份有限公司迪庆经营部
负责人：李树亮
中国人民财产保险公司迪庆香格里拉分公司第三经营部
负责人：尹永芬
迪庆香格里拉藏青稞酒厂
法定代表人：和德文
迪庆经济开发区恒丰商贸部
法定代表人：李　毅
迪庆经济开发区顺安汽车货运有限公司
法定代表人：蔡学明
迪庆经济开发区藏英酒业有限公司
法定代表人：沈桂花
迪庆经济开发区富鹏物流有限公司
法定代表人：谢志富
迪庆经济开发区龙源发电有限公司
法定代表人：习志高
迪庆州拉曲投资有限公司
法定代表人：郑平阳
迪庆江源矿产品销售有限责任公司
法定代表人：陈世平
迪庆经济开发区老虎箐物流有限责任公司
法定代表人：和作敏
迪庆经济开发区天煦矿业有限公司
法定代表人：尹志杰
迪庆金盛医疗废物处置有限公司
法定代表人：熊志刚
云南金六福贸易有限公司
法定代表人：颜涛
迪庆经济开发区顺达房地产开发公司
法定代表人：刘家权
云南荣睿高新技术投资管理有限公司
法定代表人：吴向东
迪庆经济开发区天迪经贸有限责任公司

法定代表人：应敬伟

迪庆经济开发区凯灿商贸有限责任公司

法定代表人：傅成方

迪庆经济开发区富鹏经贸有限责任公司

法定代表人：谢志富

迪庆昆旺矿业有限责任公司

法定代表人：李丕厘

迪庆香格里拉生物科技有限公司

法定代表人：和德文

迪庆东升矿业有限责任公司

法定代表人：李崖英

（和瑞昌）

# 政　治

## 迪庆藏族自治州委员会工作

【综　述】　2010年，州委认真贯彻落实中央第五次西藏工作座谈会，胡锦涛总书记、李源潮部长对迪庆工作的重要指示精神和省委的各项决策部署，紧紧抓住难得的历史机遇，更加注重提高经济发展的质量和效益，更加注重基础设施建设和支柱产业培育，更加注重保障和改善民生、更加注重生态建设和环境保护、更加注重保持社会和谐稳定、更加注重党的建设，全面推进“示范区”建设。全州国内生产总值增长19.5%，固定资产投资增长43.2%，地方财政一般预算收入增长36.91%，全社会消费品零售额增长23.8%，城镇居民人均可支配收入增长9.57%，农民人均现金收入增长14%，城镇登记失业率为3.7%，人口自然增长率为4.27%，单位生产总值能耗降低2%，继续保持了经济发展、社会稳定、文化繁荣、宗教有序、民族团结、生态进一步改善、人民生活水平不断提高的良好局面。

【项目建设】　州委坚持以项目建设打基础，着力增强发展后劲。坚持把扩大内需作为保增长的重要着力点，全年完成固定资产投资120亿元以上，增长30%，对经济企稳回升、持续向好发挥了重要作用。一是形成合力抓项目。我们紧紧抓住中央继续扩大内需和第五次西藏工作座谈会、省委藏区工作会议等重大机遇，积极做好项目对接落实，明确各部门工作责任，落实工作目标。分别成立了中央、省、州三个项目组，下发了《关于衔接迪庆州经济社会发展重大建设项目和政策支持任务分解的通知》（迪办通〔2010〕17号），有力地推进了重大项目建设，争取了一批打基础、利长远、惠民生的重大项目和基础设施项目。二是加强项目储备。进一步发挥财政资金引导作用，确保项目前期工作顺利开展。坚持超前谋划，着眼于城市功能提升和产业升级，依托资源优势和现有产业基础，精心策划一批重大基础设施项目、资源深加工项目和产业配套项目。丽香铁路、德钦机场、丽香高速公路等重点项目前期工作进展顺利。三是强化项目建设管理。实行项目建设全程跟踪监管制度，全力推进已开工和续建项目的工程建设。重点抓了年初确定的香德、德维（塔）二级公路、教育综合改革工程等10个重大项目和中低产田地改造、迪庆州藏医院迁建项目等47个重点项目建设。扎实完成香格里拉县城环境综合治理、虎跳峡景区公路等25个“两节”献礼项目建设。农牧业、社会事业、节能减排、生态建设和民生领域投资力度明显加大。

【结构调整】　2011年，州委坚持一手抓加快增长，一手抓结构优化，转变发展方式，突出发展的协调性，可持续性发展能力进一步增强。积极推进农业产业化，大力发展农村特色经济。继续加大青稞、核桃、葡萄、蚕桑、中药材等基地建设。新农村建设稳步推进，投资5.08亿元全面完成游牧民定居工程5 970户建设任务；实施了30个自然村新农村示范点建设和建制村扶贫整村推进；认真落实各项强农惠农政策。2010年，全州共兑现各种补贴3 747.44万元，农业和农村经济继续保持稳步发展的良好态势。积极培育和扶持生物龙头企业，完成1.15万亩葡萄、1.53万亩蚕桑、3万亩油菜、4.2万亩药材和生猪、牦牛良种繁育等基地建设，生物产业实现快速发展。全力推进电源点建设和电网建设，全州水电新增装机容量14.66万千瓦，总装机容量达78.8万千瓦，电力产业实现稳步发展。通过整合矿产资源、推进矿电结合、打击矿产资源开发违法行为、加强矿区生态环境保护等工作，加快普朗铜矿开发协调步伐，推进维西工业园区还原铁项目建设，昆钢30万吨铁合金项目和华新水泥厂建设进展顺利。

2010年，矿产业总收入预计可达12亿元，矿产业实现科学有序发展。加快发展以旅游为龙头的第三产业。以香格里拉品牌为核心，加快推进香格里拉普达措、梅里雪山、滇金丝猴三大国家公园和虎跳峡、香格里拉大峡谷等重要旅游资源的基础设施建设，进一步改善旅游薄弱环节，成功引进香格里拉大酒店和喜来登度假酒店。采取有效措施，不断提高旅游服务水平。2010年，接待海内外游客600万人次，实现旅游业总收入56亿元。充分发挥消费对经济增长的拉动作用，认真落实家电、汽车、农机下乡等刺激消费的相关政策，积极培育消费热点，拓展城乡消费市场。全社会消费品零售总额达20亿元，同比增长18%。积极发展现代服务业，富滇银行、中国银行先后在迪庆设立分行，为全州现代服务业发展注入了新的活力。

**【生态建设】**　州委深入实施“七彩云南香格里拉保护行动”，加大生态保护力度，全面推行环境保护一岗双责，认真做好两江生态保护屏障专项规划和实施方案编制等基础性工作，加强湿地和自然保护区管理，强化饮用水源地保护，重视水土流失综合治理，控制农村面源污染，改善城乡生态和人居环境。通过努力和积极争取，三江并流世界自然遗产地红山片区边界细化方案在第三十四届世界遗产大会上顺利通过，生态建设取得积极进展。2011年，实施天然林保护工程公益林13.5万亩，实施退耕还林荒山造林1.5万亩，完成了天然林管护2 583万亩；完成3 000口沼气池、3 000户节柴灶和3 760平方米太阳能以及高效低排放生物质炉2 000台等工程建设。试点开展了农村新石材材料替换传统房屋木板工作，有效减少了对森林的采伐。大力实施科学养畜，有效减少草场载畜量，推动农牧业发展方式的转变。全年，州、县政府共兑付试点范围2个乡镇12个村的部分村民生猪圈养补助资金786.49万元。严格节能减排责任。对新上项目严把产业政策、资源消耗和环境保护关，加快淘汰落后产能，发展低碳经济，推动绿色增长。抓好重点行业、重点企业节能减排，完善节能减排考核和奖惩机制，严查偷漏排等违法行为。合理开发利用资源，按照生态功能区划规范开发建设行为，加强水资源开发利用管理，落实水电站最小下泄流量。严格江河道采砂监管。加大矿产资源开发整合和保护力度，规范勘查开发行为。成立了土地收储机构，运用土地价格调节机制，引导节约集约用地。

**【民生改善】**　州委把促进就业摆在民生工作的首位，全面落实就业的各项政策措施，完善就业援助制度，加强就业和创业培训，加大鼓励创业“贷免扶补”政策的扶持力度，保持了就业形势的总体稳定。全年，城镇新增就业5 789人，开发公益性岗位423个，下岗失业人员再就业501人，扶持成功创业218人，城镇登记失业率控制在3.8%以内。加快建设覆盖城乡居民的社会保障体系，完善社会保障体系，扩大社会保障覆盖面，稳步提高保障水平，维西、德钦两县于2010年7月起启动新农保试点工作。全年全州城镇基本养老保险参保人数达到15 421人以上，完成目标任务的111%；城镇基本医疗保险参保人数达33 602人，完成目标任务的104%；城镇职工参加失业保险人数、工伤保险参保人数、生育保险参保人数均超额完成年度目标任务。全面推进以集中办学为重点的教育综合改革，今年以来全州共撤并中小学199所。大力改善学校办学条件，总投资达5.05亿元的州直学校新校区项目建设进展顺利。加强“双语”教育，藏语文的普及率进一步提高。进一步扩大家庭经济困难学生资助覆盖面并提高了相关补助标准，义务教育“两免一补”、高原农牧民子女学生生活补助、中职学校“三免一补”和高中学生免学费等政策得到较好落实。职业教育、中等教育、基础教育、学前教育、特殊教育得到全面发展。继续加强流行病预防为重点的突发公共卫生事件应急准备工作，稳步推进医疗卫生体制改革，加快州、县、乡、村四级卫生基础设施、辅助设施和基本装备建设，积极实施农民健康工程，进一步加强农牧区卫生服务体系建设，健全社区卫生服务网络。着力解决城乡居民安居、征地拆迁、移民安置、食品药品质量、安全生产等群众反映的突出问题。高度重视保障性住房建设，新建廉租房和经济适用房进展顺利。切实推进文化体制改革，加快公益性文化事业发展，大力培育和发展文化产业。认真落实计划生育基本国策，精心组织第六次全国人口普查，扎实推进广播电视村村通工程，大力发展体育事业，广大人民群众的生活质量进一步提升。

**【维护稳定】** 2011年，州委坚决按照中央、省委关于维护藏区稳定的一系列方针政策，始终做到思想上的弦绷得紧而又紧、对策上的准备细而又细、工作上的力度强而又强，积极主动、强化责任、狠抓落实，全州没有发生一起不稳定事件，平安和谐藏区建设取得新进展。一是打牢维护稳定的思想基础。深入开展“反对分裂、维护稳定、促进发展”主题教育活动，继续在广大农村开展“幸福思源、脱贫感恩”为主题的感恩教育，在广大党员干部中开展以“命运靠忠诚，前程看民心”为主题的忠诚教育，在广大僧尼中开展以“出家守法戒、修行利国民”为主题的法制教育，在广大学生中开展“继承革命传统，热爱美好家园”教育。去年上半年在全州开展了“千名干部进村入户促民族团结进步”活动，1 200多名干部深入全州188个村和24座重点寺院，广泛宣传马克思主义民族理论、党的民族政策和法律法规，教育群众覆盖面达98%以上。通过深入的思想教育，打牢全州各族人民共同团结进步、共同繁荣发展的思想基础。二是积极引导宗教与社会主义社会相适应。全面贯彻党的宗教工作基本方针，认真实施好《云南省迪庆藏族自治州藏传佛教寺院管理条例》，继续在寺院中开展爱国主义和法制宣传教育。细化了与重点村社、寺院、僧人的联系挂钩制度，建立健全防范寺院僧尼群体性突发事件工作机制，与各寺院主持签订责任状，将外来住寺僧人纳入暂住人口管理。加大派驻寺工作组力量，完成了2 430名僧人的僧藉证数据采集工作。认真做好向·楚称江楚活佛圆寂和德钦“7·4”交通事故中阿吉此里活佛的善后工作。组织了43名僧人和教职人员参加了全省首届宗教界运动会，获得多个奖项。迪庆佛学院、州藏胞接待中心建设和松赞林寺、东竹林寺大殿修缮进展顺利。同时，牢牢把握旗帜鲜明、针锋相对、掌握主动、争取人心、强基固本的方针，继续扎实有效深入揭批达赖集团分裂祖国、图谋“西藏独立”的反动本质，采取积极措施，超前主动做好“2·25”、“3·10”、“3·14”、“3·28”等敏感节点期间的维稳工作，有效确保了社会大局的和谐稳定。三是深入开展社会治安综合治理。高度重视信访工作，着力加强矛盾排查调处，适时掌握社会治安动态，及时妥善调处了一大批矛盾隐患。着力开展社会管理创新，社会治安防控体系建设进一步加强，依法严厉打击严重刑事犯罪和严重影响群众安全感的多发性犯罪，始终对犯罪活动保持高压态势。青海玉树地震发生后，大批青海籍信教群众到德钦县梅里雪山进行转经，祈求平安，针对这一现象，州委高度重视，及时责成德钦县委、县政府认真细致安排好群众的转经活动，确保了转经活动的正常有序，有效维护了社会的和谐稳定。四是大力促进民族团结进步事业。广泛、深入、持久开展民族团结宣传教育和创建活动，深入开展了龚曲此里先进事迹的系列宣传，有力促进了各民族和睦相处、和衷共济、和谐发展。坚持把民族团结教育纳入公民道德教育全过程、社会主义精神文明建设全过程，在全州牢固树立“三个离不开”思想和“团结稳定是福、分裂动乱是祸”的观念。按照中央领导的指示，组织相关部门对州内外民族团结工作的好做法进行收集总结，并结合迪庆州实际，深入调研，广泛征求社会各界的意见，借助上级部门和法律专家的大力协助，制定了我国国内首部规范民族团结进步的法规——《云南省迪庆藏族自治州民族团结进步条例》，于2010年7月1日正式颁布实施。《民族团结进步条例》的颁布实施，标志着迪庆州民族团结进步事业步入法制化的轨道，为迪庆州民族工作健康有序发展提供了良好的法制环境。去年9月12日至16日，结合《民族团结进步条例》的贯彻落实，迪庆州成功举办了第六届康巴艺术节暨迪庆州民族团结节，艺术节充分展示了迪庆州在中国共产党的领导下社会和谐、文化繁荣、跨越发展、长治久安的良好形象，有效加强了迪庆州与毗邻藏区的文化经济交流，扩大了迪庆在东部藏区的影响力。在去年的首个民族团结节上，迪庆州隆重召开民族团结进步表彰大会，分别表彰了民族团结进步模范单位、民族团结进步模范村、民族团结进步模范户、民族团结进步模范个人，进一步激发了全州人民维护民族团结的自觉性和积极性。

**【党的建设】** 扎实做好藏区各项工作，确保藏区跨越发展和长治久安，关键在于藏区的各级党组织和广大党员干部。州委坚持党要管党、从严治党的方针，以党的执政能力建设和先进性建设为重点，全面推进党的建设新的伟大工程，为经济社会跨越发展提供坚强的组织保障。一是始终坚定不移地加强思想政治建设。始终把思想政治建设放在首位，强化理论武装工作。继续深入学习宣传贯彻党的十七大和十七届四中、五中全会精神，坚持用中国特色社会主义理论体系武装党员干部，不断提高运用马克思主义立场、观点、方法分析解决实际问题的能力。按照中央和省委的安排部署，精心组织，加强领导，认真开展了创先争优活动，推动党的执政能力建设和先进性建设，干部思想观念进一步转变，干事创业的良好氛围进一步形成、科学发展的理念进一步坚定，党的思想建设取得了良好的效果。二是始终坚定不移地加强领导班子和干部队伍建设。坚持把提高领导水平和执政能力作为各级领导班子建设的核心内容，切实加强各级领导班子建设。进一步加强民主集中制建设，积极推进党内民主建设，努力提高科学执政、民主执政、依法执政的水平。按照省委提出的“个人形象一面旗、工作热情一团火、谋事布局一盘棋”要求，切实加强以县委领导班子为重点的干部队伍建设。以“六把尺子”（德才兼备、以德为先，群众公认，科学发展，民族团结，五湖四海，多岗锻炼）的要求，大力加强领导班子和干部队伍建设，加大年轻干部、妇女干部、少数民族干部和党外干部培养选拔力度。积极稳妥推进干部人事制度改革，模范带头执行《党政领导干部选拔任用工作条例》，进一步完善干部选拔任用制度，落实竞争性选拔干部要求，选人用人满意度和公信度不断提升。2010 年共召开州委常委会 13 次，研究议题达 78 项；任免调整干部 4 批 152 人，其中提拔 53 人（正处 14 人、副处 39 人），平级调整 99 人。三是始终坚定不移地加强党的基层组织建设。通过抓领导、抓宣传、抓队伍、抓管理、抓文化、抓保障、抓民生，切实加强了农村基层组织建设，充分发挥党支部的战斗堡垒作用和党员的先锋模范作用。深入开展“三建三带三创”藏区农村基层党建工程，在“三建”的基础上着力抓好“三带三创”，培养了大批农村致富能手和维护稳定、保护生态的带头人。切实选优配强村“两委”班子，顺利完成村“两委”换届工作。全面推行“四议两公开”，全州已全部消除党员空白村，彻底结束了部分村干部和村民小组长由宗教人士担任的历史。加强基层阵地建设，完成了所有村（居）委会党总支和村党支部活动场所建设任务。加强了企业、机关、社区党组织建设，高度重视社团、中介组织、民办非企业单位等新社会组织党建工作，扩大了党的工作覆盖面。切实抓好“党建带工、青、妇建”工作，夯实党在基层的执政基础。四是始终坚定不移地加强党风廉政建设。认真实施《迪庆州贯彻落实〈建立健全惩治和预防腐败体系 2008—2012 年工作规划〉的实施意见》，努力从源头上预防和解决腐败问题。始终保持对腐败惩治的强劲势头，营造了风清气正的发展环境。加大对中央、省委、州委重大决策部署落实情况的监督检查力度，进一步规范工程建设领域市场交易行为，完善产权进场交易、政府采购、工程建设项目招投标、土地使用权出让等制度，坚决查处违纪违法案件，保证了财政投资安全、透明、高效管理和使用。继续推进行政问责等“四项制度”，切实解决损害人民群众利益的突出问题。全面贯彻落实党风廉政建设责任制，进一步深化责任考核和考核结果的运用，增强了各级领导班子和领导承担反腐倡廉责任的意识。

（杨雪峰）

## 迪庆州委政策研究室

**【调查研究工作】**　2010 年，州委政策研究室按照“服务决策、重在实用”的原则，紧紧围绕全州经济社会发展进程中的重点、难点、热点问题，积极开展调查研究，及时总结好的经验和做法，调研工作取得了新成绩，为州委州政府决策提供全面、准确的信息。一是对全州旅游产业发展情况进行了专题调研，形成了《迪庆州旅游产业发展调研报告》。二是对迪庆州培育农村致富带头人的情况进行了调研，形成了《迪庆州农村致富带头人培育情况调研报告》。三是对全州建立草原承包体制的情况进行了调研，形成了《迪庆州关于建立完善草原承包经营体制的调研报告》。四是积极开展了其它一些调研工作，完成了以生态移民为主的《关于对迪庆州两种典型易地扶贫移民搬迁的思考》、以机关党建为主的《关于迪庆州机关党建工作的情况调研》、以农业龙头企业发展情况为主的《迪庆州农业产业化及农业龙头企业发展情况》等调研报告的撰写任务，为州委、州政府决策提供了有效服务。

**【农业农村工作】** 州委政研室根据自己的工作职责，充分发挥州委农村工作领导小组办公室服务“三农”工作的职能作用，进一步加强了综合管理全州农业农村工作的力度，狠抓调查研究、检查督办和参谋协调工作，努力为州委决策和全州“三农”工作服务。一是组织筹备和召开了有关会议。根据州委的安排和部署，州委政研室积极组织、筹备和召开了州委农村工作会议、全州新农村建设会议和新农村建设工作队及指导员会议等会议，有力地促进了中央一号文件、省委农村工作会议、省新农村省级重点建设村和新农村建设指导员工作会议精神的贯彻落实，推动了新农村建设和指导员工作。二是组织实施了新农村省级重点建设村建设工作。协同农牧部门投入资金1 065.9万元，圆满完成2009年20个新农村省级重点建设村项目的建设任务，让1 046户农户5 101人受益；理顺了新农村建设管理体制，从2010年开始，由州委农办具体负责组织实施新农村省级重点建设村项目建设，2010年共安排了20个建设点，预计投入资金1 000多万元，受益群众将达839户农户、3 643人。三是切实抓好新农村建设指导员管理服务工作。圆满完成了第三批指导员的总结考核、表彰工作，收回了第三批指导员。按要求及时下派了180名第四批指导员，组成了30支工作队，派驻到180个村（居）委会开展工作。健全完善了指导员管理制度，强化了对指导员的跟踪管理和指导服务工作。四是协同有关单位做好“三农”服务工作。协同教育等部门开展我州“一村一名大学生”的培养工作，2010年共招收32名农村青年参加了畜牧兽医和林业技术两项专业的学习；协同农牧、扶贫等部门搞好农村劳动力转移就业工作，加大农村劳动力培训、转移输出力度，全州共完成农村劳动力就业培训3.43万人，组织召开现场劳务招聘会9场，新增转移农村剩余劳动力5.75万人，实现了农村劳动力转移就业收入2.5亿元，确保大灾之年农民持续增收。

**【文稿撰写工作】** 州委政研室贴紧中心、突出重点，开拓创新、打造亮点，高质量、高效率地做好各类材料和文稿的起草和撰写工作，为州委决策提供了服务。一是高质量完成领导讲话稿的草拟。先后完成了州委领导在州委农村工作会议、全州新农村建设会议和新农村建设工作队及指导员会议、全州“千名干部进村入户促民族团结进步”活动等6个会议上领导讲话稿的草拟。二是积极完成了有关文稿材料的撰写。认真完成了《关于加快推进生态畜牧业建设的决定》、《打牢基础，强化措施努力推进和谐藏区新农村建设》、《迪庆州劳动力转移就业培训工作情况汇报》、《迪庆州贯彻落实全省供销合作社改革发展曲靖现场推进会议精神情况》、《迪庆州建立社会保障体系情况汇报》、《迪庆藏族自治州“十一五”农业农村工作总结及“十二五”工作打算》等文稿的撰写。三是认真负责地参与各种材料的修改。参与了《迪庆州草原管理条例》、《迪庆州草原管理暂行办法》、《土地综合利用规划》、《民族团结进步条例实施办法》、《关于生态畜牧业发展三年行动计划》（初稿）、《迪庆州关于加快生态畜牧业建设，促进农村专业合作经济组织发展的意见》、《迪庆州关于扶持龙头企业发展，促进生态畜牧业集约化经营的意见》、《迪庆州“十二五”规划建议》、《迪庆州“十二五”规划纲要》等文稿的撰写与修改，为全州党务政务提供了有力服务。

**【生态畜牧业工作】** 为深入学习贯彻中央第五次西藏工作座谈会和胡锦涛总书记、李源潮部长对迪庆工作的重要指示精神，积极推进生态畜牧业发展，迪庆州及时启动了科学养畜工作，政研室切实担负起了科学养畜的日常工作职责。一是组织开展了考察工作。组织考察团先后到青海省海北州、内蒙古自治区鄂尔多斯市，对两州市生态畜牧业发展情况进行了全面深入的考察学习，形成了《考察报告》，向州委常委会议汇报了考察情况。二是积极组织开展了生态畜牧业发展调研工作。对香格里拉县的建塘镇、小中甸镇、格咱乡生态畜牧业发展情况进行了实地调研，摸清了所调研乡镇的畜牧业发展、畜牧业基础设施建设、草原（场、山）、饲草料基地建设等情况，摸清了有关情况，形成了《调研报告》及相关的意见建议。三是积极推进生态畜牧业试点工作。在香格里拉县建塘镇和普达措国家公园核心区范围内实施了科学养畜试点工作，出台了《关于对<香格

里拉县人民政府推进生猪圈养试点工作的实施意见＞批复》（迪政复［2010］32号），明确了生猪圈养试点工作的指导思想、基本原则、方法步骤、资金筹措等政策，完成了建塘镇和洛吉乡2个乡镇12个建制村的部分村民小组共2 047户农牧户的生猪禁牧圈养和遣返工作。给生猪圈养禁牧试点农牧户兑现了圈舍建设、饲料粮补助和仔猪购买等补助资金786.49万元，促进了农牧民增收，推进了生态畜牧业建设，保护了生态环境。

**【组织开展促团结活动】**　为宣传贯彻中央第五次西藏工作座谈会精神，进一步巩固“促小康”、“促和谐”活动成果，切实增强民族团结，促进全州各民族共同团结奋斗、共同繁荣发展，维护社会和谐稳定，自2010年3月1日起，迪庆州从各级各部门抽调了1397名干部组成了30个指导组，深入到全州各乡（镇）、村组，开展了为期近2个月的“千名干部进村入户促民族团结进步”活动。州委政研室充分发挥活动领导小组办公室的职能作用，一是及时制定出台相关的管理办法，建立了工作组联络员制度、信息报送制度、工作报告制度等相关制度，共编发信息47期；二是加强了对整个活动和工作组的动态管理，认真了解工作开展情况和干部作风状况，对各工作组的工作进行经常性的督查；三是在活动结束后，于5月20日组织召开了全州“千名干部进村入户促民族团结进步”活动总结表彰大会，确保了整个活动圆满结束。

**【组织协调工作】**　根据州委的要求和安排，州委政研室充分发挥综合协调的职能作用，积极完成州委交办的各项工作。一是全面履行副秘书长职责，认真做好联系部门相关工作的组织协调。州委政研室主任由州委副秘书长兼任，负责联系宣传意识、群团组织及涉农等部门，根据州委分管领导的要求，室主任全面加强与这些部门的工作联系与协调，认真完成州委有关重大决策和工作部署的落实及协调工作，促进了这些部门工作的全面发展。二是协同州建设局等单位协调做好民居地震安全工程相关工作，完成了农村民居地震安全工程有关数据、材料的上报及工程建设任务。三是积极参与了2010年度全州集中检查考核工作和州级党群系统工作目标考核工作，按时、按质、按量地完成了对各目标责任单位的年终考评工作。四是配合有关部门举办了3期新任村“两委”主要干部的培训班，完成了培训任务。五是抽调了1名室领导与原单位完全脱岗，到州集体林权制度改革工作领导小组办公室协助开展林改工作，在林改工作中发挥了积极作用。

**【调整充实农村工作领导小组】**　为进一步加强对“三农”工作的领导，保证党的各项农村政策的贯彻执行，扎实推进我州农业农村工作，州委政研室积极报请州委研究同意，调整充实了州委农村工作领导小组有关领导和成员。

**【调整充实新农村队工作领导小组】**　为便于对下派社会主义新农村建设工作队的领导，州委政研室及时报请州委研究同意，调整调整充实了州委社会主义新农村建设工作队领导小组有关领导和成员。

**【成立生态畜牧业工作领导小组】**　为深入学习贯彻中央第五次西藏工作座谈会精神，认真落实胡锦涛总书记、李源潮部长关于做好迪庆工作的有关指示，推进“生态立州”进程，切实加强对迪庆州生态环境的保护，推进生态畜牧业发展，经州委常委会研究，决定成立迪庆州加快生态环境保护，推进生态畜牧业发展工作领导小组。领导小组下设办公室于州委农办（即州委政研室），负责处理日常工作。

**【结对帮扶工作】**　州委政研室高度重视扶贫挂钩工作，始终心系群众，急群众之所急，解群众之所忧。以深入扎实开展创先争优活动为契机，以“城乡党建结对共建、携手创先争优”为载体，于2010年9月中旬和10月底，先后两次深入到扶贫联系点——德钦县奔子栏镇达日村进行调研、慰问和办实事，开展了为扶贫联系点上一节党课、做一件实事、每个机关党员联系一户农村党员户和送一次强农惠农政策下乡等“四个一”城乡党组织结对共建活动。为达日村民小组党支部的党员上了一堂以农村党员如何在社会主义新农村建设中发挥先锋模范作用为主要内容的党课；室党支部与达日村民小组党支部结成挂钩共建联系点，每个党员结对联系一户农村党员户，与该村7位党员结为帮扶对子；向该村群众宣传了党对农村的强农惠农政策；深入全面开展了对该村情况的调查研究，理清了发展思路；力所能及地从资金方面帮助该村解决了人饮水渠、铁丝围栏和粮食补助等资金4.5万元和部分物资，切实帮助他们解决了一些生产生活中的实际困难。

**【加强自身建设】** 州委政研室领导班子紧密团结，注重加强自身建设。一是精心组织，扎实开展创先争优活动和学习型党组织建设。以“三个强化、三个提升”为目标，以“五比”为内容，以“四个一”为载体，深入扎实地开展了活动。通过开展创先争优活动，我室广大党员干部的政治思想觉悟、精神风貌得到了进一步提高，工作作风得到了进一步转变，各项工作取得了新成效。二是坚持学习制度，加强干部职工教育培训。以开展“创先争优”、建设学习型党组织等活动为载体，认真组织全体干部职工深入学习党在农村的方针、政策，学习和掌握政研和“三农”工作必备的专业知识和业务技能，并通过参加了省州举办的农业产业化研讨班、五中全会精神培训班培训学习和云南省干部在线学习学院组织的在线学习，使全室干部的理论水平、业务素质和办事能力得到了进一步提高。三是加强硬件建设，不断改善办公条件。进一步加强了硬件建设，进一步改善了办公条件，为业务工作的正常运行提供了保障。四是强化了内部管理。制定了《内务管理制度》，建立健全了学习制度、会议制度、工作纪律制度、考勤制度、民主决策议事制度、廉洁自律制度等十六项制度，从制度上规范了管理，形成了健康有序的工作机制。五是加强党风廉政建设和综治平安建设。将党风廉政建设责任制和综治平安建设工作进一步细化分解到科室，积极引导干部职工进一步增强反腐倡廉和平安建设的意识，牢固树立了全体干部职工正确的世界观、人生观和价值观，坚定了理想信念，从源头上预防腐败，不断提高拒腐防变和维护稳定的能力，确保了我室领导班子和全体干部职工无任何违法违纪案件、事件和事故发生，继续巩固扩大了我室党风廉政建设和综治平安建设的成果，为全州发展和稳定作出了积极贡献。

（游文明）

## 组织工作

**【综　述】** 2010年，全州组织工作认真贯彻落实全省、全州组织工作会议精神，以贯彻党的十七届四中、五中全会和州委“三建三带三创”活动为抓手，以深入开展创先争优活动、推进干部人事制度改革、匡正选人用人风气、加强领导班子能力建设、全面加强基层党组织建设为重点，围绕中心、服务大局、改革创新、狠抓落实，圆满完成年度各项工作任务，为把迪庆建设成为“全国藏区跨越发展和长治久安示范区”目标提供了坚强的组织保证和干部人才支持。

**【基层组织和党员队伍建设】** 创新机制，丰富内容，藏区基层党建工作水体整体提升。针对不同领域和行业的特点，设计不同的活动载体，采取分类指导，科学谋划各个重点领域的基层党建工作。在农村，开展“三建三带三创”藏区农村基层党建工程，在机关，开展“四想四比四争当”藏区机关党建工程；在社区，开展“四强化四共同四创建”藏区社区党建工程；在企业，开展“五查五比五创”藏区企业党建工程，构建起了科学设计、品牌引领、系统配套、整体推进的迪庆基层党组织建设新格局。一是巩固“三建”成果，加强阵地建设。全面完成全州177建制村和11个社区的活动场所和办公用房建设，实现新建534个村民小组党支部活动场所全覆盖；完成54个建制村党总支活动场所建设任务，2010年9月顺利通过省委组织部验收，省级以奖代补资金212万元全部下达各建设点。二是突出“三带”能力建设。在顺利完成党组织优化设置、活动场所建设的基础上，2010年重点在“三带”上下功夫，全州基层党组织结合自身实际，采取了积极有效地措施，培养出了一批具有“三带”能力的党员队伍，为加强基层党组织建设注入了新的生机和活力，取得了初步成效。全州积极发挥“三带”作用的农村党员共为3 231人，占农村党员总数的18.81%，发挥带头致富、带领致富作用的党员总数为3 709人，占农村党员总数的21.59%；发挥带头维稳、带领群众维稳的党员总数为9 495人，占农村党员总数的55.26%，发挥带头保护生态、带领群众维护生态的党员总数为9 215人，占农村党员总数的53.38%。三是加强机关党建工作。结合创先争优活动，今年机关党建中突出开展“四想四比四争当”（想一想组织信任，比一比工作成绩，争当科学发展的推动者；想一想人民期盼，比一比工作效率，争当服务人民的先行者；想一想岗位职责，比一比工作奉献，争当民族团结的维护者；想一想发展要求，比一比工作创新，争当改革创新的领跑者）主题实践活动。四是加强社区党建工作。进一步丰富和完善社区党建工作内容，以推进“三有一化”为着力点，结合实际开展了“四强化四共同四创建”活动，即：强化党组织建设、社区事务共同管理，强化党员队伍建设、社会稳定共同保障，强化活动阵地建设、驻区单位共同建设，强化服务居民群众意识、精神文明共同创建，着力创建迪庆藏区温馨社区、文明社区、平安社区、和谐社区。五是加强国有企业党建工作，下发了《迪庆州2010年国有企业党建工作实施意见》，建立了企业党委书记抓基层党建年度述职制度。进一步规范国有企业党建工作，结合“四强四优”的要求，开展“五查五比五创”主题实践活动：“一查观念更新、比学习、创学习型团队；二查工作态度、比服务、创党员先锋岗；三查工作作风、比奉献、创党员责任区；四查和谐氛围、比团结、创和谐班组；五查工作绩效、比发展、创一流业绩”。六是推进党员干部现代远程教育工程。搞好调研、加强培训，按时按质完成156个“双无村”的卫星模式任务，实现全州所有建制村全覆盖的目标要求。对61个电信模式站点进行了全面督查整改。七是顺利完成村“两委”换届选举工作。牵头成立领导小组办公室，起草下发村两委换届选举通知以及村干部任期和离任经济责任审计治理贿选行为等配套文件，进行选举程序培训，出台离任干部一次性补偿办法，建立健全动态统计、信访办理、信息发布、应急预案等制度，有力指导和推动各项工作健康发展。全州177个建制村换届选举工作顺利完成，村两委班子呈现出“三优化两增强”的特点。通过采取措施，结束了迪庆由宗教人士担任村“两委”班子成员的历史。加强制度建设，全面推行了“四议两公开”工作方法，建立和完善基层党支部活动保障议事决策制度，强化党支部核心地位和基层党组织战斗堡垒作用。八是认真组织开展“共产党员抗旱救灾”先锋行动，全州87个党组织，7 179名共产党员捐献了656 284.2万元抗旱救灾资金。由我部牵头，协同纪委、财政、民政、水利等部门，共同制定资金分配使用方案，发放关爱资金60万元，补助特困群众1 500户；下拨关爱资金205万元，建设“共产党员爱心水窖”250个。九是完成了135名大学生“村官”选聘工作。落实好省委关于提高迪庆州大学生“村官”生活补贴标准的决定，迪庆州大学生“村官”生活补贴从每月1 000元提高到每月2 000元。

**【领导班子和干部队伍建设】**　深化改革、强化培训，领导班子和干部队伍建设不断加强。一是加强各级领导干部的选拔配备，优化班子结构。结合新时期藏区干部队伍建设面临的形势和任务，努力培养和造就一支德才兼备，勤政廉政，密切联系群众，政治坚定，结构合理的干部队伍。2010年州委任免调整干部4批共154人，其中提拔55人，正处级干部14人，副处级干部41人，妇女干部6人，非党干部7人，少数民族干部49人，35岁以下年轻干部7人：平级调整干部92人，其中正处级干部25人，副处级干部67人；通过民主测评，考察了解等对31名试用期满的县处级干部办理正式任职手续；任免乡镇党政“一把手”共3批12人。二是积极稳妥推进干部人事制度改革。第一，认真组织开展省、州、县三级联合公选工作。严格程序、坚持标准，全州4名副处级、18名副科级岗位人选已经任职。第二，加大竞争性干部选拔力度，下发了《迪庆州州直部门中层干部竞争上岗实施办法》，并抓好具体的贯彻落实。州委组织部、州发改委、州公安局和德钦县法院、公安局等部门率先开展了竞争上岗工作，通过竞争上岗选拔了20名正科级干部和32名副科级干部。第三，进一步拓宽识人选人视野和注重从基层选拔干部工作，先后下发了《关于在州直党政群机关实行公开选调公务员的通知》、《关于做好从基层一线培养选拔干部试点工作的通知》、《关于进一步加强我州干部交流工作的意见》。三是完成各级领导班子和领导干部年度考核工作。协助省委检查考核组完成42名省管干部考核工作，评为优秀8人，称职34人；协助省委检查考核组完成县委书记集中考核；在认真总结去年干部考核基础上，通过实行分类考核，突出针对性，进一步加强对县处级领导班子和领导干部的管理与监督。完成了州管县处级干部526名的考核工作，评为优秀110人，称职416人。四是做好干部教育培训工作。2010年下发了《关于进一步加强干部调训管理工作意见》，明确了管理体制，建立了申报制、会商制，备案制，干部调训工作进一步规范化、制度化、科学化，全年完成调训639人次。抓好“沪滇、昆迪”干部异地挂职和人才交流培训，向上海、昆明派出挂职干部3批30人。圆满完成“迪庆—清华大学”先锋计划第十期“领导力”专题培训班。做好了496名干部参加的厅、处级领导在线学习工作。组织完成晋升副县处级领导职务资格基本知识考试。分3期完成村“两委”负责人专题培训。五是加强监督，提高选人用人公信度。认真贯彻实施《中共迪庆州委关于深入整治用人上的不正之风，进一步提高选人用人公信度的实施意见》，配合统计局开展县级党政领导班子和领导干部公信度调查工作。认真开展“贯彻四项监督制度、提高选人用人公信度”学教活动和“干部法规学习宣传月”活动，全州共800人参加，在香格里拉网、电视台、电台全文播放，下发单行本到全州县处以上领导干部和州县纪检、组织人事干部手中，扩大了宣传覆盖面和干部群众知晓率。同时把香格里拉县、德钦县及州直30个单位作为“提高选人用人公信度示范单位”，以点带面，整体推动，加强法规执行力，提高全州选人用人公信度。

**【认真开展深入学习实践科学发展观活动】** 圆满完成学习实践科学发展观活动的各项任务。以巩固和扩大活动成果为重点，抓好活动后续工作，采取有效措施兑现整改方案作出的承诺，在科学发展观活动中查找并梳理出的606个制约发展的突出问题中，已解决501个，正在解决105个，一大批关系民生的，如林权制度改革、城市供暖、教育体制改革等惠民工程与活动开展紧密结合，相互促进，取得成效。认真组织召开总结大会，总结学习活动中成功经验，形成了一批有利于推动科学发展的政策导向、舆论导向、用人导向和体制机制，建立健全了学习实践活动长效机制。

**【创先争优活动】** 创先争优活动自2010年5月20日启动以来，1 719个基层党组织、26 271名党员投身到活动中来，按照“一个目标、一个主题、四项任务”的目标要求，着力在四个重点上下功夫：一是围绕中心工作和服务大局，着力在解决实际问题上下功夫。通过正在开展的重大项目建设、教育综合改革等，将创先争优落实到行动上，体现在干事上。二是围绕完善服务群众的长效性机制，着力在建立“四项机制”上下功夫。建立和细化创先争优活动动力、帮带、评价、激励四项机制，通开展评星挂牌、公示承诺、颁授流动红旗等活动，要求党员量化承诺事项，明确承诺内容和方式，解决关系群众切身利益的问题。三是围绕加强典型引导，着力在打造特色示范点上下功夫。逐级遴选，选定了3个省级、30个州级基层党建工作示范点，构建起一批省、州、县不同层次、不同行业、不同领域的示范点。并从党费中拨付了28.5万元作为基层党建工作示范点创建经费，为示范点创建提供经费保障。四是围绕营造浓厚的活动氛围，着力在舆论宣传上下功夫。以大力宣传迪庆涌现的先进典型代表龚曲此里、尼玛拉木、苏贵平等先进人物为突破口，注重挖掘，宣传和打造了一批先进典型，注重用身边的典型，感动和教育周围的人。截至2010年12月，州级共出简报47期，报纸刊出457篇（则），电视播出195则（条），网络发布245篇（则），被中央党刊发表3篇，省级刊物刊发35篇，省电视台播放专题新闻22条，营造了“组织争创先进、党员争当优秀”的浓厚氛围。

**【信息化工作】** 2010年，积极应用信息网络技术和媒体，不断提高组织工作信息化水平。一是突出特点抓信息宣传。积极整合迪庆各媒体资源，采取向下级组织部门下任务、通报情况、点题专报等多种形式，全年共编撰组工信息30期72条，其中，干部人事制度改革专报信息8期15条，被省委组织部组工信息、党的生活和省级各类专刊采纳10余条，在迪庆报发表20余条。信息采纳率较往年有了新的突破。加大与主流媒体的沟通衔接，《云南迪庆基层党建立足藏区实际创新教育模式》、《云南迪庆着力打造滇西北红色党建带》和《云南迪庆基层党建架起群众连心桥》三篇文章，分别在人民网和人民日报刊发，《云南迪庆探索基层党建新方式》和《云南迪庆基层党建架起群众连心桥》在《人民日报》藏文版头版头条和四版头条刊发。迪庆党建成果文章在中央重要宣传媒体的刊发，为迪庆基层党建和创先争优活动的宣传发挥了积极的推动作用，起到了良好的宣传效果。二是围绕党建抓课题调研。按照省委组织部调研课题的任务分解，积极整合力量，协同省委组织部干部四处和组织三处完成了《提高干部选拔任用科学化水平对策研究》和《宗教重点地区基层党组织建设对策研究》调研课题；并结合我州实际，完成了《迪庆藏区干部待遇情况的调研报告》和《迪庆州农村党员“三带”情况和农村党组织集体经济现状的调研报告》等，为领导决策提供了有效依据。三是突破难点抓网络宣传。在没有专职网宣员的情况下，及时调整人员、充实队伍，制定激励措施，实行通报鼓励，关注迪庆网络舆情，积极发表网评文章，至今尚未发现涉及我州的负面网络舆情。我州网宣员发表的一篇网评文章被省委组织部采纳并在网宣工作中交流学习，网络宣传工作实现了新的飞跃。同时，开通党建短信平台，把中央、省委有关党建工作的重要信息和我州党建和组织工作动态，通过手机短信的形式发送给各级领导干部，进一步扩大党建和组织工作宣传渠道。

**【自身建设】**　迪庆州委组织部在深化拓展“讲党性、重品行、作表率，树组工干部新形象”活动中，以“四想四比四争当”活动为载体，学理论、学业务、学先进、求突破，积极创先争优，有力地推进了组织部门自身建设。一是认真开展创先争优活动，努力建设学习型机关。以创先争优活动和建设学习型党组织为契机，开展公开承诺和党员亮牌示范工作。每位党员在工作时间内都统一佩戴党徽上岗，制作党员桌牌，促使党员强化党员意识，立足岗位争创优秀。结合实际开展评星授旗。在部机关各科室中开展“流动红旗”和“党员示范窗口”的评比工作；在正科及其以下干部职工中开展“工作之星”（即：学习星、服务星、敬业星、创新星）的评比，认真开展创建学习型党组织活动，切实把组织部门建设成为学习型部门，把组工干部建设成为学习型干部。二是加强部风建设，开展“八要八表率、四想四比四争当”主题实践活动。坚持从严治部、从严管理、带好队伍，立足于建设模范部门和打造过硬队伍，在全州组织系统深入开展“八要八表率”“四想四比四争当”主题实践活动，进一步加强了机关作风建设。三是带头深化干部人事制度改革。为带头深化干部人事制度改革，在全州公开选调2名年轻干部，通过竞争上岗选拔出党员干部现代远程教育办公室主任1名。通过扩大视野，拓宽选人用人途径，注意从各条战线和基层发现和挑选人才，严把“入口关”，不断优化组工干部队伍结构。成立人才科，做到专人负责，保证人才工作正常开展。四是完善了《中共迪庆州委组织部内务管理规章制度》，促进组织工作规范化、制度化，科学化。不断改善部机关办公条件，根据省委组织部统一部署，按照保证时间、进度、质量的要求，完成全州组织系统“大组工网”建设工作。

（潘雪瑛）

## 州委机构编制办公室工作

**【组织机构】**　根据《中共迪庆州委办公室、迪庆州人民政府办公室关于印发（迪庆藏族自治州人民政府机构改革实施意见）的通知》（迪办发［2010］14号）精神，8月份州机构编制委员会办公室单独设置，列入党委机构序列，名称为中国共产党迪庆藏族自治州委员会机构编制办公室，保留迪庆藏族自治州机构编制委员会办公室牌子，为州委工作部门，是州委管理机构编制的职能部门。正处级单位，设3个内设机构分别为综合科、机关科、事业科。机关编制6名。其中：主任1名，副主任2名，科级领导职数3名，全办实有工作人员6人。

**【政府机构改革工作】**　2010年，认真贯彻行政管理体制改革和地方政府机构改革精神，按照“大稳定，小调整、多整合，重加强”的工作思路，全面安排部署政府机构改革工作任务，改革通过调查研究、拟定方案、组织实施三个阶段，有计划、有步骤、分阶段，扎实有序的推进，于2010年12月底州级政府机构改革全面完成，改革实现了五到位，即：机构按规定设置到位，部门职能职责界定到位、相关部门之间的关系理顺到位、各部门“三定”协商一致落实到位、“三定”方案印发到位。在改革过程中始终坚守省下达的机构设置限额、编制总量“两不超”底线，在转变政府职能、理顺职责关系上下功夫，全力建设服务政府，责任政府、法治政府和廉洁政府。此次政府机构改革，按照省下达的限额迪庆州州级设立政府工作部门30个，通过改革调整涉及的部门17

个，撤并部门6个，更名4个、政府直属事业单位调整为政府工作部门1个，单设机构1个。较好的理顺了部门间的职责关系，转变了政府职能，第一个完成了全省州市机构改革工作，机构改革工作成效明显。

1. 深入调研，积极谋划。一是在领会、吃透省委、省政府机构改革精神和州委要求上下功夫，认真组织学习全国、全省机构改革工作会议精神和省委省政府《关于州市县政府机构改革工作意见》，做到政策规定了然于胸；二是在深入调研，摸清情况上下功夫，查阅相关资料材料，分别到各县、各部门走访、了解情况，听取意见，掌握情况；三是认真分析，反复论证，在拟定方案上下功夫，在吃透上情，摸清下情，不断总结过去经验的基础上，经过多次讨论研究，反复比较后提出《迪庆藏族自治州人民政府机构改革实施方案》，并经过省编委会审核后批准了此《方案》。

2. 加强宣传，正确引导。这次政府机构改革是我国深化行政管理体制改革的一项重要举措，理顺职能难度大，撤并部门多，人员划转、分流任务重，涉及面广，要扎实稳妥地推进机构改革工作，切实加强正面的宣传、引导，让广大干部群众及时地了解和掌握机构改革的目的意义、目标任务、措施做法，保持人心稳定、队伍稳定、秩序稳定、工作稳定，因而得到各级部门和干部拥护改革并理解和支持，营造风清气顺的改革环境很必要。我办加大力度，多方式开展学习宣传和培训工作，积极筹备州级机构改革工作会议，及时召开会议，州编委成员、州政府分管领导做了重要讲话，并印发了《迪庆藏族自治州人民政府机构改革实施意见》，会议对全州机构改革工作做出全面的安排部署。机构改革期间我办及时把整个工作的进展情况通过媒体进行广泛的宣传报道，切实加强正面的宣传和引导。在具体的组织实施中，对撤并任务重、分流压力大的部门进行走访座谈等形式了解和沟通掌握情况，加强思想政治工作，做了大量的解释、说服教育和引导工作。确保思想不散、工作不断、队伍不乱，保证了全州机构改革工作的有序推进。

3. 搞好三定规定，理顺职能职责。“三定”是机构改革工作成效的具体体现。编办作为职能部门自始至终参与、督促、指导部门的三定工作，实行开门搞“三定”，加强与部门的沟通、协调，在理顺部门职能上下功夫，特别是对撤并和人员流动大的部门进行共同商议、共同分析，既坚持原则不动摇，又能切合实际合理制定“三定”规定，做到准确界定部门职责，科学设置机构，合理核定人员编制、领导职数。

**【教育、医药卫生管理体制改革工作】** 积极参与，认真履行职责，大力支持教育和医药卫生体制改革工作，较好的完成了我办牵头和配合完成的各项改革任务，2009年州委提出“州办高中、县办初中、乡办小学、村办学前教育”的集中办学思路，州编办坚持围绕中心，服务大局，积极行动，按照发展规划、生源变化和学校布局的调整，及时审核、调整人员编制和内设机构，保证教改工作的顺利进行，2009年完成州级三所高中学校扩招后重新核定编制工作，完成县级高中教师的分流任务。为迪庆州教育工作的顺利推进提供机构和人员编制保障，顺利完成了“两基”迎“国检”工作。在州医药卫生体制改革领导小组的领导下，主动工作，积极配合，按照《云南省深化医药卫生体制改革三年实施方案》，参与迪庆州方案的制定和基层医药卫生机构管理体制和运行体制改革试点工作，深入调研，探索完善乡镇卫生院、社区卫生服务机构合理设置和人员编制标准。从而体现机构编制为州委政府中心工作服务、为改革大局服务，最终为改善民生服务。

**【管理工作】** 机构编制管理工作是一项政治性、政策性都很强的工作，编制部门集执法和监督为一体，工作责任重大。我办始终牢固树立“编制就是法”的理念，坚持按照一个条例、一个制度、两个办法开展工作，规范管理，解放思想，大胆创新，不断提升机构编制工作高度，拓宽工作外延，深化工作内涵，促使机构编制部门的职能作用得到充分发挥。

1. 规范程序，严格审批。在日常的工作中，一是坚持统一领导与分级管理相结合，在编委的领导下，坚持做到由主任“一支笔”审批，编委一家行文的管理体制；二是加强与相关部门的沟通联系，坚持做到“五不准”，加强与组织、人社和财政的联系配合，实行凡涉及干部录用、调动、核定工资、开设账户等都必须事先书面征求编办意见的制度，理顺工作，规范管理，2009年共领取编制卡31份，审核调动31人，录用56人，做到不经过编办意见，不予办理调动手续，不予核拨经费，形成相互支持、相互配合、相互负责的联动机制；三是坚持《机构编制管理证（台账）》制度，为保证管理证和台账记载内容与实际情况准确可靠，采取随时办理、及时登记的动态管理方式，不断补充完善机构编制和实有人员台账数据和报表内容，保证编办业务台账记载内容与单位管理证动态一致。

2. 精心组织，圆满完成事业单位年检工作。为加强管理保证事业单位法人年检的真实性、准确性、合法性，年初下发事业单位开展年度检查工作的通知，对年检工作做出具体安排布置，在检查审核中，紧紧围绕质量检查，把好材料和审核关，建立受理人初审、审核人复审、负责人终审的“三审”制度，实行层层把关，确保质量，促进事业单位依法履职，推进事业单位全面发展。2010年共年检州级事业单位85家、变更登记16家、设立登记4家，年检工作实现了全覆盖。

3. 规范管理，加强监督检查工作。为确保机构编制政策法规的有效贯彻落实，不断健全完善制度，畅通监督渠道，加大监督力度。一是深入广泛的学习、宣传机构编制的政策法规，从了解、理解到支持我们的工作，增强了各级各部门自觉遵守机构编制工作纪律的意识；二是热情接待，认真受理来信、来访和举报电话，多形式、多渠道的了解和掌握情况，并及时做出处理，形成立体式的监督体系，使机构编制工作置身于群众的监督下运行，实行阳光操作；三是按照《机构编制监督检查工作暂行规定》开展经常性的和专题性的监督检查工作，使之监督检查工作日常化，2010年在对机构编制政策法规的贯彻落实情况进行全面的监督外，通过调研、走访、座谈等方式重点对州直和各县机构改革情况和事业单位登记管理情况进行了监督检查，对严格控制机构编制和财政供养人员问题进行了专项督查等，有效的促进了工作的科学化和规范化管理。

**【部门自身建设】** 2010年8月迪庆州编办单独设立，各项工作需要进一步的理顺和规范、拓展，编办工作人员，齐心协力，尽职履责，以良好的工作状态尽快地完成本办的筹建和各项工作的正常运转。一是积极筹建办公室，在编委各位领导的关心、支持下，联系协调了编委办公室并及时搬迁至州委大院，增添了办公设备，办公环境和条件得到改善；二是完成了办公室的“三定”规定，职能职责得到进一步明确，职数和人员编制得到加强，为履行职责提供了法律依据和人员保障；三是加强制度建设，经过反复征求意见、多次修改后制定《州委机构编制办公室管理制度》，涉及工作、学习、会议、财经、廉政等各方面内容，建立起运转协调，保障全州机构编制工作高效运转的机制；四是建立健全各种组织，及时成立党支部和工会组织，明确相关人员和责任，并开展相关活动。通过定职责、建组织、配人员为编办各项工作的高效运转提供了有效保障。

（阿茸玛）

## 宣传思想工作

**【综　述】** 2010年，全州宣传思想战线深入学习贯彻党的十七大和十七届四中、五中全会精神、全国宣传部长会议精神、省委八届九次、十次全会精神，学习贯彻全省宣传思想文化工作会议和州委六届九次、十次全会精神，深入贯彻落实科学发展观，以高度的政治责任感和历史使命感，按照“高举旗帜、围绕大局、服务人民、改革创新”的总要求，紧紧围绕全州工作大局，重点做好党的十七五中全会、省委藏区工作会议精神的学习宣传和维护迪庆藏区稳定、第六届康巴艺术节暨迪庆州民族团结节、迪庆州学习型党组织建设等几项主要活动和工作。全州广大干部群众的凝聚力不断增强，服务经济和社会建设的功能不断强化，为建设全国藏区跨越发展和长治久安示范区提供了强大的思想保证、舆论支持、精神动力和文化条件。

2010年，配备了新的常务副部长，调出2人，调入1人。年底在职在编干部17人。

**【理论武装工作】** 理论学习。坚持以州委中心学习组为龙头，以县处级领导干部为重点，进一步加强对各级党委（党组）中心组学习的指导和督查，对全州在职干部理论学习、全州县级以上党委（党组）中心组学习进行了安排部署，推动全州各级党组织通过举办学习班、报告会、座谈会、专题讲座等形式深入进行了政治理论学习。收集整理印发中心组学习材料700余份，发放省委宣传部免费赠阅《社会主义论坛》1 000余册。

理论宣传。牢牢抓住理论武装这一首要任务，不断加强党的理论创新成果宣传普及力度。着重抓好学习实践科学发展观活动的宣传，深入宣传贯彻中央、省委、州委各次全会精神和中央、省委藏区工作会议精神。组织开展十七届五中全会精神层层宣讲和集中培训，开展了“六个为什么”、“七个怎么看”、“划清四个重大界限”等党的理论创新成果的学习教育，不断提高各级干部的思想政治理论水平。据统计，全州共召开大小会议和开展宣讲活动6 518场次，张贴标语13 690条，出版报、墙报、简报1 450多期，印发各类宣传材料44 353份，宣传覆盖面达98%以上。

理论研究。围绕“四州建设”和示范区建设目标，加大重大理论和现实问题的研究。凝聚专家学者，搭建研究平台，创办了理论刊物《香格里拉论坛》。积极组织国家、省级社科基金项目和社科规划课题的申报和研究。

理论实践。自2007年以来，迪庆州连续三年开展了以学习十七大精神和十七届五中全会精神为主题的“千名干部进村入户促小康”、“千名干部进村（寺）促和谐”、“千名干部进村入户促民族团结进步”的主题实践活动，深入千家万户，使党的创新理论成果和相关政策法规走进普通群众心中，让广大群众所了解，所掌握。

理论武装成绩突出。2010年，迪庆州开展理论武装工作的突出表现得到了中共云南省委宣传部的充分肯定，州委宣传部、州地税局被表彰为2010年度全省理论武装工作先进单位，维西县委书记农布七林被表彰为2010年度全省理论武装先进个人，先进经验和典型事迹被收录入《让党的理论创新成果走进大众》一书。

**【学习型党组织建设工作】** 2010年9月27日，按照中央、省委的部署要求，州委成立了工作领导小组和工作机构，由州委宣传部牵头组织，制定实施方案，提出措施要求，发挥好牵头负责、协调组织、督促检查的作用，着力在推动实际工作上下功夫，在推动党的建设上下功夫，在提高党员干部政治思想素养上下功夫，全州广大党员干部的学习能力、理论素养、工作本领得到提升，各级党组织的创造力、凝聚力、战斗力明显增强。州委学习型党组织建设领导组办公室积极推荐学习书目，定期编写简报，注重培育典型，确定了2个省级示范点、18个州级示范点，积极引导全州学习型党组织建设有序推进。

**【新闻舆论工作】** 2010年，精心组织了第六届康巴艺术节暨迪庆州民族团结节、学习贯彻党十七届五中全会精神等主题宣传活动。组织全州各新闻媒体，全方位、多角度宣传了州委六届八次、九次全会精神。深入开展了全州民族团结宣传教育活动和《云南省迪庆藏族自治州民族团结进步条例》的宣传。编印发放汉藏双语《迪庆州民族团结手册》10万册和知识读本680册；组织开展民族团结进步知识竞赛，全州3 800余人参加了竞答活动；邀请省民族团结宣讲团成员到迪庆州作了5场宣讲报告，共计1 300余人参加报告会。进一步加强龚曲此里同志先进事迹宣传。州委常委、州委宣传部部长鲁永明带队组成龚曲此里同志先进事迹宣讲团先后在人民大会堂和全国各大中城市进行宣讲，受到中央领导接见，引起社会各界强烈反响，中央及省级新闻媒体、各大网站集中报道龚曲此里先进事迹，在全国掀起学习龚曲此里同志的热潮。认真做好尼玛拉姆、苏贵平、尼旺宗派出所等先进人物和集体的宣传报道。组织开展迪庆州向郑垧靖、杨善洲等先进模范人物的学习活动。精心组织好第六届康巴艺术节暨迪庆州民族团结节的宣传活动。邀请72家主流新闻媒体300多名记者齐聚香格里拉，集中采访报道了自治州成立以来，在党中央、国务院和省委、省政府的关怀下，州委、州政府带领全州各族人民艰苦奋斗，开拓创新，为建设团结、文明、富裕、和谐迪庆所做的工作和取得的成就，全方位、立体式、多层次地向外展示了迪庆州发展成就和各族群众的精神面貌，进一步提升了迪庆的知名度、吸引力和影响力。全年迪庆州在各级媒体上共刊播各类新闻稿件9 000多篇（件）。

舆论引导。一是注重增强舆论引导的针对性。紧紧抓住重大主题活动、重点工作部署、重要时间节点，加强重大主题策划，宣传党的主张，提高舆论引导的针对性。深度报道州委、州政府贯彻落实科学发展观和中央省委的决策部署，推动发展维护稳定的思路、举措、经验和成效，为迪庆的发展稳定营造浓厚的正面舆论氛围。二是增强舆论引导的主动性。加强和改进舆情信息工作，进一步建立完善快速反应的社会舆情分析研判机制，编辑成《迪庆舆情信息》定期刊发，努力做到迅速研判，有效引导。妥善处理了2010年8月12日成都商报以《云南德钦恐成第二个舟曲》为题的文章在网上转载和网络炒作。三是强化舆论引导的严肃性。针对个别媒体报道失实，在社会上造成的不良影响，对有关媒体和记者进行戒勉谈话，对增强新闻报道的公信力，引导社会热点、疏导公众情绪、严肃宣传纪律、规范重要新闻报审制度等方面及时提出了要求，并逐步得到加强。

新闻管理。按照“善待媒体、善用媒体、善管媒体”的要求，通过调查研究、学习借鉴周边地区的做法，制定了《关于进一步加强和规范州外新闻媒体管理和服务的若干规定》，健全管理制度，增强协调服务能力。进一步加强境外媒体记者采访服务管理，初步建立了境外媒体记者在迪庆州采访的监管联动机制，营造了客观友善、于我有利的外部舆论环境。认真落实了新闻宣传的审读、审看、审听制度，进一步加强了对负面报道、虚假新闻、舆论监督和突发事件新闻报道工作的管理。

**【外宣工作】**　2010年，积极创新外宣工作形式和内容，有计划地邀请中央驻滇媒体和省级主流媒体新闻单位的记者来迪庆州采访报道，同时加强州内媒体与州外媒体的联系，依托中央、省级主流媒体，借力造势，借势扬帆；宣传方式上，变被动宣传为主动宣传，统一宣传口径，突出宣传重点，充分展示亮点，主动与媒体交换意见，提出要求；宣传组织上，精心制定方案，确定重点宣传内容和需要依托的媒体，做到有组织、有领导、有针对性，实现了日常宣传和集中宣传、分散宣传和重点宣传相辅相成，相得益彰。赴加拿大成功举办了“香格里拉大型图片展暨‘七彩云南’推介活动”，在多伦多和温哥华等城州举办图片展览，在加拿大国家电视台用一个月时间播放介绍迪庆自然人文景观和民风民俗的电视宣传片，充分展示迪庆经济跨越发展、民族团结进步、社会和谐有序的良好风貌，扩大云南藏区对外积极影响。电视专题片《世界的香格里拉》获省广播电视外宣类一等奖。《香格里拉》、《奇景中国》、《和谐迪庆》等重点影视片在迪庆成功拍摄。广播节目上中央台播出17条，上云南人民广播电台播出178条，电视节目上中央台播出38条，上云南台播出170条。与康巴藏语卫视频道达成了战略合作协议，签定了2011年藏历新年晚会合作协议，为迪庆州涉藏外宣工作增添了一个新的平台。

**【文化事业】**　公共文化服务体系不断完善。深入推进公共文化服务体系建设，不断推进全州广播电视村村通、文化信息资源共享、社区和乡镇综合文化站、农家书屋等惠民工程。加大香格里拉县城城区有线电视传输网络数字化改造力度。实现迪庆电台、电视台节目在全州29个乡（镇）政府所在地的覆盖。全面完成了广播电视“村村通”的目标，广播电视综合覆盖率达到96%。建设完成了8个社区和乡镇综合文化站、158个农家书屋、68个村级和乡级文化信息资源共享平台。

群众文化活动精彩纷呈。广泛开展群众广场文化，积极开展文化“三下乡”活动，不断丰富群众生活。组织州歌舞团演职人员深入基层演出50多场。先后策划组织了春节及藏历新年文艺晚会、元宵节民俗文化活动。文化遗产保护工作稳步推进。编辑出版了《香格里拉文学系列丛书》、《迪庆州藏族自治州非物质文化遗产荟萃》、《非物质文化遗产保护名录》等系列丛书

文化管理工作力度加强。州文化市场综合执法支队挂牌成立，不断加大市场监管力度，确保文化市场繁荣有序，以查堵、收缴民族分裂出版物为主要任务的云南藏区“扫黄打非”“梅里工程”建设工作全面启动。

**【文化体制改革和文化产业】**　2010年，制定出台了《进一步深化文化体制改革的实施意见》，改革取得了阶段性成果。组织编制出台了《迪庆藏族自治州文化兴州行动纲要》、《迪庆州文化产业“十二五”发展规划》、《迪庆州文化事业“十二五”发展规划》，“文化兴州”从思路变为行动方案和发展规划。深入推进全州文化事业单位体制改革，推进公益性文化事业单位收入分配、人事、社会保障等三项制度改革。完成全州电影行政管理职能划转，不断加强对民族民间工艺、文化旅游等产业培育，加大对文化企业扶持力度。加强文艺精品的创作生产。编创了《翻身农奴把歌唱》、《和谐颂歌》等一批新剧目。积极搭建容中

尔甲迪庆演出中心。开展文艺节目赴外演出，在中央和省级比赛中屡创佳绩。

**【精神文明创建工作】** 公民道德建设稳步推进。坚持精神文明物质文明两手抓、两手硬，深入贯彻落实《公民道德建设实施纲要》，持续实施公民道德建设工程。以上海世博会、广州亚运会为契机，大力开展“讲文明、树新风”活动和全民阅读、文明交通、行业文明礼仪学习实践等活动，大力倡导文明礼仪之风、读书学习之风和勤俭节约之风。组织开展了“道德模范基层巡讲”活动，组织迪庆州道德模范深入学校、企业、机关、社区、驻军部队和农村进行了巡讲，增强道德模范的感染力和影响力。

文明创建迈上新台阶。以精神文明创建为载体，努力提高公民文明素质和城乡文明程度。城市重点抓文明城区、文明行业、文明旅游风景区创建，农村重点抓星级文明户、和谐文化村建设。开展了州级文明县城的推荐评选工作；积极组织参加首批全省文明县城、第三批文明风景旅游区等的评选推荐。加大农村精神文明建设宣传力度，广泛开展文明村、文明户、文明集市创建活动，推广城乡共建、军民警民共建的成功经验。2010年，迪庆州共有48个文明单位、18个文明村、1个文明小城镇得到省级表彰。

未成年人思想道德建设工作得到加强。广泛组织开展符合未成年人身心成长特点的主题实践活动，组织开展了“做一个有道德的人”、“传唱优秀童谣”、“做一个美德少年”等活动。推进文化环保工程，继续抓好网吧专项整治、网络低俗之风整治、荧屏声频净化以及校园周边环境整治，营造有利于未成年人健康成长的社会环境。

**【机关自身建设】** 2010年，深入开展创先争优活动和学习型党组织建设工作，按照“行得通、管得住、用得好”的原则，立足于规范管理，从部门出发，健全完善了一批常用制度，不断加强内部制度建设，使机关管理更加合理化、公正化、规范化；加强队伍建设，按照用心投入工作、专心研究问题、诚心团结干事，尽心履行职责和建设一个好班子、带领一支好队伍、健全一个好机制、营造一个好环境、树立一个好形象的要求，切实加强机关干部职工思想政治建设和作风建设，着力提高领导班子和领导干部的政治修养、党性修养和品德修养，努力营造团结干事的氛围；抓住增强业务水平和工作能力这个重点，加强业务建设，以职责定任务，靠队伍促工作，宣传思想文化工作的科学化水平不断提高。

（和　铨）

## 迪庆日报社

**【宣传工作出亮点】** 2010年，完成州的“两会”、“千促”、全面贯彻落实中央第五次西藏工作座谈会、建党89周年纪念活动、第六届康巴艺术节暨迪庆州首届民族团结节等重点报道任务。结合州委六届八、九次全会精神，进一步推进保增长、保民生、保稳定各项工作的宣传报道。充分发挥新闻媒体的作用，加强党风党纪教育宣传，不断增强宣传教育的说服力和感染力。高度重视对中央第五次西藏工作座谈会的宣传报道，刊发了社论《深入学习贯彻第五次西藏工作座谈会精神全面推进跨越发展和长治久安示范区建设》，原省委常委、州委书记齐扎拉的专访《深刻领会掌握中央第五次西藏工作座谈会、中央领导同志的重要讲话精神实质推进迪庆跨越发展和长治久安》等重要稿件和评论员文章。

教育综合改革宣传。先后刊发了《香格里拉县农村小学集中办学纪实》、《播散种子塑造未来》等反映我州集中办学以来学生接受公平教育、家长放心子女入学、教师安心教育教学的动态新闻报道，为我州教育综合改革营造了宽松的舆论环境。在全州教育工作暨集中办学现场会召开期间，还编发了《坚定不移推进教育综合改革》等评论文章。

深入报道重大灾情。在年初的旱灾中，及时编发各级各部门奋战在抗旱救灾第一线的感人事迹和全州踊跃捐款抗旱的新闻。青海玉树地震和甘肃舟曲特大泥石流灾害发生后，报社及时主动、有针对性地引导社会舆论，大力营造万众一心、众志成城战胜自然灾害的舆论氛围。

深入开展学习型党组织建设和创先争优活动。开设了“争先锋、作表率、创佳绩”和“学习型党组织建设”栏目，及时转发了《中共迪庆州委办公室关于在全州基层党组织和党员中深入开展创先争优活动的实施意见》，并把版面留给基层，关注基层在创先争优活动中创新活动载体、增强活动针对性、吸引力的新方法、新思路。宣传报道过程中，在版面重要位置，以消息、通讯、特写、图片等形式图文并茂的展示了我州各级各部门在创先争优活动中的亮点、特色。编发创先争优稿件近400篇（幅），网站编发消息700余条。刊发《充分认识建设学习型党组织的重大意义以高度的政治责任感推进学习型党组织建设》等系列评论员文章，编发了50多篇宣传我州各级各部门创建学习型党组织的好做法的报道。

突出民族团结这一主题，抓好“两节”报道。在第六届康巴艺术节暨迪庆州首届民族团结节期间，报社分节前、节中、节后三个阶段，在重要版面位置大幅报道了相关新闻内容。节前，开办了“以实际行动迎接‘两节’”栏目，全面报道了各项献礼工程进展情况，卫生、交通、公安等部门如何做好医疗、交通、安保等保障性工作。完成了12个版面的民族团结节特刊的编发工作；节中，组织编发了5期新闻纸彩版。由于我州没有彩印设备，每期彩版都寄到大理印刷，为了第二天能看到报纸，采编人员争分夺秒，争取在规定时间内完成清样。为使当天的活动第二天见报，加班加点，精编细编；节后，为进一步提升“两节”活动的亮点，编辑结合记者采写的稿件，以四地州民族文化、舞蹈特点等为主要内容，采编了“两节”珍藏版。

西部大开发10年成果宣传令人振奋。为全面总结西部大开发10年来的成果，报社6名编辑分别采写了西部大开发10年系列报道《共同团结进步，共同繁荣发展》、《扶摇直上绘新图》、《湖光山色扮靓城镇，妙手生花和谐发展》、《和谐新风润高原》、《谱写跨越发展的壮丽诗篇》、《茶马古道上的新世纪文化华彩乐章》，以党建、经济、基础设施、文化、城市建设、社会和谐等为主题，全面反映了西部大开发10年来我州在各个领域取得的成就。

用先进典型鼓舞人、激励人。2010年，报社及时报道来自基层农村的致富能手、维护稳定的新典型，用这些生动事例，激励各族干部群众。重点报道了“香格里拉和谐卫士”——尼旺宗派出所和龚曲此里、苏贵平等先进人物，采写、编发了《一个微笑，亲情融化坚冰》4篇系列报道，全方位展现了尼旺宗派出所的亲情式服务。全面回顾了龚曲此里、苏贵平等先进人物忠诚于党、跟党走，直至为党的事业奉献生命的感人事迹，在社会上形成了学习先进，加快发展的良好氛围。苏贵平同志的先进事迹经迪庆日报社独家报道后，社会反映强烈，他也被省委追授为“优秀共产党员”称号，并被选为云南省2010度十大新闻人物候选人。

2010年全年出报296多期，总发行量达444万份，其中，铜版纸彩报8期14.4万份，新闻纸彩报5期7.5万份。藏文报出报50期，其中，铜版纸彩报1期1万多份。翻译和采写了700多篇新闻稿件，搜集整理和撰写了400多篇文艺稿件和其他稿件，年发行20万份，全部免费赠阅。

**【副刊工作】**　2010年，副刊部按照四版文艺类、周末晚报类的组版原则，从党政机关、企事业单位和城乡读者、不同年龄段受者阅读需要出发，进行了重新定位。周一的文娱时尚类版块，将文艺、消费、美容时尚等年青读者喜欢的内容，分季节、时段进行刊登，引导读者健康、安全、绿色消费。周二的卫生与健康版块，对医疗卫生、计划生育、安全用药等知识进行普及宣传。向当地有一定影响力医护人员约稿，刊登常见病的预防知识，受到乡镇、村组一级群众的欢迎。周三的情感在线版块，围绕“亲情、友情、爱情”的世间大爱，讲述生活中温馨的点滴故事，用真善美来倡导人间团结互助的真情。

**【新媒体快速发展】**　2010年，网站新闻发布不断在“新”字上下工夫，保证做到每天都有新内容，不断提高网络新闻的更新速度和质量，内容秉承“接近性”原则，突出强调地方新闻，提供丰富的本地生活服务信息，围绕促进迪庆经济又好又快发展的日标，第一时间宣传州委、州政府重点工作、重要活动、重大成果；不断加强与州外网络媒体的合作，扩大香格里拉网在全国各地知名度和影响力。

网站由于内容多、更新速度快，成为州内外众多网站和媒体的新闻源头，部分文章一经发布，马上就被新华网云南频道、腾讯网、云南网、中国西藏网、藏人文化网等网站转载，为网上宣传迪庆香格里拉发挥了巨大作用。网站的网页级别

（也就是PR值）恒定在6，日均点击率6 000人次以上，“两节”期间最高时日均点击率突破上万人次，成为迪庆对外信息发布最权威、信息内容最丰富、更新速度最快的网站，也是外界了解迪庆香格里拉的一个主要窗口。2010年手机报在保留“迪庆新闻、国际国内、文体世界、健康、奇闻趣事”等固定栏目的基础上，增设了“经典语录、心灵鸡汤、小测试、荧屏导看、历史上的今天、每周一菜、家有儿女”等栏目。内容侧重于娱乐休闲、实用信息、健康资讯等方面，加大本地信息量，改进会议报道形式；做“活”健康栏目；周末（周五）不定期做专题，加大资讯服务力度，为读者提供如招工用工、菜价粮价、物资供应等与生活息息相关的实用资讯。在州“两会”期间，迪庆手机报开通了“百姓之声”栏目，收到读者来电、短信120余条，其中选择性发布读者建言献策40余条，社会反响热烈。

2010年对整个网站进行总体从新布局和栏目调整，新增“迪庆头条”，并对“头条新闻”和“图片新闻”加设项目，方便往期查询；将“体育”频道、“文化”频道整合为“文体”频道；新增“百姓生活资讯台”频道、“毗邻地区”频道。

**【藏文版正式刊号启用】** 2010年藏文版正式刊号启用，藏文报从旬报办为周报，加大了反分裂、反渗透和维护团结稳定的宣传力度。在邮政部门和统战部门的支持配合下，克服资金短缺等困难，向藏族群众聚集乡、镇、村社和藏传佛教寺院免费赠送《迪庆日报》（汉、藏文版），使广大僧侣和群众在第一时间能够了解党和国家的方针政策、惠民措施及各种信息，加强“爱国、爱教”思想教育，进一步推进全州“和谐寺院、平安寺院”建设。利用全省“科技三下乡”活动在迪庆启动之机在藏文报上刊载反邪教的知识，受到“610”办领导及群众的赞扬。

**【创先争优和学习型党组织建设】** 以“夯实组织基础，发挥模范作用，促进报社科学发展”为主线，围绕“办好报纸，发展产业，增强媒体引导力、影响力和总体实力”这一总目标，强化作风建设、思想建设，重点解决目前队伍中存在的大局意识、全局意识不强等问题；按照“五带头”的要求，深入开展 “四星一优”评比活动，把原来每年一次评比活动改为每半年一次，营造更加浓厚的比实绩、比贡献氛围。开展每月一次的好版面、好稿、好标题、好图片评选活动，增强采编人员创先争优意识，激励全体干部职工立足本职，甘于奉献，处处创先，争当一流；大兴学习之风强素质，本着缺什么补什么，急用先学的原则，以组织专题学习、上党课、听讲座、谈心得等形式，结合建设学习型党组织活动，开展读书竞赛，实施文化创建工程，提升干部队伍的整体素质；实行“行政问责制、服务承诺制、首问责任制、限时办结制”四项制度，设立“示范窗口”和“示范岗位”，开展“亮牌示范”和公开承诺活动，接受群众考评；以工建、团建、妇建促党建，组织青年团员及妇女小组开展演讲比赛、知识竞赛及各种文体活动，不断增强组织凝聚力。

**【改革发展工作取得新成效】** 科学合理设置岗位，全面实施岗位聘用和管理，以迪庆日报社所承担的主要工作任务和具体公益目标为基础，根据报社的社会功能、职责任务、工作性质和人员结构特点等因素，合理确定岗位的结构比例、数量、名称、类别、职责、任职条件、目标任务及岗位等级。分为管理岗位、专业技术岗位和工勤技能岗位三类，各种岗位基本条件严格按照我省有关文件规定执行，具体条件根据报社实际情况，打破排资论辈，按各自承担的责任相挂钩，注重工作业绩来制定。迪庆日报社岗位设置实施办法根据政府人力资源和社会保障部门核准的岗位设置实施方案，结合各岗位特点、采取任命、聘任、竞聘上岗等方式，由身份管理向岗位管理转变；完善单位内部管理体制，实行编委会领导下的总编辑负责制，领导班子采取总编领导下的分工负责制，全面推行全员聘用制；全面推行竞争上岗。严格按照竞争上岗（各部室主任、副主任）必须具备的专业条件和竞争上岗工作程序，报社副科以上领导职位（除了州委考察任命的干部以外）在报社内部公开竞争上岗。聘任期为三年，有岗位空缺的前提下，每年开展一次竞争上岗。报社内部各专业岗位按因事设岗，因岗定员的原则，全面进行定岗定员，用人部门和职工之间实行双向选择竞争上岗，并签订聘任书或签订劳动合同。

实施符合迪庆日报社特点的分配制度改革，为了充分调动全体职工的工作积极性，形成比实绩、比贡献的良好氛围，推动报社事业发展，加快打造全国藏区地州（市）级强报进程，报社编委会研究决定，逐年完善《迪庆日报社采编及管理人员量化考核实施细则》，以此次改革为契机，结合报社分配制度改革成功经验做法，不断细化和完善打分制，逐步提高每人每月从工资中纳入打分制活的工资部分，员工的报酬实行按岗定酬、按任务定酬、按业绩定酬的分配办法，绩效挂钩，逐步形成重实效、重贡献，向优秀人才和关键岗位倾斜的分配激励机制，使分配制度改革更加科学合理。进一步深化用工分配制度改革。将不占事业编制的招聘人员按岗位参照事业人员岗位用工，打破身份界限，实行同工同酬，并纳入绩效考核，鼓励社会优秀人才进入专业队伍。

**【文化传播与彩色印务两大产业长足发展】** 2010年的深化文化体制改革，迪庆日报社把改革的着力点放在理顺管理体制，深化内部管理改革。即印务有限公司在上半年完成分级管理、分层承包的管理目标，按照按岗定酬，按劳动量取酬，按产品质量取酬，按成本管理奖惩的办法，制定了行之有效的管理和考核制度，并将奖惩办法贯穿于生产管理全过程，从而实现完成目标任务，降低成本，提高效益的改革目标。

**【基础设施得到改善】** 迪庆日报社抓住国家不断重视藏区思想舆论阵地建设的机遇，积极争取报业用房和印务公司的征地列项工作，在州委、州政府的关心支持下，藏东藏文编译中心建设项目获准立项，并顺利征地。2009年8月20日，经过办理有关手续后，业务楼工程正式开工，到11月15日按期完成业务楼主体建设。2010年11月，业务楼工程全面完成装修，12月全面顺利完成总体工程，并于2011年1月初实现办公楼搬迁。二期工程（印务楼建设工程）正在筹措中，为迪庆日报改善办报条件，取得更大发展奠定了扎实基础。

**【综治维稳工作】** 迪庆日报社领导班子狠抓综治维稳及创建“平安单位”工作，明确了全年综治工作任务并与层层签定了目标管理责任书。在各部室干部中全面落实“一岗双责”和包干负责制，建立健全各项制度，抓好重点部位、重点设备的管理，开展综治宣传月和“五五”普法活动，大力营造平安创建的浓厚氛围，进一步推动了报社综治维稳及创建“平安单位”工作的深入开展并被表彰为“综治维稳先进单位”。

**【廉政建设】** 制定《迪庆日报社2010年党风廉政建设责任制实施方案》，将责任和任务落实到人。同时坚持正面教育为主，利用支部会议，中心组学习、每周单位学习日等机会开展党风廉政教育学习，学习了《中国共产党党员领导干部廉洁从政若干准则》等一系列相关文件和中央领导人的有关讲话，在思想上筑起了防腐拒变的防线。

制定和完善《采编印刷运作的管理暂行规定》、《车辆管理制度》、《财务管理》、《接待制度规范》等一系列规章制度，逐步构建了反腐倡廉的长效机制。以经常性督促检查为手段，不断加强对干部党员的监督管理，树立报社干部良好形象，通过有效的党风廉政建设，干部党员形象更好，作风更扎实，赢得了群众的信任，有力地促进了各项工作的开展。

**【荣誉】** 迪庆日报社在认真抓好自身建设的同时，积极组织好云南新闻奖、云南报业新闻奖、全国少数民族新闻奖等国家级、省级新闻奖的送评工作。2010年是迪庆日报喜获丰收的一年，各部室及个人获奖较多。据不完全统计，今年迪庆日报社采编人员先后有近40篇稿件在各种评奖活动中获奖。荣获国家级奖项件、省级奖项十九件。迪庆日报社荣获2010年度党风廉政先进单位：2010年9月民族团结进步模范单位；2010年度消防工作先进单位；2010年7月2007－2009年度先进基层党组织；2010年二月获得2009年迪庆州社会治安综合治理暨平安创建工作先进集体；2010年被表彰为州级党风廉政建设先进单位。

（罗福全）

## 迪庆州委统战部

**【概　述】** 2010年，州委统战部进一步加强统一战线建设，发挥统一战线优势，凝聚人心、汇聚力量，围绕中心、服务大局，突出重点、狠抓落实，各项工作都取得了新进展，为推进迪庆州经济社会跨越发展和长治久安作出了应有的贡献。

截止2010年底，州委统战部机关下设办公室、藏胞办、综合科、台办、侨办，共有干部职工10人。州委统战部与州宗教局合署办公。

**【民族宗教工作】** 2010年，州委统战部积极配合州人大、州法制办、州民委等有关部门，推动出台民族团结进步工作地方性法规——《云南省迪庆藏族自治州民族团结进步条例》。并依照《条例》规定，指导开展迪庆州首个民族团结进步月（9月）、民族团结日（9月12日）活动。按照州委安排，4月份抽派部分本单位干部，深入农村基层，开展“千名干部进村入户促民族团结进步”活动。

全力做好藏传佛教和其它宗教工作，努力保持宗教领域的和谐稳定。一是于4月20日召开全州统战宗教工作会议，研究统战工作面临的机遇和挑战，重点部署宗教领域维稳工作。二是进一步深化寺庙法制宣传教育，落实藏传佛教寺院管理长效机制。年内基本完成了藏传佛教僧尼数据采集和教职人员证、活佛证颁发工作；加大《云南省迪庆藏族自治州藏传佛教寺院管理条例》宣传力度，各县成立宣传工作组，深入寺院开展了为期一个月的宣传活动，宣讲覆盖面达95%以上；进一步加强了10个藏传佛教寺院管理局（科、组）的建设，基本落实了人员、办公场所、工作车辆，并派员对管理机构工作人员进行有关宗教方针政策、法律法规和宗教基本知识的培训；积极协调藏传佛教寺院通达工程项目工作，争取项目立项；继续做好寺观教堂的修缮工作，重点协调松赞林寺和东竹林寺大殿修缮工作；开展情亲服务，组织全州248名50岁以上的僧人进行体检；协助各寺院民管会组织僧人向玉树灾区捐款和开展祈福活动，全州宗教界人士共捐款16.7万多元。三是做好“全国藏传佛教教职人员证活佛证颁发工作会议”在迪庆召开的各项服务工作。四是加大处突工作力度，严密防范和坚决打击境内外敌对势力和分裂分子的渗透破坏活动。在维稳敏感期和上海世博会、广州亚运会召开期间，完善维稳工作预案，加强对特殊人群和重点区域的管控工作，明确任务，落实责任，及时分析研判各种动态，采取蹲点指导和巡回检查等方式认真开展工作，有效化解各种不稳定因素，确保各藏传佛教寺院稳定。五是召开迪庆州民族宗教代表人士座谈会。组织全州统战、民族宗教干部，部分统战系统退休老干部和宗教代表人士分别与中央统战部、中国藏研中心调研组和省委第四巡视组座谈全州统战工作和民族宗教情况。六是加强活佛转世工作，坚决防范境外势力采取各种形式和手段插手迪庆州活佛转世工作。及时召开州藏传佛教活佛转世工作领导小组会议，认真研究有关活佛转世工作事宜，并按程序上报了有关意见。七是加大藏传佛教代表人士的培养。加快迪庆佛学院建设，贯彻落实州委第64次常委会议决定事项，配齐一名正处级院长和两名副处级副院长，明确了学院隶属关系，增加了人员编制。认真做好中国藏语系高级佛学院云南学衔班和迪庆佛学院佛学中专班55名学员毕业相关工作，并举行了隆重的毕业典礼。加强对州佛协工作的领导，指导召开佛协理事会，补助佛协工作经费5万元，加强对佛协理事的培养教育，关心他们的工作生活。落实宗教代表人士教育、培养经费，专项经费已列入财政预算。认真开展培训工作，组织全州各藏传佛教寺院45名僧人赴昆明参加全省藏传佛教僧人培训班，举办迪庆州第八期藏传佛教僧人培训班，参训僧人42名。八是着力做好对基督教、天主教、伊斯兰教的依法管理工作，打击基督教非法传教活动，配合公安依法取缔1个基督教非法聚会点，对组织和参加活动的人员进行了训诫教育。举办迪庆州基督教教牧人员培训班，对70名基督教教牧人员进行集中培训。组织各宗教教职人员57人参加全省首届宗教界运动会暨文艺汇演，并获多个奖项。九是在全州宗教领域做好抗旱救灾工作。积极向上级争取了350万元抗旱救灾资金，切实按照受灾实际合理分配资金，并认真监管资金使用。

**【工商联和党外代表人士工作】** 继续做好非公经济组织和党外代表人士统战工作。认真指导全州非公经济组织深入开展学习实践科学发展观活动和创先争优活动。在全州党外人士中开展树立和践行社会主义核心价值体系活动。联合州工商联开展非公经济代表人士回报社会感恩行动。成立迪庆州非公有制经济代表人士综合评价工作领导小组，联合15个州级相关单位开展了非公经济代表人士综合评价工作。认真做好党外干部培养选拔工作，向州委组织部推荐10名正处级职位候选人，向州检察院推荐3名特邀检查员，向省光彩会推荐4名理事和3名常务理事。制定了《迪庆州建立健全无党派人士政治引导长效机制实施细则》。开展了迪庆州党外代表人士基本状况、基本特点和成长规律，以及党外代表人士队伍建设经验的调研工作。

**【海外统战工作】** 进一步拓展海外统战工作。一是认真做好境外藏胞的回国探访审批及跟踪管理工作，审核批准了境外藏胞回国探访。接待回国探访的重要境外藏胞三批次。加大藏胞工作“走出去”力度，统战部领导和藏胞办主任参加了省委统战部组织的赴印度、尼泊尔两国调研考察活动。切实加强境外藏胞回流人员的教育和管理力度，举办了回流僧人培训班，落实了“迪庆州维稳培训和境外藏胞接待服务中心”项目及其第一期建设资金。两次派员参加了中央统战部组织的境外藏胞工作培训班。二是进一步涵养侨务资源，争取捐助项目。参加省侨办组织的涉藏侨务工作出访活动，分别到西班牙、瑞士、比利时与华人华侨和藏胞进行了广泛的交流活动。做好来自38个国家有128名华人华侨参加的“世界华侨华人社团负责人云南行考察团”和“美国参政访问团”以及“上海企业家考察团”等参观考察活动的接待工作，全年共为156名华人华侨提供细心周到的服务。完成了侨胞捐助的德钦县民族小学教学楼、虎跳峡医院医技楼竣工验收工作，并继续争取各项华侨捐助项目，为全州经济发展贡献力量。三是继续做好对台工作，帮助在迪台商协调处理土地、房屋纠纷等问题，切实保护台商的合法权益。向国台办、省台办争取到“迪庆民族文化交流演出团赴台演出交流”项目，着手衔接赴台事宜。

**【接待工作】** 2010年，共接省内外领导和国内外宾客亲临迪庆州检查指导工作、参观考察40余批次，共500余人次。全年的接待工作中，重点完成了对中央统战部副部长斯塔，中央统战部七局副局长徐志滔，国家宗教局副局长齐晓飞，中国佛协副会长学诚，中国藏语系高级佛学院常务副院长杨坚赞，省委常委、统战部长黄毅，省委统战部副部长杨光海，省宗教局副局长杜吉，云南省侨办副主任胡明学、王冰，全国第五届华侨华人社团负责人云南行代表团到迪庆的接待服务工作。

**【自身建设】** 加强内部管理，提高统战工作能力。坚持学习实践科学发展观，不断巩固和扩大学习实践科学发展观活动成果。加强机关党建工作，扎实开展创先争优活动，积极推进学习型党组织建设。结合学习实践科学发展观、创先争优、建立学习型党组织等活动，认真开展部机关干部素质全面提升工程。加强党风廉政建设，认真学习有关廉政勤政建设一系列准则、要求、规定，认真履行党风廉政建设责任制，观看先进典型教育和反面典型警示教育宣传电影，提高思想觉悟，打牢思想防线。加强保密工作，遵守保密纪律，严防泄密窃密事件发生。加强与兄弟统战部门的学习交流活动，走访了丽江、大理、楚雄统战部，交流了工作经验，增进了感情。进一步建立健全统战工作制度和机制，不断巩固党委统一领导，统战部门牵头协调，各有关部门和人民团体各负其责的大统战格局。

**【表　彰】** 2010年州委统战部集体分别获得省委统战部授予的“全省统战系统调研报告三等奖”，迪庆州委、州人民政府授予的“第六届康巴艺术节暨迪庆州民族团结节先进集体”、“全州社会治安综合治理暨平安创建工作先进集体”，迪庆州人民政府授予的“迪庆州民族团结进步模范单位”。州委统战部常务副部长兰文志获州直机关授予的“州级优秀党务工作者”称号，在全州处级干部年度考核中获优秀处级干部；州委统战部办公室主任张红光获省委统战部授予的“全省统战信息工作先进个人”称号，州直机关工委授予的“2007—2009年州级优秀共产党员”称号，并在年度考核中或“优秀公务员”称号；州委统战部侨办主任李雪英和台办主任李忠华获迪庆州委、州人民政府授予的“第六届康巴艺术节暨迪庆州民族团结节先进个人”称号。

（李健涛）

## 州直机关工委

**【概　述】** 2010年底，州直机关共有基层党委11个，党总支9个，党支部143个，党员总数为2 809人，女党员813人，占党员总数的28.9%，少数民族党员2 258人，占党员总数的80.4%，具有大专以上学历的党员2 015人名，占71.7%；2010年底州直机关工委编制数为6人，实有职工数为6人。设办公室、纪工委两个内设科室。

**【创先争优活动】** 根据全州创先争优活动总体部署，结合机关工作实际，州直机关指导组及时研究，制定出《机关创先争优活动的实施意见》。要求州直机关各级党组织以建设学习型机关、服务型队伍、效能型部门为主题，以转变机关作风，扎实推进机关党的建设工作为突破口，以争当“十佳人民群众满意优秀共产党员”，“十佳人民群众满意共产党员先锋示范岗”，“十佳人民群众满意机关”为动力，深入开展“四想四比四争当”主题实践活动。将创先争优活动与机关党的建设工作任务紧密结合。在各单位制定工作方案时及时给予指导，要求与本单位的中心工作紧密结合并进一步明确活动要求、增强工作的主动性，要求各单位创出各自的特色。二是抓活动载体，搭建党员发挥作用的平台。督促各基层党组织开展一系列的活动：1. 开展亮牌活动。在创先争优活动中，各单位通过制作党员工作牌、设置党员先锋示范岗、党员监督岗、党员服务窗口、党员责任区等方式，为党员亮出身份、立足本职岗位发挥先锋模范作用搭建了平台，做到党员身份亮出来、党员行为群众看得见。2. 开展公开承诺活动。各机关党支部结合各自的工作职责和单位的中心任务，紧扣“岗位奉献”开展了党支部和党员的公开承诺，进一步增强责任意识。3. 开展评星授旗活动。机关党组织以“四想四比四争当”为主题，围绕中心、结合各部门实际，按照创先争优“五好五带头”总体要求，紧扣争创目标，按照月评或者季评的方式开展评星和颁授流动红旗活动，建立完善了党组织的激励机制。4. 开展与扶贫挂钩点的“结对共建”活动。机关各基层党组织进一步建立健全与扶贫挂钩点党组织的共建活动机制，开展向扶贫点党支部和党员的对口帮扶。三是抓示范点建设，打造了一批可看可学可比的党建示范点。在创先争优活动中，根据州委的要求，机关指导组推荐了州委组织部、州财政局、州文化局、州广电局、州农牧局、州法院等6家单位为州级党建示范点，并按要求对示范点进行了规范与提升，使示范点建设进一步规范化、标准化和制度化。通过加强示范点的建设，做到典型引路、示范引导，整体带动，推进机关创先争优活动深入开展。四是抓检查落实，注重活动实效。机关创先争优指导组主动与部门党组书记沟通、交流信息，提出建议，采取召开座谈会、经常性督查、随机抽查、召开推进会等方式，全面了解掌握州直机关各单位创先争优活动进展情况，总结交流经验，分析研究存在的困难和问题。对创先争优活动思想上不重视、工作上不得力的单位，及时提出批评，要求限期整改，确保活动取得实效。

**【七一建党节活动】** 在“七·一”建党节期间，州直机关工委分别组织召开在职人员和离退休老干党支部的表彰会，对2007—2009年度基层党建工作突出的20个先进集体、31名优秀党务工作者、70名优秀共产党员和离退休的8名老党务工作者、21名老党员进行了表彰。二是组织开展慰问困难党员工作。向州直各基层党组织下发通知，广泛收集困难党员信息，在召开会议专题研究的基础上，春节期间组织慰问了州直困难老党员35名。在“七·一”期间，向各基层党组织下发通知，要求积极组织慰问困难党员活动，充分体现党内关怀。三是与州委老干局一起安排州直离退休老干部党务干部交通、通讯费，重阳节慰问老干部党支部。

**【组织建设】** 2010年，州直机关工委按照《党章》、《机关基层组织工作条例》和州委《关于进一步加强和改进新形势下党的建设的意见》等相关规定，认真履行职责，领导、督促机关基层党组织做好组织建设。一是加强对机关党建工作的分类指导，根据党员分布的实际情况，年内新审批成立3个机关党委、5个党总支、1个党支部，机关党组织结构得到进一步优化；二是指导州直基层党组织严格按照《党章》规定进行换届选举，并对总支、支部书记和副书记人选进行严格把关，着力把党性强、作风正派、党员群众拥护和热心党务工作的同志充实到基层党组织领导班子中。年内共指导审批了37个机关党支部按期换届，对新任的党组织书记进行上岗前的培训和谈话。三是加大对发展党员工作的指导。按照“坚持标准、保证质量、改善结构、慎重发展”的要求，严把入口关，全年经工委全会讨论审批预备党员103名，审批转正47名。举办入党积极分子培训班1期，对117名入党积极分子进行了为期3天的集中培训，为发展党员工作打下了良好的思想政治基础。

**【教育培训】** 2010年，州直机关工委按照州委有关规定，要求州直各基层党组织结合创先争优活动，加强广大党员干部的教育培训。一是采取

"请进来、走出去"相结合的方式，加强对党务干部的培训。年内组织3批次11个机关党务干部参加了清华大学和北京大学的高级领导力提升班。进一步拓展和丰富了机关党务干部培训的形式内容，2010年11月2~4日，州直机关工委在迪庆开发区召开了为期2天的党务干部培训会，来自州直机关和开发区党委所属支部的80多名党务干部参加了会议。培训会上，邀请了省直机关工委、州纪委、州委组织部的有关领导，就机关组织工作条例、党风廉政建设、机关创先争优活动等内容进行了专题培训，传达学习了十七届五中全会精神并对年度机关党建工作进行了安排。培训会内容紧密结合现阶段机关基层党组织的学习重点，形式有所创新，在培训之余，还组织了篮球赛、分组拔河和二人三足接力赛等集体运动项目。通过紧张活泼的组织形式，进一步增强了党务干部之间的沟通与交流，增进了友谊，培训取得了较好的效果。负责组织协调机关处以上干部参加了时代前沿知识讲座10期，参加学习人数达近千人次，发挥了领导干部在职学习的良好平台作用。

**【作风建设】** 结合创先争优活动，要求各基层党组织开展与扶贫点的结对共建，要求党员领导干部深入扶贫点宣传贯彻中央的方针政策和省委、州委的决策部署，为各族群众释疑解惑，展示了机关党员干部亲民为民的好形象和好作风。面对去冬今春的特大自然干旱，机关各级党组织和广大共产党员响应州委号召，积极参与"抗旱救灾特别捐献活动"，通过对灾区的捐款捐物、交纳特殊党费和深入扶贫点帮助抗旱保春耕等实际行动，进一步增强了群众战胜自然灾害的信心，赢得了信任和好评。此期间州直机关共有30个组织和1 746名党员参加了特别捐献活动，捐款金额达656 284.2元。其中，捐款1万元以上的党组织有3个，党员个人捐款1 000元以上的有146人，充分体现了机关基层党组织和广大党员在抗击灾害中的先锋模范作用，密切了党同人民群众的血肉联系。

**【制度建设】** 2010年，州直机关工委进一步坚持和完善基层党组织的"三会一课"制度、支部民主生活会、专题组织生活会、民主评议党员、交心谈心和党员思想汇报制度，建立了机关党建工作目标责任制，选定了20个基层党组织作为试点单位签订了《机关党建工作目标责任书》，建立了新任党支部书记任前谈话制度。以学习贯彻中央新颁布的《党和国家机关基层组织工作条例》为契机，结合我州机关党建工作实际，草拟了《迪庆州机关党建工作意见》，经多方征求意见和反复修改，提交州委常委会讨论。

**【宣传工作】** 2010年，州直机关工委结合创先争优活动，借助迪庆电台、电视台、《迪庆日报》和《云南日报》等新闻媒体以及本委《机关党建信息》、《机关创先争优活动简报》，积极为机关党建工作搭建宣传平台。主动与宣传媒体协调，宣传报道各单位的亮点和成效。"七·一"建党节前后分三个专版在《迪庆日报》上刊登了20家先进党组织的事迹，相继对优秀个人的事迹进行宣传。年内通过各种媒体宣传报道近40篇，印发《机关党建信息》9期，《机关创先争优活动简报》12期。即时向州委信息科报送信息，全年共报送信息20余条。为机关党建营造了浓厚的氛围，激发了党员积极向上的动力，掀起学先进、学典型、当先进的热潮。

**【自身建设】** 2010年，州直机关工委按照有关要求，结合机关党建工作实际，通过深入基层党组织调研、广泛征求意见、班子成员间适时进行交心谈心、认真查摆问题并对各项整改措施进行逐一落实，切实加强了单位内部自身建设。一是坚持民主集中制，加强了本委领导班子建设。重大工作和委内重要事项始终坚持多方征求意见，听取合理化建议，班子成员间主动沟通交流，并召开书记办公会研究讨论决定，做到民主科学决策。通过不断加强班子自身建设，尽可能的发挥班子职能，使工委班子的"执行力、创新力、凝聚力"得到一定的提升，并使工委各项工作得到了有效的推进。二是加强干部职工的思想政治教育。要求单位干部职工积极参加维护社会政治稳定、旗帜鲜明地反分裂、反邪教活动，认真开展了部门职工维稳反邪教教育工作，年内，单位内部干部职工及家属中无任何人参与、支持民族分裂主义活动和"法轮功"等邪教组织活动。适时对干部职工认真进行职业道德教育和公民基本道德教育，年内本委干部职工团结一致，未发生任何违反国家公务员管理有关规定的行为，也未发生任何矛盾纠纷，很好的维护了单位的形象。三是加强制度建设，不断完善单位内部管理。2010年，进一步健全完善了《州直机关工委内务管理制度》、《工委领导班子和内部科室工作分工制度》和《工委领导班子党建联系点制度》；四是认真做好本部门的党风廉政建设，对本部门的党风廉政建设目标责任制进行了逐项的对照落实，筑牢思想防线，切实抓好本部门党风廉政建设工作。五是认真完成本委综治维稳工作任务。委领导高度重视，书记亲自抓社会治安综合治理创建“平安单位”和保密工作，防止了各类事故的发生。每个干部职工都积极参与到平安创建活动中，圆满完成了州综治办安排部署的综治平安建设工作任务。利用党务干部集中培训的机会，进行维稳和反邪教相关知识的宣传。六是加强档案、文书管理、党统和日常接待工作。严格按照档案管理的有关规定，做好日常的收发文件和档案归类整理和保密工作。进一步规范单位的对外行文，做好年度的党统和日常接待工作。七是争取多方支持，力所能及的为扶贫挂钩点做实事。通过积极争取，为扶贫点申请到6万元的资金，已下达金江镇政府。认真开展调研，及时了解扶贫点需要，在年初抗旱救灾活动中，积极为扶贫点捐款。

**【协助工作】** 2010年，州直机关工委在认真开展好本部门工作的同时，本着积极认真的态度，努力做好州委和相关部门安排的其它临时工作。一是州直机关工委1名副书记作为新农村指导员，全年被抽调到维西县永春乡永春村，较出色的完成了工作任务。二是根据州委的安排，州直机关工委有2位处级领导和1名科级领导先后被抽调到全州综合考核小组、党风廉政考核和党群口目标考核，大家做到统筹兼顾，较好的完成了所安排的任务。

（吴利忠）

## 老干部工作

**【综　述】** 2010年老干部工作部门认真贯彻落实科学发展观，按照全省老干部工作会议的部署和要求，围绕建设全国藏区跨越发展和长治久安示范区这一目标，紧紧抓住“全面做好离退休干部工作”这条主线，以创先争优活动和学习型党组织建设活动为载体，着力解决改革发展中老干部工作面临的重点和难点问题，切实加强离退休干部思想政治建设和党支部建设，继续完善离休干部的各项政策和措施，积极推进退休干部服务管理工作，努力提高老干部工作部门自身建设水平，不断开创老干部工作的新局面。

**【落实政治待遇】** 通过深入开展创先争优和学习型党组织建设活动，全面推进老干部工作者和离退休老干部思想政治建设。一是认真落实老干部“八项制度”，推进全州离退休老干部思想政治建设。通过举办各种形式的读书班、培训班、报告会、座谈会等60余场次，组织离退休干部深入学习邓小平理论、“三个代表”重要思想、科学发展观，坚持不懈地用中国特色社会主义理论体系武装老干部工作人员和离退休干部的头脑，进一步增强了党性修养，坚定理想信念。二是加强形势政策教育。州委、州政府主要领导在迎新春团拜会和“九.九”重阳节向全州离退休老干部通报全州经济建设、政治建设、社会建设、文化建设、生态建设和党的建设等方面情况，州委老干部局在州内及丽江、昆明举办老干部政策知识、中央第五次西藏工作座谈会精神、《迪庆藏族自治州民族团结进步条例》等为主要内容的学习培训班，使离退休干部思想紧紧跟上形势的发展，始终与党和国家同心同德，荣辱与共。三是尊重和关心老干部，让他们切身感受到党的关怀和温暖。各级领导干部、各部门做到重要情况及时向老干部通报，生病住院亲自看望老干部，新提拔的领导干部上任后及时看望老干部代表，出台政策坚持征求老干部的意见和建议。2010年在制定全州经济社会发展“十二·五”规划的过程中，先后三次向老干部代表征求意见，切实落实了对老同志思想上的关心和政治上的尊重。四是抓好对老干部的分类指导，积极为老干部发挥作用搭建平台。针对离退休干部政治理论水平高的优势，倡导广大老干部在宣传党的路线方针政策，协助党和政府做好各族群众思想政治工作；针对离退休老干部社会经历丰富的优势，倡导老干部在关心教育下一代健康成长方面发挥作用；针对离退休老干部威望高的优势，引导广大老同志在健全社会管理，反分裂、反渗透、反邪教，促进和谐社区、和谐村镇建设、维护社会稳定等方面传授经验和发挥智慧；针对离退休老干部居住分布情况，引导城区老干部争当“五员”（ 争当反分裂、反渗透的战斗员；争当党和国家政策的宣传员；争当先进文化的传播员；争当社情民意的联络员；争当社会矛盾的调解员），指导居住在农村的老干部在“三建三带三创”中服务新农村建设；引导异地安置的老干部大力宣传香格里拉，积极为香格里拉经济发展提供舆论支持。五是抓好创先争优活动，促进“五好”支部建设。各级各部门为适应新形势新任务，积极开展“五好”离退休老干部党支部创建活动，使离退休老干部党支部工作做到组织健全、制度完善、管理规范、活动经常。通过切实有效的工作，建设了一批 “支部班子好、党员队伍好、组织设置好、活动开展好、群众反映好”的离退休干部党支部，使迪庆州的老干部党支部真正成为组织老同志、凝聚老同志、教育老同志的坚强战斗堡垒。通过落实政治待遇，使老干部真正做到“离休不离志，退休不退色”。

**【落实生活待遇】** 认真把握老年人的思想和身体特点，坚持多为老干部办好事、办实事的原则，重点照顾好特困老干部，让改革开放的成果更多惠及广大离退休干部。一是继续巩固和完善“三个机制”。各级党委、政府、有关部门不断巩固和完善离休干部离休金、医药费保障机制、财政支持机制，加强服务管理。二是建立健全退休干部服务管理体制，进一步建立健全党委、政府统一领导，组织部门、老干部工作部门分级管理，人事、劳动和社会保障部门配合管理的退休干部服务管理工作体制。各级老干部工作部门汇同相关部门，抓好本地区本部门干部管理权限范围内退休干部政治待遇的落实和日常服务管理工作。认真贯彻落实中组发［2008］10号文件精神，结合迪庆州实际，组织部、老干部局同离退休人数在20人以上的15个单位签订了目标管理责任书，提高了各部门对老干部工作的重要性认识、加强了领导、明确了责任。三是通过改革创新和完善制度，不断解决离休干部处于“双高期”的难题，切实照顾好特困老干部。结合当前离休干部普遍进入“双高期”的特点和“空巢”老干部增多的实际，实施了“一项改革”，健全了“四项制度”。“一项改革”，即在离休老干部医药费报销工作中实行限时办结制度，缩短报销周期，便捷报销程序，灵活机动地核销报销凭证，切实为老干部提供方便，解除老干部的后顾之忧。“四项制度”：即《老干部工作部门互动联系服务制度》、《定期电话联系离退休干部制度》、《定期走访制度》、《离退休老干部托管制度》。四是切实解决好退休老干部的服务管理工作。根据中组发［2008］10号文件精神，州委研究并下发了《关于进一步加强新形势下离退休干部工作的意见》 （迪发［2011］5号），《意见》对今后迪庆州进一步做好老干部工作指明了方向，对解决老干部工作中的实际困难给予了政策保障和经费保障。

**【丰富老干部精神文化生活】** 老年大学是老干部学习活动的主要阵地，迪庆州结合实际认真贯彻落实省委、省政府办公厅印发的《关于进一步加强新形势下老年大学工作的意见》，不断加强和改进离退休干部学习活动阵地建设。一是加强基础设施建设。在省委老干部局的关心支持下，州县加大投入，老干部活动中心、老年大学和干休所规模狭小、设备老化、投入不足等问题得到了有效解决，为老干部“老有所学、老有所教”提供了良好的场地。二是提高管理水平。各级老干部工作部门进一步完善体制、健全机制、改进措施，进一步加强服务能力建设，完善工作绩效管理和考核办法，不断提高服务质量。高度重视老同志参加学习活动的安全问题，建立健全了应急机制和突发事故处置预案。三是广泛开展活动。充分结合老同志的实际和根据老同志的需要，不断丰富老年大学的专业和课程设置，拓展老年大学的办学方式，增强老年大学的吸引力。目前，全州在校学员达450余人。结合迪庆州举办第六届康巴艺术节和民族团结节的需要，老年大学在广大老年人中组织了10期民族舞蹈培训班，受训人员达500余人，很多接受培训的老年人，在“两节”期间成为群众游演方队的主要演员。结合迪庆州去年7月1日颁布实施《迪庆藏族自治州民族团结进步条例》，全州老年大学举办了8期民族团结知识讲座，受训人员达3 000多人。组织开展了老干部诗书画大赛、“七·一”演唱会、“庆重阳、展风采”等各种喜闻乐见的文体活动，让老同志从家里走出来，动起来，乐起来。

**【推进利用社区资源为离退休干部搞好服务试点工作】** 2010年中组部等九部委下发了《关于利用

社区资源做好离退休干部服务工作的意见》。全州老干部工作部门以求实的态度、创新的精神、扎实的作风，稳步推进利用社区资源为离退休老干部搞好服务的试点工作。一是深入社区开展调研。全面了解居住在社区的离退休老干部的基本情况，做到“十清”，既人数清、年龄清、住址清、家庭情况清、身体状况清、思想状况清、原工作单位清、党组织情况清、生活需求清、社会服务机构清。同时，全面了解社区党支部活动室、社区文体活动场所和设施等情况，全面征求老干部、社区代表、社区负责人意见和意愿，为试点工作顺利开展打下坚实的基础。二是通过科学比选确定试点社区，认真制定实施方案。州委老干部局加强与各级党委、政府和涉老部门的沟通和协调，将条件较为成熟的建塘社区作为社区服务管理老干部工作的试点。三是扎实有效的推进试点工作，努力在“三个机制”上下功夫。即在内在的激励机制、外在融合机制和共赢的平衡发展机制上下功夫求实效。通过推进试点工作，取得了一些成功经验和做法。

**【表彰】** 州老干部局于2011年被中共香格里拉县委、县人民政府表彰为“香格里拉县第四批新农村建设工作队及指导员工作先进派出单位”。

（黄向荣）

## 州委党史研究室

**【概　述】** 2010年，党史研究室编制8人，设为秘书科、征集研究科、宣传教育科。2010年在职6人，其中主任1人，科级干部3人，科员1人，工人1人。

**【党史征研】** 完成《2009年中共迪庆州委执政纪要》的撰写工作。执政纪要是党史部门的一项基础性日常工作，按照执政纪要的征编要求，我们落实专人，密切关注中共迪庆州委工作动态，与迪庆州委办公室、迪庆州人民政府办公室等行政部门密切配合，做好记载、整理、核实，积累资料准确、翔实，顺利完成《2009年中共迪庆州委执政纪要》，经中共迪庆州委审核、定稿，上报云南省委党史研究室。

完成《迪庆州地方党史》（第一卷）编写。按照中央、省委关于党委地方史工作的安排部署，党史研究室今年完成了《迪庆州地方史》（第一卷）的编写工作，针对初稿中存在的不足和问题，多次组织编辑人员进行研究、讨论，在尊重历史本来面目与增强可读性上下功夫，精心打磨，反复修改，力争做到全面、系统、科学、准确、真实地阐述。

完成迪庆州革命遗址普查工作。根据《中共云南省委办公厅转发〈省委党史研究室关于全省革命遗址普查工作的实施意见〉的通知》精神，按照全省革命遗址普查会议要求，克服了工作量大、任务重、时间紧、经费短缺、人员少等困难，圆满完成了遗址普查工作。彻底摸清了全州革命遗址的真实“家底”，掌握第一手资料，对于促进革命遗址的保护、开发和利用，进一步继承和发扬党的光荣传统和革命精神，培育和弘扬以爱国主义为核心的民族精神，建设社会主义核心价值体系，巩固文化阵地，大力发展社会主义先进文化；服务红色旅游，促进经济社会全面发展；加强党的建设，提升执政能力和体现先进性等，都具有十分重要的意义。同时，为更有效地开展党史遗址保护、党史教育等工作奠定了基础。

**【自身建设】** 党史研究室根据州委的安排部署，组织全室干部职工努力学习中国特色社会主义理论，贯彻落实党的路线、方针、政策。以集中学习和自学相结合的方式，组织全体干部职工学习了党的十七届四中、五中全会精神，通过专题学习，改进学习方式，提高了学习质量。及时传达州委、州政府有关文件及会议精神，做到学习有计划，工作有安排。

结合创先争优活动的开展，加强政治理论学习。党史研究室紧紧围绕“创先争优”活动的开展，结合全州党史工作的实际，以“创新工作方法，促进党史工作”为目标，进一步深化对“一个目标、一个主题、四项任务”的理解，学习突出解放思想，实践突出改革创新，使党史研究室党员干部在对科学发展观的认识上有新提高，在能力素质上有新进步，在解决突出问题上有新进展，在创新机制上有成效，全面加强领导班子和党员队伍建设，努力达到思想更加统一，行动更加自觉，发展更加协调。

强化政治业务学习。坚持正确的政治方向。

始终把党的丰功伟绩、成功经验作为编史续志的主线予以编载，用以激励后人，把不足和错误作为教训，以警示后人。创建学习型单位。坚持不懈地学习马列主义、毛泽东思想、邓小平理论和“三个代表”重要思想，学习党的十七届四中、五中全会、省委八届八次全会、州委六届八次全会精神，用正确的思想武装人。大力提升党史工作干部的业务素质，提高党史编写人员的业务水平。年内，党史研究室2人次参加省委党史系统业务培训。

**【党风廉政建设】** 严格按照党风廉政建设责任书的要求，高标准，严要求，用规章制度和党风党纪严格要求党员领导干部、职工遵纪守法，时刻用党员的标准衡量自己，建设一支党性强，作风硬，廉洁高效的队伍。加强反腐倡廉建设，把思想统一到十七大关于反腐倡廉的的要求和部署上来，联系实际，突出重点，切实抓好贯彻落实。坚持标本兼治、综合治理、惩防并举、注重预防的方针，加强党员廉政教育，完善和落实党风建设责任制，狠抓各项制度落实，加强党员的防腐拒变能力，营造了风清气正的党风廉政氛围。

**【社会治安综合治理】** 党史研究室社会治安综合治理暨平安创建工作在州委、州政府和州综治委正确领导下，全面贯彻落实科学发展观。依法履行职责，加强管理，严格落实目标管理责任制，扎实开展社会治安综合治理方面的各项工作。

（阿秀玲）

## 迪庆州委党校

**【教　学】** 一是抓好干部教育。2010年根据州委、州政府的部署和要求，全年共举办了10期培训班，培训各级干部1 006人次。二是抓好函授教育平稳过渡。2010年，在校的党校函授学历班有2006级和2007级五年制本科班，共计55人；楚雄师范学院函授学员有57人。三是办好中共云南省委党校在职研究生迪庆教学班。为了全面提升藏区广大干部的整体综合素质和执政能力，维护藏区稳定，加快迪庆建设“全国藏区跨越发展和长治久安示范区”步伐。州委党校开设研究生教学点，2010年有157名在职研究生。

**【理论服务】** 2010年，州委党校教研人员在完成学校教学科研任务的基础上，积极为州县各单位、部门学习十七大、解放思想大讨论活动、学习实践科学发展观活动、创先争优活动、划清“四个界限”学习活动、建设学习型党组织活动、十七届四中、五中全会精神等专题提供专题理论辅导。共派出教师46人次，先后应邀到三县一区及相关89个单位专题宣讲，参加培训人数为820人次，为更好地贯彻落实党的路线方针政策，实现迪庆州经济跨越发展和社会长治久安提供了理论服务和舆论支持，扩大了党校的知名度和社会影响。

**【科研】** 一是撰写课题。2010年，州委党校完成了“迪庆州生态移民研究”、“十一五工作评价和制定十二五规划应重视的问题”和“提高干部选拔任用科学化水平的对策建议”等课题的撰写。二是论文发表。2010年，16位教师共发表文章35篇，其中国家级5篇，省级10篇，州级20篇。三是专著出版。2010年6月出州委党校教师编写的《迪庆州委党校调研报告文集（第一集）2007年—2009年》发行出版。

（石海鹂）

## 迪庆州纪律检查委员会<br>迪庆州监察局

**【综　述】** 2010年，全州纪检监察机关坚持“标本兼治、综合治理、惩防并举、注重预防”的方针和“党委统一领导，党政齐抓共管，纪委组织协调，部门各负其责，依靠群众支持和参与”的工作机制，坚持以科学发展观为指导，围绕中心、服务大局，把党风廉政建设和反腐败斗争工作融入经济建设、政治建设、文化建设和社会建设之中，以深入推进惩治和预防腐败体系建设为抓手，积极探索研究党风廉政建设和反腐败工作的规律，加强教育、完善制度、强化监督、推进改革、从严纠风、坚决惩治，整体推进，着力解决反腐败工作体制、机制和工作方式还存在的与新形势新任务不相适应的问题，初步建立起思想道德教育的长效机制、反腐倡廉的制度体系、权力运行的监控机制，形成了惩治和预防腐败体系基本框架，反腐倡廉各项工作任务得到具体贯彻落实，为加快我州实现跨越发展和长治久安示范区建设目标提供了坚强的政治和纪律保证。

**【维护稳定工作】** 2010年，迪庆州各级纪检监察机关坚决按照中央、省委关于维护藏区稳定的一系列方针政策和州委的部署，围绕中心，强化责任，狠抓落实，忠实履行职责和使命，为平安和谐藏区建设提供了政治和纪律保障。一是全力维护稳定。启动藏区维稳工作情报信息研判机制，有针对性地加强工作部署，及时收集深层次、内幕性、预警性情报信息，为州委决策部署提供参考，牢牢掌握反分裂斗争的主动权，深入开展反分裂、反渗透教育活动，使广大党员干部进一步认识到藏区稳定的重要性，继续深入揭批达赖集团分裂祖国的反动本质，有效遏制分裂势力在意识形态领域中的渗透破坏活动。二是大力促进民族团结进步事业。深入开展民族团结宣传教育活动，在学习宣传王瑛、刀会祥、黄通富等先进典型的同时，结合迪庆实际，深入开展了龚曲此里、苏贵平先进事迹系列宣传，有力地促进了各民族和睦相处、和衷共济、和谐发展。三是积极参加“千促”活动。抽调42名干部深入农村和重点寺院，广泛宣传民族政策和法律法规，及时妥善解决影响民族团结的问题，共化解各类矛盾80起，进一步巩固和发展了平等、团结、互助、和谐的社会主义民族关系。2010年9月，结合《迪庆藏族自治州民族团结进步条例》的颁布实施和深入贯彻落实中央第五次西藏工作座谈会精神，迪庆州纪委抽调5名干部协助州委、州政府承办第六届康巴艺术节暨首届迪庆州民族团结节，加强了对外交流，促进了团结进步，满足了广大人民群众的精神文化需求。四是加大学习宣传贯彻力度。充分利用报刊、广播、电视、网络等媒体，切实抓好学习宣传贯彻工作，深入宣传中央第五次西藏工作座谈会、省委藏区工作会议、中纪委《关于严明党的政治纪律维护藏区社会和谐稳定的通知》等有关会议、文件精神和《迪庆藏族自治州藏传佛教寺院管理条例》、《云南省迪庆藏族自治州民族团结进步条例》。在纪检监察干部中牢固树立“团结稳定是福、分裂动乱是祸”的观念，真正做到任何时候、任何情况下都以人民群众的利益为重，真正把以人为本、执政为民的要求体现在实际行动上。通过严肃整治滥用职权等问题，促进干部道德修养，形成处处检点自己，时时心系群众，事事为平安和谐藏区建设服务的纪检监察工作作风。五是积极化解社会矛盾。结合州情、县情，坚持把化解矛盾贯穿办案工作的始终，充分发挥组织协调作用，认真开展矛盾纠纷排查化解和调处工作，切实把维护社会稳定作为一项重要任务抓紧抓好。对群众反映或举报的多个案件进行了直查直办或督办，及时化解矛盾纠纷，最大限度地化解了社会矛盾，减少了不和谐、不稳定因素。

**【惩治和预防腐败体系建设】** 2010年，全州各级党委、政府全面认真贯彻落实中央关于《建立健全和预防腐败体系2008—2012年工作规划》、省委《实施办法》和州委《实施意见》，把惩治和预防腐败体系建设纳入经济社会发展总体规划，与经济建设、政治建设、文化建设、社会建设和生态文明建设紧密结合，一起部署、一起落实、一起检查、一起考核、一起奖惩。一是强化惩防体系制度建设。制定下发《迪庆州推行行政行为监督制度实施方案》，全州各级行政机关175个单位认真查找并在媒体上向社会公示或通报本单位本部门的关键岗位507个，重点环节1 536个（涉密事项除外），明确工作职责1 882条，查找风险点2 150个，制定风险防范措施2 150条，接受监督承诺2 275条，公布监督电话322部，接受监督承诺人963人（其中：处级领导干部180人，科级干部465人，科员310，其他8人）。建立“阳光政府四项制度”工作月报制度和听证、公示、通报、查询事项公布制度，充分发挥“96128”专线作用。年内公开政务4 958项，听证26项，公示315项，通报751项，政务信息查询18项，“96128”查询770条，有力的推进了政务公开工作。二是推动惩治和预防腐败体系建设联系点工作。确定维西县永春乡四宝村为我州全省推进惩治和预防腐败体系建设工作联系点。州纪委及时成立了联系点工作领导小组，下发了《迪庆州纪委关于切实加强惩治和预防腐败体系建设联系点工作的通知》；维西县及时成立了县委书记为组长的联系点工作领导小组，制定下发了《中共维西县委办公室关于切实加强惩治和预防腐败体系建设工作联系点工作的通知》，迅速启动联系点工作。8月，州纪委监察局对联系点工作情况进行了实地指导调研。9月8日，在永春乡四保村组织召开了全体村民代表参加的永春乡四保村惩治和预防腐败体系建设工作联系点工作会议，审议通过了《永春乡四保村建立健全惩治和预防腐败体系实施细则》、《永春乡四保村“村、组财乡管”财务管理制度》、《四保村村干部廉洁自律制度》、《四保村村干部行为准则》、《四保村村干部任期、离任审计制度》、《四保村村干部责任追究制度》、《四保村村（组）民主理财小组职责》、《四保村村务公开监督小组工作制度》、《四保村村务公开制度》。

**【党风廉政建设责任制】** 2010年，结合全省党风建设工作会议精神和我州多年的工作实际，制定下发了《关于认真贯彻落实全省党风建设工作会议精神的通知》，紧紧抓住责任分解、检查考核和责任追究三个关键环节，落实工作措施，细化工作方案，进一步充实完善了责任制考核内容和考核机制。全年各级党委与所属单位部门共签订党风廉政建设责任书343份，比2009年增加12份，做到了纵向到底、横向到边，形成一级抓一级，层层抓落实的工作局面。12月份，在州委的统一领导下，州纪委监察局完成了对三县一区和州级部门的年度检查考核工作；2011年1月，配合省委考核组完成了对迪庆州2010年度党风廉政建设责任检查考核工作。

**【领导干部廉洁自律】** 2010年，州县纪委领导与下级党政负责人谈话178人次；诫勉谈话40人次，提醒谈话46人次，新任干部任前廉政谈话280人次，工作沟通谈话22人次，审查党员领导干部报告个人有关事项665人次；对州内科级以上干部选拔任用全部全程进行了监督指导；制定下发《迪庆州2010年机关作风建设实施意见的通知》；采取明察暗访等方式对90个单位（部门）机关作风情况、领导干部驾公车情况、公车私用和领导干部进歌舞厅高消费娱乐等情况，进行了集中专项检查治理。开展了党政机关举办庆典、研讨会、论坛活动清理摸底工作。加大对公款出国（境）、公务用车管理、公务接待、检查考核评比达标表彰活动和政府采购等方面的监督检查。

**【行政问责】** 2010年，全州共计行政问责5件7人，其中县处级干部2人、科级干部4人、企业人员1人；取消当年评优评先资格7人。

**【巡视工作】** 2010年3月至8月，省委第四巡视组对迪庆州、香格里拉县和维西县开展了为期半年的巡视工作。

**【信访和案件查处工作】** 2010年，全州共受理群众来信来访和电话举报84件/次。其中：来信67件，来访4件，来电举报7件，其他方式6件；上级交办29件，署名举报3件；重复举报28件。在受理的信访举报案件中，涉及县处级干部9件，乡科级干部25件，一般干部22件，其他人员21件，业务范围外7件。初步核实违纪线索40件，其中转立案1件，失实了结26件，适当处理13件。信访办结率100%。同时，为29名失实举报的党员干部澄清了事实，保护了干部的合法权益。全州共立案18件20人，移送审理18件20人，审结率100%。给予党纪处分16人，其中：党内警告1人，党内严重警告4人，留党查看7人，开除党籍4人。政纪处分17人，其中：行政警告2人，行政记过2人，行政降级5人，行政撤职4人，行政开除4人。其中双重处分13人。涉及县处级3人，乡科级干部10人，一般干部6人，其他人员1人。挽回经济损失113.67万元。全年无复查复议复审复核申诉案件。通过案件查处工作的深入开展，有力地打击了各种违纪违法行为，树立了党纪政纪权威，教育了干部，净化了风气，维护了纪检监察机关公正执纪形象，取得了良好的社会效果。

**【宣传教育工作】** 坚持深入持久地开展党性党风党纪教育，努力建设反腐倡廉大宣教格局。一是廉政文化建设进一步推进。认真贯彻落实省纪委等六部门联合下发的《云南省关于进一步加强廉政文化建设的实施意见》和我州《关于进一步加强廉政文化建设的实施意见》，成立了迪庆州廉政文化建设工作领导小组，出台了《迪庆州廉政文化建设联席会议制度（试行）》、《迪庆州廉政文化示范点建设标准（试行）》和《迪庆州廉政文化示范点申报评审办法（试行）》，建立了信息沟通机制、工作协调机制、分工负责与合作机制、监督考核机制，把廉政文化建设纳入年终党风廉政建设责任制考核内容，进一步强化了廉政文化建设制度化、规范化水平。二是把握政策导向、舆论导向。以新出台的党纪政纪条规为重点，大力宣传我们党反对腐败的坚定决心、方针政策和取得的重大成果，引导广大干部群众正确看待反腐败斗争的形势，督促领导干部加强党性修养。借助

“大宣教”工作格局的优势，充分利用电视、广播、报刊等宣传舆论工具，及时宣传报道《中国共产党党员领导干部廉洁从政若干准则》、《行政监察法》、《关于实行领导干部问责的暂行规定》、《干部选拔任用四项监督制度》、《云南省迪庆藏族自治州民族团结进步条例》和《藏传佛教寺院管理条例》等年内新出台的党纪政纪条规，把中央第五次西藏工作座谈会议精神和中央纪委十七届五次全会、省纪委八届五次全会和州纪委六届五次全会精神作为反腐倡廉宣传教育的重要内容，大力开展宣讲活动，积极营造良好的社会氛围。三是典型教育进一步深入。通过以王瑛、刀会祥、龚曲此里、苏贵平等先进典型人物为例，大力宣传各条战线立党为公、执政为民的先进典型，弘扬主旋律；通过以陈绍基、王华元、黄松有、王益等腐败分子为例，深入开展反面教育，促使领导干部引以为戒，增强廉洁自律意识。先后15次组织全州党员领导干部观看《五月的声音》、《远山的红叶》等专题教育片和《笑脸背后的罪恶》、《欲之祸》等警示教育片。先后在迪庆日报、迪庆广播电视台等媒体上发表宣传稿件53件，发行《迪庆·雪域之廉》3期3 600册，发行《中国纪检监察报》、《中国监察》642份。全州受教育党员干部人数达9 700人/次。形成了“广播里有声、报刊上有文、电视上有影”的反腐倡廉宣教局面，进一步提高了领导干部廉洁从政意识。

【监督检查工作】　2010年，全州各级纪检监察机关紧紧围绕改革、发展和稳定大局，紧密结合党和政府重大决策、重要部署，按照“四抓一化三促进”的要求，深入开展执法监察和效能监察，认真查处和纠正有令不行、有禁不止的行为。年内，组织开展237项各类执法监察、效能监察和专项治理工作。一是年内组成9个州县联合监督检查组，对新增中央投资项目和专项资金开展专项督查，对项目进行台账式监督管理，每个项目的实施、资金管理、存在问题、整改落实情况在台账管理表中体现出来，对建设项目存在的46个问题提出整改意见；二是对工程决策、环境影响评价、土地、矿业权审批和出让、城乡规划管理、招标投标活动、工程建设实施和质量管理、物资采购和资金安排使用、工程预算金额、工程决算金额、廉政合同签订、档案资料等是否齐全、工程进展情况等进行督查检查；三是强化对大额度资金调拨使用、大宗物资采购、重大项目招标投标情况的监管。四是全年共组成11个督查组对全州20项重大建设项目、57项重点建设项目实施情况进行监督检查，涉及资金103.5亿元，对建设项目存在的22个问题提出整改意见。五是着力推进工程建设领域突出问题专项治理排查工作。对全州2008年1月1日以来立项、在建和竣工的254个建设项目进行了全面的自查。其中：政府投资和使用国有资金项目，投资规模5 000万元以上的自查项目3个，投资规模3 000万元至5 000万元的自查项目2个，投资规模500万元至3 000万元的自查项目59个，500万元以下的自查项目165个；其他投资项目500万元以上3 000万元以下自查项目2个，500万元以下23个。在自查排查工作中发现环境影响评价、土地审批方面问题2个，并及时予以了纠正。五是加强对建筑有形市场调控政策落实情况的督查检查。对全州投资50万元以上的项目工程全部实行招投标监督，签订廉政合同225份，并对履行廉政合同的情况进行监督检查，涉及招投标资金7.74亿元，节约资金430.87万元。六是加强对效能政府四项制度实施情况的监督检查。2010年7月对州直46个责任部门和三县人民政府、开发区管委会全年开展效能政府四项制度实施情况进行了全面督促检查。针对排查出来的关键岗位和重点环节，采取前期预防、中期监督和后期补救的方式，制定工作措施，规范运行流程，完善监督制度。七是继续抓好政府采购工作的的现场监督，2010年全州各单位申报采购预算资金5 192.14866万元，实际采购共计金额4 842.91656万元，询价477次，公开招标23次，竞争性谈判3次，节约资金349.2321万元。

【纠风工作】　2010年开展了七项重点工作。一是认真开展四项资金的专项治理工作。由州纪委监察局牵头组成9个监督检查组，重点检查了社保基金、住房公积金、扶贫、救济救灾等专项资金，涉及社保基金70 769.31万元、住房公积金5.03亿元、扶贫资金11 607万元、救济救灾资金6 956万元，对资金管理不严、档案不齐全等7个存在的问题进行了纠正。二是加大强农惠农政策落实情况专项检查力度。全年共抽查了9个乡（镇），检查了我州强农惠农政策的游牧民定居工程建设项目、中低产田改造项目、藏区炊事用能节约示范项目、农业机械购置补贴、农资综合补贴、农作物良种补贴等7个专项资金。三是认真组织开展清理国有及国有控股企业和社会团体“小金库”专项治理工作。会同州国资委、州民政局等部门及时成立了迪庆州国有及国有控股企业“小金库”专项治理工作领导小组和社会团体“小金库”专项治理工作领导小组，全面开展了“小金库”专项治理工作，共计抽查检查涉及企业13户、人员54人。四是积极协调开展减轻企业负担、减轻农民负担专项治理检查工作。先后对行业协会收费、涉企收费开展了专项治理工作，规范涉企收费，纠正向企业摊派、索要赞助和无偿占用企业人财物等行为。会同有关部门，按照部门责任制的职责分工开展农村义务教育阶段学校乱收费、修建乡村公路向农民或村集体摊派集资、农民建房乱收费、农村公费订阅报刊摊派等重点领域专项治理。五是“政风行风”热线工作进一步推进。充分发挥“迪庆政风行风热线”密切联系群众、倾听群众呼声、了解群众疾苦的桥梁和纽带作用。2010年共安排33个单位上线，上线单位包括州政府部门、三县人民政府、开发区管委会、部分事业单位和国有企业。通过听众来电和短信平台方式，收到群众提出的意见建议54条、反映存在的问题41条，回答问题咨询68个。州纪委监察局对群众提出的意见建议及反映问题的办理情况进行了全程跟踪，并协调新闻单位新开办了政风行风热线追踪栏目，对反映问题办理情况进行追踪报道，督促上线部门及时办结反映问题。通过检查，上线部门积极办理反映问题，办结率为95.6%。2010年，州委副书记、州长黄政红同志还代表迪庆州人民政府在省“金色热线”上线，接受咨询，听取了省、州内外听众朋友的意见建议。六是认真开展民主评议政风行风工作。制定下发了《迪庆州2010年民主评议政风行风工作实施意见》（迪政纠办［2010］3号），全面部署和安排了今年的民主评议工作。确定了劳动和社会保障局、国土资源管理局、民政局等3个部门为今年民主评议政风行风的重点评议对象。同时，对去年评议过的教育、卫生、公安、建设系统政风行风建设整改情况进行跟踪回访。全州各级各被评部门（单位）共成立民主评议政风行风工作领导小组8个，设立办事机构8个，选聘评议代表35名，发放调查问卷1 239份，召开各类会议22次，参加会议人数为451人。纪检监察机关明察暗访97人次，向被评部门（单位）反馈各类意见和建议106条，指出问题127个，提出整改建议53条。各被评部门（单位）建立完善各项规章制度39项、向社会承诺服务项目31项、解决群众反映的各类问题25个。七是认真组织开展治理公路“三乱”、教育乱收费、医药购销和医疗服务中的不正之风工作。年内州政府纠风办与州县有关部门共组成10个检查组，组织开展了全州元旦、春节、国庆节期间治理公路“三乱”工作，共检查二级公路470公里、其他公路1 497公里、二级公路收费站3个、超载检测站3个、其他站点6个；结合组织开展教育系统民主评议政风行风跟踪回访活动，会同州发改委等部门组织开展了教育乱收费专项检查，督促教育部门抓好全州各中小学校全面推行教育收费公示制度、实行教育收费“一费制”、认真执行国家“两免一补”和“高原农牧民困难家庭学生生活补助费”的惠民教育政策，严格禁止“一边免费，一边乱收费”的行为，不断规范办学行为和收费行为；会同有关部门认真做好2010年全州非营利性医疗机构药品配送企业遴选工作，通过对报名参加药品配送的23家企业的严格审核和综合评价，遴选出11家药品配送企业负责全州非营利性医疗机构2010年的药品配送；会同人力资源和社会保障部门对全州各级各部门2006年7月以来规范津贴补贴实施情况进行全面检查。经过自查，没有发现违反规范津贴补贴各项规定的行为。

**【纪检监察队伍建设】**　2010年，全州各级纪检监察机关认真贯彻落实中纪委《关于进一步加强和改进纪检监察干部队伍建设的若干意见》，紧紧围绕“做党的忠诚卫士，当群众的贴心人”和“个人形象一面旗、工作热情一团火、谋事布局一盘棋”主题实践活动，全面开展“创先争优”活动，贯彻执行“五严守、五禁止”，深化对“四个对”的认识，以思想政治建设为中心，以建设学习型班子为基础，以提高履职能力为重点，坚持团结干事，增强了责任感和使命感，自身建设进一步加强，为进一步开创我州反腐倡廉新局面提供了坚实的思想、政治和组织保障。一是以理论学习为主线，通过开展理论中心组学习、周五学习日、总支支部“三会一课”、领导干部在线学习等形式，要求干部职工坚持理论联系实际，自觉用科学以展观武装头脑，进一步提高了政治敏锐性、政治鉴别力和适应新形势新任务的能力；二是通过思想政治建设，进一步牢固树立宗旨观念、群众观念和发展观念，始终保持“立党为公，执政为民”政治本色；三是坚持民主集中制，进一步完善班子议事和决策机制，坚持重大问题决策、重要人事任免、重要文件制定、重要工作安排集体研究决定，努力以班子和谐带动机关和谐，形成了团结干事的良好局面。四是深入基层，深入实际，了解群众疾苦，倾听群众呼声，积极开展调查研究，上报省纪委调研报告6篇，领导干部撰写调研理论文章25篇。五是规范管理，强化监督。完善了《迪庆州纪委监察局机关各室各派出纪工委监察分局工作目标量化考核办法》，出台了《中共迪庆州纪委迪庆州监察局党支部量化考核办法》，实行量化管理，使机关工作和干部职工履行职责实现量化、细化和规范化。六是按照《党政领导干部选拔任用条例》，深入细致地做好委局干部选拔任用工作的每一个环节。年内共交流干部6名，其中交流到外单位2名，内部交流4名；提拔了2名处级干部、4名科级干部；并根据纪检监察干部双重管理的职责和权限，按程序对三县县委上报的9名同志进行了同意任职和同意免职的批复。七是坚持自办培训与“送出去”相结合，加大教育培养力度。州纪委监察局先后举办了“全州纪检监察干部选拔任用工作四项监督制度培训班”、“迪庆州纪检监察干部电子公文培训班”等多期培训班，培训干部280余名。选送14批40人；积极组织全州纪检监察机关县处以上干部参加在线学习；八是进一步加强地方县级纪检监察机关建设，向三县补助了各10万元的自办案件经费，有力地推动了县级纪检监察机关软、硬件建设。

**【扶贫工作】** 2010年，州纪委监察局积极为扶贫点解决实际困难和问题，先后投入50多万元的资金和物资，为贫困群众解决生产和生活中的各种困难。

**【表彰】** 2010年3月21日，州委办下发《中共迪庆州委办公室、州政府办公室关于兑现2010年度社会治安综合治理维护社会稳定创建“平安县（区）、平安单位”目标管理责任奖的通知（迪办通〔2011〕15号），州纪委监察局被州委表彰为全州社会治安综合治理维护社会稳定平安创建工作先进集体。

（姚润文）

## 迪庆州人大常委会

**【概述】** 2010年，州人大常委会积极支持州委中心工作。常委会领导班子成员7人、处级干部5人，参加州委开展的“千名干部进村入户促民族团结进步活动”，进驻基层乡镇积极宣传党的民族宗教政策、中央第五次西藏工作座谈会精神，排查和处理影响社会稳定的各种隐患，认真指导村“两委”换届选举工作。常委会支持州委、政府做好全州年度重点工作，常委会相关领导根据州委的安排，切实完成了康巴艺术节融资、筹备工作任务，积极参与了全州教育改革、航空市场拓展、干部公选及公务员录用、事业单位招录、香格里拉县城周边环境整治工作等各项重要工作。

**【州十一届人大六次会议】** 迪庆藏族自治州十一届人民代表大会第六次会议于2010年3月24～30日在香格里拉县城召开，228名代表出席了会议，州委各部委、州人民政府、州中级人民法院、州人民检察院、州级国家机关各委办局、各人民团体、企事业单位、省属驻州各单位、迪庆军分区、武警迪庆支队、消防迪庆支队、武警迪庆森警大队主要负责人及出席州政协十届五次会议的全体委员列席会议。大会听取和审查了黄政红代理州长所作的迪庆藏族自治州人民政府工作报告。审查了迪庆藏族自治州2009年国民经济和社会发展计划执行情况与2010年国民经济和社会发展计划草案的报告，审查和批准了迪庆藏族自治州2009年国民经济和社会发展计划执行情况的报告与2010年国民经济和社会发展计划；审查了迪庆藏族自治州2009年地方财政预算执行情况和2010年地方财政预算草案的报告，批准了迪庆藏族自治州2009年州级财政预算执行情况的报告和2010年州级财政预算；听取和审查了唐世华主任所作的迪庆藏族自治州人民代表大会常务委员会工作报告；听取和审查了鲍顺明院长所作的迪庆藏族自治州中级人民法院工作报告；听取和审查了王江华检察长所作的迪庆藏族自治州人民检察院工作报告；审议通过了《云南省迪庆藏族自治州民族团结进步条例（草案）》。会议依法补选黄政红为迪庆藏族自治州人民政府州长。

**【监督工作】** 2010年，审查批准迪庆州2009年州级财政决算和2010年州级年度财政预算调整方案，听取和审议了州人民政府关于2009年州级财政预算执行和其他财政收支执行情况的审计工作报告、关于2010年1至9月国民经济和社会发展计划执行情况和关于2010年1至9月份州本级财政预算收支执行情况的报告，督促和支持州人民政府全面完成"十一五"规划的各项目标和任务。为进一步推动迪庆州旅游业的健康发展，常委会听取和审议了州人民政府关于迪庆州旅游工作情况的报告，提出了进一步理顺旅游业管理体制和机制、加强管理、加大旅游产品和商品开发力度的建议。常委会关注科技创新对加快转变经济发展方式的支撑作用，听取和审议了州人民政府关于全州科技工作情况的报告，要求州人民政府围绕迪庆州产业重点，加大对特色产业的科技扶持力度，提高科技创新能力，充分发挥科学技术的第一生产力作用。

年内，根据州委安排，由常委会分管领导牵头，督促香格里拉县完成了县城周边环境整治工作，坚决关闭了一批无证经营的沙石场，重新整合了县城周边沙石开采资源。为督促州人民政府认真落实常委会在执法检查中提出的林政执法工作意见和建议，促进迪庆州林业产业持续健康发展，常委会开展了对全州林政工作执法检查报告整改落实情况的跟踪督查活动，督促州人民政府进一步做好相关法律法规的宣传工作，规范采伐许可证管理制度，加强林政执法队伍建设，加大对破坏森林资源违法行为的打击力度。同时，常委会还积极配合省人大常委会开展了以"水——生命之源，污染与防治"为主题的2010年环保世纪行专题活动，取得了预期效果。

民生监督。针对迪庆州大中型水利水电建设项目实施中移民人数大量增加的情况，为切实抓好迪庆州移民安置工作，常委会听取和审议了州人民政府关于全州移民工作情况的报告。为进一步推动迪庆州中低产田地改造工作，确保粮食安全和农业农村经济持续健康发展，常委会听取和审议了州人民政府关于中低产田地改造工作情况的报告，并作出审议意见要求州人民政府做好相关工作。

司法监督。常委会以强化法律监督、维护社会公平正义为工作重点，不断加大对"两院"的法律监督和工作监督力度，使"两院"公正司法的能力和水平进一步提高。为加强迪庆州反渎职侵权检察工作，常委会听取和审议了州人民检察院关于2009年以来全州反渎职侵权检察工作情况的报告，要求全州各级检察机关牢固树立法律至上的理念，充分发挥检察职能作用，加大预防和惩治渎职侵权犯罪力度。

**【立法工作】** 2010年7月1日，《云南省迪庆藏族自治州民族团结进步条例》经州十一届人大六次会议审议通过，云南省第十一届人民代表大会常务委员会第十七次会议批准后公布施行。该条例是国内规范民族团结进步工作的首部地方性法规，开创了民族团结工作地方立法的先河，有力促进了迪庆州的民族团结、社会和谐稳定，得到了全国人大常委会、省委和省人大常委会的充分肯定。同时，常委会进一步加快了《云南省迪庆藏族自治州普达措国家公园保护管理条例》和《云南白马雪山国家级自然保护区管理条例》的立法工作步伐。《云南省迪庆藏族自治州普达措国家公园保护管理条例》于2010年3月经省委批准后，因国家启动世界自然遗产立法，未能按计划提交州十一届人大六次会议审议。此后，常委会积极向州委和省人大常委会请示汇报，协调政府相关部门对该条例（草案）进一步修改和完善，基本趋于成熟，拟提交州十一届人大七次会议审议。为进一步推动《云南白马雪山国家级自然保护区管理条例》的立法工作，常委会听取了州人民政府关于条例起草工作情况的报告，督促州人民政府在确保立法质量的前提下，加快立法工作进程。常委会还加大了对维西傈僳族自治县民族立法工作的指导力度，帮助完成了《云南省维西傈僳族自治县水资源保护条例》的报批工作。

**【代表服务保障工作】** 常委会继续坚持州人大常委会组成人员联系本级人大代表和邀请代表列席常委会会议制度，认真听取代表的意见和建议，进一步密切与代表的联系；认真组织代表参加调研、执法检查和视察活动，提高代表活动的质量，不断扩大代表对常委会工作的有效参与；坚持定期为代表寄送《云南人大》和《政情通报》等材料，使代表及时了解全州经济运行、重大项目建设进展情况以及常委会工作信息动态，确保代表知情知政。为进一步提高代表和基层人大工作者做好人大工作的能力和水平，组织了部分州人大代表和全州乡镇人大主席团主席到昆明、大理等五州（市）进行学习考察，促进与各兄弟州市人大常委会的工作经验交流。常委会还积极安排代表参与社会监督活动，组织部分代表旁听了州中级人民法院对影响较大的刑事案件的审理，参加全州各项重要情况通报会、干部大会等活动。

**【代表议案和建议办理工作】** 常委会把办理代表议案和建议作为开展代表工作的重要环节，进一步加大了对代表议案和建议的督办力度，推动办理工作真正落到实处。对交由政府和有关部门办理的代表议案和建议，常委会进一步规范办理程序，加强与承办部门的沟通，及时掌握工作进展和办理结果，切实把办理工作的重点从建议的答复率、代表的满意率转移到工作的落实率上来。年内，常委会听取和审议了州人民政府对州十一届人大六次会议代表议案、建议、批评和意见办理工作情况的报告。年内，州十一届人大六次会议提出的建议、意见36件已全部办理完毕。

**【法制宣传教育】** 2010年是“五五”普法的最后一年，也是圆满完成“五五”普法规划，科学制定新的五年普法规划的关键年。为确保迪庆州“五五”普法规划各项任务的顺利完成，常委会在深入调研的基础上，听取和审议了州人民政府关于全州“五五”普法工作情况的报告，督促州人民政府进一步加大法律法规的宣传普及力度，及早安排部署“六五”普法工作。年内，常委会结合迪庆州实际，加大了对已颁布实施的藏传佛教寺院管理条例和民族团结进步条例等法律法规的学习宣传和贯彻落实工作。在民族团结进步条例公布施行后，及时组织召开了座谈会，编印单行本发放至州级国家机关、企事业单位、各人民团体以及各县、各乡镇。根据州委的安排部署，开展了送法进学校、进部队和进寺院等活动，并以代表活动为载体，组织基层人大代表对条例进行了学习。同时，常委会认真做好人民代表大会制度的学习宣传工作，加大人大新闻宣传力度，努力营造自觉坚持和维护国家的根本政治制度，支持和保障各级国家权力机关依法履行职权的良好氛围。

**【人事任免】** 常委会始终以对党对人民高度负责的精神，把党管干部与人大的依法任免统一起来，认真贯彻党委意图，充分发扬民主，严格依法任免，认真行使人事任免权。一年来，常委会共任免国家机关工作人员75人次。其中，任职53人次，免职22人次；接受辞职4人次；州十一届人大六次会议上选举了1名州人民政府州长。

**【重大事项决定】** 常委会紧紧围绕全州工作大局和涉及人民群众切身利益的问题依法行使重大事项决定权。年内，召开常委会议对涉及全州经济社会、基础设施建设等重点工作及时作出决议、决定。批准了州人民政府关于迪庆藏族自治州人民医院购置医疗设备项目、关于以“委托代建模式”运作迪庆州藏医院（二期工程）申请新农村医疗卫生建设贷款项目等议案，并对借县域城镇建设中长期贷款议案的报告作出了审议意见。

**【代表视察】** 为确保省委、省政府和州委、州政府的交通重点建设任务落到实处，充分发挥投资对迪庆州经济增长的拉动作用，常委会组织了部分省、州人大代表对香德、德维（塔）两条二级公路和虎跳峡景区公路建设项目进展情况进行了视察。受省人大常委会的委托，常委会组织了对全州“两基”迎国检的七项主要内容和云南省“两基”国检指标完成情况的视察活动。视察活动结束后，就全州“两基”工作中普遍存在的问题向州人民政府作了实事求是的反馈，督促州人民政府和相关部门及时整改，为迪庆州顺利通过“两基”迎国检作出了努力。

**【信访工作】** 常委会始终把信访工作作为密切联系群众、倾听群众呼声、了解民情民意的重要渠道，坚持领导接访、阅批交办制度，妥善处理人民群众来信来访，一年来共处理群众来信来访29件（次）。对群众反映强烈的重要信访件，常委会认真研究，加强与有关部门的沟通协调，重点督办，并做好释法息诉工作，积极化解社会矛盾，保障了人民群众的合法权益，促进了社会和谐稳定。

【自身建设】 加强理论学习。常委会始终把建设学习型机关作为自身建设的首要任务常抓不懈。坚持把学习中央、省委和州委的重大决策列人常委会议题，认真学习党的十七届五中全会，省委八届九次、十次全会和州委六届九次、十次全会精神，进一步增强贯彻落实党的路线方针政策的自觉性和坚定性。特别是通过对中央第五次西藏工作座谈会和省委藏区工作会议精神的学习，进一步认清了形势、统一了思想，坚定了加快迪庆跨越发展和长治久安的信心和决心。坚持党组中心组和集体学习制度，认真学习宪法、法律以及人大业务知识，提高了常委会组成人员和干部职工把握大局、依法办事的能力。按照州委的要求和部署，深入开展创先争优和学习型党组织建设等活动，进一步明确了做好人大工作、推动科学发展、促进社会和谐稳定的方向和措施，推动了工作效率和服务水平的提高。

加强转变工作作风。常委会牢固树立宗旨意识，严格执行民主集中制原则，始终将中央和省委的方针、政策与迪庆实际紧密结合起来，与人大工作紧密结合起来，切实转变工作作风，深入群众、深入基层开展调研，发现问题，总结经验，提出意见和建议。以创先争优活动的开展为契机，常委会扎实做好扶贫帮困工作，深入扶贫点了解民情民意，并结合实际认真选定扶贫项目，多渠道争取资金帮助解决实际困难。在青海玉树地震发生后，常委会及时组织开展了为地震灾区捐款献爱心活动，并对玉树州人大常委会机关尽快恢复工作提供了力所能及的帮助和支持。

加强干部队伍建设。常委会以建设一支忠于党的事业、忠于宪法法律、忠实服务人民的人大干部队伍为目标，认真落实干部选拔任用的相关规定，加大干部的培养、教育和使用力度。在州委的关心下，调整、充实和任用了一批思想素质好、业务能力强的干部，进一步优化和改善了机关干部队伍结构，为常委会更好地依法履职提供了保障。为进一步提高常委会组成人员和干部职工履职能力，积极选派和支持常委会干部职工参加了全国、省、州组织的各项学习培训活动。

加强工作交流。常委会不断加强与上级人大常委会、“一府两院”和基层人大常委会的沟通、交流和联系，通过学习培训、座谈交流、通报情况、配合开展工作等形式，促进各项工作的共同推进。年内，参与了省人大常委会关于《云南省企业工会工作条例》和《云南省县乡两级人民代表大会代表选举实施细则》的征求意见工作，并对选举法修改后迪庆州人大换届选举工作面临的新情况和新问题开展了调研。同时，常委会加强与省内外兄弟州市人大的联系，共接待上级人大、外省市人大和兄弟州市县人大到迪庆州考察人员127批812人次，增进了相互了解，展现了迪庆州社会和谐稳定、经济快速健康发展的良好局面。

（和义龙）

## 迪庆州人民政府工作

【综 述】 “十一五”是迪庆州经济社会发展进程中挑战最多的五年，也是最有成效的五年。面对不断变化的新形势，在省委、省政府和州委的正确领导下，州人民政府以邓小平理论和“三个代表”重要思想为指导，坚持以科学发展观为统领，团结带领全州各族人民，齐心协力，积极应对各种挑战；解放思想，全力抢抓发展机遇；攻坚克难，狠抓各项工作落实。克服了拉萨“3·14”事件、国际金融危机和百年不遇的特大干旱等严峻困难，成功举办了奥运火炬传递、建州50周年和第六届康巴艺术节等重大节庆活动。

“十一五”期间，迪庆面对历史上罕见的特大干旱，州政府及时采取多种措施，积极推进农业产业化，大力发展农村特色经济，保持了大灾之年农业发展、农民增收、农村稳定的良好局面，农业总产值比2009年增长9.63%。认真贯彻落实中央第五次西藏工作座谈会、省委藏区工作会议精神，紧紧抓住中央继续扩大内需和西部大开发等重大机遇，积极做好项目对接落实，全面加强项目管理，全力推进年初确定的重大项目、重点项目和“两节”献礼项目建设，保持了投资的高速增长，投资总量比2009年净增40亿元。着力发展壮大旅游、生物、水电和矿产四大支柱产业，支柱产业发展势头良好，四大支柱产业对GDP的贡献率达到76%，比2009年提高5个百分点。高度重视生态文明建设，实施两江屏障和生物多样性保护，正确处理生态环境建设与经济发展的关系，顺利完成了节能减排目标任务。坚持以人为本的执政理念，社会事业建设取得新成效。周密部署“十二五”规划编制等战略性任务，各项工作有序开展。为有效克服拉萨3·14事件给藏区发展带来的负面影响，率先在全国藏区成功举办了第六届康巴艺术节和迪庆藏族自治州首届民族团结节等大型活动，向全国和世界展现了迪庆藏区和谐稳定、长治久安的良好形象。通过全州上下的共同努力，州十一届人大六次会议确定的目标全面完成，为“十一五”画上了圆满的句号。全州地区生产总值增长19.5%，固定资产投资增长43.2%，地方财政一般预算收入增长36.91%，全社会消费品零售总额增长23.8%，城镇居民人均可支配收入增长9.57%，农民人均纯收入增长14%，城镇登记失业率为3.7%，人口自然增长率为4.27‰，单位生产总值能耗降低2%。

五年的奋斗历程，全州各族人民集中智慧和力量，抢抓一切发展机遇，谱写了藏区发展、和谐、稳定的壮丽史诗，唱响了科学发展、和谐发展、跨越发展的时代赞歌。全州生产总值由2005年的28.02亿元增加到2010年的77.1亿元，年均增长19.91%。人均生产总值比2005年增长1.42倍，达到20 051元。三次产业比重由2005年的19.07∶35.68∶45.25调整到2010年的9.51∶38.28∶52.21。累计完成全社会固定资产投资395亿元，是“十五”的4.70倍，年均增长达到33.48%。地方财政一般预算收入五年翻两番，达到5.97亿元。

**【农村经济稳步发展】** “十一五”期间，迪庆州把促进粮食增产和农民增收作为首要任务，不断调整种养结构和粮经结构，加大种植基地建设，加快推进生态养殖，累计完成了80万亩的以核桃、葡萄等为主的种植基地建设，生猪、牦牛良种繁育等生态养殖基地建设顺利推进。开展了“万村千乡”市场工程等建设，农业和农村经济继续保持稳步发展的良好态势，农业总产值由2005年的7.5亿元增加到2010年的12.04亿元，年均增长9.94%。粮食总产量由2005年的12.49万吨增加到2010年的14.67万吨，年均增长3.26%。

**【工业经济结构不断优化】** “十一五”期间，迪庆州实施产业强州战略，走新型工业化道路，工业累计完成投资52亿元，年均增长12%。工业总产值由2005年的10.81亿元增加到2010年的34.32亿元，年均增长25.99%。积极培育和扶持生物龙头企业，香格里拉“藏秘”酒业、舒达有机食品开发等一批生物加工企业不断发展壮大，生物产业实现产值22.39亿元。围绕园区建设和重点产业，推进工业向规模化、集约化发展，昆钢30万吨铁合金和华新水泥等重点工业项目顺利竣工，维西工业园区还原铁、羊拉、普朗等矿业基地基本形成。工业综合经济效益指数由“十五”末的51%提高到2010年的68%，节能减排指标累计下降10%。

**【以旅游为主的第三产业发展迅速】** “十一五”期间，迪庆州把旅游业作为战略性先导产业重点培育，加快推进香格里拉普达措等五大国家公园的基础设施建设，成功引进香格里拉、喜来登等国际知名酒店入驻迪庆，旅游总收入由2005年的20.08亿元增加到2010年的61.57亿元，年均增长25.12%。现代服务业快速发展，中国银行、富滇银行先后在迪庆设立分支机构，金融、保险、信息、邮政、通讯、交通运输服务质量不断提升，初步形成了特色鲜明、优势互补的服务业发展格局。第三产业实现增加值40.25亿元、年均增长22.64%。全州金融机构各项存、贷款余额分别达到120.03亿元、87.36亿元，是2005年的3.8倍和3.04倍。

**【交通建设成效显著】** “十一五”期间，全州累计投入交通建设资金82亿元，全州通车里程达到5 372公里，新增公路里程1370公里。香格里拉机场二、三期改扩建工程已全面完成。经过努力争取和协调，丽香铁路前期工作已基本完成。启动了丽香高速公路前期工作，香德、德维（塔）二级公路改造进展顺利，高等级公路建设取得重大突破。德贡、香宁等对外通道建设全面铺开，连接滇中，辐射东部藏区的现代立体交通网络初步形成。

**【水电建设步伐加快】** “十一五”以来，迪庆州认真开展了“两江”支流电站建设，启动了“两江”水电开发，里底、梨园等电站建设步伐加快，吉沙、麦地河等26座中小电站相继建成投产，水电累计投资91亿元，水电总装机容量由2005年的22.43万千瓦增加到2010年的85.6万千瓦。改善和优化电网结构，建成了220千伏变电站3座，输电线路576公里；新建了110千伏变电站6座，输电线路1 009公里；完成35千伏以下输电线路4 203公里。解决无电人口9 058户，通电率达97.8%。

**【城市建设有序推进】**　“十一五”期间，迪庆州以城市基础设施建设、完善城市功能、改善生态人居环境为重点的城镇化建设步伐不断加快，全州城市基础设施建设累计完成投资46亿元。新增城市道路13公里，香格里拉县城香巴拉、康珠大道等项目相继完工投入使用。香格里拉县城污水处理厂二期、德钦和维西县城生活垃圾处理场工程已投入运营。香格里拉县城集中供热、德钦县城整治拓展和维西县城市政综合基础设施工程顺利推进。全州城镇面积达16.86平方公里，城镇化率22.4%。

**【农业基础设施不断改善】**　“十一五”以来，全州农田建设进一步加强，完成了退耕还林基本口粮田建设2.1万亩，改造中低产田10万亩。骨干水利建设顺利推进，完成了犁地坪水库工程建设，小中甸水利枢纽工程完成投资3.1亿元，康斯水库完成前期工作，共建成各类水利工程2 760件，水库总容量达2 236万立方米，新增有效灌溉面积5.2万亩，解决了8.2万人饮水困难的问题。认真实施农村节能和新能源建设，累计完成沼气池和节能灶改造18 156口，购置安装太阳能热水器13 086套。以新农村建设为重点，共投入扶贫开发资金4.36亿元，完成农村民居地震安全、游牧民定居工程建设11 550户，易地搬迁6 900人，贫困人口年均减少1.2万人。财政用于农林水的支出五年累计达14.86亿元。

**【生态文明建设初显成效】**　建立环境保护一岗双责制度，制定并全面实施了“七彩云南香格里拉保护行动”。不断加大天然林保护、退耕还林、生物多样性保护、环境综合治理等重点生态工程建设力度，生态质量逐年提高。“十一五”期间，累计完成公益林建设43.58万亩，实施人工造林58万亩，封山育林38万亩。完成了天然林管护2 583万亩，实施天然草原退牧还草225万亩，自然保护区面积达34万公顷。森林覆盖率从2005年的66.8%上升到2010年的73.9%。以龙潭湖等主要城区河道和两江流域水污染综合防治为重点，强化饮用水源地保护、水资源开发利用管理和水土流失整治工作，生态文明建设初显成效。加大矿产资源开发整合和保护力度，规范勘查开发行为。组建了土地收储机构，运用土地价格调节机制，引导节约集约用地。

**【改革创新和扩大开放成效显著】**　“十一五”期间，迪庆州积极开展重要领域和关键环节的改革，加大旅游资源整合力度，在中国大陆建成了首个国家公园。全力推进教育综合改革，教育均衡发展取得实效，“两基”顺利通过国家验收。全面开展新型农村合作医疗和农村养老保险工作，实现了城乡医疗保障和养老保险全覆盖。不断深化农村综合改革，稳步推进集体林权制度等各项改革，国企改革的总体目标基本实现。政府机构改革和行政审批制度改革力度不断加大，顺利完成了新一轮政府机构改革，共计削减、调整州级行政审批事项59项，减幅达16.2%。加快投融资体制改革，先后成立了旅游等投资公司，建立了中小企业融资担保和农村信用体系，融资渠道进一步拓宽。对外开放和经济协作的能力和水平不断提升，迪昆合作和沪滇帮扶的领域进一步拓展，与6家省属重点骨干企业签署了战略合作协议。

**【着力推进以民生为重点的社会事业建设】**　“十一五”期间，全州共投入教育基础设施建设资金6.9亿元，先后完成了州民专、民中综合教学楼等项目建设，全面推进以州直学校新区建设为重点的集中办学工程，共撤并中小学612所，缩减率达65%。不断推进高校、中等职业与普通高中教育的协调发展，从　2010年起，云南民族大学香格里拉职业技术学院开始招生，三县高中新生全部集中到州直优质高中就读。累计投入2.59亿元，兑现了全州农村中小学在校学生的学费、教科书费和生活补贴；投入371.8万元，为19.57万人次学生办理了保险。积极推进科技创新，五年来，实施各类科技项目132项，科技项日投入累计达3 845万元。加强公共卫生、医疗服务和医疗保障体系建设，累计投资1.11亿元，完成了香格里拉医院医技楼，德钦、维西县人民医院改建项目，改造完成了15个乡镇卫生院、34个村卫生室和社区医疗点建设，为25个乡镇卫生院配备了必需的医疗设备，新建了495个农家卫生室并配备农家卫生员。

加快公益性文化事业发展，大力培育和发展

文化产业。完成了红军长征博物馆、州文博中心等5个重点文化设施和三县图书馆建设，新建成了23个乡镇综合文化站。成功推出了《香格里拉》、《香巴拉印象》等优秀文化产业项目，精心组织并成功举办了建州50周年大庆等重大节庆的文化活动。实施了208座新通电行政村和50户以上通电自然村广播电视“村村通”工程，完成了2 430个村民小组20户以上通电自然村直播卫星广播电视覆盖，广播电视覆盖率达到96%。五年间，投资2.35亿元，实施并完成了滑雪场、民族体育中心等4个体育重点项目，民族体育、竞技体育健康发展，在全省十三届运动会上迪庆州运动员取得优异成绩。认真落实计划生育基本国策，精心组织第六次全国人口普查。统计调查、气象、地方志、档案、藏文编译等工作不断加强，新闻出版、文学艺术、社会科学、民族文学更加繁荣，工会、妇女、儿童、青少年、老龄、红十字会、慈善、残疾人等事业健康发展。

人民生活持续改善。不断完善就业援助制度，就业岗位逐年增加，就业渠道不断拓宽，累计新增城镇就业2.79万人，城镇登记失业率控制在3.9%。社会保障覆盖范围稳步扩大，全州有6 705户1.2万城镇居民享受到了每月244元的低保补助，累计发放保障金8 893万元。10.39万人次农村人口享受到每月60元的低保补助，累计发放低保金3.02亿元。新型农村合作医疗筹资标准从100元提高到140元，共发放医疗救助资金1.09亿元。启动实施了新型农村养老保险试点工作，参保率达到91.4%，33 164名60岁以上农村老人享受到了基本养老保险，累计发放基本养老金1 586.8万元。全州城镇居民人均可支配收入达到15 996元，年均增长10.3%。农民人均纯收入提高到3 347元，年均增长18.62%。

**【政府执行力不断提升】** “十一五”期间，迪庆州全面落实党的民族宗教政策，认真宣传、贯彻和落实《云南省迪庆藏族自治州藏传佛教寺院管理条例》和《云南省迪庆藏族自治州民族团结进步条例》，深入开展“千名干部进村入户”系列活动。社会治安综合治理工作进一步加强，社会治安防控体系更加健全，依法打击各类犯罪活动，全力做好“3·10”、“3·14”、“3·28”等敏感节点和重大节庆安保工作，“平安迪庆”建设取得显著成就，成为全国藏区发展稳定的一面旗帜。着力维护人民群众合法权益，积极化解社会矛盾，认真落实保障农民工合法权益的政策。加强信访工作，积极开展征地拆迁、库区移民、企业改制、环境保护等方面的利益纠纷调处。顺利完成“五五”普法教育，行政复议、人民调解、法律援助工作得到了加强。高度重视安全生产工作，健全安全监管体制，落实安全生产责任制。国防建设不断加强，军政、军民团结的良好局面进一步巩固和发展。努力转变政府职能，先后实施了法治政府、责任政府、阳光政府、效能政府等16项制度建设，政府行政行为进一步规范。坚持依法行政，积极支持人大依法行使职权，自觉接受州人大及其常委会的法律监督、工作监督和州政协的民主监督，认真办理州人大代表议案1件、建议185件，州政协委员提案326件。加强执法监督，审计、监察、工商、质监、药监等部门的监督职能进一步发挥。坚持科学民主决策，政府决策机制不断完善，对重大事项、重大决策全面执行听证制度，听取各方意见的渠道不断拓宽。深入开展勤政廉政和反腐败工作，各项廉政措施得到进一步落实。建立健全各项规章制度，五年共起草和提请审议地方性法规20件，发布政府规范性文件24件，废止政府规范性文件29件。努力转变工作作风，狠抓工作落实，办事效率和服务意识有了新的提高。

**【全国政协副主席、全国工商联主席黄孟复到迪庆州调研】** 2010年8月9日至11日，全国政协副主席、全国工商联主席黄孟复到迪庆州调研。省委常委、州委书记齐扎拉，省政协副主席顾伯平陪同调研。

在迪庆州期间，黄孟复一行在省工商联主席杨炎平、省政协办公厅巡视员马良泽、州政协副主席阿青、州政协秘书长李力能等省、州、县有关部门负责人陪同下，先后到噶丹·松赞林寺、香格里拉普达措国家公园、迪庆州红军长征博物馆、独克宗古城等地调研，详细了解了迪庆州旅游发展、生态环境保护和民族文化艺术保护开发工作。

**【全国人大环资委到迪庆州调研】** 2010年3月21日至22日，全国人大环资委到迪庆州开展为期2天的自然遗产保护法立法调研。调研组由全国人大常委会委员、全国人大环资委主任委员汪光焘带队。省人大常委会副主任李春林、省人大环资委负责人等陪同调研。州委副书记、代理州长黄政红，州人大常委会主任唐世华、州人大常委会副主任杨凤喜、州人民政府副州长余胜祥、州人大常委会秘书长竹玛此里出席座谈会。会上，汪光焘指出，迪庆州自然保护区建设管理工作扎实有效，正确处理了资源保护与适度开发利用的关系，对自然遗产与生物多样性进行了很好的保护。我国是世界上自然遗产最丰富的国家之一，通过立法提高对具有国内代表性、国际影响的自然遗产的保护意识，为自然遗产提供更为全面、更高效力的法律依据十分必要。制定自然遗产保护法列入了十一届全国人大立法规划，为此，全国人大环资委做了大量的立法工作，对法律的调整范围、相关管理体制、当地居民权益保护等开展了专题论证，起草完成了自然遗产保护法征求意见稿。迪庆拥有丰富的生态资源，在我国的自然遗产保护中极具代表性。调研组将深入基层，围绕国家级自然保护区核心区保护、保障当地居民合法权益等自然遗产保护法立法中的重点内容，听取干部群众的意见和建议，进一步完善征求意见稿。

黄政红就迪庆州自然遗产和生态保护工作作了汇报。他说，迪庆是“三江并流”世界自然遗产地的核心区。近年来，迪庆按照科学发展观的要求，坚持“科学规划、严格保护、统一管理、永续利用”的原则，认真贯彻落实各项条例，对涉及遗产地的项目，依法、依规、按程序办理相关手续。同时，积极贯彻执行国家和云南省有关自然保护区的法律、法规和方针政策，做好保护区建设管理工作，制定各项规章制度，对保护区进行统一管理。在实施“十一五”规划和制定“十二五”规划时，迪庆坚持“生态立州”战略，统筹将自然遗产和自然保护区的保护与发展纳入经济社会发展总体规划，开展了自然遗产规划工作，完成了梅里雪山片区、红山片区总体规划。自然遗产和自然保护区各景点景区每年接待数百万的海内外游客，增进了国内外对迪庆的了解，展示了云南藏区的秀美山川和悠久的民族文化，展示了云南藏区在中国共产党领导下社会主义建设取得的巨大成就，更加坚定了迪庆加强自然遗产和生态保护，建设全国藏区跨越发展和长治久安示范区的决心和信心。州建设局、州环保局、州林业局等部门负责人在会上作了情况汇报。随后，调研组深入松赞林寺、普达措国家公园、纳帕海自然保护区等地实地调研。

**【省委省政府督查组到迪庆州检查指导抗旱救灾工作】**　2010年2月25日，以省卫生厅副厅长段鸿为组长的省委、省政府督查组对迪庆州抗旱救灾工作进行实地检查指导，并听取了迪庆州关于开展抗旱救灾工作的汇报。州委副书记杨铭书主持汇报会，州政府副州长农布央宗作工作汇报。

2009年7月以来，迪庆州遭受了近50年最为严重的干旱天气，给群众生产生活造成了严重影响，经济损失巨大。截止2月20日，全州农作物总受灾面积达21.64万亩，农作物受灾成灾面积达18.58万亩，因干旱绝收面积达13.5万亩，造成4.5万人和6.48万头（只）大小牲畜饮水困难，全州农业生产因旱灾损失预计达1.5亿元。同时林产业、生物产业也因旱灾造成了严重损失。旱情发生后，州委、州政府高度重视，把抗旱救灾工作作为一项重要而紧迫的任务，迅速安排部署，各级党委、政府组织群众开展扎实有效的抗旱减灾、生产自救和稳定民心工作。城乡居民生活用水和工农业生产用水基本得到保障，森林防火和消防工作扎实有效，气象等部门及时做好人工增雨工作，农牧、水利等部门科学调度用水，科学实施灌溉，全州旱情得到局部缓解，抗旱工作取得了初步成效。

听取汇报后，段鸿对迪庆州抗旱救灾工作取得的阶段性成效给予了充分肯定。他指出，旱情发生后，根据中央和省委、省政府领导的批示、指示和相关会议精神，迪庆州各级各部门把思想统一到党中央、国务院和省委、省政府的决策部署上，切实提高了抗旱救灾工作的紧迫感、责任感和使命感，把抗旱救灾工作作为当前农业农村工作的中心任务，切实加强领导、落实责任、突出重点、强化措施、严防死守、完善预案、强化防控，抗旱救灾各项工作切实有效。

段鸿要求，各级党委政府以及领导干部要进一步认真领会党中央、国务院和省委、省政府各级领导的批示、指示和相关会议精神，把抗旱救灾保民生工作作为当前压倒一切的中心任务，加强领导，周密部署，精心组织，调动资源，采取最有力的措施，打好抗旱救灾攻坚战，夺取抗旱保春耕、保增收、保民生的全面胜利。要切实加强对抗旱救灾工作的领导。各级领导干部要转变作风，深入抗旱第一线，帮助农民群众解决抗旱和春耕生产中的实际困难和问题。要统筹好生活、生产、生态用水，把确保城乡居民生活用水安全放在抗旱工作的首位，努力满足小春生产、大春栽种和重点行业等的用水需求。要因地制宜做好各项抗旱减灾工作，要动员和组织干部、科技人员深入旱区帮助指导群众对受灾较轻的作物实施补救工作促进增产；有条件的地方要适时改种、补种各类作物，最大限度减少损失。要及早做好春耕备耕工作。要抓住冬春黄金施工季节，及时开展病险水库除险加固、饮水安全工程等农田水利建设。同时，要搞好农资生产调运和市场监管，保证农民用上放心农资。要加强水资源合理利用和科学管理，切实加强用水管理，维护用水秩序。要高度重视并着力抓好冬春森林防火工作。要高度重视抗旱救灾工作情况的收集、归纳、整理上报工作，同时进一步加强对抗旱救灾各项工作的宣传。

期间，在州政府副州长农布央宗陪同下督查组先后到香格里拉县桑那水库、纳帕海、五境乡，德钦县霞若乡、拖顶乡，维西县塔城镇等地进行实地考察。每到一处，督查组深入农户家里了解生活用水保障情况，实地察看水库蓄水情况，到田间地头察看农作物受灾情况和土壤墒情，鼓励灾区群众在党和政府支持下自力更生、克服困难。

**【香格里拉城市集中供热项目一期工程举行点火仪式】** 2010年3月10日上午，香格里拉城市集中供热项目一期工程正式点火运行并投入使用。州委常委、州委宣传部部长鲁永明主持点火仪式，姚世忠、郑艺、白嘎、杨凤喜、张志军、刘家训、和根合、邓良才、刘群、鲍顺明、和振东等迪庆州领导出席点火仪式。州及香格里拉县相关部门负责人参加点火仪式。点火仪式结束后，与会人员到州电信办公大楼实地查看入户供热情况。

城市集中供热在我国藏区史无前例。该项目探索并争取立项建设以来，得到了党中央、国务院的亲切关怀，得到了省委、省政府和省级相关部门的大力支持，同时，该项目还得到了丹麦政府、中国农业发展银行、国家开发银行云南省分行的建设贷款资金支持。在项目立项申报、可行性研究、工程设计、争取资金、工程协调、施工建设、设备安装调试、运行管理等各项工作中，全州各有关部门及各施工单位紧密配合、协调有力，开展了大量卓有成效的工作，使该项目取得了超常规的推进。在较短时间里，项目试验片区和坛城片区的点火运行并投入使用。这标志着迪庆“利用可再生水电能源供暖”已变为现实，雪域高原从此迈上了节能、高效、无污染环保新道路。香格里拉城市集中供热项目一期工程共建设300万平方米，分为三个阶段实施。工程总投资约5亿元，其中丹麦政府提供项目贷款2256万欧元（折合人民币约2亿元）。

**【黄政红做客省人民广播电台“金色热线”直播节目】** 2010 年6月17日，州委副书记、州长黄政红做客省人民广播电台“金色热线”直播节目，与来自全省各地的听众进行互动交流，听取他们对迪庆州政府工作的意见建议，并对部分听众提出的问题作出了限期解决承诺。

17日中午12时，节目主持人介绍嘉宾的话音刚落，直播间外的热线电话就响了起来，一位迪庆的学生家长来电询问实施集中办学后怎样照顾生活不能自理的孩子。面对家长的顾虑，黄政红表示，集中办学是迪庆实施的一项民心工程、德政工程。实施集中办学后，将进一步改革和创新学校管理机制，做到学校布局调整与后勤保障有机结合、与规范学校管理有机结合，寄宿制学校将建立教育教学和后勤管理两大团队，配齐配足学生日常管理和生活服务人员，尤其是要为小学低年级寄宿生配备生活保育员，同时还将改革后勤管理模式，加强学校安全管理工作……听了黄政红州长的一席话，这位家长连声说：“这回可放下心了！”

从12时到13时，热线电话始终铃声不断，直到节目结束，还不断有热线电话打进来，节目只能选择接听近10位听众的热线电话。这当中有询问科学养畜的，有反映的士营运市场秩序的，也有反映社区通电、路、水等问题的，对此，黄政红以及有关部门领导都耐心答复了热心听众询问。同时，对于反映的具体问题，还与相关县政府领导进行电话连线，当场给予限期解决的答复，直播节目让听众十分满意。

**【省委常委、省委统战部部长黄毅到迪庆调研】** 2010年3月13日至15日，省委常委、省委统战部部长黄毅到迪庆调研。省委统战部副部长杨光海、省教育厅副厅长王建颖、省农业厅副厅长张泽军、省广播电视局副局长和向东陪同调研并就做好迪庆州相关工作提出了具体要求和建议。

带着省委、省政府的亲切关怀，黄毅一行在州委书记齐扎拉，州委副书记、代理州长黄政红等迪庆州领导的陪同下，先后深入到云南佛学院迪庆藏传佛教分院、迪庆日报社、迪庆电视台、迪庆人民广播电台、迪庆州藏文中学、藏龙生物有限公司等地实地调研，并召开座谈会，与干部群众亲切座谈，看望慰问了公安干警、宗教界代表人士、归国藏胞和基层困难党员。他强调，要深入贯彻落实中央第五次西藏工作座谈会精神，全力推动藏区实现跨越发展和长治久安。

在3月14日举行的座谈会上，齐扎拉主持并就迪庆州当前开展的主要工作以及今后的工作打算作了全面介绍。州委副书记杨铭书，州委常委、州委统战部部长杜永春，州委常委、香格里拉县委书记彭耀文，州委常委、州委宣传部部长鲁永明，副州长张志军、农布央宗以及州级相关部门负责人陪同调研或出席座谈会。听取介绍后，黄毅对当前和今后一个时期迪庆的各项工作提出了具体要求。一是要深入贯彻落实中央第五次西藏工作座谈会精神。要深入学习，吃透精神实质，切实把思想和行动统一到中央的决策部署上来；要结合实际，找准工作结合点，制定和细化贯彻落实的具体措施，确保会议精神落到实处。二是要全力以赴，毫不放松地抓好藏区维稳工作。要高举维护社会稳定、维护社会主义法制、维护人民群众根本利益、维护祖国统一、维护民族团结的旗帜，切实防范和打击“藏独”分裂势力的渗透破坏活动，确保藏区长治久安。三是要高度重视藏区宣传文化阵地的各项建设，要切实把宣传文化阵地建设的作用提高到反渗透、反颠覆和事关国家安全、民族团结、边疆稳定、社会和谐的战略高度来认识，不断改善广播、电视、报纸、网站等媒体的工作条件，立足实际，大力培养各类技术人才，按照群众喜闻乐见的形式把各类媒体办好。四是要大力加强藏传佛教爱国爱教代表人士的培养，规范学经班的管理体系，切实做好僧人和归国藏胞的工作，打牢反分裂斗争的基础。五是要集中解决制约经济社会发展最突出、最紧迫的困难和问题，把改善民生、发展社会事业、保护生态环境、加强基础设施建设作为主攻方向，着力培育旅游、生物等特色优势产业，使资源优势转化为经济优势，力求取得重大突破。要围绕农民增收，切实加快推进农业产业化，要因地制宜，重点抓好藏区畜牧业的规模化、科学化养殖，切实增加农民收入。要结合藏区实际，全力推进教育综合改革，按照总体规划、分步实施、量力而行的原则，力争使教育综合改革走在全省前列。六是要扎实抓好当前的抗旱工作，积极做好春耕备耕，切实做好中长期抗旱准备。各级各有关部门要把防灾抗旱保民生作为当前一项十分重要和紧迫的任务来抓，采取一切措施，努力形成抗旱合力，打好抗旱攻坚战，确保农民增收、农业增效。

**【州政府与大唐公司签订项目开发框架协议】** 2010年11月24日，州人民政府与中国大唐香格里拉公司（云南滇能迪庆香格里拉水电开发有限公司）关于电力新能源（太阳能）项目规划和开发的框架协议签字仪式在香格里拉天界神川酒店举行。州人民政府副州长农布央宗出席签字仪式。中国大唐集团公司广西分公司计划经营部负责人梁勇、中国大唐香格里拉公司相关负责人参加了签字仪式。

农布央宗指出，迪庆州具有丰富的水能及新能源资源，2004年起与中国大唐香格里拉公司开始合作开发迪庆州水电资源，并取得了良好成效。在多年的合作过程中，双方不断增进了解与互信，在推进开发的同时，公司带动了地方经济社会的发展，创造了就业机会，为当地人民群众脱贫致富创造条件。她希望，公司积极参与迪庆州资源存量整合，不断加深与政府的合作，走出一条和谐、双赢的道路。

中国大唐集团公司是中国五大特大型发电企业集团之一，装机规模已突破1亿千瓦，在水电及新能源开发方面具有较强的实力与成熟的经验。该公司负责人表示，将依托中国大唐集团公司的实力与经验，针对迪庆州新能源的情况进行技术攻关，充分发挥央企优势，认真履行央企的社会责任，珍惜与地方政府的合作机会，不断加大投资力度，积极推进项目开发，使项目早日投产发电，为地方经济社会发展服务。

**【国家“限塑”专项检查组到迪庆州调研】** 2010年10月19日至21日，国家“限塑”专项检查组和省“禁塑”立法省内调研组到迪庆州检查和调研，并于21日召开座谈会。座谈会上，州人民政府副州长、州公安局局长曾永忠介绍了州情及迪庆州开展禁用塑料购物袋和“限塑令”工作情况。检查组先后深入香格里拉县蓝月山谷石卡雪山、纳帕海、松赞林寺、小中甸、独克宗古城、建塘镇农贸市场、天顺商场等场所，实地查看限制生产销售使用塑料购物袋执行情况，对迪庆州“限塑”成效、率先“禁白”等工作给予高度评价并提出了下一步工作建议。

**【省保障性住房建设工作督察组到迪庆州检查】** 2010年，省保障性住房第五督察组到迪庆州检查保障性住房建设工作并于10月26日下午召开了工作汇报会。省保障性住房建设工作第五督察组组长、省国土资源厅原副巡视员吴国润出席汇报会。副州长王天喜汇报了迪庆州保障性住房建设工作情况，并就在开展保障性住房建设工作中存在的困难和问题作了反映。

州委州政府高度重视保障性住房建设工作，认真贯彻落实全省保障性住房建设工作会议精神，加强组织领导，整合工作力量，州县建设、发改、财政、国土等部门密切配合，按照“应保尽保、住有所居”的目标要求，突出“廉租保底、公租解困”的工作重点，切实加快推进迪庆州保障性住房建设。2010年省下达迪庆州廉租住房建设任务是30 000平方米、600套。迪庆州开工建设60 800平方米、1 216套，预算投资7 940万元。截止10月份，完成投资5 600万元，占投资比例的70%，中央及省下达的配套资金2 700万元已按计划分配下达各县。

会上，督察组一行高度肯定了迪庆州保障性住房建设工作取得的成效，并建议迪庆州要在确保工程质量、施工安全的基础上加快推进廉租房建设，确保保障对象早日入住；进一步加大对公共租赁房的建设力度，尽快将租赁补贴发放到保障对象手中，切实解决城镇低收入家庭住房问题；要提早规划设计2011年保障性住房建设工作，做到早安排、早启动，严格按照国家政策标准制定并做好项目储备工作。同时，建议迪庆州加强廉租住房建设管理机制和制度化建设，确保保障性住房建设工作有序推进。

**【省政府督查组到迪庆州督查节能减排情况】** 2010年11月1日，由省监察厅、省工信委、省环保厅和昆明市统计局相关人员组成的省政府督查组一行到迪庆州开展节能减排目标完成情况评价考核工作。州国土资源局、州发改委和州工信局等相关部门负责人参加了会议。

在迪庆州期间，督查组一行到香格里拉县污水处理厂进行了实地考察，并听取了节能减排工作汇报。

通过实地考察和听取汇报，督查组充分肯定了迪庆州“十一五”期间节能减排工作，指出，全省节能减排工作电视电话会议召开后，迪庆州各级各部门始终坚持节能减排工作不放松，任务明确，措施有力，责任落实，各项工作稳步推进，节能减排指标持续下降，目标任务完成较好。督查组要求，在下一步工作中，一是要严格按照省委省政府的要求，明确攻坚目标和任务，落实责任，确保全面完成“十一五”节能减排任务预考核；二要对照目标任务开展自查，认真整改抓好落实；三要做好节能减排专项考核各项准备工作，扎实做好各项基础性工作。

“十一五”期间，迪庆州按照既定总目标，稳步推进节能减排各项工作。2007年单位能耗下降3.177%，2008年下降3.893%，2009年下降4.0184%，已完成“十一五”总目标任务的87%；完成香格里拉县污水处理厂二期0.5万吨/d污水处理项目。2008年底淘汰关闭了开发区大祥金江水泥有限公司6万吨水泥粉磨站和迪庆沪营铁合金有限责任公司3 600KVA电热炉一台，2010年8月拆除维西县昆钢铁合金厂。

**【省政府“打非”专项行动第四督查组到迪庆州督查打击非法违法生产经营建设行为专项行动】** 2010年11月21日，以省住房和城乡建设厅副厅长郭五代为组长的省政府“打非”专项行动第四督查组到迪庆州督查打击非法违法生产经营建设行为专项行动工作情况。州人民政府副州长王天喜陪同督查。

督查组通过听取汇报、查阅资料、实地检查

等方式，督查迪庆州“打非”专项行动开展情况。督查组对迪庆州“打非”专项行动给予了充分肯定，认为迪庆州高度重视安全生产，稳步推进“安全生产基层基础年”各项活动，扎实落实国家、省有关文件和指示精神，集中开展“打非”专项行动，强化重点行业领域专项整治，做到了领导重视、部门配合、责任落实、重点突出、措施得力，有效遏制了重特大事故的发生。督察组要求，下阶段的安全生产工作要进一步突出重点，强化监管，落实责任，牢固树立安全发展理念，建立长效机制，促进社会长治久安。

迪庆州把集中开展打击非法违法生产经营建设行为专项行动与行业督导、日常安全检查、安全生产责任考核和集中开展联合执法紧密结合，突出打击煤矿、非煤矿山、交通运输、建筑施工、危险化学品、烟花爆竹、民用爆炸物品、冶金、特种设备等行业和领域的非法违法生产经营建设行为，把近3年发生过事故的企业、存在重大隐患和挂牌督办的企业以及无证开采、非法盗采矿产资源和开采秩序混乱的地区作为此次打击非法违法生产经营建设行为专项行动的重点，重拳出击，严肃整治。自开展行动以来，共组成35个督查检查组，出动检查执法人员250余人次，对423个重点企业和领域进行了执法检查，打击非法生产经营建设行为5起，整治违法生产经营建设行为1起，关闭取缔非煤矿山26座，查处未持证上岗特种作业人员50人，停产整顿企业1户，限期整改企业2户，整改隐患379条。

**【国家“桥头堡”建设生态环保组到迪庆州调研】** 2010年7月14日至16日，由环境保护部规划财务司副司长尤艳馨，环境保护部环境规划院副院长吴舜泽，省环境保护厅副厅长任志忠以及国家发改委、水利部、国土资源部、环境保护部、省环保厅、省发改委、省国土资源厅、省水利厅等部门相关负责人组成的国家“桥头堡”建设生态环保调研组到迪庆州调研。

在迪庆期间，调研组一行在州政府副州长余胜祥以及州环保局、州发改委、州水电局、州林业局、州国土资源局、香格里拉县政府等相关部门负责人的陪同下，先后深入到松赞林寺、普达措国家公园、独克宗古城、小中甸镇、虎跳峡镇、纳帕海自然保护区、高山植物园等地就迪庆州开展生态环保建设、草场退化及恢复工程建设、退耕还林工程实施情况进行实地调研。每到一处，调研组一行认真听取了工作介绍，仔细询问了相关情况，并查阅了相关材料。通过调研，调研组成员一致认为，迪庆州生态环境脆弱，潜在威胁因素多；生态环境历史遗留问题解决难度大；生态环境保护压力大，与地方经济发展矛盾突出；生态退化已威胁到群众生产生活，治理任务繁重。同时认为，要尽快建立健全生态保护机制，进一步加大对自然保护区的建设投入；进一步加大高原湖泊、湿地保护工作，维护好并巩固好退耕还林等各项生态环境工程建设取得的成果。

**【卫生部视察组到迪庆州指导工作】** 2010年9月6~8日，卫生部副部长陈啸宏、卫生部食品安全综合协调与卫生监督局局长苏志、卫生部规划财务司副司长刘殿奎等一行5人在省卫生厅副厅长付新安的陪同下到迪庆州视察工作。

6日上午，视察组先后深入到迪庆香格里拉人民医院、香格里拉县建塘镇社区卫生服务中心、州中心血站等地，亲切慰问各医疗单位职工，详细了解医院业务开展情况、硬件设施建设、人才队伍建设及存在的困难等相关情况，并召开汇报会。州委副书记杨铭书主持汇报会，副州长李学林作汇报。

**【张田欣到迪庆调研】** 2010年8月2~4日，张田欣、齐扎拉一行先后深入到香格里拉县尼西乡汤满村汤堆村民小组了解新农村建设、农家卫生室建设及尼西黑陶生产销售情况；到松赞林寺、建塘镇红坡村实景拍摄地看望慰问电视剧《香格里拉》剧组；参观考察蓝月山谷景区，查看了州直新校区和州藏医院迁建情况，到州民族中学、香格里拉县一中、香格里拉中学就整合教育资源、实施集中办学等情况进行了考察，并听取了州委、州政府工作汇报。省发改委副主任姜在君、省财政厅副厅长张云松、省教育厅副厅长邹平、省卫生厅副厅长杜克琳、省文投集团总经理陶国相等省有关部门负责人陪同调研并先后在汇报会上发言。州委常委、州委宣传部部长鲁永明代表州委州政府汇报工作。州委常委、香格里拉县委书记彭耀文，州人大常委会副主任杨五桑，州政协副主席和根合，州政府巡视员董继荣陪同调研或出席汇报会。

听取汇报后，张田欣充分肯定了近年来迪庆经济社会发展取得的巨大成绩。他指出，实施西部大开发10年来，迪庆认真贯彻落实科学发展观，坚持发展第一要务，狠抓稳定第一责任落实，实现了经济跨越发展，藏区和谐稳定，是迪庆历史上发展最快、变化最大、老百姓得到实惠最多的10年。同时，西部大开发10年来也是迪庆社会事业建设步伐不断加快的10年，尤其是近年来，迪庆真正把教育放到优先发展的位置，教育综合改革不断取得新成就，有效解决了民族贫困地区教育摊子大、战线长、水平低等问题，希望迪庆继续坚定不移积极稳妥地推进教育综合改革，不断完善好、落实好教育综合改革的各项政策措施，在抓基础教育、职业教育等方面在全省率先走出一条新路，探索总结出新的经验；农民健康工程的实施，有效解决了农民看病难、看病远、看病贵的问题，是云南省实施边疆“解五难”改善民生的新创举，真正让群众感受到了党和政府的温暖；迪庆还在维护社会稳定方面探索出了一条符合迪庆实际的新路，在打牢群众基础，促进民族团结进步等方面做了大量卓有成效的工作，创造了不少新鲜经验；此外，迪庆在旅游文化发展、生态文明建设以及领导班子和干部队伍建设等方面也取得了新的成效。

**【政府六次全会】** 2010年3月30日召开州十一届人民政府第六次全体会议。副州长余胜祥、李学林、刘家训、王天喜，州政府巡视员董继荣，副巡视员彭真祥、曹汝忠出席会议。州政府组成部门、三县及开发区管委会领导，州政府直属机构、州级企事业单位、省属驻州单位负责人参加会议。州委、州人大常委会、州政协、州纪委办公室负责人和州委各部门负责人应邀参加会议。

会议提出，认真落实“两会”精神，抢抓中央第五次西藏工作座谈会给迪庆发展和稳定带来的重大机遇，围绕州十一届人大六次会议审议批准的《政府工作报告》的工作任务和目标，进一步统一思想、细化任务、强化责任，狠抓落实，以饱满的工作热情和强烈的责任感，迅速推进各项工作，确保今年政府工作各项目标任务全面完成。州长黄政红出席会议并讲话。

黄政红指出，要认清形势、抢抓机遇，增强推动经济发展的紧迫感和责任感，进一步坚定加快发展的信心和决心，以昂扬的斗志、超常规的举措、务实的作风，推动全州经济社会科学发展、和谐发展、跨越发展。今年，迪庆州经济社会发展在面临极大困难的同时也蕴含了许多重大机遇，需要我们科学研判、准确把握当前经济形势，在看到困难的同时，也要看到经济社会发展面临的不少有利因素，充分认识到迪庆州经济发展机遇远大于挑战，只要抢抓机遇、坚定信心、审时度势、狠抓落实，完全能够实现今年预定的各项目标任务。

黄政红强调，今年是实施“十一五”规划的收尾之年，也是应对国际金融危机、谋划布局“十二五”经济社会发展的重要一年。当前，迪庆州发展面临着极为难得的历史机遇和有利条件。国家继续实施积极财政政策和适度宽松的货币政策的基调没有改变，国际金融危机以来国家实施的扩内需、保增长的一揽子计划将进一步发挥作用，国际国内经济发展形势逐步好转，全球经济呈现复苏迹象，我国今年经济发展的形势总体上将好于去年。中央第五次西藏工作座谈会的召开和中共中央、国务院《关于加快四川云南甘肃青海省藏区经济社会发展的意见》的出台，为迪庆州实现跨越发展提供了有力的政策支持。必须紧紧抓住这些重大机遇，进一步坚定信心，鼓足干劲，扎实工作，确保今年各项预期目标的实现。要深刻领会和掌握中央第五次西藏工作座谈会和胡锦涛总书记对迪庆工作的重要指示精神实质，坚决把中央、省委各项决策部署贯彻落实到位，切实把中央的特殊关怀转化为实现迪庆跨越发展和长治久安的强大动力。全州上下要统一思想，紧紧围绕“一个中心、两件大事、四个确保”，以改善民生为出发点和落脚点，以保护生态环境为基本前提，以基础设施建设为切入点，以转变经济发展方式为着力点，以改革开放为动力，以科技进步和人才培养为支撑，以维护民族团结和社会稳定为保障，进一步明确任务，突出重点，狠抓落实，扎实做好今年的各项工作。根据面临的形势和机遇，结合州委六届八次全会、州十一届人大六次会议精神，2010年政府工作的重点概括起来就是：保增长、抓投资、促产业、重民生、建和谐。一是全力以赴保增长。二是千方百计抓投资。三是集中力量培育产业。四是切实维护好广大群众的切身利益。五是努力构建稳定和谐的社会环境。六是认真做好抗旱救灾工作。

黄政红强调，实现全州发展的各项目标任务，关键要在抓落实上下功夫，狠抓落实，一抓到底，抓出成效。一要解放思想抓落实。二要强化责任抓落实。三要转变作风抓落实。必须把人民赋予的权力真正用在为人民谋福祉上，切实把关注民生，改善民生，让广大人民群众共享改革发展成果，作为政府一切工作的出发点和落脚点，多为群众办好事、办实事。要加强道德修养，想问题、办事情、作决策都要从实现人民群众的利益出发，不仅要有为官一任、造福一方的实绩，更要有服务一方、人品官德俱佳的口碑。要严格执行党风廉政建设责任制，以自己的良好形象维护单位的良好形象，以单位的良好形象维护政府的良好形象。

会上，黄政红与三县政府和开发区管委会负责人签订了2010年经济社会发展目标责任状。副州长张志军主持会议并就贯彻落实会议精神提出了具体要求。州政府秘书长吾金丁争通报了2009年经济社会发展责任目标完成情况，并对2010年经济社会发展主要责任目标作了说明。

**【州政府常务会议】**　2010年3月17日，代理州长黄政红主持召开州政府第36次常务会议。副州长张志军、余胜祥、李学林、刘家训，州政府巡视员董继荣、余文元，副巡视员肖建明，秘书长吾金丁争出席。州政府副秘书长及相关职能部门负责人列席了会议。

会议讨论研究并原则通过了《政府工作报告（征求意见稿）》、《关于迪庆藏族自治州2009年国民经济和社会发展计划执行情况与2010年国民经济和社会发展计划草案的报告》、《关于迪庆藏族自治州2009年地方财政预算执行情况和2010年地方财政预算草案的报告》等7个议题，同意进一步修改后提交州委常委会议审定。

2010年4月30日，州长黄政红主持召开了州十一届人民政府第37次常务会议。副州长阿堆、张志军、余胜祥、农布央宗、刘家训、曾永忠、王天喜，州人民政府巡视员董继荣、余文元，副巡视员彭真祥、曹汝忠，秘书长吾金丁争出席会议，州、县相关部门负责人列席会议。会议讨论、审定了《迪庆藏族自治州藏传佛教寺院管理条例实施细则》、《德钦县人民政府关于请求协调解决全县地质灾害治理工作相关问题的请示》、《迪庆州人民政府关于人大代表建议和政协委员提案办理工作暂行办法（草案）》、《迪庆州州级储备食用植物油管理办法》、《迪庆州农民工权益保障暂行办法》等十一项议题。

2010年7月6日下午，州长黄政红主持召开州政府第38次常务会议。副州长阿堆、张志军、农布央宗、刘家训，州政府巡视员董继荣、余文元，州政府秘书长吾金丁争出席会议。迪庆军分区司令员李旭光、州人大常委会副主任和仕聪、州政府副秘书长及州监察局局长列席会议。香格里拉县政府、州发改委等有关部门负责人参加了会议。会议讨论了康巴艺术节暨州庆献礼工程任务分解方案，并提出具体要求以确保在康巴艺术节举办前按时完成献礼工程各项建设任务。

2010年9月18日，州人民政府州长黄政红主持召开州政府第39次常务会议。副州长阿堆、余胜祥、农布央宗、曾永忠、刘家训，州政府巡视员余文元，副巡视员肖建明，州长助理朱永其、秘书长吾金丁争出席会议。州政府副秘书长及相关职能部门负责人列席了会议。会议讨论研究了维德二级公路与华能澜沧江公司水电开发项目补偿、文博中心大楼产权等相关问题，研究了“两基”迎国检、小中甸水利枢纽工程以及康思水库前期工作情况。

2010年12月31日，州人民政府州长黄政红主持召开州政府第40次常务会议。副州长阿堆、张志军、余胜祥、农布央宗、曾永忠、刘家训，州政府巡视员余文元，副巡视员肖建明，曹如忠，州政府秘书长吾金丁争出席会议。州政府副秘书长及相关职能部门负责人列席了会议。会议讨论研究了迪庆州建设局《关于审批迪庆州2011年公租房新区建设计划的请示》、迪庆州信房公积金管理委员会《关于要求适当提高信房公积金缴存比例的请示》、迪庆州人力浆和社会保障局《关于请求出台迪庆州城镇职工医疗保险州级统筹暂行办法的请示和《关于请求出台迪庆州农民工工伤保险暂行办法的请示》、迪庆州民政府局《关于请示求成立迪庆州慈善会的请示》、迪庆州深化医药卫生体制改革领导小组办公室《关于要求审定迪庆州深化卫生体制改革实施意见的请示》、《关于要求审定出台迪庆州医药卫生改革三年实施（2009~2011年）的请示》、白马雪山国家自然保护区管理局、迪庆州旅游开发投资有限公司《关于上报香格里拉滇金丝猴国家公园猴群管护实施方案的请示》、迪庆州公安局交通警察支队《关于要求建设机动车驾驶人员考试场地的请示》、此外还研究讨论了《迪庆州落实草原生态补助奖励政策工作指导意见》。

**【州长办公会议】** 2010年3月19日，代理州长黄政红主持召开州十一届人民政府第19次州长办公会议。黄政红、张志军、余胜祥、刘家训、董继荣、余文元、肖建明、吾金丁争出席了会议。会议研究、部署当前主要工作和研究经费问题。会议决定，1. 尽快完成政府性债务清理工作。2. 加大项目争取力度。3. 强化项目督查。4. 做好离退休干部住房补贴兑现工作。

2010年6月4日，州长黄政红主持召开州十一届人民政府第20次州长办公会议。副州长阿堆、张志军、余胜祥、农布央宗、李学林、刘家训，巡视员董继荣，彭真祥（享受副巡视员待遇），秘书长吾金丁争出席会议，州人大常委会副主任和仕聪，州政府副秘书长以及州级相关单位负责人列席会议。

会议讨论、研究州劳动和社会保障局关于《迪庆州新型农村社会养老保险试点实施细则（试行）》并原则同意《迪庆州新型农村社会养老保险试点实施细则（试行）》，要求根据会议所提意见，对《实施细则》作进一步修改完善后以政府文件下发。

讨论、研究迪庆香格里拉机场《关于北京—重庆—香格里拉航线市场培育期内运营补贴方案的请示》。会议决定，同意迪庆香格里拉机场报请的《请示》第一方案与重庆航空有限责任公司进行谈判磋商。

会议研究了全州校园安全问题。会议决定，1. 全州各级各部门要进一步统一思想、提高认识，把学校、幼儿园安全工作摆在突出位置来抓，相关部门要迅速组织力量，对全州范围内中小学、幼儿园校园及周边各种安全隐患进行认真排查，制定相应措施，抓紧落实到位；2. 原则同意按国家和省级有关部门要求在迪庆州中小学及幼儿园配备保安人员。

2010年6月8日，州长黄政红主持召开了州十一届人民政府第21次州长办公会议，副州长阿堆、张志军、余胜祥、农布央宗、曾永忠、刘家训、王天喜，巡视员董继荣、余文元，彭真祥同志（享受副巡视员待遇），秘书长吾金丁争出席会议，州政府副秘书长及州直相关部门主要领导列席会议。会议专题研究了第六届康巴艺术节相关事宜。会议决定，1. 原则同意迪庆州文化局《关于成立第六届康巴艺术节筹备工作领导小组的请示》、《第六届康巴艺术节总体方案》，要求对请示及方案作进一步修改完善后报州委批准；2. 由刘家训副州长负责，从各级各部门抽调精兵强将，尽快完成第六届康巴艺术节筹备工作领导小组办公室组建工作，以便顺利开展各项工作。

2010年8月12日，州长黄政红主持召开了州十一届人民政府第22次州长办公会议，副州长张志军、余胜祥、农布央宗、李学林、曾永忠、刘家训、王天喜，巡视员董继荣，彭真祥（享受副巡视员待遇），秘书长吾金丁争出席会议，州政府副秘书长及州直相关部门主要领导列席会议。

会议总结上半年经济工作，研究部署下半年工作任务。会议决定，一是全力以赴加快重点项目建设，坚持项目带动战略不动摇。全力推进州人民政府在年初确定的57项重点工程和年中确定的25项“两节”献礼工程。二是认真落实好各项惠农强农政策，努力促进农民增收。三是加大旅游业整顿力度，努力营造良好服务环境。四是加强环境卫生整治，改善市容市貌。五是认真抓好“十二五”编制工作，“十二五”时期是迪庆建设跨越发展和长治久安示范区和全面建设小康社会的最关键时期，各级各部门要认真按照州委六届九次全会精神，切实做好“十二五”规划各项工作，规划要充分突出迪庆作为云南藏区的重要地位、突出迪庆在云南桥头堡建设中的重要作用。六是加快迪庆藏医药事业发展。七是认真做好“两基”迎国检各项准备工作。

会议决定，原则同意《迪庆州旅游开发投资有限公司关于收购重组巴拉格宗旅游景区有关问题的请示》，按照政府主导的原则，由州旅游投资公司作为谈判主体，尽快开展相关工作。

2010年11月5日，州长黄政红主持召开了州十一届人民政府第23次州长办公会议，副州长张志军、农布央宗、曾永忠、刘家训，彭真祥、曹如忠（享受副巡视员待遇），秘书长吾金丁争出席会议，州政府副秘书长及州直相关部门主要领导列席会议。

会议通报了前三季度全州经济运行情况，安排部署后两个月工作。

会议讨论研究了州开发投资集团有限公司《关于普朗铜矿5%股权回购并转让的请示》。会议决定，原则同意州开发投资集团有限公司《关于普朗铜矿5%股权回购并转让的请示》，要求州开发投资集团有限公司尽快开展相关谈判工作，转让时要做好评估工作，确保国有资产保值增值。

会议讨论研究了州住房和城乡建设局《关于对迪庆州住房补贴实施过程中有关问题处理意见的报告》会议决定，成立迪庆州住房补贴兑现工作领导小组，由黄政红州长任领导小组组长，州建设局局长、州财政局局长任领导小组副组长。尽快完成涉及经济适用住房和集资建房等相关单位兑现住房补贴测算工作，各单位要明确责任，积极配合，在年内11月底前全面完成未兑现离退休老干部住房补贴的发放工作，力争2011年1月份开始住房补贴兑现工作实现常态化、规范化管理。

会议讨论研究了迪庆州人民政府《关于进一步加强外来投资促进工作的若干意见》。会议要求，《意见》要紧紧结合迪庆产业发展实际，要以保护生态环境为前提，实现可持续发展为目的，杜绝引进污染大、能耗高的企业，积极引进一些致力于发展绿色产业的企业，真正实现招进一个项目，保护一方环境，促进一方增收，带动一方发展。会议决定，原则同意《关于进一步加强外来投资促进工作的若干意见》，要求按会议提出意见修改完善后下发执行。

会议讨论研究了香格里拉县人民政府《关于请求成立康思水库管理局的请示》。会议决定，原则同意香格里拉县人民政府《关于请求成立康思水库管理局的请示》，待水库建设完成后，与桑纳水库管理局实行一套人马，两块牌子。要求香格里拉县人民政府尽快按程序完成康思水库管理局组建工作，同时加快康思水库各项前期工作，争取年内开工建设。

**【全州民族团结节表彰大会】**　2010年9月12日，迪庆州召开民族团结节表彰大会，隆重表彰近年迪庆州涌现出来的500个民族团结进步先进集体和个人。会议提出，高举民族大团结旗帜，努力开创迪庆州民族团结进步事业新局面。省委常委、州委书记齐扎拉在会上作重要讲话。

州委副书记、州长黄政红主持大会。省民委巡视员马泽，州委副书记杨铭书，州人大常委会主任唐世华，州委常委、州委宣传部部长鲁永明，州委常委、州委秘书长马文龙，州委常委、迪庆军分区政委姚世忠，州委常委、州委组织部部长郑艺以及州政协副主席肖托丁出席大会并向受表彰代表颁奖。副州长阿堆宣读表彰决定。

齐扎拉代表州委、州政府向受到表彰的民族团结进步模范单位、模范村、模范户和先进个人表示热烈的祝贺，向为促进迪庆州民族团结进步事业、推进改革发展稳定作出贡献的广大干部群众、社会各界人士和民族工作战线的同志们致以崇高的敬意，向前来参加“两节”的56个民族友好使者表示热烈的欢迎。

齐扎拉说，近年来，在党中央、国务院的亲切关怀和省委、省政府的坚强领导下，我们高举爱国主义、社会主义伟大旗帜，牢牢把握各民族“共同团结奋斗、共同繁荣发展”的新时期民族工作主题，紧紧围绕促进民族团结、实现共同进步的根本任务，坚定不移地贯彻执行党的民族宗教政策和民族区域自治制度，坚决维护民族团结、社会稳定和国家统一，巩固和发展了平等团结互助和谐的社会主义民族关系，各族群众的生产生活条件得到显著改善，宗教信仰和传统风俗习惯得到切实尊重，优秀传统文化得到有效保护，各项社会事业蓬勃发展，少数民族干部队伍不断壮大，始终保持了民族团结、经济发展、社会和谐、宗教有序、各族人民生活不断改善的良好局面。

齐扎拉指出，迪庆州民族团结进步事业的生动实践证明，党的民族政策是完全正确的，我国实行的民族区域自治制度是完全正确的，全面贯彻落实党的民族政策，符合全州各族群众的根本利益，是我们做好一切工作的根本前提；没有迪庆各民族的和睦相处、和衷共济、和谐发展，就没有迪庆今天的大好局面。当前，迪庆州正处在历史上发展和稳定的最好时期，正处在从加快发展走向跨越发展，从基本稳定走向长治久安的关键时期。民族团结进步事业既面临难得机遇，也面临重大挑战。我们要倍加珍惜各民族共同繁荣发展的大好形势，倍加珍惜来之不易的民族团结大好局面，进一步增强做好新形势下民族工作的责任感和使命感，深入贯彻落实科学发展观，认真贯彻党的民族政策，正确认识和把握新形势下的民族问题，扎扎实实做好民族工作，不断巩固和发展平等团结互助和谐的社会主义民族关系，奋力开创迪庆州民族团结进步事业新局面。

黄政红要求，全州上下要认真学习领会会议精神，把各族干部群众的思想认识和行动统一到会议精神上来；进一步贯彻落实科学发展观、大力推进少数民族和民族地区发展上水平；加大宣传教育力度、积极探索符合州情的民族团结进步创建活动，加强组织领导、确保会议精神落到实处、取得成效。

**【国开行1.5亿元贷款助香格里拉供热】** 2010年1月26日，国家开发银行云南省分行与迪庆州开发投资集团有限公司在昆明举行香格里拉城市集中供热一期工程建设项目贷款签字仪式，国家开发银行云南省分行向香格里拉城市集中供热一期工程建设项目发放中长期贷款1.5亿元人民币。

国家开发银行云南省分行行长邓廷铎，州委副书记、代理州长黄政红出席签字仪式并讲话。

邓廷铎指出，国家开发银行云南省分行高度重视与迪庆的金融合作。截止目前，已累计向迪庆州发放贷款10.8亿元，为迪庆重大基础设施、民生工程和工业项目建设提供了有力的信贷支持。他表示国家开发银行云南省分行将进一步为迪庆州提供更加完善的金融服务，支持迪庆州经济社会快速健康发展。

黄政红指出，香格里拉县城市集中供热项目是一项民心工程，对迪庆州建设全国藏区跨越发展和长治久安示范区具有重要意义。该项目的建成将大幅度提高热效率，节约能源，提高广大人民群众的生活质量。在改善和净化城市环境的同时，还将对香格里拉县城居民的生产生活产生积极深远的影响。黄政红要求，州发改委及财政部门要按协议认真履行资金保证承诺，州国投公司要积极支持项目的实施，供热公司要用好资金、实施好项目，尽早发挥项目的社会效益。

副州长李学林主持签字仪式。国家开发银行云南省分行副行长胡丽琼出席签字仪式。国家开发银行云南省分行、州级相关部门负责人参加了签字仪式。

**【喜来登度假酒店落户香格里拉】** 2010年9月9日，又一国际品牌酒店喜来登度假酒店落户香格里拉，省委常委、州委书记齐扎拉，国务院参事室特邀研究员、全国工商联原副主席、中国民（私）营经济研究会会长保育钧，北京卫戍区原副司令员黄伯诚及美国代表团嘉宾出席奠基典礼。州委副书记、州长黄政红及投资方代表丽江金林置业董事长罗琳女士致辞。迪庆喜来登度假酒店是金林置业携手世界顶级专业团队投资建设的五星级酒店，旨在为商务、休闲旅游的国内外人士提供自然、舒适、和谐的度假环境。酒店计划建筑面积近5万平方米，建筑将充分体现香格里拉得天独厚的自然资源和民族文化，并尽可能采用先进的节能减排技术，力求最大程度与周边环境保持和谐。

**【黄政红到维德二级公路建设工地调研】** 2010年9月4日，州委副书记、州长黄政红在维德二级公路建设工地调研时强调，各级各部门和各参建单位要鼓足干劲、树立信心、攻坚克难，切实加快工程建设进度，确保两条二级公路按时、按质、按量，优质高效地完成各项建设任务。调研期间，在副州长余胜祥、州政府秘书长吾金丁争以及州县相关部门负责人的陪同下，黄政红到维德二级公路施工现场看望慰问风餐露宿、连续作战在公路建设一线的各指挥部工作人员及建设者，把州委、州政府的关怀送到广大建设者心坎上。

**【北京—重庆—香格里拉航线开通】** 2010年6月26日下午15时30分，北京—重庆—香格里拉航线正式开通。省委常委、州委书记齐扎拉出席首航仪式。

州委副书记、州长黄政红出席首航仪式并讲话，重庆航空公司党委书记刘青、民航重庆监管分局副局长汤军、重庆机场集团副总经理曾千里致辞。州人大常委会副主任和仕聪、州政协副主席阿青出席，副州长张志军主持。

黄政红说，北京—重庆—香格里拉航线如期开航，实现了迪庆州多年来打通国内大都市旅游市场的愿望，使三地共同打造北京—重庆—香格里拉黄金旅游线路变为现实。航线的开通，将对提升迪庆的对外开放程度、培育壮大旅游支柱产业以及整个迪庆的长远发展产生重大而深远的影响。

**【黄政红到香格里拉县调研城市建设情况】** 2010年6月8日，州人民政府州长黄政红到香格里拉县城市建设。在州委常委、香格里拉县委书记彭耀文，副州长阿堆、张志军、农布央宗、刘家训、曾永忠、王天喜，州政府秘书长吾金丁争，州及香格里拉县相关部门负责人的陪同下，黄政红实地查看了独克宗古城、康珠大道延长线以及香格里拉县城的环境卫生情况，详细了解了各工程进展情况，对于工作中存在的问题，现场提出了解决方案，并责成香格里拉县和相关部门限期整改完成。

在香格里拉县城市建设管理专题汇报会上，黄政红就如何进一步做好香格里拉县城的建设管理工作提出了具体要求。他强调，要科学规划，加强管理，全面提升城市新形象。

**【省督查组到迪庆州督查“两基”迎国检工作】** 2010年5月20日至21日，省高校工委委员、省教育厅招生考试院党委书记杨嘉华一行到迪庆州挂钩联系点开展专题调研、指导和督查。督查组根据《云南省人民政府“两基”迎国检工作方案》的总体部署，重点了解迪庆州“两基”迎国检工作动员电视电话会议的贯彻落实情况、“两基”迎国检工作的推进情况、“两基”国检工作中存在的差距和不足以及“两基”迎国检工作亟待解决的困难与问题。

督查组深入州民族中学、州藏文中学、香格里拉县七中、州级新校区建设工地实地查看了校容校貌、教室、功能室、设备设施及资料准备等情况，了解存在的主要问题和困难，并有针对性地进行了指导。

督查组充分肯定了迪庆州“两基”迎国检工作，认为，州委、州政府审时度势，提出了按照“州办高中、县办初中、乡镇办小学”的集中办学思路，在全州范围实施了力度空前的教育综合改革，必将促进迪庆藏区教育事业的大跨越、大发展。

**【州政府与富滇银行举行银政座谈会】** 2010年5月26日，州政府与富滇银行举行银政座谈会，云南省金融办主任刘建华，州委副书记、州人民政府州长黄政红出席，州人民政府副州长张志军主持会议。云南银监局、州政府办、州财政局、州发改委、州银监局等部门负责人及富滇银行二届八次董事会成员参加会议。

会上，黄政红就迪庆州州情、经济社会发展概况和银行业发展情况作了简要介绍。黄政红指出，当前及今后一段时期，迪庆面临着重大的历史性发展机遇，全州上下将认真领会中央第五次西藏工作座谈会精神，以科学发展观为统领，以“两区”建设为目标，坚定不移走“生态立州、文化兴州、产业强州、和谐安州”之路，始终牢固树立“以长远的基础设施建设拉动和支撑长足的经济发展”的理念，加快基础设施建设，夯实发展基础；始终牢固树立“以稳定的支柱产业群拉动和支撑快速的经济发展”的理念，全力支持现代农业基地建设、现代工业园区建设、高品质旅游景区建设，支持生物资源开发创新、旅游产业提质增效、矿电产业集约开发、畜牧业形成规模，把特色产业做大做强，促进支柱产业群快速发展；始终牢固树立“以优化的市场资源拉动和支撑健康的经济发展”的理念，形成规模经济，产生规模效益；始终牢固树立“以良好的生态环境拉动和支撑持续的经济发展”的理念，认真落实国家环保政策，引导和促进循环经济、节能减排、清洁能源生产和资源节约，实现环境保护与经济发展相协调；始终牢固树立“以健康的区域发展拉动和支撑全州跨越发展”的理念，推动全州经济社会又好又快发展。

黄政红说，一直以来，驻迪各银行业金融机构增强围绕中心、服务大局的意识，全力支持地方经济建设，主动服务社会民生，有力地促进了全州经济社会又好又快发展，银行业体系逐步健全，服务经济社会发展作用突出。金融实力明显增强，经营效益大幅提升；支撑地方经济发展成绩显著，服务民生功能明显增强等三大亮点。

他希望，富滇银行抓住中央第五次西藏工作座谈会明确的“支持银行机构在四省藏区设立分支机构，运用适当的财政和监管政策，鼓励银行业经营机构在金融空白乡镇和旅游区设立服务网点”的重大机遇，加快与迪庆的合作进程，年内设立富滇银行迪庆支行，加快促进迪庆对外开放，进一步激发迪庆银行业发展活力，壮大迪庆银行业实力。

省金融办主任刘建华说，近年来，迪庆经济社会发展迅速，民族更加团结，社会更加稳定，景区更加优美，城市更加整洁。在经济社会不断发展过程中不断凸显金融作为现代经济的核心，在推动科学发展、促进社会和谐和现代化建设中，具有极其重要的作用。他就金融机构如何推动迪庆州跨越发展和长治久安提出要求，一要抓住机遇，实现迪庆跨越发展；二要加快发展，将资源优势转化为经济优势；三要共同努力，实现金融与经济的共同发展。富滇银行将积极采取可行性措施，加大对迪庆基础设施建设、特色优势产业的支持力度，推进农村银行、小额银行的建设，不断完善金融服务体系，扩大金融网点覆盖面，提升金融服务质量。

会上，富滇银行董事长夏蜀介绍了富滇银行概况和发展情况。

**【国土资源部部长徐绍史到迪庆州调研】** 2010年5月11日，国土资源部部长徐绍史在省委常委、省纪委书记李汉柏，副省长刘平等陪同下到迪庆州调研。国土资源部党组成员、办公厅主任冀文林，国家土地督察成都局局长常嘉兴，国土资源部开发司副司长王昆，国土资源部办公厅副巡视员、部长办公室负责人夏俊，省国土资源厅厅长和自兴，省国土资源厅党组成员、副厅长李连举，省国土资源厅副厅长薛佩瑄，州政府副州长余胜祥及州国土资源局、州国投公司等部门负责人陪同调研。他强调，要坚持依靠科技进步，提高资源开发利用水平，在保护好生态的前提下，走绿色资源开发之路，实现资源可持续开发利用。

在迪庆期间，徐绍史一行在州委副书记、州长黄政红，州委副书记杨铭书等迪庆州领导陪同下，先后深入到格咱乡境内的板岩采石点，三江成矿带红山铜矿片区，听取了相关汇报，并到香格里拉县国土资源局和相关企业看望慰问了干部职工。每到一处，徐绍史都仔细询问当地干部职工的工作生活情况，勉励大家继续努力，克服困难，进一步树立为经济社会服务的理念，严格管理，为实现资源可持续开发利用作出贡献。

徐绍史指出，我国资源约束问题长期存在，今后对资源的需求将刚性持续上升，对外依存也在逐渐攀升。要提高认识，对地质找矿改革工作中存在的问题进行全面梳理，打破自我封闭，主动融入经济建设的主战场；要延长工作链，开拓新领域，遵循地质科学规律，打破过时的技术规范，通过重大项目来带动优秀人才成长。

徐绍史强调，迪庆的旅游文化资源富集，生物资源丰富，水能资源优势明显，矿产资源储量大。但生态脆弱，加之地方财力不足，技术力量薄弱，全州区域内矿产资源勘探工作较为滞后，矿产资源开发利用率较低、开发难度大，保护生态和资源开发矛盾较为突出。迪庆州各级党委政府以及各有关单位要认真总结经验，进一步完善地质找矿工作的标准化、规范化管理机制；要加快建设尖端勘探队伍步伐，为有效开发利用资源筑牢基础；要认清当前形势，扭住重点工作不放松，加快矿产资源的整装勘查工作，进一步摸清和掌握“家底”，全面整顿和规范矿产资源开发秩序，为全州矿产资源有序开发创造良好条件；要加强监测工作，不断关注分析形势，增强敏锐性、主动性和预见性；要围绕发展方式转变、资源配置方式转变和管理职能转变，积极探索创新，不断破解发展难题，用最科学的工作方法和最尖端的技术为矿产资源的有效开发利用提供保障；要在保护好生态环境的前提下，合理开发利用矿产资源，走绿色矿业开发之路，实现资源开发利用的可持续发展。

**【东航云南分公司与迪庆达成航空市场开拓深层战略合作协议】** 2010年5月6日，东航云南分公司与迪庆州在香格里拉县城召开座谈会，达成了航空市场开拓深层次战略合作协议。州委书记齐扎拉，东航云南分公司总经理石富康，州委副书记、州长黄政红等领导出席座谈会。黄政红主持座谈会，州人大常委会副主任和仕聪、副州长农布央宗出席座谈会并陪同调研，州旅游局、香格里拉机场等有关部门负责人陪同调研，副州长张志军出席了座谈会，香格里拉县政府、州发改委、州经委等有关部门负责人参加了座谈会。

座谈会上，齐扎拉充分肯定了多年来东航云南分公司在推动迪庆民航事业发展，为迪庆经济社会发展作出的巨大贡献，并向东航云南分公司一行人介绍了迪庆州州情及航空事业发展状况。他指出，迪庆香格里拉机场通航以来，州委、州政府高度重视航空市场开发拓展工作，成立了发展迪庆航空市场协调领导小组，出台了针对迪庆航空市场的特殊扶持政策，并按照中央第五次西藏工作座谈会精神，提出了2010年机场旅客吞吐量目标。采取多项措施不断增加航线航班，多家航空公司共同拓展迪庆航空市场、共同经营迪庆航线，基本形成了航线连接国内部分重要城市的空中网络体系。通航以来，迪庆香格里拉机场相继完成了二、三期扩建工程，使机场硬件资源和服务保障功能已达到国内中型机场的规模。

齐扎拉指出，尽管迪庆的民航事业取得长足的发展，但也面临诸多深层次的矛盾和问题，已不能适应地方经济社会发展的需要。东航云南分公司是目前高原航线运行能力最强的航空公司，也是长期以来对迪庆航空市场起主导作用的航空公司，迪庆州委、州政府一直希望与公司长期共享资源、共享品牌、携手共进，形成政企合作的新典范。同时也希望东航从支持云南藏区经济社会发展的高度出发，以切实有效的政策支持和运行保障措施来优先扶持迪庆航空事业的发展，进一步拓展迪庆航空市场，尽快把迪庆香格里拉机场建成东部藏区人流、物流的航空集散中心和中国藏区第二个国际口岸机场。他还向东航云南分公司就进一步拓展迪庆航空市场航线优化等问题提出相关建议。

齐扎拉强调，迪庆州和东航云南分公司战略合作协议的达成是双方进一步寻求合作、实现双赢的又一重大举措，迪庆州委、州政府将进一步加大对东航云南分公司的支持力度，采取亏损补贴等多种激励措施，加大对航空市场的培育和激励，并积极争取国家对运营藏区航线航空公司的支持，全州旅游部门将全力配合航空公司做好保障工作。从2010年起，政府将督促旅游主管部门、旅游企业、机场进一步加强与东航云南分公司的合作。

石富康介绍了东航云南分公司的基本情况和发展目标，并表示，该公司一定致力于地方经济发展，继续加强与迪庆的合作力度，共同开拓好航空市场。他还就迪庆航空市场扩大、优化等问题提出了相关建议。

州长黄政红代表州政府与东航云南分公司签订了《迪庆香格里拉航空市场开发战略合作协议》。

**【州直学校新校区建设项目正式开工】**　2010然后3月28日上午，州直学校新校区建设项目举行开工典礼暨奠基仪式。齐扎拉宣布项目正式开工，黄政红致辞，杨铭书主持，唐世华、彭耀文、鲁永明、姚世忠、杨学良、张志军、和根合、董继荣等出席。

州直学校新校区建设项目位于香格里拉县县城南郊建塘镇撒拉村民小组，总占地面积600亩，由迁建的州藏文中学、州民族中等专业学校和新建的云南民族大学香格里拉职业学院组成，总建筑面积182 770平方米，项目概算总投资56 405万元。工程分为两期建设，一期建筑面积为135 562平方米。根据州委、州政府的要求，该项目按照“适度超前、理念先进”和“突出民族特色、创藏区一流”的设计理念建设，其中，州藏文中学容纳学生3 000人以上，州民专及职业学院容纳学生5 000人以上。

黄政红代表州委、州政府对州直学校新校区建设项目开工表示热烈祝贺。他指出，州直学校新校区建设项目是州委、州政府为推进全州教育综合改革作出的重大战略部署。各级各部门要紧紧抓住贯彻中央第五次西藏工作座谈会精神的重大机遇，按照胡锦涛总书记关于加强教育工作的重要指示，结合中央政治局委员、书记处书记、中组部部长李源潮同志在迪庆视察时的讲话精神，以科学发展观为指导，把思想统一到州委、州政府中小学区域布局调整的重大决策和部署上来，把这项事关迪庆长远发展和千家万户利益的惠民工程抓好抓实。

黄政红要求，各级各部门要形成合力、同舟共济，积极争取中央和省的资金支持，发动全社会捐资助学，争取银行融资，确保项目资金落实。纪检、监察和审计部门要提前介入，全程监管，注重工程质量，发挥资金效益。项目工程指挥部要坚持科学管理、求真务实的工作原则，施工单位要发扬团结协作、吃苦耐劳的优良作风，监理单位要切实发挥监督作用，高质量、高水平完成工程建设，为全州教育的跨越发展作出新的贡献。

开工典礼上，张志军介绍了项目建设背景及基本情况。

三县县委、县政府主要领导，州教改领导小组各成员单位负责人，州教改办全体工作人员，州直学校新校区工程建设指挥部及设计、监理、施工单位负责人，州民专、州藏文中学师生代表，撒拉村民小组部分村民代表等参加了开工典礼。

**【《香格里拉》特种邮票首发式在迪庆州举行】** 2010年9月13日，由省政府、中国邮政集团公司主办，州政府和省邮政公司协办，以展现我州秀美风光为题材的《香格里拉》特种邮票首发式在独克宗古城月光广场举行。省委常委、省委宣传部部长张田欣等出席，省委常委、州委书记齐扎拉，中国邮政集团公司副总经理冯新生致辞，州委副书记、州长黄政红主持。中央电视台等70多家新闻媒体记者到场报道了邮票首发式盛况。这次发行的《香格里拉》特种邮票选题于我州的梅里雪山、普达措国家公园、松赞林寺、独克宗古城和纳帕海等景观，共4枚和1张小型张。小型张图名《日照金山》，4枚邮票图名分别为《霞蔚古寺》、《碧水青天》、《平湖叠翠》和《雪域古城》，五个极具代表性的绝美佳境集纳了香格里拉的自然美景、民族风情和人文风貌等诸多元素，将香格里拉的自然之美、和谐之美展现得淋漓尽致。中国邮政集团公司邮票发行部经理邓慧国宣读的发行通告称，从即日起，《香格里拉》特种邮票在全国发行，发行期限为6个月。

**【亚洲旅游论坛座谈会召开】** 2010年9月12日上午，亚洲旅游论坛座谈会在州政府常务会议室召开。州委副书记、州人民政府州长黄政红出席并讲话。亚洲旅游论坛代表、国际旅游学会执行主席、美国普渡大学教授摩林森，国际旅游学会秘书长、北京大学教授、博士、北京大学旅游研究与规划中心主任吴必虎等专家学者参加座谈会。座谈会由州人民政府副州长张志军主持。

听取与会专家学者的发言后，黄政红说，亚洲旅游论坛落户迪庆以来，为迪庆州旅游业的发展作出了积极贡献。他指出，迪庆拥有“香格里拉”和世界自然遗产“三江并流”两张世界级旅游文化品牌，具有做大做强旅游产业的条件。旅游业是迪庆的支柱产业，要结合“桥头堡”战略，进一步深化改革、扩大开放，塑造大香格里拉旅游品牌。“两节”把旅游论坛列为重要内容，旨在以论坛为平台，扩大旅游交流合作，把香格里拉品牌做大做强。希望双方进一步加强交流合作，为打造大香格里拉品牌作出更大贡献。

黄政红要求，迪庆州有关部门和亚洲旅游论坛要精诚合作，落实已达成的合作项目，加快项目建设进度，加大迪庆旅游人才培养力度，助推迪庆旅游业又好又快发展。

摩林森说，香格里拉不仅是中国的，而且是世界的。他表示，要通过香格里拉亚洲旅游论坛等平台向世界推介香格里拉，帮助建设大香格里拉培养旅游人才。

吴必虎简要介绍了亚洲旅游论坛的情况并表示，明年将在香格里拉举行香格里拉亚洲旅游论坛。

张志军对落实座谈会精神提出四点要求，一是加强沟通与合作；二是加大合作项目推进力度；三是有关部门要大力支持亚洲旅游论坛合作项目；四是要进一步抓好落实。

州发改委、州旅游投资公司、州规划局等部门负责人参加座谈会。

**【第六届康巴艺术节开幕式在香格里拉民族体育馆举行】** 2010年9月13日晚，来自四川省甘孜藏族自治州、青海省玉树藏族自治州和西藏昌都地区各族代表再度聚首香格里拉，与56个民族友好使者及迪庆各族群众一起共同庆祝第六届康巴艺术节暨迪庆州民族团结节开幕。

中央西藏工作协调领导小组办公室副主任、中央统战部副部长斯塔宣布开幕。省委常委、省委宣传部部长张田欣，省委常委、迪庆州委书记齐扎拉致辞。中国文联副主席、中国作家协会副主席丹增，省人大常委会副主任江巴吉才，云南省军区副司令员崔毅，中国邮政集团公司副总经理冯新生，云南省军区原副司令员和志光等出席开幕式。

州委副书记、州长黄政红主持开幕式。省委、省政府有关领导以及部分省厅局领导，部分高校领导，丽江、大理等友邻州市负责人，部分曾在迪庆任职的领导及迪庆籍在外工作的领导，玉树、甘孜、昌都代表团负责人，迪庆州委、州人大常委会、州政府、州政协、驻迪部队负责人，迪庆州离退休老领导，各族各界代表以及新闻媒体记者参加庆祝大会。国家旅游局、甘肃省甘南藏族自治州等10多家单位发来贺电贺信。

**【民族团结林纪念碑揭碑】** 2010年9月14日上午，56个民族团结林纪念碑揭碑仪式在独克宗古城龟山公园举行。

省委常委、州委书记齐扎拉与省民族事务委员会巡视员马泽共同为民族团结林纪念碑揭碑。州委副书记、州长黄政红，州委常委、州委秘书长马文龙，州政府副州长刘家训，州政协副主席阿青等出席仪式，州委副书记杨铭书主持仪式并致辞。

齐扎拉、黄政红、马泽、马文龙、刘家训、阿青等领导与56个民族友好使者一起种下一棵棵象征民族团结的常青树。这些“团结树”依偎在龟山公园的怀抱中，见证着56个民族兄弟姐妹的深厚情谊在香格里拉永存。

56个民族友好使者在祝福墙贴上了自己的照片和签名。他们表示，将团结一心、携手并肩，为祖国的繁荣昌盛作出自己应有的贡献。

**【大香格里拉旅游论坛举行】**　2010年9月14日，由迪庆州委、州人民政府，甘孜州委、州人民政府，昌都地委、地区行政公署，玉树州委、州人民政府等主办，迪庆州委、州人民政府承办，全国工商联旅游业商会，丽江玉龙雪山省级旅游开发区管理委员会协办的大香格里拉旅游论坛正式举行。参加论坛的全国工商联旅游业商会、云南省旅游局领导、专家学者等就大香格里拉旅游的现状及发展趋势等主题进行了演讲交流。州委副书记、州长黄政红，省旅游局局长喻顶成出席论坛并讲话。

黄政红说，迪庆作为全国藏区的重要组成部分，近年来，在党中央、国务院的亲切关怀和省委、省政府的正确领导下，紧扣“发展和稳定”两大主题，坚定不移抓发展、旗帜鲜明抓稳定、以人为本抓民生、立足长远抓生态、突出特色抓产业，全力加快全国藏区跨越发展和长治久安示范区建设进程，全州上下呈现出经济发展、社会稳定、民族团结、宗教有序的良好局面。

黄政红指出，联合创建具有世界水平的“中国大香格里拉生态旅游经济圈”是民族地区旅游发展的重大举措。作为“中国大香格里拉生态旅游经济圈”的滇西北、川西南、藏东南地区，有着资源上的互补性、开发上的共进性和区域上的联动性。有极为丰富的生物物种，自然景观独特、人文资源厚重、乡风民俗浓郁、村镇生活悠然，是回归自然的好地方，也是生态旅游的好去处。本届论坛围绕“共建大香格里拉生态旅游经济圈”这一主题，对生态旅游若干重大问题进行研讨并达成共识。通过科学合理的开发建设，整合资源、拓展空间，丰富内涵、开拓市场，形成高精旅游产品，不断满足人们多样化的旅游需求，必将有力地推动大香格里拉旅游业发展，共创大香格里拉区域经济新的增长极。

喻顶成代表省旅游局对论坛的召开表示祝贺，并祝愿第六届康巴艺术节暨迪庆州民族团结节各项活动取得圆满成功。他指出，建设中国香格里拉生态旅游区，在有关部门的大力支持下已经有了实质性进展，国家旅游局高度重视该区域的总体规划，现在香格里拉生态规划已经完成。

四省区就大香格里拉资源调查，发展规划的编制做了大量工作，生态与环境建设有了突破性进展。四省区的联合与协作不断加强，旅游业取得了可喜的成绩。云南省一直重视香格里拉的建设和项目规划投资，充分结合中国香格里拉旅游生态区总体规划要求，开展了大量有效的工作。香格里拉是重要的旅游区，是云南省旅游的重要支点，也是重要支撑，旅游发展潜力巨大。随着国家支持力度和四省区联合力度的不断加大，香格里拉发展必将进入一个崭新的阶段，开创一个崭新的局面。希望在大家的共同努力下，进一步促进和完善区域合作，落实香格里拉旅游区总体规划各项内容，做好区域内交通网络体系的规划和旅游公共服务的建设，特别要做好旅游信息、咨询和就业等方面的服务，更好地提升香格里拉品牌的整体形象、品质和吸引力。

论坛上，迪庆州、昌都地区、甘孜州、玉树州四地州旅游局有关负责人进行了论坛主题发言并签订了旅游战略合作协议。北京民族遗产保护基金会与州旅游局签订了合作协议。

州人大常委会副主任和仕聪，州政府副州长张志军，州政协副主席杨文祥，全国政协委员、全国工商联常委、全国工商联旅游业商会会长王平，全国工商联旅游业商会副会长吉小东、吴永建，北京民族文化遗产保护基金会副理事长、秘书长王之中，宗教界友人加措出席了论坛开幕式。60多家国内知名旅行社的100多名行业人士参加论坛。

**【云南民大香格里拉职业技术学院挂牌成立】**

2010年9月14日，云南民族大学香格里拉职业技术学院在州民专挂牌成立，填补了我州高等教育的空白。中国文联副主席、中国作家协会副主席丹增，省委常委、州委书记齐扎拉为学院揭牌。

州委副书记、州长黄政红，省教育厅副厅长邹平，云南民大党委书记甄朝党致辞。州委副书记杨铭书宣读省教育厅的设立批复。云南民大副校长马丽娟以及我州领导唐世华、彭耀文、鲁永明、马文龙、姚世忠、和根合出席挂牌仪式。仪式由副州长张志军主持。

黄政红要求，全州各级各部门要站在全面提高我州人口素质、打造核心竞争力、提升教育品牌，加深人文底蕴的高度，着眼长远，顾全大局，服从和服务于州委、州政府实施“人才优先”的发展战略，为学院的发展壮大提供全方位的优质服务，努力把云南民大香格里拉职业技术学院打造成“高起点、高水准、高质量、有特色”的现代化高等院校。

邹平代表省高校工委、省教育厅对学院的成立表示祝贺，表示省教育厅将按照国家和省教育规划纲要以及中央第五次西藏工作座谈会、省委藏区工作会议的要求，全力支持迪庆教育事业的改革和发展，为学院的建设和发展创造良好的氛围和有利条件。

希望双方抓住机遇、迎难而上、携手共进，明确办学定位，完善发展规划，落实发展措施，把握和传承藏民族文化，办出特色、办出水平、办出效益，为我省高素质技能型人才培养，为云南建设中国面向西南开放桥头堡，为迪庆建设跨越发展和长治久安示范区作出积极贡献。

省教育厅及云南民大相关处室负责人，州教改领导小组成员单位负责人，三县和开发区党委、政府主要领导、州县教改办负责人及州民专师生代表参加揭牌仪式。

**【香格里拉历史文化名城保护规划通过省级评审】**

2010年10月9日，国家、省级专家组一行深入噶丹·松赞林寺、独克宗古城进行了实地调研。当日下午，香格里拉国家级历史文化名城保护规划评审会在龙凤祥酒店会议室召开。国家建设部、省建设厅、省文物局相关处室领导，省内部分历史文化保护管理、规划等方面的专家参加了评审会。

会上，省城乡规划设计研究院相关人员演示并介绍了《香格里拉历史文化名城保护规划》编制方案。国家和省级领导、专家对《规划》从不同角度和层面进行了认真评审和讨论。听取汇报后，专家组认为，由云南省规划院编制的《香格里拉历史文化名城保护规划》评审稿切合实际、思路清晰、重点突出，规划的指导思想、保护原则和目标明确，规划内容达到了相关规划编制规范的要求，保护规划框架和划定的保护范围基本合理，原则同意规划通过评审。同时要求编制单位根据评审会提出的修改意见，抓紧做好文本修编工作，并按程序上报审批。

州人民政府、州建设局、州规划局、州文化局，香格里拉县政府、县建设局、县规划局、县文化局及相关乡镇负责人参加了评审会。

**【全国高铁特殊桥梁技术研讨会在迪庆州召开】**

2010年9月25日下午，2010年度全国高速铁路特殊结构桥梁设计技术研讨会在天界神川大酒店召开。会议围绕加快推进丽香铁路项目建设相关事宜进行了讨论。州委副书记、州长黄政红出席会议并讲话。

黄政红指出，丽香铁路的规划建设，不仅关系到迪庆的发展，也关系到整个康巴地区1 500多万人民群众的福祉和长治久安，是国家具有重要战略意义的铁路规划建设项目。

黄政红希望，各位专家从技术层面等对我州铁路建设给予大力支持和帮助，推进丽香铁路建设，早日实现丽香铁路建成通车，让迪庆人民与全国人民一道共享经济社会发展成果。同时，他要求州级相关部门要立足本职工作，积极支持、配合铁路建设各项工作，为丽香铁路建设创造良好的条件和环境。

州政府副巡视员肖建明主持会议，铁道部鉴定中心副总工程师乔健、全国铁路建设有关专家和我州相关部门负责人参加座谈会。

丽香铁路南起大丽铁路丽江站，向北跨越金沙江，经小中甸至香格里拉，正线长140.27公里，工程总投资约92亿元，建设工期为6年。

**【迪庆州政府2010年下发的重要文件】**

1月4日，迪庆州人民政府《关于德钦县公安局请求购置公务用车的请示》。

1月5日，迪庆州人民政府印发《森林防火戒严令》。

1月8日，迪庆州人民政府《关于请求购置州检察院公务用车的请示》。

1月11日，迪庆州人民政府印发《关于贯彻〈云南省人民政府贯彻国务院关于发挥科技支撑作用促进经济平稳较快发展意见的〉实施意见》。

1月12日，迪庆州人民政府《关于请求省发改委解决迪庆香格里拉人民医院医疗购置费的请示》。

1月18日，迪庆州人民政府《关于请求解决中德财政合作项目2010年省级配套资金的请示》。

1月22日，迪庆州人民政府《关于成立松赞林寺和东竹林寺消防大队的请示》。

1月25日，迪庆州人民政府《关于请求维西县政府办公室购置公务用车的请示》。

1月27日，迪庆州人民政府印发《关于兑现2009年度安全生产目标责任奖惩的决定》。

1月27日，迪庆州人民政府《关于请求解决香格里拉人民医院医疗设备购置经费的请示》。

1月27日，迪庆州人民政府《关于请求给予解决抗旱救灾资金的请示》。

1月27日，迪庆州人民政府印发《关于“两基”迎“国检”的自查报告》。

1月27日，迪庆州人民政府印发《关于2009年度“两基”巩固提高自查报告》。

2月1日，迪庆州人民政府《关于请求解决香德二级公路建设资本金融资相关问题的请示》。

2月1日，迪庆州人民政府印发《关于对迪庆州土地利用总体规划大纲（2016——2020年）审核意见》。

2月1日，迪庆州人民政府印发《关于对迪庆州土地利用总体规划修编（2016——2020年）前期专题研究审核意见》。

2月4日，迪庆州人民政府《关于请求对报批〈云南省哈巴雪山省级自然保护区总体规划〉的请示》。

2月5日，迪庆州人民政府印发《关于2009年突发公共事件应对工作总结评估报告》。

2月12日，迪庆州人民政府印发《关于抗旱救灾相关情况的报告》。

2月12日，迪庆州人民政府印发《关于2009年度迪庆州重点流域水污染防治专项规划实施情况考核自查报告》。

2月12日，迪庆州人民政府印发《关于边远民族地区特困群体有关情况的报告》。

2月12日，迪庆州人民政府《关于请求解决民族工作维稳工作经费的请示》。

2月12日，迪庆州人民政府《关于请求解决林改经费的请示》。

3月16日，迪庆州人民政府《关于请求迪庆州藏学研究院购置公务用车的请示》。

3月16日，迪庆州人民政府《关于请求继续给予安排农民健康工程试点工作补助经费的请示》。

3月16日，迪庆州人民政府印发《迪庆州人民政府2009年节能工作自查报告》。

3月23日，迪庆州人民政府《关于迪庆州审计局请求购置公务用车的请示》。

3月23日，迪庆州人民政府《关于上报蓝月山谷景区项目涉及土地利用规划局部修改方案及对土地利用总体规划的请示》。

3月24日，迪庆州人民政府印发《关于成立迪庆州维护效能政府四项制度领导小组的通知》。

3月29日，迪庆州人民政府印发《关于兑现2009年财税目标责任奖的决定》。

3月29日，迪庆州人民政府印发《关于运作迪庆州医院购置医疗设备项目的议案》。

3月29日，迪庆州人民政府印发《关于贯彻实施效能政府四项制度情况的报告》。

3月29日，迪庆州人民政府印发《关于在全州行政机关推行效能政府四项制度的实施意见》。

3月29日，迪庆州人民政府印发《关于成立迪庆州新校区工程建设项目贷款协调领导小组的通知》。

4月7日，迪庆州人民政府印发《关于表彰获得云南省名牌产品著名商标企业的决定》。

4月7日，迪庆州人民政府印发《关于2009年度耕地保护责任目标自查情况的报告》。

4月7日，迪庆州人民政府印发《关于将郭军华等10人列为第三批州级非物质文化遗产保护名录项目代表性传承人的通知》。

4月13日，迪庆州人民政府印发《关于表彰2009年度行政执法责任制评议考核先进单位的决定》。

4月13日，迪庆州人民政府印发《关于表彰2009年度消防工作先进单位和先进个人的决定》。

4月13日，迪庆州人民政府《关于上报白马雪山国家级自然保护区调查请示》。

4月13日，迪庆州人民政府《关于举办第六届滇藏川青毗邻地区文化艺术节的请示》。

4月15日，迪庆州人民政府《关于保留驻京办的请示》。

4月16日，迪庆州人民政府《关于请求批准2010年州本级地方财政一般预算安排意见的请示》。

4月19日，迪庆州人民政府《关于请求批准茨中村等六个村为省级历史文化名村的请示》。

4月19日，迪庆州人民政府《关于请求解决美丽家园香格里拉影展赴北京展出经费的请示》。

4月20日，迪庆州人民政府《关于请求解决迪庆州高原病预防中心地热经费的请示》。

4月22日，迪庆州人民政府《关于审查〈迪庆州矿产资源开发整合实施〉的请示》。

4月29日，迪庆州人民政府印发《关于上报迪庆州2009年度政府信息公开工作的报告》。

5月6日，迪庆州人民政府《关于请求专题研究解决德钦县地质灾害相关问题的请示》。

5月6日，迪庆州人民政府《关于申办云南省第十届少数民族传统体育运动会的请示》。

5月6日，迪庆州人民政府《关于拟派黄政红同志赴巴西参加第三十四届世界自然遗产大会的请示》。

5月6日，迪庆州人民政府《关于请求批准黄政红同志赴巴西参加第三十四届世界自然遗产大会的请示》。

5月17日，迪庆州人民政府印发《关于认真办理州人大十届六次会议代表建议和州政协十届五次会议题案的通知》。

5月17日，迪庆州人民政府关于印发《迪庆州人民政府人大代表议案和政协委员题案工作暂行办法》。

5月24日，迪庆州人民政府《关于请求购置州司法局公务用车的请示》。

5月25日，迪庆州人民政府《关于请求解决迪庆州中级人民法院审判法庭技术用房建设缺口资金的请示》。

5月25日，迪庆州人民政府印发《关于进一步加强和改进统计调查工作的意见》。

5月25日，迪庆州人民政府印发《关于上报迪庆州开展2010年上半年节能减排专项督察的情况报告》。

5月25日，迪庆州人民政府《关于请求批准迪庆州土地收购储备委员会成员建议名单》。

5月25日，迪庆州人民政府《关于请求帮助解决迪庆州检察院办公办案装备经费的请示》。

5月25日，迪庆州人民政府印发《关于印发2010年全州重点建设项目和重点前期工作目标任务分解方案的通知》。

5月25日，迪庆州人民政府印发《关于印发迪庆州新型农村社会养老保险试点实施细则（试行）的通知》。

5月25日，迪庆州人民政府《关于请求给予解决香格里拉县城市视频监控系统建设资金的请示》。

5月25日，迪庆州人民政府《关于请求解决福利院建设资金的请示》。

5月25日，迪庆州人民政府《关于请求解决公安消防支队特情中队营房建设及装备购置资金的请示》。

6月9日，迪庆州人民政府印发《关于车辆划拨使用的通知》。

6月9日，迪庆州人民政府《关于请求解决迪庆民族文化抢救保护项目经费的请示》。

6月9日，迪庆州人民政府《关于请求解决文化信息资源共享工程迪庆州分中心建设经费的请示》。

6月9日，迪庆州人民政府印发《关于调整部分州政府领导分工的通知》。

6月9日，迪庆州人民政府《关于给予解决矿产资源开发项目勘查资金的请示》。

6月9日，迪庆州人民政府《关于请求批准香格里拉县091广播发射台建设项目涉及建塘、三坝乡规划局部修改方案及对土地利用规划的请示》。

6月17日，迪庆州人民政府《关于要求解决巴拉更宗公路改造资金的请示》。

6月17日，迪庆州人民政府印发《关于对全州2009年度经验推广暨“县乡平安出行”创建活动先进单位进行表彰的决定》。

6月20日，迪庆州人民政府《关于要求解决燕门乡通组公路建设项目缺口资金的请示》。

6月20日，迪庆州人民政府印发《关于成立小中甸水利枢纽工程开发投资有限责任公司的通知》。

6月20日，迪庆州人民政府印发《关于林政执法检查意见整改情况的报告》。

6月20日，迪庆州人民政府《关于请求变更香格里拉邮票发行日期的请示》。

6月25日，迪庆州人民政府《关于请求解决云南藏区特困农户电视机购买经费的请示》。

6月25日，迪庆州人民政府《黄政红州长赴法国、瑞士斡旋三江并流事宜》。

6月25日，迪庆州人民政府《关于要求对迪庆州翁上地区板石矿资源立项勘查的请示》。

6月25日，迪庆州人民政府《关于转报德钦县人民政府要求解决县城应急避险场所建设资金文件的请示》。

7月2日，迪庆州人民政府《关于请求解决迪庆香格里拉工业园区舞凤山松茸加工片区标准厂房建设项目补助资金的请示》。

7月2日，迪庆州人民政府印发《森林目标责任状自检自查报告》。

7月2日，迪庆州人民政府印发《迪庆藏族自治州农民工权益保障暂行办法》的通知。

7月6日，迪庆州人民政府《关于给予安排州直学校新校区建设贷款贴息资金的请示》。

7月7日，迪庆州人民政府《关于要求全额返还矿产资源有偿费和探矿权采矿权价款给予安排矿山生态治理专项资金的请示》。

7月7日，迪庆州人民政府《关于请求将公益性项目国债转贷资金全部改为拨款的请示》。

7月7日，迪庆州人民政府《关于请求化解政策性粮食财务挂账的请示》。

7月7日，迪庆州人民政府《关于请求落实扩大内需项目配套资金的请示》。

7月7日，迪庆州人民政府《关于请求省级财源有偿资金借款给予豁免的请示》。

7月7日，迪庆州人民政府印发《关于进一步加强和规范基层残疾人组织建设的工作意见》。

7月7日，迪庆州人民政府印发《关于印发康巴艺术节暨州庆献礼工程任务分解方案的通知》。

7月7日，迪庆州人民政府《关于香格里拉县城市总体规划修编的请示》。

7月7日，迪庆州人民政府《关于请求批准成立迪庆州水文水资局的请示》。

7月7日，迪庆州人民政府印发《转发云南省人民政府转发国务院关于开展全国第一次水利普查文件的通知》。

7月14日，迪庆州人民政府《关于行政绩效管理制度和两个20项重点工作情况的报告》。

7月14日，迪庆州人民政府印发《关于成立迪庆藏族自治州应急救援支队的通知》。

7月14日，迪庆州人民政府印发《关于印发建立社会单位应急救援联动工作机制方案的通知》。

7月14日，迪庆州人民政府《关于成立迪庆州城乡规划管理委员会的请示》。

7月15日，迪庆州人民政府印发《关于成立香格里拉旅游移动电子商务推广应用工作领导小组的通知》。

7月15日，迪庆州人民政府《关于请求解决藏区反恐维稳工作经费的请示》。

7月15日，迪庆州人民政府《关于请求解决2010年第六届康巴艺术节暨迪庆州民族团结节活动经费的请示》。

7月15日，迪庆州人民政府《关于迪庆州纪检监察综合办公楼缺口资金的请示》。

7月15日，迪庆州人民政府《关于请求转报丹达河水电站工程建设用地请示》。

8月3日，迪庆州人民政府《关于请求将德钦、维西两县列入省级农业综合开发县的请示》。

8月3日，迪庆州人民政府《关于当前洪涝灾情及防汛抗洪工作情况的报告》。

8月3日，迪庆州人民政府《邮票首发式请省政府领导参加发布会的请示》。

8月3日，迪庆州人民政府《关于请求安排我州游牧民定居工程省级财政配套资金的请示》。

8月3日，迪庆州人民政府印发《关于禁止任何单位和个人直接向农村集体和土地承包户购买土地的通知》。

8月24日，迪庆州人民政府《关于要求解决第六届康巴艺术节暨迪庆州民族团结节活动经费的请示》。

8月24日，迪庆州人民政府《关于要求调整维西傈僳族自治县艰苦边远类区的请示》。

8月24日，迪庆州人民政府《关于要求审批佛学院土地利用总体规划局部修改方案的请示》。

9月3日，迪庆州人民政府《关于请求给予审定迪庆州民族团结节进步模范名单的请示》。

9月6日，迪庆州人民政府《关于上报政府融资平台公司名单的报告》。

9月6日，迪庆州人民政府印发《关于表彰民族团结进步模范的决定》。

9月9日，迪庆州人民政府印发《关于加强外来投资促进工作的若干意见》。

9月10日，迪庆州人民政府《关于表彰迪庆州先进学校杰出校长优秀教师的请示》。

9月10日，迪庆州人民政府《关于解决迪庆香格里拉机场扩建工程土地征用相关费用的请示》。

9月10日，迪庆州人民政府《关于上报白马雪山保护区功能区划调整整改情况的请示》。

9月10日，迪庆州人民政府印发《关于普及九年义务教育扫除青壮年文盲自查报告》。

9月10日，迪庆州人民政府《关于请求给予解决巴拉更宗景区公路加宽及扩建停车场部分资金的请示》。

9月10日，迪庆州人民政府《关于请求审定草原植被恢复费收费标准的请示》。

9月10日，迪庆州人民政府印发《关于成立迪庆州滇中引水前期工作领导小组的通知》。

9月25日，迪庆州人民政府《关于请求审查迪庆州土地利用总体规划（2006——2020年）的请示》。

9月26日，迪庆州人民政府《关于请求迪庆州人大常委会购买公务用车的请示》。

9月26日，迪庆州人民政府《关于请求解决今冬明春受灾群众生活补助的请示》。

9月30日，迪庆州人民政府《关于申报迪庆民族文化生态保护区的函》。

9月30日，迪庆州人民政府印发《关于香格里拉县格咱乡“9.30”非道路较大交通事故报告》。

10月9日，迪庆州人民政府《关于香格里拉机场扩建用地审批的请示》。

10月11日，迪庆州人民政府《关于要求批准刘家训同志赴港学习的请示》。

10月11日，迪庆州人民政府印发《关于以委托代建模式运作迪庆州藏医药迁建项目的议案》。

10月11日，迪庆州人民政府印发《关于贯彻落实全国教育工作会议精神的报告》。

10月13日，迪庆州人民政府《关于申报迪庆文化生态保护区为国家级文化生态保护区的紧急通知》。

10月13日，迪庆州人民政府《关于中央扩大内需存在问题整改情况的报告》。

10月14日，迪庆州人民政府《关于要求批准云南民族大学香格里拉职业技术学院建设规模的请示》。

10月14日，迪庆州人民政府《关于请求迪庆州委组织部购买公务用车的请示》。

10月22日，迪庆州人民政府《关于请求香格里拉县人大常委会购买公务用车的请示》。

10月23日，迪庆州人民政府《关于请求解决第六届康巴艺术节暨迪庆州民族团结节缺口资金的请示》。

10月25日，迪庆州人民政府印发《关于2010年上半年固定资产投资情况自查报告》。

10月27日，迪庆州人民政府《关于请求解决人口计生系统信息化建设经费的请示》。

10月29日，迪庆州人民政府《关于请求解决迪庆州检察院办案业务经费的请示》。

11月2日，迪庆州人民政府《关于要求解决机场建设项目前期工作经费的请示》。

11月3日，迪庆州人民政府《关于请求帮助解决迪庆州中级人民法院办案经费补助请示》。

11月4日，迪庆州人民政府《关于请求批准李学林同志赴港学习的请示》。

11月4日，迪庆州人民政府印发《关于建立行政处罚自由裁量权基准制度和州（市）政府所在地城市管理实行综合行政执法工作情况自查报告》。

11月8日，迪庆州人民政府《关于请求给予德钦县交通局购买公务用车的请示》。

11月9日，迪庆州人民政府《关于请求给予州发改委购买公务用车的请示》。

11月9日，迪庆州人民政府印发《关于对香格里拉县纳赤河（建塘镇段）治理工程项目进行调整的意见》。

11月9日，迪庆州人民政府《关于请求提高企业退休职工养老保险待遇的请示》。

11月9日，迪庆州人民政府《关于请求建设迪庆州技工学校的请示》。

11月9日，迪庆州人民政府《关于请求建设迪庆州社会保障服务中心的请示》。

11月18日，迪庆州人民政府关于对《陈建国同志任迪庆州政府州长期间经济责任履行情况审计报告征求意见书》反馈意见。

11月27日，迪庆州人民政府《关于请求德钦县林业局购买丰田2700陆地巡洋舰公务用车的请示》。

11月27日，迪庆州人民政府印发《关于固定资产投资工作情况的自查报告》。

11月27日，迪庆州人民政府印发《关于成立迪庆州丽香高速公路建设项目前期工作协调领导小组的通知》。

11月27日，迪庆州人民政府《关于请求审批香格里拉县城市管理相对集中行政处罚权工作方案的请示》。

11月27日，迪庆州人民政府印发《关于表彰2006——210年度全州森林防火工作先进单位和先进个人的决定》。

11月27日，迪庆州人民政府印发《关于出让民族体育中心相关规定的补充通知》。

11月27日，迪庆州人民政府印发《关于维西县土地利用总体规划（2006——2020年）的审查意见》。

11月27日，迪庆州人民政府《关于请求审批迪庆州德钦县土地利用总体规划的请示》。

11月27日，迪庆州人民政府《关于德钦县土地利用总体规划（2006——2020年）的审查意见》。

11月27日，迪庆州人民政府《关于德钦县升平镇土地利用总体规划（2006——2020年）的审查意见》。

11月27日，迪庆州人民政府《关于香格里拉县建塘镇土地利用总体规划（2006——2020年）的审查意见》。

11月27日，迪庆州人民政府印发《关于加快中低产林改造的意见》。

11月27日，迪庆州人民政府《关于请求审批迪庆州维西县保和镇土地利用总体规划的请示》。

11月27日，迪庆州人民政府印发《关于进一步规范道路货物运输市场的实施意见》。

11月27日，迪庆州人民政府《关于要求对华管理股份有限公司实行企业所得税税优惠政策的请示》。

11月27日，迪庆州人民政府印发《关于2010年全省重点督察的20个重大建设项目和2010年20个重要工作完成情况报告》。

12月16日，迪庆州人民政府《关于落实草原生态补助

奖励工作的指导意见》。

12月16日，迪庆州人民政府《关于实施标准化发展战略的意见》。

12月16日，迪庆州人民政府印发《关于表彰全州建设规划系统先进集体和先进个人的决定》。

12月22日，迪庆州人民政府《关于请求同意德钦县财政局购置公务用车的请示》。

12月23日，迪庆州人民政府《关于请求同意迪庆州环保局购置汉兰达环境应急指挥车的请示》。

12月28日，迪庆州人民政府《关于要求梨园水电站实现跨境税收可以按比例分成的请示》。

12月29日，迪庆州人民政府《关于请求给予解决溜索改桥资金的请示》。

12月31日，迪庆州人民政府印发《关于进一步明确州政府领导及州县各行业主管部门安全生产职责的通知》。

12月31日，迪庆州人民政府印发贯彻落实《云南省人民政府贯彻落实国家发展改革委等部门关于促进自主创新成果产业化若干政策的通知的实施意见》。

**【迪庆州政府办公室2010年下发的重要文件】**

3月10日，迪庆州人民政府办公室《关于2009年人口与计划生育工作责任目标管理考核结果的通知》。

3月16日，迪庆州人民政府办公室《关于成立迪庆州农村小型水利工程管理体制改革工作领导小组的通知》。

3月29日，迪庆州人民政府办公室转发《云

南省规范境外非医疗组织活动暂行规定的通知》。

3月29日，迪庆州人民政府办公室转发《云南省加快非公有制经济发展有关政策实施办法的通知》。

3月30日，迪庆州人民政府办公室《关于印发实施效能政府四项制度工作方案的通知》。

3月30日，迪庆州人民政府办公室《关于2009年度耕地保护责任目标自查情况》。

4月1日，迪庆州人民政府办公室《关于下达2010年商务工作目标任务的通知》。

4月2日，迪庆州人民政府办公室《关于表彰2009年度七彩云南香格里拉保护行动责任制的决定》。

4月7日，迪庆州人民政府办公室《关于2010年工业经济责任目标等任务分解的通知》。

4月8日，迪庆州人民政府办公室《关于开展全州安全生产大检查的通知》。

4月11日，迪庆州人民政府办公室《关于印发迪庆州政务信息查询96128专线管理办法实施细则（试行）的通知》。

4月12日，迪庆州人民政府办公室《关于印发迪庆州2010年非煤露天矿山安全生产专项整治方案的通知》。

4月12日，迪庆州人民政府办公室《关于继续深入开展安全生产年活动的通知》。

4月13日，迪庆州人民政府办公室《关于2009年度行政执法评议考核情况的通报》。

4月13日，迪庆州人民政府办公室《关于州防火安全委员会更名为州消防安全委员会并调整充实人员的通知》。

4月13日，迪庆州人民政府办公室《关于印发“两基”迎“国检”国家教育督导团检查验收工作实施方案的通知》。

4月13日，迪庆州人民政府办公室《关于表彰2009年度防火工作先进集体的通知》。

4月13日，迪庆州人民政府办公室《关于表彰2009年度卫生工作先进集体的通知》。

4月13日，迪庆州人民政府办公室《关于表彰2009年度甲流防控工作先进集体和个人的通知》。

4月23日，迪庆州人民政府办公室《关于2010年推进全省旅游产业改革发展年度工作计划的通知》。

4月23日，迪庆州人民政府办公室《关于迪庆州组团参加2010年昆交会工作的通知》。

4月27日，迪庆州人民政府办公室《关于印发迪庆州先进学校、杰出校长、优秀教师表彰奖励办法的通知》。

4月27日，迪庆州人民政府办公室《关于下达2010年度供销合作社综合考核指标的通知》。

4月29日，迪庆州人民政府办公室关于转发《公共机构能源消耗统计的通知》。

5月4日，迪庆州人民政府办公室《关于进一步加强政府信息公开工作的通知》。

5月5日，迪庆州人民政府办公室《关于建设县级非涉密电子公文交换及办公自动化系统有关事宜的通知》。

5月5日，迪庆州人民政府办公室《关于加强学校安全及校园周边治安综合整治工作实施意见》。

5月11日，迪庆州人民政府办公室关于转发《云南省公共机构2010年财政补贴高效照明实施指导的通知》。

5月12日，迪庆州人民政府办公室《关于调整充实迪庆州全民科学素质领导小组的通知》。

5月12日，迪庆州人民政府办公室《关于做好香格里拉文化发展有限公司和迪庆州文博中心移交工作的通知》。

5月12日，迪庆州人民政府办公室《关于对全州安全生产重点部署工作落实情况立项督查的通知》。

5月13日，迪庆州人民政府办公室关于转发《关于印发做好抗旱救灾春耕备耕生产金融扶持工作的通知》。

5月13日，迪庆州人民政府办公室《关于成立土地执法领导小组的通知》。

5月14日，迪庆州人民政府办公室《关于调整充实普达措国家公园领导小组的通知》。

5月14日，迪庆州人民政府办公室《关于做好214线香松二级公路专项治理的通知》。

5月17日，迪庆州人民政府办公室《关于召开2010年两会提案议案交办会的通知》。

5月17日，迪庆州人民政府办公室关于印发《迪庆州州级储备食用植物油管理办法的通知》。

5月17日，迪庆州人民政府办公室《关于组建迪庆州土地收购储备公司的批复》。

5月18日，迪庆州人民政府办公室《关于做好拆迁沥青混泥土拌合站工作的通知》。

5月18日，迪庆州人民政府办公室《关于抽调陈仲德等五同志的通知》。

5月19日，迪庆州人民政府办公室《关于成立迪庆州农家书屋建设工程领导的通知》。

5月19日，迪庆州人民政府办公室《关于进一步加强全州学校幼儿园安全保卫工作的通知》。

5月20日，迪庆州人民政府办公室《关于成立地质灾害防治工作领导小组的通知》。

5月20日，迪庆州人民政府办公室《关于印发2010年迪庆州地质灾害防震减灾方案的通知》。

5月20日，迪庆州人民政府办公室《转发关于严格征地拆迁管理切实维护群众合法权益文件的紧急通知》。

5月21日，迪庆州人民政府办公室《关于印发迪庆州构筑社会消防安全云岭防火墙工程实施方案的通知》。

5月21日，迪庆州人民政府办公室《关于成立抗震救灾资金物资监管领导小组的通知》。

5月25日，迪庆州人民政府办公室《关于启用迪庆州土地收购储备有限公司和财务专用章的通知》。

5月25日，迪庆州人民政府办公室《关于成立迪庆州土地收购储备有限公司董事会的通知》。

6月2日，迪庆州人民政府办公室《关于印发州政府应邀参加“金色热线”实施方案的通知》。

6月3日，迪庆州人民政府办公室关于印发《北京——重庆——香格里拉航线开通及旅游宣传促销推介活动方案的》的通知。

6月7日，迪庆州人民政府办公室《关于成立富滇银行迪庆分支机构筹建领导小组的通知》。

6月7日，迪庆州人民政府办公室《关于启用迪庆州城乡规划管理局印章的通知》。

6月7日，迪庆州人民政府办公室《关于加快推进迪庆州社会信用体系建设的通知》。

6月7日，迪庆州人民政府办公室《关于印发2010年经验推广构筑要点的通知》。

6月7日，迪庆州人民政府办公室关于印发《迪庆州农村道路交通安全责任制规定》的通知。

6月12日，迪庆州人民政府办公室《关于成立中国银行迪庆分行机构筹建协调领导小组的通知》。

6月12日，迪庆州人民政府办公室《关于组织收听金色热线节目的通知》。

6月13日，迪庆州人民政府办公室《关于对香德二级公路封闭施工期间车辆绕行安全隐患进行专项整改的通知》。

6月13日，迪庆州人民政府办公室《实施法制、责任、效能四项制度自查报告》。

6月22日，迪庆州人民政府办公室《关于进一步加强能源消耗统计确保实现公共机构的通知》。

6月23日，迪庆州人民政府办公室《关于开展旅游市场综合整治第二阶段工作的通知》。

6月23日，迪庆州人民政府办公室《关于在全州范围内开展农村移动信息富民工程的通知》。

6月23日，迪庆州人民政府办公室《关于做好州幼儿园改扩建项目建设相关工作的通知》。

6月23日，迪庆州人民政府办公室《关于调整州政府副秘书长办公室领导工作分工的通知》。

6月23日，迪庆州人民政府办公室《关于2010年环保专项行动实施方案的通知》。

7月1日，迪庆州人民政府办公室《关于表彰上海第九批支教教师的决定》。

7月2日，迪庆州人民政府办公室《关于组织开展全州上半年节能减排工作专项督察的通知》。

7月2日，迪庆州人民政府办公室《关于迪庆州人民防空办公室机构升格的请示》。

7月2日，迪庆州人民政府办公室《关于2010年全省重点督察的20个重大建设项目和20项重要工作上半年完成情况的报告》。

7月7日，迪庆州人民政府办公室《关于加快推进“十二．五”规划各项工作的通知》。

7月7日，迪庆州人民政府办公室《关于成立仁安路东段改扩建项目领导小组的通知》。

7月7日，迪庆州人民政府办公室《关于进一步加快推进农村广播影视公共服务体系建设的通知》。

7月9日，迪庆州人民政府办公室《关于开展全州农村电网调查工作的通知》。

7月9日，迪庆州人民政府办公室《关于印发

2010年州人民政府反腐倡廉建设重点工作及责任分解的通知》。

7月9日，迪庆州人民政府办公室《关于调整充实迪庆州事业单位实施绩效工资工作领导小组的通知》。

7月9日，迪庆州人民政府办公室《关于迪庆州旅游业发展情况的通报告》。

7月9日，迪庆州人民政府办公室《关于对州监察局等部门无故缺席会议的通报》。

7月15日，迪庆州人民政府办公室《关于加强非法超限超载车辆治理工作的实施意见》。

7月15日，迪庆州人民政府办公室《关于开展“两基”迎国检教育督察工作的通知》。

7月16日，迪庆州人民政府办公室《关于州农业银行涉及香格里拉县城市环境综合治理项目房屋扯迁的通知》。

7月16日，迪庆州人民政府办公室关于印发《迪庆州企业重大国有资产处置审批指导推进工作方案的通知》。

7月16日，迪庆州人民政府办公室《关于全力完成第六届康巴艺术节暨迪庆州民族团结节活动融资任务的通知》。

7月16日，迪庆州人民政府办公室关于转发《云南省人民政府办公厅关于加强新时期人民调解工作的通知》。

7月19日，迪庆州人民政府办公室《关于报送2010年上半年迪庆州安全生产工作总结的通知》。

7月19日，迪庆州人民政府办公室《关于启动和运用香格里拉旅游文化综合信息平台的通知》。

7月19日，迪庆州人民政府办公室《关于成立迪庆州中低产林改造工作领导小组的通知》。

7月20日，迪庆州人民政府办公室《关于成立电网建设前期工作领导小组的通知》。

7月21日，迪庆州人民政府办公室《关于成立“7.17”交通事故善后处理协调领导小组的通知》。

7月21日，迪庆州人民政府办公室《关于实施地区生产总值统一核算工作的通知》。

7月22日，迪庆州人民政府办公室关于《印发迪庆州广播电视安全播出突发事件应急协调预案》。

7月22日，迪庆州人民政府办公室《关于对原迪庆州民族用品厂大楼资产拆迁补偿的通知》。

7月23日，迪庆州人民政府办公室《关于举办迪庆州第六届民族民间文艺汇演的通知》。

7月26日，迪庆州人民政府办公室关于转发《云南省人民政府关于转发国务院关于进一步加大工作力度实现“十一五”节能减排目标文件的通知》。

7月26日，迪庆州人民政府办公室《关于印发迪庆州2010年节能减排目标和确保实现实现“十一五”节能减排目标实施方案的通知》。

7月28日，迪庆州人民政府办公室《关于做好节能减排专项督察有关工作的通知》。

7月29日，迪庆州人民政府办公室《关于成立问题乳粉清查联合工作组的通知》。

8月4日，迪庆州人民政府办公室《迪庆州教育督察办法》。

8月4日，迪庆州人民政府办公室《迪庆州学校突发事件应急预案》。

8月4日，迪庆州人民政府办公室《迪庆州学生基本医疗保险实施办法》。

8月4日，迪庆州人民政府办公室《迪庆州学校安全管理办法》。

8月4日，迪庆州人民政府办公室《对全州重点建设项目安全生产专项检查工作情况督察的通知》。

8月5日，迪庆州人民政府办公室《关于成立普达措国家公园创建5A级旅游景区协调领导小组的通知》。

8月6日，迪庆州人民政府办公室关于印发《迪庆州强农惠农资金清理和检查工作的实施方案的通知》。

8月6日，迪庆州人民政府办公室《关于成立迪庆州矿产资源开发整合领导小组的通知》。

8月6日，迪庆州人民政府办公室《关于切实做好汛期在建项目地质灾害防治工作的通知》。

8月6日，迪庆州人民政府办公室《关于调整充实全州深化医改工作领导小组的通知》。

8月6日，迪庆州人民政府办公室关于印发《迪庆州建设工程验收办法的通知》。

8月17日，迪庆州人民政府办公室关于转发

《云南省人民政府转发国务院关于景区地方政府融资平台公司管理文件的通知》。

8月17日，迪庆州人民政府办公室转发《关于云南省档案行政处罚自由裁量权基准制度的通知》。

8月19日，迪庆州人民政府办公室《关于进一步做好全州旅游市场综合整治工作的方案》。

8月23日，迪庆州人民政府办公室关于印发《迪庆州捐资助学办法》的通知。

8月25日，迪庆州人民政府办公室《关于大力营造民族团结（节）进步月活动氛围的通知》。

8月25日，迪庆州人民政府办公室《关于成立开展城市管理相对集中行政处罚权和实施综合行政执法工作领导小组的通知》。

8月25日，迪庆州人民政府办公室《关于进一步推进相对集中行政处罚权和实施综合行政执法工作的通知》。

8月25日，迪庆州人民政府办公室《关于做好规范性文件清理工作的通知》。

8月26日，迪庆州人民政府办公室《关于分配2010年公共节能补贴财政补贴高效照明产品推广任务的通知》。

8月26日，迪庆州人民政府办公室《关于迪庆州中低产林改造专项督察自查情况报告》。

8月27日，迪庆州人民政府办公室《关于建立迪庆州标准化工作联席会议制度的通知》。

8月27日，迪庆州人民政府办公室《关于集中开展严厉打击非法违法生产经营建设行为专项行动的通知》。

8月30日，迪庆州人民政府办公室关于印发《迪庆州2010年减轻企业负担专项治理工作方案的通知》。

8月30日，迪庆州人民政府办公室《关于认真贯彻落实全国依法行政工作会精神情况的通知》。

8月30日，迪庆州人民政府办公室《关于要求尽快编制上报2010年游牧民安居工程项目实施方案的通知》。

9月21日，迪庆州人民政府办公室关于做好《三江并流国家级风景名胜区梅里雪山景区详细规划》相关工作的通知。

9月25日，迪庆州人民政府办公室《关于转发迪庆州确保完成“十一五”节能目标调控实施方案的通知》。

9月26日，迪庆州人民政府办公室《关于要求做好旅游项目前期工作有关问题的通知》。

9月26日，迪庆州人民政府办公室关于转发云南省人民政府第160号令《云南省地方志工作规定》。的通知

9月28日，迪庆州人民政府办公室关于印发《迪庆州2010年社会主义新农村示范点建设实施方案》的通知。

10月11日，迪庆州人民政府办公室《关于2010年全省重点督察的20个重大建设项目和20个重要工作前三季度完成情况的报告》。

10月11日，迪庆州人民政府办公室《关于协调运动员参加第九届民运会的通知》。

10月11日，迪庆州人民政府办公室《关于报送“十一五”期间拟纳入国家和省重大建设项目计划及2011年拟争取国家和省资金支持项目的通知》。

10月22日，迪庆州人民政府办公室关于印发《迪庆州医疗卫生体制重点改革2010年目标》的通知。

10月29日，迪庆州人民政府办公室《关于印发政办开展提高选人用人公信度示范单位创建活动实施方案的请示》。

10月29日，迪庆州人民政府办公室《关于转发云南省人民政府办公室关于进一步做好当前第六次全国人口普查工作的通知》。

11月2日，迪庆州人民政府办公室关于转发《云南省人民政府关于整合财政资金扶持龙头企业带动农业产业化发展的的意见》。

11月2日，迪庆州人民政府办公室《关于建立迪庆州整合财政资金扶持龙头企业带动农业产业化发展联席会议制度的通知》。

11月3日，迪庆州人民政府办公室《关于印发迪庆州工业和信息化局主要职责内设机构和人员编制规定的通知》。

11月3日，迪庆州人民政府办公室《州民委三定方案》。

11月3日，迪庆州人民政府办公室《州人力资源和社会保障局三定方案》。

11月3日，迪庆州人民政府办公室《关于州

国土资源局三定方案》。

11月3日，迪庆州人民政府办公室《州住房和城乡建设局三定方案》。

11月3日，迪庆州人民政府办公室《州交通运输局三定方案》。

11月3日，迪庆州人民政府办公室《州税务局三定方案》。

11月3日，迪庆州人民政府办公室《州农牧局三定方案》。

11月3日，迪庆州人民政府办公室《州卫生局三定方案》。

11月3日，迪庆州人民政府办公室《州广播电视局三定方案》。

11月3日，迪庆州人民政府办公室《州外事和商务局三定方案》。

11月3日，迪庆州人民政府办公室《州宗教事务局三定方案》。

11月3日，迪庆州人民政府办公室《州政府扶贫办三定方案》。

11月3日，迪庆州人民政府办公室《州药监局三定方案》。

11月3日，迪庆州人民政府办公室《州人民防空办三定方案》。

11月3日，迪庆州人民政府办公室《州森林公安局三定方案》。

11月5日，迪庆州人民政府办公室《关于做好迪庆州旅游产业土地利用专项规划编制工作的通知》。

11月11日，迪庆州人民政府办公室关于印发《迪庆州刑事被害人救助办法（试行）的请示》。

11月11日，迪庆州人民政府办公室《关于印发迪庆州强制戒毒所职能移交实施方案的通知》。

11月11日，迪庆州人民政府办公室关于对《陈建国同志迪庆州人民政府原州长期间（2007—2009）经济责任制审计征求意见》反馈意见。

11月11日，迪庆州人民政府办公室关于对《2009年度地方财政收支决算审计报告》征求意见的反馈意见。

11月11日，迪庆州人民政府办公室关于对《绩效报告征求意见稿》的反馈意见。

11月12日，迪庆州人民政府办公室《关于成立落实草原生态保护补助奖励机制工作领导小组的通知》。

11月22日，迪庆州人民政府办公室《关于认真做好农村抽样调查样本轮换工作的通知》。

11月23日，迪庆州人民政府办公室《关于转发省办公厅关于进一步加强价格调控确保物价稳定和社会供应的通知》。

11月28日，迪庆州人民政府办公室《关于成立“11.28”较大涉险事故处置领导小组的通知》。

11月29日，迪庆州人民政府办公室《关于组建水电站工程建设征地移民安置工作委员会的通知》。

11月30日，迪庆州人民政府办公室《关于印发深入推进构筑社会“防火墙”工程坚决遏制重特大火灾事故的紧急通知》。

11月30日，迪庆州人民政府办公室关于转发《云南省人民政府贯彻落实国务院进一步加强生产工作通知实施意见》的通知。

11月30日，迪庆州人民政府办公室关于印发《迪庆州打击侵犯知识产权和制售伪劣商品专项行动实施方案》的通知。

11月30日，迪庆州人民政府办公室《关于成立“11.28”事故调查领导小组和事故调查工作组的通知》。

11月30日，迪庆州人民政府办公室《关于印发2010——2012年村庄规划编制工作实施计划的通知》。

12月1日，迪庆州人民政府办公室《关于成立打击侵犯知识产权和制售伪劣商品专项行动工作领导小组的通知》。

12月2日，迪庆州人民政府办公室关于转发《云南省人们政府关于教育费附加征收管理使用有关规定的通知》。

12月2日，迪庆州人民政府办公室《关于组建水电站工程建设征地移民安置工作经验验收委员会的通知》。

12月2日，迪庆州人民政府办公室《关于成立迪庆州林地保护利用规划编制领导小组的通知》。

12月2日，迪庆州人民政府办公室《关于开展2010年度行政执法评议考核工作的通知》。

12月2日，迪庆州人民政府办公室《关于要求全州国家机关和事业单位组织职工乘飞机到成都、重庆两地休假观光或考察活动的通知》。

12月2日，迪庆州人民政府办公室《关于离退休干部工作目标管理的自查报告的通知》。

12月2日，迪庆州人民政府办公室《关于调整充实森林防火指挥部成员（单位）的通知》。

12月2日，迪庆州人民政府办公室《关于兑现2009年度森林防火目标管理责任状奖励的通知》。

12月10日，迪庆州人民政府办公室《关于国有资产监管工作进展情况的报告》。

12月14日，迪庆州人民政府办公室《关于切实做好今冬明春安全生产工作的通知》。

12月15日，迪庆州人民政府办公室《关于请求转报香格里拉酒业股份有限公司青稞酒中加山梨酸钾一案的请示》。

12月15日，迪庆州人民政府办公室《关于印发云南省人民政府关于进一步加强重点建设项目稽查工作的通知》。

12月15日，迪庆州人民政府办公室《关于表彰“争创名牌产品先进企业”的决定》。

12月21日，迪庆州人民政府办公室《关于将迪庆州“两烟”打假打私小组更名为迪庆州打击涉烟违法犯罪工作领导小组的通知》。

12月27日，迪庆州人民政府办公室《关于印发迪庆藏族自治州中低产林规划的通知》。

12月30日，迪庆州人民政府办公室《关于进一步加强全州道路运输管理工作的实施意见》。

12月31日，迪庆州人民政府办公室关于印发《迪庆州职业病防治规划（2010——2015）的请示》。

（阿　新）

## 迪庆州外事和商务局

**【外事工作】**　境外非政府组织管理工作。认真贯彻落实《云南省规范境外非政府组织活动暂行规定》，切实推动《规定》在迪庆州的贯彻落实，积极配合省外办在迪庆州成功举办了“加强境外非政府组织在迪活动管理工作培训会”。据不完全统计，2010年在迪开展活动的境外非政府组织有10户，援助金额约为人民币674万元。

境外媒体和记者服务与管理工作。按照省外办和州委、州政府的指示，通过与外宣等部门通力合作，认真做好了波罗的海联合新闻团等境外媒体赴迪庆州采访的服务与管理工作，为提升香格里拉品牌，宣传“三江并流”世界自然遗产以及迪庆长治久安、和谐发展做了大量的工作。

涉外事件处置工作。州外事和商务局积极配合公安、旅游等部门及时、妥善处理了香港游客朱敏姿坠崖身亡等4起涉外案件。

外事接待工作及因公出国（境）管理工作。本着认真细致、多做工作的态度，圆满完成了泰国诗琳通公主、德国驻成都总领事、日本友人真锅邦夫、越南老街省委常委高德海、瑞士阿罗萨市等国外宾客代表团及中联部、外交部等外事系统来宾的接待任务。派出因公出访团组共2批。

友城工作。2010年6月2日，瑞士阿罗萨市市长克瑞斯丁·邦纳尔先生及市旅游公司总裁克瑞斯丁·蒙耐特先生一行9人访问香格里拉。期间，香格里拉县与阿罗萨市达成结为姊妹城市的意愿，拟共同推进双方旅游业发展。

8月底，澳大利亚堪姆帕斯佩郡依秋卡市学生抵达香格里拉五中进行了为期20天的交流。9月底，堪姆帕斯佩郡新任郡长抵达香格里拉，就香格里拉县与堪姆帕斯佩郡今后的文化、畜牧合作与交流等进行了协商，并看望了五中学生。

9月10日，香格里拉县与美国卡拉巴萨斯市签定了缔结友好城市意向性协议。

**【商务工作】**　市场流通监管工作稳步发展。2010年，全州社会消费品零售总额完成209 872万元，比上年增长23.8%。建成“万村千乡市场工程”农家店90个、配送中心4个；全州共销售家电下乡产品13 571台（件），销售金额2 308.18万元，兑付补助资金287.68万元。年内实施了香格里拉县无公害农产品交易市场、维西攀天阁乡农贸（集贸）市场、德钦燕门乡农贸（集贸）市场等3个农村集贸市场的升级改造工程建设项目。此外，积极与中石化、中石油两大集团衔接，保证了迪庆州香德、德维（塔）、虎跳峡景区公路等重点工程建设用油和社会供油、农资用油的正常供应，为地方的经济建设和社会稳定做出了积极努力。

对外贸易稳步拓展。2010年，全州商务系统从开发产品、拓展市场入手，认真做好企业进出口经营权管理和备案工作，组织中小企业开拓国际市场，不断调整产业结构，增加外贸进出口企业数量和产品种类，截止2010年，迪庆州的出口商品有野生食用菌、酒类、工业级干酪素三大类，共有进出口经营权和备案注册企业27户。2010年，全州完成进出口贸易459万美元。

**【招商引资工作】** 全面超额完成招商引资目标任务。2010年，全州实际引进州外到位资金65.72亿元，比2009年同期增长49.47%，完成州政府年初下达工作目标50亿元的131.44%，全州引进州外到位资金首次突破60亿元大关。其中，实际引进省外到位资金49.07亿元，完成省政府年初下达考核目标27亿元的181.74%。

外资外经工作取得突破性进展。全年新批外商投资项目3个，增资项目2个，合同利用外资1.79亿美元。依托大项目的带动，全州实际利用外资达8 706万美元，完成省政府下达目标任务500万美元的1 741.2%。全州实际利用外资首次跨入“千万美元俱乐部”，名列全省第二。截止2010年底，全州境外投资企业发展到4户，其中3户已取得商务部的境外投资批准证书。

项目储备工作。在全州范围内征集本年度招商引资项目80多个，经过整理，筛选出23个报省级项目库；筛选出52个项目作为迪庆州2010年重点推介项目。印制了《2010年迪庆州招商引资项目册》和《迪庆投资服务指南》共1 500册。

参加各种招商引资节会。积极组织参加了“昆交会”，推介了52个项目，组织了3个项目参加昆交会招商引资项目集中签约仪式，协议引进州外资金近15亿元；参加了温州总商会成立十五周年庆典活动，推介了迪庆州重点招商引资项目，期间迪庆州有1个项目在项目签约仪式上签约；参加迪庆州党政代表团赴上海考察，向上海市旅游、生物资源开发企业推介了迪庆州旅游和生物产业招商项目。

外来投资企业后续服务工作。州外事和商务局及时草拟上报了《迪庆藏族自治州人民政府关于加强外来投资促进工作的若干意见》，州政府于9月批准出台了《迪庆藏族自治州人民政府关于加强外来投资促进工作的若干意见》。《若干意见》的出台，为进一步明确工作目标，完善配套政策，优化投资环境，提升服务效能和做好新时期招商引资工作指明了方向；不断建立健全企业信息档案，进一步完善了企业联络和建档工作。同时，深入到外来投资企业驻迪总部和项目实施点进行调研、考察，及时、准确了解项目进展情况、资金到位情况，力所能及地帮助企业解决项目建设中存在的困难及问题。

**【区域协作工作】** 迪昆合作工作。2010年，昆明方共安排迪昆合作项目50项，昆方投入无偿援助资金1 237.5万元（含计划外），同比增长54%；同时，迪庆州派出2批20名干部到昆明市进行挂职锻炼；昆明市在市委党校、市行政学院为迪庆州开展了1批43名基层公务员的培训；9月12日－16日，昆明市党政代表团在李邑飞副书记的带领下应邀参加了“第六届康巴艺术节暨迪庆州民族团结节”，并赞助了100万元。

“腾讯新乡村行动”情况。通过州县招商部门的积极争取，特别是腾讯挂职干部的辛勤努力，一年来，腾讯已完成尼西中心完小男女生宿舍楼建设，完成了4个“腾讯梦想空间教室”建设，开展了教师品格教育资格培训，组织了迪庆州4个小学100多名师生到上海参观世博会，对迪庆州维西县9名高中贫困生实施了一对一援助，全年累计投入帮扶资金952.9万元。

其它区域协作工作。2010年，北京卷烟厂为上江乡中心完小捐资34万元，上海蓝天经济城发展有限公司援助建塘小学150万元；中央文明办向迪庆州捐赠150台“绿色”电脑；中国医药卫生事业发展基金会捐赠了价值200万元的“健康中国流动医院”专用医疗车；云南力源钢结构有限公司完成了对10名迪庆籍贫困生第四学年的捐助。

**【供销合作指导工作】** 供销企业的改革改制工作。根据“二次创业”文件精神的要求，全面推进体制改革工作，迪庆州供销社系统不断强化供销社的指导、监督、协调和服务职能，继续推进供销企业的改革改制工作。通过改革，全州供销企业经营状况有了大的改进，经济实力有所壮大，经济效益明显好转。

着力推进“乡村流通工程”建设。2010年，迪庆州供销系统改扩建农资配送中心1个，新建分销点2个；新建工业品配送中心1个，发展直营店3个；新建药材批发交易市场1个；新建和改造乡村农产品交易市场2个；新建农产品加工厂1个。

打造农村现代流通服务体系。2010年，全州共发展专业合作社8个，入社农户25户，服务农户396户，帮助农民实现收入48万元；新建、改扩建标准化综合服务社24个，商品销售额262万元，服务农户786户，帮助农民实现收入254万元。

开展教育培训工作。采取走出去，引进来，联合培训的方法，紧紧围绕农村经济发展，农业产业结构调整，农民素质提高和社会主义新农村建设的要求，按照“实际、实用、实效的原则，以企业涉农项目为重点，有针对性地对乡村基层干部，供销社职工及农民的现代农业技能进行培训。2010年全州共开展各类人员培训学习12期852人次。

**【侨务工作情况】** 2010年，侨务工作从州委统战部划转到迪庆州外事和商务局。州外事和商务局不断加强联系、扩大交流，多方调研，了解侨资投资项目情况，推介迪庆州招商引资项目，做好了侨务捐赠及资金监管等工作，确保了侨务捐赠项目顺利实施。据统计，2010年，全州共接受侨胞捐赠263.2万元，主要涉及教育、卫生等公益事业；海外华侨和港澳同胞投资项目共5项，协议总投资22 322.4万美元。

**【第六届康巴艺术节暨迪庆州民族团结节系列活动】** 第六届康巴艺术节暨迪庆州民族团结节商贸活动。2010年9月15日，州外事和商务局牵头承办了第六届康巴艺术节暨迪庆州民族团结节商贸活动，商贸活动主要有特色商品展，招商引资推介会、合作项目签约仪式、商贸洽谈会等内容。特色商品展共组织了昌都地区7家企业，大理州2家企业，丽江市2家企业，迪庆州18家企业共计29家企业参加。招商引资推介会邀请了昌都、甘孜、昆明、大理、楚雄、丽江、迪庆等7个地州市参加。会上，迪庆州共发放招商引资宣传册2 000册，共推介招商引资项目52个。签约仪式上，迪庆州共有13个招商引资项目达成合作协议，协议总投资75.28亿元。其中，香格里拉大酒店、喜来登大酒店两大国际知名品牌酒店在“两节”期间已正式落户迪庆并开工建设。

第六届康巴艺术节暨迪庆州民族团结节网络宣传。通过与腾讯公益慈善基金会的积极协调对接，腾讯投入价值近千万元的网络媒体资源，通过腾讯网、腾讯公益网及腾讯手机网无偿对“两节”活动进行了全方位、大力度的宣传报道，即《活着》栏目10期专题报道，对开幕式的网络直播，对闭幕式的录播等。此次活动系“腾讯新乡村行动”在迪庆开展的文化旅游宣传项目。该活动既充分宣传了迪庆香格里拉，提升了香格里拉的知名度、影响力和美誉度，又充分展示了迪庆藏区跨越发展和长治久安的良好形象。

第六届康巴艺术节暨迪庆州民族团结节56个民族友好使者招募票选活动。为提高“两节”知名度，并通过“两节”平台增进各民族间相互了解，加强各民族友好往来，州外事和商务局积极争取腾讯方筹划组织了56个民族有好使者招募票选活动，在为“两节”带来两千多万人的网友互动效应的同时，通过网络选出的56个民族友好使者在迪庆期间体验了丰富多彩的康巴主题文化活动，游览了美丽神奇的香格里拉风光，参加了开幕式文艺表演，种植了“民族团结林”，取得了为“两节”增光添彩、锦上添花的良好效果。

**【自身建设】** 一是严格执行全年学习计划和每周集中学习制度，认真组织全体干部职工学习邓小平理论、“三个代表”重要思想，学习十七大，十七届四中、五中全会，省委八届八次、九次、十次全会，州委六届八次、九次、十次全会精神以及党中央、国务院、省委、省政府有关文件、法律法规。二是全年先后组织干部职工参加各级各类业务技能培训53人次，并派出3人参加“千名干部进村入户促民族团结”活动。三是结合深入学习实践科学发展观活动，以勤政廉政为目标，继续深入开展党风廉政建设，坚决从源头上预防和治理腐败，进一步推进了领导干部的廉洁自律工作。五是认真落实阳光政府四项制度，将局工作动态通过政务信息公开平台发布，积极实行政务公开，将制度上墙、上网，定期报送重要事项和工作计划，让上级和有关部门及时了解州外事和商务局开展的工作。

**【表彰】** 迪庆州外事和商务局被云南省文明办评为“第十二批省级文明单位”

第六届康巴艺术节暨迪庆州民族团结节商贸组被中共迪庆州委、迪庆州人民政府评为“第六届康巴艺术节暨迪庆州民族团结节先进集体”

迪庆州外事和商务局被中共云南省委、云南人民政府评为“第三批新农村建设工作队及指导员工作先进派出单位”

迪庆州外事和商务局被云南省政府授予服务“三农”突出贡献奖

迪庆州外事和商务局被云南省供销社评为“2010年度综合业绩考核优胜单位”

迪庆州外事和商务局被云南省招商合作局评为“2010年度招商引资工作先进单位”

迪庆州供销合作社被云南省供销合作社授予“2009年至2010年度云南省供销合作社系统信息宣传工作考核优胜单位一等奖”

迪庆州供销合作社办公室被云南省供销合作社授予“2010年全省供销合作社系统办公室工作先进单位一等奖”

**【大事记】** 2010年8月19日，州委、政府下发《迪庆藏族自治州人民政府机构改革实施意见》（迪办发〔2010〕14号），组建迪庆州外事和商务局，将人民政府外事办公室的职责、经济委员会贸易方面的职责，整合划入外事和商务局。

2010年11月2日，迪庆州人民政府办公室印发《迪庆藏族自治州外事和商务局主要职责职能内设机构和人员编制的规定》（迪政办发〔2010〕167号），确定迪庆州外事和商务局主要职责职能，共设办公室、外事科、市场科、对外贸易科、外资外经科、侨务科、招商科、区域协作科、供销合作指导科9个内设机构，机关编制23名。

（张艳阳）

## 迪庆州接待处

**【综述】** 迪庆州接待处是州政府直属机构，属参公管理的事业单位，承担着州级四大机关、驻军、驻警及州直各委办局副厅以上来宾的接待任务，迪庆州接待处组建于2002年，现有编制15名，其中处级领导干部1名，科级干部6名，内设办公室、接待一科、接待二科、财务科和后勤服务中心等5个科室，由州人民政府副秘书长徐光德兼任处长。

**【接待工作】** 2010年，州接待处完成“第六届康巴艺术节暨迪庆州民族团结节”大型庆典活动、泰国公主赴香格里拉访问、国务委员国防部长梁光烈上将到香格里拉视察、龚曲此里事迹大型新闻采访团、国家和省就云南“桥头堡”建设和“十二·五”规划到迪庆调研等大型接待任务。共完成接待任务1 294批，30 579人次。其中国家领导人3批，246人次；省部级领导45批，993人次；地厅级领导398批，5 883人次；新闻媒体37批，1 054人次；部队接待9批，62人次；商务接待17批，326人次；外事接待10批，195人次；大型活动1起510批，11 930人次；其它接待175批，2 101人次；安排政府采购范围内会议接待58批，7 358人次．全年抽调交警开道62次76辆；警卫33次，110人；医务人员64次82人；新闻记者38次81人。

**【业务建设】** 2010年，州接待处坚持集中学习与自学相结合，对外考察积累借鉴与实践总结提高相结合的方式，积极鼓励干部职工在职教育，接待处领导带头参加在职教育；以大型活动和重要接待为契机，积极对抽调人员进行规范培训，加大与全国、全省各地、州、市接待系统间的联系和沟通，增强服务意识，学习创新精神，提高人员接待能力和素质。积极协调编制，原有10名编制增至15名编制，聘用5名工作人员，稳步推进接待工作落实。积极响应州委号召，开展创先争优活动，动员干部职工入党，年内发展5名入党积极分子。

**【党风廉政建设】** 2010年，州接待处认真学习和贯彻落实省委、省政府及州委、州政府党风廉政建设各项要求，坚持党风廉政建设一把手负总责，为第一责任人的原则，接待处领导带头严格遵守《中国共产党党员领导干部廉洁从政若干准则（试行）》以及中纪委对领导干部提出的进一步规范领导干部廉洁从政的“四大纪律八项要求”的规定，按章办事。党支部把廉政建设与业务工作同部署、同考核，大力倡导廉洁勤政之风，围绕实现建设节约型机关的目标，坚持有利公务、简化礼仪、勤俭节约、杜绝浪费等原则，完善接待制度，不断规范和改进公务接待工作。实现热情接待与勤俭节约有机结合。在经费的使用和管理上，把严格按审批程序、用好每一笔资金作为体现工作质量的标准之一，作为党风廉政建设的原则问题坚持好，严格财务审批制度，使每一笔支出都有详细说明，自觉抵制讲排场、比阔气、铺张浪费等不良现象，确保各项经费的合理使用。不断加大对干部职工的教育管理力度，认真落实党内监督

"五项制度"，培养干部职工不仅敢于抵制各种不正之风和腐败行为，更能严格要求自己的能力，单位党风廉政建设得到加强。

**【扶贫工作】** 2010年6月，州接待处深入到扶贫挂钩点维西永春乡锅底塘村进行调研，为扶持挂钩点发展产业和两名大学生学费筹措扶贫资金9.5万元。

（和金兰）

## 迪庆州政府研究室

**【概述】** 2010年末，迪庆州政府研究室编制数15人，在职13人，其中处级3人，科级5人，科员3人，工勤2人。

**【文稿起草工作】** 2010年，州政府研究室完成《2010年政府工作报告》、《报告起草说明》、《报告修改情况的说明》、《政府全会报告》、迪庆州2010年一季度、第二季度、第三季度、半年经济运行情况分析、州长在迪庆州人大十一届六次会议上的就职讲话、州长在州委中心学习组上的讲话等重要文稿30篇。

**【决策咨询研究】** 2010年，州政府研究室围绕州委、州政府工作思路，积极主动、深入、客观地开展调研工作，撰写调研报告，为州委、州政府的决策提供真实、鲜活、及时的决策依据。一是加强对事关全州经济社会发展重大问题的调查研究。按照州政府要求，结合工作计划，组织、参与迪庆教育综合改革、迪庆农村产业化改革、迪庆旅游发展等专题调研。完成《关于加快我州农村种植业产业化发展的调研报告》、《关于推进生态畜牧业发展的调研报告》、《迪庆州旅游发展的调研报告》、《关于全力加快大香格里拉轴心区建设的思考》等调研报告。二是切实履行经济运行分析领导小组办公室职责，完成一季度、二季度、三季度、半年经济运行分析报告等材料，为全州经济发展提供了决策依据。三是充分发挥县域经济发展协调领导小组办公室的组织、协调作用，联系成员单位，加强对加快县域经济发展措施办法的研究，切实加强对县域经济发展的指导、协调和推进工作，完成《迪庆州2009年县域经济发展情况及2010年工作建议情况报告》的撰写及上报工作。四是积极配合国家和省有关部门做好相关调查研究工作。五是考核了2010年的经济责任目标，兑现了奖惩；确定了2011年的经济目标任务，完成了目标责任书的签订工作。

**【志书年鉴工作】** 2010年，完成《中国民族年鉴》、《云南减灾年鉴》、《云南经济年鉴》、《云南小康年鉴》、《云南年鉴》迪庆部分的撰稿。完成《迪庆年鉴》（2010年版）的编辑和出版任务；全力做好《迪庆州志》编纂工作，年底260万字的《迪庆州志》初审已完成，已进入二审阶段；《维西县志》、《德钦县志》两部县志已公开出版发行；《香格里拉县志》已完成县级评审，已进入州级终审阶段；全州州级100多部部门志和专业志已全面完成，其中《迪庆州金融志》、《迪庆州烟草志》、《迪庆州交通运输志》等已公开出版。《迪庆州建设志》、《迪庆州政协志》、《迪庆州财政志》、《迪庆州工会志》、《迪庆州民政志》、《迪庆州计划志》、《迪庆州国土资源志》、《迪庆州卫校志》、《迪庆州师范志》、《迪庆州民专志》、《迪庆州商业志》、《迪庆州食品药品监督管理志》、《迪庆州宏观经济志》、《迪庆州林业志》、《迪庆州审计志》、《迪庆州统计志》、《迪庆州司法志》、《迪庆州劳动和社会保障志》、《迪庆州生物志》、《迪庆州旅游志》等20个部门志内部出版。

**【编辑发行《迪庆州情研究》】** 《迪庆州情研究》是由州人民政府主管，州政府研究室主办的经济类综合季刊。刊物以服务领导决策、促进迪庆经济发展为宗旨，旨在"解读迪庆，研究迪庆，宣传迪庆，发展迪庆"，研究迪庆经济与社会发展中的问题，为迪庆经济实现又好又快地发展建言献策。2010年，州政府研究室编辑出版《迪庆州情研究》3期，共发行900册。第一期以经济运行情况分析为重点内容，设置卷首语、领导讲话、宏观经济研究、调研报告、重大历史事件回顾、先进典型及志苑文稿等栏目，共编录15篇文章，字数达9万字；第二期以分析探讨"十二五"规划为主要内容，设置了政策指导、重要论坛、经济运行、理论探讨、县区论坛、部门之声及迪庆风采等多个栏目，共编录12篇文章，总字数为9.8万字；第三期以分析支柱产业为重点内容，设置了领导讲话、和谐建设、产业研究、业务指导及文化走廊等栏目，共编录12篇文章，总字数为

8.5万字。《迪庆州情研究》融政策性、新闻性、理论性、学术性和指导性为一体，编辑出版后受到广大读者的喜爱。

**【党风廉政建设】** 2010年，州政府研究室与州委、州政府签订了《党风廉政建设责任书》。认真落实党风廉政建设责任制，坚持党内监督各项制度，加强对党的政治纪律执行情况的监督和检查，开展了领导干部廉洁从政、制止奢侈浪费等专项检查。班子成员秉公用权、廉洁从政，带头保持党员干部队伍的清正廉洁，加强对单位人财物的管理使用，坚决杜绝违纪违法言行在党员干部中出现。在班子成员的带动下，各科室认真落实党风廉政建设责任制，一级抓一级、层层抓落实，较好完成了全年党风廉政建设目标任务。全年，全体干部职工无违反廉政规定情况，未发生任何违法犯罪和以权谋私现象。

**【深入开展"创先争优"】** 2010年，州政府研究室根据中央的统一部署，结合迪庆州委《关于在全州基层党组织和党员中深入开展创先争优活动的实施意见》的要求，及时成立了创先争优活动领导小组，制定《迪庆州政府研究室关于创先争优活动的实施意见》，于2010年6月7日召开了创先争优活动动员大会。州政府研究室以创先争优活动为契机，认真学习中央、省州关于创先争优活动的相关文件材料，切实抓好思想政治建设，促进思想解放和观念更新，把创先争优活动转化为了创新研究室工作思路、促进工作发展的自觉行动和实际能力，切实增强全体党员贯彻落实州委、州政府决策部署的执行力，促进州政府研究室各项工作的发展。

**【效能政府四项制度】** 2010年，州政府研究室认真贯彻落实效能政府四项制度，成立实施效能政府四项制度工作领导小组，研究制定了《迪庆州人民政府研究室关于推行行政绩效管理制度的实施意见》、《迪庆州人民政府研究室关于推行行政成本控制制度的实施意见》、《迪庆州人民政府研究室关于推行行政行为监督制度的实施意见》和《迪庆州人民政府研究室关于推行行政能力提升制度的实施意见》并向社会公开。全体干部职工坚持准时、规范、高效、负责的原则，认真对待和办理各种行政事项，有效推动了州政府研究室服务型机关的建设，部门工作效率和工作水平有了新的提高。

**【学习型党组建设】** 2010年，州政府研究室为全面贯彻落实党的十七届四中全会和省委八届九次全会、州委六届九次全会精神，根据《中共迪庆州委办公室关于推进学习型党组织建设的实施意见》（迪办发［2010］7号）和迪学建通［2010］1号关于印发《迪庆州推进学习型党组织建设工作方案》的通知精神，成立推进学习型党组织建设工作领导小组，制定《关于推进学习型党组织建设工作的实施方案》；10月14日召开学习型党组织动员部署大会，并组织全体干部职工深入学习杨善洲同志先进事迹。

**【职工学习教育】** 2010年，州政府研究室通过召开职工大会、支部会、座谈交流等方式，加强政治理论学习和政策业务培训，激发干部的学习热情和工作积极性，形成团结战斗的坚强集体。州政府研究室全体干部职工配合党支部组织好单位学习活动。抓好每周五的政治理论学习，班子成员按时参加"领导干部时代前沿知识讲座"；同时注重对干部职工的学习培训工作。5月底，扎史此里同志参加全州机关事业单位技术工人培训；6月，马琳同志参加全州固定资产清查培训；10月，巴三培初同志参加了迪庆州非涉密文件电子公文交换培训。

**【表彰】** 2010年，州政府研究室完成的"长治久安、跨越发展"课题荣获云南省发展研究奖三等奖。

2010年11月，迪庆州志办被全国地方志指导小组表彰为"全国地方志系统先进集体"。李燕兰同志被全国地方志系统表彰为"先进个人"。

2010年7月，杨伯聪同志被州直机关工委授予迪庆州2010年度优秀共产党员；9月被州委州政府表彰为"迪庆州民族团结先进个人"。

（马　琳）

## 迪庆州政府法制办公室

**【政治理论学习】** 一是加强党建工作。以贯彻党的十七大、中央第五次西藏工作座谈会和李源潮部长到迪庆视察的重要指示、州委六届八次、九次全会、州纪委六届五次全会精神为主线，开展政治理论学习。通过电视、广播、文件、报纸、开展集中学习等多种形式，认真学习党的路线、方针、政策。组织学习了相关的文件，全员征订了《中国共产党领导干部廉洁从政若干准则释义》，并开展了自学活动。相关的法律法规知识有《中国共产党章程》、《中国共产党党内监督条例》、《行政监察法》以及《行政许可法》和《行政复议法》、《云南省规范性文件制定备案办法》等。通过学习，提高了政治素质，凝聚了人心、增强了工作的主动性和积极性，为本办各项工作的良好运行提供了不竭的源泉和动力。

二是抓党风廉政建设。州法制办把党风廉政建设纳入政府法制建设目标管理考核中，一起部署，一起落实，一起检查，一起考核。根据迪庆州纪委《关于开展党风廉政建设责任制考核工作安排意见》和《迪庆州党风廉政建设责任制量化考核办法》的要求，与州法制办全体干部职工签订了《迪庆州政府法制办公室党风廉政建设责任制量化考核责任书》，进一步明确了责任主体、责任内容、责任追究的原则。办党支部结合本办工作实际，以不同的形式和方法，丰富学习内容，传达学习上级党委政府关于党风廉政建设的会议精神和文件，听取干部职工就党风廉政建设和反腐败工作情况，在年中和年末工作总结会上，对州法制办的党风廉政建设责任制落实情况逐级进行认真的检查，将好的经验和做法以及存在的问题进行了认真总结并整改。

**【政府立法工作】** 加快法治政府建设和依法行政进程，立法是基础，所立之法要经得起历史的检验、实践的检验和人民的检验。为此，一是精心制定立法计划。为突出立法实效、珍惜立法资源，紧紧围绕州委、政府的发展思路、产业重点、生产力布局，突出“围绕中心、服务大局、以人为本、科学发展”的主题，州法制办对2010年的立法计划作了认真的调研、反复协商、论证。二是规范立法程序，制定有效措施。为确保条例能按时、按质、按期制定出台，州法制办严格按照《立法法》、《民族区域自治法》、《迪庆藏族自治州自治条例》和省政府129号令要求，组织协调立法单位竭力推动草案的实效和质量。通过不懈努力，《迪庆藏族自治州民族团结进步条例》已经州十一届人大六次会议通过并于2010年7月1日实施，《迪庆州人民政府办理人大代表议案建议和政协委员提案工作暂行办法》已施行，《云南省迪庆藏族自治州草原管理条例》已通过州政府常务会审定，《云南省迪庆藏族自治州民族团结进步条例实施办法》待州政府常务会审定。

**【规范性文件备案审查工作】**

（一）政府规范性文件审查工作。

2010年共审查各级各类规范性文件80份，具体情况如下：

1. 审查州政府及政府部门规范性文件61份；

2. 完成了1份州政府规范性文件的上报登记和备案的相关工作；完成县级政府2份规范性文件的审查、修改和备案工作；

3. 完成19份省政府规章、规范性文件的修改工作。

（二）全州现行规范性文件专项清理工作。

1. 完成全州41个部门的专项清理指导工作（三县一区政府和37个州级相关部门）；

2. 共查阅和审理199件现行规范性文件，经过清理建议修改的有20件，建议废止的有11件；

3. 负责并完成82份三县政府现行规范性文件的清理审查工作。

**【行政复议工作】** 根据中办发〔2006〕27号《中共中央办公厅 国务院办公厅关于预防和化解行政争议健全行政争议解决机制的意见》的文件精神，进一步加大对《行政复议法》的宣传力度，依法引导公民、法人和有关组织通过行政复议解决行政争议，充分发挥了行政复议化解社会矛盾、维护社会稳定、构建和谐社会的功能。对上访者做到用情、理法耐心细致地开展思想教育和法制教育工作，努力化解矛盾和纠纷，收到了良好的效果，基本做到了来访者满意。2010年，共接到行政复议申请2件，其中不予受理1件，办结1件。重视和加强了对基层行政复议，应诉工作的指导，共解答州直与县级行政复议机关有关复议工作业务咨询5次，提供法律咨询服务21次38人，接待来访者42次51人。

**【行政执法责任制工作】** 一是推进行政执法责任制工作情况。行政执法责任制是规范和监督行政执法活动的一项重要制度。为此，根据国务院《全面推进依法行政实施纲要》、国务院办公厅《关于推行行政执法责任制若干意见》和《云南省人民政府行政执法评议考核办法》的通知精神。结合迪庆州实际，在广泛征求意见的基础上，进一步完善《迪庆藏族自治州人民政府行政执法评议量化考核责任书》，并与三县人民政府、开发区管委会和47家州级行政执法部门和委托行政执法部门及法律、法规授权的州级行政执法组织签订了责任书。为褒扬成绩，激励先进，对2009年度3家行政执法先进单位进行了表彰。通过推行行政执法责任制工作，进一步强化了迪庆州行政执法单位的执法责任，明确了执法程序和标准，进一步规范和监督了行政执法活动，提高了执法水平，确保了依法行政各项要求落到实处，为经济和社会各项事业发展提供良好的法制环境。

二是加强对实施行政执法主体资格的监督和管理。严格执行行政执法资格与执法证件的管理要求，加强了行政执法证、委托行政执法证的管理，严把行政执法队伍入口关，对行政执法者的资格作审查、登记、审验，对不符合资格执法人员坚决清理。2010年共组织并完成了全州800个行政执法人员证件的审验审查和新办证审查工作；组织全州25名法制督察员参加2010年云南省法制督察培训班的相关资格的审查工作；组织全州98名行政执法人员培训班工作。

三是开展行政处罚自由裁量权基准制度工作。根据省政府及州政府有关文件的要求，结合迪庆州实际，负责并完成了州级41个行政执法部门上报行政处罚自由裁量权基准制度材料的审查和备案工作。

**【行政审批工作】** 一是根据迪庆州人民政府办公室《关于印发迪庆州行政机关推行效能政府四项制度工作方案的通知》（迪政办发［2010］17号）要求，在2009年行政审批事项清理工作的基础上对全州580项保留实施的行政审批项目的审批条件和审批程序作了进一步的审查把关。

二是完成了州级365项行政审批项目的进一步清理工作。经过清理，在233项行政许可审批项目中，中央政府设定数为184项，地方政府设定数为49项；在132项非行政许可审批项目中，中央政府设定数为113项，地方政府设定数为19项。

三是经过2009年和2010年行政审批项目的清理工作，迪庆州现共有580项行政审批项目。其中，州级行政审批项目为365项，县级行政审批项目为215项。行政许可审批项目为403项（州级233项，县级170项），其中，中央政府设定数为354项（州级184项，县级170项），地方政府设定数为49项（州级49项）；非行政许可审批项目为177项（州级132项，县级45项），其中，中央政府设定数为155项（州级113项，县级42项），地方政府设定数为22项（州级19项，县级3项）。

**【落实“阳光政府四项制度”和“效能政府”执行情况】** 对“阳光政府四项制度”和“效能政府”执行情况进行检查。认真完成政府重大决策听证制度的推进工作。组织并配合相关部门对“效能政府”执行情况进行检查。出台《迪庆州人民政府法制办公室关于印发〈迪庆州提升依法行政能力工作实施方案〉的通知》（迪府法［2010］4号）文件，推进依法行政能力的提升工作。一是重大决策听证：维西县国土资源局基准地价调整听证会；维西傈僳族自治县办理人大代表建议和政协提案工作的规定（征求意见稿）听证会；香格里拉城市供水及污水处理价格调整听证会；迪庆州烟草专卖局烟草零售许可证适用合理布局规划实施方案听证会等。二是重要事项及公示：迪庆州人民政府关于人大代表议案建议和政协委员提案办理工作暂行办法（草案）（第四次征求意见稿）；云南省迪庆藏族自治州民族团结进步条例实施办法（征求意见稿）等。三是重点工作通报：迪庆州政府法制办2009年及2010年上半年信息化建设自查报告；迪庆州政府法制办公室2010年上半年工作总结和下半年工作计划；迪庆州法制办关于开展“干部选拔任用工作法规学习宣传月”活动的总结；2010年“两会”建议提案督查情况通报等。

**【“两会”建议提案的交办、督办工作】** 坚持和完善人民代表和政协委员建议、批评、意见的办理工作，是完善人民代表大会制度和政治协商会议制度的一项重要工作。为此，州法制办积极主动配合州人大法工委和州政协提案和法制委完成了州人大十一届六次会议和州政协十届五会议期间及会后的建议、意见、提案收集工作和立案审查工作。为了让建议、意见和提案尽快落实到承办部门，州法制办抓紧时间、组织力量对建议、意见和提案进行分类、编号、登记和确定承办单位，精心组织交办大会。为提高建议和提案办理效率，州法制办从6月份开始，配合州人大、州政协对承办部门以抽查、电话沟通等形式，进行了催办、督办。7月21日，州政协提案委、州政府法制办组成督查组，分别对州人民政府办公室、州发改委、州环保局、州旅游局和香格里拉县政府的建议、提案的办理情况进行了重点抽查，并将督查情况向全州通报，收到了良好的效果。

州人大十一届六次会议共收到建议 36 件，按照职能分类，交由州政府办理的建议有 31 件。建议所提问题已经解决或基本解决的有 5 件，占总数的 16.1%；正在解决或列入计划逐步解决的有 24 件，占总数的 77.4%；因条件限制，暂时难以解决的有 2 件，占总数的 6.5%。州政协十届五次会议共收到提案 65 件，按照职能分类，交由州政府办理的提案有 48 件，其中，重点提案 1 件。提案所提问题已经解决或正在解决的有 11 件，占总数的 22.9%；已着手解决或列入计划逐步解决的 31 件，占总数的 64.6%；受目前条件限制，暂时难以解决的有 6 件，占总数的 12.5%。今年的建议和提案按要求在规定的时限内已全部办理完毕，并向代表作了书面答复，办复率和面商率达 100%，满意率为 100%。

**【深入开展创先争优活动】** 为继续推动学习实践科学发展观活动向纵深推进，激励全体党员进一步增强先锋意识、实践先锋要求、树立先锋形象，增强党组织的创造力、凝聚力和战斗力，保持和发展党员队伍先进性，根据州委办《关于在全州基层党组织和党员中深入开展创先争优活动的实施意见》和州直机关工委《关于在州直机关基层党组织和党员中深入开展创先争优活动的实施意见》（迪直创［2010］2 号）通知精神，结合本办实际，深入开展创先争优活动，成立深入开展创先争优活动领导小组，制定实施方案，加强学习，开展创先争优活动党组织和党员公开承诺书，设立创先争优党员示范岗等活动，不断提高党员干部的素质，发挥党员干部的先锋作用，为推动依法行政和建设法治政府奠定了坚实的基础。

**【内部管理工作】** 一是确保财务工作不出问题。财务工作按国家的政策、法令实施，加强了财务管理，严格财经纪律，建立健全财务管理制度。合理使用经费，把每一分钱都用在刀刃上，做到年初有预算，年终有决算。收支有据，办事有计划，真正做到有章可循，有法可依。耐心细致、做好干部职工级别晋升、考评、职务工资变动后能及时办理等工作。加强了对办公用品、接待等工作的规范化管理。各科室承办的会议用品由办公室统一购买，领取办公用品均详细登记；二是确保档案工作不出问题。按照档案管理要求，加强了档案管理。三是确保文秘工作不出问题。全年共交换文件 1 000 余份，传真 125 件，处理外来文件 1 000 余件，邮寄信函 39 件，收发报纸期刊 3 000余份。打印文件，约 10 万余字，复印各类材料 2.5 万余页。均做到及时、保密、无错漏。四是确保信访工作不出问题。综合科作为部门的一个窗口，能认真做好日常的信访接待工作，在接待来访时，对上访者用情、理、法耐心细致地开展思想教育和法制教育工作，努力化解矛盾和纠纷，收到了良好的效果，做到了来访者满意，年内共接待来访 13 起，31 人次；五是加强车辆日常管理。严格按照州法制办《机关车辆管理方案》的规定，用油规定了每次充值限额，有效地降低了油耗，节约了用车成本。六是加强办公室安保工作，完善节假日值班制度。

**【表彰】** 州政府法制办公室被评为 2010 年度迪庆州社会治安综合治理维护稳定先进单位。

李群尧被州委授予“千名干部进村入户促民族团结”活动先进个人；同时被州直机关工委授予 2007—2009 年优秀共产党员，其家庭被州总工会授予“和谐家庭”称号。

王钟桦被州委州政府表彰为第六届康巴艺术节暨迪庆州民族团结节先进个人。

（李　晶）

## 政协迪庆藏族自治州委员会

**【概述】** 2010 年，在中共迪庆州委的领导下，州政协以邓小平理论和“三个代表”重要思想为指导，用科学发展观统领政协工作，深入学习贯彻中共十七届四中、五中和州委六届八次、九次全会精神，坚持弘扬团结和民主两大主题，紧紧围绕我州“示范区”建设战略目标，把推动经济社会平稳较快发展作为履行职能的首要任务，把促进民生改善作为开展工作的着力点，充分发挥自身优势，切实履行政治协商、民主监督、参政议政职能，为把迪庆建设成为全国藏区跨越发展和长治久安示范区作出了积极贡献。

**【全体会议】** 2010年3月24～28日，政协迪庆州第十届委员会第五次会议在香格里拉县召开，本次会议应到委员213人，实际到会186人。111名特邀、列席人员参加了会议，会议议程：1. 听取并审议《政协迪庆藏族自治州第十届委员会常务委员会工作报告》；2. 听取并审议《政协迪庆藏族自治州第十届委员会常务委员会关于提案工作情况的报告》；3. 列席迪庆州第十一届人民代表大会第六次会议，协商讨论《政府工作报告》和其他报告；4. 审议通过政协迪庆藏族自治州第十届委员会第五次会议提案审查情况的报告；5. 审议通过政协迪庆藏族自治州第十届委员会第五次会议决议。会议期间，杨文祥副主席代表常委会作工作报告，阿青副主席作提案工作情况报告。

**【常委会议】** 2010年，政协迪庆州第十届委员会共召开三次常委会。十届第十五次常委会于2010年3月16日召开，会议的主要议程是：听取州委办公室、州人民政府办公室通报十届四次会议提案办理情况；审议十届五次会议常委会工作报告（草案）、提案工作报告（草案）及召开十届五次全会的相关事宜；协商政府工作报告。

十届第十六次常委会于2010年8月23日召开，会议的主要议程是：听取州人民政府上半年全州经济运行情况的通报；审议通过《关于香格里拉县城公共交通运行管理情况的调查报告》、《关于对全州非公有制经济发展现状及人力资源培训需求情况的调查报告》、《关于迪庆州开展第三次全国文物普查情况的调研报告》。

十届第十七次常委会于2010年12月26日召开，会议的主要议程是：传达学习中共云南省委政协工作会议精神；审议通过《关于对全州工业经济发展情况的视察报告》；审议通过州政协常委会2010年工作总结和2011年工作要点。

**【学习培训】** 按照建立学习型党组织的要求，州政协坚持把强化学习作为切实提高履职能力的重要途径，贯穿于政协工作的全过程。2010年，政协机关采取灵活多样、生动活泼、富有成效的学习方式，利用主席会议、常委会议、召开专题讲座以及周五学习日等多种形式组织委员和全体干部职工学习，先后学习了《中共中央关于加强人民政协工作的意见》和《中共云南省委关于支持人民政协履行职能发挥作用的意见》，学习了中共十七大、十七届三中、四中、五中全会精神，学习了中共中央第五次西藏工作座谈会、中共云南省委八届九次全会、中共云南省委藏区工作会议、中共云南省委政协工作会议及中共迪庆州委六届八次、九次全会精神。在加强机关干部职工日常学习的基础上，积极组织干部职工参加各种学习培训。全年有12名处级干部分别参加了云南省领导干部时代前沿知识讲座、清华大学远程教育迪庆处级干部培训班、十七届五中全会精神培训班、云南省处级以上领导干部在线学习，2名处级干部参加了上海嘉定区委组织的2010年度迪庆领导干部能力素质提升培训班。同时，机关干部职工还参加了州级举办的各种法律法规、公共经济等知识的培训考试。通过学习培训，进一步提高了机关干部的政治素质和政策水平，增强了履行职能服务大局的主动性和积极性，为不断创新工作思路，提高参政议政水平，积极有效地围绕中心开展工作，打下了良好基础。

**【创先争优】** 2010年，根据州委的统一部署，州政协精心组织、周密安排，把深入开展创先争优和学习型党组织建设活动作为重要政治任务，及时成立了活动领导小组，制定了《州政协机关党支部深入开展创先争优活动实施方案》、《迪庆州政协机关党支部关于推进学习型党组织建设实施方案》、《迪庆州政协机关党支部关于推进学习型党组织建设宣传方案》，严格按照方案完成各项规定动作，做到每个阶段都有动员部署，有阶段总结，为整个学习实践活动奠定了坚实的基础。机关支部通过召开座谈会、举办专栏、学习先进事迹等多种形式，在干部职工中深入开展了“五好五带头”、“四想四比四争当”学习先进事迹，撰写心得体会等主题实践活动，形成了团结奋进、风清气正的工作氛围。

**【调研视察】** 专题调研和视察是政协委员深入实际，联系群众、了解社情、反映民意、掌握民情的重要途径；也是人民政协履行职能，为经济社会发展服务的有效途径之一；2010年，州政协紧紧围绕州委、州人民政府的各项重点工作，抓住相关领域的重点问题，深入开展专题调研和视察。先后组织委员对迪庆州旅游产业发展情况、迪庆州非公有制经济发展现状及人力资源培训需求情况、迪庆州开展第三次全国文物普查工作情况和香格里拉县城市公共交通运行管理情况进行调研，形成了一批具有务实精神和负责态度的调研报告，提出了25条意见和建议，为州委、州人民政府科学决策提供了依据；组织省、州两级政协委员对开发区工业经济发展情况进行了视察，在充分肯定成绩的同时，指出存在的问题，提出了“抢抓机遇，积极争取和对接好发展工业经济的各种项目、资金，加大招商引资力度，实施大企业带动战略；加快推进技术创新，促进产业结构优化；进一步集约利用土地资源，建立完善促进工业经济发展激励机制；优化工业经济人才使用机制”等建议，得到了州委、州人民政府的重视和采纳，促进了相关工作的落实。

**【专题协商】** 2010年，州政协先后以迎春茶话会、全体会议、常委会议、主席会议等不同形式的会议，先后就全州经济社会发展和人民群众关注的热点问题开展政治协商，取得了明显成效。州政协严格落实党委、政府重大决策和重要工作部署定期向政协通报的制度，使协商、监督有的放矢。在州政协第十六次常委会议上，听取了州人民政府关于2010年上半年经济运行情况的通报，与会常委就全州经济运行中的一些问题及时向州人民政府提出了协商意见和建议；为科学制定“十二五”规划，常委会充分发挥政协人才荟萃、智力密集的优势，及时组织委员制定“十二五”规划座谈研讨，献计献策；2010年州政协还召开专题协商会，对《迪庆州藏传佛教寺院管理条例》进行了协商讨论，并提出了修改意见；州政协十届五次全委会议期间，委员们在认真听取《政府工作报告》、“两院”工作报告及其他报告的基础上，本着认真负责的态度，围绕政府工作及全州经济社会发展的重大问题，与党政领导、部门负责同志直面交流，建言献策，受到了州委、州人民政府的高度重视，充分体现了人民政协在全州政治生活中的重要作用。

**【提案工作】** 通过委员提案如实反映社情民意，积极建言献策，是人民政协履行职能的重要形式和基础性工作。2010年，州政协委员共提出提案65件，经提案委员会审查立案65件，立案率为100%。其中，团体提案5件，占8%；委员提案60件，占92%。涉及承办单位32个，委员提案参与率达77%。经过主席会议研究确定重点提案1件。截止2010年11月2日，全部提案已办理完毕。其中：已经解决或基本解决的14件（A类），占总数的22%，比上年增加39%；正在解决或列入计划解决的42件（B类），占总数的64%，比上年减少4%；因受目前条件限制或其他原因今后逐步研究解决的9件（C类），占总数的14%，与上年相同。通过反馈，委员对提案办理情况满意的60件，占92%；基本满意的5件，占8%。

在提案办理过程中州政协提案委员会加大与党政有关部门的联系、沟通与协调，对委员民主监督中提出的意见、建议进行跟踪和督办，并做好情况反馈。2010年，州委、州人民政府对政协委员的提案办理给予高度重视，提案督办有了新突破和亮点。一是州委、州人民政府主要领导亲自领衔督办重点提案。二是州政府常务会议审定了《迪庆州人民政府关于人大代表建议和政协委员提案办理工作暂行办法》（草案），对承办委员提案作出了具体的规定和要求，进一步规范了提案办理工作程序。三是根据《政协迪庆州委员会关于评选表彰优秀提案、提案承办先进单位、提案承办先进个人、提案先进工作者的办法》，在州政协十届五次会议上，共表彰了十届一次会议以来的优秀提案33件、先进承办单位36个、先进承办工作者6人和先进提案工作者5人，提高了委员撰写提案和提案办理部门的积极性，加大了政协提案工作的宣传力度，进一步扩大了提案工作的社会影响。

**【文史工作】** 文史资料工作是人民政协工作的重要组成部分，具有鲜明的政协特色和统战特色，在存史、资政、团结、育人等方面发挥着独特的作用，按照政协常委会年初的工作部署，2010年，州政协文史资料委员会圆满完成了《迪庆文史资料》第八辑的编辑出版任务。全书共38篇文章，约32万字，收录了迪庆历史上一些有影响的人物和一些重大事件的“三亲”史料，具有较高的参考、保存价值，受到广大政协委员和社会各界人士的赞赏和好评。

**【努力促进团结、和谐】** 坚持发扬民主、增进团结、协调关系、化解矛盾，积极推动各人民团体和各族各界人士的大团结大联合历来是人民政协履行职能的重要着力点。2010年，《云南省迪庆藏族自治州民族团结进步条例》颁布后，州政协及时组织各族各界人士召开座谈会，畅谈促进民族团结进步的重要意义，为巩固民族团结进步和保持持续稳定建言献策。积极参加全州“千名干部进村入户促民族团结进步活动”，政协机关4名厅级领导和5名处级干部按照州委的部署深入到基层，积极排查调解各种矛盾隐患，宣传党的民族宗教政策；第六届康巴艺术节暨迪庆民族团结节筹备期间，政协7名领导干部参加了两节筹备组织工作，分别承担了组委会办公室和综合协调保障组的工作，保证了艺术节暨民族团结节的顺利举行，为维护全州的团结、和谐、稳定、发展做出了积极贡献。

**【关注民生】** 关注不同阶层的利益诉求，通过政协例会、座谈会、举办新年茶话会和来信来访等渠道，广泛了解和反映人民群众的意愿和要求，协调各种关系，营造团结和谐氛围。同时，动员广大委员深入基层，深入群众，体察民意，为构建和谐社会献计出力。积极协助州委、州人民政府为群众办实事、求实效，组织委员通过各种渠道为群众办好事、解难题。云南省特大旱灾期间和青海玉树地震后，州政协委员和州政协机关干部职工在第一时间捐款捐物，支持抗旱和抗震救灾。同时，为认真做好扶贫点帮扶工作，州政协办公室在深入扶贫点开展调查研究，与扶贫点党支部和党员建立结对帮扶的基础上，为扶贫挂钩点协调争取了“游牧民安居工程”项目，有效改善了扶贫点村容村貌。

**【联谊协作】** 积极争取省政协支持和指导，精心组织驻迪省政协委员开展活动，认真配合省政协赴迪视察调研，拓宽了反映迪庆经济社会发展情况的渠道。积极参与省政协和其他州市政协组织的会议活动，加强了与省内州市政协之间的交流合作。认真搞好接待服务工作，全年共接待了全国各地政协系统考察团队185批，共2 680多人次。加强与基层政协的联系和指导，州政协办公室与县政协开展联合调研，组织县政协专委会工作人员外出学习考察，积极向省政协和州委、州人民政府反映基层政协工作中的实际困难和问题，帮助基层政协改善工作条件，密切了州县两级政协组织的联系和交流，提高了全州政协工作的整体合力和实效。

**【自身建设】** 按照中共中央、中共云南省委和中共迪庆州委关于加强人民政协工作的新要求，着眼于人民政协事业的长远发展，州政协不断加强自身建设，夯实履职基础，推动政协工作不断向前发展。抓理论武装，提高思想认识。坚持把学习科学理论摆在突出位置，着力丰富学习内容和方式，通过常委会议专题学习、中心组学习和专题报告会等形式，有计划、分层次、多形式地组织学习，进一步提高机关干部职工的理论水平，不断加深对人民政协工作性质、任务、作用和职能的把握，深化对政协工作重要性的认识，切实增强做好政协工作的责任感和使命感。抓制度建设，推动工作创新。坚持以制度建设为抓手，以工作创新为动力，不断提高政协工作的科学化水平。结合贯彻落实《中共中央关于加强人民政协工作的意见》和《中共云南省委关于支持人民政协履行职能发挥作用的意见》的要求，按照州委的统一部署，对全州贯彻落实中央和省委文件精神情况进行了广泛深入调研，在充分吸纳十届以来州政协机关“三化”建设经验的基础上，从切实加强党对人民政协工作的领导等六个方面向中共迪庆州委提出了《关于支持人民政协履行职能发挥作用的实施意见（草案）》。抓机关建设，提高服务水平。在机关党员中开展了创先争优活动，以创建“五个好”基层党组织和争做“五带头”党员为主要内容，以党风廉政建设为抓手，以创建平安文明单位为目标，从政协机关工作的实际出发，改进工作，务实创新，机关的服务意识、工作效率、保障水平和综治能力进一步提高。重视加强老干部工作，制定出台了《州政协机关老干部管理办法》，在政治上和生活上关心老干部，保障了老干部政治、生活待遇的落实。

**【组织机构】** 政协迪庆州第十届委员会下设办公室、提案法制委员会、经济委员会、教科文卫体与人资环委员会、民族宗教委员会和文史资料委员会六个工作机构，办公室下设秘书科和行政科。

**【表彰】** 2010年，州政协机关被全国总工会命名为“模范职工之家”，州政协办公室被中共迪庆州委表彰为“民族团结进步先进单位”，有8位机关干部职工在“千名干部进村入户促团结”和“第六届康巴艺术节暨迪庆州民族团结节”结束后受到了州委、州人民政府的表彰。

（王德康）

# 群众团体

## 共青团迪庆州委

【概述】 2010年，共青团迪庆州委机关下设办公室、学少部两个科室。人员编制6人，上半年实有4人，其中处级3人科级1人，工勤缺员。下半年人员编制配齐，其中书记班子3人，办公室1人，学少部1人，工勤人员1人。

2010年，迪庆州14～28周岁青年有62 253人，共青团员30 363人，团青比例为48.77%，较上年上升7.87个百分点，全州共建立基层团委55个，团总支214个，团支部1 260个，基层团工委1个，配备专职团干部1 467名。团组织网络基本覆盖全州机关、农村、厂矿、企业、非公经济组织。

【青年思想政治和理想信念教育】 2010年，团州委以“五·四”运动会90周年纪念日，少先队建队日，“一二·一”“一二·九”运动纪念活动，“雏鹰争章”、“四好少年”、“四个一”、“中国少年儿童平安行动”为载体，引导青少年，教育青少年，用民族精神和时代精神激励青少年。

8月，开展第二期暑期少年军校“体验军旅生活”夏令营活动，对少年儿童进行国防意识和爱国主义教育。配合州文明办开展全省“美德少年”推荐申报工作，加强未成年人思想道德建设。

依托州委“千名干部进村入户促民族团结进步教育”活动，在广大农村团员中开展“民族团结进步”宣传教育，“幸福思源、脱贫感恩”教育，坚定广大农村青年跟党走中国特色社会主义道路的信心。在机关、学校团组织中开展“民族团结进步课堂”“热爱祖国、维护国家统一”黑板报评比，民族团结进步知识竞赛，民族地区发展成就展示等丰富多彩的活动，坚定广大团员青年热爱祖国、热爱家乡、热爱社会主义的理想信念。

【青农工作】 2010年4月，在团州委八届四次全委会上，对全州29个乡镇团委书记和州直机关团委书记就鼓励创业“贷免扶补”工作进行动员部署和培训，下发《实施方案》文件汇编和宣传资料，与三县一区团委签订目标责任书。在此基础上，各县（区）委会同劳动部门对全州700多个申请创业的青年进行创业前培训，帮助他们分析市场选择项目，把培训工作延伸到第一线，为青年提供有针对性的服务，提高服务青年的质量和效果。

【城青工作】 2010年7月，召开团州委书记班子会议，下发迪青通〔2010〕21号文件《关于做好2010年全州“两新”组织建团工作的通知》，成立以团州委书记为组长，副书记为副组长，三县一区团委书记和团州委办公室主任为成员的领导小组，并对2010年全州“两新”组织团建任务进行分解。11月23日会同州委组织部召开迪庆州非公企业“创先争优”活动和团建工作推进会，会议采取以会带训的方式对40个非公企业团组织负责人进行培训。团州委书记廖文才担任主讲。

完善信息管理机制，做好“两新”组织团建工作相关信息资料的收集整理，并登陆城市青年网站，填报工作进度和“两新”组织情况统计，批复“两新”组织上报的建团组织及任命团干部的申请，按团省委下达的指标，完成“两新”组织建团87个，其中非公企业建立团组织82个，新社会组织建团5个，完成指标数的109%。

【学校团青工作和少先队工作】 从实现藏区发展和稳定两大主题为目标，加强中等职业学校共青团组织建设和学校少先队工作，开展争当“四好少年”活动，各级少先队组织按照上级团委的要求，充分利用少先队活动阵地，通过演讲，发表感言等多种形式鼓励队员在亲身实践中自觉争当“四好少年”；树立青少年典型，2010年上半年获表彰的优秀共青团员3人，团干部2人，优秀少先队员5人，优秀少先队辅导员5人，其中优秀少先队辅导员代表余湘（德钦县霞若乡）参加全省“六一”国际儿童节专场晚会，得到省委、省政府领导的亲切接见；维西县保和镇余洋同学推荐为参加第六次全国少代会代表；选送了藏族、傈僳族、纳西族、普米族、独龙族的12名少先队员到上海参加“沪滇少年携手、共享世博阳光”活动；加强中等职业学校创业教育，12月10日，迪庆州“青春彩云南、青帆夜校”在州民族中等专业学校挂牌成立，开展“创业英雄论坛”引导青年创业启蒙。

【青少年维权工作】 2010年，团州委切实加强青少年维权基础工作，依托迪庆州青少年法律援助工作站，12355青少年服务台和法制副校长平台，广泛开展法律宣传教育，深化“大手拉小手”、“法制宣传进校园”活动，联合司法局、“610”办等积极开展“平安和谐校园”，拒绝邪教进校园等工作，开展“共青团与人大代表、政协委员面对面”活动，把流动青少年的法制教育列入青少年法制教育的重要内容，结合服务新生代农民工主题，着力开展重点青少年群体排查工作。

【希望工程】 2010年，在团省委、省青基会的关心支持下，迪庆州获得云南旱情援助捐款150万元，根据旱情饮水等实际情况，团州委把实施“共青团希望水渠”的项目放在旱情突出，受益群众投工投劳积极性高，团组织工作基础好的香格里拉县金江镇士达村达林二组、三组和维西县永春乡上兰永上组、中组、下组和下兰永4个村民小组，决定将50万元用于两地的“共青团希望水渠”项目，100万元用于开展“润苗行动”，补助全州三县一区因旱致贫的贫困学生。香格里拉县金江镇士达村获得团省委补助资金30万元，地方财政和水电部门配套59万元；维西县永春乡兰永村获得团省委补助资金20万元，地方财政和水电部门配套15万元。

在“希望水渠”的实施过程中，团州委要求两县团委严格实行专款专用，实施项目管理“三对应”，即资金对应项目，项目对应实施点，实施效果对应农户，做到资金、项目、效果的公开透明。

【爱心帮扶】 2010年，团州委为贫困点和贫困学生争取资金，切实帮助贫困学生解决就读难的问题和扶贫点的群众行路难的问题，上海企业家个人集资8万元支持团州委用于扶贫点香格里拉县小中甸镇汤布村民小组的公路建设，向团省委和省青基会争取100万元用于“润苗行动”补助贫困中小学生，向爱心企业香格里拉子元房地产公司和华能澜沧江集团争取54.5万元用于“爱心圆梦大学”，资助学业优秀但家庭困难的学生，帮助他们解决入学难的问题。

【培训工作】 2010年4月，在共青团迪庆州八届三次全会上，召集全州200多名团干部和少先队辅导员进行共青团基本信息统计系统操作知识的培训；5月份，根据当年因香德、香维二级公路开工通行不畅的实际，团州委把培训新团干的任务分解到各县（区），把在村“两委”换届中提拔上来的新团干以县（区）为单位集中起来，进行任前培训，开设《共青团组织工作务实》、《青年与青年特点》、《团的活动策划和组织》等课程。团州委书记班子分头到各县（区）指导培训。香格里拉县对120名团干部进行为期三天的培训，维西县参加培训的团干部达190多名，德钦县82名团干部、少先队辅导员参加培训。9月份，团州委带领全州32名乡（镇）街道团委书记参加团省委举办的“云南省青年马克思主义培养工程2010年全省乡（镇）街道团委书记培训班”。年底，联合州委组织部对州直非公企业团组织及香格里拉辖区非公企业团组织50多家非公企业团组织的负责人进行业务知识的培训。截止12月10日，各级团委联合人力资源和社会保障局、科技局、扶贫办、司法局和农牧局深入到15个乡镇22个行政村开展“2010年农村青年实用技术培训”共培训农村青年3 680人，培训内容涉及核桃种植、科学养殖、厨师技能、计算机实用技术等。

【青联工作】 共青团迪庆州委汇聚青年力量，联系州内外各界青联委员。与香港、北京、上海、昆明、西双版纳、保山等地的青联委员联系互通信息，建立友好关系；通过开展青年就业创业活动，加强与青年创业项目导师的沟通和交流，促进迪庆州青年创业项目的发展。依托迪庆州青联委员资源，组织全州青年创业项目评审，降低项目审核的成本，发挥青联委员在“青春建功新农村行动”；开展科技实用技术培训，实现转移就业，多渠道增收致富等方面的作用，为实现迪庆建设全国藏区跨越发展和长治久安示范区的目标做出贡献。

**【共青团与人大、政协委员面对面】** 根据农民工子女成长面临的实际问题，2010年12月11日，团州委组织“共青团与人大代表、政协委员面对面”活动，其目的是针对当前农民工子女面临的一些热点问题，由共青团把调研中了解的问题与人大代表、政协委员进行面对面的交流，通过这种形式，以期引起重视，使农民工子女合理的利益诉求得到解决。

**【志愿者工作】** 志愿者工作是近几年来滇沪合作，滇沪对口支援的一项工作，2010年9月1日，上海第十三批赴滇青年志愿者11人抵达香格里拉，分别在香格里拉人民医院、州藏医院、州中心血站、州疾控中心和州民族中学从事志愿服务；11月，他们到香格里拉县格咱乡、三坝乡开展“青春彩云南，建功新农村送医送药”服务，为800多名群众进行义诊，免费发放价值2万余元的药品。

**【青帆夜校和青年创业工作】** 2010年4月，在共青团迪庆州八届三次全会上，确定迪庆州民族中等专业学校为全州“青帆夜校”基地，并于2010年12月10日在州民族中学举办“青春彩云南、青帆夜校”开办仪式暨青年创业英雄论坛，邀请香格里拉卡卓有限责任公司董事长（2009年云南青年创业省长奖获得者）陈建生和绿源生态专业合作社理事长（迪庆州优秀创业青年称号获得者）张正君为论坛讲演，使参加论坛讲演活动的300多名师生深受启发。

同年，迪庆州青年创业的项目和人数在原有的基础上又有新的发展，全州新增“鼓励创业、贷免扶补”项目120个，YBC项目8个，通过创业带动就业，使全州就业人数不断增加。

**【表彰】** 2010年11月团州委联合州人力资源和社会保障局在州文博中心表彰10名迪庆州优秀创业青年，上报省级表彰的“五四红旗团委”2个，“五四红旗团支部”3个。

**【大事记】** 2010年4月26日，团州委八届四次全会在香格里拉县城召开，来自全州三县一区的团干部和少先队辅导员200余人参加会议。

2010年8月25日，选送藏、傈僳、纳西族、普米族、独龙族12名少先队人员参加“沪滇少年携手，共享世博阳光”活动。

2010年9月1日，上海第十三批赴滇青年志愿者11人抵达香格里拉，到达后在香格里拉人民医院、州藏医院、州疾控中心、州民族中学等单位服务半年。

2010年10月9日，“共青团希望水渠”启动仪式分别在香格里拉县金江镇仕达村和维西县永春乡兰永村举行。

2010年11月15日召开中国青年创业国际计划YBC项目实施三周年座谈会，州人大代表、州政协领导、YBC项目实施领导小组成员单位领导、迪庆州企业家代表、创业青年代表50多人员参加座谈会。

同日下午，团州委、州人力资源和社会保障局联合在文博中心表彰迪庆州优秀创业青年，州政府领导到会颁奖。

2010年11月23日，会同州委组织部召开迪庆州非公企业“创先争优”活动和团建工作推进会，采取以会带训的方式对40个非公企业团组织负责人进行培训。

2010年12月10日，迪庆州“青春彩云南，青帆夜校”在州民族中等专业学校挂牌成立。

2010年12月16日，团州委组织座谈会，开展“共青团与人大代表、政协委员面对面”活动。

（禹中玉）

## 工　会

**【基层组织建设】** 按“双措并举、二次覆盖”工作的要求，认真组织开展“广普查、深组建、全覆盖”集中行动，截止2010年9月底，全州基层工会组织达531个，涵盖法人单位811个，工会会员数达30 103人，分别比上年同期增长2.3%、8.4%和4.3%，再创历史新高。

**【乡镇工会建设】** 制定了《全州乡镇工会联合会规范化建设实施意见》，每个乡镇工会投入3.8万元，按照“十个一”的标准进行规范化建设。年内，省、州、县三级工会投入49.4万完成了13个乡镇工会规范化建设工作，全面提升了乡镇工会工作水平。

**【职工服务中心建设】** 工会基础设施建设进程进

一步加快，全州工会完成固定资产投资900多万元。德钦县、香格里拉县完成职工服务中心主体工程建设任务，维西县以250万元的价格购买了原交警大队办公楼作为县职工服务中心。

**【抗旱救灾捐款活动】** 2009年入冬以来，迪庆州遭受百年不遇的严重旱灾。2010年2月26日，州总工会、州妇联、团州委、州红十字会和州民政局五部门向社会发出了《抗旱救灾捐赠倡议书》，全州各级工会和广大职工共捐款2 031 284.5元，其中各级工会组织捐款538 354元，17 416名职工参加抗旱救灾献爱心捐款活动，职工捐款达到1 492 930.5元，支持帮助了灾区困难群众。4月19日，州总工会授予中国建设银行迪庆分行等45个企业（公司）“2010年抗旱救灾献爱心捐款活动贡献奖”。

**【劳动竞赛活动】** 2010年7月，州总工会组织开展了以“携手节能减排，共建低碳家园，促进科学发展”为主题的百题知识竞赛活动。全州265个单位的6 516名职工参加了竞赛活动，2 609名职工获得满分，占参赛人员的43%。组织参加了全省贫困县、边境县、藏区县技术技能大赛活动。配合州委宣传部、州民委等部门组织开展了全州民族团结知识竞赛活动。配合州旅游局组织开展了全州“金牌导游”大赛。

**【评优树模活动】** 2010年，州总工会评选表彰州级劳动关系和谐企业5家、工人先锋号28个、创争活动先进集体3家，和谐家庭150户。推荐香格里拉县民贸大楼等6个企业为“云南省劳动关系和谐企业”。三坝林场场长李魁等三同志荣获“全国劳动模范”和“先进工作者”称号；肝胆医院院长陈福生等两同志荣获“云南省五一劳动奖章”。

**【职工维权帮扶工作】** 2010年，全面推行了工资集体协商制度，全州共签订工资专项合同80份，涵盖企业86户，惠及职工6 826人。元旦、春节期间，全州各级工会共慰问困难职工423户，涉及1 721人，支出慰问金92.4万元。组织10名一线职工和3名省部级劳动到省工人疗养院进行了疗休养。

**【“贷免扶补”工作】** 2010年4月25日，州总工会会同州工商联等部门联合举办了为期5天的“贷免扶补”创业人员学习培训班，来自各县区的150多名创业者参加了培训。认真做好材料审核和报批工作，年内发放创业贷款100万元，支持20名下岗工人、大学毕业生、农民工实现成功创业。

**【职工医疗互助活动】** 2010年，全州532个基层工会组织25 457人参加了互助活动，共归集互助金2 075 740元。全州共1 234人次获得职工医疗互助活动的补助，补助金额达823 892元。

**【工会财务工作】** 积极配合当地地税机关，切实抓好了税务代收工会经费工作，做到了工会经费的收支两条线。按照省总工会、州民政局文件精神，制定了《迪庆州工会开展“小金库”专项治理工作的实施方案》，认真组织开展了全州工会小金库清理工作。

**【自身建设】** 高度重视州县专职工会干部政治理论和业务知识的学习培训工作，全州县以上工会干部参加上级工会培训达36人次，人均受训达到了1次以上，增强了工会工作的责任感和使命感。2010年6月29日，州总工会在顺源酒店大会议室举办迪庆州基层工会主席培训班，州直和开发区基层工会主席、女工主任140多人参加了培训。年内完成调研报告12篇，向州委政府和省总工会上报各类信息65篇。

**【全州工会转方式、调结构，工会有作为、职工作贡献大讨论活动】** 2010年4月16日，州总工会召开了开展“转方式、调结构，工会有作为，职工作贡献”大讨论活动动员大会，对开展这一活动进行了动员和部署。各级工会结合本企业实际，通过组织开展“转方式、调结构”主题实践活动，凝聚起广大职工胸怀大局、勇于奉献的精神力量，动员职工发挥聪明才智和创造精神，进一步增强紧迫感、危机感和责任感，积极投身“转方式、调结构”的实践，为加快全州跨越发展、经济结构调整和经济发展方式转变作贡献。

**【创先争优活动】** 州总工会党组迪庆工会实际，认真制定了《州总机关开展创先争优活动实施方案》和《全州工会党工共建创先争优活动实施方案》两个活动的实施方案。全州工会系统按照“推动科学发展、促进社会和谐、服务人民群众、加强组织建设”的总体要求，紧紧围绕州委“四州建设”和“建设全国藏区跨越发展和长治久安示范区”的目标，形成全州工会系统上下推进党工共建、创先争优活动的合力，进一步完善推进党工共建、创先争优活动的工作机制，不断巩固党的阶级基础和扩大党的群众基础。

**【七届三次全会】** 2010年2月4日，迪庆州总工会召开七届三次全委（扩大）会议，总结2009年全州工会工作，部署2010年工会工作。州总工会党组书记、常务副主席薛阳和在会上作工作报告，州委副巡视员、州总工会主席邓良才作重要讲话。会上表彰了2009年工会重点工作目标责任考核先进单位，签订了2010年工会重点工作目标考核责任书。

**【表彰】** 2010年10月，州政府授予州总工会“全州民族团结进步模范单位”称号；2010年7月，州总党支部被评为州直机关“先进党支部”；2011年2月，被省总工会评为“云南省工会目标责任考核二等奖”。

（向正平）

## 州妇联

**【概述】** 2010年是纪念“三八”国际劳动妇女节100周年，迪庆州妇联按照全国和省妇联的工作要求，坚持以邓小平理论和“三个代表”重要思想为指导，深入学习贯彻党的十七届三中、四中、五中全会精神，结合创先争优活动，全面贯彻落实科学发展观和男女平等基本国策，围绕全年工作目标任务，以妇女儿童得实惠、普受惠、长受惠为目标，突出重点、开拓创新、加强统筹、扎实推进，团结带领全州广大妇女积极投身迪庆跨越发展和长治久安示范区建设的伟大实践，推动了妇女事业和妇女工作实现新发展。2010年，州妇联法律援助中心被授予全国维护妇女儿童权益先进集体、李秀珍被授予全国维护妇女儿童权益先进个人；杨风喜家庭荣获全国五好文明家庭；防艾工作获省先进；州妇联党风廉政建设、禁毒工作获州先进。

**【百年系列活动】** 为搞好百年庆祝活动，迪庆州妇联超前谋划、因地制宜，积极组织开展各种系列主题活动，全面展示迪庆藏区妇女积极参与政治建设、经济建设、生态建设、文化建设的新业绩和新风采：一是在全州范围开展了妇女创业先进典型巡回演讲。活动通过宣传成功创业女性的先进事迹，发挥了创业典型示范效应，使广大妇女从身边的事例、熟悉的创业经历中得到了启示，增强了妇女自主创业的信心和决心，切实提高妇女带头致富和带领群众致富的能力。二是组织召开州直机关副科级以上女领导干部“三八”节座谈会、妇女领导干部联谊会，并对促进妇女儿童合法权益等方面进行了讨论，大家畅所欲言为开展迪庆妇女工作建言献策。三是为了进一步激发广大妇女群众的工作热情，团结动员她们以饱满的精神和昂扬的状态投入工作，组织开展了丰富多彩活动，使全州广大妇女陶冶了情操，愉悦了身心，加强了团结协作精神，提高了自身素质。四是为回顾与总结妇女解放和发展的百年历程，展示新世纪新女性的文明风采，举办了“新女性·新形象·新生活”文明礼仪风采展示大赛。活动结合各自行业特色充分展示选手们在生活、工作、社交等方面体现出的文明举止、优雅风度和时尚风范，大力倡导了社会主义荣辱观和社会文明风尚，提高了广大女性的文明修养和道德水准，积极营造了文明和谐的社会氛围。五是宣传报道了一批各行各业的优秀女性。各级妇联通过制作和播放回眸历史专题片、举办优秀女性图片展、开展各类座谈研讨活动，大力表彰各界优秀女性，向社会展示了迪庆女性的历史功绩和精神风貌。六是结合迪庆州举办的第六届康巴艺术节暨迪庆州民族团结节，大力推进民族团结教育。通过形式多样内容丰富的教育活动宣传民族团结进步条例，增强了妇女的民族团结意识。同时为更好的迎接“两节”、更好地弘扬迪庆州民族文化，组织开展了以“修炼魅力女人、经营幸福人生”为主题的每周五民族健身操活动、联合相关部门在香格里拉县城内组织为期一个月的第四套民族广场舞培训班，进一步丰富活跃了广大人民群众的精神文化生活，提升了迪庆州城市文明形象和文化品味，为两节的顺利召开做出了积极的贡献。

**【“军爱民·民拥军·军民共促民族团结、共建和谐迪庆”活动】** 为进一步增强机关广大妇女干部职工的廉政意识，深入推进“廉政文化进机关”，7月29日州妇联联合迪庆军分区政治部开展了以“军爱民·民拥军·军民共促民族团结、共建和谐迪庆”为主题的庆祝八一建军联欢活动，增强了州级机关妇联组织凝聚力。

**【扶持妇女创业】** 积极响应国家贷免扶补政策，全州各级妇联从促就业、保稳定、保增长的大局出发，将鼓励创业“贷免扶补”工作作为一项重要工程。在实施鼓励妇女创业贷免扶补工作中，以培养“有文化、懂技术、会经营”的新型女农民为目标，确定扶持对象做到好中选优、优中选强；并加强对创业妇女的培训，提高她们的创业能力。今年，已有80位创业妇女获得人均8万元无息贷款，共计640万元。继续积极争取“小额信贷项目”，年内，争取发放妇联小额贷款35万元，其中20万元已产生社会经济效益14万元，切实帮助了贫困妇女脱贫。与此同时各级妇联还通过各种渠道争取到三八绿色工程、妇女发展循环金、巾帼科技示范户信用贷款等项目协调资金53.4万元，积极为部分农村妇女带头致富人提供资金支持。通过这些项目的实施，有力的促进了当地农业生产的发展，收到了良好的经济效益和社会效益，在各地社会主义新农村建设中发挥了积极的作用。

**【妇女素质培训】** 按照“党政所急、妇女所需、妇联所能”的工作着力点，积极开展“双学双比”活动，为农村妇女创业致富搭建平台。州妇联积极争取省级培训机会，年内共派出30余人参加种植、养殖等技术培训；同时各级妇联依托“妇女之家”，坚持实用、实际、实效的原则，按照州委、州政府提出的在新农村建设中对农民进行技能培训的目标，联合相关部门组织开展科学文化、实用技术、法律法规、健康保健、防艾禁毒、家庭道德、政策信息等知识的培训，从多方面提升了妇女素质。深化“巾帼示范村”创建工作，带动农村妇女在促进农业生产发展、农民增收致富、农村文明和谐中发挥更大作用。

**【宣传教育力度不断加大，妇女创业就业热情得到激发】** 通过开展评选表彰三八红旗手、三八红旗集体，建立女性人才库等，选树了一大批在经济建设和社会发展中争先创优、建功立业的先进典型，激发了妇女工作热情，营造了有利于妇女发展的良好氛围。2010年迪庆州四人荣获省级妇联“三八”红旗手称号，两家单位荣获省级“三八”红旗集体称号；三家单位荣获省级“巾帼文明岗”称号，六人荣获省级“巾帼建功标兵”称号，三家企业被授予省级“巾帼创业示范基地”、一家单位授予全国健身示范基地等。

**【维护妇女儿童合法权益】** 州妇联充分发挥妇联组织在提高妇女法律素质，促进社会公正，维护社会稳定中的作用，不断提高依法维护妇女儿童的合法权益的能力。结合州委开展的“千名干部进村入户促民族团结进步”活动，动员妇联干部、妇女代表深入基层、深入妇女群众倾听呼声。年内共接待来访来电案件85件，其中接待来访案件20件，结案率达98%，做到件件有回音，事事得落实。同时为切实提高广大妇女的法律素质，增强妇女的维权意识，促进构建和谐社会，各地妇联结合深入开展的“法律援助便民服务”主题活动，开展了一系列丰富多彩、形式多样的妇女维权宣传活动。一是举办妇女维权法律知识讲座。组织法律专业人士、律师为全州的妇女干部进行《妇女权益保障法》、《劳动法》、《婚姻法》等方面知识讲座，对与妇女工作生活有关的法律、法规和典型案例进行讲解评析，听课的妇女干部有3 000余人。二是开展宣传活动。在“三八”维权周期间，联合相关部门举办了妇女维权咨询活动，发放各种宣传册1 000余份。三是开展送法下乡活动。各级妇联组织深入基层，开展现场咨询活动、发放宣传单等，接受咨询对象1 000余人次，发放宣传单5 000余份。深受广大农村妇女和女性农民工的欢迎，2010年迪庆州妇联法律援助中心被授予全国维护妇女儿童权益先进集体、李秀珍被授予全国维护妇女儿童权益先进个人。

**【做好扶贫帮困工作】** 以“美丽有源、健康为本”为主题在全州开展了女性健康知识巡回讲座活动，进行女性健康科普专题讲座，宣传普及卫生保健知识，并免费为妇女体检，推进妇女儿童关爱行动。继续做好“春风行动”、“春蕾计划”、“关爱留守儿童”等实事，为弱势妇女儿童群体排忧解难。为了深化“春蕾计划”，支持教育事业，丰富贫困山区孩子们的学习生活，省武警总队在香格里拉县纳赤塘小学建了“春蕾图书室”，赠送了价值31 603.3元的图书1 680余册。开展了以“关爱少年儿童，优化成长环境”为主题系列活动，大力宣传《未成年人保护法》。开展了“百家单位助春蕾”活动，为特困儿童捐款。配合卫生部门推进农村妇女“两癌”检查试点项目实施工作，切实开展艾滋病综合防治妇女“面对面”工作，全面提高了迪庆州妇女防治艾滋病的自觉性和主动性。

**【家庭教育】** 以学习宣传贯彻《迪庆州民族团结条例》、《迪庆社会治安综合治理条例》为契机，重点实施了母亲素质教育方面的培训。为更好地发挥母亲在构建和谐家庭、教育未成年人方面的特殊作用，州妇联利用各种渠道积极开展了“争做合格家长、培养合格人才”、“万家读书、母子读书”家庭教育知识竞赛等活动，7所学校被省授予“云南省示范家长学校”，发放《社区家教常识》近万册；州妇联领导班子分别深入机关、社区、村开展题为《和谐家庭》、《如何营造良好的家庭氛围》、《婚姻家庭》等内容的家教知识进社区讲座，为青少年健康成长和预防未成年人犯罪营造了良好的家庭氛围。

**【创建活动】** 结合创先争优活动，进一步深化和谐家庭建设。以和谐家庭建设为总抓手，整合各种家庭工作载体和活动形式，把美德在农家、学习型家庭、平安家庭、“双合格”家庭、廉政家庭、绿色家庭、节约型家庭、无毒家庭等以家庭为对象的各类特色创建活动整合起来，作为构建和谐家庭的有机组成部分，充分运用各种载体，通过各种渠道，在广大社区、乡村及家庭中深化各种文明家庭创建活动，使家庭文明建设始终站在时代前列，为构建社会主义和谐社会贡献了力量。在创建活动中，迪庆州受全国表彰的“五好文明”家庭1户、省级“平安家庭示范户”18户、“平安家庭”示范县1个、“平安家庭”示范社区3个等。创建活动作为迪庆州精神文明建设的亮点，有力的推动了经济、社会平稳较快发展，充分发挥出了妇联在和谐社会建设中的组织优势和群体优势。

**【廉政文化进家庭活动】** 为进一步深入开展以“清廉勤俭、和谐家庭”为主题的廉政文化进家庭活动，大力推进家庭助廉教育工作。下发了《迪庆州妇联关于开展廉政文化进家庭活动的实施意见》，在全州广大妇女党员干部家庭成员中开展了形式多样、喜闻乐见的廉政文化进家庭宣传教育活动15场次，把反腐倡廉的意识和观念逐渐渗透到家庭生活中，净化到家庭环境，从而营造了良好家风，维护了家庭和睦，使其家庭成员廉政意识、法律意识和自警意识得到提高，成为“爱国、守法、诚信、知礼”的现代公民，为建设和谐社会作出了贡献。

**【加强基层组织建设】** 基层组织是妇联开展工作的基础和保证，也是妇联了解和联系广大妇女群众的重要渠道。迪庆妇联抓住妇代会换届的契机，严抓选好干部关，积极完善相关制度，乡镇（街道）妇联、州直各级妇联组织及村妇代会的组建率均达到了96%。部分企业也建立了妇女组织。并对已建的妇女组织进行指导、联系、巩固，团结和凝聚更多的女性，引导其发挥优势、服务妇女、服务社会。进一步增强为基层服务的意识，真正为基层组织着想、为基层组织办事。在迪庆州第四届村级换届选举期间，各级妇联提前介入，做好反复宣传、政策引导、建议推荐等工作，确保任务完成。目前，全州共选举产生村党总支书记179人，其中女总支书记20人，与上届相比增加了6人，占书记总指数的11.2%；当选的村党总支委员会委员中妇女138名，与上届相比增加了36人，占委员总数的7.8%，选举产生村委会女主任3人，与上届相比增1人，占1.23%，选举产生了副女主任20人，与上届相比增加了8人，占7.2%，选举产生女委员192人，占26.8%，实现了村妇代会主任进村“两委”比例达75.4%。

（*尹学珍*）

## 工商联

**【综述】** 2010年，州工商联认真学习贯彻党的十七大四中、五中和省委八届八次、九次、州委六届八次、九次全会、中央第五次西藏工作座谈会和省藏区工作会议精神及中发［2010］16号文《中央、国务院关于新形势下加强工商联工作》，紧紧围绕州委、州政府的中心工作，按照科学发展观的要求，认真履行工商联职能，上下齐心，团结合作，扎实工作，使工商联工作迈上新台阶。年内与州人力资源和劳动保障局成功举办了“民营企业招聘周”活动；成功举办了迪庆州首届非公有制经济组织党组织庆祝“建党89周年”纪念活动；响应州委号召，开展主题教育“千名干部进村入户促民族团结进步”活动，安排一名专职副主席参加并率领驻村，宣传党的民族宗教政策，排查群众中存在的矛盾纠纷，消除隐患，并圆满完成村“两委”换届选举工作，受到县委表彰，授予“优秀工作者”荣誉称号；组织州县工商联会长、专（兼职）副会长及其干部职工参加全国工商联召开的关于加强和改进工商联工作的电视电话会议，认真学习并贯彻落实贾庆林同志的重要讲话精神；协调省州金融办同意推进迪庆国投入股小额贷款公司的相关事宜；积极建言献策，协助配合政府促成云南省金融办在2010年召开了研究支援藏区中小企业发展的金融工作会议。

至2010年底，州工商联有5个编制，实有人数6人，其中主席1人，副主席3人，科级干部2人。

**【思想建设工作】** 州工商联班子发挥工商联的团队精神，在思想建设上，结合创先争优活动，按照州委活动领导小组一个主题、一个目标、四项任务总要求和基层党组织和党员队伍“五好五带头”的活动内容及要求，在工商联支部及非公企业党组织中开展了一系列的“为社会作奉献，为党旗增光彩；争当岗位能手，争当员工标兵，争当守纪模范”的“两为三争当”活动。

1. 根据迪组电明［2010］7号《关于在全州各级党组织和广大共产党员中开展“共产党员抗旱先锋行动”的通知》的要求，迪庆州工商联党总支组织迪庆非公企业各党支部开展抗旱救灾捐款献爱心活动。截止2010年4月1日止，州工商联9家企业会员及党支部先后向州民政局赈灾科捐款63 353.60元。

2. 2010年5月31日召开非公经济组织党支部“创先争优”活动思想动员及培训会，传达学习中央、省委、州委文件精神。举办了支部书记、党员培训班，召开思想政治工作交流会议，做好预备党员的谈话和思想政治工作，做好对42预备党员的跟踪管理，4月份在州直工委的指导下，对非公经济开展党建工作进行了走访调研。

3. 4月25日至30日，州工商联举办为期6天的全州“贷免扶补”创业培训会议，培训期间专门设置“诚信教育”专题，邀请了迪庆的知名律师吴陪三，为学员们进行“诚信教育”专题讲座。

4. 6月29日迪庆州非公经济党总支在环太大酒店举办了首届非公经济党组织庆“七一”活动。州工商联全体人员、州直部分企业老总及党员共100余人参加庆祝活动，在活动上42名新党员向党旗宣誓，重温入党誓词。

5. 10月，州工商联购买60余本《中国共产党第十七届中央委员会第五次全体会议文件汇编》，对州工商联执委以上人员发放，召集常委以上人员进行传达学习。

6. 11月15日，州工商联组织州及香格里拉县工商联会长、专（兼职）副会长及其干部职工参加全国工商联召开的关于加强和改进工商联工作的电视电话会议，认真学习并贯彻落实贾庆林同志的重要讲话精神。

**【自身建设】** 1. 加强学习，创建“学习型机关”，建设“学习型党组”。在2010年的创先争优活动中，迪庆州工商联紧扣创建学习型党组和争当优秀共产党员“五好五带头”和省委“个人形象一面旗、工作热情一团火、谋事布局一盘棋”的要求，在工商联机关及非公企业党组织中开展一系例学习活动，大兴学习之风，全力推进学习型机关建设，树立终身学习的理念。在学习方式上采取集中学习与分散学习相结合、办班学习与交流学习相结合、业务培训和专题讲座相结合。通过学习，激发了工商联干部爱岗敬业、创先争优的热情，提高了干部职工的政治思想素质和业务水平，同时也增强了工商联的凝聚力、影响力和战斗力。

2. 制度建设。为适应新形势对工商联机关的要求，结合创先争优活动，进一步健全和完善规章制度，制定了迪庆州工商业联合会《机关工作管理制度》，该制度包括《会议制席》、《学习制度》、《档案保密制度》、《廉政制度》等16个制度，对所有制度进行张贴上墙。使干部职工做到有章可循、照章办事。同时，进一步修改和完善了各种工作程序和规章制度，全面推行岗位责任制、首问首办制、服务承诺制等一系列工作制度，不断提高办公室工作的规范化、程序化、标准化建设水平。

3. 作风建设。围绕开展“五好五带头”和“两为三争”活动，州工商联始终把加强自身建设、提高整体素质放在突出位置来抓，充分发挥工商联党组织的战斗堡垒作用和党员的先锋模范作用。在作风建设上，大力倡导勤政为民、真抓实干，脚踏实地、埋头苦干，注重实际、少说多干三种工作作风；认真执行公务员八条禁令和党风廉政建设的各项规定，履行职责，强化责任，自觉接受同级统战部的领导和基层组织与会员的监督，切实加强机关党组的自身建设，确保工商联各项工作的顺利开展；党组较好地坚持了民主集中制。定期召开班子会议，相互间开展批评与自我批评，始终坚持总揽全局、把方向、议大事，特别是党组成员做到大事讲原则、小事讲风格，相互支持配合，人人做好表率，民主意识强、氛围好，深受党员干部的好评；年内州工商联领导干部及职工从未出现违法违纪违规等不良现象，始终保持清正廉洁，无私奉献的高尚风格。通过加强自身建设，达到了思想上求“正”、作风上求“严”、素质上求“高”、工作上求“实”，形成了团结协作、爱岗敬业、开拓创新、无私奉献的良好局面，得到上级、当地党政领导及服务对象的肯定和好评。

**【非公有制经济发展情况】** 2010年10月底，全州私营企业938户，从业人员11 307人，个体工商户12 025户，从业人员38 003人。全州工商联会员637个，其中企业会员174个，团体会员9个，个人会员454个，组建行业等社团9个，本年度新发展会员79个，会员增长率为15%，其中企业会员增长19户，增长率达13%，个人会员增长60个，增长率为16%。2010年12月底，全州非公企业上缴税金达2.57亿元，占全州地方性财政一般预算收入的43.07%；非公经济创造的增加值达34.8亿元，占全州国内生产总值的45%；非公有制经济已成为迪庆州国民经济的重要组成部分，已占据迪庆州GDP及税收的半壁江山，同时也成为广泛吸纳劳动力的一个主渠道，成为促进经济发展、社会和谐、实现共同富裕的根本保障力量。

**【参政议政和调查研究】** 2010年在人大、政协两会提出《关于对迪庆州企业高管进行轮训的建议》、《关于加快职业培训机构建设步伐的建议》、《关于完善迪庆州以创业带动就业的政策支持体系的建议》、《关于对经管干部和企业法人培训的建议》、《关于成立特色餐饮协会的建议》、《关于尽快出台农民工进城享受市民待遇的建议案》等共27件议案和提案，其中州工商联兼职副主席李瑶、马志明等8人提出的《关于建立迪庆州人才战略及加大职业技能培训投入的提案》、州工商联执委尹崇超提出的《关于对迪庆州可开发利用的水能矿藏、风景名胜等自然资源进行一次原始评估的建议》被评为重点提案。州工商联兼职副主席七林提出的《关于要求完善和充实迪庆州扩大对外开放规定招商引资优惠政策的提案》、州工商联兼职副主席李萌等8人提出的《关于加快迪庆电网建设的提案》被评为优秀提案。通过调查，撰写了《加强非公有制经济人士培训，促进非公有制经济健康发展》、《迪庆非公有制经济代表人士队伍调研报告》、《对迪庆州发展特色产业的几点认识》等10篇调研报告。年内促成州政协组织委员对藏龙、宏达前程培训，吉顺集团、藏东培训等相关会员企业视察并就人力资源存在问题及发展要求形成视察报告。

**【会员服务】** 1. 加大宣传力度，营造良好的舆论氛围和环境氛围，继续和迪庆日报社举办“工商联与非公经济”专栏，发挥报刊、电视的主体传媒作用，撰写发表宣传迪庆非公经济发展动态和非公经济人士风采新闻报道20余篇。

2. 年内在迪庆州举办的第六届康巴艺术节及民族团结节上，州工商联打报告、写请示，经多方协调，争取到40张开幕式门票，送到州工商联及香县工商联常委以上的会员手中，使迪庆州非公经济代表人士享受到“娘家”的温暖。

3. 促进区域经济合作，帮助会员企业做大做强，做精做专。在迪庆州工商联的牵线搭桥及联系沟通下，香格里拉藏龙生物资源开发有限公司于5月25日参加了昆交会，参展产品有：牦牛制品、青稞产品、野生菌类、野生蔬菜等29个产品系列，成交额达7 000万元；9月7日参加了农博会，参展了牦牛制品、青稞产品、野生菌类、野生蔬菜等29个产品系列，成交额达6 000万元；9月13日，参加了广州中博会，成交额达2 000万元；10月12日，参加上海农展会，成交额达3 000万元。

4. 积帮助会员协调解决生产经营活动。针对有一定技能的人力资源短缺实际，帮助州内高端酒店悦榕庄、松赞林卡、天界神川等与相关培训机构联系，输送合格员工50余人；帮助会员企业维西蜂业公司拓展市场、引进战略合作伙伴，并联系云南农大蜂学研究所做相关中蜂养殖培训，拓展了公司养中蜂的基地。

5. 积极开展对非公经济人士的业务培训：（1）4月26日至30日，州工商联举办了为期5天的共188人全州“贷免扶补”创业培训班。（2）5月19日，由维西工商联牵头，推荐了25名非公经济代表人士参加入党积极分子培训班。（3）9月29日至30日，维西工商联在塔城镇启别村举办了为期2天共59名创业培训。（4）10月10日至15日，维西工商联在塔城镇哈达村举办了为期5天共108人养蜂技术培训。（5）在创先争优活动中，举办了支部书记和党员思想政治工作培训班、思想政治工作交流会、座谈会、预备党员的跟踪管理教育。举办七次不同行业的思想教育、业务技能旅游等培训班。

**【贷免扶补工作】** 迪庆州工商联于2010年11月30日前超额完成省工商联下达的目标任务，完成名额为153名，协助农信社发放贷款765万元。在153名创业人员中大学生有27名，占创业人员的18%。在全州工商联系统扶持的150名创业者中，大中专毕业生有39人，占26%；从事第一产业的有59人，占40%；从事第二产业的有1人，占1%；从事第三产业的有51人，占34%；年龄在30岁以下的有71人，占48%；30至35岁的有31人，占21%；36至40岁的有31人，占21%；40至45岁的有12人，占8%；45岁以上的有5人，占4%；女性61人，占41%。导师库建立及导师配备，根据工商联组织优势及部份企业会员一些成功创业经验，州工商联为迪庆州就业和再就业办公室提供了90名创业导师库，负责承担全州创业人员的创业指导和帮扶任务。建立跟踪服务制度和项目台账制度，迪庆州工商联严格按照省里的要求建立“1+3”跟踪服务机制，各承办单位跟踪服务，对每位创业人员配备导师，建立了联络员制度，确保了每1名创业者都有1名联络员，负责加强创业者与具体承办单位、创业导师、承贷农村信用社之间的沟通，并建立规范的项目台账档案。

**【光彩事业和社会主义新农村建设】** 1.2010年，迪庆遭受百年不遇的旱情，州工商联向全州会员企业发出倡议，向灾民伸出援助的手，各会员企业积极响应，踊跃参加捐赠，3月5日，29家企业共捐助抗旱资金36.7121万元。

2. 在2010年的元旦节前夕，维西县维登乡新化村二组发生了特大火灾，使38户143人无家可归，维西工商联了解实情后，于1月6日组织非公经济人士捐款捐物，共募捐到人民币4.2385万元、衣服500多件；迪庆宏达酒店及员工对受灾农户捐款1.408万元。

3.2010年度，香格里拉神川矿业公司参与公益事业共投入资金110余万元，主要用于救助灾害，救济贫困。7月香格里拉顺鑫公司捐赠松赞林寺羊朵康参大殿修复50万元。9月宏达大酒店向舟曲和迪庆康巴艺术节暨民族团结节捐款6.46万元。

4. 为了支持迪庆教育体制改革，在迪庆州光彩会的沟通联系下，于7月争取到新疆七一酱圆集团50万元资助金，用于建设小中甸镇中心完小学生食堂。迪庆州工商联全体职工向州教改办捐款3 800.00元。

5.2010年度迪庆州光彩会“精英牵未来，香格里拉光彩1000”活动资助5名贫困生，资助金0.48万元。5月，州工商联组织州直及三县工商联参加中国扶贫基金会举办的“爱心包裹项目5.12灾区学生六一关爱行动”，全州20名工商联干部职工共捐赠“爱心包裹”20个，价值0.2万元。6月厦门大学管理学院卓越女性班到迪庆考察，给迪庆州光彩会捐款2万元，用于贫困生资助。8月会员企业香林日用品服务中心借开业庆典之机，组织员工向迪庆州光彩会捐款1.02万元，迪庆州光彩会根据贫困程度资助了6名贫困大中专学生。9月，昆明诺仕达集团继去年后又给迪庆州文理科状元及3名贫困大学生12万元资助金。

6. 引导组织非公企业参与新农村建设，年内噏嘛楚卡房地产开发公司肖鲁在光彩事业、社会主义新农村等公益事业方面共投入资金154.5万元，其中在解放村、吉迪村共投入123万元，为两村修建白塔、篮球场、改造水电、太阳能安装及建设乡村图书室。

7.2010年4月，州工商联争取到20万元抗旱救灾资金，资助维西县塔城镇启别村哈达村民小组15万元，用于哈达村泥石流的抗洪救灾工作。资助维西县工商联3万元，用于引水工程建设；资助德钦县工商联2万元，用于扶贫点引水工程建设。

8.2010年德钦县工商联在扶贫点奔子栏镇达

日村修建7条水沟防渗项目和一条长150米卫生路，投入水泥100吨，县工商联还对该村投入资金2万元，用于建盖蔬菜大棚，同时对该村的4名贫困生进行资助，资助金2千元。

9. 2010年维西县工商联兼职副会长和振宏在维登乡箐头村投入15万元发展天麻种植基地，并委派技术人员对村民进行技术指导，对农村调整产业结构，增加村民收入起到促进作用。

10. 藏龙生物资源开发有限公司2010年在香格里拉县三坝乡哇尺卡村投入45万元，为该村建设农田水利10公里、修建农村卫生路5公里、卫生厕所10个。

**【统计信息工作】** 1. 统计工作，年内按时上报光彩事业统计报表、会员统计报表及省工商联、州直各部门要求填报的各种报表。建立健全了会员个人档案、统计台账。

2. 信息工作，迪庆州工商联继续与迪庆日报社联合举办《工商联与非公经济》专栏，大力宣传迪庆州非公经济人士先进人物和典型事迹，年内宣传报到20余篇，州工商联撰写调研报告10份，出简报9期，向省联报送信息25条。

**【特色创建活动】** 1. 在创先争优活动中，迪庆州非公经济创先争优活动指导小组，针对在一些非公企业和个体工商户中存在的流动党员，为了使他们能参加党组织活动，感受到党组织的温暖，州工商联成立了雪域阳光驿站。仅2010年度，非公企业员工就有42名加入了中国共产党。

2. 迪庆宏达酒店立足"五个一批"、"五个一"深入开展创先争优活动，迪庆宏达酒店在迪庆州非公经济指导小组的有力指导下，把开展创先争优活动和酒店的中心工作有机结合起来，围绕"五好、五带头"的要求和岗位实际，对党组织和党员提出了非常有针对性创建目标和要求，活动开展得有声有色，特别是提出的"五个一批"，即："吸纳一批农村剩余劳动力、培养一批实用技术人才、培养一批致富带头人、救助一批贫困农户和发展一批员工党员"。同时对党员也提出了"五个一"的要求，就是"一张笑脸迎客、一杯热茶暖客、一桌佳肴安客、一声答谢送客和一番诚意客留客"，这在全州非公经济及各行业、各单位中起到一个很好的学习和借鉴作用，成为全州非公经济示范点。

3. 2010年，迪庆州工商联为了确保创业贷款取得的实效性，在充分调研的基础上，大胆创新，进行有益偿试，创建团队创业，创建了养猪、养鸡、养蜂3个团队创业，给迪庆州各创业贷款承办单位起到一个很好的表率和示范作用，同时也培养出了几家初具规范的养殖场。

4. 2010年迪庆州委州政府举办的康巴艺术节暨民族团结节，州工商联全力支持，在短短的55天时间里共筹集资金2千多万元，圆满完成州委州政府交给任务，得到州委州政府充分肯定，由于成绩突出，迪庆州工商联被评为"第六届康巴艺术节暨民族团结节先进集体"称号。

5. 2010年政协会上，迪庆州非公企业人力资源培训问题成为热点问题，针对此，迪庆州工商联特别加强了培训工作，并注重从抓自身培训特色，无论是资金筹措、培训组织、师资力量配备等，充分整合了各种有效资源，取得较好效果。

6. 2010年，迪庆州工商联在对外联络工作中，使工商联与著名大学、著名科研院所之间的合作得到突破性加强。厦门大学先后组织四批120余人就读于厦大EDP中心的著名企业家到迪庆州考察，与工商联及非公经济界人士联谊，寻求合作商机、共谋团结发展。一系列活动内容在厦大EDP引起强烈反响；云南农大蜂学研究所则与迪庆州工商联完成对迪庆州100名蜂农的培训，并进而着手准备合作举办全国养蜂大会在迪庆召开的相关事宜以及迪庆三江并流区域中蜂养殖保护区申报的相关策划准备工作，预计将对迪庆全州范围内蜂产业的跨越发展起到大力推动作用。

7. 2010年玉树地震发生后，同属东部藏区，如何帮助灾区人民也引发了迪庆州工商联干部职工的思考，最后形成帮助培训部分玉树灾区农村青年的思路，在极端困难的情况下，迪庆工商联帮助会员企业在玉树结古镇招收了17名农村青年，已顺利进行了三个月的全免费培训，相信当他们回到玉树后，会为玉树即将到来的大发展起到相应作用，也会伴随玉树的大发展迅速成长起来并成为有用人才。

**【表彰】** 香格里拉神川矿业开发有限责任公司被云南省委、省人民政府评为"2009年度社会扶贫先进集体"荣誉称号。香格里拉县圣宝食品进出口有限责任公司"久恩"牌松茸罐头系列产品获得云南省名牌产品企业称号。香格里拉县卡卓有限责任公司“卓玛”商标；香格里拉县卡瓦有限责任公司“卓瓦”商标；香格里拉酒业股份有限公司“大藏秘”商标；香格里拉县藏神生物药业有限责任公司“卓瓦格博”商标；香格里拉县雪域资源开发有限责任公司“雪域映像”商标5家企业会员获得云南省著名商标企业。州工商联会员企业迪庆州交通运输集团、云南江海投资开发有限公司、维西县综合贸易股份合作公司、德钦县梅里酒业有限公司、神川矿业开发有限责任公司、德钦三明鑫疆矿业有限公司、迪庆圣地国际旅行社有限责任公司、迪庆州宏达大酒店、迪庆州吉顺集团有限公司、迪庆州民族贸易有限责任公司在2010年迪庆首届民族团结节活动中被评为“民族团结进步模范单位”荣誉称号。德钦县民族用品开发有限责任公司经理洛桑扎西、维西县综合贸易股份合作公司董事长张学军、香格里拉县酒业股份有限公司酿酒厂副厂长唐文春、香格里拉县顺鑫有限公司副总经理央宗、恒信文体大世界经理王艳梅、香格里拉县藏东培训中心主任李纲被评为“民族团结进步模范个人”荣誉称号。香格里拉天界神川大酒店被迪庆州文明办命名表彰为州级“第四批文明示范窗口”称号。香格里拉县民贸大楼有限责任公司被云南省总工会、省人力资源和社会保障厅、省安全生产监督管理局、省工商联等部门评为“2009年度云南省劳动关系和谐企业、工业园区”的称号。州工商联兼职副会长七林提出的《关于要求完善和充实迪庆州扩大对外开放规定招商引资优惠政策的提案》、州工商联兼职副会长李萌等8人提出的《关于加快迪庆电网建设的提案》、州工商联会员扎巴等10人提出的《关于加强迪庆州藏传佛教管理工作的提案》被州政协评为优秀提案。

（李菊芳）

## 文　联

**【综述】**　2010年，迪庆州文联紧紧围绕州委、州政府工作大局，牢牢把握正确导向，以满足各族群众日益增长精神文化需求为根本，以推动文化兴州为目标，认真履行联络协调服务基本职能，研究新情况，解决新问题，创造了新的经验，形成了新的亮点，许多工作在原有的基础上，取得长足进步，具有开拓性、创造性、突破性，呈现出全面推进、蓬勃发展的生动局面。全面完成党风廉政建设、社会治安综合治理和安全保密工作。在2010年度州级党群系统目标考核中文联获得总评第2的成绩，被评为优秀等次。

**【文艺活动】**　一、以贯彻落实全州宣传思想工作会议和州第五次文代会精神为契机，认真研究并解决制约全州文艺创作方面的突出问题，寻找个别艺术门类作者创作热情不高的根源，积极探索符合迪庆实际的促进文艺更好更快发展的新路子，加强基层文联和协会建设，组织开展了文艺创作和各种演出、展览。二、推荐歌手参加“云南省首届乡村歌手大赛”，在经费十分困难的情况下，想办法推荐了两名歌手参加比赛，获得了一个二等奖和一个优秀奖的好成绩。三、承办第六届康巴艺术节暨迪庆州民族团结节“文化长廊”展览，在第六届康巴艺术节暨迪庆州民族团结节期间，州文联和州书法美术家、作家、音乐家、舞蹈家、民间文艺家等协会主动承担任务组织了四地州“艺术节文化长廊”展览。展览分“历届文化艺术节成果展”、“书美影作品展”、“音乐成果展”、“民族乐器展”、“藏族文学创作成果展”、“非物质文化艺术成果展”，观众上万人。

**【协会换届】**　作家、民间文艺家、音乐家、舞蹈家、书法美术家、摄影家、戏曲家、广播电视电影家等8个协会先后换届，选举产生了新一届协会领导班子，调整充实了协会领导班子成员。各协会通过召开换届大会，全面总结了上一届协会取得的成绩，明确了新一届协会工作的目标任务，浓厚的创造氛围正在形成，为进一步繁荣发展迪庆州文学艺术事业打下了坚实基础。

**【队伍建设】**　一、加强对州级各文艺家协会的业务指导，帮助解决实际困难。各协会开展了不同形式的联谊、讲座、评论、作品研讨、采风创作、展览、演出等活动。抓载体出实招，推新人有成效、出新作见效果。无论在凝聚人、感召人方面还是在服务群众奉献社会方面都发挥了不可替代的作用。二、不断发展新会员，2010年吸收了58名新会员，会员队伍不断壮大，年龄层次日趋合理，艺术门类不断完善，迪庆州文艺家协会会员已发展到600多人，已成为“文化兴州”的主力军。三、充分利用《香格里拉》和《卡瓦格博》这两个传媒渠道推新人、出新作，一大批文学青年逐步成长起来。通过杂志这一平台，进一步拓宽文联工作的影响力和辐射面。四、推荐作者参加省作协组织的文学创作笔会和滇东、滇西文学创作年会，不断提高迪庆州年轻作者的创作水平。

**【出版图书】** 2010年州文联集中出版了一套《香格里拉文学系列丛书》，即一部长篇小说《格桑花》，三部中短篇小说集《风之末端》、《雪后的阳光》、《雪线》，两部散文集《永恒的图腾》、《自然之交》，三部诗歌集《我的滇西》、《时光掌纹》、《雪》，一部杂文集《下雪的猴子》。9月8日在迪庆州新华书店举行《香格里拉文学系列丛书》首发式，州委常委、州委宣传部长鲁永明出席首发式并讲话。藏族诗人、作家扎西尼玛与马建忠合著的《雪山之眼》由云南人民出版社出版发行。

**【协会工作】** 作家协会以《卡瓦格博》、《迪庆日报》为平台，创办“新人新天地”栏目培养文学新人。在“康巴艺术节暨迪庆州民族团结节”期间举办藏族文学创作成果展，共展出280多套图书。杨翠海的小说《彼岸》获“云南建设杯”第七届滇池文学奖，该作品还与永基卓玛的小说《扎西的月光》同时获滇西文学创作奖。李志宏的组诗《蓝月山谷的杜鹃花开了》、永基卓玛的中篇小说《雪线》入选省作协年度作品奖并在云南《百家》杂志上发表。7月推荐央金拉姆、永基卓玛参加省文联组织的青年作家创作会。民间文艺家协会积极参与非物质文化遗产保护项目的搜集整理申报工作，出版发行《迪庆州非物质文化遗产保护名录》、《迪庆州非物质文化遗产资料集萃》、《迪庆锅庄》。纳西族造纸术、迪庆锅庄舞蹈、阿尺目刮舞蹈、尼西黑土陶制造工艺、格萨尔曲艺被列入国家级非物质文化遗产保护名录。第六届康巴艺术节暨迪庆州民族团结节期间组织了“迪庆州民族民间文艺展演”、“非物质文化艺术展”。开展民间艺人培训2次，参与中央、省民间文艺调研。音乐家协会充分发挥优势，积极开展创作，喻德华创作的音乐作品《天堂故乡》获第六届云南省文学艺术创作奖励基金奖三等奖，为第六届康巴艺术节暨迪庆州民族团结节专场演出创作主题曲《和谐颂歌》，创作少儿歌曲《不要唱错》参加全国征集活动。还创作歌曲《度姆·阿妈啦》、《在一起》等歌曲。“香格里拉组合”出版发行《飞旋香巴拉》演唱专辑，“雪之子组合”出版发行《雪之子》演唱专辑，康珠卓玛出版《香巴拉——幸福的家园》个人演唱专辑。唐跃洲编辑制作《传说羊拉》宣传光盘。余中创作《在香格里拉等你》、《思念父亲》、《留恋》、《月光下的美人》、《青海湖》等歌曲。余常慧等创办的“乐禾艺术培训中心”积极培养少数民族音乐人才。为传承、创作、制作和推广藏族音乐，迪庆州音乐人郭建红在积累了十年来的音乐制作经验的基础上，创建香格里拉“五彩哈达”影音工作室，填补了迪庆州文化产业中专业影音制作领域的空白。舞蹈家协会编排节目参加香格里拉赛马节、第六届康巴艺术节开暨迪庆州民族团结节幕式演出，节日期间还进行了广场游演和专场文艺演出。协会会员还为玉树抗震救灾举行专场演出，下乡和慰问演出20多场。为迪庆消防支队编排舞蹈节目《打青稞》参加云南省消防总队文艺汇演并获一等奖；为子元房地产公司编排舞蹈《欢乐香巴拉》、《弦子悠悠》参加云南省房地产公司成立16年文艺汇演，获一个二等奖、一个三等奖。摄影家协会根据自身状况，积极组织会员开展了各种活动。不定期开展会员作品交流活动，为会员提供展示的平台，达到交流促进步、提高会员创造水平的目的；收到了良好的成效，完成了节日期间各类活动的拍摄任务；完成了第六届康巴艺术节暨迪庆州民族团结节摄影展的工作任务；组织会员参观了“第二届大理影会”，开阔了眼界，提高了会员的创作水平。克服困难继续办好协会内部刊物《香格里拉摄影》，2010年共出版两期，并与地平线摄影论坛举办“香格里拉摄影论坛版块”，共发帖1 612条，为宣传迪庆、宣传香格里拉，展示迪庆州自然、风光、人文、风情起到了积极的作用，协会积极发挥团体力量，在甘肃舟曲特大泥石流时组织会员积极捐款支援灾区，共募集捐款4 500元，为支援灾区作出了的贡献。书法美术家协会在第六届康巴艺术节暨迪庆州民族团结节期间，积极组织协会会员进行创作，展出作品28件。国庆节期间与迪庆州文化馆联合举办了“迪庆州国庆书法美术作品展”，参观者1 000多人。开展不同规模的笔会活动10余次。

通过组织开展活动，激发了广大会员的学习和创作激情，8月份以来，协会组织会员参与了迪庆州质监局、香格里拉县教育局、迪庆州养护总段、州消防支队等四个单位的行业书法美术作品创作活动，共创作了100多幅书法美术作品。举办业余书画培训4期，培训中小学书画爱好者200余人。戏曲家协会立足州情，积极开展挖掘、抢救、整理等工作。经过努力，维西大词戏将过去老艺人留下的部分录像资料做成了光碟进行收藏和传承；收集整理完成了《阿勒古歌》一书。并且创作了小话剧《老俩口逛新城》、《赞家乡》、《存钱》等，反映了家乡变化及社会主义新农村建设取得的成就。大词戏清唱《维西教育谱新篇》、《山城一片新面貌》、《警民团结建和谐》深受广大人民群众所喜爱。广播影视协会把提高舆论引导能力放在突出位置，精心策划、周密部署，突出主题宣传，2010年6月，由迪庆电视台选送的电视外宣节目《世界的香格里拉》、专题片《梦幻白马雪山》获得云南广播电视政府奖。

**【办好会刊】** 《香格里拉》杂志调整充实了编辑班子，壮大了编辑队伍。通过走合作协办与自主创新的路子，实现了向国内60多个大中城市发行的历史性突破，向全国国际机场、高尔夫球场俱乐部、汽车展示厅、五星级酒店、高端会所等高端人群密集场所的派送和发行。“特稿”、“光阴香格里拉”、“香格里拉公益广告”三个栏目重点推介香格里拉的民族文化和景区景点，社会效益显著。杂志已成为迪庆对外宣传的一个重要渠道。

《卡瓦格博》内刊立足于突出地方特色，不断提高可读性，转换办刊理念，紧紧依靠作者和读者的支持，努力提高杂志质量和艺术品位，刊登了一大批佳作、力作，得到了本土读者的广泛认可。

**【文艺交流】** 中国文联副主席廖奔、云南省文联主席郑明、中国书法家协会采风团、云南省摄影家协会采风团以及来自北京、上海、广州、四川、西藏、青海和本省兄弟州市的文艺家80多人次分别到迪庆采风，采风期间文联热情接待、积极配合采风活动。文联还选送一名干部到上海嘉定区学习考察，选送6人次参加滇东、滇西文学创作年会。

**【组织建设】** 一、充实完善了《文联工作规章制度》，《香格里拉》杂志社细化了岗位职责，建立健全了《杂志社纠错制度》、《目标量化管理制度》，文联工作有章可循，用制度管人、管事的机制逐步形成。二、加强信息化建设，积极参加信息化培训，逐步熟悉并做好电子政务办公应用工作。改善文联机关和杂志社办公条件，添置了办公设备和业务器材，选送人员参加培训，组稿、审稿、传送等编辑工作程序更加规范快捷。三、努力为广大文艺家和文艺工作者办实事、办好事、积极探索维护文艺工作者合法权益的有效途径，举文联之力，汇文联之智，历时数月，数易其稿，完成《迪庆州优秀文学艺术作品奖励暂行办法》的起草工作。为出新人、出新作提供了政策保障。四、按照州委要求，选派一名副处级干部参加历时50天的“千名干部进村入户促民族团结进步”工作队，圆满完成了各项工作任务。五、深入扶贫挂钩点开展扶贫工作，根据扶贫点上半年遭受旱灾、下半年又遭受洪涝灾害，群众生活困难的情况，在积极组织村民自救，为脱贫致富献计献策的同时筹集了2吨大米送到群众家里，给困难家庭和老党员送去慰问金，解决了挂钩点生产生活上的实际困难。

（和蔚林）

## 社科联

**【理论研究】** 2010年，迪庆州社科联按照云南省社科联的要求精心组织全州文化事业单位、科研单位和学校等相关单位的学者、专家参与评比活动。积极组织州内学者投稿参与云南省社科学术年会，申报年度云南省政府优秀社科成果奖的评选。有一篇论文入选云南省社科年会，申报3本专著参加2010年云南省政府优秀社科成果奖的评选。同时积极申报省级和国家级课题，报了3项省级课题和一项国家级课题。这些工作的开展为州内专家学者提供了展示自我的平台，调动了学者专家进行社会科学研究的积极性，推动了迪庆州社会科学的发展繁荣。

紧紧围绕州委州政府的中心工作，紧密联系迪庆改革发展的实际，充分发挥社科工作优势，积极引导和组织全州社科工作者开展社科学术研究，提升了社科工作水平。2010年3～4月，州社科联组织学者对迪庆州教育综合改革工作进行调研，发表了《探索城乡义务教育均衡发展之路——迪庆州“集中规模办学”追踪与思考》调研报告，为全州教育综合改革工作提出了建议。

【创办刊物】 2010年1月15日，州委召开了《香格里拉论坛》创刊发行暨社科工作者座谈会。州委书记齐扎拉出席会议并作重要讲话，州委常委、宣传部长鲁永明主持会议。州级相关部门、州内社会科学界专家、学者等100余人参加了会议。标志着迪庆州第一个哲学社会科学综合性内部刊物出版发行。到2010年11月一共发行了四期。《香格里拉论坛》创刊发行为热爱从事社会科学研究的人们提供了平台，同时向民众宣传党的方针政策和州委政府发展思路及各项政策起了重要作用。推动了迪庆州社会科学研究事业发展繁荣。

【社团管理工作】 对学会、协会的日常管理是社科联的重要工作职责。为了履行对学会、协会的管理责任，从2009年我联在原有工作的基础上，对学会、协会进行了认真地调查清理，对属于社科联管理的学会、协会进行调查、登记，力争协助其挂靠单位进行规范化管理，激活部分学会正常开展活动，发挥应有作用。至2010年11月，迪庆州内有社科类学会协会23个。迪庆州社科联对相应学会协会的基本情况进行了建档登记。对社科联的协调管理职能不了解的新成立协会主动取得联络，建立良好关系，并在2011年1月20日在香格里拉县城顺源酒店召开2010年全州社科类专家学者和学会、协会领导人新年座谈会。州委、人大、政府、政协分管领导出席会议，州内部分专家、学者共40余人参加座谈会。充分发挥了州社科联作为州委、州政府联系社科界专家学者的桥梁与纽带作用。

【完成州委、政府安排的其他工作】 2010年迪庆州举办了第六届康巴艺术节暨迪庆藏族自治州民族团结节。社科联参与“文化长廊·非物质文化遗产展览”的筹备、展示工作。在时间短任务重而新的情况下，顺利完成了任务。非物质文化遗产展区得到上级领导和观众的好评，州社科联获得“迪庆州第六届康巴艺术节暨迪庆州民族团结节”活动的先进集体。这是社科联成立以来第一次受到州委、政府表彰，使社科联工作有了一个良好的开端。

【机关自身建设】 2010年，根据州委安排和要求，州社科联积极开展“创先争优”活动和建立学习型党组织建设活动，先后组织了对中央十七届四中、五中全会、省委八届八次、九次全会、州委六届九次全会精神的系统学习；为把理论学习落到实处，根据上级部门有关文件的要求，制订了学习计划，对理论学习活动做了具体安排，提出了落实意见，同时还订购了理论刊物，组织部门干部职工系统学习相关理论刊物，将理论学习一步步引向深入。

至2010年底，根据工作需要，通过积极争取，社科联争取到一名工人编制，编制数增加至4名，实际在岗人员3名，为下一步充实工作人员奠定了基础。为了更好地履行社科联职责，社科联在人少事多、人员结构不合理的情况下，进一步明确了分工和职责。为了解决人员不足、缺乏专业人员的困难，社科联采取聘请编外编辑的办法解决了这个问题。聘请迪庆州委党校三个具有副高以上职称的专业人员和具有副编审职称的州政协工作人员为《香格里拉论坛》的编辑，在不增加编制的情况下解决了用人问题。

（李玉莲）

## 科 协

【概述】 2010年，州科协下设综合办公室，下属事业单位一个，即中国农村致富技术函授大学迪庆分校，共有领导职工9人，其中行政编制4人、事业2人、工勤1人，两名副主席未列入机关编制总数之内。州科协按照“加强自身建设，为科技工作者服务、为提高全民科学素质服务、为经济社会服务”的工作思路，全州各级科协及所属团体团结动员全州广大科技工作者，进一步深入贯彻落实科学发展观，以开展重大活动为载体，营造全民学科学、用科学的良好氛围。以实施科普惠农兴村、开展技术培训等为抓手，推进《科学素质纲要》的深入实施，全面促进全州科协的各项工作。

【召开科协工作会议】 2010年4月29日召开全

州科协工作会议。各县科协主席、秘书长，州级各学会、协会秘书长，州科协全体干部职工参加了会议。会议上总结了2009年的工作，对2010年的工作进行了部署。兑现了2009年州科协与三县科协、州级各学会协会的工作目标责任奖。同时，州科协与三县科协、州级各学会协会签订了2010年州科协工作目标责任状。

**【科技活动周】** 根据省科技厅、省委宣传部、省科协的有关通知精神和要求，州科协与州科技局、州委宣传部在迪庆上海科技中心举行了以“携手建设创新型国家”为主题的科技活动周启动仪式，以科学发展观为指导，着重突出“节约能源资源、保护生态环境、保障安全健康”的科技活动周。启动仪式上州委常委、州委宣传部长鲁永明作了重要讲话，州委、人大、政府、政协领导及州直成员单位、学会（协会）、香格里拉县的负责同志共有600多人参加了启动仪式。在整个活动周期间参观人数4 500人次，近1 000人次接受了科技咨询，发放科普资料5 000份。展出各类科普展板200块。聘请专家先后到建塘镇建塘社区、迪庆军分区开展专题讲座。在建塘社区举办了易发高原病知识讲座，组织100多名群众参加讲座，并向听讲座的群众赠送100部电话机和科普图书400余册；在迪庆军分区组织了85名官兵参加了外伤应急处理的科普讲座，并现场接受官兵咨询。

**【科普日活动】** 为进一步贯彻落实《中华人民共和国科学技术普及法》，结合迪庆实际，州科协联合州教育局、州农学会等相关单位，举办“低碳经济与低碳生活”为主题的科普日活动，围绕主题开展了科普大篷车走进校园活动。在迪庆州民族中学，集中展示了“我的低碳生活”实验箱，“无源之水、华容道、温差发电、是你是我”等20件科普展具，发放远离毒品、珍爱生命、义务献血等科普宣传资料6 000余份（册）。共有1 200名师生参加此次活动。

**【青少年科技教育工作】** 积极组织参加云南省青少年科技创新大赛。由云南交警哈巴希望小学代表迪庆州参加第25届云南省青少年科技创新大赛，取得较好的成绩，吴楠同学的《哈巴完小学生食用零食情况及食品添加剂安全的调查》获学生竞赛项目一等奖，马洪同学的《未来世界和我的发明》与马云同学的《祖国的变化》获少儿科幻作文三等奖，是迪庆州学生首次参加云南省青少年科技创新大赛。

组织开展“科技馆进校园”活动。根据中国科协“中小科技馆”支援计划，经过迪庆州积极争取，2010年5月份州科协、州教育局在中国科协、湖北省科技馆、省科协和省科技馆的大力帮助支持下，在州教育局校外活动中心圆满完成了迪庆州“科技馆进校园”活动。在活动期间，香格里拉县城区的州民专、州民中、州师范附小、香格里拉中学、香县第一中学、香县红旗小学、民族小学、逸夫小学、红卫小学、纳赤塘小学等10所中、小学校共计8 305名学生参观、实践了科普展览。活动充分发挥科技馆作为校外活场所对加强未成年人思想道德建设与提高广大青少年科学文化素质的重要作用。

**【农技协工作】** 农村专业技术协会（简称农技协）是基层的科普组织，也是各级科协开展服务工作的对象和载体。近年来，迪庆州农技协发展较快。到2010年全州有农技协61个，会员达8 571人（户）。其中，香格里拉县31个、德钦县7个、维西县23个。这些协会涉及中药材种植、养猪、养鸡、蔬菜种植、果树种植、种桑养蚕、养羊、葡萄种植、养鱼等农业的各个领域。在省科协的关心支持下，迪庆州先后实施了农村科普带头人香格里拉县三坝乡种养殖业经济合作协会杨金坤、香格里拉县尼西养鸡协会余中华、维西县永春乡拖枝村中药材协会杨文亮、德钦县燕门乡养猪合作协会贾图、香格里拉县金江镇新建村杨永健；优秀农村专业技术协会为德钦县燕门乡茨中葡萄种植协会、香格里拉五境乡生态种养殖业经济合作协会、香格里拉县虎峡生态种养殖（植）协会、香格里拉县建塘镇藏猪养殖协会、维西傈僳族自治县叶枝镇梓里村葡萄种植协会、香格里拉县高原坝区油菜种植协会；先进科普示范基地为维西县永春乡永春拖枝中药材种植科普示范基地、香格里拉县三坝乡无公害农产品科普兴农示范园，共13个全国“科普惠农兴村计划项目”，资金185万元。

**【农民科技培训】** 积极联合有关部门，围绕农村产业结构调整和农业生产中的难点、热点问题，采取多层次、多渠道、多形式的方式，在全州范围内广泛开展以种植、养殖、农机维修等主要内容的各类农村实用技术培训班。一年来全州招收农函大学员年1395人，其中，香格里拉县招收了种桑养蚕、核桃种植、养鸡等专业的农函大学员578人；德钦县招收养猪、农机维修、养蜂、蔬菜、养鸡、核桃等专业的农函大学员220人；维西县招收核桃种植技术专业的农函大学员517人。农函大教学为新农村建设培养了一批懂技术、会管理、善经营的农村乡土人才。与此同时，根据全州广大农村的科技需求，开展农村短期实用技术培训155期14 995人次，其中，香格里拉县93期7 633人次、德钦县28期1 378人次、维西县24期4 984人次。

**【科普惠农兴村工程】** 根据省科协、省财政厅《关于推荐申报2010年云南省科普惠农兴村计划项目的通知》要求，迪庆州申报的“香格里拉县虎跳峡桥头村委会、德钦县升平镇阿东村委会、维西傈僳族自治县康普村委会”为省级“科普惠农兴村计划”实施项目单位，项目资金15万元。

2007年以来实施的省级科普惠农计划项目有12个，分别是香格里拉县洛吉乡洛吉村、五境乡觉村、上江乡良美村、虎跳峡桥头居委会，德钦县羊拉乡羊拉村、燕门乡石底村、燕门乡茨中村、升平镇阿东村，维西县康普乡阿倮、康普、岔枝、永春乡拖枝村委会实施了省级的科普惠农兴村计划项目，共获得扶持经费60万元。

在实施的过程中按照“七个一”工程，建立科普活动室、科普宣传栏，配备宣传员、科技资料、图书，购置配备电视机、VCD、科普光碟等；围绕产业组建农技协，引进新技术、新品种，开展各类实用技术培训，使实施科普惠农兴村计划的村的劳动者素质向更深层次发展。

**【全民科学素质行动计划纲要】** 根据省政府办公厅《关于开展全民科学素质行动计划纲要落实情况督促查工作的通知》（云政办发［2010］54号）文件精神，按照“政府推动，全民参与，提升素质，促进和谐”的方针，立足基础，着重抓住未成年人、农民、城镇劳动人口、领导干部和公务员这“四大重点人群”科学素质的提升工作，并以迪庆州全民科学素质行动纲要计划工作领导小组办公室名义，对迪庆州全民科学素质行动纲要计划工作领导小组成员单位进行检查，写出自查报告，大多数单位写了自查报告。以此为基础，形成了《迪庆州贯彻落实〈全民科学素质运行计划纲要〉工作实施情况》报告，按要求上报到云南省全民科学素质纲要实施工作办公室和省科协。

2010年12月30日，由省科协邀请第三军医大学高原医学系医学地理学教研室主任、教授、研究生导师李维民，西藏自治区第二人民医院院长成建国，国家公共营养师周毅等一行14人到迪庆州松赞林寺举办高原病防治科普知识讲座，80多位僧侣参加了活动，并在现场向僧侣议诊，发放药品、《高原保健常识》科普宣传册。在州委报告厅举办高原病防治科普知识，州级以及香格里拉县副处以上领导干部200多人参加了科普讲座。在香格里拉人民医院多媒体会议室举办游客急救和日常医疗救护知识技能讲座，50多名医务人员和旅游管理人员参加了科普讲座。

**【科协机关工作人员培训】** 积极组织科协机关认真学习“三个代表”重要思想，党的“十七大”、科学发展观和《中华人民共和国科学技术普及法》、《云南省科学技术普及条例》，学习州委六届八次、九次全会精神，并认真开展“争先创优活动”。同时还加强学习相关业务知识，并派办公室主任参加了全省科协系统清华大学培训班，派办公室一名干部到广州学习考察。通过学习，提高了干部职工的理论业务素质、协调组织能力和依法开展科普工作的能力，进一步强化了服务观念，树立了服务意识。

**【科技工作者之家】** 全心全意为科技工作者服务是科协工作的重要职责，在春节夕走访慰问了州内突出贡献和长期在艰苦行业工作的科技工作者吕勤贵、尹宝珍两位同志，了解他们的生活、工作情况。根据中国科协《关于开展全国优秀科技工作者推荐评选工作的通知》（科协发组字［2010］19号）和省科协的有关通知精神，向省科协推荐了迪庆州科协农函大和学成、维西县科协曾跃霖、迪庆州农牧局土肥站和顺荣三位科技工作者为全国优秀科技工作者人选，其中，和顺荣被省级推荐到中国科协。

**【老科技工作者协会】** 老科技工作者是社会的宝贵财富，是人才资源的重要组成部分，他们在长期革命和建设事业中，积累了十分丰富的理论知识和实践经验，为迪庆的经济社会发展做出过许多贡献，创造出很好的业绩。根据《中共云南省委办公厅云南省人民政府办公厅关于进一步发挥离退休专业技术人员作用的实施意见》（云办发〔2006〕8号）精神，经州委、州政府同意，州科协积极筹备成立迪庆州老科技工作者协会，于2010年12月3日顺利召开迪庆州老科技工作者协会成立大会。

**【积极争取科普经费】** 2010年州、县科普经费有所增加，州级科普经费年人均达到0.80元，总金额达到30万元，香格里拉县科普经费人均达到0.70元，总额达到7万元，德钦县达到6万元，人均达0.8元，维西县达到10.5万元，人均达0.7元。

（格茸品楚）

# 政 法

## 州委政法委

**【维护稳定工作】** 州委、州政府始终坚持"稳定压倒一切"的工作方针，把藏区维稳工作摆上重要议事日程，州委常委会多次听取研究了政法及维稳工作，把政法维稳工作纳入全州总体规划和年度工作目标，作为"一把手"工程来抓，切实加强领导。认真组织广大干部群众传达学习党中央、国务院和省委、省政府关于维护社会稳定的方针政策及重大部署，结合实际，制定出台了《迪庆州千名干部进村入户促民族团结进步活动实施方案》、《关于迪庆州深入推进社会矛盾化解、社会管理创新、公正廉洁执法等三项工作任务分解的意见》、《关于认真贯彻全省社会治安重点地区排查整治工作电视电话会议精神，切实维护藏区和谐稳定的通知》、《迪庆州关于开展社会治安重点地区排查整治活动实施方案》、《关于全面启动迪庆州藏区重点维稳期预案的通知》、《关于全州开展集中清理涉法涉诉信访积案活动的实施方案》、《关于开展"案件评查"活动的实施方案》、《关于切实做好上海世博会期间藏区社会稳定工作的通知》、《关于切实做好迪庆州道路旅客运输系统稳定工作的通知》、《关于进一步建立健全迪庆州重大社会安全事件应急处置工作机制的意见》、《关于进一步加强迪庆州涉疆案（事）件防范处置工作的通知》和《关于做好广州亚运会和亚洲残运会期间维护全州社会稳定工作的通知》、《迪庆州公安机关藏区维稳工作规范》等文件，对藏历新年、"3·10"、"3·14"、"3·28"、"6、4"、"7·5"等敏感日和第六届康巴艺术节暨迪庆州民族团结节的安全保卫工作作了周密的安排部署。通过进一步总结完善藏区维稳工作取得的成功经验，采取超常措施，落实工作责任，圆满完成了各项安保任务，取得了优异成绩，确保了"3·10"敏感期、"上海世博会"、"康巴艺术节暨民族团结节"、"广州亚运会和亚洲残运会"期间迪庆州社会秩序平稳。

**【情报信息工作】** 全州按照"下好先手棋、打好主动仗"的要求，坚持把情报信息工作置于基础性、先导性位置来抓，努力实现以情报信息主导决策、引领实战、指导防范，不断提升新时期政法机关的预警能力、精确打击能力和应急处置能力。在以往构建的"点、线、面"结合的情报信息网络基础上，全面启动情报信息工作机制，加强全州公安国保、行动技术、网监、出入境、治安等部门的协作配合，利用人力和技术的手段，运用公开和秘密相结合的方法，架构强大的情报信息网络，进一步拓宽情报信息渠道来源，努力获取深层次、高质量、内幕性、预警性情报信息。年内，共上报各类信息823条，整理信息45期，藏区维稳工作研判专报20期。

**【反邪教斗争】** 坚持把反邪教斗争作为社会治安综合治理的重要内容，层层签订责任状，分解任务指标，广泛开展创建无邪教活动，建立反邪教长效机制，充分发挥基层第一道防线作用，把邪教问题解决在当地或萌芽状态。在摸清底数的基础上，组织各方面力量组成多级动态防范管理网络，建立动态档案，对参与邪教的活动人员做到心中有数。加强与电信、广电、网络监察等部门的沟通与联络，共同做好对上网、拨打IP电话、电视插播等"法轮功"非法活动的防堵及侦察工作。坚持执行成员单位联席会议制度，召开会议6次，及时沟通协调，研判斗争形势；结合"校园拒绝邪教"活动的启动，制作反邪教警示展板120个，宣传资料1 000份，在全州中小学广泛开展警示教育，引导学生相信科学、远离邪教；结合"法进寺庙、进牧场"活动，深入农村、寺院、牧场、机关、企业进行宣传，组织播放反邪教光盘和警示教育片11场次，广大人民群众的防范邪教能力不断得到增强。

**【宗教阵地稳控工作】** 针对迪庆州宗教活动场所处较多，教职人员的水平参差不齐和信教群众多的情况，始终把依法管理宗教工作放在首位。由统战部牵头，组织宗教、民委、公安、国安等部门利用会议、广播、电视等形式加大宣传力度，教育引导广大信教群众树立爱国主义思想，使宗教在法律范围内开展活动；依照《云南省迪庆州藏传佛教寺庙管理条例》的有关规定，加强对全州宗教活动场所进行检查活动，发现问题及时整改；落实宗教活动场所管理责任制，在敏感时段，采取公密结合和人盯人、经常见的办法的办法，做好重点人物的稳控和监控工作；加大对各类佛事活动期间的安全稳定工作，制定切实可行的应急预案，做到了信息畅通，情况明了，有效地控制和防范突发事件和群体性事件的发生。

**【境外非政府组织管理】** 全面贯彻"既保护正当的交往与合作，又坚决抵制和防范对我的渗透与破坏"的方针和"依法管理、趋利避害、内紧外松、加强防范"的原则，以服务藏区经济社会和谐发展为目的，以创新社会管理为动力，积极完善政策、规范行为，逐步建构起了层次有别、覆盖广泛的管理体系，基本做到了对境外非政府组织及其代理机构的管理不失控、不漏管。

**【构建"大调解"体系】** 司法行政机关深入推进人民调解委员会规范化建设，进一步拓展人民调解工作范围，引导广大律师把调解优先贯穿于执业活动中，积极参与"大调解"机制建设，做好诉讼代理业务，不断完善律师参与人民调解、行政调解、司法调解相衔接机制，充分发挥律师专业优势，采取诉前调解、庭内调解、庭外和解和其他非诉讼手段，引导当事人更多地通过调解方式消除纷争。公安机关不断完善对接机制，采取进驻式、派驻式、移送式等形式，加大矛盾纠纷化解工作力度。年内，公安派出所全部建立了人民调解工作室，公安交警部门建立了交通事故损害赔偿人民调解工作室。人民法院认真贯彻"调解优先、调判结合"的原则，强化"诉调对接"，积极探索在诉前、立案、审理、执行等环节全面开展调解的途径、方法和程序，切实把调解贯穿于司法审判的全过程，加强和规范派驻法庭"人民调解工作室"建设，取得了良好效果。检察机关探索了以"涉检信访息诉和解"、"轻微刑事案件检察环节和解"、"民事申诉执行和解"为主要内容的调解工作。行政机关以预防和化解与人民群众生活密切相关的行政争议为重点，规范和加强行政调解，充分发挥行政调解在化解矛盾、解决纠纷方面的独特优势。

**【矛盾纠纷排查化解】** 全州政法机关以深入开展"大走访"、"千名干部进村入户促民族团结进步"等主题实践活动为契机，在"两节"、"两会"、"3.14"等一系列藏区维稳敏感时点，以"到群众最需要的地方去了解民生诉求，到群众最困难的地方去排忧解难，到矛盾最突出的地方去化解矛盾"为要求，开展以办好"小案件"、调解"小纠纷"、消除"小隐患"、平息"小信访"、解决"小难题"等"五小工程"为主要内容的主题活动。政法干警深入公路、水电、市政建设工地及矿山；深入村社、街头巷尾、田间地头和农户家中开展矛盾纠纷大排查，适时掌握社会治安动态，了解社情民意，及时妥善调处了一大批矛盾纠纷隐患，做到了小事不出村社，大事不出乡镇，矛盾纠纷不上交。年内，全州共排查影响社会稳定的各类矛盾纠纷365起，调处363起，调处率为99.6%。

**【社会稳定风险评估】** 全州各相关部门认真贯彻《迪庆州重大事项社会稳定风险评估工作实施细则》，并对重大、重点工程建设项目进行风险评估。年内，共对10个重大事项社会稳定风险进行了评估，其中州级评估2个，县级评估8个。涉及藏区康巴艺术节和民族团结节稳定风险评估报告1个，涉及市政综合基础设施建设项目稳定风险评估报告3个，涉及水电项目开发建设的风险评估报告5个，涉及德维二级油路建设评估报告1个。通过风险评估工作的项目都得以顺利实施，没有发生一起群体性事件，促使迪庆州社会稳定风险评估工作逐步走上正规化、常态化的轨道。

**【维稳预警工作】** 按照《迪庆州维护社会稳定预警工作的规定（试行）》要求，进一步健全不稳定因素重点排查制度，对不稳定信息初步评估后，对可能造成重大影响或可能发展成重大不稳定事件的隐患因素，维稳办及时对涉及的部门和单位发出预警性通知，督促调处。按照定领导、定措施、定责任、定时限的原则，各相关单位适时将调处结果反馈回维稳办，做到上情下达，下情上达，实现维稳信息的动态管理。年内，全州共下发了存在社会稳定重大隐患问题《预警通知书》20份。其中州级下发10份，县级下发10份。涉及重点项目建设突出问题12份，涉山林草场地界权属突出问题4份，涉及交通营运突出问题2份，涉及搬迁突出问题1份，涉爆突出问题1份。涉事部门和单位按照《预警通知书》的要求，立即启动工作预案，采取切实有效的化解稳控措施，全力做好不稳定隐患和矛盾纠纷的消除、稳控、化解工作，防止了群体性事件和非正常上访事件的发生。

**【排查整治工作】** “2.4”全省社会治安重点地区排查整治工作电视电话会议和“5.3”、“5.12”全国、全省综治维稳电视电话会议以来，州委、州政府高度重视，分析了迪庆州的社会治安形势和影响校园及周边治安稳定的因素，就贯彻全国全省电视电话会议精神，作好维护藏区稳定、集中开展学校及周边突出治安问题排查整治行动进行了安排部署。州、县均成立了中小学校、幼儿园安全防范工作领导小组，先后召开大小会议21次；制定出台了《关于进一步加强全州中小学幼儿园安全管理工作的通知》、《关于认真贯彻落实全国全省综治维稳工作电视电话会议精神切实加强全州学校幼儿园安全防范工作的实施方案》等17个文件，下派检查督导工作组30个，对全州435所中小学校、幼儿园进行安全检查597次；选派法制副校长到校园工作572次；校园制定突发事件应急预案137个，组织应急演练23场次；重点时段常态开展治安巡逻的校园涉及80个；配备警务室、治安岗亭10个，增加配备安保人员37人；共出动警力1 468人次，清查出租房屋245家次，清查流动人口11 234人，检查网吧52家，签订安全责任书115份；取缔和清理校园周边文化娱乐场所5个、违规摊点51个、网吧6个、出租房70间。排查安全隐患293处，整改288处，全州435所学校及校园周边得到清理净化。

**【信访案件查处工作】** 按照全国政法工作会议关于对涉法涉诉信访积案“力争明后两年基本消化掉”的要求，全州各级政法部门进一步加强信访工作组织建设，确定干警专人具体负责信访工作，进一步完善规章制度，继续深入开展政法部门主要领导接访活动，定期通报接访情况，强化信访案件责任倒查和追究，抓好信访案件分级受理、领导包案责任制以及信访案件终结制度、信访救助制度和听证制度的落实。对省集中处理信访突出问题及群体性事件联席会议办公室交办迪庆州的重信重访案件和涉法涉诉上访案件，实行领导包案，逐案明确包案领导、包案部门和办理人员，及时调处。迪庆州在2009年12月以前省交办涉法涉诉信访案件共10件，已基本办结并息诉罢访。同时，全州政法部门认真开展案件评查工作。年内，全州政法部门确定案件评查总数为100件，其中州法院确定30件，已完成案件评查30件，州检院确定30件，已完成案件评查30件，州公安局确定30件，已完成案件评查30件，州司法局10件，已完成案件评查10件，完成率达100%。

**【完善群体性事件处置预案】** 全州进一步建立完善了重大群体性事件处置预案，从情报信息、力量建设、装备配备、现场处置、舆论引导等诸多方面进行规范。公安机关结合实际制定了符合藏区实际、操作性强的“四个一”处置群体性事件工作机制，即“一位领导”统揽全局，局班子整体配合；“一套方案”明确目标，有针对有步骤；“一队人马”集中优势、科学部署警力；“一个重点”理性执法，情为民所系。并严格按照处置群体性事件工作机制，成功化解了一批有可能转化为群体性性事件的纠纷。

**【社会治安综合治理工作】** 按照“发展是第一要务，稳定是第一责任”的要求，州委、州政府始终把社会治安综合治理工作摆上重要议事日程，采取有力措施，狠抓工作落实。根据人员调整和实际工作的需要，进一步健全完善组织领导机构和办事机构，确保综治工作有领导、有组织，形成主要领导亲自抓、分管领导具体抓的工作格局，为综治工作的深入推进提供了坚强的组织保障。根据工作要求和基层综治情况进行考核内容上充实和完善，丰富综治工作和活动内容，推进全州综治工作的深入。年初，州委、州政府与3县1区签订了《2010年度迪庆州社会治安综合治理维护稳定创建“平安县（区）”目标管理责任书》；与113个州级单位签订了《2010年度迪庆州社会治安综合治理维护社会稳定创建“平安单位”目标管理责任书》，把综治维稳工作与其它业务工作同部署、同检查、同落实，使综治维稳工作进入了制度化、规范化的轨道。年终，按照州委的统一部署，组成考核组对三县一区和州级各部门履行综治维稳暨平安创建目标管理责任书和党政领导干部综治维稳政绩进行了专项考核。

**【社会治安防控体系建设】** 针对街面巡逻警力相对不足的现状，公安机关坚持“政府协调、公安主导、社会参与、市场运作”的模式，积极推进城镇公共区域、住宅小区及复杂场所视频监控系统、城市进出入口高清视频抓拍机动车辆信息系统建设。在重点部位、要害部位、复杂场所、重点路段完成了“纵横交错、相互策应”的监控点167个，安装监控探头370个、出入城区车辆视频抓拍卡点11个，各超市、商场、银行、重点单位均安装了视频监控系统，建成了初具规模的视频监控平台。落实警力24小时值守电视监控网络和治安查报站点，切实发挥科技防范威力，提高发现、控制和打击犯罪的能力。推进治安防范社会化、职业化，大力发展保安服务业。加强群防群治队伍建设，组织群众参与治安巡逻。落实“谁经营谁负责”、“谁主管谁负责”和“属地管理”原则，运用科学、民主、法治的方式，发挥城乡基层自治组织协调利益、化解矛盾、排忧解难的作用。

**【社会管理工作】** 按照“公平对待、服务至上、合理引导、完善管理”的原则，以开展第六次全国人口普查为契机，把流动人口服务管理问题纳入规划，全面开展户口整顿工作，重点加强实有人口和实有房屋的管理，探索和建立“以证管人”、“以房管人”和“以业管人”的流动人口管理新模式，切实加强对流动人口、暂住人口、出租房、宾馆饭店、娱乐场所等行业场所的检查管控力度，及时排查嫌疑人和各类安全隐患。年内，共清查出租房屋2 079家次，娱乐服务场所332家次，其中娱乐场所164家次，服务场所168家次。旅游景区景点45个次，废品收购站点48个次，物流快递公司3家，机场、车站等人员密集场所33次。清查流动人口36 229人次，暂住人口44 054人次，外国籍人员和港澳台人员5 925人次。同时，制定了《迪庆州公安机关重点人员控制工作规范》，进一步加强对有现实危害、前科劣迹、吸毒人员、刑释解教人员、社会闲散青少年、肇事肇祸精神病人等的常态化管控措施，加强了特殊人群和高危人员的分析研判及稳控工作。积极贯彻“帮教社会化，就业市场化，管理信息化，工作职责规范化”的工作思路，通过进一步构建和完善各成员单位分工协作，加强齐抓共管等有力措施，使安置帮教工作水平有所提高。年内，全州共接收刑释解教人员70人，其中刑满释放70人，农村籍70人，落实责任田66人，从事个体经营4人。迪庆州将刑释解教对象纳入社区矫正工作重点，不断完善特殊人群安置帮教评估监督机制，实现了法律效果与社会效果的有机统一。全面推行《迪庆州民爆物品“一体化”管理办法（试行）》，不断强化对辖区重点人员、重点工程、重点部位管控措施，对突出问题和不稳定因素严格落实了“定人、定责、定时”的三定原则，加大对辖区涉爆物品、公务用枪的管理力度，落实安全管理责任制和爆炸物品三级审批制度，落实全州各涉爆单位的物防、技防、人防等管理措施，确保了敏感时期全州重点单位要害部位及其他行业场所的安全。建立各警种共同打击网上违法犯罪工作机制，完善了涉网情报线索通报、涉网案件协作办理、涉网基础信息全警采集和舆情应对等制度，不断改进网络虚拟社会的管理，及时发现、封堵、删除网上有害信息，严厉打击网上违法犯罪，维护网上秩序，确保网络安全。

**【综治维稳基层基础工作】** 全州各县各乡镇进一步调整充实了社会治安综合治理维护稳定委员会，配齐配强综治维稳领导和工作人员，充分调动综治维稳各成员单位的力量开展各项工作，切实加强了领导。各县按照综治维稳工作目标任务的要求，完善工作制度、规范工作程序，明确工作职责，为各乡镇综治维稳委（办）村（居）委会、治保会、调委会的正确履职提供了制度保障，有力地推动了群防群治工作的开展。全州在财政十分困难的情况下，不断加大综治维稳经费的保障力度，各县综治维稳经费按人均2元纳入财政预算，州级按人均1元纳入财政预算，充分调动了基层治保、调解组织积极性，基层综治维稳组织预防、发现、控制、打击违法犯罪的能力进一步提高，预防化解社会矛盾纠纷的能力进一步增强，构建平安和谐社会的能力进一步显现。

**【综治维稳宣传工作】** 从2010年3月1日起历时50天，全州共抽调1 234名工作队员，深入基层，深入农村、深入寺庙，以“民族团结进步、化解矛盾、促进和谐”为主题，深入宣传中央第五次西藏工作座谈会议和胡锦涛等中央领导重要讲话精神，不断推进“社会矛盾化解、社会管理创新、公正廉洁执法”三项重点工作。在此次活动中，全州共张贴宣传标语31 051条，制作悬挂横幅布标290条，制作永久性宣传标牌27个，发放宣传资料83 043份，发放宣传画贴7 000张，发放《法律知识读本》5 600册。组织村民召开大小宣传会议2 980场次，入户宣传48 784户，受宣传教育人数达26万余人。排查矛盾纠纷208件，化解206件，化解率为99、04%。

**【平安建设工作】** 2010年，州委、州政府始终坚持以科学发展观为统领，积极探索“标本兼治重预防，狠抓基层打基础，齐抓共管聚合力，强化责任保平安”的平安建设工作新路子，把建设“平安迪庆”、建设开放型经济强州、创造和谐稳定的社会环境，作为确保稳定工作的重点，提出了通过创建“先进平安县”，带动“平安乡镇”、“平安村组”、“平安企业”、“平安单位”、“平安校园”、“平安寺庙”、“平安家庭”创建的目标要求和工作举措。全州各级党委、政府和综治维稳成员单位利用各种会议和广播、宣传车、宣传窗、黑板报、横幅、标语、牌匾等多种宣传形式，大力宣传创建“平安迪庆”的目标任务和意义，宣传各县、各乡镇、各村和企事业单位在创建工作中的具体举措，进展情况的成功做法。同时，进一步完善综治维稳工作推进机制，建立领导干部综治维稳工作实绩档案，明确各综治成员单位和各级各部门的具体责任，健全落实了综治维稳工作例会制度、述职制度、考评奖惩制度，严格落实综治维稳工作领导责任制和“一票否决”制，形成了党政统一领导、综治维稳机构牵头、部门各负其责、各方齐抓共管、广大群众积极参与的工作格局。

**【司法体制和工作机制改革】** 全州政法部门认真贯彻执行宽严相济的刑事司法政策，进一步加大对重大案件的协调督办力度，切实纠正和有效预防了执法不公正、不严格、不文明以及不作为、乱作为等问题。加快推进执法公开和告知制度，最大限度地保障人民群众的知情权、参与权、监督权。着力推行“双语”审判，针对一些当事人不能熟练运用汉语进行诉讼的实际，全州法院采取专家授课、庭审观摩、观看电教片等形式进行藏语和傈僳族语言培训，解决民意沟通的语言障碍问题，在审判工作中积极开展“双语”审判。德钦县法院实现了80%以上的民商事案件用藏语审判，使司法更加贴近群众，方便群众。按照省委政法委的要求，及时成立了规范和推进政法干警执法业绩档案建设领导小组，制定下发了《关于进一步规范和推进全州政法干警执法业绩档案建设的的实施意见》，并要求各县（区）、州级政法各部门要把规范和推进干警执法业绩档案建设纳入对所属系统、部门的年度工作目标考评内容，规范和推进执法业绩档案建设。

**【打击刑事犯罪活动】** 全州政法各部门认真履职，密切配合，协同作战，充分发挥职能作用，依法打击犯罪。年内，全州各级公安机关共立各类刑事案件595起（含补立年前案件90起），与去年同比上升24%，破379起（含破获年前案件92起），破案率为63.6%，破案率同比上升0.6%，抓获刑事案件作案成员268人。坚持“命案必破”的要求，认真落实侦破命案工作机制，组织对历年未破命案积案攻坚行动，及时攻克重大、疑难案件。全州共立各类命案18起，破18起（其中故意杀人案5起、故意伤害致人死亡案13起），持续实现命案全破获。

**【治安管理工作】** 2010年，全州公安机关共发现受理治安案件611起，同比下降20%，查处529起，查处率86.5%，同比持平，查处违法人员750人，同比下降8%，治安处罚642人，同比下降1%。整治涉赌重点地区1个，整治场所12个，查获赌博案件32起，查处涉赌人员156名；召开专项整治协调会议1次，宣传教育群众567人次。开展“治爆缉枪”专项行动，收缴炸药105公斤，雷管3 214枚，民用枪支6支，管制刀具162把。加强对校园周边环境及商场、广场、大型量贩、人口密集场所进行专项治理，清理检查各类文化市场经营场所及印刷、复制企业365家次，查办各类案件15起；责令停业整顿违法违规文化经营场所11家，取缔无证店档摊点6个，取缔无证复印打字店1家；查处储存、传播黄色信息手机店35

家；收缴各种非法书刊786余册、各种非法音像制品、电子出版物7 129余盘，其中涉嫌淫秽色情出版物268余盘（册）、涉嫌非法盗版出版物375件册。

【禁毒工作】 全州公安机关有效整合全州禁毒资源，全力打击毒品违法犯罪活动。年内共破获毒品刑事案件10起（其中万克以上1起），抓获毒品犯罪嫌疑人12名，缴获海洛因10 555.5克，冰毒25.4克；铲除毒品原植物罂粟7 481株，大麻6 000余株。加大对辖区内公开查缉力度，累计出动警力174人次、出动车辆102次、查验过往车辆981辆、查验人员2 367人。同时，进一步建立吸毒和艾滋病人员动态管理机制，及时发现、控制新增吸毒和艾滋病人员，严防因吸毒造成艾滋病的传播蔓延。另外，继续推进“无毒乡镇”、“无毒社区”等创建活动，努力实现创建“无毒县”的目标。广泛开展“不让毒品进校园”、“不让毒品进我家”、“禁毒青年志愿者”等主题活动，收到了较好的社会效果。

【道路交通管理工作】 公安交警部门结合实际，制定了《迪庆州公安交警部门2010年道路交通安全管理夺标竞赛活动方案》，以预防和减少道路交通事故、集中整治交通违法行为、加强交通管理信息化建设和规范民警执勤执法为中心工作，层层分解落实工作任务，确保了各项道路交通安全管理工作的顺利开展。年内，迪庆州辖区共发生简易程序处理道路交通事故313起，一般程序处理道路交通事故26起，共造成21人死亡、50人受伤、直接财产损失356 302元。与去年同期相比，简易程序处理事故减少3起，下降0.95%，一般程序处理道路交通事故增加1起，上升4%、死亡人数增加4人，上升23.53%、受伤人数增加13人，上升35.14%，直接财产损失下降33.55%。

【政法队伍建设】 全州政法系统坚持把政法队伍建设摆在根本性的重要位置，紧紧围绕深入推进三项重点工作，以树立社会主义法治理念为核心，以确保公正廉洁执法为重点，以增强履职能力为目标，坚持不懈地加强思想政治建设，坚持不懈地加强政法机关党的建设，坚持不懈地加强教育培训，在服务大局中谋划和推进政法队伍建设，在深化认识中创新思想政治工作的思路和措施，在解决突出问题中完善队伍教育管理监督的制度和机制，全州政法队伍建设各项工作取得了新的发展和明显进步。一是深入贯彻落实中央、省委、州委关于深入开展创先争优活动的部署要求，多措并举，求实创新，紧紧围绕“推动科学发展，促进社会和谐、服务人民群众、加强基层组织”的目标要求，始终将思想政治教育、形势任务教育、政策法规教育贯穿于政法工作的各个方面，强力推动全州政法系统创先争优活动的开展。二是始终坚持社会主义法制建设的正确方向，把社会主义法治理念教育贯穿于活动的始终，把“三个至上”（党的事业至上、人民利益至上、宪法法律至上）和“四个在心中”（党在心中、人民在心中、法律在心中、正义在心中）教育贯穿于创先争优活动的全过程，扎实推进了学习型机关、服务型队伍、效能型部门建设，打造了一支高素质的政法干部队伍。三是州县党委按照党管干部和德才兼备的原则，配齐配强了各级政法领导班子，提拔了一批德才兼备的年轻政法干部充实到政法业务部门。四是全州政法机关始终狠抓执法规范化建设工作，从基层和最容易发生错误的地方和细节入手，增强素质抓好培训，进一步统一思想，提高认识，充分发挥民警的聪明才智。结合迪庆州实际，在抓好“硬件”建设的同时，把主要精力放在改进“软件”上，着力解决制约公正廉洁执法的突出问题。五是以提高执法公信力为目标，集中开展清理涉法涉诉信访积案活动，维护群众合法利益；强化执法监督，组织实施百案评查工作；建立完善执法业绩档案，与干警奖惩晋升直接挂钩，提高执法质量；严格落实中政委提出的“四个一律”，坚持从严治警，切实把对法官的“五个严禁”、对检察官的“十个严禁”、对民警的“五条禁令”等各项纪律要求落实到位，确保各项纪律得到有效执行；大力宣传有关部门和政法系统涌现出的先进事迹，树立政法干警良好形象，全力维护社会公平正义。

（张耀明）

## 国家安全

【综述】 2010年，迪庆国家安全局以中国特色社会主业建设者和捍卫者为职能定位，以反分裂、反破坏、反渗透、反颠覆、反恐怖斗争为主责，以达赖民族分裂势力及其各种敌对势力为主要斗争对手，以切实维护党的执政地位、切实维护国家安全和社会政治稳定、切实维护人民的根本利益为根本要求，遵循隐蔽战线斗争规律，在国家安全部的正确领导和省厅的高度重视和有力指导下，在中共迪庆州委、州人民政府以及全州各级政法部门的关心支持下，在全州相关部门的协助下，紧紧抓住省委提出的把云南建设成为中国面向西南开放的重要“桥头堡”以及州委提出的把迪庆建设成为滇川藏大香格里拉轴心区的重要“桥头堡”的重大机遇，认真学习贯彻落实各类会议精神和要求，结合迪庆藏族自治州的隐蔽斗争形势，按照照“下好先手棋、打好主动仗、掌握对敌斗争主动权’’的要求，突出情报信息首要职能，认真贯彻落实中央第五次西藏工作座谈会精神，以争创全国藏区一流的国家安全工作业绩为主要目标，全力以赴开展各项工作。

【情报信息工作】　重要敏感节点历来是敌对势力对迪庆州加紧渗透破坏活动的紧要时期，2010年，迪庆国家安全局重点围绕“310”、“314”、“328”，和“第六届康巴艺术节暨迪庆首届民族团结节”等重要敏感节点，提前部署、周密计划、健全机制、警力前倾，全力投入，获取了一大批涉藏的维稳情报信息，相关信息受到胡锦涛主席的圈阅和贾庆林、周永康、回良玉及省委主要领导的批示；部分信息的上报，由于准确及时对相关事态作出了预警，防止了影响社会政治稳定的事件发生，为云南省委省政府、迪庆州委州政府的决策和处理提供参考和依据。

通过努力工作，相关敏感节点平稳过渡，再次实现了云南藏区的社会政治稳定，为实现迪庆藏区更高水平、更高层次的稳定做出了积极贡献。

【人民防线建设工作】　为推动以综合治理工作为平台的国家安全人民防线建设，进一步加强云南藏区的维稳和人民防线工作，2010年4月16日，迪庆州召开国家安全领导小组暨人民防线建设工作会议。会议由迪庆州人民政府副州长、州公安局局长曾永忠主持。中共迪庆州委常委、州委政法委书记李灿光参加会议并做重要讲话。

此次会议，成立了全州州级、县级的国家安全领导小组并对成员进行调整充实，明确了各成员的职责任务，进一步充实和完善了各级国家安全人民防线组织，宣传和普及了国家安全人民防线工作知识，使各成员单位认识到了人民防线工作对国家安全和迪庆社会政治稳定中的重要性。基本实现了国家安全领导小组建设的全州性大覆盖。

【社会政治稳定风险评估工作】　2010年，迪庆国家安全局为更好地服务中央、服务当地，将不定期开展社会政治稳定风险评估工作作为做好国家安全工作的又一工作载体。根据迪庆藏区以及毗邻藏区的敌情社情，及时搜集各类影响藏区稳定的因素，认真分析维稳形势，对有可能影响社会政治稳定的问题开展调查，预测分析，形成书面报告上报。从而为有效规避、预防控制一些事件的发生提供依据和参考。

【思想政治及制度建设工作】　2010年，迪庆国家安全局党委一是继续深化以“忠诚、精干、进取、奉献、慎独”为核心的国安干警核心价值观教育，加强对新录用干警的忠诚和保密教育；二是加强干部队伍的科学化、人性化管理，制定和完善了较为科学的考勤以及补、休假制度，严格执行保密规章制度和请销假制度，并从干警关心的问题和困难入手，开展送温暖活动，为干警分忧解难；三是加强干部队伍培养锻炼，根据干警的专业特长和优势，合理分配和调整各部门力量，加强业务技能培训，充分发挥干警的工作积极性和创造性；四是加大内部安全防范工作力度，定期进行保密检查。确保队伍和业务双安全。

【表彰】　2010年，迪庆国家安全局顺利完成云南省国家安全厅党委下达的重点目标任务，被评为厅年度重点目标考评先进单位。

2010年，迪庆国家安全局一业务科荣立省厅三等功，一名干警荣立个人三等功。

2010年，迪庆国家安全局被中共迪庆州委政法委评为“综治维稳先进单位”。

【大事记】　2010年3月1　3日下午，省委常委、统战部部长黄毅，迪庆州委书记齐扎拉，省委统战部副部长杨光海等领导看望、慰问国家安全厅以及迪庆国家安全局干警并进行座谈。各位领导对国家安全机关近年来在维护社会政治稳定工作方面取得的成绩作了充分肯定并希望国家安全机关充分发挥隐蔽战线的优势进一步做好工作，为迪庆藏区的持续稳定继续作出贡献。

2010年4月16日，迪庆州召开国家安全领导小组暨人民防线建设工作会议。会议由迪庆州人民政府副州长、州公安局局长曾永忠主持。中共迪庆州委常委、州委政法委书记李灿光参加会议并做重要讲话。

2010年4月，迪庆国家安全局启动并认真开展“保密法规制度学习教育''活动。根据省厅保密委的部署和要求，全局干警认真学习，参加闭卷考试。

2010年4月10日，迪庆国家安全局举行“迪庆国家安全局综合业务楼开工典礼”仪式。李继平副厅长代表省厅党委讲话并对综合楼的开工表示祝贺。迪庆州政府副州长、州公安局局长曾永忠宣布开工。

2010年4月，由政治处牵头，启动迪庆国家安全局“国安干警核心价值观集中教育活动”。

2010年4月，迪庆国家安全局做好“五五”普法总结并接受州级普法领导小组的考核验收。

2010年4月，迪庆国家安全局组织全局干警积极向青海玉树灾区捐款献爱心。

2010年5月，迪庆国家安全局保密工作领导小组组织人员对全局涉密介质进行全面登记清理检查。

2010年5月26日，迪庆国家安全局团支部开展组织生活会，对支部委员进行改选，推荐3名优秀团员为入党积极分子。同时按照团州委关于帮扶农民工子女的号召组织捐款。

2010年6月，迪庆国家安全局党总支根据省厅关于开展创先争优活动要求，制定完成《实施意见》并召开动员大会。按照国安干警核心价值观集中教育活动方案，迪庆国家安全局政治处组织干警开展第二阶段查摆问题及整改阶段工作。

2010年7月27~30日，为进一步提高干警业务综合技能素质和工作效率，规范工作步骤，贯彻落实部、厅党委加强能力建设的指示精神，经厅党委批准，迪庆国家安全局举办业务技能培训班。

2010年8月16~17日，省委政法委任惠敏主任带

领省委组织部、省厅政治部、省公安厅政治部等组成的省委考察组对和振东局长进行任职一年考核。

2010年8月，迪庆国家安全局以创先争优活动为契机，

进一步加强对本局党组织建设工作，开展了党组织和党员公开承诺活动。

2010年9月，为力保第六届康巴艺术节暨迪庆首届民族团结节的顺利举办，迪庆国家安全局抽调警力与公安机关组成情报信息研判组开展工作，并参与各类大型活动的现场执勤工作。

2010年10月1日，西藏自治区樟木口岸国家安全局与迪庆国家安全局建成友好单位并签订《友好共建单位协议书》。

2010年10月13日，迪庆国家安全局赴四川、西藏、青海等毗邻藏区考察调研工作组顺利完成工作返回迪庆。

2010年10月，迪庆国家安全局组织科级干部参加云南省2010年副处级领导职务资格考试。

2010年12月，迪庆国家安全局抽调干警参加迪庆州综治维稳年度考核工作。

（杨　弘）

## 迪庆州森林公安

**【概述】** 2010年，森林公安机关在各级党委、政府和省局的正确领导下，在各级林业部门和公安机关的关心支持下，全面学习贯彻党的十七届四中、五中全会和中央第五次西藏工作会议精神。深入开展创先争优活动，紧紧围绕州委、州政府的中心工作，贯彻落实州委六届八次九次全会和全省森林公安工作会议精神。按照州局党委提出的“立足队伍建设、夯实基础工作、践行生态立州”的基本工作思路，以“三项”建设、“五化”建设和“三考”为平台，以“三基”工程建设为载体，努力落实藏区基础设施建设项目。队伍正规化建设进一步推进，生态文明建设和保护生态、森林及野生动植物资源的责任意识进一步提高，对生态资源违法犯罪始终保持高压态势，打击和查处了一批违法犯罪。“立警为公，执法为民”，构建和谐警民关系的理念得到进一步增强，森林公安各项工作取得了突破性进展。

**【队伍建设】** 2010年，补充完善《迪庆州森林公

安机关队伍管理考核考评办法》和《迪庆州森林公安机关业务工作考核考评办法》，同时加大对各项规章制度的检查督促力度。年内，全州参加省局业务培训2期，参训民警14人次，参加晋衔等各类培训7期，参训民警27人次。组织全州综合业务培训一次，参加人员76人次，培训期间组织民警开展“创先争优”活动演讲比赛。通过执法等各类业务培训，提高了整体素质，同时搭建了健康向上的学习环境和工作氛围。

**【案件查处】**　2010年，受理各类森林和野生动物案件545起，其中立刑事案件22起，林政案件523起，查处543起，查处率99.63%；依法处理各类违法犯罪人员627人，其中逮捕10人，起诉6人，林政处罚557人，其它处罚54人；收缴财物共计215.10万元，其中林政处罚147.22万元，没收违法所得7 130元，木材处理款67.17万元，收缴木材1 279.11立方米（含珍贵树种4.37立方米）；收缴珍贵树种29株，制品1 300件，收缴野生动物24（头，只），皮张6张，枪支2支。根据全州预防森林火灾工作会议精神，加强组织领导、切实做好预防森林火灾及案件查处工作，确保森林资源和林区人民群众生命财产安全。全州共受理火灾案件16起，查处15起，查破率为93.8%，其中刑事案件3起，查破3起，查破率为100%，行政案件13起，查处12起，查处率为92.3%。

**【构建和谐】**　2010年，迪庆州公安局围绕“保增长、保民生、保稳定”的总要求，以深化民警“大走访”活动、深入学习实践科学发展观活动以及开展“讲党性、抓机遇、重民生、谋发展”为主题的作风建设活动为载体，进一步拓宽密切警民关系的新思路、新举措，并深入扎实地开展党内互助“八个一”活动。通过警民零距离的接触，不断推动和谐警民关系建设取得新进展。年初，我省遭遇百年不遇的旱情，全州民警慷慨解囊纷纷捐款，党员民警捐款人民币19 020元，青海玉树州地震捐款人民币10 700元，为灾区人民献上一份爱心。为了帮助困难家庭子女入学求学问题，组织民警开展了捐资助学活动，通过爱心捐款帮助一些特困学生解决了学习和生活中的困难，森林公安民警共捐款26 600元，解决部分特困学生的实际困难。与此同时，两级森林机关在公用经费极度困难的情况下，勤俭节约，各方筹措，为扶贫挂钩点解决人畜饮水工程款40 000元，29英寸电视机一台，春节前夕给困难农户送去了价值上万元的衣物、棉被等物品，让困难农户过上了祥和的节日。森林公安机关亲民、爱民、利民、扶民的实际行动，赢得了广大人民群众的赞誉，受到各级组织的充分肯定，也为构建和谐警民关系奠定了坚实的基础。

**【宣传报道】**　2010年，迪庆州各级森林公安机关在中央电视台报道1条新闻，云南省法制报刊登18条，迪庆电视台报道21条新闻，迪庆日报40条，县级电视台报道16条新闻，在州局网上共发布329篇，月均更新27.5篇，撰写案例分析4篇。收集案例分析20篇，撰写论文《全面推进迪庆州森林公安机关执法规范化建设》1篇。宣传报道工作和信息化建设从质到量取得了较好的成绩，起到了社会各界了解、理解和支持森林公安工作的舆论武器作用，树立了迪庆森林公安队伍的良好形象，为有效保护生态、森林和野生动植物资源，依法严厉打击、查处各类违法犯罪提供了强有力的思想保障和舆论支持。

**【专项整治行动】**　2010年，为有效遏制涉林案件的发生，根据云南省森林公安局部署，结合黄政红州长整顿迪庆州涉林违法犯罪的指示精神，认真组织开展“冬季行动”，“春季行动”，打击盗伐、滥伐林木，无证运输木材，毁坏林地、改变林地用途，非法收购、加工、经营国家重点保护植物及野生动物等违法犯罪活动，加大对现行案件和积案的查处力度。在专项行动期间，出动警力3 285人（次），出动车辆838台（次），清查各种车辆326辆、建筑工地145处，家具厂32处。受理查处各类案件53起，其中刑事案件3起，行政案件50起，行政处罚68人。刑事案件中，非法运输珍贵濒危野生动物案件2起，已移送起诉，非法加工国家重点保护植物制品案件1起。行政案件中，野生动物及其制品案件6起，非法收购、储运、中转木材案件39起，滥伐林木案件5起。专项行动期间共收缴罚没款220 226.5元（其中罚款79 135元，木材处理款137 561.5元，违法所得3 530元），没收木材247.59立方米，收缴野生动物皮张15张，铁丝扣26根，枪支2支，没收小口径子弹48发，步枪子弹16发，野生动物肉32.5千克，收缴野生动物产品14件，扣押国家重点保护植物制品16件。

（毛雪艳）

## 检察工作

**【查办和预防职务犯罪工作】** 坚决贯彻党中央关于推进新形势下反腐倡廉建设的决策部署，把查办和预防职务犯罪工作置于党委统一领导的反腐败工作格局之中，坚决查办和积极预防职务犯罪，促进党风廉政建设，推进依法行政。全年立案侦查贪污贿赂、渎职侵权职务犯罪案件 25件25人，贪污贿赂案件15件15人，渎职侵权案件10件10人，挽回经济损失84.7万元。工作中，按照“一要坚决、二要慎重、务必搞准”的原则，积极而稳妥地查办案件；坚持把办案的重心放在依法、全面收集固定证据上，健全讯问职务犯罪嫌疑人全程同步录音录像，确保案件质量，做到所办案件立得起、诉得出、判得了；围绕州委“生态立州”发展战略，查办了破坏生态环境资源背后的渎职犯罪10件，实现查办案件的法律效果与社会效果的统一。与此同时，按照惩防并举要求，更加注重职务犯罪预防。加强廉政教育，开展预防警示教育16次，受教育人数达1 035人，加强与行政执法等部门的协作，建立健全信息共享、同步介入等预防工作机制，向有关单位和部门提出预防建议9件；加强行贿犯罪档案查询工作，受理查询11件。

**【审查逮捕和起诉工作】** 全州检察机关始终把维护社会和谐稳定作为首要任务，切实履行批捕、公诉职能，积极参与反渗透、反分裂斗争和对学校、幼儿园及周边治安秩序的专项整治；坚决打击“两抢一盗”等多发性侵财型犯罪，严厉打击严重暴力犯罪，依法打击盗伐、滥伐林木等破坏自然资源犯罪和各种危害农村稳定、侵害农民合法利益的犯罪活动。受理审查逮捕案件174件275人，与2009年同期相比分别上升17.6%和10%，依法批准和决定逮捕各类刑事犯罪嫌疑人254人，与去年同期相比上升7.6%；受理审查起诉案件244件383人，与去年同期相比分别上升16.5%和24%，经审查提起公诉202件323人，与去年同期相比分别上升25.3%和1.3%。在办案过程中，始终把案件质量作为工作的生命线，严把事实关、证据关、程序关，重证据、讲事实、按程序，确保案件质量。全年没有一件错案发生。进一步转变执法理念，认真落实宽严相济刑事政策，坚持理性平和文明规范执法。坚持实体公正，强调程序正义，尽可能减少社会对抗，化解社会矛盾，维护社会稳定。

**【诉讼监督工作】** 认真贯彻落实最高人民检察院《关于进一步加强对诉讼活动法律监督工作的意见》，省人大常委会《关于进一步加强全省检察机关诉讼活动法律监督的决议》，强化诉讼活动监督。对应该立案而不立案的16件19人依法监督公安机关、检察机关侦查部门立案，对不应该立案而立案的4件依法监督公安机关撤案；纠正漏捕漏诉23人；提出刑事抗诉4件7人，法院采纳抗诉意见3件6人；认真开展刑罚执行监督，向办案部门发出催办和提示60件173人，审查暂予监外执行6人，假释1人，对51名监外执行罪犯进行回访考察，针对检查中发现的问题，向法院和监管部门发出检察建议5份，监督纠正脱管、漏管等监管改造违法14人；受理民事行政申诉案件13件，立案9件，不立案1件，提请省院抗诉2件，省院已抗诉1件，办理非抗诉类案件19件，向人民法院发出检察建议7件，法院作出裁定予以更正。

**【三项重点工作】** 按照中央部署，立足检察职能，深入推进社会矛盾化解，社会管理创新，公正廉洁执法三项重点工作。积极响应州委号召，抽调26名干警参加“千名干部进村（寺）促民族团结进步”活动，深入农村、寺庙宣传法律政策，促进民族团结；始终把执法办案作为化解社会矛盾的手段，贯彻落实宽严相济刑事政策，对无逮捕必要的6人，作出不批准逮捕决定，对犯罪情节轻微不需要判处刑罚的8人，依法作出不起诉；认真开展释法说理、心理疏导等工作，及时消除被害人及其家属对不批捕、不起诉、不抗诉等决定的疑虑，妥善化解矛盾纠纷40余件，说服8名民事行政案件申诉人服判息诉；为刑事案件被害人提供救助金3万元；探索检调对接工作机制，促成3件案件达成刑事和解、2件达成民事和解；继续推行检察环节执法办案风险评估预警机制，风险评估案件17件，制定了《迪庆州检察机关应对重大社会安全事件应急处置工作预案》；畅通信访渠道，认真处理群众来信来访56件，办理刑事申诉案件4件；积极参与社区矫正工作，对11个乡镇和经济开发区社区矫正工作进行监督检查，对全州119名在押人员进行了一次全面的体检，协助有关部门和基层组织加强对社区服刑人员的帮教、管理；高度重视网络舆情的预警、研判。

**【自身监督制约】**　牢固树立监督者更要接受监督的理念，主动接受外部监督，自觉强化内部监督制约，确保做到自身正、自身硬、自身洁。一是自觉接受外部监督。对重大案件、重大事项主动向党委报告；制定联系省、州人大代表、政协委员工作制度，邀请两级人大常委会领导和部分人大代表、政协委员视察检察工作和旁听审议案件，向州人大常委会专题报告了查办和预防渎职侵权职务犯罪工作情况，高度重视“两会”的审议、讨论意见、建议，派员旁听、认真梳理、积极整改落实代表、委员的意见建议；积极开展人民监督员工作，确保应当纳入监督范围的案件和事项全部接受人民监督员监督；建立特约检察员制度，广泛听取社会各界对检察工作的意见，聘任了9名特约检察员，进一步拓宽检察机关联系了解社会的渠道。二是认真落实检察机关队伍建设、党风廉政建设、执法办案各项内部监督制约制度，强化内部监督制约。严格按照高检院颁布的“禁酒令”、“廉洁从检十项纪律”和“六条必须遵守”等制度，规范干警行为；切实加强检察机关自身党风廉政建设，认真落实《检察机关贯彻落实〈建立健全惩治和预防腐败体系2008－2012年工作规划〉实施办法》，细化分解任务，确定主管领导、主管部门和责任人员，制定工作方案和工作措施，明确工作目标、工作标准，党风廉政建设有部署、有措施、有检查、有考核、有奖惩，党风廉政建设工作落到了实处。加强对办案安全、“一案三卡”、扣押、冻结款物的内部监督检查。实行职务犯罪案件逮捕嫌疑人报上一级检察院审查决定，撤案、不起诉报上一级检察院批准制度，强化上下级的监督制约，不断完善举报线索的受理、侦查、审查逮捕、起诉、抗诉等由不同部门、不同分管领导负责的内部制约机制。

**【抓队伍建设情况】**　一是加强班子建设。按照“讲党性、重品行、做表率”和“三个一”的要求，强化领导班子思想政治作风建设，建立健全党组中心组学习制度、检察委员会学习制度，努力建设学习型党组织、学习型领导班子，使班子成员成为政治上的明白人，学习上的带头人，工作上的实干家，廉洁自律的模范。坚持集体领导，分工负责，民主集中制原则，增强班子的凝聚力、战斗力和执行力。对领导班子从严管理、从严要求，实行监督、管理和考核。认真开展督查和上级检察院派员参加下级检察院党组民主生活会工作，严格执行诫勉谈话、述职述廉、重大事项报告、建立健全廉政档案等制度。二是以开展创先争优、“恪守检察职业道德、促进公正廉洁执法”、“反特权思想、反霸道作风”、“讲学习、讲奉献、讲拼搏”等活动为载体，增强干警“立检为公、执法为民”的宗旨，引导干警树立正确的权力观、执法观，激发干警想干事、愿干事、会干事、干成事、不出事，立足岗位创先争优的热情。三是大力倡导干警在履行岗位职责中砥砺品质、锤炼作风、增长才干。把完成岗位职责作为锻炼干警的舞台，发现、使用人才的平台。四是加大教育培训力度，提高干警理论水平。全年组织干警参加高检院、省院业务培训139人次，占全州检察人员的80%。8人通过了国家司法考试。

**【基层基础工作】**　一是加强对基层院建设的领导。基层检察院是全部检察工作的基础，是检察机关联系人民群众的桥梁与纽带，是维护社会和谐稳定和公平正义的第一线平台。州院突出对基层检察院建设的领导，加强对队伍建设、业务工作、后勤保障的领导、指导，落实州院领导与三县院联系制度，制定《基层院建设考核办法》，协助州县党委选拔、任用2名基层院检察长，5名基层院领导班子成员。二是积极改善办公办案物质装备条件。全州投入438万购置了办公办案装备，办公办案条件得到了较大改善。三是经费保障得到了全面落实。四是“两房”建设稳步推进。德钦、维西“两房”完成了土建工程，完成投资1 009万，州院完成了基础工程，完成投资800余万。全年争取国家“两房”建设资金900余万，争取省检察院化解“两房”建设债务资金110万。五是检察宣传、文秘、信息、检察调研、档案、自动化办公、后勤保障等工作也取得了新发展。州院档案管理达五星标准，全年接待省内外检察人员500余人。六是援助迪庆藏区检察工作顺利推进。省人民检察院出台了《云南省人民检察院关于加强和推进新形势下援助藏区工作的实施意见》，明确从业务工作、干部人才、教育科技、资金项目等各方面，支持迪庆藏区检察机关。

**【表彰】** 2010年受省级部门表彰：德钦县检察院被省检察院评为先进基层检察院。受州级部门表彰的先进集体：迪庆州检察院被州政府评为民族团结进步模范单位。个人先进：迪庆州检察院监所处长和寿忠、预防处长江书云被州委评为2010年度“千促”先进个人。

（刘金燕）

## 司法行政

**【贯彻中央第五次西藏工作座谈会议精神】** 中央第五次西藏工作会议召开后，局党委高度重视四省藏区在贯彻落实中共中央第四、第五次西藏工作会议、国发〔2008〕34号文件、四省藏区5号文件和《关于印发〈关于加快四川云南甘肃青海省藏区经济社会发展的意见〉任务分解方案的通知》（云藏组［2010］1号）文件精神方面的举措，把学习领会同本部门的实际结合起来，全面了解四川甘孜州司法行政部门落实藏区工作会议精神情况，并结合云南迪庆藏区实际，通过反复研究、对比分析，形成详实的调研汇报材料，提出了迪庆司法行政系统贯彻落实藏区工作会议精神的工作计划和亟待解决的具体项目以及工作意见，及时上报省司法厅。通过向省司法厅党委专题汇报，厅党委高度重视，下发了《云南省司法厅2010年第二次厅长办公会议纪要》，会议要求省司法厅各部门要严格按照省委制定的任务分解方案，明确责任，细化措施，确保各项工作落到实处，最大限度地发挥中央和省委方针政策的指导作用，着力破解制约我省藏区司法行政工作科学发展的难点和困难，努力把优惠政策转化为具体的项目、资金，全力确保中央和省委的政策落到实处。为进一步争取省司法厅对迪庆藏区司法行政工作的支持，州司法局积极邀请省司法厅领导到迪庆州调研和指导工作。2010年6月9日，省司法厅厅长何剑文、副厅长朱志华率省厅6个相关处室的主要负责人亲临迪庆州调研指导工作，对州、县司法局、基层司法所建设以及各项业务工作的开展情况进行了实地考察调研，对迪庆藏区司法行政工作提出了五项具体意见，并对迪庆藏区司法行政存在的困难作了“优先解决、从优解决”的明确指示，从省司法厅各部门筹集资金120万元，作为迪庆州司法行政基础设施建设前期启动资金，有力推动了州、县司法局、乡镇司法所的基础设施建设。

**【办公硬件建设】** 新时期、新形势下，对司法行政工作提出了更高的要求，随着司法行政业务的不断拓展，现有的办公条件，已无法适应各项业务工作的开展，特别是州司法局的法律援助、司法鉴定、社区矫正各项业务不但需面向社会、面向大众，而且要体现便民、利民原则，法律服务综合楼项目建设刻不容缓。针对这一实际问题，局党委多次召开专题会议，研究部署法律服务综合楼项目建设工作。通过积极向上反映，争取项目和资金，最终得到了州、省发改委的立项审批，落实了中央配套资金700万元、省级配套资金200万元。并完成迪庆州法律服务综合楼建设项目的建设用地征用、环境评估、地质勘探、初步设计、招投标等前期工作。

**【抗灾救灾及教育改革工作】** 年初，迪庆州大部份地区出现50年一遇的干旱天气，使广大群众的生产生活遭受了旱灾的侵袭。一是为着力解决扶贫挂钩点虎跳峡镇宝山村的实际问题，局党委结合“千促”和创先争优活动，多次到扶贫点视察灾情，了解情况，全力帮助解决该村人畜饮水困难的同时，积极向省民政厅汇报争取，落实46万元作为对口帮扶资金，切实为扶贫挂钩点解决了基层政权和农村危房改造中的实际困难。二是局机关全体干部职工、城区律师积极开展向玉树灾区送温暖活动，捐助资金4 500元。三是启动开展了第二轮的党员干部捐资活动和“共产党员抗旱先锋行动”，州司法局3个党支部，26名党员捐助资金16 900元。四是按照州委、州政府的统一部署和相关文件精神，为加快推进教育综合改革进程，加大捐资助学力度，州司法局积极动员，开展教育综合改革捐资助学活动。局机关筹款捐资10万元，州直合发律师事务所筹款捐资1万元，局机关及合发律师事务所干部职工筹款捐资1万元，共计12万元。

**【法律“六进”】** 按照“五五”普法规划，一是深化农村法制宣传教育工作。结合全州“千名干部送法进村促民族团结”活动，积极开展各种形式的送法进乡、村工作，切实强化了农牧民知法、守法意识，维护了基层社会稳定。二是为切实加强青少年法制宣传教育工作。始终把“法进校园”作为实施“五五”普法规划的有效载体，将其摆在重要位置，切实加强领导，并根据不同年龄青少年、在校学生的不同特点，采取多种形式，有针对性地开展学校法制宣传教育和律师送法进校园活动。三是在各机关、企业、单位内开展了形式多样的法制宣传教育工作。根据《迪庆州“五五”普法规划》要求，举办了全州领导干部学习《中华人民共和国防震减灾法》、《反邪教》法制专题讲座，开展了《中华人民共和国防震减灾法》统一普法考试和全省公证律师“五五”普法规划检查验收法律知识考试，进一步提高公务员、企业经营管理人员等普法重点对象的法治意识和法律素质。

**【法进寺庙、法进牧场】** 结合迪庆州实际，一是在敏感时期，积极配合相关职能部门，在云南省藏传佛教代表人士培训工作中，开设了以《宪法》、《刑法》、《治安管理处罚法》、《集会游行示威法》、《民族区域自治法》等法律法规为主的法制专题讲座；对全州基督教、天主教、伊斯兰教等教堂的教牧人员开展了爱国主义和法制宣传教育活动，活动主要以宣传党对宗教工作的基本方针为主，进一步增强教牧人员宪法和爱国意识。二是会同统战、民委、公安等部门深入全州各寺庙和教堂开展爱国主义教育和“千名干部送法促民族团结”活动，宣传《党的十七大报告精神》、《宪法》、《民族区域自治法》、《宗教事务条例》、《宗教活动场所管理条例》、《中华人民共和国境内外外国人宗教活动管理规定》、《马克思主义祖国观、民族观、宗教观》、《集会游行示威法》等法律法规和国家政策，使全州的僧尼进一步增强了“反分裂、保稳定、促发展”的大局意识，树立了牢固的法制观念。三是在全州司法行政系统中，抽调50名干部职工投入到“千名干部进村入户促民族团结”活动，组织开展了“加强法制宣传教育，促进社会矛盾化解”主题宣传，集中排查调处了一批涉及村两委换届选举及农村春耕生产和抗旱救灾工作中存在的矛盾隐患。

**【“五五”普法总结验收】** 根据中宣部、司法部、全国普法办和中共云南省委宣传部、省委普法领导小组和省司法厅的统一部署以及《关于认真做好“五五”普法总结验收工作的通知》（迪普办发〔2010〕4号）精神，4月份对州级116个机关、企事业单位“五五”普法《规划》和《决议》贯彻执行情况进行了全面的检查验收；同时，由普法验收领导小组组长李灿光书记带队，对维西县、香格里拉县、香格里拉经济开发区“五五”普法依法治理工作进行了检查验收。7月份圆满完成了“五五”普法省级检查验收和考评工作；省委普法检查验收组给予了高度评价，指出迪庆州的“五五”普法工作做到了三个“最”，即：最讲政治、最讲奉献、最讲方式策略；三个“了不起”，即：思想认识了不起、组织开展“千促”活动了不起、成效成果了不起；三个“典范”，即：维护社会稳定的典范、创新的典范、推进现代文明的典范；10月20日至10月24日，迪庆州人大常委会和阿寿副主任一行调研组，到香格里拉县、维西县、经济开发区就迪庆州“五五”普法实施情况进行了实地调研，听取了两县人民政府和经济开发区管理委员会开展“五五”普法工作情况的汇报，实地走访了10个单位和部门。通过实地调研，调研组对迪庆州的“五五”普法工作给予了高度评价，指出：近年来迪庆州根据不同的民族区域、不同的行业职业，采取不同的方式和措施，对不同的对象进行法律知识宣传，特别是迪庆州的三次“千促”活动的开展，覆盖面广、受教育面大，极大的促进了迪庆州的普法工作，为全州的经济发展和社会和谐稳定做出了积极的贡献，取得的成绩和好的经验，要形成长效机制，以推动“六五”普法工作全面启动实施。11月26日，在州人大十一届三十六次常委会议上，受州人民政府委托，向州人大常委会报告迪庆州“五五”普法规划实施情况，得到了州人大的充分肯定。

**【人民调解】** 迪庆州各县、乡（镇）人民政府结合换届选举和村、组干部变动情况，及时调整充实人民调解员队伍。德钦、维西两县结合工作实际，建立健全了“五级调解网络”，香格里拉县各乡（镇）实行了矛盾纠纷调解“三．三制”和副科以上领导包村制，对矛盾纠纷进行及时调解疏通或分流，防止矛盾纠纷积压和激化，群众盲目上访和越级上访现象基本杜绝。目前，全州共建立各类人民调解委员会329个，其中：乡镇（街道）调委会29个，村（居委）调委会186个，企事业单位调委会114个，共有调解员4 224名。通过几年努力，全州乡镇建有规范的人民调解室18个，多功能调解室8个，186村居（社区）建有较为规范的多功能调解室160个，人民调解室基本达到“五有”（有标识牌、有调解场所、有印章、有回访记录簿、有统计台帐）、“四落实”（组织落实、制度落实、工作落实、报酬落实）、“六统一”（统一标牌、统一印章、统一人民调解标识、统一程序、统一制度、统一调解文书）的标准。

**【矛盾纠纷排查调处】** 全州各级调解组织坚持“调防结合，以防为主”的工作方针，做到了“两及时”、“两坚持”，群众性上访、群体性事件和“民转刑”案件得到有效遏制，特别是在敏感时期、召开“两会”和举办“两节”期间，全州上下及时调整工作重心，把迪庆藏区稳定工作作为当前一项重要的政治任务抓紧抓实，通过积极努力，有力维护了迪庆州社会的稳定。全州共排查调处各类矛盾纠纷3 338件，调处3 248件，成功3 242件，成功率达99.8%。其中：因婚姻家庭纠纷307件，合同纠纷30件，邻里纠纷336件，赔偿纠纷309件，劳动纠纷65件，村务管理纠纷20件，土地承包纠纷206件，征地拆迁纠纷432件，计划生育纠纷16件，施工扰民纠纷72件，房屋宅基地纠纷107件，其他纠纷1 357件。

**【矛盾纠纷预警机制】** 建立健全矛盾纠纷预警机制。一是为了充分整合和强化调解的职能，促成迪庆州委、迪庆州政法委分别下发了《迪庆州“调解优先”行动计划实施方案》，形成由综治委牵头，法院、检察院、公安、司法、信访等部门联合负责矛盾纠纷的排查调处工作体系。二是根据省厅关于建立行政周边地区联防联调工作机制的要求，州司法局分别与丽江市、怒江州、四川甘孜州建立了联防联调机制，县级司法行政机关也分别与各自周边地区建立了联调机制。三是按照相关要求，成立了迪庆州司法行政系统社会重大安全事件处置领导小组，制定了《迪庆州司法行政系统突发事件应急预案》、《迪庆州司法行政系统社会重大安全事件应急预案》、《迪庆州司法行政系统社会重大安全事件工作方案》等制度，进一步建立健全矛盾纠纷预警、排查、调处机制，每月对各类矛盾纠纷进行分析，切实提高对热点、敏感问题的预知判断和预防能力。

**【基层司法所建设】** 一是将香格里拉县上江司法所作为规范化建设试点的基础上，继续争取和落实资金，加强基层司法所业务用房建设。几年来，局党委始终坚持“立足现实，着眼发展，适度超前，不搞重复建设”的原则，密切配合、团结协作，已建成25个规范化司法所，其中：新建13个所，整体购买8个所，与乡政府合建1个所，划拨3个所，落实中央和省两级配套资金共计458.2万元。二是全州30个基层司法所，已配备35名工作人员，消灭无人所，有26名司法所长享受副科级待遇。

**【安置帮教】** 进一步建立健全了刑释解教人员信息沟通制度，及时开展服刑在教人员基本信息核查工作，通过积极努力，提高安置帮教率，及时掌握刑释人员的思想动态，减少脱管失控和降低重新违法犯罪率。迪庆州接受刑释解教人员70人，其中：刑满释放70人，农村籍70人，落实责任田66人，从事个体经营4人。

**【社区矫正】** 自全州社区矫正工作启动实施以来，州县两级相继成立了社区矫正工作领导小组和办公室，明确成员单位的职责分工，按照《迪庆州社区矫正工作实施方案》，建立了矫正对象个人档案和相关台账，基本形成了“党委、政府统一领导，司法行政机关负责实施，相关职能部门密切配合，司法所为工作主体，社会力量广泛参与”的工作格局。全州累计接受社区矫正人员409人，累计解除189人，在册人数220人，其中管制14人，缓刑181人，假释7人，暂予监外执行18人。通过采取集中教育、个别谈话、开展心理咨询、组织公益活动等方式，切实做到底数清，情况明，年内，无脱管漏管，未发生一起重新违法犯罪。

**【法律服务】** 一是以年检注册为契机，加强法律服务工作人员诚信教育，严格业务、档案管理，使基层法律服务所的管理更加规范，结合工作实际制定了《迪庆州司法局基层法律服务工作投诉监督制度》等一系列规章制度。二是按照《公证法》、《律师法》的规定，抓好律师事务所和公证机构的规范化建设，结合“建设有中国特色法律服务工作者”主题活动，通过正反警示、职业道德、执业纪律教育，扎实抓好律师、公证的教育整顿工作。三是紧紧围绕党委、政府中心工作，提供及时、便捷、优质的法律服务。全州律师事务所共担任法律顾问36家，办理各类案件68件，解答法律咨询和代写文书1 048次，调解纠纷22件，参加法律服务公益事业和社会活动657人次。全州各公证机构共受理公证案件995件，其中出证972件，接待来访5 101人次。四是成立了一个个人律师事务所；组建成立了香格里拉人民医院司法鉴定所。

**【法律援助】**　一是加大宣传。迪庆州各级司法行政机关认真落实法律援助“降低门槛，扩大受援范围”政策精神，通过电视、广播、报纸、网络等新闻媒体、“148”专线和基层司法所广泛宣传《法律援助条例》和法律援助的政策；积极开展了“关爱建设者，服务促和谐”法律援助进工地主题实践活动，并取得一定成效；“3.14”敏感时期，州司法局联合统战、民委、公安等部门深入松赞林寺开展法律援助和法制宣传活动，发放宣传资料200余册，在寺庙中营造了学法、用法、守法的浓厚氛围；6月份组织开展了以“学习贯彻《云南省法律援助条例》，促进社会和谐”为主题的法律援助宣传活动。二是为更好的为弱势群体提供法律援助，整合全州法律援助资源，在2009年州法律援助工作局积极与工会、妇联、团委、残联等单位衔接，先后成立了州妇女儿童法律援助工作站、迪庆州青少年法律援助工作站、迪庆州职工法律援助中心，迪庆州残疾人法律援助工作站的基础上，进一步拓宽法律援助领域，加大宣传力度和办案效率。全州法律援助机构共承办各类法律援助案件206件，其中，刑事案件46件，民事案件160件，代写法律文书383件，解答咨询2 751人次，办案率比往年有了明显的提升，有力的维护了弱势群体的合法权益。

**【司法考试】**　2010年全州有65人参加全国司法考试，11人达到全国放宽地区C证分数线；全州55名检察院、法院和司法行政系统在职法律职业人员通过2009年单独组织考试，取得《法律职业资格证书》（特C证）；2010年11月底在迪庆州组织第二次在职法律职业人员单独考试，有26人参加考试，19人成绩合格，解决了迪庆州检察院、法院系统检察官、法官断层和不足的问题。截止2010年底，全州共有143人取得《法律资格证书》。

**【队伍建设】**　按照州委的统一部署，组织局机关全体干警、律师党员及时启动和开展了创先争优、“七个一”、学习型党组织建设等主题活动，通过召开动员大会、学习相关文件、签订承诺书、召开组织生活会等形式，使全体党员干部和职工进一步增强了服务大局意识、组织纪律意识和创先争优意识。同时，全面实施效能政府四项制度，召开全局大会，成立领导小组，制定《工作方案》和《实施意见》，及时将年度局机关重大工作事项和年度计划等在“阳光政府”四项制度网和信息公开网上进行公示，进一步增强了政务透明度。

**【党风廉政建设】**　层层签订党风廉政建设责任书，落实责任制，召开党风廉政建设专题会议和副科以上中层干部作风建设会议，加强党风廉政学习，认真研究部署党风廉政建设工作。认真制定了《迪庆州司法局纪委工作规则》，下发了《迪庆州司法局2010年纪委工作要点》，并结合“效能政府”四项制度，签订重点岗位和重点环节行政行为监督表和承诺书。按照州纪委和州委组织部的要求，州司法局党委班子召开了“贯彻落实《党员领导干部廉洁从政若干准则》切实加强领导干部作风建设”为主题的民主生活会。

**【表彰】**　2010年3月州法律援助工作局被中华全国妇女联合会、全国维护妇女儿童权益平安家庭创建协调组评为全国维护妇女儿童权益先进集体；5月州司法局被省司法厅评为2009年度全省司法行政系统信息工作先进单位；云南润泽律师事务所被省律师协会评为云南省优秀律师事务所；9月香格里拉县公证处松七三被省司法厅评为云南省荣誉公证员；11月云南润泽律师事务所吴培三荣获二级律师称号；云南金澜律师事务所和忠泽、云南合发律师事务所秦建华被省律师协会评为优秀律师。

（杨映松）

## 州中级人民法院

**【概况】** 2010年，州法院深入学习实践科学发展观，全面履行审判职能，扎实推进三项重点工作，较好地实现年初确定的“队伍建设见成效、案件审理上水平、基础建设上台阶”的工作目标，各项工作有新发展。紧紧围绕迪庆建设全国藏区跨越发展和长治久安示范区的战略目标，充分发挥审判职能作用，狠抓执法办案第一要务，坚持在服务大局中谋划和推进法院工作。全州法院受理各类诉讼、执行、减刑假释、国家赔偿等案件1 092件，与上年持平，审（执）结1 036件，结案率为94.8%，比上年上升8.5%；其中，州法院受理101件，审结97件，结案率为96%。

**【刑事审判】** 2010年，坚持“严打”不动摇，严厉打击严重暴力犯罪、多发性侵财犯罪等严重危害人民群众生命财产安全的犯罪，切实提升人民群众安全感。严厉惩处严重经济犯罪和贪污贿赂等职务犯罪，维护市场经济秩序，推进反腐败斗争的深入开展。加强与检察机关的沟通与配合，强化庭审功能，开展将量刑引入庭审程序试点工作。严格执行宽严相济的刑事司法政策，准确把握宽严重点和幅度，最大限度减少社会对立面，维护社会稳定。年内，全州法院受理一、二审刑事案件207件，同比上升13.7%，审结206件，结案率为99.5%，同比上升15.1%，判处被告人299人。

**【民商事审判】** 全州法院共受理各类民商事案件531件，同比上升10.9%；审结498件，结案率为93.7%，同比上升2.7%。牢固树立和谐司法理念，增强服务意识，平等保护各类民事主体的合法权益。加大“三农”司法保护力度，服务农村改革发展；妥善处理劳动争议案件，防范化解劳资和群体性纠纷，维护企业的正常经营；全力调处物权纠纷、征地拆迁纠纷案件，切实保障民生权益；认真处理婚姻家庭纠纷案件，积极倡导良好的社会风尚；积极审理金融纠纷案件，保障金融安全；及时审理各类投资纠纷案件，营造良好的投资环境。通过案件的办理和矛盾的调处，提升了办案的法律效果和社会效果，促进了社会和谐。

**【行政审判】** 2010年，全州法院共受理各类行政案件6件，审结5件。行政审判坚持监督与支持并举，妥善审理涉及城市建设、社会治安、社会保障、自然资源等行政案件，积极协调化解行政争议，监督和支持行政机关依法行使职权，保护公民、法人和其他组织的合法权益，推进依法行政，促进官民和谐。

**【执行工作】** 2010年，全州法院共受理执行案件341件，执结320件，同比上升10.7%，执行标的金额2 003.7万元，同比上升10.8%。以争创无执行积案法院活动为契机，完善执行联动协调机制，建立执行救助机制。州政府制定了《迪庆州刑事被害人救助办法》下发全州执行，成立了由政法委、法院、检察院、公安、财政、社会保障等部门组成的刑事被害人救助中心，将救助资金列入财政预算，执行工作保持了良好的发展态势。

**【审判监督】** 2010年，坚持把审判管理放在法院管理的核心位置，建立健全立案、信访、审判监督工作程序和机制，规范立案、排期开庭、审限跟踪督办、送达法律文书工作，构建案件流程管理体系。加强审级监督与指导，建立二审改判、发回重审案件通报评析制度，提升基层法院审判水平。开展审判质量检查，评查案件593件，着力提高审判质量。畅通申诉渠道，依法保障诉权，及时办理国家赔偿、申请再审案件6件。健全完善院（庭）长接访、领导包案和责任倒查制度，多措并举，多元疏访，化解涉诉信访，共办理群众来信来访1 686人（件）次。自觉接受人大及其常委会、政协和检察机关、社会各界的监督，共办理检察机关抗诉案件7件，其中改判1件，终止1件，撤回抗诉2件，维持原判3件。

**【特色工作】** 强化和谐司法理念，坚持“调解优先，调判结合”原则，积极探索调解规律，全面加强民事案件、执行案件的调解工作，将调解贯穿于立案、审判、执行、审监、信访等各个环节，综合运用法律、政策、经济等手段和教育、协商、疏导等办法，深入矛盾发生地化解纠纷，对刑事附带民事案件中矛盾突出、判决后隐患大、无法履行的进行重点调解，注意发挥行业协会、社会组织的作用，以诚心、耐心和责任心及时化解影响群众生活的矛盾纠纷，切实维护人民群众的合法权益。全州法院全年民事案件调解撤诉率达52.8%。

实行热情的诉讼指导、真诚的风险提示、悉心的法律解答，引导当事人正确行使诉讼权利，积极推行案件繁简分流和速裁机制，扩大刑事案件中简易程序的适用范围，对简易民事案件实行快速立案、快速调解、快速审理、快速结案，提高诉讼效率，降低当事人诉讼成本，减轻当事人诉累。继续加大巡回审判力度，全年巡回审判率近40%，巡回审判进村寨、入企业、到牧场，方便弱势群体行使诉讼权利。切实加强司法救助，全年共为89件经济确有困难的当事人减、免诉讼费11.2万元，解决经济确有困难的当事人打官司难问题。

通过审判和执行工作，切实履行司法的社会责任，积极参与社会管理，拓展司法的社会效果，积极参加社会治安综合治理，大力推进“和谐安州”、“平安创建”工作。加强判后跟踪帮教，促使未成年罪犯改过自新。实施对非监禁刑事罪犯的训诫制度，积极开展案件回访、社区矫正等活动，配合有关部门做好刑释解教人员帮教管理工作。针对影响社会稳定的新情况、新问题、新难点，运用司法建议方式，及时向有关部门提出加强和改进社会管理的意见建议3条，报请州政府召开矿产资源管理专题会议1次，就矿产资源管理中存在的问题和漏洞提出改进意见。

针对全州法院发展中存在的困难和问题，州法院抢抓机遇，积极向省高院汇报，争取支持。11月中旬，省高级人民法院召集全省15个州市中级法院领导及省高院相关部门负责人在我州召开全省法院援藏工作座谈会，省法院许前飞院长亲临会议并作重要讲话，会议确定了全省法院援助我州两级法院的工作方案，建立了援助藏区法院工作长效机制，对当前和今后一个时期全省法院对口支援我州两级法院工作进行了全面安排和部署。援藏工作座谈会的胜利召开，为我州两级法院的发展夯实了基础，在省高院及相关州市中级人民法院援助我州两级法院长效机制的推动下，我州两级法院迎来了跨越发展的最佳时期。

**【“两庭”建设】**　经过三年的努力，占地14亩，建筑面积7 050平方米，集藏区特色和现代科技于一体，科技含量高、设施先进、配套齐全、功能齐备，拥有大小审判法庭14个，干警办公室100余间，配备拘押室、律师休息室，实现智能化、数字化庭审的迪庆州中级人民法院审判大楼全面竣工并投入使用。维西县法院的审判法庭也已竣工投入使用。德钦县法院的审判法庭正在紧张建设中，全州法院的基础建设和各项工作已进入了新的发展阶段。

**【队伍建设】**　迪庆中院推出了“文化兴院”的系列文化建设活动，提炼出“明德公正、亲民至善”的八字院训。着力打造好“藏区法院”、“高原法官”这两张特色牌，狠抓审判质量，提出“办精品案”；狠抓执行工作，执行结案率处全省前列；狠抓司法为民，做好藏区双语审判，巡回审判；狠抓文化建设，各种文化建设成效明显；狠抓队伍建设，全州法院在实践中总结出“缺氧不缺精神”等理念。通过多管齐下，不断提炼发展实践，迪庆中院走出了一条符合藏区法院的特色的科学发展路子。审判质量不断提高，队伍素质不断加强，工作效率不断提升，工作机制不断创新，多年来无一违法违纪情况出现。得到了最高法院、云南省高级人民法院和迪庆州委的充分肯定。2010年10月云南省高级人民法院向最高人民法院推荐迪庆州中级人民法院为全国优秀法院。

以作风建设年、“人民法官为人民”主题实践活动和“创先争优”活动为契机，深入开展革命传统教育、党风党纪专项教育和廉政专题教育，提升司法能力，确保公正廉洁执法。通过黄松有等反面典型开展纪律作风整顿；组织法官干警学习“五个严禁”、《人民法院工作人员处分条例》，观看《五月的声音》、《袁隆平》、《可爱的中国》等电教片；组织法官干警向玉树地震灾区和我省干旱地区捐献爱心；建立健全党风廉政建设责任制，层层分解，落实到人；鼓励干警参加司法考试以及专升本、在职研究生学历教育，采用挂职锻炼、到国家法官学院和省法官学院学习等方式，加强法官教育培训，司法能力明显提升，推进了公正廉洁执法。

（赵云川）

# 军事

## 迪庆军分区

【概括条】 党委班子和干部队伍建设有新的加强。坚持用科学发展观的要求建班子、带队伍、抓工作，党委班子和干部队伍建设保持了风正、和谐、进取的好形势。党委“一班人”主动践行“团结干事、勤奋干事、求实干事”和“顾大局、讲配合、共荣辱”要求，严格按照“集体领导、民主集中、个别酝酿、会议决定”的原则议事决事，提高党委决策质量。坚持把提高干部能力素质作为分区跨越发展的抓手，结合读书培训、专题学习、机关夜校，抓好党委机关的帮带、基层主官的培训，引导干部把本职岗位作为提高素质的主阵地，讲评基层干部做到“准、像、实”，始终鼓励和鞭策干部“苦读、苦思、苦干”，激发干部队伍创新活力。制定下发《克服浮躁作风，提升能力素质，进一步推进学习型党组织建设的措施》，提高各级抓学习的能力。坚持把创先争优和“双争”活动与学习龚曲此里先进事迹同步推进，与重大任务同步进行，实践“创先在高原、争优在岗位”要求。召开分区第七次党代表大会。分区党委书记姚世忠被四总部表彰为“全军优秀党委书记”。

部队思想政治建设有新的成效。以党委中心组带机关理论学习为途径，抓好中国特色社会主义理论体系武装，开展培育当代革命军人核心价值观主题教育，灵活运用理论灌输、典型示范、法规约束、实践锻炼等方法，及时开展“藏区形势”和“黄海危机”形势战备教育。结合半年一次的“唱红色歌曲，强革命斗志”歌咏比赛、“雪域欢歌创和谐，军民携手谱新曲”文艺晚会，将培育体系和骨干集训、比武竞赛、抢险救灾、扶贫帮困与岗位实践融合，使当代革命军人核心价值观内化为官兵的坚定信念、外化为官兵的自觉行动。3月初，全国40多家主流媒体近90名记者赴我区采访龚曲此里先进事迹，推出了全党、全军和全国重大典型，产生了强烈反响，提升了知名度。香格里拉县连续两年被成都军区评为“新闻工作先进单位”，政治部谭明忠主任被军区评为“民兵预备役政治工作先进个人”、“政工研究先进个人”、“政工网站建管用先进个人”。

部队军事斗争准备有新的推进。在“3.10”和康巴艺术节等敏感期，按照“早进入、早准备、早落实”要求，召开维稳作战会议和维稳处突动员大会，编组官兵做好带装备勤准备，确保一旦有事能迅速到位。整理编撰《军分区维稳处突细则》和《维稳处突资料汇编》，完善修定“维稳处突方案”50余份，有针对性地组织部队进行课题演练，提高应对突发事件的组织指挥能力和应急处置能力。完善“四级”民兵信息网建设，制定《军地情报信息协作机制实施办法》，搜集上报藏区各类情报信息数百份。围绕维稳处突，开展“中印边境自卫反击作战连锁反应条件下维护社会稳定”步兵营进攻战斗课题演练，组织部队和民兵应急分队进行实兵实弹演习，全面检验分区部队训练效果。组织部队、公安、武警、民兵应急分队进行为期10天的军警民联训，受到中央军委委员、国防部长梁光烈上将的高度评价。有效增强了分区部队和应急民兵队伍应对多种安全威胁，完成多样化军事任务的能力。8月份省军区组织的政工干部比武竞赛中，分区夺得B组团体第三名，1个综合二等奖、1个单项一等奖。在独立营组建武装侦察分队，积极开展跟踪、抓捕、侦察等针对性训练，在省军区组织的侦察兵比武竞赛中，取得两个单项第一、综合成绩第一的优异成绩。

部队基层建设质量有新的跃升。组织《纲要》和防范重大安全问题培训，较好地解决了部分党支部工作思路不清、工作节奏慢半拍的问题。围绕“小散远直单位怎么抓、心理疏导怎么搞、大学生官兵怎么带”等难点问题，认真研究对策和办法，编写下发《干部工作手册》、《新兵手册》和《班长手册》。建立常委挂钩帮建联系点，常委下基层在20天以上，面对面为基层传经验、教方法，制定《贯彻落实新〈纲要〉长效机制实施意见》，完善机关按纲指导、基层按纲抓建制度，人武部基础设施建设取得长足进步，州委、州政府和县委、县政府多方面协调解决人武部营房建设资金达500余万元。香格里拉县人武部率先完成规范化建设达标任务，维西县人武部完成“两楼建设”，德钦县人武部整体搬迁进展顺利。

部队后装保障工作有新的提高。着眼提高完成多样化军事任务中的后装服务保障能力，修订完善《迪庆州国民经济动员方案》等预案。对驾驶员、炊事员、卫生员进行复训、培训，较好地提高了专业兵素质。协调60医院对官兵进行健康体检。实施军人保障卡配套设施设备建设及相关数据采集和官兵商业医疗保险纳入工作。投入1 000多万元建设营区营房，种植1 000余株适合高原环境生长的耐寒树木，进一步改善工作、生活条件。投入180万元购置3台接待保障车辆，为德钦、维西人武部各配发1台接待用车。严格经费预算、坚持大项开支上办公会讨论、党委会审定、双主官签字制度，保持经费收支综合平衡，家底经费有了增长。完成报废武器上交，对全区武器装备库室进行了规范化整治，保持了武器装备完好率。

部队安全发展有新的进步。结合学习贯彻《安全条例》和新一代“共同条令”，广泛开展“学条令、用条令、抓作风、促养成”条令月活动，认真抓好“四起事故（案件）通报”警示教育，坚持落实好“定期不定期分析形势、讲评干部骨干、谈心谈话、安全检查、要害部位人员政审”等制度，规范部队正规的战备、训练、工作和生活秩序。分区安全检查组进行4次集中检查，及时查找和纠正一些安全隐患。围绕分区确定的“八个方面的倾向性问题”深入开展倾向性问题整治活动，对侵占士兵利益、违规办事、机关超编用人等现象进行集中整治，收到了良好的效果。投入10万元规范保密室建设，对全区保密系统进行全面升级，进一步提高了保密工作质量。分区连续5年被省军区表彰为“安全稳定工作先进单位”。

双拥共建有新的发展。积极开展参建援建、双拥共建活动。组织70名官兵和专武干部参加迪庆州“千名干部进村入（户）寺促小康、促和谐、促民族团结进步”活动，对3个行政村29个村民小组768户农牧民进行了宣传。沿214国道的13个乡镇抓了“军民共建和谐村”示范点，出资5万元，在人口集中、靠近寺庙的7个乡镇修建了“军民共建和谐村公约碑”。与五境乡建立连（部）帮村、班（排）助户的“促小康、创和谐”扶贫模式，帮扶共建“盖红瓦、涂红漆、插红旗”基层党支部12个。与共青团迪庆州委联合举办了70名学生参加的藏区第二期“少年军校”，向藏区贫困生及玉树灾区捐款30余万元。在香格里拉县金融系统组建民兵应急分队，为依托行业组建民兵探索新路。召开人武部正规化建设暨城市民兵应急分队建设现场观摩会，组织全州基层专武干部培训和“八一”军事日活动。参加抗洪抢险、森林灭火等抢险救灾工作，先后动员民兵4 000多人次，扑灭小中甸、虎跳峡等火灾12起，在金江、奔子栏等乡镇组织抗洪抢险4起，在攀天阁、白济汛组织抗击泥石流灾害3起，特别是年初全州的抗旱救灾，分区组织动员民兵5次，先后投入民兵1 322人，开展森林防火、保障人畜饮用水、农田浇灌、果树浇灌、疏通水渠等抗旱救灾工作。同时，分区积极响应上级号召，在全区官兵、职工、家属中开展“向旱灾灾区群众献爱心送温暖活动”，分区机关和分区独立营捐款6万多元，进一步密切了军政军民关系。分区独立营杨铁峰营长被评为“十一五”迪庆州森林防火先进个人。香格里拉县、维西县分别被省评为“双拥模范县”，香格里拉县连续第6次被省评为模范，申报全国“双拥模范县”。

**【召开党委（扩大）会议暨2009年表彰大会】** 2010年1月18～19日，迪庆军分区召开党委六届十一次全体（扩大）会议，传达学习中央军委扩大会议和两级军区党委（扩大）会议精神，总结2009年工作，表彰2009年度先进单位和先进个人，研究部署2010年度任务。会议要求，各级要深入学习贯彻两级军区党委扩大会议精神，在抓好理论学习，强化“两观”教育成果转化上下功夫；在狠抓战备和军事训练中，提升完成多样化军事任务能力；在围绕提高把关定向、议事决策、团结干事、以身示范、狠抓落实上，加强党委班子和干部队伍建设；在深化《纲要》学习，尊重官兵主体地位中提高基层建设水平。明确要坚持从思想破起、干部抓起，在带头学习、发扬民主、改进作风、树好形象上抓好主官队伍建设，以打牢官兵思想、战斗力生成、基层建设基础为重点，切实把基础性工作筑牢夯实。

**【完成“3.14”藏区维稳任务】** 分区按照“早进入、早准备、早落实”要求，召开维稳作战会议和维稳处突动员大会，下派由常委带队的四个工作组分赴维稳一线指导维稳处突工作，编组100名官兵做好带装备勤工作，整理编撰《军分区维稳处突细则》和《维稳处突资料汇编》，完善修定“维稳处突方案”50余份，有针对性地组织部队进行课题战备演练，提高应对突发事件的组织指挥能力和应急处置能力，确保了连续三个“3.14”藏区稳定。

**【中央新闻媒体集中采访龚曲此里先进事迹】** 2010年3月2～5日，由总政治部宣传局杨局长率中央电视台、人民日报、新华社、中央人民广播电台、解放军报、半月谈等24家全国主要新闻媒体和网站的领导、编辑、记者共60人组成有采访团，在省军区郎友良政委的陪同下，赴迪庆军分区集中采访“促进民族团结进步的优秀干部”龚曲此里先进事迹。采访团先后观看了龚曲此里先进事迹电视录像片，听取了省军区和迪庆州、军分区有关情况汇报，参与了军地座谈，采访了各族群众和僧侣代表。通过采访，采访团的同志一致认为龚曲此里同志先进事迹生动过硬，崇高精神感人肺腑，是新世纪新阶段最有影响的先进典型，有很多亮点值得宣传，对全国、全军有很好的示范引导作用。表示一定要把龚曲此里“爱党忠诚、爱民为民、爱岗敬业、爱憎分明”的精神宣扬好，并通过宣传龚曲此里，充分反映党的民族政策的正确性优越性，充分反映驻藏区官兵为维护民族团结进步所作的巨大成绩，充分反映迪庆等藏区经济社会发展大好形势。

**【迪庆州委召开议军会议】** 2010年3月24日，迪庆州委在军分区召开议军会议，强调国防后备力量建设要坚持党的领导，进一步加强党对武装工作的建设和支持力度；要坚持全民办国防的做法，形成长期维稳的铜墙铁壁；要按照使命要求，进一步加大对后备力量建设的投入和探索步伐；要从维护人民生命财产安全出发，大力加强后备力量“双应”能力建设。会议决定，为国防基础设施建设划拨经费150万元，通过出台《迪庆州随军家属安置、子女入学入托办法》帮助官兵解决后顾之忧，军地合力完成德钦、维西县人武部规范化建设达标工作，努力把香格里拉县建设成为“全国双拥模范县”。

**【迪庆军分区坚持“五个走在前列”掀起学习龚曲此里新高潮】** 2010年6月23日，军分区党委召开常委会专题学习龚曲此里先进事迹活动，明确按照“离龚曲此里最近，学习要更真；与龚曲此里最亲，学得要更实”要求，在严格落实省军区首长在龚曲此里先进事迹报告会上的“五条指示”上走在前列，推动学习活动向更真、更实、更好的要求发展；在学习龚曲此里先进事迹上走在前列，扎根高原艰苦环境，始终保持昂扬精神状态；在践行龚曲此里崇高精神上走在前列，推动部队全面建设上新台阶；在拓展龚曲此里时代价值、完成未尽事业上走在前列，用更高的标准、更足的干劲把部队建设好；在本职岗位履好职尽好责、维护藏区稳定上走在前列，为建设示范藏区作出积极贡献。

**【分区第七次党代会召开】** 2010年7月28～29日，分区召开第七次党代会，50名代表参加。选举产生中国共产党迪庆军分区第七届委员会委员（常务委员）、第七届纪律检查委员会委员。齐扎拉、姚世忠、李旭光分别被选为第一书记、书记和副书记。姚世忠作了《抓住机遇谋发展，乘势而上创辉煌，努力建设全面过硬的一流藏区部队》的工作报告，全面回顾了过去五年来的工作，并从要“着眼‘打得赢、不变质’，大力加强思想政治建设；着眼能力素质，全面加强各级党组织和干部队伍建设；着眼提高多样化军事任务能力，继续抓好军事斗争准备工作落实；着眼正规化建设，加强依法从严治军；着眼任务需要，提高综合保障水平”五个方面安排部署了今后五年的工作目标。谯继忠作了《严肃党纪，强化监督，进一步加快党风廉政建设步伐》工作报告，全面回顾了过去五年来纪委工作情况，部署了今后五年的工作目标。

【表彰】 2010年8月31日，军分区原副司令员龚曲此里被中央军委表彰为“促进民族团结进步的优秀干部”。

2010年12月29日，军分区原副司令员龚曲此里被全军表彰为“践行当代革命军人核心价值观十大新闻人物”。

2010年7月，军分区姚世忠政委被四总部表彰为“全军优秀党委书记。

2010年12月，军分区独立营步兵一连班长欧阳坚辉被四总部表彰为“爱军精武标兵”。

2010年12月，军分区被成都军区评为“新闻工作先进单位”。

2010年9月，军分区被州人民政府表彰为“民族团结进步模范单位”。

2010年12月，军分区政治部谭明忠主任被军区评为“民兵预备役政治工作先进个人”、“政工研究先进个人”、“政工网站建管用先进个人”。

2010年11月，军分区通信机务站被成都军区表彰为“通信与指控系统综合组网演练及无线电短波通信网检验性考核先进单位”。

2010年11月，军分区通信机务站战士谢李军被成都军区表彰为“优秀报务员”。

2010年12月，军分区宣保科干事黄更业被成都军区评为“新闻报道先进个人”。

2010年，香格里拉县连续6年被云南省评为“双拥模范县”，维西县被云南省评为“双拥模范县”。

2010年12月，军分区独立营杨铁峰营长被迪庆州人民政府评为“森林防火先进个人”。

（李 斌）

## 武警迪庆支队

【政治工作】 认真学习党的十七届五中全会精神和胡主席关于武警部队建设的一系列重要论述，巩固学习实践科学发展观活动成果，落实党委中心组和官兵理论学习制度，不断强化理论武装。按照“三个紧贴”要求抓实主题教育，针对藏区镇守维稳实际搞好形势任务、法纪法规、安全保密、战斗精神和优良传统教育，开展法律服务，举办演讲、影视评议、课件制作和DV摄制比赛，进一步打牢官兵高举旗帜、听党指挥、安心高原、奉献高原的思想根基。支队被总队表彰为“思想政治教育先进单位”，参加总队军事比武竞赛获得政工类团体第三名，参加总队DV制作比赛获得第一名、歌咏比赛第三名的好成绩。过细做好官兵思想稳定工作，建立心理咨询站，购置心理宣泄器材，搞好心理健康服务。认真学习贯彻《政工条例》，建好政工网，新闻宣传工作取得重大突破。支队视频新闻在总队排名第一，先后有4篇经验材料被总部、总队转发，总部网刊载支队网页8篇、总队网刊载网页345篇，中央、省级媒体先后采用支队新闻82条。积极开展拥政爱民工作，组织官兵为群众做好事办实事，进一步密切警政警民关系。政治处分别被武警部队和总队表彰为“先进支队（团）政治机关”、“先进政治处”。

【中心工作】 坚持中心工作常抓不懈，按照“十六字”执勤思路，抓好经常性执勤工作，深化执勤隐患治理，提高官兵执勤能力，实现看守目标连续27年执勤无事故。香格里拉县中队被武警部队表彰为“执勤先进中队”。严格落实战备制度，坚持经常性的战备演练，圆满完成藏历“格冬节”、“2.28”迎佛宗教活动、“欢乐香巴拉”、“第六届康巴艺术节暨迪庆州民族团结节”等大型活动的现场警戒、机动备勤，以及德钦县“4.24”抢险救援任务。坚持以任务为牵引，强化按纲施训意识，组织搞好新兵集训、狙击手集训、反恐骨干集训和勤训轮换，狠抓专勤专训、处突反恐训练和首长机关训练，官兵军事业务素质普遍提高。支队参加总队军事比武获得团体第六名、两次与41师驻藏区维稳部队重点军事训练科目对抗竞赛均取得优胜成绩，司令部被总队表彰为“先进司令部”，直属大队一中队被总队表彰为“军事训练一级单位”。

【安全工作】 认真贯彻总部、总队依法从严治警集训精神，抓好支队再集训，搞好试点参观见学，部队秩序日趋正规。深入学习宣传《人民武装警察法》和《共同条令》，熟悉基本内容，增强贯彻落实的自觉性，营造“学条令、用条令、守法规”的浓厚氛围。扎实开展“治‘三松’、严纪律、保安全”教育整顿活动，解决少数官兵精神状态不够昂扬、责任心不够强和作风不实等问题。坚持定期分析讲评安全形势，及时整治安全隐患，提高预防工作质量。坚持从严管控部队，突出抓好“八小时”外管理，落实首长机关每周实地查勤制度，纯洁干部“三圈”，部队安全发展基础进一步牢固。支队被武警部队表彰为“连续11年预防事故案件工作先进单位”，香格里拉县中队被总队表彰为“安全工作先进中队”。

【基层建设】 认真搞好《纲要》培训套训，严密组织党支部正、副书记和基层思想、保卫、文体及新闻宣传骨干集训，有效提高干部骨干队伍综合素质和基层自主抓建能力。深入开展“双争”和创先争优活动，营造学先进、赶先进、争先进的良好氛围。大力加强干部队伍建设，坚持量化管理成绩与个人经济利益和成长进步挂钩，激发干部队伍的整体活力。始终把工作重心放在基层，落实党委成员包片、股室挂钩的帮建责任制，年内共派出4批工作组下基层蹲点帮建，基层建设整体水平有新的提升。香格里拉县中队被总队表彰为“基层建设标兵中队”，直属大队二、三中队分别被表彰为“基层建设先进中队”。

【后勤保障】 大力开展岗位练精兵活动，严密组织驾驶员复训和司务长、炊事员、军械员培训，不断提高后勤队伍素质能力。抓好后勤规范化管理，制定完善各类经费、物资管理规定，严格经费动用审批，提高管理效能。坚持“平战一体”原则，修订完善各类保障方（预）案，加强战备演练，狠抓“筹、供、管、训”落实，确保战备物资、器材始终符合战备要求。积极推进“四项设施”建设，在总部、总队的关心帮助下，新建了维西县中队营房、干部公寓房和支队加油站，并投入经费近140万元用于基层维修营房、改造洗漱间和浴室、购置生活设施等，官兵生活环境得到较大改善。后勤处被总队表彰为“先进后勤处”。

【班子建设】 坚持以能力建设和先进性建设为主线，全面加强党委班子建设。突出抓好中心组理论学习，落实年有计划，月有安排，每人有笔记，每季度有讨论交流制度，“一班人”进一步强化理论武装。深入学习贯彻民主集中制，积极参加总部“加强党性修养，振奋革命精神”和民主集中制理论辅导授课，结合学习实践活动认真召开民主生活会，党委“一班人”交心通气好，团结干事，求真务实。积极推进党风廉政建设，反复学习《党内监督条例》、《党纪处分条例》和《中央军委关于进一步加强军队高中级干部作风建设的意见》，层层签订《党风廉政建设目标责任书》，落实党委班子述学述职述廉制度，公平处理干部提职、送学、战士学技术、考学、选改士官，以及为官兵发放困难补助等敏感问题，群众满意度均在98%以上。

【党委扩大会议】 2010年1月26～28日，支队召开党委扩大会议，认真传达学习武警部队党委武警党委一届七次、总队党委二届九次全体（扩大）会议精神；党委书记、政治委员尹树林同志代表支队党委作《坚持以科学发展观为指导、在忠实履行职责使命中推动部队建设再上新台阶》工作报告；党委副书记、支队长向明坤作《认清形势、狠抓落实，在新的起点上不断开创工作新局面》重要讲话；纪委书记、副政治委员陈兴文作《着力加强党员领导干部作风建设、确保支队党风廉政建设稳步推进》纪委工作报告；司令部、政治处、后勤处分别就对口业务工作进行安排部署。会议还对2009年先进集体和先进个人进行表彰。

【党委机关专题教育】 2010年2月22日至25日，支队党委机关参加总部“建设学习型党委机关，提高领导部队建设科学发展和履行使命任务能力”教育，着力解决党委机关学习中存在的突出问题，进一步强化学习氛围、提高学习质量、增强综合素质，提高领导部队建设科学发展和履行使命任务能力。

【教育整顿活动】 2010年3月7日至12日，集中利用5天时间在全支队开展“治‘三松’、严纪律、保安全”教育整顿活动。认真学习法规制度和总部、总队首长讲话精神，深刻汲取青海总队“2·23”案件惨痛教训，深挖自身问题，科学制定整改措施，取得明显效果。

【举办思想、保卫、新闻、文体骨干培训】 2010年4月21日至30日，支队集中各基层中队政工干部、保卫委员和新闻、文体骨干进行业务培训。通过面对面教方法、谈体会，使培训人员进一步理清工作思路、明确责任要求、掌握基本套路。

【德钦4·24抢险救灾】 2010年4月24日10时30分，德钦县升平镇村民阿保等3名村民被山体滑坡掩埋。10时42分，德钦县中队中队长王盖东带领20名官兵到达现场，经过两小时的紧张作业，救出1名村民，找到两具遇难者遗体。

【党委扩大会议】　2010年7月28日至29日，支队召开党委扩大会议，认真传达学习武警部队党委武警党委一届八次、总队党委二届十次全体（扩大）会议精神；党委书记、政治委员尹树林同志代表支队党委作《认清形势找差距、狠抓落实求突破，努力推进支队坚实又好又快发展》工作报告；党委副书记、支队长向明坤作《认清形势任务、乘势奋力争先，扎实推进支队全面建设稳步发展》重要讲话。

【开展“创先争优”活动】　根据总部、总队统一部署，从2010年7月份开始，在各级党组织和党员中开展“争创先进党组织、争当优秀党员”活动，全体党员先锋模范作用明显增强。

【依法从严治警集训】　2010年10月10～15日，集中基层大（中）队主官和机关股以上人员48人进行依法从严治警集训。组织传达学习总队依法从严治警集训精神、观看正规化建设试点录像片、进行经验交流、新配发武器操作和体能测试等活动，支队正规化建设水平明显进步。

【风气教育整顿】　2010年10月12日至15日，支队利用4天时间在党委机关开展风气教育整顿。通过学习中纪委十七届五中全会精神，总部、总队首长在风气建设讲评会上的讲话精神和相关法规制度，观看教育警示片，开展大讨论，党委机关对风气建设的重要意义有了深刻认识，存在的问题得到较好解决。

【临时勤务】　先后圆满完成中央军委委员、国务委员兼国防部长梁光烈一行，中共中央政治局委员、中央书记处书记李源潮和泰国公主诗琳通一行到迪庆视察期间住地警卫；藏历“格冬节”、“迎佛节”活动现场外围警戒及机动备勤；“3·10”“3·14”“3·28”“7·5”等敏感期情报收集、机动备勤及城市武装巡逻；香格里拉“第六届康巴艺术节暨民族团结节”机动备勤和大型文艺演出；填堵纳帕海景区3个落水洞及德钦县升平镇山体滑坡抢险任务。

【总部首长到支队检查指导工作】　2010年2月7日，武警部队政治部贾方亮副主任率工作组一行，深入云南迪庆藏区视察，总部政治部组织部戴建国部长、司令部指挥中心钟晓明副主任，云南总队王诚总队长、王海亮政委以及迪庆州委齐扎拉书记、陈建国州长等领导陪同。

8月2日，武警部队副司令员薛国强中将率总部警务部鲍迎祥部长、江志勇处长、冉道军参谋到支队检查调研，云南总队王诚总队长、李志刚副总队长，武警41师王毅师长，迪庆州委常委、政法委书记李灿光和副州长兼公安局长曾永忠陪同。

9月12日，总部司令部刘志军处长率联合工作组在总队石伟章副参谋长、训练处陈明光处长、支队向明坤支队长、8 753部队杨学鹏团长陪同下，深入直属大队检查指导工作。

10月27日，武警部队后勤部傅永照少将一行，在总队张志海副总队长，迪庆州委常委、香格里拉县委书记彭耀文等陪同下，检查指导支队“四项设施”建设、藏区营房整治、干部公寓房和高原驻训基地建设情况。

【表彰】

| 时间 | 受奖单位 | 奖励内容 | 施奖单位 |
|---|---|---|---|
| 2010.03 | 香格里拉县中队 | 执勤先进中队 | 武警部队 |
| 2010.05 | 武警迪庆支队团委 | 先进团委 | 武警云南总队政治部 |
| 2010.05 | 香格里拉县中队团支部 | 先进团支部 | 武警云南总队政治部 |
| 2010.07 | 武警迪庆支队党委 | 先进党委 | 武警云南总队党委 |
| 2010.07 | 香格里拉县中队 | 先进党支部 | 武警云南总队党委 |
| 2010.09 | 武警迪庆支队 | 民族团结进步模范单位 | 迪庆州人民政府 |

| | | | |
|---|---|---|---|
| 2010.12 | 武警迪庆支队 | 连续11年预防事故案件工作先进单位 | 武警部队 |
| 2010.12 | 武警迪庆支队政治处 | 先进支队（团）政治机关 | 武警部队政治部 |
| 2010.12 | 武警迪庆支队 | 先进支队 | 武警云南总队 |
| 2010.12 | 武警迪庆支队司令部 | 先进司令部 | 武警云南总队 |
| 2010.12 | 武警迪庆支队政治处 | 先进政治处 | 武警云南总队 |
| 2010.12 | 武警迪庆支队后勤处 | 先进后勤处 | 武警云南总队 |
| 2010.12 | 武警迪庆支队政治处 | 思想政治教育先进单位 | 武警云南总队政治部 |
| 2010.12 | 香格里拉县中队 | 基层建设标兵中队 | 武警云南总队 |
| 2010.12 | 香格里拉县中队 | 学习型党支部 | 武警云南总队 |
| 2010.12 | 香格里拉县中队 | 安全工作先进中队 | 武警云南总队 |
| 2010.12 | 直属大队二中队 | 基层建设先进中队 | 武警云南总队 |
| 2010.12 | 直属大队三中队 | 基层建设先进中队 | 武警云南总队 |
| 2010.12 | 直属大队一中队 | 军事训练一级单位 | 武警云南总队 |

（胡玉龙）

## 中国人民武装警察部队迪庆州消防支队

**【综　述】**　2010年，全州消防部队坚持以科学发展观为统领，深入践行胡锦涛总书记“忠诚可靠、服务人民、竭诚奉献”的三句话总要求，以坚决维护迪庆藏区和谐稳定为总目标，加快推进“三年规划”落实，着力打造“防火墙”和“雪域消防铁军”，确保社会火灾形势持续平稳和部队高度稳定，为构建和谐迪庆创造良好的消防安全环境服务。

**【接处警和火灾基本情况】**　2010全州共发生火灾20起，无人员伤亡，直接财产损失117.14万元。同比2009年，火灾起数持平，亡人数减少1人，直接财产损失上升了10.7%。全年共接处警55起，出动消防车105辆次，消防官兵626人次，抢救被困人员16人，疏散人员38人。

**【组织建设】**　支队党委以增强领导核心作用、战斗堡垒作用和发挥党员先锋模范作用为目标。坚持把思想政治建设摆在首位，认真开展学习践行胡总书记“三句话”总要求以及党的十七届四中、五中全会精神，增强自身建设、科学决策、狠抓落实和引领发展的能力；认真开展调查研究，党委成员撰写调研论文16篇，其中大香格里拉应急救援调研报告等论文为工作实践提供了良好的指导；主官密切合作，相互支持，带头维护团结，营造平等、和谐、民主、宽松的氛围，协调务实、开拓创新，不断提升带领部队科学发展的水平；坚持党委议事和决策原则，重大决策充分听取官兵意见，认真落实议训议教、民主生活会等制度，抓实“廉政制度宣贯月”、“三个专项整顿”、“四查教育整顿”和工程领域突出问题专项治理，定期召开廉政联席会议，丰富形式抓好廉洁自律教育。

**【思想政治教育】**　支队结合思想政治教育大纲试点工作，不断强化思想政治教育实效性和规范化，认真开展“雪域消防大走访”、“条令条例学习月”活动，深化学习践行胡总书记“三句话”总要求主题教育和“雪域消防党旗红”活动，抓实形势政策教育和执勤备战教育，邀请专家教授举办民风民俗、反腐倡廉、党史及心理疏导等专题讲座10场次，通过官兵书写心得体会、座谈讨论、重温入党誓词、参观红军长征博物馆等形式将教育活动不断引向深入。详细制定《维稳处突政治工作预案》，摸清基层思想政治工作的现状，认真分析和查找基层思想政治工作中存在的问题和薄弱环节，切实采取有效措施，增强思想政治教育实效。着力打造特色警营文化。加大经费投入力度，为基层部队补助28万元警营文化建设经费。详细制定2010年中队俱乐部创星争优评比细则，深入开展评比活动。邀请民族音乐、舞蹈老师编排贴近部队独具藏区特色的歌舞节目，并在“云岭消防之歌”文艺晚会上荣获一等奖。认真组织开展“二月廉政制度宣贯月”、“三个专项整顿”、“四查教育整顿”和工程领域突出问题专项治理等活动。着力抓好支队的警示、法纪教育，筑牢官兵的思想道德防线，定期召开廉政联席会议、审计工作联席会议和纪委工作会议。教育引导官兵自觉尊重驻地民风民俗，坚持抓官兵文明意识、文明习惯的养成，积极投身为藏区人民群众办实事、办好事的行列。突出执法队伍在边远少数民族贫困地区对消防法律法规的讲解，避免执法矛盾的产生，同时力争简化办事程序和提高办事效率，争取各族群众的理解支持。认真开展为驻地义务植树、参加公益劳动，资助贫困儿童、照顾孤寡老人等拥政爱民活动，资助香格里拉县第五中学、虎跳峡镇红旗小学、尼西乡中心完小贫困生，主动与社区、友邻单位联系，积极开展体育竞赛、文艺联欢、民情恳谈等形式的警民共建活动。深化雪域消防党旗红活动。制定下发雪域消防党旗红大队级创建标准，完成支队机关党建廉政文化走廊建设，扎实开展“七月党建月活动”，支队7名官兵被支队和总队表彰为优秀党务工作者和优秀共产党员。积极引导广大党员认真开展党史学习和“学习党章、遵守党章、贯彻党章”等活动，并将身边优秀党员先进事迹通过视频授课的形式，让全体官兵通过直接、生动的事例进一步坚定“志在高原、艰苦创业、自加压力、敢争一流”的雪域消防精神。

典型培育熔铸警魂。支队和德钦县大队在首届民族团结节中被授予“民族团结进步模范单位”荣誉称号，香格里拉县大队被授予省级“青年文明号”荣誉称号，维西县、德钦县大队分别被命名表彰和继续认定为省级“青年文明号”。

**【部队管理】** 认真学习贯彻新修订的共同条令，大、中队建设标准实施细则和基层部队正规化建设精细化管理若干规定，组织召开精细化管理试点工作现场会，统一规范硬件设置、文字台帐和管理要求。坚持经常性思想工作与经常性管理工作并重，以抓牢一日生活制度和部队管理、执勤训练、学习教育、安全工作等环节为重点，确保部队战备、训练、工作、生活秩序正规，深入开展“安全日”、“安全月”和“五无”竞赛活动，全员签订预防事故案件责任状、保证书，以预防训练事故、车辆事故、失泄密事件等为重点，开展专项教育整顿活动。定期分析官兵思想状况，加大重点对象和重点时段的监控，充分利用视频监控和指纹查铺查哨系统，灵活督察形式，开展重点工作交叉督察，放大督察工作效能，确保部队高度稳定和集中统一。

**【打造雪域消防铁军和应急救援工作】** 为认真履行新《消防法》赋予的灭火、应急救援职能，坚持“练为战”的指导思想，贯彻依法治训、按纲施训、科技兴训、从难从严、从实战需要出发的方针，遵循训战一致、科学练兵、注重效益、保证质量的原则，建立健全长效练兵机制，深入推进灭火救援专业攻坚力量建设，努力打造一支专业精干、装备精良、敢打必胜、英勇善战的雪域消防铁军，支队党委高度重视，认真研究部署，成立了打造雪域消防铁军领导小组。从政策、人力、物力、资金等方面加大投入，着力解决提高战训工作和提升战训人员素质建设中遇到的“瓶颈”性问题，优化战训工作环境，全面提升部队战斗力。在全省比武竞赛中支队取得了特勤攻坚组团体第三名和普通攻坚组团体第三名的好成绩，荣获“云岭消防攻坚先进单位”称号。

2010年，全州完成州级1个应急救援支队、县级3个应急救援大队和乡镇级29个应急救援分队组建，有效建立全州应急救援体系。协调各县政府投资购置12吨大型水罐消防车和抢险救援车共8辆、应急救援器材装备600余件套并全部配发至一线。完成德钦县奔子栏镇和维西县叶枝镇、塔城镇3个乡镇级政府专职队的组建，进一步扩展了全州多种形式消防力量部署。对松赞林寺、独克宗古城等重点单位、场所开展灭火实战演练30余次，与各部门、警种联合演练8次。圆满完成欢乐香巴拉、香格里拉赛马节、第六届康巴艺术节等大型节事保卫8次，成功处置德钦“4.25”泥石流、“8.25”油罐车坠江和“11.28”洪鑫铜矿塌方等32次应急救援。

【部队发展后劲增强】 支队以贯彻中央、省藏区工作会议精神为契机，积极协调省发改委将全州消防部队的基本建设纳入云南藏区经济社会发展目标任务。投入600余万元购置消防战斗车辆及装备器材，配齐维西县中队特种防护装备、德钦县大队个人防护装备；推进信息化建设，支队投入30余万元配备大功率智能转信台、4台机架式服务器、UPS主机和应急救援通讯器材等设备。

【消防安全环境明显改善】 支队完成116个单位、场所消防安全“四个能力”建设，超额完成90%，建设示范单位11个，并成功组织召开“四个能力”建设现场会，支队及各县大队全部按标准建立消防监督业务档案室，认真落实窗口设置、警务公开、工作接待和结果公告“四统一”要求。深入全州寺庙指导开展建立消防队伍、健全防火档案、设立宣传栏、签订责任书、开展自查的“五个一”活动，提请州政府召开松赞林寺“扎仓大殿”工程消防设计论证会，进一步加强全州寺院消防安全管理奠定基础。组织开展“零火灾”乡镇创建及农村房屋财产火灾保险工作，全州火灾公众责任保险投保152家，投保金额10万余元，农村房屋火灾保险投保率达100%，投保金额为103.67万余元。结合政府责任制考核和派出所考核，对乡镇专（兼）职消防队进行培训4次。认真组织开展文物单位、校园周边、第六届康巴艺术节和建筑消防设施专项治理等火灾隐患排查整治工作。累计组织检查组134个，出动人员462人次，检查3 034家单位和场所，发现火灾隐患1 043条，整改火灾隐患1 043条，完成2家重大火灾隐患挂牌督办单位整改销案；在专项整治中办理“三停”处罚4起，消防产品处罚4起，实施临时查封2起，拘留2起，两案办理1起，拆除易燃可燃装修材料470平方米；督促设有自动消防设施的22家消防安全重点单位对消防设施和电气进行检测评价，检测率达100%；认真落实建筑审核备案制度，共审核建筑工程项目23个，工程竣工验收5个，受理设计备案93个，竣工验收备案47个。

【社会化宣传覆盖面广】 深化农村“十户一名”消防宣传员创建工作，推行独克宗古城“五户联防”模式，有效克服点多面广、语言不通等制约因素，充分发挥能动作用；分期举办了“防火墙”、单位“四个能力”培训班，印制“四个能力”建设消防宣传系列挂图和消防宣传“五进”资料，建成迪庆州消防宣传教育基地；在各重大节日和重大活动期间设置消防知识咨询台20余次，发放宣传资料5万余份；开展消防站对外开放活动40余次；发送消防宣传手机短信2.7万余条（次）；组建雪域消防志愿者服务总队和各县志愿者服务大队，招募志愿者1万余人，发放宣传挂图、手册1.54万份；开展消防演练、疏散演习20余次。

【大事记】 2010年1月5日，省委常委、省政法委书记、省公安厅长孟苏铁，在州委书记齐扎拉，州委副书记、代州长黄政红等领导的陪同下，看望慰问战斗在维稳一线的消防官兵及民警代表。

2月9日，总队邹志强政委、昆明支队张国建支队长率工作组到支队看望慰问官兵。

2月9日，支队党委扩大会议暨表彰大会隆重召开。

3月13日，州委书记齐扎拉会见了总队政治部蔡建波主任，就迪庆消防部队建设、消防事业发展、藏区维稳工作及部队应急救援能力建设等工作进行了深入的探讨和交流。

3月17日，省政府、省委办公厅授予迪庆州公安消防支队和阮得乔同志荣誉称号命名大会在州委报告厅隆重举行。

3月17日，消防特勤中队营房开工仪式举行。省公安厅严尚智副厅长、省消防总队邹志强政委、州委齐扎拉书记、州人民政府黄政红代州长、州委常委、州政法委李灿光书记，省公安厅现役办范春云副主任、总队政治部蔡建波主任等领导出席。

5月17日，省政府安全生产督察组深入迪庆州督察消防安全工作。

5月27日，省委常委会议通过迪庆藏族自治州“十二五”期间经济社会发展重大建设项目，支队特勤中队等基础建设列入2010年重大建设项目。

6月5日，省委常委、省政府曹建方副省长在迪庆州调研工作强调，要求全州消防部队紧抓迪庆经济社会发展重大项目建设机遇和中央、省、州的政策支持，加快推进全州消防部队建设和消防事业发展。

7月10日，部消防局政治部肖枭副主任一行在总队政治部蔡建波主任，昆明消防指挥学校李万峰副校长，州委副书记杨铭书，州人民政府副州长曾永忠等领导的陪同下莅临支队调研指导。

7月12日至13日，部消防局后勤处王宇副处长一行在总队后勤部李成文部长的陪同下，深入支队开展藏区消防部队后勤建设情况调研。

7月23日，迪庆州应急救援支队挂牌仪式在迪庆消防支队隆重举行。总队梁志能副政委，州委常委、政法委书记李灿光，州人民政府副州长曾永忠，迪庆军分区副司令员张武等领导出席挂牌仪式。

8月12日，根据中共迪庆州委六届九次全委会关于提高全州应急救援能力、健全应急救援体系建设的要求，迪庆州人民政府州长、州应急救援指挥部指挥长黄政红召集支队主官，专题研究强化全州应急救援装备建设，全面提高全州防范和抗御灾害事故能力。

8月19日，州人民政府在支队隆重举行应急救援车辆器材装备配发仪式。

8月26日，省公安厅董家禄副厅长一行在曾永忠副州长等领导的陪同下到支队视察指导工作。

8月27日，部消防局纪委办公室李学诚主任到支队调研指导工作。

9月11日，迪庆州隆重召开“第六届康巴艺术节暨迪庆州民族团结节安全保卫誓师大会”。省委常委、州委书记齐扎拉强调，要坚决遏制重特大火灾事故发生。

9月12日，总队陈育坤总队长在曾永忠副州长的陪同下，到支队检查指导全州消防工作和部队建设。

10月12日，省公安厅警察协会副会长、省消防总队原总队长李文祥深入支队调研指导消防工作和部队建设。

11月9日，支队在香格里拉县坛城广场隆重举行“筑牢社会防火墙、争当安全明白人”系列宣传活动启动仪式。

12月2日，滇沪对口支援上海市政府工作组深入部队调研指导工作。

12月21日，支队召开《云南省消防条例》宣贯研讨会，州政府法制办、州委宣传部、州公安局、州司法局等相关法律宣传专家参加了此次会议。

（李星显）

# 经 济

## 迪庆州工业和信息化局

【机构】 迪庆州工业和信息化局的前身为原州经济委员会和州信息产业办。2010年，迪庆州开展新一轮行政机构改革，根据《中共迪庆州委办公室 迪庆州人民政府办公室关于印发〈迪庆藏族自治州人民政府机构改革实施意见〉的通知》(迪办发［2010］14号）要求及机构改革工作会议精神，州人民政府下发了《迪庆州人民政府办公室关于印发迪庆藏族自治州工业和信息化局主要职责内设机构和人员编制规定的通知》（迪政办发［2010］157号)。按照文件精神撤销原州经济委员会和州信息产业办，组建工业和信息化局，加挂中小企业局、无线电管理办公室牌子，为州政府工作部门，正处级。

在机构改革中，对工业和信息化局的职能职责作了如下规定：原经济委员会（商务局）承担的国内贸易、对外贸易、外资外经方面的职能划归新组建的外事和商务局；原经济委员会煤炭安全生产监督方面的职能划入迪庆州安全生产监督管理局；原经济委员会（供销社）承担的供销社方面的职能划归外事和商务局。整合划入原州经济委员会工业经济、非公经济、中小企业、园区办、节能减排办、三电办的职能；整合划入州人民政府信息产业办公室、迪庆州无线电管理办公室的职能。

《迪庆州人民政府办公室关于印发迪庆藏族自治州工业和信息化局主要职责内设机构和人员编制规定的通知》（迪政办发［2010］157号)，批准工业和信息化局内设8个科室，分别为：办公室、发展规划科（园区办)、经济运行科（三电办)、投资管理与技术创新科（节能办)、中小企业科（非公办)、行业管理科（墙改办)、信息化推进与网络管理科（迪庆州信息化领导小组办公室)、无线电管理监测科（无委办、迪庆州无线电管理处)。

按照规定，工业和信息化局机关行政编制29名。至2010年末，局机关共有干部职工29人，其中公务员26名，工勤人员3名。

【工业经济】 “十一五”前期，迪庆工业经济延续“十五”期间快速发展态势。中期，国际金融危机对迪庆州工业经济造成了巨大的影响，工业经济一度探底；面对困难，州委州政府进一步加强了对工业的领导，及时采取一系列恢复工业经济增长的措施，使全州工业经济运行逐步走出了大幅下降的困境。2010年，迪庆工业经济总体呈现出高开稳走良好态势，实现了逐步好转、稳步回升、较快增长的目标，全州实现工业总产值34.32亿元，同比增长32.9%；工业增加值15.76亿元，比上年增长20%。工业增加值占全州GDP的20%，对GDP增量的贡献率为23.2%。六种主要工业产品产量创新高，全州发电量完成192 180万千瓦时，比上年增长29.3%；饮料酒16 732千升，增长52.3%；铁合金48 614吨，增长19.2%；水泥18.47万吨，增长64.8%；铜金属含铜量22 732吨，增长38.3%。“十一五”期间全州工业总产值年均增长26%，工业增加值年均增长19.6%，带动了经济总量和财政收入的增长，工业在国民经济中的主导作用日益凸显。按照“有进有退”的原则，努力优化调整工业产业结构，淘汰关闭了不符合国家产业政策的产业，结合迪庆资源特点大力培育新兴产业。至2010年末，以野生食用菌、食用油、饮料酒为主的生物业占工业的比重达25%；全州水电总装机容量达78.8万千瓦，发电量达19.2亿千瓦时，水电占工业的比重达18%；矿产业占工业的比重达50%以上，以生物、水电、矿产为支柱的工业格局基本形成。

至2010年底，香格里拉工业园区“一园六片区”累计完成投资14.1亿元，松园绿色工业片区、老虎箐工业片区、五凤山松茸加工片区和维西新兴工业片区攀天阁冶炼小区已基本完成一期基础设施建设。现已有入园企业37户，昆钢集团、云南铜业集团、华泽（金六福）集团等一批知名企业在园区发展。园区工业总产值占全州比重达40%，工业增加值占全州比重达42.3%，实现利税占规模以上企业利税总额的51.7%，集聚发展的水平不断提高。“十一五”期间累计争取到位和投入各类资金达1.49亿元，重点扶持了生物、矿产、水电龙头企业，培育壮大了以香格里拉酒业、云南香格里拉藏龙、中甸野生菌等为代表的一批生物加工企业，以国电、华能等为代表的一批水电企业，以迪庆矿业、昆钢铁合金等为代表的一批矿业企业。2010年全州规模以上工业企业48户，比2007年增加37户；规模以上企业实现工业总产值占全部工业比重达80.2%，工业增加值占全州比重达65.8%。

**【节能减排】** 抓好节能减排工作是实现经济又好又快发展的保障。“十一五”期间，迪庆州进一步细化节能减排目标责任的落实，进一步细化节能目标责任的落实，每年初由州政府下达各县区年度单位GDP能耗下降目标、清洁生产审核、能源审计目标任务。2007、2008、2009、2010年经省考核评价，实现单位GDP能耗下降3.177%、3.893%、4.0184%、1.59%，完成省下达年度目标任务；坚决淘汰落后生产能力，维西县昆钢铁合金厂拆除，开发区大祥金江水泥有限责任公司6万吨水泥粉磨站和迪庆沪营铁合金有限责任公司3 600千伏安电热炉淘汰关闭；实施固定资产投资项目节能评估审查制度，切实抓好节能审计和实施清洁生产工作，截止2010年底已组织节能评估审查六个项目、完成3户企业节能审计和12户企业清洁生产工作；积极推进省级财政扶持的节能技改项目，实施云南迪庆鑫源铁合金有限公司变压器安置无功补偿、香格里拉宏达水泥厂水循环利用和变压器安置无功补偿、云南省迪庆矿业开发有限责任公司水循环利用等节能改造；推进建筑、农业、生活、商业、交通等重点领域节能降耗，从源头严格控制主要污染物的产生和排放，认真组织开展节能宣传周活动，积极组织推广高效节能灯，期间完成香格里拉污水厂二期0.5万吨/d污水处理项目。通过以上措施，节能减排工作取得了较大进展，至2010年底，省政府下达迪庆州的单位GDP能耗下降10%、淘汰落后产能目标、主要污染物总量控制指标都已经完成。

**【非公经济】** 截止2010年底，迪庆州非公经济累计完成增加值34.8亿元，占全州GDP比重达45%；全州非公有制经济户数达12 025户，私营企业938户，非公经济从业人员达38 003人，非公经济累计完成税收2.57亿元。

**【信息化建设】** 信息网络基础设施建设稳步推进，电信网络已建成覆盖全州的城域光纤传输网，并与全国通信光纤传输网高速互连，全州累计建设光缆已达7 718皮长公里，建成基站644座。广播电视网络已建成了光纤主干网，有线数字电视已开播，全州广播、电视人口覆盖率达到98%，有线电视总用户达到1.2万户，数字电视0.14万人，电信IPTV用户0.12万户。遍布全州各部门、县（区）、乡镇的计算机管理及信息网络初步形成，网络应用水平不断提高，尤其是互联网应用发展迅猛，全州互联网用户已达1.2万户，网络出口带宽2×2.5Gb/s。电子政务取得实质性进展。州直各部门及县（区）的电子政务网络建设全面推进，政府门户网站体系基本形成，全州共建设政府信息公开网站323个，县级政府门户网站4个。各项涉“金”工程进展顺利。所有州直部门建立了内部局域网，初步实现了办公自动化。政务、教育、科技、金融、财税、证券、外贸、公安、价格等领域的信息资源得到较好开发和利用，促进了政务公开和政府管理创新。企业信息化成效显著。大部分企业在财务管理、人事管理、统计报表、采购销售以及金融业务电子化等方面强化了计算机的应用，全州一大批企业逐步开展了电子商务应用。电子商务试点示范工作启动，香格里拉旅游移动电子商务项目已列入国家移动电子商务试点示范工程，迪庆州信息产业办与中国移动集团云南有限公司联合建设了香格里拉旅游文化综合信息平台。

**【无线电管理】** 无线电事业稳步发展，建成各类无线电台站1 236座，其中固定无线电台站数1 066座。广电人口覆盖率达到90以上，满足广大人民的文化生活需要。航空无线电导航成为安全飞行的保障，民航生存发展的命脉。同时，随着丽香铁路、香德二级公路、德维塔二级公路的开展建设，无线电调度成为铁路提速和提高运输能力的重要保障，公安无线电通信指挥系统成为保障社会安全的重要信息传输手段。充分有效地合理配置频率资源，维护良好的空中电波秩序和无线电电磁环境，为推进信息化建设，引导无线电行业发展，推动经济结构调整、转变经济增长方式提供有力的支撑，为无线电事业的健康繁荣发展提供有力保障，根据《中华人民共和国无线电管理条例》、《云南省无线电管理条例》、《云南省无线电电磁环境保护条例》、《迪庆州国民经济和社会发展第十一个五年规划纲要》等法律法规和政策规定，编制了《迪庆州无线电事业中长期发展规划》。

（刘文品）

## 迪庆州发展和改革委员会

**【综述】** 2010年，迪庆州发展和改革委员会在职干部职工40人，主任1名，副主任4名，副调研员1名，科级职数28名。至2010年末，单位设有15个职能科室，即办公室、综合科、经济体制综合改革科、固定资产投资科、能源科、交通运输科、农村经济科、地区经济科、工业和经济贸易科、社会发展科、西部大开发办公室、丽香铁路建设办公室、价格与收费管理科、价格认证中心和价格监督检查所。

2010年9月迪庆州发展和改革委员会被州人民政府评为“民族团结进步模范单位”；2010年10月被云南省发改委评为“2006－2010年全省发展改革系统法制宣传教育工作先进集体”。

**【宏观经济管理】** 1. 编制《迪庆州2010年国民经济和社会发展计划》，提交州十一届人大第六次会议通过并组织实施。按照州委六届八次、九次全会精神和州政府对2010年工作的总体要求和统一部署，2010年国民经济和社会发展主要宏观调控预期目标是：①国内生产总值增长16%；②全社会固定资产投资增长30%以上；③社会消费品零售总额增长18%；④地方财政一般预算收入增长20%；⑤城镇居民人均可支配收入和农民人均纯收入分别增长8%和10%；⑥居民消费价格总水平涨幅控制在5%以内；⑦城镇登记失业率控制在4.5%以内；⑧人口自然增长率控制在5‰以内；⑨单位生产总值能耗降低2%。

2010年经济社会发展的主要任务是：①加强宏观调控，促进迪庆经济又好又快发展；②继续加强农业基础设施建设，促进农业发展和农民增收；③突出特色优势产业，推进新型工业化进程；④加快三产增长，发展现代服务业；⑤努坚持大项目带动战略，确保投资较快增长；⑥推进改革开放，进一步增强发展动力；⑦强化节能减排，保护生态环境；⑧坚持以人为本，重视民生，促进社会和谐；⑨精心组织，实事求是，编制好“十二五”规划。

2010年国民经济和社会发展计划执行情况是：全年生产总值完成77.1亿元，增长19.5%，比计划目标高3.5个百分点；全社会固定资产投资完成134亿元，增长43.2%，比计划目标高13.2个百分点；财政一般预算收入完成5.97亿元，增长36.91%，比计划目标高16.91个百分点；社会消费品零售总额完成20.99亿元，增长23.8%，比计划目标高5.8个百分点；城镇居民人均可支配收入完成15 996元，增长9.57%，比计划目标高1.57个百分点；农民人均纯收入完成3 347元，增长14%，比计划目标高4个百分点；城镇登记失业率控制在3.7%以内，完成计划目标；人口自然增长率为4.27‰，比计划目标低0.73个千分点。居民消费价格指数4.4%，单位GDP产值能耗下降2%，完成计划目标。

2. 搞好调查研究。一是通过认真调研，精心组织编制了《2010年重点建设项目计划》、《2010年度全省“三个一百”项目建议》、《2011年迪庆州重点建设项目计划建议》、《迪庆州“十二五”项目集群规划》、《迪庆州“十二五”期间拟列入国家、省重点建设项目计划》等。二是为贯彻中央第五次西藏工作座谈会精神，落实中发［2010］5号、国办函［2010］63号文精神和省委关于推进藏区跨越式发展和长治久安总体部署，州发改委抽调专人协助省发改委地区处、投资处编制完成了《迪庆藏族自治州经济社会发展规划纲要》和《迪庆藏族自治州经济社会发展重点领域建设项目规划表》。三是开展专题调研并上报了《迪庆州经济改革情况报告》、《迪庆州电力体制改革情况报告》、《迪庆州集体林权制度改革报告》、《迪庆州旅游体制改革情况调研报告》、《迪庆州进城农民工转变为城镇人口问题调研报告》、《迪庆州全民科学素质行动计划纲要执行情况报告》、《迪庆州战略性新兴产业—藏药调研报告》等调研报告。四是研究制定并报请州政府出台了《迪庆州重大项目审批和核准制度工作方案》、《迪庆州小水电验收规程（试行）》。以上工作及调研成果，思路清晰，目标明确，数据翔实，措施可行，为州委、州政府正确决策提供了强有力的科学依据。

3. 认真编制“十二五”规划。根据中央、省关于做好“十二五”规划编制工作的相关要求，按照州人民政府的统一部署有序推进全州“十二五”规划编制工作，2010 年顺利完成了《“十二五”规划总体思路》、《“十二五”规划纲要》（草案），并督促完成了 25 个部门专项规划。

**【重点建设项目管理】**　1. 抓重点项目建设的统筹协调和组织推进工作，突出抓好重大项目前期策划与开工建设。定期分析固定资产投资计划完成情况和重点建设项目进展情况，及时研究固定资产投资运行态势，解决存在的困难和问题。紧扣国家投资的政策导向，以第六届康巴艺术节暨迪庆州民族团结节为契机，进一步引导外来投资和社会资金进入产业发展、公共服务领域，积极争取国家和省的资金支持，一大批基础设施和公共服务建设项目开工、竣工。固定资产投资保持平稳较快增长，发展基础进一步夯实。2010 年全州累计完成固定资产投资 134 亿元，比上年增长 43.2%。其中，城镇完成投资 123.1 亿元，同比增长 47.2%；农村私人完成投资 6.4 亿元，同比增长 14.4%；房地产完成投资 3.58 亿元，下降 1%。州十一届人大六次会议确定的全州 57 个重点建设项目中，香德二级公路、德维（塔）二级公路路基工程基本完成，犁地坪水库、游牧民定居、香格里拉县城集中供热、迪庆州藏医院迁建、香格里拉松赞林寺景区、虎跳峡景区、德钦县城供水、维西县市政综合基础设施等项目进展顺利；全州集中规模办学、通村公路、维西县医院迁建、无电地区电力建设、农村电网完善等 10 个项目开工建设。重点建设项目完成投资 102 亿元，占全州完成固定资产投资总额的 76%。积极推进香格里拉县城仁安路延长线、龙潭湖亮化等 25 个“两节”献礼项目，有力地支撑了固定资产投资的较快增长。

2. 积极落实项目建设资金，支持项目建设。为保证固定资产投资稳定增长，确保一批重大项目落地，州发改委结合迪庆实际，精心筛选编报项目，积极开展汇报衔接工作，努力争取国家和省支持。2010 年积极向上争取资金共 130 899.69 万元（包括藏区专项资金 57 742 万元），其中中央预算内资金 86 467.86 万元，省预算内资金 44 431.83 万元，比上年增长 86.2%，资金取得巨大突破，比上年增长近 1 倍，为全州重大基础设施建设提供了强有力的资金保障。

3. 项目监管工作不断加强。一是加强对全社会固定资产投资运行情况监管工作力度，按月对固定资产投资形势进行分析，跟踪检查重点建设项目的实施进展情况，认真分析投资运行的特点、存在的问题，提出建议。二是积极配合国家、省对扩大内需和治理工程建设领域突出问题的稽察、检查和审计工作，项目管理水平不断提高。

4. 项目前期工作取得新进展。认真落实并联审批、限时办结等制度，切实提高项目审批工作时效和质量，围绕年度重点建设项目、藏区项目、扩大内需项目，共完成项目审批 120 余项，其中：社会事业完成 54 项；能源完成 16 项；以工代赈示范及易地扶贫搬迁完成 9 项；农业完成 9 项；综合交通，州内审批 1 项，与省衔接后上报批准可研 3 项、初设 2 项；市政基础设施完成 28 项。德钦机场、丽香铁路、迪庆州直学校新校区、迪庆州民族中学改扩建、小中甸水利枢纽工程、康思水库、澜沧江里底电站、金沙江梨园电站、札子电站、浪都河二三级电站、浪他涌电站、良美河二级（药山）电站、迪庆州 2010 年城市电网建设与改造工程、迪庆州 2010 年农村电网改造升级工程、迪庆州 2010 年无电地区电力建设工程、香格里拉生态文化旅游城等一大批重大建设项目前期工作均取得重大进展。为推进迪庆州电网建设，努力向国家发改委争取提高农网及城网建设资本金比例，使迪庆州农网资金本补助比例由原来的 20% 提高到 50%。

5. 高度重视维稳工作，全面推进维稳基础建设。按照坚持和谐发展，全力维护社会和谐稳定的要求，从全州维稳工作需要出发，不断加大维稳项目资金争取力度，切实改善维稳工作条件，政法建设取得重大突破。2010年紧紧抓住中央和省加大对藏区发展支持力度的难得的历史机遇，安排全州维稳基础设施项目19项，共争取国家、省资金1.54亿元，比上年增加近2倍。迪庆州公安局业务技术用房、香格里拉县公安局业务技术用房、德钦县公安局业务技术用房、迪庆州消防特勤中队营房建设、香格里拉县人武部民兵训练基地、迪庆州森林公安局综合业务用房、迪庆州维稳培训和境外藏胞接待站服务中心等19个建设项目资金已全部到位并大部分下达，一大批政法基础设施项目得以落地，为全面提升全州维稳能力，夯实政权基础提供了强有力的保障。

**【夯实经济发展基础】** 1. 交通基础设施建设实现新跨越。2010年是迪庆州公路交通建设的关键之年，在全州57个重点建设项目104亿元投资中，公路项目为11个，总投资65亿元，分别占19.3%和62.5%。德盐公路已竣工，香德二级公路、德维（塔）二级公路路基工程基本完成，香格里拉旅游北环线、香木公路、澜沧江沿江公路云岭至溜筒江三级公路开工建设。洛吉通乡油路、伏霞公路、通组公路、澜沧江沿江公路小甸河至白济汛公路等县及县以下计划建设项目进展顺利。丽香铁路鉴于铁路控制性工程金沙江大桥与龙盘水电站坝址之间相互影响关系尚未得到解决，工程未实现开工建设，但通过多次积极主动地与国家发改委、铁道部等部门汇报和中铁二院、中南勘测设计研究院等单位协调，有望在2011年开工建设。迪庆香格里拉机场扩建后，机场硬件设施设备进一步完善，服务功能更加齐全，2010年开通了北京—重庆—香格里拉、成都—香格里拉、上海—昆明—香格里拉航线，旅客和货物吞吐量均比上年有较大增长。

2. 农业和农村基础进一步巩固。全州农业重点建设项目2010年完成固定资产投资76 080万元。其中：小中甸水库完成20 000万元、康思水库完成1 100万元、犁地坪水库完成2 930万元、游牧民定居工程完成36 800万元、迪庆州农业产业化（含基地）建设项目完成8 100万元、巩固退耕还林成果项目完成3 000万元、中低产田改造项目完成4 150万元、天然林保护工程及退耕还林完成1 210万元、农村清洁能源建设完成1 000万元、农村饮水安全项目完成1 200万元、干支渠防渗工程完成1 020万元、小农水完成4 500万元、水产养殖项目完成220万元。

3. 能源和电网建设扎实推进。按照水电开发“两江为重点，十河为补充，电矿相结合”的发展思路，加快“两江”水电开发，积极推进澜沧江里底电站和乌弄龙电站、金沙江梨园电站前期工作，全力推进中小电站电源建设，2010年全州有格基河下只恩电站、浪都河三级电站等5座电站投产，新增装机容量14.75万千瓦；在建电站26个，装机规模达85.6万千瓦。加快电网建设步伐，通过加强骨干电网建设、开展大规模城农网建设与改造以及无电地区电力建设，网架结构逐步改善、供电质量不断提高；初步形成了以220千伏为主要支撑，110千伏为基本网架，35千伏分布较为合理的输变电网架，全州三县电网已联网运行。

4. 不断加大扶持力度，工业产业快速发展。通过整合矿产资源、推进矿电结合与重点矿业企业规模化集团化进程、打击矿产资源开发违法行为、加强矿区生态环境保护等工作，积极培育发展重点矿产资源开发和深加工企业，加强与昆钢、云铜、云锡等企业（集团）的合作力度，使优势资源向优势企业集中，提高了资源和加工能力集中度，延伸了产业链，矿业效益显著提升。重点工业投资建设项目有序推进，经2010年第34届世界遗产大会审议，普朗铜矿矿区已从“三江并流”世界自然遗产风景名胜区中调整出来，正抓紧开展前期工作；香格里拉经济开发区工业新园区昆钢铁合金三期、鑫源铁合金建设项目完成基础设施和设备安装等工作，完成固定资产投资27 062万元；香格里拉经济开发区维西新兴工业片区110千伏降压站及输变电线路工程全面完成，由昆钢接手的希达矿业有限公司30万吨还原铁建设项目完成项目业主变更手续，维西铜业有限公司建设项目有序推进；华新（迪庆）水泥有限公司2 000吨每天新型干法水泥生产线建设项目即将投入生产。面对国际国内复杂的经济环境，努力克服旱灾缺电、物流不畅等诸多不利因素的影响，抓住市场机遇，加强协调调度，全力组织生产，使全州工业经济实现了较好较快发展。工业主要产品产量快速增长，整体经济效益明显提高。全年实现工业总产值34.32亿元，增长32.9%，完成工业增加值15.76亿元，增长20%。

5. 旅游基础设施建设不断加强。紧紧围绕旅游业“二次创业”提质增效，加快推进旅游基础设施建设，实施普达措、松赞林寺、虎跳峡等景区建设，累计完成投资3.32亿元；成功引进香格里拉大酒店和喜来登度假酒店等国际高端服务品牌，不断改善全州旅游基础设施和提高旅游接待能力。

**【价格管理】** 1. 加强价格和收费管理。一是在今年5月份及时在香格里拉县启动了临时价格干预措施，在12月份针对物价上涨过快，在全州范围又实施了临时价格干预措施，有效防止了局部价格上涨引发连锁反应。二是积极疏导电价矛盾，规范迪庆州上网电价，合并了工商业用电，执行新的销售电价和上网电价，取消了优惠电价，实行差别电价。三是进一步推进药品价格改革，加强招标药品价格管理，实现了在全州非营利性医疗机构实行药品同质同价。四是对企业供水和污水处理价格进行了成本监审，调整了香格里拉城市供水及污水处理价格；加强对液化气价格的管理，严格差率控制；调研并上报香格里拉县城市供热实行临时供热价格。五是稳妥推进成品油价格形成机制综合配套改革，及时组织实施迪庆州成品油价格调整工作。六是落实国家稳步提高粮食最低收购价格政策，合理引导市场粮价，及时制定粮食最低收购价格和国家储备粮收储价格。七是加强迪庆州游览参观点门票价格管理，制定独克宗古城、松赞林寺、普达措、巴拉格宗等景区的门票和服务价格。八是开展出租汽车收费调查，认真贯彻出租汽车行政事业性收费政策规定，进一步减轻出租汽车企业和司机负担。九是加强迪庆州义务教育阶段中小学收费管理。重新调整“一费制”收费政策和进一步落实教育收费中的服务性收费、代收费政策。十是对全州的经营服务性收费和涉企、涉农收费和行业加强价格和收费管理。年内及时按有关规定对成品油经营企业执行的零售价格进行核算备案。在11月份迪庆州柴油供应一度紧张的情况下，积极向省发改委汇报迪庆州成品油价格情况，与各级价格监督检查所密切配合，严肃查处成品油价格违法行为；根据有关规定对迪庆州各县道路旅客运输价格进行认真测算，重新核定了客运班线票价，缓解了油价上涨对运输价格造成的影响；根据我省医疗机构招标采购药品价格管理的有关规定，对迪庆州2007年招标采购的1246种药品零售价格进行了认真审核计算，制定了迪庆州招标采购药品价格，实现了在全州非营利性医疗机构范围内实行药品同质同价。为规范迪庆州上网电价，积极疏导电价矛盾，通过深入调研，认真核算成本，制定出调整方案，报经州人民政府和省发改委审批，调整了全州上网和销售电价。并为全州居民生活用电价格调整听证会做好了各项准备工作。落实迪庆州中小学“一费制”中教材价格实行最高限额政策和春秋两季招标中小学教材零售价格政策；根据国家发改委关于调整岩石膨化硝铵炸药等产品价格的通知，对迪庆州民用爆破器材市场价格进行了调整；对州级储备粮晚籼稻收购进行调查后批复；对香格里拉滑雪场经营服务价格进行了批复；认真执行纸塑包装食用盐正式价格和新制定的建设工程监理与相关服务收费管理政策；加强对液化气价格的管理；认真做好联合价格信息服务工作，全年发展联合价格信息服务用户113户，其中州级发展联合价格信息服务用户46户。完成行政事业性收费许可证年审239套，其中国家机关145个，事业单位93个，社团1个。按要求完成年度行政事业性收费年审统计上报工作；加强迪庆州游览门票价格管理，做好景区门票价格、景区游览车票价的制定工作。对独克宗古城、松赞林寺、普达措景区、巴拉格宗景区门票价格、游览观光车价格进行了制定；开展了出租汽车收费调查，认真贯彻出租汽车行政事业性收费政策规定，进一步减轻出租汽车企业和司机负担；对涉及出租汽车收费领域进行调查，并向省发改委上报了调查情况报告；加强迪庆州义务教育阶段中小学收费管理；严格控制收费许可证的核发范围；根据委党组安排，对香格里拉人民医院医疗服务价格进行了复查；认真宣传贯彻好各项行政事业性收费政策规定；积极推行政务公开，年内共接访、解答政策咨询70余人次。认真做好价格、收费政策咨询服务工作。

2. 加强价格监督检查，进一步整顿价格秩序。积极组织开展医疗、教育、电力、成品油、液化气、涉企涉农收费等各项专项检查工作。年内共查出违法案件15件，涉案金额210万元。一是为有效应对市场价格异常波动，确保市场供应和人民生产生活价格的稳定，进一步加强市场价格监管，规范市场价格行为。二是加大节假日等特殊时段对市场价格的巡查工作力度，努力维护良好的价格秩序，严厉打击串通涨价、哄抬价格、价格欺诈等价格违法行为。三是充分发挥12 358价格举报平台作用，积极受理价格举报。全年共受理价格举报29件，办结率为100%。

3. 加强价格鉴证和监测工作。一是加强对农副产品市场、工业生产资料市场、工业消费品及农业生产资料价格的监测，针对价格波动频繁且幅度较大的时段，及时启动专项价格调查工作，全年共采集、整理、审核上报基础数据2 500条、信息1 000条。二是扎实开展涉案财物价格鉴证工作。全年受理价格鉴证案件15起，鉴证金额达34.6万元，涉及物品1 200件，为保障物权、打击犯罪、构建和谐社会发挥了重要作用。

**【其他工作】** 1. 积极开展委挂钩扶贫点工作，到扶贫点慰问困难户，2010年春节单位职工集体捐款5 000多元，慰问了十二户困难户。2. 了解扶贫点的需求，加快脱贫致富，为建设“生产发展、生活宽裕、乡风文明、村容整洁、管理民主”的社会主义新农村创造有利条件。制定了2009－2010年扶贫发展规划，具体帮扶内容是：①夺松村委会石拱桥建设计划总投资55万元，其中国家投资50万元，群众投工投劳5万元；②安居工程计划总投资51万元，国家投资51万元；③产业发展（药材种植、养蜂、养殖）计划投资70万元，其中国家投资45万元，群众投工投劳25万元；④三面光沟渠建设计划总投资59万元，其中国家投资44万元，群众投资15万元。以上项目主要加强农业基础设施最薄弱环节的建设，努力改善群众生产生活条件为农村经济长足发展奠定基础，迪庆州发改委在往年的基础上加大了对扶贫点的支持和指导力度，已落实部分扶贫点建设项目资金，主要是夺松村桥、扎乃村民小组人畜饮水等项目。

2. 认真负责、高标准办理州委、州人大、州政府、州政协等交办的各项任务。自觉接受人大法律监督和政协的民主监督，广泛听取社会各界的意见建议，高度重视人大、政协提案议案，吸收各方面有益的意见纳入规划、计划和项目管理中，提高政务公开的透明度，规范权力运行。积极与人大代表、政协委员面商后答复提案议案，年内共承办完成州十一届人大六次会议建议议案6件（其中主办4件，协办2件），承办州政协十届五次会议提案6件（其中主办4件，协办2件），做到件件有答复，事事有回音，满意率达到100%。

3. 加强机关建设，提升发改部门效能。2010年州发改委以深入开展创先争优活动、机关作风建设和学习型党组织建设等活动为契机，全面落实效能政府四项制度建设，大力加强机关党建和机关效能建设，展现了高效法治廉洁的政府机关形象。一是加强学习，提高业务素质。年初制定了党组2010年理论学习中心组计划，根据新形势新任务，联系发改工作职能安排学习内容、学习时间，全面提升干部职工的思想素质和工作水平。二是全面抓好党风廉政建设。认真抓好班子和单位的党风廉政建设和反腐败工作，深化党风廉政建设责任制管理，制定并层层签订了《迪庆州发改委2010年度党风廉政建设责任书》；坚持集体议事制度，重大事项均集体讨论决定，认真做好党风廉政建设和反腐败牵头任务；认真落实责任追究制度和领导干部廉政工作报告制度，深入贯彻《廉政准则》，搞好内部审计，加强财务监督。进一步强化作风整顿，增强服务意识，提高办事效率，圆满完成了2010年党风廉政建设工作。三是全面贯彻实施效能政府四项制度建设，圆满完成效能政府四项制度建设牵头和协办的各项工作任务。四是认真做好“平安单位”建设。按照州综治委的统一部署和要求，层层签订责任状，进一步加强综治工作力度，全面推进社会治安综合治理各项措施和深入开展平安单位创建各项工作任务的落实。坚持以增进民族团结、促进经济社会共同发展为宗旨，坚持均衡发展、总体平衡的原则，千方百计谋发展、促发展。2010年迪庆州发改委实现了无任何刑事案件、无任何治安案件，无任何群体事故、无任何安全事故、无任何职工违法犯罪的显著成绩。做到了看好自己的门，管好自己的人，努力为维护迪庆的和谐稳定做出了积极的贡献。五是加大规章制度建设力度，根据工作实际需要今年重新编写并实施了《迪庆州发展和改革委员会工作制度与工作规范》，进一步完善了工作检查督办、服务承诺、首办责任、责任追究、后勤管理、公务接待等制度，机关各项工作进一步规范化、制度化，推动和保证了各项工作任务的完成。

（龙耀耿）

## 迪庆州移民局

【概述】　2010年迪庆藏族自治州移民局在职干部职工14人，其中党员5人。局机关设办公室、规划安置科，后期扶持科，移民开发技术服务中心（事业单位）。全年局工作始终坚持以“三个代表”重要思想为指导，全面贯彻落实科学发展观，围绕州委、州政府中心工作完成迪庆州重点水利水电建设项目年度移民安置任务

【政策法规及业务学习】　加强对干部职工移民法律、法规和政策的学习，坚持依法移民，提高全州移民干部依法行政的能力和水平。为干部职工创造学习的机会，采取“送出去”、“请进来”等方式加强业务学习，一方面积极参加省局和相关单位组织的移民工作业务培训，学习移民政策，在学习中加强与省内其他州市的交流，学习和借鉴他们的好经验、好做法。根据需要定期组织三县一区进行集中的移民政策、移民财务知识的专门培训。第三是以开展创先争优活动为契机，不断提高干部职工的自身素质，不断增强干部职工法纪意识、责任意识、学习意识、领会国家出台的政策法规，为建设一支廉洁、务实、勤政、高效、专业化的迪庆移民开发工作队伍而努力。

【党风廉政建设】　以党风廉政建设目标管理责任书为工作主线，为积极推进党风廉政制度建设和机关作风、效能建设，努力营造移民干部队伍“团结、高效、务实、廉洁”的工作氛围。2010年初与三县及局各科室签订责任状，布置全年党风廉政各项工作，确定工作重点。全面落实廉洁从政行为规范“八个禁止”。

切实落实移民后扶资金、移民困难扶助金、淹没补偿费等资金管理制度，严格财务管理和会计核算，严格审查审批，严格规划、计划管理，从源头上保证移民资金使用安全有效。对大额移民资金的使用和重大移民项目安排，坚持科学论证、党组集体研究决定，防止个人说了算。完善和落实科室联席会议制度，充分发挥其在移民资金项目管理和党风廉政建设方面相互监督、相互促进的积极作用。

【主题活动】　继续落实阳光政府四项制度，加强对重要事项公示、重点工作通报的频率，全年完成3项重要事项公示和8项重点工作通报。

认真开展效能政府四项制度工作，制定《迪庆州移民局行政绩效管理制度工作方案》、《迪庆州移民局行政成本控制制度工作方案》、《迪庆州移民局推行行政行为监督制度工作方案》和《迪庆州移民局行政能力提升制度工作方案》。并按要求开展相关工作。

【移民安置】　继续抓好小中甸水利枢纽、梨园、里底、黄登、乌弄龙等水利水电重点项目的移民安置工作，落实移民安置各类资金约3亿元。

小中甸水利枢纽工程。小中甸水利枢纽工程建设的实施关键在移民，为了做好征地工作，州县政府于2010年7月18日再次派出工作组深入库区做了大量的宣传动员工作，并取得了突破性进展，截止7月30日，工作组与17个村民小组签订了征地补偿、集体资产补偿协议，并兑付征地补偿和集体财产补偿资金1.72亿元，《小中甸水利枢纽工程建设可行性研究报告》得到国家发改委的正式批复，《小中甸水利枢纽工程建设初步设计报告》也已编制完成并报国家水利部水规总院审查，为小中甸水利枢纽工程移民安置工作顺利推动打下了良好基础。

梨园水电站。2010年重点开展库区搬迁安置工作及相关基础设施建设工作和库区征地移民个人资产补偿《协议》签订，完成东坝、瓦刷、哈巴、江边村126份协议书的签订工作。并完成江边白马厂村民小组9户37人的搬迁安置工作及配套的水、电、宅基地平整等工程投资近36万元，完成库区生产安置491人，以储蓄卡方式全额兑付所有个人资产补偿金和长效补偿金共计1791余万元。白马厂机耕道和下直恩机耕道改扩建工程已通过公开招标，正在实施中。按照项目业主的搬迁进度要求，基本完成预定的工作目标和任务，满足了施工工程项目的正常开展。

里底水电站。配合业主和设计院完成了《里底水电站工程建设征地移民安置规划报告》编制和审查工作，现正在进行核定工作。投资200多万

元的洛义小学迁建工程施工已完工，现已具备单项工程验收条件；姑布移民安置点建设工程项目自2009年5月份开工建设以来到现在已基本完成，已具备单项工程初验验收条件，完成投资2 000余万元；配合维西县移民局编制完成里底电站移民建房实施方案，并已由维西县政府正式批复，可以启动集中搬迁建房工作；施工区分散后靠移民搬迁工作已基本完成，共搬迁移民15户，62人；安置点跨江大桥建设工程2010年3月8日开工建设，完成投资800多万元；电站施工区土地征用工作已基本结束，支付补偿资金达3 400多万元，全年共计支付移民资金达6 400万元，已基本能满足电站施工的需要。

黄登水电站。配合设计院和业主协助县移民局初步完成了《黄登水电站工程建设征地移民安置规划大纲》征求意见和审查工作。初步选定移民安置点上报上级部门。

乌弄龙电站。2010年，经过澜沧江公司与州政府多次协商，一致同意召开乌弄龙电站有关工作，州移民局于2010年5月15日启动实物指标调查工作会并组织公司、设计院及维西、德钦县调查人员进行实物指标调查工作培训，成立由移民局、设计院、公司三方组成的协调工作领导小组，维西、德钦县也成立了相应的协调工作领导小组和联合工作组。按照省人民政府2010年6月8日下达的《云南省人民政府关于禁止在乌弄龙水电站工程占地和水库淹没区新增建设项目和迁人人口的通告》（即封库令）的要求，通过长达3个多月的艰辛努力，德钦和维西乌弄龙水电站实物指标调查工作已全部结束，同时为配合公司筹建计划，按移民先行的原则，确保电站筹建工作顺利推进，组织召开乌弄龙水电站筹建期枢纽工程建设区农村征地补偿专题报告咨询讨论会议，逐步进人乌弄龙电站施工区土地征用工作阶段，施工区共征用地2 000余亩，已拨付补偿资金4 500多万元，满足公司筹建工作计划。

德钦丹达河电站。丹达河电站在得到国家核准的情况下由于业主资金等原因迟迟未能全面开展移民搬迁安置工作，2010年经过州移民局和德钦县政府多方催促，公司加大了资金筹措力度，使移民安置工作得到实质性推动，同时州移民局按移民工作的相关程序协助德钦县移民局编制完成《迪庆州德钦县丹达河水电站工程可行性研究阶段建设征地及移民安置规划实施方案》，组织召开德钦县丹达河水电站移民安置工作相关问题协调会议，并形成会议纪要，统一逐年补偿费的标准，及时安排工作人员协助德钦县移民局开展完成淹没区附着物拆迁处理、青苗和林木处理、土地征用、基础设施恢复项目和附着物拆迁处理等签定协议和兑付工作，兑付资金合计209万元。

其它小型水电站移民安置规划审查工作。完成硕曲河去学水电站的各项前期工作，2010年5月26日得到迪庆州人民政府关于对《硕曲河去学水电站建设征地及移民安置规划报告（云南省部分）》的批复。

完成维西县南极洛河水电站建设征地移民安置专题报告审查工作。

完成维西县富川水电站建设征地移民安置专题报告审查工作。

完成香格里拉县浪都河一级、二级、三级、四级和浪他涌水电站建设征地移民安置专题报告审查工作。

完成香格里拉良美河二级（药山）水电站可行性研究设计变更水库淹没处理及工程建设征地的审查工作。

完成香格里拉县《云南省香格里拉县康思水库建设征地移民安置规划设计专题报告》的审查和上报工作。

指导维西县完成格登水电站工程建设征地移民安置专题初验工作，并于11月底完成州级终验。

指导德钦县完成格亚顶水电站工程建设征地移民安置专题初验工作。

指导维西县完成吉岔水电站工程建设征地移民安置专题初验工作。

**【项目规划编制】** 为认真贯彻落实好省委、省政府及州委、州政府提出的加快澜沧江上游水电开发进程的战略部署，以水电开发为契机，促进库区移民脱贫致富，实现水电开发与库区生态环境保护协调发展，在用好现有库区移民政策的基础上，积极探索水电开发与库区移民脱贫致富和库区生态环境保护的有效补偿机制，以水电开发促进库区经济社会发展和生态环境的保护。严格按省发改委能源局对《澜沧江上游水电开发移民脱贫致富与生态环境保护项目规划》总体要求，结合迪庆州涉及澜沧江上游河段两县政府上报的项目规划，编制完成《迪庆藏族自治州澜沧江上游水电开发移民脱贫致富与生态环境保护规划项目》。

**【后期扶持】** 截止2010年底，全州已核定登记后期扶持人口40人，其中香格里拉县39人，维西县1人，2010年按要求上报省局丹达河电站后期扶持人口109人的核定登记材料。2010年实施后期扶持结余资金项目两项，即羊拉丹达河电站和吉仁河电站各15万元，共30万元，现已进入验收阶段。省下达20万元的后期扶持应急补助结余资金，主要用于库区和移民安置区临时性、突发性事件的应急处置补助，已安排给德钦县4万元，香格里拉县8万元，维西县8万元，各县根据实际已上报实施方案，项目正在实施当中。2010年省局还安排了抗旱资金20万元，后期扶持培训工作经费40万元，均按要求进行了安排。与州科协农函大衔接，对小中甸水库的两个村委会17个村民小组的移民进行了多层面、广角度、大范围的移民劳动技能培训。

**【移民资金管理】** 管理和使用好移民资金是国家法律、法规赋予移民部门的重要职责，为了管好用好移民资金，迪庆州严格按照《云南省人民政府办公厅关于印发〈云南省大中型水利水电移民资金管理办法〉的通知》（云政办发〔2005〕101号）的规定办理，切实落实移民后扶资金、淹没补偿费等移民资金管理制度，严格财务管理和会计核算，严格审查审批，严格规划、计划管理，从源头上保证移民资金使用安全有效，加强与各项目移民综合监理在移民资金管理计划使用方面的监督作用，对大额移民资金的使用和重大移民项目安排，坚持科学论证、党组集体研究决定，防止个人说了算。完善和落实科室联席会议制度，允分发挥其在移民资金项目管理和党风廉政建设方面相互监督、相互促进的积极作用。按照有关规定及时对移民项目规划、资金计划和移民资金管理使用等情况实行公开，接受社会监督。

**【移民信息信访工作】** 州移民局始终坚持排查、梳理、分析、调处、化解、防范相结合，全面加强矛盾纠纷排查工作，一是认真做好来信、来访工作，保证信访渠道畅通；二是深入基层开展调查研究，倾听移民群众的要求和意见，耐心讲解国家水利水电法律法规，把矛盾和问题化解在萌芽状态；三是落实好移民搬迁安置补偿政策，切实维护好移民群众的合法权益，坚决遏制移民群体性事件的发生；四是充分发挥农村基层党组织的战斗堡垒作用，与乡、村组织加强联系，及时沟通移民地区移民群众的动态。

近两年迪庆州境内“两江”流域水电开发使得库区的维护稳定工作压力巨增，但由于迪庆州各级党委政府的重视，移民部门宣传和执行政策得当，2010年，迪庆州水利水电项目建设过程中没有发生一件移民上访事件，没有发生一件移民群体性事件。

**【结对帮扶】** 2010年继续对扶贫挂钩点进行扶持，解决羊拉乡苏鲁社维修蔬菜大棚支出10 674元，解决卫生室建设经费3 000元；解决羊拉乡茂顶二社困难补助7 000元，投入经费5 382元为三户困难户购置电视。

**【大事记】**

2010年8月19日，省移民开发局杨灿章局长在州人民政府副巡视员曹如忠、州移民局领导的陪同下，到滇中引水工程金沙江奔子栏河段取水水源点进行调研。

（刘玉蓉）

## 州开发投资集团有限公司

**【概述】** 迪庆藏族自治州开发投资集团有限公司是具有独立法人地位的国有独资公司，公司注册资本金30 888万元，是由州人民政府直接领导的管理、经营国有资产的政策性投资公司。公司运用经营管理的州级经营性基本建设资金和州级专项建设资金，对州安排的基础产业、基础设施，优势产业项目以及国家有关部门、省级各部门在迪庆的重要投资项目，采取参（控）股和根据国家批准的融资业务方式进行投资和经营管理。

2010年，公司全面贯彻落实科学发展观，深入开展创先争优活动，认真落实州级重点项目建设，更加注重推动经济发展方式的转变和经济结构调整，全面推进社会主义和谐社会建设。年内，按照公司承担的贯彻州产业政策和实现州政府对国有经济调节职能的任务，充分发挥作为州人民政府的政策性投资主体、融资主体和国有资产经营管理主体的作用，通过深化改革，管理和制度创新，完善现代企业制度，形成有效的公司法人治理结构，根据发展需要和业务选择，调整投资结构，实现投资主体多元化，精心部署，周密安排，措施到位，并按职责分工，制订工作计划，明确任务和完成时限，层层抓好落实，企业活力明显增强，以至于投资规模稳步增长，经济发展呈现良好态势，确保了国有资产保值增值，各项工作任务圆满完成。公司以其独特的功能，完善的机制、艰苦奋斗的作风，逐渐成为镶嵌在高原上的一颗璀璨的明珠，为全州经济社会的全面发展做出了优异的贡献。

2010 年，实现收入 4 838 万元，上缴税费 1 122 万元，实现利润 2 921 万元，未分配利润 1 065 万元。

2010 年上缴国有资产经营收益 1 000 万元。

**【机构】** 公司实行董事长负责制，党委书记、董事长（法定代表人）兼总经理为习志高。公司的法人治理结构是一个由董事会、监事会及经营层组成的各司其职、各司其责、协调运转、有效制衡的领导体制和组织制度。年末，总部内设 9 个职能部门：办公室、计划发展部、企业管理部、计划财务部、资产管理部、人力资源部、监察审计部、金融合作办和总工办。除公司总部外，有 5 个全资子公司、2 个控股公司、6 个参股公司。共有职工 321 人，其中：公司总部 35 人（国家公务员 10 人：正处级领导 1 人、副处级领导 3 人、正科级干部 4 人、副科级干部 2 人；工勤人员 1 人；具有聘用制企业身份的 24 人），下属全资、控股公司到合同制职工 291 人。拥有大专及以上学历 138 人（研究生 2 人，大学本科 49 人，大专 87 人）。

**【资产增值稳步提高】** 2010 年，公司资产总额为 90 845 万元，资产总额比去年增长 10%，其中：流动资产 62 069 万元，长期投资 25 691 万元，固定资产 1 311 万元，无形资产 1 773 万元。负债总额为 59 704 万元，其中：流动负债 21 879 万元；非流动负债 37 825 万元。所有者权益总额为 31 141 万元，其中：实收资本 27 892 万元；资本公积 1 371 万元；盈余公积 813 万元。

**【自身建设】** （一）切实抓好干部职工的思想教育、业务学习、党风廉政建设及综治维稳工作。公司领导始终坚持“两手抓，两手都要硬”，造就了一批适应市场经济条件下公司工作需要的干部队伍。一是强化思想政治教育，不断提高干部职工队伍的政治素质。制定了全年学习计划和每周五集中学习制度，组织全体干部职工学习邓小平理论、十七大精神、党中央有关文件、法律法规、党刊党报刊登的重要文章，通过深入开展创先争优活动，提高了干部职工全心全意为人民服务的意识，树立正确的世界观、人生观、价值观，思想上与党中央保持一致，从而推动了公司工作的顺利开展；二是加大培训和知识更新力度，提高了干部职工业务素质。采取学习日集中组织学习等多种形式对干部职工进行了系统的业务培训，并通过业务培训和知识更新，切实提高了公司干部职工队伍的业务素质，为做好新形势下的公司工作创造了条件；三是按照州委、州政府廉政建设工作的要求，以学习文件，贯彻条例，建章立制，转变作风，提高效率为重点，求真务实，扎实工作，团结一致，齐心协力，迎难而上，通过抓廉政，建设了一个好班子，带出了一支好队伍，为公司发展打下了坚实的基础；四是按照州委、州政府的有关要求，始终坚持把维护社会稳定，作为一件大事来抓，以加强领导、提高认识，健全组织、明确责任，开展综治宣传、专项整治、参与辖区整体联动防范、依法行政、健全综治维稳工作机制、切实加强挂钩指导工作等，促使综治维稳工作跃上新台阶，为建设平安迪庆，开创投资工作新局面打下基础。目前，公司上下风气正、干劲足、精神好、面貌新。

（二）建立、完善和贯彻实施各项规章制度，不断加强公司的企业管理工作。建立健全并实施了各项规章制度，形成用制度规范人、管理人、约束人，严肃工作纪律，推动和保证了各项工作任务的顺利完成，切实改变了公司工作作风，提高服务质量、办事效率和队伍整体素质。

（三）大胆进行公司改革，切实促进公司各项工作的健康发展。按照《国务院关于投融资体制改革的决定》及州委、州政府有关投融资体制改革的具体要求，坚持以“三个代表”重要思想、“十七大”精神为指导，解放思想、实事求是、与时俱进，严格遵循社会主义市场经济规律及科学发展观，以大思路、大策划、大手笔来抓好公司的深化改革，按照政企分开和“谁出资、谁决策、谁受益、谁承担风险”的原则，进一步完善企业的“四自”机制，自始至终把改革的各项工作落到实处，从而为全州的经济和社会发展做出贡献。

**【提供服务和业务选择】** 认真抓好公司的投资经营业务，积极完成州委、政府安排的各项工作任务。2010 年，公司坚持从实际出发，按照国家、省、州的经济发展战略，产业政策和行业规划的要求，不断完善发展战略，优化业务选择，以实业投资、金融业务以及国有资产经营管理为业务发展方向，并根据自身的能力，迪庆的环境，特别是十七大提出的国有经济主要在基础性资源、国计民生领域发挥作用，通过不断的探索、实时调整确立公司的业务主体，逐步构建了实业投资、金融业务、资产经营管理协调发展的业务框架，创业进展顺利。

(一) 实业投资。公司成立后，理清了发展思路，主要集中在电力、生物、矿业、文化、市政建设等基础性、资源性制约国民经济发展的重点行业。经过公司清理整顿、宏观调控，目前所确定的实业投资项目都是在州委、州政府经过认真筛选之后，列入“十五”和“十一五”规划之内的项目。实业投资业务协同效应初见成效，电力、生物、矿业、文化、市政建设等业务绝大多数健康发展。截止 2010 年末，实业投资共计 27 041 万元。

1. 电力。①公司对迪庆开发投资集团州发电公司（以下简称“州发电公司”）股权投资 2 662 万元。州发电公司总资产 1. 16 亿元，总负债 1. 05 亿元，下辖吉仁河电站、汤满河电站、维西新乐电站，总装机容量 3. 6 万千瓦，在册职工为 206 人，其中内部退养 62 人。2010 年，公司党、政、工始终把“安全第一，预防为主”的方针贯穿于整个生产的全过程，全年未发生一起人为的安全事故，且严格按照电力行业安全生产运行规程规范，定期对各发电厂运行人员进行安规学习和考试，职工参加安全生产培训人员及特种作业人员持证率达 100%，有效的促进了公司安全、生产、经营的全面发展。同时，针对水电站装机容量小、上网电价低、职工人数多（内退人员多）、企业负担重的不利条件，充分发挥专业技术力量雄厚的优势，确保现有电厂绝大多数正常运行发电的同时，抽出大批技术骨干，通过开展电站的代管代运行业务，提高了经济效益和社会效益。以至于全年实现上网电量 1. 32 亿千瓦时，实现销售收入 2 244 万元。为公司的发展和稳定做出了贡献，也为做大做强迪庆发电产业迈出了坚实的步伐。⑵公司对迪庆开发投资集团维西拉嘎洛发电公司（以下简称“拉嘎洛发电公司”）股权投资 1 979 万元。拉嘎洛发电公司总资产 6 485 万元。年内，拉嘎洛发电公司紧紧围绕公司董事会提出的各项安全指标、生产指标及《子公司管理办法》，结合实际，以最大限度地发挥发电行业应有的社会效益为工作宗旨，在职工中进行“安全生产，预防为主”的安全生产教育，使每个职工具备发电行业安全生产的要求，牢固树立安全意识，始终把安全生产贯穿于整个生产、经营管理之中，以至于全年无重大安全事故，并借鉴同行业先进、成熟的生产运行经营管理经验，不断建立健全发电行业的管理制度体系，在供电网络发展滞后，水电站效益最好的丰水期又严重限负荷的不利条件下，全年完成发电量 5 392 万千瓦时，完成上网电量 5 231 万千瓦时，实现销售收入 800 万元。对缓解维西县，特别是缓解澜沧江两岸用电紧缺起到了积极的推动作用。⑶公司对国电香格里拉发电有限公司（以下简称“国电香电司”）资本金投入共计 5 419 万元。国电香电司总资产 14. 18 亿元，拥有螺丝湾电站（60 兆瓦）、冲江河一期电站（22. 3 兆瓦）、冲江河（扩容）电站（48 兆瓦）、吉沙水电站（120 兆瓦），总装机容量 250. 3 兆瓦，已形成对硕多岗河全流域梯级开发的良好态势。2010 年，完成发电量 8. 61 亿千瓦时，完成上网电量 8. 51 亿千瓦时，实现销售收入 15. 51 亿元，实现利润 1518. 57 万元。硕多岗河流域水电的开发，使之成为滇西北重要的水电能源基地。⑷公司累计向滇能香格里拉发电有限公司（以下简称“滇能香电司”）投入资金 1 889 万元。滇能香电司总资产 8. 07 亿元，计划在迪庆陆续投资开发 8 条河流的水电站，合计总装机规模约 64. 8 万千瓦。2010 年，滇能香电司各水电开发项目有序推进，其中格登、吉岔水电站已投产发电，岗曲河一级、白济汛水电站即将投产发电，岗曲河二级、许曲河、白济汛、鲁那、牙塘等其他项目正加紧前期工作。2010 年，完成发电量 5 053. 08 万千瓦时，完成上网电量4 975.99万千瓦时，实现销售收入866.86万元，滇能香电司加快了迪庆水电资源的开发，为做大做强电力产业，变地方资源优势为经济优势打下良好基础。

2. 生物。（1）公司向迪庆开发投资集团生物产业开发投资有限公司（以下简称“生物产业公司”）股权投资848万元。生物产业公司总资产3 160万元。2010年，生物产业公司把管理作为重点，在管理中狠抓制度的落实，并按规范化、制度化和程序化的要求，照章办事，转变工作作风，树立良好形象，不断增强公司的凝聚力和战斗力。牢固树立服务意识，为园区企业排忧解难，提供优质服务，提高了公司形象和为入驻企业提供了良好的条件。为适应公司发展的需要，经股东代表大会通过香县林业局、香县国投公司实现退股，原“迪庆州开发投资集团香格里拉野生菌保护开发有限公司”更名为“迪庆藏族自治州开发投资集团生物产业开发投资有限公司”，为迪庆州开发投资集团有限公司的全资子公司。年内收回欠款123.5万元，向上争取到位资金120万元。为进一步整合国有资产，使园区土地得到充分利用，经州商务局批准，同意在松茸园区内建设野生菌，水果、蔬菜等为一体的“迪庆香格里拉农产品交易物流中心”。年内，项目可研已通过州发改委审批，并完成了项目建设环评工作及总体规划设计方案。该项目的实施，使公司从单一的服务管理公司向经营性公司发展迈出了坚实的步伐。充分发挥松茸展厅功能，对外加大迪庆松茸保护与开发的宣传力度，达到了预期的宣传效果。为实施迪庆松茸的可持续发展做出了积极贡献。⑵公司向香格里拉酒业股份有限公司（以下简称“酒业公司”）股权投资694万元。“香格里拉·藏秘”青稞干白、干红，一经问世，便获得国内外消费者的青睐，尤其受欧、美、日等国家地区消费者的推崇，产品供不应求。2010年，酒业公司实现销售收入5 547万元，利润1 377万元，上缴税收360万元。对当地产业结构调整，培植新财源，稳定和建设新藏区起到积极作用。

3. 矿业。公司向矿业投资公司股权投资1 000万元。矿业投资公司总资产3.75亿元。年内，矿业投资公司抢抓机遇，迎难而上，解放思想、团结拼搏、艰苦创业、真抓实干，积极应对公司成立初期遇到的复杂形势，努力克服各种困难和矛盾，通过建章立制，狠抓管理，使企业管理逐步走向规范化，各项工作保持了健康、稳步地发展态势。矿业投资公司与香格里拉县德普石业有限公司合作，组建成立了石业投资开发有限公司，注册资本金500万元，矿业投资公司拥有其75%的股份，主要开发香格里拉县格咱乡板岩项目。该项目是州委、州政府列入当年计划开工的“建设低碳科技、营造生态高原”的重大建设项目。年内开发板岩9 532.18平方米，销售2 851.36平方米，实现销售收入13.74万元，完成了8栋藏房屋顶改造板岩项目，揭开了“农民建房替代材料补助工程”的新篇章，为当年举办的康巴艺术节献上一份厚礼。为合理利用和开发矿产资源，整体推进迪庆矿业开发投融资体制改革，构筑迪庆矿业开发多元化投资的新格局，把矿业产业培育成本州支柱产业，实现迪庆矿业开发的跨越式发展打下了基础。

②公司对云南迪庆矿业公司（以下简称“迪庆矿业公司”）股权投资3 000万元，主要开发迪庆州德钦县羊拉铜矿。羊拉铜矿已探明资源储量80万吨，远景储量130万吨以上，开发潜力巨大。2010年，完成产铜5 366.51万吨，实现利润3 004.05万元。以羊拉铜矿为先导的矿产资源开发，将带动迪庆其他矿点的发展，赢得极好的社会信誉，带动更多有实力的企业进驻迪庆，加快迪庆重点发展矿产业的政策思路。

③公司对云南迪庆有色金属有限责任公司（以下简称“迪庆有色金属公司”）股权投资3 000万元。主要开发普朗铜矿，且估算铜资源在200万吨以上，其中首采区为76.37万吨，矿床远景规模达到大型，属超大型班岩性铜矿。由于普朗铜矿还没有建成投产，2010年，公司主要开展矿山建设和办理相关手续，完成投资10 126万元。其中：建筑工程3 494万元；设备购置1 312万元。普朗铜矿是中国目前已发现的三大铜矿床之一，它的发现和探明，标志着中国近年来在地质找矿方面取得了重大成果，特别是“三江”成矿理论和实践的突破，对今后开展地质找矿将产生极其重要而深远的影响。

④公司与纳古公司共同组建维西希达矿业有限公司（以下简称“希达公司”）开发维西庆福铁

矿，以探矿权和采矿权作为股权。普查结果，庆福铁矿区已进行揭露的五个矿体，共有铁矿石储量448万吨。2010年，庆福铁矿共产铁145 500吨，实现销售收入3 294万元，上缴税费1 109万元，庆福铁矿的开发，将充分利用维西县优势铁矿资源、调整产业结构，以开发铁矿资源为先导，从而推进维西县矿业结构升级，将矿业培育成科技与开发为一体的主导产业。

5. 文化。公司对香格里拉文化发展有限责任公司（以下简称“文化公司”）股权投资2 050万元，主要开发建设香格里拉“文博中心”项目。建设完成了文博中心主体大楼、大剧院、电影院，项目的建成将大大提升整个香格里拉的旅游形象，为旅游产品全方位、一体化开发提供了可能。2010年，经州政府批准，原公司下属文化公司整体资产划拨给州旅游开发投资有限公司。5月，完成了资产移交。

6. 市政建设。①迪庆开发投资集团市政开发有限公司（以下简称“市政公司”）市政公司总资产16 896万元，主要负责实施香格里拉县城市环境综合治理项目，项目总投资71 426.7万元。年内，市政公司牢固树立城市经营理念，以加快香格里拉城市发展为己任，紧紧围绕香格里拉县城市环境综合治理这一主题，拓展思路、抢抓机遇、积极探索、锐意进取，全面完成了当年工作目标和各项工作任务，为香格里拉城市建设和经济发展做出了优异贡献。一是狠抓内部管理，确保项目建设顺利实施。通过完善法人治理结构、规章制度、内部运行机制，规范项目工程招投标、项目实施和资金管理，确保了香格里拉县城市环境综合治理项目实施；二是在工程施工过程中公司精心组织施工，严格遵循“质量第一，安全第一”的方针，严格控制工期和工程费用，不断提高工程施工管理水平，使工程管理逐步走向规范化、标准化、程序化；三是稳步推进项目建设。香格里拉县城市环境综合治理项目是2010年度全州的重大工程建设项目之一，完成了格咱路延长线、3号路延长线、河滨2号路、龙潭河河道治理、新区路、南干渠修复工程、白塔片区水系工程等建设任务，全年完成投资20 018.49万元，为第六届康巴艺术节暨迪庆州民族团结节的顺利召开做出了重要的贡献，香格里拉县城市环境综合治理项目的实施，将极大改善香格里拉城市状况，提高香格里拉县城城市品位和形象。②公司对迪庆州开发投资集团香格里拉置地有限公司（以下简称“置地公司”）股权投资1 500万元，置地公司总资产4.24亿元，主要承担香格里拉生态旅游文化城项目建设。香格里拉生态旅游文化城第二阶段基础设施建设内容包括格咱路延长线、3号路延长线、河滨2号路、龙潭河河道治理、新区路、南干渠修复工程、白塔片区水系工程等，全年完成投资20 018.49万元，超额完成了年初与州政府签订的年度经济目标任务。香格里拉生态旅游文化城项目的实施，将优化城市结构，促进城市社会经济的平稳发展。

7. 供暖。迪庆州开发投资集团热力开发有限公司（以下简称“热力公司”）总资产2.3亿元，主要承担香格里拉城市集中供热项目建设。该项目是2010年度全州的重大工程建设项目之一，工程任务重、时间紧、涉及面广、实施难度大，公司面对不利情况，高度重视该项目，精心组织，科学安排，加大力度做好各项工作，确保工程建设任务完成。年内，香格里拉县城市集中供热项目外管网施工工程累计安装完成27 162.53米；入户安装工程累计安装完成10万平方米；完成了3个片区锅炉房主体工程；完成了2个片区的锅炉设备安装调试，且进入部分试运行供热。共完成融资15 000万元，完成投资10 600万元。超额完成了年初与州政府签订的年度经济目标任务。该项目的实施，对于提高居民生活质量、保护香格里拉生态环境具有十分重要的意义。

（二）金融业务

公司作为州政府的融资平台，经营管理经营性的基本建设资金，并具有非银行金融机构的职能。在项目建设方面，投资公司向银行财政借款后为经营性、产业性政府引导的州本级重点建设项目提供借款。2010年，公司向银行融资2.93亿元，归还银行贷款1.33亿元，向州级重点建设项目提供借款5 600万元。为重点建设项目解决了资金短缺，加快了基础产业、基础设施、优势产业项目的建设，有力的促进了迪庆经济的全面发展。

（三）国有资产经营管理。公司国有资产包括国有权益资产和国有实物资产。

1. 国有权益资产

公司国有权益资产如下：

集团母公司：迪庆州开发投资集团有限公司，迪庆州政府拥有100%股份。

(1)集团全资子公司。①州发电公司，公司拥有100%股份；②矿业开发投资公司，公司拥有100%股份；③热力开发公司，公司拥有100%股份；④市政公司，公司拥有100%股份；⑤生物产业公司，公司拥有100%股份。

(2)集团控股公司：①拉嘎洛发电公司，公司拥有90%股份；②置地公司，公司拥有75%股份。

(3)集团参股公司。①国电香电司，公司拥有其18%的股份；②滇能香电司，公司拥有其9%的股份；③迪庆矿业公司，公司拥有其25%的股份；④迪庆有色金属公司，公司拥有其10%的股份；⑤酒业公司，公司拥有其5%的股份；⑥维西希达公司，公司拥有其10%的股份。

2010年，公司严格履行国有企业的相关规定程序，没有造成管理上的缺位，坚决杜绝国有权益资产的流失。按照公司的统一部署，加强了制度建设和监督管理，维护了上述国有权益资产的安全和完整，提高了国有权益资产使用效益，保证了公司履行职责和促进了公司发展，防止了国有权益资产的流失，确保了资产的保值增值。

2. 国有实物资产

(1)迪庆纸浆厂

迪庆纸浆厂资产：土地、房屋建筑物、机器设备、库存材料四项，移交资产评估值合计为20 339 779.59元。在变现十分困难、距离县城遥远无形中增加管理难度的不利情况下，公司对资产进行清理后全部移交开发区管委会管理经营。2010年，经州政府批准，公司转让7亩土地及构筑物给藏乡生物资源开发有限公司，并收回转让金50.6万元。

(2)州木材公司

州木材公司资产：非破产财产账面净值为4 025 967.19元（土地价2 287 580.66元；房屋建筑物1 738 386.53元）、破产财产（实物财产）共计1 412 344元（实物资产827 885元以及部分债权转让的应收款）。2010年，办理了11 890.28平方米国有土地使用权证，在聘请专人加强管理，搞好片区卫生，签订防火协议，做到有序管理的前提下，共收到房屋租费5.5万元。

(3)州影剧院

州影剧院资产：影剧院钢混建筑物1 305.06平方米；土地3 328.47平方米；设备49 575元。为进一步提升品牌和发展文化产业，州政府划归州歌舞团管理，委托授权州歌舞团经营。2010年，州歌舞团保证了公共场所安全，保持正常使用维护，落实防火防盗措施，确保了国有资产保值增值。

(4)迪庆驻四川省攀枝花市办事处

迪庆驻攀枝花市办事处资产：土地10亩。2010年，经州国资委批准，该资产以38.52万元转让给攀枝花市正宇金炉料厂。

(5)建塘镇崩荒拉觉（原苏砖厂）

建塘镇崩荒拉觉资产：土地面积达108亩。

2010年，公司通过制定一系列规章制度，加强管理，维护了上述实物资产的安全和完整，提高了实物资产使用效益，保证公司履行职责和促进公司发展，防止了国有资产的流失，确保了资产的保值增值。

**【切实加强挂钩指导】** 公司的挂钩扶贫点是洛吉乡洛吉村。为切实抓好挂钩扶贫工作和指导好扶贫点的平安创建工作，2010年，公司领导班子成员分别带领相关科室负责人12次先后深入到所在村，深入基层、帮助基层协调解决了一些实际困难和问题，年内投资30万元修建了田间公路。为贫困地区的扶贫事业尽一份绵薄之力。

**【年内大事】** 20101月19日，向中国工商银行香格里拉支行借支短期流动资金2 000万元。

2月23日，向国家开发银行云南省分行借款4 000万元，用于香格里拉县城市集中供热项目。

3月4日，向中国工商银行香格里拉支行借支短期流动资金2 000万元。

3月5日，向中国农业银行迪庆州分行借支中期流动资金5 000万元。

3月10日，香格里拉城市集中供热项目正式点火试运行，开创了使用供热取暖的新篇章。

4月22日，向中国工商银行香格里拉支行借支短期流动资金1 000万元。

5月19日，向国家开发银行云南省分行借款1 600万元，用于购置迪庆香格里拉人民医院医疗设备。

5月，经州政府批准，公司把文化公司移交给州旅游开发投资有限公司。

6月29日，向中国农业银行迪庆州分行借支中期流动资金3 600万元。

7月23日，向中国农业银行迪庆州分行借支中期流动资金2 800万元。

9月21日，向中国农业银行迪庆州分行借支中期流动资金5 800万元。

9月27日，向州工商银行香格里拉支行借支短期流动资金1 500万元。

11月13日，原“迪庆州开发投资集团香格里拉野生菌保护开发有限公司”更名为“迪庆藏族自治州开发投资集团生物产业开发投资有限公司”。

（俞云山）

## 迪庆州旅游发展集团

**【公司基本情况】**　迪庆州旅游发展集团成立于2010年11月24日，母公司迪庆州旅游发展集团有限公司前身为迪庆州旅游开发投资有限公司，注册资本1亿元，总资产达21.36亿元，是由迪庆州人民政府出资设立，经迪庆州人民政府授权由迪庆州国有资产监督管理委员会履行出资人职责的国有独资公司；是迪庆州人民政府旅游资源开发、旅游基础设施和旅游精品工程建设的投资主体；公司以实施大项目带动大开发，培育香格里拉知名旅游品牌为核心，以整合旅游资源、创新旅游体制和机制为着力点，引导和促进全州旅游产品的改造提升和开发建设。推进迪庆州旅游重点开发项目、旅游基础设施、旅游精品工程以及相关配套产业的投资建设和经营管理。截止2010年12月31日，集团公司拥有职工711人、下属企业13个，分别为：两个分公司（普达措旅业分公司、旅游商品开发分公司）；六个全资子公司（普达措国际旅行社、迪庆旅游一卡通结算服务公司、迪庆州香格里拉虎跳峡旅游经营有限公司、德钦梅里雪山国家公园开发经营有限公司、维西滇金丝猴国家公园经营有限公司、滑雪场旅游经营公司）；四个控股公司（迪庆卡瓦格博国际旅行社经营管理有限责任公司、迪庆梦幻香格里拉旅游文化传播有限责任公司、德钦县卡瓦格博宾馆有限责任公司、香格里拉文化发展有限公司）。一个由公司委托香格里拉公路管理总段管养的双桥收费站和香洗公路的全额资产管理单位。

**【创先争优活动】**　2010年，根据州委的统一安排，公司党委按照《关于在迪庆州国有企业党组织和共产党员中开展“创先争优”活动的实施意见》的具体要求，广泛发动、真抓实干，在宣传动员、组织实施两个环节上，加强领导、周密部署、深挖实效，成立了以党委书记为组长、以党委成员为副组长的领导小组，将创先争优活动由7个基层党组织扩展至所有下属公司，由96名共产党员扩展至公司全体干部职工，并对各下属企业开展创先争优活动做了全面安排部署，下属11个企业均成立了领导小组，并结合各自实际，制定了具体的实施方案，形成了总公司监督指导，分公司全面开展的工作格局，营造了一级抓一级，层层抓落实，人人参与的良好态势。年内，普达措国家公园、梅里雪山国家公园、滇金丝猴国家公园和虎跳峡景区共接待国内外游客73.21万人次，实现门票收入1.2797亿元，基本完成了年度经济责任目标。

**【贯彻执行“三重一大”制度】**　2010年，公司党委先后举行了三次座谈会，组织学习了“三重一大”的精神实质，并认真落实在公司重大决策、重点工程项目投资建设、重要人事任免、大笔资金使用等事项的处理过程中，集体讨论、民主表决，尤其是在重要人事任免中，公司党委严格执行《党政领导干部选拔任用工作条例》，通过民主测评、党委会集体讨论、任前公示以及廉政谈话等一系列程序规定，将“三重一大”制度落实到实处，全年无一起违规违纪事件发生，进一步规范了公司的决策流程，提高了决策水平。

**【党风廉政建设】**　迪庆州旅游发展集团是迪庆州的国有骨干企业，旗下有13个分公司，家大业大，是迪庆旅游发展和生态保护的守护者，是推动迪庆经济发展和社会进步、维护迪庆和谐稳定的有生力量。

2010年，公司党委与下属各支部、各企业主要负责人签订《党风廉政建设责任状》，并委派党委成员和分管领导对考核内容、工作进展情况进行定时监督检查。通过基层走访、突击检查等方式使公司的党风廉政建设工作取得了实效，得到了州“党风廉政建设”考核验收小组的肯定。

年内，根据州纪委的工作部署，公司党委认真学习了《迪庆州廉政文化示范点申报评审办法（试行）》的文件要求，并成立专门的领导小组精心组织、用心安排，积极向州纪委的领导同志学习求教活动开展的具体要求和工作经验，制定操作性较强的活动方案，并全程跟踪、监督指导活动的开展进程，确保了公司“廉政文化进企业暨绿色办公进企业”活动的组织和开展工作取得了有效进展。

学习型党组织建设活动启动以来，公司党委在全面制定工作方案、具体安排各项规定的同时，结合旅游工作的服务性、社会性、效益性、形象性、日常性等特点，在充分考虑到职工队伍年龄老中青混合，职工综合素质、业务技能参差不齐，党员干部知识结构多样等实际情况，把学习型党组织建设活动贯穿到企业生产经营中，按照年初州委、州政府确定的各项目标任务，公司党委围绕“以学习型党组织建设促进企业发展，在企业生产经营中落实学习型党组织建设”为工作思路，认真贯彻落实上级党委政府的工作部署。

在公司机关，一是建立职工书屋、图书室、阅览室、文化活动室，投入3万多元，购买了包括旅游、文学、经济等各方面书籍600多册，投入近30万，建立了职工活动室。由专人负责，免费为职工开展服务，做到了活动有场所、培训有设施、学习有设备；二是开展“周五学习日”和“党员读书日”活动活动。充分利用每周五下午集中学习时段，开展业务知识和专业技能培训活动，结合自身工作进行讲解，互相取长补短。三是开展“廉政文化进楼道”活动。将有关廉政方面的剪纸、书画作品布置在办公楼道里，形成宣传廉政文化的特色楼道。楼道作为廉政宣传教育阵地，用警句格言配上宣传画，以书法展示、漫画张贴等形式，让公司全体党员领导干部在潜移默化中提高廉洁意识、法律意识和自警意识，增强了反腐倡廉的自觉性、主动性和责任感，取得良好效果。在普达措旅游分公司党支部投入12万元建立了电脑室和活动室，同时，与西南林业大学合作，开办了旅游管理、经济管理等专业的大专班；在虎跳峡经营管理公司党支部开展提高综合素质和服务水平、如何做景区优秀的工作人员等100多人分批次的培训学习；在文博中心党支部，充分利用投入高达200多万元的LED字幕显示仪等现代化设备进行创先争优和学习型党组织建设的宣传教育，为公司党委搭建了快捷高效的宣传平台。

**【经营情况】** （一）融资情况。公司在融资渠道单一，还款压力大，投资任务重的情况下，依然积极发挥了融资平台的职能作用，截止2010年12月31日，共计融资4.05亿元，完成责任目标2亿元的202%。

（二）门票收益情况

截止2010年12月31日，普达措、梅里雪山、滇金丝猴国家公园和虎跳峡景区共接待游客外73.21万人次，门票收入为1.28亿元。其中普达措国家公园共接待海内外游客68.98万人次，门票收入为1.25亿元。梅里雪山国家公园由于香德、德维塔两条二级油路项目的改造，致使从外界进入德钦的公路全面受阻，共接待海内外游客2.88万人次，门票收入仅为235.22万元。虎跳峡景区由于2009年11月31日起虎跳峡景区公路的改造建设，景区已实行全封闭施工，虎跳峡景区无任何门票收入，白水台景区共接待海内外游客1.27万人次，门票收入仅为34.34万元。塔城滇金丝猴国家公园共接待海内外游客791人次，门票收入为5.4万元。

（三）投资情况

截止2010年12月31日，累计完成投资1.99亿元，完成责任目标1.5亿元的133%。其中普达措国家公园完成投资980万元，主要进行门景区绿化、属都湖新增栈道、厕所维修、大巴车候车点的建设。虎跳峡景区完成投资4 000万元，主要进行了门景系统综合楼的建设、栈道工程建设。虎跳峡景区公路完成投资1.5亿元。

（四）2010年项目资金争取情况

根据《云南省发改委关于下达2010年第一批中央和省扩大内需资金通知》（云发改投资〔2010〕2276号）和《云南省发改委关于下达2010年第二批中央和省扩大内需资金通知》（云发改投资〔2010〕2288号）的文件精神，旅投公司争取到中央和省对迪庆州文化博览中心（室内土建）、迪庆州冬季群众体育健身场建设项目、虎跳峡景区和虎跳峡公路四个项目投资14 425万元。

**【安全管理工作】** 2010年，结合《2010年度迪庆州社会治安综合治理维护稳定暨创建“平安单位”目标管理》等责任书一一督促落实，通过进一步强化党政领导责任，督促各科室、各下属企业按照各项签订的责任状实施，进一步强化综治维稳的责任，实现了人人肩上有担子，有任务，有职责，切实筑牢了综治维稳的责任防线。围绕“预防为主、重在治本”的综合治理方针，狠抓基础管理，努力实现了全年既定的各项目标，确保了政治、治安和干部职工的思想稳定。

结合行业特点，公司以创建“平安企业”为目标，通过多种渠道，采取多种形式，对重点工程项目、各下属企业开展安全生产进行大检查，通过加大软硬件设施建设，切实做到安全生产。实施了景区防护网、防护挡墙、排水导流槽、栈道、消防器材、景区客车等安全生产工程；针对旅游用车方面存在的安全隐患，及时制定出台了《旅行社安全应急预案》包括交通事故处置预案、治安事故处置预案、火灾事故处置预案等相关制度；同时，开展了“安全生产月”活动，“安全是福、善待生命”安全生产活动主题。年内，公司无一起重大安全事故发生。在州委、州政府的正确领导下，在州政法委的关心指导下，公司认真贯彻执行上级文件精神，始终坚持以“三个代表”重要思想和深入贯彻落实科学发展观为指导，以维护社会稳定为根本，结合《2010年度迪庆州社会治安综合治理维护稳定暨创建“平安单位”目标管理》等责任书一一督促落实，通过进一步强化党政领导责任，督促各科室、各下属企业按照各项签订的责任状实施，进一步强化综治维稳的责任，实现了人人肩上有担子，有任务，有职责，切实筑牢了综治维稳的责任防线。围绕“预防为主、重在治本”的综合治理方针，狠抓基础管理，努力实现了全年既定的各项目标，确保了政治、治安和干部职工的思想稳定。

**【表彰】** 2011年3月，迪庆州委州政府授予：2010年度迪庆州社会治安综合治理暨平安创建工作先进集体。

2010年9月，迪庆州人民政府授予：民族团结进步模范单位。

2010年11月，云南省厂务公开领导小组授予：云南省厂公开民主管理工作先进单位。

同月，迪庆州职工技术协会授予：2006—2010年度职工技术先进单位。

同月，省总工会授予：工人先锋号。

2010年4月，迪庆州总工会授予：迪庆州百年不遇抗旱救灾献爱心捐款活动贡献奖。

2010年5月，被授予：云南省劳动关系和谐企业。

（杨留阳）

## 生物产业

**【概述】** 根据《迪庆州人民政府办公室〈关于迪庆藏族自治州生物资源开发创新办公室职能配置内设机构和人员编制方案的通知〉》（迪政办发〔2002〕130号精神），迪庆藏族自治州人民政府生物资源开发创新办公室为州政府副处级事业单位，参照公务员管理，下设综合科、项目管理科和信息统计科，人员编制为6人。到2010年底，生物产业办实有人数为6人，实际在编人员为5人。

**【产业调研】** 2010年3月15~20日，和克明主任随迪庆州考察团到青海海北、内蒙古鄂尔多斯考察生态畜牧业；5月24日至6月5日，根据州委的工作安排，生物产业办会同州农牧局、州财政局、香格里拉畜牧兽医局、香格里拉县生物创新办，完成了对香格里拉县格咱乡畜牧业发展情况调研，形成《格咱乡生态畜牧业调研报告》报州委。7月5~8日，生物产业办和克明主任，香格里县创新办主任和玉国，香格里拉县创新办张灿明，香格里拉县洛吉乡农科站张国全，香格里拉县洛吉乡核桃种植合作社张正军，洛吉村委会主任张全红到大理和楚雄考察核桃产业。

**【“十二五”规划编制】** 从2010年4月开始，根据州发展与改革委员会的安排，生物产业办在开展大量调研工作，全面总结“十一五”生物产业发展取得的成功经验，深入分析存在的困难和问题的基础上，开展了《迪庆州“十二五”生物产业发展规划》的编制工作，2010年9月19日《规划》通过州发展和改革委员会组织的专家评审。

**【项目编报工作】** 向省发展生物产业办公室申报《香格里拉洛吉野猪规模化、良种化养殖示范基地建设》等9个项目；向省农业产业化经营与农产品加工协调领导小组办公室申报《利用野生核桃提取a—亚麻酸乙脂、亚油酸乙脂产业化开发项目》、《香格里拉酒业股份有限公司酿酒厂技改工程项目》和《香格里拉牦牛良种扩繁、育肥养殖基地建设项目》等3个项目；向昆明市农业局申报了《迪庆藏族自治州生物志编纂项目》；完成沪滇对口帮扶合作项目——《奔子栏镇夺通村葡萄基地建设项目》申报工作，全年共计争取项目资金440万元。

**【项目管理工作】** 根据财政厅和省发展生物产业办公室的工作安排，2010年7月，生物产业办会同州财政局开展了2009年度省级财政发展生物产业建设项目执行情况绩效评价工作；根据省农产办的工作安排，完成迪庆州第二、第三批省级重点龙头企业的运行监测工作，促进了项目的顺利实施，保证了项目资金安全。

**【产业统计工作】** 根据省办的工作安排，在州、县统计局的大力支持下，完成2009年度和2010年第前三季度的生物产业统计；根据农业产业化经营与农产品加工协调领导小组的工作安排，完成了省级重点龙头企业度监测工作；根据省花卉产业办公室工作安排，完成了迪庆州2010年花卉产业统计。

**【生物支柱产业建设】** 到2010年底，迪庆州州级以上农业产业化龙头企业达24户，农村经济合作组织54户；全州加工企业实现工业产值11.32亿元，生物企业实现销售收入9.83亿元，出口创汇479万美元。

到2010年底，全州共建成优质特色农产品基地87万亩。其中核桃基地60万亩，核桃产量达11 555吨；青稞基地8.3万亩，青稞产量达10 000吨；马铃薯基地6.5万亩，马铃薯产量达11 217吨；中药材基地4.15万亩，中药材产量达5 680吨；油菜基地3万亩，油菜籽产量达3 810吨；蔬菜基地2.3万亩，蔬菜产量达2 030吨；蚕桑基地1.53万亩，生产干茧100吨；葡萄基地1.15万亩，葡萄产量达1 900吨；花卉基地6 500亩，生产鲜切花67.89万枝，种用花卉10.9万盆，绿化观赏植物22.95万株，盆栽观赏植物1 336.83万盆。畜产品基地规模进一步扩大，实现大小牲畜存栏数达94万头（只），肉类总量达23 307吨，奶类总产量达14 783吨，禽蛋产量达成922吨。生物产业实现农业总产值11.07亿元。

到2010年底，全州生物产业实现总产值22.39亿元，比“十五”末（2005年）增16.39亿元，增273.17%，年均增长30%；生物产业实现增加值11.36亿元，比“十五”末增8.36亿元，增278.6%，年均增长31%。生物产业实现利税1.33亿元，比“十五”末增0.8亿元，增151%，年均增长20%。

**【实施“四项制度”】** 2010年，在认真组织实施“责任政府四项制度”和“阳光政府四项制度”的同时，积极推进“效能政府四项制度”的实施。研究制定了生物产业办“效能政府四项制度”实施方案，成立“效能政府四项制度”领导小组，认真组织“效能政府四项制度”相关会议精神和文件的传达学习，落实相关工作人员并参加业务培训，按照各责任部门的工作要求扎实推进“效能政府四项制度”的实施。

**【社会治安综合治理维护稳定和创建“平安单位”】** 与州委、州政府签订了《2010年度迪庆州社会治安综合治理维护稳定暨创建“平安单位”目标管理责任书》，成立社会治安综合治理维护稳定暨创建“平安单位”领导小组，制定了单位工作方案，积极开展相关工作，全面完成各项工作任务。

**【挂职锻炼】** 2010年11月10日至2011年1月26日，根据《关于2010年选派第二批乡科级干部到昆明挂职的通知》（迪组通〔2010〕89号文件）安排，选派杨红军同志到昆明市人民政府生物资源开发创新办公室参加了为期3个月的挂职锻炼。

**【业务培训】** 2010年5月13~14日，张漾彬同志参加了由云南省农业产业化经营与农产品加工协调领导小组办公室了组织的全省农产业化暨乡镇企业项管理培训；5月25~27日，赵金繁同志参加由云南省农业产业化经营与农产品加工协调领导小组办公室组织的农业产业化经统计培训会议；11月2~4日，杨红军同志参加了州直机关工委举办2010年党务干部培训会议。

**【深入开展“创先争优”活动】** 2010年，州生物产业办支部深入开展“创先争优”活动，坚持以“推动科学发展、促进社会和谐、服务人民群众、加强基层组织”为目标，通过加强组织领导、丰富活动载体，不断提升党建工作水平。一是组织全体党员参观爱国主义教育基地，举行“重温入党誓词”活动，使支部党员接受党性观念和革命传统再教育；二是开展党性分析和民主评议活动。支部全体党员撰写个人党性分析材料，从理想信念、宗旨观念、工作热情、遵守纪律等方面进行了深入的剖析；三是开展了“亮牌示范”活动，组织党员佩戴徽章，亮明身份，充分发挥带动引导作用。四是开展了党员“创先争优”公开承诺事项、党员先锋示范岗及党员评星等活动。五是深入到扶贫联系点开展了访查慰问、产业扶持及以落实“四个一”（上一节党课，每个党员结对联系一户农村党员，送一次政策下乡，做一件实事）为主题的城乡党建结对共建活动，以实际行动推动了生物产业办党支部创先争优活动的深入开展。今年，生物产业办为扶贫点（维西县攀天阁乡嘎嘎塘村阿可社）扶持产业发展资金10万元，并以职工捐款900元，资助了一名贫困学生。

**【召开年度民主生活会】** 2010年11月23日上午，州生物产业办支部召开了以“贯彻落实《党员领导干部廉洁从政若干准则》，切实加强领导干部作风建设”为主题的领导班子民主生活会，班子成员对照廉政准则“52个不准”逐条进行对比，充分发扬“剖析自己不怕严，听取意见不怕利、亮出问题不怕丑、触及思想不怕痛”的精神，深刻剖析自己，严肃自我批评，做到敞开思想，襟怀坦荡，敢于正视问题；对别人的批评，能够做到实事求是，敞开思想，不护短，达到了坦诚相见，加深了解、互相帮助、增进团结的目的。领导班子及班子成员根据征求意见反馈情况和自查情况，及时制定了整改措施。

**【党风廉政建设】** 坚持把党风廉政建设贯穿工作始终，采取召开党员会、职工会和集中收看专题片等方式，以反面典型案例开展警示教育，确保了党风廉政建设经常化。要求职工谨言慎行，把好思想道德防线，养成廉洁从政、高风亮节的品质，有效增强了党员的廉政意识和法纪观念，筑牢了思想道德防线，强化了“廉洁奉公、务实高效”的工作责任意识。工作中，我们始终坚持标本兼治、综合治理、重在预防的方针，严格执行法律法规和各项规章制度，切实做到按制度管理、按规定行事，树立了我支部党员严于律己、敬业勤业、乐于奉献的良好形象。全面落实与州委、州政府签订的《党风廉政建设责任制量化考核责任书》，层层分解落实责任，认真做好党风廉政建设责任制推行工作，年终考评分为97.23分。

（杨红军）

## 粮 油

**【机构】** 2010年末，全州粮食行政单位4个，在职职工36人。其中州局14人（公务员13人、工勤人员1人）；香格里拉县粮食局在职职工8人（公务员7人、工勤1人）；德钦县粮食局在职职工4人（公务员4人）；维西县粮食局在职职工10人（公务员9人、工勤人员1人）。

全州粮食系统独立核算的国有粮食自收自支事业单位2个，在岗从业人员34人，离开本单位仍保留劳动关系的1人。其中迪庆国家粮食储备库在岗人员21人；迪庆州政策性粮油保障服务中心（迪庆军供站）在岗职工12人，离开单位仍保留劳动关系的1人。全州粮食系统独立核算国有粮食企业3个，在岗职工71人，离开本单位仍保留劳动关系的50人。其中粮油购销企业3个（三县各1个），香格里拉县收储公司在岗职工32人，离岗保留劳动关系的9人；德钦县粮油购销公司在岗人员20人，离岗保留劳动关系8人；维西县粮油购销公司在岗人员19人，离岗保留劳动关系33人。

**【粮食行政首长负责制落实情况】** 认真落实粮食行政首长负责制，按照完善“两个机制”（完善粮油购销市场机制和政府粮食调控机制）和实现“三个保障”（保障粮油有效供给、保障粮食市场基本稳定、保障粮食质量安全）的要求，努力构建职责明确、生产发展、供给稳定、储备充足、调控有力、反应灵敏、运转高效的粮食安全保障体系。联系、协调州财政局、州农牧局、州农发行等单位，全面完成了省对迪庆州2009年度全省集中考核工作，考核合格。

**【国有粮食购销企业经营情况】** 截止2010年12月31日，全州国有粮食购销企业全年实现销售收入5 997万元，全州实现利润10.8万元。其中香格里拉县国有粮食购销企业实现销售收入3 171万元，实现利润6.2万元；维西县实现销售收入690万元，实现利润1.8万元；德钦县实现销售收入460万元，实现利润0.6万元；迪庆州国家粮食储备库实现销售收入1 179万元，实现利润1.4万元；迪庆州政策性粮油保障服务中心实现销售收入498万元，实现利润0.8万元。

**【粮油购、销、调、存】** 1. 国有粮食购销情况。(1) 2010年全州国有粮食购销企业从生产者购进商品粮（贸易粮，下同）570.6万公斤，比上年同期增加26.9万公斤，增幅为5%。其中购进小麦363.4万公斤，同比减少30.2万公斤，减幅8.3%，购进大米46.7万公斤，同比增加34.2万公斤，增幅273.6%，购进玉米160.5万公斤，同比增加24.4万公斤，增幅为17.93%。

(2) 调入商品粮1 250公斤，同比增加调入126万公斤，增幅为11.2%。其中调入小麦249万公斤，同比减少189.9万公斤，减幅为43.2%；调入大米800.3万公斤，同比增加调入156.1万公斤，增幅为24.2%，调入玉米51.1万公斤，同比增加调入9.8万公斤，增幅为23.7%。

(3) 销售商品粮1 778.3万公斤，同比增加94.5万公斤，增幅为5.61%。其中销售小麦762.9万公斤，同比增加136.8万公斤，增幅为21.8%；销售大米794.5万公斤，同比增加47.1万公斤，增幅为6%，销售玉米184.6万公斤，同比减少52.9万公斤，减幅为22.3%。

(4) 商品粮库存为714.1万公斤，同比减少212.8万公斤，减幅为22.9%。其中：小麦库存为272.4万公斤，同比减少181.5万公斤，减幅39.9%，大米库存为310.1万公斤，同比减少56.5万公斤，减幅为15.4%，玉米库存为131.6万公斤，同比增加25.2万公斤，增幅为23.6%。

2. 非国有粮食购销情况。(1) 2010年非国有粮食企业从生产者购粮食28.1万公斤，同比减少38.8万公斤，减幅58%。(2) 调入粮食2 361.9万公斤，同比增加调入409.5万公斤，增幅为21%。(3) 销售粮食2 315.1万公斤，同比增加507.8万公斤，增幅为28%。(4) 年末库存粮食611.4万公斤，同比增加库存48.6万公斤，增幅为8.6%。

3. 全州2010年商品油脂纯购进2.6万公斤，同比减少7.7万公斤，减幅74.7%；调入98万公斤，同比增加10.6万公斤，增幅为12%；销售103.8万公斤，同比增加8.6万公斤，增幅为9%；库存为12.8万公斤，同比减少3.2万公斤，减幅20%。

**【储备粮管理】** 1. 全面完成全省粮食清仓查库工作。

2010年3～5月，为了搞好全省粮食清仓查库的迎检工作，认真落实云南省粮食局《关于开展2010年粮食库存检查工作的通知》（云粮法规发〔2010〕3号）文件精神，在巩固2009全国清仓查库工作成果的基础上，加强了库存监管，切实掌握迪庆州粮食库存情况，确保粮食宏观调控的落实，在局党组的领导下，对全州国有粮食企业粮食库存进行全面的清查。

迪庆州围绕“早、细、严、准”的要求，采取自查与抽查相结合的方法，严格按照《2009粮食清仓查库实物检查方法》规范操作，坚持高标准、严要求，不折不扣地做好库存检查每个环节的工作，对全州5个粮食库点进行了县级自查、州级抽查。反映数据真实可靠，账实相符，帐帐相符，全州库存粮食质量良好，地方储存粮轮换政策执行情况较好。

2. 储备粮轮换管理工作。

为了能够更好的为国家宏观调控服务，为国防战备和抗御自然灾害服务，以“科学安全储粮、信誉求生存、优质服务”为宗旨，以“健康为民”为己任，认真按照省、州下达的储备粮轮换计划，均衡做好储备粮轮换工作。基本完成各级储备粮轮换任务。

3. 储粮安全保卫基础设施建设。认真抓好储粮化学药剂的使用和管理，防火、安全用电、机械设备安全使用。

4. 认真做好粮食检验检测工作。粮油质检站自成立以来，努力抓好基础设施建设，抓好检化验人员的培训工作，完成了清仓查库期间粮食检验以及粮食轮换、军粮调入、粮食加工、储备粮储存期间的粮食质量检验，2010年已检样品82份，做到及时、准确，科学、客观、公正的提供了粮食检验结果。

**【军粮供应】** 1. 2010年度调入达标粮××万公斤，部队对供应的粮食满意率达到100%，严格执行军粮“一批、一检、一报告”管理制度，采取“先内部品尝、后供应部队”确保了军粮质量卫生安全，受到了驻地官兵的一致好评。

2. 树立全心全意为部队服务的思想，按《军粮服务公约》的要求认真开展工作，提高服务水平，军供站坚持电话预约24小时服务，坚持义务送粮，特别是自2008年“3·14”事件后，通过采取三项临时保障措施：一是配备临时装卸工2人，随时待命装卸；二是不管距离远近做到100%配送；三是无论公休日、节假日，只要有任务，保证全天候为部队服务，一年中未出现停供、欠供、断供等情况，确保了驻地部队军粮供应。

3. 依据现有的市场和自身优势，积极开展多种经营，并经过几年的运行形成了一定规模。2009年多种经营销售额达498万元，实现利润0.8万元。

4. 完成军供网点建设项目工作

在国家军粮办和省粮食局大力支持下，迪庆州投资290万元资金，划拨2.8亩建设用地和714平方米仓库及其它房屋设施建设迪庆军供网点，提升军粮站设施，增强军供服务功能，提高军粮应急保障机制。

5. 完成州级食用植物油××万公斤动态储备任务。

**【争取政策性项目、资金情况】** 1. 积极做好粮食产业相关项目的申报及项目储备工作。抓住国家扩大内需、加强基础设施建设投入力度的机遇，根据国家相关政策，申报仓库改扩建、老黑谷米、建设菜籽油厂等项目。

2. 争取并完成成品大米××万公斤粳米临时储备任务

为进一步做好迪庆州抗旱保供工作，确保全州粮油有效供给和市场稳定，根据《云南省粮食局、云南省发展和改革委员会、云南省财政厅、中国农业发展银行云南省分行关于下达成品粮（大米）临时储备计划的通知》（云粮储备发〔2010〕17号文件精神，积极筹措粮源，完成储备，2010年6月25日州粮食局、财政局、农发行对省级临时储备成品大米进行了实地验收，验收后企业自主轮换。确保了全州粮食有效供给和市场价格基本稳定。

**【粮食市场监管工作】** 2010年，按照《粮食流通管理条例》及其他有关规定，加强粮食行政执法的监督管理、市场准入、粮食质量监督管理以及粮食收购许可的年检工作，全年无一例违法事件的发生。全面完成省级应对突发事件的检查验收工作。

**【党风廉政建设及其他工作】** 2010年，党风廉政建设工作，以局领导班子为重点，带头学习实践有关党风廉政建设方面的要求和部署，认真开展了深入学习实践科学发展观活动。积极开展创先争优活动和创建学习型党组织活动，先后有处级领导干部参加“千促”活动，到基层开展工作、到上海等先进发达地区挂职锻炼、考察学习和参加交流培训共10余人次，选派或安排员工到基层锻炼，到省内外考察、学习、培训共20余人次。

根据《中华人民共和国政府信息公开条例》，结合近年来形势发展的需要和粮食信息工作实际，开展了粮食政务信息报送及网上发布工作，积极推行四项制度，政府职能进一步转变。

认真做好扶贫工作，积极争取筹措资金，采取职工捐款、捐物的形式，全年共投入1.5万余元建设扶贫点。

全面完成2009年度经济目标责任考核工作，并获得经济目标责任奖2万元。

**【表彰】** 2010年12，迪庆州粮食局荣获人力资源和社会保障部授予的“全国粮食系统先进集体”荣誉称号。

同月，迪庆州粮食局局长彭真华荣获国家粮食局、财政部、总后勤部授予的“全国军粮供应管理工作先进个人”荣誉称号。

（王国慧）

## 迪庆州烟草专卖局

**【概述】** 迪庆州烟草专卖局成立于1989年4月，云南省烟草迪庆藏族自治州公司成立于2002年3月。根据迪庆州的实际，州烟草公司成立之初，全州只设一个州公司为核算中心，撤消与原县级贸易局合署的县级专卖机构，成立非独立核算的卷烟配送中心和一个专卖执法大队，财务上采取费用核定和报帐制。2007年，迪庆州烟草专卖局（公司）实施母子公司体制改革，更名为云南省烟草公司迪庆州公司，属中国烟草总公司云南省公司的全资子公司。2010年，州局（公司）在岗126人（其中，聘用工21人，劳务派遣人员20人）。辖区有卷烟零售户2 026户。

2010年，迪庆州局（公司）紧紧围绕“卷烟上水平、税利保增长”的中心任务，认真落实

“保牌、稳价、规范、增效”的工作要求，坚定信心、扎实工作，州局（公司）继续保持健康稳定发展的良好态势。年末公司总资产8 658万元，固定资产净值3 881万元，流动资产4 109万元，资产负债率34.62%，三项费用率14.45%。

是年，迪庆州公司被云南省烟草专卖局（公司）授予“卷烟网建及销售先进单位”。

**【组织机构】** 2010年，州烟草专卖局（公司）内设办公室、卷烟营销中心、卷烟物流中心、专卖监督管理部（专卖稽查支队）、安全保卫部、人事劳资部、财务管理部、纪检监察部、综合管理部9个职能部门。卷烟营销中心下设德钦、维西、香格里拉、奔子栏、白济汛、虎跳峡、其宗7个区域营销中心。

**【经济效益】** 2010年，实现卷烟销售收入2.85亿元，同比增长5.6%；单箱收入2.08万元，同比增长43%；实现税利4 370万元，同比增长16.5%。其中，实现利润1 890万元，同比下降10.04%；上缴税金2 841万元，同比增长45.02%。

**【卷烟销售】** 2010年，迪庆公司紧紧围绕卷烟销售“高开稳走、卷烟上水平、水力保增长”的总体要求，坚持“抓市场、提结构、促进服务、强网建”，突出抓好“保牌、稳价、规范、增效”工作，准确把握了2010年的卷烟销售节奏。全年，州公司销售卷烟8亿支（1.6万箱），同比增长5.6%。其中，一类烟销售1.01亿支，同比增长25.98%；二类烟销售0.51亿支，同比增长51.01%；三类烟销售2.52亿支，同比增长36.52%；四类烟销售2.99亿支，同比增长19.78%；五类烟销售0.96亿支，同比减少53.75%。销量居前三位的品牌是红河，销售3.12亿支，占总销量的39%；云烟，销售1.14亿支，占总销量的14.25%；红塔山，销售0.94亿支，占总销量的11.75%。

**2010年迪庆州烟草专卖局（公司）主要数据统计**

| 地市级局（公司）名称 | | 迪庆州烟草专卖局（公司） |
|---|---|---|
| 主要负责人/法人代表 | | 夏巴 |
| 总资产（万元） | | 8 658 |
| 国有资本保值增值率（%） | | 124.65% |
| 资产负债率（%） | | 34.26% |
| 所属县级局数量（个） | | 0 |
| 所属县级公司（分公司）数量（个） | | 0 |
| 所属县级公司（营销部）数量（个） | | 0 |
| 所属业务机构 | 访销机构 | 1个营销中心 |
| | 物流配送机构 | 1个物流配送中心 |
| | 稽查机构 | 1个稽查支队 |
| | 烟叶机构 | 0 |
| 卷烟销售毛利率（%） | | 27.06% |
| 实现“两烟”税利（万元） | | 4 370 |
| 实现“两烟”利润（万元） | | 1 890 |
| 种烟农户数（户） | | |
| 零售户数（户） | | 2 026 |

2010 年度迪庆州烟草专卖局（公司）主要统计指标汇总

| 卷烟税利（亿元） | 卷烟利润（亿元） | 销售卷烟（亿支） |
| --- | --- | --- |
| 0.44 | 0.19 | 8 |

**【专卖管理】** 2010 年，迪庆公司以更高的标准、更务实的工作、更快的节奏和更好的状态要求专卖管理工作人员投入到各网点，采取日常整治与专项行动相结合的方式全面开展稽查工作，对假冒、走私和非法流入的卷烟进行重点打击。全年，全州共出动打假打私 1 406 人次，查处涉烟案件 106 起（其中，无证运输案件 8 起；无证经营案件 58 起；假冒商标卷烟案件 5 起；非法渠道进货案件 35 起），查扣各类卷烟 25.8 万支，案值 66.63 万元，上缴罚没款 2.99 万元。依法移送公安机关涉烟案件 4 起，刑事拘留 5 人。

**【职工培训】**

州局（公司）按照“内训为主、外训为辅”的原则，结合各部门培训需求，拟定培训计划，不断加强教育培训工作，提高员工队伍的综合素质和服务能力。2010 年组织中层管理人员到先进州（市）公司学习考察；组织员工参加职业技能鉴定。全年共举办培训 53 场次，培训 895 人次，培训费用 23.36 万元。

（杨　磊）

# 审计·统计

## 审　计

【概述】　2010年，迪庆州审计局人员编制23人，在编22人，领导职数3名。设有办公室、综合法规科、财政金融审计科、行政事业审计科、固定资产投资审计科、经济责任审计科。

【审计成果】　2010年，迪庆州审计局完成审计项目44个，查出违规金额1 819万元，管理不规范金额2 562万元。应归还原渠道资金118万元，应调账处理金额1 441万元，已调账处理金额1 054万元。审计后挽回损失341万元，审计核减固定资产投资1 136万元。出具审计报告和报送审计调查报告44篇，提出审计建议92条，其中：被采纳87条，向社会发布审计公告9份。撰写报送审计信息简报16篇，提交审计综合报告6篇。移送纪检监察部门处理1项，涉及金额144万元。通过审计，为推进效能政府建设，促进依法行政和党风廉政建设等方面发挥了积极作用。

【财政审计】　2010年，迪庆州审计局完成财政审计2个。通过审计，查出其他问题1575万元，对财政资金在关乎全州经济社会发展大局，关乎人民群众切身利益等重大事项方面给予了重点关注，并从体制、机制、制度层面和资金效益方面揭示问题，分析原因，提出建设性意见和建议，督促资金的及时足额拨付，切实提高了财政资金的使用效益，加大了财政预算的执行力度。在地税部门税收征收管理审计中，对税收征收过程中存在提前征税款等问题进行依法处理，对税收管理中存在的漏洞及时提出审计意见，并责令整改。

【行政事业审计】　2010年，迪庆州审计局完成行政事业审计14个，查出隐瞒截留收入77万元，违规改变资金用途8万元，虚列支出2万元，少计少缴税费5万元，未落实收支两条线和专户管理规定9万元，账外资产155万元，其他440万元；应上缴财政5万元。

【固定资产投资审计】　2010年，迪庆州审计局完成固定资产投资审计16个，项目投资额19亿元，完成投资额5亿元，核减投资额（工程款）1 136万元；查出价款不实（多计）1 020万元，挤占建设成本12万元，其他15万元，审计后挽回损失341万元，并从合理反映工程造价、堵塞漏洞和节约投资方面向被审单位提出建设性意见建议，为加强工程建设资金监管，有效使用项目资金和提高使用效益发挥了积极作用。

【经济责任审计】　2010年，迪庆州审计局完成经济责任审计10个，审计经济责任人10人，审计单位10个。查出违规资金（主管责任）228万元，管理不规范金额（主管责任）14万元。迪庆州的领导干部经济责任审计工作，以服务全州经济社会建设及党的建设为目标，紧紧围绕党管干部这一中心，以审计结果运用为根本，绩效审计为方向，创新审计方式为突破，不断深化经济责任审计工作内容，突出“三权一廉”，为促进党风廉政建设和领导干部依法履行职责做出了努力。同时，对部分单位存在挪用财政专项资金，会计核算和财物管理不规范、资产采购手续不全或不遵守政府采购制度，内控制度不健全等问题依法进行了审计处理。

【专项资金审计】　2010年，迪庆州审计局完成专项资金审计5个，审计调查7个，并有选择性的将审计结果向社会进行了公告，进一步扩展了审计的开放度和提高了审计的公信力。审计专项资金总额13.7亿元，审计促进拨付资金到位503万元，查出其他问题1063万元，审计后挽回（避免）损失341万元。对存在的资金物资拨付不及时、资金使用管理不规范、不按原渠道使用资金等问题提出审计建议，并要求资金管理使用部门严格按照专项资金的管理规定和程序进行限期整改，维护了国家利益和群众利益。

（郑永平）

## 统计管理

**【综述】** 2010年，迪庆藏族自治州统计局内设机构4个，即办公室、综合信息统计科、工交农业固定资产投资统计科、社会经济贸易统计科法规科，辖计算站、社会经济调查队两个参公管理事业机构。总编制20个，在职干部职工20人，其中党员13人（含退休党员1人），本科学历7人，大专学历12人。县处正职领导职务1人，县处副职领导职务1人，县处副职非领导职务2人，乡科正职领导职务4人，乡科正职非领导职务1人，乡科副职领导职务4人，乡科副职非领导职务3人，机关技师1人，机关高级工1人。设党组，党组书记、局长李请培，党组成员、副局长杨卫宏，党组成员、国家统计局迪庆调查队队长、党支部书记、副局长扎史。下设有党支部、工会、妇女小组等组织，王惠琼任工会负责人，胡珍清任妇女小组组长。主要工作体现在对全州经济社会发展统计信息进行收集、整理和提供服务中。

2010年全州生产总值77.1亿元，按可比价计算，比上年增长19.5%，增速比上年加快1.2个百分点。分季度看，一季度增长19.5%，二季度增长17.9%，三季度增长12.7%，四季度增长23.9%。分产业看，第一产业增加值7.34亿元，增长6.7%，对GDP增量的贡献率为3.8%，对经济增长的拉动力为0.7个百分点。第二产业增加值29.51亿元，增长24.5%，对GDP增量的贡献率为47.7%，对经济增长的拉动力为9.3个百分点，其中：工业增加值15.76亿元，增长20.0%，对GDP增量的贡献率为23.2%，对经济增长的拉动力为4.5个百分点；建筑业增加值13.75亿元，增长31.1%，对GDP增量的贡献率为24.5%，对经济增长的拉动力为4.8个百分点。第三产业增加值40.25亿元，增长18.5%，对GDP增量的贡献率为48.5%，对经济增长的拉动力为9.5个百分点。按总人口计算的人均生产总值达20 051元（总人口为年平均人口），比上年增加3 211元，按可比价计算，增长17.43%。

一、二、三产业占GDP的比重由上年的10.9：37.6：51.5调整为9.5：38.3：52.2，第三产业比重比上年提高0.7个百分点，三二一结构得到进一步稳固。

全州实现农林牧渔业总产值117 187万元，按现价计算，比去年增长6.75%，全年粮食播种面积46 830公顷，比上年增加247公顷，油料种植面积2 062公顷，增加8公顷，粮食生产实现连续五年增产，达146 701吨，成为历史最高年；全部工业总产值343 197万元，比上年增长32.9%。；全社会固定资产投资完成133.96亿元，比上年增长43.2%。；社会消费品零售总额20.99亿元，比上年增长23.8%。；地方财政一般预算收入完成59 667万元，比上年增长36.9%；地方财政一般预算支出431 485万元，增长43.4%；全年共接待国内外游客602.99万人次，同比增长14.6%，旅游业总收入达61.57亿元，比上年增长13%。；2010年，全州农民人均纯收入为3347元，比上年增长14%；城镇居民人均可支配收入为15 996元，同比增长9.57%。在全州经济社会发展取得瞩目成绩的同时，统计事业也取得了长足发展。

**【人口普查】** 根据《国务院关于开展第六次全国人口普查的通知》（国发〔2009〕23号）规定，2010年11月1日零时为第六次全国人口普查标准时点。第六次全国人口普查是在我国社会主义现代化建设和全面建设小康社会的关键时期开展的一项重大的国情国力调查，是科学制定“十二五”规划、测算2020年全面小康实现程度的基础工作。对于科学制定全州国民经济和社会发展规划，统筹安排人民的物质和文化生活，实现可持续发展，构建社会主义和谐社会，具有十分重要而深远的意义。

为有效组织和开展好第六次全国人口普查，全州各级普查办公室在州委、州人民政府的正确领导和全力支持下，在云南省第六次全国人口普查办公室的具体指导下，认真贯彻《第六次全国人口普查条例》，严格执行《第六次全国人口普查方案》，以普查“四落实”为抓手，详细制定普查实施方案和工作计划，广泛开展普查宣传，认真进行普查“两员”选调和业务培训，结合实际有针对性的开展普查试点。由于组织有力，措施得当，准备充分，宣传广泛，培训到位，确保了圆满完成全州第六次全国人口普查入户登记工作。

在组织实施第六次全国人口普查工作中，根据省人普办将迪庆州确立为全省普查宣传试点州的工作安排，借助香格里拉县举行民族传统赛马会之机（6月16日－17日），成功举办了由云南省第六次全国人口普查办公室、迪庆州人民政府主办，香格里拉县委、政府承办的“香格里拉民族传统赛马会暨云南省第六次全国人口普查宣传工作试点现场会”，举行了云南省第六次全国人口普查宣传工作现场会“吹响香格里拉人普号角”的群众游演活动。并以此为起点，充分利用网络、报刊、电视、广播、户外广告、街头标语等有效形式，广泛开展宣传，掀起了人口普查宣传工作的高潮。宣传工作现场会的成功举办不仅得到了省人普办领导的充分肯定，而且还赢得了十五个地州参会代表团和州内外记者的一致好评。10月8日，州县人普办在香格里拉县城隆重举行“第六次全国人口普查宣传月启动暨香格里拉县普查员宣誓仪式”，进一步分层次、分阶段，有计划、有重点的在全州范围内开展了第六次人口普查的宣传工作，营造全社会了解、支持、参与人口普查的良好氛围。

**【统计业务工作】** 2010年，根据国家统计报表制度和云南省统计报表制度，开展的统计业务工作有：国民经济核算，综合统计，工业经济统计，农村经济统计，建筑业统计，固定资产投资统计，房地产统计，批发零售、住宿餐饮业统计，交通运输、邮电统计，能耗统计，服务业统计，文化产业统计，县（市）社会经济基本情况统计，乡、镇基本情况统计，社会综合统计，劳动工资统计，R&D资源清查统计，基本单位统计等常规统计业务。并开展有限额以下批发零售、住宿餐饮业抽样调查，农村住户调查、贫困监测（300户），城镇住户调查（150户），劳动力和人口变动抽样调查，妇女儿童状况监测等专项调查业务。根据省统计局年度专业统计评比，获得省级业务特等奖3项，一等奖3项，二等奖3项，三等奖4项，优秀奖6项。

**【统计改革】** 2010年4月28日，迪庆州建设局、迪庆州交通局、迪庆州水电局、迪庆州国土资源局、迪庆州统计局联合下发《关于加强和规范全州建筑业统计工作的通知》（迪统联发〔2010〕1号），就进一步加强和规范全州建筑业统计工作作出要求。

5月25日，迪庆藏族自治州人民政府下发《关于进一步加强和改进统计调查工作的意见》（迪政发〔2010〕66号）。《意见》共分8个部分，对提高统计调查工作重要性认识，准确把握统计调查工作面临的新形势、新任务；改进和完善统计制度和调查方法；加强重点专业的统计调查工作；进一步加强部门统计的职能作用；进一步加强调查研究，不断提高统计服务水平；进一步加强统计法制建设；进一步加强统计信息化建设；进一步加强统计组织体系建设，切实改善统计工作条件等方面作出了明确要求。

7月21日，州人民政府办公室下发了《迪庆州人民政府办公室关于实施地区生产总值统一核算工作的通知》（迪政办发〔2010〕108号），对进一步加强我州地区生产总值核算工作，有效提高GDP核算的科学性、统一性、一致性作出要求。并从2010年4季度起，正式实施GDP统一核算工作。

9月14日，“全国10个藏族自治州和西藏昌都地区统计调查联系会议”在香格里拉县召开，由迪庆州统计局、国家统计局迪庆调查队倡导并签署了《全国10各藏族自治州和西藏昌都地区统计调查联系会议制度》，以此建立了全国藏族自治州“10＋1”统计调查数据交换共享机制。

**【统计优质服务】** 2010年，全州各级统计部门以科学发展观为指导，紧紧围绕党委政府中心工作，充分发挥统计信息、咨询、监督职能作用，全方位地开展了统计优质服务。一是在认真完成各项统计报表和调查任务的同时，联系国内外经济运行走势和中央、省州关于“转方式调结构”的重大部署，结合部门特点和统计优势，以集体学习、调查研究、深入讨论为主要方式，集中力量开展统计分析研究，统计分析的质量有了新的突破，全年共召开全州性经济运行分析会议2次，撰写了56篇统计分析报告，其中：《迪庆藏族自治州国民经济实现跨越发展》被国家统计局网站采用；《雪域高原唱响经济跨越发展新凯歌》、《上半年国民经济保持平稳较快发展》两篇文章被《云南经济日报》刊登；《“十一五”头四年迪庆国民经济实现跨越发展》、《迪庆州2009年社会发展基本情况》、《“十一五”前四年迪庆固定资产投资分析》等多篇文章被省统计信息网站采用。为加快全州经济发展，转变经济发展方式，调整经济结构，推动经济健康协调发展提供了大量科学分析建议。二是继续做好“两会”咨询服务。设置统计调查咨询台4个，向两会代表发放《用数据说话 以数据议政》统计资料汇编400多册。三是首次向全州乡镇以上领导干部编印发放了《迪庆州领导干部经济工作手册》500多册。四是编印出版了《迪庆州统计年鉴—2009》，并向各级党政部门和机关企事业免费赠阅。五是联系全州经济社会发展情况，积极配合州级有关部门做好“十二五”规划的咨询建议。提出了《迪庆藏族自治州国民经济和社会发展第十二个五年计划规划纲要》6项建议。六是全年向各级机关、企事业单位和社会公众提供有效统计咨询服务近300多人次。

**【党建及干部队伍建设】** 一是深入开展“创先争优”活动。为贯彻落实中央、云南省委和迪庆州委关于在基层党组织和党员中深入开展创先争优活动的有关精神，局机关紧密联系全州统计工作实际，在加强领导，广泛动员，确立方案，全员参与，找准载体的基础上，严格按照“创先争优”活动的基本步骤和目标要求，深入开展了争创优秀党员、先进工作者、全州乡镇统计先进单位的活动，年内评选出全州优秀党员1名，优秀党务工作者1名，乡镇统计先进单位6个。并以第六次全国人口普查工作为载体，开展了普查标兵，优秀普查员、普查指导员的争创活动。通过“创先争优”活动，进一步加强了机关党建工作，广泛调动了干部职工的工作积极性和创造性，有力推动了各项统计业务工作和第六次全国人口普查工作的顺利开展。

二是扎实推进学习型党组织建设。建设学习型党组织是党的十七届四中全会从全面推进中国特色社会主义伟大事业和党的建设新的伟大工程的全局出发，提出建设马克思主义学习型政党的重大战略任务。为贯彻落实中央、省州委关于推进学习型党组织建设的部署和要求，州统计局成立了以党组书记任组长，副局长任副组长，副调研员和支部委员为人员的推进学习型党组织建设领导小组，并结合实际制定了《迪庆州统计局推进学习型党组织建设工作方案》，开展了以“爱读书读好书善读书”为主要内容的读书活动。年内从有限的业务经费中节约出部分资金，每月为干部职工推荐一本好书，鼓励干部职工阅读一本好书。目前已投入近万元，购买发放了《朱镕基答记者问》、《读点精典》（16册/套）、《统计学》、《地球是平的》、《沉思录》、《忠诚胜于能力》、《把信送给加西亚》、《七个怎么看》、《划清“四个重大界线”》、《理论热点面对面》等理论性、专业性和文学性的书籍。并坚持每周用半天时间组织开展集中学习，通过阅读报刊、杂志和对有关书籍的系统学习，进一步促进了干部职工综合素质的提高。

三是加强领导班子建设，不断提高领导班子统揽全局、把握大势、应对复杂局面、推动统计科学发展的领导能力。年内共进行了4次中心组学习、两次民主专题讨论会。

四是加强党风廉政建设。2010年，我局继续深入贯彻落实《建立健全惩治和预防腐败体系2008－2012年工作规划》和《迪庆州统计局建立健全惩治和预防腐败体系2008－2012年工作规划实施细则》，进一步强化了领导班子和干部队伍廉洁从政教育活动。班子成员始终做到了以身作则，要求别人做到的，党组成员首先做到，别人做不到的，想办法做到，要求别人不做的，坚决不做，自觉过好权力关、金钱关、人情关，时刻牢记共产党员的宗旨，时刻牢记手中的权力是党和人民赋予的。严格小车管理，不准小车参与红白喜事，严禁公车私用。对全局国有资产进行清理并登记造册，录入计算机，进行动态管理，防止国有资产流失。落实“收支两条线”管理规定，严格按财政部门和物价部门核定的项目、标准统一收费，统一管理，全部进入财政专户，全局没有一例乱收费的现象发生。在经费支出上，年初编制开支计划，定期或不定期在职工大会上通报各项开支情况。并严格报销制度，应由个人承担的项目，一律不予报销。通过加强领导，完善制度，强化监督，年内局机关未发生一列违反党纪、政纪的现象。

五是重视和加强干部的教育培训，加强对统计调查技能、现代信息技术、统计法律法规和职业道德的教育培训，牢固树立使命感和职业荣誉感，年内共选派20多人次参加全国及省上的学习培训。

六是健全人才培养机制，着力完善统计干部的选拔、任用、交流制度和激励机制，促进统计干部成才和综合素质、能力的提高。年内局机关被州委组织部确定为提高选人用人公信度示范单位，为扎实有效开展好创建活动，局党组认真研究下发了《迪庆藏族自治州统计局提高选人用人公信度示范单位创建活动实施方案》，争取用1年时间，开展示范单位争创活动。年内还选派符合条件的4位同志参加了全省晋升副处级领导岗位资格统一考试。

**【统计法制建设】** 2010年，州统计局结合“五五”普法工作验收及宣传贯彻新《统计法》颁布实施，开展了灵活多样的统计法制宣传教育活动，重点加强了对各级党政领导和统计人员的普法宣传和教育，尤其是有针对性地加强对企业主的统计法律、法规宣传教育，使统计法制建设取得了较好成效。

一是结合新《统计法》和《统计违法违纪行为处分规定》贯彻实施，与州监察局、州人力资源和社会保障局联合下发了《迪庆州统计违法违纪行为处分规定》，并通过广泛宣传统计法律法规，营造了良好的统计法制环境。

二是通过执法检查活动和严格执行统计报表签收制度，有效遏制了统计报表迟报、漏报现象。年内共开展全州性统计执法检查活动1次，印制并发放《统计报表签收证》1 000册，发出《报表催报通知书》3份。

三是完成“五五”普法验收工作。4月26日，州“五五”普法检查验收工作组到我局开展“五五”普法检查验收工作，杨卫宏副局长详细汇报了我局开展“五五”普法工作的情况，检查组实地查验了有关文件和记录。经量化考核，我局得91.4分。在云南省统计局组织开展的“五五”统计普法考核评比中，州统计局获全省“五五”普法工作先进单位。

**【统计信息化建设】** 2010年，根据迪庆州统计信息网络建设规划，采用VPN（虚拟网络构建）建设了连接全州29个乡镇及开发区管委会的统计信息网络，实现国家、省、州、县、乡五级网络互联互访。并按照省统计信息网络完全建设规划的要求，建设迪庆州统计信息网络安全防火墙。

**【制度建设】** 2010年，州统计局不仅与三县统计局建立了统计工作目标考核机制，而且与局机关每一位干部职工签订了工作目标责任书，使年度考核步入规范化、制度化。结合“效能政府四项制度”贯彻落实，制定了迪庆州统计局推行“效能政府”四项制度实施方案，确保了“效能政府”四项制度在局机关的贯彻实施。并进一步加强“阳光政府”四项制度贯彻落实，确保各项统计调查管理工作的透明化，阳光化。

（朱红峰）

# 工　商

## 州工商行政管理局

【概况】　迪庆州工商行政管理局下辖3个县工商局，1个直属分局。州局机关设办公室、计财科、监察室、人事科、法规科、市场规范管理科、食品流通监督管理科、商标广告监督管理科、消费者权益保护科、企业注册监督管理科、经济检查支队、机关党委等科室。2010年，全系统共有干部职工144人、公务员120人，事业编制人员21人、工勤人员3人。全系统有离退休干部职工69人。

【法规】　2010年，迪庆州工商系统以服务于科学决策、服务于行政执法、服务于监管职能为重点，切实加强普法学法、法制宣传和执法监督，大力推进全系统法制建设。一是积极开展法制宣传教育工作。积极组织全局干部职工进行法律、法规学习，提高全局干部职工学法用法、规范执法的积极性、主动性。积极向群众宣传《食品安全法》等法律法规，发放宣传资料42 500余份，悬挂宣传标语55幅，切实增强广大经营者依法经营和广大消费者维权意识。认真做好“五五”普法总结验收工作。二是强化执法监督，规范执法办案行为。继续认真做好行政处罚案件立案登记、案件核审、案卷评查等工作，全面推行说理式文书，提高执法办案质量。全年共审核行政处罚案件348件，其中简易程度19件，一般程序329件。未出现任何因办案程序不合法或处罚不当等问题引起的行政复议或行政诉讼。

【企业注册及监督管理】　一是结合全州工商机构改革，将香格里拉县注册登记股和州局注册科整合办公，大力推进行政审批制度改革，继续推进“一审一核”制和首办责任制，实现“一个窗口”对外，“一条龙”、“一站式”服务，提高登记服务效率。二是大力推进窗口建设，规范服务行为。在各级服务窗口设立“党员先锋模范示范岗”。对各级党委、政府确定的重大投资项目、招商引资项目的注册登记，开辟“绿色通道”，实行导向服务、帮困服务、延时服务，树立工商部门服务政府、服务社会、服务企业、服务市场的良好形象。三是抓好企业年检和个体验照工作，切实加强对各类市场主体的监管。截止目前，2009年度全州应年检企业1 368户，实检企业1 097户，年检率为81%。应验照贴花个体工商户9 217户，实验照贴花6 904户，验照率达75%。全面推行网上年检工作，圆满完成了省局下达迪庆州的网上年检达标率10%的要求。

截止2010年12月底，全州登记的内资企业有568户，注册资金368 748万元，其中，国有企业154户，集体企业144户，股份合作企业20户，公司246户，其他4户；私营企业938户，雇工人数15 636人，注册资本660 343.54万元；个体工商户11 087户，从业人员22 367人，资金数额62 791.8万元，；农民专业合作社167户，出资总额12 057.87万元，成员总数2 113人。

【市场规范管理】　2010年，迪庆州工商系统认真组织开展各项专项整治行动，深入整顿和规范市场经济秩序。一是进一步加大市场巡查工作力度，在全州范围开展了市场巡查和经济户口登记工作，完善市场巡查记录表。针对部分食品经营户进销货台帐粘贴仍不规范、票据不完整等现象，进行了全面回访。二是认真组织开展农资市场、家电、建材等专项检查，切实加大行政执法力度。全年，共出动执法人员1 780人次，执法车辆198台次，检查经营户6 541户，检查“家电下乡”销售网点46户，没收各种假冒伪劣商品总价值57 292元，没收假烟47.1条，过期油漆1.142吨，假冒焊条1.78吨，销毁不合格手机140台，接收器64台，节能等82个，查处各类经济违法案件329件，罚没收入562，545元。三是按照省工商局关于开展“诚信市场”创建活动的要求，严格依据《迪庆州工商局开展创建“诚信市场”创建活动实施方案》，积极指导辖区符合条件的市场，建立了相应的制度，按照进场经营者行为规范、上市商品规范、工商行政管理机关市场监督管理行为规范的规定及“诚信市场”考核认定标准，共创建了2A级诚信市场1个、3A级诚信市场2个、4A级诚信市场1个，

**【消费者权益保护】** 为切实保护消费者合法权益，维护市场经济秩序，迪庆州局进一步充实了12315投诉处理中心工作人员，按照把12315建成“四个平台”的要求，进一步完善了12315申诉举报工作制度和规范，及时认真受理消费投诉，并将政府96128专线联系电话设在消委会。2010年，系统共受理消费者申投诉412件，来电、来访咨询201件，消费举报55件，为消费者挽回经济损失215.9万元，在《迪庆日报》发布消费警示13次，接听96128咨询11件，得到了广大消费者的一致好评，收到表扬信10封。进一步强力推进农村“一会两站”网络建设，积极融入到社会主义新农村建设之中，进一步把12315联络站和消费者申投诉站建到商场、宾馆酒店、市场、景区，切实推进12315联络站和消费者投诉站建设，进一步扩大消费维权网络覆盖面。2010年，全州已建立12315联络站204个，其中：乡镇170个，街道34个。12315联络站覆盖率100%，维权监督员或志愿者213人，其中乡镇279人，街道34人。

**【食品流通监督管理】** 一是加强流通环节食品安全监管力度。按照“六查六看”的要求，重点抓好集贸市场、超市、批发部、城乡结合部、学校周边等重点区域，加大对粮食、食用油、肉类、水产品、蔬菜、奶制品以及儿童食品等百姓日常消费品的巡查力度，强化日常监管，大力开展流通环节食品安全专项整治行动。开展了元旦、春节、“五一”、“六一”、国庆、中秋、“第六届康巴艺术节暨迪庆州民族团结节”等节假日期间食品市场、农村食品市场、食品添加剂、校园周边食品市场专项检查。2010年，全系统共出动执法人员4 017人次，出动执法车辆278台次，检查经营户16 753户次，检查食品添加剂经营户48户，检查批发市场、集贸市场155户次，清理取缔无照经营食品户38户，没收过期食品15 782公斤，查处不符合食品安全标准的食品案件65件，案值3.978万元，罚没收入5.35万元。二是进一步建立和完善食品安全监管长效机制。加大对食品经营者的督促和指导，督促食品经营企业落实好食品检查验收制度、索票索证制度、购销台帐制度、不合格食品退市制度。三是认真开展“农村食品安全星级示范店”评定工作。为加强全县流通环节食品安全监管工作，迪庆州工商局以个体验照为契机，继续巩固完善两个100%，进一步规范已授牌的“农村食品安全示范店”的经营行为，认真开展“农村食品安全星级示范店”评定活动，努力使“农村食品星级示范店”成为农村带头致富的示范店，广大农民安全消费的放心店，党和政府联系群众的连心店。全州工商系统共创建“食品安全星级示范店”20个，完成了省局布置的创建工作任务。

**【商标广告监管】** 大力实施商标战略工作。认真贯彻落实省、州政府实施商标战略工作意见，大力开展商标和驰名商标培育申报工作，努力做到一手抓商标专用权保护，一手抓商标培育发展，将任务分解量化。2010年，全州新增注册商标18件，圆满完成新增10%的指标任务；完成云南省著名商标认定10件，重新认定4件；申报“华致酒业”驰名商标1件。充分利用“3.15”和“4.26”世界知识产权日等机会，积极宣传商标法律法规，据不完全统计，共接待咨询服务240人次，发放宣传资料3 600余份。继续开展打击商标假冒侵权行动，加大商标专用权保护力度。认真开展户外广告登监管工作，截止12月底，全州共有广告经营单位34户，从业人员142人。共审查登记户外广告125条，其中车身广告82份，房地产广告13份，其他广告30份。针对迪庆州梅里雪山景区遭商标抢注的实际，及时向州委、州政府反映汇报，让各级政府和社会引起高度重视，抓紧建立全方位的商标保护机制，有效杜绝多年辛苦培育的品牌被抢注等问题。

**【计划财务工作】** 2010年，迪庆州工商局认真贯彻“规范管理，依法理财”的要求，强化财务监督管理。严肃财经纪律，严格财务预算，继续抓好收支两条线、罚缴分离、票证管理等工作，确保了全州系统执收执罚行为的规范性。本着开源

节流的原则，大力推行行政成本控制制度，做到了科学合理使用有限的业务经费。认真落实兑现各项减免收费优惠政策，杜绝乱收费、乱罚款、乱摊派行为。截止2010年10月31日，全州完成罚没收入583 845.00元，完成行政性收费390 985.21元。

为了厉行节约、节俭理政、勤俭办事和制止奢侈浪费，有效控制行政成本，根据云南省工商行政管理局关于贯彻实施推行效能政府四项制度的通知精神和迪庆州工商行政管理局关于贯彻实施效能政府四项制度的实施方案，结合自身实际，制定了《迪庆州工商行政管理系统行政成本控制推进方案》。

根据云南省工商局关于转发云南省人民政府办公厅关于全面实行公务卡结算制度的通知精神，迅速将文件精神传达各级工商局，并认真进行宣传动员，大力营造氛围。同时加强与银行的协调工作，组织指导全系统在职人员办理公务卡。州工商局机关制定了《公务卡使用和财务报销制度》，要求三县工商局参照《云南省预算单位公务卡管理暂行办法》和《云南省工商行政管理局机关公务卡管理和财务报销暂行办法》，结合自身实际，制定本单位公务卡报销管理细则，确保公务卡结算工作制度化、规范化。全系统共有142人在职人员已办理公务卡。

**【基本建设】**　2010年，在省局党组的关心和支持下，完成香格里拉县工商行政管理局虎跳峡分局办公楼建设工程已竣工，进入工程审计阶段。维西县工商局完成了对叶枝工商所办公大楼的修缮，已竣工投入使用。

**【人事教育】**　一是全系统机构改革工作顺利推进。为切实有效地搞好开展好机构改革工作，全州工商系统统一思想，提高认识，认真学习领会新“三定方案”的内容和实质，严格按照方案进行机构设置、人员设置和领导干部配备，做到机构改革与日常工作“两不误”、“两促进”，平稳有序地完成了迪庆州系统机构改革各项工作任务。同时，还推行科级干部竞争上岗和一般干部双向选择轮岗交流制度，实现香格里拉县工商局进一步优化组织结构，促进岗位人员的有序流动，全局干部职工的危机感、紧迫感和责任感进一步增强，有效地促进了向监管执法服务型转变。

二是干部队伍建设取得新成绩。按照“建设高素质队伍”的要求，切实强化干部教育培训，提高干部综合素质，让基层干部尽快适应工商工作转型的需要。把干部思想政治建设放在首位。以深入开展“创先争优”活动为契机，采取全员培训、个人自学的方式，全面组织十七届五中全会、省委八届九次全会精神的学习，进一步把干部职工的思想统一到了新时期工商工作新要求上来。强化干部职工的思想政治教育，在健全和完善各项制度的基础上，加大制度的监督执行力度，努力打造团结和谐、锐意进取的工商队伍。加强业务技能学习，以岗位大练兵活动为载体，抓好“注册登记能手”、“执法办案能手”、“计算机操作能手”竞赛活动，采取组织培训和外出考察学习的方式，开展了行政执法、食品检测、计算机知识等业务培训，进一步提高了广大工商干部履行岗位职责的本领。

三是认真组织开展年度公务员考核工作；认真完成级别（岗位）工资升档和级别（岗位）工资晋升（滚动升级）等工资调整工作及给类报表上报工作。认真组织在职人员及退休人员赴安宁疗养。

四是认真做好老干部的管理和服务工作。在州局党组的正确领导下，坚持从自身实际出发，以高度的政治责任感，充分体现了在政治上尊重、思想上关心、生活上照顾老干部，正确处理老干部与人事业务工作的关系，推动了老干部工作开展。

**【纪检监察】**　2010年，全州工商系统结合“四项制度”建设，以实施廉政风险点管理和全面推进基层述职述廉工作为重点，深入推进党风廉政建设和反腐倡廉工作。一是以贯彻落实《惩治和预防腐败体系2008～2012年工作规划实施意见》为纲，认真落实党风廉政建设责任制，层层签订党风廉政建设责任书、行政行为承诺书、党员目标责任书，把党风廉政建设责任落实到每个干部职工身上。二是加强廉政风险点管理，从领导干部岗位开始，查找在法定职责范围内可能存在的廉政风险和监管风险，结合实际对各业务口提出风险防范指导意见，研究制定了全面推行廉政风险和监管风险防范管理的长效机制，切实管住管好廉政风险和监管风险点。三是切实开展督查工作。

采取走访企业、个体工商户、明查暗访等方式，开展督查工作。认真落实行风监督员制度，广泛听取全州工商系统推进科学监管、促进科学发展方面的意见和建议。四是加强思想教育。坚持利用每周五集中学习日和支部党员大会等机会，组织开展对《党章》、十七届四中、五中全会等内容的学习。同时还积极组织全局干部职工观看教育警示影片，提高干部职工的思想认识，筑牢思想道德防线。五是以贯彻民主集中制为核心，切实加强各级领导班子的思想、组织、制度、作风建设。进一步完善以民主集中制为主要内容的党组和行政领导班子决策议事规则，增强决策的透明度。认真贯彻实施《中国共产党员领导干部廉洁从政若干准则》，切实提高广大干部廉洁自律，依法行政的思想。

**【信息化建设】** 进一步推行和完善无纸化办公系统、“一体化软件”和移动执法终端应用。推行企业网上年检。切实加强计算机信息安全管理，制定涉密计算机管理制度。

**【机关党委工作】** 深入开展“创先争优”活动，不断巩固学习实践科学发展观活动成果。为进一步巩固和拓展深入学习实践科学发展观活动，充分发挥全州工商系统基层党组织的战斗堡垒作用和广大党员的骨干带头作用，根据省工商局和州委、州政府的部署要求，迪庆州工商系统以深入学习实践科学发展观为主题，按照推动科学发展、构建和谐藏区、维护社会稳定、服务人民群众、加强基层组织的要求，紧密结合工商工作实际，按照创建“领导班子好、党员队伍好、工作机制好、工作业绩好、群众反映好”，争做“带头学习提高、带头争创佳绩、带头服务群众、带头遵纪守法、带头弘扬正气”优秀共产党员的基本内容，以“提高履职尽责能力、提升服务发展水平、增强干部队伍素质，树立良好工商形象”为主题，按照党组织隶属关系，结合工商行政管理工作实际，根据基层单位实际情况和党员岗位特点，突出基层这个重点，精心设计特色鲜明、务实管用的活动载体，分类指导开展创先争优活动。做到：一是与省局和州委的目标管理责任制相结合，促进各项目标任务的全面完成；二是与基层规范化建设相结合，进一步加强基层行政执法和市场监管工作的制度化、规范化、程序化、法治化建设，提升服务质量，争创一流的工作业绩；三是与“忠诚教育”和“效能政府四项制度”的贯彻落实相结合，充分发挥党员干部的先锋模范作用，进一步提高广大干部职工的工作作风，强化责任意识，提高执行能力，促进工作落实。

为认真贯彻落实党的十七届四中全会精神，以改革创新精神全面加强系统党建工作，按照《云南省工商行政管理局关于对全省工商系统党建工作进行调研的通知》精神，结合迪庆实际从思想、组织、作风、制度建设等方面认真开展党组织建工作。2010 年，全州系统共有机关党委 1 个，党总支 3 个，党支部 16 个。党员干部 98 人，其中在职党员干部 86 人，离退休党员干部 12 人。

**【大事记】** 3 月 21～24 日，国家工商总局调研组一行 2 人深入迪庆州工商系统调研。

10 月底，全州工商系统全面完成系统机构改革。

**【表彰】** 迪庆州工商行政管理局被迪庆州委、州人民政府表彰为“2010 年度消防安全工作先进单位”。

（益西拉姆）

# 监督·管理

## 质量技术监督

**【综述】** 2010年，全州质监系统积极履行职责，提高质监工作服务地方经济社会发展的有效性与贡献率，为促进全州经济跨越发展和社会长治久安做出新贡献。州局内设科室为办公室、人事和监察科、计划财务科技科、质量监督和食品科、标准化计量认证认可科、特种设备安全监察科、法规稽查科、机关党委，全州下辖香格里拉县局、维西县局、德钦县局、香格里拉民族经济开发区分局，下属事业机构迪庆州质量技术监督综合检测中心（包括质量检验所、计量测试所、特种设备检验所）。2010年年底在职职工76人，其中州局机关25人、综合检测中心23人、香格里拉县局9人、维西县局7人、德钦县局6人、开发区分局6人。

**【大质量工作机制】** 按照国家质检总局提出的加快建立大质量工作机制的要求，一是加大向地方党委、人大、政府、政协等部门的工作汇报力度和频次，争取地方党委、政府的领导，争取人大、政协的监督支持。2010年，州局主要领导向州长、副州长专题汇报工作累计达10余次。二是加强与工商、卫生、安监、食药监管、经贸、旅游等职能部门的沟通、协调，多次召开工作座谈会，做到情况互通，优势互补，资源共享，形成工作合力。三是多次召开企业座谈会，加强宣传国家质量法律、法规，增强社会各界对质量工作，对产品质量安全性的认知度和理解度，逐步营造“重视质量工作，关注质量安全”的良好氛围，有效维护产品质量安全。四是扎实开展质量提升活动，按照抓名牌带动不懈怠、抓技术标准不放松、抓质量管理不动摇，努力建设大质量工作机制的要求，通过实施质量兴州战略，全面推进标准化发展战略，深入推进名牌战略，全面开展“质量提升”活动，“依靠地方、联合部门、抓住企业、监管产品、社会支持”的大质量工作机制正逐步形成。这些工作得到了州委、州政府的肯定，质监部门的社会地位和影响得到进一步提升。

**【质量监督和管理工作】** 一是大力推动名牌战略，紧紧围绕全州培育和打造“一酒、两油、三品”的总体思路和要求，从产业结构、经济优势、资源特点出发，加大对产品生产企业的帮扶力度，制定了全州名牌战略实施意见，编制名牌工作年度实施计划，多形式、多渠道宣传名牌战略的新政策、新举措，贴近名牌培育指导、帮扶企业，充分调动企业创牌积极性。年内共组织上报了2家云南名牌产品生产企业，已被列入初选名单并进行公示。二是认真开展企业质量信用档案工作，对迪庆州建立的14类企业质量信用档案资料进行了更新，档案数据真实准确，依据企业质量信用档案开展分类监管和帮扶，认真开展质量状况分析工作，分别上报了2次质量分析报告。三是稳步推进“质量兴州”工作，认真贯彻落实全省“质量兴省”工作会议精神，加大宣传力度，及时成立了我系统质量兴州领导小组，并制定了实施方案。代州政府草拟了全州实施质量兴州战略的实施意见和领导小组文件。全州两县一区已开展了质量兴县工作，占全州的75%以上。同时，在全州4家云南名牌产品生产企业中开展了“质量兴企”活动。四是加大产品质量监督抽查工作。全年省监督抽查15个产品，合格10个产品，合格率为66.7%，较2009年平均合格率上升2.6个百分点；地方监督抽查64个产品，合格40个产品，合格率为62.5%，较2009年上升3.9个百分点；地方定期检验253个产品，合格213个产品，合格率为84.2%，较2009年上升4.8个百分点；产品平均合格率为71.1%，较2009年上升2.54个百分点。五是认真开展工业产品生产许可证管理工作。

年内共受理了3家企业的申请，其中新办证2家，到期换证1家，年度审查了7家，实地抽查了1家，并认真开展了巡查回访工作。

**【计量管理工作】** 一是加强对医用计量器具的管理，对全州强检医用在用计量器具进行了全面普查建档，彻底摸清迪庆州强检医用在用计量器具的底数，建立强检医用在用计量器具档案。二是认真开展“推进诚信计量、建设和谐城乡”主题活动，成立工作领导小组，拟定具体的阶段性目标和措施。按照2010年的工作目标要求，全州共有5个集贸市场，10个加油站，5家医院实现诚信计量自我承诺并公示社会，圆满完成了第一阶段的目标任务。三是组织开展了形式多样的“5.20世界计量日”宣传活动。宣传活动中发放宣传材料500余份，免费为群众检测清洗眼镜、血压计、电子称等与百姓生活密切相关的计量器具200余台(件)。四是实施计量惠民专项活动，活动期间免费检定计量器具559台（件），免费修理和调试28台，检定合格率93%。没收不合格贸易用计量器具4台（件），发放宣传材料600余份。五是认真开展重点耗能企业能源计量工作，深入到迪庆州重点耗能企业进行摸底，认真了解企业主要能源消耗、能源计量管理、能源计量器具配备和管理、能源计量检测和使用等情况，建立了重点耗能企业能源计量工作档案，指导企业合理配备能源计量器具，提高企业计量检测能力。

**【标准化工作】** 一是积极开展服务业标准化工作，成功申报香格里拉县松赞林景区和香格里拉民族村扎西德勒藏家风情园为2010年度省级服务业标准化试点项目，加强对旅游服务业标准化示范工作的指导、督促和推进。二是大力推进实施标准化发展战略工作，积极向州政府汇报，争取州政府的重视，成立分管副州长为组长的领导小组，组织召开迪庆州人民政府标准化工作推进会，加强对全州标准化工作的组织协调，全面推进和实施标准化发展战略，建立迪庆州人民政府标准化工作联席会议制度。三是香格里拉县青稞种植标准化项目取得良好的经济效益、社会效益和生态效益，于2010年7月24日，顺利通过全省农业标准化示范区检查工作组的目标考核。四是认真开展企业执行标准登记工作，进一步帮助企业规范生产，提高企业质量意识，充分发挥标准化工作在提高产品质量，促进产业发展中的技术支撑作用。五是建立标准化信息查询平台，在云南省标准化信息网上开建了“迪庆州质监局标准化信息查询平台”。该平台的开建为全州各界用户提供了一个方便、快捷、准确的标准查询平台，实现了“一站式”服务的步伐。

**【认证认可和“两码”工作】** 一是认真开展强制认证、食品、农产品认证监管工作，鉴于辖区内没有强制性认证产品生产企业，把监督检查的重点放在食品农产品认证、管理体系认证有效性监督检查上，同时，以质量管理体系为重点，对全州的环境管理体系认证和职业健康管理体系认证的有效性进行了监督检查。二是根据年初与省标化院签订的目标协议，迪庆州完成了各项目标任务，对4家商品条码系统成员的企业进行了续展，新增1家商品条码系统成员。三是抓好组织机构代码工作，进一步提高代码数据库的质量，同时注意数据安全。全年全州新增组织机构代码280户，换证327户，年检606户，变更137户。

**【执法打假工作】** 一是扎实开展食品安全、建材产品质量和农资打假等专项执法检查、打假治劣和区域整治工作，以钢材、建筑外窗、轻钢龙骨、电线电缆和装饰建材等产品为重点，开展了建材质量专项整治，查处水泥定量包装违法案件2件；以农药、化肥为重点，严格监管农资企业原材料进厂检验、生产过程控制和出厂检验环节，打击假冒伪劣农资坑农害农行为。二是结合迪庆产业发展思路，加大水电业监督检查力度。深入迪庆州境内新建的水电站、水利水电工程工地，对其购进和使用的水利水电工程阀门（闸门）、水利水电工程压力钢管、压力钢岔管、压力钢伸缩节，起重机械、低压成套开关设备等开展无证查处。共检查11个水电站工地，立案查处违法案件4起，降低了业主风险，杜绝不合格、无证产品流入工地，确保工程质量和安全，维护了藏区的稳定，为迪庆州水电产业发展起到了保驾护航的作用。三是深化源头打假，加大假冒伪劣制造、加工窝点的打击力度，严厉查处无基本生产条件、无合法生产资格企业的生产行为，从源头开展打假。四是深入开展专项整治。年内相继开展了抗旱救灾物资新产品专项整治、液化石油气掺入二甲醚违法行为的专项执法检查。截止2010年11月15

日，全系统共出动执法人员800余人次，车辆300余车次，组织各类执法检查100余次，专项检查10余次，检查生产、经销企业280余家，涉及食品、"3C"产品、特种设备、农资产品、地条钢及其制品、计量器具，立案60件，涉案货值金额达540.79万元，无行政诉讼案件，执法打假工作成绩明显。

**【食品质量安全监管】** 一是加大宣传培训力度，着力提升食品质量安全意识。2010年5月24日，经州质监局积极组织筹备，州政府召开了全州食品安全监管工作会议，会议进一步明确了当前及下一阶段迪庆州食品安全工作的任务和责任，并组织全州63家食品企业负责人开展了食品安全相关法律法规的宣贯培训。同时，邀请了人大、政协、纪委、消费者协会等部门和当地新闻媒体记者共29人开展了"质监邀您看企业，食品安全大家行"活动，对11家企业开展了观摩检查活动，有效营造了全社会共同参与食品安全监管的良好氛围。二是加大对食品安全小作坊的监管力度。各县（区）局对辖区范围内的小作坊进行了重新摸底调查，对无证无照、证照不全或是有证有照的，全部纳入监管视野，建立了小作坊档案。三是抓好全州食品加工企业普查整治，严格食品生产准入，严厉查处无证生产经营，把食品安全整治措施落实到每个企业、每个加工环节、每个产品。截止10月底，全面完成了全州125家食品生产企业（小作坊）普查整治工作。全州共有食品生产企业27家并已100%取证，99家小作坊全部签订食品安全承诺书，签订率100%。四是督促企业落实质量安全主体责任，重新签订食品生产加工企业责任状、食品质量安全承诺书，要求企业向社会公众严格履行食品安全生产承诺，实行食品安全生产责任制和责任追究制，建立食品安全生产层级管理机制。五是积极服务企业，帮助、指导企业进一步提高产品质量。到年底，共为15家企业在改进和完善企业生产车间、化验室、取证、技改、修改标签标识等方面积极提供了帮扶和指导。六是对全州食品生产加工企业承包采取合理分类、定期巡查、及时回访等措施，2010年1~11月份，对全州食品生产加工企业（小作坊）共巡查260户次，发出责令整改通知书12份，有效地维护了全州食品生产质量安全。

**【特种设备安全监管】** 一是全面落实属地安全管理、部门监管和企业主体责任。以州政府名义召开全州特种设备安全监管工作会议，研究部署2010年特种设备安全监察和节能监管工作。州政府与质监部门签订《全州特种设备安全监管责任书》，质监部门与使用单位签订《特种设备安全承诺书》，进一步明确三方责任。二是圆满完成各个节假日及重大活动期间特种设备安全保障工作。年内，在各个节假日及重大活动期间的常规安全大检查中，检查了200户特种设备使用单位和企业，其中锅炉90台、电梯38台、压力容器30台、液化石油气充装站3户、客运索道5条，下达《特种设备安全监察指令书》24份，查处特种设备安全违法案件7件。三是对全州特种设备再次开展全面的普查登记。在普查登记工作中，全州出动特种设备监察人员250人次，普查特种设备使用单位276家，普查在用特种设备479台（不含压力管道和气瓶），压力管道1.64千米，各类气瓶14 060只，各类特种设备作业人员570人。四是发挥职能作用，服务重点工程，对香格里拉县城供暖工程进行跟踪服务，积极与省特种设备研究院联系对香格里拉城市供热进口锅炉进行监检，主动上门开展无损检测、人员培训，有效保障了供热锅炉安全运行和及时投人使用；深入施工现场，对香德、德维塔二级公路流动式特种设备进行现场安全监察及作业人员培训考核，进一步提高了作业人员安全意识，保证了工程顺利进行。五是全面做好特种设备安全培训考核工作。年内，考核特种设备作业人员89人，核发89证，考核发证率100%。六是加大特种设备安全事故突发事件应急处置体系建设，深入10多家企业帮助完善企业特种设备日常安全防范措施和应急救援预案等制度的制定，并在第六届康巴艺术节暨迪庆州民族团结节及中秋、国庆节前，邀请州人大、州政协、州政府、州安监局、消防支队、州旅游局、"两节"筹备组现场进行观摩指导在香格里拉石卡雪山景区开展的客运索道故障困人解救应急救援演练活动。

**【质量检验检测工作】** 一是充分发挥检测机构的技术支撑作用，认真做好全州水利水电工程建设原材料、岩土、混凝土、金属结构等质量检测工作。积极组织检验人员对倮马河水电站、下只恩水电站、浪都河二级水电站等12家水电站开展检验检测工作，提供技术服务。年初，经州综合技术检测中心不断提高服务能力和水平，克服困难、创造条件，取得了迪庆州唯一的由云南省水利厅授予的水利水电工程建设检测检验乙级资质，为全州水利水电工程建设把关服务提供了更好的服务平台。二是全年共检食品及建材产品557批次，共出具检验报告159份；完成了迪庆州辖区内所有在用加油机的周期检定工作，开展了衡器、地衡、天平、压力表等多项计量检定项目，其中：完成计量检定衡器571台、加油机331台、压力表216只、压力机140台、天平砝码95台、医用计量器具70台；开展电梯、锅炉、起重机械等7个特种设备项目的检验检测，共检电梯108台（其中验收检验28台）、锅炉46台（其中安装检验5台）、起重机械46台（其中安装检验5台）、压力容器58台、安全阀120支、无损检测钢管3 500米。2010年中心检测检测工作总收入为180万元，2009年为159万元，同比增长21%。

**【质监文化建设】** 积极开展以“强素质、抓管理、讲服务、树形象”为主要内容的文明创建活动，并取得了明显成效，去年，州局机关获得了“云南省文明单位”称号。大力倡导扶贫济困，一方有难，八方支援的传统美德，组织开展了支援玉树灾区、抗旱救灾、捐助系统内患病职工等一系列捐助活动。美化工作环境，丰富职工文体活动，重新装修了办公楼外墙，绿化了办公楼公共通道及两侧阳台，使办公环境焕然一新。同时，为激发干部职工的工作热情，增强队伍活力，州局机关还把每月的最后一个星期五作为“机关职工活动日”，组织大家开展郊游、野炊或棋牌、球赛等活动，以丰富职工业余生活。积极组织、支持和鼓励干部职工参加省局开展的理论征文、演讲以及技能比武、比赛等活动，努力打造积极进取、昂扬向上的团队精神。建设质监文化通道，将赋有质监文化内涵的名言警句、党和国家领导人对质量工作的指示、廉洁自律的警世语书写成条幅，悬挂于办公楼各楼层过道，营造机关浓厚的文化氛围，在美化工作环境的同时，使每位干部职工都能够在潜移默化中接受教育、在举首投足间受到影响，陶冶了干部职工的情操。加大宣传工作力度，开通运行“迪庆质监门户网站”，办好《迪庆质监》专刊，组织好“3·15”、“质量月”“5.20计量日”等大型宣传活动，进一步提升全州质监工作的社会影响力，为全州质监事业的发展营造良好的舆论氛围。

**【质监队伍建设】** 抓好队伍的政治理论学习，加强思想政治建设，保证队伍头脑清醒、立场坚定，解决理想信念问题，增强队伍的宗旨意识、大局意识和责任意识。抓好队伍业务学习、培训，大力加强能力建设，加强对涉及质监工作范围的政策法规、行政管理、检验检测等业务知识的宣贯培训，让干部职工及时了解掌握和吸收新知识，逐步提高实际工作的能力。坚持“走出去，请进来”办法，积极选派干部职工外出参加省局和相关部门组织的各类专业培训，促进队伍知识更新，不断提高队伍综合管理水平、行政执法和检验检测能力。加强队伍作风建设，严格管理，严格兑现规章制度，对基层局、检测中心和局机关科室实行每月工作情况通报制和领导干部分管联系负责、督察督办工作制。强化纪律作风、工作作风，消除工作中懒、散、拖、等的不良行为，确保政令畅通。切实抓好党风廉政建设，提高队伍拒腐防变能力，认真贯彻执行《党员领导干部廉洁从政若干准则》，强化廉政工作责任制，深入开展纪律教育月活动，形成党风廉政建设工作整体合力；举办预防职务犯罪专题讲座，筑牢拒腐防变的思想道德防线；加强制度的执行力，从源头上预防和治理腐败；提高监督的实效性，严防监督缺位错位和工作失察；召开行风监督员座谈会，倾听企业和相关部门的意见建议，狠抓纠风治乱工作，纠正损害群众利益的不正之风。按照省局的具体要求，在全系统认真开展创先争优活动和推行以行政绩效管理、行政成本控制、行政行为监督、行政能力提升为主要内容的效能质监建设，积极营造学先进、赶先进、作贡献、当表率的良好氛围，努力降低行政成本、提高行政效能，增强行政能力，着力打造行为规范、勤政高效、廉洁奉公的质监形象。

**【表彰】** 2010年10月，迪庆州质监局获得“云南省质监系统执法打假二等奖”。

**【重要事件】** 2010年年初，通过云南省水利厅审定，迪庆州质监局综合技术检测中心获得了三个专业类别的（岩土工程、混泥土工程、金属结构）

水利水电工程质量检测乙级资质。

2010年3月13日，迪庆州质监局召开2010年度全州质量技术监督暨纪检监察工作会议，认真学习全省质监工作会议和州委六届八次全会精神，总结2009年工作，分析当前面临的形势，部署2010年工作任务。迪庆州人民政府副秘书长阿西主、州政协副主席和根合出席会议并作了讲话。州人大财经委、香格里拉县人民政府、州纪委第二纪工委、安监、工商、卫生、食药监管、检验检疫、经贸、农业、旅游等单位负责人参加了会议。州局机关、各县（区）质监局、综合技术检测中心全体干部职工共70余人参加了会议。

4月28日，迪庆州质量技术监督局门户网站正式开通。这是质监部门实现信息化、网络化办公的重要平台，是迪庆州质量技术监督部门面向社会公众的一个重要的窗口。网站设置了质监新闻、法律法规、通知公告、企业之窗、消费指南、学习园地、质监文化等栏目，以及一些热点（焦点）专栏，并提供丰富的相关链接。此外网站还提供局长信箱，政府信息公开、网上办公、投诉举报、办事指南和表格下载等服务。

5月，为实施好全州旅游等服务行业标准化工作，逐步建立健全服务标准体系和推广服务标准的实施，迪庆州质监局从服务行业长远发展着手，按照“重点突破、全面推进”的思路，从三个方面积极推动企业开展服务业标准化试点工作，从而拉开了全州服务业标准化试点工作序幕。

5月15日上午，迪庆州人民政府王天喜副州长专题听取州质监局特种设备安全监管工作汇报。

5月17日，迪庆州委副书记、州人民政府州长黄政红，副州长余胜祥专题听取了州质监局的工作汇报。

5月20日，迪庆州质监局在香格里拉县城金桥超市旁组织开展了形式多样的“5.20世界计量日”宣传活动。

5月23日，全州特种设备安全监管工作会议在迪庆州质监局会议室召开。会议深入分析了当前特种设备安全监察工作面临的形势，研究部署了下一阶段特种设备安全监察和节能监管工作。

5月24日，全州食品安全监管工作会议在州质监局会议室召开。州人民政府副州长余胜祥出席会议并要求，全州质监部门要更加深入扎实地开展好食品安全监管工作，确保广大人民吃上放心食品，为促进全州食品产业持续健康发展、保障人民群众饮食安全、建设“和谐平安迪庆”做出新的贡献。

6月11日上午，迪庆州质监局召开深入开展创先争优活动动员会。州局党组书记、局长覃绍聪做动员讲话，州纪委监察局第二纪工委书记杜光出席会议并做了讲话。州局机关全体党员和干部职工，综合检测中心全体党员及中层以上干部参加会议。

7月13日，昆明市质监局彭琪局长、陈向明副局长带领稽查队和基层局等各部门负责人一行5人，不辞辛苦莅临迪庆州质监局参加结对帮扶工作联席会议。

7月22日下午，迪庆州质监局召开了党风行风监督员联席会议。会议邀请了州纪委第二纪工委监察分局局长杨国宝、州检察院副检察长张泽锋、州政协经济委科长孙文华、香格里拉县检察院纪检组长罗永生、藏龙生物开发有限公司总经理陈树合等13名党风廉政、行风建设监督员参加。

7月23日下午，迪庆州人民政府召开了迪庆州人民政府标准化工作推进会，会议由副秘书长和永祥主持。州发改委、州经贸委、州财政局，企业等19个相关部门的22位负责人参加了会议。

7月24日，香格里拉县国家级青稞种植标准化示范项目顺利通过目标考核。

8月6日，迪庆州质量技术监督局组织召开了全州加油站执行GB17930－2006《车用汽油》宣贯会，全州30家加油站的负责人参加了会议。

8月18日，迪庆州质监系统积极组织开展了“质监邀您看企业，食品安全大家行”活动，邀请了州县两级人大、政协，纪委等部门和当地新闻媒体记者共10人参加观摩检查活动。

8月31日，为加强对实施标准化战略工作的领导，发挥标准化工作对迪庆州经济社会发展的重要技术支撑作用，加快对全州标准化工作的组织协调，全面推进和实施标准化发展战略，迪庆州人民政府建立了迪庆州标准化工作联席会议制度。

9月7日下午，迪庆质监局邀请州人大、州政协、州政府、州安监局、消防支队、州旅游局、“两节”筹备组，在香格里拉石卡雪山景区开展客运索道故障困人解救应急救援演练活动。州人大副主任和仕聪，州政府副州长王天喜，州政协副主席杨文祥到演练现场进行指导工作。州质监局局长覃绍聪，分管副局长庄群能，州安监局副局长李寿生，消防支队负责人，“两节”筹备组负责人，州质监局特种设备安全监察科及香格里拉县质监局相关负责同志参加了演练活动。

11 月 24 日，按照州委组织部《关于开好 2010 年度县以上党和国家机关党员领导干部民主生活会的通知》（迪组通〔2010〕77 号）精神，州质监局领导班子召开了贯彻廉政准则专题民主生活会。州局领导班子全体成员，机关各科室主要负责人及党员，检测中心、各县区主要领导参加了会议。会议由州局纪检组长和义勇主持，州委组织部组织科人员到会指导。

12 月 20 日，迪庆州质量兴州暨名牌战略工作会议在香格里拉县城召开。会议提出，实施质量兴州和名牌战略是科学发展的必然要求，是加快迪庆藏区跨越发展和长治久安示范区的现实选择，各级各部门要加强领导、形成合力、强化责任、加大投入、完善机制、搞好宣传来共同推进质量兴州，以质量振兴促进迪庆经济社会发展。州委副书记、州长、州“质量兴州”领导小组组长黄政红，省质监局巡视员崔守昌出席会议并讲话。

12 月 29 日，迪庆州质监局召开 2010 年工作总结会。州局领导，机关全体人员，各县（区）局、综合检测中心领导班子参加了会议。

（张松群）

## 州安全生产监督管理局

**【综述】** 迪庆州安全生产监督管理局是州人民政府组成部门，核定机关编制为 15 人（含安全生产教育培训中心）。2010 年 12 月 31 日止，迪庆州安全生产监督管理局在职职工 13 人，党组书记 1 名，局长 1 名，副局长 2 名，科长 3 名，主任科员 1 名，副科长 2 名。设有职能科室 3 个，即办公室、协调科、监督管理科。下辖 1 个事业单位，即迪庆州安全生产教育培训中心。

2010 年，迪庆州安全生产监督管理局认真贯彻落实国务院、省、州政府安全生产工作会议精神和工作部署，紧紧围绕“生态立州、文化兴州、产业强州、和谐安州”的发展思路和建设“全国藏区跨越发展和长治久安示范区”目标，以深入开展学习实践科学发展观活动为动力，坚持“安全第一，预防为主，综合治理”的工作方针，全州安全生产工作以继续深入开展“安全生产年”活动为主线，以深入开展“三项行动”为抓手，加强“三项建设”为突破口，强化重点行业领域专项整治与隐患排查治理，抓好安全生产宣传教育培训，强化安全生产“一岗双责”和“两个责任主体”的落实，加强事故调查处理和应急救援管理，夯实安全生产工作基础，强化日常监管，减少一般事故，有效防范较大事故，坚决遏制重特大事故发生，全州安全生产形势继续保持平稳的发展态势。

**【安全生产指标控制总体情况】** 2010 年，省政府下达迪庆州生产安全事故死亡控制指标为 34 人，其中道路交通死亡控制指标 27 人，工矿商贸企业死亡控制指标 7 人，火灾和煤矿死亡控制指标为零人。全年全州发生各类事故 454 起，死亡 32 人，受伤 64 人，直接经济损失 511.6 万元。其中交通事故 432 起（含简易事故 400 起），死亡 25 人，受伤 62 人，直接经济损失 43.9 万元；工矿商贸企业事故 2 起，死亡 7 人，受伤 2 人，直接经济损失 350.6 万元；消防火灾事故 20 起，无人员伤亡，直接经济损失 117.1 万元。发生一起一次死亡 6 人的较大生产安全事故，未发生重特大事故，各类事故死亡人数控制在政府下达的控制考核指标范围内，全州安全生产形势继续保持平稳的发展态势。

**【认真贯彻落实安全生产工作的指示精神】** 为切实抓好国务院《关于进一步加强企业安全生产工作的通知》、《云南省人民政府贯彻落实国务院关于进一步加强企业安全生产工作通知的实施意见》精神的贯彻落实工作，州政府、州安委会分别下发了《迪庆州人民政府办公室关于转发云南省人民政府贯彻落实国务院关于进一步加强企业安全生产工作通知的实施意见的通知》（迪政办发〔2010〕187 号）和《迪庆州安全生产委员会转发省安委会关于认真学习宣传贯彻国务院关于进一步加强企业安全生产工作文件的通知》（迪安发电〔2010〕4 号），及时将国务院《通知》、《实施意见》精神传达到三县一区、各相关单位及企业，结合迪庆州实际，在全州重点工程和企业座谈会上认真组织学习和贯彻。

【安全生产“一岗双责”工作】 在认真贯彻落实迪庆州人民政府关于落实安全生产“一岗双责”文件精神的基础上，一是进一步明确了各县（区）人民政府（管委会）和州直有关部门落实细化领导班子成员安全生产“一岗双责”职责，落实相关部门安全生产监督管理责任，落实生产经营单位安全生产主体责任，进一步健全完善安全生产责任体系，认真履行安全生产监管职能职责。二是抓责任落实，年初州政府与各县政府、州级重要部门和重点企业签订了安全生产责任状，各县、各主管部门按照一级抓一级，逐级抓落实的要求将责任目标细化分解落实到责任单位。通过层层分解落实，进一步明确每个环节，每个岗位的安全生产责任，形成齐抓共管的局面。以定期检查和不定期检查相结合，突击检查和重点检查相结合，一般检查和专项检查相结合，突出检查的有效性和时效性，狠抓企业主体责任的落实工作，全州安全生产工作考核指标进展控制较好。

【开展“安全生产年”活动】 2010年，根据《国务院办公厅关于继续深入开展“安全生产年”活动的通知》（国办发〔2010〕15号）和省政府实施意见的要求，结合实际，先后制定了迪庆州《继续深入开展“安全生产年”活动实施方案》、《深化危险化学品烟花爆竹安全专项整治工作实施方案》、《非煤矿山安全生产专项整治方案》等一系列安全生产工作实施方案，细化工作措施，层层分解任务，把各项目标任务和措施具体化、明细化，真正落实到基层，落实到岗位和人员，落实到企业生产经营的各个环节。全年累计检查生产经营单位3 502个次，查出隐患2 353条，整改2 245条，整改率为95.4%；查处违法违规行为6 758起（处）。严厉打击了一批安全生产领域非法违法生产经营行为，规范了安全生产经营秩序。同时，促使安全生产“两个”主体责任进一步得到落实，企业安全生产条件逐步得到改善，安全生产基础工作和制度建设进一步得到加强，安全生产保障能力得到较大提升。

【重点建设项目专项整治工作】 为认真贯彻落实省安委会转发国务院安委会《关于立即开展全国安全生产大检查文件的通知》及《云南省安全生产委员会关于对省政府重点督查的安全生产工作落实情况立项督查的通知》精神，迪庆州人民政府办公室于2010年5月制定下发了《迪庆州人民政府办公室关于对全州安全生产重点部署工作落实情况立项督查的通知》（迪政办发〔2010〕47号），明确了督查的主要内容，即安全生产主体责任落实情况，安全生产隐患排查治理和挂牌督办制度落实情况，重点行业领域的安全生产专项整治情况，安全生产监管体系建设情况，安全生产监管能力建设情况，加大执法力度和责任追究情况以及安全生产控制考核指标落实情况。在此基础上，进一步加大了非煤矿山和尾矿库、危险化学品和烟花爆竹、重点建设项目等专项整治工作。

1. 非煤矿山和尾矿库专项整治情况：在巩固去年重点行业安全专项整治成果的基础上，结合矿山安全生产工作的新形势、新特点，继续深入开展非煤矿山、尾矿库安全专项整治。按省安委会的统一部署，州政府专题研究，制定下发了《迪庆州2010年非煤露天矿山安全生产专项整治工作方案》，成立整治领导小组，聘请省级资深专家对全州非煤矿山进行隐患排查，有效遏制了各类生产安全事故的发生。一是以县城周边的采石场、采沙场为重点，对安全生产条件差，开采技术水平低，安全生产保障能力有限，无审核审批手续，无证无照的非煤露天矿山开展安全生产专项整治；二是以香格里拉格咱红山矿区、虎跳峡麻花坪矿区，德钦羊拉铜矿、江坡铁矿，维西菖蒲塘铁矿为重点，开展了金属矿山安全专项整治，并以迪庆矿业羊拉铜矿为试点，推行安全生产标准化建设。全年累计排查非煤矿山企业231个（次），查出隐患300条，整改隐患294条，整改率为98%，下达整改指令书27份。查处违法违规生产矿山企业7起，关闭非法开采矿山1座，炸毁坑道2条，扣押机器设备3台。

2. 危险化学品和烟花爆竹专项整治情况：以加油站、硫酸厂、氧气充装站、民爆公司、香格里拉土产日杂公司等危险化学品和烟花爆竹企业为重点，加强对违法违规生产经营单位的整治，规范从业人员的行为，加大隐患排查整改力度，严防事故发生。全年累计排查危险化学品生产经营企业251家（次），查出隐患213条，整改204

条，整改率为95.8%，查处违法违规行为2起。

3. 重点建设项目安全生产专项整治情况：年内，全州计划安排重点建设项目54个，其中续建42项，新开工12项，计划完成固定资产投资122亿元，比去年增长30%以上。重点工程点多面广，战线长，工期紧，安全生产工作压力很大。为创造性的开展好全州安全生产工作，把公路、水电等在建重点项目的安全生产工作放在突出的位置，切实加大对在建项目指挥部、施工单位的安全生产责任落实，认真把安全生产工作责任落实到每一个施工单位及其主要负责人。加强施工现场的物流管理、人员管理、施工机械管理，规范高空作业行为，严肃查处违规施工行为，确保建设工程安全。全年累计排查重点建设项目建设单位和施工单位400余个（次），查出隐患934条，完成整改857条，整改率达91.7%，发出整改通知75份，工程质量整改通知2份，停工通知6份，并重点抽查了德维（塔）二级公路、香德二级公路建设单位、施工单位、监理单位22个，检查水电建设项目2个，检查水利建设项目1个，检查冶金、建筑、市政建设等其他建设项5个。

**【开展“打非治违”活动】** 按照《云南省人民政府办公厅关于集中开展严厉打击非法违法生产经营建设行为专项行动的通知》（云政办发〔2010〕150号）要求，迪庆州人民政府及时制定下发了《迪庆州人民政府办公室关于集中开展严厉打击非法违法生产经营建设行为专项行动的通知》（迪政办发〔2010〕139号）文，并及时组织开展了非煤矿山、道路交通、建筑施工、危险化学品、烟花爆竹、民用爆炸物品、冶金、特种设备等行业和领域的“打非治违”专项行动。活动期间，累计组成35个督查检查组，出动检查执法人员250余人次，对423个重点企业和领域进行了执法检查，打击非法生产经营建设行为5起，整治违法生产经营建设行为1起，关闭取缔非煤矿山26座，查处未持证上岗特种作业人员50人，停产整顿企业1户，限期整改企业2户，整改隐患379条。

**【开展“六月安全月”活动】** 2010年全国第九个“安全生产月”活动中，州安委会、州安监局加强了对安全月活动的组织、领导和指导；印发《关于开展安全生产月活动的实施方案》，就切实开展好第九个“安全生产月”活动，进行认真部署，提出明确的要求。紧紧围绕“安全发展，预防为主”的活动主题和“安全生产年”总体部署开展各项工作，各县（区）、各部门结合本地区、本部门的特点和实际，普遍开展安全下乡、安全进社区、安全进企业、安全进学校咨询服务活动，提高了全社会的安全生产意识。“安全生产月”期间，州安监局与州电视台联合编辑制作安全生产教育专题片，在迪庆州电视台《关注》栏目滚动播放；组织举办“安全生产月”咨询日宣传活动，州、县政府有关领导亲临现场宣传，现场展示各类安全生产知识、图片和近年来全州重、特大事故案例宣传牌，发放宣传资料。安全生产月期间全州各企业悬挂安全生产月主题宣传标语2 000余幅，张贴各类安全标语挂图30 000余张，发放宣传材料55 000余张，参与人数达10万余人次。

**【安全生产宣传教育培训】** 认真抓好安全生产教育培训的各项业务工作的开展，认真研究部署全年各项工作，促进培训水平不断提高。一是调整整体工作思路，理清今年的工作重点，认真研究安全生产培训的年度培训安排、教师备课情况、授课主题思路及方式等内容，合理制订了本年度的培训计划并下发至各县区。二是及时选用了培训最新教材，并组织编印了《安全生产法律法规汇编》。三是聘请了具有丰富安全生产经验和较高责任感的省级专家担任培训教师，加强培训的师资力量；四是对部分特殊、重点的行业分类别集中培训，使培训工作更具针对性、专业性；五是对在培训过程中仍然存在的部分不符合申报证书的情况，均反馈到相应县（区）安监局，对不合格的人员则组织重新参加学习、考核等，确保培训质量。全年共组织开展全州在建重点工程主要负责人和安全管理人员等培训班4期，培训取证及复证人员461人。全年累计组织开展安全生产宣传教育活动699次，发放各类宣传资料10余份，出动宣传车130台（次），播放警示光碟260余场次，受教育人数达131 200余人次。

**【公共服务和安全生产行政许可工作】** 根据《政府信息公开条例》和州政府要求，州安监局编制政府信息公开指南、公开目录等，完善了州安监局政府信息公开网站，内容涉及安全生产各个方面，做到及时发布，方便了群众了解安全生产管理的各项政策信息，提高了生产经营单位的安全意识。认真实施安全生产许可制度，强化安全生产工作源头管理，根据《安全生产许可条例》等有关规定，抓好行政许可项目清理、核实审查、上报批准、公告施行等环节，并建立各项监督管理制度，年内，核、换发各类证件12户。

**【严肃查处生产安全较大事故】** 为以事故教训推动安全生产工作，通过事故查处和防范措施的整改，对相关责任人和责任单位进行严肃处理和责任追究，促进安全生产监管工作。2010年，州安监局根据《云南省生产安全事故报告和调查处理规定》等法规规定，对所发生的生产安全较大事故（11·28)，按照“四不放过”原则对事故的原因、性质、责任进行认真调查处理。

**【安全生产统计调度、信息和应急值班工作】** 切实加强节日期间安全生产调度工作。严格执行安全生产调度24小时值班和领导干部到岗带班制度，落实人员、明确责任、坚守岗位，全面掌握安全生产动态，对群众举报的事故和重大涉险事故信息，及时向领导汇报，通知有关业务部门进行核查并逐级报告，严格执行生产安全事故专报制度。节日期间，严格按照《国家安全监管总局关于加强重特大事故信息报告工作的通知》、《国家安全监管总局关于调整生产安全事故调度统计报告的通知》和有关规定，及时报送各类安全生产事故信息。

**【开展党风廉政工作和党员创先争优活动】** 2010年，州安监局党风廉政建设工作紧紧围绕州委、州政府的中心工作，按照州委、州政府《2010年度党风廉政建设责任制量化考核责任书》有关要求，坚持以“三个代表”重要思想和科学发展观为指导，结合“创先争优”活动、学习型党组织建设和安监系统“争做安全发展忠诚卫士，创建为民务实清廉安监机构”主题实践活动，坚持“标本兼治、综合治理、惩防并举、注重预防”的方针，逐步健全和完善教育、制度、监督并重的预防和惩治腐败体系，紧紧围绕州安监局安全生产监管工作这个中心，严格执行党风廉政建设责任制，着力加强领导作风建设，不断提高班子成员的思想水平、政策水平、领导水平和廉政建设水平，为州安监局各项工作的顺利完成提供了有力的政治保证和纪律保证。

根据州委全州创先争优活动工作部署会议精神及州委《关于在全州基层党组织和党员中深入开展创先争优活动的实施意见》（迪办发〔2010〕6号）文件的要求，州安监局党组、局领导班子高度重视，结合国家、省安监局开展在安全监管监察系统开展“争做安全发展忠诚卫士创建为民务实清廉安监机构”主题实践活动为载体进行全面安排部署，及时成立创先争优活动领导小组，组织全局全体党员干部职工学习开展创先争优活动有关文件精神。制定下发了《迪庆州安监局关于深入开展创先争优活动的实施方案》，确定了开展活动的指导思想、基本原则、目标要求、活动内容及工作要求，结合全州安全生产监督管理工作实际，明确工作目标，细化工作任务，对各阶段的工作作出了具体安排，促使创先争优活动各阶段的各项工作顺利推进。

**【积极推行效能政府四项制度】** 按照州人民政府要求，做好效能政府四项制度推进工作，一是成立了由局长任组长，各分管局领导任副组长，各科室负责人为成员实施效能政府四项制度工作领导小组。按照行政绩效管理、行政成本控制、行政行为监督、行政能力提升四项工作的不同要求，在领导小组下设了四个工作小组，并明确各项工作的具体分管领导、办事人员和承担的工作任务。二是制定了推行效能政府四项制度的一系列工作方案和计划等分别报相关部门，包括：《州安监局效能政府四项制度工作实施方案》、《州安监局年度出省学习考察计划》、《州安监局年度培训课题》、《州安监局承担重点工作年度工作计划》等；收集编印了《安全生产法律法规汇编》共1 000册，并分发到州委、州政府有关领导、州安委会各成员单位，三县一区政府（管委会)、安监局和全州工矿商贸企业，产生了良好的社会效益；6月7日至14日，开展了为期一个星期的全局干部职工封闭学习安全生产法律法规及业务知识专题培训。三是确定局各业务科室为关键岗位，确定岗位关键环节，制定相应防范措施，并从年内重点工作中确定1~2项工作实施目标管理，形成实施目标管理重点工作选报表，并进行公开承诺。

**【信息统计工作】** 迪庆州各级安全生产监督管理部门认真贯彻落实国家安监总局、省安监局关于信息统计工作的一系列规定，及时、准确地上报各类安全生产统计数据和各类信息，为领导决策提供科学依据。

**【表彰】** 2010年2月迪庆州人民政府分别授予州安监局“2009年度安全生产工作先进单位”和“2009年度消防工作先进单位”；

2010年3月，和建军获州政府2009年度消费工作先进工作者称号。

2010年5月，余献忠同志荣获州委“千名干部进村入户促民族团结”活动优秀工作队员称号；李寿生同志获香格里拉县委“千名干部进村入户促民族团结”活动优秀工作队员称号。

（张尼玛）

## 州食品药品监督管理局

**【机构改革工作】** 加强与干部职工的沟通交流，做好全局干部职工的思想动员工作，严格工作纪律，以高度的政治责任感和事业心，切实履行好食品药品市场监管工作职责，确保思想不乱，队伍不散，工作不断，力度不减，以优异的工作业绩和过硬的工作作风确保机构改革和职能调整顺利实施。为配合机构改革工作，开展了人事清理工作进一步核实全系统移交人员名册并对干部档案进行了认真细致的整理。开展了资产清查工作，加强对资产和账户的管理，杜绝一切借机构调整之机，违反规定调度资金、转移资产、私分钱物的行为，严防国有资产流失。2010年8月7日，迪庆州食品药品监督管理系统交接仪式在州政府藏式会议室举行，标志着迪庆州食品药品监督管理局由省垂直管理调整为地方政府分级管理。

**【食品安全综合监管】** 在涉及食品安全监管相关职能尚未调整前，按照食品安全综合监督、组织协调，依法组织重大事故查处的工作职责及州食品安全委员会确定的职能，继续履行好州食品安全委员会办公室的职责，做到了过渡期间的食品安全监管工作不缺位、不越位。年初，组织召开了全州食品药品安全监管工作会议，对2010年全州食品安全监管工作任务进行了部署和分解，并由州人民政府与各县政府及相关部门签订了《食品安全工作目标责任书》，继续将食品安全工作纳入政府目标管理，落实食品安全责任制。并在香格里拉县的11个乡（镇）率先成立了以分管副乡镇长为组长、相关站所负责人和各村（居）委会主任为成员的食品安全工作领导小组，明确了一名食品安全信息员。做到食品安全组织到位，任务落实，责任明确，形成了州县乡村四级联动，齐抓共管的工作格局，成为了迪庆州2010年食品安全监管工作的一大亮点。牵头组织开展“两会”“两节”等重大活动、节假日期间食品安全保障工作防止了重大食品安全事故的发生，圆满完成了食品安全保障工作任务。针对人民群众普遍关心的热点、难点问题，重点抓了食品领域重点品种、重点环节、重点区域和重点对象的安全监管。组织开展了彻查2008年问题乳粉专项行动。组织开展了严防“地沟油”、“不合格一次性筷子”流入餐饮服务环节的行动。开展了学校食堂专项检查活动。结合迪庆州今年基础建设项目多，外来人员多，流动食堂多的实际，开展了“食品安全进校园、进社区、进工地”活动。组织开展了以“安全饮食人人参与，健康生活人人受益”为主题的“餐饮服务食品安全宣传周”活动，共发放传单800余份，接受咨询21人次，悬挂标语16幅，为全面提高餐饮服务食品安全监管水平打下坚实的基础。开展了食品安全督查及餐饮服务监管环节的调研，进一步掌握迪庆州食品安全监管的基本情况，摸清餐饮服务底数，认真分析现行监管工作的成功经验，为下一步接手监管新职能、明确监管思路、创新监管举措、完善监管机制打好基础。针对迪庆州教育改革全面展开的实际，就多校合并办学后学生食堂集体用餐安全问题进行了探讨。结合国道214线全面建设施工，5～7月全封闭施工的实际，分析了工地流动食堂安全隐患，提出加强工地食堂监管的措施和方法。

**【加强药械监管力度】** 以药品生产、流通环节为重点整治环节，以生产销售假劣药品、发布虚假违法广告、以非药品冒充药品、无证经营药品为重点整治问题，以注射剂、血液制品、疫苗、毒性药品、麻醉药品、精神药品、放射性药品、兴奋剂、药品类易制毒化学品、中药饮片、计生药械、一次性使用无菌医疗器械、口腔义齿、植入性高风险器械为重点整治品种。严厉打击生产销售假药行为，大力整治违法药品和医疗器械广告，大力整治非药品冒充药品的违法行为，进一步规范药品生产和配制行为，大力整治药品和医疗器械流通秩序，加大药品电子监管工作力度，积极配合协助完善云药产业发展促进政策做好基本药物质量监督管理工作。全年出动执法人员 2 970 人次，查办药品违法案件 16 件，涉案金额 3.79 万元，罚没金额 5.61 万元。完成了 26 件稽查通报的检查和上报工作，1 件药品协查任务，妥善处理了 1 件群众举报案件。加强药品生产（配制）环节监管。根据职责权限，组织开展了辖区内药品生产企业和医院制剂室的《药品生产许可证》《医疗机构制剂许可证》换证工作。加强对药品生产（配制）关键环节的动态监管，严格审查药品生产企业的生产条件和药品生产质量管理规范（GMP）执行情况，在 2 家药品生产企业中推行了质量受权人制度。年内对 2 家药品生产企业及 3 家医疗机构制剂室各检查 3 次，检查覆盖面达 100%。开展了云南香格里拉藏龙生物资源开发有限公司纯净氧分公司 GMP 认证的帮促指导工作。加强药品、医疗器械流通、使用环节监管。认真开展 GSP 认证、到期再认证和《药品经营许可证》、《医疗器械经营许可证》办证、换证工作。年内受理新申办企业 GSP 认证 4 件、GSP 再认证 45 件，新申办企业《药品经营许可证》3 件、《医疗器械经营许可证》1 件，变更《药品经营许可证》2 件，补办《药品经营许可证》1 件、《医疗器械经营许可证》1 件，《药品经营许可证》到期换证 49 件、注销 3 件，注销《医疗器械经营许可证》1 件。到目前为止发放 GSP 认证证书 40 份，《药品经营许可证》40 份。参与了 2010 年迪庆州医疗机构药品集中招标采购工作，对参与竞标机构的经营企业资质进行审查，切实履行药监部门工作职责，为保证竞标药品质量严把前置审查关。有针对性的加强基本药物抽检，2010 年共完成监督抽验 300 批，不合格 14 批，不合格率为 4.7%。完成国家基本药物抽验任务 100 批次，抽验品种为 44 个品种，全检 30 批，部分检验 70 批。完成医疗器械监督抽样任务 19 批。出动药品快速检验车对香格里拉县及维西县的医院、妇幼保健院、计生服务站、个体诊所、药品经营企业等 78 家涉药单位的 356 批药品进行了药品快速检验，发现可疑药品 26 批次。加强特殊药品、麻醉药品和精神药品管理。对迪庆州医药有限责任公司（区域性麻供企业）进行了每月 1 次的现场监督检查，并针对企业特药管理人员发生变动的实际情况，在日常监管中督促企业切实做好特药管理工作的交接，确保各项工作正常进行。年内，未发生特殊药品流弊案件。配合由公安部门开展的麻醉药品和精神药品管制工作专题调研，向公安部门提供近年来本地区和部门麻醉药品和精神药品管制情况、管制工作中存在的薄弱环节以及工作意见和建议。强化医疗器械监管。加强对全州医疗机构医疗器械使用环节的监督管理，督促各医疗机构做好高风险医疗器械使用建档工作，努力营造医疗器械使用安全的良好环境，力求器械安全事件零发生。对四家医疗器械批发企业安全信用诚信档案进行了充实整理，已收集并建立起企业基本情况、变更、产品抽检、日常监管等的纸质档案，以使企业档案能客观、动态地反映信用情况，以推进诚信建设。大力深化农村药品“两网”建设。在全州 3 个县都建立了药品监督网，占县数的 100%；29 个乡镇建立了监督网，占乡镇数的 100%；169 个村建立了监督网，占村总数的 91.85%。3 个县完成了供应网络的建设，占县数的 100%；29 个乡镇完成了供应网络建设，占乡镇数的 100%；184 个村完成了供应网络建设，占村总数的 100%。全州聘请了药品协管员 7 名，药品义务协管员 12 名，信息监督员 178 名。建立了便民药品供应网点 45 个。严格治理违法广告。借助广告监测仪器，适时对迪庆州的药品广告进行监测，对 14 起药品医疗器械保健食品违法广告宣传的广告者做出责令停播整改的通知，进一步规范了迪庆州药械广告行为。深入推进药品不良反应监测工作顺利开展。进一步加强监测网络建设，逐步完善了各项规章制度。年内，药品不良反应监测中心共上报药品不良反应监测报告 51 例，对各个监测站、点报来的报告，未发生一起漏报、瞒报、迟报现象，上报率达 100%，做到了准确、科学、及时，不断提高了监测报告质量水平。

**【党风廉政建设】** 将党风廉政建设责任目标与业务工作一起研究，一起布置，一起检查。在党风廉政建设目标责任落实方面，尝试了新方式，分别由局党组书记、局长与分管领导签订了党风廉政建设责任书，分管领导与科室负责人签订了党风廉政建设责任书，科室负责人与个人签订党风廉政建设责任书，真正做到了党风廉政全员参与，确保各项工作落实到人。采取灵活多样的形式，拓宽途径，创新载体，丰富内容，改进方法，认真组织开展廉政教育。坚决贯彻执行党的基本路线、方针、政策，努力实践“三个代表”要求，全面落实科学发展观和“学习、落实、创新、争优、廉洁”十字方针，坚持以党建促发展的工作思路，紧紧围绕食品药品监管中心工作，党支部的战斗堡垒作用和党员的先锋模范作用得到充分发挥，为提升食品药品监管工作打下了良好基础。年内迪庆州食品药品监督管理局机关党支部在州直机关工委建党 89 周年暨表彰大会上被表彰为“2007—2009 年度先进基层党组织”，牛茂春、浦学春两同志被表彰为“2007—2009 年度优秀党员”。

**【深入开展创先争优活动】** 将深入开展创先争优活动作为学习实践科学发展观活动的继续和升华。以创建先进基层党组织、争当优秀共产党员为主要内容，以“高效监管、为民服务”为主题，以开展“三个一”活动为载体（个人形象一面旗、工作热情一团火、谋事布局一盘棋），把创先争优与开展“五比五创”（比学习，创一流素质；比团结，创一流队伍；比服务，创一流作风；比效能，创一流业绩；比奉献，创一流形象）的主题活动结合起来，继续开展“命运靠忠诚，前程看民心”教育活动，发挥党员作用，切实改进机关作风，提高机关效能，创建和谐机关。根据阶段部署，开展了“讲党性、重品行、作表率”活动，促使领导干部遵纪守法、爱岗敬业、弘扬正气、提升素质，喊响“向我看齐、对我监督”，做党员群众的表率。在办公区显眼位置设立了创先争优宣传栏，开展了丰富多彩的党支部活动，全局党员重学党章、重温入党誓词。机关开展党员身份亮出来系列活动，统一定制共产党员示范岗桌牌，全体党员佩戴党徽上岗。按要求召开了专题民主生活会。在具体工作中将创先争优活动融入监管工作的各个环节，着力解决老百姓关心的热点难点问题，年内被政协迪庆州第十届委员会表彰为提案承办先进单位。

**【创建学习型党组织】** 以创建学习型党组织为契机，将学习型机关创建活动进一步引向深入。认真组织开展党性党风专题教育，教育和引导机关全体党员干部认真查找自身不足。以局领导讲党课，邀请州纪委领导作专题辅导等方式，学习党的各项方针政策和食品药品监管业务知识，要求党员自觉做到真学真懂真信真用，准确把握科学发展观的科学内涵和精神实质，牢固树立科学监管理念，在坚持学习、提高能力素质上争先创优，使党员的知识素养不断提高，先锋模范作用充分发挥，使党组织的创造力、凝聚力、战斗力不断增强，推动食品药品监管工作上新台阶。坚持“周一学习日”活动。制定科学的年度学习计划，并根据日常工作需要及时调整学习内容，做到业务技能天天学，实事政治及时学，法律法规按需学。继续鼓励和支持干部职工参加继续教育和学历深造。年内我局有 8 名同志考取了在职研究生。组织全系统干部职工开展了法制培训，并选派工作人员参加了省局举办的各类业务培训，选派 3 名同志到上海参加了西部地区食品药品监督管理研修班，学习了先进的管理方法，为适应不断发展的食品药品监管工作需要的干部职工队伍，奠定了坚实的基础。

**【维护民族团结稳定工作】** 坚定贯彻中央、省、自治州的各项民族政策，坚持开展马克思主义民族理论和党的民族政策的学习教育活动，引导各族职工正确认识民族与国家的关系、民族与民族的关系；不断增强干部维护民族团结和社会稳定的自觉性。各族干部紧密团结，旗帜鲜明地反对民族分裂，在工作学习、生活中相互了解、相互支持，牢固树立“三个离不开思想”，各族干部职工培养了亲如兄弟姊妹的亲情，互帮互助的友情和携手并进的民族情。局机关抽调工作人员积极参加千名干部进村入户促民族团结进步活动。认真完成了抗旱、宣传、配合各乡镇党委做好村“两委”换届等工作。全局积极主动参与社会公益事业，全系统干部职工为抗旱救灾捐款 4.4 万元，为玉树抗震救灾捐款 4.155 万元。积极响应迪庆州捐资助学活动，按相关要求按时上缴捐资助学款。州局机关因促进民族团结进步事业成绩突出，荣获全州民族团结进步模范单位殊荣。

（罗晓璞）

# 农业·牧业·林业

## 农业农村

**【农作物播种面积】** 2010年迪庆州农作物播种面积57 353公顷，较2009年（57 032公顷）增加0.56%。其中粮食作物播种面积约46 830公顷，较2009年（46 583公顷）增加0.53%，经济作物播种面积6 638公顷，较2009年（6 534公顷）增加1.59%，其他（饲料）作物播种面积3885公顷，较2009年（3 915公顷）减少0.77%。

分类农作物中谷物播种面积为36 452公顷，其中稻谷播种面积2 786公顷、小麦播种面积9 832公顷、玉米播种面积16 818公顷、其他谷物播种面积6 975公顷；豆类播种面积为6 140公顷，其中大豆播种面积2318公顷，蚕豆播种面积852公顷；马铃薯播种面积为4 238公顷。经济作物中油料播种面积2 062公顷，药材播种面积3 107公顷，蔬菜播种面积1 366公顷，瓜果类播种面积17公顷；青饲料播种面积为3 846公顷。

**【农作物产量】** 2010年迪庆州粮食作物产量为146 701吨，较2009年（144 822吨）增加1.3%。其中夏收粮食产量为36 022吨，秋收粮食产量为110 679吨。

分类农作物中谷物产量为125 003吨，其中稻谷产量15 745吨、小麦产量25 636吨、玉米产量68 535吨、其他谷物产量14 892吨；豆类产量为10 481吨，其中大豆产量3 687吨，蚕豆产量1 398吨；马铃薯产量（折粮）为11 217吨。经济作物中油料产量4 294吨，药材产量5 680吨，蔬菜产量20 305吨，瓜果类产量127吨。

**【农业产值、人均收入及农业从业人员情况】** 农林牧渔业总产值120 358万元，按现行价计算，比去年增长10 577万元，增长9.63%；其中农业产值为53 310万元，增长6.37%，牧业产值37 266万元，渔业产值2 097万元，农林牧渔服务业产值11 297万元。农民人均纯收入达3 347元，比2009年2 936元增加14%。2010年全州农户数为73 994户，乡村人口数为312 474人，乡村劳动力资源为202 073人，乡村从业人员为188 090人。

**【耕地情况】** 2010年全州年末总耕地资源32 662公顷，比2009年减少33公顷。常用耕地面积为30 057公顷，比2009年减少35公顷，临时性耕地2 605公顷，比2009年增加2公顷。其中水田面积4 602公顷，水浇地面积6 492公顷。

**【各项支农惠农资金】** 2010年，国家对水稻、玉米、小麦、青稞、棉花等五类农作物良种兑现了549.99万元的补贴。其中水稻15元每亩，补贴资金为53.4万元；小麦10元每亩，补贴资金为144万元；玉米10元每亩，补贴资金为279.4万元；棉花15元每亩，补贴资金为0.03万元；青稞10元每亩，补贴资金为72.61万元。为保障广大农户的利益，促进种植业的健康发展，2010年迪庆州青稞被列为中央和省级财政保费补贴项目。共计下达了青稞保险资金142万元，其中中央资金46万元，省级资金96万元，专项用于青稞种植保险。2010年，财政部门共计下达了2610万元中央农资综合直补资金，通过一折通兑现到农户手中。

**【农业基础设施建设】** 2010年迪庆州农业基础设施建设主要以退耕还林基本口粮田建设项目为主，建设内容包括：坡改梯、蓄水池、排灌沟渠、农耕道路和土壤改良等，建设规模10 500亩，项目专项补助资金630万元。其中：香格里拉县建设规模5 200亩，专项补助资金312万元；德钦县建设规模1 800亩，专项补助资金108万元；维西县建设规模3 500亩，专项补助资金210万元。项目资金已由州财政直接下拨到各县。该项目于2009年12月底下达项目建设任务，2010年4月开始全面动工，2010年底全面完工。其中完成农田改造3 350亩；坡改梯160亩；机耕道路建设11 621

米；土壤改良5 710亩；蓄水池、小水窖建设56个870立方米；排灌沟渠建设61 400米；田间管道10 200米。

**【优质农产品基地建设】** 加快农业农村经济发展，始终坚持培育特色产业，调整农业产业结构，建设优质农产品基地，积极推进农业产业化经营。2010年全州共完成蔬菜生产基地建设2.3万亩，优质青稞生产基地建设8万亩，优质马铃薯基地建设6.2万亩，药材基地建设4.8万亩，豆类基地建设8.8万亩，优质油菜基地建设3.35万亩，蚕桑基地累计建设1.6万亩；葡萄基地累计建设0.85万亩，其中2010年新增1 434亩。

**【农业科技推广情况】** 2010年，调运各种农作物良种130多万公斤，推广农作物良种58.8万亩。良种覆盖率达83.8%；累计实施农作物高产示范创建12片，推广粮食作物间套种37.68万亩，地膜玉米推广13.1万亩，推广测土配方施肥技术42.5万亩，完成农作物病虫害防治242万亩次，综合防治率达148.5%；加强青稞、马铃薯等主要农作物品种选育、试验示范，不断提升农业基础科研水平。全州完成农作物优质种子繁育14 137亩，其中：完成杂交玉米制种2 503亩，青稞良繁5 388亩，优质小麦良繁1 286亩，马铃薯良繁4 960亩。

全州推广农作物良种588 047亩，其中：推广水稻良种40 010亩，杂交玉米237 139亩，小麦良种126 018亩，青稞良种47 510亩，马铃薯良种46 105亩，豆类良种58 913亩，推广双低油菜32 352亩。

全州共推广水稻拉线条栽和抛摆秧42 064亩，推广玉米地膜覆盖栽培13 100亩，小麦规格化种植139 241亩，大小春规格化种植14 663亩，青稞规格化种植51 143亩，马铃薯高产栽培37 800亩，豆类高产栽培40 620亩，油菜高产栽培26 732亩。

**【农村劳务输出情况】** 2010年按照省政府提出的大旱之年农业损失非农补的要求，进一步加大农村劳动力培训转移工作，积极争取培训项目和经费，认真实施“阳光工程”、“农村劳动力转移特别行动计划”等项目，层层签订责任合同，认真制定培训措施，广泛开展农民工技能培训，积极做好全州农民用工信息指导服务。全州举办农村劳动力转移现场招聘会5场，完成农村劳动力综合素质技能培训14 156人，完成农村劳务输出46 030人，实现从业经济收入2.5亿元，农村劳务输出工作呈现出良好的发展局面，促进了农民增收、农村经济发展。

**【农机】** 2010年，迪庆州农业机械总量继续保持增长态势，农机技术及装备水平有明显的提高。农机农田作业指标全面完成，农机新机具新技术推广、培训、安全监理、农机抗灾救灾取得良好的效果。2010年全州拥有各型号拖拉机13 514台，比2009年增1 775台，增长15.12%；农机总动力达到33 151.54万瓦特，比2009年增3 912.35万瓦特，增长13.38%；耕整机3 204台，比2009年增692台，增长27.55%；大中小型拖拉机及配套机具5 660台套；农业机械总值达26 508万元；完成农田机械作业32.006万亩，其中：机耕27.1万亩，机播1万亩，机收3.906万亩。推广化肥深施13万亩；机电灌溉面积16.72万亩；机械植保面积24.29万亩。检修农机具6 610台；投入抗灾救灾农机具16 590台次。全年未发生农机伤亡及重特大事故，四项指标分别控制在千分之四、三、二、一以下。农机在迪庆州的农业生产、农村农作物运输、发展农村经济和减轻劳动强度等方面发挥了重要的作用，为农业增产、农民增收奠定了坚实的基础。

**【农业政策法规】** 政策法规工作紧紧围绕加快推进农业综合执法的目标任务，按照国务院全面推进依法行政的总体要求及农业部、云南省农业厅关于加强农业综合行政执法的安排部署，不断更新观念，转变作风，进一步加强和改进行政执法工作，强化农业执法队伍建设，规范农业执法行为，不断提高农业综合执法水平，保障农产品质量安全、农业安全生产，维护农民合法权益，促进农业农村经济又好又快发展和社会和谐稳定。

**【农产品质量安全整治情况】** 为按照食品安全委员会的职责与分工，各级农业系统加强了农产品田间到餐桌的管理，确保广大人民群众的食品安全，有力促进了全州农业农村经济发展和社会稳定。全面推广无公害农产品生产技术。完成香格里拉县无公害农产品整体推进项目，无公害农产品产地认定25.88万亩，畜禽养殖产地认定74万头只，启动实施德钦县无公害农产品整体推进项目。认真开展绿色食品、无公害农产品产地认定和产品认证工作，全州完成7个绿色食品认证和1个地理标识登记。加强市场检验检测。全年累计抽检、水果样品1 814个，合格1 744个，合格率为96.1%，及时发布农产品检测信息，全年共发放农产品质量安全简报24份，指导广大人民群众健康消费。加强节日期间农产品市场专项检查，不断加强农产品质量安全监管，全面提高农产品质量安全水平。

**【农业抗灾救灾】** 2010年春迪庆州遭到百年一遇的大旱，导致全州农作物总受旱灾面积达23.71万亩，其中成灾面积19.96万亩，干旱绝收面积14.02万亩。蚕桑、核桃、葡萄、中药材近6.8万亩苗木死亡，导致农村主导产业直接经济损失3000万元。灾情发生后迪庆州农牧局认真贯彻落实省、州委政府的各项抗旱救灾通知及会议精神，及时开展抗旱救灾工作，抽调有关人员组成3个抗旱救灾工作组深入乡（镇）及部分受灾较重的生产一线，积极组织发动群众引水、抽水灌溉、人工挑水浇灌等，采取有力措施积极做好抗旱保苗，指导农民群众科技抗旱，加强农作物水肥管理，尽力缓解旱情，最大限度降低灾害造成的损失，对绝收的农作物及时翻犁改种，保证大春农作物总播种面积。积极抓好农用生产资料调供储备，加强种子、化肥、农药、农膜等物资调运和储备工作，为生产提供充足的农用物资，确保春耕生产顺利进行，确保在大灾之年粮食生产不减产，农民不减收。

**【部门自身建设】** 2010年迪庆州农牧局及下属站所深入开展创先争优活动。按照“五好五带头”的要求，紧紧围绕增加农民收入，加快农业农村经济发展的目标，广大党员深入基层开展农业科技服务，把创先争优活动贯穿服务三农的全过程。各支部建立和完善各种机制，认真开展创建学习型党组织活动，不断加强基层组织建设，广泛开展主题实践活动，不断提高服务水平。加强党风廉政建设，深入学习《中国共产党党员领导干部廉洁从政若干准则》，严格执行党风廉政建设的各项规定，加强干部队伍作风建设，为全州农业农村经济快速发展提供了坚强的组织保障。继续落实和推行阳光政府效能政府四项制度，不断提升服务水平。认真落实阳光政府四项制度，全面推行政务信息公开，积极推行效能政府四项制度，不断提高行政服务能力，提升服务水平。加强农业信息化建设，全面推行电子政务。全局机关和站所实现了电子公文交换及协同办公；开展农业信息化建设培训班，全面提高信息员素质，加强全州农业农村工作信息发布，积极推进农业信息化建设，促进农业农村经济全面发展。

**【表彰】** 2010年，迪庆州土肥站、迪庆州香格里拉县尼西乡农科站实施的“迪庆州冬作马铃薯高产栽培集成技术示范”项目获得云南省农业技术推广奖一等奖，迪庆州农环站、香格里拉农牧局、德钦县农牧局、维西县农牧局等单位实施的“迪庆州村容村貌整治工程”项目获得云南省农业技术推广奖二等奖，受到云南省农业厅表彰。

迪庆州农牧局被评为“三品一标”工作先进单位，迪庆州农牧局绿色食品发展中心李光明同志被评为“三品一标”工作先进个人，受到云南省农业厅表彰。

州农牧局被评为“提案承办先进单位”，受到政协迪庆州委员会表彰。

迪庆州农业系统李新华、提布、杨繁、思红兵、黄文才、阿初、和建斌、李海清、杨俊杰、杨贵军、培布、取追、阿堆、杨立中、张正德、和正勤、提布（大）等17人被授予“2010年云南省农业抗旱救灾先进个人”荣誉称号，受到云南省农业厅表彰。

维西县农牧局被授予“2010年度农村沼气国债项目建设先进集体”，陈永生、汤学义、刘成耿等三同志被授予“2010年度农村沼气国债项目建设先进个人”，受到云南省农业厅表彰。

迪庆州农牧局取此获得迪庆藏族自治州民族团结模范个人荣誉称号，受到州人民政府表彰。

（杨中雄）

## 畜牧业

**【畜牧业生产情况】** 2010年全州大牲畜存栏30.35万头，比2009年增2.8%；生猪存栏48.8万头，比2009年增长3.1%；山绵羊存栏22.9万只，比2009年增1.2%；全州牛出栏3.21万头，比2009年增2.8%；羊出栏6.8万只，比2009年增7.3%；猪出栏27.69万头，比2009增年增长2.9%；肉类总产达24 305吨，比2009年增长5.3%；其中猪肉产量17 052吨，比2009年增长5.6%；牛肉产量3 909吨，比2009年增2.5%；羊肉1181吨，比2009年增8.1%；禽肉1 165吨，比2009年增长15.2%；奶类总产达14 783吨，比2009年增5.9%；禽蛋产量达992吨，比2009年增10%；畜牧业总产值达3.7226万元，比2009年增长10.6%。

【兽医防治工作】 2010年，按照“政府保密度，业务部门保免疫质量”的要求，全州兽医人员以“加强领导、密切配合、依靠科学、依法防治、群防群控，果断处置”防控措施，始终把动物防疫工作作为畜牧工作的重中之重来抓，免疫工作中坚持“预防为主，防治结合”的兽医工作方针，做到免疫程序化，补针制度化，积极开展以猪瘟、鸡新城疫和炭疽等疫病为重点的计划免疫工作，同时加大了口蹄疫等重大动物疫病的防控。2010年全州共发放猪瘟二联苗47.2万份；猪脾淋苗72万头份；鸡ⅠⅡ系苗75.5万羽份；禽霍乱26万羽份；羊四防苗0.1万只份；气肿疽2.7万头份；Ⅱ号炭疽灭活苗18.2万毫升；牛出败23万毫升；禽流感苗66万毫升；牛、羊口蹄疫二价灭活苗143.5万毫升；猪口蹄疫灭活疫苗144万毫升；蓝耳病灭活疫苗137万毫升。全年注射猪瘟76.6353万头，密度达95.92%；注射鸡新城疫60.4405万羽；注射猪口蹄疫苗63.741，免疫密度为75.76%；注射牛口蹄疫苗34.87万头，免疫密度达72.1%；注射羊口蹄疫苗30.3109万只，免疫密度达73.125%；注射猪蓝耳病苗44.2965万头；注射禽流感苗78.0492万羽，免疫密度达64.85%。

全年驱虫209.7586万头只羽，其中猪89.99525万头，牛28.4814万头，羊30.3669只，禽92.4666万羽。

年内，根据省下达的任务，认真组织开展以禽流感、口蹄疫等重大动物疫病为主的动物疫情监测工作，完成了省下达的各项任务指标。完成禽流感H5亚型免疫效果监测406份；新城疫效果监测332份；瘟免疫效果监测68份；牛羊口蹄疫免疫效果监测541份；口蹄疫感染状况监测158份；猪圆环病毒监测184份；猪伪狂犬病监测103份；猪牛羊布病监测251份；采集牛羊脑（疯牛病、牛瘟、牛肺疫监测）20份；采集鸡鸭喉气管组织200份、猪棉拭子200份；采集公猪精液5份。

【动物监督检疫工作】 畜产品安全事关人民群众的身体健康和生命安全，全州的动物卫生监督工作以产地检疫和屠宰检疫重点，同时加大兽药、饲料监管及畜产品流通环节的监督检查。严格屠宰入场的验证关、宰后检疫关、消毒灭源关、无害化处理关，确保入场动物的卫生健康和肉品的卫生安全，全州共完成屠宰检疫181 738头只，其中：猪81 715头、牛羊7 077头（只）、禽类79 174只，冻制品202 355千克，检出病害肉113头（只），已作无害化处理。全年共实施猪产地检疫19 300头，牛羊2 688头（只）、禽类29 136只。全年发放动物产品安全知识宣传单5 800份，初步建立了迪庆州动物标识及疫病可追溯体系，举办一期动物标识及疫病可追溯体系培训班，订购猪耳标38 941套，牛7 872套，并开展了戴标的推广试点工作。发放动物产品检疫合格证明1 500本，动物产地检疫合格证明800本，动物及动物产品运载工具消毒证明41本，出县境动物检疫合格证明1本，云南省屠宰检疫登记表（宰前检疫）50本，动物检疫专用验讫章9套，动物检疫合格标志1 200枚。检查兽药经营户45户、兽药饲料综合经营户72户，查收销毁过期等不合格兽药254盒，饲料添加剂402包。

【畜禽改良】 按照发挥优势、突出持色的发展思路，认真抓好畜禽品种改良，优化畜禽结构，在绝不放松生猪品种改良的同时，加大牦黄牛品种选育和改良，积极推广良种雏鸡及本地特色禽。2010年共完成生猪改良50 008窝，完成计划的128%；牦黄牛改良36 145头，完成计划的113%；绵山羊改良及提纯复壮28 055只，完成计划的108%。

【饲料资源开发】 饲料是发展畜牧业的物质基础，迪庆州近年来结合项目建设大力开展了饲料青贮和农作物秸秆氨化等重大实用技术推广，充分利用了农副产品。同时大力开展人工草场建设、改良天然草场、扩大青绿饲料地种植面积，并积极开展配合饲料生产，大大提高了饲料利用效率。2010年全州完成青绿饲料种植10.384万亩，完成计划的104%；推广青贮氨化饲料26 780吨完成计划的103%。

【草原监理工作】 根据迪庆州草原现状，积极开展了草原监管工作，一是进一步加大《草原法》及有关法律法规宣传力度；二是认真开展了草原监测工作，全年完成20个样地，60个样方，工程对照15个样地、30个样方的草原监测任务，为迪庆州草原生态保护工作提供了有力的数据。三是修改完善《迪庆州草原管理条例》，起草完善了《迪庆州草原管理暂行办法》《迪庆州草畜平衡管理办法》《迪庆州载畜量核定标准》讨论稿，为迪庆州草原生态保护起到了积极的助推作用。

【渔业工作】 2010年，为保护长江渔业资源和水域生态环境，实现长江渔业可持续发展，总结经验，周密部署，开展了长江禁渔执法检查行动和水生野生动物宣传月活动，出动渔政执法人员38人次，车辆11驾次，行程1千多公里，检查沿江乡镇、重点湖泊及支流20个，饭店、宾馆、渔具销售店153家，查收违禁捕捞网具30多张，查获非法捕捞鱼12公斤，检查鲜鱼批发户及集贸市场22次，制作永久性宣传广告牌27块，在沿江公路、墙壁、桥墩喷写和张贴标语231条，发放宣传材料453份，并与62家宾馆饭店签订了禁渔责任书。在社会各界共同努力下，迪庆州金沙江沿线基本实现“江中无渔船，岸边无网具，餐桌无江鱼”。

【畜牧重点项目建设情况】 （1）2009年动物防疫体系建设项目。“县级动物防疫体系建设”计划总投资123.64万元，其中中央投资108万元，地方配套15.64万元。在香格里拉县、德钦县建设改扩建实验室400平方米（其中香格里拉县200平方米；德钦县200平方米），计划投资60万元；购置仪器设备26台套（其中香格里拉县13台套；德钦县13台套），计划投资61.54万元；其它费用2.1万元。

“乡级动物防疫体系建设”计划总投资147.82万元，其中：中央投资129.1万元；地方投资18.72万元，在香格里拉县五境乡、东旺乡、格咱乡；德钦县燕门乡、霞若乡、拖顶乡；维西县康普乡、中路乡、攀天阁乡改扩建乡镇畜牧兽医业务用房1 080平方米（香格里拉县360平方米；德钦县360平方米；维西县360平方米），计划投资110.92万元；购置仪器设备180台套（香格里拉县60台套；德钦县60台套；维西县60台套），计划投资35.1万元；其它投资1.8万元。

截至2010年11月30日止，县、乡体系建设资金全部到位，并全面完成仪器设备购置及土建工程的各项建设任务。

（2）组织实施2009游牧民定居工程，争取落实2010年游牧民定居工程。2009年游牧民定居工程，计划总投资52 910万元，其中：中央补助15 000万元，省级配套2 388万元，牧户自筹35 522万元。该项目计划建设5 970户定居房，建设面积为597 000平方米；棚舍建设477 600平方米；贮草棚建设179 100平方米。

到2010年11月30日止，2009年游牧民定居工程中央资金15 000万元及农户自筹全部到位并完成投资，省级资金2 388万元正在积极争取中，基本完成工程各项建设任务。

2010年，通过各方积极争取，落实“2010年游牧民定居工程”，安排3 000户游牧民定居，计划投入中央资金7 500万元，省级资金1 200万元，中央资金已到位，省级配套正积极争取中，工程正处于加紧建设中。

（3）迪庆水产良种场建设项目。该项目计划投资216万元，其中中央投资180万元，地方配套36万元，建设规模为80亩，其中：池塘面积60亩、管理用房及仓库300平方米、蓄水池200立方米、配套引水设施2 000米，道路50米。2010年11月30日止，中央资金180万元已到位，省级配套36万元尚未到位，已完成管理房基础挡墙500立方米，完成输电线路架设150米，安装一台变压器，开挖中心鱼塘25.15亩，开挖土方、外运15 000立方米，c20混凝土鱼塘埂6 500立方米，平整中心场管理房用地500平方米，完成进场道路450米，完成培养基地开挖鱼塘10亩。

（4）完成2009年退耕还林畜牧业后续项目建设，申报争取2010年退耕还林畜牧业后续项目。2009退耕还林畜牧业后续项目计划总投资649.448万元，其中中央投资389.2万元，农户自筹260.248万元，计划建设棚舍26 800平方米，青贮窖4 407立方米，饲料地4 300亩。到位中央资金389.2万元，到位农户自筹283万元，建设完成棚舍23 265平方米，青贮窖3432立方米，饲料地

4 430 亩。2010 年在实施好“2009 退耕还林畜牧业后续项目”的同时，积极争取落实“2010 年退耕还林畜牧业后续项目”，该项目省州已下达投资计划，计划建设棚舍 15 500 平方米，青贮窖 2 400 立方米，饲料地 2 800 亩，项目预计明年完成各项建设任务。

（5）完成建设 2009 生猪标准化规模养殖场小区建设，申报争取 2010 年生猪标准化规模养殖场小区建设项目。“2009 年生猪标准化规模养殖场小区建设项目”中央投资 250 万元，扶持有 25 个养殖小区，基本完成建设任务。争取“2010 年生猪标准化规模养殖场小区建设项目”，该项目投入资金 150 万元，2011 年有望在香格里拉县建成 15 个生猪标准化规模养殖小区，将对迪庆州的生猪养殖业起到积极的助推作用。

（6）积极做好建立草原生态保护补助奖励机制前期工作。2010 年 10 月 12 日国务院总理温家宝主持召开国务院常务会议，决定建立草原生态保护补助奖励机制。迪庆州主动出击，向州政府建言献策，作好对上的汇报与对接，并积极开展各项基础性工作，并起草了《迪庆州人民政府关于落实草原生态保护补助奖励机制工作指导意见》、《迪庆州草畜平衡管理办法》、《迪庆州草原载畜量核定标准》讨论稿，为下一步落实草原生态保护补助奖励机制奠定了扎实的基础。

**【机构及科技人才】** 2010 年底，全州从事畜牧业技术推广及执法机构有 41 个，其中州级 3 个，县级 9 个，乡级 29 个。全州畜牧系统在岗职工 257 人，其中专业技术人员 227 人，工人 14 人。按专业职称分，副高 13 人，中职 116 人，初职 86 人，未评 12 人。

（崔东毅）

## 林　业

**【资源林政管理工作】** 一是强化林地管理，严格依法规范征占用林地审核审批程序，按要求认真审核征占用林地报批材料，切实做好境内各项重点工程建设征占用林地、林木采伐审核审批相关咨询、指导和服务工作。全年共受理 91 件林地征占用审核审批事项，涉及使用林地 590. 5663 公顷，其中临时占用 74. 9791 公顷，批准使用林地 404. 5224 公顷。通过主动服务，规范审核，确保了一批重点工程如德维（塔）二级公路、国道 214 线香德二级公路、金沙江中游梨园水电站、里底水电站、经济开发区昆钢铁合金等工程能按时开工建设。二是进一步加强民用材限额采伐管理制度和监管工作，建立健全民用材管理制度，推行民用材采伐证发放公示制，开展全州“十一五”期间森林资源消耗量调查，详实掌握了全州森林资源的消耗结构，积极开展调研工作，科学编制了“十二五”森林采伐限额。三是细化管理目标，落实责任，深入开展林区资源林政管理专项整治工作。在全州范围内组织开展了“绿盾三号”、“冬季行动”、“春季行动”等林区治安专项整治行动，严厉打击境内乱砍滥伐、非法经营（加工）木材和非法占用林地等破坏森林资源的违法行为，全州的林业行政案件共有 295 件，案件查处率达 100%。四是加强林业法律法规培训，提高资源林政管理队伍的行政执法能力。

**【森林防火工作】** 强化森林防火责任制的落实，经受住了严峻气候的考验。2010 年度全州共发生森林火灾 16 起，其中一般火灾 11 起，较大火灾 5 起。火灾次数占省下达控制指标的 14. 8%。受害森林面积为 60. 53 公顷，占省下达控制指标的 6. 4%。森林受害率为 0. 02‰，占省下达控制指标的 2%。火案查处率为 88%，比省人民政府下达指标提高了 3 个百分点。全州处置卫星热点 164 个。实现了省人民政府提出的“三个力争”和“三个确保”的森林防火工作目标。

**【生物多样性保护工作】** 积极开展“世界湿地日”和“爱鸟周”、“野生动物保护宣传月”等重大宣传活动，广泛普及野生动植物、湿地保护和自然保护区知识；抓好野生动物疫源疫病疫情监测防治；积极做好野生动植物保护和自然保护区建设项目调查及申报工作，组织编制上报了《迪庆州珍稀濒危野生动植物保护建设项目》、《迪庆州极小种群野生植物保护项目》和《哈巴雪山省级自然保护区总体规划》；认真开展野生动物肇事调查补偿工作，2010 年全州野生动物肇事损失为 146. 72 万元，积极向上争取野生动物肇事补偿补助资金 124. 2135 万元，其中争取到省级补助资金 60 万元，州级配套资金 20 万元，试点经费

44.2135万元；严格依法管理，加强野生动植物资源开发利用和自然保护区管理的力度，严厉打击破坏野生动植物资源的违法活动，协助查处野生动物行政案件12起；认真做好迪庆州国家公园试点建设工作，梅里雪山、普达措国家公园被列入云南省国家公园建设试点。

**【林业有害生物防治工作】** 严格实行森林病虫情监测预报制度，积极开展林业有害生物的监测、调查，建立重大病虫情联系报告制度，发现重大危险性林业有害生物及时向上级主管部门报告，开展“利剑”2010森林植物检疫执法专项行动，抓好检疫工作，积极编制上报和推动实施林业有害生物治理项目，完成了迪庆州各级森防站更名和参公管理工作。全州林业有害生物发生面积8.296万亩，实施防治作业面积7.808万亩，防治率95%；实施监测面积2 220.98万亩，监测覆盖率98%。产地检疫种子3.8吨，种苗494.8亩，种苗及林产品检疫率达99.3%。

**【天然林保护工程】** 严格按照“层层落实、各负其责、分片管理，承包管护”的措施，将全州天然林管护责任落实到22个国有林场，对全州2 583万亩天然林资源实行了有效管护，超额完成了2319.5万亩森林管护任务，完成率达111.4%；稳步推进天然林保护工程2009年公益林建设项目，完成建设任务135 000亩，其中：人工造林15 000亩，封山育林120 000亩，占下达任务数的100%；开展了天保森工企业基本情况调研，报送了迪庆州森工企业基本情况调研报告，全州国有林场职工参加养老保险统筹人数达608人，全部纳入“四项保险”，参保率达到100%。

**【退耕还林工作】** 认真完成退耕还林工程配套荒山荒地造林2009年第四批扩大内需中央预算内投资项目，完成下达的计划造林任务15 000亩，完成率100%；完成2009年度国家下达迪庆州巩固退耕还林成果建设计划任务，实施种植业40 700亩，退耕地补植5 560亩，农村能源建设沼气池建设完成70口，节柴灶1 280眼，太阳能900台，生态移民140人，完成率100%。编制完成了《迪庆州2010年度巩固退耕还林成果林业项目州级实施方案》，圆满通过了退耕还林工程退耕地还林省级阶段验收和国家重点核查工作；认真兑现退耕还林政策，确保补助足额到户；圆满完成了巩固退耕还林成果专项规划建设项目专项检查。

**【林产业建设工作】** 认真落实“生态建设产业化、产业发展生态化”的要求，林业龙头企业健康发展，林业产业建设工作成效显著，以优质核桃种植为主体的特色经济林建设得到顺利推进。全面完成核桃产业基地建设任务，完成核桃产业基地3.459万亩；将香格里拉县洛吉乡洛吉村、德钦县燕门乡巴东村、维西县塔城镇其宗村列为州级优质核桃种植管理标准化示范村，共投入资金412万元，推进了优质核桃示范基地建设的规范化、标准化程度。积极开展红豆杉产业基地建设工作，解决了迪庆州德钦县和维西县红豆杉滞留苗木的利用问题。组织开展了省级龙头企业申报认定工作。为培育壮大迪庆州涉林龙头企业，带动农户增加收入，认真组织开展了迪庆州省级龙头企业申报认定工作。

**【集体林权制度主体改革工作】** 克服藏区社情林情复杂、交通不便、通讯不畅、纠纷矛盾突出、林权档案不全、技术基础薄弱等困难，集体林权制度主体改革工作任务基本完成。全州集体山林得到认真细致的勘测、区划和界定，基本明晰了群众的产权，落实了责任，调动了群众爱林、护林以及自觉保护生态的积极性；森林资源保护发展的思路在改革中得到了进一步拓展，发展壮大现代林产业的条件更加成熟，全州基本实现了“生态得保护、农民得实惠”这一改革的最终目标。在涉及林改的29个乡镇、185个村委会、2 185个村民小组中全面开展了林改，涉及林改总面积1 149.47万亩，完成了6.71万户31.41万人的人口资源调查登记，确权面积达1 092.74万亩，占应确权面积的95.1%，确权宗地4.25万宗，上报确权户数4.59万户，签定公益林管护到户责任书面积487.18万亩；共发放发林权证2 751本，涉及林地面积433万亩，宗地3 357宗；共排查林权纠纷1 680起，涉及面积17.05万亩，成功调处1 662起，调结纠纷面积12.34万亩，纠纷起数调处率99%。各级林改办通过深入分析研究，结合迪庆实际，就贯彻中央和省委新的改革精神制定了强有力措施，开展了林改工作回头看和查缺补漏工作，为迎接省级验收奠定了坚实的基础。

**【森林资源管理工作】** 组织完成了全州森林资源年消耗量调查工作；组织完成了“十二五”期间

年森林采伐限额的编制工作；开展了国家级公益林分级区划省和级公益林区划界定工作，全州共区划国家级公益林 2 155.75 万亩，纳入省级公益林生态效益补偿面积 454.63 万亩。出台了《迪庆藏族自治省级公益林生态效益补偿资金管理实施细则（试行）》、《迪庆藏族自治州生态公益林管理考核办法》，有效规范了省级公益林生态效益补偿资金的开支渠道及管理要求，积极开展公益林生态效益补偿工作，共下达全州第二批中央财政森林生态效益补偿基金及省级公益林生态效益补偿资金 2214.34 万元。

**【农村能源建设工作】** 全年共争取并实施农村“三结合”沼气池 3 000 口，省柴节能灶 3 000 口，太阳能 2 700 平方米。

**【种苗工作】** 2010 年，全州共生产各类苗木 1 452.1 万株，基本上满足了迪庆州各项营林造林项目的需要。为抓好核桃种苗质量，迪庆州林业局派出州种苗站技术员对迪庆经济开发区新新核桃良种繁育场育苗基地所培育的核桃苗木进行质量检验，并全程监控苗木发放过程。同时认真开展林木种苗换证、办证工作，审核办理旧证换新证 6 个单位，新办证 3 家。

**【林业科技工作】** 积极推进林业科研和技术推广服务工作，加强与省级相关科技部门的合作，完成了核桃选优项目、油橄榄新品种引进、新造林技术试验项目、国家林业局香格里拉生态检测站选址等工作，开展核桃丰产栽培技术培训和核桃低产林改造培训，完成了“十一五”林业科研及推广项目总结、科技成果申报奖项和新编科技项目编制等工作任务。通过采取请专家进来、送技术员到内地培训等办法，有效的提高林业科技人员的业务技能和实践能力，为更好的迎接“十二五”林业局科技工作奠定了坚实的基础。

**【造林绿化工作】** 2010 年，全州共完成营造林任务 29.77 万亩，占计划数 29.36 万亩的 101%，其中完成人工造林 17.77 万亩、封山育林 12 万亩。完成义务植树 70 万株。

**【机关建设工作】** 努力贯彻落实州委组织的“千名干部入户促民族团结”活动各项工作任务，全力落实州委工作部署，促进了十七大精神的宣传和新农村建设工作。认真开展“创先争优”活动，按照州委要求，及时建立健全组织机构，制定实施方案，强化学习，加强督查落实，圆满完成了实施创先争优活动规定的各项工作任务。积极开展“学习型党组织”创建活动，成了创建学习型党组织活动领导小组，召开会议研究制定活动方案，全体党员提高认识，坚持标准、严格程序、规范工作、不走过场，保证了学习型党组织创建活动的高效开展。局机关进一步加强党风廉政建设和社会治安综合治理工作，进一步筑牢全局干部职工反腐倡廉的思想堡垒，强化维护藏区稳定的意识，提升干部职工的思想素质和政治素质，保证干部职工保持了高度的政治敏锐性和政治鉴别力，为确保全州社会稳定、经济发展作出了应有的努力。

**【树典型工作】** 2010 年出现的多年罕见的干旱气候，对迪庆州的抗旱救灾工作造成了严峻的考验。迪庆州原森林防火指挥部办公室主任苏贵平同志坚守工作岗位，最终在抗旱救灾岗位上突发脑溢血因公殉职。林业局在全州林业系统积极开展了苏贵平同志先进事迹学习宣传活动，先后聘请 10 多家省级媒体对苏贵平同志先进事迹进行宣传报道，并积极向国家林业局、省林业厅及州委汇报了苏贵平同志先进事迹。在州委的高度重视下，苏贵平同志被国家林业局授予了“森林卫士”荣誉称号、被省委、州委评为“优秀共产党员”，成为全省、全州创先争优活动的先进典型。

（和绍华）

# 旅 游

## 旅 游

【旅游指标】 2010年，迪庆州接待海内外游客602.99万人次，比去年同期增长15%。其中海外游客72.9万人次，比去年同期增长11%；接待国内游客530.09万人次，同比增长15%，实现旅游总收入为61.57亿元人民币，比去年同期增长13%。全年完成门票收入2.64亿元，实际完成旅游固定资产投资8.27亿元，全面完成全省旅游“二次创业”和经济社会发展主要目标考核任务。

【旅游项目建设】 加快基础设施建设，增加项目投资，扩大招商引资，坚定不移地执行实施大项目带动大发展战略。一是推进景区高等级化建设。改造提升普达措国家公园、松赞林寺景区、虎跳峡国家公园、香格里拉大峡谷国家公园等一批4A级景区，加快争创5A级景区步伐，全年累计投资改造提升资金2.67亿元。二是推进休闲度假基地高端化和特色化建设。加大亚洲旅游论坛、香格里拉生态旅游文化城的项目投资和建设力度，累计完成1.72亿元的投入资金。高星级酒店建设项目进展顺利，十二五期间，将有5个五星级酒店开工建设。其中德钦高山别庄五星级项目预计于2011年11月试运营；世纪酒店已完成土地征用正在做规划设计；香格里拉高山别庄已完成州发改委项目核准；香格里拉喜来登酒店，并在2010年9月8日正式开工建设。三是推进旅游交通和公共服务设施便利化和标准化建设。香德二级公路、德维二级公路全面开工建设，预计将于2011年6月完工。同时，积极开拓旅游市场新航线，恢复成都航线，开通重庆航线，增加昆明航班，为游客可进入性提供了便利，确保了旅游人数的稳步增长。四是推进旅游特色村标准化建设。列入我省首批乡村旅游特色村的香格里拉县建塘镇霞给村、德钦县拖顶乡洛玉村、维西县塔城镇塔城村于年内通过检查验收。并积极申报德钦县奔子栏镇奔子栏村、香格里拉县格咱乡木鲁村、维西县永春乡白帕塘村等3个特色村为第三批旅游特色村。

【旅游规划编制工作】 《迪庆藏族自治州旅游业“十二·五”发展规划》已完成征求意见，初步定稿。一是发展目标确立。十二五期间，迪庆州旅游发展的总要求是要将迪庆建成“生态最好、环境最优、和谐发展、世人向往”的世界级精品生态旅游区和中国藏区最具特色的国际旅游目的地。二是突出提质增效这一核心。要求以旅游业转型升级为重点，注重产业层次的提升，努力完善产品体系，延伸产业链条，强化服务保障能力，优化旅游环境，作出一条特色化、精品化、集约化和高水平的发展路子；三是积极争取项目资金。根据第五次西藏工作会议精神，积极向省发改委、省旅游局上报迪庆州五大国家公园及红色旅游基础设施建设、香格里拉纳帕海湿地公园、金沙江流域农业旅游示范区、旅游东环线、西环线、迪庆藏族自治州省级度假区等建设项目，并向国家和省旅游局上报旅游发展基金项目12个，累计申报资金1 400万元。

【旅游管理体制及经营机制改革】 深化旅游行业改革，加快对外开放，是提升迪庆州旅游业国际化、现代化水平，增强发展内在动力和生机活力的关键所在。开拓创新，建立一流的旅游管理体制和机制是打造世界级香格里拉品牌的决定因素。长期以来，我们一直在摸索、理顺、改革、完善迪庆州的旅游管理体制和机制，并已初见成效。年初，在州委、州政府的高度重视下，州委旅游产业发展调研组就迪庆州旅游产业情况开展了专题调研，并对毗邻的丽江市旅游发展的情况进行了实地考察。从如何做到坚持产业强州战略。进一步加强旅游基础设施建设，加大景区建设投入力度，突出特色，实施品牌带动战略，强力打造和提升香格里拉品牌。加大宣传力度，做好异地营销；优化环境，不断提升服务质量。积极稳妥地推进旅游管理体制机制改革等十个方面形成书面报告上报了州委。进一步明确了迪庆旅游业发展的基本思路和基本原则，提出了对下一步发展旅游产业的对策和建议。

**【旅游宣传促销工作】** 围绕塑造和推广世界知名的旅游目的地品牌形象，实施多元化促销战略，加大旅游推介力度，拓展国内外旅游市场。一是完善旅游产品。在整合大理、丽江、迪庆三地旅游线路的基础上，继续加大旅游产品整合力度，逐步形成自然生态旅游、民族文化生态旅游、观光商务游、康体休闲度假游等一系列产品。以多样化的产品吸引游客的眼球。二是强力推进宣传促销。加大以东南亚、美国等国际市场为重点的国际旅游促销，以及福建、重庆、上海等城市为重点的国内旅游促销力度，积极参加国家旅游局、省旅游局举办的海外旅游和国内旅游的各类宣传促销活动，年内策划、组织参加了近十六项的宣传促销活动，成效明显。三是旅游合作广泛深入。通过参加中国青年喜爱的旅游目的地评选、第三届世界文化旅游论坛、世博论坛、拉萨雪顿高峰论坛以及举办大香格里拉旅游论坛等活动，与众多国际、国内旅游机构建立了合作关系，推动了香格里拉与各地旅游的相互促进，共同发展。

**【旅游市场规范工作】** 以旅游服务质量提升年为抓手，加快推进旅游管理与服务转型升级，着力优化旅游发展环境，强化旅游监督职能，全年开展了三次旅游市场综合治理专项活动，协调处理旅游投诉4起，共出动市场检查1 864次，处罚金额达24 200元。对全州42家星级酒店进行全面复核，对不按标准服务和降低服务质量严重的11家酒店下达了整改意见并在全行业进行通报。通过旅游市场综合整治，迪庆州旅游市场秩序明显规范，旅游综合环境逐步优化，旅游服务质量得到提升，旅游形象重新树立。并主要体现在两个方面：一是达到四个全面下降。即旅游企业和从业人员违法违规的行为全面下降；旅游市场“四黑”全面下降；旅游投诉率全面下降；零负团费经营全面下降，得到有效遏制。二是实现四个全面巩固。即“四黑”的整治得到全面巩固；旅游市场价格调控得到全面巩固；旅游服务质量得到进一步巩固；旅游安全生产工作得到进一步巩固。

**【旅游职业教育培训】** 加强旅游从业人员培训力度。扩大旅游从业人员培训覆盖面，完善旅游从业人员职业准入制度，着力提高旅游服务质量和水平。全年共计培训旅游从业人员1 768名（其中旅行社153名、导游898名、景区266名、酒店325名、藏民家访48名、购物店78名）。并在省旅游局的大力支持下，引进10名援藏外语导游，及时解决了迪庆州外导缺乏的难题。根据迪庆外语导游不足的实际，委托省旅游学校培训30名日语导游。继续开展全国导游培训工作，共计67名考生参加培训和考试。与州委宣传部、州总工会、州团委等部门和单位积极筹办了七彩云南杯迪庆赛区选拔赛暨2010年卡瓦格博国旅杯金牌导游大赛，共评选出了10名金牌导游、10名银牌导游和10名优秀导游，其中“云南省金牌导游”、“云南省旅游行业技术能手”和“云南省青年岗位能手“称号黄绍军凭借突出成绩参加了由国家旅游局主办的“全国金牌导游大赛”决赛。通过比赛充分展示了迪庆州导游的风采，树立迪庆州导游在社会中的良好形象。

**【党风廉政工作】** 结合开展创先争优活动，积极推进学习型党组织建设，精心设计和开展群众喜闻乐见的创先争优活动，在旅游窗口服务行业抓好公开承诺、挂牌上岗等工作，在全旅游行业掀起争创“创先争优示范点”的高潮，并以此为契机，把反腐倡廉工作纳入至局总体工作计划中，并强化责任落实，发扬党员干部先锋模范作用，切实转变机关干部工作作风。

**【表彰】** 2010年1月，迪庆州旅游局荣获州人民政府颁发的“2009年度安全生产先进单位”。

2010年3月，迪庆州旅游局荣获州政协委员会颁发的“政协十届委员会提案承办单位”。

2010年4月，迪庆香格里拉被国际休闲产业、人民日报网络中心评为“国际最佳民族风情旅游目的地”。

2010年9月，迪庆州旅游局被州委、州人民政府评为“第六届康巴艺术节暨民族团结节先进集体”。

2010年9月，迪庆香格里拉被中国民族旅游文化研究中心评为“最值得向世界推荐的民族文化旅游胜地”。

（陈　梅）

## 云南白马雪山国家级自然保护区管理局

**【资源保护】** 1. 森林防火工作。2010年冬以来，保护区遭遇了六十年一遇的罕见旱情，自进入森林防火戒严期以来，白马雪山国家级自然保护区管理局认真按照省厅和州森林防火指挥部的要求，结合本区的实际，先后到两个分局、所、站及时传达和检查落实森林防火各项工作。要求各基层管理所强化森林防火宣传和预防工作，严格值班制度，加强同地方党委、政府和业务主管部门衔接。今年发生一起森林火灾，过火面积达498亩，受灾面积达295亩。在保护区、地方政府和人民群众的共同努力下，积极扑灭森林火灾，对自然保护区内的野生资源没有造成大的危害。

①组织宣传《森林法》、《森林防火条例》110场次，受宣传教育人次38 756人。

②签订《森林防火户主责任合同》31 670份。

③张贴《云南省人民政府2010年森林防火戒严令》、《迪庆藏族自治州森林防火戒严令》3 500份。

2. 积极配合地方政府国道214线香德二级公路建设，从管理局、管理分局、管理所分别抽出专人，扎根建设第一线开展工程建设中的生态环境保护监管工作，确保建设与资源保护协调发展。

3. 有效开展监测工作

针对保护区面临六十年一遇的严峻的持续高温干旱天气形势和市场上经营野生动物食品现象有所抬头的情况，结合当前保护区资源林政管理存在问题，在保护区内进行了资源管理巡护监测。

①组织宣传《野生动物保护法》、《自然保护区管理条例》共125场，受宣传教育50 000人次。

②发放《适用林业法律法规条例汇编》手册5 200份，张贴《国家一、二级保护陆生野生动物》、《云南省保护陆生野生动物》宣传挂图900多幅。

③对保护区固定样地、固定样线开展巡护监测工作12次，在巡护监测过程中，发现问题，进行及时制止和处理，排除了各种隐患。

4. 认真开展了野生动物造成损失的统计及补偿工作。

①2010年野生动物肇事统计工作

截止2010年10月31日，全区共发生野生动物肇事案件486起（德钦448起，维西38起），其中野生动物造成人身伤害2起（德钦1起，维西1起）；造成经济损失677 048.33元（德钦567 974.89元，维西109 073.44元）；大小牲畜伤害致死242头、只、匹（德钦205头、只、匹，维西37头、只、匹）；造成农作物损失64 606公斤；造成经济果木林损失（核桃）6 800公斤；造成蜂蜜损失650公斤。

②2009年野生动物造成人身财产损失兑现工作

2009年野生动物造成经济损失388 770元，实际到位补偿经费263 163元。做到了专款专用，以高度的责任心把有限的补偿经费发放到受损失的农户家中。

**【白马雪山三期工程】** 2010年，白马雪山三期工程建设已全面完成，现工程结算已完成，并进入审计。该工程的建设进一步夯实了保护区的基础设施，为保护区的建设和管理奠定了基础。

**【宣传教育】** 1. “自然与文学艺术”系列丛书之二《可爱的家园—白马雪山国家级自然保护区》一书出版发行。先后向相关部门、单位、组织、管理分局和基层所、站发放或赠送了该读本，并借2010年“六一”儿童节之际，向香格里拉县红旗小学、逸夫小学各赠送了200本环境教育读本，得到了各位老师和同学的喜爱，从而有效扩大了保护区环境教育辐射面。

2. 为推进白马雪山保护区环境教育，积极调动当地社区居民参与到环境保护建设队伍行列，白马雪山国家级自然保护区管理局借助以社区环境教育为重点的自豪项目，于2010年3月，向霞若项目区的5个生猪喂养示范户发放了1000斤饲料，4月，在项目区的霞若乡采贡中心完小开展了两次活动。5月，在霞若张贴环境保护的海报500张，6月，组织夺松村30名社区居民，清理村口河岸沿线和公路沿线的垃圾。

3. 塔城景区接待中心的科普厅、影视厅的投入使用，不仅发挥了较高的科普教育功能，而且极大地提高了保护区的知名度。

4. 与东竹林寺等寺庙的宣教合作得到了加强。

5. 已完成科普教育电视专题片《探秘滇金丝猴世界》和4集自然保护电视系列片《召唤——国家级示范自然保护区白马雪山巡礼》的策划和撰稿工作。预计将在2011年拿出两个高质量的片子，向建党90周年献礼，把白马雪山的宣传推向更高的层次。

6. 全面落实了效能政府四项制度、阳光政府四项制度，完成了96128政府信息查询专线的建设，通过州人民政府信息公开网和阳光政府四项制度网宣传了保护区工作动态。

**【科研科普】** 1. 全面完成GEF项目竣工总结，做好项目经验的推广工作。GEF项目实施已有七个年头，2010年项目已进入最后的竣工总结阶段。根据国家林业局世行项目管理中心和省林业厅GEF项目办的要求，全面总结了项目实施七年来取得的成绩。并运用项目取得的成果，开展经验交流和示范项目推广工作。

2. 科研工作得到进一步加强，科研成果得到较好的应用。

与中华全国供销合作社昆明食用菌研究所、中科院昆明植物所合作的松茸生长及利用研究项目，经过连续5年对松茸的监测和研究，取得了重要的成果，并在国家核心期刊上发表论文2篇，得到有关专家的充分肯定。研究成果在松茸资源的保护管理工作中得到了较好的应用。与大理学院东喜马拉雅资源与环境研究所合作的滇金丝猴疫情防治项目有效地防止了响古箐滇金丝猴展示猴群寄生虫感染，确保了滇金丝猴国家公园的正常经营和管理。与中国科学院动物所合作的滇金丝猴行为学和遗传学的相关研究工作得到了进一步的深化，根据研究成果已着实开展响古箐猴群家庭认养的前期工作。

3. 积极开展项目的申报和组织实施工作，加大对自然保护事业的经费投入。年内共争取实施9个项目，其中国家支持的项目2个，国际援助项目3个，与科研院所合作项目4个。

在国家林业局的支持下，实施了财政补助资金项目《滇金丝猴栖息地保护及能力建设项目》，该项目投资100万元，主要开展滇金丝猴及其生境维护、科普宣教、保护管理相关设施维护、人员培训等。

经联合国开发计划署批准，组织实施了“滇西北滇金丝猴社区保护地项目”和“应用社区传统知识保护生物多样性和应对气候变化示范”两个全球环境基金小额赠款项目，项目总投资107.5万元，涉及农户374户，人口1 333人。项目的实施内容主要包括：制定《社区保护地管理办法》，建立社区参与资源保护的巡护体系，安装太阳能热水器、养蜂、种植中药材，举办种植、养殖培训；开展环境教育活动。

组织实施了国家林业局保护司支持的《滇金丝猴巡护监测项目》；欧盟支持的《建立梅里雪山国家公园生物多样性监测体系项目》等。滇金丝猴研究中心建设等有关重大项目的前期工作得到进一步的推进。

4. 在去年申报工作的基础上，在州政府的直接领导下，在两县政府和州级相关部门的大力配合下，进一步开展了白马雪山自然保护区功能区划及边界调整的申报工作，经过艰苦卓绝的奋斗，目前该项工作已通过国家环保部评审委员会的评审。

5. 认真组织开展了示范保护区建设实施方案的编制工作，并多次征求各方面的意见，对实施方案文本进行修改和完善，国家林业局组成专家组对实施方案进行了实地审查，得到了专家组的一致好评，为推动示范保护区的建设工作奠定了坚实的基础。

6. 加强业务培训工作，不断提高自然保护区干部职工的业务素质。举办了巡护监测培训、数据收集与分析处理培训、鸟类监测培训、生物多样性监测培训。参加培训的人员共计76人次。

7. 野生动物救护站投入使用，工作有成效。野生动物救护站在管理中要求巡护员进驻到工作一线的山中，并依据《巡护员管理办法》、《巡护员考勤管理办法》、《环保卫生制度》等进行管理，在全年举办了3期巡护员培训班，目前巡护员的管理能满足工作的需求。通过管护，展示群能相对固定在展示点区域，野生群没有回到响古箐区域干扰内群的生存，为安全展示奠定了基础。持续开展了滇金丝猴的人工辅助食物项目，对响古箐展示群进行了投食尝试，科研成果在实际运用中得到了巩固和提升。冬季投食食物的储备工作开展顺利。2010年3月展示群个别个体出现腹泻的现象，后确诊为寄生虫所致，目前经医治猴群的病情得到初步遏制，寄生虫的种类、致病机理、生活史已经初步掌握。根据需要分别在3、6、9月对猴群投喂了驱虫药，收到了明显的效果。

2010年7月份救护了2只灰林鸮雏鸟，经过精心救护喂养恢复健康，在8月份成功放归自然，这是救护站成立以来救护野生动物并成功放归的首例。

**【社区共管和对外交流合作】**　保护区及周边社区村民大部分居住在山高坡陡、自然条件很差的地方，无持续生计活动是他们脱贫致富的最大限制因子。因此，在项目活动中，保护区聘请了农林部门的专家，在霞若、塔城、柯那、格化箐等地进行了农作物栽培实用技术培训并推广玉米良种种植，进行了经济林木育苗栽培、病虫害防治、科学养蜂、松茸资源持续管理与利用等技术培训。社区居民生活条件的改善，减轻了自然资源的压力。德钦分局在云岭乡红坡村和叶日村实施了为期3天的资源管理及生态旅游培训，并安装了太阳能热水器30套。

**【加强党的建设和队伍建设】**　2010年，局党组认真贯彻落实中央和省委、州委的决策部署，以开展创先争优活动为契机，以党的执政能力建设和先进性建设为主线，扎实推进党的思想、组织、作风和制度建设，进一步增强了党的创造力、凝聚力和战斗力。局党组对保护区的中层干部进行了调整充实，对各支部党的建设提出了更加严格的要求。引导广大党员干部加强政治、文化、经济、科技等方面知识的学习，切实增强了广大党员、干部贯彻落实科学发展观的自觉性和坚定性，推动了整体工作。切实做到了“讲党性、重品行、做表率”，充分发挥党员的模范带头作用。把党组织建设成为了领导科学发展、坚持改革创新的坚强堡垒，为建设全国一流的国家级自然保护区奠定了坚实的思想基础和组织基础。

（毛　炜　董霞玲）

## 香格里拉普达措国家公园管理局

**【概述】**　2010年，普达措国家公园管理局在云南省国家公园办的业务指导下，以科学发展观为指导，紧紧围绕州委州政府下达的各项责任目标，结合本局实际，认真开展公园规划工作、保护工作、社区协调工作、做好公园的生产经营的服务工作，认真完成了《普达措国家公园管理条例》的起草修编上报工作，圆满落实了州政府公园社区旅游反哺政策，正确处理了公园社区的历史遗留问题，取得了一定的成绩。

至2010年末，本单位人员为14人，其中局领导四人，杨润明为局党组书记、杨丽华为局长，副局长2名：唐华、陈芳芬。管理局科室为：办公室、规划建设科、保护管理科、生产经营科和计划财务科。

**【完成公园规划修编调整】**　自2008年起普达措国家公园就着手按云南省国家公园的建设标准进行公园的总体规划修编工作。2010年11月17云南省省人民政府批准实施《香格里拉普达措国家公园总体规划》，为普达措国家公园的规划建设及管理工作提供了强有力的保障，此次规划将原公园1313平方公里控制面积调整为602.1平方公里，较为合理地调整了矿、电几大产业的规划矛盾问题。

**【公园保护工作】**　为做到依法开展公园的保护工作，管理局着重做了以下几方面的工作。一是继续开展了普达措国家公园管理条例的起草修改上报工作。条例的起草上报工作得到州委、州人大、州政府的高度重视，州人民政府成立了以州人民政府巡视员董继荣为组长的普达措国家公园管理条例起草领导小组。在州政府法制办、州政府研究室、以及相关部门的共同努力下，经过十余次的修改、两次组织州内相关部门较大范围内的听证修改、两次州人大主任会议汇报修改和两次到省人大汇报修改，《条例草案》经修改完善后按时按有关程序逐级上报，争取提请在2011年的人代会审议通过，并出台实施。

二是管理局在逐步认识国际国家公园先进保护理念的同时，积极组织引导公园社区群众，加大对国家公园保护理念的宣传教育工作力度，积极引导公园社区群众了解、认识公园整体保护的价值意义。增强广大公园社区群众的生态保护意识，使公园的整体保护工作得到了有效地推进。三是加强公园两个湖泊的水质监测工作，通过水质监测，管理局及时对旅游公司经营的碧塔海游船下发了整改通知迪普管发〔2010〕16号香格里拉普达措国家公园管理局关于继续整改碧塔海游船的通知，并督促检查整个游船整改的全过程。在公园社区工作组和旅游公司的共同努力下，最终于2010年8月25日验收并投入营运，同时加强了公园的护林防火工作，公园社区工作组与公园保护所一道广泛在公园社区群众中宣传了《森林防火法》和《森林保护法》，落实各项防火责任，层层签定了责任书，及时给公园旅游公司和保护所转发了迪普发〔2010〕31号文关于深入推进构筑社会“雪域防火墙”工程，坚决遏止重特大火灾事故的紧急通知，要求广大社区群众和旅游公司以此为戒，吸取教训，作好冬季公园的防火工作。

**【公园生产经营服务和监管工作】** 2009年以来，由于顺利完成了公园门景系统的建设任务，门景系统特产店、租衣、烧烤经营项目的收益成为群众最为关心的利益热点问题，加上公园建设时期政府的一些承诺由于没有得到落实兑现而造成了矛盾问题的爆发。公园内出现了集体堵卡、私拉游客和在门景门口群众性静坐的情况。管理局为了做好矛盾的化解工作，服务好公园生产经营工作，多次召开了群众大会、走村到户，耐心说服群众、教育群众，妥善地处理了经营公司与社区之间的利益矛盾问题，为公司正常的生产经营活动做了大量的服务工作，为公司完成年度经济目标任务发挥了积极的作用。

**【公园社区的协调稳定工作】** 公园社区管理工作是公园管理工作的重点，也是管理工作中的难点、热点问题。公园内的保护、规划、经营、社区管理各项工作都涉及到群众的利益。随着公园社区发展稳定的需要，管理局继续落实州政府批准的普达措国家旅游反哺社区实施方案，该实施方案涉及两个乡镇，23个村民小组，821户3 794人，2010年兑现社区补偿资金达500多万元。公园社区管理协调工作得到了上级的认可和群众的支持，为公园的生产经营工作提供了比较稳定的经营环境，为完成公园年度的经济责任目标起到了积极的作用。

根据州委、州政府认真排查处理好公园组建以来，在公园社区中长期存在的各种利益矛盾和历史遗留问题的批示的要求，管理局及时组织社区工作组深入公园社区，认真组织开展了排查和调研工作，通过核实排查共查出七件政府曾经承诺而长期得不到落实、兑现的历史遗留问题。时处公园四村村委会主任的意外出事后，公园又处于旅游黄金季节之时，公园内旧矛盾和新问题交替不断，即将造成全村上访的格局，给管理局和社区工作组带来了很大的工作压力。但在州委、政府主要领导的高度重视下、政府主管领导的亲自带领下，在相关部门的积极配合下，在公园社区工作组的耐心细致的工作下，公园社区中所存在的七个历史遗留问题得到了圆满稳妥的解决，也得到了公园社区群众的理解和支持。

**【开展“创先争优”活动】** 2010年，管理局根据州委、政府“创先办”的要求，积极开展“创先争优”活动、“千促”活动，支持中维公路建设，全力落实党风廉政、综治维稳及其它各项目标责任。加强单位内部管理，重视党员和干部队伍的学习，增强了党员干部立党为公、执政为民的自觉性和坚定性，增强了工作的积极性、主动性。使管理局的领导班子、党员队伍、工作机制、工作业绩和各项目标责任都得到了群众和上级的认可。

**【表彰】** 2010年7月，宝福浩同志荣获州委表彰的“优秀党务工作者”称号。

（宝福浩）

## 梅里雪山景区管理局

**【创先争优活动】** 2010年，按照州委的统一部署，积极开展创先争优活动，深入推进学习型党组织建设活动，法制政府、责任政府、阳光政府、效能政府四项建设得到明显加强。在活动中，局班子不断加强学习，开阔思路，深入景区社区和省内州市景区开展调研，扎扎实实地探索梅里雪山国家公园管理与开发模式。

**【调研活动】** 2010年5月，局班子深入景区核心社区进行社区生计产业调研，为编制《梅里雪山国家级风景名胜区社区产业发展规划》做准备。研究景区社区的生计产业将有效地促进景区资源的保护。

【项目规划】 委托云南省城乡规划设计研究院编制了《三江并流国家级风景名胜区梅里雪山景区控制性详细规划》，编制了《三江并流国家级风景名胜区明永载人旅游索道工程可行性研究报告》和《三江并流国家级风景名胜区西当载人旅游索道工程可行性研究报告》，按照程序进行了专家论证和意见征求，报请住房和城乡建设部审批。

【培训活动】 在2010年7月间由省国家公园办公室委托白马雪山国家级自然保护区管理局开展了“梅里雪山国家公园生物多样性监测培训”，管理局4人、经营公司派出3名管理员、社区2名护林员共9人参加了培训。此次培训由承办方邀请了迪庆州著名生物学家潘发生教授、迪庆州著名鸟类学家格玛将初、白马雪山国家级自然保护区高级工程师赵卫东、白马雪山国家级自然保护区工程师（植物学学者）杨沛芳为培训班授课。培训班讲授了植物分类、辨别知识和鸟类知识及监测样地、样线等方法。这是梅里雪山景区培养科技力量走出的第一步。

【科研活动】 2010年10月中下旬，在潘发生教授的指导下，白马雪山国家级自然保护局组织6名专家和技术力量，在梅里雪山国家公园的核心区明永、斯农、布村、西当和雨崩设置了5条样线、10块样地。5条样线主要监测人为利用情况，如放牧、绿肥采集、薪柴砍伐、林下产品采集（菌类和野生果实）、旅游活动等。10块样地主要监测：云南松和华山松，高山侧柏，针阔混交林，冰川迹地，白刺花，头花香薷，黄背栎，黄果冷杉，急尖长苞冷杉和高山草甸，其中白刺花、头花香薷是梅里雪山河谷地带的代表性物种，黄果冷杉也是代表性物种之一，其突出特点是在雨崩神瀑路途上有成片生长，据专家讲，这在云南是独一无二的。监测活动中记录的植物物种有77科162种，监测到的动物有25种，121只，主要是鸟类。

【立法工作】 为了规范风景名胜区内民居建设行为，改善土地和森林资源利用方式，切实加强对民居建筑文化的保护，在州法制办的大力支持下，从10月开始其草《迪庆州梅里雪山国家级风景名胜区民居建设管理暂行办法》。

【环境宣教】 在“十一”黄金周期间与大自然保护协会共同组织开展了“低影响旅游”宣传活动，向西当和雨崩每户发放了马背环保袋，其中西当每户2个，雨崩每户3个，并建立了环保袋管理制度。期间，由云南大学、丽江师专师生组成的志愿者队伍还调查、收集了景区垃圾量化信息，根据这些数据，深圳环境专家撰写了《梅里雪山国家公园环境状况（垃圾）调查技术报告》，分析了垃圾管理上存在的问题，并提出了改善措施。

【社区动态】 组织景区社区老年协会开展巡护活动。斯农老年协会是一个十分关注环境保护和宣传教育的老年组织，其成员中有在当地深孚众望者，也有传统知识权威，社会公益事业积极分子。协会自成立以来针对盗猎、林木砍伐开展了多次巡山活动，解除了上百套钢丝扣，还对森林资源保护提出了良好的建议。基于老年协会的积极作用，向云南省绿色基金申请了巡护项目，在项目资金的支持下，开展了巡护技能培训。

【设备建设】 向省国家公园办公室申报《迪庆州梅里雪山国家公园生物多样性监测项目建议书》，获得了项目资金10万元，用于监测设备、装备购置和活动工作。

【宣传工作】 梅里雪山蕴含丰厚的文化积淀，局班子十分重视对传统文化的挖掘和研究，出版了大型主题画册《乃钦卡瓦格博》；编辑出版长篇笔记体地理散文《雪山之眼——卡瓦格博神山文化地图》。编辑《康区大圣地卡瓦格博志仙人授记之太阳》，藏汉双语对照，将于2011年出版。

（扎西尼玛）

# 气　象

## 气　象

【深化体制机制改革】　2006年以来，迪庆州气象局在上级业务主管部门的领导下，加快了体制、机制改革，完成了迪庆州气象局机关和直属事业单位的改革，进一步理顺气象业务运行机制。其中2007年迪庆州气象局地面气象测报业务从州局独立出来成立香格里拉县气象局，形成迪庆州气象局辖维西、德钦和香格里拉三个县气象局和一个香格里拉大气本底站的机构体系，体制和运行机制进一步完善。

【综合环境改善】　“十一五”前期迪庆州气象部门加快台站综合设施的改造，州局和三县局办公楼和业务用房进行全面的装修改造，办公设备进行全面的升级，所有业务用机全部升级更新，各站观测场环境作了标准化建设和改造，大气本底站完成第一阶段的各项工程建设，工作人员从活动板房搬入新建的工作生活用房，整个面貌发生较大的变化。

【气象文化成果】　近几年来迪庆州各气象台站和个人在气象服务方面多次受到当地党政府部门和上级主管部门的表彰奖励；多次参加行业和地方文艺汇演及各类竞赛活动，并多次获奖。各气象台站气象科技档案先后达到国家“四星”和“五星”级标准。全州保持州级文明行业称号，州气象局和德钦、维西县气象局连续获得省级文明单位称号，州气象局于2010年被云南省气象局推荐参加申报全国气象文明标兵台站并获成功。

【气象现代化建设】　“十一五”期间，迪庆州气象局在上级气象部门和州委州政府的大力支持下气象现代化建设有了质的突破。监测方面沿续40多年的常规地面气象观测业务逐步由人工观测转轨到自动化监测，数据报文的传递实现从电话报送到程控网络传输的飞跃。在全州范围乡镇一级建立了气温、降雨二要素自动气象站31个和六要素无人自动站2个。预测预报方面，通过MICAPS系统的多次升级和“县级天气预报集成系统”的运用，保障预报资料数据网络调取和卫星接收和丰富预测预报的基础信息。开展预测预报基础业务平台和数值预报产品释用系统，有针对性地开展了滑坡泥石流、雪灾、干旱等多发气象及衍生灾害的研究工作，提高天气及气象灾害的预测预报能力。通过网络实现与上级业务部门实时天气会商，预报准确率有了明显提高。办公方式有大的改变，部门和单位间基本实现横向纵向无纸化办公，培训、会议可通过远程视频的方式实现。

【公共气象服务】　“十一五”期间为做好为迪庆经济快速发展的气象服务工作，迪庆州气象局积极开展了提升公共气象服务能力的建设工作。在现代化硬件建设的基础上，通过自动集成、分析制作多样化、精细化天气预报，开展电视、手机短信、农村气象综合信息平台、网络等预报产品发布系统的建设工作，各类预报产品的传播可采用多种渠道方便快捷的发布，及时向社会提供服务，服务能力大大提高，在地方重大社会活动和抵御重大气象灾害中发挥越来越重要的作用。“十一五”期间，先后完成干旱、雪灾、冰雹、大风、低温冷害等气象灾害和森林火灾、滑坡泥石流等气象衍生灾害的预报预警课题项目，并将成果转化到相应的气象业务、服务当中。出色地完成2008年奥运火炬接力传递、2010年“康巴艺术节”等大型活动以及重大工程建设项目的气象保障服务工作，气象服务越来越受到地方政府和当地人民群众的关注。

【气象防灾减灾体系建设】　随着社会的发展，气象防灾减灾的工作日趋重要，社会的需求越来越高、依赖越来越强，为了更好地适应社会需要，通过贯彻落实国务院3号文件和云南省人民政府

67号文件精神，2007年6月迪庆州人民政府下发了《迪庆藏族自治州人民政府关于加快气象事业发展的决定》，2010年《迪庆州人民政府气象防灾减灾建设实施意见》等相关文件的出台给迪庆气象防灾减灾工作带来极大的推动力。迪庆州气象局与国土、林业、农牧等气象灾害防御相关部门建立了应急联动机制；全州各乡镇建立了二要素自动气象站、气象信息电子显示屏和气象信息员队伍；启动了《香格里拉县气象灾害防御规划》的编撰工作和《迪庆州人工影响天气体系建设》工作。

**【应对气候变化取得进展】** 应对气候变化是一个新的课题，在上级气象部门和地方政府的大力支持下建起了香格里拉大气本底站，并初步完成西南区域大气本底站第一阶段的各项工作任务，开展大气监测项目3类10项和初步应用，为国家在应对气候变化工作方面提供了大量准确及时的科学监测数据。同时迪庆州各级气象台站增加了紫外线监测项目，在为应对气候变化作各方面的探索工作。

**【“十一五”期间主要气候特征】** “十一五”期间迪庆气候出现极端异常，在高温、干旱、低温雨雪冰冻等方面尤为突出，总体上呈现出暖热少雨和各类气象灾害频繁发生这样一种气候特征。“十一五”期间全州气温普遍偏高0.6～1.5℃，其中多项温度和热量指标创下新的历史记录；年降水量普遍偏少130～240毫米；暴雪、风雹、滑坡、泥石流、雷击、春夏干旱和暴雨洪涝等频繁，气象灾害造成的经济损失较大。从光热水等农业气候资源综合配置上，“十一五”期间总体上是一个农业气候年景较好的时期。

**【“创先争优”系列活动】** 按照省委和中共迪庆州委开展创先争优系列活动的安排和部署，认真制定了《迪庆州气象局深入开展创先争优活动实施方案》、《迪庆州气象局推进学习型党组织建设工作方案》、《迪庆州气象局推进学习型党组织建设宣传报道方案》等实施方案，严格按照州委的安排部署和规定要求，认真组织开展各项主题实践活动，扎实抓好各个阶段的每一项活动内容。努力构建“以局党组为主导，支部为基础，广大党员为主体，理论武装和培训学习为主线，提高政治思想素质和促进工作为主旨”的学习体系，建立和完善学习制度保障与服务体系，进一步提升党组织和广大党员学习能力和水平，增强党员自主学习、主动创新意识，形成重视学习、崇尚学习、坚特学习的良好风气。通过系列活动的开展，充分调动了广大党员干部职工的积极性，增强了干部职工全心想事、用心谋事、尽心干事的责任心和自信心，形成了全州气象干部职工上下力争上游、创先争优的良好风气。

**【抓落实见成效】** 为切实把《云南省人民政府关于进一步加强气象防灾减灾能力建设的意见》作为2010工作主要落实到位，州局党组多次召开办公会议，结合迪庆州实际，认真安排部署，并根据州政府的要求，将各项工作任务分解到各相关单位和部门实施完成。为做好《迪庆州人民政府气象防灾减灾建设实施意见》的宣传工作，迪庆州气象局将贯彻落实《意见》精神与实施《气象防灾减灾条例》紧密结合起来，围绕抗旱救灾气象服务和汛期气象服务工作和借助迪庆州科技局主办的科技活动周，制作了大量精美的宣传材料和图片进行了广泛宣传，进一步提高全社会的气象灾害防御意识，促进建立政府统一领导、部门密切协作、社会广泛参与的气象灾害防御体系建设。2010年根据香格里拉县气象局的要求，香格里拉县人民政府下发了《香格里拉县人民政府关于建立农村气象灾害防御体系的通知》，并承担起编撰《香格里拉县气象灾害防御规划》的工作。加强制度建设，进一步健全业务、服务、创收、财务、党风廉政建设、精神文明、安全、人事、老干、学习、宣传、假期等全局性的管理规章制度和考核办法。积极做好社会管理职能，多次组织开展各类形式的防雷知识宣传活动，进一步提升了广大人民群众的防雷安全意识；积极响应州委、州政府“千名干部进村入户促民族团结进步”的号召，派出 名科级干部到一线开展促民族团结进步活动。

**【编制“十二五”规划】** 2010年是总结“十一五”规划的最末一年，是迪庆州气象事业发展承前启后的重要发展阶段。为认真做好“十二五”发展规划的编制工作，州局层层分解任务，先是充分做好“十二五”规划编制的前期准备工作，紧密结合迪庆州情及高原生态气候实际，切实树立机遇意识、发展意识、大局意识、责任意识、忧患意识，积极争取将气象“十二五”规划列入地方“十二五”规划，努力向地方和上级部门争取项目；二是精心策划，较好地完成“十二五”发展规划的撰写工作；三是根据云南省气象局及地方政府有关文件通知精神，结合迪庆森林防火及各类气象服务工作的需要，编制了《迪庆藏族自治州气象局人工影响天气体系建设项目可行性研究报告》和根据德钦县委、县政府关于建设“新德钦”的思路及发展目标，德钦县气象局设计完成了“一站两址”的发展规划和项目建设申报工作。

**【基础业务】** 2010年全州地面测报工作杜绝了重大责任性事故的发生，总基数为48 130.75个，错情16.1条，错情率为0.33‰，达到了省局下达的指标；报表错情3.0条，与去年持平；大气监测站数据上传率达到了99.57 %；区域站数据上传率58.61 %，没有达到云南省气象局要求的上传指标。2010年全州晴雨天气预报准确率为80%，一般天气准确率为71%，重要天气（大雨大雪、暴雨暴雪）准确率36%。

**【大气本底站各项工作进展顺利】** 2010年香格里拉大气本底站在中国气象科学院大气成分中心专家的指导下，先后安装调试完成了$CH_4$、CO、$CO_2$、$NO_2$等的气象要素梯度观测项目、双通道色谱仪和高压配气系统，本底站观测系统建设的进一步完善，填补了我国西南地区大气成分温室气体在线观测的空白。同时，积极开展大气成分监测合作项目，与中国气象科学院共同开展了痕量气体太阳反射光谱观测和与中国科学院合作开展了大气中汞含量观测，开展了“大气成分观测公报”、《气候变化对重点行业影响》等分析评估报告。

**【梅里雪山无人自动气象站建成并投入运行】** 德钦县气象局在县委县政府及省州气象主管部门的统筹规划和帮助下，先后完成了飞来寺机场前期建设气候可行性论证、选址和梅里雪山无人自动气象站建设的一系列工作，至年底梅里雪山无人自动气象站建成并投入业务运行。

**【人工影响天气】** 2010年2月17日，迪庆州人工影响天气中心抓住有利时机联合三县局开展人工增雨作业，共发射火箭弹244发，全州普降小雪，局部降下中到大雪，干旱和森林火险暂时有所缓和。3月1日再次组织开展全州性的人工增雨（雪）抗旱作业，此次发射人工增雨火箭弹72发，全州普遍出现中等以上强度降水。其中，高海拔地区降雪量10～25毫米，积雪深15～20厘米，澜沧江河谷沿岸降水量10～45毫米，金沙江河谷一带降水量5～10毫米，旱情再度得以缓解，两次有效的人工影响天气作业，极大地缓解了的旱情，对春耕春播和抑制森林火灾起到了重在作用。人工影响天气工作受到了各级政府及广大老百姓的一致好评。年底，迪庆州气象局被迪庆州人民政府评为2006～2010年迪庆州森林防火先进单位，香格里拉县局局长高中平被评为2006～2010年迪庆州森林防火先进个人。

**【农村综合信息服务系统建设】** 为全面推进农村气象综合信息服务系统建设，解决气象综合信息发布“最后一公里”问题，迪庆州气象部门在上年工作的基础上，先是促成政策文件的出台，为全州农村综合信息服务系统建设打下了良好的政策依据；其次业务人员克服公路施工交通不便等困难，在行政村一级新安装气象信息电子显示屏65块，至年底，全州已安装农村气象综合信息电子显示屏99块。

**【开展抗旱气象服务】** 2009年入秋以后降水偏少，2010年干旱发生早，抗旱成为2010年上半年云南全省压倒性的工作。旱情发生后，州委、州政府高度重视，把抗旱救灾工作作为一项重要而紧迫的任务。迪庆州局积极备战，以高度的责任心和使命感全身心投入到抗旱救灾的实际工作中。2月26日，迪庆州局积极响应云南省气象局发布的重大气象灾害Ⅰ级应急响应命令，当天就启动了重大气象灾害Ⅰ级应急响应，要求全州气象工作人员把抗旱工作作为当前气象工作的重中之重，取消所有休假，各县局及州人工影响天气中心积极做好车辆、弹药、通讯等的管理、调度与检修工作，以备适时开展人影作业。与此同时，制定出清晰的组织保障及工作流程，将工作任务分解到科室和个人，全力推进抗旱救灾气象服务工作。为了较详细了解旱情，迪庆州局分别在2月17日和3月10日两次派出调查小组到干旱较重的尼西、小中甸、金江、上江等乡镇实地进行土壤墒情调查，指导当地农牧民抓住有利天气抢墒抢播。

**【公共气象与气象科技服务】** 气象服务是气象部

门的立业之本，做好气象科技服务是气象工作永恒的主题。按照气象服务“三满意”的要求，充分利用电视、网站、手机、电话等介质为公众及时发布各类天气预报和预警，竭力做好预报服务。2010年共发布道路结冰黄色预警信号2期，干旱红色预警信号3期，暴雨蓝色预警信号1期，雷电橙色预警信号3期，雷电黄色预警信号5期，重要气象信息及时通过决策短信平台以手机短信的形式向相关单位领导发布。一年来，制作气象影视节目365期，通过电视台发布气象预警信息2期；手机短信平台共发布营销短信200多条、气象服务信息1 460条、气象预警信息16条；在迪庆报发布公众气象服务信息1 460条；更新发布农业气象信息340期（次）共1 360条，各类农产品价格信息962条；组织录制第六届康巴艺术节暨迪庆州民族团结节具有节日特色的天气预报影视节目9期；5月香格里拉“赛马节”，向州体委制作专题服务材料2期；向州委州政府秘书科、接待处，共制作专题接待气象服务材料5期，电话咨询气象服务十余次；元旦、春节、清明、端午、劳动等节日，在天气预报影视节目片头，向公众播报节日天气情况。州气象局与国电、大唐水电公司，德钦县气象局与云南大唐国际德钦水电开发有限公司签订了气象服务保障协议。

**【气象科研成果】**　一是完成了与云南省气象局合作项目《中短期晴雨预报方法研究》，并实现向业务服务应用转化；二是完成了州局项目《迪庆州气象局预报评分系统》；三是完成了向迪庆州科技局申请的《迪庆州暴雨、冰雹、泥石流和山体滑坡等灾害监测预警系统的初步研究》项目；四是省局项目《数值预报产品能力检验及在乡镇天气预报中的应用》和州局项目《迪庆州景区天气预报系统》主要工作已经完成，进入结题阶段；五是向迪庆州科技局新申报了《迪庆州干旱监测、预报预警系统》和编制《香格里拉气象灾害防御规划》两个课题项目。同时，积极开展重要天气过程预报技术总结，完成了《迪庆2009、2010年冬春季干旱影响及成因分析》、《迪庆两次干旱转强降水天气过程分析》、《迪庆州冬、春季极端降水分布及“桃花汛”分析研究》、《2010年9月18日维西县永春、维登乡暴雨强对流天气过程分析》等基础性研究工作。

**【气候概况与评价】**　2010年春夏我国西南地区出现百年一遇的干旱，但迪庆是一个例外，全州全年气温高，热量丰富，降水充沛，各类气象灾害较少。从综合情况看，2010年是一个中上等气候年景。

平均气温　2010年年平均气温香格里拉7.3℃，比历年平均值高1.5℃；德钦6.2℃，属正常稍偏高；维西12.2℃，偏高0.6℃。全州年内各季平均气温总体偏高，其中香格里拉和维西全年各月均正常至偏高，偏高最大的月份达到1.5～2.4℃；德钦4月偏低1.0℃，其它月份正常至偏高。

最冷、最热月气温　2010年最冷月香格里拉出现在1月，月平均气温－1.3℃，偏高1.8℃，德钦和维西出现在12月，分别为－0.5℃和5.0℃，属正常，总体上2010年全州是一个暖冬。最暖月全州均出现在7月，月平均气温香格里拉15.1℃，德钦14.3℃，维西19.4℃，全州最暖月平均气温普遍偏高0.7～1.6℃，其中香格里拉与历史最暖的2009年持平。

极端气温　2010年极端最低气温香格里拉－15.2℃，德钦－9.5℃，分别出现在1月3日和2日，维西－4.3℃，1月2日和12月21各出现一天。极端最高气温香格里拉24.5℃，德钦24.0℃，维西29.5℃，分别出现在7月31日、8月16日和5月23日，2010年全州极端最高和最低气温较常年偏高。

日照时数　2010年年日照总时数香格里拉1 893.6小时，是年日照时较少的年份之一，比历年平均少277.7小时，偏少12.8%；德钦1 818.6小时，属正常稍偏少；维西1 661.6小时，为有气象记录以来最少，比历年平均少405.2小时，偏少19.6%。2010年全州大部地区日照总时数属历史最少的年份之一，全州春季和秋季日照时数较常年严重偏少，偏少幅度达20～40%，其中维西4～6月日照时数为历史最少。

日照百分率　年日照百分率香格里拉45%，德钦40%、维西39%，年日照百分率全州普遍偏低4～6个百分点。年内全州年日照百分率冬、夏季属正常，春秋、季偏低20～45个百分点。

降水量　2010年年降水量香格里拉705.5毫米，偏多69.4毫米，偏多11%；德钦937.7毫米，创历史最高记录，是历史最少年1983年373.4毫米的2.5倍，比历年平均值多242.6毫米，偏多35%；维西1 266.9毫米，是1956年以来的最大年降水量，是历史最少年1960年707.1毫米的1.8倍，比常年偏多304.8毫米，偏多幅度达31.7%。年内香格里拉4、5、7、10月偏多25～40毫米，1～4月和12月降水偏少5～15毫米，其它月份正常；德钦1、2、6月和11月偏少10～20毫米，3、4、8月和10月偏多20～50毫米，其中4月雨量234.2毫米，创历史同期最高记录，是历年平均值的4倍，其它月价属正常；维西1月无降水量，3月和8月偏少25～30毫米，8月正常，其它月份不同程度偏多，其中4月雨量229.5毫米，是近35年来的最多，是历年平均的2.6倍，9月、10月偏多50～90毫米。2010年降水的时空分布德钦和维西春夏季雨量较多，香格里拉集中在夏季。

降水日数　≥0.1毫米年降水日数香格里拉146天，德钦165天，维西171天，普遍偏多8～12天。≥10.0毫米年降水日数香格里拉22天，属正常，德钦和维西分别为31天和46天，偏多11—12天。≥25.0毫米（大雨）以上的降水日数香格里拉2天，属正常，德钦和维西分别为7天和14天，是常年的2.3倍和1.8倍。日降水量≥50.0毫米以上暴雨强降水灾害性天气维西出现1天。

日最大降水量　2010年一日最大降水量香格里拉42.8毫米，出现在7月18日；德钦42.3毫米，出现在4月23日；维西65.0毫米，出现在2月18日。全州一日最大降水量属正常，出现时间偏早且各不相同。

最长连续降水日数　最长连续降水日数香格里拉14天，出现在7月22日至8月4日，累计降水量98.9毫米；德钦15天，出现在7月14～28日，累计降水量118.8毫米；维西14天，出现在3月26日至4月8日，累计降水量124.6毫米。全州最长连续降水日数及其降水量属正常。

最长连续无降水日数　最长连续无降水日数香格里拉47天，出现在1月2日至2月17日；德钦43天，出现在1月2日至2月13日；维西56天，出现在2009年12月21日至2010年2月14日。全州最长连续无降水天气日数属正常。

雪　2010年香格里拉4月26日终雪，11月4日初雪，年内共有降雪日45天，有积雪日11天，最大积雪深19厘米，出现在3月3日；德钦4月26日终雪，11月14日初雪，年内有降雪日47天，有积雪日25天，最大积雪深度18厘米，出现在3月4日；维西2月18日终雪，本年度未出现降雪天气，年内有降雪天气1天，有积雪日数4天，最大积雪深14厘米，出现在2月18日。全州降雪天气与积雪日数属偏少年份。

霜　香格里拉4月29日断霜，10月29日初霜，无霜期182天；德钦4月29日断霜，10月27日初霜，无霜期180天；维西3月27日断霜，11月5日初霜，无霜期222天。全州无霜日数较常年多40～60天。

地温和冻土　香格里拉地面平均温度10.2℃，地面极端最高、最低温度分别为58.2℃（6月29日）和－13.9℃（1月22日）；浅层5～40cm地温为10.2～10.5℃；深层0.8～3.2m地温为10.7～10.8℃。香格里拉3月22日土壤融冻，12月2日冻结，年内最大冻土深度6厘米，出现在1月共11天，土壤融冻期属最长、冻土深度属最浅的年份之一。

雨季　2010年雨季开始期香格里拉在5月25日，较常年提早15天；德钦在5月9日，维西在5月11日，雨季开始期德钦、维西较常年提早1个月。雨季结束期全州同在10月19日，较常年晚20天。雨季长香格里拉148天，德钦164天，维西162天，全州雨季比常年长20—45天。雨季累计降水量香格里拉596.6毫米，占全年总降水量的84.6%，德钦565.0毫米，占全年的60.3%，维西807.1毫米，占全年63.7%。2010年雨季降水量香格里拉和德钦偏多100—120毫米，维西偏多250毫米，全州长雨季和降水量属最长、最多的年份之一。

热量　2010年农耕期（≥0.0℃）香格里拉2月6日至12月2日共297天，活动积温2 740.0℃；德钦2月21日至12月1日共284天，活动积温2 431.6℃；维西全年可耕作，活动积温4 453.0℃。牧草及喜凉作物生长期（≥5.0℃）香格里拉4月9日至11月4日共210天，活动积温2 446.5℃；德钦4月29日至11月2日共188天，活动积温2 133.4℃；维西2月20日至12月15日共299天，活动积温4 025.6℃。喜温作物生长期

（≥10.0℃）香格里拉5月17日至10月5日共142天，活动积温1 924.3℃；德钦5月18日至9月29日共135天，活动积温1 740.4℃；维西4月28日至11月4日共191天，活动积温3 172.8℃。水稻抽穗扬花所需的≥18.0℃的天气维西有70多天，在6月17日稳定通过≥18.0℃，但在7月18～20日日平均气温下降到16.9～17.9℃，7月17日再次稳定通过18.0℃至8月30日止，两次通过≥18.0℃共72天，活动积温1 384.6℃。2010年全州各界限温度开始日期普遍偏早，结束日期偏晚，持续期和活动积温属历史最长与最多的年份之一。

气象灾害　2010年迪庆主要气象灾害有冬春干旱，夏季风雹和涝灾。2010年春、夏西南地区的干旱成为全省和全国人民关注的重点，但是迪庆在关键时候的几场大雪有效地控制了干旱的大面积发生，旱灾仅部份乡镇较重。2010年局部风雹灾害较重，7月31日南部金沙江沿线出现罕见暴雨、冰雹和大风，上江乡遭受特大冰雹袭击，冰雹持续时间长达40分钟，造成该乡农作物大面积受灾，重灾区良美村90%以上农作物受灾，部分农户的房屋、太阳能设施受损，木高、福库、格兰、仕旺等4个村委会农作物也不同程度受灾，灾情造成全乡2410户农户受灾，农作物受灾面积达18 169.7亩，其中成灾15 939亩，绝收13 512亩，经济林木受灾18 178株，家禽受灾死亡250只，农户太阳能受损467台，房屋受损95平方米；同日，金江吾竹出现狂风暴雨，3小时降水量80余毫米，瞬间山洪暴发，部份居民小组玉米植株被大风夷平。2010年另一项重大灾害是人为因素造成的纳帕海洪涝灾，纳帕海因之前修建环湖公路众多隐蔽性天然落水洞被堵塞落水不畅，夏、秋季纳帕海及周边广大地区变成一片汪洋，新修建的环湖公路没入水底，大片农田和草场被淹没，农户被迫搬迁。

纵观迪庆2010年天气气候特点，一是全州气温高热量充足，降水空前充沛，农事关键期光热水配置良好；二是除干旱以外全州性的重大气象灾害相对较少，总体上是一个中上乘气候年景。

（龙立全）

# 水利水电

## 迪庆州水务局

**【概述】** 2010年，全水利工作深入落实科学发展观，以开展创先争优活动为动力，以建设民生水利为目标，水电投资完成24.7亿元，水利投资完成3.02亿元，水利水电投资完成合计27.72亿元，占目标任务（17亿元）的162.9%。全州水电新增装机容量14.66万千瓦，占目标任务（36.99万千瓦）的39.6%，全州总装机容量达80.37万千瓦，占目标任务（100万千瓦）的80.37%。征收水资源费365万元，占目标任务（290万元）的125.8%。建设完成骨干沟渠防渗及三面光处理12件，占目标任务（建设完成10件骨干沟渠）的120%，完成干支渠防渗59公里，占目标任务（40公里）的147.5%。解决2.6万人饮安全，占目标任务（2.6万人）的100%。完成水土流失治理面积55平方公里，占目标任务（50平方公里）的110%。中低产田改造完成4 000亩，占目标任务（4 000亩）的100%。建成121座小水池。全年向上争取落实水利资金3.02亿元，比2009年（2.5666亿元）增长17.73%，实现了向上争取资金总额比上年增长10%的目标。

年内，在调查研究的基础上，认真办理人大代表的建议、意见和政协委员的提案，办理人大代表建议、意见5件，政协委员提案1件。

**【水电开发工作】** 按照与州人民政府所签订的2010年目标责任，迪庆州水务局认真履行职能，做好水电开发监督指导及服务工作，努力督促水电开发企业抓好水电工程及投资进度，对俫马电站等5座电站建设项目进行了重点督促及指导，全州有俫马电站（6万千瓦）、浪都电站三级（1.8万千瓦）、下只恩电站（4万千瓦）、药山电站（0.46万千瓦）、茂顶河电站二级（2.4万千瓦）等5座电站投产运行，全州水电新增装机容量14.66万千瓦，全州总装机容量达78.7万千瓦。全州在建电站有19座电站，在建水电站总装机容量达47万千瓦，2011年全州有望实现百万装机。积极参与“两江”干流水电资源开发，积极配合做好金沙江中游河段龙头水库梨园电站、澜沧江干流上游里底、托巴电站前期工作。在督促抓好水电投资任务的同时，认真落实安全生产主体责任，对全州在建和已建水利水电工程进行了安全隐患排查治理，进一步规范了水利水电行业安全生产行为。结合安全生产专项治理工作，进一步规范、落实水利水电建设工程“三同时”制度，切实做到保护开发并重，促进合理开发利用水资源，推进全州水电产业健康快速发展。

**【农村水电工作】** 2010年抓好西部农网、电气化、小水电代燃工程以及解决无电地区用电问题，改善农村用电条件。2010年投资6 124万元实施完成了中西部农网及农网完善工程。投资2 575万元实施完成了无电地区电力建设工程，解决无电人口3 073户，15 365人。小水电代燃工程香格里拉安南电站主体工程于2010年10月正式动工建设，计划于2011年4月投产运行。建设完成“十一五”期间香格里拉县、维西县电气化建设批复项目，并通过了省级达标验收。

**【水利工作】** 2010年，抓住国家扩大内需机遇，迪庆州各级水利部门以解决民生水利为重点，全面加快了水利基础设施建设步伐。一是骨干水源工程“三库”建设取得新突破。根据州委、州人民政府确定的产业结构调整布局及项目重点，抓好小中甸水库项目、康思（金母芦）水库项目前期工作，抓实梨地坪水库建设项目，“三库”建设得到了有序稳步推进。2010年抓好小中甸水库相关手续报批工作，《小中甸水利枢纽工程项目可行性研究报告》已取得到国家发改委批复。康斯水库已完成可研报告的编写，完成钻孔、平洞、探槽、探坑的开挖等勘探工作。切实抓好犁地坪水库工程建设，犁地坪水库自开工以来至年底累计到位资金1.1495亿元，2010年完成投资1 593.23万元，累计完成设资1.3106亿元，占总投资额的96%。主体工程已基本完成，完成总工程量的94.9%，年底可下闸蓄水。二是安时安质完成了桑那水库补水工程、校区供水工程。桑那水库补水工程是迪庆州抗大旱、保民生的一件大事。按照州委、州政府安排，州水务局自2010年2月底至5月用两个月工期完成了桑那水库补水工程建设并投入使用，对缓解香格里拉县城区供水紧张发挥应有作用。工程设计引水流量为0.5m³/s，扬程55.65m，工程总投资490万元；根据迪庆州政府安排，自2010年3月15日～2010年7月21日，投资228.22万元完成了校区供水工程。工程供水量为每人110kg/日，用水量550m³/日，可解决4 000～5 000人用水。三是顺利完成水利建设任务。从人民群众最迫切、最关心的水利建设项目入手，着力改善农村生产生活条件和发展环境，切实加强组织领导，加大资金投入力度，广泛发动群众，切实抓好全州冬春农田水利建设工作，并取得了较好成绩。全州动工各类水利工程3 673件，完工3 672件。新增有效灌溉面积0.707万亩，改善灌溉面积4.73万亩，新增防洪除涝面积1.263万亩，建设高稳产农田7 752亩，新增蓄水量5457立方米。四是切实抓好干支渠防渗工程建设。2010年向上争取衔接落实干支渠防渗项目9个，落实东旺上游大沟省级资金150万元，香格里拉县金江大沟落实省级资金160万元，香格里拉县虎跳峡镇新仁大沟落实省级资金100万元，上江春独大沟落实省级资金120万元，德钦县佛山巴美大沟落实省级资金110万元，德钦县佛山云岭斯农大沟落实省级资金120万元，德钦县奔子栏达日大沟落实省级资金160万元，维西县四平大沟落实省级资金100万元，项目正抓紧实施。五是抓好安全饮水工作。作为水利建设的首要任务，安全饮水项目涉及到3个县、29个乡（镇）、188个村，2010年下达总投资1 092.8万元。完成投资498.392万元，建设饮水安全工程40件，解决饮水安全人口2万人。六是抓好小型农田水利重点县建设。完成了2009年第一批中央财政小型农田重点县维西县2010～2011年项目建设方案上报及批复下达工作，2010年下达资金1 600万元。为进一步争取中央财政小型农田水利资金投入，年初，积极编制完成了《2010年迪庆州中央财政农田水利重点县德钦县实施方案》编制上报工作，争取德钦县列入了第二批中央财政小型农田重点县，争取投资4 800万元。争取了香县东旺牧区灌溉增效示范项目落实资金150万元。

**【防汛抗旱工作】** 2010年初以来迪庆州和全省一样遭受旱灾，面对灾情，全州上下以高度的政治敏锐性和强烈的政治使命感，统一思想，提高认识，切实把思想和行动统一到州委、州政府的安排部署上，坚守岗位，广大干部职工坚持战斗在抗旱救灾第一线，深入到最困难的地方，深入到群众最需要的地方，全力以赴做好抗旱救灾工作。为确保群众生活用水，抓好农村人畜饮水应急工程建设。相继实施了金江镇新建村瓦金街、上江乡木高村尼嘎阁等人畜饮水工程。做好抗旱水利基础设施建设。以大型骨干水利设施为重点，以小水工程为补充，千方百计挖掘一切可用水资源，抓好抗旱水利设施建设。全年共投入水利抗旱资金1 500万元，完成水毁修复51件33公里、建设“五小”水利78件、干支渠防渗处理12公里。下拨运水车3辆，水泵10台，饮水管72 200米，柴油发电机2台。落实防汛行政首长负责制，实行24小时值班制，加强与水文、气象、省防汛业务部门的联系，为州防汛抗旱指挥部及时提供确切的雨情、水情、旱情。坚持防汛抗旱两手抓，全州投入防汛抗旱资金、物资、群众投工投劳以及投入材料价值合计2 122.03万元，确保了粮食生产安全。因准备充分、组织有力、投入到位，全州没有出现大的汛情及灾情。

**【水土保持工作】** 切实加强了公路建设、矿山开采、小水电开发工程建设项目的水土保持方案“三同时”落实工作，积极深入全州在建工程项目现场进行调研，对水土保持方案及“三同时”制度落实情况进行监督检查；严格审批水土保持方案，确保各项水土保持措施的落实，全年审批水保方案12件。防治相结合，抓好“长治项目”，认真落实小流域治理项目，治理水土流失面积55平方公里。全州水土保持工作渐趋规范化、制度化。

**【水政水资源和水利管理工作】** 全州水利部门利

用“世界水日”、“中国水周”等活动广泛深入地开展了水法规宣传工作，安排宣传经费2万元。高度重视依法行政工作，建立健全了科学民主的行政决策机制，完善了水行政执法责任制，认真实施政务公开、办事公开，依法行政工作步入规范化轨道。认真落实水利工程建设“四项”制度，严格开工报告审批管理，大力推行水利工程用水户协会参与水利工程建设和建后运行管理模式，水利工程建设管理和建后运行管理力度日益增强。积极推进水资源有偿使用制度，加大水资源费征收力度，全年征收水资源费365万元。加大对建设项目水资源论证力度，严把审批关，促进水资源的统一管理和优化配置全年审批水资源论证项目6件。

**【水利体制改革管理工作】** 抓好水务改革工作，推进城乡水资源统一管理格局，努力改变多龙管水，政出多门局面，继2008年德钦县成立了水务水电局，2009年维西县成立了水务局后，2010年根据《迪庆州委办公室、迪庆州人民政府办公室关于印发（迪庆藏族自治州人民政府机构改革实施意见）的通知》（迪办发〔2010〕14号）精神，成立迪庆州水务局，并根据《迪庆州人民政府办公室关于印发（迪庆藏族自治州水务局主要职责内设机构和人员编制规定）的通知》（迪政办发〔2010〕163号）明确迪庆州水务局职能职责、机构设置及人员编制，为全州实现城乡水资统一管理打下了基础。积极推进和支持成立农民用水户协会，参照《云南省水利工程供水价格实施办法》、《水利工程供水价格管理办法》的相关规定，对个别乡镇供水工程进行水价改革，加强水费征收及使用管理工作。在人饮安全项目建设中，按照三项制度改革的要求，加强落实管理制度，努力做到建设一件，落实管理制度一件。水利工程体制改革的不断深入，逐渐改变了“重建轻管”思想，全州水利工程建设和管理逐步走向良性运行管理的轨道；抓好各项水利资金使用情况的跟踪落实，特别是根据中央扩大内需项目“三个百分百”的要求，加大对扩大内需项目的督促指导，根据开展扩大内需项目检查活动的工作部署，对全州各县部分水利资金及项目进行了督查、绩效评估，并根据抽查情况督促各县对违规调整的项目及使用的资金进行整改。

**【水利水电项目前期工作】** 为争取国家和省对全州水利建设项目的投资扶持，切实抓好项目储备、建设，努力做到争取一批项目、储备一批项目。以理念创新为先导，以完善规划、落实项目为抓手，在编制完成《云南藏区水利发展规划》的基础上、编制完成《迪庆水利水电“十二”五发展规划》等综合规划，以及中小河流治理和中小水库除险加固、山洪地质灾害防治（水利部分）、易灾地区生态环境综合治理（水利部分）专项规划。完成《迪庆州2011－2015五小水利规划》、《迪庆州2011－2015水利科技发展规划》、《迪庆州西南五省重点水源工程近期建设规划》、《迪庆州水利工程水价改革“十二五”规划》。

**【效能政府四项制度建设工作】** 为进一步加强政府部门自身建设，建立高效、廉洁、服务政府，州水务局高度重视效能政府政府四项制度工作，努力做到坚持把效能政府四项制度与开展水利水电工作相结合，认真实施行政绩效管理制度、行政成本控制制度、行政行为监督制度、行政能力提升制度四项制度，使效能政府四项制度具体体现在日常工作中，真正落到实际工作上。通过推行效能政府政府四项制度，州水务局的工作效能进一步提升，服务质量和办事效率得到了增强。

**【党风廉政和综治工作】** 2010年，州水务局党风廉正建设工作按照年初与州委、州政府签订的2008年度党风廉正建设目标管理责任书的要求，坚持“两手抓，两手都要硬”的方针，在全体干部职工中认真学习贯彻各级党委、政府和上级业务部门党风廉政建设工作有关文件及会议精神，做好《中国纪检监察报》、《中国监察》等刊物的订阅工作。年初以来，学习、教育两手抓，在每次全局干部职工大会和全州水利水电工作会议上把党风廉政教育作为一项重要内容，开展警示教育，敲响警钟，要求每个干部职和每项工作要“干部安全、资金安全、工程安全”。为增强宣传教育的针对性和实效性，经常组织党员干部开展学习教育活动，深入学习《党章》及廉洁自律有关规定。党风廉政建设与学习实践科学发展观活动相结合，党员领导干部带头，在开展座谈，广泛征求意见的基础上，对党纪党风、工作作风、廉洁自律等方面进行了深刻的自我剖析和反思，并对存在的问题落实了相应的整改措施。党风廉政建设与重大决策听证、重要事项公示、重点工作通报、政务信息查询四项制度相结合，抓好阳光政府四项制度建设及落实工作，广泛接受人民群众监督，推进机关效能和行风建设。积极实施“阳光工程”，规范政务公开，省级部门下达的每批水利资金在《迪庆日报》上向全社会进行及时公布，自觉主动接受群众监督；严格基建工程管理，按照《迪庆州水利工程建设项目招标投标管理实施意见》，各项水利水电工程严格实行招投标。在人事任免上，严格按照党和国家有关任人用人标准及程序进行。认真开展“小金库”清理工作。严格执行上级规定部门预算、政府采购和公务接待等规定。认真抓好综治工作，开展好“平安单位”建设。

**【水利宣传工作】** 加大力度抓宣传、注重实效树形象。密切联系和配合电视台、报社宣传报道了防汛抗旱、重点项目、亮点工程、水利改革、重要会议等，办好《水利水电简报》，将全州重大水事信息报送到《迪庆信息》、《云南水利信息》，及时将水利水电工作动态登录在《迪庆州政府信息公开网站》。通过对全州水利水电工作的宣传，在全州树立了团结、务实、开拓进取的水利行业形象。

**【大事记】** 2009 年 9 月底至 2010 年 5 月，迪庆州持续晴热少雨天气，无明显降水，降雨量严重减少，年降水量偏少 31% 以上，迪庆州和全省一样遭受百年一旱灾。全州农作物总受旱灾面积达 23.71 万亩。受干旱影响，全州小春粮食总产预计 2.2 万吨，比上年减 1.57 万吨，减产幅度达 71.4%；农作物济损失达到 1.67 亿元；全州江河水量变小，有的出现断流，径流量同比减少 28%，造成全州 9.76 万人及 19.06 万头只大小牲畜饮水困难。

2010 年 7 月迪庆州水务局荣获中共云南省委、云南省人民政府授予的“云南省抗旱救灾先进集体”荣誉称号。

感 2010 年 12 月 28 日迪庆州水务局正式挂牌成立。

（杨玉军）

## 迪庆州发电有限责任公司

**【综述】** “十一五”期间，迪庆州发电有限责任公司在公司董事会的领导下，始终坚持依法经营企业、严格管理企业、勤俭办企业的方针和节能、降耗、挖潜、安全、高效节约的生产管理原则，充分依靠广大职工，进一步统一思想，凝聚力量，全面完成了年初职代会通过的各项生产经营目标，为迪庆的经济建设做出重要贡献。

“十一五”期间共计完成发电量 7.6 亿千瓦/时，上缴各种税费 2 533 万元，缴纳“五险一金” 1 253 万元，偿还贷款 3 177 万元，支付贷款利息 4 480 万元，购建固定资产投入 1 528 万元。

**【完成生产经营目标】** 2010 年计划上网电量 1.6 亿千瓦/时，实际完成 1.3204 亿千瓦/时。其中吉仁河电厂计划完成 1.59 亿千瓦/时，实际完成 1.1 亿千瓦/时；汤满河发电厂计划完成 0.23 亿千瓦/时，实际完成 0.2169 亿千瓦/时；新乐发电厂计划完成 0.105 亿千瓦/时，实际完成 0.0129 亿千瓦/时。未完成任务的主要原因是，受电网调度限负荷影响，设备处于半运行状态，严重影响发电企业的生产经营。

2010 年计划实现销售收入（含税）2 600 万元，实际完成 22 443 466.99 元；计划实现各种税费 380 万元，实际完成 3 261 016.57 元。2010 年计划完成检修及设备技术改造资金投入 215 万元，实际完成 13 万元。完成偿还到期逾期贷款 270 万元，支付贷款利息 570 万元。本年度亏损 3 189 226.52 元，累计亏损 17 333 202.65 元。

**【党建工作】** 迪庆州发电有限责任公司党总支委员会在迪庆州开发投资集团有限公司党委领导下进行工作。2010 年公司党总支委员会由于上一届党总支委员任期已满，党总支委员进行了改选，新一届党总支委员会经上级党委批准，党总支委员会由 5 人组成，公司总经理王文忠同志为党总支书记，田丽生同志为党总支副书记。党总支委员会下设机关党支部、汤满河发电厂党支部、吉仁河发电厂党支部、新乐发电厂党支部。2010 年共选送参加入党积极分子培训 15 人。新吸收积极分子入党 10 人，办理预备党员转正 6 人。

2010年，公司党总支委员会在上级党委的领导下，认真按照党的十七大通过的《中国共产党章程》第32条规定："国有企业和集体企业中党的基层组织，发挥政治核心作用，围绕企业生产经营开展工作。保证监督党和国家的方针、政策在企业的贯彻执行；支持股东会、董事会、监事会和经理（厂长）依法行使职权；全心全意依靠职工群众，支持职工代表大会开展工作；参与企业重大问题的决策；加强党组织自身建设，领导思想政治工作、精神文明建设和工会、共青团等群众组织"。公司党总支围绕公司生产经营开展工作，发挥政治核心作用。党总支加强了公司基层各种组织建设工作，把党组织的政治核心作用贯穿于企业决策、执行、监督的全过程。创新基层党组织活动内容和不断增强基层党建工作活力。一是优化党组织设置。保证企业的业务开展到哪里，党的组织就设置到哪里，党的工作就延伸到哪里。二是创新党组织活动方式和载体。三是重视做好在生产一线和青年职工中发展党员。

**【创先争优活动】** 2010年，迪庆州发电有限责任公司在州委的统一安排下，深入开展了创先争优活动。公司创先争优的总体要求是，认真贯彻落实党的十七届四中全会、中央第五次西藏工作座谈会和省委八届七次、八次全会及州委六届七次、八次全会精神，以邓小平理论和"三个代表"重要思想为指导，以深入学习实践科学发展观为主题，紧紧围绕把迪庆建成全国藏区跨越发展和长治久安示范区的目标，突出"反对分裂、维护稳定、促进发展"这个主题，明确"四个走在前列，特别是坚持科学发展，努力在经济社会发展上走在藏区前列"的任务；突出增强企业经济活力和竞争力，从公司实际出发，坚持改革创新，务求实效，使基层党组织努力做到"五个好"，共产党员努力做到"五带头"，充分发挥企业党组织的政治核心作用、基层党组织的战斗堡垒作用和共产党员的先锋模范作用，在推动公司寻求经济发展方式转变、加强和改进基层组织建设实践中建功立业。公司深入开展创先争优活动，要与深化"四好"（政治素质好、经营业绩好、团结协作好、作风形象好）领导班子创建活动和开展争创"四强"（政治引领力强、推动发展力强、改革创新力强、凝聚保障力强）党组织、争做"四优"，（政治素质优、岗位技能优、工作业绩优、群众评价优）共产党员活动有机结合起来，通过党员责任区、党员示范岗、党员攻关项目等发挥党员作用，进一步规范完善党建工作机制，开展"学习型班组竞赛"，"安全生产竞赛"等活动，推动企业改革发展，增强国有经济活力、控制力、影响力。

公司各部门、发电厂要从实际出发，突出特色，创新载体，注重实效，按照中央提出的"五个好"、"五带头"总要求和中央组织部、国资委党委提出的"四好"领导班子和"四强"党组织、"四优"共产党员的基本要求，紧密结合自身实际，进一步明确先进基层党组织和优秀共产党员的具体条件。

在开展"创先争优"活动中，公司党总支、党支部、党员分别作出公开承诺，并设立党员先锋岗，广大党员亮牌上岗，接受群众监督，充分发挥了党的战斗堡垒作用和党员的先锋模范作用。在"开展创先争优"活动中，公司充分利用会议、座谈会、宣传栏和布标等形式，使广大职工充分了解"创先争优"的重要性，积极营造比、学、赶、帮、超，积极向上的工作生产氛围。充分依靠党的基础组织的战斗堡垒作用和工会、共青团、妇女在群众中的桥梁纽带作用，利用节假日开展形式多样、健康向上的各种知识竞赛、岗位练兵、文娱体育活动，努力营造一个积极向上的生产生活氛围。

**【党风廉政建设】** 根据州委、州人民政府对公司党风廉政、综治维稳和创建平安单位的考核目标责任书，公司各发电厂是公司的重要组成部分。为落实好党风廉政、综治维稳和创建平安单位责任制，公司同各发电厂签订责任书，把党风廉政、综治维稳和创建平安单位同生产经营目标、安全生产目标同时考核、同时检查，推动公司各项工作全面展开。

2010年公司重点加强了对中层以上领导队伍建设和教育工作。中层领导是公司经营理念的传递者，又是具体的执行者；既是指挥员又是战斗员。如果中层管理者缺乏必要的工作热情和对公司的忠诚，那么，公司的经营理念、领导的决策在中层就会大打折扣。2010年公司通过加强对中层领导的教育培养和提高执行力的监督，推动企业健康、平稳、有序的发展，必须从提高中层管理者的积极性入手，加强中层管理者执行力的管理和监督，建立中层管理者的激励机制，按照德、能、勤、绩的标准全面综合考核，做到奖罚分明，形成“优秀干部有成就感，平庸干部有压力感，不称职干部有危机感”的良性循环和机制，推动朝着公司健康方向发展。坚持德才兼备，以德为先的用人标准。2010 年，公司认真学习贯彻了《中国共产党党员领导干部廉洁从政若干准则》，并将其贯穿于公司生产经营和党建工作全过程，把学习《廉政准则》与建设学习型党组织、学习型班子建设相结合。继续开展了党风廉政建设工作和治理商业贿赂工作，注重作风建设、思想建设。树立务实、高效、廉洁的领导作风。加强职工法制教育工作，营造一支学法、知法、守法的职工队伍，切实维护稳定和谐的生产生活秩序，坚决杜绝职工违法乱纪行为和参与各种违法犯罪活动，为藏区稳定和谐做出贡献。

**【技术设备管理】** 2010 年，公司着力加快企业技术进步，提高企业核心竞争力。公司针对各发电厂设备年限、制定不同的设备管理制度，把加强设备技术改造力度，走内涵式发展的路子作为公司生产经营的主要任务；加大设备改造投资力度。同时，采取送出去、请进来、在岗培训等多种形式，对职工进行技术技能岗位培训，加快培养一批创新型技术领军人才，着力提高广大职工技术技能水平和突发事件应急处理能力，切实提高了设备完好率和利用率。

按照年初检修计划完成了：①完成吉仁河发电厂 1#、2#机的 B 级检修（盘车、调瓦）。②完成吉仁河发电厂冷却水室的阀门更换。③完成汤满河发电厂 1#机 A 级检修。④完成汤满河发电厂 2#、3#、4#机 C 级检修及技改。⑤完成汤满河发电厂大坝值班室屋顶漏水处理。⑥完成新乐发电厂职工宿舍漏水及压力钢管防腐处理。⑦完成汤满河发电厂备用轴瓦及备用转轮的建工修复。⑧完成吉仁河备用瓦的修复。⑨完成吉仁河发电厂一台高压空压机的更换。⑩按规范完成汤满河发电厂、吉仁河发电厂的安全标示。

**【安全生产工作】** 公司根据生产实际需要，在每年年初均实行层层签定安全生产责任状，建立健全安全责任制和安全管理网络。坚持“以人为本讲安全”，大力推进班组安全建设。2010 年公司安全生产工作重点落实各种应急措施的实施，监督落实各项安全规范的措施执行情况，严格各项安全制度的落实。严肃查处安全生产有章不循、安全责任制流于形式、习惯性违章等现象，增强安全生产的紧迫感和责任感，围绕制度抓落实，形成机制，实现企业长治久安。始终坚持“安全第一、预防为主、综合治理”的方针，“严”字当头，认真落实安全生产责任制，加大反违章力度，严格查处违章者。公司还充分利用“安康标”竞赛、“安全生产年”、“安全生产月”活动为契机，全面提升职工安全健康意识和素质。①按季度要求工作重点，每月均到现场进行检查，②在吉仁河发电厂专门就班组建设及管理组织了一次讲座；③结合检修，要求值班人员积极参与技术提问及技术讨论，提出设备存在的缺陷，结合检修进行消缺处理；④加强了防洪渡汛的要求，规范现场技术台账的记录及信息报送制度。⑤完成安全月安全检查及安全月的相关活动。⑥组织吉仁河、检修班学习调度规程学习。⑦组织检修班学习《检修规程》、《检修管理条例》、《检修人员岗位职责》，并进行考试。⑧严格按照《电厂生产运行管理标准》、《电厂生产管理责任制考核实施细则》规范电站生产管理。

2010 年公司安全生产、综治维稳和创建“平安单位”分别通过了州委、州人民政府考核验收组验收。

**【财务管理】** 2010 年公司严格加强企业内部管理，严格财经纪律，严格控制非生产性支出，认真贯彻了《中共中央办公厅国务院办公厅关于党政机关厉行节约若干问题的通知》（中办发〔2009〕11 号文），严格控制非生产性支出、公务接待、公务用车的管理工作，坚决杜绝不合理支出，严格遵守国家财经纪律；积极完成和交纳各种税费。切实抓好企业财务制度管理，继续实施了企业年终审计制度，继续积极向上争取资金，拿出有限的资金加大设备技术改造力度，提高设备完好率和使用率，积极清理和偿还到期逾期贷款和利息，降低资产负债率，确保国有资产保值增值。

**【职工道德教育】** 2010 年公司继续认真贯彻学习了《公民道德建设实施纲要》、《职工手册》，公司把加强职工道德建设作为一项长期而紧迫的任务，培养职工牢固树立建设有中国特色社会主义的共同理想和正确的世界观、人生观、价值观，大力倡导“爱国守法、明礼诚信、团结友善、勤俭自强、敬业奉献”的基本道德规范，做有理想、有道德、有文化、有纪律的社会主义公民。全年职工受教育率均在95%以上。

**【爱心捐助】** 2010年去冬今春，迪庆州遭受了60年不遇的严重旱灾，给城乡居民饮水安全带来了较大困难，给工农业生产特别是春耕生产造成极大威胁，也给各族群众的生产生活造成极大损失。2月26日，州总工会、州妇联、团州委、州红十字会和州民政局五部门向社会发出了《抗旱救灾捐赠倡议书》。公司广大干部发扬了中华民族“一方有难、八方支援”的传统美德，心系迪庆灾情，积极开展献爱心捐款活动。公司在自身遭受干旱影响的情况下，捐出1万元。广大职工捐献6 671元，党员捐献3 250元，充分体现了公司广大职工的爱心和对社会的奉献精神，

2010年4月14日7时49分，青海省玉树藏族自治州发生7.1级地震，人民生命财产遭受严重损失。玉树地震灾害牵动着每一个中华儿女的心。迪庆州红十字会根据省红十字会的通知精神，紧急呼吁社会各界和广大群众，充分发扬“一方有难、八方支援”的优良传统和“人道、博爱、奉献”的红十字会精神，积极行动起来，捐款捐物，献出一片爱心。为使灾区人民早日战胜地震灾害和困难，恢复生产，公司广大干部职工积极宣传、带头捐款，向灾区人民奉献一片爱心，送去一份温暖，干部职工126人参加捐款，共计捐款7670元，捐款已通过州红十字会汇往玉树灾区。

**【扶贫帮困】** 2010年公司在经营十分困难的情况之下，拿出有限的资金对家庭困难的职工达瓦柒同志和身患疾病住院的退休职工冯泽慧同志进行了救助，逐步解决了职工因病住院和家庭困难等问题，发扬工人阶级互帮互济，团结友爱的优良传统，让职工感到社会主义企业的温暖，增强企业和工会组织的凝聚力，调动广大职工的生产积极性。

2010年公司工会积极向州总工会申请困难职工的困难补助，今年上报9份困难职工的困难材料，州总工会对4位特困职工给予了困难帮扶，全年办理了3位职工的大病医疗互助手续。

**【表彰】** 2010年4月16日，公司被州总工会授予“2010年抗旱救灾献爱心捐款活动贡献奖”。

2011年1月27日，公司被州人民政府评为2011年“安全生产先进单位”，并给予了表彰奖励。

2011年4月，公司被中共香格里拉县委、香格里拉县人民政府授予“2008年—2010年纳税先进单位”称号。

**【职工法制教育】** 为巩固“四五”普法成果，切实做好“五五”期间的法制宣传教育工作，进一步推进依法发电和依法经营工作，公司高度重视，认真规划全面部署“五五”普法工作。在2006年6月成立迪庆州发电有限责任公司“五五”普法工作领导小组，由总经理任组长，各部门、厂所负责人任小组成员。根据《州委宣传部、州司法局关于在全州公民中开展法制宣传教育第五个五年规划》，对“五五”普法工作进行了统一安排部署，形成了普法工作齐抓共管的良好局面。同时将普法依法治理工作列入了工作议事日程，做到了“三个纳入”：即纳入了2006年—2010年各年度工作计划；纳入了党支部和职工政治学习计划；纳入了年度工作目标考核。由于领导高度重视，公司“五五”普法依法治理工作做到了机构人员、工作和经费三落实。公司全体职工参加普及法律人数和考试合格率在95%。

公司领导工作方式已由单纯靠行政命令的领导方式向依法决策，依法管理，依法办事的新的工作方式转变。公司建立了重大决策前的法律咨询审核制度，凡属于重大决策、重要项目安排及大额度资金使用等，必须先进行法律咨询，实行决策先问法，确保依法决策、依法经营。

特别是明确了重大决策的程序和范围，凡属重大决策、重要事项、重要人事任免都要经集体研究决定。凡属重要决策需经职代会讨论的，一律提交职代会讨论通过。如企业的年度目标，岗位动态管理办法，经济责任制考核办法等涉及职工切身利益的事项都是经公司领导班子集体研究，职代会讨论通过才实施的。同时，依法推行民主管理和厂务公开。公司把民主管理作为企业科学管理的重要内容认真落实，依法开展三级民主管理。每年召开一次职代会，审议总经理工作报告和工会工作报告，审查财务工作报告、审计工作

报告，组织职工参与企业重大问题的决策。全面推行厂务公开、部务公开和班务公开，制定了《厂务公开和民主监督工作实施细则》，明确了凡属企业发展、劳资管理、安全生产与经营管理、领导干部廉洁自律情况、企业评先树模情况、与职工利益密切相关的有关费用使用情况等重大敏感问题都坚持全过程公开，接受职工代表的监督。厂务公开职工的满意度知情度均达到98.04%。

**【重要会议】** 2010年度1月21～23日，公司召开首届六次职工代表大会，总经理王文忠同志作了题为《加强企业内部管理，走技术进步之路，全面提升企业整体素质再上一个新的台阶》的工作报告，工会委员杨萍同志代表工会作了题为《围绕生产经营，创新工会工作，为推动公司发展和谐企业而努力奋斗》的工作报告。会议一致通过了2009年度的工作总结、2010年度的生产经营目标、安全生产目标等工作安排意见。

2010年1月25日，召开经理办公会议，会议主要研究了一是2011年春节前退休人员慰问工作的安排。二是2011年春节值班安排。三是安排到各厂进行春节安全检查工作和春节慰问工作。四是检查安排薪点工资方案制定落实的完成情况。

2010年3月1日，召开机关职工大会，总经理王文忠同志通报了2月份的生产经营情况。安排了3月份各部门要完成的各项工作任务，并要求形成文件，规定各发电厂生产负责人离厂规定和请销假制度。会议强调了安全生产工作，并提出了“当安全和生产相互矛盾时，一定要保证安全生产工作为前提”的要求。

2010年3月4日，召开经理办公会议，自2009年下半年起至2010年上半年，迪庆州遭受了历史罕见的严重旱灾，给灾区群众生活带来了严重影响，也给迪庆州工农业生产造成损失。会议传达了州委组织部、州总工会“关于在全州各级党组织和广大共产党员中开展“共产党员抗旱先锋行动”的通知和“抗旱救灾捐赠倡仪书。会议安排了抗旱救灾捐赠工作。

2010年3月26日，召开了由公司各部门、各发电厂负责人参加的“生产例会”。会议主要通报了1月—3月份的发电生产情况。各发电厂生产负责人汇报了设备管理、安全生产、职工培训等项工作。会议安排了第二季度设备改造、职工技能培训、安全生产等项工作。会议通报了各发电厂安全意识不强，运行人员应急措施不落实等问题。

2010年4月11日，总经理王文忠同志召集了公司副科以上部门领导人，并主持召开了会议。会议听取了安监部部长就各发电厂发电生产中存在的安全问题。会议通报了上一阶段在设备检修中出现的安全问题。会议要求各部门做好监管工作，切实落实安全生产问题。重中之重还是要抓好安全生产工作，会议安排了各部门近期要完成的各项工作，尽快完成吉仁河发电厂的检修工作。

2010年6月4日，总经理王文忠同志召集各部门负责人，并主持召开了经理办公会议。会议通报了1月—5月份的生产经营情况。新乐发电厂因公路施工影响而停运3个多月，整个生产经营形式较为严峻。会议要求各部门要发扬主人翁责任来搞好工作，团结一致，各司其职，共同面对困难。严格控制非生产性支出和公车等工作，高度重视生产一线工作，确保发电生产，切实与电网做好沟通协调工作，保证发电生产上网销售工作。

2010年6月21日，公司召开党员大会，会议主要内容为：一是贯彻上级党委关于开展“创先争优”活动和安排公司“创先争优”活动工作。二是宣读预备党员转正通知和批准加入中共预备党员人员的通知，三是改选党总支委员会。

2010年7月2日上午，公司召开第二季度生产会和上半年工作总结会议。会议通报了第二季度和上半年的生产经营情况、安全生产、设备管理、职工培训、党建工作、“创先争优”活动等各项工作。会议全面安排了公司“创先争优”活动工作和下半年的安全生产、设备技术改造、职工培训等项工作。会议特别强调了汛期安全生产工作，要求做好对重点部位、重点设备的巡查工作。

2010年7月2日下午，公司党总支召开党员大会，会议由党总支书记王文忠同志主持，传达学习了州委组织部企业工委关于开展“创先争优”活动的实施意见，组织学习了题为“争当时代先锋、永葆生机活力”的《人民日报》社论。

2010年8月11日，总经理王文忠同志召集部门负责人，主持召开了经理办公会议，专题研究公司职工福利待遇问题。

2010年9月1日，总经理召集部门负责人，主持召开了经理办公会议。会议一是安排布置了到各发电厂进行“国庆节”、“中秋节”安全大检查工作和“中秋”慰问工作。二是为解决基层职工住房问题，研究了职工全额集资建房问题，通过了“职工全额集资管理办法”，同时成立了“职工全额集资业主管理委员会”。

2010年9月14日，召开经理办公会议，会议听取各部门、各发电厂进行检查安全生产、“创先争优”、“综治维稳”和创建“平安单位”工作的开展情况。

会议要求一是对吉仁河发电厂、汤满河发电厂的设备问题要尽快处理，确保发电生产安全运行。二是继续开展好“创先争优”、安全生产、综治维稳和创建“平安单位”工作，加强职工思想政治工作，维护好正常的生活秩序，坚决杜绝职工违法乱纪行为，为创建平安藏区、平安企业作出贡献。

2010年9月20日，召开各部门负责人会议，总经理王文忠同志通报了1月—8月份的生产经营情况。研究了云南省投资公司1 000万元债转股问题。安排了第四季度各部门要完成的主要工作。

2010年10月13日，州政府调研组召集公司中层以上部门负责人，就公司成立后的体制、机制问题进行座谈调研。

2010年10月22日，公司召开第二季度生产会议，总经理王文忠同志通报了公司第三季度的生产经营情况，听了各部门、各发电厂生产负责人的工作汇报。会议传达学习了州委副书记杨铭书同志在建设学习型党组织会议上的讲话。

2010年11月11日，召开经理办公会议，会议就公司资金、安全生产等问题进行研究。会议要求财务部在做好催交应收款工作的同时，必须确保公司资金运转顺畅等问题。

2010年12月13日，召开各部门负责人参加的工作会议，安排年终总结的各项准备工作。

**【工会、共青团等群众组织工作】** 公司工会注重发挥职工代表，维护职工的利益，严格依据新《劳动法》的规定，认真执行休假制度，认真执行加班、中、夜班工资的核算和补贴，保证职工的合法休假时间和合法权益，认真督查职工的“三险”、“五金”、医疗互助和大病保险的交纳情况，积极帮助职工理赔保险，切实确保职工利益放在首位，为给职工建立多种保障体制，从而进一步加深了职工和企业之间的凝聚力。

做好困难职工的建档，按照州总工会的要求，开展了困难职工摸底排查，健全了困难职工档案并及时上报工会。几年以来，不论在节假日还是平时，公司工会都要拿出有限的资金对公司困难职工、住院职工、贫困学生、退休职工进行看望和慰问，开展“送温暖、献爱心”等慰问活动。

2010年，公司始终坚持以人为本，在共建共享中发展和谐劳动关系，在贯彻科学发展观以人为本的核心，要求公司以公正合理为准绳、以互利共赢为目的、以和谐稳定为核心，实现全体职工与企业共建共享改革发展成果。2010年工会与公司行政签订了《集体劳动合同》；公司女工委员会与公司行政签订了《女职工专项集体合同》。为公司全面建设和谐企业，打下了坚实的基础。

**【代管电站】** 迪庆州发电有限责任公司从2004年成立开始，就存在人员多、装机容量小的实际。为解决职工就业难问题，公司根据对电站管理的技术优势和职工自身技术优势，在管理好公司发电厂的同时，积极帮助外商代管理运行在迪庆州境内开发的电站，充分发挥职工技术队伍优势，变技术优势为经济优势。先后代管理运行了吉岔电站、格登电站、通仁电站、麦地河电站、俄迪电站、弄独河电站、拉嘎洛电站、格亚顶电站。既解决了职工就业问题，又培养了职工技术技能，增加了公司的收入。2010年，仍在代管理运行的有格登电站、麦地河电站。

（田丽生）

## 云南电网公司迪庆供电局

**【概况】** 云南电网公司迪庆供电局于2005年7月27日挂牌成立，是云南电网公司在迪庆的派出机构，代表云南电网公司在迪庆州开展220千伏及以上电网的统一规划、建设、运营管理，并行使迪庆州电网调度的职能，负责迪庆州余电外送，满足迪庆州经济和发展对电力的需求。迪庆供电局下设8部1中心（办公室、规划建设部、财务部、人事部、电力营销部、党群工作部、安全监察部、生产技术部、电力调度中心），现有员工152人，其中硕士学历2人、本科学历72人、专科学历25人，拥有中高级专业技术人员16名，平均年龄28岁。迪庆供电局固定资产总额7.76亿元（为账面资产，实际投资近18亿元），管理运行220千伏变电站3座，220千伏变压器4台，变电容量720兆伏安，管辖220千伏线路7条，共319.82千米。年内，迪庆供电局先后荣获中央企业团工委授予“中央企业青年文明号”称号，云南省“文明单位”、“交通安全文明示范单位”称号，云南电网公司“推进电网管理体制改革工作先进单位”、“农电体制改革工作先进单位”称号，迪庆州“文明单位”、“民族团结进步模范集体”、“安全生产先进单位”等称号。

**【安全生产】** 结合“安全生产月”活动，开展全员安规考试、“三种人”资质考核、“安全咨询日”活动，组织供电局员工观看主题宣传片、事故案例剖析，参加“安康杯”知识竞赛等活动，员工的安全意识和安全履职能力得到进一步提高；加强作业现场安全监督管理和安全检查工作，按照“四清楚、四到位”要求，全年现场安全监督检查共66次，提出隐患整改178项，并督促整改到位；完成建局以来的首次安全性评价自评工作，针对查评中发现的123个主要问题和安全隐患，制定整改计划；建立供电局安全生产风险数据库，制定供电局安全生产管理手册；加强供电局应急体系建设，修编应急预案，开展应急预案演练，对员工进行生命自救互救、火场逃生、地震逃生等技能培训。加强对供电局所辖输变电设备运行维护和管理，科学合理安排运行方式，提高设备利用系数；开展迪庆电网继电保护专项整治工作，迪庆电网的整体运行水平得到提高；认真开展检修前状态评价，有针对性做好设备定检、预试和检修工作；编制突发山火应急处置预案3个，发现隐患6处，并对其进行了处置，成功避免了因山火引发的电网事故，得到云南电网公司的认同和表扬；组织开展生产管理信息系统建设，完成设备管理、缺陷管理等13个模块的上线运行。

**【电网建设】** 以《迪庆州2009－2013年电网专题规划》为基础，完成《迪庆藏族自治州电网“十二五”规划》的编制工作；按照云南电网公司计划要求，对2011年迪庆州35千伏及以上的7个项目开展相关的前期工作；针对路径协调难问题，组建工程协调组，较快推进工程进度；完成供电局“十二五”小型基建规划工作。在完成220千伏尼汝河送出工程后续工作的基础上，220千伏维西、香格里拉输变电工程分别于4月、9月竣工投产，迪庆电网结构和供电质量得到极大的改善；110千伏居日合输变电工程、110千伏瓦卡变－尼西变－香格里拉变线路工程及城农网项目按计划开工建设；全力配合做好500千伏建塘输变电工程的前期准备工作；按照云南电网公司年度投资计划和建设规模要求，实施2010年迪庆州城农网建设与改造工程，解决946户共3 784人无电人口通电问题。

**【基础管理】** 从制度流程优化、安全管理、人力资源、绩效管理4个方面作为提升州供电局管理水平的突破口，用5－10年时间，使州供电局达到云南电网公司中等管理水平的供电企业。通过将重点工作列入州供电局督办，在每月召开的办公会上通报创先工作开展情况，使州供电局的创先工作有序推进。加强督办工作力度，制定考核管理办法，形成每月督办和相适应的考核制度。全年共下发督办通知单15份，共347项，综合完成率100%。加强资金管理工作，按照网、省公司关于清理低效、不规范账户的要求，清理州供电局开户的银行账户，加强货币性资金的财务管控力度。实现州供电局所有财务账户的集团化管理，提高了资金集约化水平。加强内控管理工作。制定和完善11项财务管理标准、制度，加强财务系统的规范性。做好财产清查、债权债务确认、内部往来核对、资产质量核实、损益及时结转等各项工作，严格按照《会计法》进行记账、报账、明确工作规范，切实做到手续完备、内容真实、数据准确、账目清晰；完成了一系列审计工作，并对审计检查中提出的问题进行全面的整改。

**【营销服务】** 开展优质服务宣传活动，提升企业知名度。成功举办2010年新春答谢会，开展一系列优质服务活动，提高南方电网在迪庆藏区的企业知名度；4月，梨园水电站施工用电工程顺利投产用电；按照云南电网公司的统一部署及工作要求，与迪庆州电网供电有限公司沟通，全力完成迪庆电网节能降耗电能计量改造前期工作。

**【抗旱救灾】** 2010年上半年，迪庆州遭遇80年一遇的旱灾，州供电局立即组织人员，成立抗旱救灾突击队和先锋队，启动“万人下乡 抗旱救灾”行动；维修2个提灌站，建设桑那水库供电设施，修建1个南网蓄水柜，全州电力供应安全有序，确保大旱之年全州居民生活及农业生产用电。

**【队伍建设】** 开展“作风建设年”活动，深入践行“一线工作法”，州供电局领导及中层干部下基层调研70多次，形成调研报告37篇；开展领导班子述职述廉活动；完善干部管理工作，使州供电局中层干部的整体素质和结构得到提升和优化；加强后备干部队伍建设，做好科级后备干部人选的储备工作。外送各类培训136人次，举办各类内部培训班68个，692人次参加了培训。通过不同形式的岗位、技能培训，提高相关专业人员的综合素质，新员工、转岗员工岗前培训合格率100%，全体员工素质得到明显的提高。

**【党建工作】** 按照党建责任制要求，州供电局对2010年工作进行分解，明确党委、党支部责任目标；开展“创建学习型领导班子”活动，增设党支部、基层工会、团支部各2个；开展入党积极分子培训，培养新党员4名；做好党员干部“双向”培养，深化“特色党支部”和“党员先锋岗”建设活动；开展民主评议和先进性测评工作；加大新闻宣传力度，全年共发表文章120篇，其中省级以上刊物3篇。以学习《廉政准则》、《若干规定》为重点，认真开展“艰苦奋斗作风教育月”“作风建设年”活动；签订惩治与预防腐败体系建设责任书、拒绝接受和赠送“红包”承诺书、《廉洁从业承诺书》；开展工程建设领域突出问题专项治理工作和废旧物资效能监察工作；按照云南电网公司要求，开展“小金库”专项治理工作，全面排查、清理经营管理环节的隐患。州供电局工会组织开展岗位练兵、技能比武、合理化建议等形式多样的活动，健全完善“和谐温馨变电站”常态化创建机制，融入中心、服务中心的能力和水平有较大提高。

（杨　柳）

# 交通·邮政·电信

## 交通运输

**【迪庆交通运输“十一五”发展成就】** “十一五”期间迪庆州交通运输事业通过不断加强基础设施建设，积极改善运输条件，公路通达深度和通畅能力显著提高，形成了以公路运输为主，航空运输、水运形式为辅的交通运输网。公路运输日趋发挥出举足轻重的先行作用，州府至三县及毗邻地区大部分实现了路面高等级化；公路技术等级的晋级改造，路面铺装率的提高，极大地改善了迪庆州道路运输条件。道路运输成本降低，提高了社会、经济效益。截止2010年底，全州公路通车里程达5 372公里，其中国道413公里，省道493公里，县道984公里，乡道1 694公里，村道1 725公里，专用公路63公里；按技术等级分：二级路600公里，三级公路58公里，四级公路3 070公里，等外路1 653公里。有沥青混凝土路面及水泥混凝土路面1 126公里，简易铺装路面205公里，未铺装路面4 041公里，路面铺装率为28.8%。拥有桥梁322座，江河吊桥46座，人马驿道3 502公里；全州29个乡镇实现了乡乡通公路、通客车，28个乡镇通了油路；188个村委会通了公路；全州有28道渡口，8个码头，58艘机动船。初步形成了以国省道为骨架，县乡村公路为网络，航空、水路运输互为补充的交通运输格局。随着旅游业的发展和境内江河水利、矿业开发，货物运输车辆成倍增长，交通运输经济迅速发展，对公路的使用要求越来越高。为了适应需求，迪庆州积极向国家、省争取公路建设项目，先后对国、省道干线、地方经济干线—通县油路、旅游公路、县际油路进行了有计划、有重点地实施建设改造，截止2010年底已完成的公路建设项目173个，新改建里程4 140.1公里，所建成的项目质量均达到合格以上。

“十一五”迪庆交通发展规划执行较好，比“十五”有很大提高，国家和省加大了对迪庆的扶持，公路、水路建设投资稳步增长，技术状况明显改善。“十一五”末，累计完成公路建设投资81.5亿元，是“十五”期间22.1亿元的3.7倍。水运渡口改造完成投资185万元，实现了项目零的突破。“十一五”末，迪庆州公路里程达到5 372公里，比“十五”末4 002公里增加1 370公里，增长25%；二级公路达到600公里，比“十五”末增加467公里，增长28.4%；路面铺装率40%，比“十五”末增长16%，公路密度已由“十五”时期的17.04公里/百平方公里，提高到“十一五”的22.5公里/百平方公里；全州29个乡镇，除德钦县羊拉乡外都已通了油路和弹石路；182个建制村已完成通达建设；2 145个自然村实现了通公路；水运工程完成金沙江、澜沧江渡口改造14个。

公路、水路运输服务能力不断增强，服务水平稳步提升。全州认真落实国家补贴政策，积极推进客货运输，提升服务能力，全州运输量保持快速增长。到12月止，全州民用汽车拥有量达45 293辆，其中公路营运货车9 246辆，载客汽车2 172辆，营运客车总客位31 641座位，营运货车总吨位53 701.52吨，基本满足了人们的生产生活需求。“十一五”期间迪庆州新建、改建客运站点12个，其中三级站1个，农村客运站11个。开通客运班线109条，其中农村客运班线61条，投入农村客运车辆612辆。乡镇和建制村班车通车率大幅提升，有效改善了农民安全出行条件。“十一五”期间全州公路运输完成客运量1 922.35万人，货运量1 953.66万吨，完成旅客周转量396 883.21万人公里，货运周转量2 342 374.54万吨公里，比“十五”期间增长117.85%、37.94%、223.72%、411.90%。拥有航道287.3

公里，水路运输机动船舶 58 艘，旅客吞吐量 139 870 人次，货物吞吐量 15 395.16 吨。公路、水路交通服务迪庆经济社会发展的保障能力不断增强。

**【交通基础设施建设】** 2010 年，迪庆州交通局紧紧抓住新一轮西部大开发和国家税费改革机遇，加快推进公路建设。截止 2010 年 12 月，完成交通固定资产投资 60.8727 亿元，超额完成州政府考核指标 8 727 万元，为州政府责任目标 60 亿元的 101.45%。

（一）政府还贷二级公路建设项目

香德二级公路。香格里拉至德钦二级公路全长 155.038 公里，预算投资 37.5 亿元，工程于 2010 年 1 月开工，计划工期 2011 年 6 月 30 日完工。截止 2010 年 12 月，完成投资 235 986 万元，完成总投资 62.9%。

维德二级公路。维西（塔城）至德钦二级公路全长 262.4 公里，概算投资 54.688 亿元，工程于 2009 年 12 月开工，计划工期为 2011 年 6 月 30 日完工。截止 2010 年 12 月，完成投资 321 100 万元，完成总投资的 58.7%。

（二）路网改造项目

德盐公路。全长 115 公里，施工图预算批复总投资 8.17 亿元，建设工期为两年。该项目已于 2010 年 10 月 23 日通过省交通厅质监局主持的交工验收。完成投资 6 800 万元。

德贡公路。德贡四级公路全长 93 公里，（其中德钦段 45.1 公里），估算投资 20 356 万元，现完成进场便道 7.9 公里，桥头引道土石方开挖，澜沧江查里桶大桥基坑土石方开挖，基础混凝土及桥台砌体工程，自开工累计完成投资 1140 万元，工程计划于 2011 年底竣工。

香木公路。全长 96.91 公里，工程分两期实施。第一期巴叉列至慈池卡段 18.57 公里，现已完成路基路面、交通工程和延长线部分路基工程，本年度完成投资 400 万元，计划年底完成第一期工程，启动第二期工程。

香格里拉北环线公路（滇川通道香格里拉很永至四川得荣毛屋）。全长 56.5 公里（其中 3 公里位于四川境内），估算投资 76 316.9294 万元，工程已于 2009 年 11 月 24 日开工，该项目累计完成投资 3 300 万元，本年度完成投资 3 000 万元。现根据州委、州政府的要求将香格里拉北环线公路改为滇川通道，公路等级由原来的四级改为三级，正在作《工可》编制工作。

（三）通乡油路改造项目

香格里拉县洛吉通乡油路改造工程全长 42 公里，2009 年完成一期 25 公里建设任务，2010 年改造 7 公里油路，计划投资 1 300 万元，该项目累计完成投资 4 119 万元，本年度完成投资 700 万元，该项目已交工验收。

香格里拉县建塘镇至东旺岔口，二期工程格咱至东旺岔口全长 56 公里，计划总投资 5 086 万元，本年度完成投资 2 380 万元，该项目已于 2010 年 5 月通过交竣工验收。

德钦县伏龙桥至霞若乡改造工程全长 47 公里，其中伏龙桥至江东桥段 31 公里路基改造工程，已于 2009 年 12 月竣工。拖顶至霞若 16 公里路基改造，2010 年度完成投资 1 060 万元。

德钦县羊拉公路改建工程全长 20 公里，计划总投资 7 900 万元，该项目累计完成投资 7 900 万元，其中本年度完成投资 200 万元。

（四）通达、通组工程

全州通达、通组公路建设有 15 个项目，完成 459 公里，累计完成投资 8 031 万元，其中：香格里拉县完成投资 4 240 万元；德钦县完成投资 2 748 万元；维西县完成投资 1 043 万元。

（五）渡口改造及渡改桥工程

2010 年上级下达迪庆州公路渡口改造项目 10 个，计划投资 320 万元，其中中央补助投资 100 万元，均在香格里县，正在组织实施。

（六）公路前期工作

丽香高速公路。香格里拉至丽江（白汉场）152.5 公里高速公路建设，省交通厅同意启动前期工作，已委托省设计院进行工可编制工作。

香宁公路。香格里拉双桥虎中线 K173 公里至丽江宁蒗泸沽湖拟建二级公路全长 159 公里，（迪庆境内约 87 公里）计划总投资 48 576 万元，正在作《工可》报审工作，计划工期为 2011 年 2013 年。

香稻公路。香格里拉县虎中线 K239 + 400 至四川稻城各卡乡思子功村拟建二级公路全长 90 公里，计划总投资 18 亿元，正积极开展前期工作。

维福公路。维西县白济汛（洛吉古）至怒江

福贡县拟建三级公路全长56.6公里（维西县境内29公里），工程计划总投资43 190万元，正在作《工可》报审工作，计划工期为2011年2013年。

**【交通行业管理】** （一）运输市场管理

运政部门切实履行“三关一监督”的职责，进一步强化道路运输管理职能，在“服务中加强管理，在管理中体现服务”，牢固树立“大交通、大运输、大发展”新理念，突出重点，加强管理，优化环境，做好道路运输和服务保障工作。继续抓好运输市场治理整顿巩固提高和建立长效机制工作；加强“黑车”治理和打击非法营运行为，整顿迪庆机场“黑车”非法营运秩序，维护运输市场规范有序。全年全州共出动稽查人员829人次，检查各类车辆1 930辆次，处理违章车辆417辆次，查处非法营运车辆44辆次，处理投诉10起。认真抓好春运、节假日等重点时段的客货运输管理工作。春运期间投放运力3 783辆次，其中加班217辆次，运送旅客59 531人次，与去年同期相比上升38.8%。加强行业规范管理，提升运输服务质量。加大执法检查力度，“两客一危”车辆的GPS安装和监控管理日趋完善。在全州范围内启用了网络打证系统，兑现农村客运、出租车等燃油补贴，启动了客运企业、货运企业、维修企业、驾培企业的质量信誉等级评定工作，进一步做好服务保障工作。加强安全闭环式管理，抓安全源头管理，全州交通运输安全形势平稳，未发生一起重特大安全事故，保障了广大旅客走得及时、走得安全。加强安全隐患排查及安全宣传教育，出动204人次、投入稽查车辆51辆次，抽查客运车辆221辆次。强化海事工作，认真落实乡镇船舶管理责任制，责任制签订率达100%，加快渡口渡船改造，加强对汛期安全检查工作，水运安全形势平稳。

（二）公路养护体制改革

强化公路管养工作，牢固树立“养护管理也是发展，而且是可持续发展”的理念，继续深化公路管理养护体制改革，在全州交通运输工作座谈会议上，州政府与各县政府签订了《农村公路管养体改责任书》，对农村公路管养体制改革工作目标进行了量化，明确了考核办法；州交通局与各县交通局签订了《农村公路养护与管理责任书》，明确了2010年全州及各县农村公路养护与管理的责任目标，全州农村公路管理养护体改工作进入深化、完善阶段。完善养护监督机制，对养护工程实行技术、质量责任制，县地方公路管理段每季度进行一次养护技术、质量定期检查，州地方公路管理处半年组织一次养护计划、工程技术、质量中期检查，年终进行一次综合大检查。通过检查，考核评定养护计划执行情况及养护工作绩效和资金使用效益。年内，全州29个乡（镇）已全部成立了农村公路管理所，为“有路必养、有路必管”奠定了基础。2010年全州农村公路列养总里程为3 605.629公里，列入养护与管理的农村公路3 392.856公里，其中地方管省道106公里（已扣除当年改造212.773公里），县道618.371公里，乡道1 540.566公里，村道1 127.919公里。平均优良路率达34%，圆满完成年度公路养护工作。

（三）依法治路，维护路产路权

加强对执法人员政治修养、法律素质及执法培训，努力提高依法行政水平。营造良好的执法环境，努力提高公路沿线群众爱路护路意识，充分利用各种渠道进行有关法律、法规宣传，全年共发放各类宣传单3 800余份，粘贴宣传标语20多处。加大执法力度，保障公路安全畅通。以“维护路权、保护路产”为宗旨，继续强化违章建筑的控制管理，加强对公路的巡查，提高路政案件的查处力度，上路巡查156天，查处案件75起，收回路产1 727.5平方米，办理行政许可7件。加强治超工作，采取多种办法和措施，加强源头管理和路面稽查力度，通过上路巡查和检测点检查，运用动态和静态管理相结合的方式，依法治理超限超载运输。香格里拉治超检测点年检测车辆282 114辆，收取超限车辆行驶公路赔补偿费7 534 339元；维西治超办年查处超限运输车辆25 200辆，收取超限车辆行驶公路赔补偿费930 000元。通过治理，超限超载运输车辆明显下降，恶性超限运输得到杜绝，超限车辆发生交通事故明显下降，运价也得到了合理的上涨，公路的好路率有所上升，治超工作取得了一定成效。

（四）安全生产管理

以保安全、促发展为目标，坚持“安全第一、预防为主、综合治理”的原则，认真履行职责，落实安全责任制和“一岗双责”制，层层签订了

《安全生产责任书》，明确了各部门安全工作的责任。认真落实企业主体责任和政府监管责任，加大春运、国庆、第六届康巴艺术节等重要节点时期安全保通和监督检查力度，全年组织安全生产大检查5次。加强对从业人员的安全教育，关隘前移，抓好两条在建二级公路施工安全和保通工作，保持了全州交通系统安全管理工作稳定发展的势头；认真落实省交通运输厅、州委州政府关于反恐维稳工作的一系列重要批示精神，坚决同“藏独”等分裂势力做斗争，认真及时地组织矛盾纠纷大排查，加强信访工作，签订了农民工工资兑现承诺书，确保了交通行业和谐稳定的良好局面。

**【行业文明建设】** 高度重视党建工作，以创建“五个好”先进基层党组织，争做“五带头”优秀共产党员的总体目标，开展创先争优活动。充分发挥党支部的战斗堡垒作用，把临时党支部建立在二级公路建设第一线，为工程建设提供坚强组织保障。建立健全了《机关管理制度》，局机关规范化管理进一步加强，促进了政风行风的有效转变，局机关工作标准和质量得到提高。应邀参与了州纪委等部门承办的“政风行风”栏目，推行政务公开，接受群众的监督，坚决纠正行业不正之风。全面推进党风廉政建设工作。认真贯彻落实《政府信息公开条例》及“阳光政府”“效能政府”“法制政府”制度，向社会公示服务承诺；积极探索建立“四项制度”的长效机制，推进四项制度的落实；坚定不移的一手抓交通建设、锁定加快发展不动摇，一手抓党风廉政建设，遏制交通腐败不松懈，加强对重点岗位、重点环节和重点领域的制约和监督。年初，我局和州纪委签订了《党风廉政建设责任书》，在全州交通工作座谈会议上，局党组和局属各单位部门又层层签订了责任书，明确了廉政建设的目标和要求，细化了责任。在抓具体工作中，严格按照“管行业，必须管行风、管党风廉政建设”的思路和“标本兼治、综合治理、惩防并重、注重预防”的要求，实行“一岗双责”，认真开展反腐倡廉工作，在局党组的统一领导和局属各单位、各部门的共同努力下，我局党风廉政建设取得了成效，未发现一起违纪案件。党风廉政建设责任制考核成绩优异。齐抓共管高度重视社会治安综合治理工作，平安建设取得新成效，进一步促进了交通运输行业和谐稳定。抓好老干部工作和思想安排工作。进一步加强行业文化建设，《全州交通运输志》公开出版，开展了“支援灾区献爱心活动”通过多种形式开展募捐活动，全局干部职工为抗旱救灾捐资16 600元、向青海玉树地震捐赠6 500元，局机关党支部全体党员自觉缴纳特殊党费13 000元支援灾区人民。

（江继武）

## 迪庆公路管理总段

**【综　述】** 2010年，迪庆公路管理总段在云南省公路局党委的正确领导下，以科学发展观为指导，全面贯彻落实省交通运输工作会及省公路局公路工作会的部署，继续深化改革。紧紧围绕“主业立段、科技强段、辅业兴段、和谐稳段”的发展思路，转变发展方式，以高效发展、安全发展、绿色发展为主线，切实提高公路服务能力，努力开创公路工作新局面。

2010年底，迪庆公路管理总段现管养着迪庆境内952.528千米国道、省道和县道公路。有在职职工337人，离退体职工561人，下设德钦、维西、香格里拉3个公路管理段和1个总段直属专业化养护中心。担负着迪庆州境内国省干线公路的养护、超限运输治理任务和通行费委托征收任务。所辖公路为联结全州城乡各地公路网的主骨架，对迪庆州乃至滇西北地区的经济建设、社会发展和人民生活起着重要作用。

**【公路养护工作】** （一）深化养护运行机制改革。在2009年对原有养护管理模式进行相应调整的基础之上，总段进一步明确管理段路面养护和路基养护统一管理、统一实施的中心任务，强化段队管理职能，充实生产组织结构，下属三段在最短的时间内建立起一支精简高效、职能明确、权责一致的领导班子，发挥了管理段一区一县一段的管理布局优势，既确保了在第一时间对路面病害进行修复，又保证了一线养护职工养护技能的提升。养护运行机制改革得到了广大干部职工的拥护，工作积极性不断提高，公路路况和养护生产得到了可持续发展，进一步深化了养护运行机制改革，为行业发展和改革进行了有益地探索，促进了总段各项工作的顺利开展。

（二）提升公路社会服务水平。为突出总段以“主业立段”这一唯一目标，全总段把主要精力、人力、财力放到养护生产上，依靠科技，强化管理，保证养护质量，为着实提高“三个服务”的能力和水平奠定坚实基础。

1. 切实强化管理，提高工作效率。总段把2010年定为制度执行年，一个完善的管理体制是制度执行到位的前提条件，严格执行制度管理，用制度作保障，向制度要效率，取得了明显的成效。一是规范养护生产责任目标制。总段根据实际情况修订《养护生产责任书》，明确各段职责；各管理段根据细则给各个管理所下达生产任务，并及时进行考核，督促每个管理所做好路基养护生产工作。各管理所都按时按质完成了下达的养护任务，最大限度的保证了路况质量，截止10月31日，全总段共清挖侧沟998.66千米，修整路肩28万平方米，清理涵洞1100道。二是严格考核制度。根据责任书的要求，逐项进行综合考核，管理段直接负责各项工程验收并上报资料，由总段工计科进行审核兑现质量奖。通过努力，养护生产责任目标制得到了很好地贯彻落实，保证了养护质量，规范了施工工艺，提高了工作效率。

2. 切实加大投入，提高养护水平。在2009年的基础上，总段增加了对养护设备、新科技推广、预防性养护、站所建设等几个方面的投入力度，既突出了主业地位，又收到了养护实效。一是加大机械设备投入力度。2010年共投入1 400多万元购买各类养护和施工设备，其中自筹资金超过80%；养护和施工设备的购置更新，一方面淘汰陈旧设备，降低了能耗，大大提高了养护、施工机械化水平和工作效率，进一步保障了各项工程质量，另一方面逐步实现了一个大站所拥有一台保通设备的计划，到目前为止已经完成9个站所的保通机械配备，提高了保通效率。二是加大养护基础设施投入力度。今年计划投入695万元用来改善养护基础设施，其中自筹资金达100%。由于中心机化站靠近飞机场和城区，为了不影响居民生活、保护生态环境，总段拟筹资380万元对中心机化站搬迁扩建，目前已完成前期准备工作，力争在年底完成中心机化站基础建设；在3月份，总段投入280万元建设佛山管理所，该所职工将在12月30日前搬进环境优美的新站所；总段投入35万元对翁水大站所进行巩固和改善，在占有养护资源和基础设施建设方面取得了进一步发展。三是加大规范化养护和预防性养护资金投入。2010年投入预防性养护资金230万元左右，用于路面养护、路沿修复、边坡防护、路基维护等各项养护工程，凸显了预防性养护的实效性；为完善激励机制，总段制定和实施了《预防性养护奖惩办法（试行）》，预留计划150万元，在保证工资和工程质量的前提下，对单项工程进行奖励，并贯彻按劳分配原则，提高了广大职工的收入和劳动积极性。四是加大新工艺、新材料、新科技的推广应用力度。在养护适宜地段进行冷拌冷补、热拌冷补等工艺的推广运用，并重点对沥青还原剂的使用进行了有益的实验。其中，针对龟、网裂病害扩大可以用抗撕裂高强机织布和双层沥青。它可以通过第一层沥青铺贴在病害上，起到防渗透、防水的作用，并能有效防止沥青路面裂缝扩散，是封闭沥青路面裂缝的一种先进特殊材料。2010年我总段采用高强机织布的加筋罩面法推广在重载交通的中度龟网裂路段，此项措施取得极好的效果，值得推广。五是抓住二级公路改造的时机，对广大职工进行形式多样的培训竞赛活动，养护经验得到了广泛的交流，机驾人员的水平不断提高，职工学习新工艺、新技术的情绪高涨。

3. 以规范化养护为基础，重点抓好预防性养护，提高全面养护水平。总段根据公路局关于开展预防性养护劳动竞赛的精神和第三片区组长单位的要求和部署，及时研究和布置了沥青路面预防性养护的工作任务。在2010年初对公路进行了详细的病害调查，全面掌握了辖区公路的病害情况，做好了病害处置预案，做到了早发现、早处置，在实施过程中有效的掌握了养护资金的运作情况和成本控制。全年总共完成预防性养护工程量：沥青路面灌缝：377 334米，玻璃纤维网：1 520平方米，高强机织布：11 024平方米，沥青再生还原剂：2 417平方米，沥青碎石同步封层32 000平方米，清理侧沟：1 276公里（两道），疏通涵洞：1 230个，桥梁加固：4座，桥梁维护：78座，路缘修复：12 310米，边坡处治：1 212.32立方米。

预防性养护竞赛的开展进一步规范和完善了

各类图表帐册，按照迎部检工作的要求，进一步提高痕迹化管理的要求和质量；在竞赛过程中严格用规范化养护的操作程序来施工，大大提高了预防性养护的针对性和实效性。

4. 切实抓好保通工作，提高道路通行能力。由于2009年后半年和2010年上半年的全省范围的持续干旱，以“大旱之后必有大涝”的经验，总段预留计划70万元作为水毁保通资金，及时调配保通机械，精心组织各管理段成立公路水毁防抢保通小组，各管理段根据实际情况修定了《公路水毁抢修应急预案》，同时加大了公路巡查和“雨季三查”的监督和实施力度。进入7月以后迪庆州境内持续降雨，致使很多路段突发坍方和泥石流。特别是西景线、虎中线和区冲线先后中断13次之多。灾情发生后各管理段一方面积极向总段汇报，一方面及时组织人员和机械进行抢修，努力使阻断时间不超过24小时。由于准备充分，组织有力，尤其是新购置的保通机械发挥了极大的作用，不但提高了工作效率，缩短了阻断时间，还在一定程度上降低了保通成本。截止11月底，水毁损失累计达131.3万元。

5. 加大奖惩力度，提高职工生产积极性。总段为了提高广大职工的生产积极性，一是完善了竞争、激励、惩处机制，制定和实施了《预防性养护奖惩办法（试行）》，在保证工资和工程质量的前提下，对单项工程进行奖励，仅此一项预计职工人均增收约4千元左右，切实提高了广大职工的收入；二是严格执行责任目标量化考核制度，对在年初职代会签订的养护生产、节能减排、安全管理等责任书进行综合量化考评，每扣除一分，相关责任部门将人均扣除奖金1 000元，并把所扣除的奖金用于奖励在各项工作中有突出表现的先进集体和个人，通过合理的奖惩制度来形成一种积极向上的、良性循环的竞争机制，全方位调动了职工的生产积极性。

**【安全管理工作】** 2010年，根据厅、局对安全生产工作的布置和安排，总段认真落实安全生产责任制，逐级与管理段、工程队、项目部、站所、生产岗位签订安全生产责任书278份，100%的完成了责任书的订立工作。全年累计开展安全宣传教育工作43次，教育覆盖面达100%。进一步建立健全总段安全生产事故应急救援预案，开展各级各类安全生产专项检查46次。为减少公路通行安全隐患，总段相继筹集资金，补设各类道路安全警告标志牌120块，年内，职工千人死亡率为0，职工千人重伤率为0，各项安全生产指标均在控制数内。

**【治超和收费工作】** 1. 超限检测站在总段的精心组织和领导下，按照“立足源头、依法管理、标本兼治、长效治理”的工作思路，通过严格执法，使超限超载车辆得到了有效控制，进一步有效保护了公路路产路权，截止2010年11月15日共检测车辆78 626辆次，超限车辆55 250辆，查处大件运输违法车辆96辆，检测率和索赔率都达到100%。

2. 二级机构恢复后，总段将收费工作移交到香格里拉段管理，管理段根据实际情况与东坡、区哇迪两个收费站签订了《通行费征收管理目标责任书》，对两个收费站实行了“一个班子，两套考核办法”的管理方式，及时将收费工作纳入到管理段工作中。对内强管理、对外树形象，积极开展创先争优活动。截止2010年10月31日，区哇迪收费站收取通行费573万，东坡收费站完成325万元，已经完成全年总任务的110.8%，预计年末完成130%，超额完成率预计达到30%左右。

**【迎接交通部检查工作】** 1. 提前准备，加大投入，保持路况良好。总段在年初制定计划时，在一些项目的安排上充分考虑了迎“部检”的需要。年初，组织了所辖公路路况调查，并依据路况养护质量检评情况安排小修保养计划，通过小修保养保证了路况质量。在10月底前完成了路面的重点项目，为保证全年养护维修任务按计划完成、以良好路况迎接“国检”奠定了基础。

2. 分工明确，各司其责，责任落实到人。按照“部检”内容，总段成立了“迎部检工作办公室”对各项工作提出了明确的完成时间和质量要求，并将组织实施、检查落实的责任具体落实到人。同时，全体人员有针对性的进行了分工，对全年的养护工程进度和质量进行实时督促和检查，并组织了多次对迎“部检”养护准备工作进行专项检查。

**【精神文明建设】** 1. 精神文明建设方面，总段坚持以邓小平理论和“三个代表”重要思想为指导，深入贯彻落实科学发展观，丰富行业文化内涵，努力提高职工群众的思想道德素质和文化水平，把构建行业核心价值和弘扬“铺路石”精神，始终贯穿在教育干部职工和精神文明建设的全过程中，取得了较好的成效，有力地推动了行业文明的健康发展。

2. 在康巴艺术节和民族团结节期间，总段投入全部机械和人员保证节日期间公路的完好畅通，另外对香格里拉县城区的路面进了维修，总共投入50万元，为民族团结节做出了重大的贡献，极大的提高了总段的行业形象。

3. 2010年，西南地区大旱、玉树大地震等，为弘扬“一方有难，八方支援”的优良传统，帮助灾区群众解决实际困难，总段全体干部职工积极响应上级的号召，向灾区群众捐款献爱心。总段机关及下属的香格里拉、维西、德钦三个管理段、总段直属专业化养护中心分别组织募捐活动，303名职工向灾区群众捐款28 870元。

4. 2010年4月份职代会期间，为促进单位行业发展、展示雪域路工风采，总段举办了“雪域路工颂”文艺晚会，为广大干部职工献上了一顿丰盛的精神文化大餐，既丰富了职工文化生活，又为抒发职工对公路养护事业情感提供了一个良好的文化平台，受到了广大干部职工的一致赞誉。

**【党建工作】** 1. 总段按照局党委创先争优活动的安排和部署，以学习实践活动为契机，努力为促进科学发展夯实基础，凝聚科学发展力量，广大党员、干部职工贯彻落实科学发展观的自觉性和坚定性明显增强，加强党性修养和作风建设的自觉性明显提高，对事关单位科学发展重大问题的认识进一步深化。

2. 二级机构恢复以后，总段高度重视党风廉政建设工作，党委和监察部门及时开展了党风廉政教育和警示教育，确保干部队伍稳定、干部安全，在全总段范围内通过开展工程建设领域专项治理工作以及组织“预防职务犯罪”的警示教育，不断提高领导干部的廉洁从政意识。全总段以良好的工作作风，有序的开展各项工作，没有一名共产党员、领导干部和职工受到党纪、政纪处分和刑事处罚。

3. 逐步完善的管理制度、高效廉洁的干部队伍确保了单位的和谐稳定，各种矛盾纠纷解决在萌芽状态，使单位能够把全部的精力放到养护生产这一目标上来。

**【辅业经营】** 一是借助养护中心这一平台，积极参与地方公路建设，拓宽自身经营市场。在二级公路建设的大潮中，积极争取建设项目，到2010年末预累计完成项目任务3亿多元，达到了锻炼队伍、培养人才和发展单位的目的。二是在2009年的基础上使全总段的机械设备固定资产增加了32%，提升了总段机械化、现代化养护水平，更提升了单位的经济实力和竞争实力，2010年资产总值6774万元，较2009年增幅为64.49%。应收账款本年余额为1 227万元，较2009年期末减少487万元。三是加大站所基础设施建设力度，改善和提高站所环境，使职工生活愉悦，解决职工的后顾之忧，职工生产积极性不断提高；四是在各类建设项目中，固定设备不断增值，提高了设备利用率，增加了收益，保障职工增收，达到了改革和发展成果人人共享的目的。

**【表彰】** 2010年总段荣获州级“民族团结模范先进集体”称号；2010年总段工会被省交通工会、省公路局工会、迪庆州总工会授予“先进职工之家”；维西公路管理段塔城管理所被中国海员建设工会全国委员会授予2009年至2010年全国交通系统“工人先锋号”称号；2010年香格里拉超限检测点被迪庆州总工会评为“工人先锋号”；2010年度香格里拉公路管理段被省交通运输厅授予2008至2009年度云南省交通运输行业文明示范窗口荣誉称号；2010年香格里拉公路管理段被省公路局评为文明先进集体；2010年五境管理所、杨家河管理所被云南省公路局评为文明先进站所。2010年左瓜管理所获得云南省公路局“巾帼建功”先进集体称号；黄刚、苟向阳、斯那都吉、张兆文等同志被省公路局评为先进（生产）工作者；赵利平同志被授予2008至2009年度云南省交通运输行业精神文明职工标兵荣誉称号。

（李万刚）

## 迪庆交通运输集团公司

**【概述】** 交通运输集团公司主要经营公路客货运输（含出租汽车）、车辆维修、汽车检测、驾驶员及技能鉴定培训、油料销售、宾馆等。拥有经营权的各类营运机动车600余辆，2010年，交通运输集团公司在职职工204人，离退休职工204人，从业人员近1 700人，公司设“五部、四办、一所”为职能机构，即资产财务部、基本建设管理部、安全管理部、监察审计部、党委工作部、行政办公室、精神文明办公室、经营办公室、物业管理办公室、公安派出所以及业务直属省交通安全统筹中心管理的中甸交通安全统筹分理处，由劳动局管理，劳动厅批准成立的云南省第四十四职业技能鉴定所，迪庆州汽驾、汽修职业技能培训站。直属公司管理的有11个二级经营实体单位，即香格里拉客运公司、维西分公司、德钦分公司、危货公司、迪庆州汽车综合性能检测站、香格里拉汽车修理厂、驾驶员培训站、迪庆中青交通石化公司、运通公司、香苑宾馆、交通宾馆。企业资产总值为8 589万元（不含无形资产），营业总成本为8 453万元，2005年6月开通香格里拉至西藏拉萨、昌都两地的客运班线，形成以香格里拉县城为中心，北上拉萨、四川，东达攀枝花，南下昆明，西接保山、怒江兰坪的运营格局。

**【企业经营情况】** 2010年，州交通运输集团公司全年客运产业实现营业收入8 245万元，超目标任务3 245万元，比去年同期增长26%；迪庆中青交通石化公司成品油销售收入1.45亿元，超目标任务7 700万元；多种经营产业完成营业收入477万元，超目标任务127万元，比去年同期增长18%；全年各二级部门实现利润1 607万元，超目标任务757万元，比去年同期增长11%，集团公司综合实现利润492万元，比去年同期增长82%；全年实现国有资产保值增值率为105%；年末职工年均工资收入达到3.18万元，超目标任务0.68万元，比2009年同期增加0.18万元；完成安全准备金172万元，安全准备金累计结余1 568万元。

**【集团公司召开2010年职代会】** 2010年1月24~26日，迪庆交通运输集团公司召开2010年股东代表、职工代表大会，大会审议并批准董事长、总经理张军代表集团公司董事会所作的《强基础、抓管理、增效益、促和谐、为集团公司的不断发展壮大而扎实工作》行政工作报告，审议批准《公司2010年财务决算及2011年财务预算报告》，审议集团公司《2010年监事会工作报告》。迪庆州人大副主任杨风喜、州人民政府副州长张志军、州政协副主席阿青、州总工会、州纪委第三纪工委、州交通运输局、州安全监督局等部门负责人和公司职工代表、股东代表、会员代表及列席代表80人参加会议。

副州长张志军在会上讲话指出，州交通运输集团公司全体干部职工以十七大精神和十七届四中全会精神为指导，抓住中央扩大内需和高度重视藏区发展的机遇，克服国际金融危机造成的不利影响，攻坚克难，企业实现较好的经济效益，确保国有资产保值增效，客运事业得到不断发展壮大，二级实体活力进一步增强，精神文明建设富有显著成效。之所以取得这样的成绩，主要得益于三个方面：一是有一个良好的大环境，迪庆大发展大跨越，才有企业的发展；二是有一个懂经营、善管理的领导班子；三是有一只埋头苦干、奋力拼搏的职工队伍。

**【为青海玉树地震救灾捐款】** 2010年4月27日，由州交通运输集团公司工会发起向青海玉树地震灾区献爱心捐助活动在公司会议室举行，公司党政工领导和所属经营单位的代表及机关全体职工参加捐助仪式，集团公司和345名职工共捐助爱心款26 940元。

**【副州长王天喜到公司检查工作】** 2010年7月15日，迪庆州人民政府副州长王天喜率州安监局局长松银秀等领导到迪庆交通运输集团公司就汛期道路运输安全生产工作安排、部署情况进行督导检查。迪庆交通运输集团公司董事长、总经理张军、副总经理李政权、安全管理部部长杨兆鹏等领导陪同检查并就近期安全生产管理工作情况分别作汇报。副州长王天喜听取汇报并对香格里拉客运站发车出站、行包安检等现场进行检查后对集团公司安全生产管理工作及取得的成效给与高度的评价和肯定，并指出：旅客运输安全情系千家万户，关乎人民群众的生命财产安全，关乎社会主义和谐社会构建进程及社会稳定的大局，因此要从讲政治的高度狠抓安全生产，要求集团公司继续落实安全生产责任制，把集团公司安全生产良好局面推向新的高度。州安监局局长松银秀指出集团公司的安全生产管理工作所取得的成效来之不易，也有目共睹，堪称典范，要继续发扬和巩固，力争把集团公司打造成为迪庆州企业安全生产管理的标杆。

**【检企预防职务犯罪联席会议】** 2010年7月20日，香格里拉县人民检察院与迪庆交通运输集团公司预防职务犯罪工作联席会议在交通宾馆举行。香格里拉县检察院全体检查人员、迪庆交通运输集团公司党政领导和中层干部参加会议，州委企业工委、州纪委第三纪工委、州纪委党风室、香格里拉县人大、政协、政法委、国税局、地税局、国土局等单位负责人应邀出席列席会议。会上，迪庆交通运输集团公司党委书记兼检企预防职务犯罪办公室主任查洪华做了题文《切实加强检企共建、共同开展预防职务犯罪工作、促进集团公司和谐发展》的报告，香格里拉县检察院检察长和润天作了《关于职务犯罪预防的理性思考》的专题报告，会议表彰共建单位预防职务犯罪工作10名先进个人。

**【为迪庆州遭受旱灾地区捐款】** 自2009年下半年以来，迪庆州部分地区遭受历史罕见的严重旱灾，旱灾涉及全州三县一区29个乡镇，188个村委会（社区）造成绝收面积达13.5万亩、4.5万人和6.45万头（匹）大小牲畜饮水困难。3月25日至30日集团公司及272名职工捐款38 190元。

**【爱心送考】** 2010年6月7日，迪庆州交通运输集团公司20多辆大小中巴车贴着“爱心送考”，奔赴指定地点接送考生参加高考。

**【参加省医疗互助活动】** 根据州总工会部署，集团公司开展第七期云南省职工医疗互助活动，截止2010年5月27日，集团公司在职职工和退休职工441人参加，其中在职职工248人，退休职工193人，缴费36 020元，参加率100%。集团公司被州总工会表彰为2004～2009年职工医疗互助活动先进单位。

**【百日安全活动】** 2010年7月1日至9月30日集团公司开展“百日安全优质服务竞赛”活动。活动期间全公司无重特大事故发生，涌现出先进集体香格里拉客运公司、维西分公司、德钦分公司、运通分公司、中青交通石化公司、危货公司等10家单位，494名驾驶员获得先进个人，三人获得“安全在我心中”征文活动优秀奖。

**【开展“转方式、调结构，工会有作为、职工作贡献”讨论活动】** 2010年5月25日集团公司工会根据州总工会的部署，在全司范围内开展为期3个月的“转方式、调结构、工会有作为，职工作贡献”讨论活动；8月25日至26日讨论活动以集团公司生产经营研讨会落下帷幕。大讨论活动，按照总体部署，分阶段稳步实施，开好一次动员大会，印发有关理论学习材料；组织一次理论学习，请人围绕活动主题，结合企业实际进行辅导；开展一次合理化建设活动，共收到“我为转方式、调结构、献一策活动”文章二十六篇。

**【表彰】** 荣获省厅表彰：2010年，集团公司被云南省总工会授予“云南省五一劳动奖状”、“创建学习型组织、争当知识型职工”活动十佳先进单位；被云南省交通运输厅授予云南省交通运输行业“文明单位”，香格里拉客运公司被云南省总工会授予“工人先锋号”称号，被云南省交通运输厅授予云南省交通运输行业“文明窗口示范单位”，驾驶员李政忠被省交通运输厅授予“云南省交通系统文明标兵”，李建等6辆营运客车被省交通运输管理局授予“文明客车”称号。

荣获州级表彰：2010年，集团公司被中共迪庆州委、州人民政府授予党风廉政建设“先进单位”，被州人民政府授予安全生产工作“先进单位”，被州总工会授予全省百万职工节能减排知识竞赛活动“先进集体”，被州总工会授予职工医疗互助活动“先进单位”称号；施永清被州总工会授予“和谐家庭”称号，赵树槐被州职工技能协会授予“先进生产工作者”。

集团公司表彰：2010年是集团公司第四届先进模范评选表彰年，评选表彰2名劳模，10名先进生产工作者，3名优秀女职工，5名优秀站务员，10名工会积极分子，3家先进集体。

（吴天明）

## 迪庆香格里拉机场

**【安全工作】** 2010年，迪庆香格里拉机场始终坚持“安全第一、预防为主、综合治理、持续改进”的方针，继续以SMS体系运行作为安全管理基础，在开展各项安全工作中逐步调整、优化SMS体系结构。继续把“安全是第一品牌，安全是第一形象”作为安全工作宗旨，认真贯彻安全会议精神，全面落实安全生产责任制，认真落实各项安全生产措施，继续夯实安全管理的物质基础、制度基础、技术基础和文化基础，认真抓好基层班组建设，开展标兵班组建设活动，认真抓好安全隐患的排查和整治，认真落实重点安全工作和专项安全工作任务，扎实开展空管SMS体系建设。根据不同时期的安全形势，调整了工作重点，积极配合空军抗旱救灾、人工降雨等飞行活动，全力完成第六届康巴艺术节暨民族团结节、上海世博会、广州亚运会期间航班保障、空防安全工作，伊春8.24空难以后，开展安全隐患大排查和大整治活动，继续保持了高原机场平稳的安全态势，实现了2010年全年安全目标。

落实各项安全生产责任制。2010年，迪庆香格里拉机场全面落实安全生产责任制，严格落实主要领导为第一责任人，分管领导为直接责任人，其他部门领导承担相应的安全生产责任的“一岗双责”制。第一责任人与机场分管领导、机场各部门负责人、驻场单位；部门负责人与部门员工之间层层签订了安全生产责任书、综合治理责任书、禁毒、消防责任书。安全目标（指标）层层落实到机场运行保障的每一个部门、班组、个人以及参加机场运行保障的每一个驻场单位。同时，机场结合危险源辨识工作，各部门在签订的安全目标指标基础上增加了重要危险源的管控目标，制定了更加全面的目标指标管控体系。机场及各部门定期对安全责任书规定的目标、指标和工作任务完成情况进行考核，确保了安全生产责任的落实。

开展各项安全专项工作及活动。机场认真结合三标管理体系及安全审计整改项目后续审计的相关要求，在各种安全管理体系及相关规章标准的基础上，认真开展“空管SMS体系建设”、“争创2010年标兵班组”、“安全生产月”，“安康杯竞赛”、“FOD专项整治”、“民航安全大检查”等活动，深入推进机场标志标识专项整治，开展机场鸟害防治专项整治工作、防止外来物损伤航空器轮胎专项整治活动，构建社会消防安全“云岭防火墙”工程，认真组织宣贯《民用机场管理条例》、《消防法》等相关法规及行业规定，组织修订了《机场鸟害评估方案》、《危险品管理手册》，严格不停航施工管理，组织应急救援演练等。同时，为加强安全工作过程监督管理，强化安全生产综合管理措施，形成各司其职、各负其责、齐抓共管的安全生产管理格局，进一步完善安全生产责任体系，巩固安全工作基础，实现机场安全管理长效机制，保证机场实现长期安全发展。按照相关要求及结合机场实际，机场认真坚持每天召开两次讲评会，每周召开一次安全形势分析会，每月召开一次安委会、开展一次“一岗双责”考核活动，并对各部门安全工作进行日、周、月、季、半年、全年检查，不断发现存在的问题，并加以整改完善、持续改进。通过各项安全活动的开展及加强日常监督，机场各项安全工作始终保持了持续、稳定发展。

顺利通过安全审计后续审计。安全审计后续审计工作自2009年11月12日，迪庆香格里拉机场以98.54%的高分顺利通过民航安全审计以来，机场始终把安全审计整改工作作为机场的重要工作来抓紧抓实。为按时完成审计提出的不符合项和建议项的整改工作，迪庆香格里拉机场积极组织和指导各项整改工作，召开了安全审计后续整改工作会议，对提出的不符合项、建议项逐条进行了分解、部署，明确整改时间和责任人，千方百计调剂资金，积极向上级争取解决整改所需投入费用。同时，各整改项目组精心组织、周密部署、实施整改，确保了整改落实工作的整体推进和有效落实。经过近5个月的整改完善，机场按期完成了安全审计中机场自身能力能够完成的各整改项目，向局方上报了《迪庆香格里拉机场安全审计整改情况的报告》，并于5月26～27日顺利通过安全审计后续审计。至此，机场安全审计符合率达到了99.6%。

加强安全教育及培训。为进一步提高机场全体员工安全意识及综合能力，建设适合机场安全发展的安全文化。2010年，机场继续采用岗前三级安全教育培训、日常安全教育培训和全员综合安全教育培训相结合的办法来加强安全从业人员的基础培训。坚持实行新进（转岗）员工岗前三级安全基础培训，并对培训结果进行有效性评价，培训合格后方可上岗，培训不合格则不予录用或不予转岗，着重提高新进（转岗）员工的安全意识、安全技能；安全办和各安全保障部门坚持每月一次进行日常安全教育培训，分析当月安全形势，讲评当月安全工作，学习安全规章和文件，着重提高安全管理人员和生产一线作业人员的安全意识和具体安全作业规程的掌握；充分利用生产间隙时间，组织全员参加的安全综合知识培训，提高全员的安全意识。2010 年，共组织安全基础培训共 8 班 712 人次，其中新进（转岗）员工岗前三级安全基础培训 10 班 200 人次，航安办和安全保障部门日常安全教育培训 45 班 1 400 人次，全员综合安全教育培训 4 班 700 多人次。安全培训基础打牢了，才能建设可靠的安全文化，建设安全文化必须要以安全宣传为先导，以安全培训为基础，只有抓好安全宣传教育工作，才能把安全价值观变成职工的自觉行为。一是创新活动载体，加强安全宣传。为把“安全是第一品牌，安全是第一形象”的安全宗旨植入到职工心灵深处；二是在开展安全知识竞赛、安全生产月活动、安全生产倒计时等活动的基础上，创新载体，开展了“全民消防，关爱生命”主题教育系列等活动，积极参加安全生产大家谈征文活动、安全生产问卷调查等活动，这些活动载体不仅营造了浓厚的安全生产氛围，对增强干部职工的安全意识和责任心都起到了很好的促进作用，积极的推动了机场安全文化的建设。

提升空防安全水平。由于 2008 年西藏拉萨“3. 14”事件的后续影响，国内外藏独势力、疆独势力，以及其他反华势力依然活跃，迪庆香格里拉机场地处滇、川、藏三省（区）结合部，地理位置特殊，各种潜在威胁因素交织影响，机场空防安全局势仍然非常严峻，空防安全工作任然是机场安全工作的重要部分。面对上海世博会、第六届康巴艺术节暨民族团结节、广州亚运会等重大活动，机场维稳工作、空防安全工作任务依然繁重。在面临这些重大任务面前，机场安全管理毫不松懈，按照“统一协调、分级负责、强化监督、严格落实”的原则，充分结合在藏区维稳、奥运安保、国庆 60 周年安保等活动中形成的工作机制和宝贵经验，制定了 2010 年上海世博会安全保障工作方案，并精心组织，严密部署，持续强化检查监督工作力度，严格贯彻落实各项安全工作政策和措施，特别在世博会开幕期间，机场启动了民航空防安全威胁三级预警措施，加强了机场的安全保卫工作，认真做好内部人员的管理，强化了安检质量控制，确保了机场控制区安全运行，切实做好应急救援准备，全面做好机场的安保工作，切实提升了安全保卫工作的整体水平和能力，为上海世博会的成功举办做出了应有的贡献。在国庆“黄金周”期间，根据上级有关部门精神，迪庆香格里拉机场再次启动了民航空防安全威胁三级预警措施，民航云南监管局空防处有关领导，亲临机场指导空防安全措施，提出了很多合理、有效的安全措施，圆满完成国庆长假安全运输任务。在机场全体员工积极参与、机驻公安分局的协助下以及其他驻场单位的配合下，通过一系列的特殊时期空防安全保障历练，机场空防安全水平上升到了一个更高的高度，确保了机场持续安全运行，为藏区机场的安全稳定运行做出了卓越的贡献。2010 年，安检站检查出港旅客 91 424 余人次，检查行李 246 336 万余件，开箱包检查行李 111 446 万余件，旅客人身检查复查 91 424 万余人次；共检查出易燃、易爆物品 325 件；管制刀具 245 把；子弹 31 发；警械 1 件，催泪器 2 支；腐蚀物品 8 件；瓦斯 1 瓶；共检查货物邮件 5 485 件；开箱包检查 1 413 件。

**【航线航班拓展工作】** 2010 初，迪庆州委、州政府为加快迪庆航空旅游市场的恢复，成立了以州人大副主任为组长，分管副州长为副组长，机场、旅客局、旅游企业组成的发展迪庆航空市场领导小组，承担迪庆机场航线航班拓展任务，形成多方联动并行之有效的航空市场开发机制。

在得到南航有让重庆航空公司开辟北京—重庆—香格里拉航线的意向后，迪庆州人大和仕聪主任和香格里拉机场到北京找国家民航局、民航华北管理局，为重庆航空公司争取航权和北京首都机场的时刻，经过反复努力，在州政府与重庆航空公司达成补贴协议后，该航线得以开通。为实现成都—香格里拉航线的复航，迪庆州委书记齐扎拉同志亲自到民航西南管理局为川航争取成都机场的时刻，并在州政府与川航达成共同经营成都—香格里拉航线协议后，实现了该航线的复航。6 月 26 日，重庆航空公司新开通了北京—重庆—香格里拉航线，每天执行 1 班；8 月 2 日四川航空公司恢复了成都—香格里拉航线，每周执行 3 班。

由于受州内修路、新通航城市宣传推介不足等因素的影响，航空客源增长缓慢，除迪庆—拉萨航班客座率较好外，其他航线的客座率都较低，尤其是重庆—香格里拉航段的客座率很低，很难维持，成都—航线也呈现难以为继的状况。2010年7月份以来昆明航线航班量、旅客吞吐量出现同比负增长。鉴于此情况，机场走访了东航云南公司、祥鹏航空公司、南方航空公司、深圳航空公司、四川航空公司、九寨机场。州委、政府与东航云南公司、祥鹏航空公司举行了座谈会。州政府与东航云南公司签订了战略合作协议；州政府与祥鹏航空公司签订了战略合作协议。

为切实改变冬春航班换季后航班锐减、停航和航班时刻不好的现状，确保明天夏秋季航班的快速恢复和增长，迪庆航空市场开发工作组在迪庆州人大和仕聪副主任和迪庆香格里拉机场苏有才总经理的带领下，在航空公司航班换季之际，先后赴昆明、成都、重庆三地，联系走访了东航云南分公司、云南祥鹏航空公司、四川航空公司、重庆航空公司等领导及相关人员，认真沟通和解决航班运行过程中存在的困难和问题，提出了切实可行的航班编排合理建议和意见，并拜访民航西南地区管理局空管处领导及航班计划室相关人员，积极向民航局方争取冬春季香格里拉航班的时刻资源，取得了显著的成效：一是昆明—香格里拉航线增加了1个晚班，改写了冬季没有晚班的历史；二是昆明—香格里拉－拉萨航线每周安排了2个航班，改写了冬春季没有进藏航班的历史；三是开创了成重庆—香格里拉、成都—香格里拉航线冬春季没有航班的先河。

2010年，在州委、州政府的大力扶持下，尤其是近700万元的航线补贴资金支持下，迪庆机场航线航班的拓展取得了较大的突破，机场的航班量、旅客吞吐量较上年同期有较快增长。2010，机场共保障航班3 440架次，完成集团下达全年指标的87.11%，同比2009年增长18.46%；完成旅客吞吐量263 323人次，完成集团下达全年指标的87.75%，同比2009年增长18.94%；货邮吞吐量871.8吨，完成集团下达全年指标的108.8%，同比2009年增长24.74%。完成主营收入1 541.97万元，成本费用支出共6 226.01万元（其中固定资产折旧3 372.53万元），实现利润－4 684.04。

**【服务专项整治工作】** 2010年，迪庆香格里拉机场继续秉承“顾客为尊，服务至善”的企业文化理念，以及“以顾客为关注焦点，展示地域特色形象，提供合格服务产品”为服务理念。不断加强服务质量管理，加大服务体系的建设，提高服务工作透明度，规范服务工作流程，坚持推行标准化、规范化、特色化和优质高效服务，不断提高服务人员业务素质和职业道德修养，服务工作取得了良好成效。

持续完善服务规范流程。健全的制度是实现和提升服务质量的基石，也是引领服务走向标准化和专业化的航标。年内，迪庆香格里拉机场在贯彻落实《民用机场管理条例》服务方面相关规定的基础上，结合集团公司推行“三标一体”的管理模式，特别是针对机场扩建运行一年后存在的问题，新增贵宾班组的实际，进一步完善健全了服务工作流程，使机场服务工作进一步制度化、专业化、标准化，机场的服务水平得到了大幅的提升。

开展多样服务活动。结合迪庆藏区民族特色，坚持走具有迪庆藏区特色服务之路，年内，机场仍然坚持在中华民族传统节日、地方民族节日和重要领导莅临迪庆考察访问时，服务人员身着民族服装，按照藏民族习俗，敬献哈达、青稞美酒，赠送民族手工艺品。对各执飞机场的航空公司第一个航班机组、开通航线首航客人提供高规格的迎送服务，敬献哈达和鲜花，赠送纪念礼品，受到了广大旅客、货主和航空公司的广泛赞誉。

航班不正常时的服务以及特殊旅客的服务工作也是机场地面服务保障工作中的一项重要内容，迪庆香格里拉机场高度重视和加强特殊旅客和不正常航班服务保障工作，进一步完善不正常航班的服务工作处置预案，认真做好年初雪灾、冬春季大雾天气等不正常航班的服务保障工作，推行“特殊旅客特别服务”、“航班延误，服务不延误”等服务理念，热情周到地为特殊旅客和不正常航班旅客提供优质高效的服务。各种活动及各种特殊情况下的服务水平均体现了机场优质高效的服务品质，广泛受到了社会各界的高度好评。

加强服务质量监督管理。为持续保持提升机场服务质量水平，机场加强了日常服务工作及重点服务项目的监督管理，重点开展了运输服务质量专项整治活动，成立了机场服务质量监督管理委员会，制定了工作方案，并主要做好：一是制定并对外公示《机场基本服务承诺》，在机场各服务流程显眼位置张贴，接受社会舆论、广大旅客、航空公司以及集团公司的监督检查；二是落实机场各项服务措施，针对重点服务项目进行自查，并提出存在的问题。主要包括：首问负责制的落实情况；服务流程及操作的规范；旅客抱怨及投诉处理工作的规范性及时效性；与代理航空公司的业务沟通及保障情况；机场服务承诺的履行情况；贵宾服务品质的提升情况等。同时，机场按照行业服务标准要求，还加强服务人员的素质教育，重点加强服务人员的服务意识教育和服务技能培训，服务品质显著提高。

为持续检验机场在服务工作方面的质量及顾客满意度，机场全年组织相关部门员工通过问卷调查的形式，对旅客服务、货运服务、机务维修、空管服务进行2次顾客满意度调查，得出机场顾客满意度情况。并根据调查结果，进行数据分析，梳理、汇总收到的旅客意见及建议，及时总结出机场服务工作做得好的方面及分析需要进一步完善改进的方面，并制定出解决的措施及办法，持续提高了机场地面服务满意度。2010年，机场旅客满意率达到了94.87%、货主满意率为94.32%、航空公司满意率为94%，未发生一起旅客有效投诉事件，未发生因服务保障原因引起的群体性不满意事件。

截至11月25日，机场共处理不正常航班109架次，延误旅客服务9 133人次，处理不正常行李360件，不正常货物184件，特殊旅客服务114人次，机场航班放行正常率为97.2%，旅客、货主有效投诉率为0，地面服务满意度为95.86%。

**【2010年航班情况】** 2010年迪庆香格里拉机场共计保障航班3 440架次，其中民航航班3 416架次；校飞14架次；公务机4架次；军航2架次；本场验证飞行4架次。全年航班正常率95.81%；全年放行正常率98.98%。

**【固定资产投资】** 根据集团公司下发的2010年固定资产投资计划，以及2010年下半年迪庆香格里拉机场固定资产调整计划，投资项目共12项，总投资为291.4万元。迪庆香格里拉机场均严格按照相关管理办法，认真制定了分解任务，明确了责任部门及分管领导，规定了完成时限，并严格进行了实施过程监督。现各项固定资产项目全部实施完成。

**【扩建工程完成】** 迪庆香格里拉机场改扩建工程于2007年9月18日开工建设，2009年5月26日顺利通过了行业验收。2009年6月26日，机场扩建工程顺利转场运行，新建候机楼正式投入使用。但是由于机场扩建工程包括的子项较多，加之各种原因影响，还有部分遗留零星项目2010年才得以施工或延续施工。为认真做好遗留工程的监督管理工作，迪庆香格里拉机场在原有指挥部人员中抽调了相关人员，明确责任，项目划分到个人进行监督管理，加强施工现场管理，严把安全关、质量关、进度关和资金关，加快推进扩建工程最后进程，项目总体进度稳步推进，截至目前，机场扩建工程遗留项目还剩下老候机楼改造工程正在稳步推进，预计2010年底基本完工。

**【目标（指标）管理】** 2010年，云南机场集团有限责任公司共下达给迪庆香格里拉机场质量、环境、职业健康安全目标（指标）共21条，其中质量目标11条，环境目标3条，职业健康安全目标7条。迪庆香格里拉机场结合实际，将目标（指标）分上、下半年进行细化分解，分解到体系覆盖的各部门、各班组。同时，机场将目标（指标）进行量化，并对各部门职能进行分解细化，明确责任部门、归口管理部门、配合部门和督办部门，机场形成层层落实目标（指标）的良好局面。通过各部门的努力，截至目前，一体化管理体系各项目标（指标）均控制在规定范围内。

**【“三项识别”】** 根据集团相关文件要求，机场结合实际，组织机场领导、各部门管理人员、内审员及业务骨干对法律法规、环境因素、职业健康安全危险源进行了全面识别。其中，共识别法律法规389部，条款近600条，其中263部法律法规全部适用；共识别出环境因素44项，其中重大环境因素6项，一般环境因素38项，并对识别出的重大环境因素编制了相应的管理方案，制定了控制措施，为环境管理体系的有效运行确定了目标及管控方向；共识别评价出职业健康安全危险源90项，其中，重要危险源5项，并制定了控制措施，制定了职业健康安全目标及管理方案，为职业健康安全管理体系的有效运行确定了目标及管控方向。

**【过程管控】** “三标”体系的运行主要目的是为了实现机场的方针及目标（指标），而如何确保体系的运行过程始终满足体系的要求及标准，过程的监视和测量将起到至关重要的作用。因此，为使一体化管理体系工作更好的落到实处，真正起到实效，一年来，机场加强了体系运行过程监控，继续将安全办、运管办、总经办、机场部及“三标”体系相关归口职责部门工作纳入统一管理，建立一套全面、完整，操作性较强的监督管理机制，对一体化管理体系进行了全方位的监督，对体系运行各环节进行适时监视测量，每周一召开一次综合体系运行会议，检查分析体系各环节存在的问题，每月进行一次质量、环境、职业健康安全全面检查考核，并对存在的问题进行整改，始终保持了体系的高效高质运行。

**【人力资源管理】** 2010年，按照集团公司《“十一五”人力资源战略规划》，集团公司薪酬制度、绩效考核办法都做了大幅度的调整，机场在增强人力资源管理的前瞻性和预见性的同时，认真做好绩效管理、薪酬管理和培训教育工作，针对集团公司对薪酬制度、绩效考核办法调整，广泛征求广大职工的意见和建议，上报集团公司。积极配合集团公司对调整后的薪酬制度、绩效考核办法向广大职工进行大力宣贯，并再次提出了大量切合实际的意见和建议。在人力资源配置方面，结合机场实际，按照相关程序和办法，科学、有效、合理地对人力资源进行优化配置，一年来，机场共新聘员工1人，转岗4人。在绩效考评方面，机场根据集团公司的绩效考核管理修订办法，结合机场实际，将工作目标、考核办法及各岗位职责等进行细化和量化，制定了完善的考核细则，制定了机场新的绩效考核管理办法，进一步调整完善绩效考评体系，配合集团公司实施机场组织绩效、岗位绩效的考核工作，严格考核制度，强化监督；通过绩效工资的改革和优化，真正实行个人分配与机场效益挂钩、与工作岗位挂钩、与责任挂钩，进一步增强了员工的积极性和责任感。薪酬通道方面，进一步加大薪酬制度宣传，坚持以效率优先和兼顾公平为原则，真正实现以客观、公正、公开、公平、科学的岗位评价与绩效考核来衡量员工价值、确定员工薪酬，进一步将员工的知识、技能、态度和业绩与个人薪酬和职业发展紧密联系起来，充分体现发展成果与员工共享的管理理念。教育培训方面，机场结合安全管理培训及安全审计需求，以“三标”管理体系为标准，进一步建立完善培训体系，增强了机场各级培训的针对性、科学性及有效性，加大对机场重点岗位人员及新进人员的培训，并加强了机场培训的过程管控，不断优化人力资源，为机场发展储备人才，使人力资源逐渐转化为人力资本，转化为生产力。

**【开展创先争优活动】** 2010年，按照集团公司党委的统一安排部署，认真开展了创先争优活动，以创建领导班子好、党员队伍好、工作机制好、工作业绩好、群众反映好的先进基层党组织；争做带头学习提高、带头争创佳绩、带头服务群众、带头遵纪守法、带头弘扬正气的优秀共产党员”的总要求，结合机场安全、服务、改革、效益等工作，重点开展了“争创政治引领力强、推动发展力强、改革创新力强、凝聚保障力强的党组织；争做政治素质优、岗位技能优、工作业绩优、群众评价优的共产党员”的“四强四优”主题实践活动。同时，以开展创先争优活动为党建工作的主线，同步开展好党风建设和反腐工作、党员教育培训、“阳光工程”、召开专题民主生活会等活动，充分利用集团公司《空港商旅》杂志、《云南空港报》、集团网站等内部宣传平台，借力外部媒体，如民航报、民航资源网、云南、地方各大媒体进行一系列的报道，有力宣传了机场各类事件、先进典型，鼓舞人心，凝聚力量，激励了全体党员干部及员工以良好的精神状态投入到机场各项事业中，为迪庆香格里拉创造新的业绩打下了坚实的政治基础。

为进一步做好机场党建基础工作，迪庆香格里拉机场党委结合工作实际，一是认真做好党内统计年报工作，使用党建工作系统2005（V2.0）规范录入机场党员信息，建立了电子档案管理系统；二是进一步规范各类党建档案资料，健全档案管理制度，加强档案管理工作；三是按照上级党委各项文件要求，认真组织开展各类活动及上报下发各类报告、总结、方案、简报、信息等，严格按期完成相关各项工作任务。

**【工会团委工作】** 2010年，迪庆香格里拉机场工会、团委始终在党委的领导下，围绕中心工作，充分调动和发挥职工群众参与企业建设的积极性、主动性和创造性，不断加强工会维权机制建设。

认真坚持集团“党建带团建”的工作格局，充分发挥党的助手和后备军作用。一是积极参加集团公司开展的各项活动。如企业软势力建设辩论赛、节能减排知识竞赛等，充分展示出机场员工的靓丽风采和良好精神风貌；二是紧密配合机场党委，联合机场团委继续深入开展“爱心捐助”活动，在云南旱灾、玉树地震期间，机场党委发动工会及团委开展“抗旱救灾”募捐活动，共为灾区筹集募捐款4万余元；三是机场团委紧紧围绕机场党委中心工作，以立足岗位，服务大局，创造一流工作业绩为己任，认真开展文明创建活动；四是工会、团委积极开展有益于职工身心健康，有利于提高团队精神，培养员工核心价值观的各种文化、体育活动，更好地满足广大职工日益增长的精神文化需求。1月1日，机场团总支开展“元旦庆祝活动”；2月8日，机场工会组织新进员工开展机场工会入会培训，机场32名新进员工参加了培训。3月8日，开展了“三八”妇女节联欢会，充分展示了员工的才艺。4月份开展了“缅怀革命先烈”活动。5月18日，机场工会、团委组织全体员工参观了迪庆州2010年科技活动周科普展。6月13日，开展了“安全生产月咨询日”活动，向社会各界宣传民航安全知识。10月30日，开展了“创先争优促发展，青年孝心行天下”活动，11月18日，机场工会、团总之联合启动了迪庆香格里拉机场“神鹰杯球类比赛暨元旦庆祝活动”，向社会公众展示了香格里拉空港人良好的社会企业形象和积极向上的企业文化。

**【大事记】** 2月1日，云南机场集团有限责任公司副总裁刘健、工会办公室副主任宋杰一行带着集团的关爱，对迪庆香格里拉机场全体员工进行了春节慰问，送来了集团党委的温暖。

2月9日，迪庆香格里拉机场在龙凤祥酒店会议室召开了2010年工作会议暨纪检监察工作会议。会议由党委副书记罗永主持。机场领导、关联企业负责人、各驻场单位及全体员工共180人参加了此次会议。会议传达了民航总局、民航西南地区管理局及集团领导在各级安全工作会议上的讲话精神。苏有才总经理作了机场2010年工作报告，总结了2009年的各项工作，并对2010年工作进行部署。

3月1日，迪庆香格里拉机场党委、团委组织全体员工进行抗旱救灾募捐活动，共筹集募捐款2万余元。

5月5日，由云南机场集团有限责任公司机场工程部、法律事务部、总裁办、财务部等相关职能部门及迪庆机场扩建工程指挥部相关人员组成的验收组，对机场扩建工程老变电站设备改造等六个工程项目进行了竣工验收。经过现场及资料的现场检查后，六个工程均顺利通过验收。

5月6日下午，中共迪庆州委、迪庆藏族自治州人民政府和东航云南分公司在迪庆天界神川大酒店召开了迪庆航空市场开拓深层战略合作座谈会，共同磋商和谋划迪庆航空市场的深层拓展和航线优化等问题。出席座谈会的领导有：中共迪庆州委书记齐扎拉，中共迪庆州委副书记、迪庆藏族自治州人民政府州长黄政红，东航云南分公司总经理石富康，迪庆州人大常委会副主任和仕聪，迪庆州人民政府副州长张志军以及东航云南分公司相关领导，迪庆州、县相关部门领导和迪庆香格里拉机场相关人员。会议由迪庆藏族自治州州长黄政红主持。

5月9日上午，迪庆州委、州政府和重庆航空有限责任公司在迪庆天界神川大酒店召开了北京—重庆—香格里拉新开航线筹备座谈会，共同沟通协商和筹划航线开通、前期市场培育以及今后长期稳定运营航线等问题。中共迪庆州委副书记、迪庆藏族自治州人民政府州长黄政红，重庆航空有限责任公司副总裁何军，迪庆州人大常委会副主任和仕聪，迪庆州人民政府副州长张志军出席了会议，迪庆州州县相关部门主要领导、重庆航空有限责任公司相关部门领导和迪庆香格里拉机场相关人员参加了座谈会。座谈会由迪庆州人民政府副州长张志军主持。

5月26～27日，云南监管局对迪庆香格里拉机场2009年安全审计必改项整改落实情况以及建议项整改情况进行最终现场复查。通过采用听取汇报、查看资料、现场检查等方式，检查组对机场各整改项进行了逐条逐项复核，并最终核实：迪庆香格里拉机场安全审计24个必改项及29个建议项中除依靠自身无法完成的项目外，其他项目全部整改完成，至此，机场安全审计符合率达到了99.6%。

6月10～15日，云南机场集团有限责任公司监事会李秋阳主席一行到迪庆香格里拉机场监督检查扩建项目。

6月18日，重庆航空北京—重庆—香格里拉航线验证飞行取得圆满成功。

6月26日下午，重庆航空北京—重庆—香格里拉航线首航圆满成功。

7月5日，集团公司侯庆平副总裁一行莅临迪庆香格里拉机场检查指导各项工作，并对机场安全、服务、市场开拓、软实力建设、民族团结等五方面的工作提出了要求。

7月19日上午，迪庆香格里拉机场工会、团委和航安办联合开展了“安康杯”安全知识竞赛活动。

8月2日，四川航空股份有限公司正式恢复成都—香格里拉航线。

8月30日，由集团公司何继平安全副总监带队，成员由安全管理部、空港管理部、航务管理部、机场公安局有关领导及专家组成的的检查组，对迪庆机场进行了安全专项检查。针对“8·24”伊春空难发生后民航各级部门对加强航空安全的特别要求，检查组对迪庆机场各方面的运行情况进行了一次全面的体检，为迪庆机场的安全健康发展进一步打牢基础。

9月13日至17日，迪庆州举办盛大第六届康巴艺术节暨迪庆州民族团结节，迪庆香格里拉机场党委按照迪庆州委、州政府的要求，认真组织、精心谋划，顺利保障“两节”期间航班正常运行及空防安全保障工作和营造节日氛围方面等工作，确保了两节顺利开幕并直至闭幕。

9月15日，集团公司人力资源部付伟鸣、杜红英副部长一行6人到迪庆香格里拉机场进行薪酬制度优化调整宣贯。

10月11日，迪庆香格里拉机场扩建工程浮雕墙、面山治理及排水沟项目顺利通过集团组织的竣工验收。

11月5日，云南机场集团有限责任公司班组建设经验交流暨成果展示巡回报告会在迪庆香格里拉机场隆重召开。

11月18日，迪庆香格里拉机场第十二届职工运动会正式开幕。

11月24日，为全面总结迪庆香格里拉机场“标兵班组”创建工作，回顾机场开展班组建设的历程，展示机场各班组“标兵班组”建设成果，迪庆香格里拉机场“标兵班组”竞赛评比活动正式拉开帷幕。

12月7日，按照集团党委部署，迪庆香格里拉机场党委召开了以“贯彻落实《党员领导干部廉洁从政若干准则》切实加强领导干部作风建设”为主题的民主生活会。集团公司党委委员、副总裁侯庆平，集团纪委副书记高旋，党委工作部副部长徐歆宇莅临会议指导。

12月13日，集团公司人力资源管理部副部长杜红英一行4人到迪庆香格里拉机场进行了二级机构管理人员2010年第四季度及年度绩效考核。

12月20日，集团公司年终考核检查组到迪庆香格里拉机场进行了综合检查，对迪庆机场各方面的运行情况进行了一次全面的体检，为迪庆机场的安全健康发展进一步打牢基础。

12月31日，迪庆香格里拉机场送走当日最后一个航班后，圆满完成2010年安全生产保障任务，全年共保障航班3 440架次，完成旅客吞吐量263 323人次，货邮吞吐量871.8吨。

**【表彰】** 2010年2月，在2009年工会工作目标考核中，迪庆香格里拉机场较好地完成了集团工会确定的各项工作目标和任务，为促进集团公司经济发展和稳定做出了积极贡献，获集团工会三等奖表彰。

同月，由于在社会治安综合治理维护稳定工作中成绩突出，迪庆香格里拉机场被集团公司综治委评为“平安机场”。

4月，由于服从集团改革大局，服务党政中心工作，服务青年成长成才，积极开展团的各项活动，促进了基层团的建设，迪庆香格里拉机场团委被集团评为十佳基层团组织。

5月，在五一国际劳动节，集团公司表彰先进集体和先进个人，迪庆香格里拉机场被评为先进集体，苏有才总经理被记大功一次，机场部员工袁新国记功一次。

6月，在庆祝中国共产党成立89周年暨“创先征优”表彰活动中，迪庆香格里拉机场李晓东被评为优秀党务工作者，李有才被评为优秀共产党员。

7月，迪庆香格里拉机场第一支部被集团公司评为优秀党支部。

8月，迪庆香格里拉机场总经理苏有才同志被迪庆州民宗委评为民族团结进步先进个人。

10月，集团公司对积极参加班组建设经验交流暨成果展示活动的班组给予表彰，迪庆香格里拉机场获二等奖。

11月，迪庆香格里拉机场机场部开发的电力综合自动化控制系统获集团公司基础创新成果三等奖。

12月，迪庆香格里拉机场段璋勇在云南省机场助航灯光电工、民用航空安全检查员技能大赛中，成绩突出，被评为机场助航灯光电工技术能手。

同月，迪庆香格里拉机场被迪庆州人民政府评为安全生产先进单位。

（陆万松）

## 邮　政

**【概述】** 2010年，迪庆州邮政局下辖3个县邮政局（香格里拉县邮政局、德钦县邮政局、维西县邮政局），有在职职工106人，劳务用工38人，内退职工16人，离退休职工67人，下设4个职能部门（综合办公室、人力资源部、财务部、市场经营部）、5个专业部门（函件集邮部、投递发行部、速递物流公司、机要通信分局、代理业务部），设有31个服务网点，其中县城网点有4个，农村自办网点5个，委代办网点22个。建成电子化支局网点8个，代理邮政储蓄网点7个，4台ATM自动取款机，10台POS机，60台商易通。为全州各族人民提供服务的自办汽车邮路有2条、委办县乡邮路13条、城市投递段道13条、农村投递路线183条，邮路总长度为1 723千米，投递段道（路线）总长度为4 805公里。

**【大事记】** 2010年1月21~23日，省公司副总经理、工会主席李克超到迪庆视察工作，并到德钦县云领乡邮政所看望一级基层职工桑生及全国劳模尼玛拉木。

1月，职工马伍妹、陆红艺荣获2008年至2009年云南邮政系统“优秀支局（班组）长”荣誉称号。

2月4~5日，2010年全州邮政局工作会议暨迪庆邮政工会二届二次职代会在香格里拉召开。

3月1日，抽调马天科到州委安排的千名干部进村入户促民族团结工作组，期限45天。

3月15日，全局职工向旱灾灾区献爱心，捐款3 625元。

3月22日，抽调丁正华、宝福东等8名职工参加迪庆州金融系统民兵应急分队，并进行为期16天的训练。

3月31日，开办迪庆州邮政局职工食堂。

3月，德钦县邮政局荣获2010至－2012年第四批州级“文明示范窗口”称号。

4月14日，中国邮政集团公司邮票印制局党委书记周正平率选题组领导和专家到迪庆实地考察，确定了邮票选题方案，即4+1方案，在研讨会上，确定了松赞林寺、普达措国家公园、纳帕海、独克宗古城、梅里雪山作为风景点进行《香格里拉》邮票的创意设计。

4月，尼玛拉木荣获全国劳动模范称号。

7月8日，调整了机构职能，职能部室为：综合办公室、人力资源部、财务部、市场经营部；专业业务部室为：函件集邮部、投递发行部、速递物流部、代理业务部、机要通信分局。

7月25日，迪庆州人民政府副州长阿堆及迪庆州邮政局局长施方均一行前往中国邮政集团公司，协调解决《香格里拉》邮票发行相关事宜。经过努力，中国邮政集团公司同意将《香格里拉》邮票发行日期延期至2010年9月13日。

7月31日，中国邮政集团公司国家邮票印制局王振宏局长及省公司副总经理部瑛一行到迪庆，与迪庆州人民政府签定确认了《香格里拉》特种邮票图案、图名。

9月13日，《香格里拉》特种邮票在香格里拉独克宗古城月光广场举行首发仪式。同时开展题为《走进香格里拉》的邮展活动。

9月，迪庆州邮政局荣获“迪庆州民族团结先进模范单位”及迪庆州“第六届康巴艺术节暨迪庆州民族团结节先进单位”称号。

9月，职工丁正华、赵树昌荣获迪庆州“第六届康巴艺术节暨迪庆州民族团结节先进个人”称号。

12月，职工普苑春的作品《惟有改变才能应对变化》在云南省职工“读一本好书”征文活动评选中荣获优秀奖。

【召开全州邮政工作会议暨职代会】 2010年2月4日~5日在香格里拉召开了全州邮政工作会议暨迪庆邮政工会二届二次职代会。会议全面总结了2009年工作，研究部署2010年工作。提出迪庆邮政的工作目标：全面落实省公司关于邮政体制改革和发展的部署，以科学发展观统领全局，紧紧围绕企业经营效益这一中心，坚持规模效益并重发展，坚持转变发展方式和调整业务结构，坚持深化体制改革创新发展机制；努力实现邮政业务总收入比上年增长17%，实现收入为1 550万元，职工收入增长不低于7%，全员劳动生产率增长不低于10%，客户服务满意度达到85分以上。为确保全面目标的实现，着力要抓好七方面的工作：一是要以科学发展观为指导，切实转变邮政经济发展方式；二是要坚持规模效益并重，全面推进三大板块业务协调快速发展；三是要以深化体制改革为动力，切实创新发展机制；四是要加强能力建设，提高对改革发展的支撑力度；五是要强化科学管理，不断提高企业运行水平；六是要努力提高服务质量和水平，塑造良好的企业形象；七是要构建和谐企业文化体系，增强企业凝聚力。会上对2009年工作中涌现出来的的一批先进集体和个人进行了表彰，激励广大职工积极投身于邮政的改革和发展中，为迪庆邮政持续健康发展作出积极贡献。

【经济运行情况】 2010年全州完成邮政业务总收入1 580万元，完成省公司计划进度的101.09%，比去年同期增长19.48%，其中州局现业完成业务收入1059.22万元，比上年同期增长7.27%，超预算0.21%；维西局完成业务收入238.46万元，比上年同期增长21.91%，超预算5.67%；德钦局完成业务收入134.57万元，比上年同期增长28.29%，超预算11.15%。收支差额累计完成621万元，较好地控制在省公司下达的预算数内。

【函件业务】 函件业务受门票因素影响同比增长41.51%，收入完成184.38万元，其中门票业务完成124.93万元。各景点门票业务有力支撑了函件业务的发展；根据年初工作会议的安排部署，各经营单位都积极发展项目营销，取得显著成效。通过中邮DM广告、海报、宣传手册等对个性化邮票进行大力宣传，“金色童年”、“我爱我家”稳步有序开发；拓展市场、抓住机遇，成功开发香格里拉都吉呢咪酒店幸运邮明信片2 000枚及迪庆州交警支队“交通安全宣传”商函4万多件，为函件业务发展拓宽市场。

【报刊、教材发行业务】 在地方党委、政府的支持下，认真做好党报党刊发行工作，提早安排、突出重点、分层推进、强化大客户项目营销，报刊大收订成效显著，完成流转额385.64万元，同比增长5.46%，实现报刊业务稳步增长的目标。报刊结构不断优化，重点报刊、畅销报刊占比明显提高；圆满完成春秋两季教材发行42.37万册，码洋达260万元，服务24所学校。

【电子商务业务】 电子商务业务快速规模化发展，实现收入64.64万元，比上年同期增长8.29%，以邮储短信为重点，速递、汇兑、集邮短信快速发展，形成规模与规范并重、效益与发展双赢的格局；彩票销售健康发展，航空客票销售稳步推进。

【集邮业务】 2010年9月13日，《香格里拉》特种邮票发行，在首发式期间，在省公司的大力支持下，举全局之力，实现销售134万元，成为云南题材邮票发行有史以来销售最好的局。而且《香格里拉》特种邮票的发行，进一步提高了人们对集邮文化的认识，更突出文化属性，推出的个性化邮票、企业形象宣传册、集邮文化礼品册制作等成为企事业单位对外展示形象的首选。2010年集邮业务呈现量质并重的良好态势，业务结构日趋合理，实现业务收入202.51万元。新邮预订规模发展，实现33.8万元；定向邮品开发稳步推进，全州成功开发4 000册；盘活库存收效良好。

【包件业务】 通过做好窗口营销和上门服务，巩固维护大客户的关系等工作，突出重点目标市场，努力开发优质客户，重点发展旅游包裹和快递包裹业务；积极拓展节日、旅游、退伍兵等季节性包裹市场，实现收入14.89万元，由于受到各方面的影响，迪庆特色包裹出现同比负增长30.28%。

【速递物流业务发展迈上新台阶】 通过加大宣传力度、窗口营销和服务，“次日递”、“次晨达”、经济快递等业务有效增强了速递业务的市场竞争能力；在较好地完成总部营销项目的配送和投递工作情况下，加大业务结构调整，结合市场特点，发挥邮政网络优势，做好移动公司、电信公司、万德福等企业州内物流配送，进一步提升了邮政在物流市场的竞争能力，速递物流业务实现收入282.33万元，同比增长6.22%。

**【代理金融业务持续稳步发展】** 按照省公司确定的余额跨越式发展目标，坚持“量质并重、规模第一，加强、加强、再加强”的代理金融业务发展方针，立足邮政网点和网络优势，以客户为中心，充分整合内外部资源，加强激励考核，不断做大存款规模，新增储蓄余额5054万元，余额规模达到2.72亿元，增幅达22.8%。实现代理金融业务收入692.54万元。代理金融支付结算业务不断增长。新业务推进措施得力，发展成效显著，发展的商易通、POS机等促进了储蓄非利差收入的快速增长，而且存款和客户结构进一步得到优化。

**【经济运行质量进一步提高】** 2010年全州邮政以提高企业经济运行质量为中心，围绕重点和薄弱环节，强化各项管理措施，管理水平显著提高。有效控制邮政业务成本费用；认真开展收入真实性、禁止类财务行为的专项检查，提高了财务收支的真实性和经济行为的规范性；不断加大邮政市场监管力度，打击侵犯邮政专营权的行为，有效地维护了国家、用户和邮政企业的合法权益。

**【加强财务管理促进高效发展】** 顺利完成2010年度成本预算编制工作并加强了成本管理；进一步加强了会计基础工作，合理规避企业财务风险；制定各种办法，规范业务财务处理流程；积级开展资产盘活工作；完成新旧核算体系的衔接与转换工作；按照省公司安排开展网点损益和速递物流分账核算工作。进一步加强了财务管理工作，严格执行各项财务规章，确保了财务收支的真实完整。

**【加强人力资源管理促进科学发展】** 进一步完善和修订绩效考核办法，加强了绩效考核力度，充分调动职工发展业务的积极性；对全州现有劳务派遣工的劳务派遣协议签订情况进行了清理，积极与劳动力市场协调，依法规范做好企业和派遣单位的劳务派遣协议签订工作；认真开展“双定”工作，根据实施方案对各营业岗位、投递岗位和内部处理岗位写实、测时；逐步加强了社保工作的基础管理；认真做好薪酬集中发放的实施工作；加强劳动合同的管理，合理调整A、B类员工、劳务工和灵活用工的比例，逐步减少和控制A类员工的数量；根据省公司《州市邮政局机构编制调整实施方案》，给迪庆局实际对现有的职能机构设置、专业局的设置以及管理人员岗位设置情况重新进行梳理和分析，依照省公司的编制设置要求，调整设置了职能机构、专业局及管理人员岗位，并以机构编制调整为契机，进一步优化调整组织机构和人力资源的配置，精简职能机构的管理人员，使管理人员占比严格控制在省公司规定的比例内；优化管理人员配置，提高市场经营和生产管理人员的比重，逐步把精简下来的管理人员充实到营销等企业急需的岗位。

**【加强监督检查促进安全发展】** 进一步加强了基础管理工作，认真落实“三个规定”，明确责任、落实整改，切实抓好资金安全工作，加强检查和督促力度，及时消除安全隐患，防范于未然，保护好经营成果的同时确保业务持续健康发展。全州未发生通信安全事故和资金案件。采取措施，自查和配合相关部门协查禁寄物品。

**【邮政服务取得新进步】** 启动速递省内承诺服务，着力解决影响时限质量的问题。进一步理顺客户投诉处理流程，切实提高客户投诉处理效率和质量。以邮件全程传递时限、营业窗口、投递服务质量和基础管理为重点，开展服务质量专项整治，使一些服务质量热点和难点问题得到较好解决。

**【企业文化建设取得新发展】** 着力加强思想建设，认真开展创先争优活动。深入开展反腐倡廉工作，扎实落实党风廉政建设责任制，为企业改革发展提供坚强政治保证。以人为本，积极构建和谐企业。建家工作成效明显，建成金江1个农村支局所模范小家，虎跳峡1个农村支局所先进小家。职工互助帮扶长效机制不断健全。职工素质提升年活动全面启动，积极参加营销员知识竞赛、读书演讲活动，营造了学业务、练技能的良好氛围。精神文明建设成效显著。迪庆州邮政局荣获“迪庆州民族团结先进模范单位”，迪庆州“第六届康巴艺术节暨迪庆州民族团结节先进单位”；尼玛拉木荣获全国劳动模范称号；丁正华、赵树昌荣获迪庆州“第六届康巴艺术节暨迪庆州民族团结节先进个人”称号；德钦县邮政局荣获2010至-2012年第四批州级“文明示范窗口”称号。普苑春的作品《惟有改变才能应对变化》在云南省职工“读一本好书”征文活动评选中荣获优秀奖；和江云、谢文生荣获2009年至2010年云南邮政系统“优秀支局（班组）长”荣誉称号。

（丁正华）

## 电　信

**【打造融合的差异化产品和服务】**　根据2010年初工作安排，分公司扎实做好移动业务产品功能完善工作，密切关注客户可感知指标，提升网络质量，提高业务提供能力，力争语音、短信、无线上网、信息服务4项移动业务“指标领先、感知良好、应用丰富”，打造客户能感知的差异化核心产品。发挥移动与固网、互联网业务的融合优势，向客户群提供定制化的融合产品。根据各客户群需求提供信息化产品，结合宽带互联网优势，适时推出手机报、手机阅读、移动定位、移动IM（即时通信）、手机视频等产品，为客户提供便利，为客户创造价值。发挥CP（内容应用服务提供商）/SP（网络服务提供商）积极性，吸引更多、更有活力的团队合作开展产品创新、用户发展和内容运营工作。

**【信息化引领农村市场】**　大力推进信息化乡镇建设，做好语音业务保存和发展，加快“我的e家”品牌业务在农村的渗透；在C网覆盖的区域有效拓展移动业务，持续开展农村普遍服务，积极配合地方党委、政府大力实施“村通工程”和“党员远程教育”、本地电视节目下传至乡镇等项目，使我们的网络和业务向有条件的自然村延伸。

**【健全服务质量监督管理体系】**　一是为进一步完善服务管理体系，适应全业务运营的新形势，规范各项服务流程和制度，夯实基础管理，层层落实服务质量管理责任，及时妥善地解决各类服务问题，畅通服务流程各环节，做到领导重视、目标明确、形式多样；二是建立健全管理、监督、检查、实施相结合的服务质量管理体系。

**【移动网络建设】**　根据省公司移动网络的统一规划和建设的总体安排部署，充分借鉴其他运营商移动网络建设的经验教训，利用C网技术在覆盖有效性方面优于GSM的特点，对目标区域进行连续、优质的覆盖。要采取多种手段优化网络，将网建工作与网优工作有机结合起来，建立数据业务无线接入优势，提升用户感知。建好宽带精品网络，为全业务经营提供基础条件，实现移动元素的顺利注入，宽带互联网出州带宽达到2＊1G，同时加快CN2（综合业务智能网）业务迁移；全面推进“光进铜退”，城区新建接入点铜缆不出楼，农村新建接入点铜缆不出村，完成县城以上全部重载DSLAM的改造，加速构建大容量、扁平化、智能化的下一代传输网络；提升城域网带宽，完善和应用好QOS（宽带质量认证系统）系统，提升IP网络的业务提供能力和质量，保证品牌业务的服务质量和水平。

**【实践科学发展观】**　迪庆电信分公司以继续深入学习贯彻“实践科学发展观”重要思想为主线、努力提高员工队伍政治素质。迪庆电信分公司党组明确提出，当前及今后相当长的时期内，围绕“战略转型上水平、服务信息化创一流”的主题，要把学习实践科学发展观活动作为分公司破解难题、改进作风、提升能力，创新机制的一项长期重要任务，切实加强党的思想政治、组织作风建设，努力探索新时期电信行业加强党的建设的好思路、新办法和有效途径。迪庆分公司党组着重就贯彻党的十七届四中全会和全国国有企业党的建设工作会议精神，树立和落实科学发展观，通过学习活动，进一步增强广大员工的大局意识、发展意识、服务意识、责任意识。

**【全面提升执行力】**　三分战略，七分执行，执行力的强弱决定工作的成败。首先，必须坚定不移地推进聚焦客户的信息化创新战略，坚定不移实施面向市场和客户感知的差异化融合发展策略。各级管理人员必须进一步增强大局意识，强化责任意识，做到令行禁止，确保集团和省公司的战略得到坚决执行。要继续推进集中统一管理。必须坚持统一的战略、统一的文化、统一的品牌、统一的运营政策、统一的网络标准、统一的业务平台、统一的渠道体系、统一的服务标准。

（和增辉）

## 中国移动通信集团云南有限公司迪庆分公司

**【概况】** 2010年，中国移动云南公司迪庆分公司紧紧围绕中国移动云南公司的“1322”价值提升工程，以发展为第一要务，始终秉承“正德厚生、臻于至善”的核心价值观，全体员工齐心协力，攻克艰难，公司各方面得以保持快速平稳健康发展，较好的完成了全年各项工作任务和目标。

**【产品·服务】** 为广大客户提供优质的产品和服务是迪庆分公司不断取得进步的源泉。2010年，迪庆分公司坚决贯彻落实“服务为根、客户为本”的理念，以专项活动的开展为契机，加大了对产品和服务的优化。

继续完善和优化“全球通”、“神州行”、“动感地带”品牌，使各类品牌和业务更贴近广大用户的需求。

“136移动信息富民工程”和“139贴心服务工程”的有序推进，深入开展。迪庆分公司通过开展农村信息化知识培训、加强村通基站建设、提高移动信号的覆盖和质量、加大农村营销服务渠道建设、配齐配足农村营销服务人员、构建农村移动惠民网、加大农村信息化产品推广力度等多方举措，提高了信息化服务水平，改善了迪庆农村的信息化条件。

服务专项评优活动有序开展，服务质量稳步提升。近年来，迪庆分公司着重培养优良的“服务文化”，在2010年通过大力宣传“服务为根、客户为本”理念、不断优化完善客户服务体系、打造优质高效的服务队伍、营造公司“我服务、我快乐”的工作氛围，加强渠道管理，提升渠道服务客户的能力，不断提升了客户服务能力和水平，得到广大用户的认可。

**【网络建设和维护】** 网络质量是通信企业的生命线。2010年，在网络建设和维护方面，虽然受到修建二级公路、澜沧江水电站、停电等多种因素的影响，但是迪庆分公司科学安排、超前部署，完善和调整网络结构，有效提高了网络支撑能力。截至2010年底，迪庆分公司在全州共建成基站339个，在香格里拉、维西、德钦三县城区均已建成四通八达的通信光缆管道，基础网络的容量、安全性和接入性得到有效增强，并以客户感知为依据，紧跟焦点问题、建立解决跟踪机制、加大立体化网络监控和分析力度，网络优化水平不断提高。

**【企业精细化管理】** 2010年，中国移动云南公司迪庆分公司从各方面认真贯彻执行中国移动云南公司提出的“精细化管理提升年”计划。

人力资源管理水平不断提升，积极、稳妥地开展了聘用员工职位、薪酬体系梳理工作。迪庆分公司坚持“以人为本”，在2010年，通过校园招聘、社会招聘为公司吸引员工，截止2010年底，公司共有员工157人，学历在大专以上的占60%。员工团结是企业稳定的重要因素，迪庆分公司本着“稳定大于一切”的思想，通过在公司内部积极开展培训活动、文艺体育活动等方式提高企业内部凝聚力；通过在节假日走访慰问退离休老职工、看望慰问生病职工，为他们解决实际困难，以落实公司的人文关怀，确保公司内部和谐稳定。

“安全第一、预防为主、综合治理” 是迪庆分公司一直以来坚持的安全生产管理方针，将安全生产放在企业发展的重要位置，积极遵照迪庆州委、州政府创建“平安单位”的要求，严格按照中国移动云南公司的规章制度，建立健全分公司的安全生产监管机制，加大宣传力度，认真组织“综治维稳月”、“安全生产月”、“119消防宣传日”等活动，加强公司安全生产的日常检查、节假日专项检查、年中年末的全面检查力度，营造“安全生产、人人有责”的工作氛围。在年末的省公司安全生产大检查及迪庆州委、州政府的创建“平安单位”年度考核中均取得良好成绩。

**【社会责任】** 迪庆分公司在企业发展过程中始终坚持中国移动“创无限通信世界、做信息社会栋梁”的企业使命。为进一步消除城乡数字鸿沟、推进农村信息化进程，结合“移动兴边富民通信工程”的不断深入，2010年，迪庆分公司加大了对偏远山区的投资，不计成本，大力兴修农村基站；为使农民用得起手机，向农民无偿赠送终端，并推行惠农网资费；广泛建立村级服务站，确保广大农民能够享受到和城区一样快捷、方便、高质量的服务。

2010年，迪庆州举办第六届康巴艺术节暨迪庆州首届民族团结节。为确保节日期间通信通畅，迪庆分公司超前指挥、积极筹备，对主要会场周围的信号进行了多次拉网测试，在主会场周边新建基站，对拥塞基站进行扩容、对坏件进行更换；对于整个城区的网优参数进行调整；从省公司直接调拨的通信应急车，为节日期间的通信畅通做了更为有利的保证。

（史晓晨）

## 中国联合网络通信有限公司迪庆藏族自治州分公司

**【通信能力和通信保障】** 2010年，公司按照重点区域、重点基站、重点时段重点保障的工作思路，提升网络保障水平和客户感知，快速推进了GSM网络优化和3G工程建设进度，积极参与共建共享，盘活已建成的基础传输网络和无线网络资源，在认真分析了现网结构和核心结点的业务承载能力的基础上，对现有传输网和无线网进行进一步的优化和整治，在充分考虑市场需求及市场效益的前提下，在网络建设中争取做到投资有效、建设维护有保障，为市场拓展提供强有力的支撑。全州共计建成GSM基站169个、WCDMA基站69个、两网共计建设无线网络基站238个，自建本地网光缆1123.4皮长公里、自建长途光缆294.6皮长公里、自建本地网2.5G环两个、本地网622环两个，本地网接人622环4个，155环4个，二干传输2.5G环两个、320G网波分环一个，城区自建管道23管孔/公里、RNC设备一套、CE设备两套、NGN设备两套、IP前置机设备一套、综合关口局设备一套。到目前为止，GSM网络除东旺乡、羊拉乡、佛山乡外已实现了全州乡镇的覆盖，GSM网乡镇覆盖率达93%，村级覆盖率达60%左右，WCDMA网已实现三县城区、普达措景区、德钦飞来寺景区、虎跳峡景区及里底电站指挥部的完好覆盖。

**【业务发展】** 2010年，迪庆联通分公司始终坚持“移动与宽带并举、2G与3G并重”的经营原则，公司上下以科学发展观统领全局，以提高业务收入为核心，发挥融合优势，积极执行省分公司的各项经营决策，积极开拓市场，大力推进改革创新，努力提升网络质量和服务水平，各项业务实现平稳发展。特别是3G业务发展严格按照总部“六统一”、“三领先”的要求，积极开展各项营销活动，公司通过组织路演促销、校园促销、员工销售、中秋回馈等一系列活动，联通3G业务进一步深入人心，同时借助Iphone对联通品牌的提升及3G资费全国无漫游的优势，迪庆3G发展进入快速发展时期。

**【客户服务】** 以3G服务领先为主线，客户服务水平进一步提升。随着通信市场各项业务的不断发展，以及市场竞争日趋激烈，服务水平已经成为争夺客户一个重要条件，今年，我分公司一直把提高服务水平摆在一个重要地位。公司从营业厅标准化建设、一线人员服务意识和服务技能抓起，逐步推进了服务的规范化。公司从改善营业厅内部环境、加强营业厅现场管理能力、强化营业人员业务受理能力及服务水平四方面入手，全面落实服务标准和规范，加强营业厅的标准化建设，以服务的标准化带动了整体服务水平的提高。积极落实《中国联通客户服务标准》、《中国联通服务管理规范》两个重要文件，对一线人员加强了服务监督、考核工作，每月从客户满意度、自有营业厅达标规范合格率及服务质量、投诉热线三个方面进行服务质量的监督和考核，从而有效提升了前台人员的服务水平。在处理用户投诉时，执行投诉首问责任制，在接到用户投诉时不推诿，详细了解用户投诉原因，及时解决用户投诉问题，并给予用户满意答复。实践证明，客户满意度的提高有效地提高用户的忠诚度，对留住客户、控制流失率、控制市场占有率的下滑速度起到了积极的作用。

**【基础管理】** 2010年，公司继续加大了各项财务基础管理力度，将经营活动分析作为财务管理的首要内容，为市场发展、网络运行提供有利的支撑和有效的成本控制。通过严格执行预算管理，有效控制成本费用，向管理要效益；通过开展“小金库”及工程建设领域突出问题的专项治理，经营管理行为进一步规范；通过严格公司内控管理，加大工程物资管理、营业资金管理的管控力度，从套餐设计等源头抓欠费，避免公司额外损失，公司财务坏账率得到了有效控制，使公司的经营风险得到有效控制。

**【企业文化】** 2010年，公司党团工会组织紧密围绕公司的发展中心，组织理论学习，加强员工职业道德和法制教育，关心员工生活，开展劳动竞赛、服务竞赛、岗位练兵和丰富多彩的文体活动；积极开展创先争优活动，加强反腐倡廉建设，推进民主管理，促进精神文明建设，全体员工积极努力，工作的责任和紧迫感不断增强，精神面貌进一步改善，为公司的健康发展做出积极贡献。在维稳特殊时期，公司领导更加重视安全保卫工作，对安全保卫工作做出了具体的指示和部署，制订了安全保卫措施，要求保安人员定时巡检，及时排除安全隐患；定期组织开展企业内部安全生产大检查，消除生产经营中的事故隐患，实现了企业的安全生产，全面年没有发生安全生产事故，保证了企业经营的正常进行。

（易　彬）

# 城建·土地·环保

## 城 建

【规划管理】 一是牢固树立“规划先行”的理念。按照“统筹规划、合理布局、完善功能、以大带小”的空间布局，编制完成《迪庆州域城镇体系规划》、《迪庆州城镇化发展十二五规划》，高起点、高品位制定了全州城镇化发展功能定位。二是完善了规划管理工作机制。州级和三县先后组建了高规格的城乡规划建设管理委员会，先后成立城乡规划管理局（维西县为二级局），制定提交《迪庆州城乡规划管理条例》，为推进迪庆州的城乡规划管理工作打下坚实的基础。三是规划编制工作深入开展。各县的《城市总体规划》不断完善，专项规划深入推进，乡镇、村庄规划编制管理逐步展开。三县一区组织开展了新一轮城市总体规划修改工作，香格里拉、维西编制了城市景观特色规划、城市绿地系统规划，德钦完成了新区拓展规划，经济开发区完成了片区开发详细规划。根据全省村庄规划工作会议精神，结合迪庆社会主义新农村建设规划，全州安排开展了3个乡镇、18个行政村、225个自然村的村庄规划编制工作。标志着规划编制工作由城镇向农村覆盖。四是强化了城乡规划实施的监督管理，严格“两证一书”办理程序，严格城市建筑的标高、层高、设计样式、色调、容积率的控制。规划对经济的调控指导作用进一步增强，有力地促进了全州城镇化的快速发展。

【城镇基础设施建设】 2010年，迪庆州紧紧抓住中央扩大内需、加大投资的历史机遇，实施一批辐射面广、带动作用强的城镇道路、桥梁、供排水、绿化、垃圾和污水处理等市政基础设施项目。重点实施了香格里拉县城集中供热工程、香格里拉县城环境综合治理项目、香格里拉生态旅游文化城、香格里拉仁安路延长线、德钦县城整治与拓展工程和维西县城市政综合基础设施建设等项目。大力开展城市绿化、美化、亮化工程，挖掘城市文化内涵、塑造城市特色。全州城镇结构日趋合理，城镇功能逐步完善，城镇品位明显提升，城镇化水平稳步提高。2010年，全州累计城镇建设固定资产完成投资22.19亿元，其中市政基础设施完成投资5.16亿元，房地产开发投资5.44亿元，建筑业产值9.87亿元，廉租住房完成投资1.26亿元，农村危房改造完成投资0.333亿元，农村民居地震安全工程完成投资0.12亿元，超额完成年初州城建局与州人民政府签订的目标任务。

【城市管理】 把城市管理作为改善城市面貌，提升城市形象的重要措施来抓，组织开展规模较大的城市环境卫生行动，市容市貌得到明显改观，城市管理水平明显提高，树立了良好的城市形象。一是制定并实施了《户外广告管理办法》等19项城市管理措施办法，建立和健全管理长效机制。二是借举办第六届康巴艺术节暨民族团结节之机，按照州委、州政府的安排部署，以综合治理城市“脏、乱、差”为突破口，强化市容市貌管理，狠抓绿化、亮化、净化、美化工程，努力创造环境友好型城市。三是加强城市执法队伍建设，加大执法力度，实行城市管理划片包干负责制，充分调动城管人员的工作积极性，提高工作效率。开展违章建筑清理、摊点归类入市和广告牌整治等专项行动。四是坚持市场化导向，逐步把城市绿化、垃圾清运、公厕管理等向社会公开招标承包，变“养人”为“养事”，有效降低城市管理成本。五是进一步落实“门前三包”责任制，建立一支常规保洁队伍，保持市容整洁，完成了环卫站以清扫保洁工作为主的费用包干改革，完善城市环境卫生保洁服务体系，扩大服务面，充分发挥职能作用，不断提高服务质量和工作效率。

【保障和改善民生】 2010年，全州住房城乡建设部门把破解民生难题、推进民生工程、促进社会和谐纳入建设工作的首要任务。一是加大了廉租住房建设力度。廉租住房建设是社会保障体系的重要组成部分，是对城乡住房制度的补充和完善，是全面构建和谐社会的重要内容。2010 年，迪庆州结合中小学区域布局调整规划，由州城建局牵头实施了教师廉租住房建设项目，按照 6 万平方米的实施计划，项目领导小组结合省下达迪庆州 3 万平方米，600 套的廉租住房建设任务，积极向省争取追加今、明两年廉租房建设规模，适当调整迪庆州 2010 年的建设计划。全州开工建设的廉租住房 60 800 平方米，1 216 套，概算投资 7 460 万元，该项目已基本完工。三年累计完成省政府下达迪庆州的廉租住房建设任务 2 392 套 12.4 万平方米，累计投资 1.6 亿元，落实中央和省级补助资金 5 725 万元（包括 2010 年 2 700 万元），落实中央转贷资金 1 200 万元；以租赁补贴保障的户数 4 504 户，落实中央和省级租赁补贴 3 577 万元（包括 2010 年 1 493 万元）。按照保障对象的“三级审核、两次公示”的工作程序，切实解决城镇低收入家庭住房问题。二是继续推进住房货币化改革工作。住房制度改革是经济体制改革的重要组成部分，是改革原有的实物性分房向货币性分房转变。实行住房公积金和住房补贴制度是住房制度改革的重要方面，更是解决迪庆州广大干部职工住房困难问题的有效举措。按照州人民政府的安排和部署，迪庆州已完成房改总体实施方案的报批工作，完成 2006 年以前离退休干部职工 3 921 人的住房补贴发放兑现工作，发放住房补贴 4 021 万元。三是住房公积金管理工作全面步入法制化和规范化轨道。住房公积金管理工作得到了州委、政府的高度重视，完成了全州住房公积金管理机构的升格工作，住房公积金归集率和使用率不断提高，2010 年起提高了住房公积金缴存比例，由原来工资总额的 5% 提高到了 7%，总体提高了 2 个百分点。由于缴存比例的提高，在公积金的储量资金得到了加强的同时，结合迪庆州房价情况，及时调整住房公积金贷款的额度，由原来的最高贷款额度 15 万元提高到了 20 万元，期限也由原来的最长 10 年提高到了 15 年，最大限度的发挥住房公积金解决住房困难职工的购房力度和还款的压力。截止 2010 年底，全州住房公积金累计归集总额达 5.23 亿元，归集余额达 4.58 亿元；全州建立住房公积金单位有 591 家，参加公积金在册职工人数 20 427 人；全州累计发放公积金贷款 6 642 户，5.8 亿元，现有贷款余额 3.45 亿元，住房公积金的使用率达到 74%。住房公积金收益 1 386 万元，其中提供城市廉租住房建设补充资金 595 万元。城市人均住房面积从 2005 年的 25 平方米提高到 2010 年的 35 平方米。城市居民的居住环境进一步得到改善，住房公积金在拉动经济增长、建立住房保障体系、提高城镇居民居住水平等方面，发挥了积极作用。四是着力实施农村民居地震安全工程及农村危房改造项目。自 2007 年实施农村民居地震安全工程以来，全州实施农村民居地震安全工程 13 750 户（包括 2010 年 3 600 户），其中拆除重建 3 500 户，加固改造 10 250 户，落实省级补助资金 4 550 万元（包括 2010 年 1 200 万元）；全州实施农村危房改造项目 4 790 户（包括 2010 年 3 330 户），落实中央补助资金 4 790 万元（包括 2010 年 3 330 万元）。农民群众最基本的居住安全问题得到逐步解决。

**【建筑业管理】** 一是进一步加大整顿和规范建筑市场的工作力度。按照《招标投标法》等相关法律法规规定，结合迪庆州的实际，从规范招标投标市场入手，抓好招标投标工作各方的行为管理；调整充实了评标专家库，加强了评标专家队伍的建设和管理；全面推行工程量清单计价招投标和电子辅助评标管理系统进行评标，不仅提高了评标效率，减少了评标专家的人为因素，而且使清单计价的评标工作更加科学、公正、合理。2010 年，全州新开工建设项目 166 个，投资 13.96 亿元，其中实行招投标的工程有 110 个，投资达 12.03 亿元，全州应公开招标工程招标率达 100%。二是加强市场准入制度及监理项目备案制度管理。凡省外、州外到迪庆州投标及施工的施工企业、监理企业都要对其资质、资格等进行审查，审查合格后，方才办理市场准入证及工程建设项目监理备案制。三是严格推行了建设工程质量监督制、建设监理制、地质勘察报告制、施工图文件审查制等一系列保证工程质量的措施。按照建设项目的初步设计审查，工程建设项目报建、施工图审查、建设工程的招标、安全报监备案、发放施工许可证等基本建设的管理程序，基本做到初步设计、施工图纸未经审查或审查不合格，项目不允许报建，不允许发放招标公告，不进行招投标，未办理农民工意外伤害保险，不发放施工许可证。四是从建筑企业资质资格就位审查入手，依据行业相关规定，加大从业人员培训和管理力度，到年底，全州合格的建筑业施工企业有17家，工程勘察设计单位9家，建设工程监理企业2家，检测机构1家。全州有二级建造师58人，二级临时建造师135人，建造员55人。五是强化工程造价监管工作，开展了拦标价、合同价和结算价的“三价”备案制度，全年备案拦标价89个，备案结算价10个，通过对拦标价的备案审查，拦标价的质量基本得到了保证，为业主招标工作提供了重要的基础依据。六是进一步强化工程质量监督和执法力度，加强对住宅工程质量管理，推进基础和主体工程实体检测制，2010年全州建设工程质量稳中有升，全年监督单位工程59项，建筑面积31.82万平方米，其中竣工29个单位工程，建筑面积9.76万平方米。七是严格执行安全生产责任制，深入开展安全生产专项治理和隐患排查活动，严防重特大安全事故发生。

**【房地产开发】** 全州认真贯彻落实房地产宏观调控政策，着力调整住房供应结构，整顿和规范房地产市场秩序，房地产业平稳较快增长。2010年，一是迪庆州加大了房地产开发力度。实施了古城旺角、圣地家园、意合家园、香巴拉小镇、日月星城、金少公寓、华骏三期、维西新城三期、德钦梅里花苑等一批房地产开发项目，房屋施工面积26.5万平方米；商品房销售面积20万平方米；非住宅销售面积2.7万平方米。全年房地产开发投资完成5亿元，占全州城镇建设固定资产投资比重的22%。二是加强从市场准入、土地征用、房屋拆迁、规划审批、项目施工、预售许可、商品房备案办证等各个环节的严格管理。三是加强房屋产权产籍管理，2010年全州办理房屋登记面积124.85万平方米，办理房屋产权登记2 052件。四是房地产企业增长迅速。全州房地产开发企业23家，物业管理公司3家，从业人员300余人。

**【建设领域节能减排】** 2010年，全州住房城乡建设系统以高度的历史责任感和使命感，加快推进建设领域节能减排工作。一是着力实施“两污”设施建设。2010年，在积极争取中央和省级资金支持的同时，充分运用市场化运作手段，多渠道筹措建设资金，加快推进县城污水、垃圾处理设施建设。维西德钦县城生活垃圾处理场工程已完工投入运营，香格里拉县城垃圾处理场扩建工程和维西县城污水处理厂项目建成并投入正常运营，德钦县城污水处理厂及配套管网工程主体完工。为改善“两江”上游生态环境，提高人民生活质量发挥了重要作用。二是推进建筑节能工作。加快发展新型墙体材料，研究制定了《迪庆州民用建筑节能专项验收备案管理办法》、《迪庆州民用建筑节能施工图文件审查管理办法》，制定了《关于限期禁止现场搅拦混凝土的实施意见》、《迪庆州加快发展新型墙体材料实施意见》、《迪庆州发展新型墙体材料办法》、《迪庆州新型墙体材料专项基金征收和使用管理办法》等文件上报州政府审查批准。加强新建建筑执行节能强制性标准的监管，特别是初步设计审查、施工图审查及验收各环节的监督检查，确保新建建筑全部执行节能标准。

**【风景名胜区保护管理】** 坚持“科学规划、严格保护、统一管理、永续利用”的原则，认真贯彻落实《风景名胜区条例》、《云南省风景名胜区条例》、《云南省三江并流世界自然遗产地保护条例》，2010年，对涉及“遗产地”的探矿、选矿、流域规划、电站建设、公路建设、水库建设、风景名胜区景区建设等58个建设项目，依法、依规、按程序办理选址核准和位置查询等相关手续；完成梅里雪山片区、红山片区总体规划，并经云南省人民政府批准实施，完成千湖山片区、哈巴雪山片区总体规划上报省人民政府；完成三江并流国家级风景名胜区总体规划修编的基础资料收集、上报工作；完成三江并流保护区世界自然遗产地（梅里雪山）保护性基础设施建设项目的立项报批工作，落实中央扶持资金1 300万元。为妥善解决生态保护和产业发展布局的矛盾，经过多方协调努力，2010年在巴西第34次世界遗产大会上迪庆州三江并流红山片区边界细化方案得到批准。

**【党的建设和机关作风建设】** 认真组织学习中纪委第四次五次全会、省纪委八届五次全会、州纪委六届五次全会精神，学习贯彻《党员领导干部廉洁从政若干准则》、《党政领导干部选拔任用工作责任追究办法》《党政领导干部选拔任用工作有关事项报告办法》、《建立健全惩治和预防腐败体系2008—2012年工作规划实施意见》等制度；加强党风廉政建设工作的领导，成立党风廉政建设工作领导小组，认真履行“一岗双责”，按照“谁主管、谁负责”的要求，层层签订《党风廉政建设责任书》，逐项量化和细化目标，分解落实到各科室和责任人，形成“一把手”亲自抓，分管领导具体抓，层层抓落实的工作机制和领导格局；领导班子带头严格执行各项规定，严格要求自己的亲属及身边工作人员，做到勤政廉政。由于领导重视、齐抓共管、制度健全、措施有力、方法得当，2010年全局职工未发生一起违法事件、违纪事件、治安事件和行政处罚事件；在党支部和党员中深入开展创先争优活动，通过创先争优活动，州城建局党支部和党员“五好五带头”作用取得阶段性成果；以“创先争优”活动为契机，全力抓好州城建局学习型党组织的创建活动；从严要求干部职工，以思想教育、执行制度、严肃纪律为抓手，进一步转变全局干部职工的工作作风，以真抓实干推进工作；进一步增强了忧患意识、节俭意识，保持昂扬向上、锐意进取的精神状态，机关自身建设和作风建设取得了新的成效。

**【大事记】** 2010年2月5日，全省住房和城乡建设工作会议暨城乡建设系统党风廉政建设精神文明建设工作会议在昆明召开，云南省副省长刘平出席会议并作重要讲话，会上省政府与各州市人民政府签订了城镇廉租房建设目标责任书。迪庆州人民政府副州长刘家训，州住房和城乡建设局局长杨正义，州住房和城乡建设局办公室主任和向才，州住房公积金管理中心主任和建全，香格里拉县建设局局长刘志光参加会议。

2010年6月21日全省保障性住房安居工作会议在临沧市召开，云南省省长秦光荣出席会议并作重要讲话。迪庆州人民政府副州长阿堆，州住房和城乡建设局局长杨正义参加会议。

2010年7月29日，全省城镇污水生活垃圾处理设施建设工作专题会议在昆明召开。迪庆州人民政府副州长阿堆，州住房和城乡建设局局长杨正义，香格里拉县县长肖徐，维西县县长蔡武成，维西县建设局局长樊志新，香格里拉县建设局副局长李秋云参加会议。

2010年12月20日，全州城乡建设规划工作会议在香格里拉县城召开，州长黄政红，副州长阿堆，州人大副主任杨五桑，州政协副主席杨文祥，州政府秘书长吾金丁争，州委副秘书长办公室主任彭玉光出席会议。三县县长，开发区管委会主任，乡镇长及州县住房和城乡建设局副科以上干部180人参加了会议。

（和向才）

## 迪庆州国土资源局

**【概述】** 迪庆州国土资源局下辖三个县级国土资源局和一个分局。内设办公室、人事教育科、规划政策法规科、土地与测绘管理科、矿产开发储量管理科、地质环境与地质勘查科、执法队共七个科室。有两个下属事业单位：地价评估事务所、土地矿业开发整理储备交易中心。

全州国土资源系统共有行政编制89个，事业编制25个，工勤编制4个。实有人员105人，副科以上干部43人，党员58人，离退休干部15人。其中，州国土资源局共有编制22人（行政编制15人，事业编制7人），实有25人，由于人少事多，借调三人，已达四年时间。

2010年，全州共设置26个基层国土所，其中香格里拉县撤销原有11个乡镇土地管理所，设置6个跨乡镇的国土资源分局（所），作为县国土资源局的派出机构；德钦县设置六乡二镇8个基层国土所，但由于人事变动，8个国土干事中有3人已调出。维西县乡镇国土所人员由于大量调往其他部门，10个乡镇国土所只有两个乡镇还保留有一人一所。

**【矿产资源整合工作】** 2010年，全州共设置矿业权203个，其中探矿权138个，采矿权65个，以上矿权均通过省级评审验收并备案。矿产资源开发整合工作初见成效，省厅挂牌督办的香格里拉县格咱红山片区的铜资源整合、格咱普郎片区的铜资源整合、香格里拉县虎跳峡麻花坪片区的钨矿资源整合、维西县楚格咱片区的铁矿资源整合工作，到11月份，3个整合片区的整合主体都已基本明确。2010年全州共征收矿产资源有偿使用费1 020万元，矿产资源补偿费200万元，超额完成了省厅下达迪庆的征收入库任务。

【地籍管理】 2010年，州国土资源局精心组织相关人员，采取内外业相结合的办法，分组对项目的文字材料、控制测量、细部测量、地籍图绘制、宗地图制作及表簿填写六个部分的成果资料进行抽查，保质保量地完成了德钦县、维西县及一般建制镇的第二次全国土地调查（城镇部分）验收工作，并配合省厅地籍处顺利完成了香格里拉县及建塘镇的第二次全国土地调查（城镇部分）验收工作，做到了维护土地的社会主义公有制，保护土地所有者和使用者的合法权益；启动全州集体土地所有权和使用权调查发证工作；做好与二调各专业队的衔接工作，培训人员，把二调成果资料接收好。

2010年2月，完成全州10个卫片图斑的自查清理、系统录入和上报工作，并积极督促香格里拉县国土局对1例违法案件进行查处整改工作。

【规划工作】 2010年，进行新一轮土地利用总体规划修编工作。一是严格规划审查。在建设项目选址、建设用地报批、土地整理复垦开发、矿产资源规划勘查开采管理中，严把规划审批关，确保土地利用规划和矿产资源规划落到实处；切实开展了全州旅游产业土地利用专项规划编制工作，州级旅游产业土地利用专项规划编制工作和三县旅游产业土地利用专项规划编制工作均已组织实施。

【土地利用】 2010年，全州国土资源系统深入开展了“双保”行动。着重加强建设用地的预审管理，为保增长提供了优质高效的用地保障，截至2010年12月10日完成24项重点建设项目的用地预审（初审）工作，总面积1 113.3421公顷，耕地4.7309公顷。其中报省级用地预审13宗，总面积1 014.8864公顷。州级预审11宗，总面积98.4557公顷，耕地4.7309公顷。全年共受理上报涉及农用地转用及征收的报件28个，用地总面积共955.4457公顷，其中耕地139.7714公顷，保障了全州重点工程及建设项目的依法及时用地，共收取土地出让金8 644.8474万元，实现土地纯收益3 290.7677万元。全年共完成了5个占补平衡项目的州级初验工作，都已上报省厅申请省级终验。以上项目共完成土地平整543.22公顷，新增耕地101.356公顷，共完成投资1 247.63万元。争取了2个中低产田改造项目，项目建设规划为522.86公顷，新增耕地50.12公顷，项目预算资金为1 925.3万元，目前项目正在实施。2010年，全州国土资源系统完成了全州第二次土地调查工作的各项任务，并通过云南省国土厅的终验。开展了全州第二轮矿产资源规划修编工作和全州旅游产业土地利用专项规划编制工作。

【耕地保护工作】 2010年，全州共受理并上报涉及农用地转用及征收的报件28个，申请用地总面积：955.4457公顷，其中耕地139.7714公顷。对相关报件进行严格把关，按规定对征收土地收取土地征收费和安置补助费，按照“占多少，垦多少”的原则，实行严格的占补平衡制度，由于迪庆州暂时没有通过省级验收的占补平衡项目，故要求用地户缴纳足够的耕地开垦费，实行异地占补。同时将被征地农民纳入社会保障体系，做到被征地农民原有生活水平不降低，长远生计有保障。为确保全州耕地资源，按照省政府和省国土资源厅的安排，年初积极组织签订了州政府与三县政府的《耕地保护目标责任书》，量化耕地保护各项指标，使全州的耕地保护落到实处。年内，严格执行《云南省州市人民政府耕地保护责任目标考核办法》，落实耕地保护目标责任制，严格保护基本农田，确保基本农田落实到地块、落实到农户，面积不减少、质量不降低、用途不改变，保护工作责任到人。

【土地整理复垦开发】 2010年，迪庆州国土资源局全年完成5个占补平衡项目的州级初验工作，即香格里拉县格咱乡土地整理项目、香格里拉县金江镇吾竹村土地整理项目、维西县塔城镇柯那村土地复垦、河堤修筑项目、维西县永春乡庆福村土地复垦整理项目、维西县永春乡扎木坪子土地开发（占补平衡）项目，都已上报省厅申请省级终验。以上项目完成土地平整543.22公顷，新增耕地101.356公顷，完成投资1 247.63万元。争取了2个中低产田改造项目，即德钦县霞若粗卡通村土地整理开发项目、维西县攀天阁乡皆菊村中低产田改造项目，项目建设规划为522.86公顷，新增耕地50.12公顷，项目预算资金为1 925.3万元，项目正在实施。争取了3个省级占补平衡项目，即香格里拉县建塘镇诺西村土地整理项目、三坝乡土地开发整理（占补平衡）项目、维西县拖枝乡土地开发整理（占补平衡）项目。完成3

个州内占补平衡项目的可研、设计、招投标工作，即德钦县云岭等两个乡镇土地开发整理项目、维西县永春兰永村土地开发整理项目、尼西乡江东村新阳村土地整理项目，预算总投资 1 547.11 万元，各项目正在有序实施。完成州内占补平衡项目德钦县羊拉乡、奔子栏镇等两个乡镇土地开发（占补平衡）项目的可研和预算设计工作。积极配合省厅，完成了历年来所有土地开发整理项目的系统报备工作，将所有土地开发整理项目的基本情况信息录入系统。

**【土地使用制度改革】** 2010 年，全州国土资源部门积极推进国有土地收购储备制度，成立迪庆州土地收购储备交易中心，州局和收储公司严格按照土地利用总体规划和迪庆州城市总体规划，对规划区范围内的土地实行统一规划、统一储备、统一开发、统一交易和统一管理的五统一管理制度，充分发挥土地资源对社会经济发展的保障作用。严格执行土地资产公开、公平、有序竞争的供地政策、努力做好土地交易出让工作。全力做好重点项目用地服务。

**【土地执法监察】** 2010 年，全州国土系统认真贯彻落实“十五号令”，深入开展土地卫片执法检查工作，有效遏制国土违法行为，建立实施州政府分管领导负总责，相关部门协调配合、事前事中事后紧密衔接、业务审批全覆盖的执法监管新机制。进一步加强基层土地执法动态巡查，开展以县为单位的区域自查和以州组织的交叉检查，及时发现并有效制止违法违规行为。全州发生土地违法活动行为 53 起，及时制止 34 起，涉及土地面积 87.4 亩。

**【矿业行政】** 矿业权实地核查、矿产资源储量利用调查和进一步推进矿产资源开发整合工作是 2010 年度矿政管理工作的中心任务，在地方财政极为困难的前提下，州国土局完成州级矿业权实地核查、三县矿业权实地核查以及州级矿产资源储量利用调查和三县矿产资源储量利用调查工作任务。至 11 月底，全州共设置矿业权 203 个，其中探矿权 138 个，采矿权 65 个，以上矿权均通过省级评审验收并备案。矿产资源开发整合工作初见成效，省厅挂牌督办的香格里拉县格咱红山片区的铜资源整合、格咱普郎片区的铜资源整合、香格里拉县虎跳峡麻花坪片区的钨矿资源整合、维西县楚格咱片区的铁矿资源整合工作，到 11 月份，3 个整合片区的整合主体都已基本明确。进一步规范和加强迪庆州矿产资源开发利用年度检查工作，全面推行矿业权行政合同制管理，不断完善全州矿产资源的管理制度。加强矿产资源有偿费和矿产资源补偿费的征收工作，全州共征收矿产资源有偿使用费 1 020 万元，矿产资源补偿费 200 万元。超额完成了省厅下达迪庆的征收入库任务。出重拳整治城区附近的各类砂石厂，结合全州以旅游业作为龙头产业的实际，香格里拉县结合实际，科学合理的编制了城区砂石等非金属矿的开采利用规划，用历时 8 个月的时间，集中整治了城区附近小、散、乱、环境影响大和影响香格里拉旅游业发展的 26 家砂石厂，统一搬迁至 6 个规划开采区内进行集中规模化生产。

**【矿产执法监察】** 2010 年，迪庆州持续加强矿业权市场清理整顿工作，州人民政府把矿业秩序的治理整顿工作纳入州人民政府对各县政府的国土资源目标管理责任制中进行考核，严厉查处破坏环境、污染严重、不具备安全生产条件、三率指标达不到设计要求的企业及无证非法探采行为，切实改善了全州矿业开发中存在的“多、小、散、乱、环境影响大、资源利用率低、安全隐患大”的老状。近年来，通过清理整顿，全州依法注销采矿权 43 个，依法查封 12 家矿山，采锑洞 23 个、铁矿硐 18 个、铅锌矿硐 32 个，炸毁无证非法采矿硐 84 个，调处矿山权属纠纷 53 起，清理探矿权 128 个，由于持证不探、投入不足、圈占资源而建议云南省国土资源厅吊销探矿许可证 21 个区块，建议核减勘探区块面积 13 个。

**【地质灾害】** 2010 年由于天气异常，自 4 月中旬开始迪庆州境内连续遭受强降雨袭击，导致滑坡、泥石流等地质灾害频发，全州共发生地质灾害 20 起，造成直接经济损失 1 311.9 万元，死亡 7 人，受伤 5 人，因灾造成直接经济损失及伤亡人数达到近 8 年来最高水平，给人民群众生命财产和交通干线等国家重要基础设施造成极大危害。地质灾害防治工作较往年更加复杂、严峻，任务更加艰巨、繁重。全州提前全面启动地质灾害群测群防工作，并及时安排 10 万元经费补助三县一区国土资源局专项用于地质灾害点的监测预警工作，加强了群测群防、群治工作，明确责任，落实措施。2010

年在州市级开展机构改革的大背景下，为加强迪庆州地质灾害防治工作力度，德钦、维西两县各增加3个行政编制。加大相关人员的业务培训，专门评请专家队伍，提升全州地质灾害应急管理工作水平和处置能力，加大对地质灾害宣传、隐患巡查及排查力度，全州共核查261处地质灾害点，其中：泥石流隐患河沟129条、滑坡119处、崩塌13处；新增地质灾害点53处。2010年起与地方气象部门联合开展汛期地质灾害气象预警预报工作，及时将汛期地质灾害预警预报相关信息发布到各县直至地质灾害危险点的防灾责任人、监测人，提前做好防灾的各项准备工作。做好矿山地质环境恢复治理保证金制度的实施，全面推进矿山地质环境保护与治理恢复方案编制，2010年底全州已交存矿山地质环境恢复治理保证金1 728万元。对地灾隐患较严重的德钦和维西两个县城，共投入2 150万元的中央防治专项经费。

（马彦龙）

## 州环境保护局

**【主要污染物总量控制稳步推进】** 2010年，省政府与迪庆州人民政府签订的主要污染物总量减排目标责任书中全州列入重点减排的项目是香格里拉县污水处理厂二期，削减化学需氧量0.006万吨；维西县污水处理厂削减化学需氧量0.01万吨。2010年省级污染物减排重点项目中，维西县铁合金厂为关停项目；德钦县污水处理厂建设项目列入省级污染减排的重点项目。为完成好减排工作，对迪庆州“十一五”期间建设项目涉及化学需氧量及二氧化硫排放的企业进行梳理，进一步强化减排措施，积极研究实现主要污染物排放削减量的环保对策措施。重点督促香格里拉污水处理厂、维西县污水处理厂、德钦县污水处理厂等省级重点减排项目污染物减排工作的推进。在对全州调研的基础上，向省环保厅上报了迪庆州“十二五”二氧化硫和化学需氧量减排潜力，提出在分配“十二五”总量时，充分考虑从西部欠发达地区环境容量大，从支持云南唯一藏区环保工作，支持藏区经济社会发展的角度，在总量分配上考虑增加指标，为地区发展留有余地。

**【加强环境管理，强化污染防治】** （1）规范项目审批程序，切实履行环保第一审批权。对不符合产业政策、选址不当、污染严重的项目坚决不批，严格控制污染物增量。全年全州办理环境影响评价文件146份。建设项目环境影响评价执行率100%。

（2）规范自身行政行为，严格审批权限，不越权也不揽权，承上启下，对属省管的项目积极做好检查督导服务工作，对属县管理的项目加强指导和监督。规范环评市场，杜绝无证环评、降低环评等级现象。所有办理的环保审批手续中无越权审批、错批行为。与金融部门联合推出完善绿色信贷信息共享机制。通过绿色信贷信息交流和沟通机制，提高环境管理水平，防范信贷风险，以严格信贷管理支持环境保护，对于进一步加大对企业环境违法行为的经济制约和监督力度，改变企业“环境守法成本高、违法成本低”的状况，促进环境保护目标的实现具有十分重要的意义。

（3）严格落实“三同时”制度，督促业主严格按环评审批要求建设污染防治设施，积极组织竣工项目进行“三同时”验收，严格控制新污染，做到“不欠新帐、多还旧帐”。全年完成建设项目环保竣工验收5个：德钦盈科矿冶有限公司羊拉铜矿5 000t/a湿法炼铜厂项目、德钦鑫科矿冶有限公司年产10万吨硫铁矿制酸工程、香格里拉顺鑫有限责任公司德钦格亚顶水电站、配合云南省环保厅对德钦羊拉采（选）矿项目、维西妥洛水电站建设项目进行现场环保竣工验收。

（4）开辟“绿色通道”，对符合产业政策和环保准入条件的大项目、好项目、产业支撑项目，以及涉及民生工程、基础设施、生态环境建设等投资项目加快审批，努力简化审批程序，缩短审批时间。积极支持迪庆州教改工作，为集中办学的新校址建设简化环评手续，对新校区迪庆州藏文中学、迪庆州中等专业学校、香格里拉职业学院、迪庆州民族中学改扩建等项目在第一时间进行了环保审批。对白马雪山自然保护区边界细化，功能区调整等工作局长亲自到省环保厅及国家环保部进行汇报协调，在10月份通过了功能区调整。

**【强化责任，确保重点建设项目及工作顺利推进】**

（1）农村环境综合治理试点示范取得新进展。认真贯彻国家《关于加强农村环境保护工作的意见》，结合《云南省农村环境综合整治规划（2009—2015）》。维西县罗马村农村环境综合整治项目投入97万元，项目已完工待省环保厅验收。完成香格里拉县诺西村农村环境综合整治和生态示范项目的申报工作，争取到中央农村环保专项资金补助65万元将于2011年实施，以促进迪庆州农村环境综合整治和生态创建工作。

（2）改革创新，精心谋划《迪庆藏族自治州“十二五”环境保护规划》的编制工作。通过前期调研、向各县（区）环保系统及专家、相关部门征求意见，认真做好“十二五”环保规划评估工作，用科学发展观指导“十二五”规划的编制，根据全国环境形势的新变化和迪庆州环境形势的新要求，正确认识新时期环境保护工作的主要特征，把握历史、客观、自然、科学发展规律，顺应时势，科学确定全州“十二五”环保规划基本思路、目标任务、指标体系和重大项目、重大改革和政策措施的框架，突出区域特色。

（3）为加快迪庆州医疗废物处置工程项目建设进度。为加快工程项目建设进度，使其尽早投入运营，根据该项目环境影响评价要求，场地建设及营运期间用水，输电线路较为便利，符合乡镇规划，距离村庄要有一定距离等规范性要求，经多次踏勘筛选，该项目用地选在迪庆香格里拉经济开发区新仁村委会拉托里社巴溪落（金江线K116线），已开展项目征地、方案设计等相关工作。

（4）完成2010年度向上级争取的环保专项资金的申报项目工作。将香格里拉高山植物园列为迪庆州生物多样性保护教育示范基地，已完成建设资金申报工作。

（5）完成第一次污染源普查更新调查工作。更新调查是一项重要的环境保护基础工作，其结果将作为“十二五”环保规划、主要污染物总量减排等工作的基础数据，更新调查工作的成效将直接影响“十二五”各项工作的开展。按照省环保厅的统一部署，各级普查机构精心组织、紧密配合，克服了时间紧、任务重、难度大、要求高等困难，顺利完成了普查数据复核、录入、汇总等工作。

（6）积极开展工程建设领域突出环境保护问题专项治理工作。

**【环境监察】**（1）学习先进经验，提升环保执法能力。近年来迪庆州环境监察工作在能力建设、现场执法、排污收费、排污申报、污染事故和纠纷调查处理、生态监察等方面取得了长足发展。为学习借鉴环境执法先进经验，提高迪庆州环境监察人员素质，1月份组织了全州环境监察人员14人到昆明、玉溪、曲靖、楚雄四地州（市）考察学习环境执法工作。通过学习和借鉴宝贵经验，进一步增强了认真履职的决心和信心，有效提升了思想意识、宗旨观念、工作思路以及业务素质，开阔了眼界，增长了见识。

（2）开展重点项目和专项环境执法整治。开展建设项目联合专项环境执法整治活动，以改善环境质量、保障群众健康，查处环境违法行为为重点，加大环境执法力度，加强部门联动和行政稽查，集中整治和严厉打击环境违法行为，维护群众环境权益，有效遏制污染反弹；坚持“标本兼治、综合治理”的原则，充分运用法律、经济、行政、舆论手段，遏制污染破坏环境的利益驱动行为，创造良好的守法环境，促进企业建立环境行为的自我约束机制；引导和激励企业走经济效益和环境效益“双赢”的道路，促进产业结构调整，促进经济社会全面、协调、可持续发展。开展了对涉砷、涉铅等重金属污染企业及饮用水源水质状况的环境安全隐患排查，督促存在环境安全隐患的单位及时采取整改措施，消除隐患，预防和遏制环境污染事故的发生。严抓排污单位达标排放。加强对排污单位的日常监管，对重点排污单位实行重点监控，对排污量较大的采选、冶炼、水泥等企业实行定期和不定期现场检查，督促其达标排放。全年全州共下发现场监察记录47份；对违法排污企业共处罚金17万元。

（3）推进环境综合整治。配合州经委进行了汽车以旧换新联合服务窗口黄标车认定工作，对涉及到的50辆车进行了环保黄标车认定工作。

（4）排污费征收工作。认真贯彻执行《排污费征收使用管理条例》，做到全面开征、足额收费、及时交纳。各县（区）环保部门克服人少、排污单位分散等困难，采取强化内部管理，实行分片包干的方式进行排污费征收，已征收排污费140万元。

（5）做好“双考”期间环境噪声监管工作。

为确保考生舒适安静的休息、应试环境，避免环境噪声的干扰，协同教育、公安部门做了以下工作：一是在高考前，组织环境监察人员对考点周围产生噪声污染的单位提前通告。二是在高考期间加大巡查力度，加强对环境噪声污染信访应急处理力度，公布投诉电话，发现问题及时处理。

（6）认真处理群众信访，为民排忧解难。环保工作涉及到社会经济的方方面面，具体工作又与老百姓的生活息息相关，我们在工作中坚持以服务经济建设和社会发展为目的，以改善环境、保障人民生活质量和身体健康为根本出发点，将处理环境信访工作纳入环保工作一项重要任务，把关系到群众切身利益的环境问题作为衡量和检验工作质量的重要标准。一是落实限时办结制。对于群众反映的环境问题，处理后及时反馈处理结果。做到热心接待，迅速处理，及时反馈；二是重点处理好初信、初电、初访和人大政协提案。群众反映的问题及时采取措施予以解决，一时难以解决的向群众详细解释说明，以避免群体访、重复访和越级访；四是健全环境信访工作责任制。将信访工作纳入目标责任制，责任落实到环境执法人员，坚持信访工作与其他业务工作一起抓，及时发现问题、解决问题，使问题和矛盾化解在基层，有效避免“三访”问题。全年共受理噪声污染、水污染、生态破坏等信访案件21件，办结率达100%。全州环保系统共办理人大提案、政协议案共7件，其中州环保局办理一件为重点提案。

**【做好“两节”期间卫生保障工作】** 根据州委、州人民政府关于第六届康巴艺术节暨首届迪庆州民族团结节“两节”筹备期间开展爱国卫生运动的通知要求，为全面做好9月10日至9月16日“两节”期间卫生保障工作，营造清洁舒适的环境，展现香格里拉良好形象，州环保局作为牵头单位，对做好香格里拉新校区至白塔沿环西路至旺赤卡岔路口卫生责任区协调了42个单位、对沿线路面沙石、建筑垃圾、弃土等督促汽修、废旧回收、洗车、电焊等经营户落实好门前三包责任。利用两周时间每天在责任范围巡查，加强监管、治理及协调，督促卫生责任区各单位、经营户、居民户做好环境卫生管理，绿化、清扫工作等卫生保障工作。

**【环境宣传教育工作】** 2010年6月5日，是第38个世界环境日。主题是“多样的物种·唯一的星球·共同的未来”，中国主题“低碳减排·绿色生活”，云南主题“传播低碳知识·倡导绿色生活”。州环保局与香格里拉县环保局紧紧围绕上述主题，组织开展了丰富多彩的宣传、纪念活动，取得了较好的社会效果。

6月5日州环保局及香格里拉县环保局全体干部职工在坛城广场悬挂环保标语举行纪念“六五”环境日宣传活动。本次宣传活动为了营造公众参与环境保护的良好社会氛围，及早策划制定相关的活动方案，在往年成功经验的基础上，策划了群众易于接受的宣传方式，开展了参与性较强的咨询活动。群众参与性强、受众面广，得到了群众的认可，宣传效果明显。开展的环保活动以广场咨询、采访等形式，现场共发送环保宣传画、宣传册、环保购物布袋6 000份。迪庆州德钦县环保局、维西县环保局也相继组织开展了宣传活动。

**【环境监测工作】** （1）按质按量完成各项常规监测任务。完成城区大气环境空气质量日报监测工作，获得成果数据504个，从2010年5月21日起，为全面、客观地反映香格里城区环境空气质量状况，每天在迪庆州电视台以语音和数据字幕结合的方式向公众播出。

（2）开展地表水环境质量常规监测污染源监督性监测及环境影响评价背景值监测工作。获得监测数据252个。

（3）完成污染源监督性监测、竣工验收监测、建设项目环境影响评价现状监测、应急监测等项目13个，编制监测报告13份，累计获有效监测数据1 011个，完成4个项目竣工环境保护验收报告，并通过环保验收。同时对环境监测人员持证上岗的相关制度要求，参加了氟化物、氯化物、硝酸盐氮、亚硝酸盐氮等14个项目的考核，为计量认证复审做好准备工作。

**【实施效能政府四项制度】** 根据《迪庆州人民政府关于在全州县级以上行政机关推行效能政府四项制度的决定》，州环保局党组高度重视，认真学习省、州有关效能政府四项制度的有关精神，深刻认识推行效能政府四项制度的目的和意义，在认真抓好法制政府、责任政府、阳光政府四项制定的同时，积极推进效能政府四项制度建设。研究制定推行效能政府四项制度实施意见和工作方案，明确工作内容、工作重点、方法步骤、目标要求及措施等，为工作顺利开展提供了措施保障。按照行政效能四项制度内容，细化工作任务，将工作分解到相关科室，明确责任领导、责任人、办理时限等，按照“效能政府全力推进、法制政府狠抓落实、责任政府巩固延伸、阳光政府坚持完善”的要求，强势推动效能政府四项制度的落实。对州政府确定的重大建设项目和重要工作涉及环保工作任务、年度重点工作、资金使用及工作效能等执行情况进行跟踪检查，建立专项资金项目绩效考核制度，严格控制行政成本，加强部门经费预算管理，强化部门支出控制，降低行政成本。完善监督机制，强化监管，对以人、财、物的管理使用等为关键岗位，以行政审批权力运行为重点环节，认真查找污控科、环境监察支队等3个关键岗位5个重点环节，并严格制定防范措施，实施重点监督、重点防范、确保行政权力正确行使，确定目标倒逼管理重点为污染减排，并严格制定倒逼工作计划，以促进目标任务的完成。使效能政府四项制度建设活动并取得阶段性的成效，全局干部职工的精神面貌明显改观，组织纪律明显增强，工作作风明显改进，服务水平明显提高，政务环境明显优化，办事效率明显提高，基本达到了区政府提出的效能政府四项制度建设的目标要求。

**【开展创先争优秀和学习型党组织建设活动】** 结合环保工作实际，以“争当忠诚环保卫士、构建和谐生态迪庆”为主题，努力形成人人参与创先争优的局面。一抓组织促落实。局党组积极引导系统干部职工充分认识开展创先争优活动的重要意义，准确把握创先争优活动“推动科学发展、促进社会和谐、服务人民群众、加强基层组织建设”的总体要求，精心组织，周密部署，突出争创特色，丰富争创内容，细化争创标准，完善争创措施。二抓结合促落实。严格按照州委的统一要求，把履行职责融于对社会服务之中去，在服务企业、改善民生、加强执法监督、环境综合整治、完善项目审批、排污收费等重点领域强化服务，要把创先争优活动与转变行风结合起来，与学习型党组织创建、“讲党性、重品行、作表率”活动结合起来，与年度重点工作结合起来，与解决群众关心关注的环保热点、难点问题结合起来，与民主评议党员、考评党支部活动结合起来，与党员的思想和工作实际相结合，与推进当前各项工作结合起来，统筹兼顾，合理安排。三抓考核促落实。局党组建立起科学、合理的考核和表彰制度；适时进行考核评比，充分听取基层和服务对象的意见，以基层和服务对象满意程度为最终标准；适时对先进基层党组织、优秀共产党员和优秀党务工作者进行表彰，向州直机关工委推荐先进。四抓典型促落实。注意培养、树立先进基层党组织和优秀共产党员的先进典型，形成示范带动作用强的先进群体，及时总结、推广好的经验、做法。努力加大对先进基层党组织和优秀党员先进事迹的宣传力度，不断形成学习先进、崇尚先进、争当先进的良好风气，推进争创活动的深入开展。五是提高保密意识，局领导和各科室、直属单位分别利用局务会定期学习国家和省、州保密工作文件。主要领导和分管领导多次强调保密工作的重要性，要求定期清理，提高警惕，防患于未然。对从事机要工作的人员进行了保密工作培训，提高保密工作人员的自身素质和业务能力，同时做好档案规范管理及对《保密法》的深入学习运用。

**【表彰】**

**2010年度迪庆州环保局先进单位、先进个人名录**

| 获奖名称 | 获奖单位（个人） | 获奖时间 | 表彰部门 | 文件依据 |
|---|---|---|---|---|
| “千名干部进村入户促民族团结进步”活动先进个人 | 汪堆<br>副局长 | 2010年5月 | 迪庆州委 | 迪委〔2010〕75号 |
| 先进党组织 | 迪庆州环保局<br>党支部 | 2010年6月 | 迪庆州直<br>机关工委 | 迪直发〔2010〕4号 |

| | | | | |
|---|---|---|---|---|
| 全国第一次污染源普查先进集体和先进个人的决定 | 迪庆州环保局 | 2010年3月19日 | 国务院第一次污染源普查领导小组办公室环保部<br>国家统计局<br>农业部 | 国污普办〔2010〕4号 |
| 民族团结<br>模范单位 | 迪庆州环保局 | 2010年9月19日 | 迪庆州委 | 迪政发〔2010〕133号 |
| 第六届康巴艺术节暨迪庆州民族团结节先进个人 | 陶玉莲 | 2010年9月20日 | 迪庆州委，州人民政府 | 迪委〔2010〕109号 |
| 云南省第一次污染源普查工作先进个人 | 李燕双 | 2010年10月12日 | 云南省第一次污染源普查工作领导小组办公室<br>云南省环保厅<br>省统计局局<br>省农业厅 | 云环发〔2010〕164号 |
| 云南省第一次污染源普查工作先进个人 | 刘爱梅 | 2010年10月12日 | 云南省第一次污染源普查工作领导小组办公室<br>云南省环保厅<br>省统计局局<br>省农业厅 | 云环发〔2010〕164号 |
| 云南省第一次污染源普查工作先进个人 | 赵志刚 | 2010年10月12日 | 云南省第一次污染源普查工作领导小组办公室<br>云南省环保厅<br>省统计局局<br>省农业厅 | 云环发〔2010〕164号 |
| 云南省第一次污染源普查工作先进个人 | 松建生 | 2010年10月12日 | 云南省第一次污染源普查工作领导小组办公室<br>云南省环保厅<br>省统计局局<br>省农业厅 | 云环发〔2010〕164号 |

（杨勤政）

# 财政·税务

## 财　政

【概况】　2010年全州财政总收入完成100 971万元，比上年同期增长42.24%。地方财政一般预算收入完成59 667万元，增收16 089万元，增长36.92%，其中州本级地方财政一般预算收入完成14 007万元，增收2 804万元，增长25.02%。2010年全州地方财政一般预算支出完成431 485万元，增支130 591万元，增长43.4%，州本级地方财政一般预算支出完成127 452万元，增支39 376万元，增长44.7%。全州地方财政一般预算收入和支出，均超额完成年初人代会批准的收支任务和州政府下达的目标任务。

2010年，全州总人口39万人，财政全供养人员21 540人，比上年增长450人，增长2.13%。

【强化组织收入】　一是加大财源培育力度，紧紧围绕“生态立州、文化兴州、产业强州、和谐安州”发展战略，支持农业基地、工业园区、旅游景区建设；支持生物资源开发创新、旅游产业提质增效、矿电产业集约开发、畜牧产业形成规模，把特色产业做大、做优、做强，促进支柱产业群快速发展。二是对上积极反映汇报，热情服务，以争取落实中央和省级专项资金及对藏区六项政策资金、社保和维稳资金等保民生资金为重点，积极衔接中央第五次西藏工作座谈会议精神中涉及财政的四项工作任务，切实增加可用财力，提升财政保障能力。二是对内严格收入征管，全面分析税源后，将州政府确定的收入任务分解到州本级（州国税、州地税、州非税局）、三县人民政府和开发区管委会，并签定收入目标责任状，形成了全州财政收入任务硬化、责任细化，一级抓一级，层层抓落实的机制保障。加强征管协调工作，通过积极主动与州级执收部门和三县一区政府加强沟通协调，共同分析组织收入中的热点、难点、焦点问题，为做好组织收入工作出谋划策，形成多个部门齐心协力抓收入的良好局面。

【支持经济建设】　围绕州委政府决策部署，全力支持重大（点）项目建设。抓住中央和省加大对藏区扶持的政策和机遇，争取和筹措经济建设资金13.02亿元，并根据建设项目工程进度，累计实现经建预算支出10.44亿元，有力的推进了州委政府确定的54项重大项目、其中农业发展项目6项，公路建设项目9项，其他社会事业、工业、电网、电站等39项工程建设，筹措重点项目前期费1 850万元。按照扩大内需项目三个100%的要求，依据州政府的统一部署，积极筹措扩大内需项目地方配套资金，支持重点项目开展前期工作，基本满足了扩大内需项目的资金需求。

【支持新农村建设】　积极调整和优化支出结构，努力增加“三农”投入。全州农林水事务支出完成52 409万元，增长74.57%。支持了农田水利建设、人畜饮水工程、新农村示范点和农村能源及现代农业建设、农业综合开发、林业生态环境建设和林产业发展、农业抗灾救灾和防汛抗旱及森林防火、农村剩余劳动力转移、农村公路、农村沼气池、农村民居抗震加固、游牧民定居工程等支农、强农、惠农工程；全面落实涉农补助政策，切实增加农民收入。通过“一折通”，及时足额兑现玉米及水稻良种补贴、油菜补贴、退牧还草补贴、退耕还林补贴和粮食综合直补、种粮农民补贴等共计7 399万元；整合支农资金，完善支农方式，形成支农合力机制。以扶贫整村推进为切入点，加大支农资金整合力度，全年共整合各类支农资金6 070万元，进一步提高了支农资金的使用效益。为支持基层政权建设，加大农村基层组织建设投入力度，安排专项资金404.23万元，改善全州村级活动场所建设，支持“创先争优”等活动开展工作。继香格里拉县实施新型农村养老保险后，德钦、维西两县也实施新型农村养老保险，对青稞、牦牛、藏系羊实施了种养保险。

**【支持和谐社会建设】** 一是优先保障教育经费的投人。全州教育支出完成4.8亿元，增长20%。进一步巩固了农村义务教育经费保障机制改革，全面落实高原农牧民学生生活补助政策。全州义务教育阶段在校学生全部免除学杂费，并享受免费教科书，惠及4.9万名学生；享受生活补助学生达4.6万人；实施农村中小学校舍安全工程，共投入4 101万元，改造校舍面积3.37万平方米，尤其是挤出资金安排了州委、州政府启动的新一轮教育综合改革资金5 100万元。推动了迪庆州教育公平和城乡教育均衡发展，使义务教育充分体现了公益性。二是支持公共卫生体系建设，全州医疗卫生支出完成34 699万元，增长32.22%。全面提高新型农村合作医疗和城镇居民医疗补助筹资标准中财政补助比例，及时足额拨付中央和省级提高后的补助资金；积极稳妥的开展城镇居民基本医疗保险工作，全力支持健全城乡医疗救助制度，城乡基本医疗服务和公共卫生体系进一步完善。有效缓解了“看病难，看病贵”的问题。三是支持社会保障体系的建设，全州社会保障和就业支出完成60 875万元，增长27.17%。按照“广覆盖，保基本，多层次，可持续”的原则，全面建立和完善城乡居民最低生活保障制度，确保低保资金及时足额发放到低保对象手中，全年最低生活保障共投入资金11 389万元，享受人员达11.59万人；积极落实中央出台的完善企业职工基本养老保险制度，及时调整企业退休人员待遇，确保基本养老保险按时足额发放，全面执行城乡临时救助和优抚政策；积极向上争取和保障雨雪冰冻等抗灾救灾资金4 694万元，并安全及时拨付，有力的保障了受灾农牧民的生产生活。四是支持公共安全体系建设，为实现迪庆州社会安定，民族团结，人民安居乐业，全力支持“和谐平安”迪庆建设，确保全州跨越发展和长治久安。全州公共安全支出完成24 612万元，增长21.62%。五是积极支持住房制度改革，建立健全廉租住房制度。预计2010年全州共筹集廉租住房资金4 193万元，其中廉租住房建设资金2 700万元，租赁补贴资金1 493万元。为了保障广大职工的切身利益，迪庆州于2010年开始将住房公积金比例由原来的5%提高到现行的7%，提高了两个百分点，2010年共安排住房公积金4 010万元，比上年增1 819万元，增长83%。

**【深化财政改革】** 一是扎实推进预算管理改革。经过认真总结，实施部门预算所取得的成效和经验，已经做到一个部门一本预算，明确了编制单位的主体地位，增强了部门预算的统一性和完整性，提高了预算约束力。二是继续深化国库集中收付改革。将列入财政预算的资金全部纳入国库集中支付范围，对工资和采购资金实行直接支付，其余实行授权支付；扎实做好基础工作，继续稳妥的推进州级公务卡改革试点工作。三是进一步完善政府采购制度。继续深化政府采购采管分离改革，规范采购程序，加大公开招标力度，全州共组织开展各类政府采购600多次，政府采购规模达12 332万元，综合节约率达8%。四是全面推进“预算统编、核算统一、账户统设、采购统办、票据统管”的财政管理方式，由县财政部门直接管理并监督乡镇财政收支；按照“财政分配利益向乡镇倾斜、因地制宜、积极创新，预算管理办法不变，资金所有权、使用权、审批权不变，债务债权不变”等原则，进一步规范乡镇财政收支行为，确保乡镇基本支出需求，切实缓解县乡财政困难，促进县乡经济和社会事业持续、健康发展。同时根据省财政厅下发的《关于进一步加强村级会计委托代理服务工作指导意见的通知》，推进迪庆州的村级会计委托代理服务工作。全力推进村级公益事业建设“一事一议”财政奖补试点工作。五是推进国有资产管理改革。进一步理顺国有资产管理体制，加强国有资产基础管理工作，明确国有资产主体和责任主体，形成权责明确、分类监管、流转顺畅的国有资产监督管理和运营体系，着力抓好企业改革重组，增强企业发展后劲。认真开展国有及国有控股企业“小金库”专项治理工作。认真抓好行政事业单位资产管理工作。六是全力做好财政“十二五”体制调研工作。2010年是实施财政“十一五”体制的最后一年，省财政厅为准确分析当前云南财政状况和发展趋势，全面真实地了解全省基本情况，于2010年4月7日正式启动了全省财政基本情况及“十二五”财政体制调研工作。及时搜集上报1994年以来16年的所有财政数据，并通过省厅审核。

【硬化财政监督】 一是严把资金安排的审核关，加大对会议费和接待费等消费性支出和追加资金事前的审核力度，从源头上控制财政支出。二是强化财政票据监管，加强政府采购专项检查工作。三是组织开展各种专项检查，重点强化对扩大内需、强农惠农、“两基”、义务教育经费保障机制、社会保障资金、廉租住房资金、住房公积金、彩票公益金等专项资金的监督检查。四是加强对社保资金和帐户的管理，确保各项社保资金和基金的安全、封闭运行。

【加强队伍建设】 发挥财政职能作用，实现各项财政工作目标，关键在于提升财政干部队伍综合素质和综合能力，弘扬求真务实和真抓实干的工作作风。队伍建设要始终以全面贯彻落实法治政府、责任政府、阳光政府及效能政府各项制度为载体，以坚持依法理财、科学理财、民主理财，打造阳光财政、法治财政、服务财政、民生财政为目的，以建立财政综合考核评价办法为基础，以严格执行“双百”目标责任考核为总抓手，继续做到“五加强五提升”，即：加强思想、组织、制度、廉政、机关文化五建设，提升把握大局、服务发展、创新理财、狠抓落实、清正廉洁五能力，使全体财政干部的综合素质有新增强，财政部门的形象有新改善。在一手抓队伍建设，一手抓科学管理中推进财政工作的整体发展。

【表彰】 2010年2月，迪庆州财政局被州委、州政府评委“2009年度党风廉政建设先进单位”，3月，迪庆州财政局被政协迪庆州委员会评为“政协迪庆州第十届委员会提案承办先进单位”；4月，迪庆州财政局被省财政厅评为“2009年度全省财政国际金融组织合作信息工作三等奖”、“2009年度全省财政国际金融组织贷款综合管理三等奖”、被州爱国卫生运动委员会评为“2010年爱国卫生工作责任目标先进集体”。5月，迪庆州财政局被省财政厅授予“全省会计监督工作先进集体”、被州总工会评为“2004—2009年迪庆州职工医疗互助活动先进单位”。7月，迪庆州财政局党组织被州委创先争优活动领导小组授予“创先争优活动州级创建示范点”、被中共迪庆州直属机关工委授予“2007—2009年度先进基层党组织”。9月，迪庆州财政局被州政府评为“全州民族团结进步示范单位”。11月，迪庆州财政局被州人民政府评为“2006—2010年全州森林防火工作先进单位”。

（赵　龙）

## 国家税务局

【收入完成情况】 2010年，迪庆州国家税务局共组织各项收入4.96亿元，比2009年同期增长47.7%，增收1.6亿元。完成省局下达计划3.51亿元的141.4%，超收1.45亿元，完成省局下达奋斗目标任务3.57亿元的139%，超收1.39亿元。其中增值税收入3.16亿元，完成省局下达计划2.26亿元的139.7%，超收8 971万元，比2009年同期增长27.6%，增收6 836万元；消费税累计入库1531万元，完成省局下达计划1 092的140.2%，超收439万元，比2009年同期增长77.2%，增收667万元；3、企业所得税累计入库1.002亿元，完成省局下达计划3 000万元的334.1%，超收7 023万元，比2009年同期增长209.8%，增收6 788万元；4、个人所得税累计入库35万元，完成省局下达计划30万元的116.7%，超收5万元，比2009年同期下降56.3%，减收45万元；5、车辆购置税累计入库6 474万元，完成省局下达计划4 980的130%，超收1 494万元，比2009年同期增长38.2%，增收1 791万元。

【收入特点】 到“十一五”末，全州国税总收入1994年至2010年全州国税收入年均增长25.24%，收入规模从1994年的1 093元上升到2010年的49 634万元，扩大了45.41倍，从“十一五”开局时的1.63亿元，到2010年达到4.96亿元，增长了3倍。“十一五”期间，全州国税系统在落实各项税收优惠政策的前提下，连年超额完成收入任务，保持了国税收入较快的增长速度，高于全州GDP的增幅。

国税部门负责征收的五个主要税种中，与2009年同期比有“四增一减”，2010年全州增值税、消费税、企业所得税、车辆购置税收入同比增收，个人所得税收入同比下降。

各县、区之间国税收入均衡增长。香格里拉县、维西县、德钦县、经济开发区增幅分别为36.6%、36.8%、36.8%、79.6%。

全州国有企业完成税收收入4 494万元，同比增长39.7%；集体企业入库2 032万元，同比增长239.8%；股份合作企业入库85万元，同比增长203.6%；股份公司入库3.16亿元，同比增长43.3%；私营企业入库1 030万元，同比增长83.6%；外商投资企业入库957万元，同比下降49.8%；其他企业入库436万元，同比增长18.8%；个体经营入库6 355万元，同比增长30.7%；联营企业入库3万元；港澳台投资企业入库2 642万元。

**【税源分析】** 增值税逐步实现稳定增长。随着迪庆经济的回暖及铜矿价格的不断回升，采矿业明显好转，其次是国家推行积极的财政政策，促进国民消费的增长，为完成税收收入奠定了税源基础；加上物价上涨对商业增值税收入有着明显的推动作用，经济的稳定发展和收入水平的提高，促进了城乡居民消费观念的转变，加快了消费结构升级的步伐。采矿业增值税、商业增值税首次突破1亿元大关。共入库采矿业增值税1.25亿元，同比增长39.4%，增收3 539万元；入库电力增值税6 678万元，同比增长32.2%，增收1 628万元；入库商业增值税1.05万元，同比增长27.9%，增收2 290万元。

消费税大幅增长。受政策影响（烟草批发环节开征了消费税），2010年的消费税比2009年同期大幅增长，突破1 500万元大关。

企业所得税增长迅猛。企业所得税同比增长达到了209.8%，全州所得税收入大幅增长的主要原因是金融危机后经济开始回暖，酒类等行业的销售增长，加之企业所享受的“三免两减”优惠政策执行至减半征收阶段和企业做上市前准备，促使企业所得税税收收入增加。其中，华致酒行连锁管理有限公司缴纳企业所得税6 039万元，占1至12月全州企业所得税收入的60.3%。

车辆购置税收入平稳增收。受国家调整车辆购置税政策，刺激消费的影响，购车量增加，小排量轿车税率从减半征收提高7.5%的税收优惠政策，该政策截止到2010年12月31日到期，从而使车辆购置税收入增长。

储蓄存款利息个人所得税继续下滑。减收的原因是从2008年10月9日起暂免征收此税种，造成的影响越来越明显。

**【税务管理】** 一是加强重点税源企业、重点行业、特色产业税负监控，设定行业最低税负预警，建立纳税企业动态数据库，实时掌握企业申报纳税情况，及时实施“以票控税”，税源监控效果显著。2010，全州被列入重点税源监控的企业占一般纳税人的80%，各县区局领导班子深入到各基层征收单位蹲点，带头抓组织收入落实工作。重点企业纳税申报率、入库率均达100%。二是纳税评估坚持案头评估与实地查验相结合、综合评估与分税种评估相结合、增值税评估与所得税评估相结合，通过评估工作的开展，将出现的政策、程序适用偏差和报表、数据填报错误等工作性疏漏，及纳税人偷、逃、避税过程中发现的征管漏洞等问题，及时向征管和税源管理部门提出针对性意见和建议，评估成效显著。三是强化稽查，规范税收秩序。四是抓大不放小，根据行业税收特点，进一步强化建材、砂石、砖瓦，水泥预制品、农副产品加工、个体双定户税收征管，定期开展税收清查。

**【税收法制建设】** 2010年，全州各级国税机关结合迪庆国税工作实际，不断提高依法行政水平，促进依法治税，切实推进阳光政府四项制度各项工作。一是进一步强化阳光政府四项制度领导小组工作职能，层层落实，形成主要领导亲自抓、相关部门分工合作的良好氛围。二是结合税收执法过错责任追究系统，制定一系列办法明确各部门工作职责。三是结合实际，建立了局政府信息公开的工作制度和工作机制。制定政府信息公开管理办法，对全局信息公开遵循的原则、内容形式、组织领导、责任追究等作出具体规定。建立信息公开考核制度，每月对各科室、所信息公开工作量进行考核公布，并与每个科室、所年终信息化工作评比挂钩，切实推动政府信息公开工作深入开展。严格执行依申请公开制度，规定了依申请公开的方法、程序、审查和答复等要求。制定信息公开保密审查制度，建立科室负责人、信息公开领导小组办公室、信息公开小组主管领导的三级审查机制。

**【税收征管】** 各税管理。1. 增值税管理。一是严格审核认定增值税一般纳税人，全年新认定增值税一般纳税人36户，其中超标准小规模纳税人认定15户。二是认真开展增值税纳税评估工作，

2010年全州共对32户企业进行纳税评估，其中：农产品生产企业6户，汽车销售企业2户，出口退税企业4户，先评估后退税企业3户，其他企业17户，共补税303万元，加收滞纳金37万元。三是加强固定资产抵扣管理工作。2010年全州国税机关继续严把固定资产抵扣关，认真核实固定资产抵扣清单，全年全州涉及固定资产抵扣企业41户，抵扣固定资产进项税金2 231万元，相较去年同期增长了1 162万元，增长比例为191.3%，增长的主要原因：一是全州新建和扩建的水电项目增多；二是辖区内矿采选业企业较多，大部分还处于在建设过程中。2. 所得税管理。一是圆满完成2009年度企业所得税汇算清缴工作，仅上半年就完成了全年所得税收入任务。二是对重点纳税企业进行跟踪管理，建立经济数据历史资料库，对其进行全方位的监控，2010受州局监控的企业所得税重点税源户有25户；三是严把减免税、财产损失审批关，不搞人情减免及审批，注重证据资料的完整与真实，注重程序的完整与合法。四是加强企业所得税收入的分析工作，建立月分析、半年度分析、年度分析工作制度，建立重点企业连年的应纳税款及相关经济指标台账，动态掌握企业的经济发展方向及收入变化情况。3. 消费税管理。加强白酒、卷烟行业消费税管理。针对白酒企业存在的通过设立销售公司、降低产品出厂价格、侵蚀消费税税基等问题，按政策制定白酒消费税计税价格核定办法，规范白酒消费税税基的管理。完善卷烟的消费税政策，进一步提高税收服务水平，充分运用信息化技术，减轻纳税人和办税服务厅负担，方便纳税人缴纳税款，降低纳税成本。2010年，受政策影响（烟草批发环节开征了消费税），消费税比2009年同期有了大幅度的增长，收入突破1 500万元。4. 车购税管理。一是试点运行POS机银行卡缴纳税款，最大限度为纳税人提供快捷优质服务。二是进一步认真落实车购税“一条龙”管理办法，健全完善凭证管理、新车型最低计税价格信息采集和核价管理等制度，加强征收管理各环节的监控，严格把住车购税审核关。三是结合迪庆实际，与省局同步推行了车辆购置税征管档案电子化管理系统。四严格执行1.6排量以下的自用车减按7.5%征收的优惠政策。大力开展政策宣传，对各经销商的销售点进行宣传调查，2010年在减征政策执行期间没有发生一期征纳纠纷。5. 储蓄存款利息个人所得税管理工作。严格执行储蓄存款利息所得暂免征收个人所得税政策。

出口退税管理。一是加强领导，采取有效措施，全面完成2010年度出口货物退（免）税计划指标。2010年全州出口退（免）税登记企业为7户，其中生产企业6户、外贸企业1户。年初省局下达迪庆出口退税指标为180万元，免抵调库指标为0万元。截止12月28日，全州累计审核审批办理出口货物免抵退税180万元，其中：办理退税180万元，免抵调库0元，完成省局下达计划的100%，办理完毕所有省局下发的退税、免抵指标，做到一分不剩、一分不超，无混库办理情况。二是认真开展落实出口退税网络申报系统推行工作。结合迪庆实际制定下发了《迪庆州出口退税网络申报推行方案》，成立业务和技术两个工作组，全州出口退税企业按时按质实现出口退税网络申报。三是认真开展出口退税预警分析工作。全州严格按照要求，认真及时对辖区内所涉及的4户出口企业的应退（免）税出口额变动率情况及未登记企业进行了调查和分析，在排除一切疑点的情况下办理退税。

发票管理。一是全力以赴做好新版普通发票换版工作。成立局长亲自挂帅，分管局长为组长的普通发票推广领导小组，结合本地情况，制定了切合实际的迪庆州国家税务局普通发票换版工作实施方案，细化工作目标，确保宣传到位、培训到位、跟踪问效到位。截止12月底，共有96户纳税人成功购买新版发票，发售新版发票2 361份，开具金额达89 651元。二是做好发票的实物管理，做到账实相符、账账相符、账表相符。三是做好发票领购、缴销、运输安全及库房安全管理工作。严格按相关要求，做到从州局到各县区局领购发票手续完备齐全，严格库存管理，同时各县、区局对入库发票分类放置，做到存放有序，编报计划力求做到没有大的误差；并坚持普通发票专车运输、专人押运，杜绝委托他人代领代运。实行发票库房安全保卫24小时值班制度，认真做好防火、防盗、防潮、防虫等库房安全工作。

**【税收执法】** 税法宣传。全州国税坚持“轰轰烈烈、扎扎实实、突出重点、节省成本、取得实效”

的原则，在税收宣传月活动中，始终坚持把注重实效摆在首位，既围绕国税中心工作和社会各界关心的热点、难点问题特别是与公民切身利益密切相关的问题突出宣传重点，又采取生动活泼、丰富多彩、群众喜闻乐见方式进行宣传，促进了形式与内容的有机结合。一是2010年3月30日迪庆州国税局和香格里拉县国税局，联合在迪庆州国家税务局举办企业所得税培训班，并启动第十九个税法宣传月“税收·发展·民生”为主题活动。工作人员向参加培训的企业财务负责人发放宣传单、征求意见表各100份，集中宣传了纳税人的权利和义务、纳税服务投诉范围、纳税人对纳税服务的投诉形式、支农惠农政策、发票简并票种类统一换版等的税收政策，并对纳税人提出的问题进行了热心的解答。二是以云南藏区开展“千名干部进村入户促民族团结进步活动”为契机大力开展税法宣传。共派出5名党员领导干部参加此项活动，分别赶赴全州三县一区农村最基层，并把税收法律法规知识带进千家万户。三是因地制宜，创新求实，增强了税收宣传的渗透力。在2010年的税收宣传月中，全州国税紧扣税收宣传月主题，针对全州各地区特点，创新宣传形式，力求使税法宣传落到实处，让依法诚信纳税的观念深入人心，在办税服务厅和主要街道醒目位置张贴税法宣传标语悬挂条幅、横幅150余条；发放宣传资料2 500余份，发送税收宣传短信5 150余条，发放调查问卷900余份。营造出了较为浓厚的宣传声势和氛围，增强了公民依法诚信纳税意识，税收宣传活动收到了新的显著效果。

税务稽查。2010年，迪庆国税创新思路、完善措施，按照“围绕中心工作，一手抓稽查查补收入，一手抓整顿和规范税收秩序；突出重点抓好大企业检查、分级分类稽查和专项检查三项工作，确保查补率、选案准确率、入库率和结案率（四率）考核目标”的工作思路，在稽查工作中牢固树立和谐稽查和规范执法的工作理念，狠抓各项工作的落实，稽查工作成效显著。2010年，全州实现查补收入1 021万元，其中：税款807万元，滞纳金198万元，罚款16万元，查补率为2.3%。其中组织45户企业进行自查，自查收入888万元；重点检查13户企业，共计查补收入133万元，其中：税款95万元，滞纳金22万元，罚款16万元。全州稽查平均入库率为100%；选案准确率为100%；结案率100%；偷税处罚率达50%以上。

依法治税。一是坚持依法治税，严格按税法规定的权限和程序行使权力，履行职责。加强增值税一般纳税人管理，严把认定关、转正关、日常管理关，尤其是对商贸企业，突出以票控税，加大监控力度，防范出现各类异常情况，帮助企业规避税收风险，降低纳税成本，增强抵御经济危机能力和可持续发展能力。二是认真贯彻实施新《增值税暂行条例》及其细则，全面落实了增值税转型各项税收政策。建立规范的“企业新增固定资产抵扣台账”，加强实地查验，对固定资产发票信息进行跟踪管理，严格审核企业固定资产进项税抵扣。三是按照新企业所得税法要求，积极开展企业所得税汇算清缴工作。加强新办企业所得税管理，对申报不实、账目不健全的企业依法采取核定征收的办法加强管理。

**【税务管理信息化建设】** 2010年，全州国税系统以“强化信息应用、加强安全防范、创新管理方式、深化数据利用”的工作要求，一如继往地加强税收综合征管软件、税收执法软件、车购税征管系统、数据分析系统、多元化申报和防伪税控等系统运行质量的管理，扎扎实实地做好监察管理系统、重点税源直报系统和新版发票单机及网络版系统的上线推行工作。2010年，全州国税各系统软件运行质量良好，金税工程监控功能进一步完善，信息管税基础更加牢固。一是信息技术保障到位。全州各级国税机关顺利完成了省局年内下达的所有客户端升级任务。完成了新公文处理服务器的安装和前期准备工作，监察管理信息系统、车辆购置税电子档案管理系统准时上线运行；并按照省局布署，全力投入到新版普通发票兼并换版工作中，搭建新版普通发票系统培训环境，为迪庆成功开具新版普通发票打下了坚实的基础。二是重点税源企业网上直报工作顺利推行，“两个减负”效果得到体现。2月份，州局举办了重点税源直报系统操作的培训会，收效良好，确保了数据按时按质报送。通过推行重点税源直报系统，进一步提高了国税系统纳税服务水平，以服务促进管理，进而减轻了企业数据报送负担，降低了企业的涉税成本，实现数据质量税务机关的源头管控，增强了国税服务软实力，提高了税源管理水平。三是健全安全体系，确保机房、网络安全。2010年，全州各级国税机关严格执行税务系统网络与信息安全各项工作制度，按照省局要求，建立健全了税务系统首期安全防护体系项目，连接内网的计算机设备全部按照上级部署安装了网络版防病毒软件，严格管理连接因特网的计算机，并安装了单机版防病毒软件，杜绝了内外网计算机的交叉使用。认真做好机房主机、中心网络设备、网络安全设备等的数据安全防范工作，及时排查安全隐患，确保机房各项设备的正常运行。

**【机构人员情况】** 2010年，全州国税系统设有香格里拉、维西、德钦、香格里拉经济开发区4个县（区）局，3个基层分局，4个稽查局。州局机关共设18个机构，其中12个行政科室即：办公室、人事科、教育科、监察室、财务管理科、货物和劳务税科、所得税科、征收管理科、收入核算科、政策法规科、纳税服务科、离退休干部科；2个直属机构，即：稽查局、车辆购置税征收管理分局；2个事业单位，即：信息中心，机关服务中心。另设机关党办和机关工会。迪庆州国税系统共有在职干部、职工193人。在职人员中，少数民族155人，占80%；妇女89人，占46%；中共党员101人，占52%；大专以上学历173人，占89%，中专及以下学历20人。离退休81人中，离休2人，退休79人。

**【领导班子建设】** 2010年州局领导班子成员为：墨玉章（党组书记、局长）、彭应昌（党组成员、纪检组长）、叶茂（党组成员、副局长）、树耿鹤（党组成员、副局长）、和亚军（党组成员、副局长，2010年11月任命）。州局党组坚持以“和谐发展”为重心，全面加强了各级领导班子思想政治建设、组织建设和作风建设。年内，调整充实了部分县局领导班子，积极组织参加省局举办的县区局长、副局长培训班，注重实践锻炼，着力提高领导干部综合素质和执政能力。2010年，州局党组多次强调各县区局“一把手”要随时考虑广大干部职工所思、所盼、所需、所求，及时为他们排忧解难。全州各级领导干部要做到比学习、比工作、比贡献，绝不能比待遇、比享受、比级别。同时强调要珍视班子团结，倡导大事讲原则、小事讲风格，遇事多商量，有难多帮忙的风气，特别强调新提拔的年轻干部要像珍惜爱护自己的眼睛一样珍惜爱护班子团结，主动与其他成员搞好团结，在思想上同心、目标上同向、行动上同步、事业上同干。此外，各级领导班子都按要求开展了学习实践活动专题民主生活会，严格贯彻执行民主集中制，推进科学民主决策，切实关心爱护干部，从而在系统内营造了团结和谐的良好氛围。

**【廉政建设】** 全州国税系统认真贯彻省、州召开的国税系统党风廉政建设工作会议精神，进一步规范领导干部廉洁从政行为，把提高党的执政能力建设与国税系统党风廉政建设工作相结合，围绕“和谐发展年”工作主题，把解决群众反映的突出问题作为反腐倡廉工作的重点，既注重思想教育，又抓好监督检查；既从严治标，惩治腐败，又着力治本，预防腐败。发扬求真务实的作风，抓紧解决党风廉政建设和反腐败工作中存在的问题，不断完善惩治和预防腐败体系，把迪庆州国税系统的党风廉政建设工作引向深入，有力地促进了干部队伍作风建设，为圆满完成各项税收工作任务奠定了坚实的基础。州局在开展“创先争优”活动的同时，要求全州国税干部恪守“四条高压线”、算好“四笔帐”、牢记“两个务必”、处理好“三个关系”。以强化监督为重点，进一步加强党风廉政建设，常抓不懈，警钟长鸣。认真贯彻落实中共中央《建立健全惩治和预防腐败体系2008－2012年工作规划》和《中国共产党党员领导干部廉洁从政若干准则》，切实做到思想上重视，作风上务实，行动上严格依法办事。进一步完善考核办法，加大治本力度，执行好领导干部个人重大事项报告、述职述廉、民主评议、诫勉谈话和经济责任审计等制度。严格执行党内监督条例和纪律处分条例，加强对“两权”运行的效能、质量和效果的监督检查，重点监督在税收管理、干部人事工作、基本建设、大宗物资采购等方面有无违法违纪案件和干部吃、拿、卡、要、报、借、赊的现象。为进一步加强党风廉政建设工作，以税务干部和纳税人双向监督制约为结合点，根据省局的安排部署，全州国税系统认真开展与纳税人签订《廉政公约》的工作。截至12月，全州共签订《廉政公约》5 095户，其中2010

年签订276户，并对其中的585户进行了回访，满意率达99%，充分肯定了《廉政公约》的作用，为进一步从源头上建立预防机制提供了有力保障。

**【精神文明建设】** 2010年，全州国税紧紧围绕改革、发展、稳定的大局，把创建“平安单位”作为精神文明建设的一项重要工作来抓。一是把创建“平安单位”与治安综合治理、廉政建设与文明行业创建结合起来，对系统职工、家属经常性地开展禁毒禁赌、防火防盗以及法律知识教育，建立健全有关规章制度，加强督促规章制度的执行落实。二是在藏区维稳工作中，全州国税干部及家属坚持不参与任何破坏藏区社会稳定的活动。全体税干认识清醒、立场坚定，坚决同一切分裂主义行为作斗争，自觉维护社会稳定和自身合法权益，配合地方政府依法打击一切违法犯罪活动，共同维护了云南藏区和谐稳定的社会环境。三是加强对举报案件的检查落实和对涉税不稳定因素的排查化解，实现了“发案少、秩序好，社会稳定、群众满意”的工作目标，有力地维护和促进了地方社会政治稳定。四是进一步建立建全安全保卫工作职责，开展机关二十四小时值班工作制等安全制度，明确岗位，责任到人，制定内紧外松的防范措施，把安全隐患消灭在萌芽之中。州国税局连续两年被地方党委、政府授予“迪庆州社会治安综合治理暨平安创建先进集体”光荣称号。同时，州局党组大力倡导以爱岗敬业、公正执法、诚信服务、廉洁奉公为基本内容的税务干部职业道德规范，引导干部用和谐的思维认识事物，用和谐的态度对待问题。以全州争创文明单位、文明行业为目标和动力，深入开展精神文明创建活动。多渠道、多形式地丰富干部职工业余生活，提升生活情趣，营造团结和谐、奋发向上的工作和生活环境。积极发挥工、青、妇工作的桥梁纽带作用，积极构建和谐、融洽、健康向上的人际关系，进一步密切外部沟通和协调，营造各部门和单位积极支持配合的和谐外部环境。9月份，州局组织召开了迪庆州税务学会和迪庆国税书法美术摄影协会第二次理事会，并组织了书法美术和摄影培训。10月份，州局工会组织机关干部到昆明进行体检。同时，各县、区局还结合自身特点，组织开展生动活泼、丰富多彩的国税文化活动，积极组队参加第六届康巴艺术节等地方大型文艺活动，极大地丰富了干部职工的文化生活，树立了国税机关良好形象。

**【教育培训】** 2010年，州局党组结合迪庆实际和“三读”活动，提出了大力开展“提升素质年”主题实践活动，解放思想，提高认识，着力实现“四个强化”、“四个提升”，即：强化政治修养、提高思想素质；强化技能培训、提高业务素质；强化作风建设、提高团队素质；强化大局意识、提高服务素质。力求在创新上有突破、落实上见成效、管理上有提升，在系统内营造抓学习、强素质的良好氛围。从理论学习入手，深入开展中心组学习活动。活动以举办专题讲座的形式，专门邀请了州委党校教授给国税系统党员领导干部讲课，同时，积极参加省局组织的《云南国税讲坛》视频讲座。全州国税系统党员领导干部结合专题讲座开展讨论，认真消化吸收新知识、新理念，进一步提高了我州国税系统党员干部的政治理论水平。在抓业务素质方面，州局党组转变教育培训理念，以素质教育和技能教育为主，着力培养和提高干部的业务技能和解决实际问题的能力，在选送干部参加总局、省局举办各类培训班的同时，积极在系统内开展扎实有效的培训，逐步提高干部职工的业务技能和水平。各项培训活动促使干部职工更新观念，学习新知识，掌握新本领，收到了较好的效果。在坚持一年一度全州业务考试制度的基础上，2010年为迎接全省国税系统业务能手竞赛，州局党组花大力气谋划安排、精心部署，提前组织参赛选手进行封闭式强化训练，通过努力，迪庆在全省国税系统第八届业务能手竞赛中取得历史性突破，州局所得税科何雪芬在个人赛中脱颖而出，以B组第四名的成绩获得“云南省国税系统业务能手”称号，填补了迪庆国税无省级业务能手的空白。州局党组及时号召全州广大国税干部职工要以何雪芬同志为榜样，勤奋学习专业知识，刻苦磨练岗位技能，争当系统内的行家里手。

**【全省国税系统“十二五”时期税收发展座谈会在迪庆召开】** 2010年8月11日至12日，云南省国税系统“十二五”时期税收发展座谈会在迪庆召开。会议传达了国家税务总局和省委八届九次会议精神，进一步明确思路、统一认识，集中各方力量和智慧，科学谋划好云南国税“十二五

“时期可持续协调发展的工作思路和方向。省国家税务局长李鸿文、省国家税务局副局长于智广、副局长李杰和迪庆州副州长张志军出席会议。李鸿文局长在会上作题为“立足当前抓机遇，着眼长远谋发展，精心描绘云南国税‘十二五’使其规划蓝图”的讲话。他指出，云南国税“十二五”规划的编制过程主要突出规划编制的民主性和参与性，突出规划编制的继承性和连续性，突出规划编制的科学性和协调性。全系统要客观认识“十二五”时期云南国税工作发展的现实基础，准确把握“十二五”时期云南国税工作发展的宏观背景，深入分析“十二五”时期云南国税工作发展的形式任务，科学确立“十二五”时期云南国税工作发展的战略举措，把握总体要求，坚持基本原则，找准目标定位，不断完善信息管税注重服务协税，坚持人才兴税，有效实现廉洁从税。同时，他要求全省国税系统通过努力，完成今年各项目标任务，为“十一五”划上圆满的句号，为“十二五”时期税收工作奠定良好的基础。会议就“《云南省十二五”时期国税工作发展规划纲要》（讨论稿）”进行了分组讨论，会议充分听取了各位参会代表的意见和建议，为下年对《纲要》内容作深层次的修改完善和细化调整，最终形成“十二五”时期云南国税发展规划奠定了良好的基础。迪庆副州长张志军出席会议并致辞。省局各处（室）长、各州（市）国税局长及局办公室主任参加了会议。

（梁晓松）

## 地方税务局

**【组织收入】** 2010 年省局分配的税收任务是 48 500 万元，本年度全州各项税费收入共计完成 69 422 万元；同比增收 18 093 万元，增长 35.25%。其中地方工商税收收入 48 832 万元，同比增收 15 024 万元，增长 44.44%。完成省局下达迪庆州任务的 100.69%，超收 332 万元；社会保险费收入 18 301 万元，同比增收 2 649 万元，增长 16.93%，全年规费的征收率达到 99.98%，超过规定征收率 3.98%，创历史最好水平。

**【依法治税】** 2010 年，系统上下遵循依法治税、重在治内的原则，对内以法制观念深入人心、执法行为规范严谨为目标，依托“数据大集中”改革成果，采取了：一是加强税务登记管理。加强税务登记管理，制定了《迪庆州国地税、工商征管联席会议制度》，并召开了三方联席会。全年共清理漏征漏管户 50 户，补税罚款 6 万元；二是进一步加强发票管理，做好新发票换版衔接工作。为确保新版发票工作顺利开展，9 月 15 日在州局机进行了为期 5 天操作流程及新版发票管理培训，集中了州县局分管领导、征管部门负责人、发票管理员和各县税收业务骨干共计 31 人。在开展形式多样的换版宣传和业务培训，为全州新版发票换版工作顺利开展提供了有力保障。三是加强征管责任区管理，认真落实税收管理员制度。为建立职责明确、管理规范、协作高效、监控严密的税收征管运行机制，各县实行三级征管责任区，层层落实，责任到人，促进了征管质量的提高。2010 年的征管实践证明：通过全面规范税收管理员制度，并将其作为加强税源管理、促进征收管理的重要抓手，为打造平安地税、构建和谐征纳关系起到了决定性的作用。四是完成税收征管质量考核。按照“执法规范、征管率高、成本降低、社会满意”的标准，近年来把税收征管质量考核水平的高低作为考核各基层单位税收征管基础工作水平的重要依据，将“六率”作为衡量一个县局征管水平的主要指标，纳入“六好”考核责任制，明确责任，实行过错责任追究制。进一抓实，打牢征管基础。

**【认真落实税收优惠政策】** 发挥税收杠杆的分配调节职能，体现公平原则、促进共同富裕是地税部门的社会责任和政治使命。始终坚持“不落实税收优惠政策就是收过头税”的原则，一是落实再就业税收政策。2010 年全州累计享受减免税户数达 221 户，共减免税款 355.85 万元。二是落实经济结构调整和优化有关政策。认真落实国家有关西部大开发等税收优惠政策，全州享受西部大开发减免的有 7 户。三是认真落实困难减免，消化了企业的部分包袱。全州有 11 户企业申请了困难减免，共减免税款 58.85 万元。

**【信息化建设】** 随着金税三期工程建设步伐的加快，全州的信息化建设始终遵循“统筹规划、统一标准、突出重点、分步实施、整合资源、讲求实效、加强管理和保证安全”的原则，加快了信息化建设步伐。2010年州地税局把信息化建设的重心转移到深化大集中系统数据应用上来，并着手酝酿网上办税服务厅及纳税服务平台，推进财税库银横向联网电子缴税工作，积极落实好2010—2014年云南地税信息化建设的方向和任务，广泛吸取先进经验，结合迪庆州实际，强化信息系统的推广应用，充分发挥其应有功能，使信息化技术更好地服务于地税工作。州地税局硬件基础设施有待进一步加强，截止12月底，全州投入专项资金100.79万元，更换了服务器、PC机、笔记本电脑、打印机等信息化设备，基本满足了各部门的办公需要，保证了全州地税系统征管、办公、软件及网络的正常运转。

**【税收稽查】** 2010年主要以房地产、建筑安装、交通运输、药品经销、车船、非居民企业纳税情况进行专项检查；其次是深入开展打击发票违法犯罪活动，与公安经侦联合办案，先后对香格里拉县、德钦县、维西县等纳税户进行全面调查，共查获假发票3 652份，并作了相应的处罚，有力的打击了发票违法分子，维护了税收经济秩序；第三是定期与国税、检察院、公安召开联席会议，分析税收经济环境，进一步净化税收秩序，规范税收执法行为；第四是加强稽查人员业务及查账软件培训，有效提高稽查人员能力和素质。全年共检查企业40户，查补税款、罚款、滞纳金共计368万元。使税收管理得到进一步规范和加强，取得了以查促管、以查促收的良好成效。

**【地税文化】** 2010年4月全州地税系统在香格里拉县召开的“第五届”双先会，组织丰富多彩的文艺汇演和体育竞赛，展现了雪域地税人团结协作、乐于奉献、顽强拼搏的精神风貌，增强了广大地税干部的体质。其次是按照“筑牢基础、上下联动、突出重点、整体推进”的工作思路，全州地税系统积极引导，创造条件，推进文明行业创建活动。各级地税机关从有限的经费中整合资金，加大投入，创办了地税文化走廊、地税荣誉室、工会活动室、职工阅览室、健身房、职工食堂，并筹建地税退休老干部活动中心，极大丰富了广大干部职工的业余生活。

**【党风廉政建设】** 坚持“两手抓、两手都要硬“的方针，把强化党风廉政宣传教育作为重点工作来抓，认真开展领导干部廉洁自律工作，加强监督检查。系统上下通过开展廉政教育活动，加强学习税务干部十五不准、《廉政准则》提出的8个禁止方面52个“不准”等廉政教育材料，在干部职工思想上筑起一道拒腐防变坚实墙壁。按时开展“纪检日”学习活动，观看廉政教育警示片，深入基层，自下而上搞好党风廉政建设工作情况检查和税务公开工作情况检查。对存在问题及时予以指导和纠正。年初局党组书记与各部门负责人层层签订了《党风廉政建设责任书》，加强党风廉政教育，做到关口前移，防微杜渐。全年按照省局基本建设招投标及政府采购工作的要求，在积极向党组请示、汇报，取得支持的基础上，严格程序，分别对新办公楼职工食堂项目和太阳能热水器采购、购买信息化设备及运动服装组织了6次政府集中采购，采购金额达49万元，节约采购资金3万元。同时，积极参与新办公楼有关后续建设的管理，使州地税局在基建和物资采购上做到严格按程序办事，加强了对行政管理的监督和制约，有效预防了腐败现象的发生。同时，积极配合省局党风廉政建设考核组，在自查自纠的基础上进行了检查和考核，未发现问题，省局检查组对州地税局的党风廉政建设情况给予了充分肯定。

**【教育培训】** 进一步加大教育培训工作力度，不断提高干部队伍的整体素质。本着快速提升综合素质和实践能力的要求，对新录用公务员开展跨部门、多岗位的综合锻炼培养以及跟踪考核。继续实施专业化人才教育培训计划，全年共组织四批12人参加注册税务师、国民经济学和税收专业硕士及函授专升本考试；有3名在读税收专业硕士。并开展了多元化的素质培训和岗位练兵活动，扎实推进机关作风建设和党员创先争优工作，税干整体素质得到了显著提升。

**【综治工作】** 一是按严格照省局、州综治社会治安综合治理工作要求，加强领导落实责任，签订各项责任制度，组织学习，增强法治意识和防患意识，创建安全文明小区，有效杜绝社会治安案件的发生。确保部门的稳定，促进社会的安定。二是建立健全各项规章制度，对各项制度进行了补充修改完善，规范了广大干部的日常行为，实现了单位全年“七无”创建目标，无“黄、赌、毒”等社会丑恶现象发生。三是通过努力，连续三年被州综治办表彰为“先进单位”。

**【创先争优】** 2010年，系统上下通过学习十七大、十七届四中、五中全会精神，掀起一场创先争优高潮。一是组织广大党员进行集中学习，在充分学习的基础上，撰写各自的心得与感受，并在党员会议上进行交流；二是借庆祝七一建党节的时机，组织广大党员进行爱国爱党教育，开展了丰富多彩的职工文艺活动；三是积极与州直机关工委联系，向全社会推存我单位的党员及党支部建设，并有1名党员得到了州委表彰；四是积极开展党员先锋岗建设，在全州地税系统设立了19个示范岗，接受社会的监督；五是按规定程序要求，在充分征求意见的基础上，形成了州地税局党组、支部及个人的创先争优工作目标和实施措施，并对外进行公示。通过一系列工作的扎实开展，州地税局党员工作面貌有了很大的转变，自觉为群众、为社会服务的思想得以进一步确立。

**【精神文明建设】** 继续抓好精神文明创建工作，把地税文化建设贯穿到税收工作的每一个环节中。一是精神文明建设是加强干部队伍建设，树立部门形象，促进党风廉政建设的一项重要工作，州局党组始终坚持把精神文明建设贯穿到整个税收工作中。根据《云南省地方税务局关于进一步巩固和加强文明行业创建工作的通知》，州地税局制订印发了《迪庆州地方税务局创建州级文明行业工作实施方案》，2010年4月，省局宣教处领导亲临州地税局对精神文明建设和文明行业创建工作做了具体的指导和部署。按照“筑牢基础、上下联动、突出重点、整体推进”的工作原则，全州地税系统积极引导，创造条件，推进文明行业创建活动。二是根据迪庆州地方税务局精神文明建设实施方案和地税文化建设的相关要求，为了营造一个优雅、舒适、文明的办公环境，为积极创建州级文明行业打下良好的基础，制订印发了《迪庆州地方税务局州局机关办公室绿化方案》和《迪庆州地方税务局州局机关办公室走廊文化建设方案》，由州局办公室、人教科、监察室具体负责落实。

**【效能政府四项制度】** 积极推进效能政府四项制度建设，以服务纳税人为重点，在构建和谐征纳关系上有新突破。一是制定了四项制度。根据《云南省地方税务局关于印发〈云南省地方税务系统行政能力提升制度实施方案〉的通知》，结合州地税局实际工作，分别制定了迪庆州地方税务局行政绩效管理制度实施方案、行政成本控制制度实施方案、行政行为监督制度实施方案、行政能力提升制度实施方案。按照突出重点、注重实效、分级管理的原则，以提高执政能力为目标，制度创新为动力，效能提升为重点，监督检查为手段，积极推进效能政府四项制度在全州地税系统贯彻落实，进一步提升各级地税机关的执行力和公信力，提高地税部门工作人员的综合素质。二是严格排查，及时公布关键岗位和重点环节。在深入分析迪庆州地税系统自身发展状况的基础上，对全州地税系统各部门的关键岗位和重点环节进行了排查，并按《实施办法》的规定及时进行了公告，并报地方纪检监察部门进行了备案，州局机关的重点岗位和重点环节是：固定资产管理、资金使用审批；监督检查岗中的基本建设招标和物资政府采购；减免税审批岗中的减免税审查、签批，所辖三个县局也分别对各自的关键岗位和重点环节进行了排查和公告。三是广泛深入开展纳税服务，加大对纳税服务大厅的服务，随着地税工作的重心从收入型向执法型、服务型结构性的转变，地税工作面临着许多新情况和新问题，社会各界对地税工作的要求也越来越高。为此，州地税局在做好“办税服务八公开”、“首问责任制”、“服务承诺制”的同时，坚持“法治、公开、文明、效率”的治税思想，在纳税户管理理念上，逐步由“监督打击”向“管理服务”转变，由“传统服务”向“现代服务”转变，树立了服务思想和服务观念，建立起了内涵丰富、形式多样、比较完善的税收服务体系，促进了纳税人依法履行纳税义务，形成了征纳双方的良性互动。同时，就优化服务、社会监督等方面向社会公开作出承诺，主动接受监督，并将纳税服务和岗位执法责任制相挂钩，定岗定责、细化量化，与每个岗位人员签定工作岗位目标责任书，推行挂牌上岗、“一窗式”服务工作制度，最大限度地方便纳税人。

（夏顺松）

# 金融·保险

## 中国人民银行迪庆州中心支行

【综述】 2010年，面对异常复杂的国内外经济金融环境和自然灾害，中国人民银行迪庆州中心支行全体干部职工在上级行的正确领导下，统一思想、积极进取、扎实工作，围绕中支党委提出的“三十字”工作思路，“八位一体工作平台”，强化“五种意识”，抓好重点工作，认真贯彻执行适度宽松的货币政策，增强工作的针对性和灵活性，维护全州金融稳定运行，重视金融生态环境建设，不断提升金融服务水平，强化内部管理，加强自身建设，推进文明单位创建活动，切实履行基层央行职责，各项工作取得成效，有力地促进全州经济金融的平稳较快发展。

【金融运行】 全州人民币各项存款余额为1 185 536.60万元，同比增长37.64%，比年初新增324 229.10万元，同比多增60 955.91万元。从存款结构看，企业存款余额449 782.22万元，同比增长50.07%，比年初新增160 123.28万元，同比多增48 418.78万元。储蓄存款余额360 884.89万元，同比增长25.21%，比年初新增72 651.97万元，同比多增21 335.03万元，财政存款余额49 375.44万元，同比下降1.95%，比年初减少984.35万元，农业存款余额120 117.51万元，同比增长67.84%；金融机构人民币各项贷款余额873 595.83万元，同比增长24.31%，比年初新增170 829.84万元，同比减少7 606.20万元。从贷款结构看，短期贷款余额142 094.81万元，同比下降13.12%，比年初新增21 442.13万元，同比减少25 818.95万元，中长期贷款余额731 237.23万元，同比增长35.61%，比年初增加149 123.91万元，同比多增17 948.95万元。全年共组织调运9次，金额280 110万元，共回笼现金64 603.4万元，投放现金249 285万元，全年发行基金调运安全无事故。跨省区就近供应现金工作顺利开展，全年向甘孜州得荣、乡城、稻城三县办理现金取款业务31笔，投放现金29 600万元。全州跨境收支16 555.76万美元，自2005年我州开办外汇业务以来，跨境收支首次突破亿美元。其中：跨境收入16 440万美元，同比增长1 323%；跨境支出125万美元，同比增长30%；收支顺差16 315万美元，同比增长1 452%。同期，全州银行结售汇总额14 749万美元，同比增长1164%，其中：结汇14 614万美元，同比增长1 262%；售汇135万美元，同比增长39%；结售汇顺差14 479万美元，同比增长1 384%。全州外汇存款余额2 222万美元，其中：对公存款余额2 213万美元，储蓄存款余额9万美元。

【货币政策传导】 2010年迪庆中支认真贯彻执行适度宽松的货币政策，认真落实中央和省委藏区工作会议及全省金融支持服务云南藏区发展座谈会精神，密切关注全州社会经济发展的形势，主动与地方党委政府汇报，与相关部门沟通协调，及时调整思路，准确、全面地传导货币政策的相关建议，引导辖内金融机构合理把握信贷投放，有效满足和保证重点项目、支柱产业及“三农”等薄弱环节的信贷需求，确保各项调控政策真正落到实处。第一，货币政策得到有效执行。截止2010年末，全州金融机构人民币各项存款余额118.55亿元，比年初增加32.42亿元，增长37.64%，增幅排全省第二；金融机构人民币各项贷款余额87.36亿元，比年初增加17.08亿元，增长24.31%，增幅排全省第四；第二，金融支持“三农”取得实效。农行惠农卡发放稳步推进，农户小额贷款、农产品加工流通等方面信贷支持明显增长。年末全州涉农贷款余额64.7亿元，比年初增加26.13亿元，增长67.75%，直接投入农户贷款8.92亿元，极大支持了农业经济的发展；第三，专项政策金融服务工作成效明显。继续做好就业、助学、扶贫等金融服务工作，年末，迪庆州“贷免扶补”贷款余额为3 460.66万元，全年累计发放483笔，积极支持了下岗职工和毕业大学生自主创业。协调督促生源地助学贷款经办金融机构及时足额发放符合条件的生源地助学贷款，年末，国家开发银行云南省分行对迪庆累计发放生源地助学贷款439.34万元。继续落实民族贸易和民族用品生产优惠贷款政策，扩大享受优惠面。年末，全州民贸民品优惠贷款余额2 750万元，较上年同期增加958万元，增长53.46%。人民银行补贴利差78万元，较上年同期增加38万元，增长95%。

**【金融稳定与风险评估】** 密切关注全州金融风险和金融稳定工作，初步建立“监测先行、客观评估、科学预警、制度防范”的工作格局。深入研究后金融危机和国内宏观经济政策的实施对全州金融业的影响。关注实体经济风险向银行业的传导，及时分析并报送涉及银行信贷资金规模大、对全州经济运行产生重大影响的企业信用风险情况。密切监测银行业信贷资产质量变化情况，特别关注信贷快速扩张、信贷集中度偏高、地方政府性负债和政府性担保大幅增加可能导致的信用风险。分析全州银行业金融机构盈利水平、利润结构及其变化趋势，了解银行业理财产品发展情况及潜在风险；深入分析银行业金融机构贷款行业、贷款客户的集中度情况，以及各类银行业金融机构对政府负债、中小企业、农业等的贷款情况。密切跟踪监测国际金融危机对辖区金融稳定的影响，关注实体经济变化对银行业风险的影响。加强对辖内中小法人金融机构运行情况及稳健性评估工作。按时完成地方法人金融机构流动性监测半月报表及监测报告、地方法人金融机构流动性及信贷集中度月度监测报告，继续加强中小法人金融机构流动性风险监测，密切关注地方法人金融机构流动性风险苗头。切实加强已兑付票据农村信用社的后续监测考核，完成了对全州农村信用社及其下属5个分社营业机构的票据兑付后续监测现场检查。加强对金融突发事件的应急处置及政府融资平台调查工作。增强金融突发事件应急预案意识，提高应急管理技能，完善《迪庆州金融风险处置操作规程》，组织开展辖内特大旱灾受灾情况专题调查，密切监测特大旱灾对金融机构的影响，切实做好防范和预警工作；积极开展辖区政府融资平台调查，协助政府相关部门做好融资平台债务的清理核查工作。

**【金融服务与管理】** 加强会计核算工作监督管理，提高支付清算服务水平。2010年共办理会计业务16 110笔，发生支付系统往账974笔，金额805 482万元；支付系统来账1 753笔，金额947 429万元。小额发出借记业务6笔，金额2 768万元，小额接收贷记业务3笔，金额4.9万元。

加强支付结算管理，改善支付服务环境。组织做好支付清算系统日常监督检查，开展对支付系统参与者健康性巡检。开展支付系统知识宣传，组织辖内中国现代化支付系统应用知识有奖问答活动和电子商业汇票宣传活动，完成对农行香格里拉支行的商业承兑汇票和贴现业务的现场检查工作。制定了《迪庆州农村地区支付服务环境建设工作实施方案》，组织召开全州支付环境建设座谈会，加强与金融机构协调和沟通，共同促进支付结算工作。牵头召开迪庆州银行卡安全管理和宣传工作专题会议，安排部署全州银行卡安全用卡宣传活动，配合公安部门开展全州银行卡违法犯罪专项行动和全州ATM机安全检查工作，规范银行卡市场秩序，防范和打击银行卡犯罪，积极配合地方财政推动全州公务卡推广工作，促进非现金支付工具的普及和应用。年末，全州银行卡存量20.55万张，共有特约商户418家，共布放POS机599台，ATM机116台。银行卡服务网络稳步拓展，银行卡交易量稳定增长。

加大账户和反洗钱监督，不断提高管理水平。认真开展日常账户审批工作，全年组织2次全州银行业金融机构账户办理资格证考试，参与考试人员共240人，参试网点覆盖面达100%。组织开展对全州农村信用联社账户、反洗钱工作综合执法检查，积极开展反洗钱宣传活动，提高非现场监管报告质量和数据分析水平。全力做好中国银行及富滇银行在全州设立分行的各项工作。

加强国库基础工作，确保国库资金安全。认真办理各级预算收入的收纳、划分和报解，预算支出及时拨付，确保税款及时足额入库，严格按照相关条例及规定，切实把好预算收入退库关；

定期召开全州财税库季度联席会，各部门之间及时沟通信息，提高财政资金运转效率，建立规范高效的税款收缴管理运行机制；为有效检验国库业务系统应急处置能力，确保国库会计核算业务的正常运行。积极开展国库业务实地检查，进一步规范了经收处的各项工作；按照国库会计数据集中系统实施计划，积极配合提前做好 TCBS 系统推广运行前的各项准备工作，确保试点成功后在全州的推广运行。规范操作，不断提高货币发行和安全保卫管理水平。认真做好发行基金调拨工作，保证全辖发行基金券别的合理搭配和供应，全年共组织调运 9 次，金额 280 110 万元，共回笼现金 64 603.4 万元，投放现金 249 285 万元，全年发行基金调运安全无事故。跨省区就近供应现金工作顺利开展，全年向甘孜州得荣、乡城、稻城三州办理现金取款业务 31 笔，投放现金 29 600 万元。

不断改进和提高外汇管理服务和监管水平。认真贯彻落实外汇管理“五个转变”的要求，积极推进各项外汇管理改革，加强外汇管理新政策宣传和舆论引导；在风险可控的前提下继续为迪庆涉外企业提供便利，充分发挥外汇管理服务经济的功能，促进贸易便利化；落实对跨境资金流动的监测与预警制度，防范跨境收支风险；加强对外汇指定银行的监管，构建完善的监测预警体系。

认真做好金融统计基础工作，规范办理贷款卡发放和检审业务，加强企业和个人信用管理和查询服务，建立和巩固与政府相关部门和青海等十大藏区建立金融统计信息交流共享机制，完成统计数据真实性和贯彻执行金融统计法规情况现场检查。加大征信宣传力度，逐步推进辖区社会信用体系建设。全年，累计查询个人信用报告 2 292 人次，提供企业查询 28 户，开展中小企业信用档案建设活动，累计建立中小企业信用档案 292 户。

切实做好安全保卫工作，抓好社会治安综合治理和消防安全。深入开展反假货币宣传，加强农村乡镇反假货币宣传网络建设，严厉打击假币犯罪，维护良好的社会秩序。

**【内控建设】** 进一步健全各项规章制度，完善内控机制建设。按照年初工作会议提出的“严管理、上台阶”工作要求，狠抓各项内控管理制度办法的贯彻落实，同时加大了责任追究力度。为“严管理、上台阶”迈出了第一步。加强监督检查，狠抓内控制度落实。充分发挥内审和事后监督部门职能，认真做好系统业务日常事后监督工作，认真开展履职审计、离任审计、专项审计、行政执法、年度行员考核和干部考核、季度岗位风险防范检查，确保内控检查效果。以内控风险案件隐患排查为契机，稳步推进内控管理工作。2010 年 12 月初按照人行昆明中支要求，采取四个结合，分层落实排查，对全辖所有业务内控安全风险进行了仔细排查，做到全面细致，不走过场，不留死角，不留隐患，对存在问题，落实整改措施。

**【党风廉政及干部队伍建设】** 强化学习，提高班子的整体履职能力。继续在中支党委班子及党委部门开展以加强党性修养、改进作风为主题的“讲党性、重品行、作表率”活动。加强中心组理论学习，不断提高班子成员理论素质。通过学习培训，拓宽和丰富了视野，增强了工作信心。以分支行履职需要为目标，有序推进干部人事制度改革。

加强内部管理，完善考核机制。继续推行班子成员按季轮流带班制和每周一碰头会制度，坚持每月深入分管科室参加科务会，每季深入州支行指导工作等措施。修改完善《季度例会管理办法》和《综合考核管理办法》，按月检查、按季通报、按年考核，充分调动各职能部门的工作积极性、主动性。

重视青年引导工作，深入开展“我与央行共奋进”活动。引导青年职工树立正确的“三观”，增强责任心和使命感，培养健康文明的生活方式。

全面落实党风廉政建设责任制，把落实责任制与业务、管理和队伍建设紧密结合，使党风廉政建设工作目标、任务更加明确。以《廉政准则》宣传教育为重点，积极组织开展《廉政准则》宣传教育、案例警示教育、财经纪律教育等主题教育活动，进一步增强全行干部职工廉洁自律意识，积极开展效能监察和集中监督检查，督促辖区各支行和部门依法行政、廉洁从政。

**【文明单位创建】** 紧紧围绕“抓班子、带队伍、促业务”三个重点，扎实推进全辖文明单位建设工作。将文明单位创建纳入综合目标管理考核，形成了相互协调、齐抓共管、人人参与的创建新格局。积极组织开展好“文明单位、文明科（股）室、文明员工”评选活动，以开展“创建学习型组织、争做知识型职工”、“读好一本书，写好一篇心得”等活动为载体，培养和激发职工创建热情，树立良好的工作形象。结合实际开展民族团结宣传教育活动，积极宣传和贯彻执行党的民族政策、法律法规及迪庆州民族团结进步条例，得到成都分行和州委、州政府的肯定，在成都分行“民族团结宣传教育活动电视交流会”上作交流发言，在2010年迪庆州首届民族团结节上被表彰为“迪庆州民族团结进步模范集体”。组织开展丰富多彩文化体育活动，推进央行文化建设。组织开展“模范职工之家”、“女职工文明示范岗”评选活动。积极开展“创先争优”活动，深入推进学习型党组织建设。充分发挥基层党组织战斗堡垒作用及共产党员先锋模范作用，抓好“三会一课”，努力提升党员队伍素质和履职能力。

**【大事记】** 2010年，中国人民银行迪庆州中心支行被人民银行总行评为“创新金融服务，支持经济发展”业务竞赛活动先进集体。

（沈鹏飞）

## 中国银行业监督管理委员会迪庆监管分局

**【综述】** 2010年，迪庆银监分局以邓小平理论、“三个代表”重要思想为指导，认真贯彻党的十七大、十七届三中、四中全会精神，深入落实科学发展观，按照中央经济工作会议和银监会、云南银监局工作会议部署，结合迪庆藏区实际，坚持改革创新，严守风险底线，创新监管方式，着力提升监管有效性和科学性，着力提升风险管控能力，着力强化有效监管和内部管理，引导银行业金融机构积极优化信贷结构，提高信贷质量，维护藏区银行业安全稳健运行和促进地方经济平稳较快发展。截止2010年末，迪庆银监分局内设办公室、监管一科、监管二科、统计信息科、人事教育科、财务会计科、监察科（纪委办）共7个职能科室，下辖德钦、维西2个办事处，共有职工38人，劳务派遣工7人。当年末，辖内银行业金融机构共有营业网点67个，从业人员763人；资产总额为126.33亿元，比年初增加35.93亿元，同比增长39.74%；负债总额为123.23亿元，比年初增加34.03亿元，同比增长38.15%；本外币各项存款余额为120.03亿元，比年初增加33.67亿元，同比增长38.99%；各项贷款余额为87.36亿元，比年初增加17.08亿元，同比增长24.31%；不良贷款率为5.01%，比年初下降0.75个百分点；拨备覆盖率为72.58%，比年初下降0.21个百分点。全年全州银行业金融机构经营规模和效益实现新突破，支持地方经济发展的能力明显增强，为迪庆藏区实现跨越式发展提供了强有力的金融支撑。

**【科学审慎监管】** 2010年为进一步有效应对国际金融危机冲击、巩固经济回升基础，为“十二五”规划启动实施创造良好的条件，迪庆银监分局督促银行业金融机构科学分解、层层落实防范化解责任，及时提出防范和处置各类风险隐患的方法措施，切实加强对信贷风险、案件风险、地方融资平台信用风险、房地产行业信贷风险、个人贷款违规流入股市风险和流动性风险“六大风险”的管控，同时按照科学审慎的原则，不断完善监管手段，切实提高监管有效性，为迪庆藏区经济发展营造了一个健康稳定的金融环境。

（一）强化市场准入和高管人员管理。制订《迪庆银监分局2009年度政策性银行、大型银行、邮储银行高级管理人员年度履职考核方案》和《农村信用社高级管理人员履职考核办法》。对迪庆州辖内政策性银行、大型银行、邮储银行、农村信用社共27名高级管理人员的2009年度履职情况进行了考核。年内共审核24名银行业金融机构高级管理人员任职资格。审核同意富滇银行香格里拉分行开业，报备中国银行迪庆州分行开业，审核机构变更5个、终止1个。对邮储银行4家机构更换了金融许可证，组织验收工作组对邮政储蓄代理网点的许可证更换工作进行验收。对建设银行羊拉ATM机选址、香格里拉城区ATM机搬迁选址进行实地考察。审批新增ATM机2台，业务备案5项。

（二）严守风险底线，强化对重点领域的风险管控。一是切实防范和化解地方融资平台贷款风险。督促银行业金融机构将地方融资平台贷款逐笔梳理，按项目逐个重新评审，按月建立地方融资平台贷款台账。牵头组织召开迪庆州地方政府融资平台贷款清理“统一会谈”，并完成银行、政府、企业和银行监管部门四方对账工作。组织对香格里拉县农村信用合作联社政府融资平台贷款和信贷“回头看”情况现场检查及农发行迪庆州分行、农行迪庆州分行政府融资平台贷款清查和分类处置情况现场检查，共投入390个工作日，检查机构3个，发现了28个方面的问题，提出整改意见19条。二是严防案件风险，确保一方金融平安。由纪委书记带队深入银行业机构开展案防安防专题讲座及应急演练。按季组织召开迪庆银行业金融机构纪检监察暨案防、安防工作联席会议。组织召开全州农村信用社案件防控专题会议，签订《案件防控治理责任状》。邀请迪庆州检察院专家对银行业高管人员进行预防职务犯罪教育培训，安排部署“银行业内控和案防制度执行年”各项工作，与公安部门共同开展节假日和敏感节点的安全保卫检查工作，确保重大节庆及敏感节点的金融安全和金融服务。三是严控房地产信贷风险。对维西县农村信用合作联社房地产贷款合规性及风险情况进行专项现场检查，共投入36个工作日，发现问题12个，提出整改意见10条、监管建议8条。加强对开发商、二套及以上房贷政策执行情况的检查，严防假按揭、信贷资金被挪用作资本金及多头授信逃避银行风险管理等问题。四是强化对法人机构的动态监管。认真开展农村信用社监管评级工作，迪庆州三县农村信用合作联社2009年度监管评级等级比上年有了明显提高。以法人机构为单位制定《迪庆州农村信用社三年监管进步度规划》，按照“机构分类—梯次规划—按季督查—按年考核”的要求，加大监测考核力度。截至年末，全州农村信用社资本充足率达7.62%，比年初上升4.35个百分点；不良贷款率4.44%，比年初下降3.18个百分点，达到全省2010年末不良贷款率低于5%的规划要求。贷款损失准备充足率达187.72%，比年初上升63.78个百分点，实现全省专项准备充足率超过150%的目标，风险抵补能力明显增强。涉农贷款余额108 971万元，比年初增加30 994万元，增长37.94%。五是高度关注大额贷款集中度风险。针对迪庆州贷款主要投向电力、旅游、开发投资、矿业等行业，风险较为集中的实际，督促银行业金融机构对大额贷款开展“回头看”检查。充分运用大额贷款监测台账，做好预警和提示，紧盯大客户，制定落实化解风险措施，防范贷款集中度风险。

（三）科学运用各种监管手段，提高监管有效性。一是深入细致地开展现场检查，切实履行监管职责。全年共派出28个检查组，158人次，投入2 322个工作日，进行了商业性中长期贷款现场检查、信贷资金违规流入股市、信用卡业务风险、政府融资平台贷款和信贷“回头看”情况检查、“三个办法、一个指引”执行情况检查、案件防控风险排查、监管指标真实性检查、房地产贷款合规性及风险性情况等专项检查，检查机构79个，检查金额71.9亿元，提出127条意见建议。强化现场检查前培训，落实现场检查问责制。现场检查中注重跟踪和后续管理，提高监管的执行力。补充完善《迪庆银监分局防治计算机病毒办法》等9个制度办法，将信息科技风险纳入银行全面风险管理体系之中。二是发挥导向预警作用，做好非现场监管工作。注重对整体风险的分析和判断，加大对新增授信和新增贷款情况的监测，力求客观全面反映信贷投放管理，及时准确提示潜在风险。完成《非现场监管信息系统》、《助学贷款违约统计制度》和特色报表及临时性报表统计工作，并及时报送监测分析报告。做好迪庆重大项目台账统计、迪庆政府融资平台、涉农贷款、中小企业贷款、小企业贷款统计工作。定期向被监管机构发出预警通知，对资本充足率、资本质量和补充来源、贷款集中度、流动性、不良贷款等异常情况及时提示。三是建立“现场监管与非现场监管信息交流机制”，每两个月召开一次由统计信息科、监管一科、监管二科共同组织，德钦、维西两县办事处参与的监管分析会议，互通情况，实现了非现场与现场监管的有机结合。

（四）贯彻落实“三个办法一个指引”贷款新规，引导迪庆州银行业金融机构实现贷款精细化管理。通过加强培训指导和宣传力度，提高对贷款新规的认知度。组织迪庆银行业金融机构开展“三个办法一个指引”知识竞赛，加大贷款新规推行力度。对辖内农业银行、工商银行等4个银行业金融机构开展专项检查，提高对贷款新规执行力。

**【维护藏区稳定】** 2010年，迪庆银监分局结合迪庆藏区的实际情况，深入落实党中央、国务院、省委省政府及银监会、云南银监局对维护藏区稳定工作的一系列要求和《迪庆州维护稳定工作长效机制建设实施意见》，切实抓好金融维稳工作。

一是建立“维稳”工作长效机制。2010年，按照迪庆州委加强综治维稳的要求，牵头组织了迪庆银行业金融机构“综治维稳宣传月”活动，与各银行业金融机构签订《2010年综治暨“维稳”工作目标责任状》，要求各行社将各项“维稳”责任落到实处。

二是强化金融应急处突能力建设。为贯彻落实中央第五次西藏工作座谈会、胡锦涛等中央领导同志对迪庆工作的重要指示精神，按照“高举全国藏区发展稳定一面旗帜”的要求，继续深入推进“军民共建促维稳长效机制”建设，组织迪庆州金融系统成立了113人的“迪庆金融民兵应急大队”，并接受了国防部长梁光烈上将的检阅，开创了云南省军银合作推动国防动员和后备力量建设的先河，全面加强了迪庆藏区金融系统重要目标守卫力量和执行应急处突、反恐维稳、平暴治乱、抢险救灾等其他政治任务的能力，获得了云南银监局、州委州政府的高度肯定。

三是加强对舆情监测和应对工作。制定《迪庆银监分局舆情工作实施方案》，明确分局各科室及迪庆银行业各金融机构的舆情工作职责，加强舆情监测和信访核查，及时澄清不实报道和言论，维护良好的社会舆论氛围，树立银监部门、银行业金融机构的良好形象。细化信访投诉处理流程、规范信访工作程序，向社会公众进行防范金融诈骗风险提示。

**【支持经济发展】** 2010年，分局认真落实“有保有控”的信贷监管政策，引导迪庆银行业金融机构调整信贷结构，积极支持云南藏区经济发展，推动银行业在促进经济结构调整中实现自身的可持续发展。

一是强化政策导向作用。引导迪庆州银行业金融机构认真贯彻落实《云南银行业支持民族地区发展规划（2010—2012）》及《云南银监局关于云南省银行业落实当前信贷监管政策促进经济发展实施意见》（21条）等支持民族地区发展的一系列政策。按季召开经济金融运行及风险状况分析通报会议，加强风险分析、交流沟通、监管指导。结合迪庆藏区实际，制定下发《迪庆银行业支持民族地区发展规划实施方案（2010－2012）》，明确了三年中银行业支持迪庆藏区发展的总体目标和要求，引导银行业金融机构不断调整和优化信贷结构，支持迪庆藏区跨越发展。

二是建立机制，强化引导，提高金融支持经济发展、促进经济结构调整的有效性和针对性。按照“促进经济发展方式转变、促进经济结构战略调整”的要求，结合迪庆州“保增长、抓投资、促产业、保民生、建和谐”的总体部署，合理引导迪庆州银行业金融机构认真落实好中央第五次西藏工作座谈会及中央领导对迪庆藏区工作的重要指示精神，切实加大对迪庆藏区重点领域和薄弱环节的支持。进一步完善“迪庆州重大建设项目资金供需交流机制”和“重大建设项目贷款监测台账”，“地方融资平台贷款、涉农贷款、中小企业贷款”等数据库，构建项目对接、银企合作新机制。进一步加强信贷政策与货币政策、产业政策的协调配合，着力支持四大支柱产业、基础设施、旅游生态等重点建设项目、保障性住房、战略性新兴产业、生态环保以及节能减排行业的有效资金需求。

三是以改革创新促进银行业不断提高服务经济发展的能力和水平。按照《迪庆州新型农村金融机构试点发展规划》，科学灵活把握新型农村金融机构市场准入关，为大中型银行在迪庆州发起组建新型农村金融机构提供良好的监管环境。督促和引导迪庆州农行切实做好“三农”金融服务，将县支行逐步改造建设成为面向“三农”的经营平台，努力推进支农服务与商业运作的有机结合。指导邮储银行进一步健全系统管理和内部控制体系，切实提高合规经营的水平。继续推动大型银行分支机构落实“六项机制”，改进服务手段，减少审批层次，切实加强对小企业的金融服务。截止当年末，全州银行业金融机构支持的小企业有119家，贷款余额24 384万元（包括个体工商户贷款），占全州银行业金融机构各项贷款余额的2.79%，贷款余额较年初增加4 423万元，增长22.16%；发放涉农贷款65.7亿元，比年初增加27.1亿元，增长70.29%，占各项贷款余额的75%。成立富滇银行香格里拉分行筹备领导小组及办公室、中国银行迪庆分行筹备领导小组及办公室，成功引进富滇银行和中国银行到迪庆设立分支机构，进一步完善藏区金融服务体系，切实提高了金融支持藏区经济发展的能力。

四是开展银行业公众教育服务活动，切实提高藏区广大人民群众的金融素养，为现代金融在藏区发展过程中发挥更充分的作用打下基础。2010年11月28日，举行了迪庆银行业公众教育日活动启动仪式。牵头成立迪庆银行业金融知识宣传组，通过金融知识现场宣传咨询、在《迪庆日报》设置公共教育彩色专版、在迪庆电视台黄金时间播放活动宣传视频等方式，抽调各行社少数民族业务骨干走进军营、走进企业、走进社区、走进农村开展金融知识宣讲活动，有力的推广普及了现代银行业金融知识，得到了地方党委政府、社会各界和广大群众的欢迎和肯定。

**【党建工作和创先争优活动】** 2010年，迪庆银监分局以“抓好党建促监管、围绕监管抓党建”为目标，着力加强基层党组织建设。分局机关党总支委根据分局党委落实“有效监管强化年，内部管理强化年”的要求，制定了《迪庆银监分局机关党总支2010年工作安排意见》、《迪庆银监分局关于推进学习型党组织建设的实施意见》、《迪庆银监分局深入开展创建先进基层党组织和争做优秀共产党员活动的实施方案》及《中共迪庆分局委员会关于纪念建党89周年活动方案》，稳步有序的推进党建各项工作。同时，做好党员发展和纳新工作，全年共转正预备党员6人，吸纳预备党员2人，吸收入党积极分子3人，选派1人参加了入党积极分子培训。召开“以科学发展观为统领，贯彻落实《党员领导干部廉洁从政若干准则》，切实加强领导干部作风建设，忠诚履行监管职责，积极维护藏区稳定，促进藏区银行业健康发展”为主题的专题民主生活会。认真组织开展以“讲党性、重品行、作表率”为主题的民主评议党员活动，进一步提高党员对党内事务的参与度，充分发挥党员的先锋模范作用。

按照《创先争优活动实施方案》的安排部署，深入开展以“三建、三带、三创”为主题的创先争优活动。分局每个支部、每名党员都制定了创先争优计划，并进行公开承诺。组织开展了党员建功立业、创先争优主题党日、党员读书、学习龚曲此理先进事迹、党风廉政知识竞赛、“歌颂共产党”歌咏比赛等主题活动。在建党89周年之际，评选和表彰了1个先进基层党组织、3名优秀党务工作者和3名优秀党员。通过创先争优活动，增强了全局干部职工的凝聚力、向心力和执行力，极大的激发了全分局干部职工的敬业奉献精神。2010年，迪庆银监分局被国家人力资源和社会保障部、中国银监会授予“先进集体”称号，一名员工被银监会表彰为“优秀团员”。

以提升党员素质为落脚点，积极推进学习型党组织建设。分局制定了《迪庆银监分局关于推进学习型党组织建设的实施意见》、《迪庆银监分局2010年度教育培训计划》、《学习培训考核（暂行）办法》、《关于加强迪庆银监分局学历学位教育管理的通知》，成立了迪庆银监分局学习培训指导组、学习培训考核督查领导小组及办公室。认真组织党委中心组学习，创新局领导辅导学习制度，要求每位局领导定期对分管部门进行学习辅导。搭建“春训”、“冬训”学习教育平台，带动全员学习，全年共邀请南开大学教授、地方党委宣传部、统战部、军分区、检察院、州直工委、党校、报社等专家学者进行了37次专题讲座。组织观看优秀电影教育片《村官普发兴》、龚曲此里同志先进事迹宣教片、沈浩同志先进事迹电影《第一书记》和革命先烈方志敏同志事迹电影《可爱的中国》。通过以上措施，切实巩固了“银监会系统学习型组织标兵单位”的成果。

**【干部队伍建设】** 2010年，迪庆银监分局拓宽干部选任渠道，积极营造有利于优秀人才脱颖而出的选人用人环境。严格按照《干部选拔任用条例》的规定，根据分局党委安排部署，制定《迪庆银监分局2010年科级干部公开竞聘方案》，公开选拔任命了10名科级干部。配合州委组织部对分局拟到州金融办任副主任的1名同志进行考察，推荐2名同志分别到富滇银行香格里拉分行、中国银行迪庆州分行工作，使他们可以到新的岗位为迪庆金融业发展作出更大贡献。认真做好后备干部的推荐培养工作。加大干部的交流轮岗力度，全年共选派1名同志到商业银行交流学习锻炼，对10名同志进行轮岗，通过轮岗实现了人员的优化组合和培养监管复合型人才，为今后更有效配置人力资源积累了宝贵经验。

**【党风廉政建设】** 2010年，迪庆银监分局全面贯彻十七届中央纪委第四次、五次全会和银监会系统、云南银监局纪检监察工作会议精神，以完善惩治和预防腐败体系为重点，加强执行力和履职问责，严格落实党风廉政建设责任制，为迪庆银行业监管工作提供强有力的保障。召开迪庆银监分局纪检监察工作会议，从“五个着力”（即着力提升监管方式方法、着力提升监管有效性和科学性、着力提升风险管控能力、着力强化有效监管和内部管理、着力提升拒腐防变能力及依法廉洁监管水平）入手，安排部署2010年党风廉政建设和反腐败斗争工作。组织签订《党风廉政建设责任书》、《社会治安综合治理维护藏区稳定暨创建“平安单位”目标责任书》、《迪庆州农村信用社案件防控治理工作目标责任状》和《银监会工作人员廉洁从政从业承诺书》。

建立“迪庆州银行业金融机构纪检监察联席会议制度”，按季召开联席会议，进一步完善分局纪检监察协调联系机制，建立与地方纪委、银行业金融机构纪委及州公安局等部门的协调互动平台，加强部门间的信息交流与共享。

深入开展反腐倡廉教育，落实党委书记上党课、纪委书记上廉政教育课制度，党委书记讲授“十七届五中全会精神辅导讲座”专题党课，纪委书记为全局职工上《弘扬延安精神，加强反腐倡廉》、《廉政准则》、《勤学善思，立身做人》专题廉政教育课，邀请州检察院领导进行预防职务犯罪教育，组织观看《银行业反腐倡廉警示教育展览》，开展《廉政准则》专题测试。

强化内部监督制约，规范工作行为，推进惩治和预防腐败体系建设。对干部选拔任用、小金库清查、治理商业贿赂、履职回避等进行了严格监督监察，认真开展执法监察和效能监察工作。在2010年度行风评议中，向被监管金融机构高级管理人员、信贷、风险、纪检监察等部门和相关单位发放行风评议调查问卷52份，收回52份，收回率100%，满意率100%。完善监督手段，继续推行“廉政监督卡，廉政监督员、临时纪检员，廉政监督巡察台账”等制度，在全州各银行业金融机构营业网点设立“举报箱”、举报电话，开通“纪委书记”信箱，畅通监督渠道。开展了对监管人员和银行业金融机构从业人员行为准则贯彻落实情况的现场检查。

**【监管文化建设】** 2010年，迪庆银监分局在被表彰为省级文明单位和银监会级文明单位的基础上，努力争创国家级文明单位。制定了《迪庆银监分局文明单位创建奖惩暂行办法》和《迪庆银监分局文明单位创建五年规划》，建立精神文明建设长效机制。

大力开展文明细胞建设工作，培养广大干部职工“主人翁”意识，倡导文明新风，创建洁美家园、和谐机关。从承担社会责任、促进和谐迪庆建设的高度，积极开展献爱心活动，帮助和引导扶贫挂钩点农民致富奔小康，在经费困难的情况下全局干部职工为扶贫挂钩点学生捐款捐物24 082.50元，为修善人畜饮水工程捐资5 000元。支持云南抗击百年不遇的旱情，共向灾区捐款11 600元整，向玉树地震灾区捐款5 800元。积极开展以困难职工为主的温暖工程建设，了解困难职工生活工作情况，随时掌握他们的困难和思想动态。凡单位职工遇有病、丧假，领导班子及工会都组织人员前去慰问，送去单位的关怀和鼓励。开展创“文明员工”和“和谐家庭”活动，并以此推进职工子女的未成年人思想道德建设工作。组织职工开展“爱我家乡，爱我香格里拉”活动，定期到指定卫生区清扫垃圾，增强干部职工环保意识。积极支持教育事业的发展，组织干部职工积极捐资支持“全州教育综合改革”，全局职工捐资13 650元，充分体现了“教育振兴，全民有责”的公民责任。针对高原病并发症多发的实际情况，组织一年一度的职工体检工作，保证职工能及时发现和治疗疾病，确保职工身心健康，安心工作。开展健康向上的职工文体活动，陶冶干部职工良好的思想道德情操，树立健康向上的精神风貌，增强了凝聚力。

**【信息调研工作】** 2010年，迪庆银监分局建立“一把手”负总责的信息调研工作机制，修订《迪庆银监分局信息调研考核管理办法》，按月分析通报信息调研工作情况，切实提高信息为监管决策提供服务的水平。量化信息“贡献度”，并将其作为硬指标纳入年度综合考核，年终评先评优实行信息调研一票否决制，在干部选拔竞聘中对信息调研工作成绩突出的职工给予适当加分。截止年末，分局共审核上报各类调研信息168篇，被各类刊物采用97篇，其中：云南银监局及以上采用56

篇、省局处室采用11篇、州委采用4篇、地方报社采用26篇。年末在云南银监局信息调研考核工作中从过去的连续多年处于末位跃居全省银监系统第五位，实现历史性突破，信息调研考核机制被省局作为先进经验在全省推广。

【大事记】 2010年1月6日，迪庆银监分局被中国银监会表彰为银监会系统“文明单位”、“学习型组织标兵单位”。

1月30日，召开2010年工作会议，明确当年工作总体要求和全年工作要点。

3月1日，对迪庆州农业发展银行、工商银行、农业银行、建设银行、邮政储蓄银行、农村信用社高级管理人员2009年度履职尽责情况进行考核。

3月9日，迪庆银行业金融机构“综治维稳宣传月”正式启动。

3月11日，开展“春训”活动，邀请南开大学教授为迪庆银行业金融机构负责人和迪庆银监分局广大干部职工讲授了《当前经济金融形势及政策分析》专题讲座。

3月23日，迪庆金融民兵应急大队正式成立。

4月1日，召开农村信用社监管暨案防工作会议，签订《案件防控治理责任状》。

4月，迪庆金融民兵应急大队开展训练，并接受国防部长梁光烈上将的检阅。

5月7日，召开迪庆银监分局二届三次职工代表大会，增补2名工会委员，选举产生新一任工会副主席；表彰优秀工会干部优秀工会积极分子和提出合理化建议的集体和个人；答复职工提案。

5月14日，纪委书记上线“迪庆政风行风热线”节目，就银行业监管、支持地方经济发展、维护藏区稳定等内容，向社会广泛宣传，并与听众进行交流。

6月4日，召开创先争优暨建功立业竞赛动员大会。

6月28日，为贯彻落实贷款新规，组织开展迪庆银行业“三个办法、一个指引”知识竞赛。

6月30日，召开庆祝建党89周年大会，表彰迪庆银监分局2009年度先进党支部1个，优秀党务工作者2人，优秀共产党员2人，并组织歌咏比赛等活动。

7月23日，配合州委组织部对分局拟到州金融办任副主任的1名同志进行考察。

8月18日，组织开展“创先争优”主题党日活动。

9月6日，召开迪庆银监分局2010年党员领导干部民主生活会。

9月29日，根据《关于富滇银行股份有限公司香格里拉分行开业的批复》（迪银监复〔2010〕32号），富滇银行股份有限公司香格里拉分行正式开业。

9月30日，迪庆州地方政府融资平台贷款集体约谈会议在天界神川大酒店召开，张煦局长作重要讲话，张志军副州长对地方政府融资平台贷款清查工作提出具体要求。

10月21日，州人大、州政府、州司法局组成工作组到我分局就“五五”普法工作进行调研，对迪庆银监分局的普法工作给予充分肯定。

10月25日，组织开展迪庆银监分局中层干部公开选拔竞聘工作。

11月18日，根据《关于同意中国银行迪庆州分行开业的批复》（云银监复〔2010〕360号），中国银行迪庆州分行正式开业，云南银监局马驰副局长出席开业庆典。

11月28日，迪庆银行业公众教育服务日活动正式启动，张志军副州长出席启动仪式。

12月6日，党委书记、局长张煦同志为广大职工开展“十七届五中全会精神辅导讲座”，拉开2010年冬训帷幕。

12月，迪庆银监分局被国家人力资源和社会保障部、中国银监会表彰为“先进集体”；办公室副主任和金莲同志（原监管二科副科长）被银监会表彰为银监会系统“优秀团员”。

（方振宇）

## 工行香格里拉支行

【概述】 2010年度，在省分行党委的正确领导下，工行香格里拉支行认真贯彻落实“四硬”经营理念，以“三个主动”工作方法和“三个没有”发展信念为指引，以支行党委提出的“保稳定、讲团结、干实事、求进步，促进各项业务又好又快发展”为指导思路，抓住机遇，攻坚克难，奋发工作，发扬“勇于拼搏，不甘落后”精神，较好地完成了省分行下达的各项工作任务，各项业务加速发展，经营管理水平全面提高，系统排名居前，同业位次提升，经营基础夯实，实现“规模、质量、效益”协调发展，实现了平安经营、跨越发展。

**【经营效益】** 2010年实现拨备前利润5 292万元，比同期多增1 362万元；实现拨备后利润5 305万元，比同期多增1 471万元；实现净利润4 034万元，比同期多增1 082万元；实现人均拨备前利润、拨备后利润、净利润分别为64.54万元、64.70万元、49.20万元，人均指标达大行水平，创历史新高，为全省增加盈利作出贡献。

**【贷款】** 各项贷款余额151 856万元，比年初增加35 178万元，增幅30.15%。其中个人贷款41 930万元，比年初增加7 850万元；公司贷款余额109 926万元，比年初增加27 328万元。

**【存款】** 各项存款余额185 673万元，比年初增加50 100万元，增幅36.93%；其中：储蓄存款余额45 821万元，比年初增加6 011万元，增幅15.10%；对公存款余额139 852万元，比年初增加44 089万元，增幅46.04%；对公存款中机构业务存款余额31 474万元，比年初增加10 369万元，公司存款余额108 268万元，比年初增加33 660万元，保证金存款110万元，比年初增60万元。

**【中间业务】** 全年实现中间业务收入1 503万元，与同期增长1.35倍，占营业净收入19.49%，占利差收入合计22.10%；其中：个人金融专业收入276.46万元，对公结算业务收入467万元，电子银行业务收入180万元，信用卡业务收入159万元。

**【不良贷款】** 不良贷款余额498万元，比年初减少16万元，不良率0.33%，比年初减少0.11个百分点，其中个人不良贷款297万元，公司不良贷款201万元，资产质量得到优化，不良贷款保持低位，实现“双降”目标。

**【“强行”战略目标】** 紧紧抓住地方经济加速发展的有利时机，树立“不唯任务，只唯发展”目标，正确面对市场、找准差距、定位市场、细分目标，全行上下齐心协力，攻坚克难，形成整体合力，制定新三年规划目标，使香格里拉支行的发展思路更加清晰，奋斗目标更加远景，拼搏精神更加强劲。

**【经营管理】** 按分行“强化管理、夯实基础”主题教育的相关工作布署要求，工行香格里拉支行主题教育领导小组充分发挥职能作用，严部署，提要求，有组织、有计划、有步骤、有目的认真开展主题教育各阶段工作。党委领导班子在学习过程中做好垂范作用，带动全行员工学习热情，员工由“要我学”转变“我要学”，主题教育使广大员工重温规章制度，提高了执度贯彻执行力，明确了“什么可为”，“什么不可为”，提高“自我保护意识”。通过主题教育，全行员工提高了合规操作及依法经营意识，全行经营管理水平步入新的起点。

**【绩效考核管理】** 继续执行取消职级系数的绩效分配办法，以任务完成情况作为绩效分配的重要依据，推出了团队概念，实行了公开、公平、公证的计分考核，树立“谁营销、谁受益”的营销格局，广大员工的营销热情得到调动，全行员工在做好本职工作的同时，利用业余时间进行营销，使全行系统排名显著提升，在全省16个地州的绩效考核排名中，工行香格里拉支行四个季度都位居第三名，绩效排名创历史最好水平，多数员工绩效收入大幅增加，呈现出“双赢”良好格局。

**【安防案防工作】** 在经营过程中，始终把安全经营工作放在首位，为筑牢安全经营防线，一是提高安防意识，全面落实安防工作的具体部署；二是深化同保安公司合作的广度和深度，合作内容详实，对易发案部位加大巡查，发现紧急事件启动应急预案，将紧急事件及时控制解决；6.25成功抓获在工行香格里拉支行ATM机上作案的案犯，为保一方金融平安立下了“头等功”；三是熟悉内控制度要求，遵循依法合规经营，做事讲原则，办事讲公道，坚持“有令必行、有禁必止”；四是依靠地方政府，切实维护好藏区稳定工作；五是进一步健全和完善各项管理制度，形成用制度规范治行行为、按制度办事、靠制度管人的机制，把完善制度建设与教育、监督、惩处结合起来，规范运作程序，健全行为规范，形成事事讲标准，人人讲安防的氛围。

**【拓宽增收渠道】** 牢固树立效益目标，贯彻落实

"四硬"经营理念，总结经验，谋求措施，紧紧抓住"收入"、"支出"两条主线，以"降本增效、增收节支"为途径，不断扩大业务规模，合力拓宽增收渠道，培植利润新的增长点，促使全行顺利实现"三项"利润指标，人均营利水平大幅提高。

**【营销拓展】** 主动登门拜访政府重点部门和行业，加强沟通，听取客户需求，深化双方合作关系。实施"走出去，请进来"的营销策略，做好"护户"、"扩户"工程，为全行经营夯实基础。

**【信访工作】** 支行党委高度重视，认真落实总分行的信访工作的各项布署，把维稳工作做实、做透、做细，主动出击，工作在先，发现苗头及时制止，以人为本，把违规诉求劝导到位，把合理上访解决到位，尊重事实，耐心开导，避免以权压人，以法压人，做到"晓之以情，动之以理"。

**【工会工作】** 工会职能发挥充分，为广大员工维好权、行好权。召开三届一次职工代表大会，通过《工会法》相关议程，选举产生了新一届工会主席和工委委员，对职工提出的十二个议案作出逐一答复，根据广大员工的意愿，更换职工食堂经营老板，要求食堂，增加菜谱，提高烹饪技术，满足职工就餐需求；举办职工体育运动会和选派员工参加省工会举办的排球运动会；组织离退体老同志欢聚一堂过重阳，向广大退休同志作《重阳致辞》，发扬了重要老同志、关心老同志的中华民族传统；组织广大员工向州内抗旱救灾、青海玉树地震、州内集中办学、康巴艺术节筹办捐款，捐款额达5万多元；慰问困难家庭和生病员工共计26人次，让员工感受到单位"大家庭"的温暖，找到归宿感和家园感，增强全行凝聚力和战斗力。

**【廉洁自律工作】** 构筑防腐拒变屏障，进一步推动党风行风建设，有效遏制各类内部案件的发生，创造了良好的发展环境，全行形成人人思廉、人人崇廉和人人促廉的良好氛围。以党中央关于《党员领导干部廉洁从政若干准则》严格要求，让党员干部时刻牢记"立党为公、执政为民"理念，身先垂范，提高抗腐拒腐能力和领导干部感召力。

**【服务工作】** 在服务过程中，该行始终秉承"服务第一、客户至上"的宗旨，急客户之所急、想客户之所想，坚持新老客户一个样、钱多钱少一个样，以"微笑"和"三声"服务为手段，树立领导为员工服务、二线为一线服务、全行为客户服务的"大服务格局"，优化服务设施，提高服务效率，用服务取得客户信赖，用服务占据资源，用服务赢取明天的市场。

**【创先争优活动】** 持续推进全行发展。加强组织领导，确立活动目标，在"创"、"争"上下功夫，采取多样的方式，不断丰富和完善活动内容，创建"五强"党组织，争做"五优"共产党员；结合"创先争优"主题实践活动和经营发展目标，在经营发展、服务风貌、党建工作、反腐倡廉工作等方面接受群众民主监督，将创先争优活动引向深入，持续推进全行各项业务健康有序发展。

**【大事记】**

1月16日，支行召开三届一次职工代表大会。

1月26日，工行云南省分行苑书义副行长到香格里拉支行调研工作。

5月14日，支行召开"百日劳动竞赛"明星表彰大会。

5月27日，支行召开"夯实基础、强化管理"主题教育活动动员大会。

6月2日，支行与中国人寿公司举办高端客户答谢会。

6月25日，支行保安夜间巡逻ATM机时成功擒获犯罪嫌疑人。

12月31日，支行党委领导班子到网点慰问年终决算员工。

**【表彰】**

支行在系统内获2010年度效益突出贡献奖。

支行营业室被工行云南省分行授予"2010年度巾帼文明示范窗口"称号。

（吴仕红）

## 中国农业银行股份有限公司迪庆分行

**【综述】** 2010年是农业银行股份有限公司股改上市的第一年，是落实全行"3510"战略目标、实施发展新战略，全面推进公司治理的又一年。迪庆分行以"稳定、发展、改革、控险"为主题，以提升价值创造力和市场竞争力为核心，继续实施"发展、转型、创新、控险、强管、增效"的业务经营方针，大力提高城乡传统业务和新兴业务市场份额，切实提升风险防控水平，深入推进内部机制改革，着力加强党建和队伍建设，继续推进全行工作长治久安和持续发展。2010年末，迪庆分行实现拨备前利润9 792万元。完成省分行任务的116.6%，实现拨备后利润8 989万元，较上年同期增加9 389万元，完成省分行任务数的204.3%，人均创利达69.2万元，向地方缴纳税金及附加支出1110万元，比上年同期增加171万元；中间业务收入1 124万元，完成年计划112.4%，比上年同期增收362万元。全州金融系统人民币各项存款余额1 185 537万元，比年初增加324 229万元，增长幅度为37.64%，其中：农行迪庆分行人民币各项存款余额为357 552万元，比年初增加47 850万元，增长15.45%，完成年计划确保数的122.13%。全州金融系统各项贷款余额873 596万元，其中农业银行贷款余额341 709元，占39.12%，比上年下降3.69%；全州增量贷款170 830万元，其中农业银行发放40 874万元，占23.94%，比上年下降11.57%。农行全年累计发放贷款162 480万元，比上年多发放26 227元；办理商业汇票银行承兑9笔，金额2 415万元。发放新增小企业客户贷款9户，金额2 941万元；累计收回贷款121 606万元，比上年多收回48 691万元；不良贷款余额33 626万元，占9.84%，不良贷款绝对额较年初增加5 005万元，占比上升0.32%。2010年内到期贷款81 398万元，其中收回77 577万元。办理展期730万元，逾期3 091万元，逾期率3.80%（其是法人3.57%，个人4.73%）；展期率0.9%；到期贷款收回率95.3%。

【提升两个市场】 2010年，全行上下牢牢把握发展主题，紧紧抓住发展第一要务，把加快发展、调整结构、夯实基础，把发展速度、质量、效益科学统一，按照省分行党委要求，坚定不移地实施县域“蓝海”市场发展战略，坚定不移加快城市业务发展，着力提升两个市场的竞争力和价值创造力。切实采取有效措施，强力推进城市业务转型，力促城市业务有一个新的更大的发展；在县域业务发展上，按照省分行印发的《提升县域市场竞争力指导意见》的具体要求，扩大业务规模、优化经营结构、提高市场份额。

【资产业务】 2010年迪庆分行在贷款总量上保持适度增长，调整优化了结构。明确了全行的信贷投量和重点投向，优先保证信贷资源向重点区域、行业和客户配置，促进全行信贷业务持续、快速、健康发展。一是狠抓优质对公贷款营销。坚持“大、中、小客户并举”的营销策略，抓好存量客户的关系维护，大力拓展优质对公贷款。在香格里拉城区重点拓展区域内大客户、大项目，占据相称的市场份额；加大对优质中小企业的拓展，确保实现小企业贷款增速高于全行贷款增速，优质小企业在全行小企业的占比上升。维西、德钦支行锁定县域内优质中小企业和微型企业，着力扩大县域优质客户市场份额；择优介入符合总行准入要求的城镇基础设施、县域房地产开发和农村科教文卫等领域的优质项目，努力培育新的业务和利润增长点。二是大力发展优质个人资产业务，做好个人住房按揭贷款业务，积极稳健发展个人生产经营贷款、个人消费贷款等业务品种，提高个贷业务市场竞争力。由于个人资产业务受不良率上升的影响，市场占有率和竞争率低于工、建行。三是扩大惠农卡的覆盖面，进一步提高激活率和授信率。全年共组织惠农卡378张，激活率达100%，新增授信户数227户，完成任务数的227%，新增贷款授信额度1 376万元，到2010年年末全州累计发行金穗惠农卡10 443张，惠农卡存款达682万元，累计授信33 847户，累计授信额达8 537万元，累计贷款户达3 227户，累计贷款额达7 455万元。

【负债业务】 迪庆分行牢固树立“存款立行、存款强行”的理念，开展了春季“大行德广、伴你成长、金钥匙春天行动”，夏季“激情仲夏、精彩生活”，秋季“爱在金秋、情系万家”，等一系列活动。切实采取走出去、请进来，注重大企业大客户的营销，同时，又加强小企业客户的营销使之形成全面发展的发展战略，增强了负债业务竞争力。一是突出抓好对公存款营销。始终保持“保、抢、挖”的营销策略。在巩固存量客户的同时，加大力度，积极拓展区域内系统性、集团性、政府机关、财政、社保等企事业法人新客户。严格企业、项目资金的封闭运行，提高信贷资金的沉淀率和企业销售收入的归行率；着力培育和扩大优质中小企业客户群体，以资产业务带动负债业务发展，强化存款、贷款、中间业务综合营销，争取同一客户在农行存款、贷款和中间业务市场份额相匹配。二是着力抓好储蓄存款业务发展。全行克服储蓄存款自然增长的惯性思维，牢固树立“储蓄存款全行抓、全员抓、全年抓”的营销理念。根据迪庆公务员工资增加、农牧民生产和低保补助增加的机遇，积极制定储蓄存款营销方案，有计划有针对性地推动储蓄存款业务快速发展；充分利用个人优质客户管理系统和金钥匙理财专家系统，积极实施差异化服务，大力抢占个人高端客户市场；加快第三方存管等主动型储蓄业务发展，积极推动储蓄存款向自主增长转变，确保农行储蓄存款稳步增长。重视外汇储蓄存款的营销，外汇储蓄存款有新的增长。三是加快发展同业存款业务。加强与金融同业的合作，在确保盈利的前提下，全力拓展同业存款，增强主动负债能力。年末储蓄存款余额达125 292万元，比年初增加17 479万元，增长16.21%，储蓄存款占各项存款比重为35、04%；单位及其他存款233 360万元，比年初增加30 371万元，增长15.04%；外币存款2 232万美元，比年初增加1 884万美元，增长514.38%，外币存款占全州金融机构份额为99.89%。

【中间业务】 迪庆分行高度重视中间业务发展，采取有力措施确保超额完成省分行的计划。一是认真做好代收代付、结算等传统中间业务，巩固和扩大代收代付业务市场份额。二是努力拓展新兴业务品种。认真分析行业及客户需求，通过制定整体营销服务方案，推动投资银行业务继续发展，做大做强常年财务顾问业务；积极寻找业务切入点，努力使债务融资工具、资产管理等业务取得实质性突破。紧盯同业，进一步丰富理财业务产品线，着力提升理财市场份额；大力拓展企业年金业务市场，积极探索以信托理财为主的委托资产托管业务。三是切实抓好代理保险、基金业务发展。四是高度重视信用卡和电子银行业务发展，进一步提升两项业务的市场份额和赢利能力。重点发展公务贷记卡、白金贷记卡、惠农信用卡业务。五是香格里拉支行继续强化“本外币一体化经营”的意识，大力发展贸易融资、国际结算、结售汇等业务。2010年代理保险手续费收入53万元，投资银行业务收入134万元。保函业务收入10.5万元，第三方存管89户，营销企业年金业务2户，正式开展托管2户，金额800多万元。6 228银联标准普通卡累计发卡14 887张，实现卡收入418万元，完成计划任务117.1%，贷记卡全年发卡累计增加2 489张，全年贷计卡收入169万元，完成计划任务112.69%，新增特约商户80多户，实现POS收单业务收入115万元，完成计划任务92%，新增企业网银用户19户，完成计划任务105.56%，新增个人网银用户1 249户，新增短消息服务注册客户4 597户，实现电子银行业务收入114.3万元。完成计划任务122.91%。全年基金销售量为221万元，基金手续费收入6万元，完成计划任务18.7%。

【信贷风险】 一是根据总分行客户管理的要求，对年初77户法人客户，按照客户等级、客户性质、客户所在地、贷款风险级别进行划分；二是退出法人不良客户1户，金额3 530万元，退出法人潜在风险客户3户，金额7 200万元，完成了省分行下达潜在风险客户退出计划；三是按季完成了外部审计样本，客户的审阅、核准、汇总及样本资料的提交，按月对不良资产进行减值测试；四是采用现场和非现场监管相结合的办法，尽职做好信贷在线监测和风险预警工作。

【操作风险】 一是深入推进临柜业务精细化管理，夯实运营管理基础。重点抓了银企集中对账系统的管理，落实对账制度，确保对账目标实现；切实抓好会计监控系统的运用管理，杜绝柜员自办业务和重大差错事故的发生；加强批量代收代付业务的管理，减少业务处理风险环节，降低操作风险事故及差错。二是加快打造流程银行，持续优化改进临柜作业流程，推进前后台人员协同作业和柜面人员分区作业；做好后台中心建设落地工作，稳步推进清算、作业、现金和监控四大中心建设，切实提高操作风险集中管控水平。三是按照会计监管人员选派标准，配齐配强会计主管和会计监管员，确保人员配置与临柜业务风险控制相适应。

【资产处置】 全行共清收委托资产业务3 004万元，完成省分行下达任务1 700万元的176%，收回利息149万元。自营不良贷款清收累计7 986万元，完成省分行下达任务6 000万元的133%，清收利息1 324万元。在整个清收过程中，采取多才并举，突出重点和难点，抓大户促小户，对钉子户进行法律诉讼。对员工不良贷款采取签订《还款承诺书》，扣收工资等措施，全面完成了清收全州员工不良贷款57笔，46户，金额476万元，利息132万元，实现了迪庆分行员工不良贷款为零。

**【财务管理】** 一是加强财务开支管理，规范费用管理；二是规范招投标管理，切实加强集中采购工作的管理，进一步规范决策程序，强化规则意识，坚持合规操作，严防操作风险和道德风险的发生；三是加强固定资产管理。杜绝未经批准超投资、超面积、逆程序购建固定资产以及出现账外固定资产等违规行为，规范车辆的审批、购置、处置程序。

**【金库运钞管理】** 继续做好金库安全设施建设达标工作，加大金库管理的督导力度，督促金库管理人员认真履行查库职责，抓好金库突击检查，并强化对金库门控、账实核对、箱包交接等重要事项的管理。抓好金库现金调拨管理系统的运用管理。坚持做好查库“飞行队”工作，及时发现和控制金库安全风险。

**【监督管理】** 一是全面开展了经营机构案件排查工作，做到周密计划、集中排查，查处整改相结合；二是认真开展反洗钱工作，累计向上级行和当地人民银行上报可疑交易报告2 999份，金额457 527万元，有效地防范了风险；三是完成了总行集中审计存在问题的整改工作和县支行内控综合评价工作；四是在全行开展了合规文化建设活动，切实防范各类风险；五是充分发挥了监察部门监督的作用，继续巩固案件专项治理工作成果，加大了案件责任追究和问责力度；六是加强了保密工作，对涉密人员签订了《保密承诺书》。

**【系统党建】** 迪庆分行党委认真按照总行党建工作会议要求，切实改进思想认识、组织建设等方面存在的问题，着力推进党建工作。进一步做好党员发展工作，加强和改进基层党组织建设，发挥广大党员的先锋规模作用和基层党组织的战斗堡垒作用。认真贯彻落实中纪委十七届五次全会精神，扎实开展反腐倡廉教育，加强领导干部廉洁自律工作，认真落实党风廉政责任制，杜绝和防范各类违规、违纪、违法现象和腐败行为的发生。

**【班子建设】** 组织加强了两县支行和州分行领导班子的学习，提高素质，达到优势互补，提升班子整体功能。按省分行的要求，扎实开展好县支行“四好”班子建设活动，实行“一年一评”，不断提升县支行领导班子的领导力和执行力。

**【队伍建设】** 一是在全行组织开展综合业务知识，岗位大练兵活动，调动一线员工争当岗位技术能手的积极性，全面提升岗位技能人才队伍的综合素质、业务技能和服务质量，举办了柜台业务选拔赛，选出6名选手参加省分行第三届柜台业务技术比赛，并取得较好的成绩。二是组织抓好各类培训工作。以提高执行能力、履职能力和市场拓展能力等“三个能力”为重点，抓好县级支行副职和营业网点主要负责人的培训；以提高敬业精神、岗位操作技能、产品营销及客户维护能力为重点，抓好基层一线员工、客户经理和产品经理的培训，推动全行员工队伍素质全面提升。

**【企业文化建设】** 认真组织学习中国农业银行企业文化核心理念，使全行广大干部员工对企业文化的核心理念和核心价值观入脑、入心。本着“从员工中来，到员工中去”的原则，做好企业文化的宣传教育、学习培训和深植落地工作。通过推进企业文化建设，积极营造和谐稳定的环境，抓好各项稳定措施的落实，积极预防和妥善处置突发性事件。充分发挥工会组织凝聚、协调、维权和服务作用，调动广大员工的积极性和创造性。

**【大事记】** 2010年3月4日省分行党委书记行长字如钧到维西县开展扶贫调研。

9月1日省分行行长助理孙旭东到迪庆调研。

9月14日省分行副行长任雷波到德钦县支行调研。

12月29日省分行副行长刘文彬到迪庆慰问劳动模范、困难员工。

12月农行迪庆分行荣获中国银行业监督管理委员会云南银监局2010年云南银行业公众教育服务日活动先进单位。

（李春华）

## 建行迪庆州分行

**【综述】** 2010年迪庆分行紧紧围绕总分行党委年初确定的经营目标和工作思路，抓住机遇，快速发展，班子紧密团结在省分行党委的周围，深入学习贯彻党的十七届四中、五全会精神，坚持以邓小平理论和“三个代表”重要思想为指导，深入贯彻落实科学发展观，认真贯彻全国、全省建行工作会议精神，按照总分行工作部署和要求，“围绕价值创造和市场表现的总体目标，通过推进改革，加强客户、产品、渠道实力建设，加大机制和产品创新力度，持续做实基础管理，不断提升工作能力和效率，保持资产负债和中间业务又好又快发展”。全行资产负债、不良贷款控制、中间业务、利润等主要指标又创历史新高，圆满完成了省分行下达的各项目标任务。截止2010年12月31日，各项存款余额为223 105万元，一般性存款首次突破20亿元大关，当地排名第二位（四大行），较年初新增64 400万元，新增在四大行排名第一，增幅为40.58%，完成计划的192.81%，其中企业存款余额为189 172万元，当地排名第二位，比年初新增61 384万元，在全州新增排名第一，增幅为48.04%，余额占一般性存款的84.79%，个人存款余额为33 933万元，比年初新增3 015万元，完成计划的75.38%。各项贷款余额153 087万元，比年初新增38 389万元，新增在四大行排名二，增幅为33.47%；其中：公司类贷款新增34 263万元，个人类贷款新增4 126万元。按五级分类不良贷款余额为149万元，比年初减少627万元，减幅为80.93%，不良率为0.1%，比年初下降了0.58%，有效控制在省分行下达的计划内；中间业务收入完成722万元，完成全年计划的123.63%；其中对公中间业务收入441.31万元；个人中间业务收入280.36万元。税前利润4 304万元，创造了较好业绩。

**【对公业务】** 坚持稳健经营，切实提升经营管理，抢抓发展机遇，狠抓财政、社保及项目资金营销工作，存款的稳定性明显增强。继续加大对地方政府、财政、交通等部门的攻关力度，紧紧抓住国家西部大开发和重视藏区发展的历史机遇，积极争取上级拨付资金存入建行，并密切关注资金流向，最大限度地实现资金在体内循环，有力地支撑了建行机构类存款的增长；以地方政府加大基本建设投资力度为契机，将资金沉淀量大、具有资金分配优势的客户作为重要目标客户，重点营销维德二级公路、德盐公路、小中甸水库、旅游投资公司、迪庆矿业、国电、迪庆州电网公司等一批迪庆州的重点项目和重点客户。全年开立对公账户656户，存款结构得到改善，稳定性不断增强；完善存款的监控分析机制，及时掌握存款流向，分析变动原因；积极开展“以贷引存”，通过贷款投放，争取客户资金及地方政府项目资金存入建行，有力稳定和增长了建行对公存款；加强高层、公司、网点的联动营销，促进了全行企业存款跨越式发展。

**【个人银行业务】** 2010年，建行按照总分行要求，认真贯彻总行、省分行党委的指导思想，年初组织开展主题为“龙腾虎跃结伴行”旺季营销等一系列营销活动，结合考核导向，引导全行个金业务积极营销维系客户，抢占市场份额，落实业务支撑点；加强整体联动，将联动营销的重点放在拓展代发工资业务上，梳理、筛选、确定重点拓展客户名单，实施集团性联动营销，提高建行代发工资的市场份额和综合贡献度；积极拓展自营性个贷业务，营销楼盘项目，有力的支撑了住房贷款业务发展；扩大宣传、培训力度。成功举办黄金、基金、电子银行、公务卡等产品推荐会、风水讲座和客户联谊活动，积极开展理财产品、黄金、基金、信用卡、公务卡等产品的专项营销活动；加大对委托住房公积金业务的拓展。实现了住房维修金的归集，成功发放公积金管理中心及本行的公积金联名卡，为进一步拓展住房金融市场奠定了坚实基础；狠抓营业网点服务质量的星级管理，零售网点转型回头看顺利通过省分行验收，按省分行服务质量提升要求，组织营业网点开展“甩帽子、大幅提升省分行排名的服”，务质量提升活动，通过全体员工的努力，四季度现场检查取得96.5分，全省第四名的历史最好成绩。

**【中间业务和战略性业务】** 2010年，建行及时调整销售策略，加强上下联动，加大产品创新，拓宽销售渠道，增加中间业务收入。结合当地实际下发了《关于战略性业务、中间业务的激励办法》。认真开展劳动竞赛活动，充分调动了全行员工参与营销的积极性；依托资产、负债业务的发展平台合理组织了中间业务产品和电子银行业务的营销；利用个贷发放，积极推介建行中间业务产品和电子银行业务；加大产品的学习培训，加强对总分行新产品的学习和研究，提高对产品的熟知度。四是组织开展一系列电子银行夺标训练营活动、员工体验电子银行业务，并结合省分行电子银行工作会议精神，制定工作措施，不断拓展电子银行客户，努力提升电子渠道账务性交易占比和客户覆盖率。

**【资产质量明显好转】** 2010年，建行在省分行的帮助支持下，以回收处置不良贷款为重点，继续加大不良贷款盘活、处置、催收力度，行党委研究分析压缩退出的重点项目，制定切实可行的回收盘活和清收方案，以上门催收和起诉执行为主要手段，制定一户一策、一户多策的保全措施。通过努力，全行不良贷款压缩成效显著。截止12月31日，共处置不良贷款627万元，不良贷款余额为149万元，比年初不良贷款余额减少了627万元，超计划完成了省分行下达的控制目标。

**【提高案件防控风险管理水平】** 风险管理措施进一步强化，“质量管理年”活动有效推进，贷后管理和内部控制管理水平明显提高。建行领导班子按照总、分行要求，积极贯彻落实不断创新的风险管理模式，努力提高全行构建信贷基础管理长效机制。认真组织学习银监会“三个办法一指引”贷款新规，严格执行总分行相关授权管理制度，坚决防范和杜绝实际经营中发生越权行为，以银监、人行、内部检查和审计发现问题为契机，建立经营部门牵头组织、风险部门监督配合的贷中、贷后责任管理体系。根据《关于做好2010年党风廉政建设、案件防控量化管理考核工作的通知》（建云函〔2010〕101号文件精神，加大党风廉政建设和案件防控力度，进一步建立健全惩治和预防腐败体系建设，强化对领导人员廉洁从业、“一岗双责”的监督管理，提升规章制度的执行力，有效促进全行业务健康发展。深入开展“诚信敬业、廉洁合规”主题教育和“合规从我做起”演讲活动。合规文化建设、案件专项治理以及业务条线专项检查、反洗钱等工作，认真落实合规守法、案件防范责任制，加强安全保卫工作。州分行党委十分重视社会治安综合治理、维护稳定和创建“平安单位”工作，抓好员工思想教育，了解协解人员状况，做好协解人员思想稳定工作，维护藏区稳定。一年来，全行没有发生违法违纪案件和重大违规事故。

**【会计管理】** 根据省分行每季度会计营运、个人金融业务检查要点，利用历史数据平台、录像资源、稽核风险预警系统等手段，建立非现场检查平台，实现非现场数据审核，有针对性地进行现场检查，提高检查监督的针对性，增强各机构对风险的抵御能力；加强委派会计主管管理，提高履职能力。充分发挥委派会计主管风险防范第一关的作用，强化会计主管的履岗能力，同时不断提高柜员的合规经营意识和业务操作能力，避免有章不知、有章不循和以习惯代替制度等不良现象的发生；规范财务流程，提高财务管理水平。全行一手抓价值创造、一手抓市场表现，整体业务发展积极稳健，既支持了地方经济发展，又保证了经营管理水平的提高。坚持以效益为中心，努力构建科学财务管理体系，修定财务管理办法，加强内部账户监测，不断完善经费共享中心建设；加强现金出纳管理工作，业务实现多元化。建行分别代理富滇银行股份有限公司香格里拉分行和中国银行股份有限公司迪庆州分行款箱寄存保管业务，增强中间业务收入。同时进一步加强金库管理，完善相关规章，逐步完善金库库房合规建设。

**【企业文化建设及员工队伍建设】** 继续宣传和培育“诚实、公正、稳健、创造”的核心价值观，积极开展“深化客户服务、关爱基层员工”主题系列活动，在全行营造积极进取、和谐向上的文化氛围。在工作中积极倡导、践行建行价值理念和职业操守，不断提高广大员工的综合素质和文明优质服务水平。通过组织不同类型的专业技能培训，鼓励员工学业务、学技能，促进全行业务素质的提高。充分发挥工、青、妇作用，积极开展抗震、抗旱、帮扶和献爱心活动。2010年建行被迪庆州委、政府评为“2009年度社会治安综合治理暨平安创建工作先进单位”、地方公安部门评为“安全文明”单位、云南总工会、迪庆总工会评为“2010年度抗旱救灾先进单位”、荣获中国银行业监督管理委员会云南监管局“2010年云南银行业公众教育服务日活动先进单位”、长征路支行被省分行授予“青年文明号”荣誉称号。

**【党的建设】** 建行班子认真贯彻落实党的十七届四、五中全会精神，紧紧围绕建设银行发展战略和建行工作的实际，积极开展学习活动，不断完善和创新学习方式，坚持把学习与贯彻中央、总行党委的重大方针政策相结合，切实增强学习效果，进一步加强党性锻炼，积极推进领导班子思想政治建设，更好地发挥党委学理论、议大事、转观念、出思路、抓班子、带队伍、促发展的重要作用，促进全行理论学习健康有序发展。学习党的路线方针政策和国家法律法规。学习贯彻党的十七届四、五中全会精神和中央其他重要会议精神，学习领会党和国家的重大战略部署，学习掌握国家政治、经济、社会改革的重大举措，学习掌握与金融企业经营管理密切相关的法律、法规；加强对总分行各项工作部署的学习贯彻。认真贯彻落实全行工作会议、专题会议等重要会议精神和工作部署，紧紧围绕建设银行发展战略目标，积极适应新形式和新要求；坚持中心组学习制度，努力提高班子的政治思想素质和业务素质，促进班子政治理论学习；认真扎实的开好民主生活会，广泛征求群众意见，认真组织开展批评与自我批评，切实查找自身存在的不足；坚持民主集中制的原则，在重大经营活动和大综物品采购和项目中做到“个别酝酿、民主决策”；是进一步加强领导干部的思想作风、工作作风、生活作风和学风建设，始终将廉政建设作为镜子，在日常工作和生活中，班子成员严格要求自己，带头自觉遵守各项廉政制度和规定，切实做到勤政廉洁。

（杨跃生）

## 农发行迪庆州分行

【综述】 2010年，农发行以科学发展观为指导，认真学习贯彻党中央、国务院、总行、省分行和州委、州政府一系列会议、文件精神。按照全省分支行行长会议和有关会议的要求，紧紧围绕年初全州县支行行长会议确定的工作目标任务和经营策略，继续坚持夯实基础、好字优先、稳中求进，加大强化信贷支农，狠抓经营管理，努力防控风险，圆满完成了全年经营管理目标任务。一是存贷款业务高速增长。截至2010年12月末，各项存款余额达27 594元，比年初增加13 342万元，增长93.61%，人均日均存款完成606.94万元，同比增加226.60万元。各项贷款余额达97 692万元，比年初增加16 604万元，增幅20.47%，人均贷款达1 953.84万元；全年累计发放贷款40 575万元，累计收回23 971万元，信贷净投放16 604万元。二是经营绩效显著提高。2010年，资产利润率完成2.05%，比同期提高0.55%；成本收入比完成33.92%，比同期提高12.39%；各项收入达6 104万元，各项支出4 039万元，账面利润达2 065万元，人均利润完成41.30万元，同比增加2.30万元。三是中间业务收入稳步增长。全年实现中间业务收入24万元，人均中间业务收入0.48万元。四是风险防控卓有成效：不良贷款余额和不良贷款比率继续保持零增长。五是内控制度落实卓有成效：实现了无“经济案件、刑事案件、重大责任事故、严重违规违纪行为”的“四无”目标。并在迪庆州委2010年社会治安综合治理和维护稳定工作考核中获优秀单位。总之，迪庆州分行抓住了重要发展机遇期，以业务发展为中心，以提高经营效益为核心，以风险防控为重心，狠抓基础管理，促进了各项业务经营管理有效发展，实现了新起点上的新跨越。

【信贷管理】 一是认真贯彻落实粮油信贷政策，稳步推进粮油信贷业务的有效发展。按照“一保、一控、一择优”的要求，紧紧围绕信贷支农，认真执行粮油信贷政策，夯实管理基础，真抓实干，稳步推进粮油信贷业务的有效发展。⑴对于省、州、县各级政府储备粮油的收储轮换贷款积极给予支持，并确保了资金的足额供应，保证了地方粮油储备的增储轮换计划的顺利实施。截至2010年末，地方储备粮贷款余额达4 249万元，全年累计发放地方储备粮油贷款1 398万元，较上年增加177万元，增幅达14.49%，支持企业轮入地方储备粮561万公斤。⑵对于国有及国有控股粮食购销企业收购贷款按照区别对待，分类调控的要求，在落实粮油企业自有资金参与收购、落实担保抵押或足额的风险准备金、确保封闭运行的前提下，积极给予了企业贷款支持。2010年，累计发放粮食收购贷款1 265万元，较上年增422万元，增幅达50.06%，支持企业收购粮食745万公斤，较上年增加317万公斤；累计发放粮食调销贷款500万元，支持企业调入粮食231万公斤。⑶积极稳妥促进粮油商业性贷款业务有效发展。按照“区别对待、有保有压、择优扶持”的原则，积极支持符合国家和地方产业政策、在稳定市场价格、保障农产品供给和促进农民增收方面起重要作用的粮油产业化龙头企业、加工企业。2010年累计发放粮食流转贷款857万元，同比增加359万元，增幅为72.09%；累计发放粮油类产业化龙头企业短期贷款3 500万元；累计发放粮油及科技类中期流动资金贷款2 000万元。截至年末，粮油类商业性贷款余额达6 357万元，比年初增加859万元，增幅15.62%。二是积极支持农村基础设施建设贷款，全力做好非粮油商业性贷款业务。按照“审慎稳妥、好中选优、严控风险、稳中求进”的原则和省分行提出信贷工作要突出农村基础设施建设中长期贷款，突出农业综合开发中长期贷款的要求，迪庆州分行积极营销“项目好、政府信誉好、融资平台管理好和项目运作规范、资金管理规范”的项目，针对迪庆州县域内的城镇基础设施差、文化教育卫生发展滞后的特点，积极营销支持了有国家、省级和州级财政资金配套的香格里拉县城市集中供暖项目和迪庆州集中办学校舍改造项目等重点项目。并对迪庆州热力资源开发有限公司发放了香格里拉县城市集中供暖项目后续贷款1亿元，对迪庆州旅游开发投资有限公司发放了迪庆州州直校区建设项目贷款2亿元。截至年末，迪庆州分行县域城镇建设贷款余额达4亿元，较上年增加3亿元。三是进一步加大营销力度，择优支持农业小企业。结合迪庆州县的特点，进一步加大了农业种植业、畜牧养殖业、酒业和乳业等行业的营销力度，并按区别对待、有保有压、择优支持的原则，积极支持迪庆州县政府主导或扶持的产业，择优支持信誉好、效益好、有良好发展前景的农业小企业。目前与迪庆兴农绿色食品有限公司、维西县佳顺农业合作社有限公司、香格里拉县秸杆颗粒饲料有限公司等10户农业小企业建立了良好的信贷关系。全年共发放农业小企业短期流动资金贷款855万元。四是不断提高服务质量，进一步加强了客户营销和维护工作。根据省分行《关于进一步加强全省客户维护管理工作的意见》，狠抓了客户营销和维护巩固工作。⑴提高办贷效率，改善服务手段。进一步落实了各部门在办贷环节的责任，明确要求在时限内按时完成授理、调查、审议审批和放贷工作，解决了企业续贷办理时间长的问题。⑵进一步提高了结算服务质量。在确保综合业务系统和现代化支付系统正常运行和资金汇划渠道畅通的同时，加大了网银和收购资金非现金结算推广工作力度。通过主动与当地工行联系，继续争取工行的大力支持，为客户提供更多的优惠措施和优质服务，并借鉴部分行的成功经验，采取科学的营销方法，扎实有效的抓好了结算服务工作。全年实现网银资8 328.40万元。⑶积极开展国际业务和非信贷资产业务营销。全年实现外汇汇兑业务收入0.85万元，办理银行承兑汇票贴现业务1笔，贴现金额200万元，实现手续费收入0.95万元。

**【资金计划和中间业务】** 加强资金计划管理和中间业务工作，进一步提高信贷资金使用效率，促进存款和代理保险业务稳步增长。一是加大信贷计划调控力度，优化信贷资源配置。科学测算年度信贷计划需求，突出“早计划、早落实、早见效”工作措施，严格执行省分行政策性、准政策性贷款计划按实际需要使用；商业性贷款以项目争取计划的信贷计划分配方案。全年，共申请各项贷款计划40 575万元（含粮油贷款计划），实际发放贷款40 575万元，其中：非经营性贷款30 000万元，农业小企业贷款855万元，流转粮油贷款857万元，产业化龙头企业贷款3 500万元，中期流动资金贷款2 000万元。二是完善资金分类管理，严格执行资金调拨和运营管理制度。及时准确编制、上报资金借款计划；严格执行资金请调和审批制度。2010年，全辖累计向总行请调资金41笔，金额53 595万元；累计归还总行借款37笔，金额66 702万元。全州日均头寸1 294万元，严格控制在省行核定的范围内。三是进一步加大存款组织工作力度，努力降低负债成本。强化对开户企业的存款账户、信贷资金支付和销售货款归行的管理；加强“以贷引存”、“双单作业”工作措施；加大农村信用社同业存款营销力度。全年累计营销同业存款4笔，金额18 000万元，年末，各项存款余额同比增长93.61%，人均日均存款达606.94万元，同比增长59.58%。四是认真履行监督拨补职能，财政补贴拨补率明显提高。全年各项财政补贴资金筹措到位率100%，其中：粮食风险基金筹措到位率100%；各级储备补贴拨补到位率100%；各级挂帐利息补贴拨补到位率100%。代理拨付农资综合直补资金3 046万元、退耕还林还草补助资金3 184万元。五是加强中间业务工作，积极推进代理保险业务。全年中间业务收入达24万元，其中：代收保费332万元，实现代理保险手续费收入21万元；国际汇兑业务一笔，金额60万欧元，手续费收入0.8万元；其它中间业务收入2.2万元。六是认真执行利率政策，抓好现金利率管理工作。严格执行人民银行利率政策，规范贷款及同业定期存款利率的定价行为。严格将同业存款利率档次控制在总行下达上限之内。七是加强统计管理，严把数据质量关，及时准确上报各类统计报表及人民银行、银监局要求报送的统计报表、非现场监管报表。八是进一步加强了业务经营分析。及时发现和纠正政策执行和管理中存在的问题，促进了各项业务合规有效发展。九是扎实抓好信息技术工作。按时完成了固定资产统计查询系统、业务量统计模块系统、综合业务系统非现场监管新增登记簿系统的上线工作；按时完成了综合报表平台信贷子系统的推广使用和综合报表平台非现场监管报表新、旧系统的数据核对工作；继续加强了对电子公文和邮件传输系统、人民币银行结算帐户管理系统、支票影像系统、定期借（贷）记业务合同数据库管理系统、居民身份联网核查系统和反洗钱监控系统的维护和管理工作；按要求及时组织实施了“两地三中心”的演练工作。

**【风险防范】** 强化风险防控管理，确保不良贷款继续保持零增长。一是加强风险预警监测，严格贷款监管检查，严控不良贷款。借助CM2006、综合报表平台等系统资源，加强信贷风险的监测和预警管理，认真落实贷款风险重大事项报告制度，加强贷前各环节的风险防控及贷后定期、不定期检查，确保了全行不良贷款“零”余额、“零”增长。按约定的还款计划，加强了对17 000万元的政府融资平台贷款催收的工作，年初就成立了以行长为组长、分管副行长为副组长，相关部门为成员的催收领导小组，研究催收具体措施和催收计划，并落实相关职责，重点加强了与地方政府部门的汇报和沟通，积极督促承贷主体和用款单位筹措资金，按期还本付息，经多方努力，年末已收回贷款10 000万元，剩余7 000万元有望在2011年一季度收回。二是认真抓好地方政府融资平台贷款清查工作。根据《国务院关于加强地方政府融资平台公司管理有关问题的通知》（国发〔2010〕19号）和《中国银监会办公厅关于地方政府融资平台贷款清查工作的通知》（云银监办发〔2010〕155号）文件精神，及时成立了清查工作小组，按照迪庆州银监分局的统一部署，先后开展了地方政府融资平台贷款解包还原、再解包还原工作，通过“逐包打开、重新评审、重新立据、风险排查”，摸清了底数，掌握了情况，识别了风险。在此基础上，又根据银监会关于地方政府融资平台贷款清查工作“六步走”的工作安排，全行上下认真开展了“数据分解、四方对账、分析定性、汇总报表、集体约谈、整改保全”六项工作。通过这些工作的开展，不但全面摸清和掌握了地方政府融资平台贷款的底数，而且按照借款人现金流“全覆盖、半覆盖、部分覆盖、无覆盖”的标准对77 429万元地方政府融资平台贷款风险类别进行了四类风险定性。并清理规范政府融资平台公司，明确债权债务。按照国务院对融资平台公司进行清理规范的要求，迪庆州人民政府决定由迪庆州开发投资集团热力开发有限公司和迪庆州旅游开发投资有限公司作为融资平台公司，承担农发行迪庆州分行地方政府融资平台贷款的债务。为有效防控和化解平台贷款风险，对政府融资平台贷款追加有效的担保措施。三是加强法律事务工作，认真落实贷款担保法律审查制度。严格按照贷款审查办法设立法律审查岗，把好贷款的法律审查关口。继续聘请了法律顾问，对所有抵押贷款进行了抵押物的合法性、有效性、真实性审查，全年共计审查3笔，涉及金额760万元，法律顾问出具法律审查意见3份。四是抓好风险管理基础工作。按时分析上报抵质押品价值管理报表、银监局非现场监管报表、贷款质量监测分析报告，不断提高风险监测、预警质量。五是加强不良贷款责任追究制度。年初全州县支行行长会议上明确规定了对贷款调查、审查、审议、审批不实不合规和贷后管理不力造成损失的，追究各有关人员责任并与年终奖金挂钩。州分行党委书记、行长与各行部一把手还签订了贷款“三包”责任书。

**【财务管理】** 加大经营绩效考核力度，强化财会管理，确保完成各项经营管理目标任务。一是结合实际，制定下发了对辖内机构经营绩效考评管理办法。按月对各行部经营管理情况进行分析、预测和通报，将费用与超计划利润直接挂钩，并建立了存款专项奖励制度。充分发挥了考评机制导向、激励、约束作用，有效调动了基层行经营的积极性和主动性。二是狠抓收息工作，加大收入力度。积极组织财务收入，准确核算各项财务收入，强化收息管理，逐级落实收息责任制，各项利息做到应收尽收。截止年末，各项贷款应计利息5 621万元，实际收回利息5 620万元，贷款综合收息率为99.98%。三是严格财务支出管理，优化财务资源配置。按照控制总量、优化结构的要求，积极推行财务公开、重大财务开支审查审议制度，统筹安排费用支出，坚决压缩非经营、消费性支出，杜绝铺张浪费，切实提高财务资源的使用效益。四是强化财会管理基础工作。认真落实二级分行财会部经理委派制；进一步落实以岗位制约为主要内容的内控机制，切实杜绝核算不规范、违章操作行为的发生，确保会计凭证、会计账簿、会计报告以及其他会计资料的真实准确；严格落实印、押、证、机、IC卡分管等内控制度，防范操作风险；规范系统内外汇划资金往来的操作规程，确保汇路畅通和资金安全运行；五是抓好反假币和反洗钱日常工作。及时报告大额和可疑交易，认真履行反假币、反洗钱监督报告职责。六是进一步加强了固定资产管理。不断完善固定资产管理制度，细化固定资产管理实施细则和低值易耗品管理办法；坚持固定资产台账管理，确保固定资产“账、卡、薄、实”四相符；管好用好存量固定资产，合理安排新增固定资产投资。七是加大监督检查和会计辅导力度，经一步规范财会业务操作管理规程。八是全年抓好固定资产查询统计系统、业务量统计、经费报账制、收贷收息月报表系统上线和人民银行反洗钱交互平台上线运行工作。九是认真开展了清理“小金库”工作，对辖内机构进行“小金库”自查及检查。十是按时完成了清理闲置、出租固定资产工作。

**【安全保卫和维稳工作】** 认真落实安全保卫责任制，确保实现“四无”目标。一是认真落实安全防范责任制。通过层层签订《安全保卫工作责任书》、《社会治安综合治理责任书》和《消防工作责任书》的形式，把安全保卫工作落实到每个部门、每个岗位、每个员工。形成了全行员工对安全防范工作共同参与，各负其责，风险共担的局面。二是认真抓好州分行机关及各行部重要部门、重点环节和重要岗位人员的安全保卫工作。严格执行营业期间的安全保卫规定，落实有关操作规程；加强印鉴、密押及重要凭证的管理；建立相互监督机制，抓好重要岗位人员的管理工作。三是制定了防抢劫、防盗劫、防火灾、防突发性暴力事件等防暴预案。四是加强了现金寄库和委托守押工作。维西县支行与维西县信用联社签订了寄库协议，州分行机关与香格里拉县吉群保安服务有限责任公司签订了委托守押协议。五是加强安全防范设施建设，提高整体防范能力。按照州公安局、州银监局安全保卫联合检查组的整改要求，对州分行机关、维西县支行及州分行营业部电视监控进行了更新、改造和维修。共更换了22个摄像探头，解决了营业场所电视监控长期不达标问题，使全系统电视监控报警设施上了一个新台阶。五是加强了安全保卫检查督促工作。就安全保卫责任落实情况、各项规章制度落实情况、重点部位安保情况进行了2次检查，并对检查中发现的问题和隐患，及时进行了督促整改。六是加强教育培训，全面提高队伍素质。通过行领导逢会必讲安全保卫或以会代训的形式，加强了干部职工的安全防范教育；不定期组织干部职工学习《企业事业单位内部治安保卫条例》和农发行安全保卫规章制度，进一步提高了干部职工素质；认真组织开展安全保卫防暴预案的演练，不断提高了干部职工临危应变能力。

**【企业文化建设】** 一是抓好了信贷文化建设。组织广大员工围绕信贷文化建设开展了信贷文化大家谈主题征文活动，引导职工积极思考，广开言路，建言献策，增强员工对专业文化理念的认知和深化。二是开展了信贷管理基本制度学习活动。组织广大员工认真学习了十六项信贷管理制度、四个处罚办法和银监会“三个办法，一个指引”。三是按照银监会和上级行的要求开展了银行业从业人员职业操守指引贯彻落实情况的检查和《银行业内控和案防制度执行年》活动。四是进一步加强了职工代表大会制度。3月召开了第四届职工代表大会，选举产生了新一届工会工作委员会，在职工代表大会上，共收到了23条提案议案，内容包括业务发展、工会活动、人力资源、信贷基础管理，中间业务等方面的意见建议，州分行党委和工委向大会作了提案解答，并提出了解决实际问题的措施。五是加强了访贫问苦和向灾区献爱心活动。慰问了6名困难职工，组织干部职工向灾区捐款53 310元。六是注重职工思想政治教育。组织开展了有利于职工身心健康各种活动，增强职工凝聚力和向心力，促进了和谐稳定。七是积极推进文明建设。制定了《农发行迪庆州分行2010—2013年度文明单位建设规划》；结合争创“青年文明号”、“青年岗位能手”、“巾帼建功示范岗”等工作，积极开展行风建设活动。迪庆州分行团委始终将抓好青年群体的思想政治建设放在首位，不断以创新的方式加强对团干部和广大团员青年的思想引领，坚定理想信念不动摇。团结动员广大干部职工全面履行共青团组织的各项职能，充分发挥了桥梁纽带作用。一是结合“三会一课”和各类党团的活动，积极组织团员青年，尤其是团干部亲身感受新中国六十多年辉煌成就，观摩“建州五十周年图片展”。二是积极参加共青团迪庆州委组织“青春彩云南、团建工作竞赛”活动。三是以符合青年交流习惯的形式，宣传党团工作路线、方针和最新动态，起到沟通青年、服务青年、引导青年的作用。四是积极开展“青年、创造、有为——学海冲浪”活动，促进团员青年工作能力的提高和工作作风的进一步转变。五是不断加强团的组织建设、制度建设、思想作风建设，进一步规范团的各项工作，增强团的凝聚力和战斗力。六是加强青年示范群体建设，搭建青年健康发展平台。积极参加了团州委、团县委的迪庆青年纪念“五四”运动九十一周年活动，回顾“五四”运动的历史，重温了入团宣誓仪式。

**【大事记】** 2010年3月25日，赵永春行长参加迪庆州第十一届人民代表大会第六次会议。

4月8日下午，赵永春行长参加迪庆州金融系统民兵应急大队军训总结大会。

4月9日上午，赵永春行长到迪庆州政府参加由州长主持的教育综合改革融资专题协调会。

5月5日下午，党委书记赵永春到迪庆军分区参加军民共建联席会议。

6月8日下午，迪庆州分行举办“迪庆州直学校新校区建设信贷项目签字仪式”。迪庆州州长黄政红、副州长张志军、州财政局、州教育局、州旅游投资公司、人行迪庆中心支行、迪庆银监分局等有关负责人及州分行赵永春行长、蒋正平副行长参加签字仪式。

随后，迪庆州副州长张志军主持协调会议，研究教学贷款资金管理、使用及存款、中间业务等相关事宜。州政府、财政、教育等有关部门负责人、州分行赵永春行长、蒋正平副行长参加会议。

6月22日，赵永春行长向前来农发行调研的总行研究一处处长杜晓力一行汇报农发行有关情况，并陪同调研。

6月25日上午，迪庆州分行开展纪念建党89年活动，邀请迪庆州党校副校长赵秋菊到州分行上党课。党委书记赵永春、党委委员杨增福、蒋正平参加。

6月26日，党委书记赵永春组织全体党员到位于石鼓镇的红军长征纪念馆参观学习，缅怀先烈。党委委员蒋正平参加。

7月16日下午，杨增福副行长组织员工参加迪庆银监分局组织的迪庆银行业“三办法一指引”知识竞赛现场答题，并荣获第二名。

7月21日上午，赵永春行长与到访的德钦县委书记、德钦县县长洽谈银政合作有关事宜。杨增福副行长参加。

8月9日上午，党委书记赵永春参加中共迪庆州委六届九次全会。

8月30日，赵永春行长到昆明参加金融支持藏区社会经济发展工作会议。

9月10日下午，副行长杨增福、蒋正平到迪庆州委参加第六届康巴艺术节暨迪庆州民族团结节第二次动员部署大会。

9月13日晚上，赵永春行长组织全行干部职工参加第六届康巴艺术节暨迪庆州民族团结节开幕式。

9月14日，赵永春行长参加第六届康巴艺术节暨迪庆州民族团结节相关活动。

9月20日上午，赵永春行长到迪庆州人民政府向黄政红州长汇报有关工作。

9月21日上午，赵永春行长到迪庆州政府与副州长张志军座谈有关业务发展事宜。

9月29日上午，赵永春行长参加富滇银行香格里拉分行开业庆典。

10月25日上午，赵永春行长陪同迪庆州人大、州政府有关领导视察迪庆州直学校新校区工程建设项目。

11月2日下午，行长赵永春到迪庆州政府向副州长张志军汇报有关工作。副行长杨增福、蒋正平随同。

11月3日下午，副行长杨增福、蒋正平到迪庆州政府向张志军副州长汇报政府融资平台贷款保全及几方会谈有关工作。

11月8日上午，行长赵永春到迪庆州政府与副州长张志军、刘家训商谈贷款收回、抵押有关事宜。

11月11日，副行长蒋正平到扶贫挂钩点德钦县佛山乡溜筒村说日社进行扶贫挂钩调研，慰问贫困户。

11月18日上午，行长赵永春出席中国银行迪庆州分行开业庆典。

11月28日，行长赵永春、副行长杨增福、蒋正平参加迪庆银监分局组织开展的迪庆银行业公众教育服务日宣传活动启动仪式。

11月29日下午，行长赵永春与迪庆州州长黄政红协商政府融资平台贷款收回有关事宜。副行长蒋正平参加。

12月3日上午，行长赵永春接受迪庆日报、迪庆电台等新闻媒体现场采访。

（余　慧）

## 中国人民财产保险股份有限公司迪庆分公司

【保费收入】　2010年，实现签单保费收入6 154.98万元，比上年同期增加1 980.9万元，增长47.5%；完成人保寿险交叉销售业务402万元。其中：企财险签单保费440.75万元，较上年同期增长48.5%，占总保费收入的7.2%；家财险签单保费158.41万元，较上年同期增长78.6%，占总保费的2.6%；工程险签单保费48.32万元，较上年同期增长-77.1%，占总保费的0.8%；商业车辆险签单保费2 276.96万元，较上年同期增长59.2%，占总保费的37%；交强险实收保费1 894.69万元，较上年同期增长43.3%，占总保费30.8%，电销业务签单保费108.49万元，完成分险种保费年计划的3.7%；责任险签单保费228.8万元，较上年同期增长19.3%，完成分险保费年计划的114.4%，意外险签单保费258.82万元，较上年同期增长1.6%，占总保费的4.2%，；货运险签单保费38.07万元，较上年同期增长23.7%，占总保费的0.6%，完成分险保费年计划的108.77%；农业险签单保费492.9万元，较上年同期增长149%，占总保费的8%，完成分险保费年计划的98.58%。

【业务支出】　2010年累计支付直接赔款3 049.21万元，简单赔率49.5%，较上年同期下降4.47个百分点，综合赔付率62.41%，同比下降0.72个百分点。其中：企财险直接赔款127.56万元，同比下降22.7%，简单赔付率28.9%；家财险直接赔款95.66万元，同比上升62.4%，简单赔付率60.4%；工程险直接赔款80.52万元，同比上升289.7%，简单赔付率166.6%；商业车辆险直接赔款1264.02万元，同比上升26.5%，简单赔付率55.5%；意外险直接赔款201.05万元，同比上升-3.6%，简单赔付率77.7%；健康险直接赔款69.17万元，同比上升-9.1%，简单赔付率33.2%；交强险直接赔款624.19万元，同比增长45.2%，简单赔付率32.9%；农业险直接赔482.41万元，同比上升123.4%，简单赔付率97.9%。上缴各种税金655万元。

【盈利状况】　2010年迪庆分公司实现账面净利润266.7万元。其中：香格里拉县支公司整体盈利118.5万元，德钦县支公司整体盈利20万元，维西县支公司整体盈利34.5万元。

【客户服务工作】　一是强力推进车险理赔大提速，推出车险理赔提速服务承诺，实施理赔流程“限时服务”举措，落实工作责任，完善考核办法，全面提升服务效率。二是着力推进客户服务标准化建设，初步建立标准化服务流程体系，推广运用客户关系管理系统，建立健全客户资源信息，加大客户资源管理工作力度。三是稳步推进差异化服务，稳固“香格里拉人保之友俱乐部”和“客户救援服务”专业服务队伍，实施好快捷服务。四是加大宣传力度，宣传人保品牌，利用报刊、电视和与州交警支队，邮政局联合向全州

48500多名驾驶人员发出文明安全驾驶的倡议书的东风，加强安全宣传，降低车辆出险率。

**【制度建设】** 一是严抓数据质量管控。制订数据质量管理和考核办法，进行员工唯一身份认证，严格落实数据质量管理各环节的责任。二是狠抓应收保费管控，推行应收保费清收终身责任制。认真组织了车险“见费出单”工作，完善支付方式，细化支付流程，严格控制新增应收保费的产生。三是不断强化财务会计基础工作，进一步明确各县支公司财务人员的工作职责，修订并不断完善各类考核奖惩办法，推行全面预算管理，跟踪和评价预算执行情况。增强分公司财务中心对县公司财务制度执行情况和数据质量的监督检查。完善了手续费管理，严格执行“五跟”工作，用好用活手续费，促进业务发展。四是落实各项业务管理制度和核保核赔制度，建立重大承保项目和高风险业务风险评估责任制和项目责任制。完善理赔案件终身责任制，严格理赔管理和理赔工作流程。五是进一步整理完善各项管理制度，重点加强制度的执行力的建设。

**【推进市场规范，依法合规经营】** 公司在依法合规经营方面实现了转型，按照省公司要求层层签订了《依法合规经营承诺书》，要求各县支公司必须坚持不懈地深入贯彻落实省公司下达的关于依法合规经营专题讨论会实施方案的文件精神，对规范市场秩序进行“回头看”，对自查自纠工作进行再动员、再检查、再整改，巩固成果，防止“紧一阵、松一阵”，严禁出现反弹。重点要抓好五个方面：一是完善内部治理结构，强化授权经营，加强制度建设，切实发挥管理职能，实现由“事后查处”向“事前控制”的转变，建立合规长效机制。二是强化合规管理责任，要求各分支机构相关部门要掌握情况，疏理问题，帮助基层解决实际困难。三是以业务财务数据真实性为切入点，抓紧完善单证管理制度、IT系统补录批改办法、财务“应收应付”科目等薄弱环节管理，重点对应收保费清理、高成本业务、违规支付手续费等保持高压态势，严肃查处系统外出单、挪用保费等行为，严禁通过中介套取费用，切实落实“见费出单”，自觉维护市场秩序。四是密切关注监管政策，认真落实各项监管措施，通过内审监控发现问题、分析问题、上下齐心协力解决问题，切实增强在规范经营条件下的市场开拓能力。五是积极推动分支机构分类管理，差异化指导，对分支机构实行针对性的风险管控。

**【加强党风廉政建设和维护社会稳定工作】** 2010年迪庆分公司认真学习《廉政准则》、《报告个人有关事项规定》和《干部任用系列办法》，使全体员工认识到领导干部及个人在工作和生活中要自觉的遵守这些规章制度，做到勤学习、守规矩、讲党性、严律已、作表率，自觉接受群众监督。公司层层签订了《党风廉政建设目标责任书》，开展好党风廉政建设量化考核，落实责任制，抓好责任分解、责任考核、责任追究三个关键环节。一是抓好教育、制度、监督工作。坚持领导干部廉政提示函，收入申报戒勉谈话制度。自觉遵守执行廉洁自律的各项规定。二是依法依纪加大惩处腐败力度，开展手续费效能监察，结合年初业务、财务、理赔检查存在的问题，认真自查整改，严厉查处展业、理赔、资金使用过程中的失职渎职和涉嫌腐败案件，严肃追究责任。三是切实改进领导和机关工作作风。深入基层开展调查研究，求真务实，坚决贯彻民主集中制，严格执行议事规则和决策程序。

**【社会治安综合治理工作】** 一是进一步建立健全综治机构，按照签定《社会治安综合治理和维护稳定工作目标管理责任书》抓综治、创建“平安单位”具体工作，将综治平安建设工作纳入了公司工作议事日程、列人工作目标，要及时调整各种领导机构，明确目标任务。二是按照条块结合的原则，完善责任体系，与各部门、各县支公司负责人层层签订责任状。三是为了使群防群治、人防与技防相互结合，公司安装了电子监控系统，进一步完善了公司社会治安综合治理工作。四是积极组织好公司员工的各项教育活动，做到无治安案件和刑事案件的发生，无“黄赌毒”及“法轮功”练习者、无邪教组织及“两劳”帮教人员，无集体上访、无群体性事件，维护了公司的和谐稳定。在迪庆州委、州政府创建全州民族团结进步事业活动中荣获“迪庆藏族自治州民族团结进步模范单位”称号。

**【队伍建设】** 一是深入推进两网和个代营销建设，培养储备人才。严格按营销基本法落实销售人员的基本生活保障制度和展业费用政策，认真推广运用个代营销管理软件，有效疏通个代营销人员职业生涯通道，做好优秀营销员选优纳编工作。二是扎实推进“培训年”的各项工作，加大教育培训力度和培训投入，积极组织相关人员参见总、省公司的教育培训，先后组织了车险、理赔、交叉互动、财务专题业务培训班，重点对保险业务基础知识、商务礼仪、营销技能、效沟通技巧进行培训提高，使各类人员尽快适应业务发展。三是积极创建学习型组织，开展管理团队学习实验室活动，公司始终把提高员工综合素质作为一项重要工作来抓，树立人才资源是第一资源的观念，实施人才强司战略，倡导员工终生学习，积极鼓励员工多渠道、多形式提高学历层次和知识水平，以适应公司改革的需要。全年共提拔、培养后备干部15名。

**【表彰】** 2010年度，迪庆州分公司荣获云南省分公司授予的“车险业务拓展奖”、“车险盈利贡献奖”、“意责险经营管理考核奖”、“理赔先进单位”；杨伟、赵晓琴2位同志荣获云南省分公司授予系统“先进个人”称号。

分公司财务中心、德钦县支公司荣获迪庆分公司系统先进集体；杨慧、陈志琼、和桂喜、李永惠、李涛鸿、尹永芬、罗炳松、张明泉、李雪桃、和文明、施卫国、鲁建华12位同志荣获全州系统先进个人称号；王长青荣获全州系统营销精英称号。

**【大事记】**

3月13~14日，办公室组织71人参加信息技术培训，为期2天，学员们主要学习掌握如何运用信息技术。

5月11~12日，非车险部组织17人参加非车险理赔上线培训，学员们掌握了非车险理赔查勘技巧。

5月13~14日，非车险部组织21人参加财产险业务培训，学员们掌握如何保险财产险业务及技巧。

8月17日，非车险部组织了25人参加的非车险培训，学员们着重学习了“非车险‘幸福通达’组合保险”及销售技能。

9月18~20日，公司举办了为期三天的“深入基层，激活一线”培训，全州系统基层一线的销售、理赔、内勤等人员参加了培训。

10月19~24日，分公司统一组织公司所有在职员工及退休人员共88人分两批到大理州人民医院进行健康体检。此次还针对不同年龄的员工设置了不同的体检项目，增加女职工妇科及特殊病检查项目，真正到达关爱员工，从健康开始。

11月，公司对扶贫联系点羊拉乡甲功村及时跟踪帮组，帮扶资金及物资达10万元。

12月，公司积极响应政府、教育局号召为贫困学生捐资助学达1.41万元。

（向刘琴）

## 中国人寿迪庆支公司

**【概述】** 2010年中国人寿直面百年一遇的大旱，面对市场的影响，不畏艰难，艰苦奋战，公司总经理室紧紧围绕四、三、二、一的工作思路，抢早、快、实，业务取得突破性进展，取得了全年经营良好成果，全省综合考评名列全省第五，晋升为甲2A公司，为迪庆国寿的持续、健康发展作出了积极努力。

特别是团险、个险与2009年同期相比翻了一倍，一季度全省18个考核单位中名列第三，公司领导参加了丽江高峰表彰会，公司主要领导受到万峰总裁的接见，并授予“董事长荣誉晚宴特别贡献奖”。一至三季度在全省综合考评中综合排名全省第一位，受到省公司阮总的高度赞扬。阮总说：“迪庆支公司在偏僻的地方创造出不偏僻的成绩，在恶劣的环境下创造出了奇迹。在艰苦的地方快乐地工作着，他们不给省公司拖后腿，不仅能自给自足还略有结余”。公司上下紧紧围绕杨超董事长提出的“调结构、增效益、防风险、稳增长”的业务发展思路，快速提升公司整体实力，加快“优质、效益、形象云南”步伐的总体要求，切实转变发展方式，全面推进公司各项管理和业务的全面发展。

截止2010年12月30日总保费收入2 306.24万元，同比增长12%，市场份额65%，个险期交完成326万元（其中十年期215万元）同比增长117%；短险保费416.96万元，同比增长104%；中介期交完成89.2万元，同比增长106%；续期保费完成1 219万元，同比增长6.1%；企业年金完成1户，只有中介趸交仅完成280万元，负增长56%，未完成400万的任务目标，短险赔付率仅20%，利润在100万元以上，费用不超支，保证了公司的正常经营。充分发挥了保险“蓄水池”和“稳定器”的作用。

**【个险业务】** 个险业务是公司的核心业务，是公司持续经营、稳健发展的基础。2010年个险渠道认真贯彻落实省公司一系列会议精神，紧紧围绕“快速壮大销售队伍、强势调整业务结构、全方位强化风险管控、有效提升核心竞争力、确保市场主导地位”总体思路开展工作，加快核心业务发展和业务结构调整步伐。实现个险新单保费收入321.83万元，完成年度任务目标的89%；其中五年期保费收入105万元，十年及以上期交保费收入216万元；续期1 153万元。2010年，季均举绩率达到85人，其中三季度更是达到了105人的历史新高。从年初强势启动开门红到随后连续发动的“虎啸迎春”、“相约风情版纳”、“业务对抗赛”、“美满停售”“决战四季度”销售等战役，个险渠道实现了业务翻番，佣金翻翻。保费收入同比增长107%，十年期期交业务达到216万元，对以后年度的续期产生了拉动效应，业务结构调整迈出了关键一步；二、全面推行职场营销制度建设，建立和完善了职场一系列规章制度和考核制度，加大执行力度，坚决清理零出勤、零业绩人员，为广大业务伙伴创造一个良好的团队氛围，并大力推行“虎跃龙翔”增员企划的落实，队伍整合达到了预期目标，目前系统人力158人，季均举绩人力达到85人，实现了举绩人力翻翻；三、县域渠道实现了阶段性成功，“星级”营销服务部实现零的突破，其宗营销服务部达到准星级，开发区营销服务部达到一星级，随着公司经营策略的转型，新业务价值较高的十年期以上期交业务将成为公司今后业务发展的核心，而农村市场将是未来一段时期内此项业务潜力和贡献最大的市场。

**【团体业务】** 团体业务是公司经营成效体现的重要指标，也是产、寿险两类保险的交集市场，因此，竞争尤其激烈。在与多个竞争主体的交锋中，先后多次得到省公司的表彰和嘉奖，刷新了公司团险业务的所有成绩，为公司团险业务的发展谱写了新篇章。

中国人寿迪庆支公司共实现短期险总保费684万元，比去年同期增长54%。其中意外险总保费327万元，健康险总保费144万元，大病补充医疗213万。

**【中介业务】** 2010年是公司银行保险部打基础的一年，年初分管总对银保部的发展进行了调整，先后多次招聘银保客户经理，并进行了培训。投入了大量的人力和物力，加大了与工、农、建三大国有商业银行的沟通力度，银行柜员出单率明显提高。为明年银保渠道业务的发展奠定了基础，明年银保渠道，柜面人员出单将步人正轨，为公司银行保险业务的发展作出更大的贡献。公司排除诸多不利因素的影响，站在讲政治的高度，克服困难，寻找突破口，中介期交完成89.2万元，同比增长106%；续期保费完成1 219万元，同比增长6.1%；中介趸交完成280万元。

**【农村保险】** 为积极响应中央关于建设社会主义新农村的号召，全面落实总、省公司提出的“巩固城市、拓展两乡”战略，公司增强了发展农村市场的责任感、使命感和紧迫感，加深了对“两乡强则县域强，县域强则全省兴”的理解和认识，农村保险工作开始提速。大力开拓农村市场，发展农村业务。新成立的两个农村网点作为业务发展的新的增长点进行培育，对于新成立的两个网点，可以说困难重重，从外部关系协调到组建、选点、增员等一系列细节都是从零开始，如何切实按照省公司建一个成熟一个的网点建设指导思想，全面做实、做深、做细网点育成的各项工作，经过上半年近6个月的努力取得了一定的成效。开发区营销服务部：个险期交总保费32.1万，短期意外险总保费0.96万，其中十年期以上23.4万，占比70%，团队人力20人，举绩人力20人，举绩率100%。

其宗营销服务部：个险期交总保费19.1万，短期意外险总保费1.02万，其中十年期以上14.1万，占比74%，团队人力20人，举绩人力19人，举绩率95%。

**【人才培训】** 用好现有人员，递次培养。针对迪庆支公司严重缺乏个险、中介各级管理人员的现状，特别是个险全州只有一个管理干部，没有一个组训、讲师的现状，利用熟悉个险管理的优势，总经理室身先士卒。搞好传、帮、带，选出一名年轻的干部。把现有人员锻炼成为一岗多能，一岗多职的复合型人才。采取走出去的学习方式。

**【以人为本，诚信服务】** 按照总公司“统一标识、统一柜面、统一形象”的要求，公司对柜面人员进行了培训，并统一着装，使客户感觉到公司更专业、更方便、更温馨，全面提升了服务质量和公司的形象。公司坚持“以人为本、客户至上”的服务理念，想客户所想，急客户所急。全年公司客户服务部门已受理各类理赔案件610起，短险综合赔付率19.82%；续收率94.1%；结案率100%。为了进一步拓宽服务领域，创新服务手段，提升公司的服务品牌，为了能给客户提供方便快捷的服务进行了零现金收付费。

**【队伍建设】** 公司在狠抓业绩的同时努力做好纪检监察、内控合规、销售督查工作，做到“依法合规、防范风险高于一切”。为加强依法合规工作，狠抓队伍建设，支公司按照省公司的要求，积极安排销售督查人员参加省公司组织的销售督察培训。充分认识销售督察岗位职责的重要性，把风险防范工作融合到发展、管理、服务的全过程。在业务发展的过程中，始终要求内控人员坚持“防风险，重诚信，增效益，促发展”的关系。内控工作紧跟全省业务平稳快速发展的步伐，为实现全年经营目标保驾护航。各销售单位严把销售督察关，将销售督查工作作为日常工作重点来抓，把风险牢牢控制在基层。

**【精神文明建设】** 2010年迪庆支公司捐资助学个人捐款5 400元，公司先后像地震灾区及云南干旱灾区捐款2万元。公司在省内好几个地州都投资修建了“国寿希望小学”，根据迪庆州实际比较符合申请条件。全省保险工作会议上公司总经理已经向省公司领导请示此项工作，省公司领导表示，可以由当地政府相关部门，向省公司提出申请。

**【安全生产】** 安全工作始终摆在公司工作重点的头等重要位置，始终绷紧安全生产这根弦。公司建立健全了《车辆管理制度》、《门卫制度》、《安全保卫工作制度》等一系列公司内部规章制度，并组织全体员工学习各项法律、法规，做到心中有法，行动依法，全年公司无一人因违法违纪被公安机关和相关部门传唤，辖区内也未发生刑事、治安案件。同时，公司在全体员工中多次进行消防意识的宣导，注意用电、用火安全，确保长治久安。作为州综合治理联动单位，公司积极配合综治办的各项活动，深入开展宣传，为创建“平安单位”贡献着自己的力量。

**【开展思想政治教育和党风廉政建设工作】** 在2010年云南省分公司授予迪庆支公司党风廉政建设“优秀单位”。在精神文明建设中，公司一直以来把对党员干部的思想教育放在工作的首位，在到学习有制度、有计划、有记录、有交流。全面学习了党的方针、政策和重要会议精神。通过学习，进一步端正和提高了领导班子思想和认识，增强了政治敏锐性。认真贯彻全国系统纪检监察工作会议和治本抓源头责任制现场会议精神，在各级公司党委统一领导下，严格执行“三重一大”决策制度，按照规定的标准、程序选拔任用干部，防止和纠正选人用人上的不正之风。

采取“教育、改革、立制、监督、查处”五位一本的整治措施，标本兼治，惩防并举，齐抓共管，在强化建设，加大预防力度和监督管理上下功夫，有效防范了经营风险的发生，促进经营管理，推动业务稳健、持续发展。为认真落实党风廉政建设责任及案件防范责任，保证党风廉政建设和案件防范责任制的落实，同本公司各渠道（个险、团险、银保、业管、财务）分管领导，及所属公司党支部分别签订《党风廉政建设及防范案件责任书》，监督、检查、考核落实党风廉政建设责任制情况并与经营业绩考核挂钩。

（杨雪丽）

# 文　化

## 文化工作

**【综述】**　2010年，迪庆州文化、文物事业机构共51个，艺术表演团队3个，艺术表演机构2个，公共图书馆机构3个，文化馆机构4个，乡镇文化站机构29个，文化文物行政主管部门4个，文物保护管理机构4个，博物馆机构2个。2010年迪庆州文化、文物事业人员共324人。文化文物主管局机构管理人员39人，文化事业人员265人。

2010年全州文化系统通过各种渠道，从中央、省级和州级争取各类项目资金1 344.5万元，新增全州文化、文物事业公用房屋建筑面积2 400平方米，促进了全州文化、文物事业的健康发展。

年内全州有5位专业技术人员被评为副高职务，其中艺术系列4人，图书系列1人。有6人晋升中职，其中群文系列2人，艺术系列2人，文博系列2人。

2010年，全州文化督察工作围绕全局工作，对文化政策法规、文化建设项目、文化艺术活动、文化管理目标责任考核等工作进行督察。

2010年，州直文化系统全体干部职工，为扶贫挂钩单位维西傈僳族自治县叶枝镇同乐村贫困家庭学生爱心捐款9 460元。

**【创先争优活动】**　为进一步加强全州文化系统党组织建设，增强党的凝聚力和战斗力，充分发挥共产党员的先锋模范作用，保持和弘扬共产党员的先进性，结合州直文化系统工作实际，按照州委创先争优活动领导小组的统一安排部署，在州直文化系统各支部、全体党员中组织开展以建设学习型机关、学习型党组、服务型队伍、效能型部门为主题，以领导班子好、党员队伍好、工作机制好、工作业绩好、群众反映好，带头学习提高、带头争创佳绩、带头服务群众、带头遵纪守法、带头弘扬正气为活动内容，以党性教育、岗位奉献、服务群众、亮牌示范、组织创新活动为载体的创先争优活动。通过活动的开展，统一了思想，提高了认识，凝聚了心智，增强了战斗力，为全面做好全州各项文化工作提供了理论保障。

**【文化体制改革】**　根据《中共迪庆州委办公室 迪庆州人民政府办公室印发〈关于进一步深化文化体制改革的实施意见〉的通知》精神，深入推进全州文化事业单位体制改革，全面完成公益性文化事业单位收入分配、人事、社会保障等三项内部制度改革，健全和完善岗位责任目标管理，增强社会服务功能的目标任务。按照省委、省政府、州委、州政府的安排部署以及文化事业单位改革和发展的需求，结合迪庆州文化局工作实际，形成《迪庆州文化局关于进一步深化文化体制改革实施方案》。完成州农村电影免费放映管理站职能划转、迪庆州文化市场综合执法支队挂牌工作。

**【编制迪庆州文化事业发展“十二五”规划】**　为科学编制迪庆文化事业发展“十二五”规划，结合迪庆文化事业工作实际，根据“十二五”文化事业发展规划实施情况和国家重大政策方针的调整，对迪庆文化“十二五”发展重点课题深入研究，精心编制，在深入开展调研工作的基础上编制完成了迪庆文化事业“十二五”发展规划。

**【艺术表演】**　2010年，迪庆州文艺创作坚持以弘扬民族优秀传统文化，走具有地方特色、民族特色、时代精神相结合的路子，以第六届康巴艺术节暨迪庆州民族团结节各项文艺活动为契机，艺术创作取得明显成效。圆满完成第六届康巴艺术节暨迪庆州民族团结节各项文艺活动。艺术节迎宾晚会《和谐颂》、开幕式大型文艺晚会《香格里拉——梦开花的地方》、青海玉树、四川甘孜、西藏昌都三地州广场文艺展演、迪庆州第六届民族民间文艺汇演、城区大型文艺游演、专场文艺演出等系列文艺活动的成功举办，得到国内外各界人士的高度赞扬，得到康巴三省藏区代表团的高度评价，得到全州各族人民的高度赞誉，进一步弘扬香格里拉民族文化，增进民族团结，振奋民族精神，促进康巴地区的社会和谐和文化繁荣。

大力支持文化艺术精品创作，不断提升香格里拉文化品牌。积极参加全省性、区域性各类文艺演出和比赛活动。1月，州民族歌舞团应邀到香港进行交流演出3场，受到香港各界人士的广泛赞誉。2月，“香格里拉演唱组合”应邀参加中央电视台春节联欢晚会。4月23日参加北京电视台举办的“抗旱救灾，我们在行动”大型公益晚会。以州民族歌舞团青年歌手为主组成的“卡瓦格博演唱组合”参加第十三届CCTV青年歌手电视大奖赛，获得最佳演出奖。

全年按照全州宣传思想文化工作会议和全州文化工作会议的安排，努力打造新剧（节）目，编创了《翻身农奴把歌唱》、《阿尺目刮斗嘎来》、《雪域鼓魂》、《和谐颂歌》、《朝圣》、《心路·随想》、《月弦锅庄》、《同心酒》、《草原的等待》、《你飞向何方》、《度母阿妈拉》、《在一起》等歌曲和舞蹈节目，热情讴歌迪庆州解放五十多年来取得的成就和美好“香格里拉”家园，为参加云南省第十届新剧（节）目展演和进一步加大香格里拉文化影响力推出了新作品。

积极鼓励艺术创作、加强文艺创新。年内，迪庆州民族歌舞团、维西、德钦民族艺术团共创编舞蹈节目36个，新创作歌曲6首，出版发行各类音乐磁带5盘。其中，第六届康巴艺术节迎宾晚会《和谐颂》、德钦县民族民间文艺汇演节目等获得专家和省、州内专业人士的一致好评。

继续实施“七个一”工程。电影《香格里拉》投资制作已达成初步意向；30集电视连续剧《香格里拉》将由北京阳光盛通文化艺术有限公司、云南铭鼎影视文化传播有限公司联合制作，全面展示迪庆发展历史和多元民族文化，并于6月22日在香格里拉开机拍摄，现已完成制作。

积极组织开展文化“三下乡”文艺演出活动，丰富群众文化生活。春节期间，组织文艺下乡活动，到格咱乡木鲁、建塘镇吓那、达拉、阿那古、小中甸镇联合等乡镇进行慰问演出；参加州委、政府、人大、政协等部门主办的“迎春茶话会”和团拜活动，丰富了群众文化生活，营造了欢乐祥和的节日气氛。

2010年11月17～20日迪庆州民族歌舞团参加在普洱市举办的云南省第九届少数民族传统体育运动会，将代表迪庆表演民族体育竞技、民族体育舞蹈、民族健身舞蹈等多项文艺节目，获得二金一银的好成绩。

**【社会文化】**　始终坚持以人为本，把满足各族群众不断增长的文化需求作为社会文化工作的出发点和落脚点，让广大群众实实在在享受到文化的权利。继续加强公共文化设施建设，落实全州公共文化服务体系的硬件基础，完善公共文化服务体系，增强公共文化产品的供给能力，不断创新工作思路，努力打造特色文化品牌，为农村群众提供优质的公共文化服务，走出一条民族地区加快文化事业发展的新路子。大胆创新农村文化活动内容、形式和机制，大力支持农村题材文艺创作和演出，积极开展文化“三下乡”活动，使广大人民群众更多地享受到文化产品和服务。2010年，州、县两级文艺团队共开展“三下乡”演出86场，共捐赠各类图书6 450册。州、县文艺团队积极参加各类民族节日庆典活动，举办参加：欢乐香巴拉迎春民俗文化活动、“香格里拉赛马节”、“维西兰花节”、“维西傈僳族阔时节”等各类文艺活动。积极开展文艺辅导培训、民族健身舞培训活动，全年共有880人参加培训。同时，州文化馆业务人员深入到州民族中专学校、红旗小学、上海中学、武警部队等单位进行歌舞节目辅导，辅导人数达550人；举办少儿舞蹈培训班，培训人数34人；收集录制东旺新联锅庄曲等民间素材40余首；完成第四套民族健身舞的音乐小样制作；完成羊拉弦子、锅庄曲（取宗）的后期部分录音及近200首资料收编工作。

**【乡镇综合文化站建设】**　为加快建设集图书报刊阅览、广播影视、宣传教育、文艺演出、科技推广等多功能于一体的乡镇综合文化站和集宣传教育、科技培训、文化娱乐于一体的村民文化活动室建设。年内完成8个乡镇综合文化站建设任务，新建五境、上江、东旺、拖顶、霞若、叶枝、攀天阁等文化站，总投资280万元，新增建筑面积2 400平方米。

**【文化信息资源共享工程】**　根据全省文化信息资源共享工程县级支中心及基层服务网点建设工作

会议精神，2010年实施了迪庆州支中心文化信息资源共享工程建设项目，完成4个乡镇网点建设任务。全州已建成县级支中心3个，16个乡镇综合服务网点，并对相关人员进行业务培训。

**【图书馆工作】** 2010年，建设完成中文数据库6个；修改四角号码排架号数据4 500条，完成修改数据书标、目录卡的打印、粘贴；新购《云南经济年鉴》、《中华大藏经》等工具类图书100多套，有效补充了特色馆藏；完成2009年期刊、报纸装订、分类、入库，完成修改图书4 500条目录卡重排；外借4 526人次、外借图书4 776册次，内阅3 790人次、内阅图书16 140册次；电子阅览室共接待成人、少儿读者共3 594人次；按照省文化信息资源共享中心的要求，进一步推进州支中心建设，完成建设场地规划、搬迁、改建等前期准备工作，对馆内部分阅览室做了调整；组织开展读书活动10期；电子阅览室联合中小学组织开展电脑知识培训班10期；在4月份世界读书日及5月底图书馆宣传周期间分别组织开展形式多样的专题读书及辅导活动；成功举办第二届“读书杯”中小学生作文竞赛活动，进一步发挥了图书馆在现代教育体系中的教育职能作用及社会服务职能；在全国第四次公共图书馆评估定级中州图书馆被评定为州市级“三级图书馆”，被州文明办表彰为“文明示范窗口单位”。

**【文化站评估定级】** 根据云南省文化厅关于对乡镇综合文化站评估定级的通知精神，对维西傈僳族自治县保和镇、塔城、白济汛、巴迪4个乡镇综合文化站进行评估定级，评定为云南省三级文化站。

**【农家书屋】** 2010年，完成全州158家农家书屋建设。积极参加全省“我的书屋我的家”农家书屋演讲大赛，分别获得“最佳风采奖”、“集体三等奖”、“组织奖”。同时，为全州158家农家书屋配送各类农业科技图书239 686册，光碟18 960盘，各类期刊5 940余种，并举办65人参加的迪庆州乡镇综合文化站农家书屋管理人员培训班。

**【文化惠民示范村】** 开展文化惠民活动示范村示范点建设。年内，对迪庆州今年组织实施开展的尼西乡、三坝乡两个示范村进行创建示范活动。

**【文化遗产保护】** 全面完成第三次全国文物普查工作。迪庆州所有文物普查项目顺利通过省督查验收组验收。组织州县两级文物管理工作人员对全州29个乡镇和188个行政村全面进行实地普查，普查覆盖率达100%，在此基础上，接受省督查组的检查验收，普查过程中的工作方法、普查质量、普查成果等得到了省督察验收组的充分肯定和高度评价，全州实地调查阶段工作验收合格。5月底，州政协调研组深入三县的普查实地，对迪庆州第三次全国文物普查实地调查阶段工作进行了调研，调研组查看了19处普查登记文物点，并听取州政府的专题汇报，在肯定普查取得成绩的同时，对下一阶段的工作提出了希望和建议。第七批全国重点文物保护单位项目专家论证组到迪庆考察迪庆州推荐项目，编制完成上报《迪庆州文物保护项目及经费需求“十二五”规划》。积极开展文物保护工作。启动维西康普寿国寺、叶枝土司衙署和香格里拉中心镇公堂、红军长征博物馆消防工程。切实保障红军长征博物馆开馆时间，提供优质服务。根据州委安排制作完成《龚曲此里同志先进事迹展览》，吸引了众多的媒体记者和领导及各族群众，社会反响强烈；全年红军长征博物馆接待国内外游客、城区中小学生、驻军部队等观众14万人。

结合国际博物馆日，州文管所与州博物馆合作开展了学生进红军长征博物馆互动活动，并在《迪庆日报》开展了有奖征文活动。州博物馆完成迪庆州博物馆网站的前期各项筹备工作，积极开展文物库房电脑数据库建设，组织实施博物馆安防、消防工程，实施文物征集保护项目。圆满完成“三江并流地区考古暨民族关系学术研讨会”、“云南省文博馆（所）长首届联谊会”。共有各类专家、学者、文博馆（所）长104人到会，提交论文43篇，18位学者进行了学术交流，发表文博馆（所）长倡议，编辑出版一期《云南文物》迪庆专号。

州博物馆在全面推进免费开放，做好日常服务工作的基础上，完成馆藏文物数字化录入工作。调整充实了迪庆民族文化展览，举办二期橱窗专题展览，实施州博物馆安防、消防工程，建设完成多媒体会议厅。全年，共接待国内外游客50万人。

**【非物质文化遗产保护】** 国家级迪庆民族文化生态保护实验区项目通过专家论证后，国家文化部已正式批准设立。为弘扬民族民间传统文化，保护和传承迪庆珍贵的非物质文化遗产提供了机制保障，搜集整理和完成《迪庆锅庄》一书243首曲目的文字、乐谱的录入工作；收录完成东旺锅庄曲130首；完成《迪庆州非物质文化遗产资料汇编》、《迪庆州非物质文化遗产保护名录》、《迪庆锅庄》的编纂出版工作；结合第五个文化遗产日主题“非遗保护，人人参与”精神，2010年6月12日组织开展第五个遗产日活动，广泛宣传非物质文化遗产保护工作的重要性；积极编制申报非物质文化遗产保护名录和非物质文化遗产项目代表性传承人，申报十个省级传承人，其中锅庄传承人阿哇娘念、弦子传承人扎巴、格萨尔说唱传承人和明远、阿尺目刮舞蹈传承人李碧清、藏族黑陶烧制技艺传承人郭军华、纳西族纺麻技艺传承人杨桂莲、东巴造纸技艺传承人和玉新等七人已经正式公示；完成国家级非物质文化遗产保护名录《三坝纳西族东巴手工造纸技艺》项目的验收工作；完成非遗资料档案和文秘档案的收集整理和归档工作。

【文化市场】 积极组织州县文化新闻出版市场执法队工作人员，在节假日、“3·14”等特殊时段开展“扫黄打非”、出版物市场、网吧、歌舞娱乐场所专项整治行动，定期或不定期对文化新闻出版市场进行综合检查。全年共出动执法人员出动执法人员3 850人次，出动车辆96辆次，收缴非法音像制品8 662盘，收缴淫秽色情、盗版图书教辅教材读物9 122册，取缔无证地摊6个，责令违规经营单位限期改正12家，责令停业整顿12家，处罚违规经营户8家，并在4月22（知识产权日）开展集中销毁活动，让广大人民群众参与到文化新闻出版（版权）执法工作中，形成专门队伍进行监管，社会各界广泛监督的管理格局。积极开展手机专卖店和网站传播黄色、淫秽等有害信息专项治理行动，出动执法检查人员576人次，车辆66车次，检查手机及维修店共144家，责令改正19家，删除电脑内存有害信息857件，电脑内存涉黄信息及图片内容的移交公安10家，有力打击非法活动的嚣张气焰。为有效解决网吧市场监管工作的问题，构建长效管理机制，建设绿色网吧试点一家，建立网吧监管平台，聘请社会“五老”义务监督员，让社会、学校、家长一起来管理网吧。在第六届康巴艺术节、中秋节、国庆节三节来临之际，组织实施文化市场集中整治活动，进一步净化了迪庆节日文化市场，活跃了群众节日文化生活，为构建云南藏区跨越发展和长治久安示范区建设作出了积极贡献。11月16日，组织召开了云南藏区“扫黄打非”“梅里”工程首届联席会议。

【图书发行】 为全州各中小学校及时配送教材、教辅用书，将5 000多个包件按时、按质按量送达66个学校点，确保全州中小学课前到书人手一册，做到学校满意、学生满意。全年，州新华系统图书销售1 300万元，圆满完成总店下达的销售任务，取得较好的经济效益和社会效益。同时，为全州158个农家书屋网点配送图书，圆满完成农家书屋工程建设任务。

【对外文化交流】 2010年1月5日，州民族歌舞团赴香港慰问演出三场，受到香港民众的广泛赞誉。2月14日，香格里拉演唱组合应邀参加中央电视台春节联欢晚会。4月23日，香格里拉演唱组合参加北京电视台举办的“抗旱救灾，我们在行动”大型公益晚会。6月8～12日，香格里拉演唱组合赴俄罗斯圣比得堡参加中国俄罗斯文化交流文艺演出。9月14～16日，第六届康巴艺术节在迪庆州举行，甘孜州民族歌舞节目《吉祥甘孜》尽显甘孜歌舞魅力；玉树州《美丽的家园、美丽的玉树》用歌舞感恩；昌都地区《琼布鼓韵》展现昌都热巴的粗犷奔放。11月17～20日，州民族歌舞团参加云南省第九届少数民族传统体育运动会。

【文化人才培养】 2010年度通过各种方式，对全州文化专业技术人员及行政管理人员进行了业务培训，选派一批专业人员到省内外学习。年内，先后安排州、县文化文物各类人员参加上海音乐学院声乐培训班、云南省非物质文化遗产保护骨干培训班、云南省宣传文化人才高级研修班、中国文化遗产普洱论坛茶马古道遗产保护、云南省图书馆人员培训班、云南省博物馆讲解员培训班，全年累计培训各类人员92人。进一步充实完善全州文化目标管理责任制，积极创造条件，改善和提高文化工作者的待遇。同时，建立和完善文化人才管理机制，充实文化人才队伍，并对全州文化人才队伍情况进行了摸底调查。

【大事记】 2010年1月5~7日，州民族歌舞团到香港进行慰问演出民族歌舞三场，受到香港民众的广泛赞誉。

1月8日，州文化局召开州直文化系统离退休人员新春茶话会。

2月13日，州民族歌舞团“香格里拉演唱组合”应邀参加中央电视台春节联欢晚会。

3月，西藏自治区文物局、日喀则市文化局、文物局局长一行7人到迪庆州考察文化文物工作。

3月15日，省文化厅市场处处长宋金山一行4人到迪庆州检查网吧监管平台建设使用情况。

3月18~22日，云南文化产业投资控股集团公司党委书记、总经理陶国相考察迪庆州文化产业发展情况。

3月18日，省新闻出版局“扫黄打非办”专职副主任郑永宁一行3人到迪庆州检查调研“扫黄打非”工作。

3月18日，北京阳光盛通文化艺术有限公司《香格里拉》电视连续剧组一行到迪庆州衔接拍摄事宜。

4月3~5日，德国联邦参议院议员代表团曼弗雷德·格伦特、莫尼卡、格雷特斯到迪庆州考察民族文化工作。

4月23日，州民族歌舞团“香格里拉演唱组合”应邀参加北京电视台举办的“抗旱救灾，我们在行动”大型公益晚会。

4月25~27日，云南省博物馆、陕西省博物馆一行20人到迪庆州参观考察。

4月26日，全州文化工作会议在顺源酒店召开。

5月1~3日，迪庆州文化局、迪庆州工信局、香格里拉兴荣汽车有限公司联合举办首届香格里拉汽车文化节。

5月6日，东方航空董事长一行8人在州委书记齐扎拉的陪同下参观迪庆红军长征博物馆。

5月24~27日，迪庆州政协调研迪庆州第三次文物普查工作。

5月26日，迪庆州人民政府赴省文化厅汇报衔接云南藏区专题文化工作。

6月8日，香格里拉演唱组合赴俄罗斯圣比得堡参加中俄文化交流文艺演出

6月12~20日，迪庆州非物质文化遗产展示活动组赴昆参加云南省文化遗产日传统文化展示。

6月15日，州人民政府在州文化馆三楼召开第六届康巴艺术节开幕式大型文艺演出《梦开花的地方》总体方案专家论证会。

6月18日，州人民政府在藏式会议室召开第六届康巴艺术节四地州联席会议。

7月11~14日，国家文化部迪庆民族文化生态保护实验区考察调研组一行12人到迪庆州考察调研。

7月22日，迪庆州农村电影免费放映行政管理职能划转暨文化市场综合执法支队成立授牌仪式在州政府一楼藏式会议室举行。

7月27日，第六届康巴艺术节暨迪庆州民族团结节文艺体育组动员大会在新华书店二楼会议室召开。

8月8~13日，《香格里拉》电影拍摄制作与合作项目考察团一行13人到迪庆州考察。

8月23~24日，迪庆州新闻出版局农家书屋管理员培训班开班，共有39人参加培训。

8月26日，浙江省政协主席参观迪庆红军长征博物馆、迪庆州博物馆。

8月30日，云南省新闻出版局“十二五”规划调研组一行4人在副局长李菊芳带领下到迪庆州调研新闻出版工作。

9月11日，云南省文化厅厅长黄峻一行8人到迪庆州调研云南藏区文化工作情况，同时州政府在藏式会议室召开专题汇报会。

9月13~16日，第六届康巴艺术节暨迪庆州民族团结节开幕式大型文艺演出、四地州专场文艺展演、第六届迪庆州民族民间文艺汇演在香格里拉城区举行。

10月9~12日，由迪庆州文化局、云南省博物馆、云南省文物考古研究所共同举办的“三江并流地区考古暨民族学关系学术研讨会”、云南省馆所长联谊会在迪庆州举行。

10月19~22日，全国人大法律委员会调研组一行16人，到迪庆州开展非物质文化遗产保护法规工作情况调研。

11月15日，国家文化部批准设立迪庆民族文化生态保护实验区。

11月15日，州直文化系统第七届职工运动会举行。

11月16日，迪庆州新闻出版局组织召开云南藏区“扫黄打非”“梅里”工程建设领导小组联席会议。

11月17～20日，州民族歌舞团赴普洱市参加云南省第九届少数民族传统体育运动会。

11月23日，州直文化系统进一步深入开展创造争优活动暨创建学习型党组织建设会议在州图书馆四楼报告厅召开。

11月26日，州文化局党组召开2010年民主生活会。

12月15日，农村电影管理站资产移交划转会议在州政府藏式会议室举办。

（张跃华）

## 文化体制改革和文化产业发展

**【综述】**　2010年迪庆州文产办机构正处级，在职在编人员4人，其中，主任1人，副主任1人，办公室主任科员1人，驾驶员1人。

2010年，迪庆州国内生产总值770 976万元，文化产业增加值49 996万元，占GDP的6.48%。

2010年，响应州委号召，州文产办副主任赵燕红参加了为期50天的“千名干部进村入户促民族团结进步”活动。并被评为先进工作队员。

年内，完成5万元的教育综合改革捐资任务，积极发动单位职工捐资助学，有力支持了迪庆州教育综合改革工作。同时，积极参加了云南抗旱、玉树抗震救灾等捐款，弘扬了“一方有难、八方支援”的精神。

**【文化体制改革工作】**　根据《中共云南省委、云南省人民政府关于进一步深化文化体制改革推进经营性事业单位转企改制的若干意见》（云发〔2009〕12号）和2009年11月下旬召开的全省推动文化体制改革工作会议精神，认真总结前一轮改革的经验和成绩，结合当前实际，广泛征求有关部门的意见，研究制定出迪庆州贯彻落实意见，经州委常委会议研究出台了《关于进一步深化文化体制改革的实施意见》，文件明确了迪庆州文化体制改革思路、目标和任务，为深化文化体制改革提供了政策保障。结合《实施意见》州文产办推进了以下几点工作，一是重点推进州民族歌舞团等公益性文化事业单位的三项制度改革。对州民族歌舞团、州文化馆、州博物馆、州文物管理所、州农村电影免费发行放映管理站、迪庆日报社、州广播电台、州电视台等公益性文化事业单位进一步完善了馆所（站）团聘任制度，领导班子任期（年度）目标管理责任制，强化量化考核，除州委任命干部外，实行竞争上岗，全员聘用，绩效工资与目标责任制考核结合起来的科学的内部管理机制，不断完善内部各项管理制度。通过改革，建立了重能力、重实绩和重贡献的激励机制，调动了广大职工的积极性。同时，进一步理顺迪庆日报社宣传业务与经营业务管理机制，迪庆日报文化传播有限公司和迪庆日报彩色印务有限公司两个报业企业的内部改革和管理不断得到深化。二是认真抓好电影行政管理职能划转和文化市场综合执法改革。为了按时完成电影行政管理职能划转工作和文化市场综合执法改革，州委宣传部、州文产办、州文化局、州广电局、州编办等单位联合下发了《关于加快完成电影行政管理职能划转工作的通知》和《关于加快推进文化市场综合执法改革的意见》，同时，根据州文化体制改革和文化产业发展领导小组的安排，由州文产办牵头，州编办、州文化局、州财政局国资委、州广播电视局等部门参与研究电影行政管理职能划转的有关资产、人员编制事宜和文化市场综合执法支队挂牌等前期准备工作，州委、州政府举行了迪庆州电影行政管理职能划转和文化市场综合执法改革顺利完成。三是进一步理顺电视网络信息传输管理体制，积极向上争取政策，加大扶持力度，努力做强网络产业。

**【对文化企业的扶持工作】**　根据迪庆州文化产业发展规划和地方文化企业发展要求，进一步加大对文化企业的扶持和投入。一是先后完成并上报德钦民族文化展演中心、尼西黑陶厂、同乐傈僳族生态村、白水台纳西族生态村、尼西风情园等重点项目建设可行性研究报告。二是积极跟踪项目，多渠道筹措项目资金，对香格里拉尼西黑陶有限公司、香格里拉圣灵东巴园、德钦民族文化展演中心等企业给予扶持，积极为企业解决存在的实际困难和问题，不断加大对文化企业的扶持力度。三是结合文化体制改革中的困难和问题，积极向省文产办争取资金并得到帮助和支持，解决迪庆州歌舞团演出补助经费20万元，扶持“香格里拉”组合出版专辑光碟补助经费10万元。同时，为解决迪庆州电视网络中心投资不足，管理不到位，用户意见大，效益下滑的困难和问题，州委主管领导深入公司开展调研，积极向省公司领导反映汇报迪庆州电视网络信息传输改革中存在的问题和困难，得到了省公司高度重视，安排并启动实施了香格里拉有线电视信息传输网络改造工程一期项目，项目总投资720万元，为做强网络产业奠定了基础。

**【国际民博会】** 为扩大香格里拉文化产品知名度，组织迪庆州奔子栏木器、央可秀布艺、尼西黑陶、维西绿色食品有限公司等文化企业和个人参加了第三届中国昆明国际民族民间工艺品博览会。通过博览会这个高端平台，全方位地展示迪庆州丰富多彩的民族民间工艺品等特色文化旅游资源，推介优秀民族民间工艺品等特色文化品牌，扩大民族民间工艺品等特色文化的服务贸易。会展结束时，迪庆州荣获组委会“最佳组织奖”的荣誉，为迪庆争得了荣誉。

**【实施“走出去”战略】** 结合“走出去”战略，一是通过光明日报等国内重点报刊媒体加大对迪庆香格里拉文化的宣传力度，组织部分文化企业负责人参加省文产办开展的全省文化产业企业家培训，培养企业家战略眼光、品牌意识、世界眼光、竞争意识，着力提高迪庆州企业管理人员的管理水平。二是不断创新工作思路，积极筹备由省文产办组织的“云南特色产品纽约展销周活动”，支持奔子栏木器厂参加美国圣达菲国际民间艺术展销会，入选产品9种共百余件，初步探索了迪庆州民族文化产品进入国际市场的新路子，为迪庆州今后的文化产品进入国际市场奠定了一定基础。

**【完成“两个”规划编制工作】** 根据全省文产办主任会议要求和州委、州政府有关文件精神，2010年3～8月，州文产办全面完成了《迪庆藏族自治州“十二五”文化产业发展规划（2011－2015）》的编制和评审工作，规划是迪庆州今后全面落实省委、省政府建设“民族文化强省”的战略部署，加快实施迪庆“文化兴州”战略的行动纲领。同时，按照州委分管领导的安排，完成了《迪庆州“十二五”文化事业发展规划》编制工作。

**【开展“创先争优”活动工作】** 按照州委和州“创先办”要求，深入开展以创建“先进党支部”，争当“优秀共产党员”为主要内容的创先争优活动系列活动。领导班子深入学习实践科学发展观，认真贯彻党的路线方针政策，自觉践行“个人形象一面旗、工作热情一团火、谋事布局一盘棋、三个一”，主题实践活动有机结合起来，深入开展“四想四比四争当”主题实践活动，在党员干部中继续深入开展“命运靠忠诚，前程看民心”教育活动，通过设立党员先锋岗、党员示范窗口，切实改进机关作风，提高机关效能。

**【党风廉政建设】** 坚持把廉政文化进机关活动作为反腐倡廉建设的重点工作，加强对各级纪委会议文件学习贯彻落实，严格按照《党员干部廉洁从政若干规定》的标准，认真检查整改自身存在的问题。把“治庸、治懒、治奢”作为机关作风建设的重点，着力突出转变机关作风，切实在为企业办事上下功夫。着力解决“门难进、脸难看、事难办”，行政不作为、慢作为、乱作为的现象。厉行节约，完成节能减排任务，降低行政成本，提高机关办事效率，努力建设“立党为公、执政为民”的机关干部队伍。（赵燕红）

## 档案工作

**【档案资源建设】** 档案资源建设是档案事业固本强基的一项重要工作、是维护档案事业可持续发展的前提和保证。长期以来，迪庆州各级档案部门的馆藏档案普遍存在门类、载体形式单一，档案种类比例严重失调的状况。具体表现为：文书档案多，科技档案、专门档案少；纸质档案多，照片、音像等不同载体形式档案少；党政档案多，经济业务档案少。年内州档案局把加强和整合档案资源作为重点工作来抓，把涉及民生部门的抚恤、婚姻档案，重大活动的文书、声像、实物档案，重点建设项目、民营企业的文书、科技档案，集体林权改革的档案列入重点监督、指导和接收范围，不断丰富档案馆藏结构，使档案服务工作为维护民权、改善民生、解决民意、服务社会、服务人民、促进社会经济发展发挥信息资源的效能。

**【干部队伍建设】** 2010年，州档案局加大档案人员的教育培训力度，鼓励档案干部多形式、多渠道地学习，通过会议、培训、专题业务讲座、业务研讨、学术交流、自学、学历教育、继续教育等形式，让档案干部系统地学习政治理论，掌握业务知识和技能，学会用法律法规来维权和约束自己。实行科室之间业务帮扶，岗位之间人员不定期调换制度，让档案干部在业务科、办公室、库房管理科等不同的工作岗位上学习、锻炼，在锻炼中不断地提高自身的各种业务水平，培养档案干部成为业务的行家里手、多面手，通过换岗，档案干部也了解到各个工作岗位的工作特点和工作难点，加深了同事之间的相互理解，促进了同事之间的相互团结，相互帮助，使整个队伍有一种团结向上的凝聚力。加强各种规章制度的建立健全，局（馆）的规章制度，各科室的规章制度，财务的规章制度，科室的目标责任，科室、领导干部、党员的各种考核制度一应俱全，并实行制度管理干部队伍，为每个档案干部履行好各自的职责提供了保障。

**【机构编制】** 迪庆州档案局（馆）规格为副处级。核定领导及非领导职数：局（馆）长1名，副局长1名，副科长2名，科级管理人员1名，副主任科员2名。评聘副研究馆员1名，馆员2名。迪庆州档案局（馆）全面履行国家规定的档案工作职能，共有编制15人，其中参照公务员管理编制7人（含后勤），事业编制8人（含后勤）。州档案局（馆）内设办公室、业务指导科、保管利用科3个职能科室。

**【党风廉政建设】** 2010年，州档案局坚持以邓小平理论和“三个代表”重要思想为指导，坚持党中央确定的反腐败斗争的指导思想，全面贯彻落实科学发展观，一手抓档案工作，一手抓党风廉政建设，并围绕年初签订的《党风廉政建设责任书》，加强学习，建全各项规章制度，监督落实、注重实效、逐步深化，确保了党风廉政建设工作和档案工作都取得显著成效，进一步推动了廉政建设及反腐斗争的深入开展。

州档案局按照州委学习型党组织领导小组的统一部署，全面贯彻州委《关于推进学习型党组织建设的实施方案》精神，扎实开展学习型党组织建设活动。制定了《开展建设学习型党组织活动的实施方案》，成立了学习型党组织建设工作领导小组。在推进学习型党组织建设过程中，州档案局除了召开学习会外，还为党员干部订购了《七个怎么看》、《公共服务职业道德与技术方法》等有关建设学习型党组织的理论书籍，为党员干部提供自学材料，并利用工作之余进行经验交流，营造了浓厚的学习氛围。通过学习型党组织创建工作的深入开展，使广大党员干部增强了党的修养，加强了党性锻炼，及时了解党的路线方针政策，提高了贯彻执行党中央和国家路线方针政策的自觉性和坚定性。

**【创先争优活动】** 自全州全面掀起“创先争优”活动以来，州档案局充分借鉴深入学习实践科学发展观活动的成功经验，结合单位实际，制订了《迪庆州档案局开展“创先争优活动”的实施方案》、《迪庆州档案局创先争优活动细化方案》，成立了“创先争优”活动领导小组，深入开展了“创先争优活动”。通过开展专题学习、重温入党誓词、“学习党史，永葆党的先进性”、“献一份爱心，温暖世间真情”等一系列活动。州档案局每个党员都深刻认识到，开展创先争优活动是加强党组织建设的需要，是维护迪庆州稳定、促进迪庆州社会经济发展的需要，是党员自身发展的需要。在活动的每个环节，州档案局都扎实推进、严密部署，精心组织，强化措施，狠抓落实。切实做到一手抓活动，一手抓工作，学习促工作，工作带学习，工作学习两不误。

**【业务指导工作】** 随着社会的发展，档案业务指导从机关、团体、企事业向民营、重点建设项目、重大活动等各个领域、各个方面、各个层次全方位拓展和延伸。为推动迪庆州档案事业的健康发展，州档案局加强档案工作的业务监督指导的力度，特别加强了民营企业、重点工程、重大活动、设计民生问题档案的监督指导力度。2010年州档案局采取上门服务，实际操作指导，对15个单位（部门）的档案进行立卷指导，共整理文书档案13 335件、会计档案204卷、人事档案596卷。为了坚持贯彻落实档案法律法规，强化档案法制意识，加强档案法制建设，切实提高档案法制宣传的效果。州档案局以业务监督指导为主阵地，各种培训会为平台，各级领导干部和机关档案工作人员为重点对象，以增强档案工作人员的档案法律意识为目的，全面加强了《档案法》、《云南省档案条例》及2010年云南省档案局下发的《云南省档案行政处罚自由裁量权基准制度》的宣传力度。

**【档案保管利用工作】** 档案保管利用工作的职责所在就是为维护党和国家历史的真实面貌，尽可能地扩大档案的库存量和延长档案的“寿命”。更好地为利用者提供优质的服务。这就要求我们既要不断丰富档案的数量和种类；又要安全保管好档案，对濒临损毁的档案进行及时的抢救和保护；还要熟悉库存档案的内容和成份，根据利用者的需要，及时、准确地向利用者提供合法查阅范围内的档案查阅服务。2010年，州档案馆共接待查阅利用512人次，查阅利用档案资料270卷次，复印790页。为地方经济建设、编史修志、落实政策、调解纠纷、工作查考、学术研究、查询工龄、办理抚恤等方面提供了详实的第一手资料。为做好档案的开发和利用工作，州档案馆积极丰富馆藏，2010年接收了迪庆民族中等专业学校，第六届康巴艺术节档案公724卷2 398件，内容包括了文书档案、照片档案、音像档案、实物档案、电子档。

**【召开迪庆州档案局（馆）长暨业务骨干会议】** 2010年7月12日，迪庆州档案局（馆）长暨业务骨干会议在州政府藏式会议室召开。会议传达了云南省档案局（馆）长会议精神，并对业务骨干进行了，《国家档案局办公室关于开展民政档案行政执法检查的通知》、《国家档案局关于印发伤残抚恤人员档案管理办法的通知》、《云南省档案行政处罚自由裁量权基准制度的通知》、《云南省重点建设项目档案验收实施办法的通知》及林改档案的培训。会上州政府秘书长吾金丁争做了重要讲话，对档案工作做了充分的肯定，同时也站在档案事业发展的高度，对档案工作提出了新的要求和希望。

**【新加坡档案馆馆长到迪庆考察】** 2010年8月，新加坡档案馆馆长、国家档案局领导及云南省档案局局（馆）长一行20余人到迪庆考察档案工作，通过交流，州档案局充分借鉴了新加坡国家档案馆、国家档案局、云南省档案局在口述档案工作方面好的做法和先进经验，同时也促进了国外、国内、省、地州兰台工作者之间的感情。

**【综合治理维护稳定工作队】** 州档案局认真贯彻州委提出的把迪庆建设成长治久安示范区的重大决策，紧紧围绕州委政府的中心工作，全面落实年初签订的《迪庆州社会治安综合治理维护稳定暨平安创建目标责任书》，2010年，全体干部职工遵纪守法，无一例黄、赌、毒，无参与邪教事例，创建了平安和谐的工作环境，为档案事业的健康发展提供了保障。

**【推行阳光政府“四项制度”工作】** 按照州政府的工作部署，为确保阳光政府四项制度的顺利实施，州档案局成立了阳光政府“四项制度”工作领导小组，切实加强对“四项制度”的领导。制定了《迪庆州档案局阳光政府四项制度实施方案》，明确相关的档案查询事项、责任人、联系方式。通过推行“阳光政府四项制度”，确保档案工作的公开、透明。阳光政府“四项制度”的推行使得全体职工的责任意识进一步提高，工作纪律明显加强，机关作风明显转变，业务素质明显增强。

**【专业档案工作】** 林改档案是林改工作中的重要内容，整理保存好林改档案对维护林权稳定，巩固林改成果具有重要意义。按照云林联发（2010）12号《云南省林业厅云南省档案局转发国家林业局国家档案局关于贯彻落实中央领导重要批示精神进一步做好林改档案工作文件的通知》，迪庆州各级档案部门第三年度抽调业务骨干参加林改档案的监督和指导工作，继续深化林改档案工作的重要性，针对省级检查指导组在检查指导中发现的问题进一步查缺补漏，规范完善林改档案管理工作。抽调工作者着重对林改档案的归档范围、保管期限、分类方法、收集整理、保管移交等内容进行指导，并对林改档案工作示范点的林改档案进行验收前的检查和指导。为了确保迪庆州林改档案的真实、完整、准确、系统、安全。抽调工作者，不辞辛劳，跋山涉水，深入到村村寨寨，对林改档案的收集、立卷归档进行检查、指导和培训。

2010年9月12日至16日，迪庆州举办了“第六届康巴艺术节暨迪庆州民族团结节”，在前期筹备工作时，抽调州档案局档案工作者参与“第六届康巴艺术节暨迪庆州民族团结节”筹备领导小组档案组的工作，由于档案工作者的早期介入加之档案组工作成员积极、认真、负责的工作态度，使得这次活动的档案收集、整理较为完整，并于9月30日移交迪庆州档案局。这次盛会所形成的各种纸质、声像、电子、实物档案，集中反映了康巴地区经济社会发展状况，展示了康巴文化艺术与广大人民群众与时俱进、开拓创新的历史进程，是康巴地区政治、经济、文化、旅游、的真实记录，也是迪庆州档案资源极其珍贵的重要组成部分。

**【档案验收工作】** 2010年，迪庆州人民检察院和迪庆供电有限公司主动申请单位档案室星级达标，经过州档案局档案室星级达标考评小组实事求是、严格量化的考评后，两个单位的档案室均达到五星级标准，并颁发了证书。

近年来，众多的开发商到迪庆开发水电，有的已建成投产，逐渐成为迪庆州的支柱产业，从建设到投产的过程中所产生的档案资料，对电站建成后的竣工验收、后续管理，都将起到不可估量的作用。迪发改能源请（2010）14号《迪庆州发展和改革委员会关于〈迪庆州小型水电站基本建设工程验收办法（试行）〉的请示》（已得到州政府的批准）中水电站基本建设工程验收规程的条例要求小型水电站要按照国家档案局印发的各种规定进行整理归档和验收验收。2010年州档案局对格登水电站和格亚顶水电站的建设项目档案进行监督、指导及验收。

**【职称评审】** 根据云南省档案局和迪庆州人事局关于评审职称的要求，迪庆州档案系列初级评审委员会按照公平、公开、公正的原则，积极向云南省档案局和迪庆州人事局推荐3名副研究馆员、3名馆员、3名助理馆员，均通过云南省档案局评审委员会和迪庆州人事局的评审，获得职称任职资格。

**【馆库建设】** 迪庆州档案馆库设施陈旧，加之受到丽江“2·3”大地震的影响，早已达不到《档案馆建设标准》的要求，由于管库设施滞后使得一些档案面临安全隐患，加之馆库面积与标准相差甚远，许多档案服务功能得不到拓展，呈现了无力接收的现状，这些“瓶颈”问题严重阻碍了迪庆州档案事业的发展。年内，中西部地区县级国家档案馆建设项目启动，国家安排中央预算内投资补助中西部地区县级综合档案馆馆舍建设，力争通过3至5年的建设，使西部地区县级综合档案馆舍条件基本达到《档案馆建筑设计规范》和《档案馆建设标准》的要求，基本满足中西部地区县级综合档案馆履行《中华人民共和国档案法》规定的法定职责需要，努力提升中西部县级综合档案馆的整体服务能力和水平，促进档案事业与经济协调发展。州档案局在州发改委的帮助和支持下，上报了《德钦县档案馆库建设的可行性研究报告》。根据省发展和改革委与省档案局联合下发《关于上报第一批县级综合档案馆建设备选项目有关事项的通知》规定的选报条件，德钦县档案馆被列入第二批县级综合档案馆建设项目，办理了建设用地土地证、建设规划和环评手续。

**【表彰】** 2010年，迪庆州直工委授予朱嘉鹏同志“优秀共产党员”荣誉称号。

（杨继仙）

## 迪庆州藏学研究院

**【召开《当代云南藏族简史》首发式】** 2010年6月8日，迪庆州藏学研究院在香格里拉城区举办《当代云南藏族简史》一书首发式。《当代云南藏族简史》属《当代云南少数民族简史丛书》之一，是省委宣传部报经省委批准实施的省级中型课题。《当代云南藏族简史》于2007年7月启动，到2009年底出版，它以图文并茂的形式全面详实的记载了云南迪庆藏区的发展历程，有较高的参考价值和现实效用。首发式上，省、州相关机构和专家出席会议，对《当代云南藏族简史》一书作了专业的认证，充分肯定了该书的质量和意义，为推广发行该书起到了很好的推动作用。

**【编撰出版《舞动的塔城》一书】** 2010年9月，迪庆州藏学研究院编撰的《舞动的塔城》一书由云南省民族出版社出版。藏学研究院于2008年6月通过课题立项，并组建科研小组，通过为期一年的基层调研和收集整理，完成该书的编撰出版工作。《舞动的塔城》以迪庆州塔城片区吐蕃铁桥历史和藏、傈、纳等民族的民风民俗为主，以图文并茂的方式向外呈现了迪庆各民族多姿多彩的文化以及各民族间交融互助和谐共处的团结生活情景，有深远的历史价值和政治意义。

**【藏文门牌翻译工作】** 2010年，迪庆州藏学研究院继续组织专业人员加强对迪庆香格里拉城区藏文门牌、标识的检查、指导和翻译、纠错工作。一是进一步向相关单位、团体宣传制作、使用藏文门牌、标识的要求和流程，确保该项工作按相关规定来开展；二是不定期组织迪庆州香格里拉城区藏文门牌、标识规范委员会办公室工作人员对藏文门牌使用情况进行检查，及时掌握藏文门牌使用过程中存在的问题；三是继续为相关机构提供藏文翻译服务，认真负责的完成藏文门牌挂牌前的审核工作。年内，州藏学研究院编译人员翻译、纠正藏文门牌、标识约140条。

**【岗位设置和评聘工作】** 2010年，迪庆州藏学研究院根据《迪庆藏族自治州事业单位岗位设置管理实施意见》，严格按照岗位设置的相关规定，完成单位设岗定责工作。按照一岗一聘，一岗一责的原则，严格执行竞争上岗制度，以德才兼备，以德为先，能者上的用人向导，力争每一个岗位都通过竞争上岗来产生。通过不断健全完善用人体制机制，进一步通过制度约束人才的自觉性，培养人才的能动性，保护人才的积极性，促进人尽其才。初步理顺院内科研体系和人才搭配，完成管理人员、科研人员和工勤人员的评聘工作。聘任管理人员5人，科研人员7人，工勤人员2人，专业人员中有副研究员2人，助理研究员3人，初级2人。

**【参加第六届康巴艺术节暨迪庆州民族团结节筹备工作】** 2010年9月，州藏学研究院抽调相关专业人员参与完成第六届康巴艺术节暨迪庆州民族团结节的有关筹备工作。完成相关标语及参展藏文作品的翻译和审核工作；展出藏学研究院科研作品二十三部；派员到民族团结先进集体和先进个人表彰组，参与完成相关先进材料审核和评选工作。

**【学术交流】** 2010年4月，云南省社会科学院年会及建院三十周年工作安排会议在昆明召开，州藏学院相关研究人员参加了会议。

2010年6月，《当代云南少数民族简史丛书》编委会常务副主任范祖锜应邀出席《当代云南藏族简史》首发式，对该书给予了高度的评价。

2010年6月，藏学研究院组织科研人员到云南省社科院、云南省民族出版社交流访问，并与民族出版社就科研成果出版方面达成了长期合作的意向。

2010年7月8日，中央民族大学藏学研究院名誉院长王尧到迪庆调研。

2010年7月23日，兰州大学藏学专家洲塔教授到迪庆藏学研究院交流访问。

2010年7月27日，云南省社会科学院民族研究所王清华所长一行11人到迪庆调研。

2010年7月30日，云南省社会科学院东南亚研究所王士录所长一行7人到迪庆藏学研究院调研。

2010年12月15日，云南省社会科学院建院三十周年庆典在昆明召开，州藏学院组织相关人员参加了院庆大会。

2010年12月21日，西藏自治区社会科学院当代西藏研究所科研人员到藏学研究院调研，期间与藏学研究院科研人员进行交流座谈。

**【完成云南省社会科学院院庆相关材料】** 迪庆州藏学研究院又为云南省社会科学院迪庆分院，是专门从事迪庆民族文化研究的社科研究机构。从开展藏学工作以来，业务工作一直挂靠云南省社会科学院，在职称评定和科研课题方面一直和省社会科学院保持着密切的合作关系。2010年是云南省社会科学院成立三十周年，根据云社科〔2010〕48号文件的要求，要借建院三十周年之机，全面宣传展示三十年来云南的社科研究工作成果，突出体现以省社科院为龙头以地州各分院、所为支撑的云南社科研究体系的发展历程。为了积极配合做好省社科院院庆相关工作，迪庆州藏学研究院组织编撰《立足藏区实际，体现迪庆特点，谱写迪庆藏学研究新篇章》收入省社科院《三十年汇编》，迪庆藏学研究院简介和部分成果图片收入省社科院《腾飞的云南省社会科学院》。

**【表彰】** 2010年9月，藏学研究院杨立生，被中共迪庆藏族自治州委员会、迪庆藏族自治州人民政府授予“第六届康巴艺术节暨迪庆州民族团结节”活动先进个人。

（和树军）

## 广播电视

**【概述】** 2010年，迪庆州人民政府实施机构改革后，迪庆州广播电视局为州人民政府工作部门，正处级。局机关共有职工13人，有一正两副三名局领导，正科级领导4人。内设机构有办公室、事业科和宣传科。局直属机构有迪庆人民广播电台和迪庆电视台两个副处级事业单位，迪庆州农村电影免费放映管理站调整归并到州广播电视局，属正科级事业单位。其中，迪庆人民广播电台有人员编制30名，实有人员24名。有台长一名，正科级领导4名，副科级领导干部6名。专业技术岗位29个，工勤技能岗位1个。设部、室7个，分别为记者部、节目制作部、播音主持部、技术部、藏语部、节目营销部、办公室。开办有新闻、专题、文艺、社教等类型的汉语和藏语广播节目共22个，80%节目采用直播形式，全天播音17小时。迪庆电视台现有编制总数54名，实有人数47名，招聘5人，其中台长一名，正科级领导5名，副科级领导6名（由专业技术人员兼任），分别是新闻中心、专题部、技术部、总编室副主任、藏语译制中心副主任、广告部主任。专业技术人员37名；工勤技能人员2名。开办有一个新闻综合频道，一个藏语频道。一套自办栏目3个，二套自办（译制）节目5个，两套节目实现全天24小时播出。

**【新闻宣传工作】** 2010年，全州广播影视系统紧紧围绕全州工作大局，牢牢把握正确舆论导向，着力提高舆论引导力，精心组织系列宣传战役，着力做好全州两会、抗旱救灾、涉藏维稳、“调结构、转方式、求发展”的新闻报道，为迪庆经济社会发展营造了良好的舆论氛围。去年，州电台、州电视台先后开辟了“创先争优”“回顾十一五、展望十二五”、“重点工程巡礼”、“保民生、保增长、保稳定”、“迎两节、促和谐、谋发展”和“促进民族团结，构建和谐藏区””等20多个新闻专栏。推出一批有深度、有分量的系列报道、连续报道和专题节目，以不同的形式，不同视角全力捕捉迪庆州各行各业的工作亮点，节目策划做到了别致、新颖，突出主题。此外，州电台、州电视台还加大了对典型人物的宣传报道，着重推出龚曲此里、苏贵平、尼旺宗派出所等体现民族精神和时代精神、具有深厚群众基础的典型宣传。2010年，电视台主要新闻栏目《迪庆新闻》（迪庆一套）共播发播发各类新闻3 285条，迪庆二套播发藏语新闻1 860条。制作播出各类专题节目77期，各类汇报片10多部。电台采编播发汉语新闻2 400多条，播发各类新闻资讯2 000多条。

**【对外宣传工作】** 2010年，全州广播上省电台178条次，上中央级媒体17条次；全州电视上云南台《云南新闻联播》播出170条次，上中央台《新闻联播》38条次，用稿数量继续保持在全省州市前列。迪庆电视台藏语部还加大了与邻近藏区电视台的通联工作。与康巴卫视签定了战略合作协议，并在我台设立了康巴卫视记者站，为下一步宣传迪庆州又增加了一个新的宣传平台。迪庆人民广播电台两地互通连线直播节目《飞跃城市》，与全国45家省、市级电台进行了连线直播，跨越地域界限全面推介香格里拉的同时了解全国各地的人文风情，打造了广播外宣第一品牌。

**【广播电视节目创优和创新】** 2010年，迪庆广播电视坚持实施精品战略，依托迪庆独特而丰富的资源，推出了一批优秀的广播影视作品。2010年，全州广播影视作品累计获省级以上奖34个，其中云南新闻奖1个（专项奖）；云南广播电视奖23个（一等奖6个、二等奖8个、三等奖9个）；在全国第十一届藏语广播电视节目评析会上获得一等奖1个、二等奖3个、三等奖5个，优秀奖1个；1件广播作品荣获由云南省防治艾滋病局，云南省广播电视局颁发的2010年艾滋病防治公益广告评选活动广播类优秀奖。

同时，在节目栏目创新务实、贴近群众方面。州电台开辟的《政风行风热线》节目，2010年上线单位28家，听众反映问题144个，已解决解答问题105个，该节目中增设了《政风行风热线回音榜》，追踪报道节目中所反映问题的落实情况，排解了不少群众关心关注的热点难点问题，取得了良好的社会效果。同时，州电台完善广播节目直播化模式，倾力打造“看得见的广播”。2010年，迪庆人民广播电台在春节、两会、香格里拉端阳赛马节、第六届康巴艺术节暨迪庆州民族团结节等重大活动和重要会议期间，策划开展了20

多场大型户外直播活动。先后与有关部门联合举办了“爱心路上有你也有我——爱心送考”特别公益活动、“情系玉树关爱灾区募捐活动”等公益活动；两地互通连线直播节目《飞跃城市》，与全国45家省、市级电台进行了连线直播，跨越地域界限全面推介香格里拉的同时了解全国各地的人文风情，打造了广播外宣第一品牌。除此而外，《相约香格里拉》、《聆听香格里拉》、《快乐进行时》等特色鲜明，互动性强的广播节目受到广大听众的喜爱和好评；截止目前，听众参与的热线累计达到24 000余次，短信平台累计达到12 000条；州电视台立足本地资源，深入挖掘特色题材，不断提高节目包装档次，拍摄了一系列有深度、有影响力的专题，如：《雪域教育谱新篇》、《八方游客畅游香格里拉》、《游牧民工程惠民生》、《表真情谋发展、落实科学发展观》、《维护民族团结的优秀藏族干部——龚曲此里》等，受到了观众的好评。

**【事业建设】** 2010年，迪庆州广播电视事业建设依托村村通工程、西新工程、无线覆盖工程、农村电影放映工程，农村广播影视公共服务体系建设取得明显成效。2010年8月29日全面完成全州23 303户农户的覆盖任务，使全州广播电视综合覆盖率达到96%，实现广播电视户户通的目标。完成州级广播电视节目在13个乡（镇）覆盖工程任务。至2010年末基本实现迪庆人民广播电台、迪庆电视台一套综合频道全州29个乡（镇）的传输覆盖；迪庆电视台二套康巴藏语节目实现全州27个乡（镇）（德钦升平镇、维西保和镇除外）的传输覆盖。完成在江肯山广播电视发射台增加一套标清广播电视节目的工作任务。云南迪庆康巴语影视译制中心项目得以批准实施并于2010年12月31日开工建设。完成了昆迪帮扶广播电视2010年项目实施工作、迪昆合作十一五总结和十二五规划的编制工作；配合国家广电总局和省广播电视局完成了091台主体工程建设。完成2010年度全州广播电视技术维护总检工作，编报了“西新工程”第五期建设规划。2010年，根据三县统计情况，全州累计放映农村公益电影2 232场次，观众人数达27.3万人次。已组织接收国家广电总局发放迪庆州的农村数字电影放映设备12套和数字电影放映车1辆，并组织了技术培训。

**【安全播出】** 2010年，全州广电系统进一步提高安全播出的认识，一手抓安全防范，完善技术手段，启动应急预案，加强巡查防范；一手抓安全运行，健全规章制度，健全人防、技防、物防措施，加强人员管理，全力以赴维护稳定，确保安全。全州安全播出水平不断提高，全年没有出现一起有线无线信号遭插播、卫星信号遭攻击破坏的情况，确保“元旦”、“春节”、“两会”、“314”、“320”、“五一”、“两节”、“国庆”等重点时段、重大活动期间的节目安全播出。

**【体制机制改革】** 全州广电系统按照中央、省、州关于文化体制改革的要求，按照“增加投入、转换机制、增强活力、改善服务”的原则，深化州电台、州电视台人事、收入分配、社会保障三项制度改革。进一步完善了考评机制，加强内部管理，创新管理方式，进一步激发职工工作积极性。2010年州两台的改革发展总体方案已得到州文产领导小组批复，电影发行放映管理职能顺利划转到州广电局，电台、电视台机构得到充实和调整，两台新一轮的中层干部竞聘上岗和职工双向选择工作圆满完成，为下一步深化改革奠定了良好的基础。同时，全州广播影视系统按照州委、州政府的要求和部署，积极推进广播影视文化产业发展。州直广播影视系统经营创收总量达150万元，增长15%。

**【党的建设和队伍建设】** 2010年，迪庆州广电系统深入开展创先争优和学习型党组织建设，党组织的创造力、凝聚力和战斗力进一步提高。根据迪庆州广播影视发展实际，迪庆州广电局党总支以“切实加强新闻宣传和安全播出工作、积极构建农村广播影视公共服务体系、不断深化广播影视体制机制改革、切实抓好队伍建设”为主题。按照“领导班子坚强有力、党员队伍素质优良、基层组织建设成效明显、党建工作机制健全、机关作风形象良好、单位履职业绩突出”的标准要求，全面规划，在思想认识、工作业绩、运行机制、工作作风等方面严格按照州委的统一要求，进一步加强自身建设，坚持突出特色，拓展内涵，加强党组织规范化建设，创新活动载体，积极探索发挥党组织和党员作用的有效途径，通过开展“公开承诺”和“亮牌示范”活动、“三注重三争做”主题实践活动，“送温暖捐助活动”使创先争优活动真正达到了推动发展、促进和谐、服务群众、维护民族团结、加强基层组织建设的目的，去年，州广电局被列为全州创先争优活动示范点，局党总支被评为先进党组织。同时，结合学习型党组织建设，州广电局以“学习促进观念更新、学习促进素质提升、学习促进工作创新、学习促进广电发展”的“五个促进”为目标，扎实开展了“三项学习教育”、“岗位练兵”、“三读”等活动，通过专题讲座、观看教育片、领导讲课，各部室业务骨干相互交流工作经验以及“送出去，请进来”等方式进一步加强党的理论知识、业务知识以及职业道德的的培训学习。通过采取一系列扎实有效的工作措施，全体党员服务意识明显增强，工作作风明显转变，法纪观念、职业道德素养明显增强，干部素质明显提高。

**【少数民族语言广播宣传】**　迪庆少数民族语言广播宣传主要是迪庆人民广播电台的康巴藏语广播。2010年迪庆人民广播电台藏语广播节目主要开办了每天一组的《迪庆新闻》、《国际国内要闻》、《云南新闻》三个新闻类节目，其中，《迪庆新闻》节目是编辑、翻译当天播出的汉语版《迪庆新闻》，每期播出10分钟，平均翻译稿件5条；《国际国内要闻》主要是中央人民广播电台藏语广播播出的《国际国内要闻》，时长为30分钟，平均播出稿件13条；《云南新闻》主要是翻译播出云南日报或云南新闻网中的要闻，时长为10分钟，平均翻译播出稿件为4条；其他藏语节目主要有：校园节目《初生莲苑》（10分钟）、教学节目《藏语讲堂》（10分钟）、《法制天地》（10分钟）、《健康与卫生》（10分钟）、《农牧科技》（10分钟）、旅游文化节目《香格里拉风情》（10分钟）。每天播出藏语自办节目2小时，分别在14：00——16：00，22：00—24：00两个时段播出。目前，藏语广播节目通过中波和调频两种方式传播，现已覆盖香格里拉、德钦、维西三县县城、开发区以及全州29个乡（镇）政府所在地，以及周边毗邻藏区，覆盖人口近30万人，覆盖率为全州总人口的81%。

2010年度，藏语广播节目翻译播出新闻稿件2 860多条，制作播出节目720小时。2010年8月：在全国第十一届藏语广播电视评析会上：迪庆人民广播电台选送的《身残志坚的拉姆》荣获专题类一等奖；《农家卫生院缓解农村看病难》荣获新闻消息类二等奖；《祝福您——母亲》荣获文学专题类制作二等奖。

**【州委常委、宣传部长鲁永明等领导到“两台”检查调研工作】**　2010年1月20日下午，州委常委、宣传部长鲁永明带着对新闻队伍的关心关切之情到迪庆电视台、迪庆人民广播电台检查调研广电工作，并亲切看望了一线采编人员，向大家致以新年的问候，州委宣传部副部长白玉新、州委宣传部副部长、州文产办主任杨建水等陪同调研。

鲁永明部长要求，广播电视部门要进一步改进广播电视新闻宣传工作，牢固树立“特色意识”；要进一步抓好广播电视传输覆盖工作和安全播出工作，不断满足人民群众日益增长的精神文化生活的需要；要充分发挥广播电视内容生产的核心优势，加大广播电视产业开发力度，进一步做大做强广播电视事业。

**【杨学良视察广播电视节目乡镇传输覆盖工作】**　2010年1月26日，州人大常委会副主任杨学良在州广电局局长李忠义等陪同下，到德钦县拖顶乡、霞若乡和香格里拉县吾境乡等地视察了州级广播电视自办节目乡镇所在地的传输覆盖和“村村通”建设情况。

2010年4月20～21日，州人大常委会副主任杨学良在州、县广播电视局负责人陪同下，深入香格里拉县检查指导广播电视“村村通”工作。

杨学良先后深入香格里拉县金江镇、上江乡，就全州20户以上通电自然村广播电视“村村通”直播卫星覆盖一期工程建设及运行情况和第二期工程启动建设情况进行了全面深入检查。

**【省广电局领导到迪庆慰问调研】**　2010年2月5日下午，云南省广播电视局副局长和向东、省局机关党委专职副书记刘仕维、科技处处长王涌等一行到迪庆州广电局、电视台、电台、迪庆中波台，亲切看望慰问了广电系统的广大干部职工，对他们致以新春的问候与祝福。

**【省委统战部部长黄毅看望慰问迪庆广电干部职工】**　2010年3月13日，省委常委、省委统战部部长黄毅一行在迪庆州委书记齐扎拉、州委副书记杨铭书、州委统战部部长杜永春、州委宣传部部长鲁永明及省广电局副局长和向东等领导的陪同下，到迪庆电视台、迪庆人民广播电台看望慰问了一线采、编、播人员。

黄毅要求，少数民族地区的广电工作要不断创新思想、创新理念，要从全面发展的战略高度办好电视、电台；要不断提高广播电视节目的质量，通过增加节目的互动性、参与性等群众喜闻乐见的方式，办贴近百姓、贴近实际、贴近生活的节目；要不断提高少数民族语节目的译制播出能力，进一步发挥少数民族语言节目在反分裂、反渗透、反颠覆中的重要作用；要不断提高广播电视宣传队伍的整体素质。采取“请进来，送出去”等多种方式，加大对当地广电人才的培养力度。

**【爱心活动】** 2010年，迪庆州广播电视局党组认真贯彻落实省委、州委组织部关于在各级党组织和广大共产党员中开展“共产党员抗旱先锋行动”的通知精神，把开展“共产党员抗旱先锋行动”作为深入贯彻落实科学发展观和践行省委“三个一”要求的重大举措，在前期开展抗旱救灾捐献活动的基础上，再次发动全体党员开展“共产党员抗旱救灾特别捐献活动”。局党组成员带头捐款1 000元。截止4月9日，州广电局、迪庆人民广播电台、迪庆电视台3个局属党支部36名党员共捐款7 400元。

4月16日下午迪庆州出租车协会和迪庆人民广播电台在坛城广场向全州发出“情系玉树，关爱灾区”的倡议，活动的开展得到当地群众的积极支持，大家纷纷慷慨解囊，向灾区群众奉献爱心，在短短半天时间里，共向灾区捐款3 780元，以实际行动为灾区群众奉献爱心。所得善款将全部通过迪庆州红十字会拨往地震灾区。

**【黄政红做客迪庆电台《政风行风热线》节目】** 2010年4月22号上午11：00—11：50，迪庆州人民政府州长、州纪委书记黄政红作为上线嘉宾做客迪庆人民广播电台2010年第一期《政风行风热线》直播节目。

在节目中，黄政红要求，2010年上线“政风行风热线”的单位，一是要统一思想，提高认识。正确处理好各类矛盾，切实解决好群众关心的热点难点问题。二是要明确任务、严格要求。“政风行风热线”必须定位为“展示部门形象，倾听百姓呼声，接受群众监督，促进行风建设”，坚持为党和政府分忧、为人民群众解难。三是要求真务实，取信于民。各部门、各单位开展“政风行风热线”工作，要以解决影响经济发展和人民群众关注的热点问题为重点，从关心和解决涉及人民群众切身利益的问题做起，尽心竭力为群众做好事、办实事、解难事。将“迪庆政风行风热线”工作，办成为群众排忧解难的“民心线”，办成推动政府改进工作的“监督线”，办成密切党群干群关系的“连心线”。

**【大事记】** 2010年4月27日，全州广播电视工作会议在顺源酒店召开。州迪庆州人民政府副州长李学林出席会议并作了重要讲话。州广电局局长李忠义总结回顾了2009年全州广播电视工作，提出了2010年的重点工作任务。州人大副主任杨学良、州政协副主席阿青应邀出席会议，州迪庆州人民政府副州长李学林出席会议并作了重要讲话。

5月3～30日，迪庆人民广播电台组织全体采编播人员，分批到云南人民广播电台、昆明人民广播电台进行业务培训学习。

5月31日，迪庆州广播电视局召开基础党组织和党员深入开展创先争优活动动员大会，标志着迪庆州广电局创先争优活动正式启动。

6月5日，由云南人民广播电台交通之声、迪庆人民广播电台香格里拉之音、迪庆电视台主办的迪庆州2010年“爱心送考”活动在香格里拉县城坛城广场举行启动仪式。迪庆州人民政府副州长李学林在“爱心送考”启动仪式上做的讲话。

6月30日，迪庆州广电局召开建党89周年纪念大会，会上，州人大副主任杨学良要求州广电局创先争优活动要“求主动、抓落实、立标杆、出成效”。当天，迪庆州广电局党总支组织局属各支部全体党员，电台、电视台入党积极份子和共青团员开展了丰富多彩、富有特色、寓教于乐、健康向上的纪念活动。

7月6日，迪庆州人民政府副州长、州广播电视“村村通”工程建设领导小组组长李学林，在州广电局、香格里拉县广电局负责人的陪同下，深入香格里拉县督促检查广播电视“村村通”工作。

7月13～15日，州政协副主席和根合在州、县广电局相关负责人的陪同下到维西、香格里拉县视察迪庆州第二批广播电视“村村通”工程建设情况。

9月7～9日，迪庆州人民政府组织了相关部门组成的联合验收组对全州第二批广播电视“村村通”工程进行了考核验收。通过全面验收，全州验收总评分为98分，验收组认为迪庆州整个工程质量达到优质工程，并于9月10报请了云南省广播电视“村村通”工程领导小组对迪庆州工程建设进行验收。

12月，随着迪庆州广播电视局13个乡镇所在地州级广播电视节目覆盖工程的顺利完成，迪庆州全面实现了州级广播电视节目覆盖全州所有乡镇政府所在地的目标，初步建立起州级藏汉语广播电视节目传输覆盖网络。

**【云南省广播电视局专题听取迪庆广播电视工作汇报】** 2010年5月7日，云南省广播电视局党组书记、局长张德文在省局会议室专题听取了迪庆广播电视工作汇报，迪庆州人民政府副州长李学林就迪庆州基本情况、广播电视事业发展情况、广播电视面临的主要困难和问题、请求省局帮助解决的主要问题等四个方面作了全面汇报。州广播电视局局长李忠义作了补充汇报。

根据汇报情况，云南省广播电视局召开专题会议，研究部署云南藏区广播影视工作，并出台关于配合迪庆州落实《中共中央国务院关于加快四川云南甘肃青海省藏区经济社会发展的意见》任务分解方案，要求省电台、省电视台，规划财务处、科技处等9个单位及各处室配合迪庆州广播电视局拟制重点建设项目的《可行性研究报告(带项目建议书)》，帮助迪庆州广电局按照不同的建设内容分解具体建设项目，并完成各子项目编制可研的基本要素，努力向中央有关部门争取更大的支持和帮助，加快推进云南藏区广播影视发展，更好的促进和推动云南藏区的经济社会发展。

**【迪庆州举行电影行政管理职能划转暨文化市场综合执法支队授牌仪式】** 2010年7月22日，迪庆州电影行政管理职能划转暨文化市场综合执法支队授牌仪式在迪庆州政府藏式会议室举行。州委常委、州委宣传部长、州文化体制改革领导小组组长鲁永明出席仪式并讲话。副州长李学林主持仪式。副州长、州文化体制改革领导小组副组长刘家训出席仪式并为“州文化市场综合执法支队”授牌。标志着电影行政管理职能正式划转州广电局、州文化市场综合执法支队正式成立。

**【迪庆广播影视业发展调研座谈会召开】** 2010年8月18日，省广电局党组书记、局长张德文，局党组成员、副局长和向东及省广电局规划财务处等6大职能处室的主要负责人一行到迪庆，就迪庆广播影视发展进行调研。

在迪庆州委副书记杨铭书、副州长李学林及州广电部门负责人的陪同下，调研组实地察看了迪庆人民广播电台、迪庆电视台、迪庆中波台及香格里拉县广播电视局等广播电视台站，并召开了调研座谈会。

州人大副主任和阿寿、州政协副主席和根合出席了调研座谈会，州政府副秘书长阿西主主持了会议。会上，迪庆州人民政府副州长李学林就迪庆广播影视发展情况作了全面汇报。省广电局规划财务处处长张雷代表省广电局就迪庆广播影视“十二五”项目建设规划提出了意见和建议。省广电局副局长和向东就制定好迪庆广播影视“十二五”发展规划提出了“科学合理；符合实际；突出重点；落实到位。”的4点建议。

在听取汇报和发言后，张德文局长对迪庆州广播电视事业近年来取得的工作成绩给予了充分肯定。并提出迪庆广播影视发展要“明确定位、抢抓机遇、形成合力、做强基础”的要求。

**【四川康巴藏语卫视频道驻迪庆记者站成立】** 2010年9月12日，中共迪庆州委宣传部、四川康巴藏语卫视频道在迪庆签定《战略合作协议》，并举行康巴卫视驻迪庆记者站成立仪式及《跨越——西部藏区纪行》大型联合采访启动仪式。州委常委宣传部长鲁永明出席仪式并讲话。

**【户外现场直播】** 2010年9月12～16日第六届康巴艺术节暨迪庆州民族团结节期间，迪庆人民广播电台与云南人民广播电台新闻广播、经济广播、少儿广播、民族语广播、香格里拉之声和云南广播网合作，以汉、拉祜、普米、傣、傈僳、藏六种少数民族语言和14位主持人的强大阵势，共同对“两节”开幕式《香格里拉——梦开花的地方》和闭幕式《香格里拉之夜》大型演唱会进行了现场直播。第一次利用卫星直播车传输信号，使全省的听众朋友同步清晰的收听到了两节开闭幕式晚会盛况。

**【四省藏区“跨越——西部藏区纪行”大型采访活动】** 2010年9月10日至10月1日，四川康巴藏语卫视频道牵头整合西部地区藏区电视宣传力量，开展“跨越——西部藏区纪行”大型新闻联合采访行动。迪庆电视台作为云南唯一藏区电视媒体和康巴地区重要地方媒体参与了本次联合采访活动。活动用20天左右的时间，围绕发展、稳定、民生三大主题，深入迪庆、甘孜、玉树、昌都进行联合采访报道，全面展现西部藏区建国六十年来，特别是改革开放以来，政治、经济、文化建设所取得的巨大成就和人民生活发生翻天覆地的变化。跨越西部藏区纪行行程为：迪庆——甘孜——玉树——昌都。行程数万公里。通过记者的亲身体验，采用现场报道、专题报道和记者手记、纪实文学等表现形式，全景式、立体化、全方位地展现康巴藏区沧桑巨变，以此为第六届康巴艺术节献礼。以实现康巴地区新闻资源共享和优势互补。

通过参与本次活动，促进了四省藏区媒体间开展战略合作，进一步展示了迪庆州经济社会发展取得的成就，进一步提升迪庆州对外宣传的水平。

**【迪庆州电影发行放映管理职能划转工作顺利结束】** 2010年12月15日，迪庆州农村电影免费发行放映管理站资产移交工作会议在州政府会议室召开。迪庆州文化局局长浦江向州广电局局长李忠义移交了农村电影免费发行放映管理站的有关档案材料，标志着迪庆州电影发行放映管理职能划转工作顺利结束。迪庆州委宣传部常务副部长王崇民出席了会议，州文产办、州编办、州文化局、州广播电视局、州人力资源和社会保障局、国资委等有关部门的领导参加了会议。

**【迪庆康巴藏语广播影视译制中心正式开工】** 2010年12月30号，投资规模达1 000多万元的迪庆康巴藏语广播影视译制中心项目开工典礼隆重举行。州人大常委会副主任杨学良、州人民政府副州长李学林出席典礼并为项目开工剪彩，奠基培土。州委宣传部、州广电局、州统计局等相关部门负责人参加典礼。典礼上，杨学良宣布迪庆康巴藏语广播影视译制中心正式开工。李学林在典礼上代表州委、州人大、州政府、州政协向项目的开工表示祝贺。

**【节目设置与播出】** 2010年，迪庆藏族自治州设有一套广播频率（迪庆人民广播电台新闻综合广播），两套电视频道（迪庆电视台汉语频道DQTV_ 1和康巴藏语频道DQTV_ 2）。

迪庆人民广播电台开办有一套综合自办节目，开设有新闻类栏目4个、综艺类节目4个、音乐节目2个、娱乐节目1个、藏语节目9个，除个别新闻节目外其他自办节目基本实现全天化直播，每天播出时间达17个小时，其中藏语节目每天播出4小时。

迪庆电视台共办有两个电视频道，即汉语频道（DQTV_ 1）和康巴藏语频道（DQTV_ 2）。迪庆电视台汉语频道开设有《新闻联播》、《天气预报》、《走进香格里拉》、《关注》、《消费时代》、《少儿天地》、《电视剧场》等7个栏目，每天播出17小时；迪庆电视台康巴藏语频道（二套）开设有《迪庆新闻》（包括中央台、云南台、迪庆台的新闻译制播出）、《歌声传情》、《香格里拉·民间》、《藏语课堂》、《五彩迪庆》五个栏目。每天播出17个小时，其中藏语自办节目播出3小时（含重播）

**【优秀电视节目】** 1. 迪庆电视台制作的专题片《梦幻白马雪山》。该作品通过展现白马雪山国家级自然保护区大山横断，众水分流，千峰竞秀，鸟语花香的自然景观和独特的地理天时，奇异的生物世界，古老的文化传承，全面展示了我国海拔最高、面积最大的云南白马雪山国家级自然保护区的神奇魅力。该作品时长30分钟，分为上下两集，在我台综合频道（DQTV—1）《走进香格里拉》栏目中播出；播出时间为2010年1月。编导、摄像、撰稿阿福，摄像保伍，播音杨秋霞。专题片《梦幻白马雪山》获得云南广播电视奖电视社教类一等奖。

2. 迪庆电视台优秀专题片《世界的香格里拉》。该作品内容讲述在中国云南省西北部，有一个安躺在群山峻岭间的仙境，让栖身其中的人，感受到前所未有的安宁和幸福。这里雪山耸立、江河纵横、森林密布、草原优美、民族和谐。迪庆的自然地理环境，其神话般的色彩与浓厚的宗教文化氛围，使到过这里的人无不为之倾倒，顶礼膜拜。香格里拉不仅具备人间仙境般的自然风光，更具备世界任何地方都没有的多民族特色。

香格里拉是一个民族团结，亲情和睦的温馨社会。

该作品时长30分钟，分为上下两集，在迪庆电视台综合频道（DQTV—1）《走进香格里拉》栏目中播出；播出时间为2010年2月。该作品编导、摄像阿福，摄像保伍，撰稿罗天诚，播音杨秋霞。专题片《世界的香格里拉》获得云南广播电视奖电视外宣类一等奖。

**【迪庆州广播电视广告经营创收情况】**　2010年，在广播电视工作会议上签订经营创收目标责任状以后，各单位能够认真贯彻会议精神，紧密联系自身实际，理清思路，制定目标，分解任务，研究措施，使经营创收工作有条不紊地进行，全部实现了时间未到任务超额完成。电台面对不利形势，规范广告播出，拓宽广告门路，不断培育新的广告增长点；电台、电视台紧扣宣传这个中心，充分发挥主流媒体的突出作用，常规、栏目、活动广告全面突破。电视台截止11月底共完成创收额86万元，比去年同期增收8万元，同比增长10.26%。迪庆人民广播电台共完成创收10万元，在广告市场整顿力度加大和媒介竞争加剧的环境下，各单位能够在经营创收上攻坚克难，挖潜增效，再次取得较好的效益，

**【广播电视文化体制改革】**　2010年，迪庆州广电局按照中共迪庆州委、州人民政府《关于进一步深化文化体制改革的实施意见》（迪办发〔2010〕4号）精神和全省文化体制改革工作会议精神，在坚持正确舆论导向不变、“喉舌”性质不变、党管媒体不变、党管干部不变“四个不变”的前提下，围绕形成调控有效、运行有序的管理体制和导向正确、充满活力的运行机制两大任务，结合迪庆广电实际，深入推进广播电视文化体制改革，圆满完成了年度目标任务。

一、转变政府职能，进一步理顺行政管理体制。按照政企分开、政事分开和管办分丌的原则，将属于政府的职能回归到广播电视行政部门；广播电视行政部门从“广播电视主管部门”向“主管广播电视行业的部门”转变，从管系统向管行业转变，并且强化“管”的职能，改善“管”的手段。

1. 按照《迪庆州委办公室迪庆州人民政府办公室关于印发迪庆藏族自治州人民政府机构改革实施意见的通知》（迪办发〔2010〕14号文件）规定，迪庆州广播电视局由政府直属事业单位调整为政府工作部门。

2. 根据《中共迪庆州委、州人民政府《关于进一步深化文化体制改革的实施意见》（迪办发〔2010〕4号）精神，把迪庆州农村电影免费发行放映管理站和迪庆藏族自治州农村2131免费电影发行放映管理站调整归并到州广播电视局，设立迪庆州农村电影免费发行放映管理站。该机构的体制为财政全额拨款的事业单位，行政上隶属于州广电局，规格为正科级单位，保留原有的事业编4名，设站长一名，副站长一名。

3. 将州广播电视局的文化市场执法职能划归州文化局。

二、深化广电公益性事业单位内部改革

1. 增设迪庆人民广播电台内设机构

迪庆人民广播电台是迪庆州广播电视局直属具有独立法人资格的副处级事业单位，是州级主流新闻媒体之一。主要职能是：全面贯彻执行党和国家有关广播电视工作的路线、方针、政策，开展广播宣传，承办广播电视重大宣传活动，牢牢把握正确的舆论导向，努力提高宣传的水平和质量。努力繁荣广播艺术创作和节目生产，不断满足人民群众日益增长的文化生活需求。统一管理本台的宣传、技术、人事、财务、经营、投资和设施装备，抓好广电相关产业的经营，推进本台事业产业的不断发展和壮大。搞好节目创新和科技创新，推进技术进步，努力提升广播电视宣传和科技规模的水平。负责制定并组织实施本台事业发展规划，依照政府授权，管理经营本台内所有国有资产，并确保其保值、增值。

在此次文化体制改革中迪庆人民广播电台实行台长办公会集体领导下的台长分工负责制和部门领导具体责任制，推行广播节目生产的栏目负责制，建立统分结合、机动灵活、因事设岗、精干高效的管理体制。为使分工明确，避免了重复建设，职责重叠、资源浪费、和内部不良竞争等不足，使广播电视的生产力得到真正的解放，特别是推动广播电视人才队伍向“精、专、优”方向发展，使迪庆广播宣传水平和节目质量迈上新台阶。根据迪庆人民广播电台所担负的职责任务和开展工作的需要，迪庆人民广播电台设台长一名、副台长三名、总编室主任一名，设部、室7

个，分别为记者部、节目制作部、播音主持部、技术部、藏语部、节目营销部、办公室。

2. 增设迪庆电视台内设机构和编制

迪庆电视台是国家广播电影电视总局2001年12月24日以广发社字〔2001〕1406号文件正式批准成立的地方主流媒体之一，属副处级财政全额拨款的事业单位。主要工作职能是围绕州委州政府中心工作，宣传党的路线、方针、政策，以正面宣传为主，报道迪庆政治、经济、文化、民生和群众关注的热点难点问题，营造良好的舆论氛围，并为满足观众的文化需求，改善和提高文化生活提供影视剧等和信息服务。

迪庆电视台原有编制总数44名，实有人数39名，其中台长一名，正科级领导3名，副科级领导6名（由专业技术人员兼任）。专业技术人员37名；工勤技能人员2名。开办有一个新闻综合频道，一个藏语频道。

根据迪庆电视台所承担的工作任务，此次改革中迪庆电视台原44个编制增加至54个。设台长一名、副台长三名、总编室主任一名。下设6个中心（室），分别为新闻中心、节目制作中心、技术播出发射中心、办公室、藏语部、广告部。

3. 进一步深化电台、电视台用人制度改革

根据中组部、中宣部、人事部、国家广电总局《关于深化广播电视事业单位人事制度改革的实施意见》、省政府《关于在全省事业单位实行人员聘用制暂行办法》及中共迪庆州委、州人民政府《关于进一步深化文化体制改革的实施意见》精神，完善以聘用制为基础的基本用人制度。

（1）迪庆州广播电视局直属事业单位全面推行以聘用合同管理为基础的全员聘用制度，由固定用人向合同用人转变，由身份管理向岗位管理转变。单位与职工双方要按照国家及我省关于事业单位聘用制度的有关规定，签订《聘用合同》，经过竞争上岗再签订《岗位合同》，确立单位同职工的人事关系，明确双方的责任、权利和义务。单位与职工聘用关系的建立、延续或解除，以职工与岗位的双向需求关系和履行岗位职责、业绩考核情况为依据。通过竞争上岗，择优聘用，建立能上能下，能进能出的人事管理新机制。

（2）遵循市场经济体制下的用人规律，彻底打破身份和部门界限，通过全员下岗、择优上岗的办法，建立一种双向选择、竞争上岗、绩效考核、合同管理、适合各类不同人员岗位要求的用人制度。

迪庆人民广播电台、迪庆电视台原有的副台长以下的所有人员在本次改革中，全部下岗，免去现任一切职务，解除所有聘用关系，通过公开竞争、双向选择的方式，重新上岗。

2010年8月开始，迪庆州广电局开始实施事业单位中层干部竞聘上岗工作。按照《迪庆州广播电视文化体制改革总体实施方案》，决定对迪庆人民广播电台、迪庆电视台13个副科级岗位全部实行公开竞聘上岗。根据《党政领导干部选拔任用工作条例》的有关规定，研究制定了《迪庆州广播电视局开展科级干部选拔竞聘工作的实施方案》。在竞岗过程中，州广电局对这次竞聘范围、职位、条件、对象等及时进行了公开，对原任职的副科级干部全部解聘，要求重新参与竞争，通过公开报名、资格审查、民主推荐、竞聘演讲、民主测评、组织考察等程序，最终11名业务能力强、综合素质高和群众公认的采、编、播人员走上了中层岗位，为实现广播电视又好又快发展提供了坚实的组织保证。

4. 建立符合广播电视事业单位特点的分配制度

（1）两台在职职工的工资由财政全额拨款，并随人员编制和工资政策的变动递增，逐年增加。

（2）在坚持固定工资与活工资相结合分配方式的基础上，进一步加大内部工资分配改革力度，建立按岗定酬与按任务定酬、按业绩定酬相结合、以岗位绩效工资为主要内容的内部分配办法，实行管理人员绩效工资、编采人员量化工资、经营人员效益工资。岗变薪变。岗酬制定向重要岗位和艰苦岗位倾斜。

（3）建立健全目标量化考核制度和年度绩效考核制度，完善成本核算，分级考核，二次分配制度。

（4）两台可将广告创收中40%部分用于绩效考核工资实行内部再分配。工资总额根据经营业绩包干，所有员工均进行业绩考核。其薪酬为岗位工资+业绩考核工资。其中在编员工的岗位工资为人事财政部门核定的工资，编外员工的岗位工资为两台确定的工资。业绩考核工资为考核后确定的奖金。

**【表彰】　先进单位**

| 单位名称 | 授予单位 | 授予时间 | 荣誉称号 |
| --- | --- | --- | --- |
| 迪庆人民广播电台 | 云南省广电局 | 2010 年 11 月 | 全省广电系统先进集体 |
| 迪庆人民广播电台 | 云南人民广播电台 | 2010 年 11 月 | 2010 年度云南广播联盟创新先进集体 |
| 迪庆州广电局 | 州委、州政府 | 2010 年 9 月 | 第六届康巴艺术节暨迪庆州民族团结节活动先进集体 |

**先进个人**

| 姓名 | 单位 | 职务 | 授予单位 | 授予时间 | 荣誉称号 |
| --- | --- | --- | --- | --- | --- |
| 包雪锋 | 州广电局 | 科长 | 州人民政府 | 2010 年 11 月 | 06～10 年度全州森林防火先进工作者 |
| 赵　红 | 迪庆电台 | 助理工程师 | 州委、州政府 | 2010 年 9 月 | 第六届康巴艺术节暨迪庆州民族团结节活动先进个人 |
| 张红军 | 迪庆电台 | 办公室主任 | 州委、州政府 | 2010 年 9 月 | 第六届康巴艺术节暨迪庆州民族团结节活动先进个人 |
| 张琼华 | 迪庆电台 | 节目部主任 | 州委 | 2010 年 9 月 | 民族团结先进个人 |
| 洪耀辉 | 迪庆电台 | 副台长 | 中国电视艺术家协会旅游电视委员会、全国红色旅游工作协调小组办公室 | 2010 年 8 月 | 2009 庆祝新中国成立六十周年——百家电视台联播红色旅游巡礼先进个人称号。 |
| 万春强 | 迪庆电视台 | 办公室主任 | 州委、州政府 | 2010 年 9 月 | 第六届康巴艺术家暨迪庆州民族团结节活动先进个人 |

（包雪锋）

# 科学技术

## 科学技术

**【科技政策环境】** 2010年，迪庆州认真贯彻落实科技法律法规，优化全州科技创新环境，形成着力自主创新、合力推进创新型云南建设的良好局面。一是加强科技法律法规和政策的宣传。在党政干部和企业负责人中多次开展自主创新、知识产权等专题学习。印发《全国科技大会学习资料》、《中华人民共和国专利法》、《中华人民共和国科学技术普及法》、《云南省科学技术进步条例》、《迪庆州科技进步奖励办法》等，在《迪庆日报》和迪庆科技信息网上宣传《中华人民共和国科学技术进步法》、《中华人民共和国专利法》等。利用“12·4”法制宣传日、科技活动周、全国科普日活动，把学习宣传科技进步法和增强全社会的科技创新意识联系起来，和贯彻落实科学发展观紧密结合起来，营造有利于自主创新的氛围。二是加强科技政策研究与制订。2010年，迪庆州加强了对科技法律法规和政策的研究工作，制订切实可行的政策措施。根据州委、州政府的要求，我局拟定了《〈中共迪庆州委　迪庆州人民政府关于贯彻落实中共云南省委　云南省人民政府关于实施建设创新型云南行动计划的决定的实施意见〉任务分解方案》、《迪庆州人民政府贯彻〈云南省人民政府贯彻国务院关于发挥科技支撑作用促进经济平稳较快发展意见的实施意见〉的实施意见》上报州委、州政府下发施行。三是科学规划“十二五”科技工作。根据国家科技发展规划纲要和云南省中长期科技发展规划，结合迪庆州科技工作实际，按照科技自身发展特点和规律，在开展一系列调研、广泛征求意见的基础上，研究制定了《迪庆州“十二五”科学和技术发展规划》，明确科技发展的思路和目标、总体部署和主要任务，提出促进科技发展的支撑条件和保障措施。四是建立健全科技工作机制。从2009年起，州政府与省科技厅建立了省州科技工作会商会议机制，有效对接省州的科技工作思路、工作重点和工作措施，促进科技资源向省州共同关心、关注的重大项目、重点工作优先配置，提升科技对地方经济与社会发展的带动作用和影响力，形成省州上下联动，共同推进建设创新型云南行动计划顺利实施的科技工作新局面。五是认真贯彻落实中央第五次西藏工作座谈会和《关于加快四川云南甘肃青海省藏区经济社会发展的意见》（中发〔2010〕5号）、《国务院关于支持青海等省藏区经济社会发展的若干意见》（国发〔2008〕34号）文件精神，牢牢抓住党中央、国务院对藏区跨越发展和长治久安给予特殊支持的重大发展机遇，积极向国家科技部和省科技厅争取科技方面的扶持政策和项目，取得了很好的效果。

**【科技创新】** 2010年，迪庆州认真贯彻落实省委、省政府《关于实施建设创新型云南行动计划的决定》的有关精神，认真实施“创新型云南行动计划”。一是加强高新技术企业和产品的培育。迪庆州以多种形式强化对企业的服务，开展为企业送国家科技产业发展导向、送各类科技项目申报指南、送专利申请程序、送高新技术企业申报条件等活动，加强对企业的科技政策和业务培训，积极组织企业申报技术创新专项计划项目，开发新产品，提高产品竞争力。在申报项目、争取项目的同时，迪庆州积极为企业申报高新技术和创新型试点企业认证，积极为地方争取科技政策条件。2010年，藏龙公司被认定为省级创新型试点企业，香格里拉舒达有机食品有限公司和云南迪庆矿业开发有限责任公司被认定为高新技术企业，德钦县、维西县作为云南省首批认定的20个“云药之乡”，得到省科技厅的扶持。二是深化产学研结合。迪庆州积极创造条件，开展州院、州校科技合作，引导省内外高等院校和科研院所把优势科技资源投入到迪庆经济建设主战场，为提升传统产业，培育新型产业服务。积极支持鼓励企业走出去、请进来，与高校、科研院所开展长期稳定的技术合作。迪庆州企业与中国农大、上海大学、云南农大、云南大学、中科院昆明植物研究所、省农科院等高等院校和科研院所开展科技合作，取得了较好的效果，为加速技术创新资源向迪庆的转移和聚集，促进科技成果转化，增强企业抵御风险的能力打下了基础。

**【科技计划】** 2010 年，迪庆州紧紧围绕经济社会发展思路，依托科技项目和科技成果两大载体，组织科技计划项目的实施与管理，引进与之相适应的新技术、新成果，积极开展科技攻关及试验示范，加速了科技成果向现实生产力转化。通过科技项目评定及经费扶持，鼓励科研单位和企业进行技术研发。严格按照年初发布的科技项目申报指南，针对产业特点及技术要求，征集、筛选、申报、评定国家、省、州级科技项目。2010 年，迪庆州共安排、争取科技计划项目 42 项，其中，国家级项目 1 项，省列项目 16 项，州级列项及配套项目 25 项；项目资金共投入 1 009 万元，其中国家和省级投入 809 万元，州级投入 200 万元。这些项目涵盖了农、林、牧、生物资源、能源、生态等事关国计民生的大部分行业，包含了“十一五”科技发展规划中确定的藏医药开发、特色山野菜及菌类开发、花卉产业化开发、地方名特优产品示范推广、科技条件能力建设以及素质培训工程等。项目的实施，顺应迪庆州培植支柱产业、优化产业结构、带动产业技术升级、培育新的经济增长点的政策，加速了科技成果向现实生产力转化，为迪庆州经济发展提供了技术支撑。一批科技项目已成为迪庆州经济发展的新亮点，开始产生一定的经济、社会和生态效益。

**【知识产权】** 2010 年，迪庆州加强以专利为核心的知识产权工作，夯实科技创新基础，强化政府宏观管理能力，充分发挥市场主体作用，大力增强企业、科研院所知识产权创造能力，加大知识产权宣传培训力度，把知识产权教育纳入党校干部教育培训体系，大力开展知识产权宣传和培训，在全社会营造尊重知识产权、保护知识产权的氛围，增强了全社会的知识产权意识；强化企业知识产权工作，开展企业知识产权试点示范工作，提升企业知识产权创造能力。截止 2010 年 12 月底，本年度累计专利申请数 16 件，授权 6 件。

**【解“学科技难”惠民工程】** 2010 年，迪庆州实施“云南边疆解‘五难’（学科技难）惠民工程”，加快推进以改善民生为重点的科技扶贫。2010 年继续选派、选拔了科技特派员和科技辅导员，安排科技辅导员补助经费，全面开展重点科技帮扶和农村先进实用技术综合服务，为“迪庆州解‘五难’（学科技难）惠民工程”实施提供了技术支撑。同时，配备完善科技活动室，让老百姓有了学科技的固定场所；培育以专业技术协会为主的农村经济合作组织，为千家万户的小生产与千变万化的大市场有效对接搭建起沟通之桥；组织实施特色优势项目，带动老百姓进行农业产业化发展。

**【科技培训】** 2010 年，迪庆州科技局始终强调把提高农民素质作为科技工作为新农村建设服务的根本任务来抓，根据当地民族实际、生产实际，针对农民群众对科技需求的实际，围绕当地特色优势产业发展，依托各相关部门的技术力量，以促进农民增收为目标，开展多种形式的农村实用技术培训。2010 年举办农村实用技术短期培训班 200 期，受训人数达 20 920 人次。切实为农民解决了生产中遇到的难题，提高了广大农民的科技文化素质和科技意识，增强农民自我发展和建设新农村的本领，为促进农村经济发展、增加农民收入、维护农村社会稳定、加快推进社会主义新农村建设提供了智力支持。

**【科普宣传】** 2010 年，全州继续加大力量普及科学知识，宣传科学思想，倡导科学方法，弘扬科学精神，使全州各族群众的科技文化素质和运用科技解决生产生活问题的能力得到普遍提高。一是利用报刊、专栏、影视等信息传播方式，进行科普宣传。在《迪庆日报》上开设“科技之光”栏目，宣传科普知识和科技工作动态，刊出各类科普文章、科技推广经验、科技人员先进事迹等；编印发行《迪庆科技》2 期。二是组织主题鲜明的科普宣传活动。2010 年 5 月，州、县科技局、科协在全州范围内组织开展主题围绕“携手创建创新型国家”为主题的科技活动周活动。通过开展科技进学校、科技进军营、科技进企业的“三进”

活动，从公众最需要了解和掌握的科普知识入手，举办科普展览和科普讲座，发放科普资料，组织科技咨询服务，普及科学技术知识。科普宣传内容涉及农业测土施肥、艾滋病预防、结核病防治、乙肝防治、生殖健康、甲型 H1N1 流感预防知识、知识产权申报及其保护、防震减灾等。三是在全州范围内广泛开展“科技下乡”活动，深入乡村，以场镇、院坝、田间地头为课堂，组织有关部门，大力开展“送、讲、培、展、看”等形式的技术咨询、现场培训等活动。把科技人员带下乡、把科技信息带下乡、把科技培训带下乡，推广普及农业先进实用技术，强化农业技术培训，提高广大群众科学文化素质。

**【科技交流与合作】** 2010 年，迪庆州加强对外科技交流与合作，加强了州院科技合作、迪沪对口科技帮扶和迪昆科技合作工作，为迪庆州综合科技实力特别是技术创新能力的提高寻求省内外技术支撑，积极引导和推动科技合作向技术经济合作方向发展，加快迪庆州科技事业跨越式发展步伐。在上海市政府合作交流办、上海市科委、云南省科技厅的关心、支持下，作为迪沪对口帮扶项目的迪庆上海科技中心，建筑面积 2 340 平方米，目前竣工交付使用。同时，上海市科委给迪庆州资助了科技合作资金 80 万元，用于推进迪庆州科技产业化发展的相关科技项目。2010 年，进一步加强同上海市宝山区科委的合作，达到加强合作、优势互补、互通有无、促进发展的合作目的。2010 年，迪昆科技合作进一步得到加强，在人才培养、知识产权管理和科技研发等方面得到了昆明市的支持。2010 年迪庆对外科技交流与合作进一步扩大，为加速技术创新资源向迪庆的转移和聚集，促进科技成果转化，增强企业抵御风险的能力打下了基础。

（和志才）

## 防震减灾

**【概述】** 2010 年，迪庆州防震减灾局深入贯彻落实科学发展观，坚持以人为本，把人民群众的生命安全放在首位，坚持预防为主、防御与救助相结合的工作方针，加快实施迪庆州预防和处置地震灾害能力建设，全面推进地震监测基础设施建设，优化地震监测环境和条件；以乡村为重点大力开展形式多样的宣传教育活动，增强公众自救互救意识，提高防灾能力；进一步强化抗震设防监管工作，各类建设工程抗震能力得到有效保障；地震应急工作得到进一步加强和重视，督促、指导重点单位和部门制定各自地震应急预案，各学校积极开展地震紧急疏散演练，高效处置地震谣言事件。德钦县防震减灾局成立一年来，州地震局积极指导科普宣传、抗震设防监管等项业务工作，德钦县防震减灾工作逐步走上正轨，全州防震减灾综合能力有所提升。

2010 年 2 月州地震局全部职工完成参照公务员法管理。进一步稳定了干部职工队伍，为一心一意干事业营造了良好的条件。

本年度新增地震应急装备：公务小轿车 1 辆、数码相机 2 台。局工作人员每人 1 台笔记本电脑。

**【地震活动监测】** 2010 年 1 月至 12 月 31 日迪庆州境内共发生 1.5 级以上地震 43 次；其中 2.0 ~ 2.9 级地震 9 次；3.0 ~ 3.9 级地震 1 次，无 4 级以上地震。

向州级五大机关、迪庆军分区、武警迪庆支队和各县县委、政府报送《震情快报》12 期。使上级领导及时了解震情动态。

在第六届康巴艺术和特殊时间和敏感时段，加强震情监视和会商工作，力保云南藏区社会稳定。

**【地震前兆观测】** 迪庆州防震减灾局严格执行地震前兆观测人员岗位职责、震情值班制度，坚持 24 小时监测值班工作，确保前兆数据准确、及时、连续和可靠。全年监测数据实现了无差错。每月向国家局和省局有关部门报送观测资料，每天按规定要求向省局传输前兆观测数据，并按时与邻近地震局（办）互换资料。

**【地震监测仪器维护更新】** 2010 年 8 月完成 DR-SW－1 型地热水位数字化综合观测仪安装调试，开始了数字化地热和水位数据的观测，2010 年 9 底重新安装了模拟地温仪。数字化改造项目的实施，提高了前兆观测数据的精确度，进一步提升了迪庆州地震前兆观测水平。

不定期到测震台和小中甸强震台进行检查，查看台站的供电、线路、周围环境、安全状况，即时处理各种故障问题，确保台站仪器的安全运行和环境卫生整洁。

**【信息资料传输系统的建设维护安全监管】** 为了确保省、州地震部门地震监测信息的顺利传输和信息资料共享、数据快速交换。制定了《迪庆州防震减灾局信息节点设备检查和管理制度》、《迪庆州防震减灾局信息节点网络值班制度》。加强对迪庆州地震监测台网（包括数字化测震、陆态网络（GNSS）香格里拉基准站、强震等10多地震监测仪器）的运行、维护和管理，加强地震观测环境和监测设施保护工作，确保各类地震监测仪器、附属设备的正常运转。

协助完成陆态网络香格里拉重力站的安装调试工作。中国大陆构造环境监测网络（简称“陆态网络”）GNSS基准站项目是我国12个“十一五”国家重大科技基础设施建设项目之一，是由中国地震局牵头，国家测绘局、总参测绘局、中国科学院、中国气象局和教育部共同实施的以全球卫星导航定位系统（GNSS）为主，建立一个覆盖中国大陆及近海的国家级地球科学综合观测网络，主要包括重力、地形变两个测项。3月，州地震局协助云南省地震局形变测量中心和北京劳雷工业公司（重力仪供货商）到香格里拉架设重力仪、GPS天线，并接通了数据传输通讯设施。经安装调试后，数据已成功接入行业网，监测数据将作为地壳运动及动力学、地震预报和灾害性天气形成机理研究提供基础数据。

**【地震分析预报】** 修订完成《迪庆州防震减灾局紧急会商制度》，加强本地区震情会商，以每周震情会商会为中心，对地震活动、前兆变化作跟踪分析，出现异常，立即提取异常综合指标作为判断地震短临预测的依据，组织召开周、月震情会商会，向当地党委、人大、政府、政协、驻军和省局、滇西地震预报协作区及香格里拉县委政府报送《震情分析》12份；完成5份地震趋势研究报告（年度、年中、滇西协作区、滇西重点危险区震情研讨会和迪庆州防震减灾工作会议）。

**【地震短临跟踪工作】** 州地震局按照与省地震局签订的《云南省地震局震情跟踪工作责任书》的要求，制定了相应的《迪庆州防震减灾局2010年度震情跟踪方案》，成立震情跟踪工作领导小组，明确人员职责，落实震情值班制度，加强对监测数据的分析处理，加大地震宏观异常的收集和上报，保障各仪器的正常运转，全面做好短临跟踪工作。重点做好滇西北东条带6级左右地震重点监视区的震情跟踪工作。适时跟踪本地区和省内及邻近地区的地震活动变化趋势，以地震活动频度、时空分布、空区、条带等地震活动参数为依据，对地震危险区域进行再判定，进一步确定可能发震的地点和震级。

为了能够在地震发生后第一时间对地震趋势作出基本判定，为抗震救灾提供依据。今年，制定了《迪庆州防震减灾局应对不同震级地震趋势判定工作方案》。为规范地震异常处置工作，制定《迪庆州防震减灾局重大地震异常处置制度》。

**【抗震设防】** 提高各类建筑物的抗震设防能力，是防御和减轻地震灾害损失的有效途径之一。2010年度，州地震局依法对重大建设工程、重要建设工程和可能发生严重次生灾害的建设工程进行有效的监督管理。在州发改、建设等部门的配合和支持下，目前基本形成了凡属于发改委核准审批的建设项目，均抄报州地震局要求建设业主办理抗震设防要求审核。今年，全州共办理抗震设防要求审核41项，其中完成了完成了澜沧江上游沿江公路德钦县云岭至溜筒江二级公路、香格里拉县康思水库、建塘镇500KV变电站等建设工程的地震安全性评价工作。

**【细化地震行政处罚自由裁量权】** 参照省地震局出台《迪庆州细化地震行政处罚自由裁量权执行标准》（试行），对违法情形和行政处罚标准进行了更加细致的划分，更具有可操作性。

**【实施防震减灾知识家喻户晓工程】** 防震减灾宣传工作是减轻地震灾害损失的非工程性措施之一，是提高民众防震避震应急能力，增强全社会防震减灾意识的重要途径，对保护人民生命财产安全、减少社会危害和经济损失有着重要的作用。开展了多种形式的防震减灾科普知识宣传活动，努力提高社会各阶层防灾减灾意识。

1. 面向广大乡村发放宣传资料。克服交通不便的困难，分步骤向全州3县的29个乡镇发放宣传资料，基本达到到户的要求，对较偏远的村社，委托当地乡镇政府或行政村完成发放任务。宣传资料主要为《防震避震常识》大小挂图、《地震知识100问》、《地震应急自救互就手册》和《防震减灾法》图件。全年共计发放各类宣传画册48 000余册（套）。

2. 利用两会宣传防震避震常识。2010年3月17～29日，正值迪庆州召开两会，州地震局向地厅级以上领导赠送了《应急大行动》《防震减灾基础知识问答》等画册资料共计44套。

3. 参与科技活动周宣传防震减灾科普知识。5月17～21日，州地震局积极参与州科协主办的以“携手建设创新型国家”为主题的“科技活动周”活动，在州科技局展览厅展出防震避震常识挂图、新修订《防震减灾法》图件，向前来参观的机关干部、学生、军人、群众发放防震避震宣传画册。

4. 开展5·12防灾减灾日宣传活动。5月12日，在州民政局的牵头下，州地震局与消防、国土、建设等13个单位联合开展主题为“减灾从社区做起”的宣传活动。采取设立咨询台，播放音像制品、发放宣传册等方式进行宣传，共计发放2 000余份宣传资料。

5. 开展防震减灾科普知识专题讲座。6月2日，州地震局派员为武警迪庆州森林大队的官兵进行防震减灾科普常识专题讲座。讲座围绕防震避震常识，自救互救常识，着重突出地震应急救援知识，提升部队在突发地震时的地震应急救援能力。并向森警大队赠送了《防震避震常识》大小挂图70套（560张），《地震知识100问》和《地震应急自救互就手册》各100本。此外，州地震局向迪庆日报社近30名职工开展了防震减灾科普常识讲座。

6. 利用报刊和网络进行宣传。州地震局于5月份与迪庆日报社签订了为期一年的发布地震常识的合同。发布内容涵盖了地震监测预报、赈灾预防、紧急救援、法律法规等方面的知识。刊登防震减灾科普知识了39期，防震减灾新闻4条。在州地震局的政府信息公开网设立科普常识栏目，并与其他知名度高的科普网进行链接。利用移动短信平台发布防震避震常识。向防震减灾科普示范学校（香格里拉县第五中学）的教师不定期群发短信。

7. 纪念唐山地震科普宣传活动。7月28日是唐山地震34周年纪念日，州地震局在行人密集的东旺路开展主题为“牢记灾难历史，重视防震减灾、做好警示教育”科普宣传教育活动。发放《防震避震常识》、《地震应急自救互救手册》、《地震知识100问》、《防震避震宣传挂图》等资料上千余份，展出宣传展版10块，播放《地震来了怎么办》、《地震百科》影像制品。迪庆电视台、迪庆日报、香格里拉电视台对活动进行了采访报道。

8. 更新迪庆州科普长廊防震减灾专栏。12月2日，更新科普长廊防震减灾专栏。内容主要为《防震减灾法》新法、防震避震常识、农村民房建设抗震常识。

**【抗震设防要求专项检查】** 2010年11月初，州政府下发《迪庆州人民办公室关于对迪庆州重点建设工程地震安全性评价抗震设防要求进行专项检查的通知》（迪府办点〔2010〕42号）。2010年11月10～30日，州地震局对州内重点建设工程抗震设防进行了专项检查，检查组到各建设点听汇报、查资料、看施工现场，此次检查的主要对象为正在建设中的2条二级公路重要桥梁和隧道、澜沧江流域水电站以及德钦县医院和学校抗震设防要求落实情况。总体上，各建设单位严格执行建设工程抗震设防的有关法规要求，但也存地震动参数在设计中应用不准确、抗震设计规范版本过期等一些问题。

**【完成五五普法验收工作】** 2010年是“五五”普法的检查验收年，州地震局按照迪庆州委普法领导小组的要求，认真开展了自检自查，4月26日普法检查验收小组通过听、看、查、问、议、评等检查方式，并进行了量化考核，五五普法工作顺利验收。

**【推进地震应急基础工作】** 1. 修订内部预案。迪庆州防震减灾局重新修订定《迪庆州地震系统应急预案》，旨在提高局内部工作人员的地震反应和处置能力。

2. 重新架设电台。2010年5月26日，更换新天线，重新安装无线电台，调试后电台通话效果较好。每周一15时与省局和滇西协作区进行联络沟通。

3. 收集香格里拉县城区基础数据。2010年7月15～17日，省地震局应急保障中心技术专家到迪庆收集地震应急基础数据资料，州地震局在积极配合，协助工作的同时，进一步完善了州地震局的地震应急数据库，将对省局开展地震灾害损失评估具有重要的现实意义。

4. 指导学校开展紧急疏散演练。州内多数学校开展了地震紧急疏散演练，特别是香格里拉县五中在3月和10月分别开展了地震紧急疏散演练，州地震局应邀进行了现场指导。

**【协助推进农村民居地震安全工程和校舍安全工程】** 配合州县建设部门完成2009年度实施的农村民居地震安全工程的检查、指导、验收工作，协助制定2010年度工作计划，根据职责做好工程实施的宣传发动、技术咨询等相关工作。按照州教改办的要求积极参与校舍安全工程，派专业技术人员参加全州校舍安全隐患排查等项工作。

**【加强学习提高素质，营造团结奉献和谐团队】** 为提高干部职工理论素质，在周五学习日的基础上，按照州委“创先争优”和“创建学习型党组织”等活动的部署要求，2010年，州地震局把作风建设和自身建设摆在更加突出的位置。深化学习活动，深入创建学习型党组织。通过制定上报学习型党组织创建方案，完善学习制度，加强组织保证，落实学习计划、提供学习用品，保证学习时间，加大学习督察。采取自学与集中学习等形式，有效营造和形成了重视学习、崇尚学习、坚持学习的浓厚氛围。结合“创先争优”和“七个一”活动，定期组织党员干部、职工学习党的十七大会议精神、《党章》、《划清“四个重大界限”学习读本》《七个怎么看》、十七届五中全会精神等材料。开展了“忠诚教育”为核心的“公共服务职业道德与技术方法”培训教育活动。开展读一本好书、岗位练兵、党员公开承诺、党员示范岗等活动，观看了《村官普发兴》、《第一书记》等优秀影片，进一步增强了党员干部职工的纪律观念，自觉遵守党的政治纪律、组织纪律、工作纪律，抵制各种不良风气。

**【推进阳光政府四项制度建设】** 按照州政府的统一安排部署，扎实推进阳光政府四项制度建设。切实做到精心组织、周密部署。建立组织机构，明确工作职责。按照《迪庆州防震减灾局阳光政府四项制度实施方案》，专人负责重大决策听证、重要事项公示、重点工作通报、政务信息网络查询、“96128”专线服务电话。按照工作职能，认真梳理州地震局应向社会公众听证、公示、通报和公开的重大决策、重要事项、重点工作、政务信息内容，列出清单，分项报州领导小组办公室审核、备案，以文字形式在州政府门户网站上进行公告，接受公众监督。全年共发布工作动态及单位政务45条，科普类资料、法律法规和政策查询类共23条，公示公告类2条，增强了社会公众的监督面。

**【落实党风廉政建设责任制】** 为确保责任目标到位和各项工作措施的贯彻落实，进一步分解细化任务和目标，与局各科室签订《党风廉政建设责任书》，把党风廉政建设工作贯穿于实际工作当中，建立起“党支部统一领导，党政齐抓共管，科室各负其责，群众积极参与”的领导工作体制，用一级抓一级，层层抓落实的办法，形成上下合力，齐抓共管的格局。组织干部职工学习《中国共产党纪律处分条例》、《中国共产党党员领导干部廉洁从政若干准则（试行）》、《中共中央关于严格禁止利用职务上的便利谋取不正当权益的若干规定的通知》和州纪委的有关规定，进一步增强干部职工廉洁自律意识。

**【召开迪庆州首次防震减灾工作会议】** 2010年4月9日，召开迪庆州首次防震减灾工作会议。州政府副州长阿堆出席会议，州抗震救灾指挥部44个成员单位及香格里拉县、迪庆经济开发区管委会相关部门参会。

会上，州地震局局长唐国元作了《坚持以人为本认真履行职责切实做好迪庆州防震减灾工作》的汇报，总结了5·12地震以来迪庆州防震减灾工作情况，提出了未来防震减灾工作的主要任务。监测预报科对未来1至3年震情形势作了多媒体报告。州建设、民政、教育、公安消防等单位分别对“抗震设防管理，民政抗震救灾，中小学校舍地震安全工程，地震应急队伍建设”等项工作的实施和进展情况进行了交流发言。阿堆副州长作了重要讲话，要求各部门，认清形势，切实增强防震减灾工作的责任感和紧迫感；明确目标，突出重点，扎实做好防震减灾工作，各单位和部门加强协调和沟通，以科学发展观为指导，坚持以人为本，为促进迪庆州防震减灾事业又好又快发展、保障人民群众生命财产安全，实现迪庆经济跨越发展和社会长治久安示范区而努力奋斗！

**【迪庆州政府向省地震局专题汇报云南藏区防震减灾工作】** 2010年6月18日，阿堆副州长率唐国元局长等一行到省地震局专题汇报防震减灾工作。

汇报结合了中央和省关于要求各对口部门加大力度帮扶藏区各项事业发展的指示精神，请求省局帮助协调解决迪庆州的地震监测台网建设、地震应急、经费补助、专业人才培训等几个突出问题。省局局长皇甫岗表示，省地震局将积极贯彻落实中央和省对藏区的重大决策部署，从维护云南藏区稳定出发，在地震监测、基础设施能力建设、十二五规划、应急能力建设等方面给予重点倾斜扶持。

**【及时制止地震遥传，维护藏区社会稳定】** 2010年4月24日，迪庆州香格里拉县、维西县、德钦县相继出现地震谣言。当天，州地震局接到单位和个人的咨询电话300多个，州地震局积极采取相应措施，核实情况，及时通过电话、地震信息短信平台向迪庆州及三县主要领导、抗震救灾指挥部成员单位负责人、州县地震系统及分布在全州16个点的地震宏观联络员发布了对此次地震谣言辟谣的有关信息，及时控制了谣言的散播。4月25日，迪庆报社记者到州地震局就此次地震谣言事件进行了采访，次日，《迪庆报》头版刊登了这则采访报道。地震谣言得到及时制止和平息。

**【成立“迪庆藏族自治州应急救援支队”】** 2010年7月23日，迪庆州人民政府成立“迪庆州藏族自治州应急救援支队”。应急救援支队由消防、卫生、交警、建设、民政、地震、环保、气象、电信等20多家单位组成，指挥部下设应急救援队、医疗互救队、交通管制队、气象和地震信息队、通信报道队等九个救援分队。州地震局负责在灾害事故发生时，向指挥部提供震情信息，参与指挥部对震情形势进行分析研究和部署。

（钱　钧）

# 教育·体育·卫生

## 教 育

**【概述】** 2010年，全州教育系统认真贯彻落实中央第五次西藏工作座谈会、省委藏区工作会议及全国教育工作会议精神，全面启动实施国家中长期教育改革和发展规划纲要，认真编制“十二五”教育事业发展规划，深入开展创先争优活动和学习型党组织建设，全面贯彻《中共迪庆州委 迪庆州人民政府关于进一步加强教育工作的决定》（迪发〔2009〕13号）和《中共迪庆州委 迪庆州人民政府印发〈关于进一步调整全州中小学区域布局推进城乡基础教育的均衡发展的方案〉的通知》（迪发〔2011〕1号）精神，着力推进以中小学区域布局调整为重点的教育综合改革，取得显著成效。

**【基本情况】** 2010年底，全州共有各级各类学校195所。其中，幼儿园8所，小学159所（一师一校51所，占32.1%），普通中学22所（完全中学7所），职业中学2所，综合性中等专业学校1所，教师进修学校3所。各级各类在校学生59 217人（幼儿园3 012人，小学30 968人，初中17 076人，高中5 306人，职初139人，职高167人，中专2 549人）。少数民族在校生52 502人（藏族21 179人，傈僳族16 764人，彝族3 184人，其他少数民族11 375人），占在校生总数的88.66%（藏族占35.77%，傈僳族占28.31%，彝族占5.28%，其他少数民族占19.21%）。3～6周岁儿童入园率达30.38%，小学适龄儿童入学率达99.21%，初中生入学率达106.1%，高中阶段毛入学率达48%；小学辍学率为0.16%，初中辍学率为1.76%，高中辍学率为2.53%；教职工4 571人（幼儿园207人，小学2 523人，中学1 619人，职中40人，进校25人，中专157人），其中专任教师3 990人（幼儿园142人，小学2 379人，初中1 002人，高中309人，职中35人，进校22人，中专101人），幼儿园、小学、初中、高中、职中、进校、中专专任教师学历达标率分别为：98.59%、98.78%、97.7%、96.12%、94.28%、95.45%、92.07%。各级各类学校校舍面积614 030平方米，小学生均拥有校舍面积9.51平方米，中学生均拥有校舍面积11.65平方米。

**【推进素质教育，加强现代管理】** 切实加强以“三生教育”为载体，以“教真育爱、淳民强国”为根本的现代教育价值体系建设，进一步提高思想道德教育和思想政治教育的针对性和实效性，把“三生教育”贯彻到家庭教育、学校教育、社会教育全过程。坚持育人为本、德育为先，全面实施素质教育，以提高学校整体素质为根本，全面加强各级各类学校战略管理、体制机制管理、全面质量管理、标准化建设管理、学校价值建设管理、师生生活方式管理，不断提高学校基础管理、全程管理、系统管理、民主管理、依法管理的水平和能力。认真贯彻落实中共中央《关于加强青少年体育增强青少年体质的意见》，结合“减负提质”工作，大力开展阳光体育运动，加强心理健康教育和学校艺术教育。进一步加强学校禁毒防艾宣传教育工作，增强广大师生的禁毒防艾意识，深入开展民族团结教育活动，认真学习宣传贯彻《云南省迪庆藏族自治州民族团结进步条例》。大力推进教育信息化，充分运用信息化手段推进教育优质资源共享，促进教育均衡发展，构建覆盖城乡学校的数字化教育服务体系，全面推进学校招生、学籍管理、学生资助、质量监控、毕业生就业等教育公共服务平台的建设和应用，继续推进教育系统电子政务建设。

**【“两基”工作】** 2010年全州，适龄儿童入学率为99.21%，初中毛入学率为106.1%；小学辍学率0.16%，初中辍学率为1.76%。全州青壮年人口非文盲率为99%，其中农业人口非文盲率为99.58%，非农业人口非文盲率为99.98%。全州中小学按国家和省的课程计划开设课程合格率均为100%；中小学生均占地面积、校舍建筑面积、教学用房合格校数均为100%；中小学在校学生品德评定合格率均为100%；毕业班毕业率小学为99.38%，初中为99.83%；中小学图书达标率和实验教学普及率为100%；初中教学器材、文体器材达标率均为85%；信息技术设备配备率小学生机比为28：1，初中生机比为16：1。全州人均受教育年限达到了6.4年。2010年12月初，迪庆州“两基”工作正式接受国家教育督导团的检查验收，并顺利通过国检。

**【集中办学工程】** 2010年，全州共撤并中小学校361所，缩减率达66.6%（其中撤并一师一校教学点241个，缩减率达82.5%，集中办学取得明显成效。三县4所完全中学高一招生任务划转到州直3所高中，维西县2所农村初中初一招生任务划转到县城中学。

**【校舍安全工程】** 2010年，全州共拆除及封闭管理D级危房56 547平方米。实施新建中小学校舍安全工程项目8校，11个单体项目，总建筑面积33 678平方米，投入资金4 102万元（校舍安全中央资金1 638.8万元，省级资金1 412.2万元，其他资金1 050万元）。严格工程管理，保证工程质量。认真落实国家、省有关教育工程建设收费的有关政策，一律免收相关费用，完成了省教育厅下达的年度校舍安全工程2 000平方米的D级危房改造任务。

**【教育投入】** 2010年，全州投入教育经费20 611万元。比去年增加6 359.99万元，增长44.63%。其中用于学校建设资金预计达8 592万元，比去年增加5 000多万元。按计划实施了州民族中学、香格里拉中学、州幼儿园改扩建及三县一区各项重点项目，学校基础设施建设得到了根本改善。

州直学校新校区建设项目于3月底正式开工建设，项目占地600亩，建筑面积135 562平方米，总投资达50 450万元。这是迪庆历史上社会事业建设项目中占地面积最大、建筑面积最大、投资最大、设计理念最先进的项目。

**【教育对口支援工作】** 认真做好各层次教育对口支援工作。2010年争取到各类教育援助资金1 273.43万元。新建校舍4 648.48平方米，资助贫困学生424人，培训中小学校长、骨干教师36人次。

**【教育惠民政策的实施】** 继续完善和落实农村义务教育经费保障机制，进一步加大教育惠民政策实施工作力度，不断扩大保障范围和提高标准。全年下达中央和省级农村义务教育保障专项资金9 798.39万元。其中：免费教科书费503.18万元，受益学生49 069人；提高生均公用经费保障水平资金1 810.98万元，受益学生49 069人；高原农牧民子女学生生活补助资金7 391.8万元，受助学生45 889人。州政府下达专项资金92.43万元，为48 654名农村中小学生购买平安保险。发放中职学生助学金176.85万元，受助学生1 179人次。争取落实到位州级承担生源地助学贷款风险补偿金18.83万元，完成541人2 011年度生源地助学贷款工作。

**【加强教师队伍建设】** 认真贯彻落实《关于进一步深化学校人事制度改革加强教师队伍建设的意见》和《迪庆州中小学先进学校杰出校长优秀教师评选奖励办法》，继续全面实施义务教育学校和普通高中教师绩效工资改革，拓宽教师进入渠道，广泛吸引优秀大学毕业生充实教师队伍，2010年招聘教师184人。并按计划比例把县级高中教师调整充实到州直高中。全年组织2 132人次参加中小学教师履职晋级培训、中小学校长和骨干教师及高中新课改培训，有7名教师评为省级骨干教师，3名教师评为省级学科带头人。认定教师资格63人，270人晋升中级教师职务资格，56人申报高级教师职务资格。组织对县教研室进行教研机构评审。认真执行新课程标准和计划，大力推进学校教育科研工作，教育理念、教学方法、教学手段进一步更新，课堂教学效果不断提高。为表彰先进，发挥榜样的示范带头作用，年内在全州教育工作会议上，州委、州政府对15所先进学校、15名杰出校长和49名优秀教师进行表彰奖励。

**【职业教育】** 坚持以就业为目标，市场为导向，整合教育资源，改进教学方式，着力培养学生就业创业能力。加强旅

游业、现代农业和服务技能型人才培养，推动专业与职业岗位、教材与岗位技术标准、继续学习与专业引导的对接，努力办好涉农专业和农

村职业教育。继续实施"一村一名大学生计划"，完成招生43人，为积极推进新农村建设提供人才保障。积极开展农业实用技术和农村劳动力转移培训，开办职业技术培训班79个，共培训6 515人次。年内中职学校招生737人，毕业生735人，就业率达95%以上。

结合迪庆农业、农村发展实际，以及农民生产生活的需要，积极开展送教下乡活动。依托乡镇农技站、兽医站，开设了农业经济管理、农业技术、畜牧兽医3个专业，共有835人报名注册，人员覆盖三县五个乡镇。学校将充分发挥师资优势，利用寒、署假到乡镇开展教学。

教育厅正式批准成立云南民族大学香格里拉职业技术学院，实现迪庆州教育史上高等教育零的突破，7月26日，州人民政府正式与云南民族大学签订了合作协议，年内完成首届导游、旅游工艺品设计与制作两个专业的招生工作。

**【招生考试工作】** 2010年，全州参加普通高校、中等专业学校招生报名人数1 554人（香格里拉984人，德钦县122人，维西县448人）。全州上线人数为1 465人，比2009年增加340人，上线率达94.27%，比2009年提高16.97个百分点。省内外普通高等学校共录取迪庆州考生1 084人，录取率为70%。

2010年高中（中专）招生报名人数3 377人（香格里拉县1 356人，维西县1 044人，德钦县619人，州直358人），比2009年增加255人。州内外普通中等专业学校、普通高中共录取迪庆州应往届初中毕业生2 980人，录取率为88.24%。

2010年，全州共有685人参加成人高考，258人次参加603科次的自学考试，351人参加教师资格课程认定考试，2195人参加全省普通高考英语口语计算机辅助考试和英语听力考试，104人参加全国计算机等级考试。

**【学校安全稳定工作】** 全面贯彻落实上级有关学校安全工作会议及文件精神，严格执行《中小学幼儿园安全管理办法》，以创建平安和谐校园为目标，按照"安全第一，预防为主"的工作方针，健全学校安全工作机制，强化宣传，落实责任，规范管理，深入开展学校治安、消防、食品、交通和实验化学品等整治活动，狠抓校园安全和周边环境治理；深入开展安全隐患排查治理和学校安全教育、法制教育，扎实开展应急演练，学校安全管理工作得到加强，杜绝了重大安全责任事故的发生。

高度关注教育热点难点问题，认真做好群众来信来访工作。全年处理来信12件，接待反映热难点问题18人次，受理96128专线电话9个，调解处理矛盾纠纷3件。做到事事有交待，件件有结果，满意率达100%。

继续加大招生执行监察和教育乱收费治理工作力度，切实加强中小学教辅材料管理，严厉打击教辅材料盗版行为；严格后勤服务管理，大力开展厉行节约活动有效降低办公成本；继续坚持和完善领导班子议事规则、重大决策集体研究决定制度和纪检监察审计工作的领导体制与工作机制，建立健全集体领导与个人分工负责、领导班子民主生活会制度，进一步规范决策行为，加大制度落实情况的督查。

**【评优表彰】** 迪庆州教育局被省教育厅评为2010年度教育目标管理二等奖，被州人民政府评为2010年防治艾滋病工作目标责任制考核先进集体，安全生产工作先进单位，消防工作先进单位；被政协迪庆州委员会评为政协迪庆州第十届委员会提案承办先进单位；州教育局局长杨红兵同志、州人民政府教育督导员阿茸宝同志和州教育局督导室李秀莲同志被云南省人民政府评为"两基"工作先进个人，教研室主任和银华同志被评为"十一五"全国教育科研先进工作者，州教研室杨立新同志被州委评为"优秀共产党员"。全州共有38名"三好学生"、10名"优秀学生干部"、3个"先进班集体"受到省级表彰；155名"三好学生"、72名"优秀学生干部"、26个"先进班集体"受到州级表彰。

（刘　峰）

## 迪庆州民族中等专业学校

**【综述】** 2010年全校教工155人，其中专任教师109人（高级职称41人，占38%；中级职称25人，占23%；初级职称43人，占39%），后勤工作人员46人，其中门诊医务人员10人。党员人数65人，其中学生党员15人。全日制班级45个，共计学生 2 021 人。

【基础建设】 为全面推进教育综合改革，2010 年新校区的建设逐步展开。新校区占地面积 450 亩，启动一期基础设施建设，包括中专部和大专部教学楼、学生宿舍、教工廉租房、学生食堂、体育场馆，共计建筑面积 6.9 万平方米。为保证正常的教育教学工作，及时对有关的教学设施进行修缮。

【全日制教育】 学校招生规模不断扩大，办学模式走上多样化路子。开设有初等教育、旅游专业、医学专业、农学专业、艺术专业、财会专业、汽修专业等七大专业。学校在稳定师范、医学、旅游等三大专业基础上、增设完善了汽修、烹饪、市政、外语导游、计算机教育、矿产开发、畜牧兽医专业、临床医学、农村经济管理、藏语文教学、体育教学、农作生产技术等专业。2010 年招收初等教育 84 人，护理 166 人，农业生产 24 人，藏语文教育 78 人，旅游 20 人，临床医学 55 人，体育教育 44 人，汽车修理 56 人，农业经济 48 人，维西分校招农业经济 42 人，舞蹈 10 人，水利水电 87 人。合计新招收 16 个班，714 人（大专 211 人，中专 503 人）。

教育教学质量是考核一个学校办学成效的重要指标，为了优化这一指标，学校对教育教学的各个环节进行了细化管理，特别针对教学计划、备课、教案、上课、作业、辅导、测验、考试、实验等建立了一系列制度，进行规范化管理。树立榜样，引导广大教师提高教学质量，2010 年，举办全校性的教师教学质量评比活动，各个教研组评选出具有代表性的教师，通过公开课的形式进行评比，在竞争环境中实现整体提高进步。继续开展“以老带新”的活动，在有经验的教师带领下，新教师快速成长进步，尽快适应教学工作。

【成人教育】 2010 年，继续坚持全日制教育与成人函授办学“两条腿”走路的办学思路。在成人教育方面，加强招生宣传力度，学校组织专人负责招生宣传工作，做到及时、准确地以各种形式、渠道、途径将招生宣传资料、信息送达拟参加报考成人函授学历教育者手中。2010 年 9 月完成两个专业班级的报到注册及开学典礼工作。2010 年 9 月根据云农办发〔2007〕16 号文件关于在全省开展“一村一名大学生计划”的实施意见，积极与州委农办接洽相关工作，完成香格里拉县、维西县所推荐上报的 42 名“一村一名大学生计划”的资格审验、入学水平测试及注册等相关新生入学手续。2010 年成人教育 9 个班，总计 447 人（其中专科 317 人，本科 130 人），绝大多数学员来自全州 29 个乡（镇）的教育卫生、企业、行政、金融、旅游行业的在职人员和非在职人员。

2010 年根据州教育局综合改革办公室的有关政策要求。7 月组织全州十九个乡镇 37 名小学藏语文教师（1—7 年级）进行藏语文课程培训，为全面推进全州“双语”教学工作奠定了基础。8 月组织全州 1 338 名小学教师进行晋级履职培训。为广大基层教师提供了良好的学习平台。

州民专作为“云南省贫困地区劳动力转移培训示范基地”，在州扶贫办等职业部门的集体指导下，领导重视、落实目标、狠抓培训，及时组织全州各乡镇农牧民在符合条件的情况下积极报名参加学习相关科技知识。依托农技培训站，先后在虎跳峡、洛吉、永春、康普、燕门、升平等乡镇开办教学点，共培训 872 人。2010 年完成了 9 期农村剩余劳动力转移培训，共 704 人。完成州民政局退伍军人劳动力转移培训 43 人。达到了预期的目标和任务。州民专示范基地根据我州经济社会发展的需要及市场用工需求开展职业技能培训和引导性培训，引导性培训主要围绕县域经济发展需要，开展实用技术为主。职业技能培训力求实现劳务输出从“体能型输出”向“技能型输出”转变，通过培训、考核，参训人员均获得了初级技能鉴定证，提高了劳动力转移人员的劳动技能和职业技能。

为实现成人函授教育管理规范化、制度化，州民专根据招收学生的实际情况，制定了一系列便于操作的管理制度：《成人学历教学管理办法》、《授课教师教学管理办法》、《学期考试管理办法》等，这些制度在一定程度上推动了成人教育，提高了管理效率和教育教学质量。

【党团建设】 学校党委下设三个党支部，有教职工党员 50 人，学生党员 15 人。校党委坚持不懈抓党建，始终把党员队伍建设、思想建设、廉政建设、作风建设放在党务工作的中心位置。

结合学校实际，将民主评议政风行风工作纳入党风廉政建设、校园文化建设、创建和谐校园的评价中，大力实施校务公开“阳光工程”。坚持把行风评议工作同制度建设、效能建设、党员先进性教育有机结合，推行问责制，形成有效的工作运行机制，增强了各科室（部门）的效能，提高了教职员工的学习意识、责任意识和综合素质，实现了以制度管事管人，切实改进了工作作风，有效提高了办事效率和服务水平。通过一系列党组织活动，增强了广大师生对党的认识，申请入党的人在前一年的基础上大幅度增加，党组织在师生中的地位有了较大提升。

校团委加强校园文化建设，用健康向上的校园文化熏陶和塑造人。2010年全校33个在校班级都在班级团支部的运作下认真组织了18岁成人仪式，举办了纪念“五四”运动91周年文艺晚会，艾滋病日在校园内宣传艾滋病预防知识，结合我州“民族团结进步节”等重大节庆活动组织团支部开展主题墙报设计宣传活动，校团委联合长江水学校香格里拉协调中心，组织全校师生通过观看宣传片、展览宣传板、张贴海报和标语、发放宣传单、主题签名等形式，广泛开展环保、节水宣传教育活动，积极倡导科学、文明、健康的生活方式。

【校园文化建设】 先进文化是精神文明建设的思想源泉和动力。在校园文化建设中，校党委发挥战斗堡垒作用，校团委、工会、妇联和各科室（部门）形成中坚力量，制定了《迪庆州民族中等专业学校校园文化建设实施方案》，开展了贴近师生、贴近校园生活、贴近教学的多层次全方面的校园文化活动。2010年，各教研组先后举行普通话诗歌朗诵比赛、护士节专题晚会、汽车知识竞赛、本土民间歌曲大赛、电子报刊制作及汉字录入比赛、教师节专题晚会、英语歌曲大赛、教师节专题晚会、“文明校园”综合文艺晚会、藏文书法展览、民族规范舞大赛，营造了浓厚的校园文化氛围。开展各种文体活动，不断扩大对外交流，营造和谐、健康的校园文化氛围。紧紧依靠校工会妇联组织，在教职工中扎实做好职工“医疗互助”、“送温暖献爱心”、“职工之家”、“巾帼建功”活动。紧紧依靠校团委，在学生中加强爱国主义、18岁成人、团员意识教育，丰富校园文化。学校教师的教学研究活动有序开展，在各级专业刊物上，发表教学论文28篇。受国家级各种表彰12人，省级21人，州级16人，还有部分教师的文学艺术作品多次在省州级的活动中获奖和表彰，为提升学校的知名度起到了重要的作用。

【大事及荣誉】

2010年1月学校组织教职工参加中职协会体育竞赛，取得较好的成绩。

2010年3月28日，州直学校新校区建设项目举行开工典礼暨奠基仪式，该项目包括香格里拉职业技术学院、迪庆州民族中等专业学校、迪庆州藏文中学三个部分，位于香格里拉县城查拉社，距县城五公里，总占地面积450亩，我州主要领导齐扎拉宣布正式开工，州长黄政红致辞，杨铭书主持，并进行了培土奠基。

2010年3月，州民专获得迪庆州科协颁发的“2009年学会（协会）工作目标一等奖”。

2010年5月11日晚，州民专举行一年一度的护士节文艺晚会。

2010年5月20—21日晚，州民专举办第二届教职工文艺晚会。

2010年5月18日，迪庆民专生活区（原卫校）固定资产正式移交给州民中。

2010年5月26日，云南省教育厅同意设立“云南民族大学香格里拉职业技术学院”并同意2010年招收导游、旅游工艺品设计与制作两个专业学生100名。

2010年6月3日下午，州委常委、州委组织部长郑艺在州教育局局长杨红兵的陪同下对州民专创先争优活动进行调研。

2010年6月7日，学校召开深入开展创先争优活动动员大会，州教育局副局长和云西出席会议并讲话。

2010年9月，州民专组织师生参与第六届康巴艺术节暨迪庆州民族团结节等我州重大活动节目演出。

2010年9月14日，云南民族大学香格里拉职业技术学院挂牌仪式在迪庆民专举行。参加挂牌仪式的领导有：中国文联、中国作协副主席丹增，云南省委常委、迪庆州委书记齐扎拉，云南省教育厅副厅长邹平，迪庆州州长黄政红，云南民族大学党委书记甄朝党，以及迪庆州人大、政府、政协各部门领导，云南民族大学处室领导。

2010年9月，李红莲老师被国家教育部授予“德育工作先进个人”称号。

2010年9月20日，州民专被云南省教育厅授予“中等职业技术学校德育工作先进集体“彭寿禄老师被教育厅授予“中等职业学校德育工作先进个人”。

2010年10月20日，在通过宣传、动员、民调之后，正式开展“珍爱生命，远离烟草”控烟活动；同时，成立监督小组，附设吸烟室，取得较好的效果，得到社会的广泛好评。

2010年11月，李光智老师被迪庆州委授予“优秀教师”称号。

2010年11月，在迪庆州消防支队举办的消防知识竞赛中，州民专获得团体二等奖。

2010年11月16日，州民专总务科被迪庆州总工会授予“工人先锋号”。

2010年12月，迪庆民专《教师文集》（第二集）出版，内容涵盖所有专业。由领导讲话、管理在线、调查研究、教育教学、素质教育与改革、外语天地、学术纵横、教学随笔、杂文随笔九部分，意在全面展示州民专近期学术成果。

（肖丽艳　熊继松）

# 体　育

【概况】　2010年全州体育工作者立足抓住2008年北京奥运会、中国面向西南开放桥头堡建设、中央第五次西藏工作会议召开、云南实施“七彩云南”农民健身工程的重大机遇，群众体育有特点、竞技体育有亮点、体育产业有发展、基础设施有改善，推动体育事业全面进步，为迪庆州经济和社会发展做出了积极贡献，为“十一五”时期体育事业发展做出了积极贡献，为“十二五”时期体育事业加快发展，奠定了良好的基础。

2010年，在州体育局基层党组织和广大党员中深入开展创先争优活动；认真落实行政问责“四项制度”、“一岗双责”，落实党风廉政建设目标责任制。

参加全州乡村换届及新农村建设工作队，选派体育局党组书记李爱明、副局长李光灿、高海拔训练中心主任白海涛三同志下基础组织村建和换届工作。

年内，在60个村镇、捐赠60副篮球架、60台乒乓球桌，全局投入乡镇体育经费近80万元。

【群众体育】　注重基层，打牢基础，构建组织，形成网络，开展活动，突出特色，典型引路，普及推广，全州各级各类社会体育指导员到2010年达到177人，州级陈永忠、香格里拉县白耀东参加云南省首期国家级社会体育指导员培训班，获合格证书。维西县段文武、德钦县钱顺琴获国家健身气功项目一级社会体育指导员称号。香格里拉县李国中、德钦张雄光获篮球项目国家一级裁判员称号。体育社会经济不断增加，晨、晚练点100多个，参加体育锻炼人数明显增长，全州体育人口达95 516人。创编推广迪庆民族健身舞取得成效，全民健身活动逐步深入。

【竞技体育】　2010年8月18～26日，迪庆州体育代表团参加在云南文山举行的云南省第十三届运动会。代表团团长：刘家训（州人民政府副州长），副团长：松涛（州体育局局长）、李爱明（体育局党组书记）、李光灿（州体育局副局长）、阿布（州体育局副局长），教练员：陈永忠（拳击）、拉卫东（篮球）、毛金文（田径）、白海涛（网球）、冯玉华（击剑）。共派出拳击、击剑、网球、围棋、田径、篮球六个项目共180多人的体育代表团参加，获得金牌7.5枚；获4～8名6人。

迪庆代表团在全省16个州市中，金牌榜第12位，总分15位，迪庆代表团荣获“体育道德风尚奖”。

迪庆网球队获“体育道德风尚奖”。

格茸卓玛（网球）；松七龙、余春泽（拳击）；登增楚培、达瓦品布（篮球）；次里旺顿（田径）获“体育道德风尚奖”。

本届运动会是迪庆历史上参加人数最多，参加项目最多，获金牌最多的一届。

向上一级体育训练部门输送拳击运动员1名，少儿网球运动员6名。

【民族体育】　组团参加2010年11月16～23日在普洱市思茅区举行的云南省第九届少数民族传统体育运动会。代表团团长：阿堆（州人民政府副州长），副团长：彭真祥（州人民政府副巡视员）、副团长：松涛（州体育局局长），马术，领队：阿布（州体育局副局长）；教练员：杨云开、毛金文，射弩领队：李光灿（州体育局副局长）；教练员：杨文智。共派出竞赛项目马术、射弩、陀螺、吹枪、板鞋竞速等五项。

表演项目：竞技类、综合类、民族健身操类、开幕式入场表演类等四项，共获得五枚金牌（竞赛类3枚，表演类2枚）。

射弩：和忠文　跪姿
第一名　金牌
和忠文　全能
第二名　银牌
和忠文　现代弩
第二名　银牌
和丽红　跪姿
第二名　银牌

马术：鲁茸尼玛　4000米
第一名　金牌
恩主　跑马拾哈达
第一名　金牌
鲁茸尼玛　3000米速赛
第二名　银牌
恩主　跑马射箭
第二名　银牌
拉茸西诺　3000米走马
第二名　银牌
拉茸西诺　4000米走马
第二名　银牌
鲁茸尼玛　3000米速赛
第二名　银牌
尼玛　跑马射击
第三名　铜牌
拉茸西诺　1000米走马
第三名　铜牌
拉茸西诺　2000米走马
第三名　铜牌

摔跤：王涛
第三名　铜牌

表演项目：综合类获两枚金牌；民族健身操类获银牌1枚；开幕式入场表演奖获银牌；竞技类铜牌1枚。

代表团荣获“体育道德风尚奖”

获“体育道德风尚奖”代表队：吹枪、陀螺、射弩

获“体育道德风尚奖”个人：杜龙（吹枪）、余新光（陀螺）、杨成（板鞋竞速）、大培楚（摔跤）、和忠文（射弩）、鲁茸尼玛（马术）。

**【场馆建设】**　民族体育中心网球馆：总建筑面积1064平方米。集训练、比赛、健身、娱乐于一体的设施齐全的体育场馆，室外设国际标准塑胶场地、塑胶篮球场地能满足国际比赛和群众性体育活动广泛开展和普及的要求。工程于2010年10月28日验收合格，投入使用。

德钦县体育场：总投入2 800万元，总建筑1万多平方，集田径、足球训练比赛为一体的德钦县体育场于2010年竣工。

德钦县体育馆：总投资3 989万元，占地面积15.88亩，建筑面积7 196平方米，框架四层，自1月份启动以来生产完成地勘报告，初设等工作，完成施图预审，年底进入项目招标准备阶段。

维西县体育馆：总投资3 995.22万元，占地面积61.53亩，建筑面积7 300平方米，框架四层，已完成前期工作，进入项目招投标阶段。

完成香格里拉县农民健身工程10套并投入使用。投入10万元的灯光球场正在建设当中。

完成路径工程6套并投入使用。

2010年8月8日全国第二个“全民健身日”活动。在此次活动的启动仪式上，城区近400名健身爱好者展示了民族健身舞、民族歌舞、健身气功、街舞等全民健身项目。观众达1万多人。启动大会后，举行了三对三篮球挑战赛的开赛仪式，本次赛事分常规赛和自由赛，常规赛比赛分4个组别成年男子组、女子组、男子少年甲组、男子少年乙组。由于自全州三县一区的常规队52支队伍参加，自由赛有91个队进行报名参赛，共计参赛人员达628人，共打比赛295场。这次举办的篮球赛，在促进参赛运动员身心健康的同时，为推动迪庆州全民健身运动的开展以及促进民族团结、维护社会稳定发挥了积极作用。进一步增加了迪庆州各族人民的体育健身意识，在全州上下形成崇尚健身、参与健身、追求健康文明生活方式的良好环境和氛围，贯彻了“我参与、我健康、我快乐”的“全民健身日”主题。

**【体育彩票】**　迪庆香格里拉彩民2010年10月24日，10125期七星彩喜中千万元大奖，并在坛城广场举行由省体彩中心郭副主任、州体育局党委书记、香格里拉县文体局领导出席的授牌仪式。迪庆销售管理部组织第二个全民健身日“体育彩票

杯”三对三篮球挑战赛。

【表彰】 迪庆州维西县文化体育局、迪庆州民族中等专业学校被省体育局授予2010年全民健身活动优秀组织奖荣誉称号。

迪庆州德钦县文化体育局被省体育局授予2010年全民健身活动先进单位荣誉称号。

迪庆州体育局、香格里拉县逸夫小学、德钦县云岭乡人民政府、维西县保和镇十字街社区荣获2006—2009年度，云南省体育局群众体育“先进单位”称号，并受到表彰。

州体育局松涛、陈永忠、孙建忠被云南省体育局评为2006—2009年度群众体育“先进个人”称号，并受到表彰奖励。

迪庆州体育局、香格里拉县民委、德钦县文体局获得2010年云南省少数民族传统体育“先进单位”，受到省体育局的表彰奖励。

和金明（州民委）、王文举（维西）、白耀东（香格里拉县）获得2010年云南省少数民族传统体育“先进个人”，受到省体育局的表彰奖励。

州体育局全局干群圆满完成“两节”各项工作任务，民族体育中心体育场亮光工程、场地、消防、后勤服务等工作。

迪庆州体育局阿布、李光灿、陈永忠、阿品三同志在2010年9月第六届康巴艺术节暨迪庆州民族团结节工作中，工作努力，成绩突出，付出了艰辛的劳动，受到迪庆州委、州人民政府的表彰奖励。

州体育局拉卫东同志在2010年度被云南省人民政府评为享受省政府特殊津贴的专家。

【大事件】 2010年9月底，州体育局松涛局长、李爱明书记、孙建忠主任到北京参加国家体育总局第四次援藏工作会议，积极汇报，争取资金和项目。

10月份，总局办公厅副主任梁纯、群体司副司长徐川、原总局篮球管理中心主任李元伟到迪庆州检查指导体育工作。

11月份，经过州委、州人民政府和代表团的艰辛努力，积极争取，在2010年11月云南省第九届少数民族传统体育运动会上，经省人民政府批准，迪庆州赢得了2014年云南省第十届少数民族传统体育运动会在迪庆香格里拉主办权。

11月份，州体育局领导和教练员到广州观摩亚运会及考察橄榄球队相关事宜。迪庆州体育局首次成立省级专业运动队，并于2010年12月30日完成云南省男子橄榄球项目的注册工作。

12月，完成云南省第十届少数民族传统体育运动会比赛、训练场馆建设的总体设计方案。

国家竞走队2010年3月、5月7月三次上迪庆高海拔训练基地训练。

（陈永忠）

## 卫 生

【综述】 2010年，迪庆州卫生局深入开展学习实践科学发展观活动，局党组以“创先争优”活动为契机，积极创建“学习型党组织”。进一步理清符合全州实际的卫生事业发展思路，紧紧围绕年初全省、全州卫生工作会议的要点及重点任务分解方案，通过全州广大医务工作者的艰苦努力，卫生工作取得了稳定持续发展。到2010年底，全州共有各级各类卫生机构91个（不含村卫生室），属州县卫生行政部门管理的国有医疗卫生机构45个，其中州级医疗卫生单位5个，即迪庆香格里拉人民医院、州疾病预防控制中心、州藏医院、州中心血站、州卫生局卫生监督所；县级医疗卫生单位11个，即德钦、维西县人民医院、三县疾病预防控制中心、三县妇幼保健院、三县卫生局卫生监督所；乡级医疗卫生单位29个；全州公立医疗卫生机构共有卫生人员1 404人，其中卫生技术人员1 208人，有正高职9人，副高职125人，中级职称324人，平均每千人拥有卫生技术人员2.98人。设有病床745张，其中乡镇卫生院设有病床315张，平均每千人拥有开放床位1.96张。全州188个行政村（社区）设有163个村卫生室，共有村医203人（其中65人为乡镇卫生院下派到村卫生室工作）。建有农家卫生室495个，有农家卫生员495名。营利性医疗机构（个体诊所）42个、民营医院4家，卫生技术人员163人，床位100张。

【全州卫生工作会议】 2009年4月13日，全州卫生工作会议在香格里拉县城召开。会上传达全省卫生工作会议精神，州人民政府李学林副州长作了重要讲话，州卫生局阿追局长作了工作报告。

会上州人民政府和三县人民政府签订《2010年卫生工作责任目标及防治艾滋病工作责任目标书》，州卫生局分别与三县卫生局、州直各医疗卫生单位签订了《2010年卫生工作责任目标书及防治艾滋病工作责任目标书》。

【新型农村合作医疗】 2010年，全州农业人口306 258人，共有293 087人参加新型农村合作医疗，参合率达95.7%。筹资水平提高到了140元，共筹集新型农村合作医疗基金4 103.57万元，其中中央补助1 758.88万元，省补助1 758.52万元，民政代缴179.29万元，其他资助70.86万元，个人自筹336.02万元。在2009年基础上，对新型农村合作医疗实施方案进行调整完善，提高补偿比例和封顶线。乡镇卫生院住院可报销80%的医药费，门诊可报销40%的医药费，县级住院报销70%的医药费，最高补偿金额达3万元。2010年全州新农合基金支出3 819.71万元，其中门诊补偿758 030人次，补偿1 087.33万元；门诊次均补偿14.34元；住院补偿15 024人次，补偿2 638.34万元，住院次均补偿1 756.08元；正常住院分娩补偿2 075人，补偿94.04万元。有34.31%的参合农民在乡镇卫生院住院，35.29%的在县级医疗机构就诊，21.8%的在州级医疗机构就诊，8.6%的在省级医疗机构就诊。资金流向为19.31%在乡镇卫生院，40.2%在县级医疗机构，23.76%在州市级医院，16.72%在省级医疗机构。住院病人及资金流向基本趋于正常。通过新型农村合作医疗工作实施，方便群众就医和减轻藏区农牧民群众负担，真正享受到党和国家的温暖，因病返贫、因病致贫现象得到遏制。

【疾病预防控制及妇幼保健工作】 2010年，以巩固扩大国家免疫规划、结核病控制等工作为重点，全面开展疾病预防控制工作，使全州传染病得到有效控制，妇幼保健工作得到进一步加强。至2010年末，传染病发病率下降到146.27/10万，前六位传染病为肺结核、痢疾、病毒性肝炎、梅毒、疟疾、艾滋病。建卡建证率达100%，各种疫苗接种率在95%以上，扩大免疫规划工作进展顺利。孕产妇和婴儿死亡率分别下降到45.0/10万、17.61‰。孕产妇保健覆盖率89.08%，系统管理率61.59%，住院分娩率达86.27%，高危孕产妇管理率99.67%。通过“降消项目”实施，加强了全州妇女儿童健康，住院分娩率大幅度提升，由2004年的45%提升到86.27%。孕产妇死亡率、新生儿死亡率得到明显的控制，全州没有发生新生儿破伤风病例，农村妇女儿童的健康有了可靠保障。

【卫生监督执法工作】 至2010年12月，全州卫生监督机构有监督员35人。监管公共场所705户，从业人员2 474人；学校175家，有教职员工4 576人，学生54 588人；生活饮用水被监督单位50户，从业人员125人；职业卫生被监督单位35户，接触职业危害人数3 210人；放射卫生被监督单位14户，放射工作人员44人；监管医疗机构240个，有注册护士406人，医生729人。全州各级卫生监督机构认真开展各项卫生监督执法工作，全州共有餐饮业1 198户，实监督1 198户，监督覆盖率100%。开展元旦、春节、中秋、国庆期间食品安全，学校食堂及周边餐饮店和建筑工地食堂安全专项整治、严防“地沟油”、“不合格一次性筷子”“不合格一次性塑料餐盒”流入餐饮服务环节，问题乳粉、使用乳品及含乳食品情况专项清查行动监督、保健食品、打击非法行医及非法采供血、关于核查处理涉嫌冒充药品的“消字号”产品、开展规范入学和就业体检项目专项督察等专项整治11次。

围绕“防治职业病造福劳动者－－－劳动者享有基本职业卫生服务”主题，深入厂矿企业、集贸市场、工交车站、广场等场所，进一步加强宣传和贯彻《职业病防治法》、《云南省职业病防治条例》和《云南省职业病防治规划（2009－2015年》。周密部署、突出重点，切实加强食品安全及化妆品等相关产品监管工作，积极开展饮用水和重点公共场所卫生监督，加强学校卫生管理工作；重视职业卫生和放射防护监管；继续加强医疗服务监管，完善打击非法行医和血液安全监督长效机制建设。加大案件查处，严格执法、文明执法，遵守监督程序和规范。顺利完成“第六届康巴艺术节”、“民族团结节”两节重大活动的食品安全工作，保障农牧民群众食品安全和就医安全。规范食品市场及医疗机构行为，达到依法行政、依法行医，保障广大人群众根本利益。

【血液管理工作】 认真贯彻落实《中华人民共和国献血法》和《云南省贯彻〈中华人民共和国献

血法〉实施意见》精神，大力开展无偿献血活动。2010年，全州共招募献血者1 434人次，采集全血量1 991.55单位，临床用血总量3 412.35单位，调入血液总量14单位，调出血液总量230.5单位，报废血液总量402.25单位。严格按照《献血法》进行规范化管理，全州无偿献血率保持在100%，成分血使用率100%。接受国家血液中心的评估，提出整改措施，加强中心血站的规范化改造。辖区内采供血已实现三统一，全州年内未发生用血事故。迪庆州中心血站连续两年被卫生部表彰为先进单位，有力保障全州各级医疗机构用血安全。

**【民族医药工作】** 州藏医院是集藏医药研究、临床医疗、藏药生产、药浴服务四位一体的综合医疗卫生服务机构。为继承和弘扬民族医药文化，进一步发挥藏医药在保障藏区各族群众健康方面的积极作用，2009年迪庆州委、州政府作出做大、做强迪庆州藏医院的决定，并将藏医院迁建项目列入重点建设内容，高标准、高起点规划。州藏医院新址占地50亩，建设门诊医技楼、住院部、制剂中心、药浴中心、藏医药研究所，总建筑面积18 600平方米，投资6 000万元。建成后的州藏医院，标准为二级甲等医院，设病床100张，人员编制150人。2010年州藏医院完成第一批专业技术人员公开招聘、录用。从青海省公开招聘3名本科学历的藏医专业技术人员，从全州公开招聘13名、公开选调23名专业技术人员，年底职工总数达到75人。

积极与青海省金诃集团合作，加大人才引进与药材基地建设。在青海省金诃集团的帮助下，加强重点人才培训，每年向青海省藏医院选派3～5名藏医专业技术人员进修。在迪庆州维西县建立药材基地建设，为藏医药原材料提供可靠保障。医院加大藏药研发力度，已研制成功藏药122个品种，其中获院内批准文号制剂82种，无批准文号制剂40种。疗效好的藏药有“七十味珍珠丸”“二十五味珍珠丸”、“仁青芒觉”、“香格里拉肾宝”等，深得广大藏区农牧民患者认可，不断扩大藏药知名度，为更多各族群众服务。

**【医疗卫生服务体系建设情况】** 在2009年建设基础上，继续加强州藏医院、德钦县医院、维西县医院搬迁建设速度，年内州藏医院完成住院综合楼、门诊大楼的建设，已通过验收。德钦县医院完成住院大楼主体建设，维西县医院迁建项目于8月份举行奠基仪式，施工建设，已完成基础部份建设。迪庆香格里拉人民医院完成住院大楼整体装修工程，投入使用，增加70张病床，达到200床标准。多方筹资，采购大型医疗设备CT机、电子胃肠镜、血气分析仪等，并于11月8日进行CT机开机仪式，这些医疗设备投入，填补迪庆境内无大型医疗设备的空白，满足不同层次患者就医需求，提升医院诊疗水平，方便患者就医。核磁共振、DR、彩色B超等已完成招投标工作，2011年6月份可安装使用。

乡镇卫生院建设完成香格里拉县虎跳峡镇中心卫生院、三坝乡中心卫生院整体搬迁建设，已搬迁到新址上班，正常开展医疗业务工作。完成格咱乡中心卫生院住院大楼、小中甸卫生院住院楼、德钦县奔子栏中心卫生院、维西县塔城镇中心卫生院业务用房；完成建塘社区卫生服务中心建设，并新增加社区卫生服务中心编制9人，2011年可投入使用；建设全州34个村卫生室。通过州、县、乡、村四级医疗机构房屋建设，加强医疗卫生服务体系建设，改善农牧民群众的就医环境，人民群众看病就医更加便捷，诊疗技术不断提高，群众健康更加得到保障。

**【医政工作】** 加强医院管理，提高医疗质量，确保医疗安全。2010年在全州各级各类医疗机构中继续深入开展了医院管理年活动、医疗质量万里行和平安医院创建活动，把三个活动的开展作为卫生系统贯彻落实科学发展观，深入推进医药卫生体制改革和构建社会主义和谐社会结合起来，把坚持“以病人为中心，以提高医疗服务质量、保障医疗安全”贯穿医院管理工作的始终。通过三个活动的开展，使医院内部各项制度得到了较好落实，就医环境得到明显改善，医疗服务质量明显提高，服务流程更加合理，进一步提高了医院医疗质量、保障医疗安全，2010年全州未发生医疗事故。

加大人才培养，提高服务能力和水平。充分利用滇沪合作项目、迪昆合作项目、“走进西部”基层医师培训项目、全科医学教学基地师资培训项目和全科医师骨干培训项目，加大卫生专业技术人员业务培训，提高卫生专业技术人员的业务素质和服务能力。2010年先后派出18名专业技术人员参加“走进西部”基层医师第五至七期培训班，全科医学教学基地师资和全科医师骨干培训班，选派7人到上海学习培训。加强及规范血液管理工作，保障临床用血安全。认真组织实施百万贫困白内障患者复明工程项目，确定了迪庆香格里拉人民医院、维西县人民医院为迪庆州白内障复明工程的定点医院，成立了项目办公室，制定了项目实施方案，2010年共为470名白内障患者实施复明手术（农村贫困白内障患者免费手术治疗），使众多白内障患者重见光明，提高了生存质量，减轻了家庭负担和社会压力。

**【人事职改及人才培养工作】** 组织全州2010年高级职称推荐委员会年度活动，全州共向云南省高级职称评审委员会推荐52名。通过副高以上职称评审的有34人。完成2010年全国卫生专业技术资格考务工作，组织498人参加考试，合格165人，合格率为33%。2010年，州卫生局加大卫生人才培训力度，与上海、昆明、大理、丽江市等地的医院进行对接，全州外出进修、学习人员达126人，州内举办各类培训班3批次96人，重点学科带头人培训12人。上海交通大学第三人民医院的医疗队到州迪庆州帮扶2批10人，上海市团委派志愿者2批10人、昆明市医疗队2批10人，州级安排万名医师下乡1批12人。外出至昆明参加基本公共卫生服务培训班29人（卫生院），乳腺癌、宫颈癌防治知识培训班29人（卫生院），第5~7期走进西部培训班9人，高级管理人员培训班（上海）2人，医疗卫生青年骨干培训班（上海）3人，医疗机构管理人员培训班2人，基本药物制度培训班20人，全科医师教学基地培训班6人。通过“送出去、请进来”的方式，加强全州各级医疗卫生机构专业技术人员的素质，提高了医务工作者的专业技术，服务能力和水平得到较大幅度提升。州、县医院能开展普外科各种手术，创外科能开展开颅手术，四肢、腰椎骨折切开复位，妇产科能常规开展子宫次全切除术。卫生院提高了服务能力，大部份能开展外科、妇产科小手术，住院分娩接生及难产处理。村卫生室能开展常见多发病的诊治，农牧民群众看病就医有了可靠保障。

全州三县每年举办乡村医生培训2期，农家卫生员培训1期，乡卫生院每年选派医务人员到县医院及州医院进修学习不少于1~2人。州、县疾控中心和保健院每年均举办乡村医生培训班，加强预防保健工作的培训，不断地加强医务人员的专业技术，更好地为全州人民群众健康服务。

**【爱国卫生运动】** 2010年州爱卫会完善制定了工作责任制度，并将任务分解到州县各单位，州、县爱卫办与州县各单位签订《爱国卫生工作责任目标书》，扩大州县各单位责任区清扫范围。使各单位明确工作职责，增强各部门工作意识，切实做到单位有人管，事事有人抓，件件有落实的工作格局，为今后爱国卫生工作奠定了良好基础。通过“第六届康巴艺术节”等重大活动，城市卫生、绿化、美化、亮化工程得到加强，香格里拉的城市建设得到快速发展，不断提升香格里拉品牌。

加强农村改水改厕工作力度，2010年完成4 000个卫生厕所改厕任务。五年来，全州已建成无害化卫生厕所12 400户，普及率18.87%；其他卫生厕所19 800户，普及率49%，总投资499.45万元。卫生饮用水受益211 600人，受益率71.61%，总投资1 892.34万元。大力加强农村生活垃圾的无害化处理，积极引导农民建立垃圾池，定期进行焚烧，减少对环境污染，净化农村环境卫生。在全州城乡开展除四害工作，采取不同措施进行灭鼠、灭蚊、灭蝇、灭蟑螂，减少相关传染病发生。

**【行业作风建设】** 2010年，在局党组领导下，开展“三会一课”活动，根据“创先争优”活动安排，局党组及时成立活动领导小组，召开启动会议，制定活动方案，明确工作职责，按要求开展活动。于2010年10月9日至12日召开卫生局党组民主生活会，征求各单位意见建议，认真梳理并对班子成员进行交心谈心。组织局党组成员和各党支部书记进行集中学习、个人学习，重点对《中国共产党第十七届中央委员会第五次全体会议公报》、《中国共产党党员领导干部廉洁从政若干准则》、《中国共产党党和国家机关基层组织条例》、《划清四个重大界限学习读本》，云南省委办公厅印发《关于进一步从严管理干部的实施意见》、卫生系统“十二·五”规划等内容。集中学习会上，党组书记作了动员讲话，并征对学习内容，进行具体讲解及要求。通过召开民主生活会，凝聚了党员干部的心，找出工作中存在的不足，提出了具体整改方案。

通过创先争优活动，局党组推出迪庆香格里拉人民医院党总支第四支部为先进党支部。推荐谷何英、祁继光等同志为州直卫生系统优秀共产党员。通过树典型、立标兵，鼓舞了全体医务工作者工作积极性，更有信心开展好本职工作，为藏区农牧民群众健康服务。卫生局党组下属的一个党总支，四个党支部建设，得到加强和充实，增强基层党支部战斗力，通过加强党组织建设，有力地促进各项业务工作开展。

**【扶贫挂钩及募捐爱心工作】** 2010年，州直卫生系统开展“送温暖、献爱心”捐献16 725元，送到挂钩点（维西县巴迪乡捧扒村）慰问五保户、特困户和贫困学生，积极为扶贫挂钩点脱贫致富而努力。向云南旱灾灾区捐款19 150元，向青海玉树地震灾区捐款31 340元，充分体现州直卫生系统干部职工“一方有难、八方支援”的热情，积极向灾区人民奉献爱心。

**【表彰】** 2010年9月州卫生局被中共迪庆州委、州人民政府表彰为“第六届康巴艺术节暨迪庆州民族团结节先进集体”。

2010年3月州卫生局被州人民政府表彰为“2009年责任目标先进集体”。

2010年5月州卫生局被州委办公室表彰为“2009年度全州党委系统信息工作一等奖”。

2011年3月州卫生局被州人民政府表彰为“2010年度迪庆州食品安全工作目标责任考核优秀单位”。

2010年3月州卫生局被政协迪庆州委员会表彰为“政协迪庆州第十届委员会提案承办先进单位”。

2010年7月迪庆香格里拉人民医院被中共迪庆州直机关工委表彰为“先进基层党组织”。

2010年云南省总工会授予迪庆香格里拉人民医院急诊科为“工人先锋号”。

迪庆州总工会授予“2010年迪庆州百年不遇抗旱救灾献爱心捐款活动贡献奖”。

2010年云南省卫生厅授予迪庆香格里拉人民医院组织急救技能比赛“优胜奖”。

2010年3月迪庆香格里拉人民医院被迪庆州人民政府表彰为“迪庆州甲型H1N1流感防控工作先进集体”。

2010年迪庆州疾病预防控制中心被云南省卫生厅分别授予“预防艾滋病干预先进集体”、“碘缺乏病防治先进集体”、“卫生应急工作先进集体”。

2010年云南省基层医疗卫生单位学习实践科学发展观活动领导小组授予迪庆州藏医院“先进单位”荣誉称号。

2010年5月，阿追获卫生部表彰的“全国医疗卫生系统先进个人”。

2010年，和美莲被云南省卫生厅表彰为“扩大免疫规划先进管理工作者”。

2010年，董文武被云南省委、省人民政府表彰为“2008—2010年禁毒防艾人民战争先进个人”；

2010年，黎冬梅被云南省卫生厅表彰为“2005—2010年碘缺乏病防治工作先进个人”、“云南省结核病防治工作先进个人”。

2010年9月，和亚勤被中共迪庆州委、州人民政府表彰为“第六届康巴艺术节暨迪庆州民族团结节先进个人”。

2010年，和秀琼、苟正品获州总工会授予“和谐家庭”称号。

2010年，苗玉兰获迪庆州政府授予“2010年迪庆州民族团结先进个人”。

2010年，谷何英获迪庆州直工委授予“2010年度优秀共产党员”。

2010年，杨智永获云南省卫生厅授予“十一五”先进个人。

2010年，和秀英、肖桑、和群君、朱晓黎、杨翠芬、李艳梅、杨继忠、提布只玛、和德珍、钱俊春、陆小英被云南省委、省人民政府表彰为“2008—2010年禁毒防艾人民战争先进个人”。

2010年，李洪英获云南省基层医疗卫生单位学习实践科学发展观活动领导小组授予“先进个人”。

2010年．黄永寿被云南省疾控中心表彰为“预防艾滋病干预先进个人”。

2010年，徐友谊被云南省委、省人民政府表彰为“2008—2010年禁毒防艾人民战争先进个人”，云南省疾控中心表彰为“预防艾滋病干预先进个人”。

2010年，白彦银被云南省卫生厅表彰为“结核病防治先进个人”。

2010年，李玉菊被云南省卫生厅表彰为“碘缺乏病防治先进个人”。

2010年，马永胜被云南省卫生厅表彰为“扩大免疫规划先进个人”。

2010年，阿三被云南省卫生厅表彰为“扩大免疫规划先进个人”。

2010年，和丽娟被云南省卫生厅表彰为“疟疾防治工作先进个人”。

2010年，杜晓霞被云南省卫生厅表彰为“卫生应急先进个人”。

2010年，秦曙被云南省卫生厅表彰为“结核病防治先进个人”。

2010年，钟正秀被迪庆州总工会表彰为“2010年度先进女职工工作者”。

2010年，龙丽珍被云南省卫生厅表彰为“2010年度云南省优秀护士”。

2010年，此称白久被云南省卫生厅表彰为“2010年度云南省扩大国家免疫规划先进工作者”。

2010年，培措南杰被云南省卫生厅表彰为“2010年度云南省扩大国家免疫规划先进工作者”。

（陈春兴）

# 社　会

## 迪庆州民族事务工作

**【概述】**　州委、州政府将2010年确定为民族团结进步年，在全国率先开展以民族团结进步为主题的“千名干部进村入户促民族团结进步”实践活动，筑牢民族团结进步的思想基础；在全国率先制定出台关于民族团结进步的首部地方性法规《云南省迪庆藏族自治州民族团结进步条例》，建立和完善促进民族团结进步的长效机制；在全国率先举办以民族团结进步为主题的民族团结节，寓民族团结宣传教育于丰富多彩的活动之中。不断探索和丰富创建民族团结进步活动的有效载体和形式，使迪庆藏区民族团结进步事业翻开最为绚丽光辉的一页。

**【民族团结稳定工作】**　2010年，维护藏区民族团结稳定依然是迪庆州乃至全省民族工作的重中之重。切实做好民族工作，始终保持各民族之间的团结和谐，对维护祖国统一、藏区稳定、社会和谐尤为重要。2010年，州民委认真贯彻落实胡锦涛总书记在中央第五次西藏工作座谈会上的迪庆做好维护民族团结方面作出的重要指示精神和李源潮部长在迪庆调研时就促进民族团结进步事业的重要讲话精神，进一步增强再创民族团结进步事业佳绩的信心，充分发挥民委系统的职能作用，积极配合有关部门，进一步巩固迪庆州民族团结稳定工作成果。一是打造民族立法新亮点，为民族团结进步事业提供法律保障。2010年7月1日，迪庆州颁布实施了全国首部关于民族团结进步的地方性法规《云南省迪庆藏族自治州民族团结进步条例》。2010年，按照州委、政府的批示，州民委及时启动民族团结进步立法起草工作，通过开展调查研究，收集大量资料，为起草《迪庆藏族自治州民族团结进步条例（初稿）》打下坚实的基础。由于通过制定民族自治地方单行条例，保障和引导地方民族团结进步事业健康发展，在国内尚属首例，在《条例》的起草、修订和完善过程中遇到了诸多困难。但州民委坚持立法工作紧扣中国特色、云南特点、迪庆实际，以贯彻落实党的民族政策和民族区域自治制度为统领，总结多年来迪庆创建民族团结进步活动所取得的成功经验和做法。《条例》确定各级国家机关、社会团体、企事业单位及个人在民族团结进步创建活动中应尽的责任，明确反对民族分裂、加强民族团结、维护祖国统一是各族公民的共同义务，规定一切破坏民族团结、煽动民族仇恨、制造民族分裂的行为都必将受到法律制裁。提出州内人口千人以上的民族都应配备1名以上干部担任处级领导职务等操作性强的硬性规定。《条例》的颁布实施标志着迪庆州民族团结进步事业有了法律保障，必将为迪庆州进一步维护和巩固来之不易的民族团结、社会和谐，促进各民族的共同发展和进步发挥积极的作用。二是认真做好团结稳定引导工作，切实树立“三个离不开”思想。正确把握新形势下民族问题的特点和规律，严格区分两类不同性质的矛盾，坚持“团结、教育、疏导、化解”的方针，不断巩固和发展平等、团结、互助、和谐的社会主义新型民族关系。2010年，全州民委系统多次召开民族团结和社会稳定的形势研判会，对影响民族团结和社会稳定的矛盾纠纷和引发群体上访的苗头，进行彻底的排查和分析，全面掌握可能引发的重点区域、重点行业、重点人群，并按照属地管理的原则，明确责任，谁主管、谁负责，把工作任务落实到人，建立了一级抓一级、层层抓落实的工作机制。在“3.10”　“3.14”“3.28”“7.5”等几个较为特殊的敏感节点，加强对特殊人群和特殊区域的密切关注，拓宽信息来源渠道，把握信息准确性，分析形势动态，防患于未然。健全全州民委系统矛盾调处机制，修订完善《涉及民族方面群体性事件的应急预案》。进一步做好民族爱国人士和少数民族代表人士的工作，积极引导少数民族代表人士坚持正确的政治方向、政治观点和政治立场，自觉维护民族团结、维护社会稳定。2010 年，建立健全全州民族代表人士基本情况档案，共登记少数民族代表人士 110 人，为充分发挥民族代表人士在维护民族团结和社会稳定方面的特殊作用打下坚实的基础。通过州、县、乡三级各部门的共同努力，2010 年，全州没有发生一起因民族问题引发并影响全局性的重大群体性事件。三是落实民族团结目标管理责任制，健全民族团结稳定长效机制。不断完善民族团结目标管理责任制及其考核办法。于 2010 年 3 月 22 日召开的全州民委主任工作会议上，全面总结 2009 年民族团结稳定工作，研究部署 2010 年工作，与三县民委签订 2010 年民族团结目标管理责任书，并不断充实和完善考核内容，实行分类指导。2010 年，全州共签订 293 份《民族团结目标管理责任书》，其中县级 3 份、乡（镇）29 份、村（居）民委员会 188 份、宗教活动场所 60 份、学校 11 份、企业 2 份。2010 年 12 月中旬，通过州委、州人民政府集中检查对三县贯彻落实民族团结目标管理责任制情况进行了年终考核。对民族团结目标考核责任制做到了年初有布置，年中有督查，年底有检查，根据检查情况进行奖惩和表彰。

**【民族经济工作】**　2010 年，州民委认真贯彻落实《中共云南省委云南省人民政府关于进一步加强民族工作促进民族团结加快少数民族和民族地区科学发展的决定》（云发〔2009〕13 号）、《中共迪庆州委迪庆州人民政府关于进一步加强民族工作的决定》（迪发〔2009〕14 号）和《省民委关于落实加快藏区经济社会发展任务分解的实施方案》（云族发〔2010〕49 号）精神，进一步明确加快迪庆州少数民族和民族地区的政策措施和目标任务，着力提高统筹协调发展能力，从少数民族群众最关心、最直接、最现实的利益问题入手，认真贯彻落实国家和省扶持少数民族和民族地区发展的一系列政策措施。一是推广“民族团结示范点”建设。2010 年，州民委以增进民族团结，协调民族关系，促进经济社会发展为重点，投入专项资金 90 万元，共实施香格里拉县东旺乡中心村丁春村民小组民族团结示范点等三个民族团结示范点，受益群众 107 户 536 人。力求把三个村建设成为基础设施完善、民族关系和谐、村容村貌整洁、经济发展良好的“民族团结示范点”，起到典型引路、示范带动、辐射周边的良好示范作用。通过开展创建工作，使少数民族群众真正得到实惠，增进了党和政府与少数民族群众和民族地区之间的感情联系，使各族群众真切感受到党的民族政策的温暖，增强了凝聚力和向心力，在民族地区全面建设小康社会进程中发挥了辐射、带头作用。二是扶持人口较少民族发展工作。省委、省政府高度重视人口较少民族发展，把扶持七个人口较少民族工作列入全省 20 项重要工作和内容之一。州民委也非常重视维西县普米族发展的扶持工作，根据《关于开展对我省人口较少民族聚居村考核验收工作有关事宜的通知》（云扶少发〔2010〕2 号），按照“省抓规划、州（市）负总责、县抓落实、项目到村、扶持到户”的工作机制，于 2010 年 3 月 17 ~ 18 日由省民委考核组赴维西县攀天阁乡皆菊村进行全面验收，达到以《规划》确定的“四通五有三达到”的目标任务，并争取到验收奖励和巩固提高资金 50 万元。在过去扶持的基础上 2010 年共争取扶持人口较少民族发展资金 196 万元，共安排实施 13 个村民小组的村间卫生路、三面光沟渠、房屋改造、文化活动场所建设、太阳能安装、沼气池、机耕路、防洪提等项目建设工程，受益群众 1 360 户 5 459 人。三是特困民族发展试点项目工作。根据省民委要求，结合迪庆州境内的特困民族傈僳族涉及面广，贫困程度深，基础设施建设滞后，生产生活条件差，教育卫生等社会事业发展落后的实际。在试点的基础上，从 2010 年开始进一步加大对特困民族傈僳族的特殊扶持力度，使特困民族地区经济社会发展基本达到当地中等或以上水平能在较短时间内实现共同富裕。2010 年迪庆州民委继续把维西县塔城镇川达村色马地自然村和新风自然村列为特困民族示范村，以“整村推进”的方式进行了规划上报并得到了省民委的支持，并投入资金 60 万元，实施了两个自然村的通村弹石路面、村间卫生路、房屋改造、文化活动场所建设、特困民族标识牌等项目工程，有效解决他们生产生活中最急需、最迫切的困难问题，受益群众 53 户 106

人。目前，扶持特困民族发展正成为全州上下的共识，取得了很好的经济和社会效益，为今后大范围扶持奠定了坚实的基础。四是少数民族特色村寨建设试点工作。为切实做好迪庆州少数民族特色村寨保护与发展试点工作，根据《中共云南省委云南省人民政府关于进一步加强民族工作促进民族团结加快少数民族和民族地区科学发展的决定》（云发〔2009〕13 号）及《云南省民委云南省财政厅关于做好云南少数民族特色村寨保护与发展试点工作的实施意见》（云族联发〔2010〕8 号）要求，结合迪庆州实际，州、县民委领导通过调查研究，决定把迪庆州香格里拉县建塘镇解放村小街子村民小组列为迪庆州 2010 年度少数民族特色村寨建设试点村，以“整村推进”的方式进行了规划上报并得到省民委的支持进行试点，投入资金 100 万元，实施了村内水泥路、藏族民居装饰、环境卫生工程、人畜分居工程、民族文化陈列室等建设，受益群众 90 户 407 人。通过扶持，该村村容村貌得到改善，经济收入有较大提高，逐步形成既富有民族民俗及宗教文化古韵，又充满田园生态旅游意趣的特色村寨。五是支持民贸企业加快发展步伐。认真组织全州民贸企业及民族用品定点企业的项目申报工作，重视少数民族地区企业发展后劲，积极扶持少数民族地区企业发展，认真贯彻落实民贸企业优惠政策，在享受免征增值税的同时，2010 年，积极争取民族企业享受国家和省民族贸易网点建设和民族用品定点生产企业技术改造及民族地区企业发展贷款贴息补助，企业在优惠政策的扶持下取得了较好的经济效益，发展壮大，有力促进了地方经济的发展。六是编制评审“十二五”少数民族发展规划。2010 年 8 月 16 日，州民委组织州内相关单位和专家组成评审组，对州民委编制的《迪庆藏族自治州“十二五”少数民族发展规划》进行了评审，评审组认为，《规划》突出了“立足现实，适度超前”的指导方针，结构编排合理，建设规模、投资概算等总体规划指标符合“十二五”规划大纲制定的编制要求，是迪庆州历史上比较系统和全面制定的一次少数民族发展规划，在前无模式可鉴、缺乏数据资料的条件下，较好地编制完成《迪庆藏族自治州“十二五”少数民族发展规划》实属不易。州民委组织专家评审经济项目尚属首次，这也是州民委各项工作求新求变不断探索的具体体现。

**【民族宣传教育工作】** 为认真贯彻落实中共中央办公厅、国务院办公厅《关于深入开展民族团结宣传教育活动的意见》（中办发〔2009〕34 号文件）和省委办公厅、省政府办公厅《关于〈云南省深入开展民族团结宣传教育活动实施方案〉的通知》（云办发〔2009〕29 号文件）精神。2010 年州民委牢牢把握各民族共同团结奋斗、共同繁荣发展的民族工作主题，着力开展党的民族政策和民族法律法规宣传教育活动，唱响民族团结进步的主旋律，为不断巩固和发展平等团结互助和谐的社会主义民族关系，促进科学发展，维护边疆安宁，增进民族团结，构建和谐迪庆营造了良好的舆论氛围。一是依托“千促”主题实践活动。为重点抓好藏区维护稳定工作，筑牢全州各族群众的思想基础。依托“千名干部进村入户促民族团结”活动，以“促进民族团结进步”为主题，广泛宣传和贯彻落实民族政策及民族法律法规，接受民族政策咨询、用民族语言讲解等方式，不断推进民族团结宣传教育进机关、进学校、进社区、进企业、进乡村。据统计，全州共召开大小会议和开展宣讲活动 6 518 场次，张贴标语 13 690 条，出版报、墙报、简报 1 450 多期，印发各类宣传材料 44 353 份，宣传覆盖面达 98% 以上。充分认识民族问题的长期性、复杂性和重要性，多做理顺情绪、沟通感情的工作，最大限度地增加和谐因素，消除不稳定因素，先后共排查各种矛盾纠纷 896 件。通过开展活动，把党的民族政策和法律法规送进千家万户，形成了保障少数民族合法权益、促进少数民族和民族地区发展的巨大动力。二是开展民族团结知识竞赛活动。根据省委宣传部、省民委关于开展民族团结周活动的精神，会同有关部门于 6 月 9 ~ 30 日在全州范围内大规模组织开展迪庆州民族团结宣传教育知识竞赛活动，知识竞赛以民族政策、民族法律法规和民族知识等为主要内容，竞赛办公室将竞赛题刊登在迪庆日报及香格里拉新闻网上，参赛者通过香格里拉新闻网及迪庆日报参加竞赛。活动启动以来，全州党政机关、企事业单位、各人民团体干部职工和各族群众共 4 268 人积极踊跃参加竞赛。通过电视台、报社等新闻媒体的大力宣传，在全州范围内掀起了民族团结竞赛热潮，使“三个离不开”思想不断深入人心，取得了良好的宣传教育效果，达到了宣传周活动的预期目的，形成了一个关注民族政策、民族法律法规，维护少数民族合法权益的良好社会范围。三是举办民族团结进步宣讲专场报告会。2010 年 7 月，州民委会同州委宣传部等有关部门在州委、州藏文中学、州民专、香格里拉县委、香格里拉中学等地开展多场民族团结进步专题宣讲系列报告。云南省社科院马列研究所原所长向翔研究员和省民族研究所所长赵学先教授等我省民族学方面的知名专家学者受邀参加报告会，分别作了题为《牢固树立“三个离不开”思想不断加强民族团结进步》和《民族区域自治制度是我国解决民族问题的基本政策和基本政治制度》等多场专题报告。各位专家把历史与现实相结合，解释了“三个离不开”和“两个共同”的思想内涵、提出的背景和在社会生活中的重大作用；从俄罗斯的民族问题、中东地区的民族问题，从全球的角度、历史的角度、经济社会发展的角度，引经据典地说明经济发展并不一定能解决民族问题；从理论的角度指出了民族区域自治制度是实现各民族共同团结奋斗、共同繁荣发展的根本保证，以鲜活的历史事例，生动、深刻地阐述了实行民族区域自治制度给我国少数民族和民族地区带来的翻天覆地的变化和云南省各族人民为维护祖国统一所作的伟大贡献。迪庆州民族团结进步专题宣讲系列报告，科学阐述了我国民族团结的历史渊源和现实基础，全面介绍了党的民族理论和民族政策，广泛宣传了云南省及迪庆州民族团结进步事业的光辉成就和成功经验。迪庆州参加专场报告会人数达 8 600 人，使迪庆州广大干部群众和师生更加了解党的民族政策优越性，激发了全州各族群众实施跨越发展和长治久安示范区的信心和决心。四是抓住时机发放民族团结宣传材料。2010 年，州民委充分利用民族传统节日等有利时机，编印发放《迪庆州民族团结知识宣传读本》达 5 310 册，以问答形式，简洁明了、通俗易懂地宣传民族团结的重要意义，简述党的民族理论和民族政策，介绍民族发展基本知识，回顾迪庆民族工作成功经验，阐释发展民族团结进步事业的基本要求。在人群较密集的场所、各级各党政机关、企事业单位和群众团体单位以及各县乡村村民活动场所张贴《云南省迪庆藏族自治州民族团结进步条例》（宣传版）达 2 300 余份，采取多种形式加大宣传力度，努力增强宣传教育的针对性、吸引力和感染力。积极在少数民族群众中推动党的民族理论和民族政策、国家民族法律法规宣传，使汉族离不开少数民族、少数民族离不开汉族、各少数民族之间也相互离不开的思想深深扎根于各族群众心中，在全州不断唱响“共产党好、社会主义好、改革开放好、民族团结好、自治制度好”的主旋律，不断掀起“讲民族团结、促和谐稳定”的热潮。

**【首届民族团结节】** 为进一步贯彻落实党的民族政策，全面促进全州各民族共同进步和繁荣发展，构建平安和谐藏区，充分展示迪庆州民族团结进步事业取得的巨大成就。中共迪庆州委召开专题常委会议研究决定，于 2010 年 9 月 12 日第六届康巴艺术节在迪庆举办之际，举办迪庆州首届民族团结节。民族团结节活动以“团结一心、相互依存、和谐发展”为主题，以结合迪庆实际，突出藏区特色，贴近群众生活，增进民族团结为总体要求，开展了内容丰富、精彩纷呈的各项活动，吸引各族干部群众广泛参与，使各族干部群众在活动中受到民族团结教育，对继续推进迪庆州民族团结进步事业健康发展，巩固和发展迪庆州安定团结的良好局面起到了十分重要的作用。一是开展民族团结（节）进步月启动仪式。为进一步增强各族干部群众加强民族团结的责任感、紧迫感，切实把思想统一到州委、州政府的决策和部署上来。9 月 1 日，迪庆州首届民族团结（节）进步月活动启动仪式在独克宗古城月光广场举行。以启动仪式为载体，寓民族团结教育于生动活泼，丰富多彩的歌舞表演之中。向各族群众发放了《云南省迪庆藏族自治州民族团结进步条例》（宣传版）读本 1 000 余份，《迪庆州民族团结知识宣传读本》等民族团结进步宣传资料近 3 000 册。使民族团结（节）进步月活动启动仪式的过程，成为迪庆州各民族干部群众不断接受民族团结进步教育的过程。二是表彰“五个一百”民族团结进步模范。9 月 12 日，在州委报告厅隆重召开迪庆州民族团结节表彰大会。大张旗鼓的表彰迪庆州在民族团结进步事业创建活动中涌现出来的团结进步模范单位、民族团结进步模范村、民族团结进步模范户（农户）、民族团结进步模范户（非农户）、民族团结进步模范个人等“五个一百”民族团结进步模范，表彰先进，树立典型，在全社会努力形成学习先进、争做模范、见贤思齐的良好风气。表彰活动，将对今后一个时期迪庆州的民族团结进步事业发展产生重要而深远的影响。随后，隆重了举办民族团结节庆祝晚宴和篝火晚会。三是五十六个民族共植民族团结纪念林。首届民族团结节的另一个亮点就是通过网络征集和邀请五十六个民族团结友好使者参加民族团结节。9月14日，云南省委常委、州委书记齐扎拉，州委副书记、州长黄政红，云南省民族事务委员会巡视员马泽等领导与56个民族友好使者齐聚独克宗古城龟山公园种下象征民族团结的常青树，见证56个民族兄弟姐妹的深厚情谊在香格里拉永存。此后，还举行了民族团结林纪念碑揭牌揭碑仪式和祝福墙签名活动。举办民族团结节是迪庆州创新性、探索性开展民族团结进步创建活动又一次生动实践，标志着迪庆州民族团结进步事业被赋予了新内涵。举办民族团结节旨在号召全州各族干部群众积极投身到民族团结进步事业中来，用自己的实际行动珍视民族团结、维护民族团结，不断谱写雪域高原民族团结新篇章。

**【民族社会事业】** 按照“立足当前改变一代人、着眼长远培养一代人”的工作思路，采取切实措施，促进少数民族社会事业的繁荣发展。一是积极组团参加省第九届民运会。云南省第九届少数民族传统体育运动会于2010年11月16～23日在普洱市思茅区举行，迪庆州代表团共参加了7个大项的竞技和表演类比赛项目，取得了5金9银5铜的好成绩（其中：男子跪姿传统射弩金牌一枚、4 000米速度赛马金牌一枚、马上拾哈达金牌一枚、表演项目金牌两枚）。为充分展示迪庆州少数民族传统体育特色和运动技术水平，进一步推动迪庆州少数民族传统体育事业发展。2月召开全省第一次筹备工作会议后，州民委及时向州委、州政府汇报，得到州委、州政府的高度重视，在组织领导、协调配合、经费保障等各方面都给予了大力支持。3月份着手准备组团参赛工作，上报组团方案，选拔运动员、教练员人选，并从往届参加的四个项目比赛增加到七个项目比赛。多次召集体育局、歌舞团相关领导，研究部署比赛项目以及运动员的组织工作，10月份利用一个月时间，各竞赛项目和表演项目队员都进行了封闭式集中训练。在比赛期间，为了使各项目比赛的顺利进行，州民委主要负责代表团的相关后勤保障工作，与组委会、竞赛处各相关工作机构的联络、协调、对接等工作，及时解决和处理比赛队员、教练、领队提出的各种要求和问题，为此次民运会取得佳绩提供了有力保证。二是做好民族传统文化抢救保护项目。根据《云南省民委关于做好2010年度少数民族传统文化抢救保护专项经费项目申报工作的紧急通知》（云族发电〔2010〕36号）要求，迪庆州2010年度少数民族传统文化抢救保护项目资金的申报工作紧紧围绕《通知》的要求，结合迪庆州实际，以少数民族语言文字的抢救保护及规范化、标准化、信息化、资源数据库建设；少数民族古籍的普查、征集、抢救、保护、修复、翻译、整理、出版、传承人培训和信息化管理系统建设；濒危少数民族传统文化遗产抢救、保护、传承和研究；促进迪庆州民族团结、社会和谐稳定等项目为重点，2010年，首次争取少数民族传统文化抢救保护专项经费。项目的安排实施为开展少数民族语言文字的抢救保护，民族文物、古籍的收集整理，濒危民族文化遗产保护传承，口传文学等非物质文化遗产的抢救保护和开发提供了充足的经费保障，进一步巩固了全州民族团结，维护了社会和谐稳定。三是重视、鼓励和支持各民族开展传统节日。民族传统节日是传承民族文化、寄托民族感情、体现民族认同感的舞台，对维护社会稳定和增进各民族友谊具有重要作用，采取有力措施保障各民族过好民族传统节日。隆重举办藏历铁虎新年迎春茶话会，2月15日，由州委、州政府主办，州民委承办的2010年藏历铁虎新年迎春茶话会隆重举行，来自全州的各族代表欢聚一堂，共叙民族团结友谊，共谋民族团结进步，同迎藏历铁虎新年。在茶话会上，民间代表祝吉祥词，宗教界代表按照藏族传统习俗诵读平安经，州民族歌舞团的演员表演文艺节目。各族群众代表、州县相关部门负责人，驻军部队代表，基层工人代表及欢乐香巴拉工作人员共350人参加茶话会。尽全力保障傈僳族同胞过好“阔时节”、纳西族同胞过好“二月八”、彝族同胞过好“火把节”及其他各民族的传统节日，进一步增强民族凝聚力和向心力。四是积极组织申报省第十届民运会举办权。积极争取申办工作引起州委、州政府的高度重视，在迪庆州海拔较高、无承办全省性大型体育活动经验等不利因素且任务十分艰巨的情况下，州民委多方协调沟通，积极主动开展申办工作，使迪庆州在众多强劲的竞争对手中脱颖而出，最终争得2014年云南省第十届少数民族传统体育运动会的举办权落户迪庆。五是严格执行民族成份变更规定。根据国家民委、国务院第四次人口普查领导小组、公安部《关于中国公民确定民族成份的规定》，严格按照规定，严把审批程序，充分尊重和保障少数民族正确表达自己民族成份的权利，使各族群众感受到政治上、法律上的平等，2010年全州共变更民族成份133人。

**【机关自身建设】**　2010年，州民委结合正在开展的“创先争优”活动和建设学习型党组织活动，认真贯彻落实效能政府“四项制度”建设，始终坚持把加强自身建设作为履行职责的根本要求，进一步提高管理民族事务的本领，进一步增强业务技能知识培训，进一步增强服务意识、大局意识和创新意识。一是制度建设。进一步完善了委内部管理制度，不断加强了委机关的组织、作风、业务、廉政和制度建设，努力形成以制度管理人、以制度约束人的机制。经过近三个多月的集思广益、统筹考虑、征求意见和充分酝酿，迪庆州民委对规章制度进行全面的梳理和规范，从2010年6月1日起执行全新的《迪庆州民委工作规则及制度汇编》。该制度共有十七个章节、一百二十条，主要内容包括总则、工作职责、决策原则、会议制度、学习制度、考勤制度等，努力形成一套科学合理、全面系统、行之有效的管理体制。二是干部建设。2010年，为了民族工作的连续性和民委干部队伍梯次配备，按照“公正、公平、公开”的原则，提拔任用三名科级干部，调入三名干部职工，进一步充实民委干部队伍，完善民委干部职工结构。鼓励和支持在职干部职工再学习再深造，采用多种方式，加大干部职工的培训学习力度，不断拓宽干部职工的知识面。三是作风建设。深入开展“创先争优”活动和建设学习型党组织活动，以实现民族工作新突破为核心，明晰工作思路，加强作风建设，进一步提高做好民族工作的能力和水平。进一步加强党风廉政建设，召开专题会议研究部署党风廉政工作，层层签订党风廉政责任书，深入开展反腐倡廉活动。进一步加强社会治安综合治理建设，充分发挥综治成员单位职责，积极创建“平安单位”。以州级部门机构改革为契机，强化和明确社会管理和公共服务职能，努力建设行为规范、运转协调、公正透明、廉洁高效的民族工作部门。

（格玉斌）

## 迪庆州宗教事务局

**【概述】**　2010年，迪庆州宗教局深入贯彻落实科学发展观，全面贯彻党的宗教工作方针、深入贯彻《宗教事务条例》和《云南省迪庆藏族自治州藏传佛教寺院管理条例》，大力加强“三支队伍”建设，积极抵御境外利用宗教进行的渗透、破坏活动，妥善处理宗教领域的热点难点问题，发挥宗教界人士和信教群众在经济社会发展中的积极作用，保持了迪庆的长治久安和跨越发展。

2010年8月，迪庆宗教局在机构改革中单列为政府执能部门并升格为正处级单位，下设宗教一科、宗教二科两个科室，共有工作人员7名。

**【维护宗教稳定】**　1. 维护迪庆藏区宗教的正常秩序。2010年，迪庆州宗教局高度重视宗教工作，在州委宗教工作领导小组的统一领导下，对迪庆藏区藏历新年、“3·10”、“3·14”、“3·28”等敏感时期多、敏感节点多的实际，结合迪庆州开展的“千名干部进村入户促民族团结”活动，开展和谐寺观教堂创建活动，广泛宣传党的宗教方针和民族宗教政策，使广大僧尼和信教群众牢固树立了反分裂、反渗透的意识，强化了法律教育。深入贯彻落实《中共云南省委办公厅、云南省政府办公厅印发关于建立健全藏传佛教寺庙管理长效机制的实施意见》（云办法〔2010〕5号）精神，贯彻落实《云南省迪庆藏族自治州藏传佛教寺院管理条例》，制定出台《云南省迪庆藏族自治州藏传佛教寺院管理条例实施细则》等8个相关的管理办法，使藏传佛教民主管理、宗教活动、僧尼户籍、僧尼寺籍、财务管理、治安消防、卫生防疫、文物保护等步入规范化法制化管理；积极配合州委统战部筹备中央统战部在迪庆州举办的“全国藏传佛教教职人员证活佛证颁证工作会议”；稳妥地做好向・初称江楚活佛圆寂善后工作；深入全州宗教活动场所通电、通水、通路、通广播电视等调研，形成了项目纳入迪庆州“十二五”规划盘，并到省发改委、省水利厅、省交通厅、省财政厅等衔接项目，积极争取落实松赞林寺扎仓大殿维修项目资金；与州委统战部联合举办为期6天的境外回流僧尼42人参加的培训班，切实增强法制意识和爱国爱教的热情。深入开展创建“和谐寺观教堂”活动，积极推荐松赞林寺等8个宗教活动场所和设孜・丹增确佩活佛等6人先进典型参加国家宗教事务局和省宗教局的表彰。

2. 及时处理其他宗教工作难点热点问题，不断排查隐患，确保社会稳定。进一步加强基督教、天主教、伊斯兰教管理工作。及时通报情况，严密防范境外利用基督教等宗教以经济文化、教育、社会福利等形式开展的渗透活动；积极配合有关部门查处境外利用基督教发放宣传品等方式开展的渗透破坏活动；在全省治理基督教私设聚会点和非法组织活动试点工作的基础上，深入基层调研，制定完善治理方案，开展治理基督教私设聚会点和非法组织活动，密切跟踪已取缔的基督教私设聚会点动向；指导香格里拉县宗教局及时制止美籍巴医生以在州肝胆医院医生为名在香格里拉县格咱乡非法传播基督教；完成了基督教教职人员的登记备案工作；成功接待了省局安排三批基督教友好人士的来访；解决了维西三字爱委会培训中心培训设备和两所教堂安排修缮资金10万元。妥善应对新疆“7・5”事件的影响，积极支持伊斯兰教教职人员开展“解经”和宣讲新编“卧尔兹”活动，有组织有计划的开展朝觐工作；继续做好天主教工作，巩固天主教自选自圣主教成果，充分发挥省局为派往迪庆州燕门乡茨中教堂姚飞神父的作用，满足当地信教群众的需求。抓住重要节日、重大活动的有利时机，广泛开展走访、慰问活动，密切联系信教群众和宗教界人士。

【依法管理宗教】 1. 认真开展宗教活动财务监督管理试点工作。根据上级要求，从2010年6月起，用三年的时间完成全州宗教活动财务监督管理试点工作和宗教教职人员的认定备案工作，迪庆州宗教局及时与州委州政府分管领导汇报，召开专题会议进行研究部署，成立领导小组，设立办公室，制定实施方案，明确工作任务，安排9名全州宗教团体、宗教院校、宗教活动场所财务人员参加省局主办的管理培训班。在全省开展财务监督管理试点工作中迪庆州德钦县东竹林寺被确定为试点宗教活动场所，在维西县举办基督教各宗教活动场所负责人举办一期宗教活动财务监督管理工作开展宗教活动财务监督管理试点工作培训班，宗教活动财务监督管理工作扎实稳步推进。

2. 认真开展宗教教职人员认定备案工作。结合迪庆实际，对藏传佛教寺院开展宗教教职人员认定备案工作，对全州藏传佛教教职人员认真核实，采集教职人员的资料，认真甄别认定。全州批准登记的有24座，已批准恢复开放的23座藏传佛教寺院，按照《宗教教职人员备案办法》登记备案教职人员2 340人，并在全国藏区首家发放了僧籍证、活佛证。由专人负责把个人资料数据库以藏汉两种文字录入电脑，实行动态管理，全面完成藏传佛教宗教教职人员的认定备案工作。

3. 严格管理宗教事务。严格按照《宗教事务条例》和《云南省迪庆藏族自治州藏传佛教寺院管理条例》，在基本满足广大信教群众过宗教生活的需要的前提下，坚持宗教活动场所必须依法登记原则，取缔1个基督教非法活动点，坚持不予受理2个藏传佛教宗教活动点要求登记为寺院申请，坚决制止滥建寺堂的现象。加强行政审批，各级宗教事务部门对举行大型宗教活动、跨地区大型宗教活动、举办学经班、跨省区学经和宗教活动场所改扩建维修等纳入管理之中，全年审批大型宗教活动1项，跨省区学经4项。

4. 实施迪庆州宗教界人士考核评鉴办法。2010年，探索宗教界人士培养使用管理有效途径，迪庆州宗教局出台《迪庆州宗教界人士考核评鉴办法》，对全州已批准登记的寺观教堂内已批准认定的藏传佛教活佛、堪布、获得中国藏语系高级佛学院拓然巴高级学衔的僧人，神父、牧师、阿訇，各寺观教堂民主管理委员会主任等每年年终由各县统战宗教部门组成考核评鉴小组，在宗教界人士所在地，征求僧人代表、群众代表、乡镇和社区代表、佛教协会和寺院管理局的意见，评定优秀、合格、不合格等档次，并做出评鉴，报州考核小组审核，州审核小组同意后，以考核评鉴档次安排适当生活补助，并作为今后宗教界人士政治安排的重要依据。另外，在维护藏传佛教正常秩序和社会稳定中作用突出的寺院、民管会班子和僧尼，予以表彰奖励。

**【引导宗教与社会主义社会相适应】**　一是围绕中心，服务大局。宗教工作紧紧围绕经济发展中心，服务社会稳定大局，为迪庆跨越发展提供宗教有序、社会稳定良好环境，全面完成十一五规划的各项目标任务。二是倡导宗教界人士与社会主义社会性适应。参加以“爱国爱教、团结和谐、加强交流、增进友谊”为主题的云南省首届宗教界运动会暨文艺汇演，迪庆州宗教局组织藏传佛教、基督教、天主教的运动员72人，从运动员训练到参加比赛历时15天，团结拼搏，发扬风格，取得1金1银3铜的优异成绩。三是支持和鼓励宗教界积极参与社会救助、公益慈善事业。引导宗教界人士积极投身于扶贫、济困、救灾、助残、养老、支教、义诊等活动，在青海玉树地震及舟曲地震、州内的雪雨灾害时，迪庆州宗教界人士积极踊跃参加组织募捐活动，全州宗教界由统战宗教部门组织和自发的募捐活动达2次，总募捐资金达20余万元人民币。四是大力支持和帮助爱国宗教组织加强自身建设。州内的宗教团体和宗教院校不断提高素质，增强凝聚力，全州宗教团体按照章程活动正常，充分发挥其联系信教群众的桥梁和规律，及时把宗教界人士的意愿和诉求向统战宗教部门反映，统战宗教部门及时了解他们的合理要求，并能按照政治上靠得住、学识上有造诣、品德上能服众的要求，加强宗教界爱国人士的培养教育。

**【实施宗教工作目标管理责任制】**　根据州政府和省宗教局的要求，在全州范围内实施年度宗教工作目标管理责任制考核，并进行奖励。2009年5月在全州统战部宗教局会议上与三县宗教局局长签订《迪庆州2009年度宗教目标管理责任书》，局内部考核工作领导小组与一科、二科、活佛转世办公室签订了责任书，12月份在年终工作总结会上对三县和本部门科室对照目标责任制进行认真地检查验收。考核工作领导小组，分赴3个县，采取听取宗教工作目标管理责任制落实情况汇报、查阅相关档案材料、抽查宗教工作情况、走访宗教活动场所等形式，对宗教工作目标管理责任制落实情况进行全面督查。各县县委县政府高度重视，加大对宗教工作的投入力度，建立健全宗教工作机制，充实宗教工作队伍，落实宗教工作经费，促进了基层宗教工作的正常开展，宗教工作目标管理责任制落实情况良好，为年内完成各项经济社会目标任务营造良好的环境，确保当地政治稳定、经济发展、民族团结、宗教和谐的良好局面。

**【加强宗教工作三支队伍建设】**　一是加强分管宗教工作领导干部队伍的建设。着眼于提高党政干部处理宗教问题、做好宗教工作的能力，年初州县党委政府分管领导、组织部长，州县统战宗教部门领导参加省宗教领导小组主办培训班。二是抓好宗教工作干部队伍的培训。进一步加强对各级党政领导干部、宗教工作队伍的宗教政策、宗教法规和宗教常识的培训教育，启动州、县、乡（镇）三级党政主要领导干部、分管领导干部、宗教工作队伍的培训轮训工作。三是抓好宗教界人士的培训。进一步加强宗教教职人员和宗教代表人士的培养，并选送中青年骨干到省外培训，努力造就一支政治上靠得住、宗教上有造诣、群众中有威信、关键时起作用的代表人士的队伍，确保宗教领导权牢牢掌握在爱国爱教人士手中。

**【加强局机关自身建设】**　一是积极争取各级党委、政府的支持，加强宗教工作机构特别是县级政府宗教工作机构建设，落实寺院管理局人员、经费。进一步推动县乡村三级宗教工作网络建设，推动城市、街道、社区、学校、企业建立相应的工作网络，将宗教工作重点下移到乡镇，落实到社区，确保宗教工作有机构管、有人员抓，能抓到基层、能落到实处。二是加强与州委宗教工作领导小组成员单位之间的联系沟通，进一步完善领导小组成员单位职能职责分工和议事协调制度，明确年度工作重点、目标任务，构建各部门各有分工、协作配合、齐抓共管的长效机制。三是加强局机关思想作风、工作作风以及制度建设，建设服务型、学习型、效能型机关。四是继续抓好局机关党支部、宗教团体党支部建设，进一步巩固保持共产党员先进性教育成果，努力发挥党员先锋模范作用和提高党组织的凝聚力战斗力。五是继续落实党风廉政建设责任制，加强纪检、监察工作，努力实现廉政、勤政。六是积极配合有关部门完成综合治理、维护稳定、创建平安单位、扶贫开发、反邪教、党员干部远程教育、“五五”普法、组织管理、依法行政、信访、扫黄打非、新农村等工作。

**【表彰】** 2010年12月获云南省宗教局授予“宗教工作目标管理考核一等奖”。

（斯那品楚）

## 迪庆州佛教协会

**【概述】** 2010年，迪庆州佛教协会按照党的民族宗教政策和《宗教事务条例》等法律法规，按照协会的《章程》，通过召开协会的理事会、常务理事会和深入寺院调研，积极创建学习型、民主型、创新型、服务型“四型”宗教团体，发挥爱国宗教团体的桥梁纽带作用，努力做好全州佛教界的思想建设、信仰建设、道风建设、组织建设、制度建设、人才建设和文化建设，弘扬有利于社会发展、时代和谐进步的优秀佛教文化和发挥宗教界人士和信教群众在促进经济社会发展中的积极作用，为迪庆州的生态立州、文化兴州、产业强州、和谐安州和把迪庆州建设成为全国藏区跨越发展和长治久安示范区尽协会之力。

**【做好爱国爱教僧尼的培养和管理工作】** 2010年，协会本着努力培养新时期政治上靠得住、学识上有造诣、品德上能服众、关键时起作用、群众中有威信的佛教界人士的宗旨，努力培养新时期佛教文化的弘扬人才和佛教寺院的管理人才。一是积极配合省委统战部和州委统战部，做好僧尼的培训工作。二是积极配合各级佛学院，做好僧尼的培养工作，并在迪庆佛学院设立了“优秀学员奖”，以鼓励品学兼优的学员。三是积极配合各寺院，做好寺院学经班的工作。在做好爱国爱教僧尼的培养工作的同时，协会按照《迪庆藏族自治州藏传佛教寺院管理条例》和结合藏传佛教的实际情况，积极有效的参与迪庆州藏传佛教寺院僧尼的管理工作。在管理理念上，积极引导依法管理，努力让每一位僧尼认识法规、尊重法规，尽力做到有章必行、违法必究的工作机制。在管理制度上，更加重视建章立制。一是协会现已将宗教事务方面的19个管理条例、管理办法中没有藏文的都翻译成藏文，准备年底出版藏汉两种文字的文件汇编。二是为进一步做好活佛转世的指导工作和经师聘请的评审工作，协会设计了迪庆藏传佛教活佛转世指导小组成员和迪庆藏传佛教经师评审委员会的“经师证”和“指导证”。在管理方式上，更加重视以人为本的管理理念，加强沟通与联系，强化服务意识，寓管理与服务之中。

**【做好藏传佛教寺院的管理工作】** 2010年，协会通过深入寺院调研座谈、个别访谈、慰问接待和召开理事会、常务理事会等形式，积极参与创建和谐寺院活动，努力提高寺管会组织的号召力、凝聚力、创新力和成员的办事能力、管理能力、协调能力，逐步实行管理民主化、寺务公开化、利益群体化和制度管人、管事、管物的管理格局。积极引导佛教界把迪庆州藏传佛教寺院营造成宣传宗教信仰自由政策、贯彻落实宗教法律法规的重要阵地、打造成教职人员和信教群众满意的和谐家园、构筑成教职人员和信教群众共同抵御渗透的坚强堡垒，共同建设新时期以平安寺院、团结寺院、文化寺院为主的和谐寺院。

**【做好活佛转世的指导工作和培养工作】** 2010年10月29日至11月1日，根据州活佛转世领导小组的批复精神和德钦县活佛转世领导小组（2009）1号《关于要求补认噶丹·德钦林寺第二世瑞活佛转世灵童的请示》报告，州佛教协会专程前往德钦县德钦林寺，就德钦寺第二世瑞活佛的转世灵童寻访过程及认定情况进行了专题调研，并将讨论意见上报省佛协。同时，协会加强各寺院对新转世活佛的管理工作和培养工作，要求各寺院民管会组织和寺院主要教职，要认真积极地为小活佛配备好经师和管家，努力把新转世的小活佛培养成爱国爱教、具有真才实学、深受信教群众爱戴的活佛和培养成对佛教界、对信教群众、对民族、对国家有用的活佛。

**【做好广大信众的维稳工作】** 2010年2月，协会积极响应省佛协的号召，组织迪庆州佛教界开展各种佛事活动，为我省干旱灾区祈祷，如松赞林寺、东竹林寺、来远寺、尼姑寺等寺院都举行了隆重的法会。4月，青海玉树发生地震时，州佛教协会按照中国佛协、省佛协的要求，组织迪庆州佛教界同全国人民一道，不仅为灾区恢复重建献爱心，而且还开展各种佛事活动，为地震遇难者超度和受伤者祈祷，弘扬佛教“慈悲为怀、普度众生”的佛法宗旨。协会会副会长让迥活佛个人捐款3万元，积极为灾区献爱心。5月以来，协会会长设孜·丹增群佩活佛多次前往国道214线施工地，配合指挥部协调解决施工单位和沿途信教群众之间的各种关系做了大量的工作。

**【做好上级部门下达的各项工作任务】** 2010年，协会认真完成州委、州人民政府及上级有关部门下达的各项工作任务。6月20日，云南省首届宗教界运动会在大理隆重举行，州佛教协会积极配合州委统战部、州宗教局认真做好迪庆州佛教界代表参与各项比赛的工作和代表省佛协参与文艺汇演的金刚面具舞表演队的排练工作，迪庆州各位宗教界人士，高举“爱国爱教、团结和谐、加强交流、增进友谊”的旗帜，发扬“友谊第一，比赛第二”的精神，积极参与比赛并取得了较好成绩。8月份，按照省佛协的要求，认真草拟《云南省藏传佛教教职人员资格认定办法实施细则》。9月29日，按照省佛协的要求和安排，经征求县级统战、宗教、佛协的意见，协会召开会长办公会议，认真推荐迪庆州佛教界人士参加省佛协即将召开的第七次代表会议的代表及理事等。

**【表彰】** 2010年12月29日，中央统战部、国家宗教局在北京表彰首届全国创建和谐寺观教堂先进集体和先进个人，授予州政协副主席、州佛教协会副会长布主活佛先进个人，授予香格里拉县松赞林寺先进集体。

（拉茸卓玛）

## 云南佛学院迪庆藏传佛教分院

**【综述】** 2010年，云南佛学院迪庆藏传佛教分院以维护社会稳定、反对民族分裂、保障宗教和谐有序做为开展各项工作的中心任务，加强在校学员管理、保障正常教学秩序、抵御境外敌对势力的渗透、培养政治上靠得住、品德上能服众、学识上有造诣的藏传佛教教职人员、为迪庆推进全国藏区跨越发展和长治久安示范区建设做出积极贡献。

至2010年末，云南佛学院迪庆分院编制26人，在职在编人员13人，其中专职教师6人，管理及后勤人员7人，其中本科6人，大专6人，高中1人。云南佛学院迪庆分院另有聘请工作人员6人，其中专职教师3人，后勤工作人员3人。专职教师中佛学教师2人，藏文教师1人，文化结构上，有格西学位的2人，大专学历的1人。除以上人员外，云南佛学院迪庆分院内还有中国藏语系高级佛学院云南学衔班工作人员，其中云南学衔班教务主任格桑英年老师还被聘任为云南佛学院迪庆分院副院长，云南学衔班共有工作人员6人，其中专职教师3人，管理及后勤人员3人。

云南佛学院迪庆分院内设办公室、教务科、研究室、学生科、培训科五个职能科室，另中国藏语系高级佛学院在云南佛学院迪庆分院内设有云南学衔班教务处。

**【教学工作】** 云南佛学院迪庆分院截止2010年底有在校学僧50人，这些学员分别来自迪庆州各藏传佛教寺院，有格鲁、宁玛、噶举三个教派的学僧，他们分别是2009年9月和2010年9月分两批通过考试录取进入学院的。学院根据学员学识基础、入校时间等具体情况，将学员分为两个教学班分别进行教学。开设了政治、佛学、藏语文、书法、汉语文、英语、数学、计算机等课程。学院以思想政治教育为重点，宗教课为主科，佛学理论、藏语文占70%以上课程，其余课程占30%。学员在校期间实行每星期5天教学制，实行严格的全寄宿制教学管理，免除学员食宿、教材及一切学杂费用。2010年以来授课时间达到35个周以上，各课任教师严格按照《教学大纲》的要求开展教学，加强教育教学质量，重视对学员综合素质的培养。通过一年来的教育和培养，全面提高了学员们爱国爱教的政治觉悟，宗教学识和藏文水平不断丰富，思想作风和道德品质明显增强，正逐步被培养成为政治上靠得住、品德上能服众、学识上有造诣的合格僧人。

**【教学管理工作】** 学院深入各藏传佛教寺院，加强与学员所属寺院的联系沟通，增进学院与学员所属寺院之间的配合，共同加强学员管理，对学员采取学院教育和寺院教育相结合的方式，明确寺院作为委托方、学院作为培养方双方的责任和义务，确保学院正常的教学管理秩序，达到在校学员政治素养、思想品德、宗教学识等各方面素质得到全面提高的目的。佛学院做为培养藏传佛教教职人员的专门机构，在校学员都是在册僧人，纪律管理方面有其特殊性。根据这一实际情况，学院在保障正常教学的基础下，制定和完善相关的规章制度，以班级为单位，对在校学员的学习、现实表现、遵纪守法情况、考试、考勤等进行综合管理。学院还安排值周教师24小时值班，对在校学员进行跟踪管理，随时掌握学员们的思想动态，将不安定因素解决在萌芽状态，同时，加大值周教师管理力度，通过严格管理，2010年，在校学员中未出现任何违法乱纪的现象，学员们都能自觉遵守国家的相关法律法规以及学院的规章制度，遵守僧人的戒律，学院内保持正常的教学秩序。有力的促进了学院教学管理工作水平不断提高，教学管理工作逐步实现规范化、制度化。

**【机构建设】** 迪庆佛学院自2005年10月开始招生以来，一直是按中专学校的标准开展教学工作的，但是由于学院的定位没有明确，给学院的日常教学及管理工作带来诸多不利影响。针对这一情况，学院加大了向上汇报力度，积极争取上级各有关部门的支持，在中共迪庆州委统战部的大力支持帮助下，2009年，经迪庆六届州委第62次常委会议研究决定："云南佛学院迪庆藏传佛教分院隶属州委统战部管理；学院领导班子按正处级机构配备，处级干部由州委确定后州委统战部任命，中层干部由州委统战部确定后州佛学院任命；教师待遇参照州民族中等专业学校现行办法执行；人员编制按学院师生比例确定，可略高于（不高于10%）州委党校和民族中等专业学校的人员编制。"州委常委会议明确了佛学院的定位、隶属关系、机构规格等问题，解决了长期以来制约学院发展的不利因素，极大的鼓舞了全体教职工的工作积极性，有力推动学院更快更好发展。2010年以来，为了更好的贯彻落实迪庆六届州委第62次常委会议精神，学院加大向上汇报力度，积极争取各上级部门的支持，贯彻落实迪庆六届州委第62次常委会议的各项决定，学院领导班子得到加强，机构规格得到提升，隶属关系得到明确，内设机构完善充实，人员编制也得到调整。

**【招生工作】** 2010年，学院根据学院教学管理工作需要，向上级主管部门上报佛学院2010年招生计划，得到州委统战部和州宗教局的批准，同意招收五年制学员30名。招生计划得到批准后，学院总结几年来招生工作中的经验，加强与各藏传佛教寺院的沟通联系，增进与各县统战宗教部门的协调配合，深入各藏传佛教寺院，向全州广大藏传佛教在册僧尼宣传佛学院的办学宗旨、办学模式、办学规模、基本管理制度及学员在校学习生活等多方面的待遇，使广大僧侣充分认识到接受学院教育的重要性和优越性，加强宣传对僧人基础文化教育的重要性，动员僧侣到佛学院接受正规教育，学习更高更深的宗教文化知识，争取形成广大僧侣积极踊跃报考佛学院的氛围，同时，加强与各寺院管理局和寺管会的联系沟通，争取各寺院对学院招生工作的支持，但是由于各寺院举办的学经班学员尚未完成目前的学业，而学院的招生对象主要以各寺院学经班的毕业学员为主，因此在招生工作中出现了生源不足的情况，导致学院招生报名情况不太理想，学院于9月初组织招生考试，通过各县统战宗教部门的政治审查，再结合报考僧人的考试成绩，最终录取五年制学员25名，并于9月20日起开始开班授课。

**【云南学衔班教学及管理工作】** 中国藏语系高级佛学院是我国藏传佛教界的最高学府，在省委统战部等上级部门的努力下，中国藏语系高级佛学院自2008年7月起在州佛学院举办学制为两年的云南学衔班，这是藏语系高级佛学院第一次在北京以外的地方举办学衔班，这充分体现了中央统战部及藏语系高级佛学院对我省藏传佛教工作的重视、支持和关心，是规范藏传佛教僧侣晋升制度的有效探索。州佛学院非常珍惜这来之不易的机会，将中国藏语系高级佛学院到州佛学院举办云南学衔班看做是学习高级佛学院教学管理经验的机遇，同时给州佛学院提供了向藏语系高级佛学院学习和借鉴成功办学经验的平台，州佛学院积极与高级佛学院联系协调，加强协作，协助云南学衔班教务处做好日常教学和管理工作，在教学管理、后勤保障等各方面给予力所能及的支持与配合。2010年7月，云南学衔班完成各项教学任务，32名学员顺利毕业，为迪庆培养了一批政治上靠得住、学识上有造诣、品德上能服众的藏传佛教代表人士，也促进了州佛学院教学质量和管理水平的整体提高，得到了各上级主管部门的认可和肯定。

**【组织社会公益活动】** 云南佛学院迪庆藏传佛教分院做为云南省唯一的一所藏传佛教学院，在校学员都是各藏传佛教寺院中品学兼优的优秀僧人，非常具有代表性，代表的是云南藏区和云南藏传佛教界的整体形象。积极参与各项社会公益活动，是展现迪庆州社会稳定、宗教和谐的需要，也是对社会各界对藏传佛教界关心支持的一种回报。因此，学院组织广大学员参加各种社会公益活动，向社会各界展示了迪庆州社会稳定、宗教和谐有序的良好局面。2010年，我国南方地区发生旱灾，青海玉树还发生了地震灾害，学院积极组织各种活动，向灾区捐款，并组织祈福法会，为灾区群众祈祷平安，广大教职工和学员都积极参与，以上活动受到云南电视台和迪庆电视台报道。学院广大师生还积极响应党委政府的号召，组织实施“捐资助学”活动，为迪庆州的教育事业贡献一片爱心。通过组织参加各项社会公益活动，在校学员和广大教职工的社会责任感和集体主义观念得到明显增强。同时，2010年迪庆州举行民族团结进步月暨第六届康巴艺术节活动，学院也积极参与，抽调人员协助组委会做好各项会务工作。

**【教学研究】** 由于云南佛学院迪庆藏传佛教分院属于特殊的宗教院校，许多方面没有现成可借鉴的经验，特别在教学方面，有别于一般国民学校，不能照搬国民教育的教学模式，因此，教学研究工作的重要性非常突出，为了学院教学工作规范开展，2008年，学院安排各课任教师编写制定出佛学院各课程的《教学大纲》，《教学大纲》明确了各科目各课程的教育目的、教学内容和要求、教学要点、教学步骤、教学原则和实施细则等。几年来，各课程严格按《教学大纲》的要求开展教学的同时，继续加强教学研究力度，结合教学实际，充分考虑在校学员的学识基础、知识水平等因素，不断充实和完善《教学大纲》的内容，使《教学大纲》的内容更加符合本地学员的知识基础水平，更具有可操作性。通过不断的教学管理实践，逐步探索出一整套有藏传佛教特色、符合本地学员特点的教学管理模式。

**【目标责任】** 2010年初，学院与州委、州人民政府分别签订了《经济社会发展目标责任书》和《社会综合治理责任书》，学院结合自身工作特点，借鉴其他宗教院校经验，并按照科学发展观的要求和标准，以是否有利于推进藏区的科学发展，是否有利于服务稳定大局、服务于宗教教育、服务于广大信教群众、服务于学员，是否有利于解决广大教职工及学员反映强烈的突出问题为标准，结合学院教学管理工作的实际，对近年来形成的各类政策措施、意见办法、规章制度进行全面清理，对照国家政策和法律法规，联系学院教学管理实际，结合学院教学管理服务职能，分别进行修改完善，明确各科室及负责人的任务和责任，有效的推动学院教学管理工作。学院的教学质量和管理水平得到显著增强和提高。

**【基础设施建设】** 通过几年来的建设，佛学院的基础设施已得到一定加强。但是自2009年秋季以来，我省发生了特大的秋冬春连旱，干旱范围之广、历时之长、程度之深、损失之重历史罕见。云南佛学院迪庆藏传佛教分院也深受旱灾影响，给广大在校师生的生活用水造成严重困难，影响了学院正常的教学生活秩序。在州委统战部、州财政局、州民政局等上级有关部门的亲切关怀下，解决了迪庆佛学院因旱造成的生活用水困难问题。抗旱资金下达后，学院多次召开院务会，专门研究资金的使用和安排，根据佛学院的实际情况，对佛学院内供水管道进行改造和维修，还新建蓄水池及相关设施一处，极大的缓解的学院的用水困难。2010年6月以来，迪庆境内连续降雨，导致迪庆佛学院内建筑物东面山体严重坍塌，给学院建筑物造成严重安全隐患，为消除安全隐患，经请示上级主管部门同意，学院自9月起进行了挡土墙建设，该项目已基本完成建设。同时，学院还积极向上级各有关部门和社会组织反映，争取支持，努力改善学院的教学环境和办学条件，在社会各界的关心帮助下，2010年学院还进行了计算机教室建设，办学条件得到进一步改善，课程设置进一步丰富。另外，在上级土管部门的支持下，学院还进行了佛学教学堂内壁画、院内网络、局域网等项目的建设。

**【为第一批毕业学员举行毕业典礼】** 2010年7月，迪庆佛学院开办以来的第一批学员完成各科教学任务，成绩合格后顺利毕业。同时，中国藏语系高级佛学院在迪庆佛学院举办的云南中级学衔班的学员也完成学业，顺利毕业。为了给在迪庆佛学院就读五年的毕业学员比较合适的毕业待遇，学院向省委统战部、省佛教协会积极争取，得到省佛教协会和省佛学院的大力支持，同意给迪庆佛学院毕业学员颁发由省佛教协会监制、省佛学院颁发的佛学中专毕业证书，确保州佛学院毕业学员获得的毕业证书在宗教界的权威性。为了向上级各有关部门和社会各界介绍和展示几年来学院的教育教学成果，7 月 5 日，学院与藏语系高级佛学院通力协作，联合举办隆重的毕业典礼，为毕业学员颁发毕业证书。毕业典礼得到上级各有关部门的高度重视和大力支持，毕业典礼由州委常委、州委统战部部长杜永春主持，时任云南省委常委、州委书记齐扎拉，藏语系高级佛学院常务副院长杨坚赞，省委统战部副部长杨光海，省佛教协会会长刀述仁出席典礼并讲话，几位领导向即将毕业的学员提出殷切希望，要求学员们弘扬爱国守法、利乐众生的优良传统，以实际行动维护迪庆民族团结、社会和谐稳定的大好局面。州人大常委会副主任杨学良，副州长阿堆，州政协副主席设孜·丹增确佩、肖托丁及各有关单位领导出席典礼。齐扎拉、杨坚赞、杨光海、刀述仁等领导还向毕业学员颁发了毕业证书。毕业典礼上，学院领导向参会的领导和嘉宾汇报了学院教育教学开展情况，向各级领导的关心支持表示感谢。毕业学员代表作表态发言，感谢党和政府的亲切关怀和培养教育，表示一定要知恩图报，不断加强自身学习，争做爱国、爱教的好僧侣，争做遵纪守法的好公民，并向佛学院赠送纪念品，感谢几年来的教育和培养。通过举办毕业典礼，充分展示了佛学院几年来教育培养的成果。

**【设立“迪庆佛学院优秀学员奖”】** 在迪庆州委统战部、迪庆州宗教局、迪庆州佛教协会等上级部门的重视关心下，为培养新时期迪庆藏传佛教界爱国爱教人才，促进迪庆佛学院教学管理工作的全面发展，经中共迪庆州委统战部批准，2009 年起，迪庆州佛教协会在州佛学院设立了“迪庆佛学院优秀学员奖”，对学院中品学兼优、成绩突出、表现优秀的学员进行奖励，采取精神奖励与物质奖励相结合的方式，激励在校学员刻苦学习，努力钻研。以此调动广大学员的学习积极性。2010 年，学院规范评奖标准，完善激励机制，使“优秀学员奖”真正起到激励先进，促进后进的作用。

**【健全完善各项规章制度】** 结合 2010 年开展的争先创优活动和学习型党组织建设活动，学院结合自身工作特点，借鉴其他宗教院校经验，并按照科学发展观的要求和标准，以是否有利于推进藏区的科学发展，是否有利于服务稳定大局、服务于宗教教育、服务于广大信教群众、服务于学员，是否有利于解决广大教职工及学员反映强烈的突出问题为标准，结合学院教学管理工作的实际，对近年来形成的各类政策措施、意见办法、规章制度进行全面清理，对照国家政策和法律法规，联系学院教学管理实际，结合学院教学管理服务职能，分别进行修改完善。同时，针对学院在内部管理上的一些问题和弊端，对内部管理制度进行了改革，进行了食堂改革，将食堂承包经营，节约了大量的人力、物力和财力，还对水电管理等各方面进行制度调整，开源节流。通过采取以上措施，有效的推动学院教学管理工作，学院的教学质量和管理水平得到显著增强和提高。

（杜文荣）

## 迪庆州民政局

**【综述】** 2010 年，迪庆州民政工作紧紧围绕州委、州政府的中心工作，充分调动全州民政干部职工的积极性，解放思想、实事求是，突出重点、开拓创新、真抓实干、狠抓落实，认真履行职责，完成了各项工作任务。2010 年共得到省厅支持各种资金 37 023.65 万元，比 2009 年（19 334.25 万元）增加 17 689.4 万元，增 91.5%。

**【救灾救济工作】** 2010 年自然灾害救助经费共 3 127 万元，比 2009 年（1 420 万元）增加 1 707 万元，增 120.21%。

2010 年，迪庆州遭受了严重的旱灾、洪涝、泥石流、山体滑坡等自然灾害，全州受灾 32 958 公顷，绝收 9 383 公顷。因灾倒塌民房 2 784 间，损坏民房 6 573 间，因灾死亡大牲畜 4 607 头，饮水困难人口 79 711 人，全州因灾造成直接经济损失 4 917 万元。全州受灾人口 288 528 人，因灾死亡 8 人，失踪 1 人。

面对严重灾情，全州民政系统的干部职工积极组织抗灾救灾工作，深入抗灾第一线，亲临现场，组织群众抗灾救灾，指导灾民生产自救，慰问灾民，发放救灾款物，并做好查灾、报灾工作，积极争取救灾款物。全年共向上争取救灾资金3 127万元，救灾大米20吨，被子1000床，并及时下拨到灾区，解决了灾区群众的实际困难。

结合迪庆州2010年自然灾害频繁发生，灾区群众生产生活受到严重影响的实际，为动员全社会力量帮助灾区群众度过难关，广泛动员全州社会各界人士，组织开展了社会捐助活动。共收到社会捐助资金409.74万元，党员救灾特别捐款266.16万元，为玉树灾区接收捐款246.39万元。

**【社会救助】**　2010年社会救助经费共计23 831.98万元，比2009年（16 116.97万元）增加了7 715.01万元。增47.87%。

1. 城乡低保工作。进一步规范了工作程序，积极推进和完善“分类施保”、“分级管理”，做到“动态管理”、“应保尽保”。到2010年12月底，全州有城市低保对象6 705户11 968人，全年累计发放保障金2 050.34万元，月人均补差153元。

进一步规范了农村低保工作。到2010年12月底，全州有农村低保对象102 300人，全年累计发放保障金6 354.96万元。

2. 城乡医疗救助工作。迪庆州城市医疗救助参保人数有12 944人，新型农村合作医疗资助人数有106 900人。开展了门诊救助。

3. 五保供养情况。全州共供养五保对象3 717人，其中，集体供养982人，分散供养2 735人。集中供养标准为279元/月，分散供养标准为120元/月。

4. 敬老院建设工作。州民政局开发区中心养老院已经竣工并投入使用，州老年公寓、德钦县中心敬老院和拖霞敬老院建设项目基本竣工。

**【优抚安置】**　2010年优抚、军休、复退资金共1 166.11万元，比2009年（1 090.48万元）增加了75.63万元。增6.4%。

1. 双拥工作：坚持开展“关爱功臣”活动。2010年在活动中筹集资金410.63万元，解决653人的住房难问题，投入义务工8 500个，捐献水泥15吨，捐献沙石60吨，投工献料折合8万元，支出61.5万元，新建住房15 040平方米。解决2 739人的医疗难问题，支出医疗费169万元；解决391人的生活难问题，支出生活补助54.93万元。

2. 优抚工作：2010年对迪庆州优抚对象人数进行了检查。目前迪庆州共有优抚对象2 453人，其中伤残人员143人，“三属”86人，在乡复员军人198人，带病回乡退伍军人1 362人，“两参人员”664人。从2009年10月1日起，给“三属”人员、定期抚恤的残疾人员、定期补助的在乡复员军人、参战退役人员等优抚对对象增加定期抚恤金。给全州“无房、危房”重点优抚对象64人解决了住房难问题。

全年共审核5份评残、调残申请，经认真审核，对材料齐全的4份评残、调残申请进行了上报并通过省厅审核进行了相关登记。

3. 复退安置工作：

全州共接收转业复员士官和退役士兵110人，其中：符合城镇安置的退役士兵37人，回农村安置的退役士兵73人。经过“双考”符合城镇安置的37名退役士兵都按要求得到了妥善安置，有33人按排工作，有4人自谋职业。

完成了退役士兵技能培训工作，共参加培训46人。由州民政局和三县民政局同州民专联合举办了计算机应用和应用文写作培训，符合安置的城镇退役士兵37人全部参加培训。

2010年度接收军休干部1人。到目前迪庆州有军休人员46人，其中，军队退休干部20人（其中2010年接收安置1人），军队退休干部遗属5人，退休士官1人，无军籍职工18人，无军籍职工遗属2人。核定了迪庆军队离退休干部应付购房款和享受住房补贴时给予货币补差的计价标准，落实了5名军队退休干部随军无经济收入遗属的生活补助。

**【社会事务工作】**　2010年共向上争取福利彩票公益金2 057.32万元，比2009年（944万元）增加1 113.32万元。增117.94%。

1. 社会福利工作

开展了迪庆州儿童福利院的建设工作。认真开展了西部贫困家庭疝气儿童手术康复计划的前期准备工作，并对符合条件的患儿进行普查。完成了迪庆州孤残儿童信息的重新采集录入工作。协助州综治办、州公安局、州卫生局、州财政局、州残联等部门在全州范围内开展了一次肇事肇祸精神病人的排查行动。联系杰素丹珍保育院日常工作，并在元旦、春节期间组织对保育院的慰问活动。

2. 殡葬管理工作

安排部署了迪庆州农村公益性公墓建设任务，并督促、协助德钦、维西县搞好殡仪馆的建设。组织开展了清明节“文明祭祀、平安清明”为主题的宣传活动，并与相关部门共同做好了文明祭扫的安全保障工作。

指导全州殡葬管理工作，大力宣传殡葬改革方针政策。开展了迪庆州殡葬单位纠风专项治理工作和优质服务月活动，并积极引导迪庆州殡葬服务机构、救助管理机构开展行风建设示范单位创建活动。

3. 社会组织登记管理

履行民间组织登记管理机关职责，对州级社会组织进行登记管理，并指导各县工作。履行州新社会组织深入开展创先争优活动指导小组办公室职责，对迪庆州新社会组织开展活动进行指导，并完成州创先争优办安排的各项任务。

对迪庆州社会组织基本信息情况进行了全面调查，并在全州范围内开展了社会组织综合整治及清理整顿工作。配合州加强境外非政府组织协调领导小组办公室对境外非政府组织及其代理机构活动情况进行调查，并协助各成员单位开展工作。

配合州发改委等十四部门开展了治理和规范社会组织涉企收费工作，并协助州发改委物价部门开展了迪庆州行业协会收费情况的专项检查。协助州工商局等五部门对以戒除网瘾为名侵害未成年人合法权益的教育培训机构进行排查。认真开展了迪庆州行业协会（商会）的调研工作，并配合州政法委对全州行业协会和非政府组织运行情况进行了调研。对迪庆州民间组织参加国际活动情况进行了调查。

指导、协调全州城市流浪乞讨人员的救助管理工作，并履行临时救助站职责。指导、协调全州收养登记管理工作。

**【基层政权建设】** 2010年共向上争取基层政权资金547.52万元。

1. 完成了第四届村委会换届选举工作，共换届村委会179个（包含未参加社区换届的德钦县两个社区），参选选民260 889人，选出村主任178名（其中党员139人，女性3人，兼任党总支书记5名，连任101人）。

2. 村（居）委会经费投入情况：村（居）委会办公经费、村干部补贴全州共计发放5 475 200元（此经费由财政转移支付）。下达省级福彩公益金用于村组织及社区活动和建设经费105万元。

3. 共进行婚姻结婚登记2 787对，离婚登记235对，涉外婚姻登记2对。

4. 农村离职半脱产干部生活补助发放和农村老党员生活补贴发放工作。农村离职半脱产干部生活补贴标准得到进行了提高，四个档次分别提高到2010年的178元/月、183元/月、188元/月、195元/月，再次对农村离职半脱产干部进行统计，截止2010年12月，迪庆州共有农村离职半脱产干部88人，其中任职11～15年的34人，16～20年的16人，21～30年的32人，31年以上的6人；农村老党员生活补贴三类档次分别达到300元/月、240元/月、160元/月。

5. 村务公开和民主管理工作。着重于加强领导健全组织。针对干部调动变化的实际，及时调整补充村务公开和民主管理领导小组成员，确保各项工作责任到人，州级领导小组成员调整和工作职责划分已完成；各县相继出台相关文件，在村民自治组织中建立了治安、调解、共青团、民兵、文教、妇女、村民理财小组等组织。对新当选的村干部进行民主法治、村务公开和民主管理为主要内容的任前培训，离任干部由乡镇组织财务离任审计。2010年完成下达村务公开栏建设资金17万元。各县相继出台《建村（居）委会干部年度考核办法》实行以村务公开，民主管理为主要内容的年度考核；试点性开展村务公开和民主管理示范单位创建活动，以示范单位为标兵，带动、激励全州村务公开和民主管理工作。

6. 完成全州11个社区居委会综合服务站项目、1 576个农村社区活动场所建设项目、549个50户以上村民小组的农村社区综合服务站项目，各县社区日间照料中心的项目储备工作。

**【区划与地名工作】** 2010年共向上争取行政区划与地名管理工作经费2万元。

完成2010年行政区域界线日常管理工作。使“滇藏线”、“川滇线”、“丽迪线”、“怒迪线”、“州内县界”两侧的社会稳定和经济发展，人民群众友好往来、和睦相处，未发生因行政区域界线不清而引发的纠纷。滇藏线1A、1B、2号界桩，德维线1号界桩完好无损。

完成了云南省民政厅区划地名处下达的《2010年云南省行政区划简册》（迪庆部分）的收集、校对、整理工作，并按时上报。

完成了云南省民政厅区划地名处下达的《中国乡镇街道信息全书》（迪庆部分）的收集、编写工作，并按时上报。按时完成了《迪庆藏族自治州撤县设市调研报告》的审核、充实、完善、上报工作。

**【福利彩票销售工作】**　2010年共发行福利彩票6 232.53万元，比2009年（4 623.8万元）增加1 608.73万元。增34.79%。

经过多方努力，在年内全州新增了8个电脑福利彩票销售点，全州共有55个电脑福彩销售点和刮刮彩销售点、9个时时彩销售点。通过加强宣传力度，提高服务质量，2010年，销售电脑福利彩票4 961.98万元、时时彩130.95万元、刮刮彩1 139.6万元。福利彩票销售上了新的台阶，为迪庆州的老年人事业、残疾人事业、社会公益事业等募集了一定数量的社会公益金。

**【老龄工作】**　2010年共向上争取老龄经费59.2万元。

1. 按省老年基金会的要求，对迪庆州60名老年人进行助养活动，对20名老年人进行助医活动。

2. 上报了迪庆州香格里拉县金江镇仕达村、吾竹村老年人协会，德钦县佛山乡纳古村老年人协会，维西县白济讯乡白济讯村老年人协会，塔城镇塔城村老年人协会等五个村级老年人协会，并已获得省老龄委审核批准。

3. 认真做好2010年“敬老节”活动，在“敬老节”期间，请州人民政府领导在电视台进行电视讲话，慰问老年人，在迪庆报上刊登了老年法和云南省老年人权誉保障条例，并积极为老年人征订《云南老年报》。

**【加强机关建设】**　以“深入开展创先争优活动”为重点，认真搞好领导班子队伍建设；高度重视干部的廉政建设，经常性地组织全局学习中纪委、省纪委和州纪委的有关文件和廉政建设会议精神；组织干部职工认真学习民政业务知识和各种政策法规，不断提高干部职工的业务素质和理论水平；转变工作作风，深入基层调查研究，体察民情、走访群众、慰问灾民、看望孤寡残幼，倾听群众呼声，帮助群众解决困难；严格按民政财经制度管理、使用好各项民政专项资金，并做好跟踪督查，杜绝发生挪用、挤占等现象。同时，认真做好各项财务、统计、档案、保密和民政宣传等工作。

**【认真接待来信来访】**　在处理来信来访过程中，既认真负责，又细心处理，能解决的问题及时解决，不能解决的问题耐心说明情况，使来信来访件件有落实、事事有答复。认真办理人大议案和政协提案，面商率达100%，满意率达100%。

**【表彰】**　2010年9月迪庆州民政局被州人民政府表彰为“迪庆州民族团结进步模范单位称号”。

2010年10月迪庆州民政局被云南省民政厅表彰为“云南省军队离退休干部第六届‘夕阳红杯’文艺体育比赛大会建精神文明奖”。

2010年12月迪庆州民政局救灾科被云南省民政厅表彰为“中国减灾宣传工作先进科室一等奖”。

2010年12月迪庆州民政局被表彰为“2005—2009年州县级机关义务植树先进单位”。

张崇岗，局长，2010年11月29日被全国老龄工作委员会授予“全国老龄工作先进个人”荣誉称号。

王强，副局长，2010年8月被云南省总工会表彰为“云南省百万职工抗旱献爱心活动先进个人”。

郑新海，社会事务科科长，2010年7月被云南省民政厅表彰为“云南省贫困家庭唇颚裂儿童手术康复计划爱心奉献个人”。

（余春妹）

## 人力资源和社会保障工作

**【综述】**　2010年迪庆州人力资源和社会保障工作以邓小平理论和“三个代表”重要思想为指导，坚持科学发展观，深入贯彻党的十七届四中、五中全会精神，认真落实省委八届八、九次全会、州委八届八、九次全会和全省人力资源和社会保障工作会议部署，以着力保障和改善民生为主线，以就业、社会保障和人才工作为重点，以机构改革为着力点，全面推动全州人力资源和社会保障工作。

【就业工作】 面对困难的就业局势，建立了就业政策、就业服务和就业领导的机制，确定了高校毕业生、农民工、就业困难人员为重点人员，实施了投资拉动就业、政策稳定就业、创业带动就业、培训提升就业、服务方便就业、分类扶持就业的措施，及时稳定了全州就业局势。2010 年，全州城镇新增就业 5 932 人，完成省厅下达目标任务的 123%，完成州政府下达目标任务的 114%；下岗失业人员再就业 534 人，完成省厅下达目标任务的 200%，完成州政府下达目标任务的 167%；就业困难人员就业 582 人，完成省厅下达目标任务的 233%，完成州政府下达目标任务的 194%；城镇登记失业率为 3.9%，控制在省厅下达的 4.4%和州政府下达的 4.5%的目标以内。完成农村劳动力转移就业 28 302 人，新增转移就业 10 702 人，完成省厅下达目标任务新增 7 200 人的 108%，完成州政府下达目标任务新增 5 000 人的 155%。

1. 积极向上争取就业再就业资金，加强资金的监管，确保各项就业再就业工作的顺利完成。通过努力，2010 年共向省厅争取就业专项资金 830 万元，完成州政府目标任务 800 万元的 103%。

2. 扎实有效地开展就业再就业培训和职业技能培训（鉴定）工作。根据劳动力市场用工需求和下岗失业人员再就业的需要，加大就业培训工作力度。2010 年全州共培训下岗失业人员和农村劳动力 13 570 人，完成省厅下达目标任务 8 700 人的 156%，完成州政府下达目标任务 12 000 人的 113%。全年共举办职业技能培训 12 期共 1 304 人，考评鉴定合格 1 031 人，培训合格率达 70%。同时，认真做好机关事业单位技术工人年度职业资格培训鉴定工作，全年共开设 10 个班 14 个工种，对 363 名学员进行了职业资格培训鉴定工作。

3. 进一步完善再就业援助和企业稳岗工作。2010 年共开发公益性岗位 472 个，完成省厅下达目标任务 250 个的 189%，完成州政府下达目标任务 200 人的 236%。为从事公益性岗位就业的就业困难人员给予 240 万元的岗位补贴，为从事灵活就业的 375 名下岗失业人员给予 72 万元的社会保险补贴，保持“零就业家庭”动态清零。全州共认定困难企业 40 户，稳定就业岗位 1 785 个，完成省厅下达目标任务 300 个的 595%，完成州政府下达目标任务 200 个的 892%，发放困难企业社会保险补贴共 310 万元。

4. 认真开展鼓励创业“贷免扶补”和小额担保贷款工作。2010 年全州共扶持 218 人成功创业，完成州政府下达目标任务 200 人的 109%，其中，小额担保贷款扶持创业 99 人，完成省厅目标任务 40 人的 247%，“贷免扶补”扶持创业 119 人，完成省厅目标任务 60 人的 198%。全州共发放创业贷款 892 万元。扶持劳动密集型企业 3 户，完成省厅下达目标任务 2 户的 150%。

5. 认真做好就业服务工作。根据省厅关于开展 2010 年就业服务系列活动的文件精神，开展了春风行动、民营企业招聘周、高校毕业生就业服务月等系列活动 4 场次，完成省厅下达目标任务 3 场次的 133%。共有 85 个用人单位参加了劳务洽谈会，进场求职人数达 5 000 多人次，在开发的 2 000 个就业岗位中有 800 名求职人员与用人单位达成了用工协议；今年共安置 65 人高校毕业生参加就业见习，完成省厅下达目标任务 50 人的 130%；共为 20 个用人单位派遣了 500 名员工；为 37 个用工单位 830 多名求职人员办理用工手续。

【养老保险工作】 1. 积极争取省级各项基金 187 万元，确保离退休人员基本养老金按时足额发放。全年为 2 709 名企业及个体工商户离退休人员发放离退休金 4 289 万元；为 5 666 名机关事业单位离退休人员发放离退休费 25 008 万元。社会化发放率为 100%。为全州 2 539 名企业退休人员调整了基本养老金，月人均增资 148 元。

2. 进一步扩大养老保险覆盖面，认真做好养老保险费的征缴工作，2010 年全州城镇基本养老保险参保人数达到 15 741 人，完成省厅下达目标任务 14 800 人的 106%，完成州政府下达目标任务 13 900 人的 113%（其中：企业职工参保 12 918 人，完成省厅下达目标任务 10 600 人的 122%）；全年应征缴养老保险费 7 783 万元，实际征缴 7 571 万元，当期征缴率为 97%。全州共清理企业欠缴养老保险费 87 万元。养老保险新扩面参保 1 501 人。

3. 新型农村养老保险试点工作取得新突破。为贯彻落实第五次西藏工作会议精神，在 2009 年 12 月香格里拉县启动实施新农保试点工作后，通过积极争取，维西、德钦两县于2010年7月起启动新农保试点工作。2010年共争取中央和省财政补助资金2 159万元，累计发放基础养老金1 588万元，发放率达100%。全州参保人数达到195 724人，征缴养老保险费2 031万元，参保率达91%。被征地农民参加养老保险人数16人，征缴养老保险费59万元。

4. 加快推进迪庆州企业退休人员社会化管理服务工作。2010年全州实行社会化管理的企业退休人员达863人，社会化管理服务率为33.8%，比省厅下达32.8%的目标任务高1个百分点。

【医疗保险工作】　1. 加大医疗保险扩面力度，大力推进非公有制经济组织从业人员、灵活就业人员和农民工参加基本医疗保险，2010年全州城镇基本医疗保险参保人数达到60 586人，完成省厅下达目标任务61 500的98%（其中：参加城镇职工基本医疗保险34 562人，完成州政府下达目标任务32 200人的107%，城镇居民基本医疗保险26 024人，完成州政府下达目标任务22 000人的118%）；参保人员社会保障卡发放率100%。1～12月征缴基本医疗保险费8 702万元，全州基本医疗保险基金结余17 719万元。全州共清理企业欠缴医疗保险费7万元。

2. 切实做好关闭破产国有企业退休人员参加城镇职工基本医疗保险工作。2010年共争取资金1 654.56万元，将2196名关闭破产企业和困难企业退休人员纳入城镇职工基本医疗保险范畴。

3. 切实提高医疗保险的统筹层次和保障水平。召开了《迪庆藏族自治州城镇职工医疗保险州级统筹暂行办法》听证会，暂行办法已报政府审批。启动实施了城镇职工基本医疗保险异地持卡就医购药试点工作，实现参保人员异地持卡就医。

4. 加大对定点医疗机构的监管力度，进一步加强对两定机构管理工作。与129家两定机构签订服务协议，加大对医院、药店的日常监管力度，规范医药行业行为。

【失业保险工作】　加强失业调控，完善失业保险与促进就业联动机制。努力扩大失业保险覆盖范围，发挥失业保险在促进再就业中的积极作用。2010年全州城镇职工参加失业保险人数达到16 001人，完成省厅下达目标任务15 000人的106%，完成州政府下达目标任务16 000的99.7%；共征缴失业保险基金1 370万元，为427名失业人员按时足额发放86万元的失业保险待遇和8.6万元的医疗补助费。

【工伤、生育保险工作】　加强工伤、生育保险基金征缴、审核、发放和工伤认定、劳动能力鉴定工作。一是2010年全州工伤保险参保人数达到23 965人，完成省厅下达目标任务11 600人的207%，（其中：企业参保10 385人，完成州政府下达目标任务8 200人的127%；农民工参保3 221人，完成省厅下达目标任务2 900人的111%）；应征缴工伤保险费495万元，实征488万元，为29名企业职工支付129万元工伤保险费；二是2010年全州生育保险参保人数达到22 263人，完成省厅下达目标任务17 700人的126%（其中企业参保8 683人，完成州政府下达目标任务6 500人的134%）；应征缴生育保险费494万元，实征477万元，为135名企业职工支付96万元生育保险费。三是2010年全州共为58名伤残人员办理工伤认定手续，为40名伤残人员办理劳动能力鉴定手续。

【社会保险基金监督工作】　开展了城镇职工基本医疗保险基金专项检查工作，组织完成2009年度社会保险基金决算和2010年社会保险基金的预算编制工作，增强基金收支的计划性、约束力和可持续性；认真做好社保基金的非现场监督工作，完成2008年～2010年3年再就业资金管理使用和与培训机构、中介机构业务往来情况的清理检查工作，积极协调相关部门认真做好社会保险缴费基数核定和稽核工作。

【工资福利与退休工作】　以缓解各类群体收入差距扩大问题为目标，以完善公务员工资制度、推进事业单位绩效工资、调控企业收入分配为重点，进一步完善工资收入分配政策措施，提高劳动报酬在初次分配中的比重，形成合理有序的收入分配格局。

1. 积极稳妥地推进事业单位工资收入分配制度改革，按时完成全州公共卫生与基层医疗卫生事业单位实施绩效工资工作。为全州1 278名事业单位职工兑现了绩效工资，月增资521元。

2. 完成艰苦地区津贴标准调整提高工作，认真做好职级和级别工资正常增加薪级工作。根据人社部财政部关于调整艰苦边远地区津贴标准的文件精神，为全州12 996人提高了津补贴标准，月人均增资285元。为全州886名实行职级工资制人员按规定晋升了级别工资；为4 826名机关工作人员按年度考核晋升了级别工资档次；为7 692名事业单位工作人员按年度考核结果增加了薪级工资。同时做好事业单位岗位设置聘用、参照公务员法管理事业单位工作人员首次登记后工资待遇核定工作。

3. 进一步完善退休福利待遇制度。经过多年的努力争取，完善了迪庆州机关事业单位工作人员退休制度，从2010年7月1日起，男满55周岁，女满50周岁男工龄满30年，女工龄满25年，可提前办理退休手续，并可继续享受5年的在职待遇。2010年共审批机关事业单位退休人员20人，审批企业退休人员149人。同时进一步提高了机关事业单位职工死亡后遗属生活困难补助标准，全年共发放丧葬抚恤待遇60万元。

4. 进一步加强对企业工资分配的指导、监督及国家劳动标准的贯彻落实，制定发布2010年迪庆州企业工资指导线，重点督促企业认真执行现行最低工资标准。加强了对实行特殊工时制企业的指导及审批。

**【公务员管理工作】** 全面贯彻实施《公务员法》，着力优化队伍结构、提升队伍素质，不断提高公务员管理的科学化、制度化水平。

1. 严格掌握优秀比例，及时完成2009年度考核的审核备案工作。2010年共审批州级51个单位689人的考核等次。

2. 严格程序，规范运行，顺利完成2010年公务员招考录用工作和参公管理登记工作。2010年全州共确定公务员招录计划136个，2 368人报名并参加考试，206人进入资格复审，196人进入面试，111人进入体检考核，录用111人。完成了州级25个参公单位238人参照公务员法管理的登记工作。

3. 加强基层锻炼，努力提高新录用公务员的素质和能力。2010年完成了全州24名各级行政机关2009年度新录用公务员下派工作。同时，为70名州直政府机关任免科级干部做好审核备案工作，为49名公务员办理了调动手续。

**【人事人才工作】** 以实施人才强州战略为重点，以建立健全充满生机与活力的用人机制为导向，规范事业单位人事管理制度，加强国外智力引进，稳步推进军转安置工作，为全州经济社会发展提供强有力的智力支持。

1. 认真组织事业单位招聘考试和各类专业技术人员资格考试。2010年州级共组织10次事业单位招聘考试，共招聘工作人员367名。共组织44项专业技术资格考试，1 055人参加了考试。同时选聘了43名大学生到村任职，完成“四个项目”服务期满招聘到基础事业单位工作，共提供10个岗位，招聘到3人。

2. 认真做好职称申报的推荐审核和资格认定工作。经审核，全州有132人获得高级专业技术职务任职资格，其中正高级职称4人，副高级职称128人；331人获得中级专业技术职务任职资格；395人获得初级专业技术职务任职资格。

3. 积极稳妥推进事业单位岗位设置管理。按照省厅对岗位设置工作“实事求是，积极稳妥，平稳推进”的总体要求，精心组织、稳慎实施。2010年完成了全州297个事业单位岗位设置方案的审批工作，全州事业单位设置岗位总量为8 829个，其中管理岗位199个，专业技术岗位7 661个，工勤技能岗位969个。事业单位岗位设置工作已顺利入轨运行。

4. 积极开展专业技术人员选拔工作。按照省厅开展“三项选拔”工作的相关要求，认真开展了“国贴”、“省贴”、“省突”三项选拔推荐工作。按照自下而上、民主公开、好中选优的原则，拟选拔一位同志为迪庆州“国贴”推荐人选；拟选拔三位同志为迪庆州“省贴”推荐人选；拟选拔三位同志为迪庆州“省突”推荐人选。

5. 积极开展人事代理、流动党员管理和迪昆人才培训工作。一是针对大中专毕业生的特点和就业现状，为大中专毕业生提供政策咨询、就业指导、择业信息登记、就业推荐和人事档案管理等服务，加强对大中专毕业生流动党员的管理。2010年共办理档案转接296件，接待咨询服务人员1 000余人次，建立了64名流动党员的登记工作。二是根据《迪庆—昆明人事人才工作全面合作框架协议》，2010年完成了2期100人的赴昆培训工作。同时审核办理了59名事业单位专业技术人员的调动手续。

6. 军转安置工作实现创新。通过加强专业培训、个性化培训、安置考试等措施，进一步加强了军转安置工作，自主择业军转干部服务工作更加优化，部分企业军转干部的解困补助标准得到调整提高，全州军转干部总体形势保持稳定。2010年完成了30人城镇退役士兵安置考试工作，完成9名自主择业军转干部的安置工作。积极与财政部门协调，及时将省里下拨的7万多解困资金发放到企业军转干部手中。同时，积极关心企业军转干部，认真解决他们的实际困难，2010年全州共发放6.75万元的医疗困难补助。

7. 外国引智工作稳步推进。2010年完成了出国（境）学习培训人选推荐上报工作和聘用外国专家资格年检审验及报批工作；协助藏东英语培训中心聘请了一名美国籍和一名澳大利亚籍外教专家；组织召开了迪庆州首次引智联席工作会议；组织实施了2.4亩陆稻引智成果推广示范种植。

**【劳动关系与仲裁工作】** 全面深入贯彻实施《劳动合同法》、《劳动争议调解仲裁法》和大力提高企业劳动合同签订率，积极做好劳动人事争议仲裁工作。加大劳动合同签订力度，认真做好劳动争议案件的处理和群众来信来访工作。全州城镇职工累计签订劳动合同20 042人，合同签订率达98%，完成州政府下达98%的目标任务；农民工签订劳动合同8 506人；签订集体合同80户；涉及职工4 618人；劳动用工登记备案486户，涉及20 042人。全州共受理劳动争议案件87件，结案87件，结案率达100%，涉及职工311人，涉及金额259万元；共接待来访者1 511人，直复率达100%；办理群众来信17件，直复率达100%。

**【劳动保障监察工作】** 1. 认真开展劳动保障执法年审工作。全州共审查用人单位659户，涉及劳动者1.73万人，年审覆盖率为100%，全面完成州政府下达的目标任务，年审合格率为96%，通过年审整改补签劳动合同886份，追缴社会保险费6.3万元。

2. 进一步加大举报案件查处和行政处罚力度，切实维护劳动者的合法权益。受理投诉案件112件，结案107件，结案率为95%，完成州政府下达95%的目标任务，共为1 247名农民工追讨工资486万元；依法对19户用人单位进行了行政处罚，共处罚金6.65万元。同时，加强劳动保障执法监察日常巡察力度。全州共巡察用人单位417户，巡察面达80%，完成州政府下达80%的目标任务。办结行政复议案件1件。

**【部门自身建设】** 以基层有平台办事、有条件办事、有能力办事、有规章办事为目标，继续加大县、乡两级公共服务平台的软硬件建设，完善人力资源社会保障基层公共服务体系，加强部门自身建设和基础能力建设，确保劳动保障工作顺利开展

1. 劳动保障公共服务机构能力建设得到进一步提升。建立了全州统一的医疗保险和养老保险信息系统，加大中心网络维护力度，90%的乡镇劳动保障所（站）达到“2113116”建设标准。县级人力资源社会保障公共服务平台建设“65.1工程”完成立项工作，县级城域网覆盖率达100%，乡镇、街道、职业介绍、鉴定机构联网达到100%，劳动保障信息网络向乡镇、企业拓展，应用向乡镇、社区延伸，大力推进业务运用，加强干部职工信息网络技术培训，提高干部职工队伍素质。

2. 按照省委、省政府、州委、州政府的要求。截止2010年8月18日州政府机构改革全面结束。人事劳动整合，根据机构改革过渡期的实际，局党组作出了分工不变、职责不变、任务不变的决定，做到了思想不乱，队伍不散，工作不断。按思想上形成共识，制度上形成统一，工作上形成合力，文化上形成风格的要求，落实三定方案，实现了平稳整合。

3. 继续开展科学发展观的学习实践活动，开展学习型机关建设，开展创先争优活动，切实加强班子思想政治建设，加强机关党的建设，加大抓思想带队伍的工作。切实加强党风廉政建设责任制的落实，注意从源头上预防和治理腐败。加强对敏感部位、重点环节的监督，促进权力运行的公开透明。厉行节约，反对奢侈浪费。大力抓好精简行政审批事项和清理行政事业性收费工作，促进了工作效率的提高和服务质量的改善。

4. 全力推进阳光政府四项制度建设，加强政务公开。2010年共发布听证事项3条、公示事项87项、通报事项56项，接听96128专线电话40个，通过各种渠道积极宣传劳动保障工作及法律法规，加强政务公开，2010年共上报人力资源社会保障信息76条。

**【大事记】** 2010年8月18日，迪庆州人力资源

和社会保障局成立。

2010年7月，维西县、德钦县启动实施新型农村养老保险试点工作。

2010年，出台实施《迪庆藏族自治州新型农村社会养老保险试点实施细则（试行）》、《迪庆藏族自治州农民工权益保障暂行办法》、《迪庆州人民政府关于建立城镇居民大病补充医疗保险的实施意见》。

2010年，被州人民政府评为“全州民族团结进步模范集体”。

（周　瑜）

## 迪庆州扶贫办

**【国家扶贫办主任范小建到迪庆视察】** 2010年4月，国务院扶贫办主任范小建到迪庆视察工作，云南省扶贫办领导也多次深入到迪庆调查研究，了解藏区的扶贫开发情况，帮助分析贫困特征、致贫原因，针对迪庆的特殊情况提出一系列云南藏区扶贫开发工作的指导性意见。国务院扶贫办在保持中央财政扶贫资金增量不变的基础上，专项安排给迪庆4 000万元中央藏区扶贫开发资金。

**【扶贫开发工作】** 2010年，全州累计投入中央、省级财政扶贫资金8 757万元，完成基础设施、社会事业、产业开发、生态环境等建设项目179个；全州2010年度建制村财政扶贫整村推进项目27个建制村，覆盖22个乡（镇），279个自然村、8 944户、38 017人；全州2010年整村推进计划投入中央及省级财政扶贫专项资金（含安居工程）2 900万元、争取部门整合资金3 850万元，实际到位并拨付中央及省级财政扶贫整村推进专项资金2 220万元；截止2010年12月，完成59头大牲畜养殖和4 200只家禽养殖，经济作物种植0.18万亩，经济林果1.013万亩；安居房建设完成1 826户219 100平方米；通路工程完成124公里，完成村内道路硬化38万平方米；完成铺设管道135千米，完成水池460立方米，新建灌溉沟渠16.5千米；解决安全饮水1.2万人、牲畜饮水1.65万头；通电工程完成架设高压线路56千米、安装变压器2台，解决用电困难户2 860户；新增和改善灌溉面积计划0.31万亩；新建文化活动场所活动室7 810平方米，活动场地9 896平方米，建设村卫生室一所；新建节能灶（太阳能）6 500口；建设永久性标志牌7块；培养致富带头人209人。

**【安居工程】** 2010年，财政扶贫安居工程资金到位300万元，其中香格里拉县100万元，德钦县100万元，维西县100万元，实施300户贫困户安居工程，资金于2010年6月份下达，年内已经全面完成。项目绝大多数配套安排到财政扶贫资金和部门整合资金的建制村整村推进中。

**【易地转移安置】** 2010年迪庆扶贫易地转移安置任务为1 000人，计划投入资金500万元。其中维西县300人150万元、德钦县300人150万元、香格里拉县400人200万元。

**【贫困农村劳动力转移培训工作】** 根据《云南省财政厅　云南省人民政府扶贫开发办公室关于下达2010年度贫困地区劳动力转移培训计划》要求，拨付三县资金258万元，劳务输出培训人数8 100人。其中安排德钦县劳务输出培训人数：1 250人，拨付25万元；安排维西县劳务输出培训人数：3 600人，拨付48万元；安排香格里拉县劳务输出培训人数：1 250人，拨付25万元；安排州民专劳务输出培训人数800人，拨付64万元；安排维西县职高劳务输出培训人数1 200人，拨付96万元。

**【产业扶贫】** 2010年计划安排产业扶贫项目7个，资金额度550万元，其中中央科技及产业扶贫资金100万元，省级产业扶贫资金为450万元，项目已报省扶贫办、省财政厅，并完成项目评审和立项批复。

**【各项信贷资金和革命老区建设工作】** 2010年省扶贫办下达给迪庆州革命老区建设资金20万元，中央财政扶贫救灾资金50万元，小额到户贷款以奖代补资金40万元，扶贫贷款项目贴息资金69万元，到户贷款贴息资金150万元，两项制度结合资金300万元。

**【整乡推进项目】** 2010年，全州整乡推进项目继续在维西县巴迪乡实施，工程计划投资5 120万元（分两年实施），已到位资金300万元，其中财政扶贫资金300万元、部门整合及社会帮扶资金4 520万元。年内项目完成年度工程量的85%。

**【藏区扶贫开发项目】** 2010年，全州藏区扶贫开发资金为4 000万元，其中香格里拉县1 300万元，德钦县1 000万元，维西县1 700万元，州扶贫办与州财政局根据省财政厅、省扶贫办云财农〔2010〕319号文件要求于2010年10月20日将资金文件下达三县，项目规划文本上报省扶贫办、省财政厅，已完成各县基础工作。

**【重大项目建设工作】**　为贯彻落实中共迪庆州委办公室、迪庆州人民政府办公室《关于衔接迪庆州经济社会发展重大建设项目和政策支持任务分解的通知》（迪办通〔2010〕17号）和中共云南省委藏区工作领导小组《关于印发迪庆藏族自治州经济社会发展规划纲要和重点领域建设项目规划任务分解方案的通知》（云藏组〔2010〕4号）文件精神，迪庆州扶贫办对《任务分解表》中所列任务进行衔接。

1. 关于把迪庆州作为特殊集中连片贫困区域加大扶持力度，实行连片开发、综合治理的情况（云藏组〔2010〕4号文第13项牵头项目）。任务分解中要求用6年时间完成100个建制村整村推进和35个片区开发任务，州扶贫办力争用3年时间完成全州第一轮以基础设施为主要内容的整村推进项目和6个整乡推进项目，再用3年时间完成全州所有建制村连片开发工作任务。完成易地扶贫搬迁5 000人，全州贫困发生率控制在15 %以下。

2. 州扶贫办已分别于2010年上半年向国务院扶贫办和上海市合作交流办专题汇报社会帮扶工作，要求中央国家机关2个部门挂钩帮扶迪庆2个县、1个中央重点企业挂钩帮扶迪庆1个县，上海市3个区对口帮扶3个县。11月，迪庆州党政代表团专程赴上海汇报“十二五”对口帮扶工作，上海市已基本确定同意三个区对口帮扶迪庆三个县，有望在年底具体落实。

3. 2010年，在上海市同意安排对口帮扶的6个乡镇卫生院进行标准化卫生院建设，完成香格里拉县尼西乡、虎跳峡镇2个标准化卫生院的建设任务，并通过其他渠道争取项目和资金扶持全州医疗卫生事业。又从上海帮扶资金中拨付500万元，解决州藏医院、州中心血站工程建设资金的困难，并将争取到的中国扶贫基金会援助的630万元物资、资金用于德钦县母婴平安项目。

4. 关于加大特色生物资源开发和关于建设核桃、油橄榄、红豆杉等林产业基地以及关于扶持龙头企业发展的三个情况（云藏组〔2010〕4号文第49、50、51项配合项目）。围绕8大农产品基地和3大林产品基地以及迪庆龙头企业的发展目标，2010年投入500万元资金用于培育产业发展项目，在“十二五”期间，计划投入6个亿发展产业项目连片开发，进一步培育贫困农村产业发展。

5. 关于完善城乡居民最低生活保障制度的情况（云藏组〔2010〕4号文第28项配合项目）。香格里拉县已被列入云南省开展农村最低生活保障制度和扶贫开发政策有效衔接试点工作县。2010年，香格里拉县已展开“两项制度”试点工作的调查摸底和衔接工作。

**【沪滇对口帮扶工作】**　2010年，上海市投入计划内帮扶资金3 460万元，计划外资金1 656万元，其中整村推进建设资金1 400万元，迪庆州实施上海帮扶资金建制村整村推进项目三大类47项，安排6个建制村覆盖6个乡（镇），51个村民小组。建设内容为：建设进村（组）道路101.32千米，村内道路硬化30.7千米；新建防洪挡墙100米、新建活动场所6个（球场）、新建10个公厕及新建垃圾池37个、为农牧民安装709套太阳能；实施安居工程1 216户；修建4个饮水水池，安装38.28千米水管，新修13.4千米沟渠；完成200亩中低改农田的改造；新建3座河桥；建成10个蔬菜大棚；进行劳动力技能培训20期3 000人；完成400亩经济林种植和200亩核桃改良；结合帮扶乡村的具体情况，加强对养殖业的扶持。

年内上海市政府合作交流办的领导和嘉定区、宝山区党政代表团先后到迪庆互访，主要了解对口帮扶情况，指导帮扶项目。迪庆州也组织党政代表团专程到上海市合作交流办及宝山区、嘉定区人民政府汇报沪滇对口帮扶工作。为提高帮扶实效，全面实施上海帮扶项目，在第12次沪滇对口帮扶工作联席会议上提出，“十二五”期间，上海市将在对口帮扶工作中更加注重制度建设，注重改善民生，注重帮扶当地长远发展，探索符合云南实际的帮扶模式，加大对云南藏区的扶持力度，力争实现扶贫项目在资金上、机制上有新的突破，从而为努力实现双边共赢发展创造条件。

**【监督检查管理项目】**　2010年多次组成由迪庆州扶贫办、沪滇对口帮扶驻迪联络组、州财政局参加的检查验收工作组，到三县一区对2009年度的扶贫项目（重点是整村推进扶贫项目和上海帮扶项目）进行抽查验收和对2010年的扶贫项目进行督促检查工作。州扶贫办组织相关部门对2010年度各级财政扶贫资金包括中央和省、州级财政安排的整村推进财政扶贫资金、财政产业扶贫资金、财政易地扶贫资金、劳动力转移培训资金、社会帮扶资金（含上海帮扶资金）、扶贫项目贷款和到户扶贫贷款的贴息资金，以及其它扶贫资金展开专项检查，并在检查中纠正发现的问题。

**【编制“十二五”扶贫规划】** 根据《迪庆藏族自治州2010年－－2020年农村扶贫开发纲要》和《迪庆州脱贫建小康规划纲要》以及中央、省、州有关扶贫工作的指导方针、政策，结合迪庆州情和扶贫开发工作实际，分别对全州部分乡镇贫困地区的扶贫开发工作进行认真调研，在深入调研的基础上全面总结“十一五”的扶贫开发实施情况，分析破解存在的原因，深刻领会新时期扶贫开发的政策，把握发展的机遇，以突出重点、注重民生为根本，探索模式、创新机制为方式，健全制度、强化措施为手段，改善贫困地区基础设施、增加贫困群众收入、提高贫困人口素质为目标，科学编制“十二五”规划。

**【责任目标完成情况】** 2010年，州扶贫办争取资金13 873万元（含计划外资金1 656万元），比上年度资金增幅30%，超额完成年初与州人民政府签订的“向上争取资金比上年增10 %”的责任目标；通过实施扶贫开发项目，增加农牧民的收入，贫困群众的生活水平明显提高，完成与州人民政府签订的解决1万人贫困人口温饱问题的责任目标；赢得党政支持和社会认可，形成“党政硬化责任、各级给予投入、上海对口帮扶、部门整合资金、机关挂钩扶贫、社会广泛参与、群众自力更生”的“大扶贫”工作格局，扶贫开发工作外围大环境得到改善。充分利用扶贫到户贴息资金，做好核桃、葡萄、畜牧、药材发展产业实施，分批分次组织农产品科技带头人和农产品经纪人到外地培训学习。在政府的大力支持下，增加1 000万元扶贫到户信贷指标，满足村民发展产业的资金需求，并通过2～3年的整村推进扶持发展，培育典型示范产业村带动周边产业经济的发展，促进新农村建设。

**【党风廉政建设】** 2010年，州扶贫办注重抓党风廉政建设，按照《党员领导干部廉洁自律》的规定要求，做到八个坚持，八个反对，在日常工作中注重社会治安综合治理工作，没有发生违纪违规现象，认真履行一岗双责。下半年，州扶贫办党组组织召开以“贯彻落实《党员领导干部廉洁从政若干准则》切实加强领导干部作风建设”为主题的专题民主生活会，通过开展批评与自我批评活动，增强班子团结，加深思想沟通，提高州扶贫办领导班子的凝聚力和战斗力，不断提升执政形象，为全州扶贫开发工作顺利推进提供坚实的思想组织保障。

（马　琳）

## 迪庆州人口计生委

**【人口自然变动情况】** 截止2010年9月30日，全州总人口数为368 033人，当期出生3 717人，其中男婴1 908人，女婴1 809人；人口出生率为10.12‰，同比下降0.88个千分点；人口自然增长率为4.27‰，同比下降了0.75个千分点；全州计划生育率为91.44‰；各项指数均在可控范围之内，全州低生育水平得到巩固和稳定。

**【组织机构】** 迪庆州人口计生委下设办公室、发展规划科、科技科、宣传法规科、流动人口计划生育管理服务办公室等5个科室，下辖直属事业单位1个即迪庆州人口和计划生育药具管理站。计生委机关实有工作人员11人，其中，主任1名，调研员1名，副主任1名，计生协会专职副会长1名。药具站实有工作人员3名。全委工作人员中，大学学历的有10人，大专学历的有3人。中共党员8人。

**【领导重视、保障有力】** 州政府在2010年4月份召开全州人口计生工作会议，做到工作的早安排、早部署、早行动、早落实。州委、州政府经过认真调查研究，出台《迪庆州贯彻落实〈中共云南省委云南省人民政府关于进一步加强人口和计划生育工作统筹解决人口问题的决定〉的实施意见》。州政府在财政较为困难的情况下，适度增加全州人口计生事业费，全年预算经费达到160万元。各县党委、政府高度重视人口计生工作，召开县区人口计生工作会议，实现人口计生事业费投入的稳中有升，保障全年人口责任目标任务的顺利完成。

**【宣教工作】**　完成全州188个村（社区）级计划生育宣传服务室功能强化工作；继续在《迪庆日报》上开设专栏稿件质量与数量均有较大提高；制作并发放《人口和计划生育宣传手册》20 000份、《宣传折页》20 000份、围裙等计划生育宣传实物10 000余件，；结合大香项目向全州部份孕产妇发放2 500套宝宝服（被）、水壶、澡盆等鼓励入院分娩的实物宣传品。继续开展“婚育新风进万家”、“关爱女孩”等活动，先后走访慰问20户农村独（双女）困难户，发放慰金20 000元；

**【依法行政】**　在2009年组织全州人口计生系统行政执法培训的基础上，对全州计划生育执法主体及人员进行摸底，掌握全州总体情况，并相关部门提交未取得资格的人员资质申请。截止2010年12月初，全州办理《独生子女父母光荣证》637本，办理《生育服务证》1576份。州计生委督促各县区采取各种手段，加大对欠缴社会抚养金的征缴力度，全年累计追欠230余万元，取得较好效果。

**【技术服务】**　2010年1～10月，全州上门咨询、门诊咨询人19 177次，查环、查孕人次相对稳定、开展随访情况也较理想。计生技术服务机构共实施施行常效节育措施、人流等大量手术。全年无一例医疗技术事故。

**【推套防艾及计生药具管理】**　巩固公共娱乐场所和宾馆酒店安全套摆放率，加大对药具的规范化管理。全年累计发放安全套531 968只；按云南省计生药具管理VI系统及形象店标准在州药具站、三县县级服务站创建了开放式服务及宣传展示窗口，为188个村计生宣传室配发标示牌，所有药具发放柜、箱统一启用VI形象标识。全年新增药具免费发放箱40个，超市药具免费发放货柜30个，进一步提高计生药具的易得性和可及性。组织公安、卫生、药监等部门于2010年10月份开展计划生育药械药械市场专项整治行动，对全州99家计划生育药具药械经营单位进行排查，维护计划生育药具药械市场正常秩序，保护广大育龄群众的用药安全。

**【优生促进工程及出生缺陷一级干预】**　重点县维西县目标人群为3 400人，孕前检查1 667人，孕前检查率达到49.02%；试点县香格里拉县目标人群3 600人，孕前检查1 954人，孕前检查率为54.27%，全州发放叶酸18 198瓶。德钦、开发区结合自身实际作了相应工作。

**【基层服务体系建设】**　纳入2009年第四批涉及中央扩大内需资金项目的香格里拉县格咱、五境，德钦县云岭，维西县攀天阁、中路、维登等乡镇计生服务站新建项目已于2010年先后竣工验收并投入使用，全州新增站所使用面积1700多平米，农村基层计划生育服务体系更加健全，服务半径进一步扩大。

**【流动人口计划生育服务管理】**　2010年，流动人口一盘棋工作机制得到巩固和发展。一是经费保障有力，全年州、县各级投入流动人口计划生育服务管理工作专项经费201 200元，保证各级流管工作的正常运转，各社区流管员的工资报酬有了一定提高。二是基本完成流动人口计划生育全员数据录入，录入省内全员信息系统全州录入21 368人，录入率达85%以上。三是加大对流动人口的技术服务力度，各县区分别开展多起免费生殖健康检查活动，并将流动人口计划生育“四术”纳入基本免费项目，实现流动人口计划生育技术服务的“市民化”，赢得服务对象的好评。四是根据2010年初培训计划，组织各县区分管流动人口计划生育工作的领导和骨干前往玉溪、楚雄等进行考察。五是继续加大对流动人口计划生育管控力度。截止9月30日，全州流入人口违法多生育13人，流出人口无违法多生育现象，全年共查验流动人口婚育证明4 979人次，下发婚育证明补办通知书1 034份，同时与相关部门，用工单位、出租户签订责任书5 143份。

**【信息化建设】**　在巩固和充分发挥人口计生PADIS系统信息录入及运用工作的同时，迪庆州根据国家、省人口计生委要求，全面开展全员信息库录入，各县区已基本完成全州全员人口信息录入88 566户，共计343 864人。同时，加强迪庆州人口计生信息化水平，州人口计生委继续坚持扶持基层改善信息化硬件水平，全年为6个乡镇计生办更新了电脑、复印机等设备。经过两年的努力，全州29个乡镇计生办、部份乡级服务站所已完成信息化建设必要硬件配备。

【大香项目拓展工作】 2010年，各县区严格按省州要求，制定了《大香项目拓展工作实施方案》，并相继召开项目第二周期启动大会，在巩固第一周期成果的基础上，将项目由原来的6个试点乡镇拓展到全州29个乡镇。至10月30日全州发放婴儿用品2 687套（其中香格里拉县1 019套，德钦县416套，维西县1 024套，村级及开发区228套），开展免费生殖健康检查14 793人次，创建人口文化大院9个，基本完成了188个村级服务室功能强化工作，更广泛地实现了农牧民群众受惠、服务站所功能提升、基层队伍服务能力增强。

【优质服务创建】 全面铺开维西县申报国家级先进县、德钦县创建省级先进县、香格里拉县巩固省优创建成果工作，各县在阵地建设、人员培训方面均作出了努力，以技术服务为重点的优质服务得到了强化。州人口计生为支持优质服务创建工作，投入近200万元为三县县级、部份乡镇服务站配备了彩超等诊疗设备，提升了基层站所的服务能力。至12月，维西德钦县已经省级考评，获得省级先进县称号，标志着迪庆州全境省级以上优质服务先进县覆盖率已达到100%。

【奖励扶助】 一是继续保持“奖优免补”及其他奖励扶助金配套资金到位率、资格确认率及资金兑现率百分之百。全年州县两级全部完成资金配套，累计发放各类奖扶资金316.99万元。二是“少生快富”工程完成阶段性任务。“少生快富”工程是经迪庆州各级领导机关及人口计生系统不断努力，争取到的又一项政策导向性惠民政策，根据国家、省人口计生委要求，本年度，迪庆州德钦县率先实施，目前该县已完成信息搜集、资格审查及信息录入，已向符合条件的6 481户农村计划生育家庭发放了户均3 000元的奖励金，总额达到了1 944.3万元。其他各县区也初步完成了摸底调查和资格确认工作。

【计划生育协会工作】 一是结合全州村计划生育宣传服务室功能强化工作，实现了全州188个（社区）计生协会基层组织、有活动场所；二是各级计生协会在“7.11”世界人口日、“5.29”计生协会活动日，采取在集市等人员密集区摆放宣传展板和资料、进行文艺汇演、发放计生药具、协同职能部门进行免费作健康检查等活动，宣传计生法规、优质服务、防艾知识、母婴保健、生殖健康等知识；三是持续开展生育关怀行动，全年筹集物、资价值22 000元，对40户农村贫困计划生育家庭进行了慰问活动。为全州4 692户农村独生子女家庭承担了人均12.50元的计划生育家庭意外伤害保险投保费，总额达5.45万元。四是强基固本，加强基层协会组织建设，通过创建9个人口和计划生育基层群众自治村（居）示范活动，带动了全州协会工作的发展。

【举行中央控制人口《公开信》发表30周年纪念活动】 1980年，中央控制人口《公开信》发表是我国正式开展计划生育工作的标志。为纪念《公开信》发表30周年，迪庆州在9月份开始开展系列纪念活动。一是召开了一次有州委、人大、政府、政协领导和相关部门负责人及基层计生工作人员、退休老干部和计划生育家庭代表参加的高规格的座谈会，会上和桂琼主任回顾了迪庆州计划生育工作30年来取得的辉煌成就，分析了当前存在的严峻的人口形势，阐述了迪庆州人口计生工作的近、中、长期规划。迪庆州人大副主任杨凤喜、州人民政府副州长李学林等迪庆州领导到会作了重要指示，各界代表也作了发言。二是开展了大型广场纪念活动，组织委机关、药具站及香格里拉县人口计生部门在坛城广场开展了政策咨询、发放宣传品、免费健康检查、布设计生30周年成就展等活动。三是邀请州电视台制作并播放了《三十年蓬勃发展的迪庆人口计生事业》专题片，组织干部职工撰写了《迪庆人口计生30周年回顾》并在迪庆日报发表。四是慰问了一批计划生育困难家庭、表彰一批了长年战斗在人口计生一线的基层计生干部。纪念活动的开展，对外展示了迪庆州人口计生工作取得的辉煌成就，进一步促进了广大干部群众对计生工作重要性的认识。

【国家人口计生委在迪庆州举办培训班】 2010年7月19~23日，国家人口计生委在迪庆州举办全国“新农村新家庭人口健康促进项目计划工作暨新闻发言人培训班”，国家人口计生委崔丽副主任到会并作重要讲话。全国各省区各州市近200名计生干部参会，州计生委在省人口计生委的指导、帮助下，出色完成协办任务，获得了国家、省人口计生委领导和全国同行的一致好评。

【潘贵玉到迪庆考察人口计生工作】 2010年8

月，中国计划生育协会副会长潘贵玉前来迪庆州调研人口计生及计生协会工作情况，潘会长一行深入到开发区、小中甸等村考察村级人口计生及协会工作开展情况，并在迪庆州党政领导汇报会上，对迪庆州人口计生工作特别是基层计生协会工作现状给予了高度评价，对相对边远艰苦的迪庆人口计生工作的扎实到位、网络体系的健全有序，基层协会的组织健全、活动的丰富多样感到意外和欣喜，表示中国计生协会将对诸如迪庆这样在艰苦环境中坚持开展工作并取得突出成绩的地方给予适当扶持。

（罗海荣）

## 迪庆州残疾人联合会

**【概况】** 2010年，迪庆州残疾人工作深入学习实践科学发展观，认真贯彻落实中共中央、国务院《关于促进残疾人事业发展的意见》和省委、省政府《关于促进残疾人事业发展的实施意见》文件精神，以保障和服务残疾人“两大体系”为重点，以创新工作思路为抓点，锐意进取，真抓实干，开拓创新，全面推进了残疾人康复、教育就业、扶贫、社会保障、信访维权、文体宣传等各项工作，使残疾人参与社会生活能力得到了进一步提高，为迪庆州残疾人工作和残疾人事业快速发展奠定了良好的基础。

**【抓基层组织建设，当好参谋作用】** 基层组织建设薄弱是迪庆州的老大难问题，因此造成残疾人底数不清，残疾人服务需求上报难等一系列问题。为解决这一问题，州残联从2009年开始深入调研，在掌握实际情况的基础上向政府汇报基层组织存在的问题。在政府领导的支持下，根据国务院残工委〔2005〕4号文件及相关精神，年内代政府起草了加强残疾人基层组织建设的工作意见，经州政府37次常务会议研究，下发的《关于加强迪庆州残疾人基层组织建设的工作意见》，对加强残疾人基层组织作出了系统安排，在设村（社区）专职委员的基础上，新设乡镇残疾人专职委员，并纳入公益性岗位，大幅度提高村（社区）专职委员的劳务补贴，由原来的村（社区）专职委员每人每月补助30元增加到村专职委员每月不低于150元、社区不低于250元，新增村（社区）残协年度活动经费1 000元，上述经费全部由各县财政安排。同时，加强残疾人基层组织工作规范化建设，制定下发了《迪庆州基层残疾人工作“四化”建设实施意见》及考评管理办法，对全面提升残疾人组织的服务能力和服务水平打下了良好基础。

**【康复服务工作】** 以“人人享有康复服务”需求，扎实开展了残疾人各项康复工作。一是按照省残联文件精神要求，对全州0～6岁贫困残疾儿童进行了摸底筛查，通过调查核实，确定了需康复残疾儿童对象10人，进行康复训练5人；三是围绕残疾人康复需求，提供各项服务。州残联拿出15万元资金，免费为30名截肢对象装配假肢，为双下肢残疾对象发放轮椅20辆，为100名残疾对象提供用品用具108件（其中盲人盲杖10副、盲表10只，听力残疾助听器30台、双下肢残疾人配备拐杖30副、座便器15台、脑瘫儿童站立架3台，各种生活自助具10件）；四是继续实施白内障复明手术。密切配合卫生部门组织贫困白内障患者实施复明手术，做好白内障复明对象登记核查工作，制定实施方案，已确定贫困白内障对象350人，通过审核，实施手术200例，对农村白内障患者和城镇“低保”对象白内障患者全部免费实施手术，确保这一光明行动顺利实施。

**【残疾人就业服务】** 以残疾人职业培训为着力点，多层次、全方位开展残疾人职业技术培训，更好地发挥残疾人自身素质和潜能作用，为进一步促进城镇残疾人就业和提高农村残疾人创业能力打下良好基础。派人参加第四届云南省残疾人职业技能竞赛，获“道德风尚奖”。通过多种形式和渠道，依法分散按比例安排残疾人就业和收缴残疾人就业保障金，州级依法收缴残疾人就业保障金32万元。

**【残疾人办证工作】** 核发第二代残疾人证是做好残疾人工作的基础，它既是工作中的重点，也是难点，在山高路远、经费严重不足的情况下，各县专门请医院鉴定医生，到各村巡回办证，既方便了群众，又加快了进度。在换证时，切实做到严把关、严要求、严审核，对前来办证对象严格按程序办理，不做人情事、不说人情话，做到手续齐全、程序到位，至年底，全州已经办证近9 700多本，远高于全省办证率20%的平均水平。

【民生工程和扶贫解困工作】 2010年，州残联利用实施“彩票公益金”农村贫困残疾人危房改造项目的有利条件，切实抓好农村贫困残疾人危房改造民心工程。按照省残联下达迪庆州贫困残疾人危房改造180户任务指标，其中香格里拉县和德钦县对特困危房改造对象再争取1 000元，每户拆除重建户比正常户多拿到2 000元。年内，州残联把残疾人扶贫创业基地作为残疾人就业工作重点来抓，设立了一户州级扶贫示范基地；利用残疾人就业保障金安排12万元专门用于残疾人产业发展；争取中央康复扶贫贴息贷款计划560万元，贴息18万元。

在第二十次“全国助残日”到来之际，各级残联开展走访慰问贫困残疾人户活动。此次活动全州共走访慰问特困残疾人家庭60多户。继续对特困残疾人实施临时困难救助和助学补助，截止10月底，解决12万元困难和助学补助。实施“阳光家园”计划残疾人居家托养250户。

【维护残疾人合法权益】 2010年，州残联把残疾人法制建设和维护残疾人合法权益作为重点工作来抓，为他们提供维权服务。一是通过法律法规和维权宣传，进一步增强残疾人法制观念，提高了法律的意识；二是配合司法部门州县均成立了残疾人法律援助工作站，建立为残疾人提供法律救助的平台。三是狠抓落实，把每项工作做细、抓牢，把矛盾化解到萌芽状态之中。认真接待残疾人来信来访，对每位来访者做到热情接待，服务周到，对来访信件认真查阅，及时调查和汇报，落到实处。在听取来访的反映同时，及时向他们宣传法律知识，残疾人优惠政策及信访条例等，对个别来访的残疾人误解政策，进行耐心地讲解，说明情况和原因。特别是在换发二代残疾人证期间，咨询有关办证程序和要求较多，州残联都一一进行讲解和宣传，并告知前来办证对象所需要带来的相关手续和证件。在维护残疾人合法权益同时，积极帮助他们解决实际困难，提供有效地服务，为他们在各方面合法权益受到侵害时提供无偿法律援助，处理来信来访350件。

【宣传工作】 以媒体为重点，进一步加大宣传力度，充分利用电视台、电台、《迪庆报》等宣传平台，及时宣传报道全州残疾人工作新亮点和扶残助残先进典型及先进事迹。2010年为使更多的残疾人了解州康复中心，州残联特邀两台一报新闻记者集中采访报道了康复中心，做到“电视有画面，电台有声音，报纸有文字”，在社会上产生了良好的反响。

【自身建设】 2010年，在开展共产党员创先争优活动中，州残联严格按照州委的部署和安排，认真组织机关全体党员干部深入学习实践，做到理论联系实际，着力加强残疾人工作的规范化管理。同时，通过努力，加强残疾人综合服务设施建设，州残联的综合服务中心改造纳入沪滇合作项目正准备实施。年内，机关党建、党风廉政建设、社会治安综合治理、计划生育、档案管理、保密工作、思想宣传、财务管理等工作有序开展，各项工作均有新的起色。

（叶福龙）

# 附 录

## 迪庆藏族自治州2010年国民经济和社会发展统计公报

2010年，面对极为复杂的国内外经济环境和百年不遇的严重旱情，州委、州政府审时度势，科学决策，团结带领全州各族人民，以科学发展观为统领，扎实工作，全面落实增投资、扩消费、转方式、调结构、重民生、建和谐、快发展、上水平的各项工作措施，实现了大灾之年农业保增长，工业经济较快发展，社会消费需求旺盛，金融市场运行良好，民生状况不断改善，社会各项事业全面进步的经济社会发展目标，全州呈现出经济发展、社会和谐稳定、民族团结、宗教有序、文化繁荣、人民安居乐业的良好局面。

### 一、综合

初步测算，2010年全州生产总值77.1亿元，按可比价计算，比上年增长19.5%，增速比上年加快1.2个百分点。分季度看，一季度增长19.5%，二季度增长17.9%，三季度增长12.7%，四季度增长

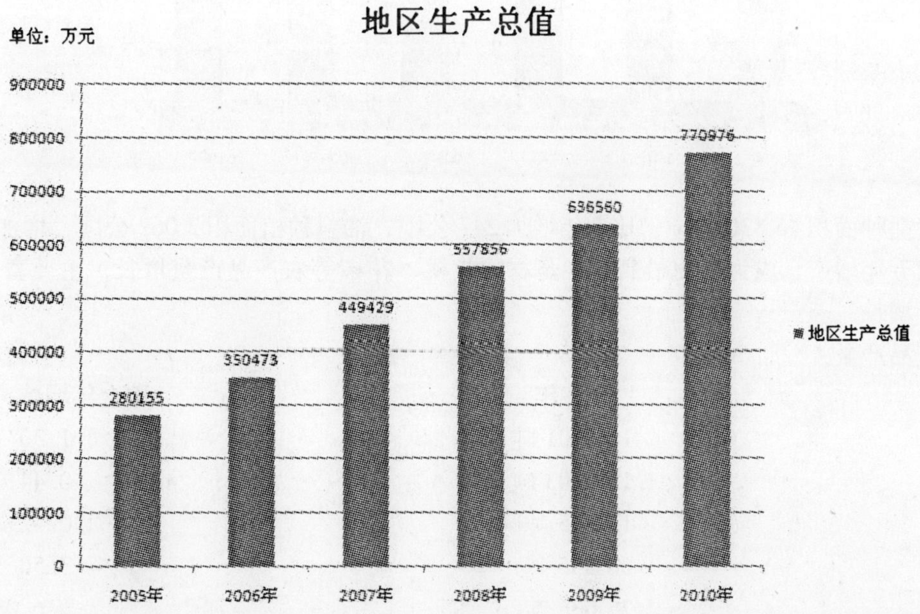


23.9%。分产业看，第一产业增加值7.34亿元，增长6.7%，对GDP增量的贡献率为3.8%，对经济增长的拉动力为0.7个百分点。第二产业增加值29.51亿元，增长24.5%，对GDP增量的贡献率为47.7%，

对经济增长的拉动力为9.3个百分点，其中：工业增加值15.76亿元，增长20.0%，对GDP增量的贡献率为23.2%，对经济增长的拉动力为4.5个百分点；建筑业增加值13.75亿元，增长31.1%，对GDP增量的贡献率为24.5%，对经济增长的拉动力为4.8个百分点。第三产业增加值40.25亿元，增长18.5%，对GDP增量的贡献率为48.5%，对经济增长的拉动力为9.5个百分点。按总人口计算的人均生产总值达20 051元(总人口为年平均人口)，比上年增加3 211元，按可比价计算，增长17.43%。

一、二、三产业占GDP的比重由上年的10.9∶37.6∶51.5调整为9.5∶38.3∶52.2，第三产业比重比上年提高0.7个百分点，三二一结构得到进一步稳固。

## 二、农业

全州实现农林牧渔业总产值117 187万元，按现价计算，比去年增长6.75%；其中，农业产值为53 310万元，增长6.37%，林业产值15 416万元，增长5.22%，牧业产值35 950万元，增长8.0%，渔业产值2 197万元，增长9.80%，农林牧渔服务业产值10 314万元，增长6.05%。

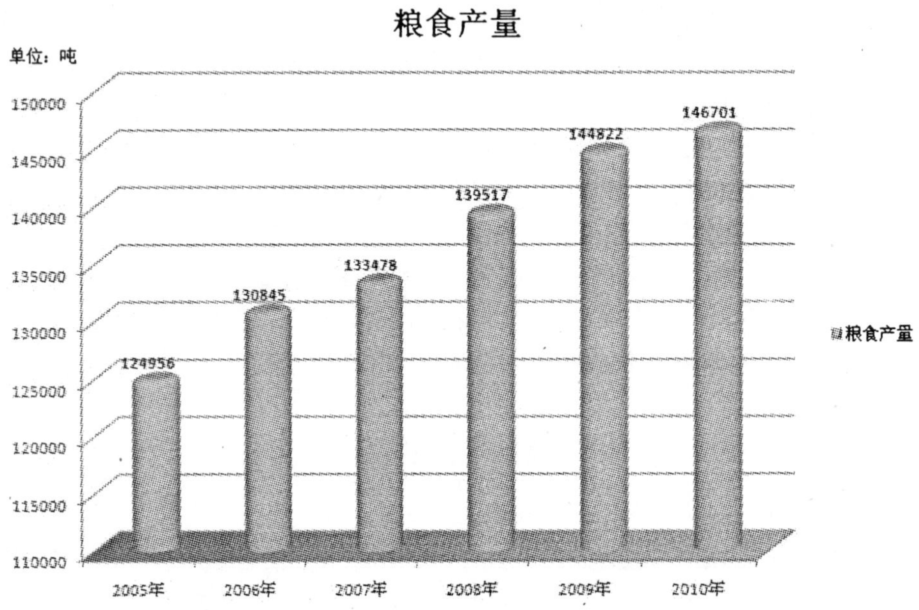


全年粮食播种面积46 830公顷，比上年增加247公顷，油料种植面积2 062公顷，增加8公顷，粮食生产实现连续五年增产，成为历史最高年。药材、核桃、花椒等农产品产量增长，主要畜产品及牲畜存出栏数较上年增长。

主要农产品产量：

| | 2010年 | 比上年增减（±%） |
|---|---|---|
| 粮食 | 146 701吨 | 1.30 |
| #谷物 | 125 003吨 | 0.44 |
| #稻谷 | 15 745吨 | 0.42 |
| 玉米 | 68 535吨 | 3.56 |
| 小麦 | 25 636吨 | -6.08 |
| 豆类 | 10 481吨 | 1.48 |
| 薯类 | 11 217吨 | 11.77 |
| 油料 | 4 292吨 | 0.82 |

| | | |
|---|---|---|
| #油菜籽 | 3 810 吨 | -2.23 |
| 药材 | 5 680 吨 | 8.83 |
| 核桃 | 11 555 吨 | 6.58 |
| 板栗 | 376 吨 | -10.26 |
| 花椒 | 316 吨 | 10.1 |
| 水果 | 7 591 吨 | -6.41 |

主要畜产品产量及牲畜存栏头数：

| | 2010 年 | 比上年增减（±%） |
|---|---|---|
| 肉类总产量 | 23 307 吨 | 1.36 |
| #猪牛羊肉产量 | 22 142 吨 | 5.48 |
| 禽肉产量 | 1 165 吨 | 17.91 |
| 家禽蛋产量 | 992 吨 | 11.34 |
| 牛奶产量 | 14 783 吨 | 6.23 |
| 生猪年末存栏 | 488 759 头 | 3.37 |
| #能繁殖母猪存栏 | 93 990 头 | 2.29 |
| 生猪出栏 | 276 909 头 | 2.93 |
| 羊存栏 | 229 542 只 | 1.42 |
| 羊出栏 | 68 071 只 | 7.72 |

年末全州拥有农业机械总动力33 152万瓦特，比上年增长13.38%。

## 三、工业

全州实现工业总产值343 197万元，比上年增长32.9%。其中年产品销售收入500万元以上工业企业（以下简称规模以上工业）产值274 966万元，增长30.6%；年产品销售收入500万元以下工业企业（以下简称规模以下工业）产值68 231万元，增长43.2%。

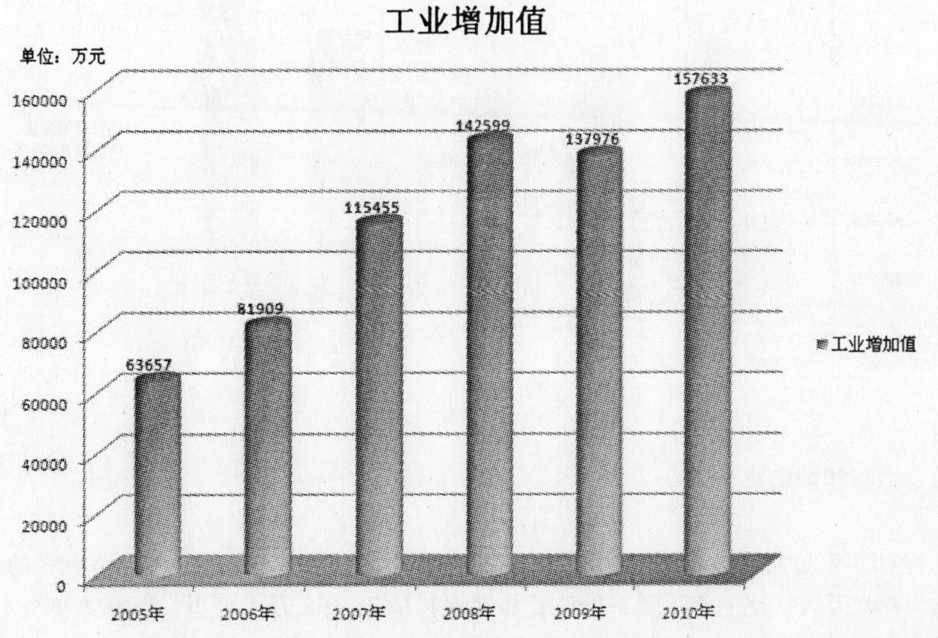

在规模以上工业总产值中，轻工业产值72 443万元，增长21.4%；重工业产值202 523万元，增长34.2%。按经济类型分，国有经济工业产值70 031万元，增长14.7%；集体经济工业产值17 656万元，增长2.38倍；股份合作企业产值16 661万元，增长24.9%；股份制企业产值114 284万元，增长29.6%；外商及港澳台商投资企业产值56 334万元，增长31.8%。

全州规模以上工业企业22户，实现产品销售产值237 393万元，比上年增长27.8%，其中亏损企业4户，亏损总额5 628万元，比上年下降42.99%，企业盈亏相抵后实现利润总额8 491万元，比上年增长1.87倍。

主要工业产品产量：

| | 2010年 | 比上年增减（±%） |
|---|---|---|
| 发电量 | 192 180万千瓦小时 | 29.3 |
| 水泥 | 184 700吨 | 64.8 |
| 铁合金 | 48 614吨 | 19.2 |
| 饮料酒 | 16 732千升 | 52.3 |
| 铁矿石原矿 | 84.26万吨 | -5.1 |
| 铜金属含量 | 22 732吨 | 38.3 |
| 食用植物油 | 3 390吨 | 12.1 |

## 四、固定资产投资

2010年完成全社会固定资产投资133.96亿元，比上年增长43.2%。其中，城镇投资123.1亿元，增长47.2%，农村投资0.87亿元，增长22.1%，农村私人投资6.4亿元，增长14.4%，房地产投资3.58亿元，下降1%。

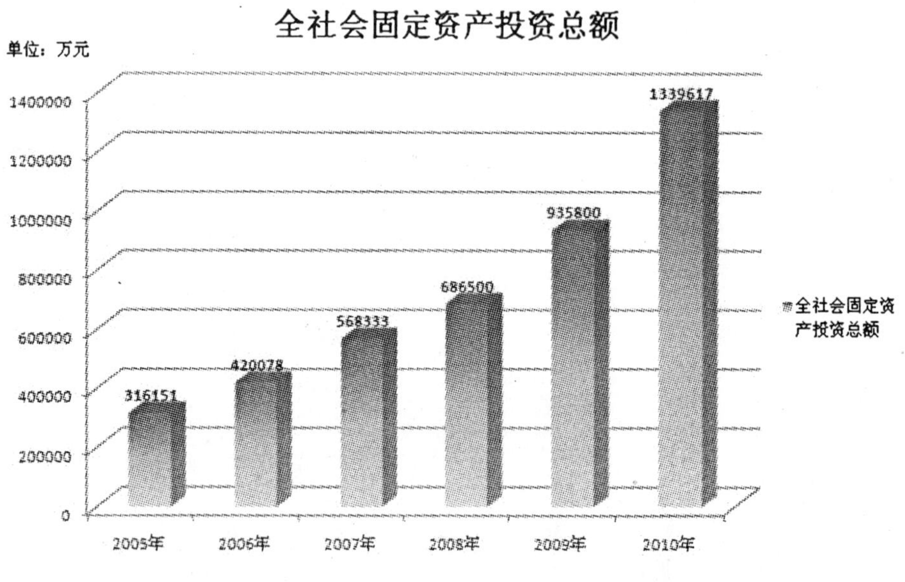


## 五、交通、运输和邮电业

2010年，全州年末公路通车里程4 815公里，其中等级公路3 813公里，占公路里程的79.19%。全州旅客运输量为459万人，比上年下降4.93%；旅客周转量76 195万人公里，下降2.99%；其中，民航旅客运输量26.33万人，增长18.98%，民航旅客周转量12 638万人公里，增长18.97%。全州货物运输量439万吨，增长12.6%；货物周转量304 293万吨公里，增长32.74%。

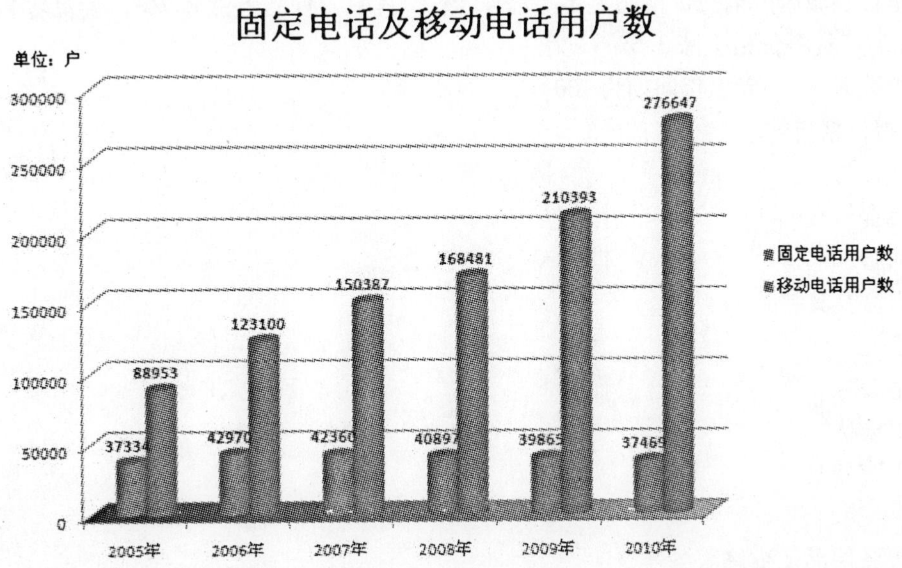


2010年，全州完成邮电业务总量23 361万元，比上年增长15.33%。其中，电信业务总量22 014万元，增长5.74%；邮政业务总量1 347万元，增长10.36%；固定电话用户为37 469户，比上年末下降6.01%，移动电话用户总数达276 647户，比上年末增长31.49%，电话普及率达到每百人81.69部，比上年末增加15.69部。

六、国内贸易和市场物价

2010年，全州社会消费品零售总额20.99亿元，比上年增长23.8%。按隶属关系划分，县以下消费

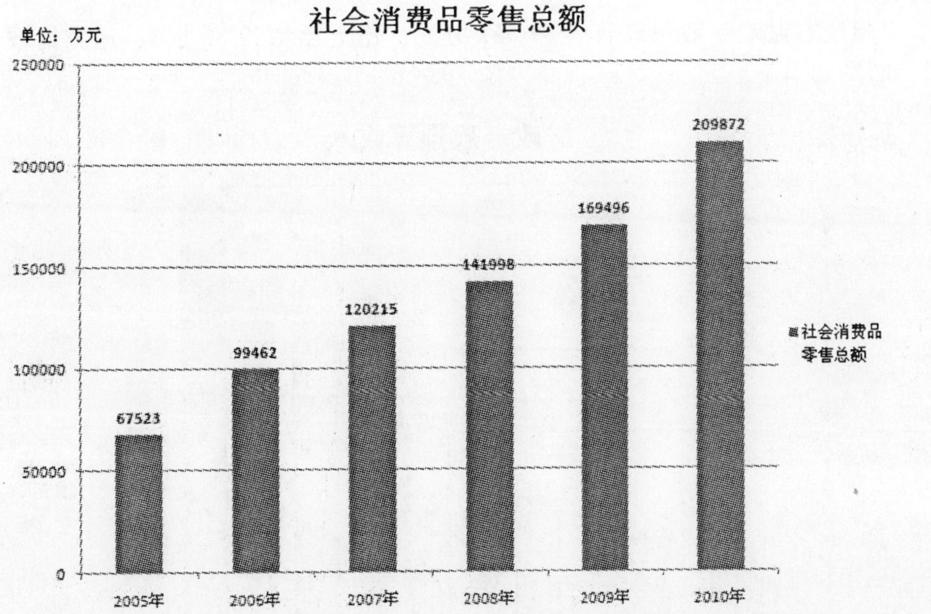


品零售额8.32亿元，增长21.9%；县消费品零售额12.67亿元，增长25%。分行业看，住宿业零售额0.63亿元，增长44.2%，餐饮业零售额1.49亿元，增长22.2%，批发业零售额6.11亿元，增长40.5%，零售业零售额12.76亿元，增长16.6%。分经济类型看，非公经济零售额13.16亿元，增长

15.5%；公有经济零售额7.83亿元，增长40.7%。

全年香格里拉县城居民消费价格比上年上涨4.4%，其中，食品上涨8.7%。商品零售价格比上年上涨4.1%，农业生产资料价格上涨3.5%。

各种价格指数如下：（以上年同期为100）

| | |
|---|---|
| 1、居民消费价格指数 | 104.4 |
| （1）食品 | 108.7 |
| 其中：粮食 | 102.1 |
| 油脂 | 96.2 |
| 肉禽及其制品 | 108.1 |
| 蛋 | 103.3 |
| 菜 | 120.3 |
| 调味品 | 100.2 |
| （2）烟酒及其用品 | 103.4 |
| （3）衣着 | 99.2 |
| （4）家庭设备用品及维修服务 | 100.3 |
| （5）医疗保健和个人用品 | 101.2 |
| （6）交通和通信 | 99.3 |
| （7）娱乐教育文化用品及服务 | 104.5 |
| （8）居住 | 103.6 |
| 2、商品零售价格指数 | 104.1 |
| 3、农业生产资料价格指数 | 103.5 |

## 七、财政、金融、保险

2010年，全州地方财政一般预算收入59 667万元，比上年增长36.9%；地方财政一般预算支出431 485万元，增长43.4%。

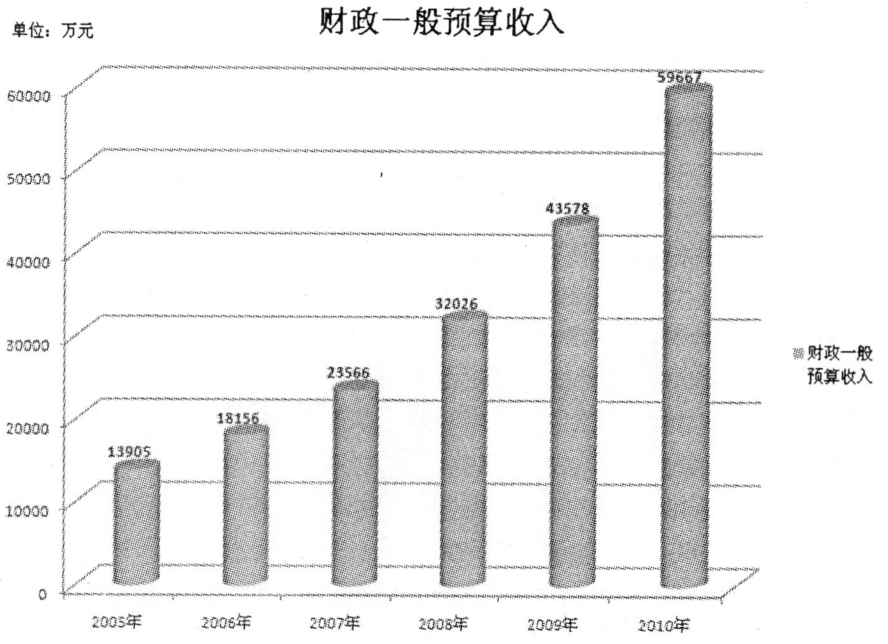

年末金融机构本外币各项存款余额 1 200 334 万元，比年初增长 38.99%。其中，城乡居民储蓄存款 360 960 万元，增长 25.2%。年末金融机构本外币各项贷款余额 873 596 万元，增长 24.31%。其中，短期贷款余额 142 095 万元，增长 17.77%；中长期贷款余额 731 237 万元，增长 25.62%。全年金融机构现金收入 1 521 550 万元，现金支出 1 701 760 万元，收支相抵，累计净投放现金 180 210 万元，比上年增加投放 85 974 万元，增长 91.23%。

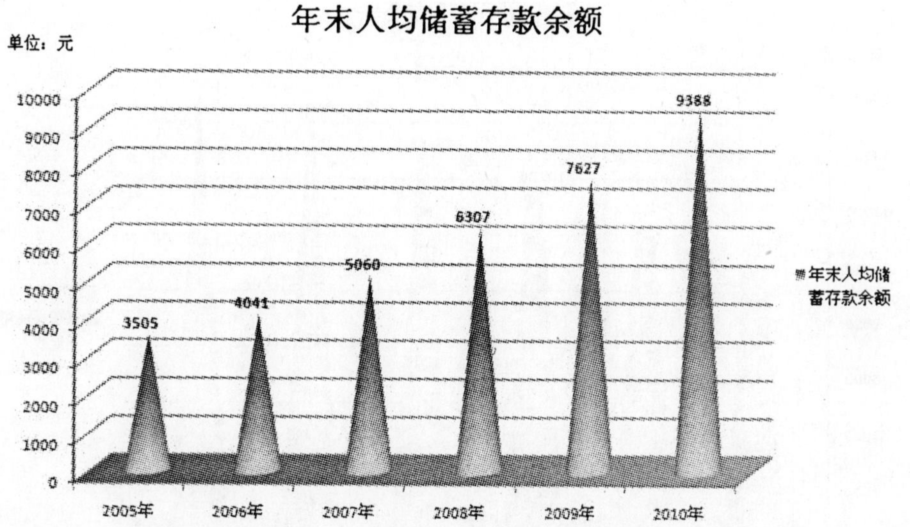


全年各种保险保费总收入 13 126 万元，比上年增长 62.93%。

**八、科技、教育、文化、卫生和体育**

2010 年，争取省级科技计划项目、迪沪对口帮扶项目和迪昆科技合作项目 3 项，项目资金投入 130 万元。安排州级科技发展计划项目 25 项，项目资金投入 200 万元。

全州拥有幼儿园 8 所，在园幼儿 3 012 人；小学 159 所，其中一点一教师 51 个，小学在校学生 30 968 人，小学适龄儿童入学率 99.21%，小学辍学率 0.16%。中学 22 所，其中完全中学 7 所，初高中在校学生 22 382 人，其中高中在校生 5 306 人，初中在校生 17 076 人，初中辍学率 1.76%。职业中学 2 所，在校学生 306 人。中等专业学校 1 所，在校学生 2 549 人。教师进修学校 3 所。

年末全州拥有卫生机构 98 个，卫生机构床位数 788 张，专业卫生技术人员 1 444 人，其中执业（助理）医师 719 人。全州有 293 087 人参加了新型农村合作医疗，参合率达 95.7%。

年末全州共有文化、文物事业机构共 51 个，其中艺术表演团体 3 个，艺术表演场馆 2 个，文化馆 4 个，公共图书馆 3 个，乡镇文化站 29 个，文化文物行政主管部门 4 个，文物保护管理机构 4 个，博物馆 2 个。全州广播人口覆盖率 96.11%，电视人口覆盖率 96.11%。《迪庆报》出版发行 346 期 493.6 万份。

全民健身、群众体育活动不断深入，竞技体育水平得到明显提高。年内参加省及省以上运动会运动员 107 人，获得省及省以上运动会奖牌 28.5 枚，其中金牌 11.5 枚，银牌 9 枚。

**九、旅游业**

全年共接待国内外游客 602.99 万人次，同比增长 14.6%，其中，海外游客 72.9 万人次，增长 11%；国内旅游者 530.09 万人次，增长 15.1%。旅游业总收入 61.57 亿元，增长 13%。

## 十、人口、人民生活和社会保障

2010 年，年末全州总人口为 39 万人，其中户籍管理人口 357 528 人。全年出生人口 3 717 人，人口出生率 10. 12‰，死亡人口 2 150 人，人口死亡率 5. 85‰，人口自然增长率 4. 27‰。

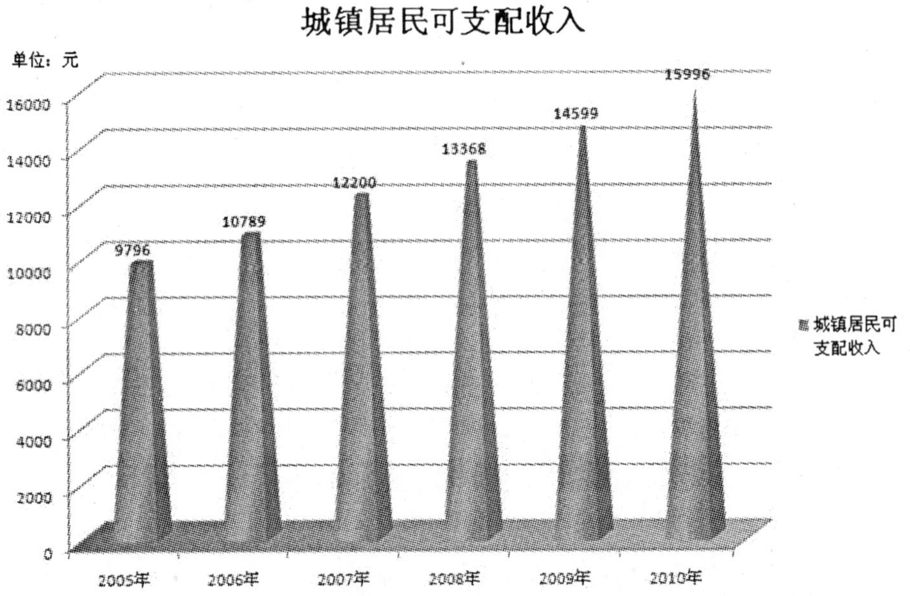


年末全州单位从业人员 32 164 人，增长 9. 53%，其中在岗职工 28 479 人，增长 9. 09%。单位从业人员劳动报酬 112 791 万元，增长 21. 8%，其中在岗职工工资 108 360 万元，增长 21. 41%；在岗职工年平均工资 39 633 元，增长 12. 27%。农民人均纯收入 3 347 元，增长 14%。城镇居民人均可支配收入 15 996 元，增长 9. 57%，城乡居民人均储蓄存款 9 388 元，增长 23. 09%。

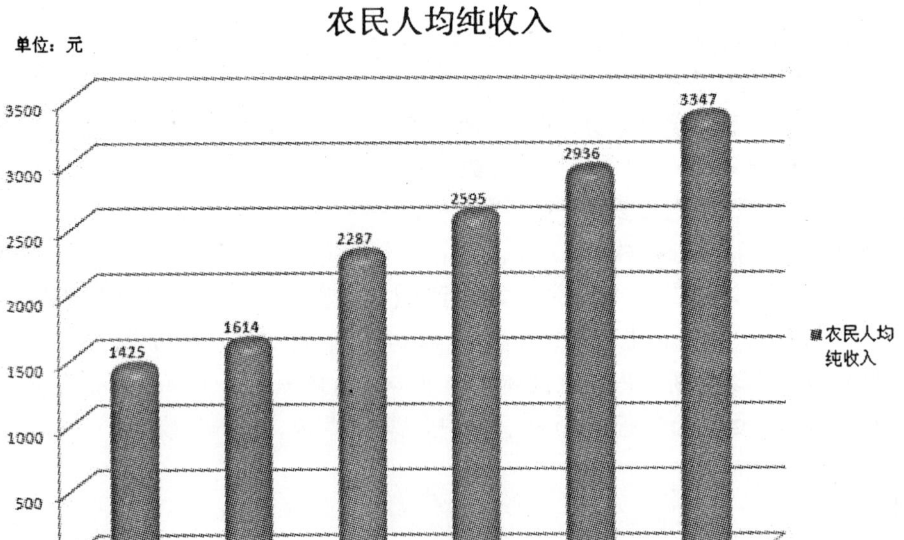

年末全州参加基本养老保险职工人数 15 421 人，比上年增长 7.54%；参加失业保险人数 15 965 人，下降 1.66%；参加城镇职工基本医疗保险人数 34 562 人，增长 7.39%；参加城镇居民基本医疗保险人数 26 024 人，增长 16.91%。年末全州城镇最低生活保障对象 11 944 人，比上年末增加 1 050 人，共发放保障资金 2 523 万元，增长 29.05%，年末全州农村低保人数达 103 900 人，增加 2 400 人，共发放保障金 7 532 万元，增长 10.18%。

**注释：**

1、本公报中部分数据为年快报数，正式统计数据以《2010 年迪庆统计年鉴》为准；各项指标对比基数为 2009 年年报统计数。

2、本公报中，地区生产总值及三次产业增加值、工业增加值、建筑业增加值、人均生产总值绝对值按现价计算、增长速度按可比价计算。

# 索 引

**说明：**

本索引采用主题分析法编制。对全书主要内容（不包括新闻图片及广告）均以主题词、中心词和简称进行标引。

本索引以标引词首字的汉语拼音字母顺序排列，同音字按声调或第二字音序排列。

标引词后的阿拉伯数字表示索引内容的页码。类目及栏目用黑体字标识，条目用楷体字标识。

## A



## B



## C

D

## F

L



M

## R



## S

T

Z

中国南方电网
CHINA SOUTHERN POWER GRID

# 迪庆供电

总经理　马文武

迪庆供电有限公司前身是迪庆州电网供电有限责任公司。根据“一张网、全覆盖”的要求,迪庆州电网供电有限责任公司于2010年4月全资上划云南电网公司，为云南电网公司的全资子公司，各项工作纳入云南电网公司管理，更名为迪庆供电有限公司。负责迪庆州110千伏及以下电网的规划与建设、电网运行与维护、电力销售与服务。

按照云南电网公司“一体化”要求，公司调整机构设办公室、企业管理部、计划发展部、人力资源部、财务部、市场营销部、生产技术部、基建部、安全监察部、监察审计部（与纪检办公室合署）、政治工作部（与党委办公室、团委合署）、工会办和系统运行部（与电力调度控制中心合署）13个职能部门；设输电管理所、变电管理所、营销稽查中心、计量中心、客户服务中心、物流服务中心6个二级机构；设香格里拉分公司、维西分公司、德钦分公司、开发区分公司4个分公司。

迪庆供电有限公司为南方电网公司唯一的藏区供电企业，紧紧围绕南方电网中长期发展战略和州委、州政府中心工作，深入践行“万家灯火、南网情深”核心价值观，想客户之所想、急客户之所急，立足藏区，切实为客户排忧解难，倾情服务藏区人民，为藏区经济社会发展和稳定提供强大的能源支持。从服务地方经济社会发展大局出发，全面加强电网建设，2010年公司城农网建设项目总额2.54亿元，截止目前完成2.4亿元。2011年国家发改委批准启动新一轮农网改造，公司计划城农网改造资金2.56亿元，其中城网资金1.06亿元，农网资金1.5亿元；管理创新取得积极成效，依靠强化基础管理应对挑战，依靠源头防控保障安全；人才队伍充满生机和活力，建设坚强有力的各级领导班子，注重培养选拔优秀干部，加强提升员工综合素质；积极承担社会责任，树立良好社会形象，促进社会和谐稳定；保供电显身手，切实做好亚运会、康巴艺术节、香格里拉赛马节等重大活动保供电工作，积极应对冰雪灾害，采取多重措施抗雪保供电。